COMIDA & COZINHA

COMIDA & COZINHA
Ciência e Cultura da Culinária

Harold McGee

Ilustrações de Patricia Dorfman, Justin Greene e Ann McGee

Tradução de Marcelo Brandão Cipolla
Consultoria e revisão técnica de Celso Vieira Pinto

Esta obra foi publicada originalmente em inglês com o título
ON FOOD AND COOKING
por Scribner, Nova York.
Scribner é marca comercial de Macmillan Library Reference USA, Inc
Licenciada por Simon & Schuster, o editor desta obra.
Copyright © 1984, 2004 by Harold McGee
Copyright © 2004 by Patricia Dorfman e Justin Greene para ilustrações
Gravuras de Ann B. McGee.
Todos os direitos reservados. Este livro não pode ser reproduzido, no todo ou em parte, armazenado em sistemas eletrônicos recuperáveis nem transmitido por nenhuma forma ou meio eletrônico, mecânico ou outros, sem a prévia autorização por escrito do Editor.
Copyright © 2011 Editora WMF Martins Fontes Ltda.,
São Paulo, para a presente edição.

1ª edição 2011
2ª edição 2014
6ª tiragem 2024

Tradução
MARCELO BRANDÃO CIPOLLA

Consultoria e revisão técnica
Celso Vieira Pinto Jr.
Acompanhamento editorial
Márcia Leme
Revisões
Débora Bortoletti
Alessandra Miranda de Sá
Edição de arte
Katia Harumi Terasaka
Capa
Victor Burton
Imagens da capa
iStockPhoto
Produção gráfica
Geraldo Alves
Paginação
Studio 3 Desenvolvimento Editorial

Dados Internacionais de Catalogação na Publicação (CIP)
(Câmara Brasileira do Livro, SP, Brasil)

McGee, Harold

   Comida e cozinha : ciência e cultura da culinária / Harold McGee ; ilustrações de Patricia Dorfman, Justin Greene e Ann McGee ; tradução de Marcelo Brandão Cipolla ; consultoria e revisão técnica de Celso Vieira Pinto. – 2ª ed. – São Paulo : Editora WMF Martins Fontes, 2014.

   Título original: On food and cooking : the science and lore of the kitchen.
   Bibliografia.
   ISBN 978-85-7827-832-8

   1. Alimentos – História 2. Culinária – História 3. Gastronomia – História I. Dorfman, Patricia. II. Greene, Justin. III. McGee, Ann. IV. Pinto, Celso Vieira. V. Título.

14-02317   CDD-641.5

Índices para catálogo sistemático:
1. Ciência e cultura da culinária : Gastronomia   641.5

Todos os direitos desta edição reservados à
Editora WMF Martins Fontes Ltda.
Rua Prof. Laerte Ramos de Carvalho, 133 01325-030 São Paulo SP Brasil
Tel. (11) 3293.8150 e-mail: info@wmfmartinsfontes.com.br
http://www.wmfmartinsfontes.com.br

A página 978 é continuação desta página de créditos.

Para minha família

SUMÁRIO

AGRADECIMENTOS		IX
INTRODUÇÃO: CULINÁRIA E CIÊNCIA, 1984 e 2004		1
Capítulo 1	Leite e laticínios	7
Capítulo 2	Ovos	76
Capítulo 3	Carne	131
Capítulo 4	Peixes e frutos do mar	199
Capítulo 5	Plantas comestíveis: uma introdução às frutas, hortaliças, ervas e especiarias	270
Capítulo 6	Um exame das hortaliças mais comuns	333
Capítulo 7	Um exame das frutas mais comuns	389
Capítulo 8	Sabores vegetais: ervas e especiarias, chá e café	428
Capítulo 9	Sementes: cereais, leguminosas e oleaginosas	500
Capítulo 10	Massas firmes e líquidas feitas com farinha de cereais: pães, bolos, macarrões e massas à base de gordura	572
Capítulo 11	Molhos	646
Capítulo 12	Açúcares, chocolates e doces	718
Capítulo 13	Vinho, cerveja e bebidas alcoólicas destiladas	793
Capítulo 14	Métodos de cocção e materiais dos utensílios de cozinha	866
Capítulo 15	As quatro moléculas básicas dos alimentos	883
APÊNDICE: NOÇÕES ELEMENTARES DE QUÍMICA		903
BIBLIOGRAFIA SELECIONADA		911
ÍNDICE REMISSIVO		927

AGRADECIMENTOS

Ao lado de muitos outros que escrevem sobre culinária hoje em dia, tenho grande dívida de gratidão para com Alan Davidson, que trouxe para este nosso ofício uma nova substância, uma nova amplitude e um caráter lúdico. Além de tudo isso, foi Alan quem me informou que eu teria de rever *Comida e cozinha: ciência e cultura da culinária*, antes ainda de ter em mãos o primeiro exemplar! No dia em que nos conhecemos, em 1984, durante o almoço, ele me perguntou o que o livro dizia sobre os peixes. Eu lhe falei que mencionava os peixes de passagem, categorizando-os como uma forma de músculo animal e, portanto, de carne. Então, esse grande entusiasta dos peixes, e autoridade reconhecida em matéria dos seres que habitam mares e oceanos, opinou delicadamente que, uma vez que os peixes são criaturas extremamente específicas e sua carne é muito diferente da dos animais de terra, eles mereciam uma atenção especial e um pouco mais de espaço. E essa é a pura verdade. Tenho muitos motivos para lamentar que esta edição revista tenha demorado tanto para vir a prelo, e um dos maiores é o fato de não poder mostrar a Alan o novo capítulo sobre peixes. Serei sempre grato a Alan e a Jane pelo estímulo, pelos conselhos e pelos anos de amizade que começaram com aquele almoço. Tanto este livro quanto minha vida seriam muito mais pobres sem a presença deles.

Também gostaria de ter dado este livro a Nicholas Kurti – preparando-me para as fortes discussões que viriam a seguir! Nicholas escreveu na revista *Nature* uma resenha cordial e positiva da primeira edição; depois, visitou-me num domingo à tarde e submeteu-me a extenso interrogatório baseado nas páginas e páginas de perguntas que havia acumulado enquanto escrevia a resenha. Sua energia, sua curiosidade e seu entusiasmo pela boa comida e pelo revelador "experimentozinho" eram contagiantes e deram vida aos primeiros seminários de Erice. Sinto muita falta deles.

Chegando mais perto de casa e da época atual, agradeço a minha família pelo afeto e pelo paciente otimismo que me mantêm em movimento dia após dia: meu filho John e minha filha Florence, que conviveram com este livro e com meus jantares experimentais durante mais da metade de sua vida e animaram as duas coisas com seu zelo e suas opiniões fortes; meu pai, Chuck McGee, e minha mãe, Louise Hammersmith; meu irmão Michael e minhas irmãs Ann e Joan; e Chuck Hammersmith, Werner Kurz, Richard Thomas e o casal Florence Jean e Harold Long. Durante estes últimos anos, que foram bem difíceis, minha esposa Sharon Long me brindou com carinho e apoio constantes, dádivas pelas quais sou profundamente grato.

Milly Marmur, minha ex-editora, ex-agente e atual grande amiga, foi uma fonte de energia no decorrer de uma maratona cuja extensão nenhum de nós dois poderia prever. Tive a sorte de poder contar com o calor humano, a paciência e o bom-senso dela, bem como com sua arte de cutucar sem incomodar.

Sou grato a muita gente nas editoras Scribner e Simon & Schuster. Maria Guarnaschelli encomendou esta edição revista com um entusiasmo que me inspirou, e tanto a diretora editorial Susan Moldow, da Scribner, quanto Carolyn Reidy, presidente da S&S, não deixaram de defender e proteger o projeto desde então. Beth Wareham, incansável, supervisionou todos os aspectos da edição de texto, produção e publicação. Rica Buxbaum Allannic, com sua cuidadosa revisão, muito aperfeiçoou o manuscrito; Mia Crowley-Hald e sua equipe produziram o livro sob a forte pressão do tempo, mas com meticuloso cuidado; e Erich Hobbing acolheu minhas ideias sobre leiaute e projetou páginas que facilitam a leitura fluente. Jeffrey Wilson manteve a paz na esfera dos contratos e outros assuntos jurídicos, e Lucy Kenyon organizou com incrível competência a publicidade antecipada. Admiro o maravilhoso trabalho de equipe que trouxe este livro ao mundo.

Agradeço a Patricia Dorfman e Justin Greene por preparar as ilustrações com paciência, habilidade e rapidez, e a Ann Hirsch, que produziu para este livro a micrografia de um grão de trigo. Para minha satisfação, pude incluir alguns desenhos feitos para a edição anterior por minha irmã Ann, que foi impedida por uma doença de contribuir para esta revisão. Ela foi maravilhosa como colaboradora e sinto falta do seu olho clínico e do seu bom humor. Agradeço a muitos cientistas dos alimentos pela permissão de publicar suas fotografias da estrutura e microestrutura de alguns alimentos: refiro-me a H. Douglas Goff, R. Carl Hoseney, Donald D. Kasarda, William D. Powrie e Alastair T. Pringle. Alexandra Nickerson compilou com competência algumas das páginas mais importantes do livro: o índice remissivo.

Vários chefes de cozinha tiveram a bondade de me convidar para as cozinhas – ou laboratórios – onde trabalham a fim de fazer experiências e conversar sobre os aspectos mais recônditos da culinária. Agradeço a Fritz Blank, a Heston Blumenthal e especialmente a Thomas Keller e seus colegas do The French Laundry, entre os quais Eric Ziebold, Devin Knell, Ryan Fancher e Donald Gonzalez. Muito aprendi com eles e fico na expectativa de aprender ainda mais.

Certas partes deste livro contaram com a cuidadosa leitura e os comentários de Anju e Hiten Bhaya, Devaki Bhaya e Arthur Grossman, Poornima e Arun Kumar, Sharon Long, Mark Pastore, Soyoung Scanlan, Robert Steinberg e Kathleen, Ed e Aaron Weber. Agradeço-lhes pela ajuda e os isento de qualquer responsabilidade pelo que acabei fazendo com o que eles disseram.

Felizmente, tenho a oportunidade de agradecer aqui a meus amigos e colegas nos mundos da literatura e da culinária. Todos eles me estimularam com suas perguntas, respostas, ideias e apoio ao longo dos anos: Shirley e Arch Corriher, excelentes companheiros na estrada, na tribuna e ao telefone; Lubert Stryer, que me deu a oportunidade de ver o progresso e a aplicação imediata da ciência do prazer; e Kurt e Adrienne Alder, Peter Barham, Gary Beauchamp, Ed Behr, Paul Bertolli, Tony Blake, Glynn Christian, Jon Eldan, Anya Fernald, Len Fisher, Alain Harrus, Randolph Hodgson, Philip e Mary Hyman, John Paul Khoury, Kurt Koessel, Aglaia Kremezi, Anna Tasca Lanza, David Lockwood, Jean Matricon, Fritz Maytag, Jack McInerney, Alice Medrich, Marion Nestle, Ugo e Beatrice Palma, Alan Parker, Daniel Patterson, Thorvald Pedersen, Charles Perry, Maricel Presilla, P. N. Ravindran, Judy Rodgers, Nick Ruello, Helen Saberi, Mary Taylor Simeti, Melpo Skoula, Anna e Jim Spudich, Jeffrey Steingarten, Jim Tavares, Hervé This, Bob Togasaki, Rick Vargas, Despina Vokou, Ari Weinzweig, Jonathan White, Paula Wolfert e Richard Zare.

COMIDA&COZINHA
Ciência e Cultura da Culinária

A alquimia cotidiana de criar alimento para o corpo e a mente. Esta xilogravura do século XVII equipara a obra alquímica ("chymick") da abelha à do estudioso: uma e outro transformam respectivamente em mel e em conhecimento as matérias-primas da natureza. Sempre que cozinhamos, nos tornamos químicos práticos, utilizando conhecimentos acumulados no decorrer de gerações e transformando em formas mais concentradas de prazer e nutrição aquilo que a terra nos oferece. (A primeira legenda, em latim, diz "É assim que nós, abelhas, fazemos mel, mas não para nós mesmas"; a segunda diz "Tudo está nos livros", sendo a biblioteca a colmeia do estudioso. Xilogravura da coleção da International Bee Research Association [Associação Internacional de Pesquisas sobre as Abelhas].)

INTRODUÇÃO

Culinária e ciência, 1984 e 2004

Esta é a edição revista e aumentada de um livro que publiquei pela primeira vez em 1984, longínquos vinte anos atrás. Em 1984, o óleo de canola, o *mouse* de computador e os CDs ainda eram novidades, assim como era novidade a ideia de convidar os cozinheiros a explorar os aspectos químicos e biológicos dos alimentos. Naquela época, um livro como este realmente precisava de uma introdução!

Há vinte anos, os mundos da ciência e da culinária eram nitidamente compartimentados. Num compartimento, havia as ciências fundamentais: a física, a química e a biologia, que mergulhavam na natureza profunda da matéria e da vida. Noutro havia a ciência dos alimentos, ciência aplicada que se dedicava antes de tudo a compreender os materiais e processos da manufatura industrial. E, num terceiro, havia o mundo da culinária em pequena escala feita em casa e nos restaurantes, um ofício tradicional que nunca chamara a atenção dos cientistas. Não que os praticantes desse ofício precisassem dessa atenção: os cozinheiros já vinham desenvolvendo seu *corpus* de conhecimentos práticos havia milhares de anos e dispunham de um sem-número de receitas confiáveis com que trabalhar.

Quando criança, eu era fascinado por química e física e fazia experimentos com telescópios, bobinas de Tesla e folheação eletrolítica; mais velho, acabei indo estudar astronomia na Caltech. Foi só depois que mudei de direção e ingressei no ramo da literatura inglesa – e comecei a cozinhar – que ouvi falar da ciência dos alimentos. Em 1976 ou 1977, num jantar, um amigo de Nova Orleans perguntou, em tom de conjectura, por que o feijão era comida tão problemática e por que o ato de comer feijão-roxo com arroz nos custava algumas horas de desconforto e, às vezes, nos fazia passar vergonha. Uma questão interessante! Poucos dias depois, na biblioteca, querendo descansar um pouco da poesia do século XIX, me lembrei daquela pergunta e da resposta oferecida meio a esmo por um amigo biólogo (açúcares não digeríveis). Resolvi consultar alguns livros sobre alimentos, fui até essa seção da biblioteca e encontrei várias prateleiras repletas de títulos estranhos. *Periódico das ciências dos alimentos. Ciência das aves de criação. Química dos cereais.* Folheei alguns volumes e, entre uma e outra página ininteligíveis, encontrei as sementes de respostas a outras perguntas que nunca me haviam ocorrido: por que os ovos se solidificam quando cozidos? Por que as frutas escurecem quando cortadas? Por que a massa de pão é fofa e elástica, e por que essa elasticidade faz com que o pão seja bom? Quais os tipos de feijão mais indigestos e como o cozinheiro pode domá-los? Foi divertidíssimo fazer e divulgar essas pequenas descobertas, e comecei a pensar que, talvez, muita gente interessada em comida gostaria de conhecê-las. Por fim, encontrei tempo para mergulhar na ciência e na história dos alimentos e escrever *Comida e cozinha: ciência e cultura da culinária.*

Quando terminei, me dei conta de que cozinheiros mais sérios que eu e meus amigos poderiam ter dúvidas acerca de quanto as células e as moléculas tinham relação com seu ofício. Assim, dediquei a maior parte da Introdução a tentar defender meu ponto de vista. Comecei citando um estranho trio de autoridades – Platão, Samuel Johnson e Jean Anthelme Brillat-Savarin –, todos os quais opinavam que a culinária era tema digno de estudos sérios e detalhados. Observei que um químico alemão do século XIX ainda influenciava o modo como muitas pessoas pensavam sobre a cocção da carne, e lembrei que, na virada do século XX, Fannie Farmer começara seu livro de culinária falando de um suposto "conhecimento científico condensado" sobre os ingredientes. Assinalei um ou dois erros em livros modernos de culinária escritos por Madeleine Kamman e Julia Child, que estavam adiante de seu tempo por levar a química a sério. E afirmei que a ciência poderia tornar a culinária mais interessante, relacionando-a com os modos básicos de funcionamento do mundo natural.

Muita coisa mudou em vinte anos! No fim das contas, *Comida e cozinha* foi levado sobre uma onda de interesse geral pela comida, onda que cresceu cada vez mais e acabou derrubando as barreiras entre a ciência e a culinária, especialmente nos últimos dez anos. A ciência pôs o pé na cozinha e a culinária entrou nos laboratórios e indústrias.

Em 2004, os amantes da boa comida encontram em toda parte a ciência da culinária. As seções de alimentação das revistas e jornais dedicam colunas ao assunto e existem agora vários livros que o exploram, sendo que o *CookWise*, de Shirley Corriher, continua inigualado no modo de integrar explicações e receitas. Hoje em dia, muitos escritores mergulham nos detalhes técnicos de seus temas, especialmente daqueles mais complexos, como as massas à base de gordura, o chocolate, o café, a cerveja e o vinho. A ciência da culinária foi objeto de programas de televisão levados ao ar nos Estados Unidos, no Canadá, no Reino Unido e na França. Além de tudo isso, várias moléculas e microrganismos presentes nos alimentos tornaram-se personagens habituais dos noticiários, tanto na qualidade de mocinhos quanto na de bandidos. Qualquer pessoa que acompanhe as últimas notícias de saúde e nutrição conhece os benefícios dos antioxidantes e dos fitoestrógenos e os malefícios dos ácidos graxos trans, da acrilamida, da bactéria *Escherichia coli* e da doença da vaca louca.

Também os cozinheiros profissionais começaram a dar valor à abordagem científica de seu ofício. Nos primeiros anos depois que *Comida e cozinha* foi publicado, muitos jovens cozinheiros me revelaram sua frustração por não conseguir descobrir *por que* os pratos eram preparados de determinado modo ou por que os ingredientes se comportam deste ou daquele jeito. Para seus chefes de cozinha e professores, formados à maneira tradicional, compreender os alimentos era menos importante que dominar as técnicas testadas e comprovadas para prepará-los. Hoje em dia, está mais claro que a curiosidade e a compreensão podem contribuir para a maestria. Várias escolas de culinária já oferecem cursos "experimentais" que investigam os porquês da culinária e estimulam o pensamento crítico. E alguns chefes de cozinha reputados, com destaque para Ferran Adrià na Espanha e Heston Blumenthal na Inglaterra, fazem experiências com técnicas industriais e instrumentos de laboratório – agentes gelificantes feitos de algas marinhas e bactérias, açúcares não doces, gases pressurizados, nitrogênio líquido – para levar à mesa novas formas de prazer.

Enquanto a ciência infiltrava-se aos poucos no mundo da culinária, a culinária foi se imiscuindo nas ciências puras e aplicadas. Uma das forças mais eficazes e fascinantes por trás desse movimento foi Nicholas Kurti, físico e gastrônomo estabelecido na Universidade de Oxford, que em 1969 se lamentava: "Desabona a nossa civilização o fato de conseguirmos medir a temperatura na superfície de Vênus, mas não termos a menor ideia do que acontece dentro de um suflê." Em 1992, aos 84 anos de idade, Nicholas deu sua contribuição para o progresso da civilização organizando um Seminário Internacional de Gastronomia Física e Molecular em Erice, na Sicília. Ali, pela primeira vez, cozinheiros profissionais, pesquisadores universitários e cientistas empregados no setor de alimentos trabalharam juntos para fazer avançar a gastronomia, ou seja, a preparação e a apreciação de alimentos da mais alta qualidade.

A reunião de Erice continua acontecendo sob o novo nome de "Seminário Internacional de Gastronomia Molecular N. Kurti", em homenagem a seu fundador. E, nos últimos dez anos, seu tema central – a compreensão da excelência culinária – adquiriu uma nova importância econômica. A tendência da indústria moderna de maximizar a eficiência e minimizar os custos acarretou, em geral, uma diminuição da qualidade e das características próprias dos produtos alimentícios: todos têm mais ou menos o mesmo gosto, um gosto não muito bom. Agora, porém, a melhora da qualidade pode significar uma vantagem sobre a concorrência; e sempre foram os cozinheiros os maiores especialistas na ciência aplicada das delícias do paladar. Hoje em dia, o Instituto Nacional de Pesquisas Agrícolas da França patrocina um grupo de Gastronomia Molecular no Collège de France (seu chefe, Hervé This, é o diretor dos encontros de Erice); o químico Thorvald Pedersen é o primeiro catedrático de Gastronomia Molecular na Universidade Real de Veterinária e Agricultura da Dinamarca; e, nos Estados Unidos, o corpo de membros da Associação de Pesquisa dos Chefes de Cozinha, que cresce rapidamente, se especializa em levar ao setor de alimentos as habilidades e os padrões dos chefes de cozinha.

Portanto, em 2004 [data do lançamento da atual edição nos Estados Unidos] já não é necessário explicar a premissa deste livro. Por outro lado, o próprio livro tem muito mais coisas a explicar! Há vinte anos, ninguém queria informações sobre azeite de oliva extravirgem e vinagre balsâmico, salmão criado em cativeiro e gado bovino alimentado no pasto, *cappuccino* e chá branco, pimenta de Sichuan e *mole* mexicano, saquê e chocolate bem temperado. Hoje em dia, esses temas são todos objetos de interesse, ao lado de muitos outros. É por isso que a segunda edição de *Comida e cozinha* é tão mais extensa que a primeira. Aumentei o texto em dois terços para dar conta de uma ampla gama de ingredientes e preparações e para explorá-los mais a fundo. A fim de abrir espaço para novas informações acerca dos alimentos, cortei os capítulos específicos sobre fisiologia humana, nutrição e aditivos. Das poucas seções que sobrevivem em forma semelhante à da primeira edição, quase todas foram reescritas para refletir novas informações ou mudanças no meu próprio modo de entender o assunto.

Esta edição chama a atenção para dois aspectos particulares da comida. O primeiro é a diversidade dos ingredientes e das maneiras como são preparados. Atualmente, a facilidade de circulação de produtos e pessoas nos possibilita provar alimentos do mundo inteiro. Além disso, uma viagem no tempo através de antigos livros de culinária pode revelar ideias esquecidas, mas intrigantes. Procurei, em todo o livro, dar pelo menos uma breve indicação da gama de possibilidades oferecidas pelos próprios alimentos e pelas tradições dos diversos povos.

O segundo aspecto novo são os sabores dos alimentos e, às vezes, as moléculas particulares que criam esses sabores. Os sabores se assemelham a acordes musicais químicos: são sensações compostas, construídas a partir de notas fornecidas por diferentes moléculas, algumas das quais se encontram em muitos alimentos. Quando me pareceu que a nomenclatura específica poderia nos ajudar a perceber relações e ecos de sabor, forneci o nome químico das moléculas do sabor. Esses nomes podem a princípio afigurar-se estranhos e assustadores, mas não passam de nomes, e logo se tornarão mais familiares. É claro que há milhares de anos as pessoas fazem e apreciam pratos bem temperados sem ter nenhum conhecimento das moléculas. Porém, algumas noções da química dos sabores podem nos ajudar a fazer uso mais pleno dos nossos sentidos do paladar e do olfato e captar mais nuances – e sentir mais prazer – no que cozinhamos e comemos.

Agora, umas poucas palavras sobre a abordagem científica da culinária e dos alimentos e a organização deste livro. Como todas as coisas na Terra, os alimentos são misturas de diferentes substâncias químicas, e as qualidades que buscamos influenciar quando cozinhamos – gosto, aroma, textura, cor, valor nutritivo – são todas manifestações de propriedades químicas. Há quase duzentos anos, o eminente gastrônomo Jean Anthelme Brillat-Savarin, não sem uma pitada de ironia, instruiu seu cozinheiro sobre esta questão no livro *The Physiology of Taste [A fisiologia do gosto]*:

> És um pouco teimoso, e tive certa dificuldade para fazer-te compreender que os fenômenos que ocorrem em teu laboratório não são outra coisa senão manifestações das leis eternas da natureza, e que certas coisas que fazes irrefletidamente, por teres visto os outros fazê-las, derivam, não obstante, dos mais elevados princípios científicos.

A grande virtude das receitas dos cozinheiros, irrefletidas mas provadas pelo tempo, é que elas nos poupam da preocupação de ter de especular, experimentar ou analisar enquanto preparamos uma refeição. Por outro lado, a grande virtude do pensamento e da análise é que eles nos libertam da necessidade de seguir receitas e nos ajudam a lidar com o inesperado, inclusive com a inspiração de experimentar alguma coisa nova. Cozinhar com consciência é prestar atenção ao que nossos sentidos nos dizem enquanto preparamos o alimento, combinar essa informação com as experiências do passado e com uma compreensão detalhada do que está acontecendo na substância interna dos ingredientes e, por fim, adequar e adaptar nosso modo de preparação.

Para compreender o que acontece com o alimento quando o preparamos, temos de conhecer intimamente o mundo invisível das moléculas e de sua relação umas com as outras. Talvez essa ideia pareça desanimadora. Existem mais de cem elementos químicos, um número muito maior de combinações moleculares desses elementos e diversas forças que regem o comportamento delas. Porém, os cientistas sempre simplificam a realidade a fim de compreendê-la, e nós podemos fazer o mesmo. Os alimentos são, em geral, constituídos de meros quatro tipos de moléculas – água, proteínas, carboidratos e gorduras. E o comportamento dessas moléculas pode ser descrito por meio de um punhado de princípios simples. Se você sabe que o calor é uma manifestação dos movimentos moleculares e que um número suficiente de colisões energéticas pode romper a estrutura das moléculas e por fim decompô-las em seus elementos constituintes, já está a meio caminho de compreender por que o calor solidifica os ovos e deixa os alimentos mais saborosos.

Hoje em dia, a maioria dos leitores tem pelo menos uma vaga noção do que sejam proteínas e gorduras, moléculas e energia, e essa vaga noção é suficiente para que acompanhem as explicações dos primeiros treze capítulos, que falam dos alimentos mais comuns e dos modos de prepará-los. Os capítulos 14 e 15 descrevem de modo detalhado as moléculas e os processos químicos básicos envolvidos em toda a culinária; e o Apêndice rememora em poucas palavras o vocabulário básico das ciências. O leitor pode consultar ocasionalmente esses capítulos finais a fim de saber o que é o pH ou a coagulação das proteínas enquanto lê sobre queijos, carnes e pães, por exemplo; ou pode lê-los inteiros a fim de ter uma introdução geral à ciência da culinária.

Por fim, um pedido. Para escrever este livro, coligi e sintetizei uma quantidade imensa de informações e procurei ao máximo confirmar tanto os fatos averiguados quanto as minhas interpretações a respeito deles.

Sou profundamente grato aos muitos cientistas, historiadores, linguistas, profissionais da culinária e amantes da boa comida que partilharam comigo seus conhecimentos. Do mesmo modo, apreciarei a ajuda dos leitores que identificarem os erros que cometi, quer ativamente, quer por omissão, e comunicarem o fato a mim para que possa corrigi-los. Obrigado desde já.

Ao terminar esta revisão e pensar no trabalho infindável de correção e aperfeiçoamento, lembro-me do primeiro seminário de Erice e de algo que foi dito por Jean-Pierre Philippe, chefe de cozinha do restaurante Les Mesnuls, perto de Versalhes. O tema do momento eram as claras em neve. O chefe de cozinha Philippe disse que imaginava conhecer tudo sobre merengues até o dia em que, distraído por um telefonema, deixou a batedeira funcionando durante meia hora. Graças ao excelente resultado e a outras surpresas que teve durante a carreira, pôde afirmar: *Je sais, je sais que je sais jamais*, "Sei, sei que nunca sei." A comida é um tema infinitamente rico; nele, sempre há algo mais a ser compreendido, algo de novo a descobrir, uma nova fonte de interesses, ideias e delícias.

Nota sobre as unidades de medida e os desenhos das moléculas

Em todo este livro, as temperaturas são dadas em graus célsius ou centígrados (°C), usados na maioria dos países do mundo. Volumes e pesos são dados nas unidades do sistema métrico – mililitros, litros, gramas e quilogramas – e, ocasionalmente, também nas unidades práticas da culinária – colheres e xícaras. Os comprimentos geralmente são dados em milímetros; 1 mm tem mais ou menos o diâmetro do símbolo °. Os comprimentos muito pequenos são dados em mícrons (μ). Um mícron é um micrômetro, ou seja, um milésimo de 1 milímetro.

As moléculas são muito pequenas; medem uma minúscula fração de um mícron, e por isso podem parecer abstratas, difíceis de imaginar. Porém, são reais e concretas, e é sua estrutura particular que determina o modo como elas – e os alimentos feitos delas – se comportam na cozinha. Quanto mais formos capazes de visualizar que aparência elas têm e o que acontece com elas, tanto mais fácil nos será entender o que ocorre quando cozinhamos. E, na cocção, geralmente o que importa é a forma geral da molécula e não a localização particular de cada átomo. A maioria dos desenhos de moléculas deste livro só mostra as formas gerais, e as moléculas são representadas de diferentes maneiras – como linhas longas e finas, linhas longas e grossas, anéis hexagonais com alguns átomos indicados por letras – dependendo do comportamento que precisa ser explicado. Muitas moléculas de alimentos constroem-se em torno de uma espinha dorsal de átomos de carbono interligados, com alguns outros tipos de átomos (principalmente de hidrogênio e oxigênio) projetando-se dessa espinha dorsal. É a espinha dorsal de carbono que cria a estrutura geral; por isso muitas vezes ela será desenhada sem nenhuma representação dos átomos em si, mas somente das linhas que mostram as ligações entre eles.

CAPÍTULO 1

LEITE E LATICÍNIOS

Os mamíferos e o leite	8	**Laticínios não fermentados**	23
A evolução do leite	8	Leites	23
A ascensão dos ruminantes	9	Creme de leite	30
Animais que dão leite em todo o mundo	9	Manteiga e margarina	36
		Sorvete	43
As origens da criação de animais de leite	10	**Leite e creme fermentados frescos**	49
		As bactérias do ácido láctico	49
Tradições diversas	11	Famílias de leites fermentados frescos	50
O leite e a saúde	13	Iogurte	52
Os nutrientes do leite	13	Cremes azedos e leitelho, inclusive o *crème fraîche*	54
O leite na primeira infância: nutrição e alergias	14	Cozinhar com leites fermentados	56
O leite depois da primeira infância: o problema da lactose	15	**Queijo**	57
		A evolução do queijo	57
Novas questões acerca do leite	15	Os ingredientes do queijo	61
A biologia e a química do leite	17	Como se faz queijo	66
Como a vaca faz leite	17	As fontes da diversidade de queijos	68
O açúcar do leite: lactose	18	Como escolher, estocar e servir queijo	69
A gordura do leite	19	Cozinhar com queijo	71
As proteínas do leite: coagulação por meio de ácidos e enzimas	20	Queijos processados e com baixo teor de gordura	73
O sabor do leite	22	O queijo e a saúde	74

Que tema poderia ser melhor para o primeiro capítulo do que aquele alimento com que todos começamos nossa vida? Os seres humanos são mamíferos, palavra que significa "criaturas que têm mamas", e o primeiro alimento que todo mamífero experimenta é o leite. O leite é alimento para o ser que está começando a comer, uma essência deglutível sintetizada pela mãe a partir de sua dieta mais variada e mais difícil de digerir. Quando nossos antepassados começaram a extrair leite de outros animais, adotaram a vaca, a ovelha e a cabra como mães substitutas. Essas criaturas operam o milagre de transformar capim e feno em baldes cheios de nutrição para os seres humanos. E o leite delas revelou-se um fluido elementar repleto de possibilidades, distante apenas uma ou duas etapas do rico creme, da manteiga dourada e aromática e de uma multidão de alimentos saborosos confeccionados por microrganismos amistosos.

Não surpreende que o leite tenha capturado a imaginação de muitas culturas. Os antigos indo-europeus eram pastores de gado que saíram das estepes do Cáucaso para povoar vastas áreas da Eurásia por volta de 3000 a.C.; e o leite e a manteiga figuram de modo proeminente nos mitos de criação de seus descendentes, desde a Índia até a Escandinávia. Os povos do Mediterrâneo e do Oriente Médio não usavam manteiga, mas sim o azeite da oliveira; não obstante, o leite e o queijo aparecem no Antigo Testamento como símbolos da abundância e da criação.

A visão que a imaginação moderna tem do leite é muito diferente! Com a produção em massa, o leite e seus produtos deixaram de ser recursos preciosos e transformaram-se em mercadorias comuns, e a medicina estigmatizou-os por seu alto conteúdo de gordura. Felizmente, está se desenvolvendo uma visão mais equilibrada da gordura na dieta; e ainda se podem encontrar laticínios feitos de modo tradicional. Ainda é possível saborear os alimentos extraordinários que o engenho humano extraiu do leite no decorrer dos milênios. Um gole do próprio leite ou uma colherada de sorvete podem se transformar numa evocação proustiana da inocência, do vigor e das possibilidades da juventude; e um bocado de excelente queijo é uma rica meditação sobre a maturidade, a realização daquelas possibilidades e o fim inevitável de todos os viventes.

OS MAMÍFEROS E O LEITE

A EVOLUÇÃO DO LEITE

De que modo e por que razão surgiu o leite? Ele apareceu junto com o sangue quente, os pelos corporais e as glândulas sudoríparas e sebáceas, que distinguem os mamíferos dos répteis. É possível que o leite tenha surgido há 300 milhões de anos como uma secreção dérmica, de efeito nutritivo e protetor, para os filhotes recém-saídos do ovo e incubados junto à pele da mãe, como ocorre até hoje no caso do ornitorrinco. Uma vez evoluído, o leite contribuiu para o sucesso da classe dos mamíferos. Dá aos animais recém-nascidos a vantagem de um alimento idealmente formulado e produzido pela mãe mesmo após o nascimento; dá-lhes, portanto, a oportunidade de efetuar seu desenvolvimento físico fora do útero. A espécie humana aproveitou plenamente essa oportunidade: permanecemos completamente indefesos por muitos meses após nascermos, enquanto nosso cérebro continua crescendo até atingir um tamanho que dificilmente caberia no útero e no canal do nascimento. Nesse sentido, o leite colaborou para possibilitar a evolução do nosso cérebro e, assim, ajudou a fazer de nós este animal *sui generis* que somos.

Leite e manteiga: fluidos primordiais

Quando os deuses realizaram o sacrifício, sendo a oferenda o primeiro Homem, a primavera era a manteiga derretida, o verão, o combustível, o outono, a oferta. Sobre a palha, eles ungiram em sacrifício aquele homem nascido no princípio. [...] Daquele sacrifício pleno, tiraram eles os grãos de manteiga e fizeram a partir dela as criaturas do ar, a floresta e o povoado [...] dela nasceu o gado bovino, e dela nasceram as ovelhas e as cabras.

– *Rg Veda*, livro 10, c. 1200 a.C.

[...] Por isso desci para libertar [meu povo] da mão dos egípcios, e para fazê-lo subir daquela terra a uma terra boa e vasta, terra que mana leite e mel [...].

– Deus a Moisés no Monte Horeb (Êxodo 3, 8)

Não me derramaste como leite e me coalhaste como queijo?

– Jó, dirigindo-se a Deus (Jó 10, 10)

A ASCENSÃO DOS RUMINANTES

Todos os mamíferos produzem leite para seus filhotes, mas só um pequeno número deles, parentes entre si, passaram a ser ordenhados pelos seres humanos. Bovinos, búfalos-asiáticos, ovinos, caprinos, camelos, iaques: estes fornecedores de abundância foram criados em razão de uma escassez de alimento. Cerca de 30 milhões de anos atrás, o clima quente e úmido da Terra tornou-se sazonalmente árido, variando ao longo do ano. Essa mudança favoreceu os vegetais capazes de crescer rapidamente e produzir sementes que sobrevivessem ao período seco; causou, assim, uma grande expansão das pradarias, que na estação seca se tornavam imensos mares de talos e folhas ressequidos. Com isso começou o gradual declínio dos cavalos e o crescimento da família dos veados, os *ruminantes*, que desenvolveram a capacidade de sobreviver à base de capim seco. As vacas, as ovelhas, as cabras e todos os seus parentes são ruminantes.

A chave da ascensão dos ruminantes é seu estômago especializado e dotado de várias câmaras, que representa um quinto do peso de seu corpo e abriga trilhões de microrganismos capazes de digerir fibras, a maioria dos quais permanece na primeira câmara, o *rúmen*. O caráter peculiar de seu tubo digestivo, aliado ao hábito de regurgitar e mastigar novamente o alimento já parcialmente digerido, permite que os ruminantes extraiam nutrientes de um material vegetal rico em fibras e de baixa qualidade nutricional. Os ruminantes produzem grande quantidade de leite a partir de um alimento que, não fosse por isso, seria inútil para os humanos, e que pode ser armazenado na qualidade de palha ou silagem. Sem eles, não haveria leite nem laticínios.

ANIMAIS QUE DÃO LEITE EM TODO O MUNDO

É bem pequeno o número de espécies de animais que contribui significativamente para a produção de leite em todo o mundo.

A vaca, europeia e indiana. O ancestral imediato do *Bos taurus*, a vaca leiteira comum, foi o *Bos primigenius*, o auroque selvagem de chifres longos. Esse animal enorme, que alcançava 180 cm na altura dos ombros e cujos chifres chegavam a 17 cm de diâmetro, vagava pela Ásia, pela Europa e pelo norte da África na forma de duas raças que conviviam pacificamente entre si: uma forma europeia e africana sem corcova e outra asiática com corcova, o zebu. A raça europeia foi domesticada no Oriente Médio por volta de 8000 a.C.; o zebu, tolerante ao calor e a parasitas, foi domesticado no centro-sul da Ásia por volta da mesma época; e uma variante africana da raça europeia foi domesticada no Saara provavelmente algum tempo depois.

Nos lugares onde são mais numerosos, no centro e no sul da Índia, os zebus sempre foram tão apreciados pela força muscular quanto pelo leite que fornecem, e por isso continuam esbeltos e conservam os chifres longos. Já as vacas leiteiras europeias foram altamente selecionadas para produzir mais leite pelo menos desde 3000 a.C., quando a estabulação nas cidades da Mesopotâmia e a forragem pobre com que eram alimentadas no inverno provocaram a redução do tamanho do corpo e dos chifres. Até hoje, o gado das raças leiteiras mais apreciadas – Jersey, Guernsey, pardo-suíça, holandesa Holstein – tem chifres curtos e investe a maior parte da sua energia na produção de leite, não na força dos músculos e dos ossos. O moderno zebu não é produtor tão abundante quanto as raças europeias, mas seu leite contém 25% a mais de gordura própria para fazer manteiga.

A búfala. O búfalo-asiático é relativamente pouco conhecido no Ocidente, mas é o bovino mais importante na Ásia tropical. O *Bubalus bubalis* foi domesticado como animal de tiro na Mesopotâmia por volta de 3000 a.C.; depois, foi levado para as civilizações do Rio Indo, onde hoje é o Paquistão, e de lá espalhou-se pela China e pela Índia. Esse animal tropical é sensível ao calor (fica dentro da água para se refrescar) e, por isso, mostrou-se adaptável a climas mais amenos. Os árabes trouxeram o búfalo para o Oriente Médio por volta de 700 d.C., e, na Idade Média, esses animais foram introduzidos em toda a Europa. O vestígio mais notável dessa introdução é um rebanho de quase 100 mil cabeças na região da Campanha, ao sul de Roma, que fornece o leite para o verdadeiro queijo mozarela, a *mozzarella di bufala*. O leite de búfala é muito mais gordo que o de vaca. Por isso os pratos indianos e aqueles feitos com mozarela ficam muito diferentes quando o tradicional leite de búfala é substituído por leite de vaca.

O iaque. O terceiro bovino importante para a produção de leite é o iaque, *Bos grunniens*. Este parente da vaca comum, de corpo e cauda peludos, é maravilhosamente bem adaptado ao ar frio, seco e rarefeito e à vegetação esparsa do planalto tibetano e das montanhas da Ásia Central. Foi domesticado aproximadamente na mesma época que o gado das terras baixas. O leite de iaque é substancialmente mais rico em gorduras e proteínas do que o de vaca. Os tibetanos, em particular, fazem elaborado uso da manteiga de iaque e de vários produtos fermentados.

A cabra. As cabras e ovelhas pertencem ao ramo "ovicaprino" da família dos ruminantes; são animais menores, que se sentem especialmente à vontade em terreno montanhoso. A cabra, *Capra hircus*, descende de um ruminante que habitava as montanhas e as regiões semidesérticas da Ásia Central e que provavelmente foi, depois do cão, o primeiro animal a ser domesticado, entre 9000 e 8000 a.C., nas terras onde hoje ficam o Irã e o Iraque. É o mais resistente de todos os animais de leite na Eurásia e se alimenta de praticamente qualquer tipo de vegetação, inclusive lenhosa. Sua natureza onívora, o pequeno tamanho e a grande produção de leite com um sabor bastante específico – a maior produção de todos os animais leiteiros em relação ao peso do corpo – fizeram da cabra um versátil animal de leite e de corte nas áreas mais distantes dos grandes centros de produção agrícola.

A ovelha. A ovelha, *Ovis aries*, foi domesticada na mesma região e na mesma época em que o foi sua prima, a cabra. Com o tempo, passou a ser muito apreciada por sua carne, leite, lã e gordura. Originalmente, carneiros e ovelhas pastavam nos contrafortes gramados das grandes montanhas e são um pouco mais exigentes que as cabras, mas menos que o gado bovino. O leite de ovelha é tão gordo quanto o de búfala e ainda mais rico em proteínas; há muito é apreciado na região oriental do Mediterrâneo para fazer iogurte e queijo feta, e em outras partes da Europa para fazer queijos como o roquefort e o pecorino.

A camela. A família dos camelos não é tão próxima das dos bovinos e dos ovicaprinos, e é possível que os camelos tenham desenvolvido o hábito da ruminação independentemente, nos primórdios de sua evolução, na América do Norte. Os camelos são bem adaptados a ambientes áridos e foram domesticados por volta de 2500 a.C. na Ásia Central, sobretudo para servirem de animais de carga. O leite de camela, mais ou menos semelhante ao de vaca, é tirado em muitos países, sendo um dos alimentos básicos dos habitantes do nordeste da África.

AS ORIGENS DA CRIAÇÃO DE ANIMAIS DE LEITE

Quando e por que os seres humanos, avançando um passo além da herança biológica de bebedores de leite, adotaram a prática cultural de beber o leite de *outros* animais? Os dados arqueológicos nos dizem que ovelhas e cabras foram domesticadas nas pradarias e florestas ralas dos atuais Irã e Iraque entre 9000 e 8000 a.C., mil anos antes que o mesmo acontecesse com outras espécies de gado maiores e mais ferozes. No começo, esses animais eram criados para consumo de carne e uso de peles, mas a descoberta da ordenha representou um progresso significativo. Os animais de leite podem produzir, em matéria de nutrição, o equivalente à produção de um animal de corte abatido por ano, e isso ao longo de vários anos e em pequenas doses diárias, fáceis de manejar. A ordenha de leite é o meio mais eficiente de obter alimento onde a terra não é cultivada, e pode ter se tornado especialmente importante quando as comunidades agrícolas se disseminaram por vastas regiões a partir do sudoeste asiático.

É quase certo que o leite dos pequenos ruminantes, e depois o do gado bovino, era a princípio ordenhado em recipientes feitos da pele ou do estômago de animais. Os objetos mais antigos encontrados que indicam que se praticava a ordenha de leite são peneiras de argila; fabricadas por volta de 5000 a.C., foram descobertas nos povoados dos primeiros agricultores do norte da Europa. Pinturas rupestres de cenas de ordenha foram feitas mil anos depois no Saara, e aparentes restos de queijo foram achados em túmulos egípcios de 2300 a.C.

TRADIÇÕES DIVERSAS

Os antigos pastores teriam descoberto as principais transformações do leite em seus primeiros recipientes. Deixando o leite em repouso, o creme gordo naturalmente se acumula no topo; e, agitado, se converte em manteiga. O leite restante naturalmente se acidifica e, por fim, coagula-se num grosso iogurte, que, por drenagem, separa-se na coalhada sólida e no soro líquido. A salga da coalhada fresca produz um queijo simples, que se conserva por bastante tempo. À medida que os ordenhadores de leite ganharam experiência e passaram a tirar leite em maior quantidade, descobriram novas maneiras de concentrar e preservar seu valor nutritivo, desenvolvendo laticínios específicos nas diferentes regiões climáticas do Velho Mundo.

No árido sudoeste da Ásia, o leite de cabras e ovelhas era levemente fermentado e transformava-se num iogurte que, seco ao sol ou mergulhado em óleo, se conservava por vários dias; ou, ainda, coalhava-se num queijo que podia ser comido fresco ou preservado por secagem ou salmoura. Os nômades tártaros, a quem faltava a vida sedentária que permitiria a produção de cerveja de cereais ou de vinho de uva, chegavam até a fermentar leite de égua para fazer o *koumiss*, bebida levemente alcoólica que, segundo Marco Polo, tinha "as qualidades e o sabor do vinho branco". Nos planaltos da Mongólia e do Tibete, leites de vaca, camela e iaque eram batidos e transformados em manteiga, usada como alimento básico de alto teor energético.

Na Índia semitropical, deixava-se que a maior parte do leite das vacas zebu e das búfalas azedasse durante a noite e se transformasse num iogurte, que, batido, resultava em manteiga e leitelho. A manteiga era então clarificada na forma de *ghee* (p. 41), que se conserva por vários meses. Uma parte do leite era fervida repetidamente para se manter doce e depois preservada, não com sal, mas mediante o acréscimo de açúcar e uma cocção longa, que desidratava o leite (ver quadro na p. 28).

O mundo mediterrâneo greco-romano usava o econômico azeite de oliva em lugar da manteiga, mas apreciava o queijo. Plínio, escritor romano, tinha em alta conta os queijos de províncias distantes, localizadas em partes das atuais França e Suíça. E, com efeito, a fabricação de queijos atingiu seu auge no norte da Europa continental graças às pastagens abundantes, ideais para o gado, e ao clima temperado que propiciava uma fermentação lenta e gradual.

A única grande região do Velho Mundo onde não se criavam animais de leite era a China, talvez porque a agricultura chinesa tenha começado em locais onde a vegetação natural não é composta de capins que apetecem os animais, mas de losna e erva-de-santa-maria, que muitas vezes são tóxicas. Mesmo assim, o contato frequente com os nômades da Ásia Central introduziu vários laticínios na China, cuja elite apreciou por muito tempo o iogurte, o *koumiss*, a manteiga, a coalhada ácida e, por volta de 1300, graças aos mongóis, até leite no chá!

A ordenha de leite era desconhecida no Novo Mundo. Em 1493, em sua segunda viagem, Colombo trouxe ovelhas, cabras e as primeiras vacas da raça espanhola de chifres longos que viria a proliferar no México e no Texas.

O leite na Europa e na América: da fazenda à fábrica

Na Europa pré-industrial. Na Europa, a criação de gado de leite desenvolveu-se em terras que forneciam abundantes pastagens, mas eram menos propícias ao plantio de trigo e outros cereais: as terras baixas e pantanosas da Holanda, os solos pesados do oeste da França e seu maciço central alto e rochoso, o clima úmido e frio das Ilhas Britânicas e da Escandinávia e os vales alpinos da Suíça e da Áustria. Com o tempo, o gado foi selecionado de acordo com o clima e as necessidades das diferentes regiões e diversificou-se em centenas de raças locais distintas (as resistentes vacas da raça pardo-suíça para fazer queijo nas montanhas, o diminuto gado Jersey e Guernsey para fazer manteiga nas ilhas do Canal da Mancha). O leite do verão era preservado na forma de queijos locais igualmente singulares. Já na época medieval, eram famosos o roquefort e o brie da França, o appenzeller da Suíça e o parmesão da Itália. Na Renascença, os Países Baixos eram renomados por sua manteiga e exportavam para toda a Europa seu produtivo gado frísio.

Até a época industrial, toda a produção de laticínios era feita nas fazendas e, em muitos países, principalmente por mulheres, que ordenhavam os animais de manhã bem cedo e no começo da tarde e depois trabalhavam por horas a fio para bater manteiga e fazer queijo. O povo da zona rural tomava um bom leite fresco; mas nas cidades, onde o gado confinado recebia uma ração insuficiente de resíduos de cervejaria, a maioria das pessoas só conhecia um leite aguado, adulterado e contaminado, levado pelas ruas em recipientes abertos. O leite infectado era uma das principais causas de mortalidade infantil no começo da época vitoriana.

Inovações industriais e científicas. A partir de 1830, mais ou menos, a industrialização transformou o setor de leite e laticínios na Europa e nos Estados Unidos. As ferrovias possibilitaram que o leite fresco da zona rural chegasse às cidades, onde o aumento da população e da renda alimentava a demanda; e novas leis passaram a regular a qualidade do leite. Com a introdução do maquinário agrícola a vapor, o gado pôde ser selecionado e criado exclusivamente para a produção de leite, e não para servir também como animais de tração. Com isso, a produção de leite aumentou sobremaneira e mais do que nunca as pessoas passaram a beber leite fresco. Com a invenção de máquinas para ordenhar, separar o leite do creme e bater este último, a produção de laticínios aos poucos saiu das mãos das ordenhadoras e afastou-se das propriedades rurais, que cada vez mais forneciam leite a fábricas para a produção em massa de creme, manteiga e queijo.

A partir do final do século XIX, inovações químicas e biológicas ajudaram a tornar os laticínios a um só tempo mais higiênicos, previsíveis e uniformes. O grande químico francês Louis Pasteur inspirou duas mudanças fundamentais na produção de laticínios: a *pasteurização*, o tratamento térmico esterilizante que leva seu nome; e o uso de culturas microbianas purificadas e padronizadas para fazer queijos e outros alimentos fermentados. A maioria das raças tradicionais de gado foram abandonadas em favor das produtivas vacas frísias (holstein) brancas e pretas, que hoje representam 90% do rebanho leiteiro norte-americano e 85% do inglês. As vacas são criadas em rebanhos cada vez maiores e alimentadas com uma ração otimizada que quase nunca inclui capim fresco; por isso o leite moderno não tem a cor, o sabor e a variação sazonal que caracterizavam o leite pré-industrial.

Os laticínios hoje. Atualmente, a produção de laticínios é feita por grandes empresas que em nada lembram as antigas ordenhadoras. A manteiga e o queijo, apreciados em outras épocas como concentrações delicadas da brandura do leite, tornaram-se mercadorias baratas, produzidas em massa e nada inspiradoras, que se acumulam nos armazéns do governo. Os fabricantes hoje retiram boa parte daquilo que dá ao leite, ao queijo, ao sorvete e à manteiga as suas qualidades próprias e os torna fontes de prazer: removem a gordura do leite, que de repente se tornou indesejável porque os cientistas descobriram que a gordura saturada tende a elevar o nível de colesterol do sangue e pode causar doenças cardíacas. Felizmente, os últimos anos assistiram a uma correção dessa visão distorcida das gorduras saturadas, a uma reação contra o monstro sagrado da produção em massa e a um ressurgimento do interesse por laticínios que conservam todo o seu sabor, feitos artesanalmente a partir do leite de raças bovinas tradicionais que pastam sazonalmente em prados verdes.

O LEITE E A SAÚDE

Há muito tempo que o leite é sinônimo de uma nutrição saudável e fundamental, e por excelentes motivos: ao contrário da maioria dos outros alimentos, o leite foi feito para ser um alimento. Sendo o único alimento que sustenta a vida do bezerro no começo de sua vida, ele é fonte de muitos nutrientes essenciais para a estrutura do corpo, especialmente proteína, açúcares, gordura, vitamina A, as vitaminas do complexo B e cálcio.

Ao longo das últimas décadas, porém, o retrato idealizado do leite adquiriu tons mais sombrios. Aprendemos que a proporção de nutrientes no leite de vaca não atende às necessidades dos bebês humanos, que a maioria dos adultos no planeta é incapaz de digerir o açúcar láctico chamado lactose e que o consumo exagerado de leite talvez não seja o caminho mais propício para chegar ao equilíbrio de cálcio no corpo. Essas complicações nos ajudam a lembrar que o leite foi feito para servir de alimento para o bezerro novo, que cresce rapidamente, e não para os seres humanos novos ou mais velhos.

OS NUTRIENTES DO LEITE

Quase todos os leites contêm a mesma bateria de nutrientes, cujas proporções relativas, porém, variam amplamente de espécie para espécie. Em geral, os animais que crescem rápido recebem um leite rico em proteínas e minerais. O bezerro duplica seu peso cinquenta dias depois de nascer, ao passo que o bebê humano leva cem dias; e, com efeito, o leite de vaca contém mais que o dobro das proteínas e minerais do leite materno. De todos os principais nutrientes, o leite dos ruminantes só carece gravemente de ferro e vitamina C. Graças aos microrganismos do rúmen, que convertem os ácidos graxos insaturados do capim e

---

Palavras da culinária: *milk* (leite), *dairy* (ordenha, laticínios)

Em inglês, as palavras *milk* (leite) e *dairy* (ordenha, laticínios) evocam o esforço físico que outrora era necessário para obter o leite e transformá-lo à mão. *Milk* vem de uma raiz indo-europeia que significava "tirar leite" e "esfregar"; o vínculo provavelmente estava no movimento das mãos pelo qual se tira o leite das tetas do animal. Na era medieval, *dairy* era originalmente *dey-ery*, ou seja, o local onde a *dey*, ou serva, transformava o leite em manteiga e queijo. *Dey*, por sua vez, provinha de uma raiz que significa "sovar pão" (a palavra *lady* tem a mesma raiz) – o que talvez reflita não só um dos deveres da serva, mas também o movimento de agitação necessário para tirar o leitelho da manteiga (p. 37) e, às vezes, o soro do queijo.

dos cereais em ácidos graxos saturados, a gordura do leite dos ruminantes é a mais saturada de nossos alimentos comuns. Só perde para o óleo de coco. A gordura saturada de fato eleva o nível de colesterol no sangue, e o excesso de colesterol está associado a um risco maior de contrair doenças cardíacas; mas, numa dieta equilibrada, os outros alimentos podem compensar essa desvantagem (p. 281).

O quadro abaixo mostra o conteúdo nutricional de leites conhecidos e de outros menos conhecidos. Estes números representam apenas uma aproximação grosseira, como indicam as diferentes classificações associadas às diferentes raças; também há muita variação de animal para animal, e mesmo no leite de um único animal à medida que ele avança em seu período de lactação.

O LEITE NA PRIMEIRA INFÂNCIA: NUTRIÇÃO E ALERGIAS

Em meados do século XX, quando se pensava que a nutrição era simples questão de proteínas, calorias, vitaminas e sais minerais, o leite de vaca parecia um excelente substituto para o leite materno e era bebido por mais da metade de todos os bebês de seis meses nos Estados Unidos. Hoje, essa proporção está na faixa dos 10%. Os médicos agora recomendam que o leite de vaca *in natura* não seja dado a crianças de menos de um ano. Uma das razões é que ele contém proteínas demais e não tem ferro e gorduras altamente insaturadas em quantidade suficiente para atender às necessidades do bebê humano. (Os leites em pó cuidadosamente formulados são mais próximos do leite materno.) Outra desvantagem do uso precoce de leite de vaca é que ele pode desencadear uma alergia. O sistema digestivo do bebê não está plenamente formado e pode deixar que alguns fragmentos de proteína alimentar passem intactos para o sangue. Essas moléculas estranhas provocam então uma reação defensiva do sistema imunológico, e essa reação fica mais forte a cada vez que o bebê se alimenta. Entre 1 e 10% dos bebês norte-americanos sofrem de alergia às proteínas que abun-

As composições de vários leites

Os números desta tabela indicam a porcentagem do peso do leite representada por seus principais componentes.

Leite	Gordura	Proteína	Lactose	Minerais	Água
Ser humano	4,0	1,1	6,8	0,2	88
Vaca	3,7	3,4	4,8	0,7	87
Holstein/frísia	3,6	3,4	4,9	0,7	87
Pardo-suíça	4,0	3,6	4,7	0,7	87
Jersey	5,2	3,9	4,9	0,7	85
Zebu	4,7	3,3	4,9	0,7	86
Búfala	6,9	3,8	5,1	0,8	83
Iaque	6,5	5,8	4,6	0,8	82
Cabra	4,0	3,4	4,5	0,8	88
Ovelha	7,5	6,0	4,8	1,0	80
Camela	2,9	3,9	5,4	0,8	87
Rena	17	11	2,8	1,5	68
Égua	1,2	2,0	6,3	0,3	90
Baleia rorqual	42	12	1,3	1,4	43

dam no leite de vaca, alergia cujos sintomas variam de um leve desconforto a danos graves ao intestino, e podem inclusive deixar a criança em choque. A maioria das crianças acaba se curando da alergia ao leite à medida que cresce.

O LEITE DEPOIS DA PRIMEIRA INFÂNCIA: O PROBLEMA DA LACTOSE

Os seres humanos são casos excepcionais no mundo animal pelo fato de continuarem consumindo leite, de uma forma ou de outra, depois de começarem a comer alimentos sólidos. E as pessoas que tomam leite depois da primeira infância são elas mesmas exceções dentro da espécie humana. O obstáculo é a lactose, o açúcar do leite, que não pode ser absorvido e usado pelo corpo em seu estado natural: primeiro precisa ser decomposto pelas enzimas digestivas do intestino delgado nos açúcares que o constituem. A produção de *lactase*, enzima que digere a lactose, atinge seu auge no revestimento interno do intestino humano pouco depois do nascimento e depois declina aos poucos, chegando ao nível mínimo entre os dois e os cinco anos de idade. Permanece então nesse nível mínimo por toda a idade adulta.

A lógica dessa tendência é óbvia: seria um desperdício de recursos o corpo continuar produzindo uma enzima de que já não precisa; e a maioria dos mamíferos, uma vez desmamados, nunca mais depara com a lactose em sua alimentação. Porém, se um adulto sem muita atividade de lactase ingere uma quantidade substancial de leite, a lactose passa pelo intestino delgado e chega ao intestino grosso, onde é metabolizada por bactérias. Nesse processo, as bactérias produzem dióxido de carbono, hidrogênio e metano, gases que causam desconforto. O açúcar também absorve água da parede intestinal, o que causa diarreia ou sensação de inchaço no abdômen.

A baixa atividade de lactase e seus sintomas recebem o nome de *intolerância à lactose*. Acontece que, nos adultos, a intolerância à lactose é a regra e não a exceção: os adultos tolerantes à lactose são uma pequena minoria da população do planeta. Há alguns milhares de anos, os povos do norte da Europa e de algumas outras regiões sofreram uma mutação genética que lhes permitiu produzir lactase ao longo de toda a vida, talvez por ser o leite um recurso excepcionalmente importante nos climas mais frios. Cerca de 98% dos escandinavos e 90% dos franceses e alemães toleram a lactose, mas isso só ocorre com 40% dos europeus meridionais e 30% dos afro-americanos.

Como lidar com a intolerância à lactose. Felizmente, intolerância à lactose não é intolerância ao leite em si. Os adultos que não produzem lactase podem consumir até um copo ou 250 ml de leite puro por dia sem sofrer sintomas graves, e podem consumir quantidades ainda maiores de laticínios. Os queijos não contêm lactose, ou contêm muito pouca (a maior parte sai junto com o soro, e o pouco que permanece no leite coalhado é fermentado por bactérias e fungos). As bactérias do iogurte geram enzimas que digerem a lactose. Essas enzimas permanecem ativas no intestino delgado e ali trabalham para nós. Por fim, os fãs de leite intolerantes à lactose podem comprar a própria enzima em forma líquida (feita a partir do fungo *Aspergillus*) e acrescentar algumas gotas a qualquer laticínio antes de consumi-lo.

NOVAS QUESTÕES ACERCA DO LEITE

O leite sempre foi apreciado por duas características nutricionais específicas: por ser rico em cálcio e pela quantidade e qualidade de suas proteínas. As pesquisas recentes levantaram algumas questões fascinantes acerca das duas coisas.

Perplexidades em torno do cálcio e da osteoporose. Nossos ossos são feitos de dois materiais primários: proteínas, que formam uma espécie de estrutura, e fosfato de cálcio, que preenche essa estrutura com uma massa forte, dura e mineralizada. O tecido ósseo sofre um processo constante de desconstrução e reconstrução ao longo de toda a vida adulta, e por isso a saúde dos ossos exige que a dieta forneça um suprimento adequado de cálcio e proteínas. Muitas mulheres dos países industrializados perdem uma tamanha quantidade de massa óssea após a menopausa que correm o risco constante de sofrer fraturas. Está claro que o cálcio dos alimentos ajuda a prevenir essa perda potencialmente perigosa, chamada *osteoporose*. O leite e os laticínios são a maior fonte de cálcio nos países onde o leite é um alimento comum, e certos órgãos do governo dos Estados Unidos recomendaram que os adultos consumissem o equivalente a um litro de leite por dia para evitar a osteoporose.

Essa recomendação representa uma concentração extraordinária de um único alimento e é antinatural – lembre-se de que a capacidade e o hábito de beber leite na idade adulta são aberrações circunscritas aos povos do norte da Europa e seus descendentes. Um litro de leite fornece dois terços das proteínas recomendadas para um dia, o que nos obrigaria a tirar da dieta outros alimentos – hortaliças, frutas, cereais, carne e peixe – que proporcionam benefícios nutricionais importantes. E não há dúvida de que deve haver outras maneiras de manter os ossos saudáveis. Em outros países, como a China e o Japão, a proporção de fraturas ósseas é muito menor que nos Estados Unidos ou na leitófila Escandinávia, apesar de o povo do Extremo Oriente quase não beber leite. Por isso parece prudente pesquisar outros fatores que influenciam a resistência dos ossos, especialmente aqueles que desaceleram o processo

As muitas influências sobre a saúde dos ossos

A boa saúde dos ossos resulta de um equilíbrio adequado entre os processos de desconstrução e reconstrução óssea. Esses processos dependem não só do teor de cálcio no corpo, mas também da atividade física que estimula a construção óssea; de hormônios e outras substâncias de controle; de outras vitaminas e minerais (entre os quais vitamina C, magnésio, potássio e zinco); e de outras substâncias ainda não identificadas. No chá, na cebola e na salsinha, parece haver fatores que tornam substancialmente mais lenta a desconstrução óssea. A vitamina D é essencial para a absorção eficiente do cálcio do alimento e também influencia a formação dos ossos; é habitualmente acrescentada ao leite. Também são fontes de vitamina D ovos, peixes e frutos do mar, bem como nossa própria pele, na qual a incidência da luz ultravioleta do sol ativa uma molécula precursora.

A quantidade de cálcio da qual dispomos para a construção dos ossos é afetada de modo significativo pela quantidade excretada na urina. Quanto mais perdemos, mais temos de assimilar a partir do alimento. Vários aspectos da dieta alimentar moderna aumentam a excreção de cálcio e, assim, elevam nossas necessidades desse nutriente. Um desses aspectos é o alto consumo de sal; outro é o alto consumo de proteína animal, uma vez que o metabolismo dos aminoácidos desta, que contêm enxofre, acidifica a urina e extrai dos ossos o cálcio, que neutraliza essa acidez.

Parece que a maior garantia contra a osteoporose é o exercício frequente dos ossos que queremos manter fortes, bem como uma dieta equilibrada, rica em vitaminas e minerais, moderada em sal e carne e que inclua vários alimentos calcíferos. O leite é um desses alimentos, decerto, mas devem-se consumir também feijão, frutos secos e outras sementes oleaginosas, tortilhas de milho e tofu (ambos os quais são processados com sais de cálcio) e verduras diversas – couves de diferentes variedades, mostarda etc.

de desconstrução (ver quadro da p. 16). A melhor resposta provavelmente não será uma única e gigantesca embalagem de leite, mas sim a famosa dieta equilibrada e a atividade física regular.

As proteínas do leite também têm outras qualidades. Costumávamos pensar que uma das principais proteínas do leite, a caseína (p. 21), era antes de tudo um reservatório nutricional daqueles aminoácidos com os quais o bebê constrói seu próprio corpo. Porém, tudo indica que ela também exerce a função complexa e sutil de orquestrar o metabolismo do bebê. Quando é digerida, suas longas cadeias de aminoácidos se quebram em fragmentos menores, os peptídeos. O fato é que muitos hormônios e medicamentos também são peptídeos, e vários peptídeos da caseína afetam o corpo de maneira semelhante aos hormônios. Um deles reduz o ritmo da respiração e do batimento cardíaco, outro desencadeia a liberação de insulina no sangue e um terceiro estimula a atividade purificadora dos glóbulos brancos. Será que os peptídeos do leite de vaca também afetam de modo significativo o metabolismo de crianças e adultos? Ainda não sabemos.

A BIOLOGIA E A QUÍMICA DO LEITE

COMO A VACA FAZ LEITE

O leite é alimento para os recém-nascidos, e por isso os animais de leite têm de dar à luz para poder produzir quantidades significativas desse líquido. As glândulas mamárias são ativadas por mudanças no equilíbrio hormonal que ocorrem no fim da gravidez; o estímulo para que continuem secretando leite é dado pela extração regular de leite da glândula. A sequência ideal para a produção de leite de vaca consiste em fertilizar de novo a vaca 90 dias depois de dar cria, extrair seu leite pelos próximos dez meses e deixar o leite secar nos dois meses que antecedem a próxima cria. Na pecuária intensiva, não se permite que as vacas desperdicem energia percorrendo grandes pastos para alimentar-se; elas recebem feno ou silagem (grãos de milho ou outras plantas, parcialmente secos e depois preservados por fermentação anaeróbica em silos fechados) no estábulo e só são ordenhadas durante os dois ou três anos em que são mais produtivas. A combinação de seleção genética e formulação ideal da ração fez com que certas vacas chegassem a produzir até 60 litros de leite por dia, embora a média nos Estados Unidos seja metade disso. As raças leiteiras de ovelhas e cabras fornecem cerca de 4 litros por dia.

O primeiro fluido secretado pelas glândulas mamárias é o colostro, uma solução amarela, cremosa, feita de gordura concentrada, vitaminas e proteínas, especialmente imunoglobulinas e anticorpos. Depois de alguns dias, quando cessa o fluxo de colostro e o leite já está bom para ser vendido, o bezerro adota uma dieta de leite de soja e leite reconstituído, e a vaca é ordenhada duas ou três vezes por dia para que suas células secretoras continuem funcionando em plena capacidade.

A fábrica de leite. A glândula mamária é uma espantosa fábrica biológica, com muitas células e estruturas diferentes que cooperam para criar, armazenar e fornecer o leite. Alguns elementos do leite vêm diretamente do sangue da vaca e acumulam-se no úbere. Os nutrientes principais, porém – gordura, açúcares e proteínas –, são montados pelas células secretoras da glândula e depois liberados para as tetas.

Um líquido vivo. A aparência homogênea do leite oculta uma complexidade e uma vitalidade tremendas. O leite é vivo no sentido de que, recém-saído do úbere, contém glóbulos brancos vivos, algumas células das glândulas mamárias e várias bactérias; e está repleto de enzimas ativas, algumas flutuando soltas, outras incrustadas nas membranas dos glóbulos de gordura. A pasteurização (p. 24) diminui enormemente essa vitalidade; com efeito, a ati-

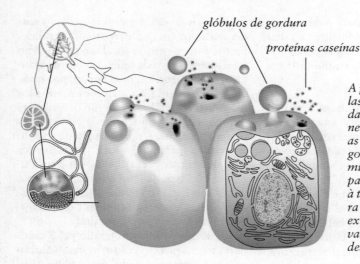

glóbulos de gordura
proteínas caseínas

A produção do leite. As células das glândulas mamárias da vaca sintetizam os componentes do leite, entre os quais as proteínas e os glóbulos de gordura, e liberam-nos em milhares de pequenos compartimentos que conduzem à teta. Os glóbulos de gordura passam pelas membranas exteriores das células e levam em sua superfície partes dessas membranas.

vidade residual de enzimas é entendida como um sinal de que o tratamento térmico não deu certo. O leite pasteurizado contém pouquíssimas células vivas e moléculas de enzimas ativas, e por isso é fácil concluir que também é mais estável e contém menos bactérias que poderiam causar intoxicação alimentar; seu sabor se deteriora mais lentamente que o do leite fresco. Porém, o dinamismo do leite fresco é muito valorizado nos processos tradicionais de produção de queijo, em que contribui para o processo de maturação e aprofunda o sabor final.

A branca opalescência do leite é produzida por microscópicos glóbulos de gordura e feixes de proteínas, os quais têm tamanho suficiente para refratar os raios de luz que passam pelo líquido. Sais dissolvidos, açúcar láctico, vitaminas, outras proteínas e vestígios de muitos outros compostos também nadam na água que representa a maior parte do fluido. Os componentes mais importantes são de longe o açúcar, a gordura e as proteínas, que daqui a pouco vamos examinar em detalhes.

Mas, antes, algumas palavras sobre os outros componentes. O leite é levemente ácido, com pH entre 6,5 e 6,7, e tanto a acidez quanto a concentração de sais afetam fortemente o comportamento das proteínas, como veremos. Os glóbulos de gordura levam em si a incolor vitamina A e seus precursores amarelo-alaranjados, os carotenos, que se encontram nas plantas verdes e dão ao leite e à manteiga a leve coloração que os caracteriza. As diversas raças de vaca convertem quantidades diferentes de caroteno em vitamina A; as Jersey e Guernsey convertem pouco e produzem um leite especialmente dourado, ao passo que, no outro extremo, ovelhas, cabras e búfalas processam quase todo o caroteno, de tal modo que seu leite, embora nutritivo, é extremamente branco. A riboflavina, de coloração verde, pode às vezes ser vista no leite desnatado ou no soro aguado e translúcido que escorre das proteínas coaguladas do iogurte.

O AÇÚCAR DO LEITE: LACTOSE

O único carboidrato encontrado no leite lhe é também peculiar (e a umas poucas plantas), e por isso foi chamado *lactose* ou "açúcar do leite". (O prefixo *lact-* vem da palavra latina que significa "leite" e será encontrado igualmente nos nomes de proteínas, ácidos e bactérias do leite.) A lactose é composta por dois açúcares simples, a glicose e a galactose, que se unem somente na célula secretora da glândula mamária e em nenhum outro lugar do corpo do animal. A lactose é responsável por quase metade das calorias do leite humano e por 40% das do leite de vaca, e é ela que dá ao leite seu gosto adocicado.

Esse caráter único da lactose tem duas grandes consequências práticas. Em primeiro lugar, precisamos de uma enzima especial para digeri-la; muitos adultos não produzem essa enzima e têm de tomar cuidado com o consumo de leite e laticínios (p. 15). Em segundo lugar, a maioria dos microrganismos leva algum tempo para fabricar a enzima que digere a lactose e, por isso, ela demora para se multiplicar no leite, mas um grupo em especial já possui essa enzima pronta e por isso pode começar a agir antes de todos os outros. As bactérias chamadas *lactobacilos* e *lactococos* não só se multiplicam imediatamente na lactose como também convertem-na em ácido láctico ("ácido do leite"). Assim, elas acidificam o leite e, nesse processo, tornam-no menos propício à ocupação por outros microrganismos, inclusive muitos daqueles que poderiam estragar o seu gosto ou causar doenças. Portanto, a lactose e as bactérias do ácido láctico azedam o leite, mas ajudam a impedir que ele se estrague ou perca sua potabilidade.

A lactose tem um quinto da doçura do açúcar comum e um décimo da solubilidade deste último na água (200 *vs.* 2.000 g/l). Por isso cristais de lactose se formam rapidamente em produtos como o leite condensado e o sorvete e podem lhes dar uma textura arenosa.

A GORDURA DO LEITE

A gordura é responsável por boa parte da consistência e do valor nutritivo e econômico do leite. Os glóbulos de gordura levam em si as vitaminas lipossolúveis (A, D, E, K) e cerca de metade das calorias do leite. Quanto maior o conteúdo de gordura do leite, tanto mais creme ou manteiga se pode fazer a partir dele e, consequentemente, maior o preço pelo qual pode ser vendido. A maioria das vacas secreta mais gordura durante o inverno, devido sobretudo à ração concentrada com que são alimentadas nessa época e à proximidade do fim do período de lactação. Certas raças, especialmente a Guernsey e a Jersey das ilhas do Canal da Mancha (entre a Inglaterra e a França), produzem um leite especialmente gordo, com grandes glóbulos de gordura. Os leites de ovelha e búfala contêm até duas vezes mais gordura que o leite de vaca (p. 14).

O modo como a gordura se organiza em glóbulos explica em boa parte o comportamento do leite na cozinha. A membrana que envolve cada glóbulo de gordura é feita de fosfolipídios (ácidos graxos emulsificantes, p. 894) e proteínas, e desempenha dois papéis principais. Por um lado, separa as gotículas de gordura umas das outras e as impede de se aglomerar numa grande massa única; por outro, protege as moléculas de gordura das enzimas lipodigestoras presentes no leite, as quais de outro modo iriam atacá-las e decompô-las em ácidos graxos amargos e de cheiro rançoso.

A formação da nata ou creme. Quando o leite recém-saído do úbere esfria e fica em repouso por algumas horas, muitos de seus glóbulos de gordura sobem e formam no alto do recipiente uma camada rica em gordura. Esse fenômeno natural foi, durante milênios, o primeiro passo para a obtenção de creme gordo e manteiga a partir do leite. No século XIX, foram desenvolvidas centrífugas para concentrar mais rápida e completamente os glóbulos de gordura e inventou-se a homogeneização para impedir o leite integral de se separar desse modo (p. 24). Os glóbulos sobem porque a gordura é mais leve que a água, e de forma muito mais rápida do que seu empuxo poderia fazer crer. Ocorre que algumas proteínas menores do leite se ligam de modo não muito firme aos glóbulos de gordura e unem entre si aglomerados de cerca de 1 milhão de glóbulos, cuja força ascensional é maior que a dos glóbulos isolados. O calor desnatura essas proteínas e impede a aglomeração dos glóbulos, de modo que os glóbulos do leite pasteurizado mas não homogeneizado sobem mais lentamente e formam uma camada mais fina e menos nítida. Devido ao pequeno tamanho dos glóbulos e à baixa atividade de aglomeração, a formação da nata nos leites de cabra, ovelha e búfala leva bastante tempo.

Os glóbulos de gordura do leite toleram o calor... As interações entre os glóbulos de gordura e as proteínas também são responsáveis pela notável tolerância do leite e do creme ao calor. O leite e o creme podem ser fervidos e reduzidos durante horas, até ficarem quase secos, sem que as membranas dos glóbulos se rompam a ponto de deixar escapar a gordura. Essas membranas já são robustas em seu estado natural, e o calor desdobra muitas das proteínas do leite, facilitando que elas se liguem umas às outras e à superfície dos glóbulos – de modo que a armadura globular vai ficando cada vez mais grossa à medida que o calor aumenta. Sem essa estabilidade diante do calor, seria impossível fazer muitos molhos enriquecidos com creme e molhos e doces à base de leite reduzido.

... mas são sensíveis ao frio. O congelamento é outra história. É fatal para a membrana dos glóbulos de gordura. Tanto a gordura do leite, quando fria, quanto a água congelada formam cristais grandes, sólidos e pontiagudos que perfuram, esmagam e rasgam o fino véu de fosfolipídios e proteínas que envolve os glóbulos, o qual tem a espessura de umas poucas moléculas. Quando se congela e depois se descongela o leite ou o creme, boa parte do material das membranas fica em livre flutuação no líquido e muitos glóbulos de gordura se ligam uns aos outros, formando grânulos de manteiga. Caso se cometa o erro de aquecer o leite ou creme descongelados, os grânulos derretem e formam poças de óleo.

AS PROTEÍNAS DO LEITE: COAGULAÇÃO POR MEIO DE ÁCIDOS E ENZIMAS

Duas classes de proteína: a coalhada e o soro. Dezenas de proteínas diferentes flutuam soltas no leite. Felizmente, quando se trata de como elas se comportam na cozinha, podemos reduzir a população de proteínas a dois grupos básicos: a coalhada e o soro. Os dois grupos se distinguem pelo modo como reagem aos ácidos. As poucas proteínas da coalhada, as *caseínas*, aglomeram-se em meio ácido e formam uma massa sólida, o *coágulo* ou a *coalhadura*; as demais, as proteínas do soro, permanecem suspensas no líquido. É a natureza aglomerativa das caseínas que possibilita a existência da maioria dos produtos feitos com leite coalhado, do iogurte aos queijos. O papel desempenhado pelas proteínas do soro é menor; elas influenciam a textura dos coá-

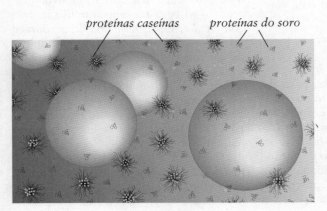

proteínas caseínas   *proteínas do soro*

Visão próxima do leite. Glóbulos de gordura estão suspensos num fluido composto de água, moléculas isoladas de proteínas do soro, feixes de moléculas das caseínas e açúcares e minerais dissolvidos.

gulos de caseína e estabilizam as espumas de leite e os cafés especiais. Em geral, a quantidade de caseínas é maior que a das proteínas do soro; no leite de vaca, a relação entre o peso de umas e outras é de 4 para 1.

Tanto as caseínas quanto as proteínas do soro são incomuns entre as proteínas alimentares pelo fato de serem muito tolerantes ao calor. Ao passo que a cocção coagula as proteínas dos ovos e da carne em massas sólidas, não faz o mesmo com as do leite e do creme – a menos que estes tenham se acidificado. O leite e o creme frescos podem ser fervidos e reduzidos a uma fração de seu volume sem coagular.

As caseínas. A família das caseínas inclui quatro tipos diferentes de proteínas que se reúnem em microscópicas unidades chamadas *micelas*. Cada micela de caseína contém alguns milhares de moléculas de proteína e mede cerca de um dez mil avos de milímetro, ou uma quinquagésima parte do tamanho de um glóbulo de gordura. As micelas de caseína perfazem por volta de um décimo do volume do leite. Boa parte do cálcio do leite está nas micelas, onde esse elemento químico atua como uma espécie de cola que une as moléculas proteicas. Uma porção de cálcio une a proteína em pequenos aglomerados de 15 a 25 moléculas. Outra porção ajuda a juntar várias centenas de aglomerados para constituir a micela (cuja coesão também é garantida pelo fato de as porções hidrofóbicas das proteínas se ligarem umas às outras).

Separando as micelas... Um dos membros da família da caseína é especialmente importante nessas reuniões. Trata-se da kappa-caseína, que reveste as micelas quando elas atingem certo tamanho, impede-as de crescer mais e as mantém dispersas e separadas. Uma das extremidades dessa molécula de revestimento se estende da micela em direção ao líquido circundante e forma uma "camada de pelos" com carga elétrica negativa que repele as outras micelas.

... e unindo-as de novo em coágulos. Há diversas maneiras pelas quais a estrutura intricada das micelas de caseína pode ser perturbada de modo que as micelas se juntem e o leite coagule. Uma delas é a acidificação. O pH normal do leite é cerca de 6,5, ou seja, apenas levemente ácido. Se o leite se acidificar a ponto de se aproximar do pH 5,5, a carga negativa da kappa-caseína é neutralizada e as micelas já não se repelem entre si, mas antes se juntam em aglomerados não muito densos. No mesmo grau de acidez, a cola de cálcio que agrega as micelas se dissolve, as micelas começam

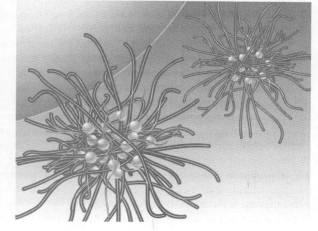

Um modelo da proteína láctea chamada caseína, que se apresenta na forma de micelas, ou seja, pequenos feixes cujo tamanho é apenas uma fração do de um glóbulo de gordura. Uma única micela consiste em muitas moléculas individuais de proteína (linhas) agregadas por partículas de fosfato de cálcio (pequenas esferas).

a se desfazer e suas moléculas individuais de proteína se dispersam. A partir do pH 4,7, as proteínas dispersas de caseína perdem sua carga negativa, ligam-se de novo umas às outras e constituem uma rede fina e contínua: o leite se solidifica, ou coalha. É isso o que acontece quando o leite azeda, ou quando se lhe acrescenta intencionalmente uma cultura de bactérias que produzem ácido a fim de fazer iogurte ou creme azedo.

Outra maneira pela qual as caseínas se coagulam serve de base para a produção de queijo. A quimosina, uma enzima digestiva do estômago de um bezerro alimentado com leite, foi feita especialmente para "cortar o cabelo" das micelas de caseína (p. 63). Ela corta somente aquela parte da kappa-caseína que se projeta no líquido circundante e afasta as micelas umas das outras. Privadas de sua camada de pelos, as micelas se juntam – sem que o leite se torne perceptivelmente azedo.

As proteínas do soro. Subtraídas as quatro caseínas das proteínas do leite, todas as que sobram, em número de várias dezenas, são proteínas do soro. Ao passo que as caseínas são primordialmente nutritivas, uma vez que fornecem cálcio e aminoácidos ao bezerro, as proteínas do soro são enzimas, proteínas defensivas e moléculas que se ligam a outros nutrientes para transportá-los. De longe, a mais abundante delas é a lactoglobulina, cuja função biológica ainda é um mistério. Trata-se de uma proteína altamente estruturada que se desnatura facilmente com a cocção. Desdobra-se a 78 °C, quando seus átomos de enxofre se expõem ao líquido circundante e reagem com íons de hidrogênio para formar o gás sulfeto de hidrogênio, cujo aroma poderoso contribui para o sabor característico do leite cozido (e de muitos outros alimentos de origem animal).

No leite em ebulição, a lactoglobulina não desdobrada não se liga a si mesma, mas à kappa-caseína das micelas de caseína, que permanecem separadas; assim, a lactoglobulina desnaturada não coagula. Quando desnaturadas em meio ácido e sem muita caseína ao redor – como no soro de queijo –, as moléculas de lactoglobulina conseguem se unir umas às outras e formar pequenos coágulos que podem ser transformados em queijos de soro, como a verdadeira ricota. Mais do que em suas formas originais, as proteínas do soro desnaturadas pelo calor são capazes de estabilizar bolhas de ar na espuma de leite e cristais de gelo no sorvete; é por isso que o leite e o creme são habitualmente cozidos para fazer esses preparados (pp. 28, 46).

O SABOR DO LEITE

O sabor do leite fresco é equilibrado e sutil. É caracteristicamente doce por causa da lactose, levemente salgado por causa dos complementos minerais e quase imperceptivelmente ácido. Seu aroma suave e agradável é devido em grande medida aos ácidos graxos de cadeia curta (entre os quais os ácidos butírico e cáprico), que ajudam a manter fluida à temperatura do corpo a gordura láctea altamente saturada e são pequenos suficiente para evaporar no ar e chegar ao nosso nariz. Geralmente, os ácidos graxos livres dão aos alimentos um sabor indesejável, semelhante ao de sabão. Mas, em quantidades mínimas, os ácidos graxos do rúmen (com 4 a 12 átomos de carbono), versões ramificadas desses mesmos ácidos e combinações de ácidos e alcoóis chamadas ésteres proporcionam ao leite sua mescla fundamental de notas animais e frutadas. Os cheiros característicos do leite de cabra e do leite de ovelha são devidos a dois ácidos graxos ramificados com 8 átomos de carbono (4-etil octanoico, 4-metil octanoico) que não figuram no leite de vaca. O leite de búfala, do qual é feito a mozarela tradicional, tem uma mescla característica de ácidos graxos modificados que lembram o aroma de cogumelos e grama recém-cortada, aliada a um composto de nitrogênio (indol) que evoca o cheiro típico de um terreiro de fazenda.

O sabor básico do leite fresco é afetado pelo que os animais comem. O feno seco e a silagem contêm relativamente poucas gorduras e proteínas e produzem um aroma menos complexo, que lembra ligeiramente o de queijo, ao passo que o capim de pasto fornece a matéria-prima para notas doces, semelhantes à framboesa (derivadas de ácidos graxos insaturados de cadeia longa), e para o indol.

Sabores dados pela cocção. A pasteurização lenta (p. 24) modifica levemente o sabor do leite e elimina alguns de seus aromas mais delicados, mas estabiliza-o na medida em que torna inativas as enzimas e bactérias e acrescenta leves notas de enxofre e folhas verdes (dimetil sulfeto, hexanal). A pasteurização rápida ou uma cocção breve – aquecer o leite a mais de 76 °C – gera traços de muitas substâncias saborosas, entre as quais aquelas que caracterizam a baunilha, as amêndoas e a manteiga feita com creme maturado, além do sulfeto de hidrogênio, que cheira a ovo. A fervura prolongada estimula o escurecimento, ou seja, a reação de Maillard entre a lactose e as proteínas do leite, e gera moléculas que se combinam para fornecer um sabor de *butterscotch*.

O desenvolvimento de sabores ruins. O sabor delicioso do leite fresco pode se deteriorar de diversas maneiras. O simples contato com o oxigênio ou a exposição à luz forte causa a oxidação dos fosfolipídios na membrana dos glóbulos e uma cadeia de reações que aos poucos geram aromas rançosos de papelão, metálicos, de peixe e de tinta. Se o leite chega a azedar, desenvolve ainda, em regra, notas de frutas, de vinagre, de malte e outras mais desagradáveis.

A exposição à luz do sol ou a iluminação fluorescente também gera um odor característico de queimado, que lembra o do repolho. Esse aroma parece resultar de uma reação entre a vitamina riboflavina e o aminoácido metionina, que contém enxofre. Recipientes transparentes de vidro e de plástico e a iluminação dos supermercados causam este problema; recipientes opacos de papel-cartão o previnem.

LATICÍNIOS NÃO FERMENTADOS

Pode até ser que o leite fresco, o creme de leite e a manteiga já não sejam tão importantes na culinária europeia e norte-americana quanto foram outrora, mas ainda são ingredientes essenciais. O leite alcançou nova proeminência em razão da febre do café nas décadas de 1980 e 1990.

LEITES

O leite se tornou o mais padronizado de nossos alimentos básicos. No passado, aqueles que tinham a sorte de morar perto de uma fazenda podiam sentir o gosto do pasto e das estações no leite recém-tirado da vaca. Atualmente, a vida urbana, a produção em massa e noções mais rígidas de higiene tornaram inacessíveis tais experiências. Quase todo o leite consumido nos Estados Unidos provém de vacas de uma única raça, as Holstein brancas e pretas, estabuladas e alimentadas o ano inteiro com uma dieta uniforme. Grandes leiterias reúnem o leite de centenas, às vezes milhares de vacas, pasteurizam-no para eliminar os microrganismos e o homogeneízam para impedir a separação da gordura. O resultado é um leite processado que não pertence a nenhum animal, fazenda ou estação do ano em particular e que, portanto, não tem nenhum caráter distintivo. Algumas leiterias de pequena escala continuam ordenhando outras raças, soltando os animais para pastar e pasteurizando apenas levemente o leite não homogeneizado. Esse leite tem um sabor característico, uma rara lembrança do gosto que o leite tinha antigamente.

Leite fresco. A ordenha cuidadosa de vacas saudáveis tem como resultado um leite fresco de boa qualidade, que tem um gosto e um comportamento físico peculiares. Porém, se o leite for contaminado por uma vaca doente ou pela manipulação descuidada – o úbere fica bem próximo da cauda do animal –, o fluido nutritivo logo estará repleto de microrganismos potencialmente perigosos. A importância de uma higiene rigorosa no local de ordenha é conhecida pelo menos desde a Idade Média, mas a vida longe das fazendas tornou a contaminação e até a adulteração excessivamente comuns nas cidades europeias dos séculos XVIII e XIX, onde muitas crianças morriam de tuberculose, brucelose ou simples intoxicação alimentar causadas pelo leite infectado. Na década de 1820, muito antes que se conhecesse a existência dos micróbios, alguns livros de economia doméstica recomendavam que todo o leite fosse fervido antes do uso. No começo do século XX, os governos nacionais e locais começaram a regulamentar o setor de leite e laticínios e a exigir que todo o leite fosse aquecido para matar os microrganismos causadores de doenças.

Hoje em dia, pouquíssimas leiterias nos Estados Unidos vendem o leite fresco. Elas têm de ser autorizadas pelo governo e recebem inspeções frequentes; além disso, o leite vem com uma tarja de alerta. O leite fresco tampouco é comum na Europa.

Tratamentos por pasteurização e UHT.

Na década de 1860, o químico francês Louis Pasteur estudou a deterioração do vinho e da cerveja e criou um tratamento por aquecimento moderado que os preservava sem alterar demais o seu sabor. Demorou várias décadas para que a pasteurização fosse adotada pelas leiterias. Hoje em dia, na produção em escala industrial, ela é uma necessidade prática. A coleta e a junção de leites de muitos produtores diferentes aumentam o risco de que um dos lotes esteja contaminado; e as máquinas e tubulações necessárias para os vários estágios do processamento oferecem muitas novas oportunidades de contaminação. A pasteurização prolonga a vida de prateleira do leite porque mata os microrganismos patogênicos e os que causam a deterioração do produto e desativa as enzimas lácteas, especialmente as que digerem gorduras, cuja atividade lenta mas constante pode estragar o gosto do leite. O leite pasteurizado conservado em temperatura inferior a 5 °C deve permanecer apto para consumo por 10 a 18 dias.

Há três métodos básicos de pasteurização do leite. O mais simples é a pasteurização *lenta*, em que um volume fixo de leite, talvez de algumas centenas de litros, é agitado lentamente num tonel aquecido à temperatura mínima de 62 °C por 30 a 35 minutos. As operações de escala industrial usam a pasteurização *rápida* ou HTST (sigla de *high-temperature, short-time* [alta temperatura, tempo curto]), em que o leite é bombeado continuamente através de um trocador de calor e permanece por 15 segundos à temperatura mínima de 72 °C. O processo lento tem efeito relativamente moderado sobre o sabor, ao passo que o método HTST alcança uma temperatura alta suficiente para desnaturar cerca de 10% das proteínas do soro e gerar o gás sulfeto de hidrogênio, com cheiro bem forte (p. 97). Embora esse sabor "cozido" fosse considerado um problema nos primeiros tempos, os consumidores norte-americanos se acostumaram com ele e hoje em dia as leiterias frequentemente o intensificam, fazendo a pasteurização a uma temperatura maior que a mínima; usa-se comumente a temperatura de 77 °C.

O terceiro método de pasteurização do leite é o *longa vida* ou UHT (sigla de *ultra-high temperature* [temperatura ultra-alta]), que envolve o aquecimento do leite a 130--150 °C seja instantaneamente seja por um período de 1 a 3 segundos, e produz um líquido que, embalado em condições de rigorosa esterilidade, pode ser estocado por meses sem refrigeração. O tratamento UHT mais longo dá ao leite um sabor cozido e uma tonalidade levemente marrom; o creme contém menos lactose e proteínas, e por isso sua cor e sabor são menos afetados por esse método de pasteurização.

O leite esterilizado é aquele que foi aquecido a 110-121 °C por um período de 8 a 30 minutos; é ainda mais escuro e de sabor mais forte, e conserva-se indefinidamente em temperatura ambiente.

Homogeneização.
Entregue a si mesmo, o leite fresco integral naturalmente se separa

em duas fases: os glóbulos de gordura se unem e sobem para formar a camada de creme ou nata, deixando embaixo uma fase menos gorda (p. 19). O tratamento chamado de *homogeneização* foi desenvolvido na França por volta de 1900 para impedir a formação de nata e deixar a gordura do leite igualmente – homogeneamente – dispersa. Nele, o leite quente é bombeado em alta pressão por válvulas muito estreitas onde a turbulência rompe os glóbulos de gordura e os torna menores; seu diâmetro médio cai de 4 micrômetros para 1. O aumento repentino no número de glóbulos causa um aumento proporcional em sua área superficial, que já não pode ser coberta pelas membranas originais. A superfície exposta da gordura atrai partículas de caseína, que aderem nela e criam um revestimento artificial (quase um terço da caseína do leite acaba grudada nos glóbulos). As partículas de caseína arrastam os glóbulos para baixo com seu peso e prejudicam seu processo habitual de agregação; assim, a gordura permanece dispersa de modo homogêneo no leite. O leite é sempre pasteurizado antes da homogeneização ou ao mesmo tempo que esta ocorre, para que suas enzimas não possam atacar os glóbulos de gordura momentaneamente expostos e produzir um sabor rançoso.

A homogeneização afeta o sabor e a aparência do leite. Embora torne seu gosto menos marcante – talvez porque as moléculas do sabor se liguem às novas superfícies dos glóbulos de gordura –, também torna o leite mais resistente ao desenvolvimento de sabores indesejados. O leite homogeneizado parece mais cremoso na boca graças ao aumento (de sessenta vezes, mais ou menos) de sua população de glóbulos de gordura; e é mais branco, pois os pigmentos carotenoides na gordura se dispersam em partículas menores e mais numerosas.

Alteração nutricional; leites desengordurados. Uma das alterações nutricionais do leite é tão antiga quanto o próprio ato de ordenhar um animal: a retirada da camada de creme reduz substancialmente o teor de gordura do leite restante. Hoje em dia, a produção de leite desengordurado é mais eficiente, pois alguns glóbulos são retirados por centrifugação antes da homogeneização. O leite integral tem cerca de 3,5% de gordura; o semidesnatado tem, em geral, entre 1 e 2%; e o desnatado varia entre 0,1 e 0,5%.

Mais recente é a prática de suplementar o leite com várias substâncias. Nos Estados Unidos, quase todos os leites são fortificados com as vitaminas lipossolúveis A e D. Os leites semidesnatados têm textura e aparência ralas e são geralmente completados com proteínas lácteas secas, que podem lhes conferir um sabor levemente rançoso. O leite "acidófilo" contém o *Lactobacillus acidophilus*, uma bactéria que metaboliza a lactose transformando-a em ácido láctico e que pode se instalar no intestino humano

---

Um leite em pó asiático do século XIII

[Os exércitos tártaros] também aprovisionam leite apurado ou seco até virar uma pasta dura, a qual preparam da seguinte maneira. Fervem o leite e, retirando a parte gorda ou cremosa à medida que sobe, depositam-na num outro recipiente para fazer manteiga; isso porque, enquanto a gordura continuar no leite, este não endurece. O leite, então, é exposto ao sol até secar. [Quando vai ser usado], coloca-se num cantil certa porção misturada com a quantidade necessária de água. Pelo próprio movimento do cavalgar, o conteúdo é violentamente agitado e forma-se um mingau fino, que eles consomem ao jantar.

– Marco Polo, *As viagens*

(p. 52). O que mais ajuda os leitófilos incapazes de digerir a lactose é o leite tratado com a enzima digestiva lactase em sua forma purificada, que decompõe a lactose em açúcares simples e fáceis de absorver.

Estocagem. O leite é um alimento altamente perecível. Até o leite A pasteurizado contém milhões de bactérias em cada copo e se estraga rapidamente se não for refrigerado. Não convém congelar o leite, pois o congelamento rompe os glóbulos de gordura e as partículas de proteína, que se separam quando o leite é descongelado.

Leites condensados. Várias culturas tradicionais cozinham e reduzem o leite para conservá-lo e torná-lo mais fácil de transportar. Diz a lenda que o norte-americano Gail Borden reinventou o leite evaporado por volta de 1853, depois de uma agitada viagem transatlântica em que as vacas do navio ficaram doentes. Borden acrescentou grandes quantidades de açúcar ao leite concentrado para impedi-lo de estragar. A ideia de esterilizar o leite não adoçado enlatado surgiu em 1884 na mente de John Meyenberg, cuja empresa suíça fundiu-se com a Nestlé por volta da virada do século. O leite em pó só apareceu no começo do século XX. Hoje em dia, os leites condensados são apreciados porque se conservam por meses a fio e fornecem a contribuição característica do leite para a textura e o sabor de doces e massas assadas, sem acrescentar-lhes, porém, a água do leite.

O *leite condensado* ou *evaporado* é feito aquecendo o leite fresco sob pressão reduzida (vácuo parcial), de modo que ferva entre 43-60 °C até perder cerca de metade de sua água. O líquido resultante, cremoso e de sabor suave, é homogeneizado, enlatado e esterilizado. A cocção e a concentração de lactose e proteínas causam algum escurecimento, o que dá ao leite evaporado sua característica coloração castanho-amarelada e sua nota de caramelo. O escurecimento prossegue lentamente durante a estocagem e, em latas velhas, pode-se produzir um fluido escuro e ácido, de sabor saturado.

Para fazer *leite condensado adoçado*, antes de tudo o leite é concentrado por evaporação; depois, sofre o acréscimo de açúcar de mesa até atingir uma concentração de cerca de 55% de açúcar. Como os microrganismos não conseguem se multiplicar em tamanha pressão osmótica, a esterilização é desnecessária. A alta concentração de açúcares faz com que a lactose do leite se cristalize; este processo é controlado semeando o leite com cristais de lactose pré-formados, a fim de que os cristais permaneçam pequenos e não chamem a atenção quando ingeridos (os cristais de lactose grandes e ásperos que às vezes se encontram são considerados um defeito de qualidade). O leite condensado adoçado tem sabor mais suave

A composição dos leites condensados

Os números desta tabela indicam a porcentagem do peso do leite representada por seus principais componentes.

Tipo de leite	Proteínas	Gorduras	Açúcar	Minerais	Água
Leite evaporado	7	8	10	1,4	73
Leite evaporado desnatado	8	0,3	11	1,5	79
Leite condensado adoçado	8	9	55	2	27
Leite em pó integral	26	27	38	6	2,5
Leite em pó desnatado	36	1	52	8	3
Leite fresco	3,4	3,7	4,8	1	87

e menos "cozido" que o do leite evaporado, cor mais clara e a consistência de um xarope espesso.

O *leite em pó* é obtido quando se leva ao extremo a evaporação. O leite é pasteurizado em alta temperatura; depois, cerca de 90% de sua água são removidos por evaporação a vácuo, e os 10% restantes, num secador por pulverização (o leite concentrado é pulverizado numa câmara de ar quente, na qual as gotículas rapidamente evaporam, deixando somente minúsculas partículas dos sólidos do leite). Alguns leites também são liofilizados, ou seja, secos a frio. Removida a maior parte da água, o leite em pó não corre o risco de ser atacado por microrganismos. A maior parte dos leites em pó são feitos a partir de leite desnatado, pois a gordura láctea rança rapidamente quando exposta aos sais concentrados do leite e ao oxigênio da atmosfera; além disso, a gordura tende a revestir as partículas de proteína e dificulta a posterior remistura com a água. O leite em pó se conserva por vários meses em ambiente fresco e seco.

Cozinhar com leite. Boa parte do leite que usamos na cozinha desaparece numa mistura – massa firme ou líquida, creme de ovos e leite ou pudim – cujo comportamento é determinado principalmente pelos outros ingredientes. O leite serve primordialmente como fonte de umidade, mas também contribui com seu sabor, sua consistência, seu açúcar (que estimula o escurecimento) e sais que promovem a coagulação de proteínas.

Quando o leite é em si um dos ingredientes principais – em sopas-creme, molhos ou batatas fatiadas cozidas no leite, ou misturado com chocolate, café ou chá –, ele via de regra chama a atenção ao coagular suas proteínas. A película que se forma na superfície do leite fervido, de sopas e molhos é um complexo de caseína, cálcio, proteínas do soro e glóbulos de gordura aprisionados, e resulta da evaporação superficial da água e da progressiva concentração de proteínas na superfície. A formação dessa película pode ser minimizada cobrindo a panela ou formando, por agitação, uma espuma sobre a superfície; ambos os métodos diminuem a evaporação. Enquanto isso, no fundo da panela, a temperatura alta e desidratante transmitida pelo queimador provoca uma concentração semelhante de proteínas, que aderem ao metal e por fim se queimam. Caso a panela seja umedecida com água antes de derramar o leite, a adesão das proteínas ao metal diminuirá; uma panela pesada, que distribua o calor por igual, e uma chama moderada ajudam a minimizar a queima das proteínas, e a cocção em banho-maria a impede (embora seja mais trabalhosa).

Leite intencionalmente coalhado

Para a maioria dos cozinheiros e na maior parte do tempo, o leite coalhado anuncia uma crise: o prato perdeu sua lisura. Porém, há muitos pratos em que o cozinheiro intencionalmente faz com que as proteínas do leite se coagulem em vista do interesse que isso representa para a textura do alimento. O *syllabub* dos ingleses às vezes era feito tirando-se leite quente direto das tetas da vaca para um recipiente que continha suco ou vinho ácido; e, no século XVII, o escritor francês Pierre de Lune descreveu um leite reduzido "marmorizado" pelo acréscimo de suco de groselha. São exemplos mais contemporâneos a carne de porco assada e braseada no leite, o qual se reduz a pequenos pedaços de massa marrom úmida; o leite cozido da Caxemira, semelhante a carne moída escurecida ao fogo; e as sopas de leite frias tomadas no verão na Europa Oriental, como a *chlodnik* polonesa, espessada pelo acréscimo de "sal azedo", ou ácido cítrico.

Entre o fundo da panela e a superfície, partículas de outros ingredientes podem causar coagulação, na medida em que proporcionam superfícies em torno das quais as proteínas lácteas podem aderir e se aglomerar. Além disso, os ácidos dos sucos de todas as frutas e hortaliças, bem como os taninos adstringentes nas batatas, no café e no chá, tornam as proteínas do leite especialmente sensíveis à coagulação. Uma vez que as bactérias azedam lentamente o leite, um leite velho pode estar ácido o suficiente para coalhar no instante mesmo em que é derramado no café ou no chá quente. As melhores garantias contra a coagulação são o uso de leite fresco e um controle cuidadoso do calor do fogão.

Cocção de leite condensado adoçado. Por conter proteínas concentradas e açúcar, o leite condensado adoçado "carameliza" (na verdade, sofre a reação de escurecimento de Maillard, p. 867) em temperatura relativamente baixa, qual seja, o ponto de ebulição da água. Com isso, a lata de leite condensado se tornou um dos atalhos prediletos para a produção de um cremoso doce de leite: muita gente simplesmente põe a lata no forno ou numa panela com água fervente e deixa o leite escurecer dentro dela. Embora isto funcione, é potencialmente perigoso, uma vez que o ar que houver dentro da lata se expande com o aquecimento e pode causar a explosão do recipiente. É mais seguro despejar o conteúdo da lata numa panela ou outro utensílio e depois aquecê-lo no fogão, no forno ou no micro-ondas.

Espumas de leite. Uma espuma é uma porção de líquido cheia de bolhas de ar, uma massa úmida e leve capaz de conservar sua forma. Um merengue é uma espuma de claras de ovos, e o creme batido é uma espuma de creme de leite. As espumas de leite são mais frágeis que as de ovos e de creme e geralmente são feitas imediatamente antes de serem servidas, em geral como cobertura para bebidas à base de café. Elas impedem a formação de uma película sobre a bebida e a mantêm aquecida na medida em que a isolam e previnem o resfriamento por evaporação.

A galáxia de leites cozidos da Índia

No que se refere à inventividade no uso do leite como ingrediente principal, nenhum país do mundo se compara à Índia. Suas dezenas de variações sobre o tema do leite fervido e reduzido, muitas das quais praticadas há mil anos ou mais, nasceram todas de um fato elementar da vida naquele país quente: o jeito mais simples de impedir o leite de azedar é fervê-lo repetidamente. Com o tempo, ele se transforma numa pasta sólida de cor marrom, com cerca de 10% de umidade, 25% de lactose, 20% de proteína e 20% de gordura. Mesmo sem o acréscimo de açúcar, o *khoa* é quase um doce, o que explica por que, no decorrer do tempo, tanto ele quanto as concentrações intermediárias que o precedem se tornaram as bases para os doces de leite mais populares do subcontinente. O *gulabjamun* frito, semelhante a uma rosquinha, e o cremoso *burfi* são ricos em lactose, cálcio e proteínas: um copo inteiro de leite num simples bocado de doce.

Outra constelação de doces de leite indianos baseia-se na concentração dos sólidos do leite mediante a coagulação induzida pelo calor, por suco de limão ou por soro azedo. A coalhada drenada forma uma massa macia e úmida chamada *chhanna*, que então se torna a base para uma ampla gama de doces, com destaque para os bolos porosos e elásticos embebidos em leite adoçado ou xarope de açúcar (*rasmalai, rasagollah*).

O leite forma espuma por causa de suas proteínas, que se reúnem numa fina camada ao redor dos bolsões de ar, isolam-nos e impedem que a poderosa força de coesão da água estoure as bolhas. As claras em neve também são estabilizadas por proteínas (p. 112), ao passo que a espuma formada pelo creme de leite batido é estabilizada por gorduras (abaixo, p. 34). As espumas de leite são mais frágeis e duram menos que as de claras de ovos porque as proteínas do leite são esparsas – representam somente 3% do peso do leite, ao passo que 10% da clara de ovo são proteínas –, e dois terços delas resistem ao desdobramento e à coagulação numa rede sólida, ao passo que a maior parte das proteínas da clara de ovo faz isso sem demora. Entretanto, um calor de cerca de 70 °C é suficiente para desdobrar as proteínas do soro (que mal chegam a 1% do peso do leite). E, caso elas se desdobrem na membrana de uma bolha de ar, na fronteira entre o ar e a água, o desequilíbrio de forças que ali se verifica faz que elas se liguem umas às outras e estabilizem a espuma por breve tempo.

Os leites e suas espumas. Alguns leites são melhores do que outros para fazer espuma. Como os estabilizadores críticos da espuma são as proteínas do soro, os leites fortificados com proteína – em geral, leites semidesnatados e desnatados – são os que espumam com mais facilidade. As espumas do leite integral, por outro lado, têm textura e sabor mais marcantes. O leite sempre deve ser o mais fresco possível, uma vez que aquele que já começou a azedar pode coalhar quando aquecido.

O vaporizador da máquina de café espresso: bolhas e calor ao mesmo tempo. As espumas de leite geralmente são feitas com a ajuda do bico vaporizador de uma máquina de café *espresso*. A vaporização do leite faz as duas coisas ao mesmo tempo: introduz bolhas no leite e aquece as bolhas a ponto de desdobrar e coagular as proteínas do soro numa teia estabilizante. Não é o vapor em si que faz as bolhas: tratando-se de vapor-d'água, ele simplesmente se condensa na água mais fria do leite. O que ocorre é que o vapor agita o leite junto com o

Segredos para fazer o leite espumar

Para obter um bom volume de espuma de leite do bico vaporizador da máquina de café *espresso*:

- Use leite fresco recém-tirado da geladeira, ou mesmo deixado por alguns minutos no congelador.
- Comece com pelo menos dois terços de xícara ou 150 ml de leite num recipiente capaz de conter pelo menos o dobro do volume inicial.
- Mantenha o bico na superfície do leite ou logo abaixo dela, de modo que emita continuamente um fluxo moderado de vapor.

Para fazer espumar um pequeno volume de leite sem usar vapor, separe as etapas de espumar e aquecer:

- Ponha leite fresco e frio num recipiente, feche bem a tampa e agite-o vigorosamente por 20 segundos ou até o conteúdo dobrar de volume. (Ou faça-o espumar numa cafeteira francesa, cuja tela fina produz uma espuma especialmente espessa e cremosa.)
- Depois, estabilize a espuma: remova a tampa, coloque o recipiente no micro-ondas e aqueça em alta potência por cerca de 30 segundos, ou até a espuma alcançar o topo do recipiente.

ar, e o faz de modo mais eficiente quando o bico vaporizador é colocado logo abaixo da superfície do leite.

Um dos fatores que torna complicada a vaporização é que o leite muito quente não conserva bem a espuma. Toda espuma entra em colapso quando a gravidade extrai o líquido das membranas das bolhas; e, quanto mais quente o líquido, mais rápido ele escorre. Assim, é preciso usar um volume grande suficiente de leite frio – pelo menos dois terços de xícara ou 150 ml – para ter certeza de que o leite não vai aquecer rápido demais e se tornar demasiado fluido antes de a espuma se formar.

CREME DE LEITE

O creme ou nata é uma porção especial do leite, notavelmente rica em gordura. Esse aumento de gordura ocorre naturalmente graças à força da gravidade, que atrai mais a água do leite que os glóbulos de gordura, menos densos. Caso se deixe em repouso um recipiente com leite recém-ordenhado, os glóbulos sobem lentamente através da água e se acumulam no topo. A camada concentrada de creme pode então ser retirada com escumadeira da superfície do leite "semidesnatado" que permanece embaixo. Um leite com 3,5% de gordura produz naturalmente um creme com cerca de 20%.

Valorizamos o creme sobretudo por sua consistência. A *cremosidade* é uma qualidade admirável, apresentando um equilíbrio perfeito entre a solidez e a fluidez, entre a permanência e a evanescência. Tem substância, mas ao mesmo tempo é lisa e contínua. Permanece na boca, porém não oferece resistência aos dentes ou à língua, nem, por outro lado, se torna meramente gordurosa. Essa sensação voluptuosa resulta da acumulação de glóbulos de gordura, diminutos demais para serem percebidos distintamente pelos nossos sentidos, num pequeno volume de água, cujo livre movimento é assim impedido e fica mais lento.

Além de sua textura fascinante, o creme é caracterizado pelas notas distintamente "gordas" de seu aroma, derivadas de moléculas também encontradas no coco e no pêssego (lactonas). E tem a virtude de ser um ingrediente robusto, capaz de suportar os maus-tratos do cozinheiro. O leite contém quantidades aproximadamente iguais de proteína e gordura, ao passo que no creme o peso das gorduras supera o das proteínas numa relação de pelo menos 10 para 1. Graças a essa diluição das proteínas, o creme tende menos a coagular. E, graças à concentração de glóbulos de gordura, pode ser montado até virar creme de leite batido: uma espuma muito mais substancial e estável do que a que pode ser feita com o leite em estado natural.

Embora tenha sido apreciado desde os primórdios da extração de leite de outros animais, o creme estraga mais rápido que a manteiga dele derivada e, por isso, até

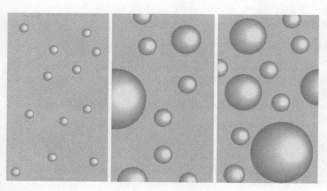

Glóbulos de gordura no leite e no creme. Da esquerda para a direita: *glóbulos de gordura no leite homogeneizado (3,5% de gordura), no creme leve (*light cream*) não homogeneizado (20% de gordura) e no creme espesso (*heavy cream*) (40% de gordura). No creme, os glóbulos de gordura mais numerosos interferem no fluxo do líquido circundante e dão a esse laticínio sua consistência encorpada.*

época mais ou menos recente desempenhou papel de pouco destaque em todos os lugares exceto nas cozinhas dos produtores rurais. No século XVII, cozinheiros franceses e ingleses batiam o creme para fazer neve de imitação; os ingleses, explorando sua tendência a formar películas, empilhavam camadas de creme na forma de um repolho e usavam um aquecimento suave e prolongado para produzir um creme sólido de sabor acastanhado, chamado *clouted cream* ou "creme coagulado". A era de ouro do creme de leite foi o século XVIII, quando ele era usado em bolos, pudins e pratos de sabor intenso, como fricassês, cozidos de carne e hortaliças fervidas, e tornou-se popular congelado na forma de sorvete. No século XX, dada a condenação das gorduras saturadas pelos nutricionistas, a popularidade do creme diminuiu a tal ponto que em muitas partes dos Estados Unidos só se encontra o creme longa-vida, ultrapasteurizado.

A produção de creme. A separação natural entre o creme e o leite por meio da gravidade leva de 12 a 24 horas e foi superada no final do século XIX pelo carrossel da centrífuga separadora francesa. Uma vez separado, o creme é pasteurizado. Nos Estados Unidos, as temperaturas mínimas para a pasteurização do creme são mais altas que as estipuladas para o leite (para 20% de gordura ou menos, 30 minutos a 68 °C; nos outros casos, a 74 °C). O creme "ultrapasteurizado" é aquecido por 2 segundos a 140 °C (como o leite longa-vida, p. 24; entretanto, por não ser embalado em condições de rigorosa esterilidade, o creme tem de permanecer refrigerado). Sob refrigeração, o creme de leite pasteurizado comum se conserva por cerca de 15 dias antes de a atividade bacteriana torná-lo amargo e rançoso; o creme ultrapasteurizado, cujo sabor de "cozido" é mais forte, dura várias semanas. Geralmente o creme não é homogeneizado, o que o tornaria mais difícil de bater, mas o creme ultrapasteurizado longa-vida e o "meio a meio" (*half-and-half*), relativamente ralo, em geral são homogeneizados para impedir que a separação do leite e do creme continue lentamente dentro da embalagem.

A importância do teor de gordura. Nos Estados Unidos, o creme é manufaturado com várias consistências e teores de gordura, cada qual para uma finalidade. Os *light creams* ou cremes leves são acrescentados ao café ou servem de acompanhamento para frutas; os *heavy creams* ou cremes espessos são batidos ou usados para espessar molhos; os *clotted creams* ou cremes coagulados e os *plastic creams* são passados no pão, em frutas ou em massas à base de gordura. A proporção de gordura determina tanto a consistência quanto a versatilidade do creme. O creme espesso pode ser diluído com leite *in natura* para ficar semelhante ao creme leve, ou pode ser batido até formar um semissólido espalhado sobre massas. O creme leve e o *half-and-half* (meio a meio ou semicreme) não contêm glóbulos de gordura em quantidade suficiente para montar ou estabilizar uma espuma batida (p. 35), tampouco para resistir à coagulação quando da preparação de um molho. O *whipping cream* ou "creme para bater", que tem entre 30 e 40% de gordura, é a formulação mais versátil.

Estabilidade na cocção. De que modo o alto teor de gordura permite que o cozinheiro, ao dissolver sólidos numa panela ou espessar um molho, ferva uma mistura de creme espesso e ingredientes salgados ou ácidos sem que o creme coagule? O segredo parece estar na capacidade da membrana superficial do glóbulo de gordura de aderir a certa quantidade da principal proteína do leite, a caseína, quando o leite é aquecido. Se os glóbulos de gordura representarem 25% ou mais do peso do creme, a área superficial dos glóbulos será grande suficiente para tirar de circulação a maior parte da caseína, de modo que não se forme nenhum coágulo dessa proteína. Num teor menor de gordura, tanto a área superficial dos glóbulos é menor quanto é maior a proporção da fase aquosa que leva em si a caseína.

Tipos de creme

Nos Estados Unidos	Na Europa	No Brasil	Teor de gordura (%)	Uso
		Creme de baixo teor de gordura, ou creme leve, ou semicreme	10-19,9	Café, finalização de molhos
Half-and-half (meio a meio)			12 (10,5-18)	Café, acompanhamento
	Crème légère*		12-30	Café, acompanhamento, enriquecer molhos, sopas etc., bater
	Single cream (creme único)		18+	Café, acompanhamento
Light cream (creme leve)			20 (18-30)	Café, acompanhamento (raramente encontrado)
		Creme de leite, ou creme	20-49,9	Bater, ligação (*liaison*) para recheios e/ou molhos, enriquecer molhos
	Coffee cream (creme para café)		25	Café, acompanhamento
Light whipping cream (creme leve para bater)			30-36	Acompanhamento, molhos e sopas etc., bater
	Crème fraîche** (*fleurette* ou *épaisse*)*		30-40	Acompanhamento, molhos e sopas etc., bater (se for gordo, espalhar)
Whipping cream (creme para bater)		Creme para bater	35+	Acompanhamento, molhos e sopas etc., bater
Heavy whipping cream (creme espesso para bater)			38 (36+)	Acompanhamento, molhos e sopas etc., bater
		Duplo creme	40+	Acompanhamento, molhos e sopas etc., bater
	Double cream (creme duplo)		48+	Espalhar
		Creme de alto teor de gordura (muito raro)	50+	Espalhar e finalizar pratos específicos (como a sopa *borscht*)
	Clotted cream (creme coagulado)		55+	Espalhar
Plastic cream			65-85	Espalhar

* *légère*: "leve"; *fleurette*: "líquido"; *épaisse*: "espesso" graças à cultura bacteriana.
** *fraîche*: "fresco, novo". Na França, o *crème fraîche* pode ser "doce", isto é, não ácido, ou maturado com bactérias do ácido láctico; nos Estados Unidos, o termo francês sempre se refere a um creme espesso, azedo, maturado. Ver p. 54.

Nesse caso, as superfícies dos glóbulos só conseguem absorver uma pequena fração da caseína, e o restante se agrega e coagula com o calor. (É por isso que o queijo mascarpone, coalhado pela ação de ácidos, pode ser feito de creme leve, mas não de creme espesso.)

Problemas que podem ocorrer com o creme: separação. Um problema comum do creme não homogeneizado é que ele continua a se separar dentro da embalagem: os glóbulos de gordura sobem lentamente e se concentram numa camada semissólida no topo. Sob refrigeração, a gordura dentro dos glóbulos forma cristais sólidos cujas pontas rompem a membrana protetora desses glóbulos, e esses cristais de gordura ligeiramente protuberantes aderem uns aos outros e formam microscópicos grãos de manteiga.

Cremes coagulados. Hoje em dia, os cozinheiros em geral consideram negativa a separação e solidificação do creme. No passado, mas também na Inglaterra e no Oriente Médio atuais, o creme coagulado era e ainda é apreciado. No século XVII, os cozinheiros ingleses pacientemente levantavam as películas de creme formadas em recipientes rasos e dispunham-nas em pilhas pregueadas para imitar a aparência de um repolho. Hoje, o *cabbage cream* ou "creme-repolho" é mera curiosidade. Por outro lado, a invenção inglesa do século XVI chamada *clotted cream* (bem como suas parentes turca e afegã, *kaymak* e *qymaq*, respectivamente) permanece cheia de vitalidade.

Para fazer o *clotted cream* ou creme coagulado à moda antiga, deve-se aquecer o creme em panelas rasas por várias horas, sem ferver, depois deixá-lo esfriar em repouso por mais ou menos um dia e, por fim, remover a grossa camada sólida. O calor acelera a ascensão dos glóbulos de gordura, evapora uma parte da água, derrete alguns glóbulos agregados transformando-os em bolsões de gordura de manteiga e cria

---

Palavras da culinária: *cream, creme, crème, panna*

Os nomes em inglês e em português da porção do leite rica em gordura, como também a palavra francesa da qual derivam, evocam associações inesperadas, mas que não deixam de ter relação com a textura ideal que o creme representa.

Antes da conquista normanda, e até hoje em alguns dialetos do norte da Inglaterra, a palavra inglesa que designava o creme era *ream*, derivação simples da raiz indo-europeia que deu o moderno alemão *Rahm*. Porém, a introdução do elemento francês redundou num notável termo híbrido. Na Gália do século VI, o leite gordo era chamado *crama*, do latim *cremor lactis* ou "substância láctea espessada pelo calor". Nos séculos seguintes, esse nome se entremesclou com um termo religioso: *chreme*, "crisma" ou "óleo consagrado", que vem do verbo grego *chriein*, "ungir", do qual também derivou o nome *Cristo*, "o ungido". Assim, na França, *crama* tornou-se *crème*, e na Inglaterra *ream* cedeu lugar a *cream*.

Por que essa confusão entre um alimento e um antigo ritual? Talvez por erro ou acidente linguístico. Por outro lado, o óleo da unção real ou profética e a gordura de manteiga *são* essencialmente a mesma substância, de modo que talvez a mudança tenha sido fruto de uma inspiração. Nas cozinhas rurais ou monásticas da Normandia, o acréscimo de creme a outros alimentos pode ter sido considerado não só um enriquecimento, mas também uma espécie de bênção.

A palavra italiana que designa o creme, *panna*, tem sua origem no latim *pannus*, "pano". Ao que parece, trata-se de uma alusão despretensiosa à fina película que o creme forma sobre a superfície do leite.

um sabor cozido. O resultado é uma mescla de áreas espessas, gordurosas e granulares e de espaços ralos e cremosos, com um sabor rico e acastanhado e superfície cor de palha. O creme coagulado tem cerca de 60% de gordura e é espalhado sobre bolinhos e biscoitos, e saboreado com frutas.

Creme batido. O lado milagroso do creme batido é que a simples agitação física é capaz de transformar um líquido delicioso mas difícil de manipular num "sólido" igualmente delicioso mas capaz de se montar em forma fixa. Como o leite espumado, o creme batido é uma íntima entremescla de líquido e ar, sendo este dividido em pequenas bolhas enquanto o creme se espalha e se imobiliza nas paredes das bolhas, de espessura microscópica. Embora seja comum hoje em dia, essa espuma exuberante e aveludada era dificílima de fazer até 1900. Naquela época, os cozinheiros batiam o creme (fruto da separação natural do leite) por uma hora ou mais, retirando periodicamente a espuma do recipiente e deixando-a em repouso para drenar. O segredo para que toda a massa de creme se transforme numa espuma estável é que um número suficiente de glóbulos de gordura envolva todo o fluido e o ar, e o creme obtido por separação natural raramente alcança essa concentração lipídica (cerca de 30%). Foi preciso inventar a centrífuga separadora para facilitar a produção de creme de leite batido.

Como a gordura estabiliza a espuma de creme. Ao contrário das espumas de proteína feitas de claras, gemas e leite, a espuma de creme é estabilizada por gorduras. Inicialmente, o batimento introduz no creme algumas bolhas de ar que logo se desfazem. Depois de mais ou menos trinta segundos, as paredes das bolhas começam a ser estabilizadas pela própria *des*estabilização dos glóbulos de gordura. À medida que o batimento faz com que os glóbulos se desloquem para todos os lados e se choquem entre si, partes de suas membranas protetoras são arrancadas pela ação cortante do batimento e pelo desequilíbrio de forças nas paredes das bolhas de ar. As áreas de gordura exposta, que pela própria natureza evitam o contato com a água, assentam-se em duas regiões do creme: quer voltadas para o bolsão de ar nas paredes das bolhas, quer

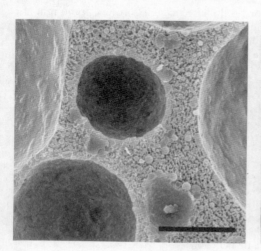 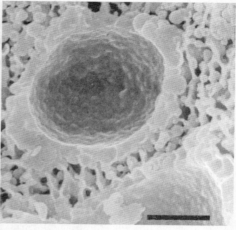

O creme batido visto através do microscópio eletrônico. À esquerda: *vista das grandes bolhas de ar cavernosas e dos glóbulos de gordura esféricos e menores (a barra escura representa 0,03 mm).* À direita: *vista próxima de uma bolha de ar, mostrando a camada de gordura parcialmente interligada que estabilizou a bolha (a barra representa 0,005 mm).*

aderidas a uma área de gordura exposta em outro glóbulo. Assim, os glóbulos de gordura constituem paredes em torno dos bolsões de ar e ligações entre as paredes de bolhas vizinhas; e desse modo se forma uma rede contínua. Essa rede feita de esferas sólidas de gordura não só mantém no lugar as bolhas de ar como também impede que os bolsões intersticiais de fluido se desloquem para muito longe de onde estão. Desse modo, a espuma como um todo assume uma estrutura definida e estável.

Se o batimento continua além do ponto em que a rede de gordura se forma de modo incipiente, a reunião dos glóbulos lipídicos também continua, mas agora esse processo *des*estabiliza a espuma. Os finos aglomerados de glóbulos se fundem uns nos outros, formando massas cada vez mais grossas de gordura de manteiga; e os bolsões de ar e fluido que eles mantêm no lugar também se fundem. A espuma perde volume e começa a perder líquido, e a textura aveludada do creme perfeitamente batido se torna granulada. Os grãos de manteiga no creme excessivamente batido deixam um resíduo graxoso na boca.

A importância do frio. Uma vez que até um calor brando é capaz de amolecer o esqueleto lipídico de uma espuma de creme e a liquefação da gordura faz desmontar as bolhas de ar, é essencial manter o creme frio enquanto é batido. O batimento deve começar entre 5 e 10 °C e tanto a tigela quanto o batedor devem estar gelados, uma vez que o ar e o batimento rapidamente aquecerão tudo. O ideal é que o creme seja "maturado" na geladeira por 12 horas ou mais antes de ser batido. A refrigeração prolongada faz com que parte da gordura forme agulhas cristalinas que apressam o rompimento das membranas e mobilizam as pequenas partículas lipídicas que permanecem líquidas até no creme gelado. O creme deixado em temperatura ambiente e refrigerado imediatamente antes de ser batido perde gordura líquida desde o começo do batimento (o que esvazia as bolhas), não se monta perfeitamente e se torna granulado e aguado com maior facilidade.

Como os diferentes cremes se comportam ao serem batidos. O creme para bater deve ser suficientemente rico em gordura para formar um esqueleto contínuo de glóbulos. A concentração mínima de gordura é de 30%, o equivalente do *single cream* e do *light whipping cream* nas terminologias europeia e norte-americana, respectivamente*. O *heavy cream*, com 38 a 40% de

---

* No Brasil, será necessário verificar no rótulo a porcentagem de gordura do creme de leite em questão. (N. do T.)

Um creme batido de outros tempos

"Cresme Fouettee" de Nosso Senhor de Santo Albano

Põe numa vasilha quanto te aprouver fazer de creme doce e espesso e bate-o com um feixe de juncos ásperos e duros (como aqueles dos quais se fazem escovas para limpar paletós) amarrados, até que o creme fique muito denso, de textura quase amanteigada. Uma boa hora será o suficiente no inverno; no verão, será necessária uma hora e meia. Não o ponhas na vasilha em que o servirás até que seja quase hora de servi-lo. Então, polvilha açúcar bem fino sobre o recipiente e, com uma espátula larga, espalha o creme sobre o açúcar; depois de colocares a metade, polvilha mais um pouco de açúcar fino sobre ela e espalha o restante do creme (deixando de lado um tanto de soro que decantará) e polvilha um pouco mais de açúcar por cima de tudo.

– Sir Kenelm Digby, *The Closet Opened*, 1669

gordura, monta mais rápido que o creme leve e forma uma espuma mais rígida, mais densa e menos volumosa. Também deixa vazar menos líquido e, por isso, é apreciado para o uso em massas assadas, bem como para ser disposto em formas decorativas. Para outros fins, o creme espesso é geralmente diluído com um quarto do seu volume de leite a fim de constituir um creme de 30% e uma espuma mais leve e macia.

Os glóbulos de gordura no creme homogeneizado são menores e mais revestidos de proteínas lácteas. Portanto, o creme homogeneizado forma uma espuma de textura mais fina e leva duas vezes mais tempo para montar (por outro lado, é mais difícil batê-lo em excesso e levá-lo ao estado granulado). O cozinheiro pode diminuir o tempo de batimento de qualquer creme acidificando-o levemente (uma colher de chá ou 5 ml de suco de limão por xícara/250 ml), o que facilita a remoção das proteínas das membranas dos glóbulos.

Métodos: à mão, batedeira, gás pressurizado. O creme pode ser montado de diferentes maneiras. O batimento à mão leva mais tempo e exige mais esforço físico que a batedeira elétrica, mas incorpora mais ar e produz um volume maior de espuma. O creme batido mais leve e macio é produzido com a ajuda de um gás pressurizado, geralmente o óxido nitroso (N_2O). O mais conhecido de todos os equipamentos a gás é a lata de aerossol, que contém uma mistura pressurizada de creme ultrapasteurizado e gás dissolvido. Quando a válvula é aberta e a mistura é liberada, o gás se expande instantaneamente e "explode" o creme, transformando-o numa espuma muito leve. Há também um instrumento que introduz gás no creme de leite fresco por meio de um bujão substituível de óxido nitroso, que sai por um bico e causa grande turbulência ao se misturar com o creme.

MANTEIGA E MARGARINA

Atualmente, se por acaso um cozinheiro fizer *manteiga* na cozinha, é porque um desastre aconteceu: houve erro na manipulação de um prato de creme e a gordura se separou dos outros ingredientes. É uma pena. Vez por outra, todos os cozinheiros deveriam relaxar e, de propósito, bater excessivamente um creme! A formação da manteiga é um milagre cotidiano, uma ocasião para admiração e deleite diante do que o poeta irlandês Seamus Heaney chamou de "luz do sol coagulada", "amontoada como pedrinhas de ouro na vasilha". Com efeito, a gordura do leite é uma parcela da energia do sol capturada pelo capim dos campos e reconfigurada pela vaca na forma de microscópicos glóbulos esparsos. O batimento ou a agitação do leite ou do creme danifica os glóbulos e libera a gordura, que se agrega em massas cada vez maiores; depois, coada, ela se transforma naquele tesouro dourado que confere riqueza cálida e doce a muitos alimentos.

Antiga, mas nem sempre elegante. Trinta segundos de agitação bastam para começar a separar a manteiga do leite. Por isso não há dúvida de que a manteiga foi descoberta nos primórdios da atividade leiteira. É importante há muito tempo, da Escandinávia até a Índia, onde quase metade da produção de leite é destinada à fabricação de manteiga, quer para cozinhar, quer para fins rituais. A era de ouro da manteiga sobreveio muito mais tarde no norte da Europa, onde, ao longo de toda a Idade Média, ela era antes de tudo um alimento dos camponeses. Aos poucos a manteiga se infiltrou nas cozinhas dos nobres, pois era a única gordura animal cujo consumo era permitido por Roma nos dias de abstinência de carne. No começo do século XVI, foi liberada também durante a Quaresma, e a nascente classe média adotou a rústica combinação de pão e manteiga. Logo os ingleses granjearam fama por servir carnes e hortaliças mergulhadas na manteiga derretida, e cozinheiros de toda a Europa passaram a explorar as possibilidades da manteiga num sem-número de alimentos finos, desde molhos até massas à base de gordura.

A Normandia e a Bretanha no noroeste da França, a Holanda e a Irlanda tornaram-se especialmente renomadas pela qualidade da sua manteiga. A maior parte era produzida em pequenas propriedades rurais a partir do leite reunido de várias ordenhas – ou seja, leite velho de um ou dois dias e, portanto, levemente azedado pelas bactérias do ácido láctico. A Europa continental* ainda prefere o sabor dessa manteiga maturada, levemente fermentada, ao da manteiga de creme não maturado que se tornou comum no século XIX graças ao uso do gelo, ao desenvolvimento da refrigeração e ao separador mecânico de nata.

Por volta de 1870, uma escassez de manteiga na França levou à invenção de uma imitação, a *margarina*, que podia ser feita a partir de diversas gorduras animais e óleos vegetais baratos. Hoje em dia, nos Estados Unidos e em certas partes da Europa, o consumo de margarina é maior que o de manteiga.

Como se faz manteiga.
A produção de manteiga é, em essência, uma operação simples, mas laboriosa: agita-se um recipiente cheio de creme até que os glóbulos de gordura sejam danificados e sua gordura vaze e se aglutine em massas grandes suficiente para serem coletadas.

Preparação do creme. Para fazer manteiga, o creme é concentrado a um teor de gordura de 36-44%. Então é pasteurizado, nos Estados Unidos geralmente a 85 °C, temperatura alta que desenvolve um aroma característico de alimento cozido, semelhante ao de creme de ovos e leite. Depois de frio, o creme da manteiga maturada pode ser inoculado com bactérias do ácido láctico (ver p. 38). O creme, maturado ou não, é então resfriado até cerca de 5 °C e "envelhecido" nessa temperatura por pelo menos oito horas, de modo que cerca de metade da gordura láctea dentro dos glóbulos forme cristais sólidos. O número e o tamanho desses cristais ajudam a determinar quanto e quão rápido a gordura do leite vai se separar, bem como a textura final da manteiga. O creme, adequadamente envelhecido, sofre um aquecimento de poucos graus e é batido.

Batedura. A batedura é efetuada por diversos tipos de equipamentos mecânicos que podem levar desde alguns segundos até 15 minutos para danificar os glóbulos de gordura e formar os primeiros grãos de manteiga. Os cristais de gordura formados durante o envelhecimento do creme distorcem e enfraquecem as membranas dos glóbulos, que então se rompem facilmente. Quando os glóbulos danificados colidem uns com os outros, as porções líquidas de sua gordura se fundem numa massa contínua, que vai aumentando de tamanho à medida que a batedura continua.

Malaxagem. Uma vez gerados pela batedura os grãos de manteiga do tamanho desejado, em geral do tamanho de um grão de trigo, a fase aquosa do creme é drenada. Trata-se do leitelho original, rico em fragmentos microscópicos da membrana dos glóbulos e com cerca de 0,5% de gordura (p. 55). Os grãos sólidos de manteiga podem ser lavados com água fria para remover o leitelho de sua superfície. São, então, submetidos à malaxagem: unidos entre si e "sovados" para consolidar a fase semissólida de gordura e romper os bolsões de leitelho (ou água) e transformá-los em gotículas de cerca de 10 micrômetros de diâmetro, ou seja, mais ou menos do tamanho de um glóbulo de gordura. As vacas que não comem capim de pasto e, portanto, não absorvem os pigmentos alaranjados do caroteno do capim, produzem uma gordura láctea de tom pálido; os fabricantes de manteiga podem compensar esse fato acrescentando ao produto um corante, como urucum (p. 481) ou caroteno puro, durante a malaxagem. Caso se queira salgar a manteiga, entra em cena neste estágio um sal granulado bem fino ou uma forte salmoura. Por fim, a manteiga é armazenada e misturada com outras manteigas ou imediatamente moldada e embalada.

---

* E o Brasil. (N. do T.)

Tipos de manteiga. Há diversos estilos de manteiga, cada qual com suas qualidades. É preciso ler cuidadosamente os rótulos para saber se esta ou aquela marca foi feita com creme não maturado, creme maturado ou creme aromatizado para adquirir gosto semelhante ao do maturado.

A *manteiga de creme cru*, maturado ou não, está agora quase extinta nos Estados Unidos e é raridade até mesmo na Europa. É apreciada por seu puro sabor de creme, sem a nota de sabor cozido devido à pasteurização. O sabor é frágil; deteriora-se em cerca de 10 dias se a manteiga não for congelada.

A *manteiga de creme não maturado* é a mais básica e mais comum na Inglaterra e nos Estados Unidos. É feita de leite fresco pasteurizado e, nos Estados Unidos, deve ter pelo menos 80% de gordura e não mais que 16% de água; os outros 4% são proteína, lactose e sais contidos nas gotículas de leitelho.

A manteiga de creme não maturado *salgada* contém um acréscimo de 1 a 2% de sal (o equivalente a 5-10 g por 500 g). Originalmente, o sal era acrescentado como conservante; numa concentração de 2%, equivalente a cerca de 12% nas gotículas de água, ainda é eficaz como agente antimicrobiano.

A *manteiga maturada*, padrão na Europa continental e no Brasil, é a versão moderna e controlada da manteiga mais comum na era pré-industrial, quando a nata crua era levemente acidificada pela ação das bactérias do ácido láctico enquanto se separava lentamente nos recipientes antes da batedura. O gosto da manteiga maturada é diferente: as bactérias produzem ácidos e compostos aromáticos, por isso seu sabor é nitidamente mais cheio. O diacetil, um composto aromático particular, intensifica poderosamente o próprio sabor básico da manteiga.

Há vários métodos diferentes para fazer manteiga maturada ou algo parecido com ela. O mais simples consiste em fermentar o creme pasteurizado com culturas bacterianas (fermentos lácteos, p. 54) por 12 a 18 horas em temperatura ambiente fria antes da batedura. No método mais eficiente desenvolvido na Holanda na década de 1970 e usado também na França, o creme não maturado é batido até virar manteiga e só então são acrescentadas as culturas bacterianas e o ácido láctico pré-formado; o sabor se desenvolve durante o armazenamento a frio. Por fim, o fabricante pode simplesmente acrescentar ácido láctico puro e compostos de sabor à manteiga de creme não maturado. Esta, porém, é uma manteiga aromatizada artificialmente, não uma manteiga maturada.

A *manteiga de estilo europeu*, imitação norte-americana da manteiga francesa, é

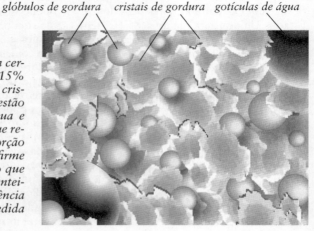

glóbulos de gordura   cristais de gordura   gotículas de água

A estrutura da manteiga, que tem cerca de 80% de gordura do leite e 15% de água. Os glóbulos de gordura, cristais sólidos e gotículas de água estão incrustados numa massa contínua e semissólida de gordura "livre", que reveste todos eles. A elevada proporção de cristais ordenados confere firme rigidez à manteiga fria, ao passo que a gordura livre permite que a manteiga seja espalhada e lhe dá a tendência de perder gordura líquida à medida que se aquece e fica mais macia.

uma manteiga maturada com conteúdo de gordura maior que o padrão de 80%. A França especifica um teor de gordura mínimo de 82% para as manteigas ali produzidas, e alguns produtores norte-americanos põem como meta os 85%. Essas manteigas contêm de 10 a 20% menos água, o que pode ser uma vantagem quando se fazem massas flocadas à base de gordura (p. 625).

A *manteiga batida* é uma forma moderna que tem o objetivo de ser mais fácil de passar no pão. A manteiga comum de creme não maturado é amaciada; depois, injeta-se nela cerca de um terço de seu volume de gás nitrogênio (o ar estimularia a oxidação e a rancidez). Tanto a agitação física quanto as bolhas de gás enfraquecem a estrutura da manteiga e a tornam mais fácil de espalhar, embora ela permaneça quebradiça quando colocada no refrigerador.

As *manteigas especiais* são feitas na França para padeiros e confeiteiros profissionais. A *beurre cuisinier*, a *beurre pâtissier* e a *beurre concentré* são gordura de leite em estado quase puro. São feitas com manteiga comum derretida em calor suave e centrifugada para separar a gordura da água e dos sólidos lácteos. Pode então ser resfriada nesse estado ou lentamente cristalizada e separada em frações que derretem em temperaturas entre 27 °C e 40 °C, de acordo com as necessidades do chefe de cozinha.

Consistência e estrutura da manteiga.

As manteigas bem-feitas podem ter consistências muito diferentes. Na França, por exemplo, a manteiga da Normandia, relativamente macia, é preferida para passar no pão e fazer molhos. Elizabeth David disse: "Quando se come truta com manteiga derretida na Normandia, é difícil acreditar que não se trate de truta com creme de leite." Por outro lado, a manteiga de Charentes é mais firme e preferida para fazer massas à base de gordura. Muitas leiterias produzem no verão manteigas mais macias do que no inverno. A consistência da manteiga reflete sua estrutura microscópica, que é fortemente influenciada por dois fatores: o que as vacas comem e como o produtor de manteiga lida com o leite delas. O alimento rico em gorduras poli-insaturadas, caso do capim de pasto, produz manteigas mais macias; o feno e a ração granulada, manteigas mais duras. O produtor também influencia a manteiga por meio da velocidade e do grau de resfriamento a que submete o creme durante o período de "envelhecimento" e pela intensidade com que promove o processo de malaxagem. Essas condições controlam as proporções relativas de gordura cristalina, que dá firmeza, e das gorduras livre e globular, que dão maciez.

Conservação da manteiga.

Pelo fato de a pouca água que contém estar dispersa em minúsculas gotículas, a manteiga bem-feita resiste aos ataques mais violentos dos microrganismos e se conserva bem por alguns dias em temperatura ambiente. Entretanto, seu sabor delicado facilmente se deteriora pela simples exposição ao ar e à luz, que decompõem as moléculas de gordura em fragmentos menores, os quais desprendem um odor fétido e rançoso. Além disso, a manteiga absorve prontamente os odores do ambiente. As reservas devem ser conservadas no congelador, e a manteiga do dia a dia, no local mais fresco e escuro possível. As sobras devem ser reembaladas de modo a perder todo contato com o ar, de preferência no papel laminado original e não com papel-alumínio; o contato direto com o metal pode apressar a oxidação das gorduras, sobretudo na manteiga com sal. As manchas translúcidas e amarelo-escuras na superfície de um tablete de manteiga são as áreas em que o produto ficou exposto ao ar e secou; têm gosto rançoso e devem ser raspadas e descartadas.

Cozinhar com manteiga.

Os cozinheiros usam a manteiga para diversas finalidades, desde untar assadeiras e panelas de suflê até dar sabor ao doce chamado *butterscotch*. Apresentamos agora algumas notas sobre suas funções mais eminentes. O importante papel da manteiga nas massas assadas será tratado no capítulo 10.

A manteiga como acompanhamento: manteigas para espalhar sobre outros alimentos e manteigas batidas. Um bom pão com manteiga é um dos prazeres mais simples da vida. A consistência da manteiga é determinada pelo modo peculiar com que a gordura do leite derrete: ela fica macia e fácil de espalhar a cerca de 15 °C, mas só começa a derreter aos 30 °C.

Essa consistência boa de trabalhar também faz com que seja fácil incorporar outros ingredientes à manteiga, que passa então a conter a cor e o sabor desses ingredientes e ajuda a transferi-los de modo homogêneo a outros alimentos. A manteiga composta é uma porção de manteiga em temperatura ambiente à qual se acrescentou, por amassamento, algum sabor e/ou coloração; estes podem ser dados por ervas, especiarias, caldos, uma redução de vinho, queijos e frutos do mar moídos, por exemplo. A mistura pode então ser espalhada sobre outro alimento; pode também ser refrigerada, fatiada e derretida para formar um molho de manteiga quando colocada sobre uma carne ou hortaliça quente. A manteiga batida preparada pelo cozinheiro é aquela que se tornou mais leve mediante a incorporação de um tanto de ar, e aromatizada pelo acréscimo de cerca de metade de seu volume de caldo, purê ou algum outro líquido, que se dispersa em pequenas gotículas em meio à gordura.

A manteiga como molho: manteiga derretida, **beurre noisette** *e* **beurre noir.** Talvez o mais simples de todos os molhos seja um pedaço de manteiga colocado sobre uma pilha de hortaliças quentes, misturado ao arroz ou ao macarrão ou passado sobre a superfície de um omelete ou bife para lhe dar brilho. A manteiga derretida pode ser avivada pelo sumo de limão ou "clarificada" para remover os sólidos do leite (ver a seguir). A *beurre noisette* e a *beurre noir*, "manteiga acastanhada" e "manteiga preta", são molhos de manteiga derretida que os franceses usam desde a Idade Média para enriquecer peixes, miolos e hortaliças. O sabor delas se aprofunda mediante aquecimento a 120 °C até que a água seja liberada por ebulição e as moléculas de lactose e gordura do resíduo branco reajam entre si para formar pigmentos marrons e novos aromas (a reação de escurecimento, p. 867). A manteiga acastanhada é cozida até ficar entre dourada e escura; a preta, até ficar marrom-escura (a manteiga que de fato chega a ficar preta tem sabor acre). São frequentemente equilibradas com vinagre ou sumo de limão, que só devem ser acrescentados quando a temperatura da manteiga estiver mais baixa que o ponto de ebulição da água; caso contrário, o líquido frio espirrará e os sólidos do limão poderão escurecer. Essas manteigas emprestam às massas assadas um sabor rico e cor acastanhada.

Os molhos de manteiga emulsificada – *beurre blanc, hollandaise* e seus parentes – serão descritos no capítulo 11.

Manteiga clarificada. A manteiga *clarificada* é aquela da qual a água e os sólidos lácteos foram removidos. É feita, portanto, de pura gordura láctea, que tem um belo aspecto transparente quando derretida e é a manteiga que melhor se presta às frituras (os sólidos do leite, quando frigidos, queimam-se em temperatura relativamente baixa). Quando a manteiga é aquecida em calor brando até chegar ao ponto de ebulição da água, esta borbulha e vai para o topo do recipiente, onde as proteínas do soro formam uma espuma. Por fim, toda a água evapora, o borbulhamento cessa e a espuma se desidrata. Resta no topo do recipiente uma película de proteínas do soro secas, e, no fundo, partículas secas de caseína. Retira-se a película de soro, separa-se a gordura líquida do resíduo de caseína e a purificação está completa.

Manteiga para frigir. Às vezes a manteiga é usada para frituras e salteados. A vantagem de seu uso é que suas gorduras altamente saturadas resistem à decomposição pelo calor e, por isso, não ficam pegajosas como as dos óleos insaturados. A desvantagem é que os sólidos do leite escurecem e depois queimam a cerca de 150 °C, abaixo do ponto de fumaça de muitos óleos vegetais. O acréscimo de óleo à manteiga não melhora a tolerância desta ao calor. A clarificação, por outro lado, faz exatamente isso; a manteiga livre dos sólidos lácteos pode ser aquecida a 200 °C antes de queimar.

Margarina e demais laticínios para espalhar sobre outros alimentos. A margarina foi qualificada como "uma criação da engenhosidade política e da pesquisa científica". Foi inventada por um químico francês em 1869, três anos depois que Napoleão III destinara recursos para o desenvolvimento de uma gordura alimentar barata que suplementasse o suprimento insuficiente de manteiga para a população pobre das cidades, desnutrida, mas cada vez mais numerosa. Hippolyte Mège-Mouriès não foi o primeiro a modificar gorduras animais sólidas, mas teve a ideia inovadora de aromatizar com leite a banha de boi e trabalhar a mistura como se fosse uma manteiga.

A margarina foi rapidamente aceita nos países que mais produziam e exportavam manteiga na Europa – Holanda, Dinamarca e Alemanha –, em parte porque dispunham de um excedente de leite desnatado, subproduto da fabricação de manteiga, que podia ser usado para dar sabor à margarina. Nos Estados Unidos, já havia produção em grande escala na década de 1880. Nesse país, o setor de laticínios e seus aliados no governo opuseram feroz resistência à margarina, na forma de impostos discriminatórios que persistiram até a década de 1970. Hoje em dia, a margarina básica continua barata em comparação com a manteiga e os norte-americanos consomem duas vezes mais margarina que manteiga. A Escandinávia e o norte da Europa também preferem a margarina, ao passo que a França e a Inglaterra continuam dando substancial preferência à manteiga.

O surgimento da margarina vegetal. A moderna margarina já não é feita de gordura animal sólida, mas de óleos vegetais líquidos. Essa mudança foi viabilizada em torno de 1900 por químicos alemães e franceses que desenvolveram o processo de *hidrogenação*, o qual endurece os óleos líquidos alterando as estruturas de seus ácidos graxos (p. 893). A hidrogenação permitiu que os fabricantes desenvolvessem um substituto da manteiga que se espalha facilmente

---

Ghee, a manteiga clarificada indiana

Na Índia, a manteiga clarificada é o mais nobre de todos os alimentos. Além de ser usada como ingrediente e gordura para frituras, é um símbolo de pureza, uma antiga oferenda aos deuses e o combustível das lâmpadas sagradas e piras funerárias. O *ghee* (da palavra em sânscrito que significa "brilhante") nasceu de uma necessidade. A manteiga comum estraga em apenas dez dias em boa parte do país, ao passo que a gordura clarificada se conserva por seis a oito meses. Tradicionalmente, o *ghee* é feito de leite integral de vaca ou búfala acidificado pelas bactérias do ácido láctico e transformado em *dahi*, substância semelhante ao iogurte, que é batida para se obter manteiga. Hoje em dia, os produtores industriais geralmente tomam o creme de leite como matéria-prima. A acidificação preliminar aumenta a quantidade de manteiga obtida e melhora seu sabor; diz-se que o *ghee* feito de creme não maturado é insípido. A manteiga é aquecida a 90 °C para evaporar a água; depois, a temperatura é elevada a 120 °C para escurecer os sólidos do leite, o que cria sabor e gera os compostos antioxidantes que impedem a manteiga de ficar rançosa. O resíduo marrom é filtrado (e misturado com açúcar para fazer doces), deixando o *ghee* líquido e translúcido.

mesmo em temperatura de refrigeração, caso em que a manteiga fica tão dura que não pode ser espalhada. Um dos efeitos colaterais benéficos do uso de óleos vegetais foi a descoberta, depois da Segunda Guerra Mundial, de que as gorduras saturadas típicas da carne e dos laticínios aumentam a taxa de colesterol no sangue e o risco de doença cardíaca. A razão entre gorduras saturadas e insaturadas na margarina em tablete é de 1 para 3, ao passo que na manteiga é de 2 para 1. Há pouco, porém, os cientistas constataram que os *ácidos graxos trans* produzidos pela hidrogenação na verdade aumentam a taxa de colesterol no sangue (ver quadro abaixo). Há outros métodos de solidificação de óleos vegetais que não geram ácidos graxos trans, e os fabricantes já estão produzindo margarinas e gorduras vegetais hidrogenadas "livres de gorduras trans".

Como se faz margarina. A composição geral da margarina é idêntica à da manteiga: no mínimo 80% de gordura, no máximo 16% de água. A fase aquosa é formada por leite desnatado, que pode ser fresco, maturado ou reconstituído. Acrescenta-se sal para dar sabor, diminuir os respingos na fritura e como agente antimicrobiano. Nos Estados Unidos, a fase gordurosa é uma mistura de óleos de soja, milho, semente de algodão, girassol, canola e outros. Na Europa, usam-se também banha de porco e óleos refinados de peixe. Acrescenta-se o emulsificante lecitina (0,2%) para estabilizar as gotículas de água e reduzir os respingos na frigideira; corantes, essências aromatizantes e vitaminas A e D também são incorporados. O gás nitrogênio pode ser introduzido na margarina para torná-la mais macia.

Tipos de margarina e outras substâncias semelhantes. Nos Estados Unidos, as margarinas em *tablete* e *bisnaga* são os dois tipos mais comuns. São formuladas para se assemelhar à consistência macia da manteiga em temperatura ambiente e para derreter na boca. A margarina em tablete é só

Subprodutos da hidrogenação: os ácidos graxos trans

Os ácidos graxos trans são gorduras insaturadas cujo comportamento, não obstante, é mais parecido com o dos ácidos graxos saturados (p. 893). São formados no processo de hidrogenação e é por causa deles que a margarina pode ser tão sólida quanto a manteiga que contém apenas a metade das suas gorduras saturadas; as gorduras insaturadas trans dão grande contribuição para a firmeza da margarina. Além disso, são menos vulneráveis à oxidação e à danificação pelo calor e estabilizam os óleos de cozinha.

Os ácidos graxos trans vieram ao foco das atenções graças à possibilidade de que contribuam para as doenças do coração. As pesquisas demonstraram não só que eles aumentam a taxa do indesejado colesterol LDL no sangue, como as gorduras saturadas, mas também que diminuem a taxa do desejável HDL. Agora os fabricantes norte-americanos estão modificando seus métodos de processamento para diminuir a quantidade de ácidos graxos trans nas margarinas e óleos de cozinha, quantidade essa que atualmente chega a 20-50% do total de ácidos graxos nas margarinas sólidas (é menor nos produtos mais macios).

Os fabricantes de margarina não são os únicos produtores de ácidos graxos trans: os microrganismos do rúmen das vacas fazem a mesma coisa! Graças à atividade deles, a gordura do leite, da manteiga e do queijo tem em média 5% de ácidos graxos trans, e a gordura da carne dos ruminantes – bovina e ovina – tem entre 1 e 5%.

um pouco mais macia que a manteiga em temperatura de refrigeração e, como a manteiga, pode ser misturada com açúcar para fazer glacês. A margarina em bisnaga é bem menos saturada e mais fácil de espalhar mesmo a 5 °C, mas é macia demais para fazer glacê ou para uso em massas laminadas à base de gordura.

As *margarinas com baixo teor de gordura* contêm menos óleo e mais água que as margarinas comuns, fazem uso de carboidratos e proteínas para se estabilizar e não servem para cozinhar. Os estabilizantes podem queimar na frigideira. Se usadas para substituir a manteiga ou a margarina em massas assadas ao forno, as margarinas com alto teor de umidade desequilibram a proporção entre sólidos e líquidos. Os produtos deste tipo que contêm pouca ou nenhuma gordura têm tantos amidos, gomas e/ou proteínas que não há nada ali que possa derreter sob aquecimento: eles secam e acabam queimando.

As *margarinas especiais* geralmente só são fornecidas a padeiros profissionais. Como a oleomargarina original francesa, elas às vezes contêm banha bovina. São formuladas para ter consistência firme mas cremosa numa faixa de temperatura bem mais ampla que a da manteiga (p. 625).

SORVETE

O sorvete é um prato que consegue intensificar as já notáveis qualidades do creme. O congelamento nos possibilita testemunhar o nascimento da cremosidade, a incrível transição da solidez para a fluidez. Porém, não é simples congelar o creme de modo a lhe fazer jus.

A invenção e a evolução do sorvete. O creme simplesmente congelado é duro como pedra. O açúcar o amacia, mas também faz baixar seu ponto de congelamento (as moléculas de açúcar dissolvidas impedem as

---

As primeiras receitas de sorvete

Neige de fleurs d'orange (Neve de flores de laranjeira)

Deves tomar creme fresco e nele acrescentar dois punhados de açúcar em pó, e tomar pétalas de flor de laranjeira, picá-las miúdo e colocá-las no creme [...] e tudo isso lançar numa vasilha, colocando esta num resfriador de vinho; deves tomar gelo, quebrá-lo em pedaços bem pequenos e formar um leito de gelo com sal na parte de baixo do resfriador antes de nele colocar a vasilha. [...] E deves continuar acrescentando uma camada de gelo e um punhado de sal até que o resfriador esteja cheio e a vasilha, coberta; e deves colocar o resfriador no local mais frio que encontrares, e agitá-lo de tempo em tempo para que não se forme um bloco sólido de gelo. Isso levará cerca de duas horas.

– *Nouveau confiturier*, 1682

Fromage à l'angloise (Queijo à moda inglesa)

Toma um *chopine* [476 g] de creme fresco e a mesma quantidade de leite, meia libra de açúcar em pó, acrescenta três gemas de ovos, mexendo bem, e ferve tudo isso até que se torne um mingau fino; tira-o do fogo, despeja-o no molde de gelo e coloca-o no gelo por três horas; quando estiver firme, tira o molde do gelo e aquece-o um pouco, a fim de que seja mais fácil tirar dele o queijo; ou, senão, mergulha o molde por um instante em água quente, e então o serve em uma compoteira.

– François Massialot, *La Nouvelle instruction pour les confitures* (1692)

moléculas de água de formar cristais ordenados). Assim, o creme adoçado congela a uma temperatura muito inferior ao ponto de congelamento da água pura, o que significa que não pode congelar na massa semiderretida que se forma quando um objeto morno é colocado em contato com a neve ou o gelo. O que tornou possível a existência do sorvete foi uma pitada de engenhosidade química. Quando se acrescentam sais ao gelo, eles se dissolvem nele, abaixam seu ponto de congelamento e permitem que ele se torne frio suficiente para congelar o creme adoçado.

O efeito dos sais sobre o congelamento já era conhecido pelos árabes no século XIII, e esse conhecimento acabou por chegar à Itália, onde gelados de frutas foram descritos no começo do século XVII. O termo inglês *ice cream*, "creme gelado", aparece pela primeira vez num documento da corte de Carlos II, datado de 1672, e as primeiras receitas impressas para águas e cremes gelados são publicadas na França e em Nápoles nas décadas de 1680 e 1690. Na época da Revolução Americana, os franceses já haviam descoberto que a agitação frequente da mistura sob congelamento produzia uma textura mais cremosa e menos cristalina. Desenvolveram também versões extragordas, com 20 gemas de ovo para cada meio litro de sorvete (*glace au beurre*, "gelo amanteigado"), além de sorvetes aromatizados com as mais diversas sementes oleaginosas e especiarias, flor de laranjeira, caramelo, chocolate, chá, café e até pão de centeio.

Nos Estados Unidos, um alimento para as massas. Os Estados Unidos transformaram essa iguaria num alimento para as massas. A produção de sorvete era procedimento difícil e de parco rendimento até 1843, quando Nancy Johnson, da Filadélfia, patenteou um congelador que consistia num grande balde para a salmoura e um cilindro fechado contendo a mistura para sorvete e uma pá misturadora, cujo eixo se projetava do topo do aparelho e podia ser girado continuamente por meio de uma manivela.

Cinco anos depois, William G. Young, de Baltimore, modificou o projeto de Johnson de modo que o recipiente da mistura girasse dentro da salmoura a fim de aumentar a eficiência do resfriamento. O congelador de Johnson-Young permitiu que grandes quantidades de sorvete de textura fina fossem feitas com uma única ação mecânica simples e constante.

O segundo avanço decisivo rumo à produção em massa surgiu no começo da década de 1850, quando um leiteiro de Baltimore chamado Jacob Fussell decidiu usar seu excedente sazonal de creme para fazer sorvete, conseguiu cobrar metade do preço então praticado nas docerias finas e alcançou sucesso como primeiro fabricante de sorvete em grande escala. Seu exemplo foi a tal ponto imitado que em 1900 um viajante inglês se surpreendeu com a "enorme quantidade" de sorvete consumida nos Estados Unidos. Até hoje os norte-americanos comem muito mais sorvete que os europeus – quase 20 litros por pessoa por ano.

A industrialização do sorvete. Quando o sorvete se tornou um produto industrial, a indústria o redefiniu. Os fabricantes eram capazes de congelar seu sorvete mais rápido e a uma temperatura mais baixa que a do sorvete caseiro e, assim, conseguiam produzir cristais de gelo muito pequenos. A textura macia tornou-se a marca distintiva do sorvete industrial, e os fabricantes passaram a acentuá-la, substituindo ingredientes tradicionais por gelatina e sólidos lácteos concentrados. Depois da Segunda Guerra Mundial, aumentaram a dose de estabilizantes no sorvete a fim de preservar sua maciez nos imprevisíveis congeladores domésticos. Por fim, a concorrência de preços levou a um uso cada vez mais disseminado de aditivos, leite em pó e corantes e aromatizantes artificiais. E assim se desenvolveu uma hierarquia do sorvete: no alto, um sorvete tradicional, mas relativamente caro; embaixo, uma versão de pior qualidade, mas mais estável e de preço mais acessível.

Estrutura e consistência do sorvete

Cristais de gelo, creme concentrado, ar.
O sorvete é feito de três elementos básicos: cristais de gelo feitos de pura água, o creme concentrado que os cristais deixam para trás quando formam a mistura preparada e minúsculas células de ar constituídas quando a mistura é agitada durante o congelamento.

- Os cristais de gelo se formam a partir de moléculas de água quando a mistura congela. São eles que dão ao sorvete sua solidez; são sua espinha dorsal. E é o tamanho deles que determina se o sorvete vai ficar macio e suave ou áspero e grosseiro. Porém, o gelo só corresponde a uma pequena fração do volume do sorvete.
- O creme concentrado é o que resta da mistura quando os cristais de gelo se formam. Graças ao açúcar dissolvido, cerca de um quinto da água da mistura não congela nem mesmo a −18 °C. O resultado é um fluido muito espesso que contém proporções mais ou menos iguais de água líquida, gordura do leite, proteínas do leite e açúcar. Esse fluido reveste cada um dos milhões de cristais de gelo e os coliga entre si – mas não com muita força.
- As células de ar ficam presas na mistura de sorvete quando esta é agitada durante o congelamento. As células interrompem e enfraquecem a matriz de creme e cristais de gelo, tornando-a mais leve e mais fácil de pegar na colher e mastigar. As células de ar dão ao sorvete um volume maior que o da mistura original. Esse processo é chamado *aeração* e, num sorvete fofo, pode resultar num aumento de volume de mais de 100%, o que significa que o sorvete final é metade mistura, metade ar. Quanto menos aerado, mais denso o sorvete.

Equilíbrio. O segredo de um bom sorvete está em formular uma mistura que, ao congelar, constitua uma estrutura equilibrada de cristais de gelo, creme concentrado e ar. A consistência de um sorvete equilibrado e bem-feito é cremosa, lisa, firme, quase elástica. Quanto menor a proporção de água na mistura, mais fácil se torna criar cristais pequenos e uma textura lisa. Entretanto, o excesso de açúcar e de sólidos lácteos produz um resultado pesado, úmido, pegajoso, e o excesso de gordura pode virar manteiga quando da agitação.

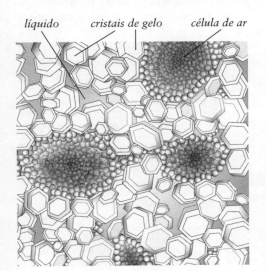

O sorvete, uma espuma semissólida. O processo de congelamento da mistura forma cristais de gelo – massas sólidas de pura água – e concentra o restante da mistura num líquido rico em açúcar e proteínas lácteas. O batimento introduz bolhas de ar nessa mistura, e as bolhas são estabilizadas por camadas de glóbulos de gordura aglomerados.

A maioria das boas receitas de sorvete produz uma mistura com cerca de 60% de água, 15% de açúcar e de 10 – valor mínimo para o sorvete comercial nos Estados Unidos – a 20% de gordura.

Estilos de sorvete. Sem falar em sabores, existem dois estilos principais de sorvete e vários estilos secundários.

- O sorvete *comum* ou *estilo Filadélfia* é feito de creme, leite, açúcar e um pequeno número de ingredientes secundários. Seus atrativos são a riqueza e o sabor delicado do próprio creme, complementado por baunilha ou por frutas ou sementes oleaginosas.
- O sorvete *estilo francês* ou de *leite e ovos* contém outro ingrediente: até doze gemas de ovos por litro de preparado. As proteínas e emulsificantes na gema de ovo ajudam a manter pequenos os cristais de gelo e dão ao sorvete uma textura lisa mesmo quando o preparado contém pouca gordura láctea e bastante água; algumas misturas tradicionais francesas para sorvete consistem num *creme inglês* (p. 110) feito com leite e não com creme. A mistura que contém gemas deve ser cozida para dispersar as proteínas e os emulsificantes (além de matar as bactérias da gema crua). Por isso a base resultante, de textura espessa e semelhante a um creme de ovos e leite, propicia um sorvete com característico sabor cozido e forte nota de ovos.

Outro sorvete com ovos é o *gelato* italiano, que, em regra, é rico não só em gemas como também em gordura láctea. Pouco aerado, é um creme muito rico e denso. (O nome significa simplesmente "gelado", e, na Itália, é aplicado a muitos preparados congelados.)

- Nos Estados Unidos, os sorvetes de *teor reduzido de gordura*, *baixo teor de gordura* e *sem gordura* contêm teores progressivamente mais baixos de gordura em relação ao mínimo de 10% especificado na classificação comercial norte-americana. Usam vários aditivos para limitar o tamanho dos cristais de gelo. Entre esses aditivos, podemos mencionar a glicose de milho, leite em pó e gomas vegetais. O sorvete *soft-serve* é um preparado de baixo teor de gordura cuja maciez é garantida pelo fato de ser servido em temperatura relativamente alta (–6 °C).
- O *kulfi*, a versão indiana do sorvete, que pode ter sido criado no século XVI, é feito sem batedura a partir do leite fervido e reduzido a uma fração de seu volume original, sendo, portanto, rico em proteínas lácteas e açúcar, que suavizam a textura. Tem sabor forte de leite cozido e *butterscotch**.

Em geral, os sorvetes de primeira qualidade são feitos com mais creme e mais gemas de ovos que os tipos mais baratos. Também contêm menos ar. O exame comparativo do peso das caixas de sorvete é um método rápido de avaliação: meio litro de um sorvete mais caro pode conter tanto açúcar e creme quanto um litro de um mais barato, metade do qual podendo ser constituída de ar.

Como se faz sorvete. A preparação do sorvete tem três etapas básicas: preparação da mistura, congelamento e endurecimento.

Preparação da mistura. A primeira etapa consiste em escolher os ingredientes e combiná-los. Os ingredientes básicos são leite e

---

* No Brasil, o critério para a classificação dos sorvetes não é o teor de gordura (embora os valores mínimos desta sejam especificados), mas sim a composição geral do alimento. Assim, segundo a Anvisa, os gelados comestíveis classificam-se em "sorvetes de leite" (à base de leite e derivados lácteos), "sorvetes de creme" (que podem conter também outras gorduras alimentares), "sorvetes" (cuja gordura e/ou proteína podem ser parcial ou mesmo totalmente de origem não láctea), "*sherbets*" (à base de leite, mas com pequena proporção de gorduras) e "gelados de frutas ou *sorbets*" (à base de polpa, suco e pedaços de frutas). Nos sorvetes de creme, a porcentagem mínima de gordura láctea (por peso do produto final) é de 3%, e a de gorduras comestíveis totais, de 8%. (N. do T.)

Composições típicas dos sorvetes

Com exceção da aeração e das calorias, as porcentagens são dadas em relação ao peso do sorvete.

Estilo*	% gordura láctea	% outros sólidos lácteos	% açúcar	% sólidos de gema (estabilizantes)	% água	Aeração (% do volume da mistura original)	Calorias por 125 ml
Premium standard	16-20	7-8	13-16	(0,3)	64-56	20-40	240-360
Name-brand standard	12-14	8-11	13-15	(0,3)	67-60	60-90	130-250
Economy standard	10	11	15	(0,3)	64	90-100	120-150
"French" (comercial)	10-14	8-11	13-15	2	67-58	60-90	130-250
French (artesanal)	3-10	7-8	15-20	6-8	69-54	0-20	150-270
Gelato	8-12	6-10	16-18	4-8	65-60	0-10	250-300
Soft-serve	3-10	11-14	13-16	(0,4)	73-60	30-60	175-190
Baixo teor de gordura	2-4	12-14	18-21	(0,8)	68-61	75-90	80-135
"Sherbet"	1-3	1-3	26-35	(0,5)	72-59	25-50	95-140
Kulfi	7	18	5-15	–	70-60	0-20	170-230

* Estão em itálico os nomes das classificações comerciais norte-americanas. (N. do T.)

creme frescos e açúcar de mesa. A mistura feita com até 17% de gordura láctea (volumes iguais de leite integral e creme espesso) e 15% de açúcar de mesa (180 g por litro de líquido) ficará lisa e homogênea quando congelada com rapidez numa sorveteira comum. Pode-se fazer um sorvete ainda liso, mas com menos gordura, caso se faça uma mistura que incorpore gemas de ovos; ou caso se substitua um tanto de creme por leite evaporado, condensado ou em pó, sempre rico em proteínas; ou, ainda, caso se substitua um tanto do açúcar por glicose de milho, que tem função espessante.

Na prática comercial, a maioria dos ingredientes, ou todos, são misturados e em seguida pasteurizados, etapa que também serve para dissolvê-los e hidratá-los. Se for feita em temperatura alta suficiente (acima de 76 °C), a pasteurização pode melhorar a consistência e a lisura do sorvete na medida em que desnatura as proteínas do soro, ajudando a diminuir o tamanho dos cristais de gelo. As misturas que contêm gema sempre são cozidas até engrossar. Misturas simples feitas em casa, de creme de leite e açúcar, podem ser congeladas sem cocção e têm um sabor característico de leite fresco.

Congelamento. Uma vez preparada a mistura, ela é pré-gelada para acelerar o posterior congelamento. Então, é congelada o mais rápido possível num recipiente com paredes refrigeradas. É mexida para que seja exposta por igual às paredes frias e, acima de tudo, para produzir uma textura lisa. O resfriamento lento de uma mistura não agitada – "resfriamento inerte" – propicia a formação de poucos cristais de gelo, os quais atingem grande tamanho, agregam-se e produzem uma textura áspera e quebradiça. O resfriamento acelerado com agitação da mistura provoca a rápida formação de muitos cristais "sementes", os quais, por partilharem entre si as moléculas de água disponíveis, não atingem tamanho tão grande quanto atingiriam se seu número fosse menor; a agitação também ajuda a impedir que os cristais se liguem uns aos outros à medida que crescem; impede, portanto, que eles formem agregados que possam ser percebidos pela língua. E a presença de um grande número de cristais pequenos produz uma textura lisa e aveludada.

Endurecimento. O endurecimento é o último estágio da produção de sorvete. Quando a mistura se torna espessa e difícil de agitar, somente metade de sua água se solidificou em cristais de gelo. Nesse momento a agitação é interrompida e o sorvete passa por um período de congelamento inerte, durante o qual mais 40% da água migra para

Produção de sorvete na Fortaleza Voadora e com nitrogênio líquido

Em 13 de março de 1943, o *New York Times* noticiou que aviadores norte-americanos na Inglaterra haviam descoberto um jeito engenhoso de fazer sorvete durante o serviço. A reportagem, intitulada "Fortaleza Voadora faz as vezes de congelador para sorvete", revelava que os aeronautas "colocam mistura para sorvete numa lata grande e fixam-na no compartimento traseiro de artilharia da Fortaleza Voadora. A mistura sofre forte agitação e é perfeitamente congelada quando voa em altitude elevada sobre território inimigo."

Hoje em dia, os professores de química adotam um método popular, eficaz e espetacular: congelam a mistura numa vasilha aberta à qual acrescentam 8 a 10 litros de nitrogênio líquido, cujo ponto de ebulição é de 196 °C. Quando o nitrogênio líquido é agregado à mistura, ele ferve, borbulha e congela o preparado inteiro quase instantaneamente, processo que garante um sorvete muito liso e macio – e, de início, muito frio!

os cristais de gelo já existentes, deixando menos lubrificados os componentes sólidos. Se o endurecimento for lento, alguns cristais de gelo absorverão mais água do que outros e tornarão áspera a textura. O endurecimento será acelerado caso o sorvete recém-congelado seja repartido em vários recipientes pequenos, cuja área superficial maior perderá calor com mais rapidez que a de um único recipiente grande.

Como estocar e servir sorvete. O melhor é armazenar o sorvete à temperatura mais baixa possível, –18 °C ou menos, a fim de preservar sua lisura e suavidade. Todo sorvete se torna mais áspero durante a estocagem por causa dos reiterados descongelamentos parciais e recongelamentos, que fazem derreter completamente os menores cristais de gelo e depositam suas moléculas de água em cristais cada vez maiores e menos numerosos. Quanto menor a temperatura de estocagem, mais lento o processo de perda da lisura.

A superfície do sorvete sofre dois efeitos negativos durante o armazenamento: a gordura absorve odores do compartimento refrigerado e pode ser danificada e ficar rançosa ao secar em contato com o ar do congelador. Estes problemas podem ser evitados pelo simples expediente de cobrir a superfície do sorvete com filme plástico, tomando o cuidado de eliminar todos os bolsões de ar.

O ideal é servir o sorvete a uma temperatura superior a –18 °C. A –13 °C, ele não amortece tanto a língua e as papilas gustativas e contém mais água em estado líquido, o que lhe suaviza a textura. A –6 °C – temperatura típica do sorvete *soft-serve* –, metade da água está na forma líquida.

LEITE E CREME FERMENTADOS FRESCOS

Uma das qualidades notáveis do leite é que ele provoca a própria conservação. É capaz de alimentar espontaneamente um grupo específico de microrganismos que convertem seu açúcar em ácido e assim preservam-no por algum tempo, impedindo-o de estragar ou transmitir doenças. Ao mesmo tempo, os microrganismos mudam num sentido desejável a textura e o sabor do leite. Essa transformação benigna, chamada *fermentação*, não ocorre sempre, mas ocorre com frequência suficiente para que os leites fermentados por bactérias tenham se tornado importantes entre todos os povos que criavam animais leiteiros. O iogurte e os cremes azedos são imensamente populares até hoje.

O que provoca a fermentação? Ela é produzida pela feliz combinação entre a química do leite e um grupo de microrganismos que já estavam prontos para explorar essa química muito antes de os mamíferos e o leite surgirem na face da terra. São as *bactérias do ácido láctico* que possibilitam a ampla variedade de laticínios fermentados.

AS BACTÉRIAS DO ÁCIDO LÁCTICO

O leite é rico em nutrientes, mas sua fonte de energia mais acessível, a lactose, é um açúcar que não se encontra em quase nenhum outro lugar da natureza. Isso significa que não é grande o número de microrganismos que dispõem das enzimas necessárias para digeri-la. O segredo do sucesso das bactérias do leite, simples e elegante, é que elas são especializadas em digerir a lactose e extraem sua energia na medida em que a transformam em ácido láctico. Depois, liberam o ácido láctico no leite, onde ele se acumula e retarda o crescimento de quase todos os outros microrganismos, inclusive dos que causam doenças nos seres humanos. Elas criam também substâncias antibacterianas, mas sua principal defesa é uma acidez agradável e levemente adstringente, que também leva as proteínas de caseína a se aglutinar em coalhos semissólidos (p. 21), espessando a textura do leite.

Há dois grupos principais de bactérias do ácido láctico. O pequeno gênero dos *Lactococos* (combinação dos termos "leite" e "esferas" em latim) se encontra principalmente em vegetais (mas são parentes próximos dos estreptococos, cujos membros vivem sobretudo nos animais e causam várias doenças no homem!). As cinquenta e tantas espécies do gênero dos *Lactobacilos* ("leite" e "bastonetes") são mais comuns na natureza. São encontradas tanto nas plantas quanto nos animais, inclusive no estômago de bezerros aleitados pelas mães; no ser humano, estão presentes na boca, no sistema digestivo e na vagina. Em geral, seu estilo de vida higiênico é benéfico para o nosso corpo (ver quadro, p. 52).

As bactérias responsáveis pelos principais produtos fermentados foram identificadas por volta de 1900, quando se disponibilizaram culturas puras de variedades individuais. Hoje em dia, poucas leiterias deixam a fermentação a cargo do acaso. Ao passo que a fermentação espontânea pode envolver mais de uma dúzia de diferentes microrganismos, a fermentação industrial em geral usa apenas dois ou três. Esse afunilamento biológico pode afetar o sabor, a consistência e os benefícios dos produtos para a saúde.

FAMÍLIAS DE LEITES FERMENTADOS FRESCOS

Diferentemente da maioria dos queijos (p. 56), que passam por diversos estágios de manipulação e continuam a evoluir por semanas ou meses, os leites fermentados frescos geralmente estão prontos para comer em questão de horas ou dias. Uma enciclopédia recente catalogou centenas de tipos diferentes! A maioria deles se originaram na Ásia Ocidental, na Europa Oriental e na Escandinávia e foram levados para o mundo inteiro por incontáveis emigrantes, muitos dos quais mergulhavam um pano na cultura bacteriana de sua família, deixavam-no secar e protegiam-no até poder mergulhá-lo de novo no leite tirado em sua nova casa.

Os poucos leites fermentados frescos conhecidos no Ocidente – iogurte, creme azedo e leitelho – são representantes de duas grandes famílias desenvolvidas pelos hábitos de trato com o leite de povos que habitavam dois climas muito diferentes.

O *iogurte* e seus parentes nasceram numa região ampla e quente que se estende desde o Oriente Médio até a Ásia Central, Ocidental e Meridional, região que inclui o provável ponto de surgimento da criação de animais leiteiros e onde alguns povos ainda armazenam o leite em estômagos e peles de animais. Os lactobacilos e estreptococos que produzem iogurte são espécies "termófilas", que apreciam o calor e po-

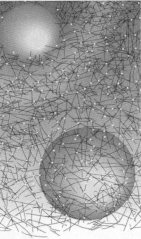

Coagulação do leite pelas bactérias do ácido láctico. À medida que as bactérias fermentam a lactose e produzem ácido láctico, a acidez cada vez maior do meio faz que as micelas das caseínas, geralmente reunidas em feixes (esquerda), *separem-se em moléculas de caseína isoladas, as quais formam novos vínculos entre si* (direita). *As novas ligações constituem uma rede contínua de moléculas proteicas que prendem o líquido e os glóbulos de gordura em pequenos bolsões, transformando o leite fluido num sólido frágil.*

Leites e cremes fermentados frescos tradicionais

Produto	Região	Microrganismos	Temperatura e tempo de fermentação	Acidez	Características
Iogurte	Do Oriente Médio à Índia	*Lactobacillus delbruecki*, *Streptococcus salivarius* (nas áreas rurais, diversos lactococos e lactobacilos)	41-45 °C por 2-5 h, ou 30 °C por 6-12 h	1-4%	Azedo, semissólido, liso; aroma verde
Leitelho	Eurásia	*Lactococcus lactis*, *Leuconostoc mesenteroides*	22 °C por 14-16 h	0,8-1,1%	Azedo, líquido espessado; aroma amanteigado
Crème fraîche	Europa	*Lactococcus lactis*, *Leuconostoc mesenteroides*	20 °C por 15-20 h	0,2-0,8%	Levemente azedo e espesso; aroma amanteigado
Creme azedo	Europa	*Lactococcus lactis*, *Leuconostoc mesenteroides*	22 °C por 16 h	0,8%	Levemente azedo, semissólido, aroma amanteigado
"Leite viscoso"	Escandinávia	*Lactococcus lactis*, *Leuconostoc mesenteroides* (fungo *Geotrichum*)	20 °C por 18 h	0,8%	Levemente azedo, semissólido, pegajoso; aroma amanteigado
Koumiss	Ásia Central	Lactobacilos, leveduras	27 °C por 2-5 h, mais envelhecimento a frio	0,5-1%	Levemente azedo, líquido espessado; efervescente, 0,7-2,5% de álcool
Kefir	Ásia Central	Lactococos, lactobacilos, *Acetobacter*, leveduras	20 °C por 24 h	1%	Azedo, líquido espessado; efervescente, 0,1% de álcool

dem ter surgido no próprio gado. Distinguem-se pela capacidade de crescer rápida e sinergisticamente em temperaturas de até 45 °C e de gerar grande quantidade de ácido láctico, que as preserva. Podem transformar o leite num gel bastante ácido em apenas duas ou três horas.

O *creme azedo*, o *crème fraîche* e o *leitelho* são nativos do norte e do oeste da Europa, região relativamente fria, onde o leite estraga mais devagar e frequentemente era deixado em repouso durante a noite a fim de se separar da nata usada para fazer manteiga. As espécies de lactococos e de microrganismos do gênero *Leuconostoc* que os produzem são "mesófilas", ou amigas das temperaturas moderadas, e provavelmente chegaram ao leite vindas de partículas de capim nos úberes das vacas. Preferem temperaturas em torno dos 30 °C, mas conseguem trabalhar bem em temperaturas mais baixas, e desenvolvem quantidades moderadas de ácido láctico durante uma fermentação lenta que dura de 12 a 24 horas.

IOGURTE

Iogurte é a palavra de origem turca que designa um leite fermentado que se transfor-

---

Os benefícios do leite fermentado para a saúde

É possível que as bactérias dos laticínios não se limitem a pré-digerir a lactose e dar um novo sabor ao leite. Pesquisas recentes corroboram em parte a crença antiga e difundida de que o iogurte e outros leites fermentados promovem ativamente a boa saúde. No comecinho do século XX, o russo Ilya Metchnikov, ganhador do Prêmio Nobel (por ter descoberto que os glóbulos brancos combatem as infecções bacterianas), deu fundamentação científica àquela crença quando aventou a hipótese de que as bactérias do ácido láctico nos leites fermentados eliminam microrganismos tóxicos do nosso sistema digestivo, os quais, não fosse por isso, abreviariam nossa vida. Donde o título encantador de um livro de 1926 do médico James Empringham: *Intestinal Gardening for the Prolongation of Youth* [Jardinagem intestinal para prolongar a juventude].

Metchnikov foi um precursor. Nos últimos vinte anos, a ciência provou que certas bactérias do ácido láctico, as bifidobactérias, se propagam no leite materno, colonizam o intestino do bebê e ajudam a mantê-lo saudável, acidificando o trato intestinal e produzindo várias substâncias antibacterianas. Quando o bebê adota uma dieta mista, a maioria das bifidobactérias do intestino cede lugar a uma população variada de estreptococos, estafilococos, *E. coli* e leveduras. As bactérias padronizadas do iogurte e do leitelho industriais foram selecionadas para se multiplicar no leite e não sobrevivem dentro do corpo humano. Porém, outras bactérias encontradas em leites espontaneamente fermentados de modo tradicional – *Lactobacillus fermentum*, *L. casei* e *L. brevis*, por exemplo –, assim como o *L. plantarum* das hortaliças em conserva e o *L. acidophilus* natural do intestino, conseguem morar dentro de nós. As diversas variedades dessas bactérias aderem à parede intestinal e protegem-na, secretam compostos antibacterianos, favorecem a resposta imunológica do corpo a determinados microrganismos patogênicos, desmontam o colesterol e os ácidos da bile que consomem o colesterol e reduzem a produção de substâncias potencialmente carcinogênicas.

Talvez essas atividades não bastem para prolongar a juventude, mas certamente são desejáveis! Cada vez mais, os fabricantes acrescentam lactobacilos "probióticos" e até bifidobactérias a seus produtos de leite fermentado e assinalam esse fato no rótulo. Esses produtos, mais parecidos com os leites fermentados originais que continham uma flora bacteriana ainda mais diversificada, nos permitem cultivar nosso jardim intestinal com os microrganismos mais amistosos que por ora conhecemos.

ma numa massa azeda e semissólida; vem de uma raiz que significa "grosso", "espesso". Essencialmente o mesmo alimento tem sido produzido há milênios desde o leste europeu até a Índia, passando pelo norte da África e pela Ásia Central, regiões onde é conhecido por diversos nomes e usado para diferentes finalidades: é saboreado sozinho, diluído em bebidas, misturado em molhos e temperos e usado como ingrediente em sopas, massas assadas e doces.

O iogurte era uma curiosidade exótica na Europa até o começo do século XX, quando o imunologista Ilya Metchnikov, ganhador do Prêmio Nobel, correlacionou a longevidade de certos grupos na Bulgária, na Rússia, na França e nos Estados Unidos com o fato de consumirem leites fermentados, que segundo sua teoria acidificariam o trato digestivo e impediriam as bactérias patogênicas de crescer (ver quadro, p. 52). A produção em escala industrial foi desenvolvida no final da década de 1920, mesma época em que surgiram iogurtes de sabor mais brando e com frutas; e sua popularidade aumentou na década de 1960 com certos melhoramentos introduzidos pelos suíços na inclusão de sabores e frutas e o desenvolvimento, na França, de uma versão estável e cremosa, feita por agitação.

A simbiose do iogurte. Contrapondo-se à flora complexa e variável dos iogurtes tradicionais, a da versão industrial é reduzida ao essencial. O iogurte padrão contém apenas duas espécies de bactérias, o *Lactobacillus delbrueckii* subespécie *bulgaricus* e o *Streptococcus salivarius* subespécie *thermophilus*. As duas bactérias estimulam o crescimento uma da outra e, combinadas, acidificam o leite com mais rapidez do que cada qual isoladamente. De início, os estreptococos são mais ativos. Quando a acidez passa de 0,5%, a atividade dos estreptococos (sensíveis aos ácidos) diminui e entram em cena os lactobacilos, mais resistentes, que elevam a acidez final a 1% ou mais. Os compostos de sabor produzidos pelas bactérias são dominados pelo acetaldeído, que suscita a nota característica e refrescante de maçã verde.

Como se faz iogurte. A produção de iogurte tem dois estágios básicos: a preparação do leite por aquecimento e resfriamento parcial; e a fermentação do leite morno.

O leite. O iogurte é feito de todos os tipos de leite; os primeiros provavelmente eram de cabras e ovelhas. Os leites de teor reduzido de gordura propiciam um iogurte especialmente firme, pois os fabricantes mascaram a falta de gordura acrescentando mais proteínas lácteas, que aumentam a densidade da rede proteica coagulada pelo ácido. (Às vezes os produtores também acrescentam gelatina, amido e outros estabilizantes para impedir a separação das proteínas e do soro provocada pela agitação física durante o transporte e a manipulação.)

Aquecimento. Tradicionalmente, o leite com que se fazia iogurte era submetido a prolongada fervura para concentrar as proteínas e produzir uma textura mais firme. Hoje em dia, os fabricantes podem aumentar o teor de proteínas acrescentando leite em pó, mas mesmo assim cozinham o leite por 30 minutos a 85 °C ou por 10 minutos a 90 °C. Esses tratamentos melhoram a consistência do iogurte na medida em que desnaturam a lactoglobulina, uma proteína do soro cujas moléculas, antes inertes, passam a se aglomerar na superfície das partículas de caseína (p. 21). Com a presença das lactoglobulinas, as partículas de caseína só conseguem colar-se umas às outras em alguns pontos. Assim, não se juntam em grandes aglomerados, mas sim numa delicada matriz feita de longas cadeias, que retém muito mais líquido em seus pequenos interstícios.

Fermentação. Depois de aquecido o leite, ele é resfriado até chegar à temperatura desejada de fermentação; as bactérias são acrescentadas (muitas vezes numa porção da leva anterior de iogurte) e o leite é mantido em temperatura morna até coagular. A temperatura de fermentação tem forte influência sobre a consistência final do produto. Na temperatura máxima que as bactérias toleram bem, 40-45 °C, esses microrganismos se multiplicam e produzem ácido láctico rapidamente, e as proteínas lácteas gelificam-se em apenas duas ou três horas; a 30 °C, as bactérias trabalham bem mais devagar e o leite leva até 18 horas para coagular. A gelificação rápida produz uma rede proteica relativamente grosseira, cujos filamentos, espessos e em pequeno número, proporcionam firmeza mas deixam vazar muito soro; a gelificação lenta propicia uma rede mais fina, mais delicada, mais intricada e ramificada, cujos filamentos, embora mais fracos, têm poros menores que retêm melhor o soro.

Iogurte congelado. O iogurte congelado se popularizou nas décadas de 1970 e 1980 como uma espécie de alternativa mais magra e mais "saudável" ao sorvete. A verdade é que o iogurte congelado é essencialmente um leite gelado misturado com uma pequena dose de iogurte; a proporção padrão é de 4 para 1. Dependendo do processo de mistura, as bactérias do iogurte podem sobreviver em grandes números ou ser quase todas eliminadas.

CREMES AZEDOS E LEITELHO, INCLUSIVE O *CRÈME FRAÎCHE*

Antes de ser inventada a centrífuga separadora, para fazer manteiga na Europa Ocidental era preciso deixar o leite cru em repouso por uma noite ou mais, escumar o creme que se acumulava no topo e batê-lo. No período em que se processava a separação pela gravidade, bactérias se multiplicavam espontaneamente no creme e davam a este, bem como à manteiga feita dele, um característico aroma azedo.

O termo "creme maturado" designa aqueles produtos que, hoje, são intencionalmente inoculados com aquelas mesmas bactérias – várias espécies dos gêneros *Lactococcus* e *Leuconostoc*. Estas têm três características importantes: crescem melhor em temperaturas moderadas, bem abaixo da temperatura típica de fermentação do iogurte; produzem ácido em quantidade moderada, de modo que o leite e o creme fermentado por elas nunca se torna demasiado azedo; e certas variedades têm a capacidade de converter um componente subsidiário do leite, o citrato, num cálido composto aromático chamado diacetil, que complementa milagrosamente o sabor da gordura láctea. O fascinante é que esse produto da atividade bacteriana está tão intimamente ligado ao sabor de manteiga que sua simples presença basta para que os alimentos adquiram um sabor amanteigado: é o caso até dos vinhos Chardonnay (p. 812). Para acentuar essa nota de sabor, os fabricantes às vezes acrescentam citrato ao leite ou ao creme antes da fermentação e a realizam nas condições de frescor que favoreçam a produção de diacetil.

Crème fraîche. O *crème fraîche* é um preparado versátil. Espesso, azedo e com aroma delicado e acastanhado, que pode lembrar o de manteiga, complementa maravilhosamente frutas frescas, caviar e certas massas à base de gordura. Graças ao seu alto teor de gordura e ao correspondente baixo teor de proteínas, pode ser cozido num molho ou até reduzido por fervura sem coagular.

Hoje em dia, na França, o *crème fraîche* é um creme com 30% de gordura que foi pasteurizado em temperatura moderada, ou seja, que não foi submetido nem ao processo UHT nem à esterilização (*fraîche* significa "fresco" em todas as acepções da palavra em português). Porém, pode ser líquido (*liquide, fleurette*) ou espesso (*épaisse*). A versão líquida não é fermentada e tem prazo de validade oficial de 15 dias sob refrigeração. A versão espessa é fermentada com a típica cultura bacteriana de creme por 15 a 20 horas e tem prazo de validade de 30 dias. Como ocorre com todos os leites fermentados, o espessamento indica que o produto alcançou certo grau de acidez (0,8%, pH 4,6) e, assim, adquiriu sabor caracteristicamente azedo. O processo de produção do *crème fraîche* comercial norte-americano é essencialmente idêntico ao da versão francesa, embora alguns fabricantes lhe acrescentem pequena quantidade de coalho para obter consistência mais densa. Os produtos feitos com o leite de vacas Jersey ou Guernsey (rico em citrato) e com variedades de bactérias que produzem diacetil têm o típico sabor de manteiga.

Produção de* crème fraîche *na cozinha. Pode-se produzir uma versão caseira do *crème fraîche* acrescentando ao creme espesso certa quantidade de leitelho maturado ou creme azedo (15 ml a cada 250 ml), os quais contêm culturas bacterianas, e deixando o creme resultante em repouso em lugar fresco por 12 a 18 horas ou até se tornar ainda mais denso.

Creme azedo. O creme azedo (*sour cream*) é essencialmente uma versão mais magra, mais firme e menos versátil do *crème fraîche*. Com cerca de 20% de gordura láctea, contém proteínas em quantidade suficiente para coagular em temperatura de cocção. Portanto, a menos que seja acrescentado ao prato imediatamente antes de servir, ele propicia aparência e textura ligeiramente granuladas. O creme azedo é muito usado na Europa Central e Oriental, onde é tradicionalmente acrescentado a sopas e cozidos (*goulash*, *borscht*). No século XIX, os imigrantes introduziram nas cidades norte-americanas o gosto pelo seu uso; em meados do século XX, ele já se tornara parte intrínseca da culinária norte-americana como base para patês e molhos de salada, cobertura para batatas assadas e ingrediente para bolos. O creme azedo norte-americano é mais denso que o original europeu graças à prática de passar o creme duas vezes por um homogeneizador antes de maturá-lo. Junto com as bactérias, às vezes se acrescenta uma pequena dose de coalho; essa enzima faz que as proteínas de caseína se coagulem num gel mais firme.

A imitação não fermentada que leva o nome de "creme azedo acidificado" é feita com a coagulação do creme com ácido puro. Os "cremes azedos" que trazem no rótulo os dizeres "baixo teor de gordura" e "sem gordura" substituem a gordura láctea por amido, gomas vegetais e proteína de leite seca.

Leitelho. A maior parte do "leitelho" (*buttermilk*) vendido com esse nome nos Estados Unidos não é leitelho de forma alguma. O verdadeiro leitelho é a substância com baixo teor de gordura que se separa do leite ou creme batidos para fazer manteiga. Tradicionalmente, esse leite ou creme já teria começado a fermentar antes da batedura, de modo que, depois desta, o leitelho continuaria a engrossar e a desenvolver seu sabor. Com o advento das centrífugas separadoras no século XIX, o resíduo da produção de manteiga passou a ser um leitelho não fermentado, que podia ser comercializado como tal ou maturado com

---

Leites viscosos da Escandinávia

Uma subfamília que se distingue no panorama dos cremes maturados é a dos leites "viscosos" da Escandinávia, assim chamados por serem mais que espessos: caso se tente pegar uma colherada do *viili* finlandês, do *långfil* sueco ou do *tättemjölk* norueguês, a vasilha toda se levantará no ar. Alguns leites viscosos são tão coesos que são cortados com faca. Essa consistência é criada por variedades particulares de culturas bacterianas que produzem longos filamentos de carboidratos semelhantes ao amido. O carboidrato elástico absorve água e se liga às partículas de caseína; por isso, os produtores têm usado variedades viscosas do *Streptococcus salivarius* como estabilizantes naturais no iogurte e outros produtos fermentados.

bactérias lácticas para adquirir o sabor e a consistência tradicionais. Nos Estados Unidos, uma escassez do verdadeiro leitelho pouco depois da Segunda Guerra Mundial propiciou o sucesso de uma imitação, o "leitelho maturado", feito de leite semidesnatado simples fermentado até ficar ácido e espesso.

Qual é a diferença? O leitelho legítimo é menos ácido, tem sabor mais complexo e sutil e tem mais tendência a estragar e ficar com o sabor ruim. Nele, os resquícios das membranas dos glóbulos de gordura são ricos em emulsificantes como a lecitina, o que o torna especialmente indicado para preparar diversos tipos de alimentos de textura lisa e refinada, de sorvete até massas assadas. (Sua excelência como emulsificante fez que os holandeses da Pensilvânia o usassem como base para a tinta vermelha de pintar celeiros!) O leitelho maturado também é útil; dá suavidade e um sabor rico e travoso a massas moles assadas na chapa e muitos pratos assados em forno.

Para fazer o "leitelho maturado" norte-americano, o leite desnatado ou com baixo teor de gordura é submetido ao tratamento térmico padrão do iogurte a fim de produzir um gel de proteínas de textura mais fina; depois, é amornado e fermentado com culturas bacterianas até gelificar. O leite gelificado é resfriado para deter a fermentação e suavemente agitado para que o coalho se fragmente num líquido espesso mas homogêneo. O "leitelho búlgaro" é uma versão do leitelho maturado no qual as culturas bacterianas são suplementadas ou substituídas por culturas típicas da produção de iogurte; o produto é fermentado em temperatura mais alta até alcançar acidez maior. É nitidamente mais azedo e gelatinoso e tem a pungência típica do iogurte, que lembra o sabor de maçã.

COZINHAR COM LEITES FERMENTADOS

A maior parte dos produtos lácteos maturados corre o risco de coagular quando transformados em molhos ou acrescentados a outros alimentos quentes. O leite e o creme frescos são relativamente estáveis, mas o extenso tratamento térmico e a alta acidez típica dos produtos fermentados já provocam por si alguma coagulação das proteínas. Qualquer coisa que o cozinhei-

---

Leites fermentados pouco conhecidos: *koumiss* e *kefir*

Como o leite contém uma quantidade apreciável do açúcar lactose, pode ser fermentado como o suco de uva e outros fluidos açucarados, produzindo um líquido alcoólico. Essa fermentação é feita com leveduras pouco comuns, que fermentam a lactose (espécies de *Saccharomyces*, *Torula*, *Candida* e *Kluyveromyces*). Há milhares de anos que os nômades da Ásia Central fazem *koumiss* de leite de égua, especialmente rico em lactose; essa bebida azeda e efervescente, com 1-2% de álcool e 0,5-1% de acidez, ainda é muito popular naquela região e na Rússia. Outros povos da Europa, inclusive na Escandinávia, desenvolveram produtos alcoólicos de outros leites, além de um "vinho" espumante feito do soro do leite.

Outro leite fermentado notável, pouco conhecido no Ocidente, é o *kefir*, popular sobretudo no Cáucaso, onde provavelmente se originou. Ao contrário de outros leites fermentados, em que os microrganismos que operam a fermentação se distribuem de modo homogêneo, o *kefir* é produzido por meio de partículas grandes e complexas chamadas grãos de *kefir*, que abrigam mais de dez tipos de microrganismos, entre os quais lactobacilos, lactococos, leveduras e bactérias do vinagre. Essa associação simbiótica se multiplica em temperatura ambiente fresca para produzir uma bebida azeda, levemente alcoólica, efervescente e cremosa.

ro fizer para levar adiante essa coagulação provocará a contração da rede proteica e a expulsão de uma parte do soro, produzindo partículas brancas isoladas (coágulos proteicos) que flutuam num líquido mais aguado. O calor, o sal, ácidos e batimento vigoroso – tudo isso pode causar coagulação. O segredo para conservar a textura lisa e homogênea é a suavidade na manipulação. Aqueça gradual e moderadamente e mexa devagar.

É corrente a ideia errônea de que o *crème fraîche* é imune à coagulação. Não há dúvida de que, enquanto o iogurte, o creme azedo e o leitelho coagulam inapelavelmente a temperaturas mais baixas que a de fervura, o *crème fraîche* pode ser fervido sem que nada lhe aconteça. Porém, essa versatilidade não tem nada que ver com a fermentação: depende unicamente do teor de gordura. O creme espesso, com 38 a 40% de gordura, tem tão pouca proteína que os coágulos desta não podem ser percebidos pelo paladar (p. 32).

QUEIJO

O queijo é uma das grandes conquistas da humanidade. Não falo aqui de um queijo qualquer em particular, mas do queijo em sua fascinante multiplicidade, recriada a cada dia nas leiterias do mundo. O queijo nasceu como um meio simples para concentrar e preservar a fartura da estação de ordenha. Aos poucos, o cuidado e a engenhosidade de seus produtores o transformaram em algo que vai muito além da simples nutrição física: uma expressão intensa e concentrada dos pastos e dos animais, dos microrganismos e do tempo.

A EVOLUÇÃO DO QUEIJO

O queijo é uma forma modificada de leite. É um alimento mais concentrado, mais durável e mais saboroso que este último. É adensado pela coagulação do leite e pela remoção de boa parte de sua água. Os nutritivos coágulos de proteína e gordura se tornam mais duráveis por meio do acréscimo de ácido e sal, que desestimulam o crescimento dos microrganismos que causam a deterioração. E se tornam mais gostosos por meio da atividade controlada das enzimas lácteas e microbianas, que decompõem as moléculas de proteína e gordura em fragmentos pequenos e cheios de sabor.

A longa evolução do queijo provavelmente começou há uns 5 mil anos, quando os povos da Ásia Central e do Oriente Médio, regiões quentes, aprenderam que, para preservar o leite que azedara e coalhara naturalmente, podiam drená-lo do soro aquoso e salgar os coágulos concentrados. A certa altura, também descobriram que a textura do coágulo se tornava mais flexível e coesa caso a coagulação se desse dentro do estômago de um animal ou num recipiente em que se colocassem pedaços de estômago. Esses primeiros queijos talvez fossem semelhantes ao moderno feta curado em salmoura, ainda importante no Medi-

---

O queijo como obra de arte

Por trás de cada queijo há um prado de um verde diferente, sob distinto céu: campinas incrustadas do sal que as marés da Normandia depositam em cada entardecer; campinas perfumadas de aromas sob o sol ventoso da Provença; há diferentes rebanhos, com seus estábulos e seus movimentos pelos campos; há métodos secretos transmitidos através dos séculos. Esta loja é um museu; ao visitá-la, o sr. Palomar sente, como no Louvre, que por trás de cada objeto exposto está a presença da civilização que lhe deu forma e que dele toma forma.

– Italo Calvino, *Palomar*, 1983

terrâneo oriental e nos Bálcãs. O primeiro indício concreto de produção de queijo de que temos conhecimento – um resíduo encontrado numa vasilha egípcia – data de cerca de 2300 a.C.

O ingrediente essencial de diversos queijos: o tempo. Essa técnica básica que consiste em coalhar o leite com a ajuda da essência estomacal hoje chamada coalho, e depois drenar e salgar os coágulos, foi levada para norte e oeste e chegou por fim à Europa. O povo europeu aos poucos descobriu que, numa região mais fria, o leite coagulado se conservava bem com um tratamento muito mais brando: uma acidifi-

Carlos Magno aprende a comer um queijo embolorado

Durante a Idade Média, enquanto o queijo se transformava num alimento produzido com refinamento cada vez maior, até o imperador dos francos teve de aprender uma ou duas coisas sobre como apreciá-lo. Cerca de 50 anos após a morte de Carlos Magno (ocorrida em 814), um monge anônimo do mosteiro de Saint Gall escreveu uma biografia do monarca que inclui o fascinante episódio narrado a seguir (reproduzido com leves modificações a partir de *Early Lives of Charlemagne* [A vida de Carlos Magno], trad. inglesa de A. J. Grant, 1922). Carlos Magno, em viagem, encontrou-se na casa de um bispo à hora do jantar.

> Ora, sendo aquele o sexto dia da semana, ele não estava disposto a comer a carne de nenhum animal bípede ou quadrúpede. Devido à natureza do lugar, o bispo não pôde mandar vir peixe; assim, ordenou que se colocasse diante dele um excelente queijo, branco de gordura. Carlos [...] nada mais pediu, e, tomando a faca e atirando fora o bolor, que lhe parecia abominável, comeu o branco do queijo. Então o bispo, que permanecia em pé como um criado, aproximou-se e disse: "Por que fazes isso, meu senhor? Estás jogando fora a melhor parte." Persuadido pelo bispo, Carlos [...] pôs na boca um pedaço de bolor e lentamente mastigou-o e engoliu-o como se fosse manteiga. Então, aprovando o conselho do bispo, disse: "Verdade, meu bom anfitrião." E acrescentou: "Não deixa de me enviar todo ano, a Aquisgrão, duas carroças cheias deste queijo."

A palavra que traduzi por "bolor" é *aerugo* em latim: literalmente, "oxidação do cobre". Não sabemos o nome do queijo, e alguns autores deduziram que se trata de um brie, que na época tinha uma capa externa de bolor cinza-esverdeado, como o azinhavre. Na minha opinião, porém, trata-se de algo mais semelhante ao roquefort, um queijo de leite de ovelha com veios internos de bolor azul-esverdeado. O restante da narrativa, a seguir, nos faz pensar mais num queijo grande, firme e maduro por dentro do que num brie fino e macio. Talvez rememore também a primeira nomeação oficial de um *affineur* de queijos:

> O bispo, temeroso diante da impossibilidade de cumprir o que lhe fora pedido, [...] retrucou: "Meu senhor, posso enviar-te os queijos, mas não saberei dizer quais têm e quais não têm esta qualidade. [...]" Então, Carlos [...] assim falou ao bispo, que desde sua infância conhecia aqueles queijos, mas nem por isso aprendera a prová-los: "Corta-os em dois", disse, "rejunta de novo com um espeto aqueles que constatares terem a qualidade correta, guarda-os ainda mais um tempo no teu porão e envia-os a mim. O restante, podes guardar para ti mesmo, teu clero e tua casa."

cação menos pronunciada e salga ou salmoura apenas modestas. Foi essa descoberta que abriu a porta para a grande diversificação dos queijos, pois, além do leite, das bactérias, do coalho e do sal, introduziu no queijo um quinto ingrediente: o tempo. Na presença de acidez e salinidade moderadas, o queijo se torna um ambiente hospitaleiro para o crescimento e a atividade contínuos de diversos microrganismos, com suas respectivas enzimas. Em certo sentido, o queijo ganha vida. Torna-se capaz de se desenvolver e se modificar de modo pronunciado; entra no mundo cíclico do nascimento, da maturação e da decadência.

Quando nasceram os queijos que hoje conhecemos? Não sabemos ao certo, mas foi bem antes da época romana. No livro *Rei rusticae* ("Sobre as coisas do campo", cerca de 65 d.C.), Columela descreve detalhadamente um processo que não é outro senão o da costumeira produção de queijo. A coagulação era promovida pelo coalho ou por diversos fluidos vegetais. O soro era extraído por pressão, os coágulos eram salgados e o queijo fresco era colocado num lugar sombreado para endurecer. Salga e endurecimento eram repetidos e o queijo maduro era então lavado, secado e embalado para estocagem e transporte. Plínio, que também escreveu no século I, disse que os queijos mais apreciados pelos romanos eram aqueles produzidos nas províncias, especialmente em Nîmes, no sul da França, e nos Alpes da França e da Dalmácia.

O crescimento da diversidade. No decorrer de 10 ou 12 séculos após o fim da dominação romana, a arte da produção de queijos progrediu nos feudos e mosteiros, que se dedicavam diligentemente à ocupação de áreas florestadas ou prados de montanha e à preparação da terra para servir de pasto aos animais. Essas comunidades amplamente dispersas desenvolveram independentemente suas técnicas de produção de queijo para fazer jus à paisagem local, ao clima, aos materiais e aos mercados. Queijos pequenos, macios e perecíveis, em regra feitos do leite de uns poucos animais da casa, eram consumidos localmente e sem muita demora e só podiam ser enviados às cidades circunvizinhas. Queijos grandes e duros consumiam o leite de muitos animais e eram, de hábito, produzidos por cooperativas (as *fruiteries* de Gruyère foram fundadas por volta de 1200); conservavam-se indefinidamente e podiam ser transportados até mercados distantes. O resultado foi uma extraordinária diversidade de queijos tradicionais, cujo número varia entre 2 e 50 na maioria dos países e chega a várias centenas somente na França, graças ao tamanho do país e à larga variedade de seus climas.

Queijos de boa reputação. No final da Idade Média, a arte de fazer queijos já havia progredido suficiente para inspirar o surgimento de uma classe de *connoisseurs*. A corte francesa recebia encomendas das localidades de Brie, Roquefort, Comté, Maroilles e Geromé (Münster). Os queijos feitos perto de Parma, na Itália, e perto de Appenzell, na Suíça, eram conhecidos em toda a Europa. Na Inglaterra, o queijo cheshire já era famoso na época isabelina; o cheddar e o stilton, no século XVIII. O queijo desempenhava dois papéis: para os pobres, os tipos frescos ou pouco amadurecidos eram um alimento básico, às vezes chamado de "carne branca", ao passo que os ricos desfrutavam de vários queijos envelhecidos como um dos pratos de seus longos banquetes. No começo do século XIX, o gastrônomo francês Brillat-Savarin considerava o queijo uma necessidade estética: escreveu que "uma sobremesa sem queijo é como uma mulher bonita a quem falta um olho". A era de ouro dos queijos provavelmente foi o final do século XIX e o começo do século XX, quando a arte já estava plenamente desenvolvida, os estilos locais haviam se firmado e amadurecido e as estradas de ferro levavam para as cidades os produtos rurais ainda em sua melhor forma.

O declínio moderno. O moderno declínio da arte de fazer queijos tem suas raízes nessa mesma era de ouro. As fábricas de queijo e manteiga nasceram nos Estados Unidos, país que não tinha tradição de produção queijeira, meros 70 anos depois da Revolução Americana. Em 1851, um produtor leiteiro do norte do estado de Nova York chamado Jesse Williams concordou em fazer queijo para as propriedades rurais vizinhas, e no final da Guerra Civil já havia centenas dessas leiterias "associadas", cujas vantagens econômicas lhes garantiram sucesso em todo o mundo industrializado. Nas décadas de 1860 e 1870, primeiro as farmácias e depois as empresas farmacêuticas começaram a produzir coalho em massa. Na virada do século, cientistas dinamarqueses, franceses e norte-americanos promoveram a padronização sob a forma de culturas microbianas puras para coalhar e amadurecer o queijo, tarefa que outrora era realizada pela flora complexa e individualizada da leiteria de cada queijeiro.

O golpe de misericórdia para a diversidade e a qualidade dos queijos foi a Segunda Guerra Mundial. Na Europa continental, as terras agrícolas viraram campos de batalha e a produção de leite e laticínios foi devastada. No prolongado período de recuperação, os padrões de qualidade foram suspensos, a produção em massa foi favorecida pela economia de escala e pela facilidade de regulação e os consumidores aceitavam qualquer coisa que lhes lembrasse, mesmo que apenas vagamente, a vida feliz de antes da guerra. Os queijos padronizados e baratos alcançaram proeminência. De lá para cá, a maioria dos queijos na Europa e nos Estados Unidos é produzida em fábricas. Mesmo na França, que em 1973 criou um programa de certificação (*Fromage appellation d'origine contrôlée*) para garantir que tal ou qual queijo é feito segundo os métodos tradicionais e na região tradicional de produção, menos de 20% da produção nacional tem esse selo de qualidade. Nos Estados Unidos, o mercado do *queijo processado* – uma mistura de queijos maduros e frescos ligados por emulsificantes e repasteurizados – é atualmente maior que o dos queijos "naturais", sendo que até estes são quase exclusivamente produzidos em fábricas.

No começo do século XXI, a maioria dos queijos torna-se produtos industriais. Não expressam particularidades nem sutilezas da natureza e do ser humano, mas sim os imperativos monolíticos da padronização e da eficiência na produção em massa. O queijo industrial também é fruto do engenho humano, tem seus méritos econômicos e atende à sua finalidade primária de servir de ingrediente para sanduíches de *fast-food*, lanches e alimentos industrializados (finalidade essa que fez dobrar o consumo *per capita* de queijo nos Estados Unidos entre 1975 e 2001). Porém, a seu modo, o queijo industrializado representa um retrocesso, uma volta à época primitiva: é um alimento simplificado que pode ser produzido em qualquer lugar e efetivamente o é, e que não leva em si o sabor de nenhum lugar específico.

A retomada da tradição e da qualidade. Embora os queijos feitos com arte não possam representar senão uma pequena parte da moderna produção total de laticínios, os anos recentes reacenderam, ainda que modestamente, a chama da esperança. O pós-guerra e suas limitações econômicas ficaram para trás. Alguns países europeus assistiram a um ressurgimento da apreciação pelos queijos tradicionais e o transporte aéreo os colocou no foco da atenção de um número cada vez maior de apreciadores da boa comida. A antiga "carne branca" dos pobres da zona rural é hoje um petisco dispendioso para a classe média urbana. Nos Estados Unidos, poucos produtores associam o respeito pela tradição com os conhecimentos do século XXI e, sozinhos, fazem queijos de excelente qualidade. Para os entusiastas que se dispõem a procurá-las, o mundo ainda oferece deliciosas expressões dessa antiga arte*.

OS INGREDIENTES DO QUEIJO

Os três ingredientes principais do queijo são o leite, as enzimas do coalho que o coagulam e os microrganismos que o acidificam e lhe dão sabor. Cada um deles influencia fortemente o caráter e a qualidade final do queijo.

Os leites. O queijo é leite concentrado de cinco a dez vezes pela eliminação da água; portanto, o caráter básico do leite define o caráter básico do queijo. O caráter do leite, por sua vez, é determinado pelo tipo de animal que o produz, pelo que o animal come, pelos microrganismos que habitam o leite e pelo fato de ser ele cru (fresco) ou pasteurizado.

Espécies. Os leites de vaca, ovelha e cabra têm gostos diferentes (p. 22), assim como os queijos feitos com eles. O leite de vaca é mais neutro que os outros. Os leites de ovelha e búfala têm teor relativamente alto de gordura e proteína e, portanto, produzem queijos mais ricos. O leite de cabra tem proporção relativamente baixa de caseína coagulável e em geral produz uma coalhada mais farelenta e menos coesa em comparação com a de outros leites.

Raças. Durante o período de disseminação da produção queijeira, na Idade Média, centenas de variedades de animais leiteiros foram selecionadas para aproveitar ao máximo as condições locais de pastagem. Conjectura-se que a raça pardo-suíça surgiu há milhares de anos. Hoje, a maioria dessas raças adaptadas a cada local foram substituídas pela onipresente holstein ou frísia branca e preta, selecionada para maximizar a quantidade de leite produzido sob uma dieta de ração padronizada. As raças tradicionais produzem um volume menor de leite, mas seu leite é mais rico em proteínas, gorduras e outros componentes desejáveis do queijo.

Alimentação: a influência das estações. Atualmente, a maioria dos animais leiteiros recebe o ano inteiro uma ração de feno e silagem produzidos a partir de uns poucos vegetais (alfafa, milho). Esse regime padronizado produz um leite neutro e igualmente padronizado que pode ser transformado num queijo muito bom. Porém, os rebanhos soltos no pasto, que comem capim e flores frescas, produzem um leite de maior complexidade aromática que pode ser transformado num queijo extraordinário. Graças aos novos instrumentos de análise, altamente sensíveis, os químicos que trabalham em leiterias confirmaram recentemente o que os *connoisseurs* já sabem há séculos: a dieta do animal influencia seu leite e o queijo feito a partir deste. Estudos feitos na França com o gruyère alpino encontraram um número maior de compostos de sabor nos queijos feitos durante o verão (quando o gado pasta no campo) do que nos feitos durante o inverno (quando o gado estabulado come ração); encontraram também mais terpenos e outros compostos aromáticos florais e herbáceos (p. 303) nos queijos de montanha do que nos queijos dos planaltos, os quais por sua vez têm mais compostos que os queijos das planícies (os prados alpinos têm vegetação mais diversificada que a das terras baixas).

Como as frutas, os queijos feitos do leite de animais que pastam são sazonais. A variação sazonal depende do clima local – o verão é verde nos Alpes, mas na Califórnia

---

* A grande maioria dos queijos produzidos e comercializados no Brasil é de origem europeia, trazendo no rótulo os dizeres "Queijo tipo..." (gorgonzola, emmental etc.). Dentre os queijos típicos do Brasil destacam-se o minas frescal, fresco; o minas meia cura; o minas curado; o queijo de coalho e os requeijões artesanais do Nordeste do Brasil. Em agosto de 2002, o queijo mineiro da cidade do Serro foi tombado como o primeiro Patrimônio Imaterial de Minas Gerais pelo conselho curador do Iepha – Instituto Estadual do Patrimônio Histórico e Artístico. Em maio de 2008 foi a vez da região mineira da Serra da Canastra conseguir o reconhecimento de seu produto mais famoso, que se tornou patrimônio cultural imaterial brasileiro, título concedido pelo Iphan – Instituto do Patrimônio Histórico e Artístico Nacional. Essas são as duas tentativas mais visíveis de se obter uma denominação de origem para um queijo brasileiro. (N. do R. T.)

a vegetação viceja no inverno – e do tempo que leva para determinado queijo amadurecer. Em geral, os queijos feitos do leite de animais de pasto podem ser reconhecidos por sua cor amarela mais profunda, devida à maior concentração de pigmentos carotenoides na vegetação fresca (p. 296). (Os queijos de cor alaranjada brilhante sofreram o acréscimo de corantes.)

Leite cru e pasteurizado. Na moderna produção de queijos, o leite é quase sempre pasteurizado para eliminar bactérias que estragam o alimento e causam doenças. Trata-se de uma necessidade prática na produção industrial, que exige que o leite de vários produtores e milhares de animais seja reunido e estocado. O risco de contaminação – uma única vaca doente ou úbere sujo é suficiente – é demasiado grande. Desde o final da década de 1940, a Secretaria de Alimentos e Medicamentos dos Estados Unidos exige que qualquer queijo feito de leite "cru", não pasteurizado, seja envelhecido por um período mínimo de 60 dias a uma temperatura superior a 2 °C, condições que, segundo se supõe, bastam para eliminar todos os organismos patogênicos que porventura houvesse no leite; e a partir do começo da década de 1950 também proibiu a importação de todos os queijos de leite cru envelhecidos por menos de 60 dias. Isso significa, na prática, que todo queijo macio feito com leite cru é ilegal nos Estados Unidos. A Organização Mundial de Saúde cogitou recomendar a proibição cabal da produção de queijos de leite cru.

É claro que, até cerca de cem anos atrás, quase todos os queijos eram feitos em quantidade módica com o leite cru recém-tirado dos úberes de vacas que viviam em pequenos rebanhos, cuja saúde é mais fácil de controlar. E os regulamentos vigentes na França, na Suíça e na Itália efetivamente *proíbem* o uso de leite pasteurizado na produção tradicional de alguns dos melhores queijos do mundo, como o brie, o camembert, o comté, o emmental, o gruyère e o parmesão. Isso porque a pasteurização mata bactérias úteis e desativa boa parte das próprias enzimas do leite. Elimina assim dois dos quatro ou cinco fatores que fazem desenvolver o sabor durante a maturação e impede que os queijos tradicionais façam jus aos próprios padrões de excelência.

A pasteurização não é garantia de segurança, pois o leite ou o queijo podem ser contaminados durante o processamento posterior. Quase todas as epidemias de intoxicação alimentar causadas por leite ou queijo nas décadas recentes envolveram produtos pasteurizados. O verdadeiro pro-

 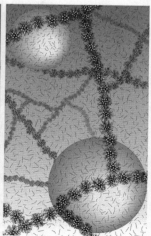

Coagulação do leite por meio da enzima quimosina, do coalho. As micelas de caseína presentes no leite são isoladas umas das outras por elementos dotados de mesma carga elétrica, que se repelem mutuamente (à esquerda). A quimosina "poda" seletivamente essas kappa-caseínas carregadas; e as micelas, já sem carga elétrica, ligam-se umas às outras formando uma rede contínua (à direita). O leite líquido se coagula num sólido úmido.

gresso só ocorrerá quando as autoridades de saúde pública ajudarem os bons queijeiros a garantir a salubridade dos queijos de leite cru, em vez de ditar regras que restringem as possibilidades de escolha do consumidor sem reduzir significativamente os riscos.

O principal catalisador: o coalho. A produção e o uso do coalho foram a primeira incursão do ser humano nos domínios da biotecnologia. Há pelo menos 2500 anos, alguns pastores começaram a usar pedaços do primeiro estômago de um bezerro, cordeiro ou cabrito para coagular o leite a fim de fazer queijo; e algum tempo depois começaram a fazer, por meio de salmoura, um extrato a partir do estômago. Esse extrato foi a primeira enzima semipurificada que surgiu no mundo. Agora, por meio da engenharia genética, a moderna biotecnologia produz numa bactéria, um fungo ou uma levedura uma versão pura da mesma enzima do bezerro, chamada *quimosina*. Hoje em dia, a maior parte dos queijos dos Estados Unidos são feitos com esses "coalhos vegetais" produzidos artificialmente, e menos de um quarto é feito com o coalho tradicional de estômago de bezerro (sendo este, em regra, um requisito para a confecção dos queijos tradicionais europeus).

O especialista em coagulação. O coalho tradicional é feito do quarto estômago (chamado abomaso) de um bezerro amamentado com menos de 30 dias de idade, antes de a quimosina ser substituída por outras enzimas que digerem proteínas. A chave da importância do coalho na produção de queijo é a atividade específica da quimosina. Ao passo que outras enzimas atacam a maioria das proteínas em muitos pontos e fragmentam-nas em muitos pedaços, a quimosina ataca apenas uma proteína do leite e a atinge num único ponto. Seu alvo é a kappa-caseína de carga elétrica negativa (p. 21), que faz com que as partículas de caseína repila. Cortando esses segmentos, a quimosina permite que as partículas de caseína se liguem entre si e formem um gel sólido e contínuo, o coágulo.

Uma vez que a pura e simples acidez faz o leite coagular, por que os queijeiros precisam de coalho? Por duas razões. Em primeiro lugar, o ácido dispersa as proteínas de caseína das micelas e sua "cola" de cálcio antes de reuni-las novamente; assim, um tanto de caseína e a maior parte do cálcio se perdem no soro, e o coágulo resultante é fraco e quebradiço. O coalho, por outro lado, deixa as micelas praticamente intactas e faz com que cada uma delas se ligue a muitas outras, formando um coágulo firme e elástico. Em segundo lugar, a acidez necessária para coagular a caseína é tão alta que, nesse meio ácido, as enzimas que geram o sabor do queijo trabalham muito lentamente ou nem sequer funcionam.

Verdadeiros "coalhos vegetais" de flores de cardo

Pelo menos desde a época romana se sabe que algumas matérias vegetais podem coalhar o leite. Duas delas têm sido usadas há séculos para produzir um grupo específico de queijos. Em Portugal e na Espanha, flores do cardo ou alcachofra-brava (*Cynara cardunculus* e *C. humilis*) há muito tempo são coletadas e secas no verão e depois imersas em água morna no inverno para fazer queijos de leite de ovelha e cabra (o Serra, o Serpa e o Azeitão de Portugal, e o Serena, o Torta del Casar e o Pedroches da Espanha). O coalho de alcachofra-brava não é adequado para o leite de vaca, pois, apesar de ser capaz de coagulá-lo, deixa-o amargo. Pesquisas recentes mostraram que os pastores da Península Ibérica de fato descobriram, nessa substância bioquímica, que as flores do cardo concentram em seus estigmas um parente próximo da quimosina de bezerro.

Os microrganismos do queijo. Os queijos são decompostos e recompostos por uma variada gama de microrganismos, talvez poucos na maioria dos queijos modernos feitos com culturas purificadas, mas em número de várias dezenas em alguns queijos tradicionais feitos com uma porção da cultura-mãe da leva anterior.

As bactérias da cultura-mãe. Primeiro há as bactérias do ácido láctico. De início, elas acidificam o leite; depois, permanecem no leite coagulado drenado; por fim, geram boa parte do sabor durante a maturação de muitos queijos duros e semiduros, como o cheddar, o gouda e o parmesão. Em regra, o número de bactérias *vivas* presentes no coágulo cai drasticamente durante o processo de formação do queijo, mas suas enzimas sobrevivem e continuam trabalhando por meses, decompondo as proteínas em aminoácidos sápidos* e subprodutos aromáticos (ver quadro, p. 69). Há dois grandes grupos de culturas-mães: os lactococos, que gostam de temperaturas moderadas e também são usados para fazer cremes maturados, e os lactobacilos e estreptococos, amigos do calor, também usados para fazer iogurte (p. 53). A maioria dos queijos são acidificados pelo grupo mesófilo, ao passo que aqueles poucos cuja produção inclui um processo de cocção – mozarela, queijos duros italianos e suíços – são acidificados por termófilos capazes de sobreviver ao aquecimento e continuar contribuindo para o sabor. Ainda hoje, muitas culturas-mães italianas e suíças são misturas apenas semidefinidas de bactérias lácticas termófilas e são feitas do jeito antigo, a partir do soro da leva anterior de queijos.

---

* Sobre este termo, ver a N. do T. ao quadro da p. 380. (N. do T.)

Por que certas pessoas têm aversão a queijo

O sabor do queijo pode levar certas pessoas ao êxtase e provocar repugnância em outras. O século XVII assistiu à publicação de pelo menos dois tratados eruditos europeus "*de aversione casei*", ou seja, "sobre a aversão ao queijo". E o autor do verbete "*Fromage*" na *Enciclopédie* setecentista observou que "o queijo é um daqueles alimentos pelos quais certas pessoas têm uma repugnância natural, cuja causa é difícil de determinar". Hoje essa causa está mais clara. A fermentação do leite, como a das uvas ou dos cereais, é essencialmente um processo de deterioração limitada e controlada. Deixamos que certos microrganismos e suas enzimas decomponham o alimento original, mas não a ponto de torná-lo não comestível. No queijo, as gorduras e proteínas animais são decompostas em moléculas altamente odoríferas. Muitas delas também são produzidas pela deterioração pura e simples dos alimentos, bem como pela atividade microbiana no trato digestivo e nas áreas úmidas, quentes e abrigadas da pele humana.

A aversão ao odor da deterioração tem a vantagem biológica óbvia de nos proteger de uma possível intoxicação alimentar. Por isso não admira que seja difícil acostumar com um alimento de origem animal que recende a terra, estábulo e sapatos sujos. Uma vez adquirido, porém, o gosto pela deterioração parcial pode se tornar uma paixão, uma aceitação daquele lado terreno e natural da vida que se expressa melhor por meio de paradoxos. Os franceses dão a determinado fungo o nome de *pourriture noble* ou "nobre podridão" pela influência que tem sobre o caráter de certos vinhos, e diz-se que o poeta surrealista Leon-Paul Fargue deu ao queijo camembert o título honorífico de *les pieds de Dieu* – os pés de Deus.

As propionibactérias. Uma das bactérias importantes nas culturas-mães da Suíça é a *Propionibacter shermanii*, responsável pelas bolhas no queijo. As propionibactérias consomem o ácido láctico do queijo durante a maturação e o convertem numa combinação de ácidos propiônico e acético e gás carbônico. A pungência aromática dos ácidos, aliada ao diacetil amanteigado, contribui para o sabor característico do emmental; e o dióxido de carbono forma as olhaduras, ou seja, os "buracos" do queijo. As propionibactérias crescem devagar, e o queijeiro tem de estimular esse crescimento, amadurecendo o queijo numa temperatura anormalmente alta – por volta de 24 °C – ao longo de várias semanas. Essa necessidade de calor talvez evoque o lar original das propionibactérias do queijo, que provavelmente se multiplicavam na pele dos animais. (Pelo menos três outras espécies de propionibactérias habitam as áreas oleosas ou úmidas da pele humana, e a *P. acnes* se aloja nas glândulas sebáceas obstruídas.)

Bactérias que gostam de sal. A bactéria que provoca o forte odor dos queijos münster, epoisses, limburger e outros queijos fortes, e que contribui de modo mais sutil para o sabor de muitos outros ainda, é a *Brevibacterium linens*. Como grupo, as brevibactérias parecem ser naturais de dois ambientes salgados: os litorais marítimos e a pele humana. Elas crescem em condições de até 15% de salinidade, que inibem a multiplicação da maioria dos microrganismos (a água do mar tem 3%). Ao contrário das espécies características das culturas-mães, as brevibactérias não toleram a acidez e precisam de oxigênio, crescendo, portanto, somente na superfície do queijo e não em seu interior. O queijeiro as estimula esfregando periodicamente o queijo com salmoura, o que causa o desenvolvimento de uma característica "mancha" superficial de brevibactérias, de cor laranja-avermelhada. (A cor vem de um pigmento aparentado ao caroteno; em geral, a exposição à luz a intensifica.) Elas dão uma complexidade mais sutil àqueles queijos que só são esfregados com salmoura durante parte do processo de maturação (gruyère) ou que amadurecem em ambiente úmido (camembert). Os queijos esfregados com salmoura lembram a pele humana naquelas partes do corpo que ficam abrigadas e cobertas, porque tanto a *B. linens* quanto sua prima que habita os humanos, a *B. epidermidis*, decompõem as proteínas em moléculas cujo aroma lembra os de peixe, suor e alho (aminas, ácido isovalérico, compostos de enxofre). Essas moleculazinhas se difundem no queijo e afetam tanto o sabor quanto a textura de suas partes mais profundas.

Os fungos, especialmente o **Penicillium.** Os fungos são microrganismos que precisam de oxigênio para crescer, toleram melhor que as bactérias a falta de umidade e produzem poderosas enzimas que digerem proteínas e gorduras, as quais aperfeiçoam a textura e o sabor de certos queijos. Os fungos se formam espontaneamente na casca de praticamente qualquer queijo que não seja regularmente limpo para impedir essa formação. O st.-nectaire francês desenvolve uma superfície tão variegada quanto a de um rocha coberta de liquens, com manchas luminosas de cor amarela ou alaranjada destacando-se num fundo complexo de tons mais sóbrios. Alguns queijos são efetivamente "cultivados" de modo a permitir a formação de uma flora diversificada, ao passo que outros são inoculados com um único fungo. Os fungos mais comuns, do tipo encontrado nos jardins, são os do grande gênero *Penicillium*, que também nos dá o antibiótico penicilina.

Fungos azuis. O *Penicillium roqueforti*, como seu nome sugere, é o que dá veios azuis ao queijo roquefort, feito de leite de ovelha. Tanto ele quanto seu primo *P. glaucum* colorem, com o pigmento complexo produzido em suas estruturas de frutificação, o interior do stilton, do gorgonzola e de muitos queijos de cabra envelhecidos. Ao que parece, os penicílios azuis têm a capacidade exclusiva de crescer no meio pobre em oxigênio (5% em comparação com os 21% do ar) das pequenas fissuras e cavidades internas do queijo, hábitat que reflete o lugar que originalmente forneceu o bolor ao queijo roquefort: as escabrosas grutas de calcário do Larzac. O sabor típico dos queijos azuis vem do modo pelo qual o fungo metaboliza a gordura do leite. O *P. roqueforti* decompõe de 10 a 25% dela, liberando ácidos graxos de cadeia curta que dão nota apimentada aos azuis de leite de ovelha ou cabra e decompondo as cadeias mais longas de modo a convertê-las em substâncias (metil cetonas e alcoóis) que desprendem o típico aroma azul.

Fungos brancos. Além dos penicílios azuis, há também os brancos, todos eles variedades do *P. camemberti*, que fazem os queijos de leite de vaca do norte da França – pequenos, mais suaves, macios e maturados na superfície: o camembert, o brie e o neufchâtel. Os penicílios brancos criam seus efeitos sobretudo pela decomposição de proteínas, contribuindo para a textura cremosa e fornecendo notas de sabor de cogumelos, alho e amônia.

COMO SE FAZ QUEIJO

A transformação do leite em queijo tem três estágios. No primeiro, as bactérias do ácido láctico convertem o açúcar do leite em ácido láctico. No segundo, enquanto as bactérias da acidificação ainda estão trabalhando, o queijeiro acrescenta o coalho, coagula as proteínas de caseína e drena o soro aquoso, separando-o dos coágulos concentrados. No último estágio, o de maturação, um sem-número de enzimas cooperam para criar a textura e o sabor únicos de cada queijo. São principalmente enzimas que digerem proteínas e gorduras; provêm do leite, de bactérias originalmente presentes no leite, das bactérias da acidificação, do coalho e de quaisquer bactérias ou fungos especificamente convocados para auxiliar no processo de maturação.

O queijo é, sem dúvida, uma expressão do leite, das enzimas e dos microrganismos que constituem seus ingredientes principais. Mas é também – talvez acima de tudo – uma expressão da habilidade e do carinho do queijeiro, que escolhe os ingredientes e orquestra suas muitas transformações químicas e físicas. Eis um breve resumo do trabalho de quem faz queijo.

Coagulação. Exceto no caso de alguns queijos frescos, o queijeiro coagula quase todos os queijos com uma combinação de coalho e ácido produzido por bactérias de uma cultura-mãe. O ácido e o coalho formam estruturas coaguladas muito diferentes – o ácido, um gel fino e frágil; o coalho, um gel grosseiro, mas robusto e elástico –, de modo que suas contribuições respectivas, e a rapidez relativa com que agem, ajudam a determinar a textura final do queijo. Numa coagulação predominantemente ácida, o coágulo se forma no decorrer de várias horas, é relativamente macio e fraco e tem de ser manipulado com brandura, retendo por isso boa parte de sua umidade. É assim que começam os queijos frescos e os queijos de cabra pequenos e maturados somente na superfície. Numa coagulação produzida predominantemente pelo coalho, a coalhada se forma em menos de uma hora, é bem firme e pode ser cortada em pedacinhos do tamanho de um grão de trigo para facilitar a extração de grande quantidade de soro. É assim que começam os queijos grandes semiduros e duros, desde o cheddar e o gouda até o emmental e o parmesão. Os queijos de ta-

---

NA PÁGINA AO LADO: *As principais famílias de queijos. Só se indicam as etapas principais do processamento; a maioria dos queijos também são salgados, moldados e envelhecidos por algum tempo. Coagular o leite, cortar os coágulos, aquecer as partículas coaguladas e prensá-las são métodos pelos quais a umidade é progressivamente removida do queijo, o que torna mais lento o seu envelhecimento e aumenta seu prazo de consumo.*

QUEIJO

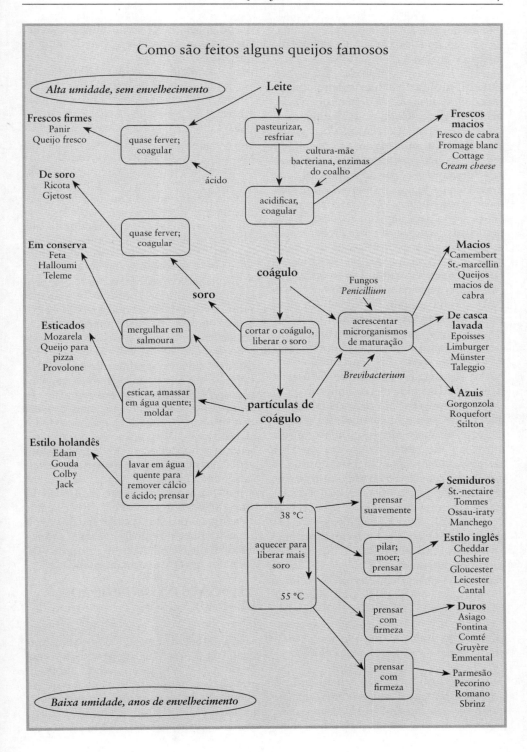

manho médio e moderado teor de umidade são coagulados com uma quantidade média de coalho.

Drenar, moldar e salgar o leite coagulado. O soro pode ser drenado de várias maneiras, dependendo de quanta umidade o queijeiro pretenda remover do coágulo. Para alguns queijos macios, o coágulo inteiro é cuidadosamente colocado em moldes e drenado pela pura e simples força da gravidade ao longo de muitas horas. Para queijos mais firmes, o coágulo é cortado em pedaços para aumentar a área de superfície da qual o soro possa drenar ou ser ativamente prensado. O coágulo cortado usado para fazer queijos grandes e duros também pode ser "cozido" no soro a 55 °C, temperatura que não só expulsa o soro das partículas de coágulo como também afeta as bactérias e enzimas e estimula reações entre alguns componentes do leite, produzindo sabores. Uma vez colocadas no molde que dá ao queijo sua forma final, as partículas de coágulo podem ser prensadas para torná-las ainda menos úmidas.

O queijeiro sempre acrescenta sal ao queijo novo, quer misturando sal seco às peças de coágulo, quer salgando o queijo inteiro ou mergulhando-o em salmoura. O sal não se limita a proporcionar gosto. Ele inibe o crescimento de microrganismos que causam deterioração e é um regulador essencial da estrutura do queijo e de seu processo de maturação. Suga a umidade dos coágulos, consolida a estrutura proteica e, por fim, torna mais lento o crescimento dos microrganismos, alterando a atividade das enzimas que promovem a maturação. A maioria dos queijos contém de 1,5 a 2% de sal em relação ao peso; dos queijos tradicionais, o emmental é o menos salgado, com cerca de 0,7%, ao passo que o feta, o pecorino e o roquefort se aproximam de 5%.

Maturação ou *affinage*. A maturação é o estágio ao longo do qual os microrganismos e enzimas lácteas transformam o coágulo salgado, elástico ou quebradiço, num queijo delicioso. O termo francês que designa essa etapa, *affinage*, vem do latim *finus*, que significa "fim" ou "ponta", e era usado na alquimia medieval para descrever a refinação de materiais impuros. Há pelo menos 200 anos que também significa a arte de levar os queijos àquele ponto em que o sabor e a textura alcançam a excelência. Os queijos têm um ciclo de vida: começam jovens e insípidos, amadurecem até chegar à plenitude de caráter e por fim decaem e se tornam agressivos e grosseiros. A vida de um queijo úmido, como o camembert, é meteórica: seu viço vem e vai em poucas semanas. A maioria dos queijos atinge o apogeu em alguns meses, e um comté ou parmesão secos vão melhorando aos poucos ao longo de um ano ou mais.

O queijeiro desencadeia e gere esse processo de maturação controlando a temperatura e a umidade em que o queijo é estocado, condições que determinam o teor de umidade do queijo, o crescimento dos microrganismos, a atividade das enzimas e o desenvolvimento do sabor e da textura. Na França e em outros lugares, os comerciantes especializados em queijo também são *affineurs*: compram queijos antes de estarem plenamente amadurecidos e cuidadosamente conduzem o processo a termo em seus próprios salões, de modo que possam vender os queijos no momento em que alcançarem a plenitude.

Em regra, os produtores industriais só amadurecem seus queijos em parte e depois os refrigeram para suspender seu desenvolvimento antes do transporte. Essa prática maximiza a estabilidade e o prazo de validade dos queijos à custa da qualidade.

AS FONTES DA DIVERSIDADE DE QUEIJOS

Então, são esses os ingredientes que geraram a grande diversidade dos queijos tradicionais: centenas de vegetais, desde ervas de restinga e plantas do deserto até flores alpinas; dezenas de raças de animais que se alimentam desses vegetais e os transformam em leite; enzimas produzidas por cardos e animais jovens, as quais decompõem proteínas; microrganismos recrutados em campinas e cavernas, nos oceanos, nas vísceras e nas peles de animais; e a observação cuidadosa, o engenho e o bom gosto de gerações de queijeiros e apreciadores dos queijos. Essa herança notável influencia até mesmo os queijos industriais simplificados de hoje em dia.

O esquema habitual para organizar a diversidade dos queijos num sistema compreensível consiste em agrupá-los segundo seu teor de umidade e os microrganismos que os amadureçam. Quanto maior a quantidade de umidade removida do coágulo, mais dura a textura final do queijo e mais longo o seu período de vida. Um queijo fresco com 80% de água dura alguns dias, ao passo que um queijo macio (45-55%) alcança o apogeu em algumas semanas, um queijo semiduro (40-45%) em alguns meses e um queijo duro (30-40%) ao cabo de um ano ou mais. E os microrganismos que promovem a maturação criam sabores característicos. O quadro da p. 67 mostra como os queijeiros criam queijos tão diferentes a partir dos mesmos materiais básicos.

COMO ESCOLHER, ESTOCAR E SERVIR QUEIJO

Sempre foi difícil escolher um bom queijo, como admitia o instrutor de Carlos Magno (p. 58). Um compêndio medieval tardio de máximas e receitas para o lar de classe média, chamado *Le Ménagier de Paris*, propõe esta fórmula "Para reconhecer o bom queijo":

Não é branco como Helena
Nem chora como Madalena.

Sabores de queijos derivados de proteínas e gorduras

O gosto de um bom queijo parece preencher a boca, porque as enzimas do leite e do coalho e os microrganismos decompõem numa larga gama de compostos de sabor a proteína e a gordura concentradas.

As proteínas da caseína, semelhantes a longas cadeias, são inicialmente decompostas em peças de tamanho médio chamadas peptídeos, alguns dos quais ainda sem gosto, ao passo que outros são amargos. Em geral, estes acabam sendo decompostos por enzimas microbianas nos vinte elementos básicos das proteínas, os aminoácidos, alguns dos quais são doces ou sápidos. Os aminoácidos, por sua vez, podem ser decompostos em diversas aminas, algumas das quais lembram peixes do mar (trimetilamina), outras a carne em putrefação (putrescina); em fortes compostos de enxofre (especialidade das bactérias amigas do sal) ou em simples amônia, aroma poderoso que, nos queijos passados do ponto, chega a ser pungente como o de limpador multiuso. Embora nada disso nos dê água na boca, pequenas doses de todos eles juntos compõem a complexidade e a riqueza do sabor do queijo.

Depois vêm as gorduras, que o *Penicillium roqueforti* dos queijos azuis e as enzimas especiais acrescentadas aos queijos pecorino e provolone decompõem em ácidos graxos. Alguns destes (de cadeia curta) têm efeito picante sobre a língua e aroma intenso de ovelha ou cabra. Os fungos azuis ainda transformam certos ácidos graxos em moléculas (metilcetonas) que criam o aroma característico do queijo azul. E os caldeirões de cobre em que são cozidos os queijos suíços e o parmesão danificam diretamente uma parte da gordura láctea; os ácidos graxos assim liberados sofrem ainda outras modificações para criar moléculas com os aromas exóticos de abacaxi e coco (ésteres, lactonas).

Quanto mais diversificado for o elenco de enzimas digestivas, mais complexa será a coleção resultante de fragmentos de proteínas e gorduras e mais rico será o sabor.

Não é Argo, mas, ao contrário,
é completamente cego,
E pesado, como um búfalo.
Deve resistir ao aperto do polegar
E ter uma capa velha e comida pelas traças.
Sem olhos, sem lágrimas, que não seja branco,
Comido de traças, resistente, de bom peso.

Porém, essas regras não funcionam para queijos jovens de leite de cabra (brancos e sem casca), para o roquefort (com seus bolsões de soro), o emmental (leve e cheio de olhaduras) ou o camembert (que deve ceder ao aperto do polegar). Como sempre, a verdadeira prova está no gosto.

Atualmente, o mais importante é compreender que a imensa maioria dos queijos vendidos nos supermercados não passa de pálidas (ou tingidas) imitações de originais mais saborosos e singulares. Para encontrar bons queijos, é preciso comprá-los de um especialista que os conheça e os ame, que escolha somente os melhores e cuide bem deles, e que ofereça amostras para degustação.

Cortados na hora. Sempre que possível, compre porções de queijo cortadas à sua frente. As porções pré-cortadas podem tê-lo sido há dias ou semanas; suas grandes superfícies expostas inevitavelmente desenvolvem sabor rançoso devido ao contato com o ar e o filme plástico. A exposição à luz na prateleira ou gôndola de laticínios também causa dano aos lipídios e estraga o sabor em menos de dois dias; além disso, alveja o urucum nos queijos tingidos de laranja, tornando-os cor-de-rosa. O queijo pré-ralado tem uma área superficial imensa e, embora muitas vezes seja cuidadosamente embalado, perde boa parte de seu aroma e de dióxido de carbono, perda essa que também contribui para dar a impressão de um queijo velho.

Fresco, não frio. Se for necessário estocar o queijo por mais que alguns dias, em geral o melhor é refrigerá-lo. Infelizmente, o meio ideal para guardar queijo – um ambiente úmido a 12-15 °C – é mais quente que a maioria dos refrigeradores e mais frio e úmido que a maioria dos cômodos de uma casa. Em essência, a refrigeração põe os queijos em animação suspensa; por isso, se você quiser que um queijo "verde" amadureça um pouco mais, terá de deixá-lo num lugar mais quente.

Não se deve servir os queijos imediatamente após tirá-los da geladeira. Em temperatura tão baixa, a gordura láctea fica dura como a manteiga conservada em geladeira,

Cristais nos queijos

Os queijos, em geral, têm textura lisa e macia, quer desde o começo, quer, no caso dos queijos duros, a partir do momento em que derretem na boca; e isso a tal ponto que a mastigação de uma substância crocante seria uma surpresa para quem come queijo. Na verdade, porém, vários queijos desenvolvem diversos tipos de cristais duros e semelhantes ao sal. Os cristais brancos visíveis diante dos fungos azuis de um roquefort ou detectáveis na casca de um camembert são fosfato de cálcio que se deposita porque o *Penicillium* torna o queijo menos ácido e o cálcio, menos solúvel. No queijo cheddar envelhecido há cristais de lactato de cálcio, formados quando as bactérias da maturação convertem a forma usual de ácido láctico numa imagem espelhada ("D") menos solúvel. No parmesão, no gruyère e no gouda envelhecido, os cristais podem ser de lactato de cálcio ou de tirosina, um aminoácido produzido pela decomposição de proteínas e que tem solubilidade limitada em queijos com baixo teor de umidade.

a rede de proteínas se torna anormalmente rígida, as moléculas de sabor ficam aprisionadas e o queijo, borrachento e insípido. O melhor é servi-los à temperatura ambiente, a menos que esteja tão quente (mais de 26 °C) que a gordura láctea possa suar e escorrer do queijo.

Embalagem folgada. Embalar o queijo bem apertado em filme plástico é desaconselhável por três motivos: a umidade enclausurada e a falta de oxigênio estimulam o crescimento de bactérias e fungos, nem sempre os do próprio queijo; compostos voláteis fortes como a amônia, que caso contrário sairiam do queijo, passam a impregná-lo; e vestígios de compostos voláteis e substâncias químicas do plástico migram para o queijo. Queijos inteiros e em processo de maturação devem ser estocados sem embalagem ou em embalagem bem folgada; os demais queijos, em embalagem folgada de papel-manteiga. Coloque-os sobre uma grelha metálica ou vire-os frequentemente para que a parte de baixo não fique encharcada. Pode ser divertido fazer o papel de *affineur* e estimular o bolor superficial ou profundo de um bom camembert ou roquefort a crescer num queijo fresco de cabra ou numa peça de cheddar comum. Porém, existe o risco de que outros micróbios entrem de penetras na festa. Se um pedaço de queijo desenvolver um bolor estranho na superfície, ficar viscoso ou criar um odor incomum, o mais seguro é jogá-lo fora. Remover a camada superficial não basta para eliminar os filamentos de bolor, que podem penetrar a certa distância e levar consigo toxinas (p. 74).

A casca. Deve-se comer a casca do queijo? Depende do queijo e de quem come. As cascas de queijos longamente envelhecidos são, em geral, duras e levemente rançosas; o melhor é não comê-las. No caso dos queijos mais macios, trata-se em geral de uma questão de gosto. Tanto o sabor quanto a textura da casca podem oferecer um contraste interessante com o interior do queijo. Se estiver preocupado com a salubridade, porém, considere a casca uma camada protetora e corte-a fora.

COZINHAR COM QUEIJO

Quando usado como ingrediente culinário, o queijo pode acrescentar não só sabor, mas também textura: macia ou crocante, dependendo da circunstância. Na maioria dos casos, queremos que o queijo, uma vez derretido, se misture homogeneamente com os outros ingredientes ou se espalhe sobre uma superfície. Certa coesão flexível faz parte da magia do queijo derretido. O queijo que forma filamentos pode até ser divertido na pizza, mas um incômodo em pratos mais formais. Para compreender a cocção do queijo é preciso entender a química do derretimento.

O derretimento do queijo. O que acontece quando derretemos um pedaço de queijo? Em essência, duas coisas. Primeiro, por volta de 32 °C, a gordura láctea derrete, o que torna o queijo mais flexível e frequentemente faz aparecer em sua superfície pequenas gotas de gordura derretida. Depois, em temperatura mais alta – por volta de 55 °C para os queijos macios, 65 °C para o cheddar e os suíços e 82 °C para o parmesão e o pecorino –, uma quantidade suficiente das ligações que mantêm as caseínas unidas se quebra, de modo que o pedaço de queijo cede e flui como um líquido espesso. O derretimento é influenciado sobretudo pelo conteúdo de água. Os queijos duros e de baixo teor de umidade precisam de mais calor para derreter porque suas moléculas proteicas são mais concentradas e, logo, mais intimamente ligadas entre si; e, quando derretem, não escorrem muito. Pedacinhos separados de mozarela ralada se unem quando derretidos, mas o mesmo não ocorre com o parmesão. A exposição contínua ao calor faz evaporar a umidade do queijo liquefeito, que se torna cada vez mais duro e, por fim, se ressolidifica. A maioria dos queijos perde um tanto de gordura liquefeita, processo que se acentua nos queijos gordos quando a estrutura proteica entra em colapso. A razão entre a gordura e a proteína circundante é de apenas 0,7 no parmesão semidesnatado, cerca de 1 na mozarela e nos queijos alpinos e 1,3 no roquefort e no cheddar, que tendem de modo particular a exsudar gordura quando derretem.

Queijos que não derretem. Há vários tipos de queijo que não derretem quando aquecidos: simplesmente se tornam mais secos e duros. São, entre outros, o panir indiano, o queijo branco ou queijo fresco da América Latina, a ricota italiana e a maioria dos queijos frescos de cabra; todos eles são coagulados exclusiva ou primariamente por meio de ácido, não de coalho. O coalho cria uma estrutura maleável de grandes micelas de caseína agregadas por um número relativamente baixo de átomos de cálcio e ligações hidrofóbicas, estrutura que é rapidamente enfraquecida pelo calor. O ácido, por outro lado, dissolve a cola de cálcio que une as proteínas de caseína nas micelas (p. 21) e elimina a carga elétrica negativa de cada proteína, a qual geralmente faz com que elas se repilam entre si. As proteínas têm liberdade para se aglutinar e se ligar umas às outras em grumos microscópicos. Assim, quando se aquece um coágulo ácido, a primeira coisa que se solta não são as proteínas, mas a água: esta entra em ebulição e se perde, secando e concentrando ainda mais as proteínas. É por isso que o panir e o *queso blanco* podem ser submetidos a cocção lenta ou frigidos como carne, e que os queijos de cabra e a ricota conservam sua forma na pizza ou em recheios de macarrão.

Formação de fios nos queijos derretidos. O queijo derretido forma fios quando moléculas de caseína intactas são interligadas pelo cálcio em longas fibras semelhantes a cordas, que podem ser esticadas, mas grudam umas nas outras. Se a caseína já foi extensamente atacada pelas enzimas da maturação, as peças são pequenas demais para formar fibras; por isso, os queijos para ralar envelhecidos não formam fios. O grau de interligação também tem importância:

se for alto, as moléculas de caseína se unem tão intimamente que não cedem quando puxadas, e a rede simplesmente se quebra; se for baixo, elas se separam logo de cara. A interligação é determinada pelo modo como o queijo foi feito: a elevada acidez remove o cálcio dos coágulos; o alto teor de umidade, gordura e sal separa as moléculas de caseína umas das outras. Assim, os queijos que mais formam fios têm teor moderado de acidez, umidade, sal e maturação. Os mais comuns são a mozarela (intencionalmente fibrosa), o elástico emmental e o cheddar. Queijos quebradiços como o cheshire e o leicester, ou úmidos como o caerphilly, o colby e o jack, são os prediletos para fazer preparados derretidos como o *welsh rarebit*, queijo cozido ou sanduíches de queijo grelhado. Do mesmo modo, o gruyère, primo alpino do emmental, é o preferido para fazer *fondue* porque é mais úmido, mais gordo e mais salgado. E os queijos italianos para ralar – parmesão, grana padano, pecorino – têm uma estrutura proteica já tão decomposta que seus pedaços se dispersam prontamente em molhos, sopas, risotos, polentas e pratos feitos com macarrão.

A formação de fios nos queijos atinge o ápice no ponto de fusão deles – o que geralmente significa aquele exato instante em que um prato quentíssimo amorna o suficiente para poder ser comido – e se intensifica quando eles são mexidos e esticados. Um prato rural francês da região do Auvergne, o *aligot*, é feito com queijo cantal não amadurecido. O queijo é fatiado, misturado com batatas aferventadas e passadas em purê e mexido com movimentos longos até formar um cordão elástico que pode chegar a 2 ou 3 metros de comprimento!

Molhos e sopas de queijo. Quando o queijo é usado para enriquecer ou dar sabor a um molho (gruyère ou parmesão no molho *mornay* francês, fontina na *fonduta* italiana) ou sopa, o objetivo é integrá-lo ao líquido de modo homogêneo. Há várias maneiras de evitar a formação de fios ou grumos e a separação de gordura que ocorrem quando se permite que as proteínas do queijo coagulem.

- Evite, em primeiro lugar, usar um queijo que tenda a formar fios. Os melhores para misturar são os queijos úmidos ou para ralar, bem envelhecidos.
- Rale o queijo em ralador fino para dispersá-lo por igual desde o começo.
- Depois de acrescentar o queijo, aqueça o prato o menos possível. Submeta primeiro os outros ingredientes a cocção lenta, deixe esfriar um pouco a panela e só então acrescente o queijo. Lembre-se de que toda temperatura superior ao ponto de fusão do queijo tenderá a agregar as proteínas em grumos duros, expulsando a gordura existente entre elas. Por outro lado, não deixe o prato esfriar demais antes de servir. O queijo forma mais fios e fica mais duro à medida que esfria.
- Não mexa demais o preparado, o que poderia juntar novamente as partículas dispersas de proteína numa massa grande e grudenta.
- Inclua ingredientes que contenham amido a fim de revestir os segmentos de proteína e mantê-los afastados uns dos outros. A farinha, o amido de milho e a araruta, entre outros, podem cumprir essa função estabilizante.
- Se o sabor do prato o permitir, acrescente um pouco de vinho ou sumo de limão – medida preventiva ou de emergência bem conhecida dos apreciadores do mais excelente de todos os molhos de queijo, o *fondue*.

Fondue de queijo. Nos Alpes suíços, onde há séculos o queijo é derretido numa panela comunitária no centro da mesa e permanece quente sobre uma chama para nele se mergulhar o pão, é fato bem conhecido que o vinho ajuda a impedir que o queijo derretido forme fios ou se aglutine numa única massa dura. Aliás, os ingredientes de um *fondue* clássico são somente queijo alpino – gruyère, em geral –, vinho branco *azedo*, um pouco de kirsch e às vezes (para garantir) algum amido. A combinação de queijo e vinho é não só deliciosa como também inteligente. O vinho tem dois ingredientes que contribuem para um molho homogêneo: a água, que mantém as partículas de caseína úmidas e diluídas, e o ácido tartárico, que remove o cálcio das caseínas e liga-se a ele firmemente, privando as proteínas da cola que as une. (O álcool não tem nenhuma relação com a estabilidade do *fondue*.) O ácido cítrico do sumo de limão faz a mesma coisa. Às vezes é possível usar um pouco de sumo de limão ou vinho branco para salvar um molho de queijo em processo de endurecimento, caso esse processo não se encontre em estágio muito avançado.

Coberturas e gratinados. Quando uma fina camada de queijo é aquecida no forno ou sob um gratinador – num prato gratinado, uma pizza ou uma bruschetta –, o calor intenso é capaz de desidratar rapidamente a rede de caseína, endurecê-la e provocar a separação da gordura. Para evitar que isso aconteça, observe cuidadosamente o prato e remova-o assim que o queijo derreter. Por outro lado, um queijo crocante, escurecido, é delicioso: a *religieuse* que sobra no fundo do caldeirão de *fondue* é o ponto alto da refeição. Se você quiser que a cobertura de queijo escureça, opte por um queijo robusto que resista à formação de fios e à perda de gordura. Os queijos para ralar são especialmente versáteis; o parmesão pode ser cortado na forma de um disco fino, derretido e levemente escurecido numa frigideira ou no forno e depois moldado na forma de vasilha ou outras formas.

QUEIJOS PROCESSADOS E COM BAIXO TEOR DE GORDURA

O *queijo processado* é um queijo industrializado que reaproveita restos e dá uso a queijos não amadurecidos. Começou como uma espécie de *fondue* ressolidificado e passível de longa conservação, feito de raspas e cortes de queijos verdadeiros que não podiam ser vendidos por estarem danificados ou não atenderem aos padrões de qualidade. As primeiras tentativas industriais de derreter e unir uma mistura de raspas de queijo foram feitas no final do século XIX. A ideia que efetivamente possibilitou o processo – a necessidade de "sais de derretimento" análogos ao ácido tartárico e ao ácido cítrico do vinho ou sumo de limão postos no *fondue* – ocorreu na Suíça em 1912. Cinco anos depois, a empresa norte-americana Kraft patenteou uma combinação de fosfatos e ácido cítrico; passados mais dez anos, lançou o popular velveeta, semelhante ao cheddar.

Hoje em dia, os fabricantes usam uma mistura de citrato de sódio, fosfatos de sódio e polifosfatos de sódio e uma fusão de queijos frescos, parcialmente amadurecidos e plenamente maturados. Os polifosfatos (cadeias de átomos de oxigênio e fósforo dotadas de carga negativa, que atraem uma nuvem de moléculas de água) não só removem o cálcio da matriz de caseína como também se ligam à própria caseína, trazendo consigo uma umidade que torna ainda mais flexível a matriz proteica. Os mesmos sais que transformam os queijos derretidos numa massa homogênea colaboram para que a resultante mistura de queijos derreta por igual quando aquecida. Essa característica, aliada ao baixo preço, tornou o queijo processado um ingrediente popular nos sanduíches de *fast-food*.

Os "produtos lácteos" com baixo teor de gordura ou sem gordura substituem a gordura por diversos carboidratos ou proteínas. Quando aquecidos, esses produtos não derretem; primeiro amaciam e depois secam.

O QUEIJO E A SAÚDE

O queijo e o coração. Sendo essencialmente uma versão concentrada do leite, o queijo partilha de muitas de suas vantagens e desvantagens nutricionais. É excelente fonte de proteínas, cálcio e energia. Sua gordura abundante é altamente saturada e, portanto, tende a elevar a taxa de colesterol no sangue. Entretanto, a França e a Grécia são os países onde mais se consome queijo *per capita* no mundo, à razão de mais de 60 g por pessoa, por dia (o dobro dos Estados Unidos), e se destacam entre os países ocidentais pelo índice relativamente baixo de doenças cardíacas, o que provavelmente se deve ao alto consumo de hortaliças, frutas e vinhos que protegem o coração (p. 281). O consumo de queijo no contexto de uma dieta equilibrada é plenamente compatível com a boa saúde.

Intoxicação alimentar
Queijos feitos de leite cru ou pasteurizado. Nos Estados Unidos, a preocupação do governo com os perigos representados pelos vários agentes patogênicos que podem crescer no leite motivou a exigência (posta em 1944, reafirmada em 1949 e estendida em 1951 aos produtos importados) de que todos os queijos envelhecidos por menos de 60 dias sejam feitos com leite pasteurizado. De 1948 para cá, houve pouquíssimos episódios de intoxicação alimentar coletiva causados por queijos nos Estados Unidos, e quase todos eles envolveram a contaminação do leite ou do queijo após a pasteurização. Na Europa, onde os queijos jovens feitos com leite cru ainda são legais em alguns países, a maioria dos episódios também foram causados por queijos pasteurizados. Em geral, os queijos representam risco relativamente baixo de intoxicação alimentar. Uma vez que todo queijo macio contém umidade suficiente para permitir a sobrevivência de vários microrganismos que causam doenças nos seres humanos, o melhor é que tanto as versões pasteurizadas quanto as não pasteurizadas sejam evitadas por pessoas especialmente vulneráveis a infecções (grávidas, idosos, doentes crônicos). Os queijos duros são um meio inóspito para os microrganismos patogênicos e só muito raramente causam intoxicação alimentar.

Bolores que se desenvolvem durante a estocagem. Além dos microrganismos patogênicos, os bolores (fungos) que podem crescer no queijo são motivo de preocupação. Quando os queijos são estocados por algum tempo, bolores que produzem toxinas (*Aspergillus versicolor*, *Penicillium viridicatum* e *P. cyclopium*) podem ocasionalmente se desenvolver na casca e contaminá-los até uma profundidade de 2 cm. Esse problema parece ser muito raro, mas é aconselhável descartar os queijos cobertos de um bolor estranho.

Aminas. Há um produto habitual dos microrganismos que pode causar desconforto em certas pessoas. Num queijo bastante amadurecido, as proteínas de caseína são decompostas em aminoácidos e estes em aminas, pequenas moléculas que podem atuar como mensageiras químicas no organismo humano. Encontram-se grandes quantidades de histamina e tiramina nos queijos cheddar, azuis, suíços e holandeses, as quais podem causar aumento da pressão sanguínea, dor de cabeça e erupções cutâneas em pessoas especialmente sensíveis.

Cáries dentárias. Por fim, há décadas se reconhece que o consumo de queijo pode retardar o desenvolvimento de cáries dentárias, as quais são causadas pelas secreções ácidas dos parentes de uma bactéria do iogurte (especialmente o *Streptococcus mutans*) que aderem aos dentes. Ainda não se sabe exatamente por que isso acontece; mas parece que, consumidos ao final da refeição, quando a produção de ácido pelos estreptococos aumenta, o cálcio e o fosfato do queijo se difundem nas colônias bacterianas e limitam a quantidade de ácido produzida.

CAPÍTULO 2

OVOS

O ovo e a galinha	**77**
A evolução do ovo	78
A galinha, da selva ao terreiro	78
O ovo industrializado	80
A biologia e a química do ovo	**82**
Como a galinha faz o ovo	82
A gema	84
A clara	85
O valor nutritivo dos ovos	87
Qualidade, manipulação e salubridade dos ovos	**89**
Classificação dos ovos segundo a qualidade	89
Deterioração da qualidade dos ovos	90
Manipulação e estocagem dos ovos	91
Salubridade dos ovos: o problema da salmonela	92
A química da cocção dos ovos: como os ovos endurecem e os cremes de ovos e leite se espessam	**93**
A coagulação das proteínas	93
A química do sabor dos ovos	96
Pratos básicos com ovos	**97**
Ovos cozidos com casca	97
Ovos cozidos fora da casca	99
Misturas de ovos e líquidos: batidas e não batidas durante a cocção	**103**
Definições	103
A diluição exige delicadeza	103
Teoria e prática das misturas não batidas espessadas por ovos	105
Teoria e prática das misturas batidas espessadas por ovos	109
Espumas de ovos: cozinhar com movimentos do pulso	**111**
Como as proteínas dos ovos estabilizam as espumas	113
Como as proteínas *desestabilizam* as espumas	114
Os inimigos das claras em neve	115
Os efeitos de outros ingredientes	115
Técnicas básicas para bater claras em neve	116
Merengues: espumas doces por si sós	118
Suflês: uma lufada de ar quente	121
Espumas de gema: zabaione e *sabayon*	126
Ovos em conserva de vinagre e outros métodos de conservação	**128**
Ovos em conserva de vinagre	128
Ovos em conserva à moda chinesa	129

O ovo é uma das maravilhas da cozinha e da natureza. Sua forma simples e plácida abriga um milagre cotidiano: a transformação de um amontoado insípido de nutrientes numa criatura viva, que respira e se movimenta. O ovo sempre foi um dos principais símbolos da origem enigmática dos animais, dos seres humanos, dos deuses, da Terra e de todo o universo. O Livro Egípcio dos Mortos, o *Rg Veda* indiano, os mistérios órficos gregos e mitos da criação dos quatro cantos do mundo foram inspirados pela erupção de vida que sai de uma casca uniforme e inerte.

Quanta decadência de lá para cá! Se hoje em dia os ovos inspiram algum sentimento, é o de tédio matizado pela desconfiança. O ovo de galinha é hoje um produto industrial, tão comum que seria quase invisível – se não tivesse sido estigmatizado pela fobia do colesterol que dominou as décadas de 1970 e 1980.

Nem a familiaridade nem o medo deveriam obscurecer a grande versatilidade dos ovos. Seu conteúdo é primordial, é a fonte indiferenciada da vida. É por isso que os ovos podem assumir tão variadas formas, que o cozinheiro pode usá-los para gerar estruturas tão diversas, desde um leve e etéreo merengue até um pudim denso e rico. Os ovos possibilitam a convivência de óleo e água num sem-número de molhos; afinam a textura de doces e sorvetes; dão sabor, substância e força nutritiva a sopas, pães, macarrões e bolos; fazem brilhar as massas à base de gordura; clarificam o vinho e o caldo de carne. Por si sós, podem ser cozidos, fritos, fritos por imersão, assados, tostados, conservados em vinagre e fermentados.

Enquanto isso, a ciência moderna deu ainda mais razões para que o ovo seja considerado um símbolo da criação. A gema é um armazém de combustível que a galinha retira de folhas e sementes, as quais, por sua vez, armazenam a energia radiante do sol. Os pigmentos amarelos que caracterizam a gema também vêm diretamente dos vegetais, onde impedem que o mecanismo químico da fotossíntese seja destruído pelo astro-rei. Assim, o ovo efetivamente reúne em si toda a cadeia da criação: do pintinho à galinha, desta aos vegetais que a alimentaram e destes à fonte última do fogo da vida, a esfera dourada do céu. O ovo é a luz do sol refratada em forma de vida.

Muitos animais põem ovos e os seres humanos aproveitam vários deles, desde os de pombos e perus até os de aves silvestres, pinguins, tartarugas e crocodilos. Uma vez que o ovo de galinha é de longe o mais consumido na maioria dos países, é dele que vou falar mais, desviando-me ocasionalmente para tratar do ovo de pata.

O OVO E A GALINHA

No decorrer dos séculos, propuseram-se muitas respostas ao enigma: quem veio primeiro, o ovo ou a galinha? Os padres da Igreja ficavam do lado da galinha, observando que, de acordo com o Gênesis, Deus criou primeiro os seres inteiros e não seu aparato reprodutivo. O vitoriano Samuel Butler atribuiu prioridade ao ovo quando disse que a galinha é simplesmente um meio pelo qual um ovo cria outro ovo. Acerca de um ponto, entretanto, não resta dúvida: o ovo já existia muito antes de existirem galinhas. Em última análise, nossos suflês e ovos fritos se devem à invenção dos sexos.

O ovo do mundo

No princípio, este mundo não existia. Veio à existência, desenvolveu-se e tornou-se um ovo. Chocou pelo período de um ano e depois se partiu. Uma das partes se tornou prata, a outra se tornou ouro.

A que se tornou prata é esta terra. A que se tornou ouro é o céu. A que era a membrana exterior são as montanhas. A que era a membrana interior são as nuvens e a neblina. A que eram as veias são os rios. A que era o fluido interior são os oceanos.

Aquele que nasceu do ovo é o sol. Quando nasceu, nasceram também os gritos e comemorações e todos os seres e todos os desejos se alçaram em direção a ele. Por isso, cada vez que ele nasce, e cada vez que retorna, ouvem-se gritos e comemorações e todos os seres e todos os desejos se levantam.

– *Chandogya Upanishad*, c. 800 a.C.

A EVOLUÇÃO DO OVO

Partilha do DNA. Numa definição ampla, o ovo é uma célula especializada no processo de reprodução sexuada, em que um pai e uma mãe contribuem para a formação de um novo indivíduo. Os primeiros seres vivos eram células únicas e se reproduziam sozinhos. Cada célula fazia uma cópia de seu DNA e se dividia em duas. Os primeiros organismos sexuados, provavelmente algas unicelulares, se emparelhavam e trocavam DNA um com o outro antes de se dividir. As células especializadas chamadas óvulo e espermatozoide só se tornaram necessárias há cerca de um bilhão de anos, quando surgiram os organismos multicelulares e a simples transferência de DNA já não era possível.

O que faz com que um ovo seja um ovo? Das duas células reprodutivas, ele é a maior e menos móvel. Recebe o espermatozoide, abriga a união dos dois conjuntos genéticos e depois se divide e diferencia, formando o organismo do embrião. Também proporciona alimento para sustentá-lo, pelo menos em seus estágios iniciais. É por isso que os ovos são tão nutritivos: como o leite e as sementes das plantas, eles foram "feitos" para servir de alimento, para sustentar criaturas novas até que estas sejam capazes de se alimentar sozinhas.

Aperfeiçoamento da embalagem. Os primeiros ovos de animais eram liberados nos receptivos oceanos, onde sua membrana exterior podia ser simples e seu suprimento alimentar, mínimo. Há cerca de 300 milhões de anos, os primeiros animais totalmente terrestres, os répteis, desenvolveram um ovo autônomo com uma casca semelhante ao couro que desacelerava a fatal perda de água e continha alimento suficiente para sustentar o embrião durante o prolongado período necessário para se tornar um animal plenamente formado. Os ovos das aves, animais que surgiram cerca de 100 milhões de anos depois, são uma versão refinada do primitivo ovo de réptil. Sua casca dura e mineralizada é tão impermeável que o embrião é capaz de se desenvolver em ambientes extremamente secos; e eles contêm uma bateria de defesas antimicrobianas. Esses desenvolvimentos tornaram o ovo de ave um alimento ideal para o ser humano. Ele contém uma quantidade considerável e equilibrada de nutrientes animais; e vem tão bem embalado que dura semanas sem nenhum tipo de proteção especial.

A GALINHA, DA SELVA AO TERREIRO

Os ovos, portanto, surgiram quase um bilhão de anos antes das primeiras aves. O gênero *Gallus*, ao qual pertencem as galinhas, não tem mais de 8 milhões de anos; e a galinha em si, espécie *Gallus gallus*, só surgiu há uns 3 ou 4 milhões de anos.

Quem pensa que a galinha é uma criatura rústica e desimportante há de se surpreender com sua linhagem exótica. Seus ancestrais imediatos foram aves silvestres nativas do sudeste asiático e da Índia, regiões sub-

---

Palavras da culinária: *egg* (ovo) e *yolk* (gema)

A palavra *egg*, "ovo" em inglês, vem de uma raiz indo-europeia que significa "ave".

A palavra *yolk* ("gema"), embora de sonoridade brusca, é rica em associações que evocam a luz e a vida. Vem da palavra que em inglês arcaico significava "amarelo" e cuja prima grega significava "amarelo-esverdeado", a cor das folhas novas. Tanto a palavra alto-inglesa quanto a grega derivam em última análise de uma raiz indo-europeia que significa "luzir, brilhar". A mesma raiz deu, no inglês, as palavras *glow* ("brilhar", "brilho") e *gold* ("ouro").

tropicais. A galinha tal como a conhecemos foi provavelmente domesticada no sudeste asiático antes de 7500 a.C. Datam dessa época os ossos encontrados em sítios arqueológicos chineses, ossos maiores que os da variedade silvestre e que estavam num lugar muito ao norte do hábitat atual dessas aves. Em 1500 a.C., as galinhas já estavam presentes na Suméria e no Egito e por volta de 800 a.C. chegaram à Grécia, onde passaram a ser conhecidas como "aves persas". Na época, as codornas eram a principal fonte de ovos na Grécia.

O ovo doméstico. Nunca saberemos exatamente por que as galinhas foram domesticadas, mas é possível que fossem muito mais apreciadas por sua prolífica produção de ovos que pela carne. Algumas aves só botam certo número de ovos por vez, o que quer que aconteça aos ovos. Outras, entre as quais os galináceos, botam até acumular certo número no ninho. Se um ovo for levado por um predador, a galinha botará outro para substituí-lo – e pode fazê-lo indefinidamente. No decorrer de seu período de vida, essas "botadoras de quantidade indeterminada" produzem muito mais ovos que as "botadoras de quantidade determinada". Os galináceos silvestres da Índia botam conjuntos de cerca de doze ovos vermelhos e lustrosos umas poucas vezes por ano. Na produção industrial – o equivalente ecológico de uma alimentação infinitamente farta aliada à predação sistemática dos ovos –, suas primas domesticadas botam um ovo por dia durante um ano ou mais.

O ovo como alimento. Não há dúvida de que os ovos de aves têm sido assados na fogueira desde que os seres humanos dominaram o fogo; na peça *Como vos aprouver*, de Shakespeare, o bufão Touchstone diz que Corino é "queimado todo inteiro de um lado só, como um ovo mal tostado". A salga e a imersão em vinagre são tratamentos antigos que preservavam as benesses da primavera para serem usadas durante todo o ano. Sabemos, pelas receitas de Apício, que os romanos comiam *ova frixa, elixa et halapa* – ovos fritos, cozidos e "moles" –, bem como a *patina*, que podia ser uma quiche salgada ou um pudim doce. Na era medieval, os franceses já haviam desenvolvido a arte de fazer omeletes e os ingleses acompanhavam ovos pochês com

---

Cremes de ovos romanos, um salgado e outro doce

Patina de linguado

Bate e limpa os linguados e coloca-os na patina [uma panela rasa]. Acrescenta óleo, liquâmen [molho de peixe], vinho. Enquanto cozinhas, bate e esfrega pimenta, ligústica, orégano; despeja aí um tanto do líquido da cocção, acrescenta ovos crus e faz uma mistura homogênea. Derrama-a sobre os linguados e cozinha tudo em fogo lento. Quando o prato estiver pronto, polvilha-o com pimenta e serve.

Patina de "queijo"

Mede leite suficiente para tua panela, mistura com mel como em outros pratos à base de leite, acrescenta cinco ovos para [meio litro], três para [um quarto de litro]. Mistura-os no leite até agregarem-se perfeitamente, peneira numa travessa de Cumas e cozinha em fogo lento. Quando estiver pronto, polvilha com pimenta e serve.

– de Apício, primeiros séculos d.C.

o molho que viria a ser chamado *crème anglaise* ou creme inglês. Claras em neve e molhos salgados à base de gema se desenvolveram no decorrer dos três séculos seguintes. Por volta de 1900, Escoffier tinha um repertório de mais de trezentos pratos com ovos; e Ali Bab, em sua *Gastronomie pratique*, fornecia a divertida receita da "sinfonia de ovos" – uma omelete de quatro ovos com dois ovos cozidos picados e seis ovos pochês inteiros.

O OVO INDUSTRIALIZADO

A febre das galinhas. A galinha sofreu mais mudanças evolutivas entre 1850 e 1900 do que sofrera em toda a sua existência anterior como espécie, e isso por causa de um fator de seleção pouco comum: o fascínio dos europeus e norte-americanos pelo exótico Oriente. A abertura política entre a Inglaterra e a China trouxe ao Ocidente espécimes de uma raça chinesa até então desconhecida: a grande e emplumada cochin. Essas aves espetaculares, tão diferentes da galinha comum, desencadearam uma febre de criação de galináceos comparável à mania das tulipas que assolou a Holanda no século XVII. Durante essa "febre das galinhas" – nome dado por um observador da cena norte-americana –, as exposições de aves domésticas se tornaram muito populares, e centenas de novas raças foram desenvolvidas.

A genética das aves de criação comuns também melhorou. Poucas décadas depois de chegarem aos Estados Unidos vindas da Toscana, por volta de 1830, descendentes das legornes brancas se firmaram como as que mais botavam ovos. Versões da raça cornish, que descendia de raças combatentes asiáticas, eram consideradas os melhores animais de corte; a Plymouth Rock e a

---

Omelete e creme inglês medievais

Arboulastre (Uma omelete)

[Primeiro prepara ervas mistas, como arruda, tanaceto, hortelã, sálvia, manjerona, funcho, salsa, folhas de violeta, espinafre, alface, esclareia e gengibre.] Em seguida, bate bem sete ovos, as gemas e as claras, e mistura-os com as ervas. Divide a massa em duas e faz duas *alumelles*, que são frigidas como segue. Primeiro, aquece bem a frigideira com óleo, manteiga ou a gordura que te aprouver. Quando estiver bem quente, especialmente na direção do cabo, mistura e joga os ovos na panela, virando-os frequentemente com uma espátula; e joga por cima um pouco de bom queijo ralado. Saberás que está pronto porque, se misturares o queijo com os ovos e as ervas, quando fritares a *alumelle* o queijo que estiver por baixo grudará na panela. [...] E, quando as ervas estiverem fritas na panela, dá ao *arboulastre* um formato quadrado ou redondo e come-o nem muito quente nem muito frio.

– *Le Ménagier de Paris*, c. 1390

Poche to Potage (Ovos pochês em creme inglês)

Quebra alguns ovos em água fervente e deixa-os cozinhar em fogo lento; quando estiverem prontos, tira-os. Bate leite e gemas de ovos muito bem numa vasilha; acrescenta açúcar ou mel, colore tudo com açafrão e leva ao fogo lento; à primeira fervura, tira o creme do fogo e mistura pó de gengibre. Põe os ovos cozidos em pratos, coloca por cima o creme e serve imediatamente.

– de um manuscrito publicado em *Antiquitates culinariae*, 1791 (c. 1400)

Rhode Island Red, de ovos marrons, eram criadas para ovos e para corte. À medida que desvaneceu o interesse pelas aves de exposição, as raças de ovos e de corte se tornaram cada vez mais dominantes. Hoje em dia, uma galinha poedeira ou de corte descende, em geral, de quatro avós de raça pura. Quase toda a diversidade gerada no século XIX desapareceu. Entre os países industrializados, só a França e a Austrália permanecem independentes de umas poucas empresas multinacionais que fornecem raças poedeiras para o setor de produção de ovos.

Produção em massa. No século XX, os galinheiros das propriedades rurais deixaram de existir e foram substituídos pelas granjas, que por sua vez diferenciaram-se em granjas de corte e "fábricas de ovos". A economia de escala obriga as unidades produtivas a serem tão grandes quanto possível – um único funcionário pode cuidar de 100 mil galinhas, e muitas granjas atuais têm mais de 1 milhão de galinhas poedeiras. A típica galinha poedeira de nossa época nasce numa incubadora, se alimenta de uma dieta formulada em laboratório, vive e põe ovos numa gaiola de arame sob luz constante por cerca de um ano e produz entre 250 e 290 ovos. Como disseram Page Smith e Charles Daniel em seu *Chicken Book*, a galinha já não é "uma criatura ativa e vivaz, mas mero elemento de um processo industrial cujo produto [é] o ovo".

Benefícios e custos. A industrialização da galinha trouxe muitos benefícios, que não devem ser subestimados. Hoje em dia, meio quilo de ave pode ser produzido com menos de um quilo de ração e meio quilo de ovos com menos de um quilo e meio, de modo que tanto o frango quanto os ovos são opções econômicas em matéria de alimento de origem animal. A qualidade dos ovos também melhorou. Não só o povo do campo, mas também o da cidade come ovos mais frescos e uniformes do que antigamente, quando as galinhas de pequenos produtores rurais corriam soltas e punham seus ovos em lugares estranhos, e os ovos postos na primavera eram conservados até o inverno em solução de hidróxido de sódio ou metassilicato de sódio (ver p. 128). A pura e simples refrigeração já fez enorme diferença. A produção de ovos ao longo de todo o ano (possibilitada pela iluminação e pela temperatura controladas), a coleta e o resfriamento imediatos, e o transporte diário em caminhões rápidos e refrigerados fazem com que os ovos bons se deteriorem muito menos, no caminho entre a galinha e o cozinheiro, do que se deterioravam num passado mais tranquilo e mais humano.

O ovo industrializado tem suas desvantagens. Embora a qualidade geral tenha melhorado, as pessoas que prestam atenção aos ovos dizem que o sabor piorou: que a dieta variada e natural das galinhas, incorporando cereais, folhas e insetos, proporciona uma riqueza que as rações comerciais de soja e milho não conseguem substituir. (Não tem sido fácil documentar essa diferença em provas de sabor; ver p. 96.) Além disso, o acúmulo de galináceos num mesmo lugar teve seu papel na incidência cada vez maior de contaminação por salmonela. Galinhas "cansadas" são frequentemente transformadas em ração para a próxima geração de poedeiras, de modo que a infecção por salmonela pode se alastrar rapidamente em razão de descuidos no processamento. Resta por fim uma questão mais difícil: se seremos ou não capazes de comer ovos bons e baratos sem abdicar de nossa humanidade, sem reduzir os descendentes de uma enérgica ave silvestre a máquinas biológicas que jamais veem o sol nem revolvem a terra do chão e que não têm mais de cinco ou dez centímetros de espaço para se movimentar.

Galinha caipira. O número de pessoas incomodadas com os excessos da industrialização e dispostas a pagar um preço maior por seus ovos já é grande suficiente para que plantéis menores de galinhas "caipiras" (ou seja, que em tese vivem soltas no terreiro) ou "alimentadas organicamente" tenham ressurgido nos Estados Unidos e na Europa. A Suíça hoje determina que todas as galinhas do país possam ficar ao ar livre. O termo "caipira" (nos Estados Unidos, *free-range*, ou seja, "soltas") pode ser enganoso; às vezes significa somente que a galinha vive numa gaiola um pouco maior que a normal ou possa ficar ao ar livre por breve período durante o dia. Não obstante, uma vez que as pessoas hoje comem menos ovos em casa, gastam pouco dinheiro com esses ovos e prestam mais atenção à alimentação, é muito provável que essa modesta desindustrialização dos ovos siga adiante.

A BIOLOGIA E A QUÍMICA DO OVO

COMO A GALINHA FAZ O OVO

O ovo é coisa tão corriqueira que quase não nos lembramos de pasmar diante de sua estrutura. Todos os animais trabalham duro para se reproduzir, mas a galinha trabalha mais que a maioria. Seu "esforço reprodutivo", definido como aquela fração de peso corporal que o animal deposita todos os dias em sua potencial cria, é cem vezes maior que o de uma mulher humana. Cada ovo tem cerca de 3% do peso da galinha, de modo que, ao pôr durante um ano, ela converte em ovos cerca de oito vezes o peso de seu corpo. Um quarto de seu dispêndio diário de energia vai para fazer ovos; uma pata despende metade.

O ovo de galinha começa com o disco branco, do tamanho de uma cabeça de alfinete, que vemos em cima da gema amarela. Esse é o setor produtivo do ovo, a célula germinativa viva que contém os cromossomos da galinha. Toda galinha nasce com milhares de microscópicas células germinativas em seu único ovário.

Criação da gema. À medida que a galinha cresce, suas células germinativas aos poucos alcançam alguns milímetros de diâmetro e ao cabo de dois ou três meses reúnem uma forma branca e primordial de gema dentro de sua fina membrana envoltória. (A gema branca é visível num ovo bem cozido; ver quadro abaixo.) Quando a galinha chega à idade de botar, entre quatro e seis meses, os oócitos começam a amadurecer; em qualquer instante, há oócitos em diferentes estágios de maturação. A maturidade plena leva cerca de dez semanas. Durante a décima semana, a célula germinativa rapidamente acumula gema amarela, composta sobretudo de gorduras e proteínas e sintetizada no fígado da galinha. Sua cor depende dos pigmentos presentes no que a galinha come; uma dieta rica em milho ou alfafa torna o amarelo mais forte. Se a galinha só come uma ou duas vezes por dia, a gema terá camadas distintas mais claras e mais escuras. No final, a gema se torna muito maior que a célula reprodutiva em si, uma vez que precisa conter suprimentos para os 21 dias em que o pintinho terá de se desenvolver sozinho.

O germe para cima: a gema primordial

Você já notou que, quando quebra um ovo, a célula germinativa – o disco branco do tamanho de uma cabeça de alfinete que leva o DNA da galinha – geralmente fica em cima da gema? Isso acontece porque o canal de gema primordial branca, logo abaixo da célula, é menos denso que a gema amarela – ou seja, o lado da gema em que fica a célula é mais leve e, por isso, sobe. No ovo intacto, as calazas deixam que a célula germinativa volte a ficar em cima toda vez que a galinha rearranja seus ovos no ninho.

Essa porção renitente de gema não coagulada no meio de um ovo cozido é a gema branca primordial, especialmente rica em ferro, que a galinha deposita em seus ovos quando estes têm apenas 6 mm de diâmetro.

Criação da clara. O restante do ovo proporciona nutrição e proteção para a célula germinativa. Sua construção leva cerca de 25 horas e começa quando o ovário libera a gema completa. Esta é então capturada pela abertura afunilada do oviduto, um tubo com cerca de 60-90 cm de comprimento. Se a galinha tiver acasalado em data recente, haverá esperma armazenado num "nicho" na extremidade superior do oviduto, e um espermatozoide se fundirá com o óvulo. Fertilizado ou não – e a maioria dos ovos não o são –, o oócito passa duas a três horas percorrendo a extremidade superior do oviduto. Células presentes no revestimento interno deste, que secretam proteína, acrescentam uma camada à membrana do oócito e revestem-no com cerca de metade do volume final de clara, ou *albúmen* (do latim *albus*, que significa "branco"). Elas aplicam essa porção de albúmen em quatro camadas cuja consistência é alternadamente espessa e rala.

A primeira camada espessa da proteína do albúmen é "torcida" em ranhuras espiraladas na parede do oviduto e forma as *calazas* (da palavra grega que significa "pelota", "pedra de granizo"), dois cordões densos e ligeiramente elásticos que ancoram a gema nas extremidades da casca e permitem que ela gire sem deixar de permanecer suspensa no meio do ovo. Esse sistema eleva ao máximo a quantidade de albúmen protetor entre o embrião e a casca e impede o contato prematuro entre os dois, que poderia afetar o desenvolvimento embrionário.

Membranas, água e casca. Uma vez aplicadas as proteínas do albúmen sobre a gema, o oócito passa mais uma hora na seção seguinte do oviduto, na qual é revestido de mais duas membranas proteicas resistentes e antimicrobianas, as quais são ligadas uma à outra em todas as suas partes exceto numa das extremidades do ovo, em que se desenvolverá depois a câmara aérea que proporcionará ao pintinho suas primeiras golfadas de ar na hora de sair da casca. Depois disso vem uma longa estadia – 19 a 20 horas – no útero, trecho do oviduto que tem 5 cm de comprimento. Durante cinco horas, as células da parede do útero bombeiam água e sais através das membranas e para dentro do albúmen, "enchendo" o ovo para que este atinja seu pleno volume. Quando as membranas estão esticadas, o revestimento uterino secreta proteínas e carbonato de cálcio para formar a casca, processo que leva cerca de 15 horas. Uma vez que o embrião precisa de ar, a casca leva em si (especialmente na extremidade mais achatada) cerca de 10 mil poros que, somados, equivalem a um buraco de 2 mm de diâmetro.

A cutícula e a cor. O toque final dado pela galinha ao ovo é uma fina cutícula proteica. De início, esse revestimento obstrui os poros a fim de tornar mais lenta a perda

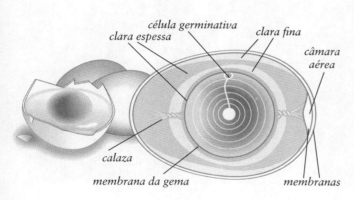

A estrutura de um ovo de galinha. A clara proporciona proteção física e química para a célula germinativa e fornece proteína e água para que ela se desenvolva e se transforme num pintinho. A gema é rica em gorduras, proteínas, vitaminas e sais minerais. As camadas de cores na gema são causadas pelo fato de que a ingestão de cereais (com seus pigmentos lipossolúveis) pela galinha é periódica.

de água e bloquear a entrada de bactérias, mas aos poucos vai se quebrando de modo a permitir que o pintinho obtenha uma quantidade suficiente de oxigênio. A cutícula também dá cor ao ovo, na forma de substâncias químicas semelhantes à hemoglobina. A cor do ovo é determinada pela herança genética da galinha e não tem relação com o gosto nem com o valor nutricional. As legornes põem ovos "brancos", ou seja, muito fracamente pigmentados. Os ovos "vermelhos", ou seja, marrons, são produzidos por raças que na origem serviam tanto para produção de ovos quanto para corte, entre as quais a rhode island red e a plymouth rock; as galinhas new hampshire e australorp foram selecionadas em vista da produção intensiva de ovos marrons. As galinhas da raça chinesa cochin pintam seus ovos com pontinhos amarelos. Graças a uma característica dominante que não se encontra em nenhuma outra galinha silvestre ou doméstica, a rara araucana chilena põe ovos azuis. As galinhas descendentes de cruzamentos entre araucanas e raças que põem ovos marrons fabricam pigmentos azuis e marrons, e seus ovos têm a casca verde.

O ovo completo é expelido cerca de 25 horas depois de sair do ovário. A parte que sai primeiro é a achatada. À medida que o ovo esfria e sua temperatura cai em relação à da galinha (41 °C), seus conteúdos encolhem um pouquinho. Essa contração faz com que a membrana interna da casca descole da membrana externa na extremidade achatada, formando assim a câmara aérea, cujo tamanho pode nos dizer se o ovo é fresco ou não (p. 90).

A GEMA

A gema representa pouco mais que um terço do peso total do ovo com casca e sua função biológica é quase exclusivamente nutritiva. Ela porta três quartos das calorias e a maior parte do ferro, da tiamina e da vitamina A que o ovo contém. Sua cor amarela não é dada pelo betacaroteno, precursor da vitamina A que proporciona cor alaranjada às cenouras e outros vegetais comestíveis, mas por pigmentos vegetais chamados xantofilas (p. 296), que a galinha obtém principalmente das rações de alfafa e milho. Os produtores podem suplementar a ração com pétalas de cravo-de-defunto e outros aditivos para deixar a cor mais viva. O alaranjado das gemas dos ovos de pata é devido tanto ao betacaroteno quanto ao pigmento vermelho cantaxantina, que os patos-selvagens obtêm de pequenos

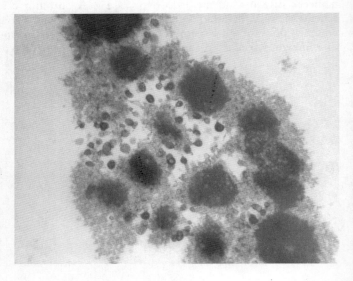

Um grânulo de gema de ovo visto ao microscópio eletrônico. Depois de imerso numa solução salina, ele se decompôs, revelando sua intrincada composição de proteínas, gorduras, fosfolipídios e colesterol.

crustáceos e insetos d'água e os patos criados em cativeiro, de suplementos alimentares. Um dos componentes subsidiários da gema que pode causar grande desastre na cozinha é a amilase, enzima que digere o amido, especialista em liquefazer o interior de muitos recheios de tortas que pareciam não apresentar nenhum problema (p. 109).

Esferas dentro de esferas. Tais são os números e os nutrientes da gema. Porém, esse concentrado de raios solares não se reduz a isso. As unidades de sua estrutura intrincada se assemelham às esferas concêntricas chinesas entalhadas num único bloco de jade. O primeiro nível da estrutura se revela toda vez que cortamos um ovo bem cozido. Ao passo que o calor gelifica a clara, transformando-a numa massa lisa e contínua, a gema se solidifica numa massa farelenta de partículas desagregadas. Na realidade, a gema em estado natural é feita de inúmeros compartimentos esféricos de cerca de um décimo de milímetro de diâmetro, cada um deles contido numa membrana flexível, e todos tão firmemente acondicionados que chegam a distorcer-se, assumindo forma achatada (como a das gotículas de óleo que a gema de ovo estabiliza na maionese; ver p. 697). Quando a gema é cozida intacta, essas esferas endurecem separadas umas das outras e produzem a característica textura farelenta. Porém, se a gema for quebrada antes da cocção de modo que as esferas possam se movimentar livremente, ela ficará menos granulada.

O que existe dentro dessas grandes esferas? Embora a gema tenha a fama de ser um alimento gordo, suas câmaras são preenchidas sobretudo com água. Nessa água flutuam subesferas com cerca de um centésimo do tamanho das esferas maiores. As subesferas são pequenas demais para serem vistas a olho nu e tampouco podem ser quebradas pelo batimento feito na cozinha. Porém, podem ser vistas indiretamente e rompidas por meios químicos. A gema não é transparente porque essas subesferas são grandes suficiente para desviar a luz e impedi-la de atravessar o líquido. Caso se acrescente à gema uma pitada de sal (como quando se faz maionese), ela se tornará ao mesmo tempo mais translúcida e mais espessa. O sal decompõe as subesferas em elementos pequenos demais para desviar a luz – e assim a gema se clarifica.

E o que as subesferas contêm? Uma mistura semelhante ao líquido que as rodeia dentro das grandes esferas. Antes de tudo, água. Dissolvidas na água, proteínas: fora das subesferas, proteínas do sangue da galinha; dentro delas, proteínas ricas em fósforo que contêm a maior parte do ferro do ovo. E por fim, suspensas na água, *sub*subesferas cerca de quarenta vezes menores que as subesferas, algumas das quais são elementos presentes também no corpo humano. As subsubesferas são agregados de quatro tipos de moléculas: um núcleo de gordura rodeado de uma casca protetora de proteínas, colesterol e fosfolipídios, mediadores híbridos entre gordura e água que, no ovo, são compostos principalmente de lecitina. A maior parte dessas subsubesferas são "lipoproteínas de baixa densidade" (LDLs) – essencialmente as mesmas partículas cuja presença no corpo humano é constantemente conferida para medir o nível de colesterol.

De um ponto de vista menos detalhista, a gema é menos complicada: é um saco de água que contém proteínas em livre flutuação e agregados de proteína, gordura, colesterol e lecitina – e são estes agregados de lipoproteínas que dão à gema suas notáveis capacidades de emulsificação e espessamento.

A CLARA

Comparada com as riquezas da gema, a clara parece incolor e insípida. Representa quase dois terços do peso do ovo com casca, mas 90% disso é água. O resto são proteínas, com meros vestígios de sais minerais, lipídios, vitaminas (a riboflavina dá à clara crua sua levíssima coloração amarela esverdeada) e glicose. O um quarto de grama de glicose, essencial para a primeira fase de crescimento do embrião, não é suficiente para adoçar a clara, embora em preparados comó os "ovos de cocção prolongada" (p. 99) e ovos de mil anos (p. 129) ela baste para dar à clara uma dramática cor marrom. O interesse estrutural da clara se limita ao fato de ela ter duas consistências, grossa e fina, sendo as calazas uma versão torcida da consistência grossa.

Proteínas de proteção. Embora pálida, a clara tem uma profundidade surpreendente. É claro que fornece água e proteínas essenciais para o embrião em desenvolvimento. Porém, estudos bioquímicos revelaram que as proteínas do albúmen não são mera "papinha de bebê". Pelo menos quatro proteínas bloqueiam a ação de enzimas digestivas. Pelo menos três se prendem a vitaminas, impedindo-as de ser aproveitadas por outras criaturas, e uma faz o mesmo com o ferro, mineral essencial para as bactérias e outros microrganismos. Uma proteína inibe a reprodução dos vírus e outra digere as paredes celulares das bactérias. Resumindo, a clara de ovo é antes de tudo um escudo químico contra infecções e predadores, forjado ao longo de milhões de anos de luta entre o ovo nutritivo e um mundo repleto de micróbios e animais famintos.

Algumas das cerca de doze proteínas da clara de ovo são especialmente importantes para o cozinheiro e vale a pena conhecê-las pelo nome:

• A *ovomucina* representa menos de 2% do total de proteínas do albúmen mas

As proteínas na clara do ovo

Proteína	Porcentagem do total de proteína do albúmen	Funções naturais	Propriedades culinárias
Ovalbumina	54	Nutrição; bloqueia enzimas digestivas?	Endurece quando aquecida a 80 °C
Ovotransferrina	12	Retém o ferro	Endurece quando aquecida a 60 °C ou espumada
Ovomucoide	11	Bloqueia enzimas digestivas	?
Globulinas	8	Reparam defeitos nas membranas e na casca?	Formam espuma com facilidade
Lisozima	3,5	Enzima que digere as paredes celulares das bactérias	Endurece quando aquecida a 75 °C; estabiliza a espuma
Ovomucina	1,5	Engrossa o albúmen; inibe vírus	Estabiliza a espuma
Avidina	0,06	Retém vitamina (biotina)	?
Outras	10	Retêm vitaminas (2+); bloqueiam enzimas digestivas (3+)...	?

é a que tem maior influência sobre o valor comercial e culinário do ovo fresco. Torna compactos e atraentes os ovos fritos e pochês, pois encorpa a clara grossa – deixando-a quarenta vezes mais grossa do que a clara fina. De algum modo, a ovomucina agrega a solução de proteínas, formando uma estrutura organizada; quando se quebra um pedaço de clara cozida ao duro, veem-se as laminações da ovomucina nas bordas dos pedaços. Segundo se crê, essa estrutura ajuda a proteger fisicamente a gema e a tornar mais lenta a penetração de microrganismos através da clara. No ovo cru, ela se desintegra aos poucos com o passar do tempo. Com isso, a clara se torna mais digerível para o pintinho, mas menos útil para o cozinheiro.

- A *ovalbumina*, a proteína mais abundante no ovo, foi a primeira proteína a ser cristalizada em laboratório (em 1890), mas sua função natural até hoje é obscura. Parece ter parentesco com uma família de proteínas que inibem a atividade de enzimas digestivas e talvez seja sobretudo uma relíquia de antigas batalhas contra algum microrganismo extinto. É a única proteína do ovo que contém grupos reativos de enxofre, que contribuem de modo decisivo para o sabor, a textura e a cor do ovo cozido. Interessa ao cozinheiro saber que a resistência da ovalbumina ao calor aumenta ao longo de vários dias depois que o ovo é posto, de modo que os ovos muito frescos precisam ser cozidos por menos tempo que ovos mais velhos para atingir a mesma consistência.
- A *ovotransferrina* se prende aos átomos de ferro para impedir que sejam aproveitados pelas bactérias e a fim de transportá-los para dentro do corpo do pintinho em desenvolvimento. É a primeira proteína a coagular quando o ovo é aquecido, e por isso determina a temperatura em que os ovos endurecem. Essa temperatura é mais alta para um ovo inteiro do que somente para a clara, pois a ovotransferrina se torna mais estável e resistente à coagulação quando incorpora todo o ferro que há na gema. A cor da ovotransferrina muda quando ela se liga a metais, e é por isso que as claras batidas em vasilha de cobre ficam douradas; caso se acrescente às claras uma pitada de suplemento ferroso em pó, pode-se também fazer um merengue cor-de-rosa.

O VALOR NUTRITIVO DOS OVOS

O ovo contém todo o necessário para fazer um pintinho: os ingredientes, o combustível e os mecanismos químicos. Daí vem sua força como alimento. Cozido – para neutralizar as proteínas antinutritivas de função protetora –, o ovo é um dos alimentos mais nutritivos que existem. (Cru, provoca *perda* de peso em animais de laboratório.) É inigualável como fonte dos aminoácidos necessários para a vida animal; leva em si um rico suprimento de ácido linoleico, um ácido graxo poli-insaturado essencial na dieta humana; contém ainda diversos minerais, a maioria das vitaminas e dois pigmentos vegetais, a luteína e a zeaxantina, que são antioxidantes especialmente eficazes (p. 283). O ovo é um rico pacote nutricional.

O colesterol nos ovos. Rico *demais* para nosso sangue, na opinião de alguns: crença que contribuiu para a acentuada queda no consumo de ovos nos Estados Unidos a partir de 1950. Entre nossos alimentos mais comuns, o ovo é o mais rico em colesterol. Um ovo grande contém cerca de 215 mg de colesterol, ao passo que uma porção equivalente de carne tem cerca de 50 mg.

E por que o ovo tem tanto colesterol? Porque ele é um componente essencial das membranas celulares dos animais, milhões das quais têm de ser construídas pelo embrião de pintinho antes de sair da casca. Há certa variação no conteúdo de colesterol dos ovos de diferentes raças, e a dieta da galinha também tem algum efeito – uma ração rica em sitosterol, substância vegetal aparentada ao colesterol, faz diminuir em um terço o colesterol do ovo. Mesmo com essas reduções, porém, a gema de ovo continua muito à frente dos outros alimentos nesse quesito.

Uma vez que o excesso de colesterol no sangue aumenta o risco de cardiopatias, muitas associações médicas recomendam que o consumo de gemas seja limitado a duas ou três por semana. Entretanto, estudos recentes feitos com pessoas que comem moderadamente demonstraram que o consumo de ovos tem pouca influência sobre o colesterol no sangue. Isso ocorre porque a taxa de colesterol no sangue sofre muito mais o efeito das gorduras saturadas na dieta do que do próprio colesterol, e a maior parte da gordura na gema de ovo é insaturada. Parece também que outras substâncias gordurosas na gema, os fosfolipídios, interferem com a absorção do colesterol da gema pelo organismo humano. Por isso, já não há motivo para continuarmos contando quantas gemas comemos por semana. É claro que, em nossa dieta, os ovos não devem tomar o lugar de frutas e hortaliças que protegem o coração; e, num regime rigoroso para combater a obesidade ou uma doença cardíaca séria, talvez faça sentido evitar gemas de ovos ao lado de outros alimentos animais igualmente gordurosos. Mais de 60% das calorias do ovo integral vêm da gordura, e um terço disso vem da gordura saturada.

Ovos de imitação. Movidas sobretudo pelo desejo do público de comer ovos sem colesterol, as fábricas de alimentos inventaram formulações que imitam ovos integrais batidos e com as quais se podem fazer ovos mexidos, omeletes ou massas em que vão ovos. Esses produtos são feitos com claras de ovos verdadeiras misturadas com uma imitação da gema, geralmente feita de óleo vegetal, sólidos lácteos, gomas espessantes e vários corantes, flavorizantes e suplementos vitamínicos e minerais.

Ovos galados. Apesar de todo o folclore que afirma o contrário, não há diferença

A composição de um ovo grande nos Estados Unidos

Nos Estados Unidos, um ovo de categoria "grande" com casca deve pesar 2 onças, ou 55 gramas. Na tabela seguinte, todos os pesos são dados em gramas (g) ou miligramas (mg). A gordura responde por cerca de 60% das calorias do ovo; a gordura saturada, por 20%.

	Ovo inteiro	Clara	Gema
Peso	55 g	38 g	17 g
Proteínas	6,6 g	3,9 g	2,7 g
Carboidratos	0,6 g	0,3 g	0,3 g
Gordura	6 g	0	6 g
Monoinsaturada	2,5 g	0	2,5 g
Poli-insaturada	0,7 g	0	0,7 g
Saturada	2 g	0	2 g
Colesterol	213 mg	0	213 mg
Sódio	71 mg	62 mg	9 mg
Calorias	84	20	64

nutricional detectável entre um ovo fertilizado ("galado") e outro não fertilizado. Quando a galinha põe um ovo fertilizado, a célula germinativa já se dividiu em dezenas de milhares de células, mas seu diâmetro passou de 3,5 para meros 4,5 mm, além de serem insignificantes as mudanças bioquímicas. A conservação em geladeira impede todo crescimento ou desenvolvimento posterior. Na classificação comercial norte-americana, todo desenvolvimento significativo do ovo – desde o surgimento de minúsculos vasos sanguíneos (que aparecem depois de dois a três dias de incubação) até a presença de um embrião reconhecível – é considerado um defeito grave e coloca-o imediatamente na categoria "não comestível". É claro que esse juízo é cultural. Na China e nas Filipinas, por exemplo, ovos de pata com embriões de duas a três semanas são fervidos e comidos, em parte devido a seu suposto efeito de aumentar a virilidade. Uma vez que os embriões retiram alguns nutrientes da casca, é fato que esses ovos contêm mais cálcio do que aqueles em grau incipiente de desenvolvimento.

Alergias a ovos. Os ovos são um dos alimentos a que as pessoas mais são alérgicas. Em geral, as culpadas parecem ser certas porções da proteína ovalbumina, da clara. O sistema imunológico das pessoas sensíveis interpreta essas partes da ovalbumina como uma ameaça e armam uma defesa maciça e autodestrutiva que pode tomar a forma de um choque fatal. Uma vez que a sensibilidade à clara do ovo muitas vezes se forma na primeira infância, é hábito os pediatras recomendarem que as crianças só comam clara de ovo depois de completarem um ano de idade. As gemas são muito menos alergênicas e podem ser comidas sem problemas por quase todos os bebês.

QUALIDADE, MANIPULAÇÃO E SALUBRIDADE DOS OVOS

O que é um ovo de boa qualidade? É um ovo intacto e não contaminado, de casca forte; com gema e membrana da gema firmes, o que impede que a gema quebre e se misture com a clara; e que tenha uma alta proporção de clara grossa e gelatinosa em relação à de clara fina e líquida.

E o que faz que um ovo seja bom? Acima de tudo, que a galinha seja boa: uma galinha poedeira de raça selecionada, saudável e que não esteja no fim do período sazonal de produção de ovos, época em que as cascas e as claras se deterioram (esse estágio pode ser encurtado pela restrição da alimentação da galinha, o que faz voltar ao zero o seu relógio biológico). A galinha deve comer uma ração nutritiva, não contaminada e sem ingredientes (peixe, soja crua) que provoquem sabores ruins. Além disso, o ovo deve ser avaliado e manipulado com cuidado depois de posto.

Para determinar a qualidade dos ovos sem quebrá-los, os produtores os submetem à *miragem* ou *ovoscopia*: passam-nos à frente de uma luz forte suficiente para atravessá-los e iluminar seu conteúdo. (O equipamento original eram os olhos e uma vela; hoje em dia, um escâner e lâmpadas elétricas cumprem a tarefa automaticamente.) Pela miragem dos ovos se podem detectar rachaduras na casca, manchas inofensivas na gema (de sangue, causadas pelo rompimento de capilares no ovário da galinha) e na clara (quer manchas de sangue, marrons, quer pequenos pedaços de tecido desprendidos da parede do oviduto) – inofensivas, mas que podem causar repugnância – e grandes bolsões de ar. Todas essas características relegam o ovo a categorias inferiores. Para determinar o estado da gema e da clara, o ovo é girado rapidamente. A sombra da gema permanecerá indistinta se sua membrana for forte suficiente e a clara, espessa suficiente para impedir que a gema se aproxime da casca. Se for fácil distinguir o contorno da gema, é porque ela se deforma ou se move facilmente, sinais de um ovo de qualidade inferior.

CLASSIFICAÇÃO DOS OVOS SEGUNDO A QUALIDADE

Em geral (mas não obrigatoriamente), os ovos vendidos nos Estados Unidos são classificados segundo as normas do Ministério da Agricultura desse país. A classificação comercial dos ovos não tem nada que ver com seu frescor ou seu tamanho e não garante a qualidade do ovo na cozinha. É um índice *aproximado* da qualidade do ovo na granja, no momento em que foi coletado. Uma vez que a ovoscopia não é uma ciência exata, as definições do MA norte-americano permitem que cada cartela contenha diversos ovos de qualidade abaixo da especificada no momento em que são embalados. Quando os ovos chegam às lojas, o número máximo permitido de ovos de qualidade inferior dobra, pois a qualidade dos ovos decai naturalmente com o tempo; além disso, a movimentação durante o transporte pode fazer com que a clara perca densidade.

Em regra, só são comercializadas direto ao consumidor as duas categorias superiores, AA e A. Se você vai consumir os ovos rapidamente e vai fazê-los mexidos ou usá-los para fazer panquecas ou um creme de ovos e leite, a qualificação superior não vale o preço mais alto. Porém, se você consome seus ovos devagar ou gosta que as gemas dos ovos cozidos sejam bem centralizadas e que os ovos fritos e pochês fiquem compactos e bem definidos, ou ainda se for bater claras em neve, fazer suflê ou acrescentar ovos a um bolo, o melhor é usar os de qualidade superior, que têm a clara mais grossa e membranas da gema mais firmes e menos suscetíveis de deixar que a gema se misture à clara, prejudicando a formação das claras em neve.

De qualquer forma, a qualidade de uma cartela de ovos depende fundamentalmente de quando eles foram postos. Mesmo os ovos AA acabam ficando com a clara fina e a gema, achatada. Por isso não deixe de verificar a data de validade impressa na cartela (geralmente, quatro semanas a contar da data de embalagem; às vezes a própria data de embalagem é indicada por um único número de 1 a 365) e escolha a mais recente. Pode valer mais a pena comprar ovos A frescos do que ovos AA mais velhos.

DETERIORAÇÃO DA QUALIDADE DOS OVOS

Criado para se proteger ao longo de todo o período de incubação do pintinho, o ovo é singular entre os alimentos crus de origem animal pelo fato de permanecer comestível durante semanas, desde que mantido intacto e em ambiente fresco. Mesmo assim, no momento em que sai da galinha o ovo começa a se deteriorar de modo significativo. Há uma mudança química fundamental: tanto a gema quanto a clara ficam mais alcalinas (menos ácidas) com o tempo. Isso porque o ovo contém dióxido de carbono, que assume a forma de gás carbônico quando dissolvido na clara e na gema mas se perde aos poucos em sua forma gasosa através dos poros da casca. A escala de pH é uma medida de acidez e alcalinidade (p. 886). Nessa escala, a gema parte do pH levemente ácido de 6,0 e chega a 6,6, um pH quase neutro; a clara parte do pH alcalino de 7,7 para um muito alcalino: 9,2 ou, às vezes, mais.

Essa alcalinização da clara tem consequências nitidamente visíveis. Uma vez que as proteínas do albúmen no pH de um ovo fresco tendem a se agregar em massas grandes suficiente para desviar os raios lumi-

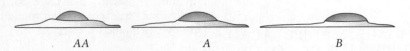

Três diferentes categorias de qualidade dos ovos. O ovo AA tem alta proporção de clara grossa e gema firme e arredondada. O ovo A tem albúmen menos espesso e sua membrana da gema é mais fraca, de modo que se espalha mais quando quebrado numa frigideira. O ovo B se espalha ainda mais; a membrana de sua gema se quebra facilmente.

nosos, a clara de um ovo fresco na verdade é nebulosa. Num meio mais alcalino, essas proteínas repelem umas às outras, de modo que a clara de um ovo mais velho tende a ser transparente e não nebulosa. E a clara fica progressivamente menos densa com o tempo: a proporção entre a clara grossa e a fina, que no início é de cerca de 60% para 40%, cai para menos de 50-50%.

A mudança relativamente pequena na acidez da gema é menos importante que uma mudança física simples que lhe ocorre. No início, a gema tem mais moléculas dissolvidas que a clara, e esse desequilíbrio osmótico cria uma pressão natural para que a água da clara passe através da membrana da gema. Em temperatura de refrigeração, cerca de 5 mg de água passam para a gema a cada dia. Esse influxo faz inchar a gema, esticando e enfraquecendo-lhe a membrana. Além disso, a água torna a gema muito menos densa.

Um teste caseiro. Por fim, o ovo como um todo também perde umidade através da casca porosa. Seus conteúdos diminuem de tamanho e a câmara aérea na extremidade achatada se expande. Até um ovo revestido de óleo numa geladeira úmida perde 4 mg de água por dia por meio de evaporação. O cozinheiro pode usar essa perda de umidade para estimar o frescor do ovo. Um ovo bem fresco cuja câmara aérea tem menos de 3 mm de profundidade é mais denso que a água e, colocado numa vasilha cheia d'água, afunda. À medida que o ovo envelhece e sua câmara aérea se expande, ele se torna progressivamente menos denso e sua extremidade achatada flutua cada vez mais alto na água. O ovo que chega a flutuar na superfície está velho demais e deve ser jogado fora. Por volta de 1750, a inglesa Hannah Glasse, autora de livros de culinária, relacionou dois métodos para verificar o frescor do ovo, conhecimento importante numa época em que os ovos às vezes permaneciam ignotos por tempo indeterminado num canto qualquer do quintal. O primeiro consiste em sentir-lhe o calor – e provavelmente não é confiável –, mas o segundo aquilata indiretamente a câmara aérea: "[Outro método] para saber se o ovo está bom consiste em colocar o ovo numa panela cheia de água fria; quanto mais fresco o ovo, mais rápido ele descerá ao fundo; se estiver podre, flutuará na superfície da água."

Todas essas tendências provavelmente fazem parte do desenvolvimento normal do ovo. O aumento da alcalinidade torna o albúmen ainda mais inóspito para bactérias e fungos invasores. A perda de densidade do albúmen permite que a gema suba e o embrião se aproxime da casca, sua primeira fonte de oxigênio; pode facilitar também o acesso do embrião às reservas de cálcio da casca. O enfraquecimento da membrana da gema pode significar maior facilidade de ligação às membranas da casca. E a câmara aérea maior proporciona mais oxigênio para as primeiras respirações do pintinho.

Essas mudanças podem ser boas para o pintinho, mas em sua maioria são ruins para o cozinheiro. A clara mais fina escorre mais pela panela; a membrana da gema, quando fraca, tende a se partir quando o ovo é quebrado; e a câmara aérea de grande tamanho dá forma irregular ao ovo cozido. O único benefício culinário do ovo mais velho é que ele é mais fácil de descascar.

MANIPULAÇÃO E ESTOCAGEM DOS OVOS

A manipulação dos ovos pelos produtores é feita de modo a desacelerar a inevitável deterioração da qualidade. Os ovos são coletados o mais rápido possível depois da postura e são imediatamente resfriados. Nos Estados Unidos, são lavados em seguida com água morna e detergente para remover as milhares de bactérias depositadas na casca durante sua passagem pela cloaca. No passado, os ovos frescos recebiam um banho de óleo mineral para retardar a perda de umidade e CO_2; atualmente, a maioria dos ovos chega ao mercado meros dois dias após a postura e são refrigerados não só durante a estocagem, mas também durante o transporte; por isso só os ovos que têm de ser transportados para lugares distantes recebem o banho de óleo.

Estocagem dos ovos em casa: refrigeração, imobilidade, vedação. Em temperatura ambiente, os ovos perdem num dia a mesma qualidade que perderiam em quatro dias sob refrigeração, e a salmonela (veja a seguir) se multiplica muito mais rápido em temperatura ambiente. Por isso o melhor é comprar ovos refrigerados – da geladeira do supermercado, não de uma prateleira comum – e mantê-los assim em casa. A agitação torna a clara menos densa, de modo que a prateleira do refrigerador é melhor do que a porta. Um recipiente hermeticamente fechado é melhor que a cartela de papel para tornar mais lenta a perda de umidade e a absorção de odores de outros alimentos, embora acentue o sabor "passado" que aos poucos se desenvolve dentro do próprio ovo. Comprados frescos e tratados com cuidado, os ovos com casca devem durar várias semanas. Uma vez quebrados, são muito mais suscetíveis à deterioração e devem ser usados ou congelados imediatamente.

Congelamento de ovos. Os ovos podem ser mantidos congelados por vários meses em recipiente hermeticamente fechado. Remova-os da casca, pois a expansão do conteúdo durante o congelamento a faria quebrar. Deixe espaço para a expansão dentro do próprio recipiente e recubra a superfície com filme plástico para evitar a queimadura por congelamento (ver p. 162) antes de tampá-lo. As claras congelam bem; perdem somente um pouco do poder de montar quando batidas. Já as gemas e os ovos inteiros misturados precisam de um tratamento especial. Congeladas em seu estado natural, assumem consistência pastosa quando descongelam e já não podem ser combinadas com outros ingredientes. Se as gemas forem bem misturadas com sal, açúcar ou ácido, suas proteínas não se agregarão e a mistura descongelada será líquida suficiente para misturar. Cada meio litro de gema deve ser misturado com 5 g de sal (uma colher de chá) ou 15 g de açúcar (uma colher de sopa), ou ainda 60 g de sumo de limão (quatro colheres de sopa); ovos inteiros misturados levam metade dessas quantidades. O equivalente de um ovo de categoria "grande" nos Estados Unidos são 3 colheres de sopa de ovo inteiro, ou 2 colheres de sopa de clara e uma de gema.

SALUBRIDADE DOS OVOS: O PROBLEMA DA SALMONELA

Por volta de 1985, uma bactéria até então pouco importante, chamada *Salmonella enteritidis*, foi identificada como responsável por casos cada vez mais numerosos de intoxicação alimentar na Europa continental, na Escandinávia, no Reino Unido e na América do Norte. A salmonela pode causar diarreia ou infecções crônicas mais sérias de outros órgãos. A maioria dos ca-

---

Posição de armazenamento

Faz diferença a posição em que guardamos os ovos? Estudos feitos na década de 1950 constataram que a qualidade do albúmen decai mais devagar em ovos guardados com o lado achatado para cima, e muitos estados norte-americanos decretaram ser essa a posição oficial para ovos embalados em cartelas. Novos estudos realizados nas décadas de 1960 e 1970, quando os varejistas começaram a empilhar as cartelas de lado para deixar à mostra o rótulo superior, concluíram que a posição não afeta a qualidade do albúmen. As gemas dos ovos guardados de lado ficam um pouco mais centralizadas depois de cozidas ao duro, talvez porque ambas as calazas tenham de exercer o mesmo esforço contra a gravidade.

sos foram correlacionados ao consumo de ovos crus ou apenas levemente cozidos. Investigações ulteriores demonstraram que até ovos limpos e intactos de categoria A podem conter grande quantidade de salmonela. No começo da década de 1990, as autoridades de saúde norte-americanas estimaram que talvez um ovo em cada 10 mil fosse portador dessa forma virulenta da bactéria. Graças a diversas medidas preventivas, a proporção de ovos contaminados é muito menor hoje em dia – mas não é zero.

Precauções. Até o dia em que inventarem a certificação de "livre de salmonela" para os ovos, todos os cozinheiros devem saber o que fazer para minimizar os riscos para si e para os outros, especialmente os muito jovens, os muito idosos e aqueles com sistema imunológico comprometido. A melhor maneira para reduzir a chance já pequena de usar um ovo contaminado é comprar somente ovos refrigerados e levá-los correndo para o próprio refrigerador. Todos os pratos que levam ovos devem ser cozidos suficiente para matar quaisquer bactérias. Em geral, isso significa manter uma temperatura de pelo menos 60 °C por 5 minutos ou de 70 °C por um minuto. A gema permanece líquida na primeira temperatura, mas solidifica na segunda. Para muitos pratos em que o ovo é cozido apenas ligeiramente – ovos moles e pochês, por exemplo, e os molhos à base de gema – é possível modificar as receitas tradicionais a fim de eliminar a salmonela que porventura haja no ovo (ver quadro, p. 101).

Ovos pasteurizados. Há três alternativas mais seguras que os ovos frescos: ovos pasteurizados na casca, ovos líquidos e claras em pó, todos os quais são vendidos nos supermercados norte-americanos. Ovos intactos, gemas e claras misturadas ou gemas e claras separadas podem ser pasteurizados mediante cuidadoso aquecimento à temperatura de 55-60 °C, logo abaixo da faixa em que as proteínas do ovo começam a coagular. As claras de ovo em pó, reconstituídas com água para fazer merengues submetidos a cocção ligeira, podem ser pasteurizadas antes ou depois da secagem. Esses produtos conseguem substituir suficientemente bem os ovos frescos para a maioria das finalidades, embora em geral percam um pouco do poder de espumar ou emulsificar, bem como um tanto da estabilidade quando submetidos a novo aquecimento; além disso, o aquecimento e a secagem alteram o sabor suave do ovo.

A QUÍMICA DA COCÇÃO DOS OVOS: COMO OS OVOS ENDURECEM E OS CREMES DE OVOS E LEITE SE ESPESSAM

Os procedimentos mais corriqueiros que envolvem ovos são também o que de mais mágico acontece na cozinha. Partindo de um líquido pegajoso e viscoso, acrescenta-se calor e abracadabra: o líquido rapidamente enrijece e se torna um sólido que pode ser cortado com faca. Nenhum outro ingrediente se transforma de maneira tão fácil e drástica quanto o ovo. É esse o segredo de sua grande versatilidade, tanto por si só quanto como fornecedor de estrutura para preparados mais complexos.

A que o ovo deve seu poder construtivo? A resposta é simples: a suas proteínas e à capacidade natural destas de se ligarem umas às outras.

A COAGULAÇÃO DAS PROTEÍNAS

As proteínas se aproximam... O ovo cru é inicialmente líquido porque tanto a gema quanto a clara são essencialmente sacos de água que contêm moléculas dispersas de proteína; a razão entre o número de moléculas de água e o de proteínas é de 1.000 para 1. Na escala molecular, uma única proteína é coisa gigantesca. Consiste em milhares de átomos ligados numa longa cadeia. Esta se enrola num chumaço compacto cuja forma é mantida por ligações químicas entre os elos vizinhos na cadeia. No ambiente químico da clara, a maioria das moléculas proteicas acumula carga elétrica negativa e, portanto, repelem-se entre si. Enquanto isso, na gema, algumas proteínas se repelem e outras se acumulam em pacotes de proteína e gordura. Ou seja, as proteínas no ovo cru, em sua grande parte, se mantêm compactas e isoladas umas das outras, flutuando em meio aquoso.

Quando aquecemos o ovo, todas as suas moléculas se movem cada vez mais rápido, colidem entre si com força cada vez maior e aos poucos começam a quebrar as ligações que dão às cadeias proteicas sua forma compacta. As proteínas se desdobram, se emaranham e se ligam umas às outras, formando uma espécie de rede tridimensional. A quantidade de água ainda é muito maior que a de proteínas, mas a água agora está dividida entre inúmeras bolsas na rede proteica contínua, de modo que já não pode confluir. Assim, o ovo líquido se torna um sólido úmido. E porque as grandes moléculas de proteína formam agregados densos que desviam os raios de luz, o albúmen, antes transparente, se torna opaco.

Os outros tratamentos que causam a solidificação do ovo – conservá-lo em ácido ou sal, batê-lo para formar uma espuma – funcionam essencialmente da mesma maneira, superando o isolamento das proteínas e estimulando-as a ligar-se entre si. Quando se combinam vários tratamentos – ácido e calor, por exemplo – podem-se alcançar toda uma série de consistências e aparências, dependendo do grau de desdobramento e ligação das proteínas: de resistente a delicada, de seca a úmida, de grumosa a lisa, de opaca a translúcida.

... mas não *demais*. Em quase todos os pratos que fazemos com ovos, queremos que um líquido – o ovo por si só ou uma mistura de ovos com outros líquidos – se transforme num sólido úmido e delicado. O excesso de cocção dá ao prato uma textura borrachenta ou o faz talhar numa mistura de pelotas duras e um líquido aquoso. Por quê? Porque estabelece ligações exclusivas entre as proteínas e expulsa a água da rede proteica. É por isso que ovos cozidos ou fritos perdem água na forma de vapor e ficam borrachentos, enquanto as misturas de ovos e outros líquidos separam-se em duas fases, a água e as pelotas sólidas de proteína.

Para fazer pratos quentes com ovos, portanto, o segredo está em evitar a sobrecocção, que causa a excessiva coagulação. Acima de tudo, isto significa controlar a temperatura. Para que o resultado seja tenro e suculento, os pratos que levam ovos não devem ser cozidos a uma temperatura maior

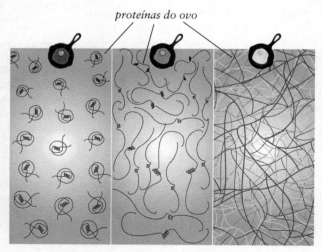

Como o calor solidifica um ovo líquido. Cada proteína é, de início, uma cadeia de aminoácidos dobrada sobre si mesma (à esquerda). *Aquecidas, o acréscimo de movimento quebra algumas ligações e as cadeias se abrem* (centro). *As proteínas abertas começam então a se ligar umas às outras. Isso resulta numa malha contínua de moléculas longas* (à direita). *O ovo, embora úmido, agora é sólido.*

que aquela em que as proteínas coagulam, a qual é sempre muito inferior ao ponto de ebulição da água, 100 °C. A temperatura exata depende da mistura de ingredientes, mas em geral é mais alta que a temperatura necessária para matar as bactérias e garantir a salubridade do preparado. (É diferente o caso da gema quente mas ainda líquida; ver p. 101.) Em geral, são os ovos puros e não diluídos que se coagulam na temperatura mais baixa. A clara começa a engrossar a 63 °C e se transforma num sólido macio quando chega a 65 °C. Essa solidificação se deve sobretudo à proteína mais sensível ao calor, a ovotransferrina, que entretanto só representa 12% do total de proteínas. A albumina, principal proteína do albúmen, só coagula em torno de 80 °C, temperatura em que a clara macia se torna muito mais firme. (A última proteína da clara a coagular é a resistente ovomucina, e é por isso que os cordões que prendem a gema, ricos em ovomucina, permanecem líquidos nos ovos mexidos por muito tempo depois de o restante endurecer.) As proteínas da gema começam a coagular a 65 °C e endurecem a 70 °C; o ovo inteiro – gema e clara misturadas – endurece em torno de 73 °C.

Os efeitos dos outros ingredientes. Os ovos são frequentemente combinados com outros ingredientes: uma pitada de sal ou algumas gotas de suco de limão, algumas colheres de açúcar ou creme de leite, algumas xícaras de leite ou conhaque e por aí afora. Cada um desses acréscimos afeta a coagulação das proteínas dos ovos e a consistência final do prato.

O leite, o creme e o açúcar diluem, retardam e amaciam. Quando diluímos ovos em outros líquidos, aumentamos a temperatura em que começa a coagulação. A diluição aumenta o número de moléculas de água entre as de proteína, as quais precisam estar mais quentes e mover-se mais rápido para se encontrar e se ligar entre si num ritmo perceptível. O açúcar também aumenta a temperatura de coagulação, e pelo mesmo motivo: suas moléculas diluem as proteínas. Uma colher de sopa de açúcar envolve cada molécula proteica do ovo numa tela feita de milhares de moléculas de sacarose. Combinando os efeitos diluentes da água, do açúcar e da gordura láctea, um creme feito com uma xícara de leite, uma colher de sopa de açúcar e um ovo não começa a engrossar a 70 °C, mas a 78-80 °C. E, como a rede proteica se estende então por um volume tão grande – num creme desse tipo, as proteínas de um único ovo têm de abraçar não 3 colheres de sopa de líquido, mas 18 ou 20 colheres! –,

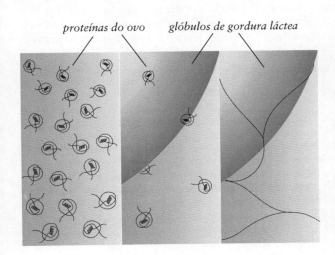

A diluição das proteínas do ovo num creme de ovos. À esquerda: *o ovo é rico em proteínas; quando desdobradas pela cocção, elas são numerosas suficiente para formar uma rede firme e sólida.* No centro: *quando misturadas com leite ou creme, cujas proteínas não coagulam com o calor, as proteínas do ovo se diluem.* À direita: *quando se cozinha um creme de ovos, as proteínas do ovo se desdobram e constituem uma malha sólida, mas essa malha é rarefeita e fragmentada, o que dá consistência delicada ao creme.*

o coágulo é muito mais delicado e facilmente se rompe com o excesso de calor. No limite, em preparados como o *eggnog* inglês ou o *advocaat*, bebida holandesa feita com *brandy*, as proteínas do ovo ficam tão diluídas que não são capazes de conter todo o líquido, limitando-se a lhe dar um pouco mais de densidade.

Os ácidos e o sal dão maciez. Não é verdadeira a afirmação comum de que a acidez e o sal "endurecem" as proteínas do ovo. Tanto o ácido quanto o sal atuam mais ou menos do mesmo modo sobre essas proteínas: agregam-nas com mais rapidez, mas não deixam que elas fiquem *muito* próximas umas das outras. Ou seja, os ácidos e o sal fazem os ovos se espessar e coagular em temperatura mais baixa, mas produzem, na realidade, uma textura mais tenra.

O segredo desse aparente paradoxo é a carga elétrica negativa existente na maioria das proteínas do ovo, que tende a mantê-las distantes umas das outras. Os ácidos – cremor de tártaro, sumo de limão ou o sumo de qualquer fruta ou hortaliça – reduzem o pH do ovo e assim diminuem a carga negativa que faz as proteínas repelirem-se entre si. Do mesmo modo, o sal se dissolve em íons de carga positiva e negativa que se acumulam ao redor das porções carregadas das proteínas e neutralizam-nas. Em ambos os casos, as proteínas já não se repelem com tanta intensidade e, por isso, se aproximam e estabelecem ligações entre si numa fase incipiente do processo de cocção e desdobramento, quando ainda estão compactas e não conseguem se entretecer com tanta força. Além disso, a coagulação das proteínas da gema e de algumas proteínas do albúmen depende das propriedades químicas do enxofre, que são suprimidas em meio ácido (ver a discussão sobre as espumas de ovos na p. 114). Por isso os ovos ficam mais macios quando salgados e especialmente quando acidificados.

Os cozinheiros sabem disso há muito tempo. Paula Wolfert descobriu que no Marrocos os ovos são comumente batidos com suco de limão antes de serem submetidos em cocção prolongada para não ficar com textura semelhante à do couro; e Claudia Roden divulgou uma receita árabe de ovos mexidos com vinagre que ficam anormalmente cremosos (a alcalinidade dos ovos reduz a quantidade de ácido acético livre e odorífero, e por isso esses ovos têm sabor surpreendentemente sutil). Ovos mexidos com sumos de frutas ácidas eram populares na França no século XVII e podem ter sido os antepassados longínquos do creme de ovos com suco de limão.

A QUÍMICA DO SABOR DOS OVOS

Os ovos frescos têm um sabor suave que não tem sido fácil analisar. A clara fornece a principal nota de enxofre; a gema, uma qualidade doce, amanteigada. O aroma produzido por um ovo qualquer é mais brando logo depois da postura e fica tanto mais

---

Antigos ovos amaciados com ácido

Marmelades *ou ovos mexidos com* verjus, *sem manteiga*

Quebra quatro ovos, bate-os, acrescenta sal e quatro colheres de *verjus* [suco de uvas azedas], leva a mistura ao fogo e mexe-a suavemente com uma colher de prata até que os ovos estejam suficientemente engrossados, e não mais que isso. Retira-os do fogo e mexe-os um pouco mais, deixando-os engrossar. Podem-se fazer ovos mexidos do mesmo modo com sumo de limão ou de laranja [...].

– *Le Pâtissier françois*, c. 1690

forte quanto maior for o tempo de armazenamento. Em geral, a idade e as condições de estocagem dos ovos têm mais influência sobre o sabor que a dieta e as condições de movimentação da galinha. Porém, tanto a dieta quanto a raça podem ter efeitos perceptíveis. As raças que põem ovos marrons são incapazes de metabolizar um componente inodoro das rações de soja e semente de colza (colina), e seus microrganismos intestinais o transformam numa molécula com gosto de peixe (trietilamina) que acaba nos ovos. As rações de farinha de peixe e certos pesticidas usados nos materiais de que são feitas as rações podem causar sabores ruins. A dieta imprevisível de galinhas verdadeiramente criadas à moda caipira produzirá ovos igualmente imprevisíveis.

Entre 100 e 200 compostos foram identificados no aroma dos ovos cozidos. O mais característico é o sulfeto de hidrogênio, H_2S. Em grandes doses – num ovo estragado ou na poluição industrial –, o H_2S é muito desagradável. Por outro lado, é ele que fornece a nota característica do ovo cozido. Forma-se predominantemente na clara, quando as proteínas do albúmen começam a se desdobrar e liberam seus átomos de enxofre para reagir com outras moléculas em temperatura superior a 60 °C. Quanto mais tempo o albúmen passar sob temperaturas dessa ordem, mais forte o aroma de enxofre. Quantidades maiores de H_2S são produzidas quando o ovo é mais velho e o pH é mais alto (o meio altamente alcalino criado pelos métodos chineses de conservação, p. 129, também libera imensa quantidade de H_2S). O acréscimo de vinagre ou sumo de limão reduz a produção de H_2S e seu aroma. Por ser volátil, o sulfeto de hidrogênio escapa do ovo armazenado depois de cozido, cujo sabor fica mais suave com o tempo. Pequena quantidade de amônia também é criada durante a cocção e fornece contribuição subliminar ao sabor do ovo (mas cria uma nota fortíssima nos ovos em conserva chineses).

PRATOS BÁSICOS COM OVOS

OVOS COZIDOS COM CASCA

O ato de "cozinhar um ovo" é tomado em geral como medida mínima de competência culinária, uma vez que o ovo fica a salvo dentro da casca e tudo o que se tem de fazer é cuidar do tempo de cocção e da temperatura da água. Porém, a fervura não é um bom método de cocção para os ovos. A turbulência da água movimenta os ovos e quebra-lhes a casca, permitindo que o albúmen escape e cozinhe demais; e, para ovos cozidos ao duro, o fato de a temperatura da água estar muito acima da temperatura de coagulação das proteínas faz com que as camadas exteriores da clara fiquem borrachentas e a gema, totalmente cozida. Os ovos moles ou "quentes" não são cozidos por tempo suficiente para sofrer os mesmos efeitos e devem ser preparados em água pouco borbulhante, pouco abaixo do ponto de ebulição. Os duros devem sofrer cocção lenta, sem que a água forme bolhas, entre 80 e 85 °C. Os ovos com casca também podem ser cozidos no vapor, técnica que usa menos água, energia e tempo para aquecê-la. Caso se deixe levemente aberta a tampa da panela de cocção em vapor, a temperatura efetiva de cocção será

Como distinguir um ovo cozido de um ovo cru

É fácil saber se um ovo intacto está cru ou cozido. Ponha-o de lado sobre uma superfície plana e gire-o. Se ele girar rápido e de modo uniforme, está cozido. Se balançar, está cru – o líquido no interior se mexe de modo aleatório e resiste ao movimento da casca sólida.

reduzida para um pouco abaixo do ponto de ebulição e a clara ficará mais tenra.

Tempos e texturas. O tempo de cocção de ovos com casca é determinado pela textura que se deseja obter (depende também do tamanho do ovo, da temperatura inicial e da temperatura de cocção; damos aqui os tempos médios). As categorias de ovos cozidos com casca formam um contínuo. Os *oeufs à la coque* ("comidos na casca") franceses são cozidos por meros dois ou três minutos e permanecem semilíquidos em todas as suas partes. Os ovos "quentes", cozidos por 3 a 5 minutos, têm a clara exterior quase sólida, a clara interior leitosa e a gema quente, e são comidos com colher sem tirar da casca. Os ovos *mollets* ("moles" em francês), menos conhecidos e cozidos por 5 ou 6 minutos, têm a gema semilíquida, mas a clara exterior é firme o suficiente para que sejam descascados e servidos inteiros.

Os ovos duros são firmes em todas as suas partes depois de cozidos por 10 a 15 minutos. Aos 10 minutos, a gema ainda é amarelo-escura, úmida e meio pastosa; aos 15, é amarelo-clara, seca e farelenta. O cozimento ao duro é às vezes prolongado por várias horas para intensificar a cor e o sabor (p. 99). Os ovos chineses ao chá, por exemplo, são cozidos em fogo baixo até endurecer, cuidadosamente rachados e depois submetidos a mais uma ou duas horas de cocção lenta numa mistura de chá, sal, açúcar e especiarias para produzir uma clara marmorizada, aromática e muito firme.

Ovos cozidos ao duro. Um ovo duro bem preparado é sólido, mas macio, não borrachento; sua casca, intacta, é fácil de tirar; sua gema é centralizada e não está desbotada; seu sabor é delicado, não sulfuroso. A boa textura e o bom sabor são obtidos tomando o cuidado de não sobrecozer os ovos, o que faria talhar suas proteínas e geraria um excesso de sulfeto de hidrogênio. Todo método que mantenha a temperatura de cocção bem abaixo do ponto de ebulição da água ajudará a evitar o cozimento excessivo; também é bom mergulhar os ovos cozidos em água gelada. A cocção lenta e suave resolve a maior parte dos problemas da casca e da gema – mas não todos.

Cascas que se quebram facilmente e difíceis de descascar. Quando a casca se quebra durante o cozimento, a clara vaza para fora do ovo e emite um odor sulfuroso. Por outro lado, a casca que não sai facilmente deixa o ovo marcado. Medida tradicional de prevenção contra esses dois problemas é fazer um buraco com um alfinete na extremidade achatada da casca, mas certas pesquisas constataram que isso não faz muita diferença. Para evitar que a casca se quebre, o melhor é aquecer os ovos devagar, sem a turbulência da água fervente. Por outro lado, a melhor garantia de facilidade ao descascar é usar ovos velhos! A dificuldade ao descascar é característica de ovos frescos cujo albúmen tem pH relativamente baixo, o que de algum modo faz com que a adesão da clara à membrana interna da casca seja mais forte que sua própria coesão interna. No pH típico após vários dias de refrigeração, cerca de 9,2, a casca sai facilmente. Se você tiver uma cartela de ovos muito frescos e precisar cozinhá-los imediatamente, pode acrescentar meia colher de chá de bicarbonato de sódio a cada litro de água para tornar a água alcalina (embora isto intensifique o sabor sulfuroso). Também convém cozinhar os ovos frescos por mais tempo a fim de tornar a clara mais coesa, e deixar que ela se firme no refrigerador antes de descascar os ovos.

Gemas descentralizadas e claras achatadas. O melhor meio para obter gemas centralizadas, ideais em ovos fatiados ou cortados na metade e recheados, é usar ovos frescos de primeira qualidade com câmara aérea pequena e boa quantidade de albúmen grosso. À medida que os ovos envelhecem, o albúmen perde água e se torna mais denso, o que faz a gema subir. Em estudos patrocinados por granjeiros, constatou-se que a proporção de gemas centralizadas aumenta quando os ovos são armazenados de lado e não em pé. Sugeriram-se também diversas estratégias de cocção, entre as quais as de girar os ovos em torno do eixo maior durante os primeiros minutos de cozimento e colocá-los de pé na panela. Nenhuma delas é completamente confiável.

Gemas verdes. O ocasional descoramento verde-acinzentado na superfície de gemas cozidas ao duro é sulfeto ferroso, um composto inofensivo de ferro e enxofre. Ele se forma na interface entre a clara e a gema, pois é aí que o enxofre reativo da primeira entra em contato com o ferro da segunda. A alcalinidade favorece a liberação de átomos de enxofre pelas proteínas do albúmen quando desdobradas pelo calor, e esse enxofre reage com o ferro na camada superficial da gema para formar o sulfeto ferroso. Quanto mais velho o ovo, mais alcalina a gema e mais rápida essa reação. A alta temperatura e a cocção prolongada produzem mais sulfeto ferroso.

O esverdeamento da gema pode ser minimizado pelo uso de ovos frescos, pela mais breve cocção possível e pelo rápido resfriamento dos ovos depois de cozidos.

Ovos de cocção prolongada. Uma alternativa curiosa ao tradicional ovo duro são os *hamindas* (hebraico) ou *beid hamine* (árabe) do Oriente Médio, cozidos durante 6 a 18 horas. São derivados do cozido misto feito pelos judeus sefarditas (chamado *hamin*, da palavra hebraica que significa "quente"), o qual é montado na sexta-feira, cozido lentamente ao forno durante a noite e consumido no almoço do Shabat. Os ovos incluídos com casca e tudo no cozido, ou senão cozidos em fogo lento por bastante tempo em água, desenvolvem um sabor mais forte e têm a clara de cor surpreendentemente castanha. Durante a cocção prolongada em meio alcalino, o 0,25 g de glicose na clara reage com as proteínas do albúmen para gerar sabores e pigmentos típicos dos alimentos escurecidos (ver a explicação da reação de Maillard na p. 868). A clara será muito tenra e a gema, cremosa se a temperatura de cocção permanecer na casa dos 71-74 °C.

OVOS COZIDOS FORA DA CASCA

Assados no forno, *en cocotte.* Há várias maneiras de preparar ovos moles tirados da casca e colocados num recipiente, que pode ser uma vasilha ou uma fruta ou hortaliça que o ovo recheia. Assim como no caso dos ovos moles cozidos na casca, o controle do tempo é essencial para evitar a

---

Os ovos e o fogo

Outro modo de fazer ovos (assados)

Vira cuidadosamente os ovos frescos em cinzas quentes perto do fogo, de modo que cozinhem de todos os lados. Considera-se que estão prontos quando começam a vazar, e então devem ser servidos aos convidados. São estes os melhores e os mais agradáveis de servir.

Ovos no espeto

Perfura os ovos no sentido do comprimento com um espeto bem quente e tosta-os sobre o fogo como se fossem carne. Devem ser comidos quentes. Trata-se de uma invenção estúpida e inadequada, uma piada de cozinheiros.

– Platina, *De honesta voluptate et valetudine*, 1475

sobrecoagulação das proteínas da clara e da gema e depende da natureza e da colocação da fonte de calor. No caso de ovos assados fora da casca, o refratário deve ser colocado na grade do meio para que nem a parte de cima do ovo nem a de baixo queimem. Os ovos *en cocotte* ("na caçarola") são preparados em banho-maria em cocção lenta, quer na boca do fogão, quer no forno. Os ovos ficam bem protegidos da fonte de calor, mas ficam prontos com a mesma rapidez dos ovos assados, pois a água transfere o calor mais depressa que o ar do forno.

Ovos pochês. O ovo pochê é um ovo mole cozido fora de qualquer recipiente, que adquire uma película de proteínas coaguladas nos primeiros instantes de cozimento. Jogado cru numa panela de água já em fervura lenta – ou de leite, creme de leite, vinho, caldo, sopa, molho ou manteiga –, é cozido por 3 a 5 minutos até endurecer a clara, mas não a gema.

O problema das claras desfeitas. O difícil nos ovos pochês é fazê-los assumir forma lisa e compacta. Em geral, a camada exterior de clara fina se espalha e toma forma irregular antes de se solidificar. É conveniente usar ovos frescos de primeira qualidade tirados da casca imediatamente antes do cozimento, ovos estes que têm a maior proporção de clara grossa e são os que menos se espalham. Convém ainda usar água próxima da fervura, mas antes de chegar ao ponto de ebulição, que coagulará o exterior do albúmen o mais rápido possível sem a turbulência que faria a clara fina voar para todos os lados da panela. As outras dicas convencionais dadas nos livros de receitas não são tão eficazes. O acréscimo de sal e vinagre à água do cozimento, por exemplo, acelera a coagulação, mas também produz fios e uma película irregular sobre a superfície dos ovos. Modo eficaz, mas pouco convencional para melhorar a aparência de ovos pochês, é simplesmente remover a clara fina do ovo *antes* de pocheá-lo. Quebre o ovo numa tigela, coloque-o sobre uma grande colher perfurada e deixe drenar a clara fina por alguns segundos antes de colocá-lo na panela.

Controle do tempo de pocheado por levitação. Há um método profissional para pochear ovos que também representa grande diversão para os amadores. Trata-se da técnica de restaurante em que os ovos são quebrados numa panela alta cheia de água fervente, desaparecem nas profundezas e – como que por mágica! – voltam de novo à superfície quando ficam prontos: de fato, um meio eficaz para pochear muitos ovos ao mesmo tempo. O segredo é usar vinagre e sal (meia colher de sopa [8 g] e uma colher de sopa [15 g], respectivamente, para cada litro de água) e manter a água em temperatura de fervura. O vinagre reage com o bicarbonato na clara fina e forma minúsculas bolhas de dióxido de carbono, que ficam presas na superfície do ovo quando suas proteínas coagulam. O sal aumenta a densidade do líquido de cocção a ponto de garantir que o ovo flutue com a quantidade de bolhas formadas após 3 minutos.

Ovos fritos. O ovo frito diretamente em gordura tende a espalhar-se pela panela ainda mais que os ovos pochês, pois é aquecido somente por baixo, de modo que a clara

---

Fios de ovos

Um tipo de ovo pocheado que era muito apreciado na França e na Inglaterra no século XVII, e ainda o é na China, em Portugal e no Brasil, são as gemas derramadas em fio sobre calda quente de água e açúcar, que se transformam num doce delicado.

demora mais para coagular. Ovos frescos e de primeira qualidade são os que ficam mais compactos depois de fritos; para obter o mesmo resultado, também se pode retirar do ovo a clara fina. A temperatura ideal para obter um ovo frito macio e sem crosta gira em torno de 120 °C, quando a manteiga para de chiar mas ainda não escureceu ou quando uma gota d'água derramada no óleo para de espirrar. Em temperatura mais alta, o ovo fica menos macio, mas adquire uma superfície mais saborosa e crocante. Para fritar a parte de cima do ovo, pode-se virá-lo depois de mais ou menos um minuto ou acrescentar uma colher de chá de água e tampar a frigideira para prender o vapor que se forma lá dentro. Pode-se também, como no ovo "porta-moedas" dos chineses, virar os lados da clara sobre a gema quando a primeira começa a endurecer, de modo que as partes de cima e de baixo fiquem crocantes mas a gema permaneça protegida e cremosa.

Ovos mexidos. Os ovos mexidos e omeletes são feitos de claras e gemas misturadas e constituem, portanto, uma boa solução de uso para ovos frágeis, líquidos e de baixa qualidade. Esses pratos frequentemente incluem outros ingredientes. O creme de leite, a manteiga, o leite, a água ou o óleo (usado na China) diluem as proteínas dos ovos e produzem um resultado mais macio quando a mistura é preparada com cuidado; o excesso de calor fará que uma parte do líquido se separe da massa sólida. Hortaliças aquosas, como cogumelos, devem ser pré-cozidas para evitar que seu líquido se misture com os ovos. Ervas picadas, hortaliças, verduras e carnes devem estar mornas – nem quentes nem frias – a fim de evitar o aquecimento desigual de regiões adjacentes da proteína do ovo.

O segredo dos ovos mexidos: cozinhá-los devagar. Os ovos mexidos feitos da maneira usual, rápida e desleixada, são em geral duros e sem personalidade. Para ficarem úmidos, o segredo é fogo baixo e paciência. Os ovos devem ser postos na panela assim que a manteiga começa a borbulhar, ou quando o óleo provoca leve movimento numa gota de água. A textura é determinada pelo momento e o modo em que os ovos são agitados. Se o cozinheiro deixar que a camada inferior endureça antes de mexê-los para distribuir o calor, serão formados coágulos grandes e irregulares. O batimento constante impede que as proteínas em contato com o fundo da panela formem uma camada separada e firme e produz uma massa cremosa e homogênea de gema e clara fina pontuada por coágulos de clara grossa em forma de fio. Os ovos mexidos devem ser tirados da panela um pouco antes de ficarem no ponto, uma vez que continuarão endurecendo por algum tempo devido ao calor residual.

Omelete. Se é preciso paciência para fazer ovos mexidos, para fazer uma boa omelete é preciso destreza – uma omelete de dois ou três ovos cozinha em menos de 1 minu-

---

Ovos pochês sem risco para a saúde

Nos ovos pochês feitos da maneira usual, a gema cremosa não recebe calor suficiente para eliminar possíveis bactérias de salmonela. Para matar as bactérias sem endurecer a gema, transfira o ovo pronto para outra panela grande e cheia de água a 65 °C, cubra-a e deixe estar por 15 minutos. Verifique o termômetro a cada poucos minutos; se a temperatura da água cair abaixo de 63 °C, aqueça-a novamente. Se quiser cozinhar os ovos algum tempo antes de servi-los, este banho de água quente é uma boa alternativa a refrigerá-los e depois reaquecê-los.

to. Na descrição de Escoffier, omelete são ovos mexidos reunidos dentro de um invólucro coagulado, uma película de ovos aquecida até perder a maior parte da umidade e da maciez de modo a ficar forte suficiente para conter e dar forma ao restante. Sua formação exige uma panela mais quente que a usada para fazer ovos mexidos homogêneos e macios. Porém, com a panela quente, é preciso ser rápido para não cozinhar demais.

Um dos truques importantes para fazer uma boa omelete é indicado pelo próprio nome do prato, que desde a Idade Média assumiu várias formas – *alemette, homelaicte, omelette* (o nome atual em francês) – e deriva em última análise do latim *lamella*, "lâmina delgada". O volume dos ovos e o diâmetro da panela devem ser calculados de modo que a mistura constitua uma camada relativamente *fina*; caso contrário, a massa mexida demorará demais para cozinhar e tenderá a se desagregar. Recomenda-se em geral que uma omelete de três ovos seja feita numa frigideira de tamanho médio, com superfície bem curada ou antiaderente para que a camada exterior se desgrude facilmente.

A película exterior da omelete pode se formar antes do final da cocção ou desde o seu começo. A técnica mais rápida consiste em mexer vigorosamente os ovos com uma colher ou garfo na frigideira quente até que comecem a endurecer, dar aos coágulos a forma de um disco, deixar a parte de baixo se consolidar por alguns segundos, agitar a frigideira para soltar o disco e dobrá-lo sobre si mesmo. Uma película mais sólida e mais uniforme será obtida se os ovos forem mantidos imóveis por alguns instantes a fim de deixar endurecer a parte de baixo. A frigideira deve ser agitada periodicamente para desgrudar a película, ao passo que a porção superior da omelete, ainda líquida, deve ser mexida para ficar cremosa, até que o disco seja finalmente dobrado sobre si mesmo e colocado num prato. Ainda outra técnica é a de deixar endurecer a parte inferior, levantar uma das bordas com o garfo e inclinar a panela para que parte do ovo líquido vá para baixo. O processo é repetido até que a parte de cima ganhe solidez; então, a massa é dobrada.

Para fazer omelete com textura especialmente macia (*omelette soufflée*), batem-se os ovos até que se formem muitas bolhas de ar ou batem-se em separado as claras em neve, as quais são depois agregadas delicadamente à mistura de gemas e temperos. O conjunto é posto num recipiente aquecido e levado ao forno moderado.

Ovos mexidos classicamente homogêneos

Oeufs brouillés au jus (Ovos mexidos com demiglacê de carne)

Numa vasilha, quebre uma dúzia de ovos frescos, bata-os bem, passe-os por uma peneira e ponha-os numa caçarola. Acrescente seis onças de manteiga de Isigny cortada em pequenos pedaços e tempere com sal, pimenta-branca e noz-moscada em pó; leve a fogo brando e bata suavemente com um batedor de claras pequeno. Assim que começarem a engrossar, tire a caçarola do fogo e continue a bater até que os ovos formem um creme leve e homogêneo. Acrescente então um pouco de demiglacê de frango, do tamanho de uma noz de manteiga, corte em pedaços, leve de volta ao fogão para terminar a cocção, transfira para uma caçarola de prata e enfeite com *croutons* passados em manteiga bem amarela.

– Antonin Carême, *L'Art de la cuisine française au 19ième siècle*, 1835

MISTURAS DE OVOS E LÍQUIDOS: BATIDAS E NÃO BATIDAS DURANTE A COCÇÃO

DEFINIÇÕES

Os ovos são misturados com outros líquidos nas mais diversas proporções. Uma colher de sopa de creme de leite pode enriquecer um prato de ovos mexidos, ao passo que um ovo batido pode espessar suficientemente meio litro de leite para fazer um *eggnog*. Entre esses dois extremos – cerca de 4 partes de líquido para 1 parte de ovo, ou uma xícara (250 ml) para 1 ou 2 ovos – ficam os cremes de ovos, pratos em que as proteínas do ovo dão consistência a líquidos que de outro modo seriam ralos.

Nesta seção, vou distinguir entre duas espécies de cremes de ovos. Usarei o termo *misturas não batidas* para designar pratos preparados e servidos num mesmo recipiente, geralmente levados ao forno e, portanto, não batidos ou mexidos durante a cocção, de tal modo que formam um gel quando se solidificam. A família das misturas não batidas inclui as quiches e os timbales salgados, além de pudins, flãs, *crème caramel*, *pot de crème*, *crème brûlée* e *cheesecakes*, todos doces. As *misturas batidas*, por outro lado, designam aqui aqueles preparados auxiliares feitos essencialmente com a mesma base usada para as não batidas, mas mexidos ou batidos continuamente durante a cocção na boca do fogão a fim de produzir uma massa espessa mas maleável, às vezes quase líquida. Os confeiteiros, em especial, usam o creme inglês, o creme de confeiteiro (*crème pâtissière*) e cremes assemelhados para revestir ou rechear larga variedade de doces*.

A DILUIÇÃO EXIGE DELICADEZA

Quase todos os problemas que surgem na cocção de misturas batidas e não batidas espessadas por ovos vêm do fato de que os demais ingredientes deixam as proteínas do ovo muito rarefeitas. Tomemos como exemplo as receitas quase idênticas de um típico pudim de leite e de um creme inglês: um ovo inteiro, uma xícara (250 ml) de leite e duas colheres de sopa (30 g) de açúcar. Só o leite aumenta o volume da mistura – que as proteínas têm de preencher e coerir – em seis vezes! E cada colher de sopa de açúcar reveste cada molécula de proteína com milhares de moléculas de sacarose. O número de moléculas de água e açúcar é a tal ponto superior ao das moléculas de ovo que a temperatura de coagulação de um pudim é de 6 a 12 °C mais alta que a do ovo puro, ou seja, fica entre 79 e 83 °C. A rede proteica que de fato se forma é tenra, tênue e frágil. Caso a temperatura ultrapasse em mais de 5 °C a da faixa de coagulação, essa rede começa a entrar em colapso. As-

---

* No original, o autor usa os termos *custards* e *creams* para designar respectivamente os cremes de ovos batidos e não batidos durante a cocção. Uma vez que a tradução literal dessas palavras implicaria confusões terminológicas incontornáveis, decidimos designar as duas categorias segundo o modo como são preparadas, sendo essa a diferença essencial entre elas. (N. do T.)

Ovos verdes no *réchaud*

Ovos mexidos ou omeletes que se mantêm aquecidos num *réchaud* às vezes desenvolvem manchas verdes. Essa descoloração resulta da mesma reação que esverdeia as gemas dos ovos cozidos (p. 99) e é estimulada pela temperatura que se mantém alta e pela alcalinidade maior dos ovos que já sofreram a ação do calor (o pH aumenta em cerca de 0,5). Pode ser prevenida acrescentando um ingrediente ácido à mistura de ovos, cerca de meia colher de chá (2 g) de sumo de limão por ovo; metade dessa quantidade torna mais lenta a descoloração e afeta menos o sabor.

sim, formam-se túneis cheios de líquido no pudim e pelotas no creme.

Calor suave. Muitos cozinheiros sentem a tentação de aumentar o calor quando a mistura não batida já está no forno há uma hora sem dar sinais de que vai endurecer, ou quando a mistura batida já foi mexida a não mais poder e ainda não espessou. Porém, há bons motivos para resistir. Quanto mais brando o calor aplicado a esses pratos, maior a margem de segurança entre o espessamento e a formação de grumos e pelotas. Aumentar o calor é como acelerar o carro na pista molhada enquanto se procura uma rua transversal desconhecida. Você pode chegar mais rápido ao seu destino, mas talvez não seja capaz de frear a tempo para virar na transversal. As reações químicas, como a de coagulação, procedem por acumulação de energia e não param no instante em que se desliga o fogo. Se o espessamento acontecer rápido demais, você talvez não seja capaz de detectá-lo e pará-lo antes de o preparado engrumar. A mistura batida que empelotou pode às vezes ser passada na peneira, mas uma mistura não batida que cozinhou demais não tem salvação.

Sempre acrescente os ingredientes quentes aos frios. O aquecimento cuidadoso também é importante durante a preparação da mistura. A maioria das misturas batidas e não batidas são feitas escaldando o leite ou creme de leite – aquecendo-os rapidamente até o ponto de fervura – e acrescentando-os à mistura de ovos e açúcar, mexendo sempre. Essa técnica faz aumentar a temperatura dos ovos de forma rápida, mas branda, para 60-65 °C, cerca de 20 °C a menos que a temperatura de espessamento. O inverso – jogar os ovos frios no leite quente – faria que as primeiras gotas de ovo fossem imediatamente aquecidas quase ao ponto de ebulição do leite, coagulando prematuramente.

Embora a fervura fosse uma garantia na época em que a qualidade do leite era duvidosa, hoje em dia não é mais necessária para fazer misturas não batidas espessadas por ovos – a menos que você precise dar sabor ao leite mediante infusão de baunilha, café em grão, casca de fruta cítrica ou outro sólido. Uma mistura não batida misturada a frio tem a textura igualmente homogênea e endurece quase tão rapidamente quanto uma pré-escaldada. A pré-fervura continua útil na confecção de misturas batidas porque o leite (ou creme de leite) pode ser fervido rapidamente sem exigir a atenção do cozinheiro, ao passo que o aquecimento da mistura de ovos e leite a partir da temperatura ambiente exige o uso de fogo baixo e batimento constante para impedir a coagulação no fundo da panela.

Palavras da culinária: *custard* (pudim), *cream* (creme) e *flan* (flã)

Em língua inglesa, como na portuguesa, a nomenclatura para misturas de ovos e leite nunca foi muito rígida. A palavra *custard*, que significa "pudim" ou (especialmente no inglês britânico) um creme doce à base de ovos e leite, começou sua trajetória como "croustade", na época medieval, e se referia aos pratos servidos sobre uma crosta de massa – ou seja, no que se refere às combinações de ovos e leite, referia-se a pratos assados ao forno e não mexidos durante a cocção, e que portanto eram servidos sólidos. Os primeiros *creams* ingleses podiam ser líquidos ou sólidos, assim como os *crèmes* franceses. Os que se solidificavam eram chamados *crèmes prises*, "cremes endurecidos".

A palavra "flã" vem do francês *flan*, que por sua vez provém de uma palavra que em latim tardio significava "bolo achatado".

Prevenção da coagulação: o uso de amido em misturas batidas e não batidas espessadas por ovos. A farinha de trigo ou amido de milho pode evitar que misturas batidas e não batidas espessadas por ovos empelotem, mesmo que sejam cozidas rapidamente sobre fogo aberto e cheguem a entrar em ebulição. (O mesmo vale para molhos à base de ovos, como o *hollandaise*; ver p. 700.) O segredo é a gelificação dos grânulos sólidos de amido presentes nesses ingredientes. Quando aquecidos a 77 °C ou mais – na mesma temperatura em que as proteínas do ovo estão se ligando umas às outras –, os grânulos absorvem água, incham e começam a liberar no líquido suas longas moléculas de amido. Os grãos inchados tornam mais lenta a entreligação das proteínas na medida em que eles próprios absorvem calor, e as moléculas de amido dissolvidas separam as proteínas umas das outras e impedem que elas desenvolvam entre si uma ligação muito íntima. Por conterem amido, tanto o chocolate quanto o cacau em pó ajudam a estabilizar misturas batidas e não batidas espessadas por ovos.

Uma única colher de sopa (8 g) de farinha de trigo por xícara (250 ml) de leite (ou 2 colheres de chá – 5 g – de amido puro de milho ou araruta) basta para impedir a talha. A desvantagem é que essa proporção de amido transforma um alimento cremoso e liso numa massa mais grossa e retira um tanto do seu sabor.

TEORIA E PRÁTICA DAS MISTURAS NÃO BATIDAS ESPESSADAS POR OVOS

No Ocidente, as misturas não batidas espessadas por ovos são quase sempre feitas com leite ou creme, mas praticamente qualquer líquido servirá, desde que contenha alguns minerais dissolvidos. Caso se misture um ovo com uma xícara de água pura, o ovo coagulará e flutuará na água; com mais uma pitada de sal, o que se forma é um gel uniforme. Sem minerais, as moléculas proteicas com carga negativa se repelem mutuamente e só formam poucas ligações entre si. Na presença de minerais, íons de carga positiva se acumulam ao redor das proteínas de carga negativa e formam um escudo neutralizador que possibilita às proteínas se desdobrar perto umas das outras e formar inúmeras ligações, constituindo uma rede fina. As carnes são ricas em minerais; os japoneses fazem misturas não batidas salgadas chamadas *chawan-mushi* (macia) e *tamago dofu* (firme) a partir de caldos de bonito (peixe) e de frango. Caldos de hortaliças também dão certo.

Proporções. A mistura não batida espessada por ovos pode ser firme ou macia, lisa ou cremosa, e tudo isso depende de quanto ovo ela contém. Quanto maior a proporção de claras ou ovos inteiros, mais firme e menos cremosa a mistura. O uso de mais gemas que claras, ou de gemas somente, gera um

---

O "ponto de fita" das gemas com açúcar

Os livros de culinária costumam ressaltar a importância de bater as gemas com açúcar até ficarem com cor mais clara e suficientemente espessas para formar uma fita quando a mistura é colhida com uma colher. Esse estágio não marca nenhuma mudança crítica nos componentes da gema. É simples sinal de que a maior parte do açúcar já se dissolveu na pouca água que a gema contém (cerca de metade do seu volume), o que torna a mistura viscosa suficiente para reter bolhas de ar (a causa do branqueamento) e formar fita quando derramada da colher. Os grãos de açúcar são instrumentos convenientes para misturar cabalmente a gema e os restos de clara, mas a qualidade da mistura espessada por ovos não será prejudicada se você bater muito bem as gemas e o açúcar, sem contudo chegar ao "ponto de fita".

efeito mais tenro e cremoso. A mistura não batida servida no próprio recipiente em que foi assada pode ser tão macia ou mole quanto quiser o cozinheiro. As que precisam ser desenformadas devem ser firmes suficiente para se sustentar sozinhas. Isso significa que devem conter quer algumas claras de ovo, quer pelo menos 3 gemas por xícara (250 ml) de líquido (as proteínas da gema, revestidas de LDL, formam redes menos eficientes que as das proteínas livres do albúmen; por isso são necessárias mais gemas para formar um gel firme). A substituição do leite por creme de leite, no todo ou em parte, reduz a proporção de ovos necessários para se obter determinado grau de firmeza, uma vez que o creme contém de 20 a 40% a menos de água e as proteínas do ovo ficam, assim, menos diluídas nessa mesma proporção. Para desenformar, o melhor é usar um ramequim untado e só tirar o prato da forma depois de esfriar totalmente; o resfriamento dá firmeza aos géis de proteína.

As misturas não batidas que contêm frutas ou hortaliças podem ficar muito desiguais, com pelotas e bolsões de líquido. (Em geral isso não é desejável, embora os japoneses considerem positiva a perda de líquido no *chawan-mushi* e entendam esse prato como uma combinação de pudim e sopa.) Os culpados são os sumos que vazam do tecido vegetal e as partículas fibrosas que causam a sobrecoagulação localizada de proteínas do ovo. A perda de sumo pode ser reduzida caso a fruta ou a hortaliça sejam pré-cozidas. Também se pode acrescentar um pouco de farinha de trigo à mistura a fim de prender o excesso de líquido e minimizar a sobrecoagulação. Para esses pratos, o melhor é assá-los muito devagar e tirá-los do forno um pouquinho antes de chegarem ao ponto.

Cocção. Há milhares de anos os cozinheiros sabem que a maior margem de segurança para fazer uma mistura não batida

A surpreendente ciência do banho-maria

A maioria dos cozinheiros sabe que o calor do forno pode ser moderado pelo uso do banho-maria. Embora o forno esteja a 175 °C, a água líquida não pode exceder os 100 °C, temperatura em que ferve e passa do estado líquido para o gasoso. É bem menos conhecido o fato de que a temperatura da água pode variar numa faixa de 22 °C dependendo do recipiente que a contém e de estar ele coberto ou não. O recipiente com água é aquecido pelo forno, mas ao mesmo tempo perde temperatura à medida que as moléculas superficiais de água evaporam. A temperatura efetiva da água é determinada pela compensação entre o aquecimento da massa de água através do recipiente e o resfriamento por evaporação na superfície. É maior o calor que se acumula num recipiente grosso de ferro fundido ou que passa através de um vidro transparente à radiação infravermelha que aquele transmitido por uma chapa fina de aço inoxidável. Por isso, em forno moderado, o banho-maria em recipiente de ferro fundido pode chegar a 87 °C; em vidro, a 83 °C; e, em aço inox, a 80 °C. Se os recipientes forem cobertos com papel-alumínio, o resfriamento por evaporação não ocorrerá e em todos eles a água chegará à fervura.

As misturas não batidas espessadas por ovos ficam mais macias quando aquecidas com suavidade. Por isso o melhor é assá-las em banho-maria não coberto – que alcance, porém, pelo menos 83 °C; caso contrário, pode ser que a mistura não endureça. Muitos cozinheiros tomam o cuidado de colocar um pano de pratos dobrado no fundo do recipiente de água para que as formas não entrem em contato direto com o recipiente quente, mas o feitiço pode virar contra o feiticeiro: o pano impede a água de circular e assim ela chega ao ponto de fervura e agita as formas. Uma grelha de arame funciona melhor.

espessada por ovos é dada pela baixa temperatura de cocção: ou seja, ela nos dá mais tempo para perceber que o preparado está pronto e removê-lo do calor antes que ele endureça demais ou forme túneis. Em geral, esses pratos são assados em forno moderado e em banho-maria, o que mantém abaixo do ponto de ebulição a temperatura efetiva de cocção. Essa temperatura efetiva depende do material do recipiente e de o banho-maria ser coberto ou não; caso seja, depende também de como ele é coberto (ver quadro, p. 106). É um erro cobrir todo o banho-maria, uma vez que isso leva a água ao ponto de fervura e torna mais provável a sobrecocção da mistura. O aquecimento mais suave é aquele em que formas individuais cobertas são colocadas sobre uma grelha dentro de um recipiente aberto e fino, de metal, contendo água quente.

O ponto das misturas não batidas espessadas por ovos pode ser avaliado agitando a assadeira – o conteúdo deve se mover, mas pouco – ou inserindo na massa uma faca ou palito de dente, que deve sair seco. Quando as proteínas já coagularam suficiente para que a mistura se ligue sobretudo a si mesma, o prato está pronto. A menos que precise ficar firme bastante para ser desenformado, o melhor é tirá-lo do forno enquanto sua parte interior ainda estiver um pouco abaixo do ponto e semiliquefeita.

As primeiras receitas de *crème brûlée*, creme inglês e *crème caramel*

A receita de *crème brûlée* dada por Massialot é a mais antiga que conheço. A receita idêntica que consta da edição de 1731 de seu livro recebe o novo nome de "Crême a l'Angloise" e bem pode ser a origem desse creme básico de ovos e leite. Ainda não se descobriu uma versão inglesa antiga do "creme inglês".

Crème brûlée

Toma quatro ou cinco gemas, de acordo com o tamanho da travessa. Mistura-as bem numa caçarola com uma boa pitada de farinha; e pouco a pouco agrega um tanto de leite, cerca de [3 xícaras (750 ml)]. Acrescenta um pouco de canela em pau e casca picada de cidra verde. [...] Leva ao fogo e mexe continuamente, cuidando para que o creme não grude no fundo. Quando estiver bem cozido, põe uma travessa sobre o fogão, transfere para ela o creme e cozinha-o de novo até que o vejas aderir à borda. Remove-o então do calor e cobre-o bem de açúcar; tira o ferro do fogo quando estiver bem vermelho e queima o creme para que adquira uma bela cor dourada.

– F. Massialot, *Le Cuisinier roial et bourgeois*, 1692

Algumas décadas depois, Vincent La Chapelle plagiou a receita de Massialot para propor a própria versão de *crème brûlée*, semelhante ao moderno *crème caramel*. La Chapelle transcreve *ipsis litteris* a receita de Massialot até o momento em que o creme é cozido na boca do fogão. Então...

Quando o creme estiver bem cozido, põe uma travessa de prata no fogão quente com um pouco de açúcar granulado e um pouco de água para dissolvê-lo; quando o açúcar pegar cor, derrama o creme sobre ele. Deita sobre o creme o açúcar que estiver na borda da assadeira e serve imediatamente.

– V. La Chapelle, *Le Cuisinier moderne*, 1742

As proteínas do ovo continuam endurecendo com o calor residual; e, de qualquer modo, a mistura não batida estará mais firme quando, depois de esfriar, chegar à temperatura em que deve ser servida.

Misturas não batidas salgadas: a quiche. A quiche (versão francesa do alemão *Kuchen*, "bolinho") pode ser concebida quer como um pudim salgado, quer como uma parente próxima da omelete. Trata-se de uma mistura de ovos com leite ou creme de leite, em forma de torta, que contém pequenos pedaços de uma hortaliça, carne ou queijo. A fim de adquirir firmeza suficiente para poder ser cortada em fatias na hora de servir, a quiche geralmente contém 2 ovos inteiros para cada xícara (250 ml) de líquido e é assada sem a proteção do banho-maria, quer sozinha, quer dentro de uma massa pré-assada. A *frittata* italiana e a *eggah* egípcia são preparados semelhantes feitos sem leite ou creme de leite.

Crème caramel e crème brûlée. O *crème caramel* é uma mistura doce servida fora da forma com uma camada de calda de caramelo por cima. O fundo da assadeira é revestido com uma camada de açúcar caramelado (ver p. 729) antes de a base ser posta lá dentro e assada. O caramelo endurece e gruda na forma, mas a umidade da mistura o amolece e as duas camadas se tornam parcialmente integradas. O *crème caramel* é desenformado morno, quando o caramelo ainda está macio. Se tiver de ser refrigerado antes de servir, deixe-o na forma; o caramelo pode ser amolecido colocando a assadeira num recipiente com água quente por um ou dois minutos antes de desenformar.

O *crème brûlée* ("creme queimado") também é uma mistura com cobertura de caramelo, mas nele o caramelo deve ser duro suficiente para rachar quando sofrer o impacto de uma colher. O segredo está em endurecer e escurecer a cobertura de açúcar sem cozinhar demais a mistura. O método padrão atual consiste em assá-la e depois refrigerá-la por algumas horas, de modo que a etapa subsequente de caramelização não submeta as proteínas do ovo a cocção excessiva. A crosta sólida é feita revestindo a superfície do *crème brûlée* com açúcar granulado e em seguida derretendo e escurecendo o açúcar, quer com um maçarico, quer colocando o prato sob um gratinador. Às vezes, os recipientes são mergulhados em água gelada para que o creme não cozinhe pela segunda vez. Desde a época em que foi inventado, no século XVII, até o início do século XX, o *crème brûlée* era um creme mexido preparado na boca do fogão como se fosse um creme inglês, derramado numa vasilha e coberto de açúcar, o qual era então caramelizado por contato com uma chapa de metal quente chamada "salamandra".

Cheesecake. Não costumamos conceber o *cheesecake* como um tipo de pudim ou um creme de leite e ovos, provavelmente porque a presença dos ovos é mascarada pela riqueza do recheio que eles aglutinam – em

---

Um *cheesecake* medieval

Tart de bry

Mistura gemas de ovos cruas e um bom queijo gordo. Acrescenta gengibre, canela, açúcar e açafrão, todos em pó. Põe a mistura sobre uma massa, assa-a e serve-a imediatamente.

– de um manuscrito publicado em *Antiquitates Culinariae*, 1791 (c. 1400)

geral, alguma combinação de ricota, *cream cheese*, creme azedo, nata e manteiga. As proporções do *cheesecake* são semelhantes às das demais misturas não batidas, em torno de um ovo por xícara (250 ml) de recheio, embora a maior quantidade de gordura e o azedume do recheio tenham de ser contrabalançados por uma quantidade maior de açúcar, cerca de 4 colheres de sopa por xícara (60 g por 250 ml) em vez de 2. Às vezes se acrescenta farinha de trigo ou amido de milho para estabilizar o gel e, no caso dos *cheesecakes* de ricota, absorver água que possa ter sido liberada pelo queijo fresco.

A textura espessa e o alto conteúdo de gordura do recheio de *cheesecake* exigem um tratamento mais delicado que o dispensado aos demais cremes de ovos. Em lugar da cocção preliminar na boca do fogão, primeiro o açúcar é misturado aos outros ingredientes e os ovos são incorporados, juntamente com os demais sabores. A mistura, ainda fria, é derramada na assadeira (às vezes precedida de uma base de migalhas de biscoito) e assada em temperatura moderada, 163 °C, muitas vezes em banho-maria. A última fase da cocção pode ser efetuada com o forno desligado e de porta aberta, suavizando a transição entre a cocção e o resfriamento.

O problema mais comum que pode acontecer com os *cheesecakes* é o surgimento de rachaduras e depressões na superfície, que ocorrem quando a mistura se expande durante a cocção e volta a murchar quando resfria. A expansão é essencial para os suflês e pães de ló, mas não combina com a pesada densidade do *cheesecake*. Quatro técnicas básicas podem minimizá-la. Em primeiro lugar, bata os ingredientes devagar, com suavidade, e não mais que suficiente para obter uma mistura homogênea. O batimento vigoroso ou prolongado incorpora mais bolhas de ar, que se enchem de vapor e se expandem durante o forneamento. Em segundo lugar, asse o *cheesecake* devagar em forno baixo. Com isso, o ar e o vapor presos dentro da mistura poderão dispersar homogeneamente e de modo gradual. Em terceiro lugar, não asse demais. Isso ressecaria o recheio, fazendo-o murchar por perda de umidade. Por fim, deixe o *cheesecake* esfriar devagar dentro do forno aberto. O resfriamento causa a contração do ar e do vapor presos dentro da massa. Quanto mais lento for, mais suave será a contratura da superfície do bolo.

TEORIA E PRÁTICA DAS MISTURAS BATIDAS ESPESSADAS POR OVOS

Há dois aspectos sob os quais as misturas batidas são de mais fácil feitura que as não batidas. São cozidas sobre o fogão, de modo que o cozinheiro não precisa levar em conta as sutilezas das transferências de calor no forno. E, como não são servidas no mesmo recipiente em que são preparadas, pode-se tolerar um grau de empelotamento, que pode ser remediado passando o creme por uma peneira antes de servi-lo.

Misturas semilíquidas e misturas firmes. Há duas classes amplas de misturas batidas que devem ser manipuladas de maneira inteiramente diferente pelo cozinheiro. As *misturas semilíquidas*, por exemplo o creme inglês, devem ter a consistência de um creme de leite espesso na temperatura em que são servidas. Contêm os habituais ovos, leite e açúcar (sendo este omitido para um prato salgado) e são cozidas somente até começarem a engrossar, muito antes de ferverem. Os *cremes de recheio* ou *misturas firmes* – creme de confeiteiro, creme de banana e assim por diante – devem manter seu formato quando colocados num prato. Por isso são enrijecidos com uma dose substancial de farinha de trigo ou amido de milho; e isto significa não que eles *podem* ser aquecidos até o ponto de fervura, mas que *devem* sê-lo. A gema de ovo contém amilase, uma enzima que digere o amido, a qual é extraordinariamente resistente ao calor. A menos que a mistura de amido e ovos seja levada à plena fervura, a amilase da gema sobreviverá, digerirá o amido e transformará a mistura firme numa mistura semilíquida.

Quando reservadas por qualquer lapso de tempo, as misturas batidas espessadas por ovos devem ser protegidas para evitar a formação da película resultante da evaporação, que concentra e endurece a camada superficial de proteína e amido. Podem-se colocar pedaços de manteiga sobre a superfície quente, na qual a gordura láctea derreterá e se espalhará numa camada protetora; do mesmo modo, o açúcar polvilhado sobre a superfície formará uma camada de calda concentrada que resiste à evaporação. A solução mais simples consiste em colocar papel-manteiga diretamente sobre o creme. Não use filme plástico; as substâncias químicas nele presentes tendem a migrar para alimentos ricos em gordura.

Creme inglês e outras misturas semilíquidas. A mistura para um creme mexido é praticamente idêntica à de um creme assado. Um creme especialmente rico poderá ser feito somente com gemas, até 4 ou 5 por xícara (250 ml) de leite. Os ovos e o açúcar são misturados com leite ou creme de leite escaldados e a mistura é mexida constantemente sobre a boca do fogão até se espessar suficiente para cobrir as costas de uma colher, a cerca de 80 °C. O calor suave de uma panela para banho-maria minimiza a possibilidade de empelotamento, mas a cocção demora mais que sob calor direto. O creme é então passado por uma peneira para separar quaisquer partículas de ovo coagulado ou outros grânulos sólidos e então é resfriado, sendo mexido ocasionalmente para impedir que as proteínas constituam um gel sólido. Um banho de gelo fará esfriar rapidamente o creme, mas exige um batimento mais frequente para garantir a homogeneidade da textura. Os purês de frutas costumam ser agregados depois do resfriamento, pois sua acidez e suas partículas fibrosas podem causar talha durante a cocção.

Creme de confeiteiro, *bouillie* e recheio de torta de creme americana. Ao lado do creme inglês, o creme de confeiteiro é um dos preparados mais versáteis dos doceiros. É usado principalmente para rechear e

---

A primeira receita de creme de confeiteiro

O creme de confeiteiro já existe como preparado profissional há mais de trezentos anos.

Como se faz Crème de Pâtissier

Toma, por exemplo, um *chopine* [3 xícaras ou 750 ml] de leite bom. [...] Leva o leite ao fogo numa panela. Tenhas à mão também quatro ovos, e, enquanto o leite esquenta, quebra dois deles e mistura as claras e as gemas com cerca de meio *litron* [185 g] de farinha, como se fosses fazer mingau, e mais um pouquinho de leite. Quando a farinha estiver diluída a ponto de não formar mais pelotas, agrega os outros dois ovos a esse preparado e mistura-os bem.

Quando o leite começar a ferver, acrescenta-lhe pouco a pouco essa mistura de ovos, farinha e leite e ferve tudo num fogo baixo que não solte fumaça; mexe com uma colher, como farias com um mingau. Deves também acrescentar sal à vontade enquanto o creme cozinha, e um *quarteron* [125 g] de boa manteiga fresca.

Este creme deve ser cozido por 20 a 25 minutos. Transfere-o então para uma vasilha e reserva-o. Os confeiteiros chamam este preparado de "creme" e usam-no em muitos pratos assados.

– *Le Pâtissier françois*, c. 1690

decorar bolos e tortas e costuma ser empregado para reforçar suflês doces; na Itália e na França, é até cortado em pedaços e frito para ser consumido sozinho. Por isso deve ser espesso suficiente para manter seu formato em temperatura ambiente. Nesse sentido, é enrijecido com 1 a 2 colheres de sopa de farinha de trigo (ou cerca de metade dessa quantidade de amido puro) por xícara de líquido (10-20 g por 250 ml).

Para fazer creme de confeiteiro, acrescenta-se leite escaldado a uma mistura de açúcar, ovos e farinha, cuja ação protetora permite que o preparado seja fervido sobre chama aberta sem coagular. Depois de mais ou menos um minuto de fervura (e batimento constante) a fim de desativar completamente a amilase da gema, extrair o amido de seus grânulos e aperfeiçoar o sabor, o creme espessado é posto numa vasilha, onde deve esfriar sem ser mexido (o batimento rompe e rarefaz a rede de amido). Uma vez frio, o creme de confeiteiro é às vezes enriquecido com creme de leite ou manteiga, ou misturado com claras em neve para ficar mais leve, ou, ainda, simultaneamente enriquecido e suavizado com creme de leite batido.

O *bouillie* (literalmente, "fervido"; a palavra significa uma pasta simples de cereais semelhante a um mingau) é uma variante tradicional francesa do creme de confeiteiro, de feitura rápida e usada sobretudo para reforçar suflês. No *bouillie*, leite, açúcar e farinha são aquecidos juntos até o ponto de fervura e tirados do fogo; enquanto a mistura esfria, os ovos são agregados e o conjunto é batido. Uma vez que as proteínas dos ovos não são aquecidas e coaguladas na mesma medida em que o são para o creme de confeiteiro, o *bouillie* tem consistência mais leve e menos densa. Uma parte da amilase da gema sobrevive no *bouillie*, mas isso não importa caso o prato seja servido de imediato; a enzima leva horas para digerir uma quantidade apreciável de amido.

Entretanto, a sobrevivência da amilase pode causar um desastre no recheio da torta de creme americana. A técnica para a confecção desse recheio é mais semelhante à do *bouillie* que à do creme de confeiteiro.

A torta é habitualmente conservada por horas ou mesmo dias antes de ser servida, tempo mais que suficiente para que um recheio perfeito se desintegre e vire uma sopa. O que quer que diga a receita, nunca deixe de aquecer até a fervura as gemas de ovos usadas para fazer um recheio de torta enriquecido com amido.

Cremes de ovos com frutas. O creme de ovos com frutas – o de limão é o mais comum – pode ser concebido como uma espécie de mistura batida espessada por ovos em que o leite é substituído por suco de frutas, geralmente enriquecido com manteiga. (Pode ser que esse preparado tenha se originado como uma versão doce de ovos mexidos com suco de frutas; ver p. 96.) O ideal é que o creme de ovos com frutas tenha consistência firme suficiente para servir de recheio para pequenas tortas ou para passar no pão; além disso, deve ser doce bastante para contrabalançar a acidez do suco. Por isso, além de não levar farinha, ele contém mais açúcar e mais ovos que os cremes de ovos e leite: em regra, 4 ovos (ou 8 gemas) e uma xícara ou mais de açúcar (375 g) para meia xícara (125 ml) de manteiga e meia xícara (125 ml) de suco.

ESPUMAS DE OVOS: COZINHAR COM MOVIMENTOS DO PULSO

Se a transformação dos ovos pelo calor parece notável, pense nos efeitos do batimento! Em regra, a agitação física arruína e destrói toda estrutura. Todavia, o batimento dos ovos *cria* uma estrutura. Partindo de uma única clara de ovo densa e viscosa, poucos minutos de agitação com um batedor de arame redundam numa xícara cheia da espuma chamada claras em neve, uma estrutura uniforme que adere ao recipiente quando este é virado de cabeça para baixo e que conserva sua integridade quando misturada e aquecida. As claras em neve nos permitem usar o ar como ingrediente culinário, tornando-o parte inalienável de merengues, musses, suflês, zabaiones e do coquetel *gin fizz*.

As claras de ovos parecem ter revelado todo o seu poder de espumar no começo do século XVII. Já fazia tempo que os cozinheiros conheciam a tendência dos ovos a formar espuma. No Renascimento, já exploravam essa tendência para fazer pelo menos dois preparados curiosos: neve de imitação e pães e biscoitos em miniatura. Contudo, numa época em que o garfo ainda era novidade, a espuma batida com gravetos, esponjas e outras fibras vegetais não "montava" muito (ver quadro abaixo). Por volta de 1650, os cozinheiros começaram a usar batedores mais eficientes, feitos de feixes de palha, e os merengues e suflês encontraram lugar nos livros de culinária.

À semelhança da espuma da cerveja ou do *cappuccino*, as claras em neve são um líquido – a clara – recheado de gás – o ar – de tal modo que a mistura de líquido e gás conserva sua forma como se fosse sólida. É uma massa de bolhas com ar dentro de cada bolha; a clara se espalha numa finíssima película para formar as paredes das bolhas. É a constituição dessas paredes que determina por quanto tempo a espuma permanece montada. A água pura tem uma tensão superficial tão grande – é tão poderosa a força de atração entre suas moléculas – que tende permanentemente a se agregar numa poça compacta; e é tão pouco viscosa que essas poças se formam quase imediatamente. As muitas moléculas de outras substâncias presentes na clara de ovo

---

Antigas espumas de claras de ovos: "neve" e biscoitos

Como bater claras de ovos rapidamente

Um ou dois figos partidos em pedaços e batidos entre as claras de ovos transformam-nas rapidamente num óleo. Alguns batem-nas com uma vara de ponta rombuda, e outros absorvendo-as repetidamente numa esponja e torcendo-a.

– Sir Hugh Platt, *Delightes for Ladies*, 1605

Ovos em neve

Quebra os ovos, separa as claras das gemas, coloca os ovos num prato com um tanto de manteiga, tempera-os com sal e põe sobre carvões quentes. Bate bem as claras e, logo antes de servi-las, mistura-as às gemas com uma gota de água de rosas, com o ferro em brasa por baixo; adoça com açúcar e serve.

Outro método: coloca as gemas no meio da neve feita com as claras batidas e cozinha-as num prato diante do fogo.

– François Pierre de La Varenne, *Le Cuisinier françois*, 1651

Para fazer biscoitos italianos

Amassa em Pilão de Alabastro um quarto de libra de Açúcar peneirado com a clara de um Ovo e um tanto de Goma Dragão [goma-tragacanto] embebida em Água de Rosas até formar uma Pasta perfeita. Molda então a Pasta com um tanto de Anis e um grão de Almíscar; dá-lhe a forma de um pão Holandês e assa-a numa Forma de Torta em Forno brando até crescer, sem porém perder a Brancura. Tira-a do Forno, mas não mexas nela até estar perfeitamente seca e fria.

– *Queen's Closet Open'd*, 1655

reduzem a tensão superficial da água em que estão imersas, permitindo assim que as bolhas sobrevivam por tempo suficiente para se acumular numa massa grande. O que prolonga o tempo de vida das claras em neve na cozinha são suas proteínas.

COMO AS PROTEÍNAS DOS OVOS ESTABILIZAM AS ESPUMAS

A tensão cria adesão entre as proteínas.

A chave da estabilidade das claras em neve é a mesma que garante o endurecimento de ovos e cremes aquecidos: a tendência das proteínas de se desdobrar e se ligar umas às outras quando submetidas a tensões físicas. Na espuma, isso cria um tipo de reforço para as paredes das bolhas, espécie de equivalente culinário do cimento de secagem rápida. O batimento impõe duas tensões físicas às proteínas. Em primeiro lugar, à medida que o batedor passeia por entre as claras, ele leva consigo uma parte do líquido e cria uma força de arrasto que desdobra as moléculas compactas. Em segundo lugar, como a água e o ar são meios físicos muito diferentes, a simples mistura de ar com as claras cria um desequilíbrio de forças que também obriga as proteínas a mudar de configuração, desdobrando-se. Todas as proteínas desdobradas (especialmente as globulinas e a ovotransferrina) tendem a se congregar nos pontos de encontro entre o ar e a água. Suas porções hidrófilas permanecem imersas no líquido, ao passo que as partes hidrófugas se projetam no ar. Perturbadas e concentradas, elas formam ligações entre si. Assim, uma rede proteica sólida e contínua se estabelece entre as paredes das bolhas, mantendo no lugar tanto o ar quanto a água.

Reforço permanente.

Com o tempo, uma espuma crua de claras de ovos se torna grosseira, diminui de tamanho e se separa em duas fases. Por isso, deve ser reforçada antes de ser transformada num prato. Isso se faz pelo acréscimo de outros ingredientes espessantes – farinha de trigo, amido de milho, chocolate ou gelatina, por exemplo. Porém, caso se queiram usar as claras em forma relativamente pura, como num merengue ou num suflê sem farinha, as proteínas do ovo têm de trabalhar sozinhas – e, com a ajuda do calor, fazem-no muito bem.

A ovalbumina, proteína presente em maior quantidade na clara de ovo, é relativamente imune ao batimento e não contribui muito para montar a espuma crua. Por outro lado, é sensível ao calor, que a faz desdobrar-se e coagular. Por isso, quando a espuma crua é submetida a cocção, a ovalbumina aumenta em mais de duas vezes a quantidade de reforço proteico sólido nas paredes das bolhas. Ao mesmo tempo, boa

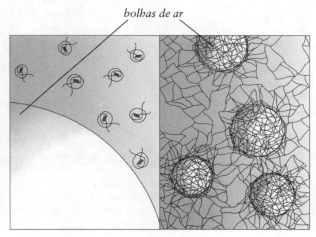

bolhas de ar

Claras em neve. As proteínas compactas da clara (à esquerda) *produzem uma espuma leve e durável quando se desdobram na interface entre o ar e o líquido, formando as paredes das bolhas de ar. Então, as proteínas desdobradas se ligam entre si e formam uma malha sólida entre as bolhas* (à direita)*.*

parte da água presente na espuma evapora. O calor, portanto, permite ao cozinheiro transformar uma espuma semilíquida transitória numa estrutura sólida e permanente.

COMO AS PROTEÍNAS *DESESTABILIZAM* AS ESPUMAS

As mesmas forças que montam as claras em neve também podem desmontá-las. Às vezes, quando a espuma está chegando à textura ideal, ela se torna granulada, perde volume e se divide numa espuma seca e num líquido pouco viscoso. Quando as proteínas se ligam para dar estrutura à espuma, às vezes acontece de elas se unirem com muita força e "espremerem" para fora a água que retinham entre si. Há vários tipos de ligações pelas quais as longas proteínas desdobradas se unem numa rede reforçada: ligações entre partes de moléculas de carga positiva e carga negativa, entre partes semelhantes à água, entre partes semelhantes à gordura e entre partes do grupo do enxofre. A rede proteica começa a ruir quando um excesso de ligações se acumula e as proteínas se tornam demasiado próximas entre si. Felizmente, existem alguns métodos simples pelos quais o cozinheiro pode limitar a acumulação de ligações e impedir o colapso das espumas de albúmen.

Bloqueio de ligações de enxofre pelo uso de vasilha de cobre... Muito antes de se conhecerem as proteínas do ovo e suas ligações químicas, os cozinheiros já tinham um método para controlá-las. Há muito que a tradição francesa especifica o uso de utensílios de cobre para fazer claras em neve. Um vestígio antigo dessa tradição é uma ilustração contida na *Encyclopédie* de 1771, na qual se vê, na cozinha de um mestre-doceiro, um menino trabalhando com um batedor de palha e um utensílio que a legenda identifica como "uma vasilha de cobre para bater claras de ovos". Acontece que o cobre, ao lado de uns poucos outros metais, tem a útil tendência de formar ligações extremamente fortes com grupos reativos de enxofre: tão fortes que o enxofre fica impedido de reagir com qualquer outra coisa. Por isso a presença do cobre quando se batem claras de ovos elimina a ligação

Vasilhas de cobre e ovos no século XVIII. Esta gravura, detalhe do verbete "Pâtissier" da Encyclopédie, *foi publicada pela primeira vez em 1771. O menino à direita usa um utensílio que a legenda identifica como "uma vasilha de cobre para bater claras de ovos e misturá-las à farinha com que são feitos biscoitos".*

proteica mais vigorosa que poderia se formar e torna menos provável que as proteínas se unam com muita força. E, com efeito, quando se batem claras numa vasilha de cobre – ou numa vasilha de vidro na qual se pôs uma pitada de suplemento de cobre em pó, à venda nas lojas de produtos naturais –, a espuma não perde o brilho nem jamais se torna granulada. Uma vasilha banhada em prata tem o mesmíssimo efeito.

... e de ácidos. A vasilha de cobre tradicional tem algumas desvantagens: é cara e difícil de manter limpa. (A contaminação pelo cobre é insignificante: uma xícara de claras em neve contém um décimo de nossa habitual ingestão diária desse mineral.) Felizmente, existe uma alternativa não metálica para controlar os grupos reativos de enxofre. As ligações de enxofre se formam quando os grupos de enxofre e hidrogênio (S-H) de duas moléculas proteicas adjacentes liberam seu hidrogênio e formam entre si uma ligação de enxofre e enxofre (S-S). O acréscimo de um ácido aumenta o número de íons de hidrogênio (H) à deriva na clara de ovo, dificultando para os grupos S-H a liberação de seus átomos de hidrogênio. Assim, as ligações de enxofre ocorrem de modo muito mais lento. Uma boa dose seria ⅛ de colher de chá (0,5 g) de cremor de tártaro ou ½ colher de chá (2 ml) de sumo de limão para cada clara de ovo, acrescentados quando se começa o batimento.

OS INIMIGOS DAS CLARAS EM NEVE

As claras em neve têm três inimigos que o cozinheiro deve cuidar para excluir da vasilha: gema de ovo, óleo ou gordura e detergente. Os três têm parentesco químico entre si e prejudicam da mesma maneira a formação da espuma: por um lado, competem com as proteínas para obter um lugar na interface entre ar e água sem oferecer em troca nenhum reforço estrutural; e, por outro, interferem nas ligações entre as moléculas proteicas. Vestígios dessas substâncias não chegam a impedir de todo a montagem da espuma, mas obrigarão você a trabalhar mais e por mais tempo; além disso, a espuma não será tão leve e tão estável. É claro que se podem misturar gema e gordura com as claras já batidas em neve, como se faz em muitas receitas de suflê e massas líquidas que crescem pela ação das proteínas do ovo.

OS EFEITOS DE OUTROS INGREDIENTES

As claras em neve são quase sempre feitas na presença de outros ingredientes, que podem influenciar o processo de batimento e a consistência final.

Uma bala de prata para a teoria do cobre

Por que as claras em neve batidas em vasilhas de cobre ficam mais estáveis? Por muitos anos me propus essa pergunta. Em 1984, fiz alguns experimentos com a ajuda de biólogos da Universidade Stanford e publiquei uma teoria na revista científica britânica *Nature* e na primeira edição deste livro. Os experimentos davam a entender que a ovotransferrina, uma das proteínas do albúmen, absorve cobre da superfície da vasilha e se torna assim resistente ao desdobramento – o que pode tornar a espuma como um todo mais resistente à talha ou sobrecoagulação. Essa teoria se manteve de pé por dez anos, até que um dia tentei bater claras em neve numa vasilha de prata. A ovotransferrina não se liga à prata, de modo que a espuma deveria ficar com a textura granulada. Mas isso não aconteceu: permaneceu leve e lisa. Retomei minhas investigações espumosas e concluí que tanto o cobre quanto a prata bloqueiam as reações de enxofre entre as proteínas. Daí a nova teoria do cobre delineada nesta edição do livro.

Açúcar. O açúcar ajuda e atrapalha a montagem das claras em neve. Se for agregado no começo do processo, ele retarda a formação da espuma e reduz seu volume e leveza finais. O retardamento ocorre porque o açúcar interfere no desdobramento e na ligação das proteínas. E a redução de volume e leveza é causada porque é mais difícil espalhar a viscosa mistura de açúcar e clara a fim de formar as finas paredes das bolhas. A montagem lenta é uma verdadeira desvantagem quando as claras são batidas à mão – é necessário o dobro de trabalho para chegar ao ponto habitual de merengue –, mas não chega a atrapalhar tanto quando se usa a batedeira.

O açúcar ajuda na medida em que melhora a estabilidade da espuma. Tornando o líquido espesso e uniforme, o açúcar torna muito mais lenta a perda de água pelas paredes das bolhas e retarda o desenvolvimento de uma textura grosseira. No forno, o açúcar dissolvido adere às moléculas de água; assim, só deixa que elas se evaporem sob o calor intenso quando a ovalbumina já teve tempo para coagular e reforçar a espuma crua. E, pela ação do calor, ela dá seu próprio reforço à estrutura na forma de filamentos finos mas sólidos de açúcar caramelado.

Em geral, o açúcar é incorporado às claras depois que a espuma começou a se formar, momento em que muitas proteínas já estão desdobradas. Para determinados fins, os cozinheiros às vezes misturam as claras e o açúcar desde o começo, obtendo assim uma espuma muito firme e densa.

Água. A água quase nunca é necessária nas claras em neve, mas em pequena quantidade ela aumenta o volume e a leveza da espuma. Porém, uma vez que ela dilui as claras, também torna mais provável o vazamento de uma parte do líquido. O albúmen diluído em 40% do seu volume de água, ou mais, é incapaz de produzir uma espuma estável.

Sal. O sal aumenta o tempo de batimento e diminui a estabilidade da espuma. Os cristais de sal dissolvidos se dividem em sódio, de carga positiva, e íons de cloreto, de carga negativa, os quais provavelmente competem para a obtenção de locais onde possam se ligar às moléculas proteicas desdobradas, reduzindo assim o número de ligações entre proteínas e enfraquecendo a estrutura geral. Por isso o melhor é acrescentar o sal aos outros componentes do prato – como no suflê, por exemplo – e não às claras em neve antes de serem misturadas com o restante.

TÉCNICAS BÁSICAS PARA BATER CLARAS EM NEVE

Bater claras em neve é uma daquelas técnicas acerca das quais cozinheiros e livros de culinária se mostram severos e exigentes. Na realidade, o processo não é tão meticuloso. Pode-se fazer uma boa espuma com praticamente quaisquer ovos, vasilhas e batedores.

A escolha dos ovos. As claras em neve começam com os ovos. Costuma-se recomendar o uso de ovos velhos em temperatura ambiente porque suas claras são menos viscosas e, logo, formam espuma mais rapidamente. Isso é verdade, e diz-se que é quase impossível montar à mão as claras de ovos *muito* frescos. Porém, os ovos frescos são menos alcalinos e por isso formam uma espuma mais estável; a clara líquida dos ovos velhos também escapa mais facilmente da estrutura da espuma, e com ovos velhos torna-se mais provável que a clara contenha vestígios de gema. As gemas frias tendem menos a quebrar quando separadas das claras, e de qualquer modo o processo de batimento esquenta rapidamente os ovos frios. Ovos frescos recém-tirados do refrigerador podem ser trabalhados sem problemas, especialmente se você usar uma batedeira elétrica. Podem-se também bater claras em neve com claras de ovo em pó, que são claras puras, pasteurizadas e liofilizadas. O "pó para merengue" tem mais açúcar que ovos e contém gomas para estabilizar a espuma.

A vasilha e o batedor. A vasilha em que se batem claras em neve deve ser grande suficiente para acomodar oito vezes o volume das claras recém-separadas do ovo. Costuma-se recomendar que se evitem fazer claras em neve em vasilhas de plástico, porque os plásticos são hidrocarbonetos e parentes das gorduras, e tendem por isso a reter vestígios de gordura e sabão. Embora isso seja verdade, também é verdade que a vasilha de plástico não costuma liberar esses vestígios na massa de claras de ovos. Uma lavagem comum é mais que suficiente para tornar a vasilha de plástico adequada para bater claras em neve.

Se você for bater as claras à mão, um batedor de arame grande, do tipo balão, acelera o trabalho e insere ar num volume maior de claras a cada movimento. Se você tiver escolha, uma batedeira planetária torna as claras em neve mais homogêneas e diminui a quantidade de claras que não formam espuma. Batedeiras menos eficientes produzem uma textura mais densa.

Como interpretar a aparência das claras em neve. Há várias maneiras de saber se as claras em neve atingiram seu ponto ótimo: verificar se elas suportam o peso de uma moeda ou de um ovo, se suportam seu próprio peso quando moldadas na forma de montes arredondados ou picos pontiagudos, se aderem à vasilha ou escorregam na superfície desta ou se sua superfície parece seca ou brilhosa. Todos esses testes nos dizem quantas bolhas de ar se formaram e quanto existe de lubrificação entre elas, na forma de líquido das claras de ovos. E a definição da espuma ótima varia segundo o prato que se quer fazer. Quanto ela vai tornar o prato mais leve depende não somente de seu volume, mas também da facilidade com que pode ser misturada aos outros ingredientes e de quanto pode suportar a expansão das bolhas no forno. Para suflês e bolos são necessárias a lubrificação e a tolerância à expansão de uma espuma um pouco menos batida, ao passo que nos merengues e outros doces desse tipo o volume é menos importante que a capacidade de manter a forma.

Picos moles e brilhantes e picos firmes. No ponto de "picos moles", quando as extremidades da clara retêm um pouco seu formato, mas logo caem, e quando a clara ainda não adere à vasilha, as bolhas ainda estão lubrificadas por uma grande quantidade de líquido, que rapidamente escoaria para o fundo da tigela. No ponto de "picos firmes", quando a clara ainda está brilhante mas retém a forma que lhe é dada e adere à vasilha, a espuma já contém cerca de 90% de ar e o líquido do ovo se encontra tão espalhado que as teias proteicas em bolhas adjacentes começam a aderir umas às outras e também à superfície da tigela. A lubrificação ainda é suficiente para que a espuma permaneça cremosa e se misture facilmente com outros ingredientes. Este estágio, ou talvez o ponto imediatamente anterior, é o ideal para fazer musse, suflê, pão de ló e outros pratos em que as claras em neve devem ser misturadas e ainda precisam crescer no forno. Caso o batimento continue, pouco se ganhará em volume.

Picos secos e além. Depois do ponto de picos firmes, a espuma fica ainda mais estruturada, assume aparência seca e fosca e consistência farinhenta e começa a perder algum líquido, de modo que perde a aderência à vasilha. Neste estágio em que a clara "desliza e vaza", como diz o chefe confeiteiro Bruce Healy, as teias de proteína em paredes adjacentes se ligam umas às outras e espremem para fora o pouco líquido que ainda as separa. Os confeiteiros chegam a este estágio porque é ele que lhes fornece a espuma mais firme possível para um merengue ou massa de biscoito. Uma vez atingido o ponto de picos secos, para deter a incipiente sobrecoagulação e a perda de líquido eles acrescentam açúcar, que separa as proteínas e absorve a água. Também começam o batimento usando metade da quantidade de cremor de tártaro por ovo usada para fazer suflê ou bolo, de modo que a espuma possa efetivamente chegar ao estágio seco. Para além dele, as claras em neve começam a perder volume e líquido.

As claras em neve podem ser usadas sozinhas ou como ingrediente que preenche de ar uma grande diversidade de misturas complexas.

MERENGUES: ESPUMAS DOCES POR SI SÓS

Embora sejam às vezes incorporados em massas ou recheios de bolos e biscoitos, os merengues – claras em neve adoçadas – geralmente figuram nos pratos como elementos independentes: constituem uma cobertura espumosa, por exemplo, ou um glacê cremoso, um recipiente rígido e comestível ou um elemento decorativo que derrete na boca. Por isso a espuma de merengue deve ser rígida e estável suficiente para conservar sua forma. Para obter firmeza e estabilidade, o cozinheiro acrescenta açúcar e/ou faz uso do calor. Em geral, os merengues são assados bem devagar em forno baixo (93 °C) para que, secos, se tornem quebradiços e imaculadamente brancos. (A porta do forno elétrico deve ser deixada semiaberta para permitir a saída de umidade do merengue; os fornos a gás têm ventilação própria.) Quando escurecidos rapidamente num forno quente ou gratinador – como cobertura para uma torta, por exemplo –, sua superfície se torna crocante enquanto o interior permanece úmido. Pocheados em leite para o prato chamado "ovos nevados", são firmes mas úmidos em todo o seu volume.

O açúcar nos merengues. É o acréscimo de açúcar que transforma uma frágil espuma de claras de ovos num merengue liso, brilhante e estável. Quanto maior a proporção de açúcar, mais densa a consistência do merengue e mais crocante será ele depois de assado. Essa proporção (em volume ou em peso) de açúcar para claras de ovos fica entre 1 para 1 e 2 para 1, equivalente respectivamente a soluções de 50% e de 67% de açúcar. A proporção mais alta é típica das geleias e gelatinas – e representa também o limite de solubilidade do açúcar em água à temperatura ambiente. O açúcar granulado comum não dissolve completamente num merengue "duro"; produz uma textura arenosa e gotas de calda que escapam da neve. O "açúcar de confeiteiro" extrafino, ou uma calda de açúcar feita de antemão, são alternativas melhores. (O "açúcar não palpável", que pesa a metade dos demais açúcares para o mesmo volume, contém 10% de amido de milho para não engrumar. Alguns cozinheiros não gostam disso, mas outros apreciam essa garantia adicional contra o excesso de umidade.)

Tipos de merengue. A terminologia tradicional dos merengues – francês, italiano, suíço e assim por diante – é obscura e pouco sistemática. O melhor é classificar estas espumas de acordo com seu método de preparação e a textura resultante. Os merengues podem ser *cozidos* ou *não cozidos*. Se o açúcar for incorporado depois de as claras serem batidas, o merengue será relativamente *leve*; se o açúcar for agregado no começo do processo de batimento, o merengue será relativamente *denso*.

Merengues não cozidos. Os merengues não cozidos são os mais simples e comuns e podem assumir as mais diversas texturas: espumosa, cremosa, densa ou firme. A consistência mais leve é obtida quando primeiro se batem as claras até montar uma espuma firme e depois se incorpora o açúcar cuidadosamente com a espátula. O açúcar se dissolve nas paredes das bolhas já existentes e acrescenta-lhes volume e uniformidade. Aumentado o volume, as bolhas têm mais espaço para se mover umas em relação às outras, o que cria uma consistência macia e espumosa, adequada para cobrir uma torta ou incorporar numa musse ou bolo *chiffon* mas frágil demais para tomar forma fixa. Consistência mais firme e cremosa resulta quando o açúcar não é meramente incorporado, mas batido junto com as claras já montadas. Neste caso, o volume adicional proporcionado pelo açúcar se dilui por toda a clara à medida que o batimento subdivide as bolhas de ar, e a uniformidade da mistura entre açúcar e água torna mais densa a textura do merengue. Quanto mais se bater a mistura de ovos e açúcar, mais firme ela ficará e mais meticulosamente poderá ser moldada.

Esses métodos padronizados levam apenas alguns minutos, mas exigem a atenção do cozinheiro. Alguns profissionais, sobretudo na França, fazem merengues firmes adequados para o saco de confeitar num sistema que equivale a um piloto automático culinário. Colocam todo o açúcar na vasilha de uma batedeira comum, acrescentam uma parte das claras com algumas gotas de sumo de limão para evitar a granulação, batem por alguns minutos – a contagem do tempo não é crítica –, acrescentam mais claras, batem um pouco mais e assim por diante. O resultado é um merengue flexível, firme, de textura bem fina. Quando se acrescentam os ovos ao açúcar, e não o contrário, a formação da espuma leva mais tempo, mas precisa de menos supervisão. Esses merengues "automáticos" são mais densos que o normal e menos quebradiços quando secos.

Entre os dois extremos – agregar todo o açúcar depois de feita a espuma ou colocá-lo inteiro antes do batimento – existe um sem-número de métodos que reclamam a incorporação gradual do açúcar ao longo do caminho. Há muitas maneiras de fazer merengue! Lembre-se apenas disto: quanto mais cedo for agregado o açúcar no decurso do batimento, mais firme o merengue e mais lisa a sua textura. O açúcar agregado depois do batimento amacia a textura.

Merengues cozidos. Os merengues cozidos são mais difíceis de fazer que os não cozidos e em geral são mais densos, pois o calor endurece as proteínas do albúmen e limita prematuramente a incorporação de ar. Entretanto, oferecem diversas vantagens. Como o açúcar é mais solúvel em líquidos quentes que em líquidos frios, esses merengues absorvem facilmente uma grande proporção de açúcar. Como o denso merengue automático (citado ao lado), são menos quebradiços quando secos. A coagulação parcial das proteínas do ovo estabiliza suficientemente as espumas para que pos-

---

Palavras da culinária: *merengue*

Graças ao *Larousse Gastronomique*, muitos acreditam que o merengue foi inventado por um confeiteiro na cidade suíça de Mieringen por volta de 1720 e levado para a França algumas décadas depois pelo sogro polonês de Luís XV. Trata-se, sem dúvida, de uma história muito pitoresca; o problema é que o escritor francês Massialot já havia publicado uma receita de "Meringues" em 1691.

O linguista Otto Jänicke identifica a origem da palavra *meringue* numa alteração da palavra latina *merenda*, que significa "refeição leve tomada à noite". Esta teria se transformado em *meringa*, forma encontrada no Artois e na Picardia, perto da atual Bélgica. Jänicke cita diversas variações de *merenda*, que significavam "pão da noite", "pão do pastor", "alimento levado ao campo e à floresta", "lanche do viajante".

O que as claras batidas têm a ver com pães e comidas de viagem? As primeiras pastas batidas de ovos e açúcar eram chamadas "biscoitos", "pães" e "filões" porque eram imitações miniaturizadas de tais massas assadas (os biscoitos, por serem perfeitamente secos e, portanto, leves e duráveis, eram o alimento padrão dos viajantes). Talvez esse confeito fosse chamado *meringa* no noroeste da França. Então, quando os cozinheiros dessa região descobriram as vantagens de bater os ovos com o novo batedor de palha antes de acrescentar o açúcar, o termo local teria se disseminado junto com a invenção, e teria servido no resto da França para distinguir essa espuma delicada de suas densas predecessoras.

sam ser reservadas por um dia ou mais sem se desfazer numa fase sólida e outra líquida. E, para os cozinheiros que se preocupam com a salubridade dos ovos crus, alguns merengues são cozidos em temperatura alta suficiente para matar as bactérias da salmonela.

Há dois tipos básicos de merengues cozidos. O primeiro ("italiano") é o *merengue cozido em calda de açúcar*. A calda de açúcar e água é fervida separadamente a 115--120 °C (o ponto de "bala mole", cerca de 90% de açúcar, usado para fazer *fondant* e *fudge*), as claras são batidas em ponto de picos firmes e a calda é derramada em fio e incorporada às claras. O resultado é uma espuma fofa, mas firme, de textura lisa. Tem densidade suficiente para decorar confeitos e pode ser reservada por um ou dois dias antes de ser usada, mas também é leve suficiente para ser agregada a cremes e massas moles. Uma vez que boa parte do calor da calda se perde no contato com a vasilha, o batedor e o ar, a massa de espuma em geral não atinge mais que 55-58 °C, temperatura insuficiente para matar a salmonela.

O segundo tipo de merengue cozido ("suíço") deve ser descrito como um *merengue cozido*, pura e simplesmente (em francês, é *meringue cuite*). Para fazê-lo, claras, ácido e açúcar são aquecidos em banho--maria e batidos até formar uma espuma firme. A vasilha é tirada do fogo e a espuma continua sendo batida até esfriar. Esse método de preparação é capaz de pasteurizar as claras. Graças ao efeito protetor do açúcar, do cremor de tártaro e da agitação constante, a mistura pode ser aquecida a 75-78 °C sem perder a estabilidade, conquanto resulte densa. O merengue cozido se conserva sob refrigeração por vários dias e em geral é aplicado em formatos decorativos com saco de confeitar.

Problemas dos merengues: perda de líquido, textura arenosa, textura pegajosa. Há várias maneiras de um merengue dar errado. Espumas batidas de mais, ou de menos, podem deixar o açúcar vazar na forma de gotas ou poças feias de se ver. As gotas também se formam quando o açúcar não foi completamente dissolvido: os cristais residuais atraem água e formam bolsões de calda concentrada. O açúcar não dissolvido (inclusive aquelas partículas invisíveis, de tão pequenas, presentes numa calda malcozida, que lentamente vão crescendo em temperatura ambiente) dá textura arenosa ao merengue. O excesso de calor no forno pode expulsar a água dos coágulos de proteína antes de fazê-la evaporar, produzindo gotas de calda de açúcar; pode também fazer com que a espuma infle e rache, além de adquirir um desagradável tom amarelado.

Problema comum das coberturas de torta feitas com merengue é que elas despejam calda na base e não aderem perfeitamente a esta. A causa pode ser quer a relativa subcocção da parte de baixo da espuma quando a base está fria e o forno, quente, quer a relativa sobrecocção da mesma camada numa base quente em forno moderado. Como medida preventiva, antes de pôr a cobertura pode-se cobrir a base da torta com uma camada de migalhas, que absorvem a calda;

Glacê real

Certa quantidade de claras de ovos só é capaz de dissolver o dobro de seu peso de açúcar. No entanto, o glacê real, material decorativo tradicional na confeitaria, é feito batendo uma mistura de 4 partes de açúcar não palpável para 1 parte de claras de ovos durante 10 a 15 minutos. O glacê real não é simples de fazer – na verdade, combina uma pasta com uma espuma muito densa. Boa parte do açúcar não é dissolvida, mas ele é tão fino que não conseguimos senti-lo com a língua.

pode-se também incluir gelatina ou amido na espuma para ajudá-la a reter umidade.

O tempo úmido faz mal aos merengues. Sua superfície açucarada absorve a umidade do ar e fica mole e pegajosa. O melhor é transferir o merengue seco diretamente do forno para um recipiente hermético e servi-lo o mais rápido possível depois de tirá-lo do recipiente.

Musses e suflês frios: reforço de gordura e gelatina. Além de ser servida na forma de um merengue estabilizado pelo açúcar e pelo calor, a espuma de claras de ovos também pode se agregar a uma mistura de outros ingredientes, para os quais serve de estrutura oculta. A musse fria e o suflê frio (que na verdade não passa de uma musse moldada para parecer um suflê quente que extravasou da assadeira) retêm a forma por várias horas, até mesmo dias, e a quantidade de cocção de que precisam é mínima. Em vez de se estabilizar quando o calor *coagula* as proteínas do ovo, esses preparados se estabilizam quando o frio *congela* as gorduras e as proteínas da gelatina.

O prato clássico desta categoria é a musse de chocolate. Em sua forma mais pura, ela é feita derretendo o chocolate – mistura de manteiga de cacau, partículas de cacau ricas em amido e açúcar finamente moído – a uma temperatura de mais ou menos 38 °C, misturando-o com gemas de ovos cruas e combinando essa mistura com um volume 3 a 4 vezes maior de claras batidas em ponto firme (ver p. 117). Assim, as paredes aquosas da espuma recebem o reforço do chocolate espesso e da gema, e boa parte da umidade do ovo é absorvida pelo açúcar e pelos sólidos do cacau, que engrossam ainda mais as paredes das bolhas. Ainda quente, a musse é dividida em pequenas formas onde será servida, as quais são então refrigeradas por várias horas. À medida que a musse esfria, a manteiga de cacau se solidifica e as paredes das bolhas se tornam rígidas suficiente para conservar a estrutura da espuma por tempo indeterminado. Ou seja, o chocolate fortalece a espuma de ovos, ao passo que esta rarefaz a massa densa de chocolate e a transforma numa estrutura etérea que derrete na boca.

SUFLÊS: UMA LUFADA DE AR QUENTE

Os suflês – misturas salgadas e doces aligeiradas por uma espuma de claras de ovos e dramaticamente expandidas pelo calor do forno para além da altura do recipiente – têm a fama de serem difíceis de fazer. É certo que são pratos dos mais delicados, como sugere seu nome – em francês, "soprado", "sussurrado", "expandido". Na realidade, porém, os suflês são confiáveis e resistentes. Muitas misturas para suflê podem ser preparadas com horas e até dias de antecedência e refrigeradas ou congeladas até o momento de fazer. Se você conseguir inserir ar na mistura, nem que seja só um pouquinho, uma lei inexorável da natureza vai fazê-la crescer no forno, e o ato de abrir a porta deste por alguns segundos não fará mal algum. A murchidão inevitável que sobrevém quando se tira o preparado do forno pode ser minimizada pela escolha de in-

---

Isolamento térmico comestível

Muitas vezes, as espumas de claras de ovos são usadas para cobrir e ocultar o coração de um prato. Uma das construções mais divertidas é o merengue quente e escurecido que recobre uma massa de sorvete gelado: o Alasca assado, derivado do *omelette surprise* francês. O contraste térmico é possibilitado pelas excelentes propriedades isolantes das estruturas celulares, de que a espuma é um exemplo. Pela mesma razão, uma xícara de *cappuccino* esfria mais devagar que uma de café comum.

gredientes e pelo método de cocção, e pode até ser revertida.

A ideia básica do suflê – como também dos bolos que crescem pela ação de ovos – remonta pelo menos ao século XVII, quando os confeiteiros perceberam que uma pasta para "biscoitos", feita de claras de ovos e açúcar, crescia no forno como um filão de pão. Por volta de 1700, os cozinheiros franceses começaram a incorporar claras em neve às gemas batidas para fazer um volumoso *omelette soufflée*. Em meados do século, Vincent La Chapelle ofereceu as receitas de cinco *omelettes soufflées* e – com os nomes de *timbale* e *tourte* – as dos primeiros suflês de que se tem registro, na forma em que hoje os conhecemos: espumas reforçadas com creme de confeiteiro que acabaram por tomar o lugar do *omelette soufflée* nos restaurantes. Antonin Carême, grande chefe de cozinha do século XIX, chamou o suflê reforçado de "rainha das massas quentes", mas também encarava seu sucesso como um triunfo da estabilidade e da conveniência sobre a incomparável delicadeza de textura e sabor do *omelette soufflée*. Escreveu Carême: "O *omelette soufflée* não pode levar em si o ingrediente que vai no suflê, seja ele de amido ou farinha de arroz. Se quiser comer o *omelette soufflée* em toda a sua perfeição, o gourmet deve ter a paciência de esperar."

Sem dúvida, a conveniência é uma das razões da popularidade do suflê entre os cozinheiros. Em boa parte, ele pode ser preparado com antecedência; pode até ser

---

Antigas receitas de *omelette soufflée* e suflê

Esta receita de *omelette soufflée* do século XVIII é uma interessante mistura de ingredientes salgados e doces, ao passo que os timbales são suflês reforçados com creme de confeiteiro.

Omelette soufflée *com rins de vitela*

Pica um rim de vitela assado na brasa com sua gordura; coloca-o numa caçarola e cozinha-o suficiente para que se desfaça. Tira a panela do fogo e acrescenta uma colherada grande de creme doce e uma dúzia de gemas de ovos, cujas claras baterás; tempera a mistura com sal, salsa picada e casca de limão picada e caramelada. Bate as claras em neve, mistura com o restante e bate bem. Põe um pedaço de manteiga numa panela e, quando estiver derretida, acrescenta a mistura e cozinha-a em fogo brando. Segura sobre ela um ferro em brasa. Então, inverte-a sobre a travessa de servir e coloca-a numa estufa pequena, para que cresça; quando atingir uma bela altura, polvilha-a com açúcar e sela-a com o ferro em brasa, sem, porém, tocar com este a omelete. Serve-o quente como acompanhamento ou prato secundário.

Timbales de creme

Deves dispor de um bom creme de confeiteiro, biscoitos de amêndoas amargas, casca de limão caramelada e flor de laranjeira; a tudo isto, acrescenta claras em neve. Toma pequenas formas de timbales untadas com boa manteiga fresca; polvilha-as com migalhas de pão, enche-as de creme e leva-as ao forno. Quando os timbales estiverem prontos, desenforma-os e serve-os como pequeno acompanhamento quente.

– Vincent La Chapelle, *Le Cuisinier moderne*, 1742

pré-cozido e requentado. Os suflês podem ser feitos de praticamente qualquer tipo de alimento – frutas, hortaliças e até peixes em purê; queijos, chocolates, licores – numa ampla gama de texturas, desde os suflês semelhantes a pudins até o frágil e evanescente *soufflée à la minute*, que é o próprio *omelette soufflée* de Carême com levíssimas alterações.

O princípio do suflê, primeira parte: ele *necessariamente* sobe. Algumas décadas antes da invenção do suflê, a lei física que o anima foi descoberta por um cientista e balonista francês – como não poderia deixar de ser – chamado J. A. C. Charles. A lei de Charles diz que, sendo iguais as demais condições, o volume ocupado por determinada massa de gás é proporcional à sua temperatura. Quando se aquece um balão inflado, o ar toma mais espaço e o balão se expande. Do mesmo modo, quando se põe um suflê no forno, suas bolhas de ar crescem e incham, de modo que a mistura se expande na única direção que lhe resta: para cima e para fora da forma.

A lei de Charles é parte da explicação, mas não explica tudo – só responde por cerca de um quarto do típico aumento de volume do suflê. O resto provém da contínua evaporação da água, que sai das paredes das bolhas e, na forma de vapor, entra nas próprias bolhas. À medida que as partes do suflê se aproximam do ponto de ebulição, uma proporção maior de água líquida se torna vapor-d'água e aumenta a *quantidade* de moléculas de gás nas bolhas, intensificando a pressão sobre as paredes destas. As paredes se esticam e as bolhas se expandem.

Segunda parte: ele tem de descer. A lei de Charles também significa que o que sobe no forno tem de descer à mesa. O balão se expande quando a temperatura sobe, mas se contrai novamente quando ela cai. É claro que o suflê tem de sair do forno para ser servido; a partir desse momento, ele perde calor. À medida que suas bolhas esfriam, o ar nelas contido perde volume e o vapor que saiu da água contida na mistura se condensa, voltando à fase líquida.

Regras básicas. Vários fatos básicos decorrem da natureza das forças que constroem o suflê. Em primeiro lugar, quanto mais alta a temperatura de cocção mais o suflê vai crescer: a simples expansão devida ao calor será maior, assim como a vaporização da umidade da mistura. Por outro lado, a maior temperatura de cocção também acarreta um excesso de pressão subsequente e, portanto, uma contração mais rápida. Além disso, deve-se levar em conta o

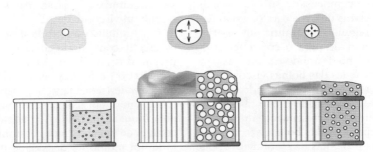

Ascensão e queda de um suflê. À esquerda: *a mistura de suflê é, a princípio, preenchida de minúsculas bolhas de ar.* No centro: *o calor causa a expansão dos gases e a vaporização da água, de modo que as bolhas se expandem e fazem a mistura crescer.* À direita: *depois de assado o suflê, o resfriamento causa a contração dos gases e a condensação do vapor, que torna à forma líquida. Assim, as bolhas se contraem e o suflê murcha.*

efeito da consistência. A mistura espessa não cresce com tanta facilidade quanto a rala, mas também não decresce com tanta facilidade. Uma espuma firme é capaz de resistir ao excesso de pressão.

Portanto, os dois fatores críticos que determinam o comportamento do suflê são a temperatura de cocção e a consistência da mistura de base. Um forno quente e uma mistura rala propiciam uma ascensão mais dramática que um forno moderado (ou banho-maria) e uma mistura espessa, mas a contração sofrida à mesa será igualmente drástica.

Por fim, um fato que decorre dos dois aspectos do princípio do suflê: um suflê murcho crescerá novamente se for posto no forno. As bolhas de ar ainda estão lá dentro, assim como a maior parte da umidade; tanto o ar quanto a umidade vão se expandir de novo quando a temperatura subir. A ascensão não será tão grande na segunda ou na terceira vez, pois a mistura terá endurecido e a quantidade de água disponível será menor. Mas é possível ressuscitar uma sobra de suflê ou assar o suflê duas vezes: uma para endurecê-lo e tirá-lo da forma e outra para servi-lo.

A base de suflê. A base de suflê, preparação à qual são incorporadas as claras em neve, atende a dois propósitos essenciais. O primeiro é proporcionar o sabor (o sabor da base deve ser *mais* forte que o normal a fim de compensar a subsequente diluição em claras de ovos e ar, que não têm gosto). O segundo é garantir um reservatório de umidade para o crescimento do suflê, bem como de amido e proteínas para tornar as paredes das bolhas viscosas suficiente para não perderem líquido. Em geral, a base é pré-cozida e não chega a se espessar durante o crescimento do suflê no forno. As paredes das bolhas são estruturadas pelas proteínas da clara de ovo, que só terão eficácia se não forem excessivamente diluídas pelo material da base. A regra geral é usar pelo menos uma clara (ou uma xícara de clara batida) a cada meia xícara (125 ml) de base.

A consistência da base tem forte influência sobre a qualidade do suflê. Se for líquida demais, o suflê crescerá e se derramará pelas bordas da forma antes que as proteínas do ovo tenham condições de coagular. Se for firme demais, não se misturará de forma homogênea com as claras nem crescerá como deve. A regra prática mais comum é usar uma base coesa, mas mole suficiente para cair pelo próprio peso quando derramada de uma colher.

Muitas fórmulas. As bases de suflê são feitas de uma ampla gama de ingredientes. As que contêm somente gemas, açúcar e sabores são as mais leves e delicadas e produzem o equivalente do *omelette soufflée*, frequentemente chamado *soufflée a la minute* porque pode ser feito rapidamente e sem nenhuma preparação prévia. Uma calda de açúcar concentrada torna as paredes das bolhas mais viscosas e estáveis. O mesmo efeito pode ser obtido com os vários carboidratos (celulose, pectina, amido) presentes em frutas e hortaliças passadas em purê, bem como com as proteínas num purê de carne, ave ou peixe cozidos. Se o purê for feito com peixe cru, suas proteínas vão se coagular durante o assado juntamente com as proteínas da clara, fornecendo substancial reforço à espuma. As partículas marrons do cacau em pó e do chocolate, ricas em amido, enrijecem as paredes das bolhas na medida em que absorvem umidade e, nesse processo, incham e ganham viscosidade.

O tipo mais versátil de base de suflê é espessado com amido cozido na forma de preparados auxiliares como um creme de confeiteiro ou molho bechamel, ou ainda um *panade* (semelhante ao creme de confeiteiro, mas sem açúcar e com manteiga) ou uma *bouillie* (p. 110). A consistência mais comum de uma base com bastante amido é a de um molho de densidade média, que produz um suflê úmido e relativamente leve. Caso se duplique a quantidade de farinha, o suflê será mais seco e mais denso; será ainda robusto suficiente para ser desenformado, colocado numa travessa com um molho quente e aquecido novamente no forno ou gratinador, tornando a crescer. Caso a quantidade de farinha seja triplicada, obtém-se um "suflê-pudim" – que, como o próprio nome indica, tem uma textura mais semelhante à do pão – que não murchará jamais, o que quer que aconteça. (Multiplicando por 15 a quantidade de farinha, o preparado obtido é um pão de ló.)

Batimento e incorporação das claras de ovos. As claras usadas na preparação de um suflê devem ter picos firmes, mas úmidos e brilhantes. É difícil incorporar de modo homogêneo uma espuma firme e seca, ao passo que a espuma mole ainda tem uma textura grosseira que se refletirá na textura do suflê, além de poder deixar a mistura tão líquida que tenderá a transbordar da forma antes de endurecer.

O segredo está em misturar os dois materiais do modo mais homogêneo possível, mas perdendo o mínimo possível de ar. Em regra, de um quarto a metade do volume da espuma se perde nesse estágio. O método tradicional para misturar a base e a espuma consiste em mexer vigorosamente um quarto da espuma com a base para deixar esta mais leve. Depois, usar uma espátula para "incorporar" as claras em neve à base: pega-se um pouco de base com a espátula e "cortam-se" verticalmente as claras ao mesmo tempo que se deposita a base ao longo da superfície cortada.

Por que o árduo trabalho de incorporar em vez de mexer rapidamente? Porque a massa grossa de amido, gorduras e outros materiais faz estourar as bolhas; e, quanto mais se esfregam as bolhas de encontro a essa massa, mais bolhas se perdem. O simples batimento raspa as duas fases uma contra a outra e causa substancial perda de ar. A incorporação tem a vantagem de só perturbar a espuma naquele trecho de superfície em que a base é depositada, e mesmo esse trecho só é perturbado por um único movimento da espátula. O resultado é uma raspagem mínima das bolhas contra a mistura e uma taxa máxima de sobrevivência das bolhas.

Apesar de os livros de culinária em geral recomendarem que a incorporação se faça de forma rápida, o melhor é incorporar *devagar*. A força cortante que se exerce sobre cada bolha é proporcional à velocidade com que ela se desloca em relação à base. Quanto mais lento o movimento da espátula, menos dano sofrerá a espuma.

A única exceção às regras de incorporação é o suflê feito com purê ou suco de frutas cozidos com açúcar para formar uma calda grossa. Essa base pode ser incorporada à espuma ainda durante o seu batimento – uma versão em forma de suflê do merengue italiano – e, na verdade, aumentará o volume da mistura.

Preparação e preenchimento da forma. Desde os timbales de creme de La Chapelle, os suflês têm sido preparados em duas etapas: primeiro o interior da forma é untado e depois revestido quer de açúcar, para um suflê doce, quer de migalhas de pão ou queijo ralado, para um suflê salgado. A manteiga supostamente ajuda a mistura a deslizar pelas paredes da forma à medida que cresce, ao passo que as partículas proporcionam aderência: teses contraditórias, e falsas! Os suflês assados em formas não untadas nem revestidas de pequenas partículas sólidas crescem o mesmo tanto. A manteiga simplesmente facilita a saída do suflê depois de pronto, e o açúcar, as migalhas e o queijo proporcionam uma gostosa crosta crocante e escurecida que se forma sobre um interior macio.

Uma vez posto na forma, um suflê razoavelmente firme pode ser conservado por várias horas na geladeira antes de a espuma se deteriorar. No congelador, se mantém por tempo indeterminado.

A cocção do suflê. Assar suflê não é um bicho de sete cabeças. Uma mistura em temperatura ambiente crescerá inevitavelmente quando colocada no forno quente. Não tenha medo de abrir a porta do forno. A mistura não poderá murchar a menos que comece a esfriar; e, mesmo que isso aconteça, crescerá novamente quando for requentada.

A maioria dos suflês é colocada diretamente sobre a grade ou chapa do forno. Porém, pequenas porções individuais são tão leves que o vapor gerado no fundo da forma as faz explodir, esvaziando as formas. Uma assadeira cheia de água, ou pequenos recipientes metálicos cheios d'água e colocados sobre uma assadeira, podem moderar a temperatura do fundo da forma de modo que os suflês pequenos se mantenham no lugar.

A aparência e a consistência do suflê são fortemente afetadas pela temperatura do forno. Acima de 200 °C, a mistura cresce o mais rápido possível e a superfície pode tostar enquanto o interior permanece úmido e cremoso. Entre 160 e 180 °C, o crescimento é mais modesto e o escurecimento da superfície coincide com certo enrijecimento do interior. O forno baixo pode coagular as superfícies com tanto vagar que a mistura em expansão extravasa e escorre da forma em vez de subir verticalmente. Para saber se o suflê está no ponto, pode-se verificar o interior com um palito de dente. O ponto correto do suflê é uma questão de gosto: alguns preferem um interior cremoso, que ainda adere ao palito, enquanto outros preferem uma consistência mais firme, em que a mistura adere somente a si mesma e o palito sai limpo.

ESPUMAS DE GEMA: ZABAIONE E *SABAYON*

A gema precisa de ajuda para espumar. Uma clara de ovo batida por dois minutos aumenta oito vezes de volume e se torna uma espuma semissólida. Por outro lado, você terá sorte se conseguir duplicar o volume de uma gema batida por dez minutos. A gema é mais rica em proteínas que a clara e têm ainda a vantagem de conter fosfolipídios emulsificantes que se especializam em revestir as gotículas de gordura. Por que, então, não consegue estabilizar as bolhas de ar e constituir uma espuma decente?

Parte da explicação é o que ocorre quando se lava a vasilha onde estavam as gemas: no instante em que se põe ali um pouco de água, a gema forma espuma! Acontece que a gema, rica em proteínas e emulsificantes, é pobre em água. Não só contém cerca de metade da água presente na clara como também essa água está quase toda ligada aos outros componentes. Uma colher de sopa (15 ml) de gema, volume típico para um ovo grande, contém cerca de um terço de colher de chá (2 ml) de água livre para espumar. Caso se acrescentem mais duas colheres de chá, tornando a proporção de água igual à da clara, ela formará espuma com a maior facilidade.

Mas por pouco tempo. Se você aproximar o ouvido da espuma, ouvirá as bolhinhas estourando. A outra deficiência da gema é que suas proteínas são demasiado estáveis. Nem a agitação física nem a presença de bolhas de ar é capaz de fazer com que essas proteínas se desdobrem e se liguem umas às outras, constituindo uma matriz reforçada. É claro, por outro lado, que esse efeito pode ser obtido pelo calor: basta ver os cremes de ovos e leite e as gemas cozidas. Por isso, se a gema for acrescida de líquido e o batimento for suplementado por uma cocção cuidadosa, o volume da mistura aumentará quatro vezes ou mais. Esse procedimento é a base dos molhos zabaione e *sabayon*.

Do zabaione ao *sabayon*. É difícil traçar a evolução das receitas de espumas de gema. O zabaione – de uma raiz que significa "misturado", "confuso" – era um vinho com especiarias espessado por gema de ovo na Itália do século XV, e mesmo em 1800 às vezes era uma espuma, às vezes não. (Até algumas receitas modernas de zabaione não são batidas, mas mexidas, e resultam num preparado que lembra um creme inglês com vinho.) Os franceses descobriram o zabaione por volta de 1800 e já em 1850, sob a denominação mais refinada de *sabayon*, o haviam incorporado a seu sistema de molhos na qualidade de creme para sobremesas. No século XX, aplicaram o mesmo princípio para fazer caldos salgados e tornar mais leves certos molhos clássicos de manteiga e óleo à base de gemas de ovos, entre os quais a maionese e o molho *hollandaise*. (Sobre os molhos, ver p. 712.)

Técnica do zabaione. O método padrão para fazer zabaione consiste em misturar volumes iguais de açúcar e gemas, acrescentar vinho – em geral vinho Marsala, num volume que varia entre o mesmo das gemas e até quatro vezes mais –, colocar a vasilha sobre uma panela de água em fervura lenta e bater por alguns minutos até a mistura ficar espumosa e espessa. Durante o batimento e a montagem iniciais, as esferas de proteínas se desfazem para poder agir. A diluição, a acidez do vinho, o álcool e as bolhas rompem os grânulos e os complexos lipoproteicos da gema, reduzindo-os a moléculas individuais que podem então revestir e estabilizar as bolhas de ar. Quando a temperatura chega a 50 °C, alta o suficiente para desdobrar algumas proteínas, a mistura engrossa, prende o ar de modo mais eficiente e começa a se expandir. À medida que as proteínas continuam se desdobrando e se ligando umas às outras, a espuma cresce e forma montes macios. O segredo para fazer um zabaione levíssimo é deter o aquecimento no momento exato em que a espuma estiver entre o estado líquido e o sólido. Caso a cocção continue, o resultado

---

Precursores medievais do zabaione e do *sabayon*

As modernas versões italiana e francesa de espumas de gema nasceram na era medieval na forma de um vinho enriquecido de gemas, de sabor simples na Itália e na França mas acrescido de muitas especiarias na Inglaterra.

Chaudeau flament ("Bebida quente flamenga", para os doentes)

Põe um pouco de água para ferver; bate as gemas sem as claras, mistura-as com vinho branco e agrega a mistura aos poucos à água, mexendo bem para que não enrijeça; acrescenta sal depois de tirar do fogo. Alguns acrescentam uma pequeníssima quantidade de *verjus*.

– Taillevent, *Le Viandier*, c. 1375

Cawdell Ferry

Separa gemas de ovos das claras; esquenta um bom vinho numa panela sobre fogo generoso, lança ali as gemas e mistura-as bem até espessar, sem porém deixar a mistura ferver. Acrescenta açúcar, açafrão, sal, macis, alelis e raiz de galanga [planta semelhante ao gengibre] bem moída, e canela em pó. Quando servires, polvilha com gengibre, canela e noz-moscada em pó.

– MS 279 da Coleção Harley, c. 1425

Zabaglone

Para quatro xícaras de Zabaglone, usarás doze gemas de ovos frescos, três onças de açúcar, meia onça de boa canela e uma caneca grande de bom vinho doce. Cozinha tudo até que fique espesso como um caldo; tira-o do fogo e serve aos meninos numa travessa. Se quiseres, podes acrescentar um pouco de manteiga fresca.

– *Cuoco Napoletano*, c. 1475, trad. ingl. de Terence Scully

será uma esponja mais firme, mais densa e, por fim, dura e rígida, decorrência da talha das proteínas.

O zabaione é tradicionalmente feito dentro de uma vasilha de cobre e em banho-maria; a temperatura de coagulação é tão baixa que o fogo direto poderia coalhar rapidamente a mistura. Nas cozinhas profissionais, onde falta tempo e sobra experiência, o zabaione e o *sabayon* são às vezes cozidos diretamente sobre a chama. A vantagem da vasilha de cobre para fazer espumas de gema não é química, mas física: sua excelente condutividade térmica a torna idealmente receptiva às ações do cozinheiro. Por outro lado, o cobre dá à espuma um sabor nitidamente metálico, e por isso alguns cozinheiros preferem o aço inoxidável.

O zabaione ideal, ou o perfeito *sabayon* doce, é macio, evanescente e derrete na boca, mas é estável suficiente para ser refrigerado e servido frio. Os *sabayons* salgados podem ser tirados do fogo antes de alcançar a máxima maciez para que permaneçam relativamente líquidos, mas com o tempo o líquido lubrificante nas paredes das bolhas tende a drenar e se separar da mistura. Felizmente, um *sabayon* dividido em duas fases pode ser batido novamente e reconduzido à textura inicial.

OVOS EM CONSERVA DE VINAGRE E OUTROS MÉTODOS DE CONSERVAÇÃO

Até surgirem os novos métodos de seleção genética e iluminação artificial, as aves domesticadas produziam ovos de forma sazonal: começavam a pôr na primavera, continuavam ao longo de todo o verão e paravam no outono. Por isso nossos antepassados fizeram com os ovos o mesmo que faziam com o leite e as frutas e hortaliças: desenvolveram métodos de preservação para poder comê-los o ano inteiro. Muitos desses métodos consistiam simplesmente em isolar os ovos do ar, sem alterar sua composição. A água saturada de cal, ou hidróxido de cálcio, é alcalina suficiente para coibir o crescimento de bactérias e recobre a casca do ovo com uma fina camada de carbonato de cálcio, selando parcialmente os poros. O método de untar os ovos com óleo de semente de linhaça parece ter surgido nas fazendas holandesas por volta de 1800. No começo do século XX passou-se a usar o chamado "vidro solúvel", uma solução de silicato de sódio que sela igualmente os poros e tem efeito bactericida. Esses tratamentos se tornaram obsoletos com o advento da refrigeração e a produção contínua de ovos.

Certos métodos chineses de preservação são usados até hoje, quinhentos anos depois de terem sido descritos pela primeira vez. Eles conservam o valor nutricional do ovo, mas alteram-lhe drasticamente o sabor, a consistência e a aparência. No Ocidente, o processo que mais se assemelha a essa ovoalquimia é a produção de queijos, que transforma o leite num alimento completamente diferente. Os familiares ovos conservados em vinagre mal sugerem todas as possibilidades aí contidas; estão para os ovos chineses em conserva como o iogurte está para o queijo stilton.

OVOS EM CONSERVA DE VINAGRE

Para fazer ovos em conserva, eles são cozidos e depois mergulhados durante uma a três semanas numa solução de vinagre, sal, especiarias e, muitas vezes, um corante, como sumo de beterraba. No decorrer desse período, o ácido acético do vinagre dissolve boa parte do carbonato de cálcio da casca, penetra nos ovos e reduz o pH num grau suficiente para impedir o crescimento dos microrganismos que causam a putrefação. (O vinagre contido na tintura usada para enfeitar ovos para a Páscoa corrói a superfície da casca e ajuda o pigmento a penetrar.) Os ovos assim tratados se conservam por até um ano sem refrigeração.

Os ovos em conserva de vinagre podem ser comidos com casca – ou, pelo menos, com o que resta dela. Além de ter sabor azedo, são mais firmes que os ovos recém-

-cozidos; a clara às vezes é descrita como borrachenta. Para obter consistência mais tenra, pode-se aumentar a quantidade de sal e manter o líquido da conserva em ebulição quando os ovos são nele mergulhados. Embora os ovos em conserva não se estraguem em temperatura ambiente, se forem mantidos em local frio não tenderão a apresentar inchaço da gema e fissuras da clara (causadas pela absorção demasiado rápida do líquido de conservação).

OVOS EM CONSERVA À MODA CHINESA

Embora o chinês médio não consuma mais que um terço dos ovos consumidos pelo norte-americano médio, e conquanto a maioria dos ovos consumidos pelos chineses seja de galinha, a China é famosa pelos seus ovos de pata em conserva, entre os quais os célebres "ovos de mil anos". Tanto estes quanto os ovos simplesmente conservados em sal vêm das províncias do sul, onde há muitos patos. Com esses métodos, tornou-se possível transportar os ovos até mercados distantes e preservá-los por meses durante a estação em que as aves não põem. As proteínas e membranas dos ovos de galinha são menos suscetíveis à aplicação de alguns desses tratamentos.

Ovos em sal. O método mais simples de preservação consiste em tratar os ovos com sal, que absorve a água das bactérias e fungos e inibe o seu crescimento. Os ovos são mergulhados numa solução de 35% de sal ou revestidos um a um numa pasta de sal, água e argila ou barro. Depois de 20 a 30 dias, o ovo para de absorver sal e chega ao equilíbrio químico. Estranhamente, a clara permanece líquida, mas a gema se solidifica. Na verdade, as altas quantidades de íons positivos de sódio e negativos de cloreto criam barreiras entre as proteínas do albúmen, mas fazem com que as partículas da gema se aglomerem numa massa granulada. Os ovos em sal, chamados *hulidan* ou *xiandan*, são cozidos antes de serem consumidos.

Ovos fermentados. Outro tipo de ovo em conserva, pouco conhecido no Ocidente, é aquele cuja casca é cuidadosamente rachada e recoberta com uma pasta fermentada de arroz ou outros cereais cozidos e misturados com sal: em essência, uma versão concentrada e salgada do saquê ou da cerveja. O *zaodan* amadurece num prazo de quatro a seis meses e assume o sabor aromático, doce e alcoólico da pasta que o envolve. Tanto a clara quanto a gema coagulam e se desprendem da casca amaciada. Estes ovos podem ser cozidos ou comidos no estado em que se encontram.

Pidan: "ovos de mil anos" submetidos a cura alcalina. Os mais famosos de todos os ovos em conserva são os ovos de pata chamados "de mil anos", os quais na verdade só foram inventados há quinhentos anos, levam de um a seis meses para amadurecer e se conservam por mais ou menos um ano. Seu nome popular – o termo chinês é *pidan*, "ovos revestidos" – se deve a sua aparência assustadoramente decrépita: a casca incrustada de lama, a clara na forma de uma gelatina marrom translúcida e a gema semissólida de um sombrio tom de verde. Também o sabor é terroso e elemental, radicalmente óveo, salgado, duro e alcalino, com fortes notas de enxofre e amônia. O *pidan* com casca é lavado e deixado para "respirar" antes de ser servido, para suavizar o sabor. Na China, esses ovos são considerados uma iguaria e em geral são servidos como aperitivo.

Além dos ovos, são necessários apenas dois ingredientes para fazer *pidan*: sal e um material fortemente alcalino, que podem ser cinzas de lenha, cal, carbonato de sódio, lixívia (hidróxido de sódio) ou alguma combinação de todos estes. O chá é frequentemente acrescentado para dar sabor, e a lama é usada para criar uma pasta que, seca, se torna uma crosta protetora. Por outro lado, os ovos também podem ser imersos numa solução aquosa dos ingredientes de cura (por este método a cura é mais rápida, mas o sabor é mais alcalino e menos sutil). Existe uma versão mais suave do *pidan*, de gema mole, feita acrescentando óxido de chumbo aos ingredientes. Esse material reage com o enxofre da clara e forma uma fina poeira preta de sulfeto de chumbo, que bloqueia os poros da casca e retarda o ingresso do sal e dos elementos alcalinos no ovo. (O chumbo é uma neurotoxina potente; por isso, não se devem comer estes ovos. Procure embalagens que declarem textualmente que os ovos não contêm óxido de chumbo. Efeito semelhante pode ser obtido substituindo o chumbo por zinco.)

O que cria a transparência, a cor e o sabor. O verdadeiro agente de transformação no *pidan* é o material alcalino, que aos poucos aumenta o pH do ovo, que já era alcalino, para um valor entre 9 a 12 ou ainda maior. Essa tensão química provoca o que se pode entender como uma fermentação inorgânica: desnatura as proteínas do ovo e reduz algumas proteínas e gorduras, que em seu estado natural não têm sabor, a componentes mais simples e altamente saborosos. O pH violentamente alto obriga as proteínas a se desdobrar e, ao mesmo tempo, confere-lhes forte carga negativa que as faz repelir-se entre si. O sal dissolvido, com seus íons positivos e negativos, modera a repulsão num grau suficiente para que os filamentos de proteínas do albúmen, amplamente dispersos, possam aglutinar-se num gel sólido, mas transparente. Na gema, as mesmas condições extremas destroem a estrutura organizada das esferas e, com ela, a habitual granulação; as proteínas da gema se coagulam numa pasta cremosa. A alcalinidade radical também escurece o albúmen na medida em que acelera a reação entre as proteínas e os traços de glicose

(ver p. 99) e esverdeia a gema por estimular a formação de sulfeto ferroso em toda a sua estrutura, e não somente na superfície (como nos ovos cozidos ao duro; ver p. 98). Por fim, a mesma alcalinidade intensifica o sabor do ovo, quebrando proteínas e fosfolipídios para formar sulfeto de hidrogênio, ácidos graxos de sabor distintamente animal e a pungente amônia (os vapores que saem de um ovo recém-aberto tornam azul o papel de tornassol).

Nouveaux pidan. Há pouco tempo, dois cientistas taiwaneses criaram um método para fazer uma surpreendente versão suavizada do *pidan*. A fim de minimizar a tensão química e, portanto, a alteração de cor e sabor, limitaram o prazo de cura alcalina a oito dias numa solução de 5% de sal e 4,2% de lixívia. Esses ovos não se solidificam sozinhos. Porém, quando o desdobramento e a ligação entre proteínas são encorajados por um aquecimento suave a 70 °C por 10 minutos, os ovos endurecem; a gema assume tonalidade dourada e a clara fica incolor e transparente!

Ovos flor de pinho. Há uma variedade especialmente apreciada de *pidan* em que a clara marrom translúcida é pontilhada de minúsculas partículas brancas. Estes ovos são chamados *songhuadan*, "ovos flor de pinho". As "flores" são, na verdade, cristais de aminoácidos modificados, que a alta alcalinidade separa das proteínas do albúmen. A presença desses pontinhos, portanto, é um sinal de decomposição proteica e geração de sabor. É, ainda, uma delicada manifestação do reino mineral na esfera transparente da clara animal e um exemplo daqueles deleites inesperados que podem jazer ocultos até nas mais rudes preparações.

CAPÍTULO 3

CARNE

Os animais como alimento	**134**
A essência do animal: mobilidade garantida pelos músculos	134
Os humanos como seres carnívoros	135
A história do consumo de carne	135
Por que as pessoas adoram comer carne?	137
A carne e a saúde	**137**
As vantagens nutricionais antigas e imediatas da carne...	137
... e suas desvantagens modernas e crônicas	137
A carne e as infecções transmitidas por alimentos	138
A "doença da vaca louca"	140
Controvérsias na moderna produção de carne	**141**
Hormônios	141
Antibióticos	142
Produção humanitária de carne	142
A estrutura e as qualidades da carne	**143**
Os tecidos musculares e a textura da carne	143
Tipos de fibras musculares: a cor da carne	146
Fibras musculares, tecidos e o sabor da carne	148
Os métodos de produção e a qualidade da carne	149
Os animais de corte e suas características	**152**
Quadrúpedes domésticos	153
Aves de corte domésticas	155
Quadrúpedes e aves de caça	156
A transformação do músculo em carne	**158**
O abate	158
Rigor mortis	159
Maturação	159
Corte e embalagem	161
Deterioração e estocagem da carne	**161**
A deterioração da carne	161
Refrigeração	162
Irradiação	164
Cocção da carne fresca: princípios	**164**
O calor e o sabor da carne	164
O calor e a cor da carne	165
O calor e a textura da carne	166
O desafio da cocção da carne: obter a textura correta	168
O ponto da carne e sua salubridade	171
Cocção da carne fresca: métodos	**172**
Modificação da textura antes e depois da cocção	172
Chamas, brasas e resistências elétricas	174
Ar e paredes quentes: carne assada ao forno	176
Metal quente: fritura ou salteado	177
Óleo quente: fritura por imersão e meia imersão	178
Água quente: braseado, cozido por imersão, pocheado, *simmering*	180
Cocção no vapor	182
Cocção no micro-ondas	183
Depois da cocção: deixar repousar, trinchar e servir	183
Sobras	184
Miúdos ou carnes de órgãos	**185**
Fígado	186
Foie gras	186
Pele, cartilagens e ossos	187
Gordura	187
Misturas com carne	**188**
Embutidos	188
Patês e terrines	190

Carnes preservadas	191	Carnes defumadas	195
Carnes secas: o *jerky* norte-americano	192	Carnes fermentadas: embutidos curados	196
Carnes salgadas: presuntos, toicinho, carne bovina em conserva	192	*Confits*	197
		Carnes enlatadas	198

De todos os alimentos que os animais e vegetais nos fornecem, a carne sempre foi o mais apreciado. As razões desse prestígio estão inscritas nas profundezas da natureza humana. Os primatas dos quais descendemos se alimentavam quase exclusivamente de vegetais até 2 milhões de anos atrás, quando mudanças no clima da África e o desaparecimento de muitas formas de vegetação os obrigaram a comer carcaças de animais mortos. A carne e a gordurosa medula óssea dos animais são fontes mais concentradas de energia e proteínas que praticamente qualquer alimento de origem vegetal. Colaboraram para promover o aumento de tamanho do cérebro que assinalou a transformação evolutiva dos primeiros hominídeos em seres humanos. Mais tarde, a carne foi o alimento que permitiu aos humanos emigrar da África e sobreviver nas regiões mais frias da Europa e da Ásia, onde os alimentos vegetais eram periodicamente escassos ou mesmo inexistentes. Os seres humanos se tornaram caçadores ativos cerca de 100 mil anos atrás, e as pinturas rupestres de bovinos e equinos selvagens deixam claríssimo que essas presas eram vistas como encarnações da força e da vitalidade. As mesmas qualidades acabaram sendo atribuídas também à carne, e há muito tempo as caçadas bem-sucedidas suscitam o orgulho e a gratidão e dão ocasião a banquetes comemorativos. Embora já não dependamos da caça para comer carne nem da carne para sobreviver, o tecido muscular animal continua sendo o prato principal das refeições feitas em boa parte do mundo.

Paradoxalmente, de todos os principais alimentos a carne é também o mais evitado. Para comer carne, necessariamente provocamos a morte de outras criaturas que sentem medo e dor e cujo tecido muscular se

---

A carne digna e indigna de homens e deuses

Fora de Troia, sacerdotes gregos sacrificavam gado a Apolo:
puxaram para trás as cabeças das vítimas, degolaram-nas,
pelaram-nas, desossaram os pernis e revestiram-nos em gordura,
em dupla camada desta, envolta por pedaços de músculo.
E o ancião os tostou sobre lascas de lenho seco
e sobre os quartos traseiros derramou luzente vinho,
enquanto os jovens ao lado seguravam garfos de cinco pontas.
Uma vez queimados os ossos e provadas as entranhas,
cortaram o resto em postas, atravessaram-nas com espetos,
assaram-nas cuidadosamente e retiraram-nas do fogo.

– Homero, *Ilíada*, c. 700 a.C.

Pois, assim como não é cabível que os homens comam uns aos outros, assim tampouco é cabível que os altares dos deuses sejam maculados pelo assassínio, ou que tal tipo de alimento seja tocado pelos homens.

– Porfírio, *Sobre a abstinência*, c. 300 d.C.

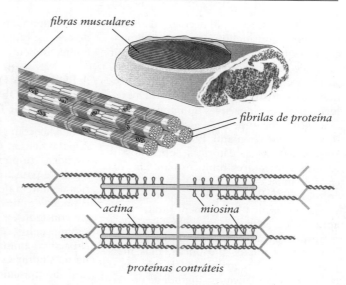

A estrutura do tecido muscular e da carne. Um pedaço de carne é composto de muitas células musculares, chamadas fibras. As fibras, por sua vez, são repletas de muitas fibrilas, agregados de actina e miosina, as proteínas do movimento. Quando um músculo se contrai, os filamentos de actina e miosina deslizam uns sobre os outros e diminuem o comprimento geral do complexo.

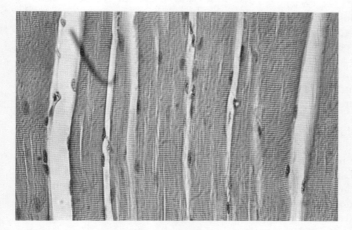

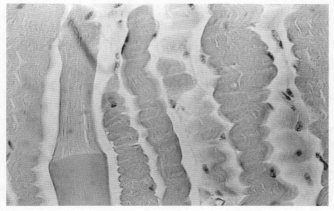

Contração muscular. Fibras musculares de coelho vistas através do microscópio: relaxadas (acima) e contraídas (abaixo).

assemelha ao nosso. No decorrer da história, muitos consideraram moralmente inaceitável que seja esse o preço a pagar por um pouco de nutrição e prazer. O argumento ético contra o consumo de carne reza que o mesmo alimento que garantiu a evolução biológica dos seres humanos modernos agora nos impede de alcançar a plenitude do estado humano. Porém, as influências biológicas e históricas sobre nossos hábitos alimentares também têm sua força. Por mais que seja sofisticada a nossa cultura, não deixamos de ser animais onívoros; e a carne é um alimento nutritivo e agradável e, por isso, é parte inalienável da maioria das tradições alimentares.

Questões menos filosóficas, mas mais prementes para o cozinheiro, foram suscitadas pelas mudanças na qualidade da carne ao longo das últimas décadas. Graças à busca de maior eficiência industrial e à preocupação dos consumidores com a ingestão de gordura animal, as carnes estão cada vez mais jovens e mais magras e, assim, cada vez mais tendentes a se mostrar insípidas depois de preparadas. Os métodos culinários tradicionais nem sempre são adequados às carnes modernas, e os cozinheiros têm de saber como adaptá-los.

Nossa espécie come praticamente qualquer coisa que se mova, de insetos e caramujos a cavalos e baleias. Este capítulo só fornece detalhes para as carnes mais comuns no mundo desenvolvido, mas os princípios gerais se aplicam à carne de todos os animais. Embora os peixes e frutos do mar sejam tão carnosos quanto os quadrúpedes e aves, a carne deles tem certas características muito específicas. Por isso serão objeto de um capítulo à parte (capítulo 4).

OS ANIMAIS COMO ALIMENTO

A palavra *carne* se refere aos tecidos dos corpos de animais que podem ser tomados como alimento – desde pernas de rã até miolos de bovino. Geralmente fazemos uma distinção entre as carnes propriamente ditas, tecidos musculares cuja função é a de mover alguma parte do animal, e as carnes de *órgãos*, miúdos como o fígado, os rins, o intestino etc.

A ESSÊNCIA DO ANIMAL: MOBILIDADE GARANTIDA PELOS MÚSCULOS

O que faz com que um ser seja um *animal*? A palavra vem da raiz indo-europeia que significa "respirar", movimentar o ar para dentro e para fora do corpo. A característica definitiva dos animais é a semovência: o poder de mover o corpo e os objetos a ele contíguos. A maioria de nossas carnes são músculos, o maquinário propulsor que capacita o animal a atravessar uma campina ou singrar os mares ou o céu.

Todo músculo tem a tarefa de encurtar-se ou se contrair quando recebe do sistema nervoso o sinal correspondente. O músculo é feito de células longas e delgadas, as fibras musculares, cada uma das quais contém dois tipos de filamentos proteicos especializados entrelaçados uns nos outros. É esse pacote de filamentos proteicos que torna a carne uma fonte tão rica de proteínas. Um impulso elétrico do nervo associado ao músculo faz com que os filamentos proteicos deslizem uns sobre os outros e se acoplem, formando ligações entre si. A mudança na posição relativa dos filamentos encurta a célula muscular como um todo, e as ligações que se formam entre eles mantêm a contração.

Energia portátil: gordura. O mecanismo proteico do músculo, como qualquer outra máquina, precisa de energia para funcionar. Quase tão importante para os animais quanto seu maquinário propulsor é o seu suprimento de energia, compacto suficiente para não sobrecarregá-los e impedir seu movimento. Acontece que a gordura acumula duas vezes mais calorias que o mesmo peso de carboidratos. É por isso que os animais semoventes armazenam energia quase exclusivamente na forma de gordura e, ao contrário dos vegetais estacionários, são repletos de gordura e não de amido.

Uma vez que a gordura é essencial para a vida animal, a maioria dos animais são capazes de converter a abundância de alimento em grandes estoques de gordura. Muitas espécies, dos insetos aos seres humanos, passando pelos peixes e aves, se enchem de alimento a fim de se preparar para migrar, acasalar ou sobreviver à escassez sazonal. Algumas aves migratórias ganham 50% do seu peso em gordura em poucas semanas e depois migram de 3 mil a 4 mil quilômetros, dos Estados Unidos à América do Sul, sem parar para reabastecer. Naquelas partes do mundo em que faz frio durante parte do ano, a engorda é uma das notas típicas do outono, quando os animais de caça estão mais roliços e apetitosos e quando os seres humanos praticam sua modalidade cultural de engorda: colhem e armazenam os cereais que lhes permitirão sobreviver às agruras do inverno. Há muito que os humanos aproveitam a capacidade de engorda dos animais de corte, superalimentando-os antes do abate a fim de torná-los mais saborosos e suculentos (p. 149).

OS HUMANOS COMO SERES CARNÍVOROS

A carne tornou-se elemento previsível da dieta humana há cerca de 9 mil anos, quando os povos do Oriente Médio conseguiram domesticar um punhado de animais selvagens – primeiro os cães, depois cabras e ovelhas e, por fim, os porcos, bovinos e cavalos – e criá-los junto de si. Os animais de criação não só transformavam a relva e os restos não comestíveis em carne nutritiva como também constituíam uma despensa ambulante, um estoque de nutrição concentrada que podia ser colhida e consumida quando necessário. Por serem adaptáveis suficiente para se sujeitar ao domínio humano, nossos animais de corte floresceram e hoje são em número de bilhões, ao passo que muitos animais selvagens estão sofrendo a pressão do crescimento das cidades e da agricultura e sendo encurralados em hábitats cada vez menores, enquanto sua população declina.

A HISTÓRIA DO CONSUMO DE CARNE

A escassez de carne nas sociedades agrícolas. Por volta da época em que nossos antepassados domesticaram alguns animais, eles também começaram a cultivar certos tipos de cereais, plantas que crescem em áreas amplas e produzem grandes números de sementes nutritivas. Foram os primórdios da agricultura. Com o advento da domesticação do centeio e do trigo, do arroz e do milho, povos nômades se fixaram para lavrar a terra e produzir alimentos, a população aumentou explosivamen-

---

Palavras da culinária: *Meat* (carne)

A palavra inglesa *meat* nem sempre significou a carne dos animais, e sua evolução indica uma mudança nos hábitos alimentares dos povos de língua inglesa. No *Oxford English Dictionary*, a primeira citação de *meat*, do ano 900, faz referência ao alimento sólido em geral, contraposto à bebida. Mesmo na língua inglesa atual há vestígios desse uso: a parte comestível dos frutos secos é chamada *meat*. Foi só em 1300 que *meat* foi usada para designar a carne, e demorou ainda mais para que essa acepção prevalecesse sobre a anterior. Nesse ínterim, a carne adquiriu proeminência na dieta dos ingleses, em termos de preferência se não de quantidade. (A mesma transformação se identifica na palavra francesa *viande*.) Um dos sinais dessa preferência é o *Compleat City and Country Cook* [Manual completo de culinária para a cidade e o campo], publicado por Charles Carter em 1732, que dedica 50 páginas a carnes, 25 a aves e 40 a peixes, mas só 25 a hortaliças e pouquíssimas a pães e confeitos.

te – e a maioria das pessoas passou a comer pouquíssima carne. Os cereais simplesmente representam uma forma muito mais eficiente de nutrição quando comparados a animais que pastam na mesma área de terra; por isso a carne tornou-se um luxo relativamente caro e reservado à nobreza. Desde a invenção da agricultura na época pré-histórica até a Revolução Industrial, a grande maioria dos habitantes do planeta vivia de pães e mingaus. Afetando primeiro a Europa e os Estados Unidos no século XIX, a industrialização teve o efeito geral de tornar a carne mais barata e acessível, graças ao desenvolvimento de pastos manejados e rações formuladas, à seleção intensiva de animais em vista da eficiência produtiva e às melhorias no transporte entre o campo e a cidade. Porém, em partes menos desenvolvidas do mundo, a carne ainda é um privilégio reservado aos mais abastados.

A abundância de carne nos Estados Unidos. Desde o começo, os norte-americanos gozaram de uma abundância de carne, possibilitada então pelo tamanho e a riqueza do continente. No século XIX, com a urbanização do país e o êxodo rural, as carnes eram salgadas e armazenadas em barris para não estragar nas mercearias e durante o transporte; a carne suína salgada era alimento tão comum e essencial quanto o pão (donde certas expressões típicas do inglês norte-americano, como "raspar o fundo do barril" e "política do barril de porco"). Na década de 1870, a distribuição mais ampla da carne fresca, especialmente bovina, foi possibilitada por diversos acontecimentos, entre os quais o crescimento da pecuária no oeste do país, a introdução de vagões de gado nos trens e a criação do vagão ferroviário refrigerado por Gustavus Swift e Philip Armour.

Hoje em dia, abrigando um quinze avos da população do planeta, os Estados Unidos consomem um terço da produção mundial de carne. Um tal grau de consumo só é possível em sociedades ricas como a norte-americana, pois a carne continua sendo uma fonte de nutrição muito menos eficiente que as proteínas vegetais. A quantidade de cereais necessária para alimentar uma pessoa diretamente é muito menor que a necessária para alimentar um novilho ou um frango a fim de que a mesma pessoa se alimente. Mesmo hoje, com métodos avançados de produção, é necessário um quilo de cereais para obter meio quilo de carne de frango; as razões são de 4 para 1 para a carne suína e 8 para 1 para a carne bovina. Só podemos nos dar ao luxo de ter nos animais uma grande fonte de alimento porque dis-

---

Palavras da culinária: os animais e suas carnes

Como ressaltaram há muito tempo o romancista Walter Scott e outros, a conquista normanda da Inglaterra, em 1066, causou uma cisão no vocabulário inglês referente às carnes comuns. Os saxões chamavam os animais pelos nomes germânicos – *ox* (boi, bovino), *steer* (novilho), *cow* (vaca), *heifer* (novilha) e *calf* (bezerro, bezerra); *sheep* (ovino), *ram* (carneiro não castrado), *wether* (carneiro castrado), *ewe* (ovelha) e *lamb* (cordeiro); *swine* (suíno), *hog* (porco castrado), *gilt* (porca que ainda não deu cria), *sow* (porca) e *pig* (leitão, leitoa) – e designavam a carne de cada um deles antepondo "carne de" a seus respectivos nomes. Quando, depois da conquista, o francês se tornou a língua da nobreza inglesa, os nomes dos animais sobreviveram no campo, mas as carnes preparadas foram rebatizadas segundo as normas dos cozinheiros cortesãos: os primeiros livros de receitas em inglês mencionam *beef* (carne bovina, do francês *boeuf*), *veal* (vitela, do francês *veau*), *mutton* (carne de carneiro, do francês *mouton*) e *pork* (carne suína, do francês *porc*).

pomos de um grande excedente de proteínas vegetais.

POR QUE AS PESSOAS ADORAM COMER CARNE?

Se o consumo de carne ajudou nossa espécie a sobreviver e prosperar pelo mundo afora, é compreensível que muitos povos tenham adotado o hábito de consumi-la e que a carne ocupe lugar de destaque nas culturas e tradições humanas. Porém, a satisfação mais profunda de comer carne provavelmente vem do instinto e da biologia. Antes de termos desenvolvido qualquer cultura, a sabedoria nutricional estava embutida nos órgãos sensoriais, nas papilas gustativas, nos receptores olfativos e no cérebro. As papilas gustativas, em específico, são feitas para nos ajudar a reconhecer e buscar nutrientes importantes: temos receptores para sais essenciais, para açúcares ricos em energia, para aminoácidos (as peças que compõem as proteínas), para as moléculas energéticas chamadas nucleotídeos. A carne crua contém todos esses sabores, pois as células musculares são relativamente frágeis e muito ativas do ponto de vista bioquímico. As células de uma folha ou semente, por sua vez, são protegidas por fortes paredes celulares que impedem que boa parte de seu conteúdo seja liberada pela mastigação; além disso, suas proteínas e amidos permanecem travados dentro de inertes grânulos de armazenamento. A carne, portanto, nos dá muito mais água na boca que a imensa maioria dos vegetais. Seu rico aroma depois de cozida é devido à mesma complexidade bioquímica.

A CARNE E A SAÚDE

AS VANTAGENS NUTRICIONAIS ANTIGAS E IMEDIATAS DA CARNE...

A carne de animais selvagens era, de longe, a fonte natural mais concentrada de proteínas e ferro na dieta de nossos ancestrais mais longínquos; ao lado das sementes oleaginosas, era também a fonte mais concentrada de energia. (Também é inigualada no que se refere a várias vitaminas do complexo B.) Graças à combinação de carne, verduras ricas em cálcio e um estilo de vida vigoroso, os primeiros caçadores-coletores eram robustos e tinham ossos, mandíbulas e dentes fortes. Quando a agricultura e o sedentarismo se desenvolveram no Oriente Médio, cerca de 10 mil anos atrás, a dieta e a atividade do ser humano se estreitaram consideravelmente. Na dieta dos primeiros agricultores, a carne e as hortaliças coletadas foram substituídas por cereais ricos em amido mas relativamente pobres em cálcio, ferro e proteínas. Com esse fato, associado à maior incidência de doenças infecciosas ocasionadas pelo crescimento e pela aglomeração populacionais, a ascensão da agricultura desencadeou um declínio geral da estatura, da resistência óssea e da saúde dental do ser humano.

Uma espécie de volta à robustez dos caçadores-coletores ocorreu no mundo industrializado no final do século XIX. O amplo aumento da estatura e da expectativa de vida foi devido em grande parte a aperfeiçoamentos na medicina e sobretudo na higiene pública (qualidade da água, tratamento de esgoto), mas a crescente contribuição nutricional do leite e da carne também desempenharam papel essencial.

... E SUAS DESVANTAGENS MODERNAS E CRÔNICAS

Em meados do século XX, já tínhamos uma compreensão bastante razoável das exigências nutricionais para manter a boa saúde no dia a dia. No Primeiro Mundo, a maioria das pessoas tinha alimento em abundância e a expectativa de vida alcançara setenta ou oitenta anos. As pesquisas médicas passaram então a se concentrar nos efeitos da nutrição sobre as doenças que abreviam a vida, sobretudo o câncer e as doenças cardíacas. E, nesse quesito, a carne e seu forte apelo demonstraram sofrer importante desvantagem: a dieta rica em carne tem correlação com um risco maior de desenvolver doenças cardíacas e câncer. Na vida pós-industrial, marcada pela inatividade física e pela capacidade quase ilimitada de comermos tanta carne quanto quisermos, o conteúdo energético da carne, que em outra situação seria precioso, contribui para a obesidade, a qual aumenta o risco de várias doenças. As gorduras saturadas típicas da carne aumentam a taxa de colesterol no sangue e podem contribuir para provocar doenças do coração. E, na medida em que a carne remove de nossa dieta hortaliças e frutas que ajudam a combater as doenças cardíacas e o câncer (p. 283), ela aumenta a nossa vulnerabilidade a ambos os males.

Portanto, convém moderar o gosto de nossa espécie por carne. Ela nos ajudou a fazer de nós o que somos, mas agora pode nos prejudicar. Devemos comer carne com moderação e acompanhá-la de hortaliças e frutas que complementem seus pontos fortes e suas limitações nutritivas.

Controle dos subprodutos tóxicos em carnes cozidas. Também é preciso preparar a carne com cuidado. Os cientistas identificaram três famílias de substâncias químicas criadas durante a preparação da carne que causam danos ao DNA e provocam câncer em animais de laboratório e podem aumentar o risco de desenvolvimento de câncer do cólon.

Aminas heterocíclicas. As AHCs se formam em alta temperatura pela reação de componentes subsidiários da carne (creatina e creatinina) com aminoácidos. Em regra, a produção de AHCs é maior na superfície da carne, onde a temperatura é mais alta e os sucos da carne se acumulam, bem como nas carnes grelhadas, gratinadas ou salteadas em ponto bem-passado. O assado em forno deixa relativamente poucas AHCs na carne, mas grande quantidade permanece no caldo que resta na assadeira. As marinadas ácidas reduzem a produção de AHCs; a cocção suave e o consumo de carne em ponto médio ou malpassado têm o mesmo efeito. Hortaliças, frutas e bactérias acidófilas (p. 52) parecem neutralizar as AHCs no trato digestivo e impedi-las de causar dano.

Hidrocarbonetos aromáticos policíclicos. Os HAPs são criados quando praticamente qualquer material orgânico, inclusive madeira e gorduras, é aquecido ao ponto em que começa a queimar (p. 498). Portanto, a cocção sobre fogo de madeira que solte fumaça deposita HAPs da madeira na carne. O fogo de carvão quase não solta fumaça, mas criará HAPs a partir da gordura caso esta pingue sobre as brasas ou pegue fogo na superfície da própria carne. Pequena quantidade de HAPs se forma também em frigidos a alta temperatura. O problema dos HAPs pode ser minimizado grelhando a carne somente sobre a madeira já reduzida a carvão, deixando a grelha descoberta para que a fuligem e o vapor possam se dissipar, evitando a ignição da gordura e só raramente comendo carnes defumadas.

Nitrosaminas. As nitrosaminas se formam quando grupos que contenham nitrogênio, presentes em aminoácidos e compostos correlatos, se ligam ao nitrito, substância química usada há milênios nas carnes curadas por salga e que suprime a bactéria que causa botulismo (p. 192). A reação entre aminoácidos e nitritos ocorre tanto em nosso sistema digestivo quanto em frigideiras muito quentes. Sabe-se que as nitrosaminas causam extenso dano ao DNA, mas por enquanto não há prova inequívoca de que os nitritos em carnes curadas aumentem o risco de contrair câncer. Mesmo assim, talvez seja melhor comer carnes curadas com moderação e não aquecê-las em demasia durante a cocção.

A CARNE E AS INFECÇÕES TRANSMITIDAS POR ALIMENTOS

Além de talvez diminuir nossa longevidade, contribuindo para causar câncer e doenças cardíacas, a carne também acarreta um risco mais imediato: o de causar infecção por microrganismos. Este problema continua demasiado comum.

Infecções bacterianas. Exatamente por ser tão nutritiva, a carne é especialmente vulnerável à colonização por microrganismos, especialmente bactérias. E uma vez que a pele e o sistema digestivo dos animais são ricos reservatórios de bactérias, é inevitável que as superfícies das carnes, inicialmente limpas, sejam contaminadas durante o abate e a remoção do couro, das penas e das vísceras. O problema aumenta quando isso é feito por via mecanizada, onde as carcaças são manipuladas com menos cuidado do que seriam por açougueiros experientes e onde uma única carcaça contaminada basta para infectar as restantes. A maioria das bactérias é inofensiva e simplesmente provoca a deterioração da carne, consumindo seus nutrientes, gerando cheiros desagradáveis e criando por fim uma gosma escorregadia sobre a superfície. Algumas delas, porém, podem invadir as células de nosso sistema digestivo e produzir toxinas que destroem as próprias células hospedeiras e suas defesas, acelerando sua expulsão do nosso corpo. As duas principais causas de infecção alimentar por consumo de carne são a *Salmonella* e a *E. coli*.

As bactérias do gênero *Salmonella*, que comporta mais de 2 mil espécies, são os microrganismos que mais causam infecções alimentares sérias na Europa e na América do Norte e parecem estar se disseminando. Trata-se de um grupo resistente, adaptável a extremos de temperatura, acidez e umidade e encontrado na maioria dos animais, se não em todos, peixes inclusive. Nos Estados Unidos, predomina sobretudo em aves e ovos, aparentemente graças às práticas de criação de aves em escala industrial: a reciclagem dos subprodutos dos animais (penas, vísceras) como ração para a geração seguinte e o acúmulo de animais num espaço exíguo favorecem a proliferação de bactérias. Em regra, a salmonela não tem efeito evidente em seus vetores animais, mas nos seres humanos pode causar diarreia e infecções crônicas em outras partes do corpo.

Escherichia coli é o nome coletivo de muitas variedades correlatas de bactérias que residem geralmente no intestino dos animais de sangue quente, humanos inclusive. Porém, certas variedades são exógenas e, se forem ingeridas, invadirão as células do trato digestivo e causarão doenças. A mais famigerada e perigosa é uma variedade chamada O157:H7, que causa diarreia com expulsão de sangue e às vezes falência renal, especialmente em crianças. Nos Estados Unidos, cerca de um terço das pessoas em quem se diagnosticou *E. coli* O157:H7 precisam ser hospitalizadas, e 5% morrem. A *E. coli* O157:H7 vive no gado bovino (especialmente em bezerros) e em outros animais, mas neles tem pouco efeito, se é que tem algum. A carne bovina moída é de longe a fonte mais comum de infecção por *E. coli* O157:H7. A moagem mistura e espalha por toda a massa de carne as bactérias que talvez estivessem restritas a uma pequena porção contaminada.

Prevenção. A prevenção das infecções bacterianas parte do pressuposto bem fundado de que toda carne, sem exceção, está contaminada por pelo menos algumas bactérias patogênicas. É preciso então tomar medidas para que essas bactérias não se espalhem para outros alimentos e sejam eliminadas da própria carne durante a cocção. Mãos, facas, tábuas e bancadas usadas para preparar carnes devem ser lavadas com água morna e sabão antes de ser usadas para preparar outros alimentos. As bactérias *E. coli* são eliminadas a 68 °C; por isso, a salubridade da carne moída será mais garantida se o centro de cada partícula alcançar essa temperatura. A salmonela e outras bactérias podem se multiplicar em taxa significativa entre 5 e 60 °C. Por isso não se deve deixar as carnes nessa faixa de temperatura por mais de duas horas. Nos bufês, os pratos devem ser conservados quentes; as sobras devem ser imediatamente refrigeradas e requentadas a pelo menos 70 °C.

Triquinose. A triquinose é uma infecção provocada pelos cistos de um pequeno verme parasitário, a *Trichina spiralis*. Nos Estados Unidos, a triquinose foi associada por muito tempo ao consumo da carne mal cozida de porcos alimentados com uma lavagem que às vezes continha roedores ou outros animais infectados. O fornecimento de lavagem não cozida a porcos foi proibido nos Estados Unidos em 1980, e de lá para cá a incidência da triquinose nesse país caiu para menos de dez casos por ano. A maioria destes não são causados pelo consumo de carne suína, mas da carne de animais selvagens, como ursos, javalis e morsas.

Por muitos anos recomendou-se que a carne suína fosse muito bem-passada para garantir a eliminação dos nematódeos. Hoje se sabe que a temperatura de 58 °C, que deixa a carne em ponto médio, é suficiente para matar o parasita; 65 °C fornecem razoável margem de segurança. As triquinas também podem ser eliminadas pela estocagem em congelamento por período de pelo menos 20 dias, ou em temperatura inferior a −15 °C.

A "DOENÇA DA VACA LOUCA"

A "doença da vaca louca" é o nome vulgar da encefalopatia espongiforme bovina ou EEB, doença que aos poucos destrói o cérebro do gado bovino. É especialmente preocupante porque o agente infeccioso é uma partícula proteica inanimada que não pode ser destruída pela cocção e parece causar doença semelhante e igualmente fatal nas pessoas que comem a carne infectada. Ainda temos muito o que aprender a respeito.

A EEB surgiu no começo da década de 1980, quando se alimentava o gado bovino com subprodutos derivados de ovelhas que sofriam de uma doença cerebral chamada *scrapie* ou paraplexia enzoótica ovina, cuja causa parece ser um agregado proteico quimicamente estável chamado príon. Os príons das ovelhas de algum modo se adaptaram a seu novo hospedeiro e começaram a causar doença cerebral no gado bovino.

As pessoas não são vulneráveis à paraplexia enzoótica ovina. Porém, existe uma doença cerebral humana (principalmente hereditária) semelhante a essa paraplexia e causada por um príon similar: chama-se doença de Creutzfeldt-Jakob e tipicamente provoca perda de coordenação e demência em pessoas idosas, vindo por fim a matá-las. Em 1995 e 1996, no Reino Unido, dez pessoas relativamente jovens morreram de uma nova variante da doença de Creutzfedt-Jakob, e o príon encontrado em seus corpos era aparentado muito de perto com o príon da EEB. Isso é forte indício de que os seres humanos podem contrair uma doença gravíssima caso comam carne bovina infectada com EEB. Considera-se que o cérebro, a medula espinhal e a retina bovina são os tecidos em que os príons se concentram, mas um relatório de 2004 aventa a possibilidade de que eles possam se encontrar também nos músculos e, portanto, em cortes comuns de carne bovina.

A EEB parece ter sido eliminada no Reino Unido graças ao extermínio de rebanhos infectados, à vigilância governamental e às mudanças na alimentação dos animais. Porém, animais contaminados surgiram não só em outras partes da Europa como também nos Estados Unidos, no Canadá e no Japão. À guisa de precaução, alguns países suspenderam certas práticas tradicionais, ao menos durante certo tempo; entre elas, a de comer a carne saborosa de animais mais velhos (que têm maior probabilidade de serem portadores de EEB), miolos de bovino, timo e baço de vitela (órgãos do sistema imunológico) e intestinos (que contêm tecidos do sistema imunológico). Certos países também proíbem o uso de "carne mecanicamente separada" – minúsculas partículas removidas do esqueleto por meio mecânico e incorporadas à carne moída – do crânio e da coluna vertebral. Essas regras provavelmente serão modificadas à medida que forem desenvolvidos e implementados testes mais rápidos para verificar a contaminação e à medida que aprendermos como a doença se transmite às pessoas.

Até hoje, poucas centenas de pessoas morreram devido ao consumo de carne bovina infectada por EEB; no todo, o risco de contração da doença do príon mediante consumo de carne parece ser muito pequeno.

CONTROVÉRSIAS NA MODERNA PRODUÇÃO DE CARNE

A produção de carne é um grande negócio. Nos Estados Unidos, há poucas décadas, só perdia para a fabricação de automóveis. Há muito tempo, tanto o governo quanto o próprio setor patrocinam pesquisas acerca de modos inovadores de controlar a produção de carne e seus custos. O resultado é um fornecimento constante de carne relativamente barata; por outro lado, é também um sistema de produção cada vez mais distante de suas origens nos estábulos, chiqueiros e granjas do pequeno agricultor, e inquietante sob vários aspectos. Muitas inovações envolvem o uso de substâncias químicas para manipular o metabolismo dos animais. Essas substâncias atuam como drogas nos animais e suscitam a preocupação de que possam influenciar igualmente a saúde humana. Outras inovações têm relação com as condições de vida dos animais, que vivem hoje amontoados num ambiente artificial; e com sua alimentação, que frequentemente inclui restos reprocessados de vários setores agrícolas e contribuiu para o surgimento da doença da vaca louca e a persistência da salmonela nos frangos. A escala e a concentração da moderna produção de carne, com centenas de milhares de animais confinados num mesmo estabelecimento, causaram problemas significativos de poluição da água, do solo e do ar. O número de consumidores e produtores que se inquietam com esses fatos já é grande suficiente para que exista um modesto setor da pecuária dedicado à criação tradicional de animais de corte, em escala menor, e prestando mais atenção à qualidade da vida e da carne do animal.

HORMÔNIOS

A manipulação dos hormônios de animais é uma tecnologia antiga. Há milhares de

---

Animais invisíveis

O historiador William Cronon escreveu linhas eloquentes sobre o desaparecimento de nossos animais de corte, decorrente da mudança do sistema de produção de carne no século XIX:

Antigamente, ninguém poderia esquecer que as carnes bovina e suína eram criadas por uma complexa parceria simbiótica entre animais e seres humanos. Era difícil esquecer que porcos e bois haviam morrido para que as pessoas pudessem comer, pois era possível contemplá-los pastando em campinas próximas e tinha-se o hábito de visitar os terreiros e abatedouros onde eles davam a vida em prol do nosso alimento cotidiano. [...] Com o tempo, tornaram-se cada vez menos numerosos aqueles que, embora comessem carne, podiam afirmar que já haviam visto em estado vivente a criatura cujos músculos mastigavam; menor ainda era o número dos que já tinham eles mesmos abatido os animais. Num mundo de embalagens vistosas, é fácil esquecer que a alimentação é um ato moral inextricavelmente ligado ao ato de matar. [...] A carne é um pacote bonito que se compra no supermercado. A natureza não tem quase nada a ver com ela.

– William Cronon, *Nature's Metropolis: Chicago and the Great West*, 1991

anos que os criadores castram os machos para deixá-los mais dóceis. A remoção dos testículos não só impede a produção dos hormônios sexuais que estimulam o comportamento agressivo como também favorece a produção de tecido orduroso, diminuindo a de tecido muscular. É por isso que há muito tempo os bois e frangos capados são preferidos como animais de corte a touros e galos. A moderna preferência por carne magra tem levado alguns produtores a criar animais não castrados ou a repor certos hormônios nos castrados. Vários hormônios naturais e sintéticos, entre os quais o estrógeno e a testosterona, ajudam a criar animais mais magros e mais musculosos em menos tempo e com menos ração. Continuam as pesquisas acerca de diversos fatores de crescimento e outros medicamentos que possam ajudar os produtores a controlar nos mínimos detalhes o crescimento e a proporção de gordura nos bovinos e outros animais de corte.

Atualmente, os produtores de carne têm autorização para tratar o gado bovino de corte com seis hormônios nos Estados Unidos, no Canadá, na Austrália e na Nova Zelândia; na Europa, porém, isso é proibido. Em 1989, diante de abusos que vieram a público, os tratamentos hormonais foram declarados ilegais na Comunidade Econômica Europeia: alguns produtores de vitela italianos injetaram grandes quantidades do esteroide proibido DES em seus animais; a carne contaminada foi usada para fazer papinha de bebê e provocou mudanças nos órgãos sexuais de algumas crianças. Estudos de laboratório indicam que a carne de animais tratados com níveis permitidos de hormônios contém somente uma quantidade mínima de resíduos, os quais são inofensivos quando ingeridos por seres humanos.

ANTIBIÓTICOS

Para que seja eficiente a produção de carne em escala industrial, é preciso que um grande número de animais sejam criados muito próximos entre si, situação que favorece a rápida transmissão de doenças. Para controlar os microrganismos patogênicos, muitos produtores acrescentam antibióticos à ração dos animais como questão de rotina. Essa prática tem a vantagem adicional de acelerar o crescimento dos animais e a eficiência da ração.

Ao que parece, os resíduos de antibióticos na carne são insignificantes. Entretanto, há fortes indícios de que o uso de antibióticos nos animais de corte estimulou a evolução de variedades resistentes de campilo-bactérias e bactérias do gênero salmonela, que causaram doenças em consumidores norte-americanos. Uma vez que as bactérias resistentes são mais difíceis de controlar, a Europa e o Japão restringem o uso de antibióticos em animais.

PRODUÇÃO HUMANITÁRIA DE CARNE

Para muitos, a produção em massa de animais de corte é indesejável em si. Com uma série de atos legislativos e decretos executivos datados de 1978, a Suíça obrigou seus produtores a atender às necessidades de seus animais em matéria de espaço vital, acesso ao exterior e luz natural, bem como a limitar o tamanho de seus rebanhos e plantéis. A União Europeia também está adotando diretrizes de bem-estar para os animais de corte, e os produtores de vários países se associaram para estabelecer e monitorar as próprias diretrizes voluntárias.

É certo que a produção em massa tornou a carne mais barata do que seria em outras condições. Porém, uma vez que criamos os animais de corte somente para comê-los, parece justo que procuremos tornar a vida deles a mais satisfatória possível, por breve que seja. Não seria fácil criar animais de corte com lucro e, ao mesmo tempo, respeitar sua natureza e seus instintos dando-lhes a oportunidade de correr, chocar seus ovos e cuidar de seus filhotes. Mas esse desafio é no mínimo tão meritório quanto o de encontrar mais um jeito de cortar em 1% os custos de produção.

A ESTRUTURA E AS QUALIDADES DA CARNE

A carne magra é feita de três materiais básicos: contém cerca de 75% de água, 20% de proteína e 3% de gordura. Esses materiais se entremesclam em três tipos de tecidos. O principal é a massa de células musculares, as fibras longas que provocam o movimento quando se contraem e se dilatam. As fibras musculares são rodeadas de tecido conjuntivo, uma espécie de cola viva que reúne as fibras em feixes e as vincula aos ossos que elas movem. Entremeadas entre as fibras e o tecido conjuntivo há grupos de células de gordura, que acumulam lipídios como fonte de energia para as fibras musculares. As qualidades da carne – textura, cor e sabor – são determinadas em grande medida pelo arranjo e pelas proporções relativas das fibras musculares, do tecido conjuntivo e do tecido adiposo.

OS TECIDOS MUSCULARES E A TEXTURA DA CARNE

Fibras musculares. Quando examinamos um pedaço de carne, a maior parte do que vemos são feixes de células musculares, as fibras que efetuam o movimento. Cada fibra é extremamente fina, com diâmetro mais ou menos equivalente ao do cabelo humano (entre um décimo e um centésimo de milímetro), mas pode ser tão longa quanto o próprio músculo. As fibras musculares se organizam em feixes: aquelas fibras maiores, ou "fios", que facilmente identificamos e separamos na carne bem-passada.

A textura básica da carne, densa e firme, é dada pela massa de fibras musculares, que se torna mais densa, mais seca e mais resistente com a cocção. E é seu arranjo alongado que explica o "fio" da carne. O corte paralelo aos feixes os revela alinhados como os troncos de uma cabana rural norte-americana; um corte transversal revela somente as extremidades. É mais fácil separar os diversos feixes de fibra do que quebrá-los transversalmente, e por isso é mais fácil mastigar no sentido do fio que no contrafio da carne. Em geral, cortamos a carne no *contrafio* para que possamos mastigá-la no *fio*.

As fibras musculares têm diâmetro pequeno quando o animal é novo e seus músculos, pouco usados. À medida que ele cresce e se exercita, seus músculos se fortalecem crescendo – não aumentando o número de fibras, mas aumentando o número de fibrilas proteicas contráteis dentro das fibras que já existiam. Quanto mais fibrilas proteicas houver nas células, mais difícil será cortá-las. Por isso a carne de animais mais velhos e mais ativos é mais dura do que a de animais mais novos.

Tecido conjuntivo. O tecido conjuntivo é a armadura física que sustenta todos os outros tecidos do corpo, inclusive o muscular. Interliga as células individuais e conecta os tecidos entre si, organizando e coordenando suas operações. Camadas invisivelmente finas de tecido conjuntivo rodeiam cada fibra muscular e unem em feixes as fibras vizinhas; depois, se fundem para formar as lâminas grandes, branco-prateadas, que organizam em músculos os feixes de células, e constituem os tendões translúcidos que unem os músculos aos ossos. Quando as fibras se contraem, arrastam consigo essa armadura de tecido conjuntivo; e a armadura puxa os ossos. Quanto maior a força exercida pelo músculo, mais tecido conjuntivo ele precisa para reforçá-lo e mais forte deve ser esse tecido. Por isso, à medida que o crescimento e o exercício vão dando consistência às fibras musculares do animal, também vão adensando e tornando mais resistente o tecido conjuntivo.

O tecido conjuntivo leva em si algumas células vivas, mas consiste principalmente em moléculas que as células secretam para ocupar os grandes espaços entre elas. No que diz respeito ao cozinheiro, as mais importantes dessas moléculas são os filamentos proteicos que percorrem todo o tecido e o reforçam. Um deles, uma proteína chamada *elastina* em razão de sua elasticidade, é o principal componente dos ligamentos e das paredes dos vasos sanguíneos, sendo por isso especialmente resistente; o calor da cocção não consegue romper suas ligações cruzadas. Felizmente, não há muita elastina na maior parte do tecido muscular.

O principal filamento do tecido conjuntivo é a proteína chamada *colágeno*, que perfaz cerca de um terço de toda a proteína no corpo animal e se concentra na pele, nos tendões e nos ossos. O nome grego significa "que faz cola", uma vez que, quando é aquecido em água, o colágeno sólido e resistente se dissolve parcialmente e forma a pegajosa *gelatina* (p. 664). Por isso, ao contrário das fibras musculares, que se tornam mais rígidas com a cocção, o tecido conjuntivo se torna mais macio. No começo de sua vida, o corpo do animal contém grande quantidade de colágeno que facilmente se dissolve em gelatina. À medida que ele cresce e seus músculos trabalham, a quantidade total de colágeno diminui, mas os filamentos restantes têm mais ligações cruzadas e são menos solúveis em água quente. É por isso que a vitela cozida parece gelatinosa e tenra, ao passo que a carne de bovinos maduros é menos gelatinosa e mais firme.

Tecido adiposo. O tecido adiposo é uma forma especial de tecido conjuntivo, em que algumas células assumem o papel de acumular energia. Os animais formam o tecido adiposo em três partes do corpo: imediatamente sob a pele, onde além de prover energia ele pode propiciar isolamento térmico; em depósitos bem definidos nas cavidades torácica e abdominal, em geral ao redor dos rins, do intestino e do coração; e dentro do tecido conjuntivo, separando os músculos e os feixes de fibras dentro dos músculos. O termo "marmorização" é usado para descrever o padrão de manchas brancas na matriz vermelha dos músculos.

Tecidos e texturas. A textura da carne macia é tão característica e satisfatória quanto seu sabor: a comida "carnosa" é aquela em que se podem afundar os dentes, densa e substanciosa, inicialmente resistente à mastigação mas depois receptiva à medida que libera seu sabor. Quando a resistência à mastigação perdura por tempo suficiente para ser considerada desagradável, a comida é dura. A dureza ou resistência pode ser causada pelas próprias fibras musculares, pelo tecido conjuntivo que as envolve ou pela falta de marmorização.

Em geral, a dureza de um corte é determinada pelo local do qual provém no corpo do animal, bem como pela sua idade e grau de atividade. Se você ficar de quatro e "pastar", vai perceber que o pescoço, os ombros, o peito e os membros dianteiros fazem muito esforço, ao passo que a parte traseira permanece mais relaxada. Os om-

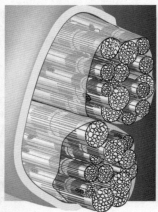
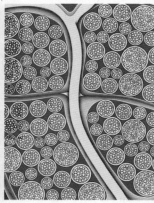

Tecido conjuntivo. As fibras musculares se dispõem em feixes reforçados por lâminas de tecido conjuntivo, que os mantêm no lugar. Quanto mais tecido conjuntivo houver num corte de carne, mais dura será sua textura.

bros e as pernas são continuamente utilizados nos atos de andar e parar em pé e contêm diversos músculos, acompanhados de suas capas de tecido conjuntivo. São, por isso, relativamente duros. O filé-mignon é um único músculo com pouco tecido conjuntivo interno; fica nas costas do animal e é pouco utilizado, sendo, por isso, macio. As coxas das aves são mais duras que o peito pela mesma razão; de 5 a 8% da proteína das coxas é colágeno, ao passo que no peito essa proporção é de 2%. Os animais jovens – as carnes de vitela, cordeiro, leitão e frango vêm todas de animais mais jovens que os que fornecem a carne bovina comum – têm fibras musculares mais macias por serem menores e menos exercitados; e o colágeno de seu tecido conjuntivo se converte em gelatina mais rápida e completamente que o colágeno mais velho, com mais ligações cruzadas.

A gordura contribui de três maneiras para a maciez aparente da carne: as células de gordura interrompem e enfraquecem as capas de tecido conjuntivo e a massa de fibras musculares; quando aquecida, a gordura derrete em vez de secar e endurecer (como as fibras); e lubrifica o tecido, separando as fibras umas das outras. Sem uma boa quantidade de gordura, a carne que seria macia se torna compacta, seca e dura. Os músculos dos ombros dos bovinos têm

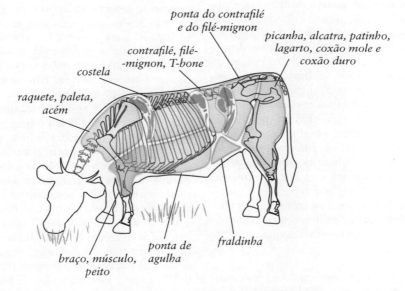

Anatomia do novilho e cortes de carne bovina. O ombro e os membros dianteiros e traseiros são os que mais trabalham para sustentar o animal em pé. Por isso contêm grande proporção de tecido conjuntivo, são duros e devem ser cozidos por uma hora ou mais para dissolver o colágeno e transformá-lo em gelatina. A costela e o lombo, de onde saem os filés, trabalham menos e são, em geral, os cortes mais macios; são tenros mesmo quando submetidos a cocção breve e apenas medianamente passados*.

---

* Cada país tem sua própria maneira de dividir a carne bovina. A figura mostra os nomes e a posição dos cortes como são feitos nos Estados Unidos e no Reino Unido. No Brasil (e nos países da América do Sul em geral), os cortes das carnes são feitos respeitando a anatomia das suas fibras, cujas peças são naturalmente divididas por membranas. Para dar um exemplo, o famoso corte *T-bone steak* reúne, em uma só fatia transversal, o osso da coluna do qual se projeta o início da costela e, de cada lado do "T", um pedaço de carne: de um lado uma fatia de contrafilé e, do outro, uma fatia de filé-mignon. No Brasil, tanto o contrafilé quanto o filé-mignon são cortados no sentido do comprimento, em uma só peça. (N. do R. T.)

mais tecido conjuntivo que os das patas, mas também têm mais gordura, e por isso são mais suculentos.

TIPOS DE FIBRAS MUSCULARES: A COR DA CARNE

Por que o frango tem carne branca e vermelha e por que elas têm gostos diferentes? Por que a vitela é pálida e delicada e a carne bovina comum, vermelha e robusta? A razão são as fibras musculares. Há várias espécies de fibra muscular, cada qual feita para determinado tipo de trabalho e dotada de cor e sabor próprios.

Fibras brancas e vermelhas. Basicamente, os animais se movem de duas maneiras. Por um lado, de maneira rápida, brusca e breve – quando um faisão assustado levanta voo e aterrissa a poucas dezenas de metros de distância, por exemplo. Por outro, se movem de modo deliberado e contínuo, por exemplo, quando o mesmo faisão suporta com as patas o peso de seu corpo enquanto para e caminha; ou quando um boi pasta e rumina. Há dois tipos básicos de fibras musculares que executam esses movimentos: as fibras brancas dos peitos de faisões e frangos e as fibras vermelhas das patas de frangos e novilhos. Os dois tipos se distinguem por inúmeros detalhes bioquímicos, mas a diferença mais significativa é o suprimento de energia que cada um deles usa.

Fibras musculares brancas. As fibras musculares brancas se especializam em exercer força rápida e breve. São abastecidas por um pequeno estoque de um carboidrato chamado glicogênio, que já existe dentro das fibras e é rapidamente convertido em energia por enzimas no próprio fluido celular. As células brancas usam oxigênio para queimar o glicogênio; mas, se for preciso, são capazes de gerar sua energia mais rápido do que o corpo consegue lhes abastecer de oxigênio. Quando o fazem, um subproduto chamado ácido láctico se acumula até que o oxigênio chegue. Essa acumulação de ácido láctico, aliada à limitação do suprimento de combustível, limita a resistência das células. É por isso que as células brancas funcionam melhor em pequenos rompantes intermitentes com longos períodos de descanso entre eles, durante os quais o ácido láctico pode ser removido e o glicogênio, reposto.

Fibras musculares vermelhas. As fibras musculares vermelhas são usadas para esforços prolongados. São alimentadas sobretudo pela gordura, para cujo metabolismo o oxigênio é absolutamente necessário; tanto o oxigênio quanto a gordura (na forma de ácidos graxos) são fornecidos pelo sangue. As fibras vermelhas são relativamente magras, de modo que o oxigênio e os ácidos graxos do sangue têm mais facilidade para penetrá-las por difusão. Também contêm gotículas de gordura e o mecanismo bioquímico necessário para convertê-las em energia. Esse mecanismo contém duas proteínas que dão cor às células vermelhas. A *mioglobina*, aparentada à hemoglobina, que porta o oxigênio e dá cor vermelha ao sangue, recebe o oxigênio do sangue, armazena-o temporariamente e repassa-o às proteínas que oxidam a gordura. Dentre as moléculas oxidantes estão os *citocromos*, que, à semelhança da hemoglobina e da mioglobina, contêm ferro e são de cor escura. Quanto mais a fibra precisa de oxigênio e quanto mais é exercitada, tanto mais contém mioglobina e citocromos. A mioglobina representa, em regra, 0,3% do peso dos músculos de bovinos e ovinos jovens, músculos esses que são relativamente pálidos; já os músculos da baleia, que se movimenta constantemente e tem de armazenar imensa quantidade de oxigênio em seus longos mergulhos, têm 25 vezes mais mioglobina em suas células e são quase pretos.

Proporções entre fibras: carne branca e carne vermelha. Uma vez que a maioria dos músculos dos animais é usada igualmente para movimentos rápidos e lentos, eles contêm fibras brancas e vermelhas, além de fibras híbridas que combinam características das outras duas. As proporções entre fibras em determinado músculo dependem do padrão genético hereditário do músculo e dos padrões concretos de uso. Rãs e coelhos, que se movem de forma rápida e esporádica e usam poucos músculos esqueléticos num ritmo contínuo, têm uma carne bastante pálida formada principalmente por fibras brancas, ao passo que os músculos que movem os maxilares dos bovídeos ruminantes são feitos exclusivamente de fibras vermelhas. Galináceos e perus só voam quando assustados, correm de vez em quando e passam a maior parte do tempo em pé, parados ou andando lentamente; por isso os músculos de seu peito são formados predominantemente por fibras brancas, ao passo que os das patas são, em média, metade brancos e metade vermelhos. Os músculos peitorais de aves migratórias, como patos e pombos, são predominantemente vermelhos, pois são feitos para transportar os pássaros em percursos ininterruptos de centenas de quilômetros.

Pigmentos dos músculos. O principal pigmento da carne é a proteína *mioglobina*, que armazena oxigênio e pode assumir diversas formas e tonalidades de acordo com o ambiente químico em que se encontra. A mioglobina é composta por duas estruturas interligadas: uma espécie de gaiola molecular com um átomo de ferro no meio e uma proteína anexa. Quando o ferro está ligado a uma molécula de oxigênio, a mioglobina é de um vermelho vivo. Quando o oxigênio é sequestrado pelas enzimas que dele necessitam na célula muscular, a mioglobina se torna roxo-escura. (Do mesmo modo, a hemoglobina é vermelha em nossas artérias porque acaba de sair dos pulmões, e azul nas veias porque entregou o oxigênio às células.) E, quando o oxigênio consegue escapar levando consigo um elétron do átomo de ferro, este átomo perde a capacidade de se ligar a outras moléculas de oxigênio e tem de se contentar com uma molécula de água. Nesse caso, a mioglobina fica marrom.

Todas essas mioglobinas – a vermelha, a roxa e a marrom – estão presentes na carne vermelha. As proporções relativas entre elas e, portanto, a aparência da carne são determinadas por vários fatores: a quantidade de oxigênio disponível, a atividade das enzimas que consomem oxigênio no tecido muscular e a atividade das enzimas que devolvem um elétron à mioglobina, deixando-a novamente roxa. A acidez, a temperatura e a concentração de sal também têm seu papel: se qualquer uma delas for alta suficiente para desestabilizar a proteína anexa, aumenta a probabilidade de a mioglobina perder um elétron e ficar marrom. Em geral, a carne vermelha fresca com sistemas enzimáticos ativos será vermelha na superfície, onde o oxigênio é abundante, e roxa no interior, onde o pouco oxigênio que ali chega por difusão é consumido por enzimas. Quando cortamos uma peça de carne crua ou um bife malpassado, o interior roxo rapidamente se avermelha graças à exposição direta ao ar. Do mesmo modo, a carne embalada a vácuo parece roxa em razão da ausência de oxigênio, e só se avermelha quando tirada da embalagem.

A cor rosada das carnes curadas por salga é dada por outra alteração da molécula de mioglobina (p. 165).

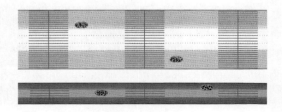

Fibras musculares brancas e vermelhas. As fibras de uso rápido são mais grossas que as de uso lento, contêm pouca mioglobina (pigmento que armazena oxigênio) e poucas mitocôndrias capazes de oxidar gorduras. O fino diâmetro das fibras vermelhas facilita a difusão de oxigênio desde o suprimento externo de sangue até o centro das células.

FIBRAS MUSCULARES, TECIDOS E O SABOR DA CARNE

O grande apelo da carne está no sabor. Este sabor tem dois aspectos: certa "carnosidade" genérica e os aromas especiais que caracterizam as carnes dos diversos animais. A carnosidade é fornecida sobretudo pelas fibras musculares; os aromas característicos, pelo tecido adiposo.

Fibras musculares: o sabor da atividade. O sabor da carne combina sensações gustativas que dão água na boca e um aroma rico e característico. Ambos nascem das proteínas e do mecanismo energético das fibras musculares – depois de terem sido quebradas em pedacinhos pelas enzimas do músculo e o calor da cocção. São alguns desses pedacinhos – aminoácidos isolados e pequenas cadeias dessas moléculas, açúcares, ácidos graxos, nucleotídeos e sais – que estimulam a língua com sensações doces, azedas, salgadas e sápidas. E, quando aquecidos, eles reagem uns com os outros para formar centenas de compostos aromáticos. Em geral, os músculos bem exercitados com alta proporção de fibras vermelhas (carne bovina, coxas de frango) fornecem uma carne mais saborosa que músculos menos exercitados e predominantemente brancos (peito de frango, vitela). As fibras vermelhas contêm mais materiais dotados do potencial de gerar sabor, com destaque para as gotículas de gordura e os componentes adiposos das membranas que abrigam os citocromos. Também têm mais substâncias que ajudam a fragmentar esses precursores dos compostos aromáticos, entre as quais os átomos de ferro na mioglobina e nos citocromos, o oxigênio que essas moléculas contêm e as enzimas que convertem gordura em energia e reciclam as proteínas da célula.

Esse vínculo entre o exercício e o sabor é conhecido há muito tempo. Quase duzentos anos atrás, Brillat-Savarin ridicularizou "os gastrônomos que pretendem ter descoberto o sabor especial da perna em que um faisão adormecido apoia seu peso".

Gordura: o sabor da tribo. O mecanismo das fibras musculares vermelha e branca é o mesmo em todas as espécies de animais, pois tem a função específica de gerar

proteína globina
roxa

proteína globina
vermelha

proteína globina
marrom

Pigmentos da carne. À esquerda: o grupo heme, estrutura anelar de carbono presente no centro das moléculas de hemoglobina e mioglobina, que disponibilizam oxigênio para o uso das células do animal. A porção proteica dessas moléculas, a globina, é uma longa cadeia dobrada de aminoácidos e não está representada aqui. À direita: três estados diferentes do grupo heme na carne crua. Na ausência de oxigênio, a mioglobina é roxa. A mioglobina que capturou um átomo de oxigênio gasoso é vermelha. Quando a quantidade de oxigênio disponível é baixa, o átomo de ferro do grupo heme se oxida – perde um elétron – e a molécula pigmentosa resultante é amarronzada (à direita).

movimento. As células adiposas, por outro lado, têm a função específica de armazenar energia e podem conter praticamente qualquer tipo de material lipossolúvel. Por isso os conteúdos do tecido adiposo variam de espécie para espécie e também são afetados pela dieta e pela flora e fauna gastrointestinal dos animais. Em grande medida, são os conteúdos do tecido adiposo que dão sabor característico às carnes bovina, ovina, suína e de frango; esses sabores são compostos por muitos tipos de moléculas aromáticas. As próprias moléculas de gordura podem ser transformadas pelo calor e pelo oxigênio em moléculas de aroma frutado ou floral, acastanhado ou "verde", segundo proporções determinadas pela natureza da gordura em questão. Os compostos das plantas de pasto contribuem para o sabor "bovino" da carne de vaca. Cordeiros e carneiros armazenam diversas moléculas estranhas, entre as quais ácidos graxos de cadeia ramificada, produzidos no fígado desses animais a partir de um composto gerado pelos microrganismos que habitam o rúmen; armazenam também timol, a mesma molécula que dá aroma ao tomilho. O sabor "suíno" da carne de porco e o sabor de caça que caracteriza a carne de pato provavelmente provêm de certos microrganismos intestinais cujo metabolismo dos ácidos graxos gera compostos lipossolúveis; por outro lado, a "doçura" do aroma da carne suína vem de uma espécie de molécula que também compõe o caráter específico dos aromas do coco e do pêssego (lactonas).

Capim versus *ração*. Em geral, a alimentação à base de capim ou forragem resulta numa carne com gosto mais forte que a proveniente de animais que se alimentam de cereais ou ração, graças ao alto conteúdo de substâncias odoríferas, ácidos graxos poli-insaturados reativos e clorofila, que os microrganismos do rúmen convertem em substâncias chamadas terpenos, aparentadas aos compostos aromáticos de muitas ervas e especiarias (p. 303). Outro componente importante do sabor da carne de animais alimentados com capim é o escatol, que por si só tem cheiro de estrume! O profundo sabor "bovino" da carne de boi, porém, é mais acentuado em animais alimentados com cereais. E o sabor contido na gordura se acentua com a idade do animal, à medida que uma quantidade maior dos compostos aromáticos vão sendo ali armazenados. É por isso que a carne de cordeiro é mais popular que a de carneiros maduros.

OS MÉTODOS DE PRODUÇÃO E A QUALIDADE DA CARNE

O pleno sabor da carne só ocorre em animais que levaram uma vida plena. Entretanto, o exercício e a idade também fazem aumentar o diâmetro das fibras musculares e as ligações cruzadas do tecido conjuntivo: assim, uma vida plena também acarreta uma carne mais dura. Em épocas passadas, a maioria das pessoas comia carne madura, resistente, de sabor forte, e desenvolvia receitas com longo tempo de cocção para amaciá-la. Hoje em dia, a maioria

---

Os pigmentos da carne são boa fonte de ferro

Um dos pontos fortes da carne sob o aspecto da nutrição é que o corpo absorve seu ferro com mais eficiência do que o das fontes vegetais. A razão não é conhecida, mas é possível que as proteínas pigmentosas se liguem ao ferro e o impeçam de estabelecer vínculo com compostos vegetais não digeríveis. A cor da carne é um bom indício de seu conteúdo de ferro: as carnes bovina e ovina contêm, em média, duas ou três vezes mais ferro que a pálida carne suína; a paleta suína, relativamente escura, tem duas vezes mais ferro que o lombo.

come carne jovem, macia e de sabor suave, para a qual é melhor a cocção breve; a cocção prolongada tende a ressecá-la. Essa mudança na qualidade da carne resultou de uma mudança no modo como os animais são criados.

Carne de estilo rural e de estilo urbano.

Há duas maneiras tradicionais, ambas antigas, de obter a carne de animais. Elas produzem carnes de diferentes qualidades.

Um método consiste em criar os animais antes de tudo por seu valor como companheiros da nossa vida – bois e cavalos para trabalhar nos campos, galinhas para botar ovos, vacas, ovelhas e cabras pelo leite e pela lã – e só transformá-los em carne quando já não são produtivos. Neste sistema, o abate de animais para obter carne é o uso derradeiro de um recurso que é mais valioso em vida. A carne vem de animais maduros, sendo por isso bem exercitada e relativamente dura, magra, mas saborosa. Este método foi de longe o mais comum desde a Pré-História até o século XIX.

O segundo modo de obter carne consiste em criar os animais exclusivamente para esse fim. Para tanto, os animais são bem alimentados, poupados de todo exercício desnecessário e abatidos ainda jovens a fim de proporcionar uma carne macia, suave e gordurosa. Este método também remonta à Pré-História, quando era aplicado aos porcos e aos filhotes machos de galinhas e animais de leite, os quais de outro modo seriam inúteis. Com o surgimento das cidades, os animais de corte passaram a ser estabulados e engordados para o uso exclusivo da elite urbana que podia se dar a esse luxo – uma arte representada em murais egípcios e descrita por escritores romanos.

Durante muitos séculos, as carnes rurais e urbanas coexistiram e inspiraram o desenvolvimento de dois estilos distintos de preparação: assados no espeto para as carnes macias e gordas dos ricos e cozidos para as carnes duras e magras dos camponeses.

O desaparecimento do estilo rural. Com a Revolução Industrial, os animais de tiro foram aos poucos substituídos por máquinas. Cresceram a população urbana e a classe média e, junto com elas, a demanda de carne, o que estimulou a produção especializada em grande escala. Em 1927, o Ministério da Agricultura norte-americano consagrou a identificação da "qualidade" com o estilo urbano, baseando seu sistema de classificação comercial da carne na quantidade de gordura marmorizada depositada dentro dos músculos (ver quadro, p. 151). A carne de animais maduros começou a desaparecer do mercado norte-americano, e uma produção industrial cada vez mais eficiente elevou o estilo urbano a novas alturas.

A produção em massa favorece a imaturidade.

Hoje em dia, quase toda a carne vem de animais criados exclusivamente para corte. Os métodos de produção em massa são determinados por um imperativo econômico simples: a carne deve ser produzida a um custo mínimo, o que geralmente significa no menor tempo possível. Os animais são confinados para minimizar o dispêndio de energia com movimentos desnecessários (e assim economizar ração) e são abatidos antes de chegar à idade adulta, quando o crescimento de seus músculos se torna mais lento. O crescimento rápido em condições de confinamento favorece a produção de fibras musculares brancas, de modo que as carnes modernas são relativamente pálidas. Também são macias, pois os animais se exercitam pouco. Além disso, com o crescimento rápido, o colágeno do tecido conjuntivo é continuamente desfeito e remontado, desenvolvendo menos ligações cruzadas; e a rapidez de crescimento acarreta um nível elevado daquelas enzimas que decompõem proteínas e amaciam a carne no período de maturação (p. 159). Porém, muitos apreciadores de carne sentem que esta perdeu sabor nas últimas décadas. A vida intensifica o sabor, e os modernos animais de corte estão vivendo cada vez menos.

Mudanças no gosto pela gordura: o estilo moderno.

No começo da década de

1960, os consumidores norte-americanos começaram a preterir as carnes bovina e suína bem marmorizadas em favor de cortes menos gordos e da carne de aves, também menos gorda. Uma vez que a marmorização só se desenvolve quando o crescimento muscular dos animais se torna mais lento, o setor de produção de carne aproveitou o ensejo para melhorar sua eficiência. A preferência de produtores e consumidores por uma carne bovina mais magra levou o Ministério da Agricultura dos Estados Unidos a reduzir suas exigências de marmorização para as classificações superiores em 1965 e 1975.

A carne de estilo moderno, portanto, combina elementos dos dois estilos tradicionais: é jovem como as carnes urbanas e magra como as carnes rurais, tendo, portanto, sabor suave e secando rapidamente durante a cocção. Hoje em dia, os cozinheiros enfrentam o desafio de adaptar as robustas tradições do campo a esses ingredientes melindrosos.

Produção de qualidade: o exemplo francês. Verificam-se exceções, poucas mas significativas, à tendência geral de produzir carne com o mínimo custo possível. Na década de 1960, os granjeiros franceses constataram que muitos consumidores estavam insatisfeitos com a insipidez do frango e com a tendência da carne de frango de se contrair e desprender dos ossos quando cozida. Então, alguns produtores desenvolveram um esquema de produção orientado não só pela eficiência, mas também pela qualidade. O resultado foi o popular *label rouge*, "rótulo vermelho", que identifica os frangos produzidos de acordo com padrões específicos: são variedades de crescimento lento alimentadas mais com

---

Classificação comercial da carne bovina do MA-Estados Unidos: o triunfo da gordura sobre a magreza

Como relata o economista V. James Rhodes, o sistema de classificação comercial do Ministério da Agricultura dos Estados Unidos para a carne bovina não nasceu de uma análise objetiva da qualidade da carne. Ao contrário, foi concebido durante uma recessão agrícola na década de 1920 e teve sua aprovação estimulada por pecuaristas do Centro-Oeste e do Leste, que pretendiam aumentar a demanda de seus animais de raça pura, gordos e alimentados à base de milho, às expensas do gado magro criado para leite e à base de pasto. O maior propagandista dessa abordagem foi Alvin H. Sanders, editor da *Breeder's Gazette*, que denegriu de modo pitoresco a cocção lenta dos cortes econômicos: "é a mesma história que antes se contava na Europa continental acerca de como fazer um banquete com uns poucos ossos e um bocado de 'carne de gato'".

Sanders e seus colegas se propuseram a convencer o país de que "os tecidos musculares dos animais só adquirem maciez e plenitude de sabor na presença abundante de gordura". No verão de 1926, um pecuarista e financista nova-iorquino chamado Oakleigh Thorne, muito bem relacionado, orientou pessoalmente o ministro da Agricultura, que logo se dispôs a garantir a classificação comercial gratuita – baseada na quantidade de marmorização visível – em todos os frigoríficos sujeitos ao controle sanitário do governo federal. A carne bovina norte-americana "de primeira" ("Prime") nasceu em 1927. Poucos anos depois, estudos financiados pelo governo constataram que a marmorização intensa não garante nem a maciez nem o sabor da carne bovina. Porém, a carne "de primeira" intensamente marmorizada não perdeu seu prestígio, e os Estados Unidos continuam sendo um dos meros três países – sendo os outros o Japão e a Coreia do Sul – em que a quantidade de gordura é um dos principais critérios de qualidade da carne.

cereais que com rações artificialmente concentradas, criadas em plantéis de tamanho moderado, com acesso ao exterior e abatidas aos 80 dias de idade ou mais, em contraposição aos 40 a 50 dias dos frangos comuns. Os frangos *label rouge* são mais magros e musculosos que seus equivalentes industriais, perdem um terço a menos de líquido durante a cocção e têm carne de textura mais firme e sabor mais pronunciado. Esquemas semelhantes de produção de carne baseada na qualidade existem hoje em vários países.

Concluindo, as forças da economia conspiraram para fazer da carne suave e macia a norma moderna, mas pequenos produtores de carnes mais maduras e de sabor mais forte, às vezes de variedades raras e locais, estão encontrando um mercado lucrativo entre consumidores dispostos a pagar mais por um produto de maior qualidade.

OS ANIMAIS DE CORTE E SUAS CARACTERÍSTICAS

Cada um dos animais de corte que criamos tem sua própria natureza biológica e uma história específica de como foi sendo moldado pelos seres humanos a fim de atender a nossas cambiantes necessidades e preferências. Esta seção esboça as qualidades distintivas das carnes mais comuns e os principais estilos de produção de cada uma delas na época atual.

Qualidade e classificação comercial da carne bovina nos Estados Unidos hoje

Apesar do prestígio da carne "de primeira" ("Prime"), o consenso atual entre os cientistas é que a marmorização é responsável por apenas um terço da variação de maciez, suculência e sabor da carne bovina cozida. Os outros fatores importantes são a raça do gado, o exercício, a alimentação, a idade, as condições de abate, a extensão da maturação pós-abate (p. 159) e as condições de estocagem antes da venda. É impossível para o consumidor avaliar a maior parte desses fatores, embora se verifique um movimento em prol de "marcas" de produção e venda que proporcionem mais informações sobre as condições de produção, além de garantir uma regularidade maior dessas condições. A carne potencialmente mais saborosa de animais mais velhos pode ser reconhecida pela cor mais escura e pelas fibras musculares mais grossas.

A maior parte da carne bovina vendida hoje nos supermercados norte-americanos leva a classificação "Choice", com 4-10% de gordura, ou "Select", com 2-4% de gordura. A carne "Prime" tem, atualmente, 10-13% de gordura. A carne moída, que pode ser toda ela magra ou uma mistura de carnes magras e gordas, varia entre 5 e 30% de gordura*.

---

* Para efeito de controle de abate por parte da autoridade governamental encarregada do setor, a carne bovina brasileira é classificada de acordo com quatro critérios: sexo do animal, maturidade (definida pelos estágios da dentição), peso da carcaça e acabamento da carcaça (quantidade de gordura *de cobertura*). As peças com osso são disponibilizadas para o consumo com carimbos de inspeção apostos diretamente na superfície; as peças sem osso, em embalagens a vácuo com etiquetas que identificam a inspeção, indicam o sexo do animal e ostentam os dizeres: "carne resfriada (ou congelada) de bovino sem osso". O fato de essa classificação não ter como critério a marmorização que indica o grau de maciez da carne faz com que ela tenha menos valor agregado no mercado externo. Existem alguns frigoríficos que selecionam animais e beneficiam cortes específicos, utilizando o termo "Premium" em suas embalagens. (N. do R. T.)

QUADRÚPEDES DOMÉSTICOS

Bovinos. Os bovinos são descendentes do boi selvagem ou auroque, *Bos primigenius*, que pastava e vagava pelas florestas e planícies de todas as regiões temperadas da Eurásia. São nossos maiores animais de corte e os que mais demoram a chegar à idade adulta (cerca de dois anos), de modo que têm a carne relativamente escura e saborosa. Os produtores começaram a desenvolver animais de corte especializados no século XVIII. A Inglaterra produziu o compacto e pesado Hereford, o Shorthorn e o Aberdeeen Angus, ao passo que as raças da Europa continental permaneceram mais próximas do tipo do animal de tiro criado a pasto; incluem-se aí o charolês e o limousin franceses e o chianina italiano, que talvez seja a maior raça do mundo (touros de até duas toneladas, o dobro do tamanho das raças inglesas).

Carne bovina norte-americana. Os Estados Unidos desenvolveram um estilo nacional uniforme quando foram introduzidas as classificações comerciais, em 1927 (ver quadro, p. 151). A classificação superior, a "Prime", era reservada à carne jovem, de textura fina e abundantemente marmorizada. As raças puras angus e hereford foram a norma por mais de trinta anos. A mudança de gosto dos consumidores, que passaram a preferir carne mais magra, acarretou revisões na classificação do MA--Estados Unidos a fim de permitir que carnes mais magras se enquadrassem nas categorias "Prime" e "Choice" (ver quadro, p. 152). Hoje em dia, a carne bovina norte-americana provém principalmente de novilhos (machos castrados na primeira fase da vida) e novilhas (fêmeas que nunca deram cria) de 15 a 24 meses de idade e alimentados à base de cereais nos últimos quatro a oito meses de vida. Em anos recentes, aumentou o interesse pela carne de animais criados exclusivamente a pasto, carne essa mais magra e de sabor mais forte (p. 149) que a comum.

Carne bovina europeia. Outros países em que a carne bovina é apreciada criam seu gado de maneira diferente e produziram estilos muito característicos. Os italianos preferem a carne jovem de animais abatidos aos 16-18 meses. Até o surgimento da EEB, boa parte da carne bovina consumida no Reino Unido e na França provinha de animais de leite com alguns anos de idade. Segundo um manual francês, *Technologie culinaire* (1995), a carne de um animal com menos de dois anos é "completamente insípida", ao passo que a carne "no auge da qualidade" é a de um boi castrado de três a quatro anos. Porém, como o risco de o animal ter EEB aumenta com a idade, vários países hoje exigem que o gado de corte seja abatido com no máximo três anos de idade. Em 2004, a maior parte da carne bovina francesa e inglesa provinha de animais de menos de 30 meses.

Carne bovina japonesa. O Japão aprecia seu *shimofuri*, carne bovina altamente marmorizada, da qual a mais conhecida é a da região de Kobe. Os novilhos da raça nativa wagyu são abatidos aos 24-30 meses. As novilhas de alta qualidade (e alguns novilhos) são identificadas e engordadas por pelo menos mais um ano em ração de cereais. (Atualmente, todo o gado de corte no Japão é examinado para detectar a presença da EEB.) Esse processo produz uma carne madura, saborosa, macia e muito rica, com até 40% de marmorização. Em geral, os melhores cortes são apresentados em fatias muito finas (de 1,5-2 mm) e cozidos em caldo por alguns segundos nos preparados chamados *sukiyaki* e *shabu shabu*.

Vitela. Vitela é a carne de vitelo, novilho parido por vaca leiteira. A vitela sempre foi apreciada por ser o mais diferente possível da carne bovina comum: pálida, de sabor delicado, com uma gordura mais macia, e tenra e suculenta graças ao colágeno solúvel, que se transforma rapidamente em gelatina quando cozido. A carne do bezerro se assemelha mais à carne bovina comum a cada dia em que ele leva uma vida normal, e por isso não se permite que ele leve esse tipo de vida: permanece confinado para que o exercício não escureça, endureça e dê sabor a seus músculos; e é criado numa dieta com baixo conteúdo de ferro e sem nenhum capim, a fim de minimizar a produção do pigmento mioglobina e impedir o desenvolvimento do rúmen (p. 9), o que faria saturar a gordura e, portanto, endurecê-la. Nos Estados Unidos, a vitela geralmente provém de animais confinados, alimentados com uma fórmula líquida de soja ou leite e abatidos entre 5 e 16 semanas de idade, época em que pesam entre 70 e 230 kg. Ainda nos Estados Unidos, a vitela *bob* ou *drop* é a carne de animais não confinados, alimentados com leite e abatidos com no máximo três semanas de idade. As vitelas chamadas *free-range* (criadas a pasto) ou *grain-fed* (criadas à base de ração de cereais) têm se tornado cada vez mais comuns pelos aspectos humanitários de sua criação, mas se assemelham mais à carne bovina comum em matéria de cor e sabor.

Ovinos. Ao lado dos caprinos e depois do cão, os ovinos estiveram provavelmente entre os primeiros animais a ser domesticados graças a seu pequeno tamanho – um décimo daquele dos bovinos – e a seu instinto gregário. A maioria das raças europeias de ovinos são especializadas para dar leite ou lã; existem relativamente poucas raças exclusivas de corte.

Carne de cordeiro e de carneiro. A carne de cordeiro e de carneiro é mais macia e tem fios mais finos que a carne bovina, mas é bem-dotada de mioglobina vermelha e de sabor e desprende um odor característico (p. 148) que aumenta com a idade do animal. A criação a pasto, sobretudo de alfafa e trevo, aumenta a quantidade de um composto chamado escatol, que também acrescenta nota "rural" ao sabor da carne suína; por outro lado, os cordeiros alimentados a grão por um mês antes do abate têm sabor mais suave. Nos Estados Unidos, os cordeiros são abatidos e vendidos em diversas idades e pesos, de 1 a 12 meses e de 9 a 45 kg. Sua carne leva também vários nomes: *milk* e *hothouse* referem-se a animais mais novos, *spring* e *Easter* aos demais (embora a produção já não seja sazonal). Na Nova Zelândia, os cordeiros são criados a pasto mas abatidos aos quatro meses, mais jovens que os norte-americanos, e por isso sua carne permanece suave. Na França, a carne de cordeiros mais velhos (*mouton*) e ovelhas jovens (*brebis*) é maturada por uma semana ou mais após o abate, desenvolvendo assim um sabor muito rico.

Suínos. Os suínos descendem do javali eurasiano *Sus scrofa*. Se a carne bovina sempre foi a predileta na Europa e nas Américas, a suína alimentou muito mais gente tanto nesses lugares quanto no resto do mundo: na China, a palavra que designa a "carne suína" é também a que nomeia a "carne" em geral. O porco tem a virtude de ser um animal relativamente pequeno, onívoro e voraz, que pare grandes ninhadas. Seu apetite indiscriminado lhe permite transformar em carne restos que para nada mais serviriam; porém, essa carne pode abrigar e transmitir parasitas de animais infectados e de seus restos (ver a p. 139 sobre a triquinose). Talvez em parte por esta razão, e porque os suínos são difíceis de pastorear e podem devorar plantações, vários povos proibiram o consumo de carne de porco. É o caso, em especial, dos judeus e muçulmanos.

Há várias raças especializadas de suínos: raças que dão banha, que dão toicinho e que dão carne, algumas de estatura imensa, outras (os suínos ibéricos e bascos criados para fazer presunto) relativamente magras, de crescimento lento e carne escura, muito semelhantes a seus ancestrais selvagens do sul da Europa. Hoje em dia, a maior parte das raças especializadas foram substituídas pelos descendentes de umas poucas raças europeias de toicinho e de carne, que crescem rapidamente.

Carne suína. À semelhança da moderna carne bovina, a moderna carne suína vem de animais muito mais jovens e mais magros que há um século. Em regra, os leitões são abatidos aos seis meses e 100 kg, logo que alcançam a maturidade sexual, época em que o tecido conjuntivo ainda é relativamente solúvel e a carne, macia. Cada corte de carne suína europeia e norte-americana contém hoje de um quinto a metade da gordura que continha em 1980. A carne suína é clara porque o porco, ao contrário de bovinos e ovinos, usa seus músculos de modo intermitente e, portanto, tem uma proporção menor de fibras musculares vermelhas (cerca de 15%). Algumas raças chinesas e europeias de menor porte têm carne mais escura e de sabor bem mais pronunciado.

AVES DE CORTE DOMÉSTICAS

Frangos e galinhas. Os frangos descendem de aves briguentas e agressivas das selvas do norte da Índia e do sul da China. O *Gallus gallus* é membro da família dos fasianídeos, grande grupo de aves de origem eurasiana que tendem a habitar matas abertas ou a fronteira entre a mata e o campo. A galinha parece ter sido domesticada nos arredores da Tailândia antes de 7500 a.C. e chegou ao Mediterrâneo por volta de 500 a.C. No Ocidente, a maior parte dos galináceos vivia solta nos terreiros e se alimentava do que conseguisse encontrar até meados do século XIX, quando a importação de grandes aves chinesas desencadeou uma verdadeira febre de seleção de galinhas na Europa e na América do Norte. A produção em massa começou no século XX, época em que boa parte da diversidade genética desses animais se evaporou em favor de um cruzamento entre a raça cornish, de peito largo (desenvolvida na Inglaterra a partir de galináceos combatentes asiáticos), e a americana white plymouth rock.

Estilos de frango. O frango moderno é um produto da obsessão de criar animais que cresçam o mais rápido possível com o mínimo possível de ração. A criação de uma ave de 2 quilos com 4 quilos de ração em seis semanas é um tremendo feito de engenharia agrícola! Pelo fato de essa ave crescer muito rápido e viver muito pouco, sua carne é relativamente insípida, e mais ainda no caso do chamado "galeto".

Sobretudo como reação à imagem do frango industrial, hoje se vende nos Estados Unidos o chamado frango "caipira" (*free-range*), mas esse termo significa somente que as aves têm acesso a um cercado ao ar livre. Frangos e galos castrados "para assar" (*roasting*) são criados até atingir pelo menos o dobro da idade do frango comum e são mais pesados, de modo que os músculos de suas pernas têm de fazer mais exercício. A carne desses animais pode ser mais suculenta devido à marmorização.

Perus. Os perus também são membros da família sedentária dos faisões. O *Meleagris gallopavo* descende de antepassados que outrora vagavam pela América do Norte e pela Ásia. O moderno e colossal peru data de 1927-30, quando um criador da Colúmbia Britânica desenvolveu uma ave de 18 kg com hipertrofia dos músculos das coxas, das asas e do peito, e criadores do noroeste dos Estados Unidos usaram essa variedade para aperfeiçoar a raça broad-breasted bronze. O músculo do peito, pouco usado, é macio, magro e de sabor suave; os músculos das coxas, que sustentam o peito, são bem exercitados, escuros e saborosos.

Hoje em dia, as granjas industriais produzem aves de 6-9 kg em 12-18 semanas ao longo de todo o ano; algumas pequenas propriedades rurais norte-americanas ampliam esse período para 24 semanas, ao passo que o peru francês bresse, denominação de origem controlada, é criado por 32 semanas ou mais. Nas últimas semanas de vida, é confinado e engordado com milho e leite.

Patos e pombos. Patos e pombos se destacam pelo peito escuro e saboroso, abundantemente dotado de fibras musculares vermelhas ricas em mioglobina graças à sua capacidade de voar centenas de quilômetros por dia praticamente sem parar. As raças de "patos" mais comuns na China, em boa parte da Europa e nos Estados Unidos são, na verdade, marrecos descendentes do pato-real, o *Anas platyrhynchos*, ave aquática migratória que acumula até um terço de seu próprio peso em forma de gordura para servir de combustível e isolamento térmico subcutâneo. Comem-se patos de duas idades: ainda no ovo, na forma de embriões de 15 a 20 dias (o petisco cozido filipino chamado *balut*), e entre 6 e 16 semanas de idade. O pato-do-mato ou pato verdadeiro, *Cairina moschata*, é ave completamente diferente. Natural da costa oeste das Américas Central e do Sul, difere dos marrecos sob três aspectos importantes: acumula cerca de um terço a menos de gordura, é bem maior e tem sabor mais pronunciado.

"Pombo" e "borracho" são dois nomes com que é chamado o pombo-das-rochas europeu, *Columba livia*, espécie que inclui o pombo doméstico; "borracho" é a ave jovem que nunca chegou a voar. Os músculos que fazem o pombo levantar voo pesam cinco vezes mais que seus músculos das pernas. Hoje em dia, os pombos domésticos são criados por quatro semanas e abatidos quando têm 450 g, logo antes de adquirirem a maturidade necessária para voar.

QUADRÚPEDES E AVES DE CAÇA

Os animais selvagens – também chamados, neste contexto, *de caça* – sempre foram especialmente apreciados no outono, época em que engordam para aguentar o inverno que chega. Embora a estação outonal de caça ainda seja comemorada em muitos restaurantes europeus com pratos de pato-selvagem, lebre, faisão, perdiz, cervo e javali, nos Estados Unidos é proibida a comercialização de carne de caça (só as carnes inspecionadas podem ser vendidas legalmente, e a carne de caça não é inspecionada). A maior parte da carne de "caça" vendida como tal ao consumidor norte-americano hoje em dia vem de animais criados em fazendas e ranchos. O melhor talvez fosse descrevê-las como carnes "semidomésticas". Alguns dos animais assim abatidos são criados em cativeiro desde a época romana, mas não sofreram processo de seleção tão intenso quanto o dos animais domésticos, sendo por isso muito mais semelhantes a seus homólogos selvagens.

Atualmente, os norte-americanos estão comprando mais carnes de veado, antílope, bisão e outros animais de caça por serem mais magras e terem sabor característico. O baixíssimo conteúdo de gordura da carne de caça a faz conduzir melhor o calor e cozer em menos tempo que as carnes

---

Palavras da culinária: *turkey* (peru)

Confusões ornitológicas e geográficas parecem ser as responsáveis pelos nomes comuns desta ave, que só bem tarde chegou à Europa. Os primeiros ocidentais a ver um peru foram os espanhóis, no México, em 1518, os quais o designaram por variantes da palavra *pavo*, "pavão". Na maioria das demais línguas europeias, seus primeiros nomes referiam-se à Índia: *dinde*, *dindon* em francês (*d'Inde*, "da Índia"), *Kalikutische Hahn* em alemão ("galinha-de-calicute", um porto indiano), *pollo d'India* em italiano ("ave da Índia"). De fato, o peru já existia na Índia em 1615, de modo que pode ter sido introduzido em boa parte da Europa a partir da Ásia. A palavra inglesa *turkey*, que significa "Turquia", é bem anterior, de cerca de 1540, e sua origem é mais obscura. Talvez reflita a vaga impressão de que essa ave provinha de uma região remota do exótico Império Otomano, que se originou na Turquia e com ela se identificava.

comuns, secando mais facilmente. É comum que os cozinheiros a protejam do calor direto do forno revestindo-a com uma camada de gordura ou toicinho bem gordo e regando-a durante o assado, método que resfria a superfície da carne por evaporação e torna mais lenta a penetração do calor nela (p. 176).

O sabor da caça. A caça verdadeiramente selvagem tem o apelo de um sabor rico e variável graças à sua idade madura, vida ativa e dieta mista. Esse interessante sabor silvestre pode se tornar excessivo. Na época de Brillat-Savarin, a carne de caça era, em regra, pendurada por dias ou semanas até começar a apodrecer. Esse tratamento era chamado *mortification* ou *faisandage* (de *faisan*, faisão) e tinha duas finalidades: deixava a carne mais macia e acentuava ainda mais seu sabor "selvagem". Não é mais esse o estilo dominante para a carne de caça. De hábito, os animais modernamente criados em ranchos são relativamente sedentários, alimentam-se de uma dieta uniforme e são abatidos antes de alcançar a maturi-

Algumas características das aves de corte

Em geral, as aves mais velhas e maiores têm sabor mais forte, assim como aquelas que têm mais fibras vermelhas.

Ave	Idade (semanas)	Peso (kg)	Fibras vermelhas no músculo do peito (%)
Frangos			10
Industrial comum	6-8	0,7-1,6	
Roaster ("para assar")	12-20	1,6-2,3	
Francês *label rouge*	11,5	1-1,6	
Francês *appellation contrôlée*	16	1-1,6	
Galeto	5-6	0,5-1	
Galo castrado	<32	2,3-3,6	
Stewing fowl ("para cozinhar")	>40	1,6-2,7	
Perus		3,6-14	10
Industrial	12-18		
Francês *fermière*, marcas norte-americanas de primeira	24		
Francês *appellation contrôlée*	32		
Pato ou marreco	6-16	1,6-3,2	80
Ganso	24-28	3,2-9	85
Codorna (selvagem)	6-10	0,1-0,15	75
Borracho	4-5	0,3-0,6	85
Galinha-d'angola	10-15	1-1,6	25
Faisão	13-24	1-1,4	35

dade sexual, de modo que em geral têm sabor mais suave e carne mais macia que seus homólogos verdadeiramente selvagens. Uma vez que os sabores distintivos da carne residem na gordura, podem ser minimizados pela limpeza cuidadosa.

A TRANSFORMAÇÃO DO MÚSCULO EM CARNE

O primeiro passo da produção de carne é criar um animal saudável. O segundo é transformar o animal vivo num conjunto de peças de carne úteis. O modo pelo qual ocorre essa transformação afeta a qualidade da carne e pode explicar por que o mesmo corte de carne, comprado no mesmo açougue, pode estar macio e suculento numa semana e duro e seco na semana seguinte. Por isso vale a pena saber o que acontece no abatedouro e no frigorífico.

O ABATE

A importância de evitar a tensão. Por uma feliz coincidência, os métodos de abate que resultam numa carne de boa qualidade são também os mais compassivos. Há muito se reconhece que, se o animal sofre tensão logo antes de morrer – trabalho físico, nervosismo por ser transportado, lutas com outros animais ou puro e simples medo –, a qualidade da carne é adversamente afetada. Quando o animal é abatido, suas células musculares permanecem vivas por algum tempo e continuam a consumir seu suprimento de energia (glicogênio, uma versão animal do amido). Nesse processo, elas acumulam ácido láctico, que reduz a atividade enzimática, retarda a deterioração microbiana e provoca alguma perda de líquido; isto faz com que a carne pareça suculenta. A tensão esgota o suprimento de energia dos músculos antes do abate, de modo que, depois, eles acumulam menos ácido láctico e redundam numa carne "escura, firme, seca" ou "de corte escuro", condição descrita pela primeira vez no século XVIII. Por isso vale a pena tratar bem os animais. Em novembro de 1979, o *New York Times* noticiou que um abatedouro finlandês havia conseguido expulsar de um edifício próximo uma banda de jovens músicos, cujos ensaios resultavam numa carne de corte mais escuro.

Procedimentos. Em geral, os animais de corte são sacrificados do modo menos traumático possível. O animal é atordoado, em geral mediante um golpe ou descarga elétrica na cabeça, e então é pendurado pelas patas traseiras. Um ou dois dos grandes vasos sanguíneos do pescoço são cor-

---

Palavras da culinária: *game* (caça) e *venison* (veado como animal de caça, carne de veado)

A palavra inglesa *game* é de origem germânica. Seu significado original no inglês antigo era "diversão", "jogo", e alguns séculos depois foi aplicada aos animais de caça por pessoas ricas suficiente para poder se dar ao luxo de considerar a caça um esporte. (A palavra *hunt*, "caçar", originalmente significava "pegar".) Já o termo *venison* vem do latim *venari*, "caçar", mas sua origem última é a raiz indo-europeia que significa "desejar, ir atrás de", que também forneceu as palavras *win* (ganhar), *wish* (desejar) e, pelo lado latino, *venerar*, *Vênus* e *veneno* (originalmente, uma poção do amor). De início se referia a todos os animais de caça, mas hoje se refere principalmente a cervos e antílopes, que são ruminantes como os bovinos e ovinos mas são capazes de comer ervas daninhas e plantas lenhosas e, assim, viver em terras mais pobres que seus parentes domesticados.

tados e o animal morre por sangramento sem recuperar a consciência. O máximo possível de sangue (cerca de metade) é removido para eliminar o risco de putrefação. (Muito raramente, como no caso do pato de Ruão, uma quantidade maior de sangue é retida no animal para aprofundar a cor e o sabor da carne.) Depois da sangria, são removidas as cabeças de bovinos e ovinos, os animais são esfolados, as carcaças são abertas e as vísceras, retiradas. As carcaças de porcos permanecem intactas até que tenham sido escaldadas, depiladas e chamuscadas para remover pelos e cerdas; então, são removidas a cabeça e as vísceras, mas a pele, não.

Frangos, perus e outras aves têm de ser depenadas. Em regra, as aves abatidas são imersas num banho de água quente para afrouxar as penas; são depenadas mecanicamente e resfriadas num banho de água fria ou jato de ar frio. O resfriamento prolongado em água pode acrescentar quantidade significativa de líquido à carcaça: a legislação norte-americana permite que de 5 a 12% do peso do frango seja de água reabsorvida. Por outro lado, o resfriamento por jato de ar, que é padrão em boa parte da Europa e na Escandinávia, tem o efeito de remover a água, de modo que a carne fica mais concentrada e a pele escurece mais rápido quando da cocção.

As carnes *kosher* e *halal* são processadas respectivamente de acordo com as leis religiosas judaica e islâmica. A lei judaica exige, entre outras coisas, um breve período de salga da carne. Além disso, segundo a mesma tradição, as aves de corte não podem ser escaldadas antes da depena, de modo que sua pele muitas vezes se rasga. As carcaças depenadas são salgadas por 30-60 minutos e depois lavadas em água fria; como as aves resfriadas por jato de ar, quase não absorvem umidade, se é que absorvem alguma. A salga torna as gorduras da carne mais suscetíveis à oxidação e facilita o desenvolvimento de sabores desagradáveis, de modo que a carne *kosher* não se conserva por tanto tempo quanto a carne processada da maneira convencional.

RIGOR MORTIS

A importância do controle do tempo, da postura e da temperatura. Por breve período após a morte do animal, seus músculos permanecem relaxados; se forem cortados e cozidos imediatamente, a carne será extraordinariamente macia. Em pouco tempo, contudo, os músculos assumem a condição chamada *rigor mortis* ("rigidez da morte"). Se cozidos nesse estado, a carne será muito dura. O rigor sobrevém (depois de cerca de 2 horas e meia no novilho e 1 hora ou menos no cordeiro, porco e frango) quando as fibras musculares esgotam sua energia e seus mecanismos de controle entram em colapso, desencadeando um movimento de contração e travamento dos filamentos proteicos. As carcaças são penduradas de tal modo que a maioria de seus músculos são distendidos pela gravidade, para que os filamentos proteicos não possam contrair-se e se sobrepor em grande quantidade; caso contrário, eles se ligam com enorme força uns aos outros e a carne se torna excepcionalmente dura. Com o tempo, as enzimas intramusculares que digerem proteínas começam a corroer a estrutura que mantém no lugar os filamentos de actina e miosina. Os filamentos ainda estão travados e os músculos não podem ser distendidos, mas a textura muscular geral enfraquece e a textura da carne se amacia. Esse é o princípio do processo de maturação, que se evidencia depois de cerca de um dia na carne bovina e de algumas horas na carne suína e de frango.

O endurecimento inevitável causado pelo *rigor mortis* pode ser acentuado pelo controle inadequado da temperatura e às vezes é responsável pela excessiva dureza das carnes vendidas no varejo.

MATURAÇÃO

Como o queijo e o vinho, a carne tem muito a ganhar com certo período de maturação ou modificação química lenta, ao longo do qual se torna cada vez mais saborosa e macia. No século XIX, quartos de bovinos e ovinos eram mantidos em temperatura ambiente por dias ou semanas até que a parte exterior estivesse literalmente podre. Os franceses chamavam esse processo de *mortification* e o grande chefe de cozinha Antonin Carême disse que ele deveria durar "tanto quanto possível". Já o gosto moderno pede uma carne um pouquinho menos mortificada! Na verdade, nos Estados Unidos a maturação da maior parte da carne não é intencional; é mero subproduto dos poucos dias que a carne leva para sair do abatedouro, passar pelo frigorífico e chegar ao mercado. Isso é o bastante para os frangos, para os quais um ou dois dias de maturação são suficientes, e para as carnes ovina e suína, que devem ser maturadas por uma semana. (As gorduras insaturadas das aves e da carne suína rançam com relativa rapidez.) Porém, o sabor e a textura da carne bovina continuam melhorando por cerca de um mês, especialmente quando flancos inteiros e não embalados são *maturados a seco* entre 1-3 °C e em umidade relativa de 70-80%. O frio limita o crescimento bacteriano e a umidade moderada faz com que a carne perca líquido gradualmente, tornando-se densa e mais concentrada.

As enzimas musculares geram sabor... A atividade enzimática é a principal responsável pela maturação da carne. Quando o animal é abatido e os sistemas de controle de suas células param de funcionar, as enzimas começam a atacar indiscriminadamente outras moléculas celulares, transformando moléculas grandes e insípidas em fragmentos menores e saborosos. Decompõem as proteínas em aminoácidos sápidos; o glicogênio em glicose, que é doce; o energético ATP em IMP (monofosfato de inosina), também sápido; gorduras e moléculas das membranas celulares em ácidos graxos aromáticos. Todos esses processos de decomposição contribuem para criar o sabor intensamente carnoso e acastanhado da carne maturada. Durante a cocção, os mesmos produtos reagem uns com os outros para formar novas moléculas que enriquecem ainda mais o aroma.

... e diminuem a rigidez. A atividade enzimática descontrolada também torna a carne mais macia. As enzimas chamadas *calpaínas* enfraquecem as proteínas que mantêm no lugar os filamentos contraídos. As *catepsinas* decompõem diversas proteínas, entre as quais os filamentos contraídos e as moléculas de apoio. As mesmas catepsinas também enfraquecem o colágeno no tecido conjuntivo, quebrando algumas ligações cruzadas entre fibras maduras. Esse processo tem dois efeitos importantes: aumenta a quantidade de colágeno que se dissolve e vira gelatina durante a cocção, tornando a carne mais macia e suculenta; e reduz a pressão que o tecido conjuntivo exerce quando submetido ao calor (p. 167), minimizando a perda de líquido durante a cocção.

A atividade enzimática depende da temperatura. A calpaína começa a se desnaturar e diminuir sua atividade por volta de 40 °C; a catepsina, em torno de 50 °C. Porém, abaixo dessa faixa crítica, quanto mais alta a temperatura, mais rápido as enzimas trabalham. A cocção pode estimular uma "maturação" acelerada. Se a carne for rapidamente crestada ou branqueada em água fervente para eliminar os microrganismos superficiais e depois aquecida lentamente durante a cocção – sendo braseada ou assada em forno lento –, as enzimas da maturação poderão manter-se ativas por várias horas antes de se desnaturar. Grandes peças de carne bovina de mais de 20 kg, assadas no estilo *steamship*, levam 10 horas ou mais para alcançar uma temperatura de 50-55 °C e ficam mais macias que pequenas porções dos mesmos cortes submetidas a cocção rápida.

Maturação da carne em embalagem plástica e na cozinha. Apesar da contribuição que a maturação pode oferecer à qualidade da carne, os frigoríficos modernos geralmente evitam esse processo, uma vez que seus ativos teriam de permanecer por longo tempo estocados a frio e cerca de 20% do peso original da carne se perderia graças à evaporação e à cuidadosa limpeza da superfície seca, rançosa e, às vezes, bolorenta. Hoje em dia, a maior parte da carne é cortada nos cortes de varejo ainda no frigorífico, logo depois do abate; é embalada em plástico e encaminhada imediatamente aos mercados, mediando um prazo de 4 a 10 dias entre o abate e a venda ao consumidor. Às vezes essa carne é *maturada a vácuo*, ou seja, mantida em sua embalagem plástica por alguns dias ou semanas, onde se encontra protegida do oxigênio e retém a umidade enquanto suas enzimas trabalham. A carne maturada a vácuo é capaz de desenvolver em parte o gosto e a maciez da maturada a seco, mas não terá a mesma concentração de sabor.

O cozinheiro pode maturar a carne na cozinha. Basta comprar a carne alguns dias antes de usá-la; com isso, certa maturação informal ocorrerá no refrigerador, onde se pode manter a carne embalada ou descoberta para permitir alguma evaporação e concentração. (Uma embalagem aberta, ou a ausência de embalagem, podem causar manchas secas, absorção de odores indesejáveis e a necessidade de alguma limpeza superficial; este sistema funciona melhor com cortes grandes, não com bifes e postas.) E, como já vimos, a cocção lenta dá às enzimas a oportunidade de fazer em poucas horas o que em outras condições demoraria semanas.

CORTE E EMBALAGEM

Na prática tradicional dos açougueiros que prevaleceu até o final do século XX, mas agora se tornou rara, as carcaças dos animais são divididas no abatedouro em grandes peças – hemicarcaças ou quartos – que são então enviadas aos varejistas, que as cortam e fatiam em peças, bifes, postas etc. Pode acontecer de a carne não ser embalada de modo algum até o momento da venda, e mesmo então ser somente enrolada em papel. Tal carne se encontra continuamente exposta ao ar. Por isso tende a ser plenamente oxigenada e vermelha, e vai secando devagar, o que concentra seu sabor. Ao mesmo tempo, certas áreas superficiais ficam descoradas e desenvolvem sabor rançoso, precisando, por isso, ser cortadas e dispensadas antes da venda.

A tendência atual é decompor a carne em cortes de varejo ainda no frigorífico, embalar os cortes em embalagem plástica a vácuo (exatamente para evitar a exposição ao ar) e enviar esses cortes pré-embalados para o supermercado. A carne embalada a vácuo tem a vantagem econômica da eficiência industrial e se conserva por semanas (até doze semanas para a carne bovina, seis a oito para a ovina e a suína) sem perder nenhum peso em virtude de ressecamento ou limpeza superficial. Uma vez desembalada, ela dura ainda alguns dias na gôndola de exposição.

Toda carne cuidadosamente manipulada e bem embalada será firme ao toque, terá aparência úmida e cor homogênea e será caracterizada pelo cheiro suave e fresco.

DETERIORAÇÃO E ESTOCAGEM DA CARNE

A carne fresca é um alimento instável. Uma vez transformado numa peça de carne, o músculo vivo começa a sofrer mudanças químicas e biológicas. As mudanças que associamos à maturação – a geração de sabor e maciez pela atividade enzimática – são desejáveis. Por outro lado, as mudanças que ocorrem somente na superfície da carne não o são. O oxigênio do ar e a energia dos raios de luz geram sabores desagradáveis e uma cor macilenta. Além disso, a carne é nutritiva não só para os seres humanos, mas também para muitos microrganismos. As bactérias aproveitarão qualquer oportunidade para se banquetear da superfície da carne e ali se multiplicar. O resultado, além de pouco apetitoso, também faz mal à saúde, uma vez que alguns microrganismos que digerem a carne morta podem invadir igualmente os organismos vivos e intoxicá-los.

A DETERIORAÇÃO DA CARNE

Oxidação e rancidez da gordura. De todos os danos químicos sofridos pela carne, o mais importante é a decomposição da gordura pelo oxigênio e pela luz. A gordura se quebra em pequenos fragmentos odoríferos que definem o cheiro *rançoso*. A gordura rançosa não é necessariamente tóxica, mas é desagradável; assim, o desenvolvimento da rancidez determina por quanto tempo podemos maturar e estocar a carne. As gorduras insaturadas são as mais vulneráveis à rancidez, o que significa que peixes, aves domésticas e aves de caça são as carnes que estragam mais depressa. A carne bovina tem a gordura mais saturada e estável de todas as carnes e é a que mais dura.

A oxidação da gordura nas carnes não pode ser evitada, mas pode ser retardada pela manipulação cuidadosa. Envolva cuidadosamente a carne crua em filme plástico impermeável ao oxigênio (*saran* ou cloreto de polivinilideno; o polietileno é permeável), recubra-a de papel ou folha de alumínio para mantê-la no escuro, coloque-a no canto mais frio do congelador ou refrigerador e consuma-a o mais rápido possível. Ao usar carne moída, faça a moagem imediatamente antes de cozinhar, uma vez que a divisão da carne em tantas partículas expõe uma enorme superfície à ação do ar. O desenvolvimento da rancidez em carnes já cozidas pode ser retardado diminuindo a quantidade de sal (que estimula a oxidação da gordura) e usando ingredientes antioxidantes: ervas mediterrâneas, por exemplo, especialmente o alecrim (p. 439). O escurecimento da superfície da carne em panela quente também cria moléculas antioxidantes que retardam a oxidação da gordura.

Deterioração por bactérias e fungos. Em geral, os músculos intactos de animais saudáveis são livres de microrganismos. Bactérias e fungos que estragam a carne são introduzidos durante o processamento, em geral provindos do couro do animal ou do maquinário do frigorífico. As aves criadas em granjas e os peixes são especialmente vulneráveis à deterioração, pois são vendidos com a pele intacta e muitas bactérias sobrevivem à lavagem. A maioria delas é inofensiva, mas desagradável. As bactérias e fungos decompõem células na superfície da carne e digerem proteínas e aminoácidos, gerando moléculas que cheiram a peixe, gambá e ovo podre. A carne estragada tem cheiro mais repugnante que o de qualquer outro alimento deteriorado porque contém as proteínas que geram esses compostos malcheirosos.

REFRIGERAÇÃO

No mundo desenvolvido, o mais comum método doméstico de preservação da carne é a refrigeração. Esta tem duas grandes vantagens: exige pouco ou nenhum tempo de preparação e praticamente não altera o estado da carne fresca. A refrigeração da carne aumenta sua vida útil porque tanto as bactérias quanto as enzimas se tornam menos ativas à medida que a temperatura cai. Mesmo assim, a deterioração prossegue. As carnes se conservam melhor em temperaturas próximas ou inferiores ao ponto de congelamento da água, 0 °C.

Congelamento. O congelamento aumenta extraordinariamente o prazo de estocagem da carne e de outros alimentos porque interrompe todos os processos biológicos. Para haver vida, é preciso haver água líquida; o congelamento imobiliza a água líquida do alimento, prendendo-a em cristais sólidos de gelo. A carne bem congelada se conserva por milênios, como demonstra a descoberta de mamutes congelados há 15 mil anos no gelo do norte da Sibéria. O melhor é manter a carne na temperatura a mais baixa possível. A recomendação geral para os congeladores domésticos é uma temperatura de –18 °C (muitos funcionam entre –12 e –9 °C).

O congelamento impede indefinidamente a degradação biológica da carne. Entretanto, é um tratamento físico drástico que inevitavelmente causa danos ao tecido muscular e, portanto, diminui de diversas maneiras a qualidade desse alimento.

Danificação celular e perda de líquido. À medida que a carne crua congela, os cristais de gelo crescem, penetram nas frágeis membranas celulares e perfuram-nas. Quando a carne descongela, os cristais se desfazem e destampam os buracos que fizeram nas células musculares. Nesse momento, todo o tecido muscular deixa vazar um fluido rico em sais, vitaminas, proteínas e pigmentos. Então, quando a carne é cozida, ela perde mais líquido que o normal (p. 167) e facilmente fica seca, densa e dura. A carne já cozida não sofre tanto os efeitos do congelamento, pois seus tecidos já foram danificados e perderam líquido quando da cocção.

A danificação celular e a perda de líquido são minimizadas por um congelamento rápido e pela conservação da carne à temperatura mais baixa possível. Quanto mais rapidamente se congelar a umidade da carne, menores serão os cristais formados e tanto menos terão eles a capacidade de perfurar as membranas celulares; e, quanto mais baixa a temperatura, tanto menos os cristais tenderão a aumentar de tamanho. Para acelerar o congelamento, pode-se pôr o congelador na temperatura mais baixa, dividir a carne em pedaços pequenos e deixá-la fora de qualquer embalagem até depois de se solidificar (o filme plástico age como isolante e pode duplicar o tempo que leva para a carne congelar).

Oxidação e rancidez da gordura. Além de infligir danos físicos ao tecido muscular, o congelamento provoca mudanças químicas que limitam o tempo de conservação da carne congelada. Quando os cristais de gelo se formam e removem a água líquida dos fluidos musculares, a concentração cada vez maior de sais e resíduos metálicos promove a oxidação das gorduras insaturadas, fazendo com que se acumule um sabor rançoso. Esse processo inexorável faz com que a qualidade de peixes e aves frescas se deteriore nitidamente após apenas alguns meses de conservação em congelador; a da carne suína, após seis meses; a de cordeiro e vitela, após nove meses; e a da carne bovina, após cerca de um ano. Os sabores de carnes moídas, curadas e cozidas se deterioram ainda mais rápido.

Queimadura por congelamento. Um último efeito colateral do congelamento é a *queimadura por congelamento*, a familiar descoloração marrom-esbranquiçada na superfície da carne que se desenvolve após algumas semanas ou meses de estocagem. Ela é causada pela "sublimação" da água – o equivalente da evaporação em temperaturas inferiores ao ponto de congelamento – dos cristais de gelo situados na superfície da carne. Essa água se desprende diretamente para o ar seco do congelador; a saída da água deixa minúsculas cavidades na superfície da carne, as quais dispersam a luz e por isso parecem brancas. A superfície da carne se torna então, na prática, uma fina camada de carne seca por congelamento, onde a oxidação das gorduras e dos pigmentos se processa de modo acelerado. Com isso, sofrem a textura, a cor e o sabor.

A queimadura por congelamento pode ser minimizada. Para tanto, a carne deve ser coberta do modo mais hermético possível com filme plástico impermeável.

Como descongelar a carne. Em geral, as carnes congeladas são descongeladas antes da cocção. O método mais simples – deixar a carne na bancada da cozinha – não é salubre nem eficiente. A superfície pode alcançar uma temperatura favorável à multiplicação de microrganismos muito antes de o interior se descongelar; além disso, o calor se transfere muito lentamente do ar para a carne, a cerca de um vigésimo da razão com que se transfere da água. Método muito mais rápido e seguro é o de mergulhar a carne (embrulhada em filme plástico) num banho de água gelada, que mantém a superfície fria mas mesmo assim transfere calor com eficiência. Se a peça de carne for demasiado grande para mergulhar na água, ou não vai ser usada imediatamente, também será seguro descongelá-la na geladeira. Porém, o ar frio é especialmente ineficiente como transmissor de calor. Por isso um corte grande pode levar vários dias para descongelar.

Para cozinhar carnes não descongeladas. As carnes congeladas podem ser submetidas a cocção sem antes descongelar, sobretudo quando se usam métodos lentos como o assado ao forno, em que o calor tem tempo de penetrar no centro da peça sem sobrecozer a superfície. Em geral, o tempo de cocção da carne congelada é 30 a 50% maior que o da carne fresca ou descongelada.

IRRADIAÇÃO

Uma vez que a radiação ionizante (p. 872) causa danos a mecanismos biológicos delicados como o DNA e as proteínas, ela mata os microrganismos que estragam a comida, prolongando assim o seu prazo de validade e tornando mais seguro seu consumo. Estudos demonstram que a radiação em baixa dosagem pode matar a maioria dos microrganismos e mais que duplicar a vida de prateleira de carnes refrigeradas e cuidadosamente embaladas. Porém, a radiação deixa no alimento um sabor característico, descrito como metálico, sulfuroso e "caprino", que às vezes mal se faz notar, mas outras vezes é forte e desagradável.

A partir de 1985, a Administração de Alimentos e Medicamentos (FDA) dos Estados Unidos aprovou o uso da irradiação para controlar vários fatores patogênicos na carne: a triquinose na carne suína, a salmonela na de frango e a E. coli na bovina. Como tratamento, a irradiação é uma garantia apreciável de salubridade para a produção em massa de carne moída, em que uma única carcaça infectada pode contaminar toneladas de carne e afetar milhares de consumidores. Porém, seu uso permanece limitado devido à desconfiança do público. Décadas de pesquisas dão a entender que o consumo de carne irradiada é seguro. Mas há outra objeção bastante razoável. Se a carne foi contaminada com matéria fecal em quantidade suficiente para infectá-la com a E. coli, a irradiação eliminará as bactérias e tornará a carne comestível por três meses. Entretanto, a carne continuará tendo sido adulterada. Muitos consumidores não se limitam a exigir que o alimento que os nutre cotidianamente e lhes dá prazer esteja livre de agentes patogênicos e se conserve por vários meses; estipulam padrões mais rigorosos. As pessoas que se preocupam com a qualidade do alimento buscarão comprar uma carne produzida nas proximidades e em data recente, e manipulada com cuidado; buscarão ainda consumi-la em prazo breve, aproveitando-a ainda em sua melhor forma.

COCÇÃO DA CARNE FRESCA: PRINCÍPIOS

Cozinhamos a carne por quatro motivos básicos: tornar seguro o seu consumo, torná-la mais fácil de mastigar e digerir (as proteínas desnaturadas são mais vulneráveis a nossas enzimas digestivas) e torná-la mais saborosa. A questão da salubridade foi detalhada a partir da p. 137. Descreverei aqui as transformações físicas e químicas que a carne sofre durante a cocção, seus efeitos sobre o sabor e a textura e o desafio de cozinhar bem uma peça de carne. Essas transformações estão resumidas no quadro da p. 169.

O CALOR E O SABOR DA CARNE

A carne crua tem gosto forte, mas não é saborosa. Oferece sais, aminoácidos sápidos e uma leve acidez à língua, mas pouco proporciona em matéria de aroma. A cocção cria o aroma da carne e lhe intensifica o gosto. A simples avaria física das fibras musculares as obriga a liberar uma quantidade maior de líquidos e, portanto, mais substâncias que estimulam a língua. A liberação de líquido atinge seu ponto máximo quando a carne é cozida levemente, ou "malpassada". À medida que a temperatura aumenta e a carne seca, as mudanças físicas cedem lugar a mudanças químicas e ao desenvolvimento do aroma, à medida que as moléculas das células se rompem e recombinam para formar novas moléculas que desprendem não só o cheiro de carne, mas também notas de frutas e flores, acastanhadas e de relva (ésteres, cetonas, aldeídos).

Escurecimento da superfície em alta temperatura.

Se a carne fresca não chegar a ficar mais quente que o ponto de ebulição da água, seu sabor será determinado em grande medida pelos produtos da quebra de proteínas e gorduras. Entretanto, as carnes assadas, grelhadas e fritas desenvolvem uma crosta de sabor muito mais intenso, pois a superfície fica quente o suficiente para desencadear as reações de escurecimento ou reações de Maillard (p. 867). Os aromas gerados nas reações de escurecimento são, em geral, pequenos anéis de átomos de carbono com acréscimos de nitrogênio, oxigênio e enxofre. Muitos deles têm um caráter genérico de "assado", mas outros lembram relva, flores, cebolas, especiarias e terra. Centenas de compostos aromáticos foram encontrados na carne assada!

O CALOR E A COR DA CARNE

A aparência da carne sofre duas transformações durante a cocção. De início, ela se torna levemente translúcida, pois suas células se enchem de uma rede pouco rígida de proteínas suspensas em água. Quando aquecida a 50 °C, ela desenvolve uma opacidade esbranquiçada à medida que a miosina, sensível ao calor, se desnatura e coagula em glomérulos grandes suficiente para dispersar a luz. Essa mudança faz com que a cor da carne vermelha se torne mais clara, rosada, muito antes de os próprios pigmentos serem afetados. Então, por volta de 60 °C, a mioglobina vermelha começa a se desnaturar, transformando-se numa versão parda chamada hemicroma. Durante essa mudança, a cor da carne se transforma de cor-de-rosa em marrom-acinzentada.

A desnaturação da mioglobina acompanha a das fibras proteicas, o que nos possibilita julgar o ponto da carne pela sua cor. A carne mal cozida e seus sucos são vermelhos; a carne e os sucos moderadamente cozidos são rosados; a carne bem cozida é marrom acinzentada e seus sucos são transparentes. (A mioglobina vermelha intacta pode escapar para o suco da carne; a marrom desnaturada se ligou a outras proteínas coaguladas nas células e ali permanece.) Entretanto, a mioglobina tem várias peculiaridades que podem produzir mesmo em carnes bem cozidas um tom avermelhado ou rosado que tende a induzir o cozinheiro ao erro (ver quadro, p. 166). Também é possível que uma carne malpassada pareça escura e bem-passada caso sua mioglobina já tenha sido desnaturada pela longa exposição à luz ou a temperatura abaixo do ponto de congelamento. Se for essencial que a carne seja levada a uma temperatura capaz de destruir os microrganismos, o cozinheiro deve usar um termômetro de precisão para confirmar que ela alcançou no mínimo 70 °C. A cor da carne pode não ser uma orientação segura.

O_2	H_2O	NO	CO
N͟ ͟N</br>Fe^{+2}</br>N͞ ͞N	N͟ ͟N</br>Fe^{+3}</br>N͞ ͞N	N͟ ͟N</br>Fe^{+2}</br>N͞ ͞N	N͟ ͟N</br>Fe^{+2}</br>N͞ ͞N
proteína mioglobina	*proteína mioglobina*	*proteína mioglobina*	*proteína mioglobina*
vermelha	marrom	rosada	rosada

Os pigmentos na carne cozida e na carne curada. Da esquerda para a direita: na carne crua, a mioglobina (molécula portadora de oxigênio) é vermelha; na cozida, a forma desnaturada e oxidada da mesma molécula é marrom; nas carnes curadas com nitrito, entre as quais a carne bovina em conserva estadunidense e os presuntos, a mioglobina assume uma forma rosada estável (NO é o óxido nítrico, um produto do nitrito); e nas carnes não curadas e assadas na brasa ou no forno a gás, traços de monóxido de carbono (CO) se acumulam e produzem outra forma rosada estável.

O CALOR E A TEXTURA DA CARNE

A textura de um alimento é criada por sua estrutura física: a sensação tátil que ela provoca, o equilíbrio entre componentes sólidos e líquidos e a facilidade ou dificuldade com que nossos dentes a decompõem em pedaços digeríveis. Os principais elementos texturais da carne são, de um lado, a umidade, que representa cerca de 75% do seu peso; e, de outro, as proteínas fibrosas e o tecido conjuntivo que podem conter e confinar essa umidade ou liberá-la.

As texturas da carne crua e da cozida.

A carne crua tem a textura de uma polpa ou massa lisa e resistente. É mastigável porém macia, de modo que a mastigação não a corta, mas a comprime. E a umidade se manifesta deixando-a escorregadia; a mastigação não é capaz de liberar em grande quantidade o suco da carne.

O calor modifica drasticamente a sua textura. À medida que cozinha, a carne desenvolve uma firmeza e uma resistência que a deixam mais fácil de mastigar. Começa a liberar seus fluidos e se torna suculenta. Numa cocção mais prolongada, os sucos evaporam e a resistência cede lugar à dureza e à secura. Quando a cocção se prolonga durante horas, os feixes de fibras se sepa-

---

Cores persistentes em carnes cozidas

Em geral, a carne bem-passada tem uma aparência opaca, marrom-acinzentada, devido à desnaturação dos pigmentos mioglobina e citocromos. Porém, há dois métodos de cocção que podem dar à carne bem-passada uma agradável tonalidade vermelha ou rosada.

- Um churrasco, um cozido, um assado ou um *confit* podem ter um interior surpreendentemente rosado ou vermelho – se forem aquecidos de modo muito suave e gradual. A mioglobina e os citocromos podem sobreviver mais em temperaturas altas que as outras proteínas musculares. Quando a carne é aquecida rapidamente, sua temperatura se eleva de forma acelerada e algumas proteínas musculares ainda estão se desdobrando e desnaturando quando os pigmentos começam a fazer a mesma coisa. As outras proteínas, portanto, são capazes de reagir com os pigmentos e torná-los marrons. Por outro lado, quando a carne é aquecida lentamente, levando uma ou duas horas para chegar à temperatura em que a mioglobina e os citocromos se desnaturam, as outras proteínas terminam antes disso seu processo de desnaturação e reagem umas com as outras. No momento em que os pigmentos se tornam vulneráveis, restam poucas proteínas capazes de reagir com eles; assim, eles permanecem intactos e a carne permanece vermelha. A salga preliminar necessária para fazer um *confit* (p. 197) acentua enormemente esse efeito na carne de pato.
- As carnes preparadas sobre chama de lenha, carvão ou gás – churrasco de carne suína ou bovina, por exemplo, ou mesmo uma ave assada em forno a gás – frequentemente desenvolvem coloração rosada desde a superfície até uma profundidade de 8-10 mm. Isto é causado pelo gás dióxido de nitrogênio (NO_2), gerado em quantidades vestigiais (partes por milhão) pela queima desses combustíveis orgânicos. Parece que o NO_2 se dissolve na superfície da carne e forma ácido nitroso (HNO_2), que se difunde no tecido muscular e se converte em óxido nítrico (NO). Este, por sua vez, reage com a mioglobina para formar uma molécula rosada estável, semelhante àquela encontrada nas carnes curadas por nitrito (p. 194).

ram e até mesmo a carne dura começa a se desfazer. Todas essas texturas representam estágios de desnaturação das proteínas das fibras e do tecido conjuntivo.

Primeira suculência: as fibras se coagulam. A proteína miosina, um dos dois principais filamentos de contração, começa a coagular por volta de 50 °C; com isso, cada célula adquire certa solidez e a carne ganha firmeza. À medida que as moléculas de miosina se ligam umas às outras, elas expulsam parte das moléculas de água que antes as separavam. Essa água se acumula ao redor do núcleo de proteína, que está se solidificando, e é ativamente esguichada para fora da célula por seu invólucro fino e elástico de tecido conjuntivo. Nos músculos intactos, os sucos escapam através dos pontos fracos nos invólucros das fibras. Em bifes e postas, que são fatias finas cortadas dos músculos, eles também saem pelas extremidades decepadas das fibras. A carne servida neste estágio (malpassada) é firme e suculenta.

Suculência final: o colágeno se contrai. À medida que a temperatura da carne sobe para 60 °C, uma quantidade maior de proteínas coagulam dentro das células e seu ambiente interno se torna mais segregado: um núcleo sólido de proteínas coaguladas e um tubo de líquido que o rodeia. Assim, a carne fica progressivamente mais firme e mais úmida. Então, entre 60 e 65 °C, a carne repentinamente libera uma grande quantidade de líquido, diminui perceptivelmente de tamanho e se torna mais difícil de mastigar. Essas mudanças são causadas pela desnaturação do colágeno nos invólucros de tecido conjuntivo que envolvem as células, os quais se contraem e exercem nova pressão sobre as células cheias de líquido que levam dentro de si. O líquido escapa abundantemente, a peça ou o pedaço de carne perde um sexto ou mais do seu volume e os grupos de fibras proteicas se tornam mais densos e, logo, mais difíceis de cortar. A carne servida nesta faixa de temperatura, ou seja, meio malpassada, está a caminho de deixar de ser suculenta e se tornar seca.

Maciez máxima: o colágeno se torna gelatina. Se a cocção prossegue, a carne se torna cada vez mais seca, compacta e dura. Então, por volta de 70 °C, o colágeno do tecido conjuntivo começa a se dissolver e formar gelatina. Com o tempo, o tecido conjuntivo se torna mais macio, assumindo consistência gelatinosa, e fica mais fácil separar as fibras musculares que ele antes enfeixava. As fibras continuam rígidas e secas, mas já não constituem uma massa monolítica; por isso a carne parece mais macia. Além disso, a gelatina proporciona a própria suculência. É essa a textura deliciosa das carnes submetidas a cocção len-

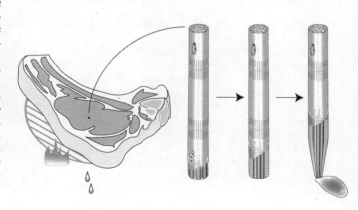

Como a cocção expulsa a umidade da carne. As moléculas de água estão presas nas fibrilas proteicas que preenchem cada célula muscular. À medida que a carne é aquecida, as proteínas coagulam, as fibrilas esguicham um tanto da água que continham e se contraem. Então, o fino invólucro elástico de tecido conjuntivo ao redor de cada célula muscular expulsa a água liberada pelas extremidades cortadas das células.

ta, dos braseados prolongados, dos cozidos e dos churrascos.

O DESAFIO DA COCÇÃO DA CARNE: OBTER A TEXTURA CORRETA

Em geral, preferimos que a carne seja macia e suculenta a que seja dura e seca. O método ideal para cozinhar carne envolveria, portanto, a minimização da perda de líquido e da compactação das fibras e a maximização da conversão do duro colágeno do tecido conjuntivo em suave gelatina. Infelizmente, os dois objetivos são contraditórios. Para minimizar a perda de líquido e a compactação das fibras, a carne deve ser cozida rapidamente a uma temperatura que não ultrapasse 55-60 °C. A conversão do colágeno em gelatina exige cocção prolongada a 70 °C ou mais. Por isso, não existe um único método de cocção que seja ideal para todas as carnes. O método deve ser proporcional à dureza do corte. No caso dos cortes macios, o melhor é cozinhá-los com brevidade e somente até assegurar o pleno fluxo dos sucos carnosos. Grelhados, fritos e assados na brasa são os métodos rápidos usuais. Para os cortes duros, o melhor é aquecê-los por período prolongado em temperatura próxima à do ponto de ebulição da água, em geral por meio de cozimento por imersão, braseado ou assado lento.

Não é difícil sobrecozer uma carne macia. A cocção perfeita da carne macia – de modo que sua temperatura interna seja exatamente a que queremos – é um tremendo desafio. Imagine um bife grosso grelhado ao ponto, 60 °C, em sua área central. Sua superfície estará seca suficiente para atingir uma temperatura superior a 100 °C; entre o centro e a superfície, a temperatura percorrerá todo o espectro entre 60 °C – ao ponto – e 100 °C – cozida até secar. Na verdade, a maior parte da carne terá passado em muito do ponto. E bastam 1 ou 2 minutos para que o próprio interior da carne passe do ponto e o bife inteiro seque completamente, pois é só numa faixa muito estreita de temperatura, cerca de 15 °C, que a carne permanece cozida mas suculenta. Quando grelhamos ou fritamos um bife ou posta de 2,5 cm de espessura, a razão de aumento da temperatura no centro pode chegar a 5 °C por minuto.

Soluções: cocção em dois estágios, isolamento, remoção antecipada. Há várias maneiras pelas quais o cozinheiro pode garantir para si um intervalo mais amplo dentro do qual possa parar a cocção e obter uma carne mais homogênea.

O método mais comum consiste em dividir a cocção em dois estágios: um escurecimento inicial da superfície em alta temperatura e uma cocção completa subsequente em temperatura muito mais baixa. Neste segundo estágio, a diferença de temperatura entre o centro e a superfície será menor,

---

A natureza da suculência

Os cientistas alimentares que estudaram a sensação subjetiva de suculência constataram que ela compreende duas fases: a impressão inicial de umidade quando o alimento é posto na boca e a liberação contínua de líquido durante a mastigação. A suculência à primeira mordida provém diretamente da própria água livre presente na carne, ao passo que a suculência contínua vem da gordura e do sabor da carne, ambos os quais estimulam o fluxo de saliva. É provavelmente por isso que a carne bem-passada costuma ser considerada mais suculenta, muito embora a cocção suplementar expulse uma quantidade maior de suco da carne. Acima de tudo, a cocção da carne bem-passada intensifica o sabor por meio das reações de escurecimento, e o sabor intenso nos dá "água na boca".

Os efeitos do calor sobre as proteínas, a cor e a textura da carne

Temperatura da carne	Ponto*	Qualidades da carne	Enzimas que enfraquecem as fibras	Proteínas das fibras	Colágeno do tecido conjuntivo	Água presa às proteínas	Pigmento mioglobina
40 °C	Crua	•Macia ao toque •Lisa, escorregadia •Translúcida, vermelha-escura	Ativas	Começam a se desdobrar	Intacto	Começa a escapar das proteínas e a se acumular dentro das células	Normal
45 °C	*Bleu*		Muito ativas				
50 °C	Malpassada, 50-55 °C	•Fica mais firme •Fica opaca	Desnaturam-se, tornam-se inativas, coagulam	A miosina começa a se desnaturar, coagular		O escape e a acumulação se aceleram	
55 °C	Meio malpassada, 55-57 °C	•Resistente ao toque •Menos escorregadia, mais fibrosa •Solta líquido quando cortada •Opaca, tom vermelho mais claro		Miosina coagulada	Os invólucros de colágeno começam a enfraquecer		
60 °C	Ao ponto, 58-62 °C (MA-Estados Unidos *rare*, "malpassada")	•Começa a contrair •Perde resistência •Solta líquido •O vermelho clareia para um tom rosado		Outras proteínas das fibras se desnaturam, coagulam	Os invólucros de colágeno se contraem, comprimem as células	Flui das células devido à pressão do colágeno	Começa a se desnaturar
65 °C	Meio bem-passada, 63-67 °C (MA-Estados Unidos *medium rare*, "meio malpassada")	•Continua a contrair •Pouca resistência •Menos líquido livre •De rosa para marrom-acinzentada					
70 °C	Bem-passada, 68 °C ou mais (MA-Estados Unidos *medium*, "ao ponto")	•Continua a contrair •Dura •Pouco líquido livre •Cinza-amarronzada			Começa a se dissolver	Começo do fim do fluxo	Desnaturadas e coaguladas em sua maioria
75 °C	(MA-Estados Unidos *well*, "bem-passada")	•Dura •Seca •Cinza-amarronzada					
80 °C				A actina se desnatura, coagula; os conteúdos das células estão densamente compactados			
85 °C							
90 °C		•As fibras se separam com mais facilidade			Dissolve-se rapidamente		

* Está especificada nesta coluna a nomenclatura do Ministério da Agricultura dos Estados Unidos (MA-Estados Unidos). (N. do T.)

de modo que uma parte maior da carne permanecerá poucos graus acima da temperatura central. Além disso, a carne cozinha mais lentamente, propiciando um intervalo maior dentro do qual o interior permanece no ponto correto.

Outro truque consiste em revestir a superfície da carne com outro alimento, como tiras de gordura ou toicinho, massas líquidas, empanados, massas à base de gordura ou massa de pão. Esses materiais isolam a superfície da carne do calor direto da cocção e retardam a penetração do calor.

Para evitar passar direto pelo ponto ideal de cocção, o cozinheiro também pode remover a carne do forno ou da panela antes de ela estar completamente pronta e deixar que o calor residual termine a cocção aos poucos, até que a superfície esfrie suficiente para atrair novamente o calor do interior da carne. A quantidade de calor residual depende do peso e do formato da peça, da temperatura de sua região central e da temperatura de cocção, e pode variar entre irrelevantes 1 ou 2 °C num corte fino a 10 °C num assado grande.

Como saber quando parar a cocção. O segredo para bem cozer a carne está em saber quando parar. Os livros de receitas estão cheios de fórmulas para obter determinado ponto – tantos minutos por quilo ou por centímetros de espessura – que não passam, porém, de aproximações grosseiras. Há vários fatores imprevisíveis e significativos que essas fórmulas simplesmente não podem levar em conta. O tempo de cocção é afetado pela temperatura inicial da carne, pelas temperaturas verdadeiras de frigideiras e fornos e pelo número de vezes em que a carne é virada ou a porta do forno é aberta. O conteúdo de gordura tem sua importância, pois a gordura não conduz tão bem o calor quanto as fibras musculares: os cortes gordos demoram mais que os magros para ficar prontos. Também os ossos fazem diferença. Os minerais dos ossos, semelhantes à cerâmica, lhes dão o dobro da condutividade térmica do tecido muscular; por outro lado, a estrutura óssea, frequentemente cheia de cavidades, em geral torna mais lenta a transferência de calor e transforma os ossos em isolantes. É por isso que a carne muitas vezes fica mais suculenta ao redor dos ossos: porque ali ela não cozinhou tanto. Por fim, o tempo de cocção depende do tratamento dispensado à superfície da carne. A carne assada exposta ou regada com seu próprio caldo perde umidade na superfície por evaporação, perdendo também calor e tornando mais lenta a cocção; por outro lado, uma camada de gordura ou uma folha de papel-alumínio forma barreira à evaporação e pode diminuir em um quinto o tempo de cocção.

Sendo afetado por tantas variáveis, não admira que o tempo de cocção não possa ser previsto infalivelmente por nenhuma fórmula ou receita. Cabe ao cozinheiro controlar a cocção e decidir quando interrompê-la.

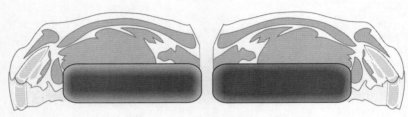

A influência da temperatura sobre a uniformidade da cocção. À esquerda: na carne cozida do começo ao fim em alta temperatura, a camada externa cozinha demais enquanto o centro alcança a temperatura desejada. À direita: na carne cozida do começo ao fim em baixa temperatura, a sobrecocção das camadas exteriores é menos pronunciada e o ponto da carne fica mais uniforme.

Como julgar o ponto da carne. Os melhores instrumentos para controlar o ponto da carne continuam sendo os olhos e dedos do cozinheiro. A medição da temperatura interna com um termômetro funciona bem para assados, mas não para cortes menores. (Os termômetros culinários comuns registram a temperatura numa faixa de 2,5 cm ao longo de sua haste metálica, e não somente na ponta. Aqueles que têm um mostrador também precisam ser frequentemente recalibrados para assegurar a precisão.) O modo mais simples de saber consiste em abrir um corte na carne e ver de que cor está o interior (a perda de líquido é localizada e pouco importante).

A maioria dos cozinheiros profissionais ainda avaliam a carne pela "consistência" e pelo fluxo dos líquidos:

- A carne em ponto *bleu*, cozida na superfície, mas simplesmente aquecida no interior, permanece relativamente igual – macia ao toque, como o músculo entre o polegar e o indicador quando completamente relaxado, com pouco ou nenhum suco colorido (pode ser que uma pequena quantidade de gordura incolor derreta e saia da carne).
- A carne *malpassada*, que sofreu a coagulação de algumas proteínas, é mais resistente e elástica quando pressionada com o dedo – como o músculo entre o polegar e o indicador quando os dois dedos estão afastados – e começa a vazar um suco vermelho na superfície. Para certas pessoas, este é o ponto mais suculento da carne; para outras, a carne ainda está crua, "sangrenta" (embora o suco não seja sangue) e potencialmente nociva à saúde.
- A carne *ao ponto* ou em ponto *médio*, cujo colágeno do tecido conjuntivo já se contraiu, é mais firme – como o músculo entre o polegar e o indicador quando os dois dedos são pressionados um contra o outro – e expulsa gotículas de suco vermelho para as superfícies de bifes e postas, ao passo que o interior empalidece, assumindo tonalidade rósea. A maioria dos microrganismos, mas não todos, são eliminados nesta faixa de temperatura.
- A carne *bem-passada*, com quase todas as proteínas desnaturadas, é nitidamente dura ao toque, solta pouco líquido e tanto este quanto o interior têm uma opaca tonalidade castanha ou cinzenta. Os microrganismos estão mortos e, para muitos apreciadores, o mesmo se poderia dizer da carne. Entretanto, uma cocção suave e prolongada desfaz a dureza do tecido conjuntivo e devolve à carne certa maciez.

O PONTO DA CARNE E SUA SALUBRIDADE

Como vimos, as carnes inevitavelmente abrigam bactérias e é necessária uma temperatura de 70 °C ou mais para garantir a rápida destruição dos microrganismos capazes de causar doenças no ser humano – uma temperatura que deixa a carne bem-passada e a faz perder boa parte de sua umidade. Isso significa que é arriscado comer uma carne suculenta, róseo-avermelhada? Não – desde que o corte seja uma peça intacta de tecido muscular saudável, um bife ou posta, e que sua superfície tenha sido plenamente cozida: as bactérias ficam na superfície da carne, não no interior. A carne moída é mais arriscada, pois a superfície contaminada se quebra em pequenos fragmentos e se espalha por toda a massa. Em geral, o interior de um hambúrguer cru contém bactérias, e o mais seguro é comê-lo bem-passado. Os pratos à base de carne crua – *steak tartare* e *carpaccio* – devem ser preparados na última hora a partir de cortes cuja superfície foi cuidadosamente limpa com faca.

Como fazer um hambúrguer malpassado sem arriscar a saúde. Para desfrutar sem riscos de um hambúrguer malpassado, você mesmo deve moer a carne depois de submetê-la a um tratamento que mate as bactérias da superfície. Leve à fervura plena uma panela grande cheia de água, mergulhe as peças de carne na água por 30-60 segundos, remova-as, deixe a água escorrer, enxugue-as com um pano e faça a moagem num moedor escrupulosamente limpo. O branqueamento mata as bactérias da superfície e só submete a cocção excessiva uma camada de 1 ou 2 mm, camada essa que será dispersa pelo restante da carne quando da moagem.

Agora que compreendemos a natureza básica do calor e de como ele se desloca pela carne, examinemos os métodos mais comuns de cocção e como aproveitá-los ao máximo.

COCÇÃO DA CARNE FRESCA: MÉTODOS

Muitas receitas tradicionais de carne foram desenvolvidas numa época em que esta vinha de animais maduros e gordos, e por isso toleravam bem a cocção excessiva. A gordura reveste e lubrifica as fibras da carne durante a cocção, estimula o fluxo de saliva e cria a sensação de suculência por mais que as fibras em si tenham se tornado secas. As receitas de braseados ou cozidos a serem preparados durante horas foram criadas para animais maduros cujo colágeno tem muitas ligações cruzadas e por isso demora para se dissolver em gelatina. Entretanto, as carnes industriais de hoje vêm de animais relativamente jovens cujo colágeno é mais solúvel e que têm muito menos gordura; cozinham rapidamente e sofrem mais os efeitos da sobrecocção. Bifes e postas grelhados podem ficar ao ponto na região central, mas secos nas outras partes; carnes cozidas e braseadas por longo tempo muitas vezes são secas em toda a sua extensão.

A margem de erro de que dispõe o cozinheiro ao cozinhar carne é mais estreita do que no passado. Por isso é mais útil do que nunca compreender como funcionam os vários métodos de cocção de carne e como aplicá-los à carne do século XXI.

MODIFICAÇÃO DA TEXTURA ANTES E DEPOIS DA COCÇÃO

Há várias técnicas tradicionais que amaciam a carne dura antes da cocção, de tal modo que esta, e a concomitante secagem das fibras, possa ser minimizada. A mais simples dessas técnicas consiste em danificar fisicamente a estrutura da carne: usar o martelo, a faca ou o moedor para fragmentar as fibras musculares e os revestimentos de tecido conjuntivo. Peças de vitela batidas até ficar bem finas (escalopes, *scallopini*) são amaciadas e afinadas a tal ponto que cozinham em apenas 1 ou 2 minutos, perdendo o mínimo possível de líquido. A moagem da carne em pedaços pequenos cria uma textura completamente diferente: a carne bovina cuidadosamente moldada em um bom hambúrguer tem uma qualidade delicada que não se assemelha à de um bife macio.

Há um método francês tradicional, e trabalhoso, para amaciar a carne dura: o *lardeado*, a inserção de fatias ou filetes de gordura de porco na carne por meio de agulhas especiais. Além de aumentar o conteúdo de gordura da carne, o lardeado também quebra algumas fibras e camadas de tecido conjuntivo.

Marinadas. As marinadas são líquidos ácidos. Originalmente usava-se o vinagre, mas hoje elas incluem ingredientes como vinho, sucos de frutas, leitelho e iogurte; a carne é mergulhada no líquido por horas ou dias antes de ser cozida. A marinada é usada desde a Renascença, quando tinha a função principal de retardar a deterioração e realçar o sabor. Hoje, as carnes são marinadas antes de tudo para adquirir sabor e tornar-se mais úmidas e macias. Talvez o prato mais comum feito com carne marinada seja o cozido no qual a carne é mergulhada numa mistura de vinho e ervas e depois cozida por imersão nessa mesma mistura.

O ácido da marinada de fato enfraquece o tecido muscular e aumenta a sua capacidade de reter umidade. Porém, as marinadas penetram devagar e, nesse processo, podem imprimir à superfície da carne um sabor excessivamente azedo. Para reduzir o tempo de penetração, a carne pode ser cortada em pedaços finos; pode-se também usar uma seringa de cozinha para injetar a marinada em peças maiores.

Amaciantes de carne. Os amaciantes de carne são enzimas que digerem proteínas. São extraídos de diversos vegetais, entre os quais o mamão, o abacaxi, o figo, o kiwi e o gengibre. São disponibilizados quer na própria fruta ou folha originais, quer depurados, pulverizados e diluídos em sal ou açúcar. (Ao contrário do que comumente se diz, as rolhas de garrafas de vinho não contêm enzimas ativas e portanto não amaciam a carne de polvo e outras carnes duras!) As enzimas agem lentamente na geladeira e em temperatura ambiente, mas atuam cinco vezes mais rápido entre 60 e 70 °C, de modo que quase todo o amaciamento se dá durante a cocção. O problema dos amaciantes é que eles demoram ainda mais que os ácidos para penetrar na carne, fazendo-o à razão de uns poucos milímetros por dia. Assim, a superfície da peça tende a se tornar mole demais, ao passo que o interior não é afetado. Pode-se injetar o amaciante dentro da carne para melhorar essa distribuição.

Salmoura. Como as carnes modernas tendem a secar completamente na cocção, os cozinheiros redescobriram a salmoura leve, que é método tradicional na Escandinávia e em outras partes. As carnes, em geral de porco ou de aves, são imersas numa salmoura que contém de 3 a 6% de sal em relação ao peso da água, e aí permanecem desde algumas horas até dois dias, dependendo de sua espessura. Depois, são cozidas como sempre. Terminam a cocção nitidamente mais suculentas.

A salmoura tem dois efeitos iniciais. Em primeiro lugar, o sal perturba a estrutura dos filamentos musculares. Uma solução de 3% de sal (2 colheres de sopa ou 30 g por litro) dissolve aquelas partes da estrutura proteica que sustentam os filamentos contráteis; uma solução de 5,5% (4 colheres de sopa ou 60 g por litro) dissolve parcialmente os próprios filamentos. Em segundo lugar, as interações entre o sal e as proteínas fazem aumentar a capacidade de contenção de água das células musculares, as quais absorvem então a água da salmoura. (O fluxo de água e sal para dentro da carne e o rompimento dos filamentos musculares também fazem aumentar a absorção das moléculas aromáticas das ervas e especiarias presentes na salmoura.) O peso da carne aumenta em 10% ou mais. Quando cozinha, a carne ainda perde cerca de 20% do seu peso em forma de umidade, mas essa perda é contrabalançada pela salmoura absorvida, de modo que, na prática, a perda de líquido é cortada pela metade. Além disso, os filamentos proteicos dissolvidos não conseguem se coagular em agregados geralmente densos; por isso a carne parece mais macia depois de preparada. Uma vez que a salmoura age de fora para dentro, seus primeiros e mais fortes efeitos se exercem naquela região da carne que mais tende a ficar excessivamente cozida, de modo que até uma salmoura breve e incompleta pode fazer diferença.

A desvantagem evidente da salmoura é que tanto a carne quanto seu caldo ficam bem salgados. Algumas receitas buscam equilibrar o sal com açúcar ou outros ingredientes, como suco de frutas ou leitelho, que proporcionam doçura e azedume.

Desfiamento. Mesmo que uma peça grande tenha sido assada até ficar desagradavelmente seca, embora macia, o cozinheiro pode devolver-lhe certa suculência desfiando-a e derramando um molho ou os próprios sucos da carne sobre os pedacinhos desfiados. Uma película de líquido adere à superfície de cada filamento e, assim, reveste muitas fibras com uma parte da umidade perdida. Quanto mais fino o desfiado, maior a superfície capaz de acumular líquido e mais úmida parecerá a carne. Quando a carne desfiada e o molho estão muito quentes, o molho fica mais fluido e tende a escorrer dos filamentos; quando mais frios, o molho fica mais denso e adere com mais tenacidade à carne.

CHAMAS, BRASAS E RESISTÊNCIAS ELÉTRICAS

O fogo e as brasas foram provavelmente as primeiras fontes de calor usadas para cozer a carne; e, por produzirem temperatura alta o suficiente para gerar os aromas típicos das reações de escurecimento, são elas que produzem os resultados mais saborosos. Porém, é necessário cuidado para obter um interior suculento por baixo da crosta deliciosa proporcionada por esses métodos "primitivos".

Grelhados e gratinados. O termo "grelhado" geralmente se refere ao método de cocção em que a carne é posta sobre uma grelha de metal diretamente sobre a fonte de calor. "Gratinar" é assar a carne num recipiente abaixo da fonte de calor. A fonte em si podem ser carvões em brasa, uma chama de gás, blocos cerâmicos aquecidos por uma chama de gás ou uma resistência elétrica aquecida ao vermelho. O meio principal de transferência de calor é a radiação infravermelha, a emissão direta de energia na forma de luz: a luminosidade das brasas, chamas e resistências (p. 870). A superfície da carne fica a poucos centímetros da fonte, que é quentíssima: o gás entra em ignição a 1.650 °C, os carvões e resistências elétricas, a 1.100 °C. Uma vez que essas temperaturas podem pretejar a superfície dos alimentos antes de o interior estar perfeitamente cozido, só podem ser grelhados aqueles cortes relativamente finos e macios, como bifes, postas, peixes e cortes de aves.

O arranjo mais flexível para grelhados é um denso leito de brasas ou chama forte de gás para escurecer a superfície e brasas mais esparsas ou chama mais baixa para efetuar a cocção plena; deve haver 2,5 a 5 cm de

---

Para obter sucesso em grelhados e frituras: carne morna e viradas frequentes

Uma vez que os grelhados e as frituras envolvem temperaturas altas, tendem a cozer em excesso as porções exteriores da carne enquanto o interior chega ao ponto. A cocção excessiva pode ser minimizada de duas maneiras: pré-aquecendo a carne e virando-a com frequência.

- Quanto maior for a temperatura inicial da carne, menos tempo ela levará para ficar no ponto e, portanto, menor será o tempo em que a parte exterior ficará exposta ao calor intenso. O tempo de cocção e sobrecocção pode ser reduzido em um terço ou mais caso os bifes e outros cortes finos sejam envolvidos em filme plástico e mergulhados em água morna por 30-60 minutos, de modo que fiquem com uma temperatura um pouco superior à do corpo, 40 °C, e sejam preparados imediatamente (as bactérias se multiplicam com rapidez na carne quente).
- Com que frequência deve o cozinheiro virar um bife ou hambúrguer ao grelhá-lo ou frigi-lo? Se forem necessárias marcas perfeitas de grelhagem, uma ou duas vezes. Se a textura e a umidade forem mais importantes, deve virá-los a cada minuto. Com viradas frequentes, nem um lado nem o outro tem tempo de absorver ou liberar grandes quantidades de calor. A carne fica pronta mais rápido e suas camadas exteriores não sofrem cocção tão excessiva.

distância entre a fonte de calor e a carne. A carne é grelhada sobre calor intenso para escurecer cada um dos lados, mas esse processo é feito o mais rápido possível, em dois ou três minutos; depois, a carne é passada para a área menos quente da grelha para ser aquecida por inteiro e uniformemente.

Assados no espeto. O assado no espeto – carne empalada num espeto de metal ou madeira e girada continuamente nas proximidades da fonte de calor radiante – é ideal para cortes grandes e volumosos, inclusive para animais inteiros. Este método expõe a superfície da carne à temperatura de escurecimento, mas o faz de modo homogêneo e intermitente. Cada área recebe um pulso intenso de radiação infravermelha, mas somente por alguns segundos. Durante os muitos segundos em que está virada para o outro lado, a superfície quente libera boa parte de seu calor para o ar, de modo que só uma fração de cada pulso penetra na peça; assim, o interior é submetido a cocção relativamente suave. Além disso, a rotação constante faz com que os sucos se peguem à superfície da carne e por ela escorram, regando-a e revestindo-a de proteínas e açúcares, que sofrem as reações de escurecimento.

As plenas vantagens do assado em espeto giratório são obtidas quando a operação se processa ao ar livre ou num forno de porta aberta. O forno fechado alcança rapidamente uma temperatura muito mais alta, de modo que a cocção da carne será menos suave.

Churrasco americano. Este método de cocção caracteristicamente norte-americano assumiu sua forma moderna há cerca de um século. O churrasco americano, ou *barbecue*, é o aquecimento lento da carne em baixa temperatura dentro de uma câmara fechada, efetuado por meio do ar quente que sai de carvões em brasa. É uma versão ao ar livre do assado em forno lento e produz uma carne macia, que desmancha na boca, com sabor de defumada.

As churrasqueiras modernas permitem que o cozinheiro controle a quantidade de calor e fumaça produzidos e facilitam a rega periódica com uma larga gama de molhos, em sua maioria à base de especiarias e vinagre, que têm a função de intensificar o sabor, umedecer a superfície da carne e tornar ainda mais lenta a cocção. Nas melhores churrasqueiras, a madeira é queimada numa câmara e a carne é assada em outra, ligada à primeira, de modo que a radiação direta das brasas não tem papel na cocção e somente a fumaça relativamente fria (por volta de 90 °C) transfere o calor, sempre de modo ineficiente e, portanto, suave. São necessárias várias horas para que grandes cortes de carne – costelas inteiras, paleta e pernil suínos, paleta bovina – cheguem a uma temperatura interna de 70-75 °C; um porco inteiro assa em 18 horas ou mais. São condições ideais para amaciar cortes duros e baratos.

Palavras da culinária: *Barbecue* (churrasco)

O termo *barbecue* chegou ao inglês por meio do espanhol *barbacoa*, do Caribe, palavra da língua taino que significava "jirau", ou seja, uma armação de varas verdes suspensa sobre quatro esteios. Carnes, peixes e outros alimentos eram colocados sobre o jirau e assados ao ar livre no calor do fogo e das brasas acesas embaixo. Tanto o calor quanto o fogo eram ajustáveis, de modo que o alimento podia ser grelhado às pressas ou seco e defumado lentamente. Na América do Norte colonial, a *barbecue* era uma grande festa popular onde se grelhava carne ao ar livre. No começo do século XX, o termo já designava, como atualmente, a cocção lenta de carnes altamente saborosas.

Muitas carnes feitas pelo método do churrasco americano desenvolvem uma coloração rosada ou avermelhada permanente abaixo da superfície (p. 166).

AR E PAREDES QUENTES: CARNE ASSADA AO FORNO

Ao contrário da grelha, o forno é um meio de cocção indireta e mais uniforme. A fonte primária de calor, seja ela uma chama, brasas ou uma resistência elétrica, aquece o forno; este, então, aquece o alimento de todos os lados por meio de correntes de convecção de ar quente e da radiação infravermelha proveniente das paredes (p. 872). O aquecimento pelo forno é um método relativamente lento, adequado para grandes cortes de carne que demoram a aquecer completamente. Sua eficiência é especialmente influenciada pela temperatura de cocção, que pode variar de 95 a 260 °C ou ainda mais. O tempo de cocção varia entre 10 e 60 minutos (ou menos) a cada meio quilo de carne.

Assados ao forno em baixa temperatura.
Em baixa temperatura, ou seja, abaixo de 125 °C, a superfície úmida da carne seca muito lentamente. À medida que a umidade evapora, a superfície chega mesmo a esfriar; assim, apesar da temperatura do forno, a temperatura superficial da carne pode não ultrapassar 70 °C. Isso acarreta pouco escurecimento da superfície e longo tempo de cocção, mas também garante grande suavidade no aquecimento do interior, mínima perda de líquido, cocção relativamente uniforme de toda a peça e um largo intervalo de tempo ao longo do qual a carne permanece no ponto desejado. Além disso, a lenta elevação da temperatura do interior para 60 °C – ao longo de várias horas num assado grande – permite que as próprias enzimas da carne, que decompõem as proteínas, cumpram a função de amaciá-la em certa medida (p. 160). O forno equipado com um ventilador que envia o ar quente para a parte superior da carne ("convecção forçada") melhora o escurecimento da superfície em forno baixo. O forno baixo é adequado tanto para cortes macios, cuja umidade fica assim preservada, quanto para cortes duros que devem ser cozidos por longo tempo para que o colágeno se dissolva em gelatina.

Assados ao forno em alta temperatura.
Em alta temperatura, ou seja, a 200 °C ou mais, a superfície da carne escurece rapidamente e desenvolve o sabor característico dos assados; o tempo de cocção também é menor. Por outro lado, a carne perde muita umidade, seu exterior termina muito mais quente que o centro e este pode passar do ponto em questão de poucos minutos.

O assado em alta temperatura é ideal para cortes macios e relativamente pequenos que chegam ao ponto rapidamente e cuja superfície não teria a oportunidade de escurecer caso não fossem expostos a alta temperatura.

Assados ao forno em temperatura moderada.
A temperatura moderada, por volta de 175 °C, representa uma solução de meio-termo que produz resultados aceitáveis com muitos cortes de carne. O mesmo efeito é obtido pela cocção em dois estágios: começar o assado em alta temperatura para escurecer inicialmente a superfície, por exemplo (ou escurecer a superfície numa panela na boca do fogão), e depois diminuir a temperatura a fim de submeter a carne a cocção mais suave.

O que acontece se a carne for coberta ou regada.
Em temperatura moderada ou quente, as paredes, o teto e a base do forno irradiam quantidade significativa de energia térmica. Isso significa que, se houver um objeto entre o alimento e uma das superfícies internas do forno, o alimento receberá menos calor daquela direção e cozinhará mais devagar. Este efeito de proteção pode ser, por um lado, um estorvo; mas também pode ser útil. O recipiente que contém o assado retarda o aquecimento da parte de baixo deste, e o cozinheiro deve virar periodicamente a carne para ga-

rantir que a parte de cima e a de baixo recebam quantidades iguais de calor. Porém, uma folha de alumínio colocada deliberadamente sobre a carne evitará a passagem de uma quantidade substancial de energia térmica, retardando assim a cocção de todo o assado. O mesmo efeito será obtido caso se regue o assado com um líquido que contenha água, o qual resfria a superfície da carne à medida que evapora.

O desafio de assar aves inteiras. É difícil assar inteiro um frango, peru ou outra ave de corte, pois os dois tipos de carne que elas contêm devem ser cozidos de modo diferente. A carne macia do peito fica seca e dura se for assada a uma temperatura muito superior a 68 °C. Por outro lado, a carne das coxas e sobrecoxas é repleta de tecido conjuntivo e fica elástica e difícil de mastigar se não for aquecida a pelo menos 73 °C. Por isso, em regra, o cozinheiro precisa escolher: ou a carne da coxa e sobrecoxa recebe cocção suficiente e a carne do peito fica seca ou a carne do peito fica suculenta e a das coxas e sobrecoxas, ainda elástica e resistente.

Os cozinheiros procuram resolver esse dilema de diversas maneiras. Viram a ave em diversos ângulos para que as pernas recebam mais calor. Cobrem o peito com folha de alumínio ou um pano úmido, ou ainda com tiras de banha de porco, ou regam-no para retardar sua cocção. Cobrem o peito com um saco de gelo e deixam a ave à temperatura ambiente por uma hora, para que a temperatura inicial de cocção das pernas seja maior que a do peito. Deixam a ave em salmoura para encher o peito de umidade. Os perfeccionistas cortam a ave de antemão e assam separadamente as pernas e o peito.

METAL QUENTE: FRITURA OU SALTEADO

A fritura simples, ou salteado, funciona pela condução direta de energia térmica do metal quente da panela para a carne, em geral por meio de uma fina camada de óleo que não deixa a carne grudar e conduz homogeneamente o calor ao longo de minúsculas brechas entre a carne e a panela. Os metais são os melhores condutores de calor que conhecemos, e por isso a fritura cozinha rapidamente a superfície da carne. Seu traço distintivo é a capacidade de escurecer e dar sabor à superfície da carne em poucos segundos. Essa ação exige que sejam combinadas uma fonte de calor e uma panela capazes de manter alta temperatura mesmo quando os líquidos que se desprendem da carne estão evaporando. Se a panela esfriar o suficiente para que a umidade se acumule – se não tiver sido suficientemente pré-aquecida, por exemplo, ou se tiver sido sobrecarregada de carne fria e úmida –, a carne cozinha em seu próprio suco até que estes entrem em ebulição, e a superfície não escurece o bastante. (O mesmo ocorrerá se a frigideira estiver coberta, caso em que o

---

Como prever o tempo de um assado

Já se propuseram diversos métodos para prever quanto tempo será necessário para assar determinada peça de carne. As aproximações mais usuais são minutos por centímetro de espessura e minutos por gramas de peso. Entretanto, a matemática da transferência de calor demonstra que o tempo de cocção é, na verdade, proporcional ao *quadrado* da espessura, ou ao peso *elevado à potência de 2/3*. Além disso, esse tempo depende de muitos outros fatores. Não há uma única equação simples e precisa que nos diga por quanto tempo assar determinada peça de carne numa cozinha específica. O melhor a fazer é acompanhar de perto o processo de cocção e, seguindo o aumento de temperatura no centro da carne, prever quando devemos parar.

vapor-d'água será aprisionado e cairá de volta na panela.) O chiado apetitoso da carne quando salteada é na verdade a vaporização da umidade quando atinge o metal quente da panela, e é esse som que os cozinheiros usam para avaliar a temperatura da frigideira. Um chiado forte e contínuo indica a conversão imediata de umidade em vapor pela panela quente e o escurecimento eficiente da superfície; um ruído fraco e irregular indica que a umidade se agrega em gotículas isoladas e que a frigideira não está quente bastante para fervê-la de imediato.

Por ser um método de cocção rápido, o salteado se aplica aos mesmos cortes finos e macios adequados ao grelhado e ao gratinado. Como no caso dos grelhados, o salteado será mais rápido e suave se a carne estiver inicialmente em temperatura ambiente e for virada com frequência (ver quadro, p. 174). Para tornar o salteado ainda mais eficiente, os cozinheiros apertam a carne contra a frigideira usando uma espátula, uma panela pesada ou uma pedra, a fim de aperfeiçoar o contato térmico entre frigideira e carne. Para cortes mais grossos, que demoram para cozinhar por dentro, o cozinheiro torna mais lenta a transferência de calor após o escurecimento inicial a fim de impedir que a parte externa fique cozida demais. Para tanto, basta diminuir o calor do queimador ou passar a panela para o forno, no qual passa a ser aquecida por todos os lados e libera o cozinheiro da necessidade de virar a carne. Muitas vezes, os cozinheiros de restaurante "terminam" carnes salteadas colocando a frigideira no forno no instante mesmo em que o primeiro lado escureceu e a carne foi virada.

ÓLEO QUENTE: FRITURA POR IMERSÃO E MEIA IMERSÃO

As gorduras e óleos são meios úteis de cocção porque podem ser aquecidos a temperaturas muito superiores à do ponto de ebulição da água e, portanto, têm o poder de secar, escurecer e tornar crocante a superfície do alimento. Na fritura por meia imersão, peças de carne são aquecidas em gordura ou óleo em quantidade suficiente para banhar a face inferior e os lados do alimento; na fritura por imersão, há óleo suficiente para imergir completamente a peça. O calor se transfere da panela para a carne por meio das correntes de convecção na gordura ou óleo. Esses materiais são menos eficientes que a água e os metais para transmitir calor, mas são duas vezes mais eficientes que o forno. Essa modera-

O segredo da pele crocante

Um dos prazeres especiais de uma ave bem preparada é sua pele crocante e rica. A pele das aves e de outros animais é feita predominantemente de água (cerca de 50%), gordura (40%) e colágeno do tecido conjuntivo (3%). Para tornar a pele crocante, o cozinheiro deve dissolver o colágeno na água da pele, transformando-o em gelatina. O calor intenso de um forno ou uma frigideira quentes é o que faz isso com maior eficiência; a cocção lenta ao forno, em temperatura baixa, pode dessecar a pele deixando intacto o colágeno e preservando, por isso, sua consistência de couro. É mais fácil obter uma pele crocante com uma ave resfriada a seco – *kosher*, por exemplo – cuja pele não absorveu mais água do que já continha (p. 159). Também convém deixar a ave descoberta na geladeira por um ou dois dias, secando ao ar; e untar a pele com óleo antes de assar. (O óleo melhora a transferência de calor do ar quente do forno para a carne úmida.) A ave preparada deve ser servida de imediato, uma vez que a pele crocante absorve rapidamente a umidade da carne quente abaixo dela e se torna mole quando passa muito tempo na travessa.

ção térmica, aliada à capacidade de envolver a carne de modo completo e muito de perto, torna a fritura uma técnica especialmente versátil. É aplicada sobretudo a aves e peixes, quer cortados em filés ou outras peças finas, quer no caso de um peru inteiro de 7 kg, cujo preparo levará mais de uma hora (em comparação com duas ou três horas de forno). A temperatura usual de cocção varia entre 150 e 175 °C. O óleo começa a 175 °C, esfria quando a carne é introduzida e sua umidade é liberada e evaporada e se aquece novamente quando o fluxo de líquido se torna mais lento e o calor do queimador vence a resistência. A temperatura é alta suficiente para desidratar, escurecer e tornar crocante a superfície, ao passo que o movimento gradativo do calor para dentro da carne assegura ao cozinheiro um largo lapso de tempo dentro

Selar ou não selar?

A mais famosa explicação de um método de cocção talvez seja esta frase sedutora: "Sele a carne para que ela não perca o suco." O eminente químico alemão Justus von Liebig criou essa ideia por volta de 1850. Ela foi refutada algumas décadas depois. Não obstante, o mito continua vivo, mesmo entre cozinheiros profissionais.

Antes de Liebig, a maioria dos cozinheiros europeus assava a carne a certa distância do fogo, ou protegida por uma camada de papel-manteiga, e somente no fim a escureciam rapidamente. A retenção de líquido não os preocupava. Porém, Liebig considerou que os componentes aquassolúveis da carne eram importantes do ponto de vista nutricional, de modo que conviria minimizar sua perda. No seu livro *Researches on the Chemistry of Food* [Pesquisas sobre a química dos alimentos], disse que, para tanto, a carne deveria ser aquecida rápido suficiente para que os sucos fossem imediatamente selados dentro dela. Explicou o que acontece quando uma peça de carne é imersa em água fervente e, em seguida, a temperatura é reduzida para uma fervura branda:

Quando é introduzido na água em plena fervura, o albúmen imediatamente coagula da superfície para dentro e, nesse estado, constitui uma crosta ou casca que já não permite que a água externa penetre no interior da massa de carne. [...] A carne retém sua suculência e se torna tão agradável ao paladar quanto se tornaria caso fosse assada; pois, nessas circunstâncias, a maior parte dos componentes sápidos [saborosos] da massa é retida dentro da carne.

E, se a crosta é capaz de excluir a água durante a fervura, é igualmente capaz de manter os sucos dentro da carne durante o assado. Por isso o melhor é selar o assado imediatamente e depois continuar o processo até que o interior fique completamente pronto.

As ideias de Liebig foram rapidamente adotadas por cozinheiros e autores de livros de culinária, entre os quais o famoso chefe de cozinha francês Auguste Escoffier. Porém, na década de 1930, alguns experimentos simples demonstraram que Liebig estava errado. A crosta que se forma ao redor da superfície da carne não é à prova d'água, como todo cozinheiro pode comprovar: o chiado contínuo da carne na panela, forno ou grelha é o ruído da umidade que se desprende e evapora. Na realidade, a perda de umidade é proporcional à temperatura da carne. Por isso o alto calor da selagem seca mais a superfície da carne do que o faria um calor moderado. Porém, a selagem dá sabor à superfície da carne por meio dos produtos das reações de escurecimento (p. 867), e o sabor nos dá água na boca. Liebig e seus seguidores se enganaram a respeito dos sucos da carne, mas têm razão em afirmar que a carne selada é deliciosa.

do qual pode interromper a cocção com a carne ainda úmida.

Para certas finalidades, as carnes podem ser parcialmente pré-fritas em óleo a temperatura relativamente baixa e depois fritas até o fim e escurecidas em temperatura mais alta, logo antes de servir. O frango frito comercializado em lanchonetes de *fast-food* é preparado em panelas de pressão especiais (p. 875) em que o óleo atinge somente sua temperatura usual, mas o ponto de ebulição da água fica mais alto. Com isso, é menor a quantidade de água da carne que se vaporiza durante a cocção. O resultado é uma cocção mais rápida (diminui o resfriamento por evaporação) e uma carne mais úmida.

Empanados e massas líquidas. Quase todas as carnes preparadas em fritura por imersão ou meia imersão são revestidas de uma camada seca de empanado ou de massa líquida à base de farinha antes de ser frigidas. Esses revestimentos não "selam" os líquidos, mas sim proporcionam um isolamento fino, porém importantíssimo, que protege a superfície da carne do contato direto com o óleo. É o revestimento, e não a carne, que rapidamente seca e constitui uma superfície crocante e agradável. Essa matriz de amido seco com bolsões de vapor ou óleo imobilizado é má condutora de calor. Uma vez que a carne malpassada que ainda solta suco rapidamente encharcaria a casca crocante, as carnes frigidas em óleo geralmente são cozidas até que o óleo pare de borbulhar, o que indica que o líquido parou de fluir.

ÁGUA QUENTE: BRASEADO, COZIDO POR IMERSÃO, POCHEADO, *SIMMERING*

Como veículo de cocção de carne, a água tem diversas vantagens: transmite o calor de forma rápida e homogênea; sua temperatura se adapta prontamente às necessidades do cozinheiro; ela é capaz de veicular e inocular sabores e se tornar um molho. Ao contrário do óleo, não aquece o suficiente para gerar sabores de escurecimento na superfície da carne; mas as carnes podem ser pré-escurecidas e depois terminadas em líquidos à base de água.

O método simples e versátil de aquecer a carne nesses líquidos é chamado por vários nomes. Os líquidos propriamente ditos podem ser caldos de carne ou de hortaliças, leite, vinho, cerveja e purês de hortaliças ou frutas. As muitas variações no método envolvem diferenças no líquido de cocção utilizado, no tamanho dos pedaços de carne, nas proporções relativas de carne e líquido e na pré-cocção inicial. (Os braseados e as caçarolas ao forno envolvem cortes maiores e menos líquidos que os cozidos ou ensopados.) Em todos, porém, a variável principal é a temperatura, que deve ser mantida em torno de 80 °C, mui-

---

Palavras da culinária: *Poach* (pochear), *simmer* (submeter a cocção lenta por imersão), *braise* (brasear), *stew* (cozinhar por imersão)

Esses vários termos que designam o mesmo processo básico têm origens amplamente diferentes. *Poach* é uma palavra do francês medieval que designava a "bolsa" de clara levemente enrijecida que se forma ao redor do ovo pocheado. No século XVI, a forma original de *simmer* era *simper*, uma expressão facial afetada e presunçosa, que talvez seja evocada pelo tímido espocar das bolhas que rompem a superfície. *Braise* e *stew* foram ambos emprestados do francês no século XVIII. O primeiro vem da palavra que significa "brasa" e se refere à prática de pôr brasas em torno da panela e sobre ela; o segundo vem de *étuve*, que significa "estufa" ou "cômodo aquecido" e evoca, portanto, um recinto fechado e quente.

to abaixo do ponto de ebulição, de modo que as porções exteriores não sofram forte sobrecocção. Muitos cozidos por imersão e braseados lentos são feitos no forno baixo, mas as temperaturas comumente especificadas – 165-175 °C – são altas suficiente para levar à fervura o conteúdo de um recipiente tampado. A menos que o recipiente esteja sem tampa, permitindo o resfriamento por evaporação (e a concentração e criação de sabor na superfície do líquido), a temperatura do forno deve permanecer bem abaixo de 93 °C. (Na França, o *braisier* original era uma panela tampada rodeada e coberta com brasas.)

As carnes cozidas em líquido devem esfriar dentro do mesmo líquido. O melhor é servi-las em temperatura muito inferior à temperatura de cocção, ou seja, por volta de 50 °C. A capacidade da carne de reter água aumenta à medida que ela cozinha. Por isso na verdade ela reabsorve uma parte do líquido perdido durante a cocção.

Carnes macias: uma cocção surpreendentemente rápida. A água quente é tão eficiente para transmitir calor que cozinha muito rapidamente todos os cortes de carne finos e macios. Postas, peitos de frango, filés de peixe – todos ficam prontos em apenas alguns minutos. Se antes de tudo forem escurecidos numa frigideira para adquirir sabor, talvez não precisem de mais que um ou dois minutos para terminar de cozinhar. Para obter os resultados mais regulares com carnes macias, leve à fervura o líquido do braseado, mergulhe nele a carne para destruir as bactérias da superfície e, após alguns segundos, acrescente um pouco de líquido frio para que a temperatura da água baixe para 80 °C. Desse modo, as porções exteriores da carne não cozinharão em excesso e será maior o lapso de tempo ao longo do qual o centro da carne estará no ponto. Se o líquido tiver de ser reduzido para concentrar o sabor ou criar um molho de consistência mais densa, remova primeiro a carne.

Dicas para obter um braseado ou cozido suculento

Um braseado ou cozido úmido e suculento resulta da atenção que o cozinheiro presta a diversos detalhes de procedimento. A regra mais importante: nunca deixe que o interior da carne sequer se aproxime do ponto de ebulição da água.

- Deixe a carne tão intacta quanto possível a fim de minimizar o número de cortes pelos quais os líquidos possam escapar.
- Se for necessário cortar a carne, corte-a em pedaços relativamente grandes, com pelo menos 2,5 cm de lado.
- Escureça a carne rapidamente numa panela quente de modo que o interior da peça só aqueça um pouco. Isso mata os microrganismos na superfície da carne e gera sabor.
- Comece a cocção com carne e líquido num forno frio, a tampa da panela aberta para possibilitar alguma evaporação, e acerte o termostato para 93 °C, de modo que o cozido chegue a 50 °C lentamente, ao longo de duas horas.
- Eleve a temperatura do forno para 120 °C de modo que o cozido se aqueça lentamente de 50 para 80 °C.
- Depois de uma hora, verifique a carne a cada meia hora e interrompa a cocção quando for fácil penetrar a peça com os dentes de um garfo. Deixe a carne esfriar no caldo, onde reabsorverá parte do líquido.
- Provavelmente será necessário reduzir o líquido para aperfeiçoar-lhe o sabor e a consistência. Antes de tudo, remova a carne.

Cortes duros e grandes: quanto mais lento, mais úmido. As carnes que têm uma quantidade significativa de tecido conjuntivo devem ser levadas a uma temperatura mínima de 70-80 °C para que seu colágeno se dissolva em gelatina, mas essa faixa térmica é muito superior aos 60-65 °C em que as fibras musculares perdem seus líquidos. Por isso é difícil tornar suculentas as carnes duras. O segredo é aplicar-lhes uma cocção lenta, na temperatura exata em que o colágeno se dissolve ou apenas um pouco acima disso, a fim de minimizar a secagem das fibras. A carne deve ser verificada regularmente e tirada do fogo assim que suas fibras comecem a se desprender sob a ação de um garfo. O próprio tecido conjuntivo pode colaborar, pois, uma vez dissolvido, sua gelatina retém parte do suco que escapa das fibras, infundindo assim uma espécie de suculência na carne. Os músculos traseiro e dianteiro e a paleta de animais jovens são ricos em colágeno e por isso podem ser braseados até ficar relativamente macios e espessos por causa da gelatina.

Um elemento útil dos braseados e cozidos de cocção longa é um período prolongado – uma ou duas horas – ao longo do qual o cozinheiro controla cuidadosamente a elevação de temperatura da carne até que o líquido de cocção comece a borbulhar com suavidade. O tempo que a carne passa abaixo de 50 °C equivale a um período de maturação acelerada que enfraquece o tecido conjuntivo e reduz o tempo que a carne terá de passar numa temperatura que seca as fibras. Um dos sinais de que a carne braseada ou cozida foi aquecida de modo muito suave e gradual é o surgimento nítido de uma cor vermelha por toda a peça, embora esteja bem-passada: o mesmo aquecimento lento que permite que as enzimas amaciem a carne e lhe deem sabor possibilita que uma quantidade maior do pigmento mioglobina permaneça intacta (p. 166).

COCÇÃO NO VAPOR

A cocção no vapor é, de longe, o método mais rápido de transferir calor, graças à grande quantidade de energia que o vapor-d'água libera quando se condensa em gotículas na superfície do alimento. Entretanto, ele só funciona rapidamente enquanto a superfície da carne estiver mais fria que o ponto de ebulição da água. Uma vez que a velocidade com que o calor se desloca dentro da carne é menor que aquela com que o vapor o deposita na superfície, a energia térmica se acumula na camada superficial da carne, a qual atinge rapidamente os 100 °C; nesse momento, a taxa de transmissão térmica diminui a um nível apenas suficiente para manter a superfície a 100 °C. Embora aqueça a carne por meio da umidade, a vaporização não garante uma carne úmida. As fibras musculares aquecidas a 100 °C se contraem e perdem boa parte de seus líquidos, que não são repostos pela atmosfera saturada de vapor.

Por levar tão rapidamente a carne ao ponto de ebulição, a cocção no vapor é adequada sobretudo para cortes finos e macios que ficam prontos em alguns minutos, antes de suas partes externas secarem em excesso. É comum envolver a carne em folhas comestíveis de alface ou repolho, em folha de bananeira ou palha de milho, ou ainda em papel-manteiga ou folha de alumínio, a fim de proteger a superfície da violência do vapor e fazê-la cozinhar de modo mais gradual. A carne deve ser disposta em camada simples numa grelha aberta, ou senão em várias grelhas sobrepostas; toda superfície que não esteja diretamente exposta à atmosfera interna da panela cozinhará de modo muito mais lento que as demais. A panela deve conter água suficiente para não esvaziar à medida que o vapor escapa pelas extremidades da tampa. Muitas vezes, ervas e especiarias são acrescentadas à água para aromatizar a carne.

Vapor de baixa temperatura. Na vaporização, os cozinheiros em geral cuidam para manter a tampa firmemente presa à panela e o calor sempre intenso, a fim de garantir que a atmosfera interna esteja saturada de vapor. Entretanto, a cocção pelo vapor também pode ser efetuada a temperatura mais baixa, sendo, nesse caso, mais suave. A água em cocção lenta, em torno de 80 °C numa panela tampada, manterá a atmosfera interior da panela nessa mesma temperatura e evitará a cocção excessiva das partes externas da carne. Na China, certos pratos são cozidos no vapor em panela destampada, na qual o vapor-d'água se mistura com o ar ambiente e a temperatura cai muito abaixo do ponto de ebulição. Os vaporizadores convectivos comerciais são capazes de produzir vapor saturado numa faixa ampla de temperaturas, desde a temperatura do corpo humano até o ponto de ebulição da água. Possibilitam que os cozinheiros de restaurante preparem carnes e peixes úmidos sem prestar muita atenção ao processo e mantenham-nos na temperatura de servir até quando necessário.

Cocção em alta e baixa pressão. Embora a temperatura máxima eficaz do cozimento convencional seja a do ponto de ebulição da água (p. 874), a panela de pressão nos permite elevar esse máximo de 100 para 120 °C. Para tanto, ela sela a carne e o líquido de cocção de tal modo que a água vaporizada eleva a pressão interna para cerca do dobro da pressão atmosférica normal no nível do mar. Esse aumento de pressão eleva o ponto de ebulição da água, e a conjunção de alta temperatura e alta pressão duplica ou triplica o índice de transmissão de calor para dentro da carne, além de promover extrema eficiência na conversão de colágeno em gelatina. Certos pratos, que em pressão normal cozinham em duas ou três horas, em pressão alta cozinham em menos de uma hora. É claro que as proteínas ficam muito quentes e, portanto, expulsam boa parte de seu líquido; a carne deve ser bem fornida de gordura e colágeno para não ficar completamente seca.

Na outra extremidade da escala da pressão ocorre a cocção em altitudes elevadas, onde a pressão atmosférica é significativamente mais baixa que no nível do mar. O ponto de ebulição da água também é mais baixo (95 °C em Denver, a 1.500 metros de altitude; 90 °C a 3 mil metros de altitude) e a cocção da carne, mais suave – e mais demorada.

COCÇÃO NO MICRO-ONDAS

A cocção em micro-ondas não é nem uma técnica seca nem uma técnica úmida, mas um método eletromagnético (p. 876). Ondas de rádio de alta frequência geradas no forno provocam uma vibração nas moléculas de água, eletricamente assimétricas; e essas moléculas, por sua vez, aquecem o restante do tecido. Uma vez que as ondas de rádio penetram a matéria orgânica, a carne é cozida diretamente até uma profundidade de mais ou menos 2,5 cm. Por isso a cocção em micro-ondas é muito rápida, mas também tende a provocar mais perda de líquido que os métodos convencionais. Em geral, grandes cortes de carne "assados" no micro-ondas ficam extremamente passados nos 2 centímetros de fora, enquanto o interior fica no ponto; são mais secos e mais duros que os assados comuns. Uma vez que o ar dentro do forno não se aquece, o micro-ondas não é capaz de escurecer a superfície da carne, a menos que tenha um gratinador ou conte com o auxílio de uma embalagem especial para envolver o alimento. (Carnes curadas, como o toicinho defumado, fazem exceção a essa regra. Quando cozidas, ficam tão secas que são capazes de escurecer.)

Resultados mais regulares podem ser obtidos no forno de micro-ondas quando a carne é imersa em algum líquido, cozida num recipiente coberto por tampa não hermética e cuidadosamente verificada até que se constate que está pronta. Existem alguns indícios de que o forno de micro-ondas é especialmente eficaz na conversão de colágeno em gelatina.

DEPOIS DA COCÇÃO: DEIXAR REPOUSAR, TRINCHAR E SERVIR

Um prato de carne pode ser preparado perfeitamente e mesmo assim decepcionar caso seja manipulado de modo inadequado entre o fogão e a mesa. Grandes assados ao forno devem repousar sobre a bancada da cozinha por pelo menos meia hora antes de serem cortados, não só para que o calor residual termine de cozinhar o centro da peça (p. 170) como também para que a carne esfrie, de preferência para mais ou menos 50 °C. (Isso pode levar bem mais de uma hora; alguns chefes de cozinha estipulam um período de repouso igual ao tempo de cocção.) À medida que a temperatura cai, a estrutura da carne se torna mais firme e mais resistente à deformação e sua capacidade de reter água aumenta. O resfriamento, portanto, facilita a trinchagem da carne e reduz a quantidade de líquido que se perde sob a ação da faca.

Sempre que possível, a carne é cortada no contrafio de suas fibras musculares para reduzir a impressão de fibrosidade na boca e tornar-se mais fácil de mastigar. As facas usadas para trinchar devem estar bem afiadas. O movimento de vaivém efetuado com um fio cego comprime o tecido e expulsa dele seus preciosos líquidos.

Por fim, lembre-se de que as gorduras saturadas das carnes bovina, ovina e suína são sólidas em temperatura ambiente, o que significa que endurecem rapidamente no prato. Além disso, o colágeno gelatinizado começa a endurecer em temperatura equivalente à do corpo humano e, nesse estado, torna a carne perceptivelmente mais rígida. Travessas e pratos pré-aquecidos prolongam a vida útil da carne sobre a mesa.

SOBRAS

Sabor de requentado. Embora a cocção desenvolva os sabores característicos da carne, ela também promove mudanças químicas que produzem o sabor típico dos "requentados" – rançoso, semelhante ao de papelão – quando a carne é armazenada e reaquecida. (Pratos complexos e de sabor forte podem até melhorar com o tempo e o reaquecimento; o sabor de requentado se desenvolve dentro da carne em si.) A fonte principal dos sabores ruins são os ácidos graxos insaturados, que sofrem a ação danosa do oxigênio e do ferro da mioglobina. Esse dano ocorre lentamente no refrigerador e num ritmo mais acelerado quando do reaquecimento. As carnes dotadas de proporção maior de gorduras insaturadas em seu tecido adiposo – carne de aves e carne suína – são mais vulneráveis ao sabor de requentado que as carnes bovina e de cordeiro. As carnes curadas sofrem menos, pois o nitrito atua como antioxidante.

Há várias maneiras de minimizar o desenvolvimento de sabores ruins nas sobras. Tempere, por exemplo, a carne com ervas e especiarias que contenham compostos antioxidantes (capítulo 8). Use filme plástico de baixa permeabilidade para cobrir a carne (*saran* ou cloreto de polivinilideno; o polietileno é surpreendentemente permeável ao oxigênio) e elimine os bolsões de ar no pacote. Consuma as sobras assim que possível e com o grau mínimo de reaquecimento que lhe permita comer com segurança. As sobras de frango assado, por exemplo, têm gosto mais fresco quando servidas frias.

Para conservar a umidade. Se você se deu ao trabalho de submeter uma carne a cocção suave, aplique o mesmo cuidado na hora de reaquecê-la: bastam alguns instantes de fervura para secar um bom cozido. Ferva somente o líquido, acrescente de novo a carne de modo que suas superfícies sejam expostas à fervura com a máxima brevidade, abaixe o fogo e mexa para que a temperatura do líquido volte rapidamente para 65 °C. Depois, nessa temperatura suave, deixe a carne esquentar totalmente.

Salubridade. Em regra, as sobras de carne são mais salubres quando refrigeradas ou congeladas até duas horas depois de finda a cocção e reaquecidas rapidamente a pelo menos 65 °C antes de serem servidas pela segunda vez. Para ser servida fria, a carne deve ter sido bem cozida e rapidamente refrigerada; além disso, deve ser servida pela segunda vez em no máximo um ou dois dias, e assim que retirada da geladeira. Na dúvida, o melhor é aquecer cabalmente a carne. Para compensar os efeitos adversos desse reaquecimento sobre o sabor e a textura, desfie a carne e umedeça-a com um líquido saboroso.

MIÚDOS OU CARNES DE ÓRGÃOS

Os animais têm músculos porque se nutrem de outros seres vivos e têm de se movimentar para encontrar alimento. E têm vísceras – fígado, rins, intestinos e outros órgãos – para decompor esses alimentos complexos e separar os elementos úteis dos materiais não aproveitáveis, para distribuir a nutrição pelo corpo e para coordenar as atividades do corpo.

A palavra *carne* é usada em geral para designar os músculos *esqueléticos* dos animais, que movem seus membros. Porém, os músculos esqueléticos perfazem somente cerca de metade do corpo do animal. Os outros órgãos e tecidos também são nutritivos e oferecem sabores e texturas específicos e, às vezes, bastante pronunciados. Os músculos não esqueléticos – estômago, intestinos, coração, língua – em geral contêm muito mais tecido conjuntivo que as carnes comuns (até 3 vezes mais) e devem ser cozidos lentamente em meio úmido para dissolver o colágeno. O fígado contém quantidade relativamente baixa de colágeno: é um aglomerado de células especializadas unidas por uma rede de tecido conjuntivo que, por sofrer tensões mecânicas relativamente baixas, é anormalmente fina e delicada. Por isso o fígado é macio quando sofre cocção mínima; se for cozido em demasia, torna-se quebradiço e seco.

Diferentemente das carnes convencionais, cortadas de músculos esqueléticos isolados

Composição das carnes de órgãos

Em geral, as carnes de órgãos são semelhantes aos músculos esqueléticos em sua composição química, mas em geral contêm muito mais ferro e vitaminas graças às tarefas especiais que desempenham. (O coração e o fígado de aves, assim como o fígado de vitelo, são especialmente ricos em folato, vitamina associada a significativa redução de risco de doença cardíaca.) A taxa maior de colesterol reflete o fato de que suas células são muito menores que as dos músculos esqueléticos e, portanto, têm uma quantidade proporcionalmente maior de membrana celular, da qual o colesterol é um componente essencial. A tabela abaixo arrola, em faixas amplas, o conteúdo nutricional dos miúdos de vários animais. Os níveis de colesterol e ferro são dados em miligramas a cada 100 gramas; o de folato, em microgramas por 100 gramas.

Carne	Proteína %	Gordura %	Colesterol (miligramas)	Ferro (miligramas)	Folato (microgramas)
Cortes convencionais	24-36	5-20	70-160	1-4	5-20
Coração	24-30	5-8	180-250	4-9	3-80
Língua	21-26	10-21	110-190	2-5	3-8
Moela	25-30	3-4	190-230	4-6	50-55
Bucho bovino	15	4	95	2	2
Fígado	21-31	5-9	360-630	3-18	70-770
Timo de vitela ou de cordeiro	12-33	3-23	220-500	1-2	3
Rim	16-26	3-6	340-800	3-12	20-100
Miolos	12-13	10-16	2.000-3.100	2-3	4-6

e em geral estéreis, muitas carnes de órgãos contêm materiais estranhos. De hábito, são cortadas e aparadas antes da cocção; depois, são "branqueadas" ou cobertas de água fria, a qual é então levada lentamente à fervura em fogo baixo. O aquecimento lento lava as proteínas e os microrganismos da carne e, em seguida, coagula-os e leva-os a flutuar na superfície da água, onde podem ser escumados. O branqueamento também modera os odores fortes da superfície da carne.

FÍGADO

O fígado é a usina bioquímica do corpo animal. A maioria dos nutrientes que o corpo absorve do alimento vão primeiro ao fígado e lá são armazenados ou processados para serem distribuídos pelos outros órgãos. Todo esse trabalho consome muita energia, e é por isso que o fígado tem a cor vermelho-escura dos citocromos das mitocôndrias, que queimam gorduras. Além disso, as células do fígado têm de ter acesso direto ao sangue, motivo pelo qual há pouquíssimo tecido conjuntivo entre as minúsculas colunas hexagonais de células. Trata-se de um órgão delicado, que não deve ser cozido por muito tempo; a cocção prolongada simplesmente o resseca. O sabor característico do fígado foi pouco estudado, mas parece decorrer sobretudo de compostos de enxofre (tiazóis e tiazolinas) e ficar mais forte com a cocção prolongada. Em geral, tanto o sabor quanto a textura ficam mais grosseiros com o passar do tempo. A ocasional aparência leitosa do fígado de frango se deve a uma acumulação de gordura, incomum, mas inofensiva, que chega ao dobro do que geralmente se encontra num fígado vermelho normal (8% em vez de 4%).

FOIE GRAS

Das várias vísceras animais a que os cozinheiros deram bom uso, uma merece menção especial por ser de certo modo a carne por excelência, o ápice e o epítome da carne dos animais e de seu apelo essencial. O *foie gras* é o "fígado gordo" de gansos, patos e marrecos alimentados à força. É feito e apreciado desde a época romana, provavelmente desde muito antes; a alimentação forçada de gansos é representada claramente na arte egípcia de 2500 a.C. Trata-se de uma espécie de patê vivo, engenhosamente preparado no animal em crescimento antes de ele ser abatido. A sobrenutrição constante faz com que o fígado, geralmente pequeno, magro e vermelho, cresça até alcançar 10 vezes o seu tamanho normal e adquirir um conteúdo de gordura de 50 a 65% de seu peso total. A gordura se dispersa em gotículas finas e imperceptíveis dentro das células figadais e cria uma mistura delicada, incomparavelmente integrada, de suavidade, riqueza e sabor.

Preparação do *foie gras*. O fígado de boa qualidade se reconhece pela aparência imaculada, pela cor pálida devida às minúsculas gotículas de gordura e pela consistência. O próprio tecido do fígado é firme, mas maleável (como o do fígado de frango), ao passo que a gordura é apenas semissólida em temperatura ambiente fresca. Quando fresco e pressionado com o dedo, o bom *foie gras* conserva a marca do dedo e parece flexível e levemente gorduroso ao tato. O fígado não suficientemente gordo parece elástico, duro e molhado, ao passo que o excessivamente gordo e enfraquecido parece macio demais e francamente oleoso.

O melhor *foie gras* é aquele recém-saído da ave. Além de ser usado em patês, costuma ser preparado de duas maneiras. Numa delas, é cortado em fatias relativamente grossas, brevemente salteado em panela quente e seca até que a superfície esteja escurecida e o interior, simplesmente aquecido, e servido imediatamente. A sensação de uma carne quente, firme e saborosa derretendo entre a língua e o céu da boca é incomparável. A qualidade do fígado é especialmente importante neste modo de preparar, uma vez que o calor da panela libera uma torrente de gordura do órgão excessivamente gordo ou enfraquecido, o qual adquire uma desagradável textura mole.

Outro modo de prepará-lo é cozinhar o fígado inteiro, refrigerá-lo, fatiá-lo e servi-lo frio. Este método é menos impiedoso com os fígados de segunda categoria e oferece seus próprios prazeres de sabor. Para fazer um terrine, o fígado é suavemente amoldado a um recipiente e cozido em banho-maria; para fazer um *torchon* de *foie gras*, este é envolvido em tecido e pocheado em caldo ou em gordura de pato ou de ganso. A perda de gordura é minimizada pelo aquecimento lento e gradual até que o fígado atinja o ponto desejado (de 45 a 70 °C; quanto mais baixa a temperatura, mais cremosa a textura); o líquido deve ser mantido apenas alguns graus acima da temperatura-alvo. O resfriamento solidifica parcialmente a gordura, o que permite o fatiamento preciso do terrine ou do *torchon* e depois empresta à textura do prato uma firmeza que se desfaz suavemente na boca.

PELE, CARTILAGENS E OSSOS

Em geral, os cozinheiros não gostam que a carne tenha grande quantidade de tecido conjuntivo duro. Porém, considerados em si mesmos, a pele, as cartilagens e os ossos dos animais são valiosos antes de tudo porque são compostos principalmente de tecido conjuntivo e, portanto, são cheios de colágeno (a pele também proporciona uma gordura saborosa). O tecido conjuntivo tem dois usos. Primeiro, em caldos, sopas e cozidos submetidos a cocção prolongada, ele é extraído dos ossos ou da pele e se dissolve, proporcionando grande quantidade de gelatina e encorpando substancialmente o líquido de cocção. Segundo, o próprio tecido conjuntivo pode ser transformado num prato delicioso, que adquire quer uma suculenta textura gelatinosa, quer uma textura seca e crocante, dependendo do corte e do método de cocção. A cocção prolongada em meio úmido amacia as orelhas, as bochechas e o focinho da vitela na *tête de veau*; do mesmo modo, na China, amacia tendões bovinos e a gorda pele suína. Cocção mais breve dá textura crocante ou elástica a orelhas, focinho e rabo de porco; e a fritura rápida torna crocante o torresminho de porco.

GORDURA

O tecido adiposo sólido quase nunca é preparado como tal. Ao contrário, geralmente extraímos a gordura das células que a armazenam e depois a usamos quer como veículo de cocção, quer como ingrediente. Há duas grandes exceções a essa regra. A primeira é a *gordura do omento*, fina membrana de tecido conjuntivo na qual se insere uma membrana feita de minúsculos depósitos adiposos. Em geral é usado o omento ou o peritônio de suínos ou ovinos, que lhes recobre os órgãos da cavidade abdominal. A gordura do omento é aproveitada pelo menos desde a época romana como invólucro para unir diversos alimentos, protegê-los e lhes umedecer a superfície durante a cocção. Neste processo, boa parte da gordura derrete e se separa da membrana; além disso, a própria membrana se amacia, chegando praticamente a desaparecer.

O segundo tecido adiposo frequentemente usado em sua forma original é a gordura suína, leve e de textura macia, em particular a dos grossos depósitos situados imediatamente abaixo da pele do abdômen e do lombo. O toicinho é, em geral, tecido adiposo do abdômen, ao passo que a gordura do lombo é preferida para fazer embutidos (p. 188). O *lardo* italiano é a gordura ou banha suína curada em sal, especiarias e vinho, comida em estado puro ou usada para dar sabor a outros pratos. Na culinária francesa clássica, a gordura suína é usada para proporcionar sabor e suculência a carnes magras. É aplicada numa camada fina que protege a superfície do assado ou em delgadas fatias inseridas na carne por meio de agulhas especiais.

Separação da gordura por derretimento. Para separar a gordura pura do tecido adiposo, é preciso cortar o tecido em pedaços pequenos e aquecê-los suavemente. Um tanto de gordura sai do tecido ao derreter; outra parte é extraída sob pressão. Assim é separada a gordura de bovinos e suínos. As gorduras de diferentes animais diferem em sabor e consistência. A dos bovinos e ovinos, todos ruminantes, é mais saturada e, portanto, mais dura que as do porco ou das aves (em razão dos microrganismos do rúmen; ver p. 9); e as gorduras armazenadas abaixo da pele são menos saturadas e, portanto, mais macias que aquelas armazenadas nas regiões centrais do corpo, pois o ambiente cutâneo é menos quente. O sebo ao redor dos rins dos bovinos é a mais dura de todas as gorduras usadas em culinária; é seguida pela gordura bovina subcutânea, pela banha do rim dos suínos e, depois, pela banha do lombo e do abdômen suínos. A gordura de frangos, patos, marrecos e gansos é ainda menos saturada e, portanto, semilíquida em temperatura ambiente.

MISTURAS COM CARNE

A transformação de um novilho ou leitão nos cortes usuais gera uma quantidade imensa de sobras e subprodutos. Esses restos sempre foram aproveitados, rearranjados num sem-número de formas – desde a "linguiça de bode que gotejava gordura e sangue" ganha por Odisseu, ainda disfarçado, numa luta de aquecimento antes de enfrentar os pretendentes de Penélope, até o *haggis* escocês feito de fígado, coração e pulmão de carneiro recheando o bucho do mesmo animal, para não falar na moderna mistura enlatada de presunto, especiarias e paleta suína que leva o nome de Spam. Picados ou moídos, misturados com outros ingredientes e bem apertados para não se separar, os restos de carne podem representar uma das partes mais deliciosas – e, às vezes, das mais luxuosas – de qualquer refeição.

EMBUTIDOS

Em inglês, os embutidos são chamados *sausages*. Essa palavra vem do termo latino que significa "sal" e designa uma mistura de sal e carnes picadas embutida num tubo comestível. O sal desempenha dois papéis importantes no embutido: controla o crescimento de microrganismos e dissolve uma das proteínas filamentosas das fibras musculares (a miosina), espalhando-a pela superfície da carne, onde age como uma cola

---

Antigas receitas de embutidos

Lucanianas

Soca pimenta, cominho, segurelha, arruda, salsa, temperos, amoras silvestres e liquâmen [molho de peixe salgado] e mistura com carne bem batida, moendo tudo. Agrega liquâmen, grãos de pimenta inteiros, bastante gordura e pinhões, enfia tudo num intestino esticado até ficar bem fino e defuma.

– Apício, primeiros séculos d.C.

Embutido de fígado (Esicium ex iecore)

Mói o fígado de um porco, ou de outro animal, depois de deixá-lo ferver um tanto. Corta uma quantidade equivalente da banha do abdômen do porco e mistura com dois ovos, queijo envelhecido em quantidade suficiente, manjerona, salsa, uvas-passas e especiarias moídas. Quando formares uma massa única, molda-a em bolas do tamanho de uma noz, envolve-as em gordura de omento e frita numa panela com banha de porco. O fogo deve ser lento e baixo.

– Platina, *De honesta voluptate et valetudine*, 1475

que une os diversos pedaços. Tradicionalmente, o tubo comestível era o estômago ou o intestino do animal, e pelo menos um terço da mistura era composto de gordura. Hoje, muitos embutidos são embalados em invólucros artificiais e contêm muito menos gordura.

Existe um número infinito de variações sobre o tema do embutido, mas a maioria desses alimentos se encaixa em algumas grandes famílias. Os embutidos podem ser vendidos crus e comidos assim que cozidos; podem ser fermentados; podem ser secos ao ar, cozidos e/ou defumados em diversos graus, a fim de se preservar por alguns dias ou indefinidamente. A carne e a gordura podem ser picadas em pedaços de diferentes tamanhos ou moídas, misturadas e cozidas para formar uma massa homogênea. E o embutido pode ser feito predominantemente de carne e gordura ou pode incluir uma proporção substancial de outros ingredientes.

Os embutidos fermentados são uma forma de carne em conserva e serão descritos na p. 196.

Embutidos frescos e cozidos. Os embutidos frescos são como seu nome os descreve: nem fermentados nem cozidos, sendo por isso altamente perecíveis. Devem ser cozidos um ou dois dias depois de feitos ou comprados.

Os embutidos cozidos são aquecidos em seu processo de confecção e podem ser comprados e comidos ainda por vários dias sem serem cozidos novamente; duram mais se tiverem sido parcialmente secos ou defumados. Porém, são frequentemente recozidos logo antes de ser consumidos. Podem ser feitos da comum mistura de carne e gordura ou de vários outros materiais que se espessam mediante cocção. A linguiça branca francesa chamada *boudin blanc* é feita de várias carnes brancas ligadas com leite, ovos, migalhas de pão ou farinha, ao passo que a *boudin noir* não contém carne alguma: é feita de cerca de um terço de gordura suína, um terço de cebolas, maçãs ou castanhas e um terço de sangue suíno, que coagula ao ser pocheado e ajuda a solidificar a mistura. A linguiça de fígado é feita pela cocção de uma mistura de fígado moído e gordura. Os produtores frequentemente usam proteína de soja e sólidos lácteos não gordurosos para ajudar a espessar o conteúdo da linguiça e reter umidade.

Embutidos emulsificados. Trata-se de um tipo especial de embutido cozido, conhecido sobretudo na forma das *frankfurters* ou salsichas tipo Viena, assim chamadas por terem sido supostamente criadas na Alemanha (Frankfurt) ou na Áustria (Viena). A mortadela italiana (tipo Bolonha) é semelhante. Estes embutidos apresentam textura muito fina, são homogêneos e macios e têm sabor relativamente suave. São feitos de uma combinação de carne suína, carne bovina ou carne de aves com gordura, sal, nitrito, especiarias e, em geral, alguma água. Os ingredientes são batidos juntos num grande processador até formarem uma espécie de massa mole e lisa, semelhante a um molho emulsificado como a maionese (p. 696). A gordura se dispersa por igual em pequenas gotículas, rodeadas e estabilizadas por fragmentos de células musculares e proteínas musculares dissolvidas pelo sal. A temperatura de processamento é crucial: se for superior a 16 °C para a carne suína ou 21 °C para a bovina, a emulsão será instável e perderá gordura. A massa é extrudada para dentro de um invólucro e cozida a cerca de 70 °C. O calor coagula as proteínas da carne e transforma a massa num todo coeso e sólido, que pode ser tirado do invólucro. Devido ao conteúdo de água relativamente alto (cerca de 50-55%), os embutidos emulsificados são perecíveis e devem ser conservados sob refrigeração.

Os ingredientes dos embutidos: gordura e tripa. A gordura com que se fazem embutidos é, em geral, de origem suína, tirada de sob a pele do lombo do animal. A gordura suína tem a vantagem de ter sabor relativamente neutro; e a gordura do lombo, em específico, tem a melhor textura possível: é dura suficiente para não derreter nem se separar quando a carne é moída ou armazenada em temperatura ambiente, mas é mole suficiente para não parecer granulada ou pastosa quando ingerida crua. A gordura do abdômen suíno é mais macia do que o ideal; a gordura dos rins, bem como a gordura de bovinos e ovinos em geral, é mais dura; as gorduras de aves são moles demais. Nos embutidos não emulsificados mais comuns, um conteúdo de gordura de 30% ou mais ajuda a separar os fragmentos de carne e proporciona maciez e umidade. Quanto maiores os fragmentos, menor a área superficial a ser lubrificada pela gordura e, portanto, menor a quantidade de gordura necessária para garantir uma textura agradável (pode chegar a meros 15%).

Tradicionalmente, os invólucros eram várias partes da tripa, ou seja, do tubo digestivo do animal. Hoje em dia, a maioria dos invólucros "naturais" são finas camadas de tecido conjuntivo do intestino de porcos ou carneiros, despojados do revestimento interior e das camadas musculares exteriores por meio de calor e pressão, parcialmente secos e conservados em sal até serem enchidos. (As tripas de bovino incluem um tanto de músculo.) Existem também invólucros manufaturados, feitos de colágeno animal, celulose vegetal ou papel.

Cocção de embutidos frescos. Uma vez que seu interior fragmentado garante certo tipo de maciez, os embutidos costumam ser cozidos sem grandes cuidados. Entretanto, vale a pena submetê-los a cocção tão cautelosa quanto a dedicada a outras carnes frescas. Há quinhentos anos, Platina assinalou a necessidade de submeter a linguiça de fígado a cocção suave (ver quadro, p. 188) e disse que outro embutido levava o nome de *mortadella* "porque é, sem dúvida, mais agradável semicru do que excessivamente cozido". Os embutidos frescos devem ser cabalmente cozidos para eliminar os microrganismos, mas nunca a uma temperatura superior à da carne bem--passada, ou seja, 70 °C. A cocção suave impede que o interior atinja o ponto de ebulição da água, o que faria a tripa estourar e deixaria escapar a umidade e o sabor, endurecendo a textura do embutido. A punção intencional do invólucro deixa escapar umidade quando da cocção, mas oferece garantias contra uma ruptura mais severa perto do fim desta.

PATÊS E TERRINES

A maioria dos livros de culinária da Europa medieval oferece diversas receitas de tortas de carne em que carnes e gorduras picadas são cozidas dentro de uma crosta de massa ou num recipiente de cerâmica bem untado. No decorrer dos séculos, os cozinheiros franceses refinaram esse tipo de preparado, ao passo que em outros países ele sobreviveu em sua forma rústica. Assim, a Inglaterra tem suas *pastries* e *patties* e a França tem o patê e o terrine. Estes últimos dois termos são praticamente sinônimos, embora hoje em dia o "patê" geralmente se refira a uma mistura de textura firme e relativamente uniforme à base de fígado, e o "terrine" a uma mistura mais grossa, às vezes com pedaços visíveis de diferentes ingredientes. Assim, os patês e terrines englobam maravilhosa diversidade de receitas – desde massas rústicas de vísceras e partes da cabeça do porco no *pâté de campagne* francês até as requintadas pastas de *foie gras* e trufas aromatizadas à base de *brandy*.

Os modernos patês e terrines em geral contêm pouca gordura, mas as misturas tradicionais eram baseadas numa razão de 1 parte de gordura para 2 de carne, proporcionando uma consistência rica, que derretia na boca. Os ingredientes principais são, em regra, carne suína e vitela (uma carne imatura com quantidade relativamente baixa de tecido conjuntivo e que produz gelatina em abundância). Estas são moídas juntamente com a gordura – em geral de porco, que tem a consistência ideal – para que proteínas e lipídios fiquem intimamente misturados. O uso da faca para picar os ingredientes à mão tem menos probabilidade de aquecer a mistura ou danificar as células intactas de gordura, o que faria com que uma quantidade maior de gordura se separasse da mistura durante a cocção. A mistura recebe tempero mais forte que a maioria dos alimentos porque é rica em proteínas e gorduras que sequestram os compostos de sabor e, além disso, em geral é servida fria, o que por si só reduz o aroma. A mistura é colocada numa forma coberta e submetida a cocção suave em banho-maria até que o suco que sai dela adquira tonalidade clara e a temperatura interna alcance 70 °C. (Os terrines de *foie gras* são geralmente cozidos a uma temperatura muito mais baixa, talvez 55 °C, especialmente quando fatias intactas são sobrepostas; elas adquirem tonalidade rósea.) As proteínas coagulam, formando uma matriz sólida e prendendo boa parte da gordura. O patê é então posto debaixo de um peso para ser compactado e é refrigerado por vários dias a fim de adquirir firmeza e permitir que os sabores se miscigenem. A mistura cozida se conserva por cerca de uma semana.

CARNES PRESERVADAS

A preservação da carne, impedindo sua deterioração biológica, tem posto um desafio ao homem desde os primórdios de sua história. Os métodos mais antigos, que remontam a pelo menos 4 mil anos atrás, eram tratamentos físicos e químicos que tornam a carne um ambiente inóspito para os microrganismos. A secagem da carne no sol e no vento, ou ainda pelo fogo, remove água em quantidade suficiente para deter o crescimento bacteriano. A fumaça de lenha deposita na superfície da carne substâncias químicas que matam as células. A salga excessiva – com água do mar parcialmente evaporada, ou sal de rocha, ou as cinzas de plantas que concentram sal – também retira das células a umidade que favorece a vida. A salga moderada permite o crescimento de alguns microrganismos resistentes, mas inócuos, que aliás ajudam a excluir os nocivos. Estes métodos rudimentares para impedir a deterioração deram origem a alguns dos alimentos mais complexos e interessantes de que dispomos: os presuntos curados a seco e os embutidos fermentados.

Antigas receitas de patês e terrines

Estas receitas medievais demonstram que até os primeiros patês eram feitos em formas e assadeiras, sem a massa que originalmente lhes cedeu o nome.

Pastez de beuf

Toma boa carne de um boi novo e remove toda a gordura. Corta a carne magra em pedaços e ferve-a. Depois, leva-a ao confeiteiro para ser picada e enriquece-a com medula óssea bovina.
— Le Ménagier de Paris, *c.* 1390

Pastilli di carne

Toma tanta carne magra quanto quiseres e corta-a com facas pequenas em pedaços bem miúdos. Mistura especiarias e gordura de vitela nessa carne. Envolve-a em várias crostas de massa e assa-as num forno. [...] Isto pode até ser feito num recipiente bem untado, sem as crostas de massa.
— Maestro Martino, *c.* 1450

A Revolução Industrial introduziu uma nova abordagem: preservar a carne não mediante modificações na própria carne, mas por meio do controle do ambiente. Nos enlatados, a carne cozida é conservada num recipiente estéril e hermeticamente fechado, que não permite a entrada de microrganismos. A refrigeração e o congelamento mecanicamente induzidos mantêm a carne fria suficiente para desacelerar ou suspender por completo o crescimento microbiano. E a irradiação da carne pré-embalada mata todos os microrganismos que houver dentro da embalagem, deixando a própria carne relativamente intocada.

CARNES SECAS: O *JERKY* NORTE-AMERICANO

Os microrganismos precisam de água para sobreviver e crescer. Por isso, uma das técnicas mais simples e antigas de preservação da carne, originalmente, consiste em secá-la mediante a exposição ao vento e ao sol. Hoje em dia, a secagem é realizada por uma breve salga, que inibe os microrganismos da superfície, seguida pelo aquecimento da carne num forno de convecção de baixa temperatura, com a finalidade de diminuir seu peso em pelo menos dois terços e remover 75% de sua umidade (uma umidade superior a 10% pode permitir o crescimento dos fungos *Penicillium* e *Aspergillus*). Em razão da concentração de sabor e da textura interessante, a carne-seca continua popular. Entre os exemplos modernos podemos citar a *jerky* norte-americana, a "carne-seca" sul-americana, a *fenalâr* norueguesa e a *biltong* sul-africana, cujas texturas vão de elástica a quebradiça. A *bresaola* italiana e a *Buendnerfleisch* suíça são versões refinadas. Ambas são carnes bovinas salgadas e às vezes temperadas com vinho e ervas antes de um período de secagem de vários meses em ambiente fresco. São servidas em fatias finíssimas.

Liofilização. A liofilização ou criodessecação é a técnica originalmente usada pelos povos andinos para fazer o que chamavam "charque": aproveitavam o ar rarefeito para evaporar a umidade da carne nos dias de sol e sublimá-la dos cristais de gelo nas noites geladas. O resultado era um tecido não cozido e repleto de vãos microscópicos, que absorvia prontamente a água quando da posterior cocção. No charque industrializado, a carne é rapidamente congelada a vácuo e depois moderadamente aquecida para sublimar a água. Uma vez que este tipo de secagem não provoca a cocção e a compactação dos tecidos, peças de carne relativamente grossas podem ser secas e depois reconstituídas.

CARNES SALGADAS: PRESUNTOS, TOICINHO, CARNE BOVINA EM CONSERVA

A salga, como a secagem, preserva a carne pelo fato de privar de água as bactérias e fungos. O acréscimo de sal – cloreto de sódio – à carne cria tamanha concentração de íons de sódio e cloreto dissolvidos fora dos microrganismos que a água presente dentro das células destes é atraída para fora, o sal é atraído para dentro e os mecanismos celulares se rompem. Os microrganismos morrem ou têm sua atividade drasticamente diminuída. Também as células musculares são parcialmente desidratadas e absorvem sal. As carnes curadas tradicionais, feitas pela salga a seco ou colocando grandes cortes em salmoura por vários dias, têm cerca de 60% de umidade e 5-7% de sal em relação a seu peso. O presunto (pernil de porco), o toicinho (do abdômen do porco), a carne bovina em conserva do tipo *corned beef* (a palavra inglesa *corn* tem originalmente o sentido de "grão", aí inclusos os grãos de sal) e outros produtos semelhantes que resultam desse processo conservam-se sem cocção por vários meses.

Impurezas úteis: nitratos e nitritos. O cloreto de sódio não é o único sal que desempenha papel importante na cura de carnes. Os outros eram impurezas minerais imprevisíveis presentes nos sais de rocha, marinho ou vegetal, originalmente usados para a cura. Uma dessas impurezas, o nitrato de potássio (KNO$_3$), foi descoberto na Idade Média e chamado *salitre* ou "sal de pedra" porque era encontrado na forma de um crescimento cristalino de certas rochas, de aspecto salino. Nos séculos XVI e XVII, constatou-se que tornava mais luminosa a cor das carnes e aperfeiçoava-lhes o sabor, a salubridade e a durabilidade. Por volta de 1900, químicos alemães descobriram que, durante a cura, certas bactérias tolerantes ao sal transformam uma pequena porção do nitrato em nitrito (NO$_2$) e que o verdadeiro ingrediente ativo não é aquele, mas este. Uma vez obtido este conhecimento, os produtores puderam eliminar o salitre da mistura de cura e substituí-lo por doses muito menores de nitrito puro. Atualmente é essa a regra, exceto na produção de presuntos tradicionais curados a seco, cuja maturação prolongada se beneficia com a produção bacteriana de nitrito a partir de nitrato.

Hoje sabemos que o nitrito desempenha diversos papéis importantes na cura da carne. Contribui com seu próprio sabor, picante e pungente. Reage na carne para formar óxido nítrico (NO), que retarda o desenvolvimento de sabores rançosos na gordura por se ligar de antemão ao átomo de ferro da mioglobina, impedindo que este cause a oxidação dos lipídios. A mesma ligação com o ferro produz a característica de luminosa cor róseo-avermelhada da carne curada. Por fim, o nitrito suprime o crescimento de várias bactérias, sobretudo dos esporos das bactérias intolerantes ao oxigênio que causam o mortífero botulismo. O *Clostridium botulinum* pode crescer dentro de embutidos que não foram suficientemente salgados ou que o foram de maneira desigual; alguns cientistas alemães foram os primeiros a chamar a intoxicação causada por essa bactéria de *Wurstvergiftung* ou "doença dos embutidos" (*botulus* significa "embutido" em la-

---

Versões tradicionais de carne suína curada

Da cura dos presuntos: assim se curam presuntos em jarros ou tinas. [...] cobre de sal o fundo do jarro ou da tina e põe lá dentro um presunto, com a pele para baixo. Cobre-o inteiramente de sal e põe outro sobre ele, cobrindo-o da mesma maneira. Cuida para que a carne não encoste na carne. Procede sempre assim e, quando tiveres coberto todos os presuntos, cobre o topo com sal para que não se possa ver nada da carne, e alisa o sal que fica por cima de tudo. Depois de salgados por cinco dias, tira todos os presuntos, juntamente com o sal, e coloca-os de novo no mesmo lugar, mudando para baixo os que estavam por cima. [...]

Depois do décimo segundo dia, remove os presuntos, escova o sal e pendura-os ao vento por dois dias. No terceiro dia, limpa-os com uma esponja e esfrega-os com óleo. Pendura-os então em fumaça por dois dias e, no terceiro dia, esfrega-os com uma mistura de vinagre e óleo.

Pendura-os então na casa de carnes e nem morcegos nem vermes os tocarão.

– Catão, *Sobre a agricultura*, 50 d.C.

Toicinho, secagem: corta o Pernil com um pedaço do Lombo (de um Porco jovem) e esfrega-o bem, diariamente e por 2 ou 3 dias, com Salitre finamente pulverizado e Açúcar mascavo; depois disso, salga-o bem. Então, adquirirá aspecto vermelho. Deixa-o assim por 6 a 8 Semanas e depois pendura-o num local de secagem.

– William Salmon, *The Family Dictionary: Or, Household Companion*, Londres, 1710

tim). Ao que parece, o nitrito inibe o funcionamento de importantes enzimas bacterianas e interfere com a produção de energia dentro das bactérias.

O nitrato e o nitrito podem reagir com outros componentes do alimento para formar nitrosaminas possivelmente carcinogênicas. Agora parece que o risco é pequeno (p. 138). Não obstante, a quantidade de nitrato e nitrito residuais em carnes curadas é limitada a 200 partes por milhão (0,02%) nos Estados Unidos, e em geral fica muito abaixo desse limite.

Sublimes presuntos. Os muitos meses de duração das carnes salgadas acabaram por criar, a partir da carne suína, alguns dos melhores alimentos do mundo! Em primeiro lugar mencionem-se os presuntos curados a seco, que remontam pelo menos à época greco-romana. As versões modernas, entre as quais o *prosciutto di Parma*, o *serrano* espanhol, o *Bayonne* francês e o presunto tradicional norte-americano, podem ser envelhecidas por um ano ou mais. Embora suportem a cocção, os presuntos curados a seco atingem sua melhor forma quando ingeridos crus em fatias muito finas. De um cor-de-rosa vivo e translúcido, textura sedosa e sabor ao mesmo tempo carnoso e frutado, eles estão para a carne suína assim como os queijos longamente envelhecidos estão para o leite fresco: uma destilação, uma expressão do poder transformador do sal, das enzimas e do tempo.

Os efeitos do sal. Além de proteger os presuntos da deterioração enquanto amadurecem, o sal contribui para sua aparência e textura. A alta concentração de sal faz com que os filamentos de proteínas das células musculares, geralmente reunidos em feixes, se separem uns dos outros. Os filamentos individuais são pequenos demais para difundir a luz: assim, o tecido muscular, geralmente opaco, se torna translúcido. A separação dos filamentos também enfraquece as fibras musculares, e ao mesmo tempo a desidratação torna o tecido mais denso e mais concentrado, daí a textura cerrada, mas macia.

A alquimia do sabor da cura a seco. Boa parte do mecanismo bioquímico dos músculos sobrevive intacta, em particular as enzimas que decompõem proteínas insípidas e transformam-nas em peptídeos e aminoácidos sápidos. No decorrer de alguns meses, essas enzimas podem converter em moléculas de sabor um terço ou mais da proteína da carne. A concentração de ácido glutâmico, composto de sabor carnoso

---

O enigma dos presuntos curados sem nitrito

Embora a maioria dos presuntos tradicionais de cura longa sejam tratados com salitre, que garante um suprimento constante de nitrito, alguns não são. Os eminentes *prosciuttos* de Parma e San Daniele são curados somente com sal marinho, mas de algum modo desenvolvem a característica cor rosada da mioglobina estabilizada por nitrito. O sal marinho contém traços de nitrato e nitrito, mas não em quantidade suficiente para afetar a cor do presunto. Há pouco tempo, cientistas japoneses constataram que o pigmento vermelho estável desses presuntos não é a nitrosomioglobina; ao contrário, sua formação parece estar associada à presença de determinadas bactérias de maturação (*Staphylococcus carnosus* e *caseolyticus*). E pode ser que a ausência de nitrito seja um dos segredos da qualidade excepcional desses presuntos. O nitrito protege a carne contra o desenvolvimento de sabores ruins decorrentes da oxidação. Porém, a decomposição das gorduras também é fonte de sabores desejáveis para os presuntos, e constatou-se que os presuntos de Parma, sem nitrito, têm mais ésteres frutados que os presuntos espanhóis e franceses, curados à base de nitrito.

que dá água na boca, aumenta de dez a vinte vezes. Além disso, como ocorre no queijo, a quantidade de tirosina liberada é tão grande que ela pode formar pequenos cristais brancos. Por fim, as gorduras insaturadas dos músculos suínos se decompõem e reagem para formar centenas de compostos voláteis, alguns deles característicos do aroma de melão (acompanhamento tradicional do presunto, e bem apropriado do ponto de vista químico!), maçã, cítricos, flores, grama recém-cortada e manteiga. Outros compostos reagem com os produtos da decomposição das proteínas e liberam sabores acastanhados e de caramelo, que em regra se encontram somente em carnes cozidas (a concentração compensa a temperatura inferior à da cocção). Em resumo, o sabor do presunto curado a seco é extraordinariamente complexo e evocativo.

Modernas carnes curadas a úmido. As carnes salgadas continuam populares mesmo na era da refrigeração, quando a salga já não é essencial. Mas, como hoje salgamos a carne para lhe dar certo sabor, e não para preservá-la, as versões industriais são tratadas com uma cura mais suave e em geral têm de ser refrigeradas e/ou cozidas. E são feitas muito rápido, o que significa que seu sabor é menos complexo que o das carnes curadas a seco. O toicinho industrial é feito pela injeção de salmoura (em regra, cerca de 15% de sal e 10% de açúcar) nos flancos suínos com baterias de agulhas finas. Alternativamente, o flanco é cortado em fatias e estas são imersas em salmoura por 10 a 15 minutos. Tanto num caso como no outro, o período de "maturação" diminuiu para algumas horas e o toicinho é embalado no mesmo dia. Para fazer presunto, injeta-se salmoura na peça de carne e esta é então "batida" por um dia em grandes tambores rotativos para que a salmoura se distribua de modo homogêneo e a própria carne fique mais macia. Por fim, a peça é moldada para adquirir a forma final, cozida de modo completo ou parcial, refrigerada e vendida sem maturação alguma. No caso de alguns "presuntos" sem osso, peças de carne suína são batidas com sal para a extração da proteína miosina, a qual forma uma camada pegajosa que une os pedaços entre si. A maior parte da carne bovina em conserva (*corned beef*) vendida nos Estados Unidos também recebe injeção de salmoura; os pedaços nunca chegam a tocar num único grão de sal.

O presunto e o toicinho modernos contêm mais umidade que as versões curadas a seco (às vezes, mais até do que a carne crua original!) e cerca de metade do sal – 3-4% em vez de 5-7%. Ao passo que as fatias de presunto e toicinho tradicionais fritam facilmente e retêm 75% de seu peso, as versões modernas e mais úmidas respingam, encolhem e se enrolam à medida que perdem água, retendo apenas um terço de seu peso original.

CARNES DEFUMADAS

A fumaça de matéria vegetal – em geral, lenha – em ignição ajuda a preservar os alimentos desde que nossos antepassados dominaram o fogo. A utilidade da fumaça resulta de sua complexidade química (p. 497). Ela contém muitas centenas de compostos, alguns dos quais matam os microrganismos ou inibem seu crescimento. Outros retardam a oxidação das gorduras e o desenvolvimento do sabor rançoso e outros ainda acrescentam ao defumado um sabor próprio e muito agradável. Uma vez que a fumaça afeta somente a superfície do alimento, há tempo ela é usada em conjunto com a salga e a secagem – combinação feliz, pois as carnes salgadas são especialmente suscetíveis à rancidez. O presunto e o toicinho tradicionais norte-americanos são exemplos de alimentos salgados e defumados. Uma vez que hoje existem outras maneiras de preservar a carne e em razão de se saber que certos componentes da fumaça fazem mal à saúde (p. 499), atualmente a fumaça é menos usada em sua plena força como conservante. Em geral, serve apenas para acrescentar um leve sabor.

Defumação a quente e a frio. A carne pode ser defumada de duas maneiras diferentes. Quando *defumada a quente*, é mantida no mesmo recinto que a lenha ou diretamente acima desta, de modo que sofre ao mesmo tempo defumação e cocção. Com isso, adquire textura mais ou menos firme e seca, dependendo da temperatura (em geral, entre 55 e 80 °C) e do tempo de defumação. A defumação a quente também pode matar microrganismos em toda a carne, e não somente na superfície. (O churrasco norte-americano é uma forma de defumação a quente; ver p. 175.) Quando *defumada a frio*, a carne é mantida numa câmara não aquecida para onde vai a fumaça que sai de uma fornalha separada. A textura da carne e os microrganismos existentes dentro dela são relativamente pouco afetados. A câmara de defumação a frio pode ser mantida até uma temperatura de 0 °C, mas em geral permanece a 15-25 °C. Os vapores da fumaça se depositam na superfície da carne até sete vezes mais rápido na defumação a quente; entretanto, as carnes defumadas a frio tendem a acumular concentrações mais altas de compostos fenólicos típicos das especiarias doces, e por isso em geral têm sabor mais requintado. (Por outro lado, tendem a acumular mais substâncias possivelmente carcinogênicas.) A umidade do ar também faz diferença; os vapores da fumaça se depositam com mais eficiência em superfícies úmidas, e por isso a defumação "úmida" tem efeito mais forte em menos tempo.

CARNES FERMENTADAS: EMBUTIDOS CURADOS

Para que o leite se transforme num queijo saboroso que se conserva por longo tempo, é preciso eliminar parte de sua umidade, salgá-lo e encorajar o crescimento de microrganismos inofensivos que o acidificam; a carne pode ser tratada praticamente da mesma maneira e com os mesmos efeitos. Há muitos tipos diferentes de *embutidos*, ou seja, massas remoldadas de carne picada e salgada (p. 188). Os embutidos fermentados são os mais saborosos graças às bactérias que decompõem proteínas e gorduras insípidas, transformando-as em moléculas menores, intensamente sápidas e aromáticas.

Os embutidos fermentados provavelmente se desenvolveram na época pré-histórica a partir da prática de salgar e secar lascas de carne para preservá-las. Quando muitas lascas salgadas são pressionadas juntas, as superfícies repletas de microrganismos acabam ficando dentro da massa úmida e favorecem o crescimento de bactérias tolerantes ao sal e que não precisam de oxigênio. Em sua maior parte, essas bactérias são as mesmas que crescem nos queijos salgados e que contêm pouco ar: a saber, os lactobacilos e os leuconostocos (bem como alguns parentes, como os micrococos, os pediococos e as carnobactérias). Elas produzem ácido láctico e acético, que baixam o pH da carne de 6 para 4,5-5 e a tornam ainda mais inóspita aos microrganismos que causam a putrefação. Então, à medida que o embutido seca com o tempo, o sal e a acidez se concentram e a peça se torna cada vez mais resistente à deterioração.

Embutidos do norte e do sul da Europa. Os embutidos fermentados são feitos em dois estilos básicos. Um deles é o embutido seco, salgado e bem temperado característico do clima quente e seco do Mediterrâneo. O salame italiano e os chouriços da Espanha e de Portugal têm 25-35% de água, mais de 4% de sal e podem ser conservados em temperatura ambiente. O outro estilo é o dos embutidos mais úmidos, menos salgados e geralmente defumados e/ou cozidos do norte da Europa, cujo clima frio e úmido dificultava a secagem. Esses "embutidos de verão" e as cervelas alemãs contêm 40-50% de água, cerca de 3,5% de sal e precisam ser refrigerados. Tanto um tipo quanto o outro podem ser comidos sem cocção.

Como se fazem embutidos fermentados. Atualmente, nitratos (Europa) e nitritos (Estados Unidos) para inibir a bactéria do botulismo são acrescentados à mistura de carne, gordura, cultura bacteriana, sal e especiarias. Também se acrescenta algum açúcar, parte do qual as bactérias transformam em ácido láctico. A fermentação leva de 18 horas a três dias, dependendo da temperatura (15-38 °C, com os embutidos secos na extremidade inferior) e do tamanho do embutido, até que a acidez chegue a 1% e o pH, a 4,5-5. A fermentação em alta temperatura tende a produzir ácidos voláteis (acético, butanoico) com aroma pungente, ao passo que a fermentação em baixa temperatura gera uma mistura mais complexa de aldeídos (típicos dos frutos secos) e ésteres (típicos das frutas) – sendo esse o sabor tradicional do salame. O embutido pode então ser cozido e/ou defumado, e enfim é seco por duas ou três semanas até alcançar o conteúdo desejado de umidade. Um pó branco, feito de fungos e leveduras inofensivos (espécies dos gêneros *Penicillium*, *Candida*, *Debaromyces*), pode se acumular sobre o invólucro durante a secagem; esses microrganismos contribuem para o sabor do embutido e impedem o crescimento de microrganismos que causam a deterioração do produto.

Os embutidos fermentados desenvolvem uma textura densa, que exige bastante mastigação, graças à extração das proteínas da carne pelo sal, sua desnaturação pelos ácidos bacterianos e a secagem geral da massa de carne. Seu sabor travoso e aromático vem dos ácidos bacterianos, das moléculas voláteis e de fragmentos de proteínas e gorduras decompostas pelas enzimas dos microrganismos e da própria carne.

CONFITS

Em outros tempos, os cozinheiros de toda a região que vai da Ásia Central à Europa Ocidental aprenderam que a carne cozida pode ser preservada caso seja encerrada sob uma camada grossa de gordura, que não deixe passar o ar. Hoje em dia, a versão mais conhecida é o *confit* de coxas de pato e de ganso, do sudoeste da França, que entrou na moda em fins do século XIX no rastro do *foie gras* – o qual, por sua vez, pode ter sido um subproduto acidental do hábito de superalimentar os gansos a fim de obter gordura para fazer rudimentares *confits* de fazenda! O *confit* francês provavelmente era, no início, um método caseiro para preservar a carne do porco em sua própria gordura durante todo o ano que se seguia ao abate de outono. O *confit* de pato e ganso parece ter sido desenvolvido no século XVIII pelos produtores de carne salgada da região de Bayonne, quando a produção lo-

---

Palavras da culinária: *confit*

Hoje em dia, a palavra *confit* é usada sem muito rigor para descrever praticamente qualquer coisa submetida a cocção lenta e suave até desenvolver uma consistência rica e suculenta: cebolas em azeite de oliva, por exemplo, ou camarão cozido e preservado em manteiga clarificada. Na verdade, o termo é mesmo abrangente. Vem, passando pelo francês, do latim *conficere*, que significa "fazer, produzir, confeccionar, preparar". Na Idade Média, o verbo francês era aplicado às frutas cozidas e preservadas em mel ou calda de açúcar (donde o *confiture* francês – geleia – e o *confection* inglês – conserva, compota) ou em álcool. Mais tarde, foi aplicado a hortaliças conservadas em vinagre, a azeitonas conservadas em óleo, a diversos alimentos conservados em sal e a carnes conservadas em gordura. O sentido geral é o de mergulhar um alimento numa substância que, impregnando-o, preserva-o e lhe dá sabor. No uso moderno do termo *confit*, sobrevivem as conotações de imersão, impregnação, transmissão de sabor e preparação lenta e cuidadosa, ao passo que a ideia de preservação – e a dos sabores especiais que se desenvolvem ao longo de semanas ou meses – perdeu força.

cal de milho tornava econômica a alimentação forçada das aves, que geravam a gordura necessária. Na era dos enlatados e da refrigeração, os *confits* continuam sendo um ingrediente conveniente, de longa duração, que empresta seu sabor característico a saladas, cozidos e sopas.

Para fazer o *confit* tradicional francês, peças de carne são salgadas por um dia, às vezes juntamente com ervas e especiarias. Depois, são secas, imersas em gordura e aquecidas suave e gradativamente por várias horas. A carne, frequentemente ainda vermelha ou rosada no interior (p. 166), é então drenada e colocada num recipiente esterilizado sobre uma nova camada de sal; a gordura é separada de todos os sucos da carne, que poderiam causar deterioração, é reaquecida e depois derramada sobre a carne. Selado e estocado em lugar fresco, o *confit* se conserva por vários meses e pode ser reaquecido periodicamente para prolongar sua vida útil.

O risco real, mas pequeno, de que a bactéria do botulismo se desenvolva nesse ambiente pobre em oxigênio é reduzido pela segunda dose de sal, pela conservação em temperatura inferior a 4 °C e pelo acréscimo de nitrato ou nitrito ao sal. A maioria das versões modernas do *confit* são enlatadas ou refrigeradas para garantir a salubridade, e devem ser consumidas em poucos dias. Por isso, levam pouco sal, aplicado mais para melhorar a cor e o sabor que para preservar o alimento.

Diz-se que o sabor do *confit* tradicional melhora ao longo de alguns meses. Embora a cocção, em tese, mate as bactérias e desative todas as enzimas da carne, é certo que ao longo do tempo a carne sofrerá mudanças bioquímicas e a gordura sofrerá oxidação. Uma leve rancidez faz parte do sabor de um *confit* tradicional.

CARNES ENLATADAS

Por volta de 1800, um cervejeiro e confeiteiro francês chamado Nicolas Appert descobriu que, caso selasse um alimento num pote de vidro e aquecesse o pote em água fervente, o alimento se conservaria indefinidamente sem deteriorar. Assim surgiram os enlatados, forma de preservação em que a carne é inicialmente isolada do ar e da contaminação por microrganismos vindos de fora dela e depois aquecida suficiente para destruir quaisquer microrganismos já presentes nela. (Pasteur ainda não havia provado a existência dos micróbios; Appert simplesmente observou que esse processo destruía todos os "fermentos".) Quando feito corretamente, o enlatamento é extremamente eficiente: já aconteceu de uma carne enlatada há cem anos ser consumida sem danos (e sem muito prazer, bem entendido). Hoje em dia, a preservação de carnes em latas seladas é um processo quase exclusivamente industrial, em parte porque oferece muito pouco ao cozinheiro em matéria de aperfeiçoamento do sabor ou da textura.

CAPÍTULO 4

PEIXES E FRUTOS DO MAR

Pesca extrativa e aquicultura	201	Peixes planos: linguado, pregado,	
Vantagens e desvantagens da		alabote, solha	225
aquicultura	202	**Das águas para a cozinha**	**226**
Os alimentos marinhos e a saúde	203	A pesca	226
Benefícios para a saúde	203	Os efeitos do *rigor mortis* e do	
Ameaças para a saúde	204	tempo	227
A vida aquática e a natureza particular		Como reconhecer um peixe fresco	227
dos peixes	**208**	Armazenamento de peixes e frutos	
A palidez e a maciez da carne de		do mar frescos: refrigeração	
peixe	208	e congelamento	228
O sabor dos peixes e frutos do mar	209	Irradiação	230
Os benefícios dos óleos de peixe		**Preparações de peixes e frutos do mar**	
para a saúde	210	**que não envolvem calor**	**230**
A perecibilidade dos peixes e frutos		*Sushi* e *sashimi*	230
do mar	210	*Ceviche* e *kinilaw*, preparados	
A sensibilidade e a fragilidade dos		azedos	231
peixes na panela	210	*Poke* e *lomi*, preparados salgados	231
A imprevisibilidade da qualidade		**Cocção de peixes e frutos do mar**	**231**
dos peixes	211	Como o calor transforma o	
A anatomia e as qualidades dos peixes	**211**	peixe cru	231
A anatomia dos peixes	211	Preparativos para a cocção	235
Os músculos dos peixes e sua		Técnicas de cocção de peixes e	
textura delicada	212	frutos do mar	236
O sabor dos peixes	213	Misturas com peixes	242
A cor dos peixes	215	**Os frutos do mar e suas qualidades**	
Os peixes que comemos	**216**	**particulares**	**243**
A família do arenque: anchova,		Crustáceos: camarões, lagostas,	
sardinha, espadilha, sável	216	caranguejos e seus parentes	243
Carpas e bagres	216	Moluscos: mariscos, mexilhões,	
Salmões, trutas e seus parentes	220	ostras, vieiras, lulas e seus	
A família do bacalhau	222	parentes	249
Perca-do-nilo e tilápia	222	Outros invertebrados:	
Robalos e espécies correlatas	223	ouriços-do-mar	256
Peixe-gelo e marlonga-negra	223	**Peixes e frutos do mar preservados**	**257**
Atum e cavala	223	Peixes secos	257
Peixe-espada	225	Peixes salgados	258
		Peixes fermentados	260

Peixes defumados	263	Ovas de peixe	266
Preservação quádrupla:		O sal transforma o sabor e a textura	
o *katsuobushi* japonês	264	das ovas	267
Peixes marinados	265	Caviar	268
Peixes enlatados	266		

Os peixes e frutos do mar* são alimentos provindos do outro mundo que existe no planeta Terra: seu vasto ambiente subaquático. A terra seca perfaz menos de um terço da superfície do planeta e é um ambiente verticalmente estreito quando comparado aos oceanos, cujos fundos chegam a mergulhar onze quilômetros sob as ondas. Os oceanos são volumosos e antigos; são o "caldo primordial" onde a vida teve origem e no qual a imaginação humana encontrou rica inspiração para mitos de criação e destruição, de metamorfose e renascimento. A diversidade e o inusitado das criaturas que vivem nesse ambiente sem ar, frio, escuro e denso não têm equiparação entre os animais que nos servem de alimento.

Há muito que nossa espécie se alimenta de peixes e frutos do mar, e países inteiros se ergueram sobre esses fundamentos. Os litorais do mundo são pontilhados de gigantescas pilhas de conchas de ostras e mexilhões que comemoram banquetes de até 300 mil anos atrás. Há 40 mil anos, os caçadores da Europa pré-histórica já esculpiam imagens de salmões e fabricavam os primeiros anzóis para capturar peixes fluviais; pouco tempo depois, construíram barcos e aventuraram-se pelo oceano. A partir do final da Idade Média, as nações marítimas da Europa e da Escandinávia exploraram os abundantes cardumes de bacalhau e arenque do Atlântico, secando-os, salgando-os e transformando-os em mercadorias que lançaram as bases de sua moderna prosperidade.

Quinhentos anos depois, no começo do século XXI, a produtividade dos oceanos está ameaçada. Foi exaurida pela decuplicação da população humana e por constantes avanços da tecnologia e eficiência da pesca. Com o auxílio de navios maiores e mais velozes, do sonar que vasculha as profundezas, de linhas e redes quilométricas e da mecanização de todos os aspectos da coleta, conseguimos levar à beira da extinção muitas espécies importantes que nos servem de alimento. Peixes antes comuns – o bacalhau, o arenque, o salmão do Atlântico, o peixe-espada, o linguado, o esturjão e o cação – tornam-se cada vez mais raros. Outros – o peixe-relógio, a marlonga-negra da Patagônia, o tamboril – surgem no mercado e dele desaparecem, temporariamente abundantes até sucumbirem de novo à pesca predatória.

O declínio nas populações naturais de peixes estimulou a retomada e a modernização da aquicultura. Hoje em dia, praticamente todos os peixes de água doce, o salmão do Atlântico e os mexilhões que

---

* Este termo, que traduz o inglês *shellfish*, se refere aqui a todos os animais aquáticos que não são peixes, inclusive os de água doce. (N. do T.)

Brillat-Savarin fala sobre os peixes

Os peixes são fonte inesgotável de meditação e maravilhamento. As formas variadas dessas estranhas criaturas, seus diversos meios de existência, a influência dos locais onde têm de viver, respirar e se movimentar. [...]

– *A fisiologia do gosto*, 1825

consumimos são cultivados pelo homem. Muitas dessas "fazendas de peixes" contribuem para poupar as populações livres, mas outras colaboram para esgotá-las e provocam outros danos ambientais. Atualmente, é preciso fazer algum esforço para encontrar peixes e frutos do mar produzidos de modo sustentável e ambientalmente responsável.

Não obstante, a época é favorável para comer alimentos aquáticos. Mais do que em qualquer outro tempo, temos acesso hoje a um número maior de peixes de excelente qualidade, provenientes de todo o globo, oferecendo-nos a oportunidade de descobrir novos ingredientes e prazeres. Ao mesmo tempo, sua variedade e variabilidade dificultam a tarefa de escolhê-los e prepará-los. Os peixes e frutos do mar são mais frágeis e menos previsíveis que os outros tipos de carne. Neste capítulo, examinaremos de perto sua natureza particular e os melhores modos de manipulá-los e prepará-los.

PESCA EXTRATIVA E AQUICULTURA

De todos os nossos alimentos, os peixes e frutos do mar são os únicos que ainda coletamos do ambiente natural em quantidade significativa. A história das regiões de pesca é uma saga do engenho, da coragem, da fome e do desperdício provocado pelo ser humano, culminando numa atividade desenfreada que atualmente consome boa parte da tremenda produtividade dos oceanos. Em 1883, o eminente biólogo T. H. Huxley expressou a crença de que "os cardumes de bacalhau, de arenque, de sardinha, de cavala e, provavelmente, de todos os principais peixes marinhos, são inexauríveis; ou seja, nenhuma atividade nossa poderá afetar significativamente a população de peixes". Pouco mais de cem anos depois, os estoques de bacalhau e arenque em ambos os lados do Atlântico Norte entraram em colapso, os números de muitos outros peixes estão em declínio e a Organização para Agricultura e Alimentação da ONU estima que dois terços das principais espécies comerciais do mundo estão sendo pescados numa quantidade que impossibilita a renovação dos cardumes.

Além de pôr sob séria ameaça as populações de peixes diretamente visadas, a pesca moderna causa danos colaterais a outras espécies, capturadas inadvertidamente em redes e linhas e depois simplesmente descartadas; e pode danificar os hábitats subaquáticos. Ademais, a pesca é atividade imprevisível e perigosa, sujeita às variações do clima e aos riscos inerentes a qualquer trabalho que envolva equipamento pesado

---

Os caudais prateados dos oceanos

Os peixes [...] podem parecer mercadorias vis e baixas; porém, quem se der ao trabalho de ponderar no que segue provavelmente verificará que seu esforço valeu a pena. [...] Os holandeses, antes pobres, à força de labutar na pesca em todos os climas e em alto-mar, [...] se tornaram tão ricos e poderosos que nenhum Estado, com a exceção de Veneza, duas vezes maior, é tão bem equipado, com tantas cidades belas, povoados aprazíveis e poderosas fortalezas. [...] O mar [é] a fonte daqueles caudais prateados por onde corre toda a virtude dos holandeses, e que fizeram deles, agora, um verdadeiro milagre da diligência humana, o único espelho de perfeição no que respeita a estes assuntos [...].

– Capitão John Smith, *The Generall Historie of Virginia, New England, and the Summer Isles* [História geral da Virgínia, Nova Inglaterra, e as Ilhas Summer], Londres, 1624

em alto-mar. Existe uma importante alternativa a esse sistema de produção altamente problemático: a aquicultura ou piscicultura, que em muitas partes do mundo é praticada há milhares de anos. Hoje em dia, nos Estados Unidos, todas as trutas arco-íris e quase todos os bagres vendidos são criados em vários tipos de lagos e tanques de água doce. Na década de 1960, a Noruega inventou a criação oceânica do salmão do Atlântico em grandes cercados marítimos; atualmente, mais de um terço dos salmões comidos no mundo são cultivados na Europa e nas Américas do Norte e do Sul. Cerca de um terço dos camarões de águas mornas são produzidos em criadouros, sobretudo na Ásia. No todo, cerca de setenta espécies são criadas em cativeiro ao redor do mundo.

VANTAGENS E DESVANTAGENS DA AQUICULTURA

A aquicultura apresenta várias vantagens. Acima de tudo, faculta ao produtor um controle sem paralelo sobre as condições em que são criados os peixes e as circunstâncias de sua coleta, e ambas as coisas podem resultar em produtos de melhor qualidade. Os peixes de criação podem ser cuidadosamente selecionados para apresentar crescimento rápido e outras características desejáveis e podem ser alimentados até atingir um estágio uniformemente ideal para servir de alimento. Mediante o controle da temperatura e fluxo da água e da quantidade de luz, os peixes podem ser induzidos a crescer muito mais rápido que em seu ambiente natural, e pode-se alcançar um equilíbrio entre o consumo de energia e o exercício que tonifica os músculos. Em regra, os peixes de criação são mais gordos e suculentos. Podem ser abatidos sem sofrer a tensão e os danos físicos decorrentes de serem pegos no anzol ou na rede e despejados em grandes pilhas sobre o convés de uma traineira; e podem ser processados e refrigerados imediatamente em condições higiênicas, prolongando assim o período em que se encontram em sua melhor qualidade.

Entretanto, a aquicultura não é solução perfeita para os problemas da pesca oceânica; pelo contrário, gerou alguns distúrbios sérios que antes não existiam. A criação de peixes em cercados marítimos contamina as águas circundantes com excreções, antibióticos e restos de alimento; os

---

Peixes e frutos do mar cultivados

A seguir, uma lista dos peixes e frutos do mar mais comuns cultivados em escala comercial no começo do século XXI.

Peixes de água doce	Peixes de água salgada	Moluscos	Crustáceos
Carpa	Salmão	Abalone	Camarão
Tilápia	Robalo	Mexilhão	Lagostim
Bagre	Esturjão	Ostra	
Truta (arco-íris)	Truta	Marisco	
Perca-do-nilo	Salvelino	Vieira	
Enguia	Pregado		
Robalo-muge (híbrido)	Mahimahi		
	Peixe-leite		
	Arabaiana (Charuteiro)		
	Sargo		
	Fugu		
	Atum		

peixes cultivados, geneticamente uniformes, fogem e diluem a diversidade de populações livres já ameaçadas. A ração das espécies carnívoras e carniceiras (salmões, camarões) é, em regra, uma farinha de peixe rica em proteínas, de modo que algumas criações de peixe consomem mais animais do que criam. E alguns estudos recentes constataram que determinadas toxinas ambientais (bifenilos policlorados, p. 204) se concentram nas farinhas de peixe e se depositam na carne dos salmões de criação.

Problema menos sério, mas que faz diferença na cozinha, é que a combinação de fluxo de água limitado, exercício limitado e rações artificiais pode afetar a textura e o sabor dos peixes criados em cativeiro. Em testes de paladar, trutas, salmões e bagres criados em cativeiro foram percebidos como mais insípidos e menos rijos que seus homólogos soltos.

A moderna aquicultura é uma atividade jovem, e as pesquisas e regulamentações certamente resolverão alguns desses problemas. Enquanto isso, os produtos mais ambientalmente benignos da piscicultura são os peixes de água doce e alguns de água salgada (esturjão, pregado) criados em tanques em terra, além de moluscos criados junto ao litoral. Cozinheiros e consumidores conscientes podem obter informações atualizadas sobre a salubridade da pesca extrativa e das práticas de aquicultura junto a várias associações de interesse público, como o Aquário de Monterey Bay, na Califórnia.

OS ALIMENTOS MARINHOS E A SAÚDE

Comer peixe faz bem: esta crença é um dos motivos importantes pelos quais o consumo de peixes e frutos do mar está aumentando no mundo desenvolvido. Existem, de fato, indícios convincentes de que os óleos de peixe podem contribuir significativamente para nossa saúde a longo prazo. Por outro lado, de todos os nossos alimentos, os peixes e frutos do mar são os que abrigam a mais ampla gama de perigos imediatos para a saúde, desde vírus e bactérias até parasitas, poluentes e toxinas estranhas. Cozinheiros e consumidores devem ter ciência desses perigos e de como minimizá-los. A regra mais simples é a de só comprar de fornecedores que conheçam bem os alimentos do mar e cujos estoques sejam regularmente renovados, e cozinhar peixes e frutos do mar sem demora e cabalmente. Preparados crus e apenas levemente cozidos são deliciosos, mas podem transmitir os mais diversos tipos de doenças. O melhor é apreciá-los em restaurantes estabelecidos, que tenham acesso aos melhores peixes e à perícia necessária para prepará-los.

BENEFÍCIOS PARA A SAÚDE

Como todas as carnes, os peixes e frutos do mar são boas fontes de proteínas, vitaminas do complexo B e diversos minerais. O iodo e o cálcio são pontos especialmente fortes. Muitos peixes são bastante magros e, por isso, oferecem esses nutrientes sem sobrecarga de calorias. Porém, a gordura dos peixes de água salgada tem seus próprios atrativos. Como outras gorduras que são líquidas em temperatura ambiente, as gorduras de peixes são frequentemente chamadas "óleos".

Os benefícios dos óleos de peixe. Como veremos (p. 210), a vida na água fria dotou as criaturas marinhas de gorduras ricas em *ácidos graxos ômega-3*, pouco comuns e altamente insaturados. (O nome significa que a primeira prega na longa cadeia de átomos de carbono se encontra no terceiro elo a partir do fim; ver p. 893.) O corpo humano não é capaz de fabricar com eficiência esses ácidos graxos a partir de outros ácidos graxos, e por isso a maioria deles nos vêm pela dieta. Um acúmulo cada vez maior de dados indica que os ácidos graxos ômega-3 exercem diversas influências benéficas sobre nosso metabolismo.

Um dos benefícios é bastante direto; os outros são indiretos. Os ácidos graxos ômega-3 são essenciais para o desenvolvimento e o funcionamento do cérebro e da retina, e parece que, quando abundantes na dieta, ajudam a garantir a saúde do sistema nervoso central na primeira infância e durante todo o resto da vida. Porém, o corpo também transforma os ácidos graxos ômega-3 num conjunto especial de sinais (icosanoides) que acalmam o sistema imunológico. O sistema imunológico reage a diversos tipos de lesões gerando uma inflamação, que mata as células ao redor da lesão antes de repará-la. Porém, algumas inflamações acabam por se perpetuar, fazendo mais mal do que bem: o mais importante é que podem lesar artérias e contribuir para uma doença cardíaca, bem como favorecer o desenvolvimento de alguns tipos de câncer. Uma dieta rica em ácidos graxos ômega-3 ajuda a limitar a reação inflamatória e, assim, diminui a incidência de câncer e doenças cardíacas. Reduzindo a tendência do corpo de formar coágulos, também reduz a incidência de trombose. E faz baixar a taxa daquele colesterol que faz mal às artérias.

Em suma, parece que o consumo moderado e regular de peixes gordos de água salgada nos faz bem de diversas maneiras. Os peixes obtêm os ácidos graxos ômega-3 direta ou indiretamente dos minúsculos vegetais marinhos chamados coletivamente de fitoplâncton. Em regra, os peixes criados em cativeiro têm quantidades equivalentes de ômega-3 em sua carne. Os peixes de água doce não têm acesso ao plâncton oceânico e, portanto, fornecem quantidades insignificantes de ômega-3. Entretanto, todos os peixes contêm pouquíssimas gorduras saturadas, que aumentam a quantidade de colesterol no sangue; por isso, na medida em que substituem a carne de animais terrestres na dieta, eles fazem diminuir a quantidade do colesterol que faz mal às artérias e reduzem, assim, o risco de doenças cardíacas.

AMEAÇAS PARA A SAÚDE

Há três tipos gerais de materiais nocivos que contaminam os peixes e frutos do mar: toxinas industriais, toxinas biológicas e microrganismos e parasitas patogênicos.

Metais e poluentes tóxicos. Uma vez que a chuva leva os poluentes do ar para o chão, de onde por sua vez são varridos pela própria enxurrada e pela irrigação, quase todos os produtos químicos existentes no planeta acabam nos rios e oceanos, onde podem se acumular nos peixes e frutos do mar. Das substâncias potencialmente nocivas encontradas nos peixes, as mais significativas são os metais pesados e certos poluentes orgânicos (que contêm carbono), com destaque para as dioxinas e os bifenilos clorados ou PCBs na sigla em inglês. Os metais pesados, entre os quais o mercúrio, o chumbo, o cádmio e o cobre, prejudicam a absorção de oxigênio e a transmissão de sinais nervosos; sabe-se que causam lesões cerebrais nos seres humanos. Os poluentes orgânicos lesam o fígado, causam câncer e provocam distúrbios hormonais em animais de laboratório, e se acumulam na gordura do corpo. Os gordos salmões-prateados e trutas da região dos Grandes Lagos, nos Estados Unidos, portam níveis tão elevados desses poluentes que os órgãos do governo aconselham não comê-los.

A cocção não elimina as toxinas químicas e os consumidores não dispõem de nenhum meio direto para saber se os peixes estão contaminados por uma quantidade de toxinas que faça mal à saúde. Em geral, elas se concentram em moluscos como as ostras, que filtram as partículas suspensas em grandes volumes de água, e nos grandes peixes predadores do topo da cadeia alimentar, que vivem bastante e comem outras criaturas que acumulam toxinas. Em anos recentes, encontrou-se tamanha quantidade de mercúrio em peixes comuns de água salgada que a Administração de Alimentos e Medicamentos do governo norte-americano recomenda que nem crianças nem gestantes comam peixe-espada, cação, peixe-paleta e cavala-rainha, e aconselha que limitem seu consumo global de peixe a 335 gramas por semana. Mesmo o atum, alimento marinho mais popular nos Estados

Unidos atualmente, pode entrar na lista de peixes que só se devem comer de vez em quando. Os peixes que menos tendem a acumular mercúrio e outras toxinas são aqueles pequenos e de curto ciclo de vida, provenientes do alto-mar e de criadouros que controlam seu suprimento de água. Estamos falando do salmão do Pacífico, dos linguados, da cavala comum e da sardinha; e, no ramo da piscicultura, da truta, do robalo-muge, dos bagres e tilápias. Na pesca esportiva em água doce ou perto de grandes cidades costeiras, é mais fácil ainda pegar peixes pouco saudáveis, contaminados por resíduos ou dejetos industriais.

Microrganismos infecciosos e tóxicos. Os alimentos provenientes do mar têm tanta possibilidade de causar infecções e intoxicações bacterianas quanto qualquer outra carne (p. 138). Os mais perigosos são moluscos crus ou apenas levemente cozidos, sobretudo os bivalves, que retêm bactérias e vírus à medida que filtram a água para obter alimento e que comemos inteiros, inclusive com seu tubo digestivo, às vezes crus. Já no século XIX os agentes de saúde pública correlacionaram epidemias de cólera e febre tifoide com o consumo de moluscos provenientes de águas poluídas. O controle da qualidade da água pelo governo e a regulação da coleta e comercialização de moluscos reduziram imensamente esses problemas em muitos países. E, no verão, os mais escrupulosos entre os donos de restaurantes só compram moluscos a

Conteúdo de gordura de peixes comuns

Peixes magros (0,5-3%)	Peixes moderadamente gordos (3-7%)	Peixes gordos (8-20%)
Bacalhau	Anchova	Salvelino-do-ártico
Solha	Bagre	Carpa
Alabote	Salmão: rosado, prateado	Marlonga-negra da Patagônia
Tamboril	Cação/tubarão	Enguia
Cantarilho	Eperlano	Arenque
Arraia	Linguado-legítimo	Cavala
Caranha	Robalo-muge	Pampo
Atum: patudo, albacora, gaiado	Esturjão	Peixe-carvão-do-pacífico
Pregado	Peixe-espada	Salmão: do Atlântico, rei, vermelho
	Tilápia	Sável
Escolar*	Truta	
Peixe-relógio*	Atum: rabilho, voador	
Ruvettus/walu*	Peixe-branco	

* Estes peixes contêm ésteres cerosos semelhantes ao óleo (p. 208), que o organismo humano não digere; por isso, embora pareçam bastante gordurosos, são peixes com baixo teor de gordura.

serem servidos crus de fontes controladas ou de regiões cujas águas são mais frias. Porém, os apreciadores de peixes e frutos do mar crus ou levemente cozidos devem estar sempre cônscios da possibilidade de infecção.

Como regra geral, as infecções por bactérias e parasitas podem ser prevenidas cozinhando os frutos do mar à temperatura mínima de 60 °C. Temperatura superior a 82 °C é necessária para eliminar certos tipos de vírus. Algumas toxinas produzidas por microrganismos sobrevivem à cocção e podem causar intoxicação alimentar mesmo que os próprios microrganismos sejam destruídos.

Os microrganismos mais importantes encontrados em peixes e frutos do mar são os seguintes:

- Os vibriões ou bactérias do gênero *Vibrio*, naturais de estuários, que se multiplicam nos meses quentes do verão. Uma espécie causa o cólera; outra, uma diarreia mais branda; e uma terceira (*V. vulnificus*), geralmente contraída pelo consumo de ostras cruas, provoca a mais mortífera de todas as doenças causadas por alimentos vindos do mar, que mata mais da metade de suas vítimas e se caracteriza por febre alta, queda da pressão sanguínea e lesões da pele e dos músculos.
- A bactéria do botulismo, que cresce no sistema digestivo de peixes não refrigerados e produz uma toxina mortífera que ataca os nervos. A maioria dos casos de botulismo contraído pelo consumo de peixes é causada por produtos inadequadamente salgados, fermentados ou defumados a frio.
- Vírus intestinais do tipo "Norwalk", que atacam a parede interna do intestino delgado e causam vômitos e diarreia.
- Os vírus da hepatite A e E, que podem causar danos crônicos ao fígado.

Intoxicação escombroide. A intoxicação escombroide é insólita pelo fato de ser causada por microrganismos que, embora geralmente inofensivos, são nocivos quando crescem em cavalas insuficientemente refrigeradas do gênero *Scomber* e em outros peixes que nadam ativamente, como o atum, o mahimahi, a anchova, o arenque e a sardinha. Meia hora depois de comer um peixe contaminado, mesmo plenamente cozido, a vítima sofre de cefalalgia temporária, vermelhidão da pele, coceiras, náusea e diarreia. Ao que parece, os sintomas são causados por diversas toxinas, entre as quais a histamina, substância que nossas células usam para alertar umas às outras sobre qualquer dano recebido; os medicamentos anti-histamínicos podem causar algum alívio.

Os frutos do mar e a intoxicação por ciguatera. Os peixes e frutos do mar partilham as águas com milhares de outras espécies de animais e vegetais, algumas das quais travam renhidas guerras químicas entre si. Pelo menos sessenta espécies de algas unicelulares chamadas dinoflagelados produzem toxinas defensivas que também envenenam os sistemas digestivo e nervoso do ser humano. Várias dessas toxinas podem até matar.

Não consumimos os dinoflagelados diretamente, mas comemos animais que os comem. Os moluscos bivalves, que se alimentam por filtragem da água – mexilhões, mariscos, vieiras, ostras –, concentram as toxinas das algas em suas guelras e/ou órgãos digestivos e então transmitem os venenos a outros frutos do mar – geralmente caranguejos e búzios – ou aos seres humanos. Por isso a maioria das intoxicações provocadas por dinoflagelados é classificada como intoxicações causadas por frutos do mar. Hoje em dia, muitos países monitoram regularmente a quantidade de algas nas águas e de toxinas nos frutos do mar; por isso o maior risco é oferecido por mariscos colhidos por um particular, que não passaram pelo sistema oficial de comércio.

Há vários tipos de intoxicações causadas por frutos do mar, cada uma delas provocada por uma toxina diferente e com sintomas diferentes (ver quadro, p. 207), embora todas, menos uma, sejam caracterizadas por formigamento, insensibilidade e fraqueza ocorridos desde alguns minutos até algumas horas depois do consumo. As toxinas dos dinoflagelados não são destruídas pela cocção comum e algumas inclusive se tornam mais tóxicas quando aquecidas. Por isso os alimentos suspeitos simplesmente não devem ser consumidos.

Os peixes, em geral, não acumulam toxinas produzidas por algas. As exceções são um grupo de peixes que habitam recifes tropicais – barracuda, garoupa, xaréu, cavala-rainha, mahimahi, tainha, pargo, caranha, *wahoo* – e se alimentam de um caramujo chamado *cigua*, que come algas. Esses peixes podem causar intoxicação por ciguatera.

Parasitas. Os parasitas não são nem bactérias nem vírus: são animais, desde protozoários unicelulares até vermes imensos, que fazem morada em um ou mais "hospedeiros" e usam-nos para obter abrigo e alimento durante partes do seu ciclo de vida. Há mais de 50 parasitas que podem ser transmitidos a quem come peixe cru ou apenas levemente cozido, alguns dos quais são relativamente comuns e podem ter de ser removidos por via cirúrgica. Graças a sua organização biológica mais complexa, os parasitas, ao contrário da maioria das bactérias, são sensíveis ao congelamento. Assim, existe uma regra simples para eliminar parasitas de peixes e frutos do mar: cozinhe o alimento a uma temperatura mínima de 60 °C ou congele-o. A Administração de Alimentos e Medicamentos dos Estados Unidos recomenda congelamento a –35 °C por 15 horas ou a –23 °C por sete dias, tratamentos inexequíveis nos congeladores caseiros, que raramente alcançam temperatura inferior a 0 °C.

Vermes anisakídeos e verme do bacalhau. Essas espécies de *Anisakis* e *Pseudoterranova* podem ter 2,5 cm de comprimento ou mais e diâmetro equivalente ao de alguns fios de cabelo. Frequentemente, ambos causam apenas um leve formigamento na língua, mas às vezes invadem a parede do estômago ou do intestino delgado e causam dor, náusea e diarreia. São comumente encontrados no arenque, na cavala, no

\multicolumn{4}{c}{Intoxicações causadas por algas}			
Tipo de intoxicação	Regiões endêmicas	Fontes mais comuns	Toxina
Intoxicação diarreica por frutos do mar	Japão, Europa, Canadá	Mexilhões, vieiras	Ácido ocadaico
Intoxicação amnésica por frutos do mar	Costa oeste dos Estados Unidos, Nova Inglaterra	Mexilhões, mariscos, caranguejo de Dungenes	Ácido domoico
Intoxicação neurotóxica por frutos do mar	Golfo do México, Flórida	Mariscos, ostras	Brevetoxinas
Intoxicação paralítica por frutos do mar	Costa oeste dos Estados Unidos, Nova Inglaterra	Mariscos, mexilhões, ostras, vieiras, berbigões	Saxitoxinas
Intoxicação por ciguatera	Caribe, Havaí, Pacífico Sul	Barracuda, garoupa, caranha, outros peixes que habitam recifes	Ciguatoxina

bacalhau, no alabote, no salmão, no cantarilho e nas lulas, e podem ser contraídos pelo consumo de *sushi* ou de preparados levemente marinados, salgados ou defumados a frio. A probabilidade de infecção dos salmões criados em cativeiro é muito menor que a dos salmões obtidos por pesca extrativa.

Tênia-dos-peixes e fascíolas. A larva da tênia-dos-peixes ou *Diphyllobothrium latum*, que pode alcançar até 9 m de comprimento no intestino humano, se encontra em peixes de água doce de todas as regiões temperadas do mundo. Destaca-se entre eles o peixe-branco, que causa muitas infecções quando cozinheiros não profissionais fazem o tradicional prato judaico *gefilte fish* e provam a mistura crua para acertar o tempero.

Problema mais sério são as fascíolas ou os platelmintos, parasitas de lagostins, caranguejos e peixes de água doce e salobra. Eles lesionam o fígado e os pulmões humanos depois de consumidos em iguarias cruas de origem asiática, como a "salada saltitante" e os "caranguejos embriagados".

Substâncias potencialmente carcinogênicas formadas durante a preparação dos peixes. Certos processos de cocção transformam as proteínas da carne e dos peixes, e outras moléculas correlatas, em produtos altamente reativos que danificam o DNA e podem assim desencadear o desenvolvimento de um câncer (p. 137). Por isso a regra da cocção de carne também se aplica aos peixes: para minimizar a criação de substâncias potencialmente carcinogênicas, prefira o peixe cozido no vapor, braseado ou pocheado ao peixe grelhado, gratinado ou frito. Se for usar um método de calor seco, considere a possibilidade de utilizar uma marinada, cuja umidade e acidez, entre outras qualidades químicas, reduz a produção de substâncias carcinogênicas.

A VIDA AQUÁTICA E A NATUREZA PARTICULAR DOS PEIXES

Como lar para os seres vivos, as águas do planeta constituem um mundo à parte. As regras ali são muito diferentes das seguidas pelos bovinos, suínos e aves. As adaptações dos peixes e frutos do mar à vida aquática determinam suas qualidades distintivas como alimentos.

A PALIDEZ E A MACIEZ DA CARNE DE PEIXE

Os ossos pequenos e leves; o tecido conjuntivo delicado; a palidez das massas musculares – todas essas características dos peixes são devidas ao fato de a água ser muito mais densa que o ar. Os peixes podem ter

---

Um inconveniente para a saúde: peixes cerosos

O consumo dos peixes chamados escolar e *walu* (*Lepidocybium flavobrunneum* e *Ruvettus pretiotus*) tem uma consequência digestiva incomum. Tanto eles quanto, em menor medida, o peixe-relógio, acumulam substâncias chamadas "ésteres cerosos", que combinam um ácido graxo de cadeia longa e um álcool de cadeia longa e têm consistência oleosa. Os seres humanos não dispõem das enzimas digestivas necessárias para decompor essas moléculas em partes menores e absorvíveis. Por isso, os ésteres cerosos passam intactos e ainda oleosos do intestino delgado para o intestino grosso, onde uma quantidade suficiente pode causar diarreia. Para comer esses peixes deliciosos – até 20% da carne são formados por um "óleo" livre de calorias –, o melhor lugar são os restaurantes, que geralmente limitam o tamanho da porção a uma quantidade tolerável.

flutuabilidade neutra (ou seja, ter seu peso praticamente anulado) pelo simples fato de armazenar no corpo um óleo ou um gás mais leves que a água. Isso significa que não precisam do esqueleto pesado e do resistente tecido conjuntivo que os animais terrestres desenvolveram para fazer frente à força da gravidade.

A palidez da carne do peixe resulta da flutuabilidade desses animais e da pouca resistência da água ao movimento deles. O deslocamento contínuo exige resistência e, portanto, é mais bem realizado pelas fibras vermelhas, de contração lenta e bem fornidas do pigmento mioglobina, que conduz oxigênio, e da gordura que lhe serve de combustível (p. 146). Uma vez que para seres flutuantes o deslocamento na água quase não exige esforço, os peixes dedicam apenas de um décimo a um terço de seus músculos a essa tarefa – geralmente, uma fina camada escura logo abaixo da pele. Por outro lado, a resistência da água ao movimento cresce exponencialmente com a velocidade do peixe. Isso significa que, quando aceleram, os peixes têm de desenvolver altíssima potência em pouco tempo. Por isso a maior parte de sua massa muscular é composta por células brancas de contração rápida, usadas somente para rompantes ocasionais de movimento súbito.

Além das fibras musculares brancas e vermelhas, os peixes da família do atum e de algumas outras têm fibras "rosadas" intermediárias, que são fibras brancas modificadas para desempenhar um trabalho mais contínuo e que contêm alguns pigmentos portadores de oxigênio.

O SABOR DOS PEIXES E FRUTOS DO MAR

Os sabores dos animais do oceano e da água doce são muito diferentes. Como os peixes marinhos respiram e engolem água salgada, tiveram de desenvolver um modo de manter no nível correto a concentração de substâncias dissolvidas em seus fluidos corporais. A água do mar aberto tem cerca de 3% de sal em relação ao peso, ao passo que o nível ótimo de minerais (inclusive cloreto de sódio) dissolvidos dentro das células animais é de menos de 1%. Para equilibrar a salinidade da água do mar, a maioria das criaturas marinhas tem as células preenchidas de aminoácidos e de suas parentes, as aminas. O aminoácido glicina é doce; o ácido glutâmico, na forma de glutamato monossódico, é sápido e dá água na boca. Moluscos e crustáceos são especialmente ricos nesses e em outros aminoácidos gostosos. Os peixes ósseos contêm alguns, mas dependem também de uma amina quase insípida chamada óxido de trimetilamina. Já os tubarões, cações e arraias usam uma substância diferente: a ureia, levemen-

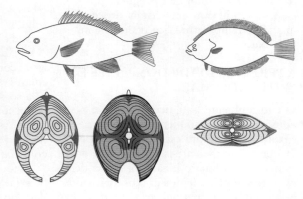

Os tecidos musculares dos peixes em corte transversal. Abaixo, à esquerda: a maioria dos peixes nadam intermitentemente e, por isso, sua massa muscular é composta principalmente de fibras brancas de uso rápido e breve, com regiões isoladas de fibras vermelhas de uso lento e prolongado. No centro: o atum nada de modo mais contínuo e contém massas maiores de fibras vermelhas. Além disso, até suas fibras brancas contêm um pouco de mioglobina. À direita: os linguados, alabotes e outros peixes planos nadam de lado.

te salgada e amarga e geralmente excretada pelos animais. O problema do óxido de trimetilamina e da ureia é que, quando os peixes morrem, as bactérias convertem o primeiro na malcheirosa trimetilamina e a segunda na amônia que conhecemos como um produto de limpeza. São essas, portanto, as substâncias responsáveis pelo intenso mau cheiro dos peixes que já não estão frescos.

Os peixes de água doce são muito diferentes. Seu ambiente é menos salino que suas células, por isso eles não têm necessidade de acumular aminoácidos, aminas ou ureia. Assim, sua carne, tanto fresca quanto passada, tem sabor relativamente brando.

OS BENEFÍCIOS DOS ÓLEOS DE PEIXE PARA A SAÚDE

Por que são os peixes, e não os novilhos da raça Angus, que nos fornecem as gorduras altamente insaturadas que nos fazem bem? Porque as águas do mar são mais frias que os pastos e estábulos e a maioria dos peixes são animais de sangue frio. Caso se jogue um bife no mar, ele endurecerá; sua células foram feitas para funcionar na temperatura usual do corpo do animal, cerca de 40 °C. As membranas celulares e depósitos de energia dos peixes marinhos e do plâncton de que se alimentam têm de permanecer fluidos em temperaturas que se aproximam de 0 °C. Por isso seus ácidos graxos têm estrutura muito comprida e irregular (p. 893) e só se solidificam em cristais ordenados quando a temperatura fica realmente muito baixa.

A PERECIBILIDADE DOS PEIXES E FRUTOS DO MAR

O frio ambiente aquático também é responsável pela notória tendência dos peixes e frutos do mar para estragar mais depressa que as outras carnes. O frio tem dois efeitos. Em primeiro lugar, por causa dele os peixes contêm ácidos graxos altamente insaturados que permanecem fluidos em baixa temperatura: e essas moléculas são altamente suscetíveis de, reagindo com o oxigênio, se decompor em fragmentos de cheiro forte semelhante ao de papelão. O mais importante, porém, é que, devido à água fria, os peixes têm enzimas que funcionam bem em baixa temperatura; além disso, as bactérias que vivem dentro dos peixes e na superfície de seu corpo também se multiplicam no frio. As enzimas e bactérias típicas dos animais de sangue quente funcionam geralmente em torno dos 40 °C e sua atividade quase cessa na temperatura de geladeira, cerca de 5 °C. A mesma geladeira, porém, é um ambiente confortabilíssimo para as enzimas e bactérias dos peixes das profundezas. Entre os peixes, as espécies de água fria, especialmente as mais gordas, estragam mais rápido que as espécies tropicais. Ao passo que a carne bovina refrigerada se conserva bem e até melhora de qualidade ao longo de várias semanas, a cavala e o arenque conservados em gelo só permanecem em boa condição por cinco dias; o bacalhau e o salmão, por oito; a truta, por 15; e a carpa e a tilápia (natural das águas doces do continente africano), por 20 dias.

A SENSIBILIDADE E A FRAGILIDADE DOS PEIXES NA PANELA

A maioria dos peixes apresenta dois desafios ao cozinheiro. Mais do que a carne comum, eles sofrem com a cocção excessiva e ficam secos e fibrosos. E mesmo quando estão no ponto perfeito, sua carne é muito frágil e tende a se desmanchar quando tirada da panela ou da grelha para o prato. A sensibilidade dos peixes ao calor tem relação com sua perecibilidade: as fibras musculares especializadas para trabalhar no frio não só se estragam em temperatura mais baixa como também cozinham com menos calor. As proteínas musculares dos peixes de água salgada começam a se desdobrar e coagular em temperatura ambiente!

Embora o peixe demasiadamente cozido seja seco, ele jamais endurece. A fragilidade do peixe preparado pelo calor resulta de ele conter quantidade relativamente pequena de colágeno e da baixa temperatura em que esse colágeno se transforma em gelatina.

A IMPREVISIBILIDADE DA QUALIDADE DOS PEIXES

A qualidade de muitos peixes e frutos do mar pode variar drasticamente de acordo com a estação do ano. Isso porque seus ciclos de vida típicos incluem uma fase de crescimento e maturação durante a qual acumulam reservas de energia e alcançam o auge da qualidade culinária; e uma fase subsequente durante a qual gastam essas reservas para migrar e criar grandes massas de células reprodutivas para a próxima geração. Além disso, ao contrário dos animais de sangue quente, a maioria dos peixes não acumula suas reservas em camadas de gordura; mas as usam como pacotes de energia as próprias proteínas de sua massa muscular. Durante as migrações e a reprodução, acumulam em seus músculos enzimas que digerem proteínas e literalmente entregam sua própria carne para criar a próxima geração. A partir desse momento, seus músculos se tornam magros e desgastados e, quando cozidos, resultam pastosos e esponjosos.

Uma vez que os diferentes peixes têm ciclos diferentes e podem estar em diferentes fases dependendo da parte do mundo onde foram pescados, em regra é difícil saber se um determinado peixe vendido no mercado está ou não em sua melhor forma.

A ANATOMIA E AS QUALIDADES DOS PEIXES

Os peixes e frutos do mar têm muito em comum, mas aí não se inclui a anatomia. Os peixes são vertebrados, animais dotados de espinha dorsal; os frutos do mar são, em seu conjunto, invertebrados. Seus músculos e órgãos se dispõem de outra maneira e, como resultado, podem ter texturas muito singulares. A anatomia e as qualidades especiais dos frutos do mar serão descritas em outra seção, a partir da p. 243.

A ANATOMIA DOS PEIXES

Desde há cerca de 400 milhões de anos, muito antes de surgirem os répteis, aves e mamíferos, os peixes têm a mesma estrutura corporal básica: uma forma alongada, hidrodinâmica, que minimiza a resistência da água ao seu movimento. Existem exceções, mas a maioria dos peixes podem ser concebidos como lâminas de tecido muscular ancoradas, por meio da espinha dorsal e do tecido conjuntivo, a uma cauda que atua como propulsor. Esses animais movimentam a água atrás de si e desenvolvem empuxo por meio de ondulações do corpo e da flexão da cauda.

Pele e escamas. A pele dos peixes é composta por duas camadas, uma epiderme exterior fina e uma derme subjacente mais grossa. Várias células glandulares na epiderme secretam substâncias químicas protetoras, a mais evidente das quais é o muco, substância proteinácea muito semelhante à clara de ovo. Em regra, a pele é mais rica que a carne e tem, em média, de 5 a 10% de gordura. A espessa derme é especialmente rica em tecido conjuntivo. Em geral, um terço de seu peso é composto de colágeno; por isso a pele proporciona muito mais gelatina a caldos e cozidos que a carne (0,3-3% de colágeno) e os ossos. O aquecimento em meio úmido transforma a pele dos peixes numa lâmina escorregadia e gelatinosa, ao passo que a fritura ou o grelhado em temperatura suficiente para secá-la deixam-na crocante.

As escamas são outra forma evidente de proteção para a pele dos peixes. São feitas dos mesmos minerais duros que os dentes, à base de calcário, e para ser removidas devem ser esfregadas no contrafio no sentido do rabo para a cabeça com a lâmina de uma faca.

Ossos. Geralmente, o esqueleto principal de um peixe de tamanho pequeno ou médio, formado pela espinha dorsal e pelas costelas a ela ligadas, pode ser separado inteiro da carne. Entretanto, em geral existem também ossinhos que se projetam na direção das barbatanas, e os peixes das famílias do arenque, do salmão e outras têm pequenos ossos "flutuantes" desligados do esqueleto principal, que ajudam a enrijecer algumas das lâminas de tecido conjuntivo e dirigir ao longo delas as forças musculares. Por serem menores, mais leves e menos calcificados que os ossos de animais terrestres, e pelo fato de o colágeno dos peixes ser menos duro, os ossos de peixes podem ser amaciados e até dissolvidos se passarem curto período em temperatura próxima ao ponto de ebulição da água (donde o alto conteúdo de cálcio do salmão enlatado). Existem até pratos feitos apenas com o esqueleto de peixes: na Catalunha, no Japão e na Índia, os ossos são fritos até ficarem crocantes.

Vísceras. As vísceras de peixes e frutos do mar oferecem prazeres particulares. As ovas de peixe serão descritas adiante (p. 266). Muitos fígados de peixe são apreciados, especialmente os de salmonete, tamboril, cavala, arraia e bacalhau. O mesmo ocorre com o órgão análogo dos crustáceos, o hepatopâncreas (p. 244). As "línguas" de bacalhau e carpa são na verdade músculos e tecido conjuntivo da garganta e amaciam mediante cocção prolongada. As cabeças de peixe podem conter até 20% de material gorduroso e são recheadas e submetidas a cocção lenta até os ossos amaciarem. E há também a bexiga natatória, um balão de tecido conjuntivo presente em peixes como o bacalhau, a carpa, o bagre e o esturjão, que eles enchem de ar para ajustar sua flutuabilidade. Na Ásia, as bexigas natatórias de certos peixes são secas, fritas até inchar e cozidas lentamente por imersão num molho salgado.

OS MÚSCULOS DOS PEIXES E SUA TEXTURA DELICADA

Os peixes têm textura mais delicada que a carne dos animais terrestres. As razões disso são a estrutura em camadas de seus músculos e a rarefação e fragilidade de seu tecido conjuntivo.

Estrutura muscular. Nos animais terrestres, os músculos e fibras musculares individuais são às vezes bastante longos, chegando a dezenas de centímetros. Além disso, os músculos se estreitam nas extremidades e se fundem num tendão que os liga à estrutura óssea. Nos peixes, por outro lado, as fibras musculares se dispõem em blocos com alguns milímetros de espessura ("miótomos"), e as fibras se fundem em camadas muito finas de tecido conjuntivo ("miosseptos") formadas por redes pouco

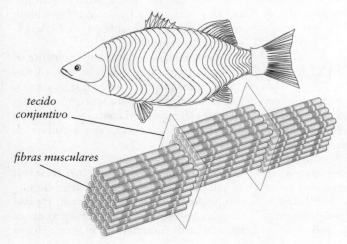

A anatomia dos peixes. Diferentemente dos músculos dos animais terrestres (p. 133), os dos peixes se arranjam em blocos de fibras curtas, organizados e separados por lâminas finas e delicadas de tecido conjuntivo.

estruturadas de fibras de colágeno que vão desde a espinha dorsal até a pele. Os blocos de músculos se dispõem em complexas estruturas em forma de W que aparentemente orientam as fibras de modo a obter a máxima eficiência na transmissão de força para a espinha dorsal. Ao longo de um bacalhau há cerca de 50 blocos musculares.

Tecido conjuntivo. O tecido conjuntivo dos peixes é frágil porque seu colágeno contém menos aminoácidos de reforço que o colágeno bovino e porque o tecido muscular também atua como armazém de energia que reiteradamente se enche e esvazia, ao passo que nos animais terrestres os músculos se reforçam cada vez mais com a idade. O colágeno dos animais terrestres é duro e deve ser cozido por certo tempo em temperatura próxima à do ponto de ebulição da água para se dissolver em gelatina, mas na maioria dos peixes o colágeno se dissolve a 50-55 °C, momento em que os blocos de músculos se dividem em "lascas" isoladas.

A suculência da gelatina e da gordura. Tanto a gelatina quanto a gordura podem dar a impressão de umidade à textura dos peixes. Os peixes pouco providos de colágeno – truta, robalo – parecem mais secos quando cozidos do que os que têm mais colágeno – alabote, cação. Uma vez que os movimentos natatórios constantes são realizados sobretudo pela parte posterior do peixe, a região da cauda tem mais tecido conjuntivo que a da cabeça e parece mais suculenta. As fibras musculares vermelhas são mais finas que as brancas e precisam de mais tecido conjuntivo para se unir umas às outras, de modo que a carne escura tem textura nitidamente mais fina e gelatinosa.

O conteúdo de gordura dos músculos dos peixes varia enormemente, de 0,5% no bacalhau e outros peixes brancos até 20% nos arenques bem alimentados e seus parentes (p. 204). As células que acumulam gordura se encontram principalmente numa camada isolada debaixo da pele e subsidiariamente nas lâminas visíveis de tecido conjuntivo que separam os miótomos. Dentro de cada peixe, a região do abdômen é em geral a mais gorda e os segmentos musculares ficam progressivamente mais magros à medida que se aproximam da cauda. Uma posta do meio do salmão pode ter o dobro da gordura de uma posta da cauda.

Flacidez. Certas condições podem deixar a carne de peixe desagradavelmente mole. Quando a carne é exaurida pelo esforço da migração ou reprodução, as esparsas proteínas musculares se ligam umas às outras com pouca força e a textura geral resulta flácida e pastosa. Em casos extremos, como o do bacalhau "mingau" e do linguado "gelatinoso", as proteínas musculares se ligam de modo tão tênue que o músculo parece quase liquefeito. A carne de alguns peixes fica pastosa quando descongelada após um tempo de congelamento. Isso porque o congelamento rompe os compartimentos das células e libera enzimas que então atacam as fibras musculares. E a atividade enzimática durante a cocção pode fazer com que peixes firmes se tornem pastosos na panela; ver p. 235.

O SABOR DOS PEIXES

De todos os nossos alimentos básicos, os peixes talvez tenham o sabor mais variável e mutável. Esse sabor depende do tipo de peixe, da salinidade das águas onde ele vive, dos alimentos que come e do modo como é pescado e manipulado.

O gosto dos peixes. Em geral, os alimentos provenientes do mar são mais saborosos que os peixes de água doce ou a carne de animais terrestres, pois as criaturas marinhas acumulam aminoácidos para contrabalançar a salinidade da água do mar (p. 209). A carne dos peixes marinhos geralmente contém a mesma quantidade do salgado elemento sódio que a carne bovina ou a de truta, mas tem de três a dez vezes mais aminoácidos livres, com destaque para a doce glicina e o intenso glutamato. Os moluscos, crustáceos, cações, arraias e os membros das famílias do arenque e da cavala são especialmente ricos nesses aminoácidos. Uma vez que a quantidade de sal na água do mar varia substancialmente – é alta em mar aberto, baixa perto da foz dos rios –, o conteúdo de aminoácidos e, portanto, a intensidade do sabor dos peixes varia igualmente de acordo com as águas onde são capturados.

Outro elemento do sabor dos peixes é dado indiretamente pelo composto energético ATP (trifosfato de adenosina). Quando uma célula extrai energia do ATP, este se transforma numa série de moléculas menores, uma das quais, o monofosfato de inosina, tem sabor semelhante ao do glutamato. Entretanto, o monofosfato de inosina tem vida passageira. Por isso o sabor dos peixes aumenta por algum tempo após sua morte, à medida que a quantidade de monofosfato de inosina sobe, e depois decai quando essa substância desaparece.

O aroma dos peixes

Fresco e semelhante ao de vegetais. Pouca gente teve essa experiência, mas o peixe muito fresco tem cheiro surpreendentemente semelhante ao de folhas verdes esmagadas! Os materiais gordurosos de plantas e peixes são altamente insaturados e tanto as folhas das plantas quanto a pele dos peixes têm enzimas (lipoxigenases) que decompõem essas moléculas grandes e inodoras e as transformam nos mesmos fragmentos aromáticos. Quase todos os peixes emitem fragmentos (com 8 átomos de carbono de comprimento) que têm cheiro fortemente verde, metálico, de folha de gerânio. Os peixes de água doce também produzem fragmentos típicos de grama recém-cortada (6 carbonos) e fragmentos terrosos também encontrados em cogumelos (8 carbonos). Algumas espécies migratórias e de água doce, especialmente o eperlano, produzem fragmentos característicos de melões e pepinos (9 carbonos).

Cheiro do litoral. Os peixes de água salgada também emitem, muitas vezes, um aroma característico dos litorais marítimos. Esse aroma oceânico parece ser propiciado por compostos chamados bromofenóis, sintetizados por algas e alguns animais primitivos a partir do bromo, elemento abundante na água do mar. Os bromofenóis são pulverizados pela ação das ondas no ar do litoral, onde sentimos seu cheiro diretamente. Os peixes também os acumulam, pois comem algas ou animais que se alimentam de algas; por isso nos lembram do ar do mar. Os peixes marinhos criados em cativeiro não têm o aroma oceânico, a menos que sua ração artificial seja suplementada com bromofenóis.

Lama. Os peixes de água doce têm às vezes um desagradável cheiro de lama, encontrado sobretudo naqueles que se alimentam no fundo dos rios e lagos, especialmente bagres e carpas criados em tanques escavados diretamente na terra. Do ponto de vista químico, a culpa é de dois compostos produzidos por algas azuis, especialmente em tempo quente (geosmina e metilisoborneol). Essas substâncias químicas parecem se concentrar na pele e no tecido muscular escuro, os quais podem ser retirados para tornar o peixe mais palatável. A geosmina se decompõe em meio ácido; por isso as receitas tradicionais que levam vinagre e outros ingredientes ácidos são sensatas do ponto de vista químico.

"Cheiro de peixe." No mesmo instante em que são capturados e mortos, os peixes começam a desenvolver outros aromas. O cheiro forte que identificamos imediatamente como "cheiro de peixe" ou de "peixe podre" é devido sobretudo ao óxido de trimetilamina (p. 209), que equilibra os efeitos da água salgada. As bactérias do lado de fora do peixe vão lentamente convertendo esse composto em simples trimetilamina, que tem cheiro ruim. Em regra, os peixes de água doce não acumulam óxido de trimetilamina e os crustáceos só o acumulam em pequena quantidade, por isso não têm "cheiro de peixe" tão forte quanto o dos peixes do mar. Além disso, as gorduras insaturadas e os fragmentos de aroma fresco (aldeídos) produzidos a partir delas vão

reagindo lentamente para produzir outras moléculas com notas podres, de queijo, algumas das quais acentuam o "cheiro de peixe" da trimetilamina. Além disso, durante o congelamento, as próprias enzimas do peixe convertem parte da trimetilamina em dimetilamina, que exala um cheiro fraco de amônia.

Felizmente, o mau cheiro do peixe não tão fresco pode ser reduzido por dois tratamentos simples. A trimetilamina da superfície pode ser lavada com água de torneira. E ingredientes ácidos – sumo de limão, vinagre, tomate – ajudam de duas maneiras. Estimulam os fragmentos malcheirosos a reagir com a água e se tornar menos voláteis; e proporcionam um íon de hidrogênio à trimetilamina e à dimetilamina, que assim assumem carga elétrica positiva, ligam-se à água e a outras moléculas próximas e não saem mais da superfície do peixe nem entram em nosso nariz.

Os aromas do peixe cozido serão discutidos na p. 231.

A COR DOS PEIXES

Translucidez pálida. A maior parte dos músculos da maioria dos peixes crus é branca ou quase branca e delicadamente translúcida em comparação com a carne bovina ou suína crua, cujas células são rodeadas por mais tecido conjuntivo e células de gordura, que dispersam a luz. Certas porções especialmente gordas dos peixes, como os abdomens de salmões e atuns, parecem nitidamente leitosas em comparação com as carnes imediatamente adjacentes. A translucidez dos músculos dos peixes se transforma em opacidade por obra dos métodos culinários que obrigam as proteínas musculares a se desdobrar e se ligar umas às outras, formando grandes massas que dispersam a luz. Tanto o calor quanto a marinação ácida desdobram as proteínas e tornam a carne dos peixes menos opaca.

O vermelho do atum. A cor carnosa de certos atuns é causada pelo pigmento mio-

---

Compostos de sabor em peixes e frutos do mar crus

Os sabores básicos dos peixes e frutos do mar resultam de diferentes combinações de moléculas que dão sabor e aroma.

Fonte	Aminoácidos: doces, intensificam os sabores	Sais: salgados	Monofosfato de inosina: intensifica os sabores	Trimetilamina: cheiro de peixe	Bromofenol: ar do mar	Amônia (da ureia)	Geosmina, borneol: lama
Carnes terrestres	+	+	+	–	–	–	–
Peixes de água doce	+	+	+	–	–	–	+
Peixes de água salgada	+++	+	+++	+++	+	–	–
Cações e arraias	+++	++	++	+++	+	+++	–
Moluscos	+++	+++	+	++	+	–	–
Crustáceos	++++	+++	+	+	+	–	–

globina, que armazena oxigênio (p. 148). Esses peixes precisam de oxigênio para queimar em suas incessantes peregrinações em alta velocidade (p. 223). A mioglobina dos peixes é especialmente tendente a oxidar-se e transformar-se em metamioglobina marrom, especialmente em congeladores que não chegam a menos de −30 °C; o atum precisa de um congelamento muito mais profundo para manter a cor. Durante a cocção, a mioglobina dos peixes se desnatura e adquire tonalidade marrom-acinzentada mais ou menos na mesma temperatura que a mioglobina bovina, entre 60 e 70 °C. Uma vez que, em regra, esse pigmento está presente em pequena quantidade na carne dos peixes, a mudança de cor pode ser mascarada pela leitosidade que se desenvolve quando todas as outras proteínas celulares se desdobram e interligam. É por isso que peixes cuja carne crua é nitidamente rósea (atum-voador, *mahimahi*) ficarão tão brancos quanto quaisquer outros quando cozidos.

O rosa-alaranjado de salmões e trutas. A cor característica dos salmões é devida a uma substância aparentada com o pigmento caroteno, que colore a cenoura. Esse composto, chamado astaxantina, é dado pelos pequenos crustáceos que o salmão come, os quais o criam a partir do betacaroteno obtido de algas. Muitos peixes armazenam astaxantina na pele e nos ovários, mas só a família do salmão o armazena nos músculos. Pelo fato de não terem acesso a crustáceos encontrados em mar aberto, os salmões e trutas de cativeiro têm carne mais pálida, a menos que sua ração seja suplementada (geralmente com subprodutos da casca de crustáceos ou com um carotenoide produzido industrialmente, chamado cantaxantina).

OS PEIXES QUE COMEMOS

O número de tipos de peixes existentes no mundo é estarrecedor. Os peixes constituem mais da metade de todos os vertebrados e somam cerca de 29 mil espécies. O *Homo sapiens* come regularmente centenas dessas espécies de peixes. Talvez duas dúzias sejam disponibilizadas pelo menos de vez em quando nos supermercados norte-americanos, e dezenas de outras em restaurantes finos e étnicos, geralmente sob os mais diversos nomes. O quadro que começa na p. 217 traça as relações familiares de alguns peixes comumente consumidos, e os parágrafos seguintes proporcionam detalhes sobre as famílias mais importantes.

Os frutos do mar constituem um grupo de animais muito diversificado. São invertebrados e apresentam outras importantes diferenças em relação aos peixes. Por isso serão descritos separadamente, a partir da p. 243.

A FAMÍLIA DO ARENQUE: ANCHOVA, SARDINHA, ESPADILHA, SÁVEL

O arenque faz parte de uma família antiga, bem sucedida e altamente produtiva, que foi durante séculos o alimento básico de origem animal que garantiu a subsistência de boa parte do norte da Europa. Suas várias espécies percorrem os oceanos do mundo em cardumes grandes e fáceis de apanhar com rede. Os indivíduos são relativamente pequenos; em regra, têm alguns centímetros de comprimento, mas às vezes atingem 40 cm e 750 g de peso.

Para se alimentar, os membros da família do arenque nadam constantemente e filtram o zooplâncton das águas do mar. Por isso têm enzimas digestivas e musculares muito ativas que podem amolecer sua carne e gerar sabores fortes logo após a captura. O alto conteúdo de gordura, de mais de 20% logo antes da reprodução, também os torna vulneráveis aos sabores desagradáveis decorrentes da fácil oxidação das gorduras poli-insaturadas. Graças a essa fragilidade, a maioria desses peixes são preservados por defumação, salga ou enlatamento.

CARPAS E BAGRES

A família das carpas, de água doce, surgiu na Europa Oriental e na Ásia Ocidental e é hoje a maior família de peixes do planeta. Algumas das mesmas características que

Nomes e relações familiares de peixes comumente consumidos

As famílias mais aparentadas estão agrupadas e os grupos vizinhos no quadro têm mais parentesco entre si que os grupos distantes. As famílias de água salgada estão listadas sem nenhuma indicação especial; "d" significa uma família de água doce e "d&s", uma família que inclui espécies de água doce e água salgada.

Família	Número de espécies	Exemplos
Tubarão ou cação (várias)	350	Tintureiro (*Prionaceae*), raposo (*Alopias*), martelo, (*Sphyrna*), faqueta (*Carcharinchus*), galhudo (*Squalus*), sardo (*Lamna*), cação (*Mustelus*)
Raia ou arraia	200	Raias (*Raja*)
Uge, manta	50	Mantas, ratão-águia (*Dasyatis*, *Myliobatis*)
Esturjão	24	Beluga, kaluga (*Huso*); osetra, sevruga, do Atlântico, dos lagos, verde, branco (todos *Acipenser*)
Peixe-espátula (d)	2	Americano, chinês (*Polyodon*, *Psephurus*)
Peixe-agulha	7	Peixe-agulha (*Lepisosteus*)
Tarpão	2	Tarpão (*Tarpon*)
Flecha	2	Flecha, ubarana-focinho-de-rato (*Albula*)
Enguia comum (d&s)	15	Enguia europeia, americana, japonesa (todas *Anguilla*)
Moreia	200	Moreia (*Muraena*)
Congro	150	Congro (*Conger*), congro-bicudo (*Muraenesox*)
Anchova	140	Biqueirões, anchovas (*Engraulis*, *Anchoa*, *Anchovia*, *Stolephorus*)
Arenque	180	Arenque (*Clupea*), sardinha (*Sardina pilchardus*); espadilha (*Sprattus*), sável (*Alosa*), pala-chata (*Hilsa*)
Peixe-leite	1	Peixe-leite (*Chanos*)
Carpa (d)	2 mil	Carpa (*Cyprinus*, *Carassius*, *Hypophthalmichthys* etc.), barbo (*Notropis*, *Barbus*), tenca (*Tinca*)
Bagre (d)	50	Bagre-americano (*Ictalurus*), peixe-gato (*Ameirus*)
Siluro (d)	70	Europeu (*Silurus*)
Bagre marinho	120	Bagres marinhos (*Arius*, *Ariopsis*)
Lúcio (d)	5	Lúcio (*Esox*)
Eperlano	13	Eperlano (*Osmerus*, *Thaleichthys*), capelim (*Mallotus*), ayu (*Plecoglossus*)

Família	Número de espécies	Exemplos
Salmão (d&s)	65	Salmões (*Salmo, Oncorhynchus*), trutas (*Salmo, Oncorhynchus, Salvelinus*), salvelino (*Salvelinus*), peixe-branco (*Coregonus*), peixe-sombra (*Thymallus*), huchen (*Hucho*)
Peixe-lagarto	55	Peixe-lagarto (*Synodus*), bumblim (*Harpadon*)
Peixe-cravo	2	Peixe-cravo (*Lampris*)
Bacalhau	60	Bacalhau (*Gadus*), arinca (*Melanogrammus*), escamudo (*Pollachius*), juliana (*Pollachius, Theragra*), lingue ou maruca (*Molva*), badejo (*Merlangus, Merluccius*), lota-do-rio (*Lota*) (d)
Pescada, abrótea	20	Pescada (*Merluccius*), abrótea (*Urophycis*)
Pescada-de-cauda-azul	7	Pescada-de-cauda-azul ou granadeiro (*Macruronus*)
Granadeiro	300	Granadeiro (*Coelorhynchus, Coryphaenoides, Macrourus*)
Tamboril	25	Tamboril (*Lophius*)
Tainha	80	Tainha (*Mugil*)
Peixe-rei	160	Peixe-rei (*Leuresthes*)
Agulha	30	Agulha (*Belone*)
Agulhão	4	Agulhão (*Scomberesox*)
Peixe-voador	50	Peixes-voadores (*Cypselurus, Hirundichthys, Exocoetus*)
Peixes-relógio	30	Peixe-relógio (*Hoplostethus*)
Imperador	10	Imperador, alfonsim (*Beryx, Centroberyx*)
Peixe-galo	10	Peixe-galo (*Zeus*)
Peixe-galo-espinhoso	10	Peixes-galo-espinhosos (*Allocyttus, Neocyttus*)
Cantarilho	300	Cantarilho, peixe-vermelho (*Sebastes*); rascassos (*Scorpaena*)
Ruivos	90	Cabra (*Trigla*)
Peixe-carvão-do-pacífico	2	Peixe-carvão-do-pacífico (*Anoplopoma*)
Lorchas	10	Lorcha (*Ophiodon*), lorcha-do-kelp (*Hexagrammos*)
Peixe-escorpião	300	Peixe-escorpião (*Cottus, Myxocephalus*), cabeção ou escorpião (*Scorpaenichthys*)
Peixe-lapa	30	Peixe-lapa (*Cyclopterus*)

Família	Número de espécies	Exemplos
Camurim, falso-robalo (d&s)	40	Perca-do-nilo, outras percas de água doce (*Lates*); camurim ou falso-robalo (*Centropomus*)
Robalo de clima temperado (d&s)	6	Robalo legítimo europeu (*Dicentrarchus*), robalos muge, branco e amarelo americanos (todos *Morone*)
Robalos marinhos	450	Serrano-estriado (*Centropristis*), garoupas (*Epinephelus*, *Mycteroperca*)
Perca-sol	30	Perca-sol (*Lepomis*); achigã e achigã-da-boca--pequena (*Micropterus*), achigã-prateado (*Pomoxis*)
Perca (d)	160	Percas (*Perca*), lucioperca (*Stizostedion*)
Peixe-paleta	35	Peixe-paleta (*Lopholatilus*)
Anchova	3	Anchova (*Pomatomus*)
Dourado	2	Dourado, mahimahi (*Coryphaena*)
Xaréu	150	Xaréu (*Caranx*), charuteiro (*Seriola*), carapau (*Trachurus*), charro (*Decapterus*), sereia (*Trachinotus*)
Pampo	20	Pampo (*Pampus*), pâmpano (*Peprilus*), xaputa (*Stromateus*)
Luciano	200	Lucianos ou caranhas (*Lujanus*, *Ocyurus*, *Rhomboplites*), onaga havaiano (*Etelis*), uku (*Aprion*), opakapaka (*Pristipomoides*)
Pargo	100	Pargos (*Calamus*, *Stenotomus*, *Pagrus*), tai (*Pagrosomus*), sargos (*Sparus*), dentão (*Dentex*), sargo-choupa (*Archosargus*)
Corvina, calafate	200	Corvinão (*Sciaenops*), rabeta (*Micropogonias*)
Salmonete	60	Salmonetes (*Mullus*)
Ciclídeos (d)	700	Tilápia (*Oreochromis* = *Tilapia*)
Peixe-gelo	50	Marlonga-negra-da-patagônia (*Dissostichus*)
Barracuda	20	Barracuda, bicuda (*Sphyraena*)
Escolar	25	Escolares, walu (*Lepidocybium*, *Ruvettus*)
Lírio	20	Lírios, peixes-espada (*Trichiurus*)
Atum e cavala	50	Atuns (*Thunnus*, *Euthynnus*, *Katsuwonus*, *Auxis*), cavala e sarda (*Scomber*); serras (*Scomberomorus*); wahoo ou serra-da-índia (*Acanthocybium*), bonito (*Sarda*)

Família	Número de espécies	Exemplos
Peixes-espada	10	Veleiro (*Istiophorus*), espadim (*Tetrapturus*), espadim-azul ou marlin (*Makaira*), espadarte (*Xiphias*)
Solha, olho esquerdo	115	Pregado (*Psetta*), rodovalho (*Scophthalmus*)
Solha, olho direito	90	Alabotes (*Hippoglossus, Reinhardtius*), solha-legítima (*Pleuronectes*), outras solhas (*Platichthys, Pseudopleuronectes*)
Linguado	120	Linguados-legítimos (*Solea, Pegusa*)
Baiacu	120	Baiacus, peixes-bola (*Fugu, Sphoeroides, Tetraodon*)
Peixe-lua	3	Peixe-lua (*Mola*)

Adaptado de J. S. Nelson, *Fishes of the World* [Peixes do mundo], 3. ed. (Nova York: Wiley, 1994). [A tradução para o português seguiu, com poucas exceções, as denominações comerciais portuguesas. Constatada a existência de uma terminologia brasileira estabelecida e diferente da portuguesa, optou-se pela brasileira. (N. do T.)]

as tornaram tão bem-sucedidas – a capacidade de viver em água estagnada e de tolerar baixos teores de oxigênio e temperaturas que vão de poucos graus acima de zero até 38 °C – também fizeram delas candidatas ideais à aquicultura, inventada pelos chineses há 3 mil anos. As carpas podem atingir 30 kg ou mais, mas geralmente são coletadas com idade entre um e três anos, quando pesam 1 ou 2 quilos. Têm muitos ossos, textura áspera e teor de gordura de baixo a moderado.

A família dos bagres, sobretudo peixes de água doce, também é bem adaptada a uma existência onívora em águas estagnadas e, portanto, às criações de peixe. Nos Estados Unidos, seu membro mais conhecido é o *channel catfish* ou bagre-americano (*Ictalurus*), que, embora seja coletado com cerca de 30 cm e 450 g, pode atingir 1,2 m em águas livres. Sobre as carpas, os bagres apresentam a vantagem de ter um esqueleto mais simples que facilita o corte de filés; conservam-se bem por um período de até três semanas quando embalados a vácuo e mantidos em gelo. Tanto a carpa quanto o bagre podem apresentar gosto de lama (p. 214), sobretudo no calor do fim do verão e começo do outono.

SALMÕES, TRUTAS E SEUS PARENTES

Dos peixes que aproveitamos como alimento, os salmões e as trutas são dos mais conhecidos – e notáveis. A família deles é uma das famílias de peixes mais antigas e remonta a mais de 100 milhões de anos atrás. Os salmões são peixes carnívoros que nascem na água doce, vão para o mar para atingir a maturidade e voltam aos rios onde nasceram para se reproduzir. As trutas, de água doce, evoluíram a partir de vários grupos de salmões do Atlântico e do Pacífico que não tinham acesso ao mar.

Salmões. Os salmões desenvolvem sua massa muscular e estoques de gordura para favorecer a produção de ovos e a ininterrupta migração contra a corrente dos rios, processos que consomem quase metade de seu peso e tornam sua carne pastosa e pálida. Ou seja, a qualidade do salmão atinge o auge quando os peixes se aproximam da foz de seus rios de origem, onde são apanhados pelos pescadores comerciais. Os estoques de salmão do Atlântico foram esgotados por séculos de pesca predatória e pela degradação dos rios de origem. Por isso, hoje em dia, a maioria dos salmões do Atlântico vendidos no mercado vêm de criações na Escandinávia e nas Américas do Norte e do Sul. A zona de pesca do Alasca ainda está saudável. Variam as opiniões acerca das qualidades comparadas dos salmões soltos e de criação. Alguns cozinheiros profissionais preferem a riqueza e a qualidade mais regular dos peixes de criação, ao passo que outros admiram o sabor mais forte e a textura mais firme dos melhores peixes apanhados por pesca extrativa.

O salmão-rei do Atlântico e do Pacífico é bem fornido de gordura, que lhe umedece a carne. No entanto, não desenvolve o mesmo sabor forte que se encontra em arenques e cavalas igualmente gordos. O aroma característico do salmão pode ser devido em parte ao armazenamento de astaxantina, pigmento rosado que o peixe acumula de crustáceos marinhos (p. 215) e que, quando aquecido, dá origem a moléculas voláteis semelhantes às encontradas em frutas e flores.

Trutas e salvelinos. Estes descendentes dos salmões, que habitam sobretudo ambientes de água doce, são excelentes alvos de pesca esportiva e, por isso, foram transplantados de suas águas de origem para rios e lagos do mundo inteiro. Sua carne não tem a cor do salmão porque sua dieta não inclui crustáceos oceânicos pigmentados. Hoje em dia, as trutas encontradas nos mercados e restaurantes dos Estados Unidos são quase todas da variedade arco-íris e criadas em cativeiro. Alimentadas com uma ração de farinha de peixe e outros animais suplementada por vitaminas, as trutas arco-íris levam um ano para chegar a 225-450 g, tamanho em que são suficientes para uma porção de carne de gosto suave. Os japoneses e noruegueses criam

Os salmões e suas características

	Conteúdo de gordura, %	Tamanho, kg	Usos principais
Atlântico			
Salmão do Atlântico: *Salmo salar*	14	45; 3-5 em criação	Fresco, defumado
Pacífico			
Rei, *chinook*: *Oncorhyncus tshawytscha*	12	14	Fresco, defumado
Vermelho, *sockeye*: *O. nerka*	10	4	Fresco, enlatado
Prateado, *coho*: *O. kisutch*	7	14	Fresco, enlatado
De cachorro, *chum*: *O. keta*	4	4-5	Ovas, ração para animais
Rosado: *O. gorbuscha*	4	2-4	Enlatado
Cereja, *amago* (Japão e Coreia): *O. masou*	7	2-3	Fresco

a mesmíssima espécie em água salgada para produzir por piscicultura uma versão da truta *steelhead*, que pode alcançar 23 kg e tem a mesma carne rosada e o mesmo sabor de um pequeno salmão do Atlântico. O salvelino-do-ártico, que pode chegar a 14 kg como peixe migratório, é criado em viveiros na Islândia, no Canadá e em outras partes, onde atinge 2 kg e fica tão gordo quanto um salmão.

A FAMÍLIA DO BACALHAU

Ao lado das famílias do arenque e do atum, a do bacalhau foi uma das mais importantes da história humana. Bacalhau, arinca, abrótea, badejo, juliana, escamudo e outras espécies afins são predadores de tamanho médio que permanecem perto do fundo do mar ao longo da plataforma continental, onde nadam relativamente pouco – e por isso têm sistemas enzimáticos relativamente inativos, o que lhes dá sabor e textura estáveis. O bacalhau estabeleceu o padrão europeu para os peixes brancos, de sabor suave e carne clara, firme, de lascas grandes, quase desprovida de gordura e fibras musculares vermelhas.

Os membros da família do bacalhau chegam à maturidade num prazo de dois a seis anos e em outras épocas produziam uma tonelagem de pescado equivalente a um terço da dos peixes da família do arenque. Muitas populações foram esgotadas pela pesca intensiva; porém, os estoques de paloco ou escamudo do Alasca ainda são altamente produtivos (são usados principalmente para alimentos preparados, como o surimi, e para fazer bolinhos congelados de peixe empanado). Alguns bacalhaus são criados em cativeiro ao largo do litoral da Noruega.

PERCA-DO-NILO E TILÁPIA

A principal família de percas verdadeiras de água doce é constituída de peixes pouco usados como alimento na Europa e na América do Norte. Hoje, são mais importantes vários parentes dessa perca que, criados em cativeiro, servem de alternativa aos escassos filés de bacalhau e linguado. A perca-do-nilo pode alcançar 135 kg quando alimentada com outros peixes e é criada em muitas regiões do mundo. A tilápia herbívora, outra nativa da África, também é muito criada em viveiros; é resistente e cresce bem em temperaturas entre 20 e 35 °C, tanto em água doce quanto em água salobra. Várias espécies diferentes e algumas

---

Trutas, salvelinos e seus parentes

São complexas as relações familiares do grupo das trutas. Apresentamos aqui uma lista das espécies mais comuns, indicando a parte do mundo de onde provêm.

Nome comum	Nome científico	Local de origem
Brown, salmon trout	*Salmo trutta*	Europa
Truta-arco-íris; truta *steelhead* (marinha)	*Oncorhynchus mukiss*	Oeste da América do Norte, Ásia
Truta-dos-riachos	*Salvelinus fontinalis*	Leste da América do Norte
Truta-dos-lagos	*Salvelinus namaycush*	Norte da América do Norte
Salvelino-do-ártico	*Salvelinus alpinus*	Norte da Europa e da Ásia, Norte da América do Norte
Peixe-branco	*Espécies do gênero Coregonus*	Norte da Europa, América do Norte

híbridas são vendidas sob o nome comercial de tilápia e têm diferentes qualidades. Diz-se que a *Oreochromis nilotica* é a que há mais tempo é criada por piscicultura e a que tem a melhor carne. A perca-do-nilo e a tilápia são dos poucos peixes de água doce a produzirem óxido de trimetilamina, que se decompõe em trimetilamina, substância com cheiro de peixe (p. 214).

ROBALOS E ESPÉCIES CORRELATAS

Os robalos de água doce da América do Norte são principalmente peixes de pesca esportiva, mas um deles se tornou importante produto da piscicultura: o robalo-muge híbrido, cruzamento entre o robalo-branco de água doce do leste dos Estados Unidos e o robalo-muge marinho. O híbrido cresce mais rápido que ambas as espécies originárias, é mais robusto e fornece mais carne, que permanece comestível por até duas semanas. Comparado com o robalo-muge puro, o híbrido tem textura mais frágil e menos sabor. O ocasional sabor de lama pode ser reduzido retirando a pele do peixe.

Os robalos marinhos – o robalo-muge americano e o robalo legítimo europeu (*loup de mer* em francês, *branzino* em italiano) – são apreciados por sua carne firme, de sabor sutil, e pela simplicidade de seu esqueleto; o robalo legítimo é agora criado em viveiros do Mediterrâneo até a Escandinávia.

PEIXE-GELO E MARLONGA-NEGRA

A família dos "peixes-gelo" é composta por um grupo de grandes peixes sedentários que se alimentam de plâncton e vivem nas águas frias e profundas ao largo da Antártica. O mais conhecido deles é a gorda marlonga-negra ou merluza-negra da Patagônia (*Dissostichus eleginoides*), que pode alcançar 70 kg de peso. Sua gordura se distribui numa camada sob a pele, nos ossos ocos e ainda se dispersa entre as fibras musculares: a marlonga-negra pode ter até 15% de gordura. Foi só em meados da década de 1980 que os cozinheiros passaram a conhecer e apreciar esse peixe de sabor luxuriante e rico, cuja carne se desfaz em lascas grandes e que suporta anormalmente bem a cocção excessiva. Como o peixe-relógio e outras criaturas de águas profundas, a marlonga-negra demora a se reproduzir e já existem indícios de que seus estoques vêm diminuindo perigosamente em razão da pesca predatória.

ATUM E CAVALA

Diante de uma lata barata de atum, quem diria que ela foi feita a partir de um dos peixes mais extraordinários do mundo? Os atuns são grandes predadores de mar aberto, chegam a 680 kg e nadam constantemente a uma velocidade de até 70 km/h. Mesmo suas fibras musculares de uso rápido, que em geral seriam brancas e insípi-

---

Relações familiares do robalo

Robalos marinhos
Robalo legítimo — *Dicentrarchus labrax*
Serrano-estriado — *Centropristis striatus*
Robalo-muge — *Morone saxtalis*

Robalos de água doce norte-americanos
Robalo-branco — *Morone chrysops*
Robalo-amarelo — *Morone mississippiensis*
Robalo-do-norte — *Morone americana*
Robalo-muge híbrido — *Morone saxtalis* x *Morone chrysops*

das, contribuem para a natação incessante e têm alta capacidade de uso de oxigênio, alto teor de mioglobina (o pigmento que armazena oxigênio) e enzimas ativas que geram energia a partir de gorduras e proteínas. É por isso que a carne de atum pode ter cor tão escura quanto a da carne bovina e sabor igualmente rico e forte. O aroma carnoso do atum cozido e enlatado provém em parte de uma reação entre a ribose, um açúcar, e o aminoácido cisteína, que contém enxofre. Esse aminoácido é provavelmente produzido pelo pigmento mioglobina, que gera um composto aromático que também caracteriza a carne bovina preparada por cocção.

O atum é objeto de apreciação culinária pelo menos desde a época clássica. Plínio nos diz que os romanos apreciavam sobretudo o gordo abdômen (a moderna *ventresca* italiana) e o pescoço, como hoje ocorre com os japoneses. O abdômen de atum, chamado *toro* em japonês, pode ter até dez vezes mais gordura que os músculos posteriores do mesmo peixe e é tido em altíssima conta por sua textura aveludada. Uma vez que o atum-rabilho (*bluefin*) e o atum-patudo (*bigeye*) são os atuns mais longevos e os que mais crescem, e como preferem águas frias e profundas, são também os que acumulam mais gordura para servir de combustível e isolamento. Por isso sua carne pode ser vendida a centenas de dólares por quilo.

Atualmente, a maioria dos atuns é pescada nos Oceanos Índico e Pacífico. As espécies mais capturadas são o gaiado e o atum-albacora, peixes magros de tamanho pequeno e médio que se reproduzem rapidamente e são pescados com rede nas proximidades da superfície. Também são eles que proporcionam a maior parte do atum enlatado comercializado pelo mundo afora. O atum-voador, peixe solitário de carne clara (chamado *tombo* no Havaí), fornece o atum "branco". (O atum enlatado italiano frequentemente é feito com a carne mais escura e forte do atum-rabilho e das porções escuras do gaiado.)

Cavala. As cavalas são parentes do atum, mas de pequeno porte. A cavala propriamente dita é nativa do Atlântico Norte e do Mediterrâneo. Geralmente, tem 45 cm de comprimento e 0,5-1 kg. Como o atum, é um predador enérgico, bem-dotado de fibras vermelhas, enzimas ativas e sabor for-

A família do atum

Estas grandes espécies oceânicas de atum se encontram em todo o globo.

Nome comum	Nome científico	Abundância	Tamanho	Conteúdo de gordura (%)
Atum-rabilho	*Thunnus thynnus*	muito raro	até 675 kg	15
Atum-do-sul	*Thunnus maccoyii*	muito raro	até 675 kg	15
Atum-patudo	*T. obesus*	raro	9-90 kg	8
Atum-albacora	*T. albacares*	abundante	1-90 kg	2
Atum-voador	*T. alalunga*	abundante	9-20 kg	7
Gaiado	*Katsuwonus pelamis*	abundante	2-20 kg	2,5

te. É habitualmente pescada com rede em grande número e vendida inteira. Deteriora-se rapidamente a menos que seja posta em gelo imediatamente e de modo correto.

PEIXE-ESPADA

Os espadartes, espadins, veleiros etc. constituem uma família de predadores grandes (chegam a 4 m e 900 kg) e ativos de mar aberto, dotados de um apêndice lanciforme que se projeta da mandíbula superior e de uma carne densa, polpuda e quase sem ossos que tem sido procurada pelos homens desde há milhares de anos. O mais conhecido desses peixes é o peixe-espada, cujos estoques no Atlântico estão reduzidos, segundo se supõe, a um décimo do tamanho original e necessitam de proteção. O peixe-espada tem textura densa e carnosa e conserva-se extraordinariamente bem em gelo, por até três semanas.

PEIXES PLANOS: LINGUADO, PREGADO, ALABOTE, SOLHA

Os peixes planos vivem no fundo do mar e têm o corpo achatado. Em sua maioria, são relativamente sedentários e, portanto, pouco dotados dos sistemas enzimáticos que geram energia para o animal e sabor para nós. Sua carne suave geralmente se conserva bem por vários dias após a pesca.

O mais apreciado de todos os peixes planos é o linguado-legítimo, membro principal

---

As relações familiares dos peixes planos

Há muitos peixes planos, chamados por quantidade ainda maior de nomes; esta lista só inclui os mais comuns na Europa e nos Estados Unidos. Os nomes às vezes induzem a erro: não há verdadeiros linguados em águas americanas; alguns alabotes e pregados não são o que seus nomes dizem.

Linguados legítimos europeus
Linguado-legítimo   *Solea solea*
Linguado-da-areia   *Pegusa lascaris*

Outros peixes planos europeus
Pregado   *Psetta maxima*
Alabote-do-atlântico   *Hippoglossus hippoglossus*
Solha-legítima   *Pleuronectes platessa*
Solha-da-pedra   *Platichthys flesus*

Peixes planos do Atlântico Oeste
Alabote-do-atlântico   *Hippoglossus hippoglossus*
Solha-de-inverno   *Pseudopleuronectes americanus*
Carta-de-verão   *Paralichthys dentatus*
Alabote-da-groenlândia, palmeta *Reinhardtius hippoglossoides*

Peixes planos do Pacífico Leste
Solha-da-califórnia   *Eopsetta jordani*
Solhão-americano   *Glyptocephalus zachirus*
Linguado-da-areia do Pacífico   *Citharichthys sordidus*
Alabote-do-pacífico   *Hippoglossus stenolepsis*
Alabote-da-califórnia   *Paralichthys californicus*

de uma família encontrada sobretudo em águas europeias (peixes planos menos nobres, encontrados ao largo do continente americano, também são chamados de linguados, o que pode induzir a erro). Tem uma carne suculenta e de textura fina, que se diz atingir sua melhor forma dois ou três dias depois da coleta, característica que faz do linguado um peixe ideal para ser transportado por via aérea para mercados distantes. O outro peixe plano mais conhecido, o pregado, é um caçador mais ativo. Pode ter o dobro do tamanho do linguado e tem carne mais firme, que se diz ser doce no peixe recém-pescado. Graças à sua capacidade de absorver um pouco de oxigênio pela pele, pequenos pregados são criados em cativeiro na Europa e enviados para restaurantes do mundo inteiro em contêineres frios e úmidos.

O alabote, caçador voraz, é o maior dos peixes planos. Os alabotes do Atlântico e do Pacífico (espécies do gênero *Hippoglossus*) podem alcançar 3 m e 300 kg, e diz-se que sua carne firme e magra se mantém conservada em boa qualidade por uma semana ou mais. O "alabote-da-groenlândia", parente distante daqueles, é mais macio e mais gordo, ao passo que o pequeno "alabote-da-califórnia" é na verdade uma solha.

DAS ÁGUAS PARA A COZINHA

A qualidade dos peixes que cozinhamos é determinada em grande medida pelo modo como eles são capturados e manipulados por pescadores, atacadistas e varejistas.

A PESCA

Como vimos, a carne de peixes e frutos do mar é mais delicada e sensível que a de animais terrestres. É, no reino animal, o equivalente das frutas maduras; idealmente, seria manipulada com o cuidado correspondente. A realidade é outra. Num matadouro, é possível abater cada animal de maneira controlada, minimizando a tensão e o medo que afetam adversamente a qualidade da carne; e pode-se processar a carne imediatamente, antes de começar a deteriorar. O pescador não tem tamanho domínio sobre as circunstâncias da pesca, embora o piscicultor tenha algum.

Pesca extrativa oceânica. Há várias maneiras comuns de coletar peixes das águas abertas e nenhuma delas é ideal. No método mais controlado e menos eficiente, uns poucos pescadores pescam alguns peixes, colocam-nos imediatamente no gelo e entregam-nos em terra num prazo de poucas horas. Esse método pode produzir peixes muito frescos e de excelente qualidade – *desde que* sejam pescados rapidamente e com o mínimo de combate, sejam mortos e limpos com proficiência, sejam resfriados rápida e completamente e sejam prontamente entregues ao mercado. Por outro lado, se os peixes estiverem exaustos, se o processamento não for ideal ou a estocagem a frio for interrompida, a qualidade diminuirá. São muito mais comuns os peixes capturados e processados aos milhares e entregues ao porto a cada poucos dias ou semanas. Sua qualidade é frequentemente comprometida pela simples massa de peixes capturados, por atrasos no processamento e pela estocagem em condições subideais. Traineiras e outros barcos pesqueiros gigantes também pescam multidões de peixes, mas fazem todo o processamento a bordo e frequentemente limpam, embalam a vácuo e congelam o pescado em poucas horas. Esses peixes podem ter qualidade superior à de peixes frescos capturados artesanalmente mas manipulados de modo descuidado.

A coleta na aquicultura. Em comparação com os desafios logísticos da pesca, considere-se o cuidado com que os salmões são coletados nas melhores instalações de piscicultura. Primeiro, os peixes são deixados sem alimento por sete a dez dias para reduzir a quantidade de bactérias e enzimas digestivas no tubo digestivo, que poderiam de outro modo acelerar a deterioração. Os peixes são anestesiados em água gelada saturada de dióxido de carbono; depois, são mortos por uma pancada na cabeça ou sangrados por meio de cortes nos vasos sanguíneos das guelras e da cauda. Uma vez que o sangue contém enzimas e ferro reativo da hemoglobina, o sangramento melhora o sabor, a textura, a cor e aumenta a vida de prateleira dos peixes. Os piscicultores limpam o peixe ainda frio e podem embalá-lo em plástico para protegê-lo do contato direto com o gelo ou o ar.

OS EFEITOS DO *RIGOR MORTIS* E DO TEMPO

Às vezes comemos peixes e frutos do mar muito frescos, minutos ou horas depois de mortos e antes de passarem pelos processos químicos e físicos do *rigor mortis* (p. 159). Esse enrijecimento dos músculos pode começar imediatamente depois da morte num peixe já esgotado pela luta ou muitas horas depois num salmão engordado em cativeiro. "Resolve-se" depois de algumas horas ou dias, quando as fibras musculares começam a se separar umas das outras e das lâminas de tecido conjuntivo. Peixes e frutos do mar cozidos e ingeridos antes do enrijecimento são, por isso, um pouco mais difíceis de mastigar do que os já amolecidos. Alguns japoneses gostam de fatias cruas de peixes tão frescos que ainda se mexem (*ikizukuri*). Os noruegueses apreciam o bacalhau mantido num taque de água no mercado e abatido a pedido logo antes de ser cozido (*blodfersk* ou "fresco ao sangue"); os restaurantes chineses frequentemente têm tanques de peixes vivos; os franceses preparam a truta "azul" recém-morta; e muitos frutos do mar vão ainda vivos para a panela quente.

Em geral, o retardamento e a extensão do período de *rigor mortis* tornam mais lenta a deterioração da textura e do sabor. Para tanto, a maioria dos peixes pode ser posta em gelo imediatamente depois de pescada, antes do enrijecimento. No entanto, a colocação imediata em gelo pode deixar certos peixes mais duros – é o caso da sardinha, da cavala e de peixes de águas mornas, como a tilápia – na medida em que perturba o sistema de controle da contração muscular. Em geral, os peixes atingem seu melhor estado imediatamente depois de desfeito o rigor, talvez entre 8 e 24 horas após a morte; e começam a deteriorar logo depois disso.

COMO RECONHECER UM PEIXE FRESCO

Hoje em dia, os consumidores em geral não têm a menor ideia da procedência de um determinado peixe comprado no mercado, de quando e como ele foi pescado, de há quanto tempo está em trânsito e de como foi manipulado. Por isso é importante ser capaz de reconhecer um peixe de boa qualidade. No entanto, o aspecto e o cheiro podem enganar. Mesmo peixes perfeitamente frescos podem não ter boa qualidade caso tenham sido pescados após a desova, quando estão esgotados. A solução ideal consis-

---

A manipulação de peixes recém-mortos

Muitas vezes, os pescadores esportivos só têm a oportunidade de cozinhar seu pescado depois que os peixes começaram a enrijecer. Felizmente, os peixes em *rigor mortis* não são tão duros quanto a carne bovina ou suína. Por outro lado, é um erro cortar em postas ou filés um peixe recém-pescado e não cozinhar ou congelar imediatamente os pedaços. Quando sobrevém a rigidez, as fibras musculares cortadas têm liberdade para se contrair e poderão diminuir para a metade do tamanho original, tornando-se uma massa borrachenta e enrugada. Se, pelo contrário, os pedaços forem congelados rapidamente e depois descongelados aos poucos, de modo que as reservas de energia do músculo se esgotem de modo gradual enquanto os pedaços conservam o mesmo formato graças aos cristais de gelo, essa contração poderá ser evitada.

te em encontrar uma peixaria de confiança e um peixeiro que conheça bem a sazonalidade da qualidade dos peixes e faça suas compras de acordo com ela. Esse peixeiro também será mais criterioso em sua escolha de fornecedores e tenderá a não vender peixes e frutos do mar que já não se encontrem em sua melhor forma.

É preferível pedir que postas e filés sejam cortados de um peixe inteiro, pois o corte expõe novas superfícies ao ar e aos microrganismos. As superfícies cortadas há tempo estarão passadas e terão mau cheiro.

No caso de um peixe inteiro:

- A pele deve estar brilhante e lisa. Em peixes menos frescos, estará opaca e enrugada. A cor não é sinal confiável, pois as cores de muitos peixes desaparecem rapidamente depois que o animal morre.
- Caso esteja presente, o muco proteico natural que recobre a pele deve ser transparente e brilhante. Com o tempo, ele seca e se torna opaco, as proteínas se coagulam e assumem aspecto leitoso e a cor muda de branco para amarelo e enfim para marrom. Em regra, o muco é lavado quando da limpeza do peixe.
- Os olhos devem ser brilhantes, negros e convexos. Com o tempo, a superfície transparente se torna opaca e cinzenta e os globos oculares se achatam.
- O abdômen de um peixe intacto não deve estar inchado nem deve apresentar-se mole ou partido. Todos esses sinais indicam que as enzimas digestivas e as bactérias passaram das vísceras para a cavidade abdominal e daí para os músculos. Num peixe já limpo, todos os vestígios das vísceras devem ter sido removidos, inclusive o rim, alongado e vermelho, disposto ao longo da espinha dorsal.

Caso o peixe já tenha sido cortado:

- As postas e os filés devem ser brilhantes e polpudos. Com o tempo, a superfície resseca e as proteínas se coagulam, formando uma película opaca. Não deve haver extremidades marrons, que indicam secagem, oxidação dos óleos e desenvolvimento de um sabor ruim.
- Quer o peixe já tenha sido cortado, quer esteja inteiro, seu odor deve assemelhar-se ao do ar fresco do mar ou ao de folhas verdes esmagadas, tendo apenas traços do famoso cheiro de peixe. O cheiro forte de peixe provém da atividade bacteriana prolongada. Uma deterioração mais severa será indicada por odores de mofo, ranço, frutas, enxofre ou podridão.

ARMAZENAMENTO DE PEIXES E FRUTOS DO MAR FRESCOS: REFRIGERAÇÃO E CONGELAMENTO

Uma vez adquirido um bom peixe, o desafio é mantê-lo em boas condições até a hora de usá-lo. Os estágios iniciais da inevitável deterioração são causados pelas enzimas do próprio peixe e pelo oxigênio, que conspi-

---

Criaturas marinhas que brilham no escuro

Algumas bactérias oceânicas (espécies dos gêneros *Photobacterium* e *Vibrio*) produzem luz por meio de uma reação química particular que libera fótons, e podem fazer com que camarões e caranguejos brilhem no escuro. Até agora, tudo indica que essas bactérias fotoluminescentes são inofensivas para os seres humanos, embora algumas possam causar doenças nos crustáceos. O brilho indica que os crustáceos estão repletos de tais bactérias e, portanto, não estão perfeitamente frescos.

ram para formar cores opacas, tornar o sabor rançoso e descaracterizado e amaciar a textura. Não tornam o peixe não comestível. A não comestibilidade é causada por microrganismos, especialmente bactérias, de que as guelras e o muco do peixe são repletos – especialmente a *Pseudomonas* e suas parentes, que toleram bem o frio. Elas inutilizam o peixe numa fração do tempo necessário para deteriorar a carne bovina ou suína, na medida em que consomem os aminoácidos livres e, em seguida, as proteínas, e transformam-nos em substâncias maléficas que contêm nitrogênio (amônia, trimetilamina, indol, escatol, putrescina, cadaverina) e compostos de enxofre (sulfeto de hidrogênio e metanetiol, que cheira a gambá).

A primeira defesa contra a deterioração incipiente é a lavagem com água. As bactérias vivem na superfície do peixe e ali provocam seus danos; a lavagem bem efetuada pode remover a maioria delas e de seus subprodutos malcheirosos. Depois de lavado e enxugado com um pano (sem esfregar), o peixe deve ser embalado em papel-manteiga ou filme plástico, que limitam a exposição ao oxigênio.

Mas a defesa mais importante contra a deterioração é, de longe, o controle da temperatura. Quanto mais frio o peixe, mais lentas serão as atividades prejudiciais de enzimas e bactérias.

Refrigeração: a importância do gelo. Para a maioria dos alimentos que pretendemos conservar frescos por alguns dias, a geladeira comum é mais que suficiente. A exceção a essa regra é o peixe fresco, cujas enzimas e microrganismos estão acostumados com a água fria (p. 210). A chave para manter a qualidade do peixe fresco é o gelo. Num banho de gelo a 0 °C, o peixe dura duas vezes mais que na temperatura típica de geladeira (5-7 °C). É desejável manter o peixe no gelo de modo tão contínuo quanto possível: nas gôndolas do mercado, no carrinho de compras, no automóvel e na própria geladeira. O gelo picado ou lascado é melhor, pois mantém mais contato com a superfície do peixe que barras ou cubos maiores. A embalagem do peixe impedirá o contato direto com a água, que dilui o sabor.

Em geral, peixes gordos de água salgada – salmão, arenque, cavala, sardinha – permanecerão comestíveis por uma semana se forem bem conservados em gelo; peixes magros de águas frias – bacalhau, linguado, atum, truta – permanecerão comestíveis por cerca de duas semanas; e peixes magros de águas quentes – caranha, bagre, carpa, tilápia, tainha – durarão cerca de três semanas. Boa parte desse prazo de validade no gelo já terá transcorrido quando o peixe for exposto no mercado.

Congelamento. Para manter o peixe comestível por período superior a alguns dias, é preciso conservá-lo em temperatura inferior ao ponto de congelamento da água. Isso retarda a deterioração causada por bactérias, mas não põe fim às mudanças químicas nos tecidos do peixe que produzem sabor rançoso. E as proteínas dos músculos dos peixes (especialmente do bacalhau e seus parentes) são extraordinariamente suscetíveis à "criodesnaturação" ou desnaturação por congelamento, em que a saída do ambiente normal de água líquida rompe algumas ligações que mantêm as proteínas atadas numa estrutura delicadamente dobrada. As proteínas desdobradas adquirem então liberdade para se ligar umas às outras. O resultado é uma rede resistente e esponjosa que não retém a umidade quando da cocção e que, na boca, se torna uma massa proteica seca e fibrosa.

Por isso, se você levar peixe congelado para casa, o melhor é usá-lo o mais rápido possível. Em regra, o prazo de conservação dos peixes num congelador comum, bem embalados e/ou revestidos de uma fina camada de gelo para impedir a queimadura por congelamento (congele o peixe, mergulhe-o em água, congele-o de novo e vá repetindo a operação até constituir uma lâmina protetora de gelo), é de quatro meses para peixes gordos como o salmão e seis meses para camarão e a maioria dos peixes magros de carne branca. Como as carnes congeladas, os peixes devem ser descongelados na geladeira ou num banho de água gelada (p. 163).

IRRADIAÇÃO

A irradiação ou radiação ionizante preserva os alimentos por meio de partículas de alta energia que danificam o DNA e as proteínas dos microrganismos que causam a deterioração (pp. 870-1). Estudos iniciais constataram que a radiação ionizante pode aumentar em até duas semanas a vida de prateleira do peixe refrigerado. Entretanto, a deterioração inicial da qualidade dos peixes é causada pela ação das enzimas e do oxigênio, ação que não é detida pela irradiação. Além disso, a radiação ionizante por si só pode produzir sabores ruins. Não se sabe se a radiação ionizante ainda virá a se tornar um meio importante de preservação dos peixes.

PREPARAÇÕES DE PEIXES E FRUTOS DO MAR QUE NÃO ENVOLVEM CALOR

Em muitas partes do mundo, as pessoas apreciam peixes e frutos do mar não cozidos. Ao contrário das carnes, os peixes têm a vantagem de possuir músculos relativamente tenros e um gosto naturalmente saboroso; por isso é mais fácil e interessante ingeri-los crus, quando oferecem a experiência de uma espécie de frescor primordial. O cozinheiro pode limitar-se a proporcionar alguns acompanhamentos com sabores e texturas complementares; pode ainda firmar a textura do peixe por meio de leve acidificação (*ceviche*), salga (*poke*) ou ambas (anchovas brevemente curadas em sal e sumo de limão). E as preparações cruas não exigem o uso de combustível, que frequentemente é escasso em ilhas e litorais.

Todos os peixes frescos não cozidos podem conter vários microrganismos e parasitas capazes de causar infecção ou intoxicação alimentar (p. 205). Somente peixes frescos da mais alta qualidade devem ser consumidos crus, e devem ser manipulados com todo o cuidado na cozinha para evitar contaminações transmitidas por outros alimentos. Uma vez que vermes parasitas muitas vezes se alojam em peixes que, a não ser por isso, seriam considerados de alta qualidade, o código alimentar norte-americano especifica que os peixes vendidos para serem consumidos crus devem ser cabalmente congelados por um período mínimo de 15 horas a $-35\,°C$ ou de 7 dias a $-20\,°C$. As exceções a essa regra são as espécies de atum comumente servidas no *sushi* e no *sashimi* japoneses (rabilho, albacora, patudo, voador), que raramente são infectadas por parasitas. Apesar dessa exceção, a maioria dos atuns são congelados por jato de ar ainda em alto-mar para que os barcos pesqueiros possam ficar em operação por várias semanas de cada vez. Os *connoisseurs* de *sushi* dizem que a textura de um atum adequadamente congelado é aceitável, mas que o sabor sofre consequências adversas.

SUSHI E SASHIMI

A forma mais comum de peixe cru talvez seja o *sushi*, cuja popularidade, partindo de sua terra natal, o Japão, disseminou-se extraordinariamente no final do século XX. O *sushi* original parece ter sido o preparado fermentado chamado *narezushi* (p. 262); *sushi* significava "azedo" e agora se aplica mais ao sabor do arroz, não ao peixe. Os conhecidos bocados de peixe cru e arroz levemente salgado e acidificado são o *sushi nigiri*, que significa "pego ou apertado com a mão", uma vez que a porção de arroz geralmente é moldada à mão. A versão industrializada de *sushi* encontrada nos supermercados norte-americanos é feita por robôs.

Os chefes de cozinha especialistas em *sushi* tomam extremo cuidado para evitar a contaminação do peixe. Usam uma solução de água fria e água sanitária para limpar a bancada entre uma preparação e outra e, durante um turno de serviço, trocam frequentemente a solução e os panos utilizados para limpeza.

CEVICHE E *KINILAW*, PREPARADOS AZEDOS

O *ceviche* é um antigo prato do litoral norte da América do Sul em que pequenos cubos ou fatias finas de peixe cru são "cozidos" mediante imersão em suco de fruta cítrica ou outro líquido ácido, geralmente temperado com cebolas, chili e outros condimentos. A marinada muda o aspecto e a textura do peixe numa fina camada superficial caso dure de 15 a 45 minutos e em toda a extensão caso dure algumas horas. A acidez desnatura e coagula as proteínas do tecido muscular de modo que este, antes translúcido e macio, se torna opaco e firme; mas a mudança é mais delicada que a operada pelo calor e não produz nenhuma das modificações de sabor provocadas pela alta temperatura.

O *kinilaw* é a versão filipina da marinada ácida. Bocados de peixe ou frutos do mar são mergulhados por alguns segundos num líquido ácido, frequentemente vinagre de coco, nipa ou cana-de-açúcar, ao qual se acrescentaram condimentos. No caso da "salada saltadora", pequenos camarões ou caranguejos são polvilhados com sal, temperados com suco de lima-da-pérsia e ingeridos ainda vivos, enquanto se movem.

POKE E *LOMI*, PREPARADOS SALGADOS

Ao repertório mundial de pratos de peixe cru, as ilhas havaianas oferecem o *poke* ("fatiar", "cortar") e o *lomi* ("esfregar", "apertar"). Trata-se de pedacinhos de atum, espadim e outros peixes revestidos de sal por diversos períodos (até o peixe enrijecer, caso a intenção seja conservá-lo por algum tempo) e misturados com outros ingredientes saborosos – tradicionalmente, algas marinhas e nozes-da-índia torradas. O *lomi* é incomum pelo fato de o pedaço de peixe a ser salgado ser antes apertado entre o polegar e os outros dedos, a fim de romper algumas lâminas e fibras musculares e amaciar a textura.

COCÇÃO DE PEIXES E FRUTOS DO MAR

Os tecidos musculares de peixes e frutos do mar reagem ao calor de modo semelhante às carnes bovina e suína, tornando-se opacos, firmes e mais saborosos. Entretanto, peixes e frutos do mar apresentam certas diferenças importantes, sobretudo por terem proteínas delicadas e muito ativas. Por isso apresentam desafios especiais ao cozinheiro que pretende obter deles uma textura macia e suculenta. Moluscos e crustáceos, em específico, têm qualidades que lhes são próprias; serão descritos a partir da p. 243.

Se for mais importante produzir um prato seguro que um prato delicioso, a tarefa será mais simples: cozinhe todos os peixes e frutos do mar levando-os a uma temperatura interna entre 83 °C e 100 °C. Todas as bactérias e vírus morrerão.

COMO O CALOR TRANSFORMA O PEIXE CRU

O calor e o sabor dos peixes. O sabor suave do peixe cru fica mais forte e mais complexo à medida que a temperatura sobe durante a cocção. De início, o calor moderado acelera a atividade das enzimas musculares, que geram mais aminoácidos e fortalecem o sabor doce-salgado; além disso, os compostos aromáticos voláteis já presentes se tornam mais voláteis e mais pronunciados. À medida que a cocção se completa, o peixe perde um pouco de gosto, pois os aminoácidos e o monofosfato de inosina se combinam com outras moléculas. Por outro lado, o aroma se torna mais forte e mais complexo, pois os fragmentos de ácidos graxos, o oxigênio, os aminoácidos e outras substâncias reagem entre si e produzem um sem-número de novas moléculas voláteis. Quando a temperatura da superfície excede a do ponto de ebulição, como ocorre em grelhados e frituras, as reações de Maillard produzem os aromas típicos de assado (p. 867).

Os frutos do mar (moluscos e crustáceos) têm sabor próprio depois de cozidos (pp. 246, 251). Os peixes submetidos a cocção se repartem em quatro grandes famílias de sabor:

- Os peixes brancos de água salgada são os mais suaves.
- Os peixes brancos de água doce têm aroma mais forte graças a um repertório maior de fragmentos de ácidos graxos e traços de terra provenientes de tanques e açudes. As trutas de água doce têm um característico aroma doce, que lembra o de cogumelos.
- O salmão e a truta marinha, graças aos pigmentos carotenoides obtidos de crustáceos oceânicos, desenvolvem aromas frutados e florais e uma nota aromática que distingue especialmente esta família (proveniente de um anel de carbono que contém oxigênio).
- O atum, a cavala e seus parentes têm aroma que lembra o da carne bovina.

O "cheiro de peixe" e como combatê-lo. O aroma típico dos peixes cozidos, que toma a casa inteira, parece envolver um grupo de moléculas voláteis formadas por fragmentos de ácidos graxos que reagem com o óxido de trimetilamina (p. 214). Cientistas japoneses descobriram que certos ingredientes ajudam a reduzir esse odor, aparentemente por limitarem a oxidação dos ácidos graxos ou por reagirem previamente com o óxido de trimetilamina. Entre esses ingredientes incluem-se o chá-verde e condimentos como cebola, louro, sálvia, cravo, gengibre e canela, que também podem mascarar o cheiro de peixe com o próprio aroma. A acidez – quer num líquido usado para pochear, quer a do leitelho em que se mergulha o peixe antes de fritá-lo – também diminui a volatilidade de aminas e aldeídos dos peixes e ajuda a decompor a geosmina (com cheiro de lama) que os peixes de água doce criados em cativeiro, como carpas e bagres, às vezes acumulam das algas azuis presentes na água.

Tratamentos físicos simples também podem minimizar o odor de peixe. Com um peixe muito fresco, lave-o bem para remover da superfície as gorduras oxidadas e as aminas geradas por bactérias. Coloque-o numa panela coberta ou envolva-o numa massa de torta, ou ainda num invólucro de papel-manteiga ou folha de alumínio, ou faça-o pocheado – tudo isso a fim de reduzir a exposição de sua superfície ao ar; frituras, gratinados e assados liberam vapores de peixes para a cozinha. E deixe o peixe esfriar um pouco antes de removê-lo de seu invólucro; isso reduzirá a volatilidade dos vapores que enfim escaparem.

O calor e a textura dos peixes. O verdadeiro desafio da cocção do peixe e das carnes é o de acertar a textura. E a chave da textura de peixes e carnes é a transformação das proteínas musculares (p. 166). A tarefa do cozinheiro é controlar o processo de coagulação de modo que ele não vá longe demais, ou seja, não chegue até o ponto em que as fibras musculares endurecem e o fluxo de líquido cessa completamente.

Preparo de peixe na Roma antiga

No verão, nos aposentos de baixo, frequentemente havia água fresca e clara correndo em tanques subterrâneos, repletos de peixes vivos, que os convidados escolhiam e pegavam com as mãos a fim de que fossem preparados de acordo com seu gosto. O peixe sempre teve, como ainda tem, este privilégio: os grandes têm a pretensão de saber como prepará-lo. Com efeito, seu sabor é muito mais requintado que o de carne, pelo menos para mim.

– Michel de Montaigne, "Dos costumes antigos", c. 1580

A temperatura ideal. Na cocção da carne de animais terrestres, a temperatura crítica é 60 °C, quando a lâmina de colágeno ao redor de cada célula muscular entra em colapso, se contrai e esguicha para fora o fluido contido no interior, tirando o suco de dentro da carne. Já o colágeno do peixe não desempenha o mesmo papel, pois seu poder de contração é relativamente fraco e ele se desfaz antes de coagular e de promover o fluxo de líquido. Nos peixes, é principalmente a miosina das fibras que, com sua coagulação, determina a textura. A miosina e as outras proteínas das fibras musculares dos peixes são mais sensíveis ao calor que a dos animais terrestres. Ao passo que a carne destes começa a se contrair e a perder líquido a 60 °C e está completamente seca a 70 °C, a maioria dos peixes se contraem a 50 °C e podem começar a secar por volta de 60 °C. (Compare os comportamentos das proteínas da carne de animais terrestres e dos peixes nos quadros das pp. 169 e 234.)

Em geral, os peixes e frutos do mar estão firmes, mas ainda úmidos quando a temperatura de cocção chega a 55-60 °C.

Alguns peixes de carne densa, como o atum e o salmão, encontram-se especialmente suculentos a 50 °C, quando a carne ainda está translúcida e gelatinosa. Os peixes dotados de grande proporção de colágeno do tecido conjuntivo – especialmente os peixes cartilaginosos, ou seja, tubarões, cações e arraias – podem ser cozidos a temperatura mais alta e por mais tempo para que esse colágeno se transforme em gelatina, e podem ser difíceis de mastigar se não forem cozidos a 60 °C ou mais. Alguns moluscos também são ricos em colágeno e devem ser cozidos por mais tempo (p. 251).

Calor suave e muita atenção. Na prática, é facílimo deixar passar a faixa de temperatura ideal para a cocção de peixes. Bastam alguns segundos para sobrecozer um filé fino. Duas características dos peixes tornam ainda mais complicada a sua cocção. Em primeiro lugar, os peixes inteiros e os filés de peixe são grossos no centro mas finos nas extremidades: assim, as áreas finas ficam demasiado cozidas quando as áreas grossas estão no ponto. E, em segundo lugar, o estado físico e químico dos pei-

---

Por que alguns peixes parecem secar mais rápido que outros

Um dos aspectos enigmáticos da cocção dos peixes é que as diferentes espécies têm tolerâncias muito diferentes à cocção excessiva, apesar de conterem mais ou menos as mesmas proporções de proteínas e gordura. O cantarilho, a caranha e o mahimahi, por exemplo, parecem mais úmidos e resistentes à sobrecocção que o atum ou o peixe-espada, que tendem a se tornar rígidos e secos muito rapidamente. Alguns pesquisadores japoneses, debruçados sobre o microscópio, identificaram as possíveis responsáveis: as enzimas e outras proteínas das células musculares que não se encontram presas nas fibrilas, mas flutuam livres nas células para desempenhar outras funções. Essas proteínas geralmente coagulam em temperatura mais alta que a miosina, a principal proteína contrátil. Por isso, quando a miosina coagula e esguicha os fluidos para fora da célula, essas outras proteínas saem junto com ele. Algumas delas se coagulam nos espaços entre as células musculares, onde colam as células umas às outras e impedem-nas de separar-se facilmente durante a mastigação. Os nadadores mais ativos, como o atum e os peixes da família do peixe-espada, precisam de mais enzimas que os peixes sedentários que permanecem no fundo das águas, como o bacalhau e a caranha. Por isso suas fibras ficam mais coladas umas às outras quando são cozidos a uma temperatura de 55 °C ou mais.

Os efeitos do calor sobre as proteínas e a textura dos peixes

Temperatura do peixe	Qualidades do peixe	Enzimas que enfraquecem as fibras	Proteínas das fibras	Colágeno do tecido conjuntivo	Água presa pelas proteínas
20 °C	• Macio ao toque • Liso, escorregadio • Translúcido	Ativas	Começam a se desdobrar	Começa a enfraquecer	Começa a vazar
...					
40 °C	• Macio ao toque • Liso, escorregadio • Translúcido • Superfície úmida	Ativas	A miosina começa a se desnaturar e coagular	As lâminas de colágeno se contraem e rompem	O vazamento se acelera; a água escapa das células
45 °C	• Começa a se contrair • Torna-se mais firme • Torna-se mais opaco • Solta líquido				
50 °C	• Continua a se contrair • Elástico, resistente • Menos liso, mais fibroso • Opaco • Solta líquido quando cortado ou mastigado	Muito ativas	Miosina coagulada	As lâminas grossas dos miosseptos começam a se contrair e romper	Máximo vazamento
55 °C	• Os blocos de músculos começam a se separar • Começa a desprender lascas	A maioria se desnatura e se torna inativa	Outras proteínas das células se desnaturam e coagulam		
60 °C	• Continua a se contrair • Firme • Fibroso • Frágil • Pouco líquido livre	Algumas se tornam muito ativas e podem fragmentar fortemente as fibras musculares		O colágeno das lâminas se dissolve e se transforma em gelatina	O vazamento vai chegando ao fim
65 °C	• Vai ficando cada vez mais firme, seco e frágil • A carne se desprende em lascas		As enzimas resistentes ao calor se desnaturam e coagulam	As lâminas grossas dos miosseptos se dissolvem e se transformam em gelatina	
70 °C	• Rígido • Seco		A actina se desnatura e coagula		
75 °C		Todas estão desnaturadas e inativas			
80 °C	• Máxima rigidez				
85 °C					
90 °C	• As fibras começam a se desintegrar				

xes é imensamente variável; logo, é variável o modo como eles reagem ao calor. Os filés de bacalhau, anchova e outras espécies frequentemente apresentam brechas entre as fibras musculares, pelas quais o calor penetra mais rapidamente. Peixes como o atum, o peixe-espada e os cações têm carne muito densa e repleta de proteínas (cerca de 25%), que absorve muito calor antes de sua temperatura subir; os membros da família do bacalhau, menos ativos, podem viver com menos proteína (15-16%) nos músculos e cozinham mais rápido. A gordura transmite calor mais devagar que as proteínas, de modo que a cocção de peixes gordos leva mais tempo que a de peixes magros do mesmo tamanho. E as mesmíssimas espécies de peixes podem estar ricas em gorduras ou proteínas num mês e completamente esgotadas no mês seguinte, quando cozinham mais rapidamente.

Há várias maneiras de contornar esses inevitáveis obstáculos e incertezas:

- Prepare o peixe com o calor o mais suave possível, de modo que a parte de fora não fique cozida demais. O assado ao forno e o pocheado com a água bem abaixo do ponto de ebulição são métodos convenientes para tal, desde que aplicados após um tratamento inicial e breve em alta temperatura, que escureça e/ou esterilize a superfície do peixe.
- Para compensar as diferenças de espessura, faça cortes nas áreas mais grossas a cada 1-2 cm. Com isso, as áreas grossas se dividem em porções menores e o calor pode penetrar mais rapidamente. Outra estratégia, aplicável em porções maiores, consiste em recobrir as áreas mais finas com papel-alumínio, que bloqueia o calor radiante e retarda a cocção.
- Verifique o ponto do peixe com assiduidade e desde muito cedo. Fórmulas simples – dez minutos para cada 2,5 cm, por exemplo – e as experiências anteriores podem lhe dar um indício do tempo correto, mas nada substitui a verificação direta do peixe. Para tanto, a temperatura interna pode ser medida com um termômetro confiável; o cozinheiro pode examinar o interior de uma pequena incisão para ver se ainda está translúcido ou se já está opaco; pode puxar um osso pequeno a fim de saber se o tecido conjuntivo se dissolveu o suficiente para soltá-lo; pode enfiar um pequeno espeto ou palito de dente na carne para verificar se ele encontra a resistência das fibras musculares coaguladas.

Por que a cocção cuidadosa às vezes deixa os peixes pastosos. O aquecimento lento e suave ocupa lugar importante na cocção de todos os tipos de carne, e alguns peixes – o salmão do Atlântico, por exemplo – desenvolvem textura quase cremosa quando aquecidos suavemente até 50 °C. No preparo de peixes, porém, a cocção lenta pode às vezes produzir uma desagradável textura pastosa. Esta é causada pelas enzimas que digerem as proteínas nas células musculares de peixes e frutos do mar ativos, as quais ajudam a converter a massa muscular em energia (p. 210). Algumas dessas enzimas vão ficando cada vez mais ativas à medida que a temperatura sobe durante a cocção, e só deixam de funcionar a 55-60 °C. Os peixes propensos a ficar pastosos (ver quadro, p. 236) devem ser cozidos de modo a chegar rapidamente à temperatura de 70 °C, que mata as enzimas mas às vezes resseca demais a carne; ou devem ser cozidos a uma temperatura inferior e servidos imediatamente.

PREPARATIVOS PARA A COCÇÃO

Limpeza e corte. Nos mercados norte-americanos, a maioria dos peixes é limpa e cortada antes da venda. Não há dúvida de que isso é conveniente, mas também significa que as superfícies das quais se retiraram as escamas e que foram posteriormente cortadas ficaram expostas ao ar por horas ou dias, ressecando e desenvolvendo sabores desagradáveis. A limpeza do peixe na hora da compra pode dar resultados melhores. Tanto o peixe inteiro quanto o peixe em postas deve ser lavado cabalmente em água fria para se removerem fragmentos de órgãos internos, acúmulos de trimetilamina malcheirosa, outros subprodutos da atividade bacteriana e as próprias bactérias.

Pré-salga. Os cozinheiros japoneses fazem breve salga preliminar da maioria dos peixes e camarões para remover a umidade e os odores da superfície e firmar as camadas exteriores. Isso é especialmente útil para que a pele dos peixes se torne crocante e escureça rapidamente quando frita. Como nos caso das carnes de animais terrestres, se os peixes e frutos do mar forem mergulhados numa solução salina de 3-5%, os músculos absorverão água e sal e o preparado resultará mais úmido e macio (p. 172).

TÉCNICAS DE COCÇÃO DE PEIXES E FRUTOS DO MAR

Os muitos métodos de aquecimento de carnes e peixes foram descritos em detalhes no capítulo anterior (pp. 174-83). Em resumo, os métodos "secos" – grelhado, fritura, assado – produzem uma temperatura superficial alta suficiente para gerar cores e sabores típicos das reações de escurecimento, ao passo que as técnicas "úmidas" – cocção no vapor, pocheado – não desencadeiam tais reações, mas aquecem mais rapidamente os alimentos e podem comunicar sabores de outros ingredientes. (Os cozinheiros chineses costumam aproveitar o melhor de ambos os métodos: primeiro fritam o peixe e depois o terminam com um breve braseado num molho saboroso.) Os peixes não precisam ser cozidos por longo tempo para que seu tecido conjuntivo se dissolva e amacie. O objetivo de qualquer técnica é levar o interior do peixe rapidamente à temperatura almejada sem submeter a cocção excessiva a parte de fora.

Como manipular peixes delicados. Dotados de um tecido conjuntivo rarefeito e delicado, a maioria dos peixes são frágeis e difíceis de manipular quando cozidos. O melhor é manipulá-los o menos possível durante a cocção e depois dela. Deve-se apoiar a peça inteira ao movimentá-la, as pequenas com uma espátula, as grandes com uma grade ou uma "maca" feita com folha de alumínio ou tecido. Porções individuais devem ser cortadas antes da cocção, quando o tecido ainda está coeso; depois da cocção, mesmo uma faca afiada tira lascas e pedaços da matriz enfraquecida.

Grelhados e gratinados. Os grelhados e gratinados são técnicas de cocção em alta temperatura que funcionam sobretudo por meio de calor radiante e são adequadas sobretudo para peixes inteiros, filés e postas relativamente finos. Para obter bons resultados, a espessura do peixe e a distância dele em relação à fonte de calor devem ser equilibrados de tal modo que o centro do pei-

---

Peixes e frutos do mar que tendem a ficar pastosos

Cientistas japoneses descobriram que os seguintes peixes e frutos do mar têm, nos músculos, enzimas especialmente ativas dotadas da função de digerir proteínas. Por isso essas espécies tendem a ficar pastosas quando cozidas lentamente ou aquecidas à temperatura de 55-60 °C.

Sardinha	Salmão-de-cachorro (*chum*)	Camarão
Arenque	Badejo	Lagosta
Cavala	Juliana	
Atum	Tilápia	

xe fique no ponto sem que as partes de fora ressequem demais. O peixe deve ser firme suficiente para permanecer inteiro quando virado com uma espátula – caso do atum, do peixe-espada e do alabote – ou deve ser contido dentro de uma grelha de metal fechada dos dois lados que possa ser virada sem destruir seu conteúdo. Filés finos de linguado e outros peixes planos são às vezes colocados num prato untado com manteiga e pré-aquecido ou sobre uma tábua de cedro aromático e gratinados sem virar.

Assados ao forno. O assado ao forno é um método versátil para cozinhar peixes. Uma vez que transfere o calor ao peixe principalmente por meio do ar quente, que é um transmissor ineficiente (p. 873), é um método relativamente lento e suave e facilita a tarefa de evitar a sobrecocção. Isto, porém, desde que o recipiente permaneça aberto dentro do forno, de modo que a umidade do peixe possa evaporar e esfriar a superfície, deixando-a a uma temperatura muito inferior à do termostato. Se o recipiente estiver fechado, o interior logo se enche de vapor-d'água e o peixe não assa, mas cozinha no vapor. O ar seco do forno também é útil para concentrar os sucos do peixe e quaisquer ingredientes úmidos que deem sabor ao preparado – vinho ou uma camada de hortaliças aromáticas, por exemplo. Além disso, pode desencadear as reações de escurecimento, que produzem aroma.

Assado em baixa temperatura. Numa versão extrema do assado ao forno, este é colocado numa temperatura baixíssima, entre 95 e 110 °C, e a cocção é a mais suave possível. Uma vez que a superfície do peixe é ao mesmo tempo aquecida pelo ar do forno e resfriada pela evaporação de sua umidade, a temperatura máxima efetiva dessa superfície num forno tão brando pode ser de apenas 50-55 °C, e a temperatura interna, ainda mais baixa; e o peixe adquire uma textura cremosa, quase como se não tivesse sido submetido a cocção. A aparência dos peixes assados deste modo é frequentemente prejudicada pelas gotas esbranquiçadas de fluido celular solidificado, que vazam do tecido antes que o calor seja suficiente para coagular as proteínas aí dissolvidas (essas proteínas, que constituem até 25% da composição total do fluido, geralmente coagulam dentro do músculo).

Assado em alta temperatura. No outro extremo, um forno muito quente costuma ser usado nas cozinhas de restaurantes para terminar a cocção de uma porção de peixe, um dos lados do qual – o da pele – foi escurecido numa frigideira quente; a frigideira, com o peixe dentro dela, é colocada no forno, e a cocção se completa em poucos minutos com o calor vindo de todas as direções, sem que o peixe tenha de ser virado. Um forno a 260 °C também pode ser usado para "fritar ao forno" cortes de peixe empanados, colocados numa assadeira e umedecidos com óleo.

Cocção com envoltório: crostas, papelotes e outros. Um método antigo de coc-

---

Peixe em pergaminho na Roma antiga

Bonito recheado

Tira os ossos do bonito. Amassa poejo, cominho, pimenta, hortelã, nozes e mel. Recheia o peixe com essa mistura e o costura. Envolve-o em pergaminho e coloca-o numa panela coberta sobre o vapor. Tempera-o com óleo, vinho reduzido e pasta fermentada de peixe.

– Apício, primeiros séculos d.C.

ção de peixes consiste em envolvê-los numa camada de algum material – argila, sal grosso, folhas – a fim de protegê-los do calor direto e depois submeter a cocção o pacote inteiro (ver quadro, p. 237). O peixe, lá dentro, cozinhará de modo mais suave e homogêneo, embora a verificação da temperatura ainda seja essencial para evitar a sobrecocção. Preparados vistosos, com uma crosta comestível de massa folhada ou brioche (*en croûte* em francês), são assados no forno. Técnica mais versátil é a que usa um fino invólucro de papel-manteiga (*en papillote*) ou papel-alumínio, ou uma folha, quer neutra (alface), quer saborosa (repolho, figo, banana, lótus, *hoja santa*). Essa técnica pode ser usada com praticamente qualquer fonte de calor, desde a grelha até o vapor-d'água. Porém, quando o conteúdo do invólucro se torna quente suficiente, quase toda a cocção é realizada pelos próprios sucos do peixe e dos vegetais, que os cozinham no vapor. O papelote pode ser servido intacto e, ao ser aberto pelo comensal, libera aromas que de outro modo se haveriam perdido na cozinha.

Fritura. Os peixes são fritos de dois modos em frigideiras de metal quentes: com óleo apenas suficiente para lubrificar a superfície do peixe que entra em contato com a frigideira ou com óleo bastante para rodear e cobrir o peixe todo ou quase todo. De um jeito ou de outro, o peixe é exposto a temperatura alta suficiente para secá-lo e escurecer sua superfície, e assim sua parte de fora se torna crocante, contrastando com o interior, e ele desenvolve um aroma rico e característico. Uma vez que o calor também torna a carne magra fibrosa e difícil de mastigar, o peixe a ser frito frequentemente é revestido com uma camada protetora de material amidoso ou proteináceo, de tal modo que a cobertura se torne crocante enquanto o peixe permanece úmido. Os revestimentos mais comuns são os de farinha de trigo ou massa líquida à base de farinha de trigo; farinha de milho fina ou farinha de rosca; especiarias ou sementes oleaginosas raladas, ou coco ralado; lascas finas, fios ou fatias de batata ou outra raiz com bastante amido (às vezes cortadas e arranjadas num aspecto semelhante ao das escamas do peixe); e papel de arroz. Para melhorar a aderência do revestimento ao peixe, este pode ser levemente salgado de antemão, atraindo para a superfície um pouco de fluido pegajoso e rico em proteínas.

A fritura também é um meio excelente para tornar crocante a pele de um peixe inteiro ou de um filé. A pele secará mais rápida e completamente se, antes de tudo, for salgada para remover a umidade.

As superfícies fritas permanecem mais crocantes quando expostas ao ar; preso entre o peixe e o prato, o empanado ou a pele crocante logo reabsorve umidade e fica pastoso. Filés com pele devem ser servidos com a pele para cima; no mínimo, deve-se dar à pele espaço para respirar.

Salteado. Quando se usa pequena quantidade de óleo, o melhor é aquecer a frigideira antes de acrescentar o óleo (reduzindo a decomposição do óleo em polímeros pegajosos) ou, em vez disso, untar levemente a própria superfície do peixe. Caso se deseje uma pele ou crosta especialmente crocante, deve ser esse o primeiro lado a ser frito; o peixe deve ser levemente pressionado para maximizar o contato com a frigideira e deixado por tempo suficiente em alta temperatura para desenvolver a textura desejada. Depois, deve ser virado uma vez e terminado em baixa temperatura. Filés finos ficam no ponto com apenas alguns minutos de fritura de cada lado e exigem uma frigideira mais quente para escurecer rapidamente.

Fritura por imersão e meia-imersão. Na fritura por imersão ou meia-imersão, o peixe é geralmente empanado ou protegido por uma camada de massa e imergido em óleo em profundidade maior ou menor. O óleo é um condutor de calor relativamente ineficiente e alcança cerca de 175 °C, temperatura muito superior à do ponto de ebulição da água. A superfície seca e fica quente o suficiente para escurecer e desenvolver um aroma caracteristicamente rico e uma crosta crocante que atua como camada isolante, retardando o aquecimento subsequente. Isso significa que o peixe é aquecido por igual de todas as direções, mas sempre de modo mais ou menos suave, dando ao cozinheiro ampla oportunidade de tirá-lo do fogo enquanto ainda está úmido por dentro.

O *tempurá* japonês. No Japão, a versão clássica do peixe frito é o tempurá, termo e modo de preparação emprestados no final do século XVI aos missionários portugueses e espanhóis que comiam peixe nas épocas de jejum (*tempora* significa "período de tempo" e, na tradição católica, se refere aos jejuns que antecedem as principais festas religiosas). O tempurá – que agora significa qualquer alimento frito com revestimento de massa líquida – é feito com pedaços relativamente pequenos que ficam prontos em poucos minutos, encapados por uma massa líquida fresca, bem pouco batida, feita com uma gema de ovo, 1 xícara (120 g) de farinha de trigo e 1 xícara (250 ml) de água gelada, misturados com um par de palitos (*ohashi*) logo antes da fritura. Como em todas as massas moles, o uso de água fria deixa a mistura mais viscosa e, logo, mais aderente à superfície do peixe. O fato de a massa ser feita na hora significa que as partículas de farinha têm pouco tempo para absorver água, de modo que a umidade é rapidamente removida da superfície delas durante a fritura a fim de produzir uma crosta crocante. E o fato de não ser muito misturada dá à massa uma consistência desigual e produz, portanto, um revestimento "rendilhado" e heterogêneo sobre o peixe, em vez de uma lâmina contínua.

Pocheado, cocção por imersão, *simmering*. A imersão do peixe em líquido quente é um método simples e flexível que oferece ao cozinheiro um controle inigualado sobre o calor. No início da cocção, o líquido pode estar muito quente para cozinhar pedaços finos em poucos segundos, moderadamente quente para pedaços mais grossos ou frio para a cocção suave e cabal de um peixe inteiro; pode receber sabor dos mais diversos modos; e pode ser transformado num molho. Quando peixes ou frutos do mar são servidos numa quantidade generosa do líquido usado para sua cocção, suplementado ou não por outros ingredientes, os franceses lhes dão, com razão, o nome de preparados *à la nage*, "ao nado".

Os líquidos usados para a cocção. Uma vez que peixes não exigem cocção prolongada, não há muito tempo para que o peixe e o líquido troquem sabores e se miscigenem. Por isso ou o líquido usado para a cocção de peixes é relativamente neutro e subsequentemente descartado – água com sal ou uma mistura de água e leite – ou é preparado de antemão para desenvolver o sabor. Na tradição francesa, há dois líquidos clássicos para pochear peixes: uma infusão leve e ácida de hortaliças e ervas e um caldo mais rico feito de peixe e hortaliças.

O *court bouillon*, ou "líquido brevemente fervido", é uma mistura de água, sal, vinho ou vinagre e vegetais aromáticos, cozida por 30-60 minutos até se transformar num veículo capaz de transmitir leve sabor ao peixe. As hortaliças amolecem e liberam mais rápido o seu sabor se o ingrediente ácido for acrescentado perto do final do processo; a pimenta-do-reino preta ou branca também será acrescentada nos últimos 10 minutos para evitar a extração excessiva de seu componente amargo. Um peixe inteiro pocheado num *court bouillon* dará sabor ao líquido e o tornará gelatinoso, podendo ser apurado para se transformar num molho suculento, ou guardado para ser usado depois como caldo de peixe.

Os caldos de peixe, ou *fumets* ("aromas" em francês), também são geralmente preparados em uma hora ou menos, visto que a cocção mais prolongada dos frágeis ossos de peixe pode dissolver os sais de cálcio, que turvam o líquido e o deixam com gosto de giz. Os caldos são feitos com ossos, pele, outros pedaços cortados dos peixes e especialmente as cabeças, ricas em gelatina e sabor. (As guelras são omitidas porque seu sabor deteriora rapidamente.) Quanto maior a proporção de peixe, mais saboroso o caldo; um peso igual de água e de peixe funciona bem (1 kg por litro, por exemplo). Para impedir que o caldo acidentalmente ferva e se torne turvo e para permitir a lenta evaporação e concentração, a panela não deve ser tampada. Quando se deseja fazer um consomê transparente, o caldo resultante, coado, pode ser clarificado com uma mistura batida de claras de ovos e peixe cru em purê, cujas proteínas prendem as minúsculas partículas proteicas que turvam o líquido (p. 669) e coagulam-nas numa massa sólida, fácil de remover.

Os peixes também podem ser pocheados em diversos outros líquidos, entre os quais óleo, manteiga e emulsões como *beurre blanc* e *beurre monté* (p. 705). Estes oferecem a vantagem de conduzir o calor de modo mais lento e suave e de manter temperatura mais estável graças ao baixo resfriamento por evaporação.

Temperatura do pocheado. A grande vantagem do peixe pocheado é a facilidade de controlar a temperatura a fim de obter um resultado úmido e suculento. Filés e postas de tamanho médio devem ser mergulhados em líquido logo abaixo do ponto de ebulição da água e, portanto, quente suficiente para matar os microrganismos naquele mesmo instante. Em seguida, deve-se tirar a panela do fogo, acrescentar líquido frio para baixar a temperatura rapidamente para 65-70 °C e cozinhar suavemente o peixe. Caso se deixe o peixe esfriar ainda mergulhado no líquido, ele permanecerá mais úmido, uma vez que um pedaço de peixe quente exposto ao ar sofrerá a inevitável evaporação de sua umidade superficial.

Pocheados à mesa. Os peixes e frutos do mar cozinham tão rápido em líquidos quentes que alguns cozinheiros transformam o próprio ato de pochear numa parte da apresentação da refeição à mesa. Quando um consomê fumegante é vertido numa vasilha que contenha vieiras cruas ou pequenos cubos de peixe, o comensal pode apreciar a opacificação instantânea do peixe ou da vieira e saborear a evolução de suas texturas.

Sopas e ensopados; **bouillabaisse.** Os ensopados e sopas de peixe são pratos em que pequenos pedaços de peixe, às vezes de várias espécies diferentes, são servidos no líquido em que foram cozidos, frequentemente com hortaliças. Aplicam-se a eles as regras básicas do *simmering* ou cocção lenta por imersão. A base da sopa ou ensopado é preparada de antemão e os pedaços de peixe, acrescentados no final, são cozidos apenas por tempo suficiente para aquecer até o miolo: primeiro as peças grossas e densas e depois as finas e delicadas. As combinações de peixes e frutos do mar são um reconhecimento simpático da abundante variedade que o mar oferece.

Em geral, para que os pedaços delicados não se quebrem, prefere-se uma fervura leve e controlada a uma fervura forte. Exceção parcial a essa regra é a *bouillabaisse*

Aspic de peixe

Os habituais consomês de peixe não têm concentração suficiente de gelatina para endurecer e constituir o gel firme e estável de um *aspic* (p. 676). Para revestir um prato de peixe frio com uma cobertura brilhante, semelhante a um *aspic*, o cozinheiro pode suplementar o consomê simples com pequena quantidade de gelatina comercial ou cozinhar no consomê uma segunda leva de peixe. A gelatina de peixe derrete em temperatura mais baixa que a gelatina suína e bovina – por volta de 25 °C em vez de 30 °C –, de modo que o verdadeiro *aspic* de peixe se desfaz de pronto na boca, parece mais delicado e libera mais rapidamente o sabor.

do sul da França, cujo nome incorpora a ideia de fervura e cuja tipicidade depende da vigorosa agitação provocada pela água fervente. A *bouillabaisse* parte de um caldo feito com restos de peixe e pequenos peixes ósseos, que proporcionam gelatina e gosto; acrescentam-se tomates e temperos aromáticos para dar cor e sabor e uma grande porção de azeite de oliva – talvez 75 ml por litro de líquido –, que, depois de vigorosa fervura de 10 minutos, é emulsificada em pequenas gotículas por toda a sopa. A gelatina de peixe dissolvida e as proteínas em suspensão revestem as gotículas de óleo e retardam sua coalescência (p. 700). Os outros pedaços de peixe são acrescentados por último e submetidos a cocção lenta até ficarem no ponto. A sopa é servida imediatamente, antes que o óleo tenha oportunidade de se separar do restante do líquido.

Cocção no vapor. Trata-se de um método rápido de cocção de peixes, especialmente apropriado para filés finos, que chegam ao ponto em pouco tempo (pedaços mais grossos passariam do ponto na superfície). Aromas sutis são fornecidos por ervas e especiarias, hortaliças e até algas marinhas, caso sejam mergulhados na água fumegante ou formem um leito sobre o qual se coloca o peixe.

Para que a cocção seja homogênea, os pedaços de peixe devem ter a mesma espessura e o vapor deve ter acesso a todas as superfícies. Caso os filés sejam muito finos nas extremidades, estas devem ser dobradas sobre si mesmas ou sobrepostas umas às outras. Deve-se cozinhar somente uma camada de peixes por vez, ou cozinhar várias em níveis separados (como nas panelas chinesas de cocção por vapor, com vários "andares"). Postas relativamente grossas ou peixes inteiros devem ser cozidos no vapor com a água abaixo do ponto de ebulição, numa temperatura real de 80 °C, para minimizar a sobrecocção da superfície. Para tanto, pode-se baixar o fogo sob a panela ou deixar a tampa parcialmente aberta. Efeito ainda mais suave é obtido pelo método chinês de cozinhar peixes no vapor sem tampa. Nesse método, o vapor e o ar ambiente se combinam para proporcionar uma temperatura real de cocção de 65-70 °C.

Cocção por micro-ondas. Versões de peixes cozidos por imersão ou no vapor feitas no forno de micro-ondas podem resultar boas graças à espessura relativamente pequena dos filés e postas, que podem ser inteiramente penetrados e rapidamente cozidos pelas ondas eletromagnéticas. Para impedir a cocção excessiva de porções especialmente finas, cubra-as com pedaços de papel-alumínio, que bloqueiam a radiação (p. 877), ou sobreponha-as de modo a obter uma espessura homogênea. Como na maioria dos casos de cocção por micro-ondas, o alimento deve estar dentro de um recipiente fechado para que a superfície não seque nem endureça: envolva os pedaços de peixe em papel-manteiga ou a assadeira em filme plástico, ou simplesmente coloque o peixe entre dois pratos, o de cima emborcado. Convém esperar que o peixe esfrie um pouco antes de descobrir a assadeira: será menor a possibilidade de você sofrer queimadura pelo vapor, o aroma de peixe não tomará conta da cozinha e pouca umidade da superfície do peixe se perderá.

Defumação no fogão. A defumação de um peixe inteiro é operação complexa e demorada, e a defumação a frio, em específico, exige um utensílio de duas câmaras, uma para a fonte de fumaça e outra para o peixe (p. 264). Porém, não é difícil infundir sabor em algumas porções de peixe por meio de defumação feita na grelha da churrasqueira ou mesmo dentro de casa. Revista de papel-alumínio o interior e a tampa de uma panela comum; espalhe materiais que soltam fumaça – serragem ou lascas secas de madeira, açúcar, folhas de chá, especiarias – no fundo da panela, coloque pedaços pré-salgados de peixe numa grade dentro da panela, ponha a panela em fogo forte até a fumaça aparecer, reduza o fogo para médio, tampe bem a panela e deixe o peixe "assar" nesse forno improvisado a 200-250 °C até que esteja cozido até o miolo.

MISTURAS COM PEIXES

Os peixes, como as carnes, podem ser picados, amassados ou moídos e misturados com outros ingredientes para fazer almôndegas, bolinhos, embutidos, patês, terrines etc. Trata-se de um jeito excelente de empregar pequenos pedaços não aproveitados ou restos de peixe cozido, ou ainda peixes cheios de espinhos ou que por algum outro motivo não devem ser servidos em peças grandes. Enquanto as misturas de carne costumam ser amaciadas e enriquecidas por pedaços de gordura, e firmadas pela conversão em gelatina do tecido conjuntivo, os peixes contêm pouco tecido conjuntivo e nenhuma gordura sólida em temperatura ambiente. Por isso o objetivo almejado em muitas misturas de peixe é uma característica de leveza. Isso é assim há muitos séculos, como patenteia a antiga versão de Antimo do clássico prato francês *quenelles de brochet* (ver quadro abaixo).

Musselinas, *quenelles*. O preparado básico para muitas misturas de peixe de qualidade refinada é a musselina, do termo francês *mousse*, ou "espuma", que denota a consistência arejada e delicada que se pretende alcançar. Um peixe cru gelado é picado em pedaços muito pequenos ou amassado em purê (com cuidado para evitar o superaquecimento provocado pelo processador em alta velocidade) e depois batido com um ou mais ingredientes que o enriquecem e dão liga. O batimento também incorpora ar, que torna a mistura mais leve. Se o peixe estiver muito fresco, poderá ser enriquecido e amaciado com creme de leite e ligado simplesmente com sal, que extrai um pouco de miosina das fibras musculares para ajudá-las a aderir umas às outras. Com peixes menos frescos – algumas semanas no congelador podem causar a agregação prematura das proteínas e deixar o purê úmido e quebradiço –, claras de ovos ajudam a manter agregadas as partículas de músculo. O mesmo se pode dizer de vários ingredientes que contêm amido, como migalhas de pão, molhos bechamel e *velouté* à base de farinha de trigo, massas à base de gordura e purê de arroz ou batatas. A mistura da musselina se firma na geladeira e depois é moldada em bolinhos chamados *quenelles* ou envolvida em filés de peixe finos (*paupiettes*) e suavemente pocheada; ou, ainda, é colocada numa forma para suflê (ramequim) ou numa panela e cozida em banho-maria para fazer um patê ou terrine. A temperatura-alvo no centro do preparado é de 60-65 °C; qualquer temperatura mais alta resultará num prato mais duro e pesado.

Almôndegas e bolinhos de peixe. As *quenelles* são, essencialmente, refinadas almôndegas de peixe. Trata-se de um gênero do qual existem muitas variações regionais. As almôndegas de peixe chinesas são ligadas com ovo e amido de milho e levam água para ficar mais leves; as norueguesas são enriquecidas com manteiga e creme e ligadas com farinha de batata; o *gefilte fish* judaico (que se pensa derivar das *quenelles* francesas através da Europa Oriental) é li-

---

Uma antiga *quenelle*

Lúcio também é bom. Devem-se misturar claras de ovos no prato chamado *spumeum*, que é feito com lúcio, de modo que o prato fique macio e não rígido e não se desfaça na hora da mistura.

– Antimo, *Sobre a observância dos alimentos*, c. 600 d.C.

gado com ovos e farinha de matzá e repicado. Entre as misturas menos delicadas e difíceis de fazer podemos mencionar bolinhos e croquetes ligados com ovos e partículas amidosas como migalhas de pão, e musses feitas de peixe cozido e ligadas com gelatina ou molho que contenha amido.

Bastonetes e hambúrgueres de peixe, *surimi*. Os produtos comerciais de peixe "moído" são feitos de diversos peixes brancos de água salgada que de outro modo seriam descartados por serem muito pequenos ou cheios de espinhas. Vão desde hambúrgueres e bastonetes de peixe, de textura grossa, até patês e pastas para passar no pão. Para imitar filés e mariscos, pratica-se a extrudação de misturas altamente processadas de pasta de peixe e outros ingredientes que dão reforço estrutural, entre os quais várias gomas derivadas de algas marinhas e proteínas vegetais texturizadas.

A forma mais consumida de peixe processado é o *surimi*, palavra japonesa que significa "peixe moído". O surimi já existe há quase mil anos e é usado para criar imitações dos mais diversos frutos do mar. Para fazê-lo, pequenos pedaços de peixe (hoje, principalmente juliana) são finamente moídos, lavados, pressionados para remover a água, salgados, temperados, moldados e fervidos até solidificar. A lavagem do peixe moído remove quase todos os componentes dos músculos, com exceção das membranas das fibras musculares e das proteínas contráteis. A salga dissolve a miosina e a retira das fibras, de tal modo que, quando a massa é aquecida, a miosina se coagula e forma um gel sólido, contínuo e elástico no qual se incrustam os demais ingredientes. O resultado é uma massa ou matriz insípida, incolor e homogênea que pode receber vários sabores e ser colorida e moldada de maneira a imitar praticamente qualquer fruto do mar.

OS FRUTOS DO MAR E SUAS QUALIDADES PARTICULARES

Embora os frutos do mar tenham muito em comum com os peixes e sejam em geral cozidos do mesmo modo, também têm suas qualidades particulares. A maioria dos "frutos do mar" são criaturas pertencentes a dois grupos, os moluscos e os crustáceos. Ao contrário dos peixes, eles são invertebrados: não têm espinha dorsal nem esqueleto interno; e a maioria deles quase não nada. Logo, seus tecidos corporais se organizam de modo diferente, sofrem tipos diferentes de mudanças sazonais e exigem do cozinheiro um tratamento especial.

CRUSTÁCEOS: CAMARÕES, LAGOSTAS, CARANGUEJOS E SEUS PARENTES

Os crustáceos são aqueles animais de água doce e salgada que têm pernas e, às vezes, garras: camarões de todos os tamanhos, lagostas e lagostins, caranguejos e siris. Como os moluscos, os crustáceos compõem um grupo zoológico muito antigo e bem-sucedido. Já havia camarões primitivos há 200 milhões de anos; hoje existem cerca de 40 mil espécies de crustáceos, os maiores dos quais têm garras com envergadura de 4 metros! Eles são membros do filo dos *artrópodes* e parentes dos insetos. À semelhança destes, têm o corpo composto de diversos segmentos, uma cutícula externa rígida ou exoesqueleto que protege e sustenta os músculos e órgãos internos, e muitos apêndices rígidos adaptados aos mais diversos fins, entre os quais nadar, rastejar a capturar presas. A maioria dos crustáceos comestíveis são "decápodes", ou seja, têm cinco pares de pernas, um dos quais é às vezes muito maior que os outros e termina em garras. A carne dos crustáceos é composta principalmente de músculos esqueléticos, como a dos peixes e animais terrestres. (As cracas são uma exceção notável. São crustáceos imóveis, apreciados como alimento na Península Ibérica e na América do Sul.)

Por serem móveis, carnívoros e às vezes canibais, os crustáceos não são tão fáceis de criar em cativeiro quanto os moluscos. A criação que dá mais certo é a de camarões, graças à capacidade destes de crescer rapidamente com ração à base de vegetais ou de animais muito pequenos.

A anatomia dos crustáceos. Todos os crustáceos têm a mesma estrutura corporal básica, que pode ser dividida grosso modo em duas partes. A parte da frente, o *cefalotórax*, que constitui a "cabeça" dos camarões, é o equivalente de nossa cabeça e tronco somados. Inclui a boca, antenas e olhos sensíveis, cinco pares de apêndices adaptados à locomoção e à manipulação e os principais órgãos dos sistemas digestivo, circulatório, respiratório e reprodutivo. A parte posterior, ou *abdômen*, geralmente chamada de "rabo" ou "cauda", é essencialmente um bloco muscular grande e carnoso que movimenta as "barbatanas" localizadas atrás. A grande exceção a esse modelo é o caranguejo, que quase nunca nada; seu abdômen é uma chapa fina situada debaixo de um cefalotórax exageradamente desenvolvido.

O órgão mais importante dos crustáceos é o que os biólogos denominam *hepatopâncreas* e o que todos nós chamamos de "fígado". É a fonte das enzimas que fluem para o tubo digestivo e decompõem os alimentos ingeridos; é também o órgão no qual as gorduras são absorvidas e armazenadas para proporcionar energia durante a muda ou ecdise (abaixo). É assim uma das partes mais ricas e saborosas do corpo, especialmente apreciado em lagostas e caranguejos.

Mas é também o que faz com que os crustáceos estraguem tão rapidamente. Essa glândula é feita de tubos minúsculos e frágeis; quando o animal morre, os túbulos são imediatamente atacados e danificados pelas próprias enzimas, que então se espalham para os tecidos musculares e os decompõem, transformando-os numa pasta. Há várias maneiras de evitar essa deterioração. Lagostas e caranguejos são vendidos quer vivos, com o sistema digestivo intacto, quer totalmente cozidos, com as enzimas desativadas pela cocção. Uma vez que o fígado do camarão é relativamente pequeno, os que o processam frequentemente removem toda a "cabeça", que contém o hepatopâncreas, e vendem somente a carne da cauda. Os camarões vendidos crus com cabeça devem ser manipulados com muito cuidado (postos no gelo imediata e continuamente) e duram menos.

A cutícula, a muda e a qualidade sazonal dos crustáceos. Outra característica que define os crustáceos é uma "casca" ou cutícula feita de *quitina*, uma rede de moléculas que constituem uma espécie de híbrido entre carboidratos e proteínas. No camarão, a cutícula é fina e transparente; em animais maiores, é grossa e opaca, endurecida por minerais de cálcio que ocupam

A *anatomia dos crustáceos.* A parte anterior do corpo dos *crustáceos*, o *cefalotórax* ou *"cabeça"*, contém os órgãos digestivos e reprodutivos. A parte posterior, o *abdômen* ou *"cauda"*, é composto principalmente de músculos de fibras de uso rápido que movem as barbatanas traseiras e impulsionam camarões (em cima) e lagostas (no meio) *em breves manobras natatórias. O caranguejo (embaixo) tem apenas um abdômen vestigial escondido por baixo de seu gigantesco cefalotórax.*

os espaços entre as fibras de quitina e dão à carapaça o aspecto de uma rocha.

Enquanto o crustáceo cresce, deve periodicamente perder a cutícula antiga e criar uma nova e maior. Esse processo se chama *ecdise* ou simplesmente *muda*. O animal constrói debaixo da carapaça antiga uma cutícula nova e flexível feita a partir das proteínas e das reservas de energia do corpo. Espremendo seu corpo contraído, passa pelas juntas enfraquecidas da casca antiga e em seguida se enche de água – aumentando seu peso original à razão de 50 a 100% – para levar a nova cutícula a seu máximo volume. Mineralizando a cutícula e estabelecendo ligações cruzadas entre seus componentes, ele a endurece; e aos pouco vai substituindo a água do corpo por músculos e outros tecidos.

Em razão da muda, a qualidade da carne dos crustáceos é altamente variável e por isso a coleta é sazonal; as estações dependem do tipo de animal e da localização. O animal em fase de crescimento ativo tem músculos densos e abundantes, ao passo que aquele que se prepara para mudar de casca perde massa dos músculos e do fígado; o animal recém-mudado pode conter quantidades iguais de água e músculo.

A cor dos crustáceos. As cascas e ovos dos crustáceos proporcionam algumas das cores mais vivas que se veem à mesa. Eles têm, em regra, uma cor verde-azulado-avermelhado-escura que os ajuda a serem confundidos com o fundo do mar, mas adquirem coloração vermelho-alaranjada brilhante quando cozidos. Criam sua coloração protetora ligando às moléculas proteicas pigmentos carotenoides derivados de sua dieta de plâncton (astaxantina, cantaxantina, betacaroteno e outros), apastelando e alterando sua cor. A cocção desnatura as proteínas e libera os carotenoides, revelando as cores próprias destes.

Às vezes as cascas de lagostas, lagostins e alguns caranguejos são cozidas para extrair cor e sabor para molhos (o molho francês Nantua), sopas e *aspics*. Uma vez que os pigmentos carotenoides são muito mais solúveis em gordura que em água, uma quantidade maior de cor será extraída se o líquido de cocção for principalmente gordura ou óleo – manteiga, por exemplo – ou contiver essas substâncias.

A textura dos crustáceos. Como a dos peixes, a carne dos crustáceos é composta principalmente de fibras musculares bran-

---

Palavras da culinária: *shrimp* (camarão), *prawn* (camarão grande), *crab* (caranguejo, siri), *crayfish* (lagostim), *lobster* (lagosta), *crustacean* (crustáceo)

A maioria das palavras que designam os crustáceos em inglês remonta à época pré-histórica. *Shrimp* (camarão) deriva da raiz indo-europeia *skerbh*, que significa dobrar, curvar ou contrair, refletindo talvez a forma curva desses animais. O quase sinônimo *prawn* (camarão grande) aparece pela primeira vez na época medieval e tem origem desconhecida. Tanto *crab* (caranguejo, siri) quanto *crayfish* (lagostim) derivam do indo-europeu *gerbh*, que significa raspar ou entalhar, coisa que as garras dos crustáceos fazem facilmente com a carne humana. Por fim, *lobster* (lagosta) partilha com *locust* (gafanhoto) a raiz indo-europeia *lek*, que significa saltar ou voar: notável reconhecimento, por parte dos antigos, da semelhança familiar entre crustáceos e insetos.

A palavra *crustáceo*, em si, vem de uma raiz indo-europeia que significa congelar, formar crosta, e descreve o duro exoesqueleto dessas criaturas. Da mesma raiz vem a palavra *cristal*.

cas, de uso rápido (p. 146). O colágeno do tecido conjuntivo é mais abundante que o dos peixes e mais difícil de dissolver pelo calor. Por isso a carne dos crustáceos é menos delicada e seca mais facilmente que a dos peixes. Por outro lado, as enzimas musculares que decompõem proteínas são extremamente ativas e podem tornar a carne pastosa se não forem rapidamente desativadas pelo calor da cocção. Essas enzimas trabalham mais rápido quando a temperatura chega a 55-60 °C. Por isso o cozinheiro deve ou aquecer a carne a uma temperatura mais alta que essa o mais rápido possível ou (para obter a máxima umidade) levá-la até essa faixa e servi-la imediatamente. A cocção no vapor ou por imersão em água fervente são os métodos de aquecimento mais rápidos e os mais usados para camarões, lagostas e caranguejos.

A textura dos crustáceos também tolera melhor o congelamento que a da maioria dos peixes; camarões congelados, em específico, podem ser muito bons. Entretanto, os congeladores domésticos não são tão frios quanto os comerciais e permitem a ocorrência de transformações químicas indesejáveis, bem como de um endurecimento geral da carne (p. 229). Por isso os crustáceos congelados devem ser consumidos o mais rápido possível.

O sabor dos crustáceos. Os aromas de camarão, lagostim, lagosta e caranguejo fervidos são notáveis por sua semelhança com os de frutos secos e pipoca e são muito diferentes dos aromas do moluscos e peixes. Tampouco as carnes de animais terrestres desenvolvem essas notas, a menos que sejam assadas em brasa ou chama. Tais aromas são devidos a uma grande diversidade de moléculas (pirazinas, tiazóis) geralmente produzidas quando aminoácidos e açúcares reagem em alta temperatura (as reações de Maillard, p. 867). Nos crustáceos, está claro que essas reações ocorrem em temperatura mais baixa, graças talvez à concentração incomum de aminoácidos e açúcares livres em seu tecido muscular. Dentre os aminoácidos que as criaturas marinhas acumulam em suas células para equilibrar o sal da água, os crustáceos preferem a glicina, que tem sabor adocicado e empresta doçura à carne deles.

O característico sabor de iodo encontrado com frequência nos camarões marrons do Golfo do México e às vezes em outros crustáceos origina-se de compostos de bromo que os animais acumulam de algas e outros alimentos e depois convertem, dentro do tubo digestivo, em compostos incomuns e mais odoríferos (bromofenóis).

Costuma-se observar que os crustáceos são mais saborosos quando cozidos na casca. A cutícula reduz a perda de compostos de sabor da carne e é em si mesma uma massa concentrada de proteínas, açúcares e moléculas pigmentosas capazes de emprestar sabor à camada externa da carne.

Como escolher e manipular crustáceos. Pelo fato de sua carne ser tão facilmente danificada pelas próprias enzimas após a morte, os crustáceos geralmente são vendidos ao consumidor final congelados, cozidos ou vivos. A maioria dos camarões crus "frescos" foram adquiridos congelados no atacado e descongelados em seguida. Peça para cheirar uma amostra e não compre o camarão caso sinta o cheiro de amônia ou outros odores desagradáveis. Cozinhe-os no mesmo dia.

Os crustáceos maiores, lagostas e caranguejos, geralmente são vendidos vivos ou pré-cozidos. Os crustáceos vivos devem provir de um tanque que pareça limpo e devem estar ativos. Podem ser conservados vivos dentro da geladeira por um ou dois dias, envoltos num pano molhado. Lagostas e caranguejos relativamente pequenos têm fibras musculares mais finas e, portanto, textura mais lisa.

O receituário tradicional frequentemente trata lagostas, lagostins e caranguejos como se fossem insensíveis à dor, recomendando ao cozinheiro que os retalhe ou lance em água fevente ainda vivos. É fato que esses seres não têm sistema nervoso central. O "cérebro" na região da cabeça só recebe estímulos dos olhos e das antenas, e cada segmento do corpo tem seu próprio centro nervoso, de modo que é difícil saber se ou como a dor pode ser minimizada. O conselho que parece mais sensato é dado pelos biólogos marinhos: anestesie o animal, deixando-o num banho de água com sal e gelo por 30 minutos, logo antes de cortá-lo ou fervê-lo.

Camarões. Os camarões são o fruto do mar mais comercializado em todo o mundo. Essa predominância advém do sabor delicioso, do tamanho convenientemente pequeno, da reprodução rápida no ambiente natural e em cativeiro e da tolerância de sua carne ao congelamento. Há camarões de água doce e salgada*. Cerca de 300 espécies de camarão são usadas como alimento pelo mundo afora, mas as mais comuns pertencem a um único gênero tropical e subtropical, o *Penaeus*. As espécies de *Penaeus* podem atingir a maturidade em um ano ou menos e alcançam até 24 cm de comprimento. Os camarões de clima temperado pertencem a outro grupo, crescem mais devagar e, em regra, são menores (15 cm no máximo). Hoje, cerca de um terço da produção mundial é cultivada, principalmente na Ásia.

A qualidade do camarão. O camarão conservado em gelo perde sabor em poucos dias graças à perda de aminoácidos e outras pequenas moléculas saborosas. Porém, em razão da cutícula protetora, o camarão pode permanecer comestível por até 14 dias.

* No Brasil, o camarão de água doce, do qual existem várias espécies, é chamado (entre outros nomes) de "pitu". (N. do T.)

Os comerciantes costumam tratá-los com uma solução de bissulfito de sódio para impedir a descoloração e, como se faz com as vieiras, com uma solução de polifosfato de sódio para mantê-los úmidos; essas práticas podem gerar sabores desagradáveis.

A "cauda" do camarão, composta principalmente de músculos, representa cerca de dois terços do peso de seu corpo. Por isso os produtores frequentemente separam-na da saborosa "cabeça", na qual as enzimas do hepatopâncreas poderiam acelerar a deterioração. A "veia" escura na curvatura exterior do abdômen é o final do tubo digestivo e pode ter textura áspera por conter areia, da qual os animais extraem bactérias e detritos; é fácil separá-la do músculo que a rodeia. Embora camarões descascados e cozidos sejam convenientes e fáceis de obter, os verdadeiros apreciadores de camarão procuram camarões frescos e inteiros e os cozinham com casca de modo rápido e breve.

Lagostas e lagostins. As lagostas de água salgada (espécies dos gêneros *Homarus* e *Nephrops*) e os lagostins de água doce (*Astacus*, *Procambarus* e outros) são, em geral, os maiores crustáceos do ambiente em que vivem. Houve época em que a lagosta norte-americana chegava a pesar 19 kg, ao passo que hoje tem tipicamente 1,35 kg. E mais de 500 espécies de lagostim evoluíram nas águas doces de rios e ribeirões isolados, especialmente na América do Norte e na Austrália. A maioria são relativamente pequenos, mas os "marrons" australianos e as "lagostas de Murray" podem ter mais de 4,5 kg. De todos os crustáceos, os la-

Vísceras dos crustáceos. O cefalotórax dos crustáceos contém uma glândula digestiva grande e saborosa, o hepatopâncreas, cujas enzimas também podem decompor os músculos circundantes. A "veia" escura, às vezes arenosa, que se sobrepõe ao músculo da cauda é na verdade o final do tubo digestivo.

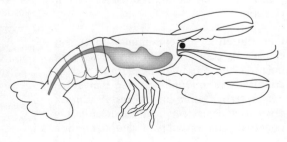

gostins são os mais fáceis de criar em cativeiro e tem sido cultivados nas piscinas naturais da Bacia do Atchafalaya, na Louisiana, há mais de dois séculos. Também são apreciados na Suécia.

O principal atrativo de todos esses animais é a carne branca de sua "cauda". Três espécies europeias e americanas de lagosta, assim como todos os lagostins, têm garras grandes que, na lagosta americana, podem representar metade de seu peso total. Um grupo grande de parentes mais distantes, as lagostas-castanhas e lagostas-negras (*Palinurus*, *Panuliris*, *Jasus* e outros gêneros), é considerado "sem garras"; fornece boa parte das caudas de lagosta congeladas, pois sua carne resiste melhor ao congelamento que a das lagostas com garras. A carne das garras é nitidamente diferente daquela do corpo e da cauda. Por precisarem de mais resistência, os músculos das garras comportam proporção substancial de fibras vermelhas de uso lento (p. 146) e têm sabor caracteristicamente mais rico.

Lagostas e lagostins são frequentemente vendidos vivos ao consumidor final. A melhor estação para consumir os lagostins da Louisiana é, em geral, o inverno e a primavera locais, quando os animais estão mais pesados e têm a carne mais firme. O corpo da lagosta contém a saborosa glândula digestiva chamada "fígado", massa pálida que assume coloração verde quando cozida. As fêmeas também podem conter um ovário, massa que leva em si milhares de ovos de 1-2 mm que se tornam rosa-avermelhados quando cozidos. Às vezes, o fígado e o ovário da lagosta são removidos antes da cocção, esmagados e acrescentados a molhos quentes no último minuto de preparação a fim de emprestar-lhes sua cor e sabor.

Caranguejos. Os caranguejos não têm cauda. Ao contrário, têm um cefalotórax imenso, cuja musculatura permite a essas criaturas viver no fundo do mar, escavar tocas em terra e subir em árvores. A maioria dos caranguejos tem uma ou duas garras poderosas que servem para segurar, cortar e esmagar as presas. A carne da garra do caranguejo é saborosa, mas é mais dura e tem textura mais grosseira que a do corpo, não sendo tão apreciada; são exceções a saborosa garra única e gigantesca do caranguejo-das-pedras da Flórida e do chama-maré europeu*; também no Nordeste brasileiro a carne da pinça é a parte mais apreciada do caranguejo-do-mangue. As pernas do caranguejo gigante do Pacífico Norte, que pode ter 1,2-1,8 m de envergadura, proporcionam grandes cilindros de carne que costumam ser vendidos congelados.

A maioria dos caranguejos comerciais (espécies dos gêneros *Callinectes*, *Carcinus*, *Cancer* e outros) ainda é capturada viva por meio de dragas ou armadilhas. Podem ser vendidos vivos, ou cozidos e inteiros, ou, ainda, cozidos e processados – só a carne, sem a casca. Esta carne é vendida fresca, ou pasteurizada, ou congelada para durar mais. Além do tecido muscular, também a grande glândula digestiva do caranguejo, a "manteiga", é apreciada pelo sabor rico e intenso e pela textura cremosa que empresta a molhos e patês. O fígado do caranguejo pode acumular as toxinas de algas que causam intoxicação alimentar (p. 206); por isso os agentes do Estado monitoram os níveis de toxina e restringem a captura de caranguejos quando aqueles se tornam significativos**.

Caranguejos de casca mole. Uma vez que os crustáceos que acabam de mudar de pele gastaram boa parte de suas reservas de proteína e gordura e estão absorvendo água para preencher a casca nova, geralmente não são apreciados como alimento. As maiores exceções a essa regra são o caranguejo-verde de Veneza e o caranguejo-azul do

---

* Os brasileiros, ao contrário, apreciam a carne da pinça, especialmente a do caranguejo-do-mangue da região Nordeste. (N. do R. T.)

** No Brasil, alguns caranguejos são chamados "siris". Distinguem-se pelas patas traseiras em forma de barbatana, que lhes permitem nadar. Habitam somente ambientes de água salgada ou salobra e são capturados e consumidos como os demais caranguejos. (N. do T.)

litoral atlântico norte-americano, os quais são fritos e comidos inteiros. Os animais a ponto de mudar de pele são cuidadosamente observados e removidos da água salgada assim que abandonam a casca antiga, uma vez que a nova cutícula se tornaria resistente em poucas horas e completamente calcificada em dois ou três dias.

MOLUSCOS: MARISCOS, MEXILHÕES, OSTRAS, VIEIRAS, LULAS E SEUS PARENTES

Os moluscos são as criaturas mais estranhas que comemos. Um dia desses, dê uma olhada de perto num abalone intacto, numa ostra ou numa lula! Porém, estranhos ou não, os moluscos são abundantes e deliciosos. A julgar pelos imensos montes pré-históricos de conchas de ostras, mariscos e mexilhões que pontilham os litorais do planeta, os seres humanos banqueteiam-se desde os primeiros tempos com essas criaturas convenientemente lentas. Esse filo do reino animal, altamente diversificado e bem-sucedido, surgiu há meio bilhão de anos e atualmente inclui 100 mil espécies, o dobro do número total de espécies de vertebrados. Os moluscos abrangem desde caramujos de 1 milímetro de diâmetro até mariscos e lulas gigantes.

O segredo do sucesso dos moluscos – e de sua estranheza – é a estrutura corporal adaptável. Ela inclui três partes principais: um "pé" muscular para locomoção; um conjunto intrincado que inclui os órgãos circulatórios, digestivos e sexuais; e, sobre esse conjunto, um "manto" versátil que assume as funções de secretar o material que compõe a casca, dar suporte aos olhos e a pequenos tentáculos que detectam alimento ou perigo e se contrair e relaxar a fim de controlar o fluxo de água para o interior do animal. Os moluscos que comemos combinam essas partes de muitos modos diferentes.

- Os abalones, os mais primitivos, têm uma concha protetora única, semelhante a uma taça, e um pé enorme e resistente que lhes permite movimentar-se e aderir às algas marinhas das quais se alimentam, raspando-as com a boca.
- Os mariscos são protegidos por uma concha dupla e usam o pé para se enterrar na areia. Um manto modificado lhes proporciona dois feixes de músculos para fechar as conchas e um tubo muscular – o sifão – que estendem sobre a superfície da areia a fim de aspirar partículas de alimento. Todos os bivalves – mariscos, mexilhões, ostras – têm guelras semelhantes a um pente que retiram partículas de alimento da água que o manto aspira e expele.
- Os mexilhões também são bivalves que se alimentam por filtragem, mas se ligam permanentemente, por meio do pé, a rochas submersas ou da zona entremarés. Não necessitam do sifão e um dos músculos que fecham as conchas tem tamanho muito reduzido.
- As ostras se ligam a rochas submersas ou da zona entremarés. Suas duas conchas, bastante pesadas, se fecham por meio de um único grande músculo no centro, ao redor do qual se organizam o manto e os outros órgãos. A maior parte de seu corpo é composta pelo manto e pelas guelras que filtram alimento.
- As vieiras nem aderem a rochas nem se enterram na areia. Vivem livres no leito oceânico e nadam para escapar dos predadores. Seu grande músculo central fecha suas conchas e expele água por uma das extremidades, impelindo-as no sentido oposto.
- As lulas e os polvos são moluscos virados do avesso e transformados em carnívoros hidrodinâmicos e altamente móveis, com grandes olhos e tentáculos. Uma concha vestigial serve de suporte interno e o manto assume a forma de uma camada muscular especializada que se expande e contrai para fornecer propulsão por meio de um jato de água que passa por um pequeno funil derivado do músculo do pé.

Os moluscos imóveis se dão muito bem na aquicultura. Podem ser cultivados em grande número nas três dimensões do espaço aquoso, suspensos em redes ou cordas, e crescem rapidamente graças à boa circulação de oxigênio e nutrientes.

Os músculos adutores dos bivalves. Os bivalves, ou moluscos com duas conchas, têm de separar as conchas para aspirar água e partículas de alimento e fechá-las para proteger seu corpo macio contra os predadores ou – no caso dos mexilhões e ostras que vivem na zona entremarés – contra o ar que poderia secá-los. Para fazer isso, desenvolveram um sistema muscular especial que apresenta certos desafios ao cozinheiro mas representa antes de tudo uma vantagem, uma vez que esses animais "pré-embalados" podem sobreviver por muitos dias na geladeira, cobertos somente por uma toalha molhada.

Geralmente, as conchas dos bivalves são mantidas mecanicamente abertas por meio de um ligamento semelhante a uma mola, que vincula e puxa as duas conchas no local onde se articulam e assim abre as extremidades opostas. Para fechar as conchas, o animal deve mover um músculo chamado "adutor" (do latim *adducere*, "juntar"), que se estende entre as extremidades largas das conchas e se contrai para vencer a força elástica do ligamento.

O músculo rápido é macio, o que mantém a concha fechada é duro. O músculo adutor tem de realizar duas operações muito diferentes. Uma consiste em fechar rapidamente as conchas para expelir sedimentos, resíduos acumulados ou ovos, ou ainda para excluir os predadores. A outra consiste em manter as conchas bem fechadas durante horas, às vezes dias, até que passe o perigo. Essas duas tarefas são desempenhadas por porções contíguas do músculo. A porção de contração rápida é bastante semelhante aos músculos de uso rápido dos peixes e crustáceos: é branca, translúcida e relativamente macia. Mas a porção que mantém a concha fechada é um dos músculos mais fortes que conhecemos e é capaz de manter sua contração com pouquíssimo dispêndio de energia graças a truques bioquímicos que travam as fibras contraídas e ao reforço proporcionado por grande quantidade de colágeno. Este músculo tem aparência opalescente, semelhante à dos tendões de uma coxa de frango ou pernil de cordeiro, e é duro de mastigar a menos que seja cozido por muito tempo. Na vieira, a pequena porção que mantém a concha fechada prejudicaria a maciez do grande músculo de uso rápido, e por isso é geralmente retirada.

A textura dos moluscos. São os músculos adutores os principais responsáveis pela textura de vários bivalves – especialmente a vieira, cujo músculo "natatório", grande e macio, é frequentemente a única porção servida. Os outros moluscos bivalves são ingeridos inteiros, ou seja, com um ou dois músculos adutores e diversas vísceras; túbulos e lâminas de músculos e tecido conjuntivo; massas macias de óvulos, espermatozoides e partículas de alimento; e um muco proteináceo que lubrifica e dá liga às partículas alimentares. Por isso mariscos, mexilhões e ostras são escorregadios e ao mesmo tempo macios e crocantes quando crus, e elásticos e difíceis de mastigar depois de cozidos. Quanto maior a proporção de tecido muscular, mais elástico o molusco.

A textura dos moluscos também é muito afetada pelo estágio reprodutivo em que se encontram. Quando se aproxima a época da desova e seus corpos se enchem de óvulos e/ou espermatozoides, os bivalves desenvolvem uma cremosidade macia que, depois da cocção, se transforma numa textura semelhante à de pudim. Imediatamente depois da desova, os tecidos esgotados estão magros e flácidos.

As carnes de abalone, polvo e lula são compostas principalmente de tecido muscular bem fornido de colágeno e um arranjo complexo das fibras. São elásticas e difíceis de mastigar quando pouco cozidas, duras quando cozidas até alcançar a temperatura de desnaturação do colágeno, por volta de 50-55 °C, e macias depois de cocção prolongada.

O sabor dos moluscos. Ostras, mariscos e mexilhões são apreciados pelo sabor rico, que dá água na boca, especialmente quando comidos crus. Tal sapidez se deve ao acúmulo de substâncias internas que ativam o paladar, as quais servem como reserva de energia e contrabalançam a salinidade externa das águas onde vivem esses animais. Para garantir o equilíbrio osmótico, os peixes marinhos (como também os polvos e as lulas) usam o óxido de trimetilamina (que não tem sabor) e quantidades relativamente pequenas de aminoácidos, ao passo que a maioria dos moluscos usa quase somente aminoácidos: nos bivalves, especialmente o saboroso ácido glutâmico. E em vez de armazenar energia na forma de gordura, os moluscos acumulam outros aminoácidos – além de glicogênio, a versão animal do amido, que, embora insípido em si, provavelmente aumenta a sensação de viscosidade e substância e se transforma lentamente em moléculas doces (fosfatos de açúcar).

Pelo fato de os moluscos usarem aminoácidos para contrabalançar a concentração de sal, quanto mais salgada for a água mais sápido será o molusco. Isso explica pelo menos algumas diferenças de sabor entre os moluscos de diferentes lugares e justifica a prática de "arrematar" a criação de ostras deixando-as por algumas semanas ou meses em determinados locais. Como os moluscos gastam suas reservas de energia quando se preparam para a desova, tornam-se nitidamente menos saborosos à medida que se aproxima essa época.

Quando os moluscos são cozidos, seu sabor diminui um pouco porque o calor prende alguns aminoácidos na teia de proteínas coaguladas e impede-os de serem percebidos pela língua. Por outro lado, a cocção altera e intensifica o aroma, geralmente dominado pelo dimetil sulfeto, composto formado a partir de uma substância incomum que contém enxofre (dimetil-β-propioteti-na), retirada pelos moluscos das algas de que se alimentam. O dimetil sulfeto também é aroma destacado no milho em lata e no leite aquecido: é esse um dos motivos pelos quais ostras e mariscos combinam tão bem com esses ingredientes em sopas e ensopados de frutos do mar.

Como escolher e manipular moluscos. A menos que já tenham sido removidos das conchas, os bivalves frescos devem estar vivos e saudáveis; caso contrário, é provável que já tenham começado a estragar. O bivalve saudável tem as conchas intactas e o músculo adutor, ativo, mantém-nas solidamente fechadas, especialmente quando se toca o molusco abruptamente com a mão. Os moluscos se conservam melhor em gelo, cobertos com um pano molhado, e não devem jamais ficar na água produzida pelo derretimento do gelo, que não tem sal e é, portanto, fatal para as criaturas marinhas. Os mariscos e seus parentes frequentemente adquirem mais qualidade depois de mergulhados por algumas horas em um balde de água salgada fria (20 g de sal por litro) a fim de se purificar da areia e quaisquer outras partículas residuais.

Quando o cozinheiro pretende abrir as conchas de uma ostra ou marisco e remover a carne crua, tem de lidar com o ligamento da articulação e com os músculos adutores. A técnica usual consiste em introduzir a lâmina de uma faca curta e resistente entre as conchas perto da articulação e cortar o ligamento elástico. Em seguida, passe a faca pela superfície interna de uma das conchas para cortar o(s) músculo(s) adutor(es) (mariscos e mexilhões têm dois, ostras e vieiras têm um). Remova a concha solta e corte a outra extremidade do(s) adutor(es) para libertar o corpo da outra concha.

O calor provoca o relaxamento do músculo adutor, e é por isso que as conchas dos moluscos se abrem durante a cocção. Aquelas que não se abrem podem conter dentro de si um animal morto e devem ser descartadas.

Abalone. O gênero *Haliotis* tem cerca de 100 espécies, todas dotadas de uma única concha relativamente achatada; os maiores espécimes atingem 30 cm e 4 kg. Nos Estados Unidos, o abalone vermelho, *Haliotis rufescens*, é atualmente cultivado em gaiolas no mar ou em tanques em terra, e em três anos chega a 9 cm de largura e produz 100 g de carne. A carne do abalone é às vezes bastante dura, em parte porque esse molusco aparentemente acumula colágeno como reserva de energia! É essencial um aquecimento muito suave ou prolongado; a carne endurece demais quando a temperatura passa dos 50 °C, e o colágeno contrai e compacta o tecido. Depois disso, a cocção lenta, prolongada e contínua dissolverá o colágeno e o transformará em gelatina, tornando a carne densa, mas acetinada. Os cozinheiros japoneses submetem o abalone a cocção lenta por várias horas para obter sabor mais pronunciado (ao que parece, os aminoácidos livres reagem para formar peptídeos que ativam o paladar).

Mariscos. Os mariscos são os bivalves que vivem debaixo da areia. Para se enterrar nos sedimentos de rios e mares, estendem para baixo o músculo do pé, expandem sua extremidade como se fosse uma âncora e contraem o pé ao mesmo tempo em que esguicham água e balançam a concha. A fim de alcançar a água a partir de sua "toca" e assim respirar e se alimentar, eles têm dois tubos musculares chamados "sifões", um para inalar e outro para exalar a água. Os tubos podem estar juntos ou separados.

Nos Estados Unidos dá-se o nome de mariscos de "concha dura" àqueles que se fecham completamente, ao passo que os mariscos de "concha mole" têm sifões muito mais compridos que as conchas, as quais são finas e encontram-se permanentemente entreabertas. O marisco japonês ou de Manila (*Ruditapes philippinarum*) é o único a ser cultivado em larga escala no mundo inteiro, graças à sua robustez e por não se enterrar fundo demais. As outras espécies comuns de marisco, em número de mais ou menos uma dúzia, são sobretudo produtos regionais. Algumas espécies do gênero *Mactromeris* absorvem pigmentos do plâncton e apresentam impressionante cor vermelha em vários músculos. O maior e mais grotesco dos mariscos comerciais de clima temperado é o *geoduck* das planícies litorâneas periodicamente inundadas do

---

Palavras da culinária: *mollusc* (molusco), abalone, *clam* (marisco), *oyster* (ostra), *scallop* (vieira), *squid* (lula)

Molusco, o termo genérico que designa os seres com conchas, vem da raiz indo-europeia *mel*, que significa "mole" e remete à parte interior desses animais. Abalone entrou na língua inglesa a partir da palavra *aulun*, que designava esse caramujo hidrodinâmico na língua dos índios de Monterey, Califórnia. *Clam* (marisco) nasceu do indo-europeu *gel*, uma massa compacta: *cloud* (nuvem), *cling* (aderir) e *clamp* (fixar) são seus parentes linguísticos no inglês. *Mussel* (mexilhão) deriva do indo-europeu *mus*, que significa "camundongo" e "músculo" (este último se move rapidamente como um camundongo por baixo da pele). Uma vez que os mexilhões quase não se movem, a comparação deve ter sido sugerida por sua cor escura e pelo formato alongado. *Oyster* (ostra), do indo-europeu *ost*, "osso", designa o molusco que tem uma concha pesada, com cor e textura de osso. *Scallop* (vieira), um molusco cuja concha é excepcionalmente simétrica e estriada, vem, por meio do francês medieval *escalope*, da palavra germânica que significa "concha". E *squid* (lula)? Por enquanto, essa palavra desafia os linguistas. Surgiu abruptamente, do nada, em meados do século XVII.

litoral noroeste da América do Norte (*Panope generosa*), cujo sifão parece a tromba de um elefante pequeno. Embora a maioria não tenha mais que 1,5 kg, alguns *geoducks* podem alcançar 8 kg, com um sifão de 1 m de comprimento!

A musculatura usada para se enterrar e aspirar água faz dos mariscos criaturas relativamente difíceis de mastigar. As porções mais macias de mariscos grandes (manto, músculos de uso rápido) podem ser cortadas e preparadas separadamente. Em geral, o grande sifão do *geoduck* é escaldado e tem sua resistente camada externa removida antes de a carne ser fatiada e/ou batida até ficar muito fina, quer para ser consumida crua, quer para ser submetida a cocção suave e prolongada.

Mexilhões. As poucas espécies de mexilhões que geralmente comemos se tornaram cosmopolitas: tomando carona ou por meio de introdução intencional, chegaram a várias partes do mundo onde crescem naturalmente e/ou são cultivadas e vendidas com 6 cm em menos de dois anos. As espécies de *Mytilus* do Atlântico e do Mediterrâneo têm hábitos complementares: a do Atlântico atinge sua melhor forma na primavera e desova no verão, ao passo que a mediterrânea é melhor no verão e desova no inverno.

Os mexilhões se ancoram na zona entremarés por meio de uma "cabeleira" de resistentes fibras proteicas chamada *bisso* ou "barba". Ao passo que os mariscos têm dois músculos adutores iguais para fechar e manter fechadas as conchas, o mexilhão tem um adutor grande na extremidade larga e um pequeno na extremidade estreita. O restante de seu corpo compreende o manto e os sistemas respiratório e digestivo. Os tecidos sexuais se desenvolvem em todos esses sistemas. A coloração depende do sexo, da dieta e da espécie; pigmentos alaranjados de algas e crustáceos se acumulam mais nos mexilhões fêmeas e nos do Atlântico.

De todos os moluscos, os mexilhões são os mais fáceis de preparar; toleram certa sobrecocção e se desprendem facilmente das conchas. Ambas as características refletem a quantidade relativamente pequena de tecido muscular. Pelo fato de a barba ser ligada ao corpo, o ato de puxá-la pode ferir o animal. Deve ser removida imediatamente antes da cocção. Para evitar endurecer os mexilhões, o melhor é cozinhá-los em panela larga e baixa e essencialmente numa única camada. Com isso, o cozinheiro pode remover os que se abrem primeiro, para que eles não endureçam enquanto os outros ainda estão chegando ao ponto.

Ostras. De todos os bivalves, as ostras são os mais apreciados. São os frutos mais macios do oceano, o equivalente marinho da vitela confinada ou do frango engordado, que não fazem nada exceto ficar parados e comer. Seu músculo adutor representa somente um décimo do peso corporal; as lâminas finas e delicadas do manto e das guelras representam mais da metade, ao passo que a massa visceral soma um terço. A os-

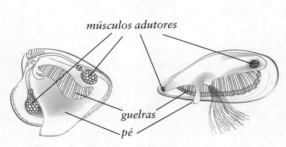

Anatomia de mariscos e mexilhões. A maior parte do corpo do marisco (à esquerda) é o pé muscular, ao passo que o corpo do mexilhão (à direita) é sobretudo um manto não muscular que envolve órgãos digestivos e reprodutivos. Os músculos adutores que fecham as conchas são partes relativamente pequenas do animal. A "barba" do mexilhão é feita de fibras proteicas duras que o ancoram a uma rocha ou outro apoio.

músculos adutores

guelras
pé

tra é uma iguaria especial quando separada das conchas e consumida crua. É grande suficiente para encher a boca, tem sabor pleno e complexo e uma umidade sugestivamente escorregadia; sua consistência delicada forma agudo contraste com a concha de aparência rochosa.

Os tipos de ostras. As ostras se tornaram escassas já no século XVII e hoje em dia são sobretudo criadas em cativeiro. Das duas dúzias de espécies de ostras, só algumas têm importância comercial; têm formas diferentes e sabores sutilmente diferenciados. A ostra-plana-europeia (*Ostrea edulis*) é relativamente suave e tem gosto metálico; A ostra-gigante (*Crassostrea gigas*) tem aromas de melão e pepino; e a ostra-americana (*Crassostrea virginica*) tem o cheiro de folhas verdes. Embora haja exceções, a maioria das ostras produzidas na Europa são ostras-planas-europeias, ostras-portuguesas e ostras-gigantes; no litoral leste da América do Norte e no Golfo do México, são ostras-americanas; e no litoral oeste da América do Norte, ostras-gigantes e ostras-planas-do-pacífico (*Ostrea lurida*). A ostra-portuguesa é provavelmente uma raça de ostra-gigante que pegou carona da China ou de Taiwan para a Península Ibérica nos navios dos primeiros exploradores, há quatrocentos ou quinhentos anos.

As águas em que as ostras vivem. O sabor de uma ostra também depende das águas onde ela vive, e é por isso que é cabível a designação geográfica das espécies de ostras. Quanto maior a salinidade da água, mais suas células terão de produzir aminoácidos que ativam o paladar, os quais contrabalançam os sais dissolvidos no exterior; e mais intenso será o sabor do molusco. O plâncton local e os minerais dissolvidos na água deixarão vestígios nítidos no animal; e os predadores, as correntes e a exposição à mudança das marés tornarão maior e mais forte o seu músculo adutor. A temperatura da água determina a velocidade de crescimento da ostra e até mesmo seu sexo: o calor e a abundância de alimentos geralmente acarretam a transformação da ostra numa polpuda fêmea cujos milhões de ovos lhe dão consistência cremosa; a água fria acarreta crescimento lento, adiamento indefinido da maturidade sexual e uma textura mais magra e crocante.

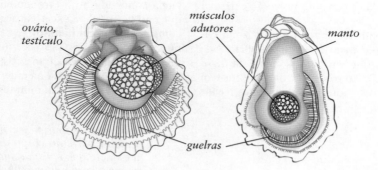

Anatomia de ostras e vieiras. A porção mais apreciada da vieira (à esquerda) é o grande músculo adutor principal, conglomerado macio de fibras de uso rápido que fecha bruscamente a concha a fim de impelir o molusco para longe dos perigos. O músculo ao lado, em forma de lua crescente, mantém a concha fechada. É duro e rico em tecido conjuntivo e, por isso, geralmente é retirado e descartado. Os tecidos reprodutivos rosado e castanho são apreciados na Europa, mas não nos Estados Unidos. O corpo da ostra (à direita) é feito principalmente de órgãos digestivos e reprodutores envolvidos num manto carnoso. Em geral a ostra é comida inteira, e os músculos proporcionam certa textura crocante elástica.

Como manipular e preparar ostras. As ostras vivas podem sobreviver por uma semana ou mais na geladeira, envolvidas em pano molhado e com a concha curva para baixo. Até certo ponto, esse período de espera pode lhes acentuar o sabor, uma vez que o metabolismo sem oxigênio causa a acumulação do sápido ácido succínico nos tecidos. As ostras pré-retiradas da concha são lavadas com água doce fria e depois envidradas com as secreções que passam a sair delas próprias, as quais devem ser quase transparentes; a turvação excessiva indica que os tecidos estão se decompondo. As ostras envidradas são frequentemente subpasteurizadas (aquecidas a cerca de 50 °C) para retardar a deterioração sem perder muito da textura e do sabor das ostras frescas.

Vieiras. A família das vieiras inclui cerca de 400 espécies que têm desde alguns milímetros até quase um metro de envergadura. A maioria das vieiras alimentícias ainda é coletada do fundo do mar. As vieiras maiores (dos gêneros *Pecten* e *Placopecten*) são capturadas por meio de dragas em águas profundas e frias ao longo do ano inteiro em viagens de barco que podem durar semanas, ao passo que as vieiras menores (*Argopecten*) são coletadas por dragas ou à mão, por mergulhadores, mais perto da praia e durante uma estação bem definida.

Diferentemente de todos os outros moluscos, a vieira é quase toda feita de um músculo deliciosamente macio e doce. Isso porque é o único bivalve que nada. Para se defender dos predadores, a vieira fecha abruptamente as conchas e esguicha água pelo lado da articulação, usando um músculo estriado central que pode ter 2 cm ou mais de largura e comprimento. Esse músculo adutor compõe porção tão grande do corpo da vieira que também serve como armazém de proteínas e energia. Seu gosto doce vem da grande quantidade do aminoácido glicina e de glicogênio, parte do qual é aos poucos convertida pelas enzimas em glicose e noutra molécula correlata (glucose 6 fosfato) quando o animal é morto.

Uma vez que suas conchas não se fecham hermeticamente, as vieiras são, em geral, tiradas da concha logo após a coleta, preservando somente o músculo adutor para o mercado norte-americano e, além dele, os órgãos reprodutivos rosado e castanho para o mercado europeu. Isso significa que, em regra, a qualidade da vieira começa a deteriorar muito antes de ela chegar ao mercado. Em barcos que ficam fora por mais de um dia, a coleta será congelada e/ou mergulhada numa solução de polifosfato, que os adutores absorvem e retêm, tornando-se polpudos e adquirindo coloração branca viva. Entretanto, tais vieiras são menos saborosas e perdem grande quantidade de líquido quando aquecidas. As vieiras não tratadas têm coloração esbranquiçada menos viva com sobretons de rosa ou alaranjado.

Na cozinha, o cozinheiro às vezes precisa separar o músculo natatório, grande e macio, do músculo adjacente, menor e mais duro, que mantém as conchas fechadas. Quando salteadas, as vieiras rapidamente desenvolvem uma rica crosta marrom graças à combinação de aminoácidos livres e açúcares, que sofrem as reações de Maillard.

Lula, siba, polvo. Os *cefalópodes* são os mais avançados de todos os moluscos. Seu manto se converteu numa parede muscular que envolve os vestígios da casca (o termo significa "pé-cabeça": o músculo do pé é próximo da cabeça do animal). Os polvos, espécies dos gêneros *Octopus* e *Cistopus*, têm oito tentáculos agrupados ao redor da boca, com os quais caminham pelo fundo do mar e capturam suas presas; as sibas litorâneas (espécie do gênero *Sepia*) e as lulas de alto-mar (espécies dos gêneros *Loligo*, *Todarodes*, *Ilex*) têm braços curtos e dois longos tentáculos.

A textura dos cefalópodes. As fibras musculares de lulas e polvos são extremamente finas – têm menos de um décimo do diâmetro de uma típica fibra de peixe ou de boi (0,004 mm em vez de 0,05-0,1 mm) –, o que torna sua carne densa e lhe dá textura cerrada. Tais fibras se dispõem em múltiplas camadas e são muito reforçadas por colágeno; têm três a cinco vezes mais colágeno do que os músculos dos peixes. Ao contrário do frágil colágeno destes, o das lulas e polvos é cheio de ligações cruzadas e tem propriedades mais semelhantes ao colágeno dos animais terrestres.

Como o abalone e os mariscos, a lula e o polvo devem ser cozidos quer por muito pouco tempo, para que as fibras musculares não endureçam, quer por longo período, para que o colágeno amoleça. Levada rapidamente a 55-57 °C, a carne deles é úmida e quase crocante. A 60 °C, ela se enrola e diminui de tamanho à medida que as camadas de colágeno se contraem e expulsam a umidade das fibras musculares. A cocção lenta, suave e contínua por uma hora ou mais dissolverá o colágeno rígido e contraído e o transformará em gelatina, dando à carne uma suculência sedosa. Bater a carne também pode ajudar a desorganizar e, logo, amaciar o manto e os tentáculos.

O sabor e a sépia dos cefalópodes. A lula e o polvo, como os peixes, mantêm o equilíbrio osmótico por meio do insípido óxido de trimetilamina (p. 209) e não por meio de aminoácidos livres. Por isso sua carne é menos doce e tem sabor menos intenso que a dos outros moluscos e pode cheirar a peixe quando as bactérias convertem aquele óxido em simples trimetilamina.

A sépia dos cefalópodes é um pigmento contido numa bolsa, que o animal pode esguichar na água quando se sente ameaçado. Trata-se de uma mistura de compostos fenólicos (correlatos animais dos complexos fenólicos que descoram frutas e hortaliças cortadas; p. 299) que não sofre os efeitos do calor e é usada pelos cozinheiros para dar cor marrom escura a ensopados e massas.

OUTROS INVERTEBRADOS: OURIÇOS-DO-MAR

Os espinhosos ouriços-do-mar são membros do grupo dos *equinodermas* ("pele espinhosa" em grego), que talvez seja responsável por cerca de 90% da biomassa existente nos leitos de mares profundos. Há cerca de meia dúzia de espécies comerciais de ouriços-do-mar, com diâmetro médio de 6-12 cm. São animais quase totalmente envoltos por uma esfera de placas mineralizadas cobertas de espinhos protetores e são coletados principalmente em vista de seus tecidos reprodutivos, de cor dourada, textura cremosa e sabor rico, que chegam a representar dois terços da massa dos tecidos internos. Tanto os testículos quanto os ovários são apreciados, e são difíceis de diferenciar. As gônadas de ouriços-do-mar

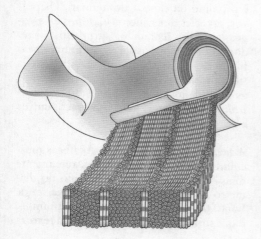

A anatomia do manto de uma lula. Esta porção principal do corpo da lula consiste num invólucro muscular que impulsiona o animal, contraindo-se e esguichando água por uma pequena abertura. O músculo do manto é feito de tecido conjuntivo duro e anéis alternados de fibras musculares, algumas orientadas no sentido da parede do manto, outras orientadas perpendicularmente.

têm cerca de 15-25% de gordura e 2-3% de aminoácidos de sabor intenso, peptídeos e monofosfato de inosina. No Japão, os ouriços-do-mar são comidos crus no *sushi* ou salgados, fermentados e transformados numa pasta salgada; na França, são acrescentados a ovos mexidos, suflês, sopas e molhos de peixe; às vezes são pocheados inteiros.

PEIXES E FRUTOS DO MAR PRESERVADOS

Poucas comidas se estragam tão rápido quanto as da água. E, até há pouco tempo, pouca gente no mundo tinha a oportunidade de comer peixe fresco. Antes de se tornarem comuns a refrigeração e os transportes motorizados, os peixes eram pescados em tamanha quantidade e se deterioravam tão rápido que a maioria tinha de ser preservada por secagem, salga, defumação, fermentação ou alguma combinação desses tratamentos antimicrobianos. Formas de peixes preservados ainda são importantes e apreciadas na maior parte do mundo, especialmente na Europa e na Ásia. É verdade que seu sabor é muito mais forte que o dos suaves peixes frescos que hoje constituem o padrão nos Estados Unidos. Porém, os peixes preservados não são mera relíquia inferior das necessidades pré-industriais; podem ser uma alternativa deliciosa e nos fazem sentir um gostinho da história.

PEIXES SECOS

A secagem de alimentos no sol e no vento é um método antigo de preservação. O peixe fresco tem cerca de 80% de água; com menos de 25%, as bactérias têm dificuldade para se multiplicar, e o mesmo acontece com os fungos abaixo de 15%. Felizmente, a desidratação também intensifica e altera o sabor, pois rompe a estrutura das células e assim promove a atividade das enzimas, e, por outro lado, concentra as moléculas saborosas a ponto de fazê-las começar a reagir umas com as outras e criar novos sobretons de sabor. Peixes e frutos do mar magros são os prediletos para este tipo de tratamento, pois a secagem por meio do ar causa inevitavelmente a oxidação das gorduras e certo desenvolvimento de um sabor rançoso. Os peixes gordos são habitualmente defumados ou curados por sal em recipientes fechados a fim de minimizar a rancidez. Muitas vezes, a secagem é antecedida de salga e/ou cocção, as quais tiram a umidade do peixe e, durante a secagem em si, tornam a superfície do peixe menos hospitaleira para os microrganismos que causam deterioração.

A China e o Sudeste Asiático são os maiores produtores e consumidores de peixes e frutos do mar secos. Lá, os cozinheiros usam camarões secos inteiros ou moídos para temperar vários pratos; cozinham no vapor e moem vieiras secas antes de acrescentá-las a sopas; reconstituem as carnes duras e secas de abalone, polvo, lula, água-viva e pepino-do-mar, mergulhando-as em água, e submetem-nas a cocção lenta até ficarem macias. Fazem o mesmo com barbatanas de tubarão, que emprestam às sopas uma densidade gelatinosa.

***Stockfish* (peixe seco sem sal).** Talvez o peixe seco mais conhecido no Ocidente seja o *stockfish* escandinavo, tradicionalmente feito com bacalhau, lingue e seus parentes, secos a frio ao longo de várias semanas em praias rochosas ao longo do litoral frio e ventoso da Noruega, da Suécia e da Islândia. O resultado é uma placa leve e endurecida praticamente toda feita de proteínas e dotada de sabor pronunciado quando cozida, quase semelhante ao de caça. Hoje em dia, os *stockfish* são secos mecanicamente por jato de ar durante dois a três meses a 5-10 °C. Os apreciadores de *stockfish* na Escandinávia e no Mediterrâneo reconstituem a massa endurecida deixando-a na água durante um ou mais dias, mudando frequentemente a água para impedir a multiplicação de bactérias. Então, a pele é removida e o peixe é submetido a cocção lenta por imersão e servido em pedaços, desfiado ou amassado até virar uma pasta, sendo ainda temperado com diversas gorduras e sabores: no norte, em geral manteiga e mostarda; no Mediterrâneo, azeite de oliva e alho.

PEIXES SALGADOS

A preservação por secagem natural funciona bem em climas frios e quentes. A Europa temperada, onde os peixes geralmente estragam antes de secar suficiente, desenvolveu o hábito de salgar os peixes antes em vez de secá-los. Um dia de salga preservava os peixes por muitos dias mais, tempo suficiente para serem levados ao interior, ao passo que a saturação do peixe com 25% de sal o deixa estável por um ano. O bacalhau e seus parentes, peixes magros, eram salgados e secos ao ar, ao passo que os gordos arenques e assemelhados eram preservados da rancidez induzida pelo ar mediante imersão em barris de salmoura ou por meio de subsequente defumação. Os melhores dentre esses são, no reino dos peixes, os equivalentes dos presuntos curados em sal. Em ambos, o sal ganha tempo para a transformação: preserva-os com suavidade e por tempo suficiente para que as enzimas tanto do peixe quanto de bactérias inofensivas resistentes à salinidade digiram as proteínas e gorduras insípidas e as tornem fragmentos de sabor intenso, que então reagem entre si para criar paladares de grande complexidade.

É difícil traçar uma distinção clara entre peixes salgados e peixes fermentados. As bactérias desempenham seu papel até mesmo no bacalhau curado ao duro; e a maioria das fermentações de peixe começa com uma salga que controla a população e a atividade bacteriana. Em geral, a maioria dos produtos de bacalhau, arenque e anchova salgados não são concebidos como fermentados, e por isso vou descrevê-los nesta seção.

Bacalhau salgado. O abundante bacalhau foi um dos recursos que atraiu os europeus para o Novo Mundo, onde o tratamento padrão consistia em abrir o peixe, salgá-lo e deixá-lo sobre rochas ou jiraus durante várias semanas para secar. Hoje em dia, o bacalhau pode ser curado por 15 dias para saturar a carne de sal (25%) e, depois, conservado sem secagem durante meses. Ao longo desse período, bactérias do gênero *Micrococcus* geram sabor produzindo aminoácidos livres e trimetilamina; e o oxigênio decompõe até metade da pequena quantidade de substâncias gordurosas, transfor-

---

Peixe alcalino: *lutefisk*

Os alimentos nitidamente alcalinos são raros e têm certa qualidade escorregadia, semelhante à do sabão, com a qual é necessário se acostumar. (A alcalinidade é, na química, o oposto da acidez.) A clara de ovo é um desses alimentos; um outro é o *lutefisk*, forma peculiar de preparação de *stockfish* empregada na Noruega e na Suécia, provavelmente criada no medievo tardio, que empresta ao peixe uma consistência "bamboleante" e gelatinosa. Para fazer *lutefisk*, o bacalhau seco parcialmente reconstituído é mergulhado por um dia ou mais numa solução aquosa fortemente alcalina, originalmente feita com potassa (as cinzas de um fogo de lenha, ricas em carbonatos e minerais), às vezes com cal (carbonato de cálcio) e mais tarde com lixívia (puro hidróxido de sódio, à razão de cerca de 5 gramas por litro de água). Essas substâncias fortemente alcalinas fazem com que as proteínas da fibra muscular acumulem carga elétrica positiva e repilam umas às outras. Quando o peixe é cozido da maneira usual (depois de vários dias de enxágue para remover o excesso de lixívia), as proteínas das fibras só aderem fracamente umas às outras.

mando-as primeiro em aminoácidos livres e depois numa gama de moléculas menores que também proporcionam aroma. A secagem artificial final dura menos de três dias.

O bacalhau salgado continua sendo alimento popular não só em todo o Mediterrâneo como também no Caribe e na África, onde foi introduzido na época do tráfico de escravos. A Escandinávia e o Canadá ainda são os maiores produtores. O bacalhau seco de cor branca é preferido ao amarelado e ao avermelhado, pois as cores indicam sabores desagradáveis provocados pela oxidação ou por microrganismos. Primeiro, os cozinheiros o reconstituem e dessalgam, mergulhando-o por horas ou dias em água, que é trocada com frequência. Talvez a preparação mais conhecida no Primeiro Mundo seja a provençal *brandade*, pasta na qual o peixe desfiado e pocheado é batido com azeite de oliva, leite, alho e, às vezes, batatas.

Arenque salgado. O arenque e seus parentes podem ser compostos de até 20% de gordura em relação ao peso e, portanto, correm o risco de se tornar rançosos quando expostos ao ar. Os pescadores medievais resolveram esse problema fechando o peixe em barris de salmoura, onde se conservavam por até um ano. Então, por volta do ano 1300, os holandeses e os alemães do norte desenvolveram uma técnica rápida de limpeza das vísceras que poupava um pedaço do intestino rico em enzimas digestivas (o ceco pilórico). Durante um a quatro meses de cura em salmoura moderada (16-20% de sal), essas enzimas circulam e suplementam a atividade das enzimas dos músculos e da pele, decompondo as proteínas até criar uma textura macia, convidativa, e um sabor maravilhosamente complexo, que combina a um só tempo notas de peixe, carne e queijo. Esses arenques são comidos no estado em que se encontram, sem dessalga nem cocção.

Dois tipos de arenque curado particularmente apreciados são o *groen* e o *maatjes*, arenque "verde" e arenque "virgem" em holandês. Ambos são apenas levemente salgados e tradicionalmente interrompiam a dieta de inverno, que consistia em peixe e carne bovina curados ao duro. Uma vez que hoje em dia todos os peixes levemente curados têm de ser pré-congelados para se livrar dos parasitas (p. 207), essas delícias, antes sazonais, são feitas e apreciadas o ano inteiro.

Anchovas curadas. As anchovas, parentes menores e mais meridionais do arenque, são curadas na região do Mediterrâneo para fazer a versão local de um molho de peixe de sabor intenso (ver quadro, p. 262). Tiram-se as cabeças e limpam-se os peixes, que são então postos em camadas entremeadas de sal em quantidade suficiente para saturar seus tecidos. Essa massa é prensada e conservada por seis a dez meses em temperatura relativamente alta, entre 15 e 30 °C. Os peixes podem então ser vendidos no estado em que se encontram; alternativamente, os filés são enlatados ou envidrados, ou moídos e misturados com óleo ou manteiga para formar uma pasta. As enzimas dos músculos, da pele, das células sanguíneas e das bactérias geram muitos compostos de sabor; a concentração destes, aliada à alta temperatura de cura, estimula os primeiros estágios das reações de escurecimento, que geram ainda outra gama de moléculas aromáticas. O resultado é um sabor extraordinariamente complexo que inclui notas de frutas, gordura, fritura, pepino, flores, doces, manteiga, carne, pipoca, cogumelos e malte. Essa complexidade concentrada, aliada ao modo com que a carne curada se funde imediatamente com os demais ingredientes de um prato, fez com que os cozinheiros tenham usado as anchovas como realçador geral de sabor em molhos e outros pratos desde o século XVI.

***Gravlax* e *lox*.** O *gravlax* se originou na Escandinávia medieval, quando o termo designava uma forma de salmão conservado por fermentação mediante salga leve e pressão (p. 262), e que tinha um cheiro forte. No século XVIII, já se transformara num preparado feito com salga leve e pressão, mas não fermentado. Este novo *gravlax* tinha sabor sutil, textura densa e acetinada que possibilita o corte em fatias muito finas e aspecto cintilante e translúcido. A versão refinada do *gravlax* se tornou popular em muitos países.

As modernas receitas de *gravlax* pedem quantidades variáveis de sal, açúcar e tempo. O tempero padrão agora é endro fresco, provavelmente um substituto doméstico das folhas de pinheiro originais, que constituem deliciosa alternativa. O sal, o açúcar e o tempero são polvilhados por igual sobre todas as superfícies dos filés de salmão; estes são postos sob pressão e o recipiente é refrigerado por um a quatro dias. A pressão proporciona contato íntimo entre a carne e os condimentos, expulsa dos peixes o excesso de líquido e compacta a carne. O sal dissolve a principal proteína contrátil das fibras musculares, a miosina, e assim dá à carne sua maciez compacta.

O *lox*, conhecido nos Estados Unidos sobretudo como acompanhamento para *bagels*, é uma forma de salmão conservado em salmoura forte. Em geral, é mergulhado em água para remover parte do sal antes de ser fatiado para venda ao consumidor.

PEIXES FERMENTADOS

Do Ártico aos trópicos, muitas culturas recrutaram microrganismos para crescer em peixes e lhes transformar a textura e o sabor. Porém, o polo mundial da fermentação de peixes é o Extremo Oriente, onde essa técnica atendeu a duas finalidades importantes: preservar e dar uso a uma imensa quantidade de peixes pequenos que habitam as águas costeiras e os rios; e proporcionar uma fonte concentrada de sabores que estimulam o apetite – sobretudo o sápido glutamato monossódico e outros aminoácidos – numa dieta dominada pelo insípido arroz.

Ao que parece, a fermentação de peixes surgiu há milhares de anos nas bacias de água doce do sudoeste da China e do rio Mekong. Espalhou-se depois para os deltas costeiros e foi aplicada a peixes de água salgada. Desenvolveram-se duas famílias de técnicas: a simples salga de uma massa de pequenos peixes ou partes de peixes, que se deixa então fermentar; e a salga leve de peixes maiores inseridos em seguida numa massa fermentada de arroz ou outros cereais, hortaliças ou frutas. Na fermentação simples, a proporção de sal é geralmente suficiente por si só para impedir que o peixe estrague, e as bactérias atuam sobretudo como modificadoras do sabor. Na fermentação mista, porém, uma dose menor de sal preserva o peixe por poucas semanas enquanto os ingredientes vegetais alimentam os mesmos microrganismos que azedam o leite ou transformam o suco de uvas em vinho. Então, o peixe é preservado pelos ácidos ou pelo álcool desses microrganismos e recebe o sabor dos muitos subprodutos de seu crescimento.

A partir desses princípios simples, os povos asiáticos desenvolveram dezenas de produtos diferentes de peixe fermentado, e os europeus desenvolveram alguns. Entre eles inclui-se o *sushi* original, que não era um pedaço de peixe imaculadamente fresco sobre um arroz levemente avinagrado! Vou descrever aqui alguns dos preparados mais comuns.

Pastas e molhos de peixe da Ásia. As pastas e molhos de peixe fermentados da Ásia são manifestações vitais de um preparado que quase desapareceu na Europa, mas que em outras épocas era bem conhecido sob os nomes de *garum* ou liquâmen, o molho de peixe de Roma (ver quadro, p. 262). (O moderno ketchup, condimento agridoce feito de tomate, deriva seu nome do *kecap*, condimento salgado de peixe criado na Indonésia.) Os molhos de peixe desempenham papel idêntico ao dos molhos de soja nas regiões onde a soja não cresce bem, e provavelmente foram os modelos originais do molho de soja.

As pastas e os molhos de peixe são duas fases do mesmo preparado simples. Uma massa de peixes ou frutos do mar é misturada com sal até atingir uma concentração salina entre 10 e 30% e selada num recipiente fechado por períodos que variam entre um mês (para pastas) e 24 meses (para molhos). As pastas de peixe tendem a ter notas relativamente fortes de peixe e queijo, ao passo que os molhos, mais transformados, são carnosos e salgados. Os molhos mais apreciados são os retirados da primeira prensagem da massa; fervidos, condimentados e/ou envelhecidos, são os molhos mais usados para mergulhar pedaços de outros alimentos. Os molhos de segunda qualidade, oriundos da segunda prensagem da massa, podem ser complementa-

Alguns produtos asiáticos de peixe fermentado

Este quadro dá uma ideia da grande variedade de preparados de peixe fermentado produzidos na Ásia.

País	Pedaços ou pasta de peixe	Molho de peixe	Fermentado azedo (fonte de carboidratos)
Tailândia	Kapi (em geral feito de camarão)	Nam-plaa	Plaa-som (arroz cozido)
			Plaa-raa (arroz tostado)
			Plaa-chao (arroz fermentado)
			Plaa-mum (mamão, alpínia)
			Khem-bak-nad (abacaxi)
Vietnã	Mam	Nuoc mam	
Coreia	Jeot-kal	Jeot-kuk	Sikhae (painço, malte, pimentas do gênero *Capsicum*, alho)
Japão	Shiokara (lula, vísceras de peixes)	Shottsuru	Narezushi (arroz cozido)
			Kasuzuke (arroz cozido, sedimentos de vinho de saquê)
		Ika-shoyu (vísceras de lula)	
Filipinas	Bagoong	Patis	Burong isda (arroz cozido)
Indonésia	Pedah		Bekasam (arroz tostado)
	Trassi (camarão)		Makassar (arroz fermentado com levedura de pigmentos vermelhos)
Malásia	Belacan (camarão)	Budu (anchovas)	Pekasam (arroz tostado, tamarindo)
		Kecap ikan (outros peixes)	Cincaluk (camarão, arroz tostado)

dos com caramelo, melado ou arroz tostado e são usados na cozinha para acrescentar profundidade ao sabor de um prato complexo.

Peixes azedos: o *sushi* original e o *gravlax*. É notável que tanto na Ásia quanto na Escandinávia exista a tradição de armazenar peixes junto com alimentos ricos em carboidratos, os quais, fermentados por bactérias, produzem ácidos que preservam os peixes. Essas tradições deram origem a preparados não fermentados mas mais populares: o *sushi* e o *gravlax*.

Misturas asiáticas de arroz e peixe. Dos muitos fermentados asiáticos feitos com cereais e peixe, um dos mais influentes foi o *narezushi* japonês, a forma original do moderno *sushi* (p. 230). A versão mais conhecida é o *funazushi*, feito com arroz e kinguiô ou peixe-dourado (*Carassius auratus*) do lago Biwa, ao norte de Quioto. Várias bactérias consomem os carboidratos do arroz e produzem uma gama de ácidos orgânicos que protegem o peixe contra a deterioração, amaciam-lhe a cabeça e a espinha dorsal e criam o característico sabor azedo e rico que tem notas de vinagre, manteiga e queijo. No *sushi* moderno, feito com peixe cru imaculadamente fresco, o azedo do *narezushi* sobrevive mediante o acréscimo de vinagre ao arroz.

Peixe enterrado da Escandinávia: gravlax. Segundo Astri Ridervold, etnóloga dos alimentos, os peixes fermentados escandinavos – o *gravlax* original, o *surlax* e o *sursild* suecos, o *rakefisk* e o *rakørret* noruegueses – provavelmente resultaram de um dilema simples com que se deparava o pescador medieval em rios, lagos e litorais remotos, onde pegava muito pescado mas tinha pouco sal e poucos barris. A solução era aplicar leve salga ao pescado limpo e enterrá-lo onde fora pego, num buraco no chão, talvez envolvido em casca de bétula: *gravlax* significa "salmão enterrado". A baixa temperatura estival do extremo norte, a ausência de ar, a quantidade mínima de sal e o acréscimo de carboidratos (da casca de árvore ou de leitelho, cevada maltada ou farinha de trigo) conspiravam para estimular uma fermentação láctica que acidificava a superfície do peixe. Além disso, enzimas dos músculos e das bactérias decompunham

---

Garum: a pasta de anchovas original

Um dos sabores que definiam o mundo antigo era um molho de peixe fermentado chamado *garos* (Grécia), *garum* ou *liquamen* (Roma). Segundo Plínio, historiador natural da Roma antiga, "o gárum consiste nas entranhas e outras partes dos peixes que de outro modo seriam jogadas fora, de modo que ele é, na realidade, o licor da putrefação". Apesar de suas origens e de seu aroma, que sem dúvida era forte, Plínio observou que "praticamente nenhum outro líquido, com exceção dos perfumes, tornou-se tão valorizado"; o melhor gárum, feito somente de cavalas, vinha das colônias romanas na Espanha. Para fazer o gárum, as entranhas do peixe eram salgadas, a mistura fermentava sob o sol por vários meses até a carne praticamente se desfazer e, por fim, o líquido marrom era coado. Era usado como ingrediente em pratos cozidos e como molho à mesa, às vezes misturado com vinho ou vinagre (*oenogarum*, *oxygarum*). Alguma forma de gárum é especificada em quase todas as receitas salgadas da coletânea de receitas atribuída a Apício, da fase final do império romano.

Preparados semelhantes ao gárum continuaram existindo no Mediterrâneo até o século XVI, mas desapareceram quando a forma moderna e sólida de gárum alcançou proeminência: anchovas curadas em sal sem as entranhas, o *alici* italiano.

proteínas e óleos para gerar textura amanteigada e um aroma pungente e poderoso, semelhante ao de queijo: a partícula *sur* em *sursild* e *surlax* significa "azedo".

O moderno *gravlax* não fermentado é feito mediante a salga a seco de filés de salmão durante alguns dias em temperatura de refrigeração (p. 259).

PEIXES DEFUMADOS

A defumação de peixes pode ter-se iniciado quando pescadores secaram seu pescado sobre uma fogueira num dia em que não havia sol, vento nem sal. É certo que muitos peixes defumados famosos vêm das nações frias do norte: arenque defumado da Alemanha, Holanda e Grã-Bretanha, bacalhau e arinca defumados da Grã-Bretanha, esturjão defumado da Rússia, salmão defumado da Noruega, Escócia e Nova Escócia (de onde se originou o salmão "Nova" encontrado em lojas de alimentos finos) e gaiado defumado do Japão. Acontece que a fumaça infunde um sabor capaz de mascarar o decorrente da deterioração e ajuda a preservar tanto o peixe quanto o seu sabor próprio; as muitas substâncias químicas geradas pela madeira em ignição têm propriedades antimicrobianas e antioxidantes (p. 499). As defumações tradicionais eram radicais: na Idade Média, o arenque vermelho (*red herring*) de Yarmouth era deixado com as vísceras e defumado por várias semanas, tornando-se capaz de durar até um ano, mas também odorífero o bastante para passar a designar, em língua inglesa, algo que mascara, pelo cheiro forte, uma trilha capaz de ser seguida pelo faro. Quando o transporte ferroviário reduziu o tempo entre a produção e a venda varejista, no século XIX, as curas por salga e defumação tornaram-se muito mais suaves. Hoje em dia, o conteúdo de sal gira em torno de 3%, salinidade igual à da água do mar, e a defumação acontece em poucas horas, oferecendo sabor e prolongando por alguns dias ou semanas a vida de prateleira do peixe refrigerado. Boa parte dos modernos peixes e frutos do mar defumados são enlatados!

Salga e secagem preliminares. Hoje em dia, em geral, os peixes a serem defumados são mergulhados em salmoura forte por prazo que varia entre algumas horas e alguns dias, o suficiente para absorver um pouco de sal (poucos pontos percentuais, jamais o bastante para inibir a deterioração provocada por microrganismos). A salga também chama à superfície algumas proteínas das fibras musculares, especialmente a miosina. Quando o peixe é pendurado para secar, a camada pegajosa de miosina na superfície forma uma película translúci-

---

Um peixe levemente salgado e de cheiro muito forte: *surstrømming*

As pastas e os molhos de peixe são curados com sal suficiente para limitar o crescimento e a atividade dos microrganismos. Existem também fermentados de peixe que envolvem muito menos sal, permitindo a multiplicação das bactérias, que passam a ter influência mais poderosa sobre o sabor. É exemplo o famoso *surstrømming* sueco. Arenques são fermentados em barris por um a dois meses, selados em latas e fermentados por novo período de até um ano. As latas incham, sendo este em outros casos um sinal da presença das bactérias do botulismo; para o *surstrømming*, contudo, é sinal de um promissor desenvolvimento do sabor. As bactérias incomuns responsáveis pela maturação dentro da lata são espécies do gênero *Haloanaerobium*, que produzem os gases hidrogênio e dióxido de carbono, sulfeto de hidrogênio e ácidos butírico, propiônico e acético: na prática, uma combinação de ovos podres, queijo suíço rançoso e vinagre, tudo isso sobreposto ao sabor básico original do peixe!

da que dará ao peixe defumado atraente brilho dourado. (A cor dourada é criada pelas reações de escurecimento entre os aldeídos da fumaça e os aminoácidos da película, e também pela condensação de resinas escuras do vapor da fumaça.)

Defumação a frio e a quente. A defumação inicial (frequentemente feita com serragem, capaz de produzir, em temperatura mais baixa, mais fumaça que a madeira inteira) ocorre em temperatura relativamente baixa, cerca de 30 °C, evitando endurecer a superfície e formar uma barreira ao movimento da umidade de dentro para fora. Isso também permite que a carne do peixe perca certa umidade e se torne mais densa sem sofrer qualquer cocção, a qual desnaturaria o colágeno e faria com que o peixe se desmanchasse. Por fim, o peixe é defumado por várias horas em uma ou outra de duas faixas de temperatura. Na defumação a frio, a temperatura permanece abaixo de 32 °C e o peixe retém sua delicada textura crua. Na defumação a quente, o peixe é essencialmente assado no ar em temperaturas que vão subindo aos poucos e se aproximam daquela do ponto de ebulição da água; alcança rapidamente uma temperatura interna de 65-75 °C e adquire textura coesa mas seca, tornando-se fácil desfiá-lo. Os peixes defumados a frio por bastante tempo podem se conservar por até dois meses na geladeira, ao passo que uma defumação leve, quente ou fria, só fará conservar o peixe por alguns dias ou semanas.

Um bom salmão defumado pode ser tratado com sal e às vezes açúcar por prazo que vai de algumas horas a alguns dias; depois, é lavado, seco ao ar e defumado a frio por 5 a 36 horas. No final, a temperatura sobe de 30 para 40 °C a fim de trazer à superfície um pouco de óleo, que lhe dá brilho.

PRESERVAÇÃO QUÁDRUPLA: O *KATSUOBUSHI* JAPONÊS

O mais notável dos peixes preservados é o *katsuobushi*, pilar da culinária japonesa, que surgiu por volta de 1700 e é feito principalmente com um único tipo de peixe, o gaiado (*Katsuwonus pelamis*). A musculatura do peixe é separada do esqueleto e cortada em vários pedaços, que são suavemente cozidos em água salgada por cerca de uma hora e têm a pele removida. De-

---

Terminologia dos peixes defumados em língua inglesa

Kippered herring	Arenque, limpo e partido ao meio, defumado a frio
Bloater, bokking	Arenque, inteiro, defumado a frio
Buckling	Arenque, inteiro, defumado a quente
Sild	Arenque, imaturo, inteiro, defumado a quente
Red herring	Arenque, limpo, não partido, defumado a frio
Brisling	Espadilha, imatura, inteira, defumada a quente
Finnan haddie	Arinca, limpo, partido ao meio, defumado a frio (em turfa)
Norwegian/Scotch smoked salmon; "*Nova*"	Filés de salmão defumados a frio

pois, são sujeitos a uma rotina diária de defumação a quente sobre fogo de lenha até endurecerem totalmente. Este estágio leva de 10 a 20 dias. As peças sofrem então a inoculação de um ou mais fungos diferentes (espécies de *Aspergillus*, *Eurotium*, *Penicillium*), são fechadas hermeticamente numa caixa e fermentadas durante cerca de duas semanas. Depois de um ou dois dias de secagem ao sol, o bolor superficial é raspado; o processo de fermentação é repetido três ou quatro vezes. No fim, ao cabo de três a cinco meses, a carne está densa e marrom-escura; diz-se que, golpeada, ressoa como um pedaço de madeira.

Por que tanto trabalho? Porque o produto acumula um espectro de moléculas de sabor cuja amplitude só é igualada pela das melhores carnes e queijos curados. Do próprio músculo do peixe e de suas enzimas provêm o ácido láctico e aminoácidos, peptídeos e nucleotídeos sápidos; da defumação resultam compostos fenólicos pungentes; da fervura, da defumação e da secagem ao sol nascem os aromas tostados e carnosos de anéis de carbono que contêm nitrogênio e enxofre; e da ação dos fungos sobre o peixe vêm muitas notas florais, frutais e verdes.

O *katsuobushi* está para a tradição japonesa como um caldo concentrado de vitela está para a francesa: é uma conveniente base de sabor para muitas sopas e molhos. Em questão de minutos, veicula meses e meses de acumulação de sabor na forma de finas lascas. Para o caldo básico chamado *dashi*, leva-se água fria quase até o ponto de fervura com um pedaço de alga *kombu*, que é então removido. Acrescentam-se as lascas de *katsuobushi*, e o líquido é novamente fervido e separado das lascas no instante em que estas absorvem água suficiente para descerem ao fundo. O delicado sabor desse caldo será estragado caso a fervura se prolongue ou as lascas sejam pressionadas.

PEIXES MARINADOS

Em termos químicos, um ácido é uma substância que facilmente libera prótons livres, os quais compõem o pequeno núcleo reativo dos átomos de hidrogênio. A água é um ácido fraco e as células vivas são feitas para funcionar mergulhadas nessa substância. Os ácidos fortes, por outro lado, inundam as células vivas de um grande número de prótons, que elas não são capazes de processar, e danificam seus mecanismos químicos. É por isso que os ácidos são bons para preservar alimentos: eles danificam os microrganismos. No caso dos peixes acidificados, há também um benefício colateral, pois os ácidos dão ao peixe um aroma característico, quase fresco. A acidez faz com que os malcheirosos aldeídos, que acentuam o odor da trimetilamina, reajam com as moléculas de água e percam sua volatilidade, de modo que o aroma passa a ser dominado por alcoóis leves. Arenque e outros peixes conservados em vinagre podem ter gosto surpreendentemente delicado.

Como demonstra a receita de Apício (ver quadro abaixo), os habitantes da região mediterrânea marinam peixes há milhares de anos. O termo moderno "escabeche" e suas variantes derivam do árabe *sikbaj*, que no século XIII designava pratos de carne e peixe aos quais se acrescentava vinagre (ácido acético, p. 860) no final da preparação. Outros líquidos ácidos também eram usa-

---

Um antigo escabeche

Para aumentar o tempo de conservação de peixes fritos. No momento em que saem da frigideira, banha-os com vinagre quente.

– Apício, primeiros séculos d.C.

dos, entre os quais vinho e *verjus*, ou seja, o sumo de uvas verdes.

Peixes e frutos do mar podem ser marinados em ácido quer ainda crus, quer depois de uma salga ou cocção iniciais. No norte da Europa, por exemplo, arenques crus são imersos em marinada (3 partes de peixe para 2 partes de uma solução de 10% de sal e 6% de ácido acético) por até uma semana em temperatura próxima a 10 °C. Na cavala marinada japonesa, chamada *shimesaba*, os filés são salgados a seco por um dia e imersos em vinagre por mais um. No caso dos peixes pré-cozidos, o tratamento térmico inicial mata as bactérias e firma a textura, permitindo que a marinada posterior seja mais suave e, logo, desenvolva menos a textura e o sabor.

PEIXES ENLATADOS

Como os peixes enlatados se conservam indefinidamente sem refrigeração e numa embalagem fácil de manejar, é este o peixe em conserva que a maioria das pessoas come com mais frequência. Nos Estados Unidos, o enlatado é o mais popular de todos os produtos de peixe: os americanos consomem mais de um bilhão de latas de atum por ano. Foi em 1810 que peixes e frutos do mar foram pela primeira vez aquecidos em recipiente hermeticamente fechado, obra de Nicholas Appert, principal inventor do processo. Joseph Colin, outro francês, começou a enlatar sardinhas pouco mais de dez anos depois; pescadores norte-americanos passaram a enlatar ostras em Delaware por volta de 1840 e salmão do Pacífico por volta de 1865, e imigrantes italianos fundaram fábricas de atum enlatado ao redor de São Diego em 1903. Hoje em dia, o salmão, o atum e a sardinha são em todo o mundo os peixes enlatados mais populares.

A maioria dos peixes enlatados são aquecidos duas vezes: uma antes de as latas serem seladas, para ocasionar as perdas que decorrem inevitavelmente da cocção e permitir a drenagem da umidade (bem como do sabor e de óleos que fazem bem à saúde), de modo que o conteúdo não fique mergulhado em água; e outra para esterilizar o conteúdo, depois de fechadas as latas, geralmente por meio de vapor pressurizado a 115 °C. Este segundo tratamento basta para amaciar os ossos dos peixes. Por isso os peixes enlatados com ossos são excelente fonte de cálcio (o peixe fresco contém cerca de 5 mg de cálcio por 100 g; o salmão enlatado, de 200 a 250 mg). É permitida a utilização de vários aditivos nos peixes enlatados, sobretudo no atum, para melhorar o sabor e a aparência. Entre eles incluem-se o glutamato monossódico e várias formas de proteínas hidrolisadas, que são proteínas decompostas em aminoácidos sápidos (inclusive o glutamato). Os peixes enlatados de primeira qualidade são cozidos uma vez só, dentro do recipiente selado, para não perder líquido; logo, não precisam de aditivos.

OVAS DE PEIXE

De todos os alimentos tirados das águas, os mais caros e luxuosos são as ovas de peixe. O caviar, ovas salgadas de esturjão, é a trufa do reino animal: um alimento notável que se torna cada vez mais raro à medida que a civilização avança ineluctavelmente sobre suas fontes naturais. Felizmente, hoje existem criadouros de esturjão que produzem caviar de boa qualidade, e as ovas de vários outros peixes fornecem alternativas acessíveis e interessantes.

Um número imenso de ovos se acumula nos ovários dos peixes antes da desova: cerca de 20 mil em um único salmão fêmea e vários milhões num esturjão, carpa ou sável. Uma vez que as ovas contêm todos os nutrientes de que a célula vai precisar até gerar uma larva, são em regra uma forma de nutrição mais concentrada que o próprio peixe, dotadas de mais gordura (entre 10 e 20% nos caviares de salmão e esturjão) e de grandes quantidades de aminoácidos e ácidos nucleicos sápidos, que servem de matéria-prima para a construção do organismo. As ovas frequentemente contêm bela pigmentação, às vezes carotenoides rosados ou amarelos, outras vezes melaninas marrons e negras, que auxiliam a camuflagem.

As melhores ovas para cocção ou salga não são nem demasiado imaturas nem perfeitamente maduras: os ovos imaturos são pequenos e duros e têm pouco sabor; os prontos para desovar são macios, fáceis de esmagar e rápidos para estragar. As "ovas" são formadas por ovos individuais reunidos em solução proteica diluída e envolvidos em uma membrana fina e frágil. Serão mais fáceis de manipular na cozinha se forem, antes de tudo, brevemente pocheadas a fim de coagular a solução proteica e adquirir consistência mais firme.

Os peixes machos acumulam esperma para liberá-lo na água quando as fêmeas liberam os óvulos. A massa de esperma é chamada leita ou *laitance* e não é granulada, mas cremosa (os espermatozoides suspensos no fluido proteico são microscópicos). As leitas de sargo e de bacalhau são especialmente apreciadas no Japão, onde são suavemente cozidas até desenvolver uma consistência delicada, semelhante à de um pudim.

O SAL TRANSFORMA O SABOR E A TEXTURA DAS OVAS

Salga pesada: *bottarga*. É mais frequente o consumo de ovas de peixe salgadas que o de ovas frescas. Originalmente, a salga era apenas um meio de preservação das ovas. Há milênios, ao redor do Mediterrâneo, ovários inteiros de atum e tainha são salgados a seco, prensados e dessecados para fazer o que hoje se conhece como *bottarga* (existem versões asiáticas quase idênticas). A salga e a secagem causam a concentração de aminoácidos, materiais gordurosos e açúcares, que reagem entre si nas complexas reações de escurecimento. Assim, o preparado ganha um profundo tom castanho-avermelhado e desenvolve sabores ricos e fascinantes, que lembram queijo parmesão e até frutas tropicais! A *bottarga*, servida como antepasto em fatias finas ou ralada sobre macarrão quente, é hoje um alimento de luxo.

Salga leve: caviar. No fim, a salga tem ainda mais a oferecer quando aplicada de forma leve a ovas de peixe úmidas e soltas umas das outras. Uma pequena dose de sal desencadeia nos ovos a atividade de enzimas que digerem proteínas, aumentando a quantidade de aminoácidos livres que estimulam o paladar. Também põe em ação outra enzima (transglutaminase) que estabelece ligações cruzadas entre as proteínas na membrana exterior do ovo e ajuda a torná-la mais rígida, dando mais textura a cada ovo. Gerando uma salmoura atraída

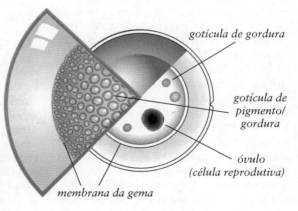

Um ovo de salmão. Como no ovo de galinha, a gema é rodeada por um fluido rico em proteínas e contém materiais gordurosos, entre os quais pigmentos carotenoides lipossolúveis; contém também o óvulo vivo, ou seja, a célula reprodutiva feminina.

por osmose para o espaço entre a membrana exterior e a membrana da gema, o sal incha os ovos, deixando-os mais redondos e mais firmes. E, modificando a distribuição de cargas elétricas nas proteínas, faz com que elas se liguem umas às outras e espessem os fluidos aquosos dentro do ovo, dando-lhes consistência semelhante à do mel.

Em suma, uma salga leve transforma as ovas de peixe de mero petisco agradável naquele alimento extraordinário conhecido como caviar: um gosto fugaz da salmoura primordial e das moléculas sápidas das quais toda a vida surgiu.

CAVIAR

O caviar parece ter surgido na Rússia por volta do ano 1200 como alternativa mais palatável aos tradicionais ovários de esturjão em conserva. Embora o termo *caviar* seja hoje usado para descrever quaisquer ovos de peixe soltos (ou seja, fora do ovário) e levemente salgados, por muitos séculos referiu-se somente aos ovos soltos de esturjão. O caviar mais procurado ainda é o que vem de umas poucas espécies de esturjão coletadas sobretudo por pescadores russos e iranianos quando os peixes entram nos rios que desembocam no Mar Cáspio.

Há apenas 150 anos, os esturjões eram comuns em muitos rios grandes do Hemisfério Norte e o caviar era tão abundante na Rússia que Elena Molokhovets sugeriu que fosse usado para clarificar caldos de carne e decorar chucrute "de modo que pareça ter sido polvilhado com sementes de papoula"! De lá para cá, porém, a pesca predatória, a construção de represas e usinas hidrelétricas e a poluição industrial ameaçaram de extinção muitas espécies de esturjão. Por volta de 1900, as ovas de esturjão tornaram-se raras, caras e, portanto, um luxo muito procurado – e, assim, ainda mais caro. A tendência não mudou; a população de esturjões do Cáspio caiu vertiginosamente e certas organizações da ONU cogitaram proibir todas as exportações de caviar da região. Em décadas recentes, a produção de caviar tem crescido mais para o leste, ao longo do rio Amur na Rússia e na China e em criadouros de esturjão nos Estados Unidos e outros países.

Como se faz caviar. Na confecção tradicional de caviar, os esturjões são capturados vivos com redes, atordoados, e têm suas ovas removidas antes de serem mortos e esquartejados. As ovas são passadas por uma tela para soltar os ovos e separá-los da membrana do ovário; depois, os ovos são separados, classificados, salgados a seco e misturados à mão por dois a quatro minutos para que se obtenha uma concentração final de sal de 3 a 10%. (Pequena quantidade de bórax alcalino [borato de sódio] é usada desde a década de 1870 para substituir parte do sal, dando ao caviar um gosto mais doce e aumentando sua vida de prateleira, mas os Estados Unidos e alguns outros países proíbem o uso de bórax nos produtos que importam.) Os ovos são drenados por 5 a 15 minutos, colocados em grandes latas e resfriados a –3 °C (o sal impede o congelamento nessa temperatura).

O caviar mais apreciado é o mais perecível. É chamado pelo termo russo *malossol*, que significa "pouco sal", e tem salinidade de 2,5 a 3,5%. Os caviares clássicos do Cáspio têm diferentes tamanhos, cores e sabores. O beluga é o mais raro, maior e mais caro. O osetra, o caviar mais comum de origem silvestre, vem principalmente do Mar Negro e do Mar de Azov, é tingido de marrom e seu sabor lembra o de ostra. O caviar sevruga é mais escuro e tem sabor menos complexo. O "caviar prensado" é uma pasta relativamente barata e mais salgada (até 7%), de gosto forte, feita com ovos maduros. Pode ser congelado.

Caviares de salmão e outros peixes. A Rússia desenvolveu o caviar de salmão na década de 1830. Trata-se de alternativa deliciosa e acessível, com bela translucidez vermelho-rosada e ovos grandes. Os ovos separados do salmão-de-cachorro e do salmão-rosado são mergulhados em salmoura saturada por 2 a 20 minutos para alcançar salinidade final de 3,5-4%; depois, são drenados e secos por até 12 horas. O caviar de peixe-lapa data da década de 1930, quando os ovos desse peixe pouco aproveitado, do tamanho do caviar sevruga, começaram a ser salgados e tingidos para imitar o produto original. Os ovos de peixe-branco têm o mesmo tamanho e, para reter sua cor dourada, não são tingidos. Em anos recentes, as ovas de arenque, anchova e até lagosta foram usadas para fazer caviares diversos. O caviar pode ser pasteurizado (50-70 °C por 1-2 horas) para prolongar sua validade, mas esse tratamento pode produzir aroma desagradável, semelhante ao de borracha, e torná-lo difícil de mastigar.

Ovas de peixe comumente consumidas

Fonte	Qualidades, nomes
Arenque	Médios, amarelos-ouro, às vezes curados por salga; apreciados no Japão quando ligados a algas marinhas Japão: *kazunoko*
Atum	Pequenos; frequentemente salgados; prensados e secos para fazer *bottarga* Itália: *bottarga*
Bacalhau, juliana	Muito pequenos, rosados, às vezes salgados, prensados, secos, defumados Japão: *ajitsuki, tarako, momijiko*
Carpa	Muito pequenos, levemente rosados; às vezes salgados Grécia: *tarama*
Esturjão	Médios; levemente salgados para fazer caviar
Peixe-branco	Pequenos, dourados, crocantes, tirados de parentes de água doce do salmão que habitam o Hemisfério Norte; frequentemente temperados ou defumados
Peixe-lapa	Pequenos, peixes comuns no Atlântico Norte e no Báltico; ovos esverdeados, frequentemente tingidos de vermelho ou preto, fortemente salgados, pasteurizados, envidrados
Peixe-voador	Pequenos, amarelos, frequentemente tingidos de alaranjado ou de preto, crocantes Japão: *tobiko*
Salmão	Ovos grandes (4-5 mm) de cor vermelho-alaranjada, obtidos sobretudo do salmão-de-cachorro (*chum, Oncorhynchus keta*), geralmente postos em salmoura branda e vendidos frescos Japão: *sujiko* (ovário inteiro), *ikura* (ovos separados)
Sável	Pequenos; o sável é um parente do arenque
Tainha	Pequenos; frequentemente salgados; prensados e secos para fazer *bottarga* Itália: *bottarga*; Grécia: *tarama*; Japão: *tarasumi*
Truta	Grandes ovos amarelos da truta dos Grandes Lagos

CAPÍTULO 5

PLANTAS COMESTÍVEIS
Uma introdução às frutas, hortaliças, ervas e especiarias

Os vegetais como alimento	272	Como manipular frutas e hortaliças frescas	306
A natureza dos vegetais	272	A atmosfera de estocagem	306
Definições	275	Controle da temperatura: refrigeração	307
Os alimentos vegetais no decorrer da história	276	Controle da temperatura: congelamento	308
Os alimentos vegetais e a saúde	281	A cocção de frutas e hortaliças frescas	308
Nutrientes essenciais em frutas e hortaliças: vitaminas	281	Como o calor afeta as qualidades de frutas e hortaliças	309
Substâncias fitoquímicas	283	Água quente: fervura, cocção no vapor, cocção na pressão	316
Fibras	286		
Toxinas em algumas frutas e hortaliças	286	Ar quente, óleo e radiação térmica: assados ao forno, frituras e grelhados	317
Frutas e hortaliças frescas e intoxicação alimentar	289		
		Cocção por micro-ondas	319
A composição e as qualidades de frutas e hortaliças	289	Pulverização e extração	319
		Preservação de frutas e hortaliças	323
A estrutura dos vegetais: células, tecidos e órgãos	289	Secagem em geral e liofilização	323
Textura	293	Fermentação e preservação em salmoura ou meio ácido: chucrute e *kimchi*, picles de pepino, azeitonas	324
Cor	295		
Sabor	300		
Como manipular e estocar frutas e hortaliças	303		
		Conservas de açúcar ou compotas	329
A deterioração após a colheita	303	Enlatamento	332

Saímos agora da esfera do leite, dos ovos, das carnes e dos peixes, todos expressões da proteína vivificante e da gordura que dá energia, e penetramos num território muito diferente que dá sustento tanto aos animais quanto a nós. O reino vegetal compreende raízes amargas, folhas picantes, refrescantes e também amargas, flores perfumadas, frutas que dão água na boca, sementes olea-ginosas, doçura, acidez, adstringência e dor prazerosa, e aromas aos milhares! Acontece que essa diversidade exuberante nasceu da simples e brutal necessidade. Os vegetais não se locomovem como os animais. Para sobreviver imóveis e expostos aos rigores do clima, eles se tornaram virtuosos em química. Constroem-se a partir dos materiais mais simples do nosso mundo, água, rochas, ar e luz, e assim transformam a terra em alimentos dos quais depende toda a vida animal. Para afastar os inimigos e atrair amigos, as plantas usam cores, gostos e cheiros, invenções químicas que moldaram nossos conceitos de beleza e deleite. E, para se protegerem das habituais tensões químicas da existência, usam substâncias que nos dão a mesma proteção. Por isso, quando comemos hortaliças, frutas, cereais e especiarias, ingerimos os alimentos que possibilitaram nossa existência e abriram nossa vida para um mundo caleidoscópico de sensações e delícias.

Os seres humanos sempre foram herbívoros. Desde há mais de um milhão de anos, nossos ancestrais onívoros já coletavam extensa gama de frutas, folhas e sementes. A partir de cerca de 10 mil anos atrás, domesticaram alguns cereais, leguminosas e tubérculos, que se contam entre as mais ricas fontes de energia e proteínas no reino vegetal e podem ser cultivados e armazenados em grande quantidade. Este controle sobre o suprimento de alimentos possibilitou que grande número de pessoas pudessem ser alimentadas a partir de um pequeno pedaço de terra: assim, o cultivo dos campos levou os homens a se fixar, gerou as primeiras cidades e tornou possível o cultivo da mente humana. Por outro lado, a agricultura reduziu drasticamente a variedade de alimentos vegetais na dieta humana. Milhares de anos depois, a industrialização diminuiu-a ainda mais. Na moderna dieta ocidental, as frutas e hortaliças se tornaram elementos acessórios, até marginais. Só há pouco tempo tornamos a compreender que a saúde do corpo humano ainda depende de uma dieta variada, rica em frutas, hortaliças, ervas e especiarias. Felizmente, as tecnologias modernas hoje nos dão um acesso sem precedentes à cornucópia de plantas comestíveis do mundo. Chegou a hora de explorar esse legado fascinante – ainda em evolução – da inventividade da natureza e do homem.

Este capítulo é uma introdução geral aos alimentos que obtemos de fontes vegetais. Por serem tantas, as frutas, hortaliças, ervas e especiarias específicas serão descritas em capítulos subsequentes. Os alimentos derivados de sementes – cereais, leguminosas, oleaginosas – têm propriedades especiais e serão descritos em separado, no capítulo 9.

O alimento original

A ideia de que os vegetais são nosso alimento original e, portanto, o único alimento adequado, tem raízes culturais profundas. Na Era de Ouro descrita pela mitologia grega e romana, a terra produzia espontaneamente e por si mesma, sem cultivo, e os seres humanos comiam somente frutas e sementes oleaginosas. Segundo o Gênese, Adão e Eva foram jardineiros no seu breve período de inocência:

> E o Senhor Deus plantou um jardim no Éden, a oriente; e ali colocou o homem que modelara. E fez o Senhor Deus crescer do solo todas as espécies de árvores formosas de ver e boas de comer [...] E o Senhor Deus tomou o homem e colocou-o no Jardim do Éden para cultivá-lo e guardá-lo.

A Bíblia só menciona a carne como alimento depois de registrar a primeira morte, o assassinato de Abel por seu irmão Caim. Desde Pitágoras até o presente, muitos indivíduos e grupos preferiram comer somente alimentos vegetais a fim de evitar tirar a vida de outras criaturas capazes de sentir dor. E, no decorrer da história, a maioria das pessoas simplesmente não teve escolha: a produção de carne é muito mais cara que a de cereais e tubérculos.

OS VEGETAIS COMO ALIMENTO

A NATUREZA DOS VEGETAIS

Os vegetais e os animais são tipos muito diferentes de seres vivos, e isto porque desenvolveram diferentes soluções para um mesmo desafio básico: como obter a energia e a matéria-prima necessárias para crescer e se reproduzir. Essencialmente, as plantas nutrem a si mesmas. Constroem seus tecidos a partir da água, dos minerais e do ar e os fazem funcionar por meio da energia da luz solar. Os animais, por outro lado, não conseguem extrair energia e construir moléculas complexas a partir de materiais tão elementares. Precisam obtê-los já prontos, e para tanto consomem outros seres vivos. Os vegetais são *autótrofos* independentes, ao passo que os animais são *heterótrofos* parasitários. (O parasitismo pode não parecer uma coisa boa, mas sem ele não haveria a necessidade de comer nem tampouco nenhum dos prazeres da culinária e da alimentação!)

A autotrofia tem diversas modalidades. Algumas bactérias arcaicas e unicelulares manipulam compostos de enxofre, nitrogênio e ferro para produzir energia. O desenvolvimento mais importante para o futuro da alimentação ocorreu há mais de 3 bilhões de anos, com a evolução de uma bactéria capaz de captar a energia da luz solar e armazená-la em moléculas de carboidratos (moléculas feitas de carbono, hidrogênio e oxigênio). A clorofila, o pigmento verde que vemos em toda a vegetação à nossa volta, é uma molécula que captura a luz do sol e inicia o processo de *fotossíntese*, que culmina na criação de um açúcar simples chamado glicose.

$$6CO_2 + 6H_2O + \text{energia luminosa} \rightarrow C_6H_{12}O_6 + 6O_2$$

dióxido de carbono + água + energia luminosa → glicose + oxigênio

As bactérias que conseguiram "inventar" a clorofila deram origem às algas e a todas as plantas terrestres verdes – e, indiretamen-

A difícil vida dos vegetais. As plantas vivem fixas num único local, onde absorvem água e minerais do solo, dióxido de carbono e oxigênio do ar e energia luminosa do sol, e transformam esses materiais inorgânicos em tecidos vegetais – e em nutrientes para os insetos e outros animais. Os vegetais se defendem dos predadores com as mais diversas armas químicas, algumas das quais também os tornam saborosos, saudáveis ou ambos. A fim de espalhar por amplas áreas seus rebentos, algumas plantas envolvem suas sementes em frutos gostosos e nutritivos que os animais pegam e comem, deixando cair algumas sementes nesse processo.

te, também aos animais terrestres. Antes da fotossíntese, a atmosfera da Terra continha pouco oxigênio e os mortíferos raios ultravioleta do sol chegavam até o chão e penetravam alguns metros na água dos oceanos. Os organismos vivos, portanto, só podiam sobreviver em águas mais profundas. Quando surgiram as bactérias fotossintéticas e as primeiras algas, elas liberaram imensa quantidade de oxigênio (O_2), que a radiação da alta atmosfera converteu em ozônio (O_3), o qual por sua vez absorve a luz ultravioleta e impede que boa parte dela chegue à superfície terrestre. Tornou-se possível, assim, a vida em terra seca.

Por isso nós, que somos animais terrestres e respiramos oxigênio, devemos a própria existência às coisas verdes que plantamos e consumimos e em meio às quais caminhamos em cada dia de nossa vida.

Por que os vegetais não têm carne. Os vegetais terrestres capazes de nutrir a si mesmos ainda precisam ter acesso ao solo para obter os minerais e a água ali contidos; à atmosfera, para obter gás carbônico e oxigênio; e à luz solar, para obter energia. Todas essas fontes são bastante confiáveis, e os vegetais desenvolveram uma estrutura econômica que tira partido dessa confiabilidade. As raízes penetram o solo para alcançar suprimentos estáveis de água e minerais; as folhas maximizam sua área superficial para captar a luz do sol e trocar gases com o ar; e os caules dão apoio às folhas e ligam-nas às raízes. Os vegetais são, essencialmente, indústrias químicas estacionárias compostas de câmaras onde se dão a síntese e a estocagem de carboidratos e de tubos pelos quais as substâncias são transferidas de uma parte da fábrica para outra; são dotados ainda de um reforço estrutural – feito também, principalmente, de carboidratos – que garante a rigidez e a integridade mecânica do conjunto. Os animais parasitários, por sua vez, precisam ir até onde estão os outros organismos e deles se alimentar. Por isso são compostos principalmente de proteínas musculares que transformam em locomoção a energia química (p. 134).

Por que os vegetais têm sabores e efeitos fortes. Os animais também podem usar a mobilidade para fugir ou lutar, evitando tornar-se a refeição de outra criatura. Mas e os vegetais estacionários? Neles, a imobilidade é compensada por uma capacidade fantástica de sintetizar substâncias químicas. Esses alquimistas consumados produzem milhares de sinais de alerta dotados de gosto forte, às vezes venenosos, que desencorajam o ataque de bactérias, fungos, insetos e outros animais, como nós inclusive. Uma lista parcial de suas armas químicas incluiria compostos irritantes como o óleo de mostarda, a capsaicina das pimentas do gênero *Capsicum* e a substância que, presente nas cebolas, induz às lágrimas; alcaloides tóxicos e amargos como a cafeína do café e a solanina das batatas; os compostos de cianeto encontrados no feijão-de-lima e em muitas sementes de frutas; e substâncias que prejudicam o processo digestivo, como os taninos adstringentes e os inibidores de enzimas digestivas.

Se os vegetais são tão bem-dotados de pesticidas naturais, por que o mundo não está coalhado dos cadáveres de suas vítimas? Porque os animais aprenderam a reconhecer e evitar vegetais potencialmente nocivos com a ajuda dos sentidos do olfato e do paladar, capazes de detectar compostos químicos em concentrações minúsculas. Os animais desenvolveram reações inatas a determinados sabores significativos – aversão ao amargor típico dos alcaloides e do cianeto, atração pela doçura de açúcares importantes para a nutrição. E alguns animais criaram enzimas desintoxicantes específicas que os habilitam a fazer uso de um vegetal que de outro modo seria tóxico. O coala pode comer folhas de eucalipto; as lagartas de borboleta-monarca, asclépia. Também os seres humanos inventaram métodos engenhosos de desintoxicação, entre os quais a seleção genética e a própria culinária. As variedades cultivadas de plantas como o repolho, o feijão-de-lima, a batata e a alface são menos tóxicas que seus antepassados selvagens. E muitas toxinas podem ser destruídas pelo calor ou lavadas pela água fervente.

Detalhe fascinante dessa história é que os humanos, na verdade, apreciam e procuram certas toxinas vegetais! Constatamos que determinados sinais de alerta são relativamente inofensivos e aprendemos a gostar de certas sensações cujo propósito inicial era o de nos repelir. Daí nosso gosto aparentemente perverso pela mostarda, pela pimenta e pela cebola. É esse o apelo essencial das ervas e especiarias, como veremos no capítulo 8.

Por que as frutas maduras são especialmente deliciosas. Para se reproduzir, os vegetais e animais superiores fundem o material genético produzido por órgãos sexuais masculinos e femininos, geralmente de indivíduos diferentes. Os animais têm a vantagem da mobilidade: machos e fêmeas percebem a presença uns dos outros e caminham para se encontrar. Os vegetais não se movem e, em razão disso, dependem de intermediários móveis. O pólen masculino da maioria dos vegetais terrestres é levado ao óvulo feminino pelo vento ou por animais. Para encorajar os animais a ajudá-las, as plantas avançadas desenvolveram a flor, um órgão cuja forma, cor e aroma são feitos para atrair um determinado auxiliar, geralmente um inseto. À medida que voa para cá e para lá e coleta o nutritivo néctar ou o pólen para lhe servir de alimento, o inseto transfere o pólen de uma planta para outra.

Depois que as células masculina e feminina se juntaram e criaram um novo ser, é preciso lhe dar boas condições de vida. A fêmea do animal pode procurar um local promissor e ali depositar sua cria. Os vegetais, por outro lado, precisam de ajuda. Se as sementes simplesmente caíssem da planta para o chão, teriam de competir umas com as outras e com a sua mãe, que lança sombra sobre elas para obter luz do sol e minerais do solo. Por isso as famílias vegetais bem-sucedidas desenvolveram mecanismos para dispersar suas sementes por uma larga área. Entre esses mecanismos incluem-se recipientes de sementes que se abrem de súbito e lançam seu conteúdo em todas as direções, apêndices que aproveitam a força do vento ou se agarram aos pelos de um animal que passa – e estruturas que tomam carona *dentro* dos transeuntes. As frutas são órgãos vegetais que convidam os animais a comê-las, de tal modo que os animais levem as sementes para longe, fazendo-as muitas vezes passar pelo seu sistema digestivo e depositando-as numa pilha fertilizante de estrume. (As sementes escapam da destruição de várias maneiras: tornando-se grandes e resistentes, pequenas e facilmente dispersas ou venenosas.)

Por isso, diferentemente do resto da planta, a fruta tem a *função* de ser comida. É por isso que seu gosto, textura e odor são tão atraentes para os sentidos dos animais. Porém, esse convite à alimentação só pode ser feito quando as sementes estiverem maduras e capazes de crescer. É esse o propósito das mudanças de cor, textura e sabor a que damos o nome de maturação. As folhas, raízes e caules podem ser comidos a qualquer tempo, e, em regra, quanto mais novos, mais macios. Quanto às frutas, no entanto, temos de esperar que elas mesmas nos digam que estão prontas para serem comidas. Os detalhes da maturação serão descritos no capítulo 7 (p. 389).

Nossos parceiros na evolução. Como nós, a maioria dos vegetais comestíveis surgiu na Terra em época relativamente recente. A vida nasceu há cerca de 4 bilhões de anos, mas as plantas florescentes só existem há 200 milhões de anos e só se tornaram dominantes nos últimos 50 milhões. Desenvolvimento ainda mais recente é a vida "herbácea". A maioria dos vegetais alimentícios não são árvores longevas, mas plantas relativamente pequenas e delicadas que produzem sementes e morrem num único ciclo anual. Esse hábito herbáceo dá aos vegetais maior flexibilidade para se adaptar às condições mutáveis do meio e também é vantajoso para nós. Permite-nos cultivar plantas que chegam à maturidade em poucos meses, mudar as culturas de ano para ano, selecionar rapidamente novas variedades e comer partes das plantas que não seriam comestíveis caso fossem rígidas suficiente para durar anos. Os vegetais herbáceos só se disseminaram há poucos milhões de anos, na mesma época em que surgia a espécie humana. Possibilitaram nosso rápido desenvolvimento cultural, e nós, por nossa vez, usamos a seleção e o aperfeiçoamento genético para direcionar seu desenvolvimento biológico. Nós e nossos vegetais comestíveis somos parceiros na evolução uns dos outros.

DEFINIÇÕES

Os alimentos obtidos de vegetais são agrupados em algumas categorias não muito rígidas.

Frutas e hortaliças. Depois de sementes como o arroz e o trigo, descritas no capítulo 9, os alimentos vegetais mais destacados em nossa dieta são frutas e hortaliças. As hortaliças são, essencialmente, qualquer parte de um vegetal que não seja nem semente nem fruto. Nesse caso, o que é um fruto? A palavra tem um sentido técnico e um sentido vulgar. No século XVII, os botânicos definiram o fruto como aquele órgão que se desenvolve a partir do ovário da flor e envolve as sementes da planta. No uso vulgar, porém, vagens, berinjelas, pepinos e espigas de milho são chamadas hortaliças e não frutas. Até a Suprema Corte norte-americana preferiu a definição dos cozinheiros à dos botânicos. Na década de 1890, um importador de alimentos de Nova York pleiteou que não se cobrassem tributos de importação de um carregamento de tomates, alegando que estes eram frutos e, portanto, pelas leis da época, não eram passíveis desse tipo de tributação. As autoridades da alfândega afirmaram que os tomates eram hortaliças e impuseram o tributo. A maioria dos juízes da Suprema Corte decidiu que os tomates eram "geralmente servidos ao jantar como parte dos pratos de sopa, peixe ou carne que constituem a parte principal do repasto, ou ao lado desses pratos ou logo depois deles, mas não como sobremesa, como é geralmente o caso das frutas". Logo, os tomates eram hortaliças e o importador teve de pagar tributo.

A distinção fundamental: o sabor. Por que costumamos preparar as hortaliças como acompanhamentos ao prato principal e fazemos das frutas o elemento central do clímax da refeição? As frutas culinárias se distinguem das hortaliças por uma característica principal: estão entre as poucas coisas que o ser humano foi naturalmente destinado a comer. Muitos vegetais "projetaram" suas frutas de modo a apelar aos sentidos dos animais, a fim de que estes as comam e dispersem as sementes ali contidas. Essas frutas são os doces e refrigerantes do mundo natural, vistosamente embalados em cores vivas e aprovados por seleção natural depois de milhões de anos de teste de mercado. Tendem a ter alto conteúdo de açúcar para satisfazer o gosto inato de todos os animais pelas coisas doces; têm aromas complexos e intensos, envolvendo às vezes centenas de substâncias químicas diferentes, muito mais que qualquer outro ingre-

Apesar de serem consideradas hortaliças, as "pimentas" do gênero Capsicum, *as vagens, os pepinos e até as espigas de milho são, na verdade, frutos: elementos da fisiologia vegetal que se originam do ovário da flor e envolvem uma ou mais sementes.*

diente natural; e desenvolvem uma textura convidativamente macia e úmida. Por outro lado, os alimentos vegetais que enquadramos como hortaliças permanecem firmes e têm sabor ou muito discreto – vagem e batatas – ou excessivamente forte – cebolas e repolho – e, por isso, exigem a arte do cozinheiro para se tornarem palatáveis.

Na língua inglesa, as próprias palavras *fruit* (fruta) e *vegetable* (hortaliça) refletem essas diferenças. *Vegetable* vem do verbo latino *vegere*, que significa robustecer ou vivificar. *Fruit*, por sua vez, vem do latim *fructus*, cuja rede de significados inter-relacionados inclui os de gratificação, prazer, satisfação e gozo. É da natureza das frutas serem gostosas e apelarem a nossos interesses biológicos básicos, ao passo que as hortaliças nos estimulam a encontrar e criar prazeres mais sutis e diversificados que aqueles que as frutas nos oferecem.

Ervas e especiarias. Os termos *erva* e *especiaria* são mais simples. Ambos designam categorias de materiais vegetais usados principalmente como temperos e em quantidade relativamente pequena. As ervas vêm da parte verde das plantas, em geral das folhas – salsa, tomilho, manjericão –, ao passo que as especiarias são geralmente sementes, cascas, caules subterrâneos – pimenta-do-reino, canela, gengibre – e outros materiais robustos e capazes de aguentar as condições adversas do comércio internacional primitivo. A palavra *especiaria*, como no inglês, *spice*, vem do termo medieval latino *species*, que significa "tipo de mercadoria".

OS ALIMENTOS VEGETAIS NO DECORRER DA HISTÓRIA

Há quanto tempo o mundo ocidental come os alimentos vegetais que comemos hoje e há quanto tempo conhece os atuais modos de consumi-los? São pouquíssimas as hortaliças comuns que *não* são consumidas desde a Pré-História (entre as recém-chegadas podemos mencionar o brócoli, a couve-flor, a couve-de-bruxelas e o aipo). Porém, foi só na era das grandes navegações, no século XVI, que toda a variedade de alimentos hoje conhecida tornou-se integralmente disponível a todas as culturas. No mundo ocidental, as frutas são consumidas como sobremesa pelo menos desde a Grécia antiga; já na Idade Média havia saladas reconhecíveis, e as hortaliças cozidas em molhos delicados remontam à França do século XVII.

A Pré-História e as primeiras civilizações. Muitas plantas passaram a ser cultivadas pelo ser humano por meio de um método grosseiro, mas lentamente eficaz: depois de coletadas algumas plantas úteis, as sementes eram deixadas em férteis montões de lixo. A julgar pelos registros arqueológicos, os antigos europeus comiam trigo, fava, ervilha, nabo, cebola, rabanete e repolho. Na América Central, milho, feijão, abóbora-baiana, tomate e abacate eram gêneros básicos por volta de 3500 a.C., ao passo que as comunidades peruanas dependiam extensamente da batata. O norte da Ásia começou com painço, parentes do repolho, soja e árvores frutíferas das famílias da maçã e do pêssego; o sul da Ásia tinha arroz, banana, coco, inhame, parentes do repolho e frutas cítricas. Dentre as plantas nativas da África incluem-se outras modalidades de painço, sorgo, arroz e banana, além de vários tipos de inhame e feijão-fradinho. A semente de mostarda temperava alimentos na Europa e na Ásia, onde talvez também se usasse o gengibre. As "pimentas" do gênero *Capsicum* eram provavelmente os principais temperos nas Américas.

Na época das primeiras civilizações da Suméria e do Egito, há cerca de 5 mil anos, a maioria dos vegetais nativos da região e ainda consumidos hoje em dia já estava em uso (ver quadro, p. 277). O comércio entre o Oriente Médio e a Ásia também é antigo. Registros egípcios de cerca de 1200 a.C. documentam imensas oferendas de canela, produto do Sri Lanka.

Grécia, Roma e a Idade Média. Com os gregos e romanos começamos a vislumbrar os contornos principais da culinária moderna. Os gregos gostavam de alface e habi-

Hortaliças, frutas e especiarias usadas no Ocidente

Hortaliças	Frutas	Ervas e especiarias

Naturais do Mediterrâneo e usadas na era pré-cristã

Cogumelos	Cebola	Maçã	Manjericão	Endro
Beterraba	Repolho	Pera	Manjerona	Salsa
Rabanete	Alface	Cereja	Funcho	Orégano
Nabo	Alcachofra	Uva	Hortelã	Louro
Cenoura	Pepino	Figo	Alecrim	Alcaparra
Cherovia	Fava	Tâmara	Sálvia	Feno-grego
Aspargo	Ervilha	Morango	Segurelha	Alho
Alho-poró	Azeitona		Tomilho	Mostarda
			Anis	Papoula
			Alcaravia	Gergelim
			Coentro	Açafrão
			Cominho	

Acréscimos posteriores

Espinafre
Aipo
Ruibarbo
Couve-flor
Brócoli
Couve-de-bruxelas

Naturais da Ásia trazidas ao Ocidente na era pré-cristã

Frutas	Ervas e especiarias
Cidra	Cardamomo
Damasco	Gengibre
Pêssego	Canela
	Cúrcuma
	Pimenta-do-reino

Importadas depois

Hortaliças	Frutas	Ervas e especiarias	
Inhame	Limão	Estragão	Cravo
Castanha-d'água chinesa	Lima	Macis	Noz-moscada
Bambu	Laranja		
Berinjela	Melão		

Naturais do Novo Mundo, importadas nos séculos XV-XVI

Batata	Feijão comum	Abacaxi	Pimenta-da-jamaica
Batata-doce	Feijão-de-lima	Abacate	Pimentas do gênero *Capsicum*
Moranga			Baunilha
Abóboras compridas			
Tomate			

tualmente comiam frutas no final da refeição. A pimenta do Extremo Oriente já estava em uso em 500 a.C. e rapidamente se tornou a especiaria mais popular no mundo antigo. Em Roma, a alface era servida no começo e no final das refeições e as frutas eram sobremesas. Graças à arte de enxertar ramos de árvores desejáveis em outras árvores, havia no Império Romano cerca de 25 espécies conhecidas de maçã e 35 de pera. As frutas eram conservadas inteiras mediante imersão em mel, com cabo e tudo, e o gastrônomo Apício deu uma receita de pêssego em conserva com especiarias. As poucas receitas romanas ainda conhecidas dão a entender que, naquela época, poucos alimentos eram servidos sem o acompanhamento de vários sabores fortes.

Ingredientes vegetais em Roma e na Europa medieval

Molho romano para frutos do mar

Molho de cominho para frutos do mar: pimenta, levístico, salsa, hortelã, folha aromática [p. ex., louro], *malabathrum* [uma folha do Oriente Médio], bastante cominho, mel, vinagre, liquâmen [pasta fermentada de peixe semelhante à nossa pasta de anchovas].

— de Apício, primeiros séculos d.C.

Molhos medievais, franceses (Taillevent, c. 1375) e ingleses (The Forme of Cury, c. 1390)

Sauce cameline, *para carnes:*
França: gengibre, macis, canela, cravo, pimenta-malagueta, pimenta, vinagre, pão [para espessar].
Inglaterra: gengibre, cravo, canela, groselha, nozes, vinagre, casca de pão.

Verde sauce:
França: salsa, gengibre, vinagre, pão.
Inglaterra: salsa, gengibre, vinagre, pão, hortelã, alho, tomilho, sálvia, canela, pimenta, açafrão, sal, vinho.

Salada e uma compota de hortaliças (The Forme of Cury, c. 1390)

Salat: toma salsa, sálvia, alho, cebolinha, cebola, alho-poró, borragem, hortelãs, alhos-porós novos, funcho, agrião, mastruz, alecrim novo e beldroega; lava-os bem; pica-os em pedaços pequenos com as mãos e mistura-os bem com óleo cru. Acrescenta vinagre e sal e serve imediatamente.
Compost: raspa e lava raízes de salsa e cherovia. Pica nabos e repolhos na mesma quantidade. Põe no fogo uma panela de barro com água limpa e coloca tudo lá dentro. Quando estiverem cozidos, acrescenta peras e cozinha-as bem. Tira todos esses ingredientes e deixa-os secar sobre um pano limpo. Coloca-os num recipiente e acrescenta sal quando tudo estiver frio. Acrescenta vinagre, pó e açafrão e deixa repousar por uma noite ou um dia. Mistura vinho grego e mel clarificado, mostarda da Lombardia, uvas-passas e groselhas inteiras; mói tempero doce, anis inteiro e semente de funcho. Mistura tudo isso num recipiente de barro e, quando quiseres, toma um pouco e serve.

Quando os romanos conquistaram a Europa, levaram consigo suas árvores frutíferas, a videira e o repolho cultivado, além de seu gosto por especiarias fortes. Receitas de molhos do século XIV lembram as de Apício, e também a salada inglesa que não leva alface era provavelmente bastante picante (ver quadro, p. 278). As coletâneas medievais de receitas trazem relativamente poucos pratos com hortaliças.

Novo Mundo, novos alimentos. Os vegetais – e especialmente as especiarias – colaboraram para moldar a história do mundo nos últimos quinhentos anos. O antigo gosto europeu por especiarias asiáticas foi importante força motriz no processo pelo qual Itália, Portugal, Espanha, Holanda e Inglaterra se tornaram grandes potências marítimas na época da Renascença. Cristóvão Colombo, Vasco da Gama, João Cabot e Fernão de Magalhães estavam procurando uma nova rota para as Índias a fim de quebrar o antigo monopólio veneziano e árabe do comércio de canela, cravo, noz-moscada e pimenta-do-reino. Nesse processo, eles puseram as "Índias Ocidentais" à disposição da Europa para serem exploradas. De início, o Novo Mundo decepcionou as expectativas de produção de especiarias preciosas. Por outro lado, a baunilha e as pimentas do gênero *Capsicum* logo se tornaram populares, e a abundância de novas hortaliças do Novo Mundo mostrou-se facilmente adaptável ao clima europeu. Assim, o feijão comum, o milho, as abóboras, o tomate, a batata e o pimentão acabaram se tornando ingredientes básicos da nova culinária do Velho Mundo.

Foi nos séculos XVII e XVIII que ocorreu a assimilação dos novos alimentos e o progresso na arte de cozinhá-los. O cultivo e a seleção receberam nova atenção: as hortas e os pomares de Luís XIV em Versalhes eram lendários. Os cozinheiros passaram a se interessar mais por hortaliças e a manipulá-las de modo mais refinado, em parte para dar mais interesse à dieta vegetariana da Quaresma e de outros jejuns católicos. O primeiro grande escritor culinário da França, Pierre François de La Varenne, chefe de cozinha de vários nobres, publicou

---

Refinamentos da culinária de hortaliças no século XVII

Escolhe os maiores aspargos, raspa-os embaixo e lava-os. Cozinha-os num pouco de água, salga-os bem e não os deixes cozinhar demais. Quando estiverem prontos, drena-os e faz um molho com boa manteiga fresca, um pouco de vinagre, sal e noz-moscada, acrescentando uma gema de ovo para dar liga; cuida para o molho não engrumar. Serve o aspargo acompanhado do que bem entenderes.
– La Varenne, *Le Cuisinier françois*, 1655

[...] em razão de sua qualidade soporífera, a alface sempre foi e continua sendo o fundamento principal da tribo universal das saladas, que devem refrescar, além de ter outras propriedades [que incluem influências benéficas sobre "a moral, a temperança e a castidade"]. Já dissemos quanto é necessário que, na composição de uma salada, cada planta desempenhe o seu papel sem ser sobrepujada por outra erva de gosto mais forte que ponha em risco o sabor e a virtude das demais; mas devem ocupar cada qual o seu lugar, como as notas de uma música, onde nada deve haver de agressivo. E, conquanto se admitam algumas dissonâncias (para distinguir e iluminar o restante) que contribuam com a vivacidade do todo, e às vezes algumas notas mais suaves, deves conciliar todos os contrários e unificá-los numa composição agradável.
– John Evelyn, *Acetaria: A discourse of Sallets*, 1699

receitas sem carne usando ervilha, nabo, alface, espinafre, pepino, repolho (cinco modos de preparar), escarola, aipo, cenoura, alcachofra-brava e beterraba, além de pratos comuns com alcachofra, aspargos, cogumelos e couve-flor. E as receitas preveem papel de destaque para os sabores próprios das hortaliças. Do mesmo modo, o inglês John Evelyn escreveu uma dissertação inteira sobre saladas, do tamanho de um livro, baseando-se novamente na alface e dando ênfase à noção de equilíbrio.

No século XIX, o uso de hortaliças na culinária inglesa foi se simplificando cada vez mais até reduzir-se praticamente a hortaliças fervidas e cobertas de manteiga, método rápido e fácil para o lar e o restaurante. Na França, por outro lado, o estilo profissional elaborado atingia seu apogeu. No livro *A arte da culinária francesa no século XIX* (1835), o influente chefe de cozinha Antonin Carême proclamou que "é na confecção da culinária da Quaresma que a ciência do chefe de cozinha deve brilhar com novo fulgor". O repertório ampliado de Carême incluía brócoli, trufas, beringela, batata-doce e batata, estas últimas feitas *à l'anglaise, dites, Mache-Potetesse* ("à moda inglesa, ou seja, em purê"). É claro que esse "fulgor" acaba por contrariar o próprio espírito da Quaresma. Em seus *366 menus* (1872), o Barão Brisse perguntava: "Será que as refeições sem carne de nossos entusiastas da Quaresma são realmente refeições de abstinência?"

A influência da tecnologia moderna. A era das grandes navegações e o desenvolvimento da culinária fina deram às frutas e hortaliças uma nova proeminência no continente europeu. Depois disso, as inovações sociais e técnicas da era industrial conspiraram para torná-los a um só tempo menos acessíveis e menos desejáveis. A partir do começo do século XIX, à medida que a industrialização atraía o povo do campo para a cidade, frutas e hortaliças foram se tornando cada vez mais raras na dieta padrão da Europa e dos Estados Unidos. É fato, por outro lado, que o acesso a esses produtos no ambiente urbano foi facilitado pelo transporte ferroviário na década de 1820, pela tecnologia de enlatamento em meados daquele século e pela refrigeração algumas décadas depois. Por volta da virada do século XX, foram descobertas as vitaminas e seu significado nutricional; e as frutas e hortaliças logo foram oficialmente canonizadas como um dos quatro grupos alimentares que devem estar obrigatoriamente presentes em toda refeição. Não obstante, o consumo de frutas e hortaliças frescas continuou declinando ao longo de boa parte do século XX, provavelmente porque a qualidade e a variedade também estavam em declínio. No sistema moderno de produção de alimentos, em que os vegetais são manipulados em quantidades titânicas e transportados por milhares de quilômetros, as características mais importantes das plantas alimentícias passaram a ser a produtividade, a uniformidade e a durabilidade. Em vez de serem selecionadas pelo sabor e colhidas quando este atinge o auge, frutas e hortaliças são selecionadas para suportar os rigores da colheita mecânica, do transporte e da estocagem, e são colhidas fora de tempo, às vezes semanas ou meses antes da data em que serão vendidas e consumidas. Um punhado de variedades medíocres passou a dominar o mercado, ao passo que milhares de outras, legadas por séculos de cuidadosa seleção, desapareceram ou sobrevivem somente em quintais de casas particulares.

No final do século XX, vários acontecimentos ocorridos no mundo industrializado chamaram de novo a atenção para os alimentos vegetais, sua diversidade e sua qualidade. Um deles foi uma nova apreciação de sua importância para a saúde humana, graças à descoberta de "substâncias fitoquímicas" que, presentes nos vegetais em quantidades vestigiais, parecem ajudar a combater o câncer e as doenças cardíacas (p. 283). Outro foi o crescente interesse por culinárias e ingredientes exóticos e desconhecidos, bem como o fato de ser cada vez mais fácil encontrá-los nos mercados. Outro ainda, no extremo oposto do espectro, foi a redescoberta dos sistemas tradicionais e dos prazeres da produção tradicional de alimentos: comer alimentos produzidos na região, às vezes de variedades transmitidas de geração em geração ou outras variedades incomuns, colhidos poucas horas antes do consumo e vendidos em feiras livres pelos próprios agricultores que os cultivaram. Ao lado dessa tendência verificou-se um interesse cada vez maior por alimentos "orgânicos", produzidos sem o uso dos modernos fertilizantes e defensivos químicos. O termo "orgânico" significa coisas diferentes para diferentes pessoas e não é garantia de alimentos mais seguros nem mais nutritivos – a agricultura é um pouco mais complexa que isso. Por outro lado, representam uma importante e essencial alternativa à agricultura industrial, uma alternativa que ressalta a qualidade dos produtos e a sustentabilidade das práticas agrícolas.

Vivemos numa época propícia para os gastrônomos aventureiros e curiosos. Existem muitas variedades de frutas e hortaliças a serem recuperadas e muitos novos alimentos para experimentar. Estima-se que haja 300 mil espécies de plantas comestíveis na Terra, das quais talvez 2 mil sejam cultivadas em alguma medida. Há muita exploração a fazer!

OS ALIMENTOS VEGETAIS E A SAÚDE

Os alimentos vegetais podem proporcionar todos os nutrientes de que precisamos para viver e prosperar. Os primatas dos quais descendemos praticamente só comiam vegetais, como aliás ainda fazem os seres humanos de muitas culturas. Porém, a carne e outros alimentos de origem animal se tornaram importantes para nossa espécie desde que ela surgiu, quando a energia e as proteínas neles concentradas ajudaram a acelerar nossa evolução (p. 132). A carne não deixou de ter para nós esse profundo apelo biológico e, nas sociedades que podiam se dar ao luxo de alimentar o gado com cereais e raízes também usados para a alimentação humana, tornou-se o mais apreciado de todos os alimentos. No mundo industrializado, o prestígio e a acessibilidade da carne empurraram cereais, hortaliças e frutas para o lado do prato e relegaram-nos ao fim da refeição. E, durante décadas, a ciência da nutrição confirmou o caráter subsidiário desses alimentos. Em específico, frutas e hortaliças eram consideradas fontes de uns poucos nutrientes de que precisamos em quantidade mínima e de fibras, que teriam utilidade meramente mecânica. Em anos recentes, contudo, começamos a perceber como é grande a quantidade de substâncias preciosas que os vegetais sempre nos ofereceram. E ainda estamos aprendendo.

NUTRIENTES ESSENCIAIS EM FRUTAS E HORTALIÇAS: VITAMINAS

A maioria das frutas e hortaliças fornece apenas modesta contribuição para nossa ingestão de proteínas e calorias, mas são a principal fonte de diversas vitaminas. Proporcionam quase toda a vitamina C que ingerimos, boa parte do ácido fólico e metade da vitamina A. Cada uma dessas substâncias desempenha diversos papéis em nosso metabolismo celular. A vitamina C, por exemplo, renova o estado químico dos componentes metálicos de muitas enzimas e ajuda a sintetizar o colágeno que compõe o tecido conjuntivo. A vitamina A que nosso corpo produz a partir de uma molécula precursora chamada betacaroteno, presente nos vegetais (p. 296), ajuda a regular o crescimento de diversas espécies de células e colabora para que nossos olhos detectem a luz. O ácido fólico, cujo nome deriva da palavra latina que significa "folha", converte a homocisteína, subproduto de nosso metabolismo celular, no aminoácido metionina. Isso impede que a quantidade de homocisteína aumente demais, o que poderia causar dano aos vasos sanguíneos e provavelmente colaborar para a ocorrência de males cardíacos e ataques do coração.

As vitaminas A, C e E também são antioxidantes (ver p. 283).

A engenharia genética e os alimentos

O desenvolvimento mais importante da agricultura no século XX foi a descoberta da engenharia genética na década de 1980. Trata-se da tecnologia que nos permite alterar os vegetais e animais que usamos como alimento, manipulando com precisão cirúrgica o DNA que compõe seus genes. Essa manipulação contorna as barreiras naturais que existem entre as espécies, de tal modo que, teoricamente, um gene de qualquer ser vivo, planta, animal ou microrganismo pode ser introduzido em qualquer outro ser vivo.

A engenharia genética ainda está engatinhando e até agora impactou apenas de modo limitado os alimentos que comemos. Nos Estados Unidos, estima-se que 75% de todos os alimentos hoje processados contenham ingredientes geneticamente modificados, ou *transgênicos*. Essa cifra altíssima, no entanto, se deve apenas a três produtos agrícolas – soja, canola e milho –, todos eles modificados para apresentar mais resistência a pragas e herbicidas. Neste momento, em 2004, o único outro produto agrícola transgênico significativo nos Estados Unidos é o mamão havaiano, agora resistente a uma doença viral que costumava devastar suas plantações. Alguns outros alimentos são processados com enzimas fabricadas por microrganismos geneticamente modificados – boa parte do queijo, por exemplo, é coagulado com coalho feito por microrganismos nos quais foi inserido o gene responsável pela produção dessa enzima no estômago do gado. No geral, porém, nossos ingredientes primários permanecem relativamente intocados pela engenharia genética.

É certo que esse panorama vai mudar em alguns anos, e não só no Ocidente industrializado: a China também tem um programa muito ativo de biotecnologia agrícola. A engenharia genética é o fruto moderno da própria agricultura, uma consequência da antiga ideia humana de que todas as coisas vivas podem ser moldadas para se adequar aos desejos do homem. Essa moldagem começou quando os primeiros agricultores cultivavam seletivamente aquelas plantas e animais que cresciam mais e tinham gosto melhor ou aparência mais interessante. A seu modo, esse processo simples de observação e seleção se tornou uma poderosa tecnologia biológica. Revelou aos poucos o potencial de diversidade oculto dentro de cada espécie e realizou esse potencial na forma de centenas de variedades distintas de trigo, gado bovino, frutas cítricas e pimentas, por exemplo, muitas das quais jamais haviam existido na natureza. Hoje em dia, os engenheiros genéticos estão explorando o potencial oculto de aperfeiçoamento de uma determinada planta ou animal não apenas dentro de sua espécie, mas entre todas as espécies, na cornucópia de modificações possíveis do DNA de todos os seres viventes.

A engenharia genética traz em si a promessa de facultar grandes melhoras na produção e na qualidade de nossos alimentos. Entretanto, como qualquer outra tecnologia nova e poderosa, também tem o potencial de causar consequências imprevistas de grande envergadura. E, na qualidade de instrumento do agronegócio, provavelmente contribuirá para desbancar ainda mais a produção tradicional, descentralizada e de pequena escala, e seu antigo legado de diversidade biológica e cultural. É importante que essas questões ambientais, sociais e econômicas sejam levadas em conta por todos os envolvidos – pelos próprios setores agrícola e de biotecnologia, pelos governos que os regulam, pelos agricultores que cultivam e criam seus produtos, pelos cozinheiros e fabricantes que transformam esses produtos em coisas comestíveis e, enfim, pelos consumidores que dão apoio a todo esse sistema na medida em que compram e comem os alimentos – de tal modo que, em longo prazo, essa nova revolução agrícola venha a promover o máximo possível o nosso bem comum.

SUBSTÂNCIAS FITOQUÍMICAS

A primeira edição deste livro refletia os conhecimentos nutricionais que tínhamos em 1980: devemos comer frutas e hortaliças em quantidade suficiente para evitar deficiências de vitaminas e minerais e para manter em atividade nosso sistema digestivo. Ponto final.

Quanta diferença em vinte anos! A ciência da nutrição sofreu profunda revolução nesse período. Durante a maior parte do século XX, procurou definir uma dieta minimamente *suficiente*. Determinou os requisitos mínimos do corpo no que se refere à matéria-prima química (proteínas, minerais, ácidos graxos), às engrenagens essenciais do mecanismo (vitaminas) e à energia de que precisa para funcionar e conservar-se dia após dia. No final do século, estudos de laboratório e comparações entre as estatísticas de saúde em diferentes países deixaram claro que as principais doenças do mundo desenvolvido suficientemente nutrido – o câncer e as doenças cardíacas – são influenciadas pela alimentação. Então, a ciência nutricional começou a pensar na definição dos elementos de uma dieta *ótima* ou *ideal*. Descobrimos assim que elementos menores, aparentemente não essenciais, podem ter efeito cumulativo sobre nossa saúde em longo prazo. E os vegetais, virtuoses bioquímicos do planeta, são repletos de pequenas quantidades de *substâncias fitoquímicas* – a palavra vem do grego *phyton*, que significa "folha" – que modulam nosso metabolismo.

Antioxidantes

Os danos decorrentes da oxidação: o preço do viver. Um dos temas principais da nutrição moderna é a necessidade de o corpo suportar os danos e desgastes químicos decorrentes do próprio fato de estar vivo. A respiração é essencial para a vida humana porque nossas células usam oxigênio para reagir com açúcares e gorduras e gerar a energia química que mantém em funcionamento o mecanismo celular. Infelizmente, a geração de energia e outros processos essenciais que envolvem oxigênio geram subprodutos químicos chamados "radicais livres", substâncias quimicamente instáveis que reagem com nossos delicados mecanismos químicos e os danificam. Esses danos são chamados *oxidativos* porque geralmente se originam de reações que envolvem oxigênio. Podem afetar diferentes partes das células e diversos órgãos do corpo. O dano oxidativo ao DNA de uma célula, por exemplo, pode fazer com que ela se multiplique de modo incontrolável e produza um tumor. O dano oxidativo às partículas do sangue que portam o colesterol pode irritar o revestimento interno das artérias e dar início a um processo que culmina num infarto. Os raios ultravioleta da luz solar, portadores de alta energia, criam radicais livres nos olhos que danificam as proteínas do cristalino e da retina e causam catarata, degeneração macular e cegueira.

Nosso corpo faz uso de *moléculas antioxidantes* para evitar consequências tão drásticas. Sem efeito colateral algum, elas reagem com os radicais livres antes que eles possam provocar danos aos mecanismos químicos celulares. Precisamos de um suprimento contínuo e abundante de antioxidantes para manter a boa saúde. O corpo fabrica sozinho algumas moléculas antioxidantes importantes, entre as quais algumas enzimas poderosas. Porém, quanto mais ajuda tiver, melhor será capaz de se defender do ataque constante dos radicais livres. E os vegetais são uma verdadeira mina de antioxidantes.

Antioxidantes nos vegetais. Em nenhum ser vivo a tensão oxidativa é tão grande quanto nas folhas de uma planta verde, responsáveis por fazer a fotossíntese que capta partículas energéticas da luz do sol e as usa para dividir as moléculas de água em hidrogênio e oxigênio a fim de fabricar açúcares. Por isso as folhas e outras partes expostas dos vegetais são repletas de moléculas antioxidantes que impedem que essas reações de alta energia danifiquem o DNA e as proteínas essenciais. Entre esses antio-

Alguns efeitos benéficos das substâncias químicas presentes em frutas, hortaliças, ervas e especiarias

Apresenta-se aqui de modo muito sucinto um tema imensamente rico e complexo. Este quadro pretende dar uma ideia geral de como várias substâncias químicas presentes nos vegetais podem afetar de várias maneiras diversos aspectos de nossa saúde. Certos compostos fenólicos, por exemplo, parecem capazes de nos ajudar a combater o câncer, impedindo a danificação oxidativa do DNA de células saudáveis, impedindo o corpo de criar suas próprias substâncias químicas que danificam o DNA e inibindo o crescimento de células já cancerosas.

Impedem a danificação oxidativa de importantes moléculas do corpo: antioxidantes.
 Olhos: retardam a formação de catarata e a degeneração macular
  Couve, muitas verduras escuras (carotenoides: luteína)
  Frutas cítricas, milho (carotenoides: zeaxantina)
 Lipídios do sangue: retardam o desenvolvimento de doença cardíaca
  Tomate (carotenoides: licopeno)
  Cenouras, outras hortaliças alaranjadas e verduras (carotenoides)
  Chá (fenóis)
  Verduras (clorofila)
  Brócoli, daikon, a família do repolho (glucosinolatos, tiocianatos)

Moderam as reações inflamatórias do corpo.
 Geral: retardam o desenvolvimento de câncer e doenças cardíacas
  Uva-passa, tâmara, pimentas do gênero *Capsicum*, tomate (salicilatos)

Reduzem a produção, por parte do próprio corpo, de substâncias químicas que prejudicam o DNA.
  Muitas frutas e hortaliças (fenóis: flavonoides)
  Brócoli, daikon, a família do repolho (glucosinolatos, tiocianatos)
  Frutas cítricas (terpenos)

Inibem o crescimento de células cancerosas e tumores.
  Muitas frutas e hortaliças (fenóis: flavonoides)
  Soja (fenóis: isoflavonas)
  Uvas, frutas vermelhas (fenóis: ácido elágico)
  Centeio, linhaça (fenólicos: lignanos)
  Frutas cítricas (terpenos)
  Cogumelos (carboidratos)

Retardam a descalcificação dos ossos.
  Cebola, salsa (agentes responsáveis ainda não identificados)

Estimulam o crescimento de bactérias benéficas no intestino.
  Família da cebola, topinambo (inulina)

Impedem a aderência de bactérias infecciosas às paredes do trato urinário.
  Oxicoco, uvas (fenóis: proantocianidinas)

xidantes de origem vegetal estão os pigmentos carotenoides, como o betacaroteno alaranjado, a luteína e a zeaxantina amarelas e o licopeno vermelho que dá cor aos tomates. A própria clorofila verde é um antioxidante, assim como as vitaminas C e E. Além desses, existem milhares de diferentes compostos "fenólicos" construídos a partir de anéis com 6 átomos de carbono, que desempenham diversos papéis na vida vegetal, desde a pigmentação até a atividade antimicrobiana, passando pelas tarefas de atrair e repelir animais. Todas as frutas, hortaliças e cereais provavelmente contêm pelo menos alguns tipos de compostos fenólicos; e, quanto mais forem pigmentados e adstringentes, mais provável será que sejam ricos em antioxidantes fenólicos.

Cada parte de um vegetal, cada fruta e hortaliça tem sua própria combinação característica de antioxidantes. E cada tipo de antioxidante geralmente oferece proteção contra determinado tipo de dano molecular ou ajuda a regenerar outras moléculas protetoras. Não há uma única molécula capaz de impedir todos os tipos de dano. Aliás, toda concentração anormalmente alta de um único tipo pode provocar um desequilíbrio e, assim, *causar* dano. Por isso, para aproveitar todos os benefícios do poder antioxidante dos vegetais, não convém tomar suplementos alimentares manufaturados que contenham umas poucas substâncias proeminentes: o melhor é comer muitas frutas e hortaliças diferentes.

Outras substâncias fitoquímicas benéficas. Os antioxidantes talvez sejam o grupo mais importante de ingredientes para a manutenção da saúde em longo prazo, mas não são o único. Verificou-se que outras substâncias químicas presentes em quantidades infinitesimais nas plantas, inclusive em ervas e especiarias, têm efeito benéfico sobre muitos outros processos que afetam as condições de saúde e de doença. Algumas, por exemplo, atuam como a aspirina (aliás, uma substância de origem vegetal) a fim de impedir que o corpo reaja com demasiada violência a danos pequenos, produzindo uma inflamação que possa culminar em doença cardíaca ou câncer; algumas impedem que o corpo transforme substâncias levemente tóxicas em toxinas mais poderosas que danificam o DNA e causam câncer; algumas inibem o crescimento de células já cancerosas. Outras retardam a descalcificação dos ossos, estimulam o crescimento de bactérias benéficas em nosso organismo e desencorajam a multiplicação de bactérias que causam doenças.

O quadro da p. 284 lista alguns desses efeitos, bem como as substâncias e as plantas que os causam. Nosso conhecimento desse aspecto da nutrição ainda está engatinhando, mas já sabemos o suficiente para afirmar pelo menos uma conclusão evidente: não há uma única fruta ou hortaliça que ofereça sozinha os muitos tipos de proteção provenientes de uma dieta variada.

Por isso o conhecimento nutricional provisório de hoje em dia nos diz que frutas, hortaliças, ervas e especiarias nos fornecem muitas substâncias benéficas. Dentro de uma dieta que sob outros aspectos seja suficiente, devemos comer o máximo possível desses alimentos, e devemos consumi-los na maior variedade possível.

Como estimar a olho os benefícios de um vegetal para a saúde. Há uma diretriz útil para estimar os benefícios que uma fruta ou hortaliça pode oferecer para a saúde: quanto mais profunda e forte a sua cor, mais saudável será o alimento. Quanto mais uma folha fica exposta à luz, mais ela precisa de pigmentos e antioxidantes para controlar a assimilação de energia e, por isso, mais escura ela será. As folhas internas claras daquelas variedades de alface e repolho que tendem a formar maços redondos e fechados, por exemplo, contêm somente uma fração do caroteno que se encontra nas folhas exteriores escuras e nas folhas de variedades mais abertas. Do mesmo modo, as folhas escuras da alface-romana, aberta, contêm quase dez vezes mais luteína e zeaxantina (que protegem os olhos) que os pés pálidos e fechados de alface-americana. Outras frutas e hortaliças de cores fortes e profundas também contêm quantidade maior de carotenoides e compostos fenólicos benéficos que suas homólogas de cor pálida. As cascas de frutas e hortaliças são fontes especialmente ricas. Entre as frutas que mais contêm antioxidantes podemos mencionar a cereja, as uvas vermelhas, o mirtilo e o morango; entre as hortaliças, o alho, a cebola comum e a cebola-roxa, o aspargo, as vagens e a beterraba.

FIBRAS

As fibras são definidas como aquela parte dos alimentos de origem vegetal que nossas enzimas digestivas não conseguem decompor em nutrientes passíveis de serem absorvidos. São substâncias, portanto, que não são assimiladas pelo intestino delgado e passam intactas pelo intestino grosso, onde algumas são decompostas por bactérias intestinais e outras, excretadas. Os quatro componentes principais das fibras vêm das paredes celulares (p. 294). A celulose e a lignina formam fibras sólidas que não se dissolvem nos fluidos aquosos do aparelho digestivo, ao passo que as pectinas e hemiceluloses se dissolvem, separando-se em moléculas individuais. Dentre os componentes menores das fibras se incluem o amido não cozido e diversas gomas, mucilagens e outros carboidratos insólitos (p. ex., a quitina dos cogumelos, o ágar-ágar e as carragenanas das algas marinhas e a inulina da cebola, da alcachofra e do topinambo). Cada alimento fornece determinados tipos de fibra. O farelo de trigo – o revestimento seco do germe – é rica fonte de celulose insolúvel, ao passo que o farelo de aveia é excelente fonte do solúvel glucano (um carboidrato) e as frutas maduras suculentas são fontes relativamente aproveitáveis de pectinas solúveis.

Os diferentes componentes das fibras contribuem para a saúde de diferentes modos. A celulose e a lignina, insolúveis, proporcionam principalmente conteúdo sólido ao bolo intestinal, acelerando e facilitando sua passagem pelo intestino grosso. Conjectura-se que a rapidez na excreção talvez ajude a minimizar nossa exposição a substâncias que danificam o DNA e outras toxinas presentes nos alimentos. Além disso, as fibras podem envolver alguns desses materiais e impedi-los de serem absorvidos pelas células. Os componentes solúveis das fibras tornam o bolo intestinal mais espesso, minimizando a mistura e o movimento de nutrientes e toxinas. É provável, além disso, que também envolvam certas substâncias químicas e impeçam sua absorção. Já se demonstrou que as fibras solúveis diminuem a quantidade de colesterol no sangue e retardam o aumento do teor de açúcar no sangue após as refeições. A inulina, em específico, estimula o crescimento de bactérias intestinais benéficas e reduz o número das potencialmente nocivas. Os detalhes são complexos, mas parece que, no conjunto, as fibras solúveis oferecem proteção contra as doenças cardíacas e o diabete.

Em suma, a porção não digerível das frutas e hortaliças nos faz bem. É um erro pensar que um suco de laranja ou de cenoura é tão saudável quanto a fruta ou a hortaliça inteiras.

TOXINAS EM ALGUMAS FRUTAS E HORTALIÇAS

Muitos vegetais, talvez todos, contêm substâncias químicas feitas para desencorajar os animais de comê-los. As frutas e hortaliças que usamos como alimento não são exceção. Embora a domesticação e a seleção tenham reduzido a quantidade de toxinas a um nível aceitável, preparados incomuns ou porções de grande tamanho podem acarretar problemas. Vale a pena ter cuidado com as seguintes toxinas vegetais.

Alcaloides. Os alcaloides são toxinas amargas que se manifestaram nas plantas na época do surgimento dos mamíferos na Terra e que parecem especialmente capazes de afastar os animais dessa classe, seja pelo gosto, seja pelos efeitos. Quase todos os alcaloides conhecidos são tóxicos em alta dosagem, e, em dosagem mais baixa, a maioria altera o metabolismo dos animais: donde os atrativos da cafeína e da nicotina. Dentre os alimentos mais conhecidos, somente a batata acumula níveis potencialmente nocivos de alcaloides, e é por isso que as batatas esverdeadas e brotadas são amargas e tóxicas (p. 335).

Cianogênios. Os cianogênios são moléculas que alertam e envenenam os animais por meio do amargo cianeto de hidrogênio, veneno mortal que afeta as enzimas que os animais usam para gerar energia. Quando o tecido vegetal é danificado pela mastigação, os cianogênios se misturam com a enzima vegetal que os decompõe e liberam cianeto de hidrogênio. Os alimentos ricos em cianogênio, entre os quais podemos citar a mandioca, o broto de bambu e variedades tropicais do feijão-de-lima, só podem ser consumidos com segurança depois de fervidos, lixiviados em água ou fermentados. As sementes das frutas cítricas, pomos e drupas geram cianeto; as últimas são especialmente apreciadas porque seus cianogênios também produzem benzaldeído, o aroma característico da essência de amêndoa (p. 561).

Hidrazinas. As hidrazinas são substâncias que contêm nitrogênio, encontradas em proporção relativamente alta (500 partes por milhão) nos champinhons e outras variedades de cogumelos. Não são afetadas pela cocção. As hidrazinas dos fungos causam câncer e danos ao fígado de camundongos de laboratório, mas não têm efeito sobre ratos. Ainda não se sabe se representam perigo significativo para os seres humanos. Até obtermos esse conhecimento, o melhor é comer cogumelos com moderação.

Lectinas e inibidores de protease. Trata-se de proteínas que prejudicam a digestão: os inibidores obstam a atividade das enzimas que digerem proteínas, ao passo que as lectinas se ligam às células intestinais e impedem-nas de absorver nutrientes. As lectinas também podem penetrar na corrente sanguínea e ligar os glóbulos vermelhos uns aos outros. Essas substâncias são encontradas principalmente na soja, no feijão comum e no feijão-de-lima. Tanto os inibidores quanto as lectinas são desativados pela fervura prolongada. Porém, podem sobreviver em leguminosas cruas ou malcozidas e causam sintomas semelhantes aos de uma intoxicação alimentar.

Substâncias químicas que dão sabor. Em geral, estas substâncias são consumidas somente em quantidades muito pequenas, mas algumas podem causar problemas quando ingeridas em excesso. O safrol, principal óleo aromático do sassafrás e, portanto, da *root beer* tradicional, causa danos ao DNA e foi proibido como aditivo nos Estados Unidos em 1960 (atualmente, a *root beer* é feita com salsaparrilha ou aromatizantes artificiais). A miristicina, principal fator do sabor da noz-moscada, parece ser a grande responsável pela intoxicação e as alucinações decorrentes da ingestão de grandes quantidades dessa especiaria. A glicirrizina, substância intensamente doce presente na verdadeira raiz do alcaçuz, induz pressão alta. A cumarina, que dá ao cravo a nota doce de seu aroma e é encontrada também na alfazema e na semente do cumaru (*Dipteryx odorata*), usada como substituto da baunilha, prejudica a coagulação sanguínea.

Aminoácidos tóxicos. Os aminoácidos tóxicos são versões incomuns das matérias-primas de nossas proteínas e prejudicam o seu correto funcionamento. A canavanina afeta negativamente várias funções celulares e foi correlacionada com o desenvolvimento do lúpus; é encontrada em grande quantidade em brotos de alfafa e no feijão-de-porco. A vicina e a convicina do feijão-fava causam favismo (uma anemia que destrói as células sanguíneas) em pessoas suscetíveis (p. 544).

Oxalatos. Os oxalatos são diversos sais do ácido oxálico, subproduto do metabolismo vegetal encontrado em vários alimentos, especialmente no espinafre, na acelga, na beterraba, no amaranto e no ruibarbo. Os sais de sódio e potássio são solúveis, ao passo que os de cálcio são insolúveis e formam cristais que irritam a boca e o trato digestivo. Os oxalatos solúveis podem se combinar com cálcio no rim humano e formar dolorosos cálculos renais. Em doses muito altas – alguns gramas –, o ácido oxálico é corrosivo e pode ser fatal.

Toxinas da samambaia. As toxinas da samambaia causam diversos distúrbios sanguíneos e até câncer em animais que se alimentam da samambaia comum do gênero *Pteridium* cujas folhas são às vezes coletadas ainda em estado de broto para consumo humano. As espécies do gênero *Matteuccia* são consideradas fontes mais seguras de brotos de samambaia, mas o fato é que temos poucas informações sólidas acerca da salubridade dessa verdura. O mais prudente é comê-las com moderação e, conferindo os rótulos e fazendo perguntas aos vendedores, evitar totalmente os brotos de samambaia do gênero *Pteridium*.

Psoralenos. Os psoralenos são substâncias químicas que danificam o DNA e causam erupção cutânea. São encontrados ocasionalmente no aipo e em sua raiz, na salsa e na cherovia quando essas verduras sofreram a tensão de temperaturas próximas ao ponto de congelamento, luz intensa ou alguma infecção fúngica. Os psoralenos são absorvidos pela pele durante a manipulação ou pela ingestão da verdura, quer crua, quer cozida. Permanecem inativos nas células cutâneas até serem ativados pela exposição aos raios ultravioleta da luz solar, que os faz ligarem-se ao DNA e a importantes proteínas das células e danificá-las. As verduras que geram psoraleno devem ser compradas o mais frescas possível e consumidas imediatamente.

Além de suas próprias defesas químicas, as frutas e hortaliças podem portar outras

---

Doenças causadas por frutas e hortaliças cruas

Esta lista resumida mostra que frutas e hortaliças cruas podem causar larga gama de doenças. Estas não são comuns nem devem ser motivo de grande preocupação, mas é fato que as frutas e hortaliças devem ser manipuladas e preparadas com cuidado e que, de preferência, devem ser cozidas para o consumo daquelas pessoas cujo sistema imunológico é muito fraco – os muito jovens, os idosos e os que sofrem de alguma doença.

Microrganismo	Alimento
Clostridium botulinum	Alho conservado em óleo
E. coli	Bufês de salada, brotos de alfafa e de rabanete, melão, suco de maçã
Listeria	Repolho (longa estocagem a frio)
Salmonella	Bufês de salada, broto de alfafa, suco de laranja, melão, tomate
Shigella	Salsa, alface
Staphylococcus	Saladas prontas
Vibrio cholerae	Frutas e hortaliças contaminadas por água infectada
Yersinia	Brotos contaminados por água infectada
Cyclospora (protozoário)	Frutas vermelhas, alface
Vírus da hepatite	Morango, cebolinha

toxinas, provenientes de fungos que as contaminam (patulina no suco de maçã, produzida por um fungo do gênero *Penicillium* que cresce em frutas danificadas), de defensivos químicos usados na agricultura (pesticidas, herbicidas, fungicidas) e de poluentes disseminados no solo e no ar (dioxinas, hidrocarbonetos aromáticos policíclicos). Em geral, considera-se que as quantidades habituais desses contaminantes não representam perigo imediato para a saúde. Por outro lado, todas essas substâncias são toxinas e, portanto, acréscimos indesejáveis à nossa dieta. Para reduzir a ingestão dessas toxinas, podemos lavar as frutas e hortaliças, retirar as camadas superficiais ou comprar produtos orgânicos certificados, que são cultivados em solo relativamente limpo sem o emprego da maioria dos produtos químicos usados em agricultura.

FRUTAS E HORTALIÇAS FRESCAS E INTOXICAÇÃO ALIMENTAR

Embora os casos de intoxicação alimentar sejam geralmente associados a alimentos de origem animal, as frutas e hortaliças também podem ser focos significativos. Já causaram episódios de quase todas as patologias conhecidas associadas a alimentos (ver quadro, p. 288). Há várias razões para isso. As frutas e hortaliças nascem do solo, um vasto reservatório de microrganismos. As instalações para o uso dos colhedores (banheiros, água para banho), bem como as dedicadas ao processamento e embalagem, podem não ser suficientemente higiênicas, de tal modo que os produtos sejam facilmente contaminados pelas pessoas, recipientes ou máquinas. E os alimentos de origem vegetal são frequentemente consumidos crus. As bactérias se acumulam e multiplicam durante horas nos bufês de salada em restaurantes e lanchonetes, que já foram correlacionados a muitos episódios de intoxicação alimentar. Os sucos de frutas, frequentemente feitos por esmagamento de frutas inteiras, podem ser inteiramente contaminados por um pequeno número de pedaços infectados; é por isso que, hoje em dia, é difícil encontrar sidra fresca. Quase todos os sucos atualmente produzidos nos Estados Unidos são pasteurizados.

O consumidor prudente deve lavar cuidadosamente todas as frutas e hortaliças, inclusive as frutas cujas cascas serão descartadas (a faca e os dedos podem introduzir na polpa as bactérias da superfície). A água com sabão e os produtos comerciais para lavagem de frutas e hortaliças são mais eficazes do que a água sozinha. A lavagem pode reduzir em cem vezes a população de microrganismos, mas é literalmente impossível eliminar todos os microrganismos da alface e outras frutas e hortaliças cruas – eles são capazes de sobreviver até mesmo à água sanitária, pois se escondem em poros microscópicos e outras ranhuras existentes no tecido vegetal. Portanto, as pessoas especialmente vulneráveis a infecções não devem comer saladas cruas. Uma vez cortadas as frutas e hortaliças, elas devem ser mantidas sob refrigeração e usadas o mais rápido possível.

A COMPOSIÇÃO E AS QUALIDADES DE FRUTAS E HORTALIÇAS

O que faz com que uma hortaliça seja macia e outra, dura? Por que as verduras diminuem tanto de tamanho quando cozidas? Por que as maçãs e abacates escurecem tão rápido depois de cortados? Por que o tomate verde é perigoso? Por que algumas frutas amadurecem fora do pé e outras só se deterioram? A chave para a compreensão destas e de outras características é a familiaridade com a constituição estrutural e química dos tecidos vegetais.

A ESTRUTURA DOS VEGETAIS: CÉLULAS, TECIDOS E ÓRGÃOS

A célula vegetal. Como os animais, os vegetais são feitos de inúmeras câmaras microscópicas chamadas células. Cada célula é envolvida e contida por uma membrana fina, semelhante a um balão, construída de proteínas e certas moléculas semelhantes a gorduras e permeável à água e a outras moléculas pequenas. No interior imediato da membrana há um fluido chamado *citoplasma*, repleto de boa parte do complexo mecanismo químico necessário para que a célula cresça e funcione. Além disso, dentro do citoplasma flutuam vários outros recipientes delimitados por membranas, cada qual com sua própria natureza química. Quase todas as células vegetais contêm um grande *vacúolo* aquoso, que pode conter enzimas, açúcares, ácidos, proteínas, pigmentos hidrossolúveis, resíduos e compostos defensivos. Muitas vezes, um único vacúolo de grande tamanho ocupa 90% do volume da célula e espreme o citoplasma e o *núcleo* (corpúsculo que contém a maior parte do DNA da célula) de encontro à membrana celular. As células das folhas contêm de dezenas a centenas de *cloroplastos*, saquinhos cheios de clorofila e outras moléculas que fazem a fotossíntese. As células das frutas costumam conter *cromoplastos*, que concentram pigmentos lipossolúveis de cor amarela, alaranjada e vermelha. E as células de armazenamento são habitualmente cheias de *amiloplastos*, que contêm muitos grânulos das longas cadeias de açúcar a que damos o nome de amidos.

A parede celular. Um último e importantíssimo componente da célula vegetal é sua *parede celular*, estrutura completamente ausente das células dos animais. A parede celular envolve a membrana e é forte e rígida. Tem a função de dar apoio estrutural à célula e ao tecido do qual esta faz parte. As células vizinhas se mantêm coesas entre si por obra das camadas exteriores de suas paredes celulares, que contêm uma espécie de cola. Algumas células especializadas em reforço estrutural têm a parede muito desenvolvida e continuam cumprindo sua tarefa mesmo depois de mortas. Os grânulos na polpa da pera, as fibras nos talos de aipo, a camada dura que recobre a semente do pêssego e as películas que envolvem feijões e ervilhas são todas feitas principalmente do material que compõe as paredes celulares de células estruturais.

Num sentido amplo, a textura dos alimentos vegetais é determinada pela capacidade dos vacúolos, pela resistência das paredes celulares e pela presença ou ausência de grânulos de amido. A cor é determinada pelos cloroplastos e cromoplastos, e às vezes por pigmentos hidrossolúveis nos vacúolos. O sabor é dado pelo conteúdo dos vacúolos.

Os tecidos vegetais. Os tecidos são grupos de células organizadas para desempenhar uma função comum. Os vegetais têm quatro tecidos básicos.

O *parênquima* é a massa primária de células. Sua função depende de sua localização

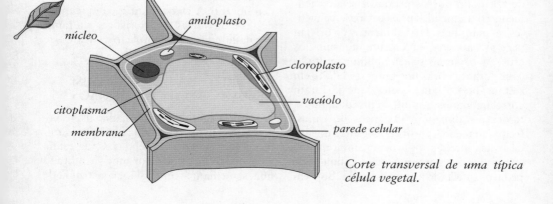

Corte transversal de uma típica célula vegetal.

na planta. Nas folhas, o parênquima realiza a fotossíntese; em outras partes da planta, armazena nutrientes e água. Em regra, as células do parênquima têm paredes finas, de modo que se trata em geral de um tecido macio. A maioria das frutas e hortaliças são feitas principalmente de parênquima.

O *tecido vascular* percorre o parênquima e se assemelha a nossas veias e artérias. É o sistema de túbulos microscópicos que transporta nutrientes por toda a planta. Essa tarefa é partilhada por dois subsistemas: o *xilema*, que leva água e minerais das raízes para o resto da planta, e o *floema*, que dissemina os açúcares formados nas folhas. Em geral, o tecido vascular também colabora para a integridade mecânica e costuma ser resistente e fibroso quando comparado aos tecidos circundantes.

O *tecido dérmico* compõe a superfície exterior do vegetal, a camada que o protege e o ajuda a reter sua umidade. Divide-se em *epiderme* e *periderme*. A epiderme é geralmente uma única camada de células que secretam vários revestimentos superficiais, entre os quais um material gorduroso chamado cutina, e também cera (moléculas longas formadas pela união de um ácido graxo com um álcool), e é por isso que muitas frutas tornam-se naturalmente brilhantes quando esfregadas. A periderme substitui a epiderme nos órgãos subterrâneos e tecidos mais velhos e tem aparência opaca, semelhante à de cortiça. Nossa experiência culinária da periderme geralmente se reduz às cascas de batatas, beterrabas etc.

O *tecido de secreção* geralmente ocorre na forma de células isoladas na superfície do vegetal ou dentro dele. Essas células correspondem às glândulas sebáceas e sudoríparas da nossa pele e produzem e armazenam vários compostos aromáticos, frequentemente calculados para atrair ou repelir animais. A grande família da hortelã, que inclui outras ervas comuns como o cominho e o manjericão, é caracterizada pelas glândulas em forma de fibras capilares localizadas nos caules e folhas, que contêm óleos aromáticos. As hortaliças da família da cenoura concentram suas substâncias aromáticas em suas células secretoras internas.

Os órgãos dos vegetais. Os vegetais têm seis órgãos principais: raiz, caule, folha, flor, fruto e semente. Examinaremos as sementes de forma mais detalhada no capítulo 9.

Raízes. As raízes ancoram o vegetal no chão e absorvem e conduzem umidade e nutrientes para o resto da planta. A maioria das raízes são duras, fibrosas e quase não comestíveis. As exceções são aquelas repletas de células de armazenamento, não fibrosas; permitem que as plantas sobrevivam no inverno das zonas temperadas a fim de florescer num segundo ano de existência (cenoura, cherovia, rabanete) ou à estiagem sazonal nos trópicos (batata-doce,

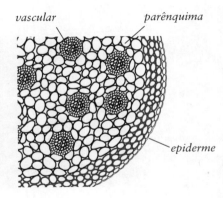

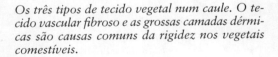

Os três tipos de tecido vegetal num caule. O tecido vascular fibroso e as grossas camadas dérmicas são causas comuns da rigidez nos vegetais comestíveis.

mandioca). As raízes usadas como hortaliças desenvolvem de diferentes maneiras essa área de armazenamento e por isso têm anatomias diferentes. Na cenoura, o tecido de armazenamento se forma ao redor do núcleo vascular central, que é menos saboroso. A beterraba produz camadas concêntricas de tecido vascular e tecido de armazenamento, e em algumas variedades elas acumulam pigmentos diferentes, de modo que as fatias de beterraba parecem listradas de duas cores.

Caules, talos, tubérculos e rizomas. Os caules e talos têm a função principal de conduzir nutrientes entre a raiz e as folhas e proporcionar apoio para os órgãos situados acima do chão. Assim, tendem a se tornar fibrosos, e é por isso que os caules de aspargos e brócolis frequentemente precisam ser descascados antes da cocção; do mesmo modo, é preciso tirar os veios dos talos de aipo e de alcachofra-brava. A junção entre caule e raiz, chamada *hipocótilo*, pode inchar e tornar-se um órgão de armazenamento; o nabo, a "raiz" de aipo e a beterraba são, na verdade, meio raízes e meio caules. Além disso, algumas plantas, como a batata, o inhame, o topinambo e o gengibre, desenvolveram caules subterrâneos especiais com a função de reprodução assexuada: esses vegetais formam "clones" de si mesmos mediante a constituição de um órgão de armazenamento capaz de produzir as próprias raízes e caule e se tornar uma planta independente, mas geneticamente idêntica à que a produziu. A batata comum e o inhame verdadeiro são *tubérculos* desse tipo, extremidades inferiores do caule transformadas em órgãos de armazenamento, ao passo que as "raízes" de gengibre e topinambo são caules subterrâneos horizontais chamados *rizomas*.

Folhas. As folhas se especializam na produção de moléculas de açúcar de alta energia por meio da fotossíntese, processo que exige exposição ao sol e um bom suprimento de dióxido de carbono. Por isso contêm poucos tecidos com função estrutural ou de armazenamento, os quais prejudicariam o acesso à luz e ao ar; e são as partes mais frágeis e efêmeras do vegetal. Para maximizar a captação de luz, a folha é achatada e assume a forma de uma lâmina fina com grande área superficial, e as células fotossintéticas são repletas de cloroplastos. Para promover a troca de gases, o interior da folha é cheio de pequenas bolsas de ar, que aumentam ainda mais a área das células exposta à atmosfera. O ar perfaz cerca de 70% do volume de certas folhas. Essa estrutura ajuda a explicar por que as verduras diminuem tanto de tamanho quando cozidas: o calor faz ruir o interior esponjoso. (Também faz murchar as folhas, que se agregam de modo mais compacto.)

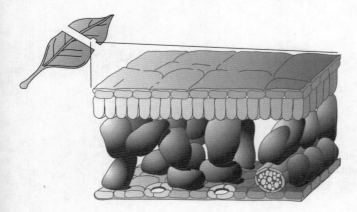

Corte transversal de uma folha. Uma vez que a fotossíntese exige um suprimento contínuo de dióxido de carbono, o tecido das folhas frequentemente tem uma estrutura esponjosa que deixa muitas células diretamente expostas ao ar.

Uma exceção à regra segundo a qual as folhas não contêm tecido de armazenamento é a família da cebola (as tulipas e outros bulbos ornamentais também são exceções). As muitas camadas da cebola (e a camada única de um dente de alho) que rodeiam o pequeno caule interior são bases de folhas, inchadas, cujas pontas morrem e caem. As bases das folhas armazenam água e carboidratos durante o primeiro ano de crescimento da planta, para que esses elementos possam ser usados durante o segundo, quando o vegetal produzirá flores e sementes.

Flores. As flores são os órgãos reprodutivos das plantas. Nelas se formam o pólen masculino e os óvulos femininos; nelas também as células reprodutivas se unem no ovário, a câmara que contém os óvulos, e ali se transformam em embriões e sementes. As flores são frequentemente aromáticas e têm cores vivas para atrair insetos polinizadores, e podem ser ingredientes extraordinários na culinária. Entretanto, algumas plantas bem conhecidas protegem suas flores dos predadores por meio de toxinas, de modo que sua comestibilidade deve ser avaliada antes do consumo (p. 362). Também comemos algumas flores ou os tecidos que lhes dão suporte antes de amadurecerem; são exemplos o brócoli, a couve-flor e a alcachofra.

Frutos. O fruto é o órgão derivado do ovário da flor ou do tecido do caule adjacente. Contém as sementes e promove sua dispersão para longe da planta-mãe. Alguns frutos não são comestíveis – são feitos para pairar ao vento ou aderir ao pelo de um animal –, mas aqueles que comemos são feitos pela planta para ser comidos, de modo que um animal o pegue intencionalmente, com as sementes dentro, e o leve para longe. O fruto não tem função de apoio, nutrição ou condução de substâncias dentro da planta. Por isso é formado quase inteiramente por um tecido de armazenamento repleto de substâncias convidativas e úteis para os animais. Quando maduro, é em geral a parte mais saborosa e macia do vegetal.

TEXTURA

A textura de frutas e hortaliças cruas pode ser crocante e suculenta, macia e evanescente, seca e farinhenta ou flácida e difícil de mastigar. Essas qualidades refletem o modo como os tecidos vegetais se quebram quando os mastigamos. E esse comportamento depende de dois fatores principais: a construção das paredes celulares e a quantidade de água contida dentro dessas paredes.

As paredes celulares de nossas frutas e hortaliças têm dois materiais estruturais: duras fibras de celulose que atuam como uma espécie de grade estrutural e uma mistura semissólida e flexível de água, carboidratos, minerais e proteínas que interligam as fibras e preenchem o espaço entre elas. Podemos conceber a mistura semissólida como uma espécie de argamassa cuja rigidez varia de acordo com as proporções de seus ingredientes. As fibras de celulose atuam como barras de reforço nessa argamassa. As células vizinhas são agregadas pela argamassa nos pontos onde suas paredes se encontram.

Textura crocante e macia: os papéis da pressão da água e da temperatura. As paredes celulares são, portanto, invólucros firmes mas flexíveis. As células envolvidas por elas são feitas principalmente de água. Quando a água é abundante e a célula se aproxima de sua capacidade máxima de armazenamento, o vacúolo incha e pressiona o citoplasma circundante (p. 289) de encontro à membrana celular, que por sua vez pressiona a parede celular. A parede flexível aumenta de tamanho para acomodar a célula inchada. A pressão que muitas células inchadas exercem umas contra as outras – que pode ser 50 vezes maior que a pressão do ar circundante – resulta numa fruta ou hortaliça firme e suculenta. Porém, se as células estiverem com pouca água, essa pressão mútua desaparece, as paredes flexíveis descambam e o tecido se torna mole e flácido.

A água e as paredes determinam a textura. Uma hortaliça úmida e firme parecerá mais crocante e ao mesmo tempo mais macia que a mesma hortaliça murcha devido à perda de água. Quando mordemos um vegetal repleto de água, as paredes celulares, já sob tensão, se rompem rapidamente e as células se abrem; num vegetal murcho, a mastigação comprime e agrega as paredes e temos de fazer muito mais pressão para quebrá-las. O vegetal úmido é crocante e suculento, o murcho é menos suculento e mais difícil de mastigar. Felizmente, a perda de água é, em geral, reversível: caso uma hortaliça murcha seja embebida em água por algumas horas, suas células absorverão o líquido e tornarão a inchar. Para garantir a crocância, deve-se servir a hortaliça muito fria. O frio enrijece a argamassa das paredes, de modo que, quando se rompe sob pressão, ela pareça quebradiça.

Textura farinhenta e textura evanescente: o papel das paredes celulares. As frutas e hortaliças têm às vezes uma textura farinhenta, granulada e seca. Isso acontece quando a argamassa entre as células vizinhas é fraca, de modo que a mastigação separa as células umas das outras em vez de rompê-las e abri-las, e acabamos ficando com inúmeras células delicadas e separadas dentro da boca. E há também a textura macia, quase evanescente, de um pêssego ou melão maduro que derrete na boca. Também ela é manifestação do enfraquecimento das paredes celulares, mas nesse caso o enfraquecimento é tão grande que as paredes quase se desintegram e o interior aquoso da célula escapa para fora com um mínimo de pressão. Os conteúdos das células também têm seu efeito: o vacúolo de uma fruta madura, cheio de uma solução açucarada, dá a impressão de suculência, derretendo na boca, ao passo que os sólidos grãos de amido de uma batata proporcionam massa e firmeza. Uma vez que o amido absorve água quando aquecido, o tecido amidoso cozido será úmido, mas farinhento ou pastoso, jamais suculento.

As mudanças de textura que ocorrem durante a maturação e a cocção resultam de mudanças no material das paredes celulares, em particular dos carboidratos que atuam como argamassa. Há o grupo das hemiceluloses, que formam ligações cruzadas de reforço entre as celuloses. Elas são feitas de glicose e xilose, dois açúcares, e podem ser parcialmente dissolvidas e removidas das paredes celulares durante a cocção (p. 313). O outro componente importante são as substâncias pécticas, grandes cadeias ramificadas de uma molécula semelhante a um açúcar chamada ácido galacturônico, que se interligam e formam um gel capaz de preencher os espaços entre as fibras de celulose. As pectinas podem ser dissolvidas ou consolidadas pela cocção, e sua consistência gelatinosa é explorada na confecção de gelatinas e geleias de frutas (p. 329). Quando as frutas amaciam ao

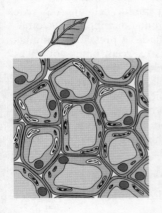

Como os vegetais murcham. O tecido vegetal bem suprido de água é repleto de fluidos e mecanicamente rígido (à esquerda). A perda de água faz com que os vacúolos das células se contraiam. As células se tornam parcialmente vazias, as paredes cedem e o tecido enfraquece (à direita).

amadurecer, suas enzimas enfraquecem as paredes celulares, modificando as pectinas.

A dureza da celulose e da lignina. A celulose, outro componente principal das paredes celulares, é muito resistente a qualquer mudança e é esta uma razão pela qual é um dos produtos vegetais mais abundantes no planeta. Como o amido, a celulose consiste numa cadeia de moléculas de glicose. Uma diferença no modo pelo qual elas se ligam umas às outras permite que as cadeias vizinhas formem fibras não vulneráveis às enzimas digestivas humanas, só sendo decompostas por calor extremo ou um tratamento químico violento. A celulose se faz particularmente visível para nós no inverno sob a forma de palha num campo com restolhos, ou nos finos esqueletos de ervas daninhas. Essa estabilidade notável torna a celulose muito útil para as árvores longevas e também para a espécie humana. Um terço da madeira é celulose, e as fibras de algodão e linho são celulose em estado quase puro. Entretanto, para o cozinheiro a celulose é um problema: simplesmente não pode ser amaciada pelas técnicas culinárias comuns. Às vezes, como nos grânulos de peras, marmelos e goiabas, ela representa um estorvo relativamente insignificante. Porém, quando concentrada para proporcionar apoio estrutural em caules e talos – no aipo e na alcachofra-brava, por exemplo –, a celulose torna as hortaliças permanentemente fibrosas, e o único remédio é tirar as fibras do tecido.

O último componente da parede celular quase não é significativo na cozinha. A lignina também é agente de reforço e muito resistente à decomposição; é o ingrediente que define a madeira. A maioria das hortaliças são colhidas muito antes de a lignina começar a se formar em quantidade apreciável, mas às vezes temos de nos haver com caules incipientemente lenhosos de aspargos e brócolis. O único remédio para esse tipo de rigidez é descascar as áreas lignificadas.

COR

Os pigmentos dos vegetais são uma das glórias desta vida! Os vários verdes de campos e florestas, os roxos, amarelos e vermelhos de flores e frutos – todas essas cores nos comunicam vitalidade, renovação e o simples prazer das sensações. Alguns pigmentos têm a função de nos atrair o olhar, alguns

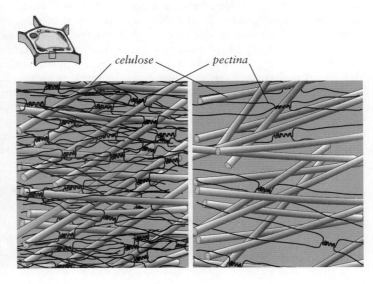

Amaciamento das paredes celulares dos vegetais. As paredes são feitas de uma estrutura de fibras de celulose inseridas numa massa de materiais amorfos, entre os quais a pectina (à direita). Quando cozidas em água fervente, as fibras de celulose permanecem intactas, mas os materiais amorfos são parcialmente extraídos e se dissolvem nos fluidos das células, enfraquecendo as paredes (à direita) e amaciando a fruta ou hortaliça.

se tornam parte de nossos olhos e outros tornaram possível a nossa própria existência e de nossos olhos (ver quadro, p. 301). Muitos têm efeitos benéficos para nossa saúde. O desafio do cozinheiro está em preservar a vivacidade e o apelo dessas moléculas extraordinárias.

Há quatro famílias de pigmentos vegetais, cada qual com uma função diferente na vida das plantas e diferentes modos de se comportar na cozinha. Todos eles são moléculas grandes que parecem ter determinada cor porque absorvem certos comprimentos de onda luminosa, refletindo de volta aos nossos olhos apenas algumas partes do espectro. A clorofila é verde, por exemplo, porque absorve os comprimentos de onda correspondentes ao vermelho e ao azul.

Clorofilas verdes. As clorofilas pintam a terra de verde. São as moléculas que captam a luz solar e a direcionam para o sistema fotossintético que a converte em moléculas de açúcar. A clorofila *a* é de um verde-azulado vivo, ao passo que a clorofila *b* tem coloração mais apastelada, verde-oliva. A forma *a* está presente na maioria das folhas à razão de 3 para 1 em relação à *b*, mas essa relação é mais equilibrada naquelas plantas que crescem à sombra e nos tecidos envelhecidos, onde a forma *a* se degrada mais rapidamente. As clorofilas se concentram em corpúsculos celulares chamados cloroplastos, onde se incrustam nas muitas dobras de uma membrana ao lado das outras moléculas do sistema fotossintético. Cada molécula de clorofila é feita de duas partes. Uma é um anel de átomos de carbono e nitrogênio com um átomo de magnésio no centro, muito semelhante ao anel heme na mioglobina dos músculos (p. 148). Esse anel é solúvel em água e cumpre a tarefa de absorver a luz. A segunda parte é uma "cauda" lipossolúvel feita de 16 átomos de carbono, que ancora a molécula na membrana do cloroplasto. Esta parte não tem cor.

Essas moléculas complexas se alteram prontamente quando as membranas que protegem seu ambiente são rompidas pela cocção. É por isso que o verde vivo das verduras frescas é frágil. Paradoxalmente, a exposição prolongada à luz intensa também danifica as clorofilas. Portanto, para que as hortaliças servidas tenham cor verde viva, é essencial que se preste atenção ao tempo de cocção, à temperatura e à acidez (p. 310).

Carotenoides amarelos, alaranjados e vermelhos. Os *carotenoides* têm esse nome porque o primeiro membro dessa família a ser identificado quimicamente foi encontrado nas cenouras. Esses pigmentos absorvem os comprimentos de onda relacionados ao azul e ao verde e são responsáveis pela maioria das colorações amarela e alaranjada que encontramos em frutas e hortaliças (betacaroteno, xantofilas, zeaxantina) e também pelo vermelho de tomates, melancias e certas pimentas do gênero *Capsicum*, entre as quais o pimentão (licopeno, capsantina e capsorrubina; a maioria dos vermelhos em vegetais são causados por antocianinas). Os carotenoides são cadeias ziguezagueantes de cerca de 40 átomos de carbono e, assim, se assemelham às moléculas de gordura (p. 888). São geralmente solúveis em gorduras e óleos e são relativamente estáveis. Por isso tendem a manter o brilho (e não saem do lugar) quando um alimento é cozido em água. Os carotenoides se encontram em dois lugares diferentes nas células vegetais. Um deles são corpúsculos chamados cromoplastos, especialmente destinados a conter pigmentos, que comunicam aos animais que uma flor está à disposição ou uma fruta está madura. O outro são as membranas fotossintéticas dos cloroplastos, onde há uma molécula carotenoide para cerca de cinco clorofilas. Aí, seu principal papel é proteger a clorofila e outras partes do sistema fotossintético. Absorvem comprimentos de onda potencialmente nocivos do espectro luminoso e atuam como antioxidantes na medida em que captam as muitas substâncias químicas de alta energia produzidas subsidiariamente pela fotossíntese. Podem fazer a mesma coisa no corpo humano, especialmente nos olhos (p. 284). Os carotenoides dos cloroplastos são geralmente invisíveis, uma vez que sua presença é mascarada pela da clorofila verde; mas uma regra simples nos diz que, quanto mais escuro o verde de uma hortaliça, mais cloroplastos e clorofila ela contém, de modo que também contém mais carotenoides.

Cerca de dez carotenoides têm importância não só estética como também nutricional: são convertidos em vitamina A na parede do intestino humano. Deles, o mais comum e ativo é o betacaroteno. A rigor, somente os animais e os alimentos deles derivados contêm vitamina A em estado puro; as frutas e hortaliças contêm somente seus precursores. Porém, sem esses precursores pigmentosos tampouco haveria vitamina A nos animais. Nos olhos, a vitamina A se torna parte da molécula receptora que detecta a luz e nos permite enxergar. Em outras partes do corpo, desempenha vários outros papéis importantes.

Antocianinas vermelhas e roxas, antoxantinas amarelas pálidas. As antocianinas (do grego, com o sentido de "flor azul") são responsáveis pela maior parte das colorações vermelhas, roxas e azuis nos vegetais, inclusive em muitas "frutas vermelhas", na maçã, no repolho-roxo, no rabanete e em certas batatas. Um grupo correlato, o das antoxantinas ("flor amarela"), é formado por compostos amarelos pálidos encontrados em batatas, cebolas e na couve-flor. Esta terceira grande classe de pigmentos vegetais é um subgrupo da imensa família dos fenolatos, baseada em anéis de 6 átomos de carbono a alguns dos quais se ligam dois terços de uma molécula de água (OH), tornando os fenóis hidros-

betacaroteno

clorofila a

cianidina

Os três tipos principais de pigmentos vegetais. Para favorecer a clareza, não indicamos a maioria dos átomos de hidrogênio; os pontos indicam átomos de carbono. Em cima: o betacaroteno, mais comum dos pigmentos carotenoides e responsável pela cor alaranjada das cenouras. A longa cadeia de carbonos, semelhante à das gorduras, torna estes pigmentos muito mais solúveis em gorduras e óleos que em água. Embaixo, à esquerda: a clorofila a, fonte principal do verde em frutas e hortaliças, tem uma região semelhante ao grupo heme (p. 148) e uma longa cauda de carbonos que a torna igualmente mais solúvel em gorduras e óleos que em água. Embaixo, à direita: a cianidina, um pigmento azul da família das antocianinas. Graças às diversas hidroxilas (o grupo OH) ali presentes, as antocianinas são hidrossolúveis e saem facilmente de hortaliças fervidas.

solúveis. As antocianinas têm três anéis. Existem cerca de 300 antocianinas conhecidas, e cada fruta ou hortaliça geralmente contém uma mistura de doze ou mais. Como muitos outros compostos fenólicos, as antocianinas são valiosos antioxidantes (p. 283).

As antocianinas e antoxantinas residem nos vacúolos das células vegetais e "vazam" facilmente para os tecidos e ingredientes circundantes quando as estruturas celulares são danificadas pela cocção. É por isso que a linda cor roxa de feijões, aspargos e outros alimentos de origem vegetal muitas vezes desaparece quando eles são cozidos: o pigmento é armazenado nas camadas exteriores do tecido e, quando as células se abrem, se dilui até ficar invisível. A principal função das antocianinas é a de colorir flores e frutos para estabelecer comunicação com os animais, embora possam ter começado sua carreira como protetoras dos sistemas fotossintéticos de folhas novas, absorvendo a luz (ver quadro, p. 301). As antocianinas são muito sensíveis ao equilíbrio entre acidez e alcalinidade na comida – a alcalinidade faz com que sua cor tenda ao azul – e são alteradas por resíduos metálicos, de modo que muitas vezes provocam o surgimento de cores estranhas em alimentos cozidos (p. 311).

Betaínas vermelhas e amarelas. Um quarto grupo de pigmentos vegetais é o das betaínas, encontradas somente num punhado de espécies com pouca relação entre si. Estas, contudo, incluem três alimentos vegetais populares e vivamente coloridos: a beterraba e a acelga (ambas variedades da mesma espécie), o amaranto e a opúncia, fruto de um cacto. As betaínas (às vezes chamadas betalaínas) são moléculas complexas que contêm nitrogênio, mas que, no mais, são semelhantes às antocianinas: são hidrossolúveis, sensíveis ao calor e à luz e tendem a assumir coloração azul em meio alcalino. Existem cerca de 50 betaínas vermelhas e 20 betaxantinas amarelas, cujas combinações produzem os talos quase fluorescentes e as cores dos veios das folhas de certas variedades de acelga. O corpo humano tem capacidade limitada de metabolizar essas moléculas. Por isso, uma dose grande de beterrabas ou opúncias pode dar à urina uma coloração insólita, porém inofensiva. As betaínas vermelhas contêm um grupo fenólico e são bons antioxidantes; as amarelas não contêm e não são.

Descoloração: escurecimento enzimático. Muitas frutas e hortaliças – maçãs, bananas, cogumelos e batatas, por exemplo – desenvolvem rapidamente uma descoloração marrom, vermelha ou acinzentada quando cortadas ou batidas. Essa descoloração é causada por três ingredientes químicos: compostos fenólicos de um e dois

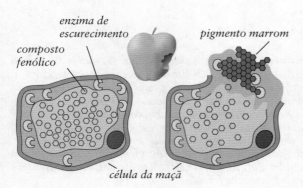

A descoloração marrom causada por enzimas vegetais. Quando as células de certas frutas e hortaliças são danificadas por cortes, mordidas ou batidas, as enzimas de escurecimento presentes no citoplasma das células entram em contato com pequenas moléculas fenólicas incolores que estavam dentro dos vacúolos. Com a ajuda do oxigênio do ar, as enzimas reúnem as moléculas fenólicas em grandes conjuntos coloridos que tornam marrom a área danificada.

anéis, certas enzimas vegetais e oxigênio. Na fruta ou hortaliça intacta, os compostos fenólicos permanecem dentro dos vacúolos e as enzimas, no citoplasma circundante. Quando a estrutura celular é danificada e os fenolatos se misturam com as enzimas e o oxigênio, as enzimas oxidam os fenolatos, constituindo moléculas que logo reagem entre si e se ligam em aglomerados que absorvem a luz. Este sistema é uma das defesas químicas da planta: quando insetos ou microrganismos danificam suas células, ela libera fenolatos reativos que atacam as enzimas e membranas dos próprios invasores. Os pigmentos marrons que vemos são, essencialmente, grandes massas de munição usada. (Uma enzima semelhante, atuando sobre um composto semelhante, é responsável pelo "escurecimento" dos seres humanos sob o sol; neste caso, o próprio pigmento é o agente protetor.)

Para minimizar a descoloração marrom.
Há diversos meios para minimizar o escurecimento enzimático. O método mais prático para o cozinheiro consiste em revestir as superfícies cortadas com sumo de limão: as enzimas do escurecimento trabalham muito devagar em meio ácido. O resfriamento do alimento a temperatura inferior a 4 °C também retardará a atividade enzimática, assim como a imersão dos pedaços cortados em água fria, que limita a disponibilidade de oxigênio. No caso da alface pré-cortada para saladas, a atividade enzimática e o escurecimento podem ser reduzidos caso se mergulhem as folhas recém-cortadas num recipiente com água a 47 °C por 3 minutos antes de refrigerá-las e embalá-las. As enzimas são completamente destruídas à temperatura de 100 °C, de modo que a cocção em água fervente elimina o problema. Por outro lado, a alta temperatura pode estimular a oxidação fenólica mesmo na ausência de enzimas: é por isso que a água em que se cozinharam hortaliças às vezes fica marrom. Vários compostos de enxofre se combinam com os fenolatos e bloqueiam sua reação com a enzima, e tais compostos costumam ser aplicados comercialmente em frutas secas. Maçãs e damascos tratados com enxofre retêm a cor e o sabor naturais, ao passo que, sem enxofre, as frutas secas escurecem e adquirem sabor de coisa cozida.

Outro ácido que inibe o escurecimento em razão de suas propriedades antioxidantes é o ácido ascórbico ou vitamina C. Foi identificado por volta de 1925, quando o bioquímico húngaro Albert Szent-Györgyi constatou que o sumo de certos vegetais que não escurecem, por exemplo, as pimentas do gênero *Capsicum*, usadas para fazer páprica, é capaz de adiar a descolo-

As enzimas, o refrescamento do hálito e a ordem da refeição

As enzimas que causam o escurecimento de alimentos cortados são geralmente consideradas nocivas, pois descolorem nossos alimentos à medida que os preparamos. Há pouco, um grupo de cientistas japoneses descobriu um uso construtivo para a atividade oxidante dessas enzimas: elas podem ajudar a tirar do nosso hálito os cheiros persistentes de alho, cebola e outros odores sulfurosos. As substâncias fenólicas reativas produzidas pelas enzimas se combinam com grupos sulfídricos para formar novas moléculas inodoras. (As catequinas fenólicas no chá-verde fazem o mesmo.) Muitas frutas e hortaliças cruas têm esse efeito, especialmente os pomos e as drupas, a uva, o mirtilo, os cogumelos, a alface, a bardana, o manjericão e a hortelã. Talvez seja esse um dos benefícios de arrematar a refeição com uma fruta e uma das razões pelas quais certas culturas servem a salada depois do prato principal, e não antes.

ração de vegetais que escurecem; ele também isolou a substância responsável.

SABOR

O sabor geral de uma fruta ou hortaliça é um composto de várias sensações distintas. Pelas papilas gustativas que temos na língua registramos sais, açúcares doces, ácidos azedos, aminoácidos sápidos e alcaloides amargos. Pelas células bucais sensíveis ao tato, percebemos a presença de taninos adstringentes. Várias células na boca e ao redor dela são irritadas pelos compostos pungentes, ou picantes, presentes nas pimentas, na mostarda e nos membros da família da cebola. Por fim, os receptores olfativos das vias nasais são capazes de detectar centenas de moléculas voláteis minúsculas e quimicamente repelidas pela água, as quais, portanto, escapam do alimento e evolam-se para o ar dentro de nossa boca. As sensações obtidas por meio da boca nos dão uma ideia da composição e das qualidades básicas do alimento, ao passo que o sentido do olfato nos permite operar discriminações muito mais sutis.

Paladar: salgado, doce, azedo, sápido, amargo. Dos cinco sabores geralmente reconhecidos, três são especialmente destacados em frutas e hortaliças. O açúcar é o principal produto da fotossíntese e sua doçura é o principal atrativo proporcionado pelas frutas aos animais que devem dispersar suas sementes. O conteúdo médio de açúcar nas frutas maduras é de 10 a 15% de seu peso. Muitas vezes, a fruta imatura armazena seus açúcares na forma de amido insípido, que se converte de novo em açúcar durante a maturação para tornar a fruta mais atraente. Ao mesmo tempo, a quantidade de ácido contida na fruta geralmente cai, o que a faz parecer ainda mais doce. Há vários ácidos orgânicos – cítrico, málico, tartárico, oxálico – que os vegetais podem acumular em seus vacúolos e usar como estoques alternativos de energia, defesas químicas ou resíduos metabólicos, e que, por fim, explicam a acidez de quase todas as frutas e hortaliças (a maioria é acida em algum grau). O equilíbrio entre acidez e doçura é especialmente importante nas frutas.

A maioria das hortaliças contém somente quantidades moderadas de açúcares e ácidos, as quais são rapidamente utilizadas pelas células da planta após a colheita. É por isso que as hortaliças colhidas imediatamente antes do consumo são mais saborosas que as compradas no mercado, as quais, em geral, foram colhidas há alguns dias ou até semanas.

O sabor amargo se encontra, em regra, somente nas hortaliças e sementes (de café e de cacau, por exemplo), que contêm alcaloides e outras defesas químicas feitas para evitar que os animais as comam. Os agricultores trabalham há milhares de anos para reduzir o amargor de plantas como a alface, o pepino, a berinjela e o repolho; mas a chicória e o *radicchio*, bem como o melão-de-são-caetano asiático e vários parentes do repolho, são apreciados especificamente por seu amargor. Em muitas culturas, o amargor é entendido como manifestação de um valor medicinal e, portanto, como sinal de que tal alimento faz bem à saúde; e essa correlação não é totalmente descabida (p. 371).

Embora os aminoácidos sápidos, que dão água na boca, sejam mais característicos de alimentos de origem animal e ricos em proteína, algumas frutas e hortaliças contêm quantidade significativa de ácido glutâmico, a porção ativa do glutamato monossódico. Destacam-se entre eles o tomate, a laranja e muitas algas marinhas. O ácido glutâmico do tomate, aliado a seu equilíbrio entre doçura e acidez, podem ajudar a explicar por que esse fruto é usado com tanto sucesso como uma hortaliça, acompanhado ou não de carnes.

Tato: adstringência. A adstringência não é nem um sabor nem um aroma, mas uma sensação tátil: aquela sensação de secura e aspereza que sucede um gole de chá forte ou vinho tinto, ou ainda uma mordida numa banana ou num pêssego verdes. É causada por um grupo de compostos fenólicos formados por 3 a 5 anéis de carbono, os quais têm exatamente o tamanho necessário para abarcar duas ou mais moléculas proteicas geralmente separadas, aderir a elas e mantê-las juntas. Esses fenolatos são chamados *taninos* porque são usados desde a Pré-História para curtir peles de animais e transformá-las num couro resistente, ligando-se às proteínas da pele. A sensação de adstringência ocorre quando os taninos se ligam às proteínas da saliva, que geralmente proporcionam lubrificação e ajudam as partículas de alimento a deslizar livremente pela superfície interna da boca. Os taninos fazem com que as proteínas se aglutinem e adiram às partículas e superfícies, aumentando a fricção entre elas. São mais uma defesa química do reino vegetal. Combatem bactérias e fungos na medida em que afetam suas proteínas superficiais, e afastam os animais herbívoros por sua adstringência e por prejudicar a atividade das enzimas digestivas. Os taninos se encontram mais frequentemente em frutas verdes (para impedir que sejam consumidas antes que as sementes estejam em condições de germinar), nas cascas de sementes oleaginosas e naquelas partes dos vegetais fortemente pigmentadas com antocianinas, moléculas fenólicas que têm o tamanho exato para estabelecer ligações entre proteínas. As alfaces crespas de folhas arroxeadas, por exemplo, são nitidamente mais adstringentes do que as verdes.

Embora certo grau de adstringência possa ser desejável num prato ou bebida – reforça a impressão de nutritividade –, essa sensação facilmente se torna cansativa. O problema é que, a cada dose de tanino, a sensação se torna mais forte (ao passo que a maioria dos sabores perdem proeminência a cada dose); e a duração de sua permanência também aumenta a cada exposição. Por isso vale a pena saber como controlar a adstringência (p. 315).

Irritação: pungência. As sensações causadas por especiarias e hortaliças "quentes" – pimentas do gênero *Capsicum*, pimenta-do-reino, gengibre, mostarda, raiz-forte, cebola, alho – podem ser descritas de modo mais preciso como modalidades de irrita-

As folhas e as frutas moldaram nossa visão

Somos capazes de distinguir e apreciar os muitos matizes das plantas ricas em carotenoides e antocianinas – bem como as mesmas cores em pinturas, vestimentas, maquiagem e placas de trânsito – porque nossos olhos foram feitos para enxergar bem na faixa do amarelo, do alaranjado e do vermelho. Agora parece que devemos essa capacidade às folhas e às frutas! Acontece que o ser humano é uma das poucas espécies de animais dotadas de olhos capazes de distinguir o vermelho do verde. As outras espécies que têm a mesma capacidade são primatas que habitam em florestas e têm em comum a necessidade de detectar seus alimentos diante do pano de fundo das copas das árvores. As folhas novas de muitas plantas tropicais são vermelhas pela presença de antocianinas, as quais aparentemente absorvem o excesso de energia solar que ocorre quando um raio penetra diretamente num ambiente que, na maior parte do tempo, é sombreado. Essas folhas novas são mais tenras que as folhas velhas, verdes e fibrosas; são mais fáceis de digerir e mais nutritivas, sendo, portanto, mais procuradas pelos macacos. Sem uma boa visão do vermelho, seria difícil encontrar essas folhas – ou as frutas pigmentadas por carotenoides – no meio das folhas verdes. Portanto, as folhas e as frutas moldaram nossa visão. O prazer que as cores delas hoje nos dão foi possibilitado pela fome de nossos ancestrais e pelo sustento que lhes era fornecido por folhas vermelhas e frutas amarelas e alaranjadas.

ção e dor (acerca de por que podemos gostar dessas sensações, ver p. 438). Os ingredientes ativos de todas essas plantas são defesas químicas feitas para estorvar e repelir animais. Ao que parece, certos compostos de enxofre altamente reativos presentes nas famílias da mostarda e da cebola causam pequenos danos às membranas celulares desprotegidas de nossa boca e vias nasais, provocando dor. Os princípios pungentes das pimentas e do gengibre, bem como determinados componentes da mostarda, funcionam de maneira diferente: ligam-se a um receptor específico das membranas celulares, e este desencadeia reações na célula que a obrigam a enviar ao cérebro um sinal de dor. As defesas da mostarda e da cebola somente se criam quando a danificação dos tecidos põe determinadas enzimas em contato com seus alvos, dos quais se encontram geralmente separadas. Uma vez que as enzimas são desativadas pela alta temperatura, a cocção modera a pungência desses alimentos. As pimentas e o gengibre, por outro lado, têm suas defesas sempre alertas e a cocção não chega a reduzir acentuadamente sua pungência.

A natureza e o uso dos ingredientes picantes serão descritos de modo mais detalhado nos capítulos seguintes, quando falarmos de hortaliças e especiarias específicas.

Aroma: variedade e complexidade. O tema do aroma é a um só tempo assustador e infinitamente fascinante! Assustador porque envolve centenas de diferentes substâncias químicas e sensações para as quais não dispomos de um bom vocabulário vernáculo; fascinante porque nos ajuda a perceber mais qualidades e a encontrar mais prazer mesmo nos alimentos mais simples. Dois fatos básicos não podem ser esquecidos quando pensamos sobre o aroma de qualquer alimento. Em primeiro lugar, os aromas distintivos de cada alimento são criados por substâncias químicas voláteis específicas que são próprias desse alimento. E, em segundo lugar, quase todos os aromas dos alimentos são compostos de muitas moléculas voláteis. No caso das hortaliças, ervas e especiarias, o número pode variar talvez entre dez e vinte, ao passo que as frutas tipicamente emitem centenas de moléculas voláteis. Em geral, um punhado delas basta para criar o elemento dominante de um aroma, ao passo que as outras fornecem notas de fundo, que enriquecem e dão apoio ao aroma principal. Esta combinação de especificidade e complexidade ajuda a explicar por que encontramos ecos de um alimento em outros alimentos ou constatamos que dois alimentos combinam entre si. Certas afinidades resultam de certos alimentos partilharem idênticas moléculas aromáticas.

Um modo de abordar a riqueza dos sabores vegetais consiste em fazer exercícios ativos de degustação na companhia de outras pessoas. Em vez de simplesmente reconhecer um sabor já familiar e esperado, procure dissecar as diversas sensações que compõem esse sabor, da mesma maneira que um acorde musical pode ser decomposto em várias notas. Faça uma lista das possibilidades e se pergunte: acaso há uma nota de grama verde neste aroma? Uma nota frutada? Uma nota de especiaria, acastanhada ou de terra? Nesse caso, de que fruta, especiaria ou semente oleaginosa se trata? Os capítulos 6 a 8 arrolam fatos curiosos acerca dos aromas de determinadas frutas, hortaliças, ervas e especiarias.

As famílias de aromas. O quadro das pp. 304-5 identifica alguns aromas mais destacados encontrados em alimentos de origem vegetal. Embora os tenha classificado por tipo de alimento, essa classificação é arbitrária. Pode acontecer de uma fruta ter aroma de folha verde; de uma hortaliça conter substâncias mais características de frutas ou especiarias; de especiarias e ervas partilharem com as frutas muitos compostos aromáticos. Alguns exemplos: a cereja e a banana contêm o elemento que define o aroma do cravo; o coentro contém aromas que se destacam nas flores e frutas cítricas; a cenoura partilha com certas ervas mediterrâneas um aroma de pinheiro. Em regra, cada planta se especializa na produção de um determinado tipo de aroma, mas o fato é que os vegetais em geral são virtuoses da bioquímica e podem gerir várias "linhas de produção" de aromas simultaneamente. Algumas das linhas de produção mais importantes são as seguintes:

- Os aromas "verdes", de pepino/melão e cogumelo, produzidos por ácidos graxos insaturados das membranas celulares quando a danificação dos tecidos põe uma enzima oxidante (lipoxigenase) em contato com tais ácidos graxos. Essa enzima quebra as longas cadeias dos ácidos graxos em pequenos pedaços voláteis, que são posteriormente modificados por outras enzimas.
- Os aromas "frutados" ou "frutais" produzidos quando enzimas da fruta intacta combinam uma molécula de ácido com outra de álcool para produzir um *éster*.
- Os aromas de "terpenos", produzidos por uma longa série de enzimas a partir de pequenas substâncias que também podem ser transformadas em pigmentos carotenoides e outras moléculas importantes. São aromas que vão do floral ao de pinho, passando pelos cítricos, de hortelã e herbáceos (p. 435).
- Os aromas "fenólicos", produzidos por uma série de enzimas a partir de um aminoácido dotado de um anel formado por 6 átomos de carbono. Estes aromas decorrem das mesmas operações químicas que redundam na produção de lignina (p. 294) e incluem muitas moléculas picantes e quentes (p. 435).
- Os aromas "sulfurosos", geralmente produzidos quando a danificação dos tecidos põe certas enzimas em contato com moléculas precursoras não aromáticas. Os aromas sulfurosos, em sua maioria, são defesas químicas pungentes, embora alguns emprestem profundidade mais sutil a determinadas frutas e hortaliças.

Por mais que a análise teórica dos sabores do mundo vegetal seja fascinante e útil, o maior prazer ainda é a sua apreciação concreta. É este um dos grandes dons da vida no mundo natural, como tão bem nos lembrava Henry David Thoreau:

> Esta maçã nodosa que colho no chão da estrada me lembra, por sua fragrância, toda a riqueza de Pomona. Todos os produtos naturais têm, portanto, uma qualidade etérea e volátil que representa o seu maior valor. [...] O néctar e a ambrosia não são outra coisa senão os finos sabores de cada fruto terreno, que nosso paladar grosseiro não chega a perceber – assim como nós habitamos o céu dos deuses sem o saber.

COMO MANIPULAR E ESTOCAR FRUTAS E HORTALIÇAS

A DETERIORAÇÃO APÓS A COLHEITA

Não há sabor igual ao de uma hortaliça cozida imediatamente após a colheita. Uma vez colhida a hortaliça, ela começa a mudar, quase sempre para pior. (As exceções são as partes de plantas com a função de hibernar, como batatas e cebolas.) As células vegetais são mais resistentes que as animais e podem sobreviver por semanas ou meses. Porém, separadas de sua fonte de nutrientes, elas consomem a si próprias e acumulam resíduos, prejudicando o sabor e a textura. Muitas variedades de milho e ervilha perdem metade do açúcar em poucas horas em temperatura ambiente, quer convertendo-o em amido, quer usando-o para obter energia e manter-se vivas. Vagens, aspargos e brócolis começam a usar o açúcar para criar duras fibras lignificadas. À medida que a alface e o aipo crocantes consomem sua água, suas células perdem a pressão interna e eles se tornam murchos e difíceis de mastigar (p. 293).

As frutas são diferentes. Algumas na verdade melhoram de qualidade após a co-

Alguns aromas dos alimentos vegetais

Esta tabela resume os tipos de aromas encontrados em alimentos vegetais, detalhando de onde provêm e como se comportam quando o alimento é cozido.

Aroma	Exemplos	Substâncias responsáveis	Origem	Características
Hortaliças				
"Folhas verdes": folhas recém-cortadas, grama verde	A maioria das verduras; tomate, maçã e outros frutos	Alcoóis, aldeídos (6 carbonos)	Corte ou esmagamento; ação enzimática sobre lipídios insaturados das membranas celulares	Delicado, reduzido pela cocção (detém as enzimas, altera as substâncias)
Pepino	Pepino, melão	Alcoóis, aldeídos (9 carbonos)	Corte ou esmagamento; ação enzimática sobre membranas celulares insaturadas	Delicado, reduzido pela cocção (detém as enzimas, altera as substâncias)
"Hortaliças verdes"	Pimentão, ervilhas frescas	Pirazinas	Preexistente	Forte, persistente
Terra	Batata, beterraba	Pirazinas, geosmina	Preexistente	Forte, persistente
Cogumelo fresco	Cogumelos	Alcoóis, aldeídos (8 carbonos)	Corte ou esmagamento; ação enzimática sobre lipídios insaturados das membranas celulares	Delicado, reduzido pela cocção (detém as enzimas, altera as substâncias)
Semelhante ao do repolho	Família do repolho	Compostos de enxofre	Corte ou esmagamento; ação enzimática sobre precursores que contêm enxofre	Forte, persistente, alterado e reforçado pela cocção

Aroma	Exemplos	Substâncias responsáveis	Origem	Características
Semelhante ao da cebola, semelhante ao da mostarda	Família da cebola	Compostos de enxofre	Corte ou esmagamento; ação enzimática sobre precursores que contêm enxofre	Forte, persistente, alterado e reforçado pela cocção
Floral	Flores comestíveis	Alcoóis, terpenos, ésteres	Preexistente	Delicado, alterado pela cocção
Frutas					
"Frutado"	Maçã, pera, banana, abacaxi, morango	Ésteres (ácido + álcool)	Preexistente	Delicado, alterado pela cocção
Cítrico	Família dos cítricos	Terpenos	Preexistente	Persistente
"Gordo", "cremoso"	Pêssego, coco	Lactonas	Preexistente	Persistente
Caramelado, acastanhado	Morango, abacaxi	Furanonas	Preexistente	Persistente
Frutas tropicais, "exótico", almiscarado	Toranja, maracujá, manga, abacaxi, melão, tomate	Compostos de enxofre, complexas	Preexistente	Persistente
Ervas e especiarias				
Pinho, hortelã, herbáceo	Sálvia, tomilho, alecrim, hortelã, noz-moscada	Terpenos	Preexistente	Forte, persistente
Apimentado, quente	Canela, cravo, anis, manjericão, baunilha	Compostos fenólicos	Preexistente	Forte, persistente

lheita, pois continuam amadurecendo. Porém, a maturação logo termina, e então também as frutas se deterioram. No fim, tanto as células das hortaliças quanto as das frutas esgotam sua energia e morrem; sua complexa organização entra em colapso e seus mecanismos bioquímicos param de funcionar; suas enzimas atuam de forma aleatória; e o tecido consome a si mesmo.

A deterioração de frutas e hortaliças é acelerada pelos microrganismos, sempre presentes em suas superfícies e no ar. Bactérias, fungos e leveduras atacam os tecidos vegetais enfraquecidos ou danificados, quebram suas paredes celulares, consomem os conteúdos das células e deixam resíduos característicos e frequentemente desagradáveis. As hortaliças são atacadas principalmente pelas bactérias, que crescem mais rápido que os demais microrganismos. Espécies de *Erwinia* e *Pseudomonas* causam aquele tipo de putrefação que deixa a hortaliça flácida e murcha. As frutas são mais ácidas que as hortaliças e, por isso, são resistentes a muitas bactérias; por outro lado, são mais facilmente atacadas por fungos e leveduras (*Penicillium*, *Botrytis*).

Frutas e hortaliças pré-cortadas são convenientes mas especialmente suscetíveis à deterioração e à putrefação. O corte tem dois efeitos importantes. A danificação dos tecidos induz a atividade defensiva das células vizinhas, atividade essa que consome os nutrientes restantes e pode causar efeitos como o endurecimento, o escurecimento e o desenvolvimento de sabor amargo e adstringente. E deixa o interior das células, geralmente protegido e rico em nutrientes, vulnerável às infecções microbianas. Por isso é preciso tomar cuidado especial com frutas e hortaliças pré-cortadas.

COMO MANIPULAR FRUTAS E HORTALIÇAS FRESCAS

A estocagem de frutas e hortaliças deve ter por objetivo retardar sua inevitável deterioração. Isso começa com a escolha e a manipulação dos produtos. Os cogumelos e algumas frutas maduras – frutas vermelhas, damasco, figo, abacate, mamão – têm metabolismo naturalmente acelerado e se deterioram mais rápido que as letárgicas maçãs, peras, kiwis, repolhos, cenouras e outras frutas e hortaliças que se conservam bem. "Uma maçã podre estraga todo o cesto": frutas e hortaliças mofadas devem ser descartadas, e as fruteiras e gavetas da geladeira devem ser limpas regularmente para reduzir a população de microrganismos. Os vegetais não devem ser submetidos a situações de tensão física, como deixar maçãs cair no chão ou guardar os tomates num espaço apertado. Mesmo a lavagem com água pode tornar frutas vermelhas delicadas mais suscetíveis a infecções mediante a abrasão da epiderme protetora por meio de partículas de sujeira. Por outro lado, a terra abriga grande quantidade de microrganismos e deve ser removida da superfície de frutas e hortaliças mais resistentes antes da estocagem.

A ATMOSFERA DE ESTOCAGEM

A conservação de frutas e hortaliças frescas é muito afetada pela atmosfera em que são guardadas. Todos os tecidos vegetais são compostos principalmente de água e precisam de uma atmosfera úmida para não secar, perder a turgidez ou sofrer danos internos. Na prática, isso significa que é melhor guardar os alimentos vegetais em espaços confinados – sacos plásticos ou gavetas dentro da geladeira – para retardar a perda de umidade. Ao mesmo tempo, as frutas e hortaliças vivas exalam dióxido de carbono e água, de modo que, fechadas, a umidade pode se acumular e condensar em sua superfície, estimulando o ataque de microrganismos. Revestindo o recipiente com um material absorvente – um saco ou toalha de papel –, a condensação demora mais a acontecer.

A atividade metabólica das células também pode se tornar mais lenta quando se limita o acesso delas ao oxigênio. As indústrias que embalam e vendem frutas e hortaliças enchem suas embalagens com uma mistura bem definida de nitrogênio, dióxido de carbono e oxigênio apenas suficiente (8% ou menos) para manter as células vegetais funcionando normalmente; e usam sacos cuja permeabilidade aos gases equivale à taxa de respiração dos produtos ali contidos. (Com pouco oxigênio, as frutas e hortaliças entram num estado de metabolismo anaeróbico, que gera álcool e outras moléculas odoríferas características da fermentação e causa escurecimento e danificação dos tecidos internos.)

Os cozinheiros caseiros e de restaurantes podem reproduzir essa atmosfera controlada embalando suas frutas e hortaliças em sacos plásticos fechados e retirando de dentro deles a maior parte do ar. As células vegetais consomem oxigênio e produzem dióxido de carbono, de modo que a quantidade de oxigênio dentro dos sacos diminui lentamente. Entretanto, uma das principais desvantagens de um saco plástico fechado é que ele prende dentro de si o gás etileno, um hormônio vegetal que ativa a maturação das frutas e, nos outros tecidos, induz atividades defensivas e acelera o envelhecimento. Isso significa que as frutas ensacadas podem amadurecer demais muito rapidamente, e que uma única folha de alface danificada pode acelerar a deterioração de todo um pé. Há pouco, os fabricantes criaram sacos para frutas e hortaliças com sachês que destroem o etileno e aumentam o tempo de estocagem (os sachês contêm permanganato).

Há um tratamento comercial muito comum que retarda tanto a perda de água quanto o consumo de oxigênio em frutas e hortaliças não cortadas (maçã, laranja, pepino, tomate): revesti-los com uma camada de cera ou óleo comestíveis. Vários materiais naturais são usados para esse fim, entre os quais as ceras de abelha, carnaúba, candelila ou farelo de arroz, óleos vegetais ou ainda subprodutos da petroquímica como parafina, ceras de polietileno e óleos minerais. Esses tratamentos não fazem mal algum, mas podem tornar a superfície da fruta ou hortaliça dura ou desagradavelmente cerosa.

CONTROLE DA TEMPERATURA: REFRIGERAÇÃO

O modo mais eficaz de prolongar o tempo de conservação de frutas e hortaliças frescas consiste em controlar sua temperatura. O resfriamento torna mais lentas todas as reações químicas, de modo que diminui o ritmo da atividade metabólica das próprias células vegetais e o crescimento dos microrganismos que as atacam. Uma redução de apenas 5 °C pode quase duplicar o tempo de conservação. Entretanto, a temperatura ideal de estocagem é diferente para as diversas frutas e hortaliças. As nativas de climas temperados devem ser conservadas a 0 °C ou pouco mais, e as maçãs podem durar até um ano se a atmosfera de estocagem também for controlada. Porém, uma temperatura tão baixa faz mal às frutas e hortaliças nativas de regiões mais quentes. Suas células começam a funcionar de maneira inadequada; a atividade enzimática descontrolada causa danos às paredes celulares, provoca descoloração e incentiva a formação de sabores desagradáveis. Os danos causados podem se manifestar já durante a estocagem a frio ou somente depois que os produtos são postos de novo em temperatura ambiente. As cascas de banana escurecem no refrigerador; os abacates também escurecem e param de amaciar; os cítricos ficam com a casca manchada. Os vegetais de origem tropical ou subtropical se conservam melhor a uma temperatura relativamente alta, de 10 °C, e muitas vezes se dão melhor em temperatura ambiente que no refrigerador. É o caso do melão, da berinjela, da abóbora, do tomate, do pepino, das pimentas e de feijões e vagens.

CONTROLE DA TEMPERATURA: CONGELAMENTO

A forma mais drástica de controle da temperatura é o congelamento, que detém completamente o metabolismo de frutas e hortaliças e dos microrganismos que causam deterioração. Causa a cristalização da maior parte da água das células, imobilizando as outras moléculas e suspendendo quase toda atividade química. Os microrganismos são resistentes, e a maioria deles volta a viver normalmente quando a temperatura aumenta. Entretanto, o congelamento mata os tecidos vegetais, que sofrem dois tipos de dano. O primeiro é químico: à medida que a água se cristaliza, as enzimas e outras moléculas reativas se tornam anormalmente concentradas e passam a reagir de maneira estranha. O outro dano é o rompimento físico causado pelos cristais de gelo, cujas arestas furam as paredes e membranas celulares. Quando o alimento é descongelado, os fluidos vazam das células e a fruta ou hortaliça perde a crocância e se torna flácida e úmida. Para minimizar o tamanho dos cristais de gelo e, logo, os danos causados por eles, os produtores de alimentos congelados efetuam um congelamento o mais rápido possível até uma temperatura a mais baixa possível, às vezes de 40 °C negativos. Nessas condições, formam-se muitos cristais de gelo pequeninos; em temperatura mais alta, os cristais são maiores e em menor número e o dano é mais pronunciado. Os congeladores domésticos e de restaurantes não são tão frios quanto os comerciais, e sua temperatura flutua; por isso, durante a estocagem, um pouco de água derrete e volta a se congelar em cristais maiores, prejudicando a textura dos alimentos.

Embora a temperatura de congelamento em geral reduza a atividade enzimática e todas as demais atividades químicas, certas reações são, ao contrário, intensificadas pela concentração induzida pela formação de gelo. Uma dessas é a decomposição de vitaminas e pigmentos por obra das enzimas. A solução para esse problema é o *branqueamento*. Nesse processo, o alimento é mergulhado em água fervente por um ou dois minutos, tempo apenas suficiente para desativar as enzimas, e depois imediatamente imerso em água fria para deter a cocção e o amaciamento das paredes celulares. Caso se pretenda congelar hortaliças por mais que apenas alguns dias, elas devem ser branqueadas antes. Não se usa branquear frutas, pois o sabor e a textura de frutas cozidas é menos convidativo. O escurecimento enzimático em frutas congeladas pode ser prevenido mergulhando as frutas numa calda de açúcar à qual se adicionou ácido ascórbico (750 a 2.250 mg por litro). A calda de açúcar (em geral feita com cerca de 40% de açúcar, 680 g por litro de água) também pode melhorar a textura das frutas congeladas, pois é absorvida pela "argamassa" intercelular, que se torna mais rígida. Frutas e hortaliças congeladas devem ser postas em embalagens maximamente impermeáveis à água e ao ar. As superfícies expostas à atmosfera relativamente seca do congelador sofrerão queimadura, ou seja, o lento ressecamento causado pela evaporação de moléculas de água congeladas diretamente para o estado gasoso (a chamada "sublimação"). As partes queimadas por congelamento ficam com textura dura e sabor desagradável.

A COCÇÃO DE FRUTAS E HORTALIÇAS FRESCAS

Em comparação com carnes, ovos, leite e laticínios, as hortaliças e frutas são fáceis de cozinhar. Os tecidos e as secreções dos ani-

---

Aromas de pigmentos carotenoides alterados

Tanto o ressecamento quanto a cocção decompõem algumas das moléculas de pigmentos presentes em frutas e hortaliças ricas em carotenoides, transformando-as em fragmentos pequenos e voláteis que passam a emitir seus aromas característicos. Esses fragmentos emprestam notas que lembram chá preto, feno, mel e violetas.

mais são feitos principalmente de proteínas, que são moléculas sensíveis; o calor moderado (60 °C) as faz aderir fortemente umas às outras e expelir água, tornando-as rapidamente duras e secas. Os alimentos de origem vegetal são feitos sobretudo de carboidratos, os quais são moléculas robustas; mesmo a temperatura à qual a água ferve só faz dispersá-los de modo mais homogêneo na umidade do tecido, tornando a textura macia e suculenta. Por outro lado, a cocção de hortaliças e frutas tem suas sutilezas. Os pigmentos, compostos de sabor e nutrientes das plantas são sensíveis ao calor e a seu ambiente químico; e até os carboidratos às vezes se comportam de maneira curiosa! O desafio de cozinhar hortaliças e frutas está em criar uma textura agradável sem comprometer a cor, o sabor e a nutrição.

COMO O CALOR AFETA AS QUALIDADES DE FRUTAS E HORTALIÇAS

Cor. Muitos pigmentos vegetais são alterados pela cocção, e é por isso que muitas vezes pode-se julgar pela cor o cuidado com que as hortaliças foram preparadas. A única exceção parcial a essa regra é o grupo dos carotenoides amarelos, alaranjados e vermelhos. São mais solúveis em gordura que em água, de modo que as cores não vazam tão facilmente dos tecidos e são relativamente estáveis. Entretanto, até os carotenoides são modificados pela cocção. Quando aquecemos cenouras, seu betacaroteno muda de estrutura e de tom, de vermelho-alaranjado para um tom mais amarelado. Damascos e tomates em pasta secos ao sol perdem boa parte de seus carotenoides intactos, a menos que sejam tratados com o antioxidante dióxido de enxofre (p. 323). Porém, comparados às clorofilas verdes e às antocianinas de múltiplos matizes, os carotenoides são a própria encarnação da estabilidade.

Clorofila verde. Uma das mudanças que ocorre na cor das hortaliças verdes em razão da cocção não tem relação alguma com o pigmento em si. Aquele verde vivo e ma-

*clorofila a
verde vivo*

*verde
embaciado*

Mudanças na clorofila durante a cocção. À esquerda: a molécula normal de clorofila tem tom verde vivo e cauda semelhante a um lipídio, que a torna solúvel em gorduras e óleos. No meio: as enzimas da própria célula vegetal podem remover a cauda, produzindo uma forma sem cauda que é solúvel em água e rapidamente se dissolve no líquido de cocção. À direita: em meio ácido, o átomo central de magnésio é substituído por átomos de hidrogênio, e a molécula de clorofila resultante tem cor pastel, verde-oliva.

ravilhosamente intenso que surge alguns segundos depois que a verdura ou outra hortaliça é lançada na água fervente resulta da súbita expansão e escape dos gases presos no espaço intercelular. De ordinário, esses microscópicos bolsões de ar turvam a cor dos cloroplastos. Quando desaparecem, conseguimos ver os pigmentos diretamente.

O inimigo do verde: os ácidos. A verde clorofila é vulnerável a duas mudanças químicas durante a cocção. Uma é a perda da longa cauda de carbono e hidrogênio, o que torna o pigmento hidrossolúvel – possibilitando que se dilua no líquido de cocção – e mais suscetível a danos ulteriores. Essa perda é estimulada pela acidez ou alcalinidade do meio e por uma enzima chamada clorofilase, que é mais ativa entre 66 e 77 °C e só é destruída perto do ponto de fervura. A segunda e mais evidente mudança na clorofila é o embaciamento de seu verde, que acontece quando o calor ou uma enzima tiram o átomo de magnésio do centro da molécula. A substituição do magnésio por hidrogênio é de longe a causa mais comum da mudança de cor das verduras cozidas. Numa água ácida, mesmo que apenas levemente, os abundantes íons de hidrogênio deslocam o magnésio, mudança que transforma a clorofila *a* em feofitina *a*, de cor cinza-esverdeada, e a clorofila *b* na amarelada feofitina *b*. A cocção de hortaliças verdes sem água – em fritura rasa, por exemplo – também provoca mudança de cor. Quando a temperatura do tecido vegetal ultrapassa 60 °C, as membranas organizadoras dentro dos cloroplastos e em volta deles são danificadas e a clorofila fica exposta aos ácidos naturais da planta. O congelamento, a conservação em vinagre, a desidratação e o simples envelhecimento danificam igualmente os cloroplastos e a clorofila. É por isso que são tão comuns as verduras e outras hortaliças de cor embaciada, verde-oliva.

Soluções tradicionais: bicarbonato de sódio e metais. Há dois truques químicos que podem ajudar a preservar a cor viva das hortaliças verdes, conhecidos pelos co-

Velhos truques para hortaliças verdes

Os cozinheiros já conheciam na prática a química da clorofila muito antes de essa substância ter nome. A coletânea de receitas do romano Apício aconselha: "*omne holus smaragdinum fit, si cum nitro coquatur*", "todas as hortaliças verdes terão cor de esmeralda se forem cozidas com *nitrum*". O *nitrum* ou nitro era um bicarbonato de sódio natural, também alcalino. Em seu livro de receitas de 1751, a inglesa Hannah Glasse dizia aos leitores que "fervam todas as suas hortaliças verdes numa caçarola de cobre, sozinhas, com grande quantidade de água. Não usem panelas de ferro etc., pois não são adequadas; devem ser de cobre, latão ou prata". Os livros de culinária do começo do século XIX sugerem que se jogue uma moeda de cobre de meio *penny* na água do cozimento das hortaliças verdes ou no vinagre em que se curtem pepinos a fim de melhorar a cor. Todas essas práticas perduraram de uma forma ou de outra até o começo do século XX, embora a Suécia tenha proibido o uso de cobre nas panelas das forças armadas já no século XVIII em razão da toxicidade desse metal quando ingerido em grandes doses cumulativas. E "Tabitha Tickletooth" escreveu em *The Dinner Question* (1860): "A menos que pretenda destruir todo o sabor e reduzir as ervilhas a uma pasta, nunca, em nenhuma circunstância, ferva suas ervilhas com bicarbonato de sódio. É impossível condenar com veemência suficiente esta atrocidade predileta da culinária britânica."

zinheiros há centenas ou mesmo milhares de anos. Um deles consiste em cozinhá-los em água alcalina, que contém poucos íons de hidrogênio capazes de substituir o magnésio na clorofila. O grande chefe de cozinha francês Antonin Carême, do século XIX, desacidificava sua água de cocção com cinza de lenha; hoje em dia, é mais fácil usar bicarbonato de sódio. Um segundo truque químico consiste em acrescentar outros metais – cobre e zinco – à água de cocção. Esses metais podem substituir o magnésio na molécula de clorofila e resistem à troca pelo hidrogênio. Entretanto, ambos os truques têm suas desvantagens. O cobre e o zinco são nutrientes essenciais, mas podem ser tóxicos em doses que ultrapassam alguns miligramas. E embora o bicarbonato de sódio não seja tóxico de modo algum, um meio excessivamente alcalino pode transformar em pasta a textura das verduras (p. 293), acelerar a destruição de vitaminas e criar um desagradável sabor de sabão.

De olho na água, no tempo e no molho. Para minimizar o embaciamento do verde, pode-se manter o tempo de cocção dentre cinco e sete minutos e proteger a clorofila dos ácidos. A fritura rasa e a cocção em micro-ondas podem ser bem rápidas, mas deixam a clorofila totalmente exposta aos ácidos das próprias células. A fervura habitual em grande quantidade de água tem a vantagem de diluir os ácidos celulares. A maior parte da água distribuída nas cidades é levemente alcalina para minimizar a corrosão dos canos, e é ideal para preservar a cor da clorofila. Verifique o pH da água que você recebe; se for ácida, com o pH abaixo de 7, experimente acrescentar pequena quantidade de bicarbonato de sódio (comece com uma pitadinha para cada 4 l de água) para torná-la neutra ou levemente alcalina. Uma vez cozidas as hortaliças verdes, sirva-as imediatamente ou mergulhe-as por breve tempo em água gelada para que não continuem cozinhando e percam o brilho. Só as tempere com ingredientes ácidos, como vinagre, no último segundo; e cogite a hipótese de protegê-las antes com uma fina camada de óleo ou manteiga.

Antocianinas vermelhas e roxas e antoxantinas pálidas. As antocianinas, que em geral são vermelhas, e suas primas antoxantinas, de um amarelo pálido, têm qualidades opostas às da clorofila. São naturalmente hidrossolúveis, de modo que sempre escapam para a água de cocção. São também sensíveis ao pH e à presença de íons metálicos, mas a acidez lhes faz bem e os metais, mal. E ao passo que a clorofila em meio ácido ou metálico simplesmente se torna respectivamente embaciada ou de cor viva, as antocianinas mudam completamente de cor! É por isso que o repolho-roxo às vezes se torna azul quando braseado, os mirtilos esverdeiam em panquecas e *muffins*, e o alho adquire tonalidade verde ou azul quando conservado em vinagre. (As betacianinas e betaxantinas na beterraba e na acelga são compostos diferentes e um pouco mais estáveis.)

Os inimigos: diluição, alcalinidade e íons metálicos. As antocianinas e antoxantinas se concentram nos vacúolos celulares e, às vezes (no caso dos feijões-roxos e do aspargo, por exemplo), somente numa camada superficial de células. Por isso, quando o alimento é cozido e os vacúolos são danificados, os pigmentos escapam e podem se diluir a ponto de a cor desaparecer, ou quase – especialmente se o alimento for cozido em água. Os pigmentos restantes são afetados pelo novo ambiente químico dos tecidos celulares cozidos. Em geral, os vacúolos em que as antocianinas são armazenadas são ácidos, ao passo que os restantes fluidos da célula não o são tanto. A água usada para cocção é frequentemente alcalina, e as massas que levam fermento químico geralmente são feitas com bicarbonato de sódio, que é francamente alcalino. Em meio ácido, as antocianinas tendem a ter cor vermelha; em pH neutro, são incolores ou levemente violeta; em meio alcalino, azuladas. E as antoxantinas adquirem um amarelo profundo à medida que a alcalinidade sobe. Isso significa que frutas e hortaliças vermelhas podem descorar e até se tornar azuis quando cozidas, ao passo que as amarelas pálidas escurecem. Vestígios de metais no líquido de cocção podem gerar cores muito peculiares: algumas antocianinas e antoxantinas formam complexos cinzentos, verdes, azuis, vermelhos ou marrons quando combinadas com ferro, alumínio e estanho.

Solução: acidez. O segredo para preservar a coloração natural das antocianinas está em manter frutas e hortaliças suficientemente ácidas e evitar colocá-las em contato com sais metálicos. Um pouco de sumo de limão na água de cocção ou vertido sobre o alimento pode ajudar tanto num sentido como no outro: seu ácido cítrico prende os íons metálicos. Quando se cozinha repolho-vermelho com vinagre ou maçãs ácidas, ele não fica arroxeado; a dispersão homogênea do bicarbonato de sódio nas massas líquidas ou o uso da menor quantidade possível de modo a deixar a massa levemente ácida, podem impedir que os mirtilos fiquem esverdeados.

Criação de cor a partir do tanino. Em ocasiões raras e maravilhosas, a cocção é capaz de criar antocianinas: na verdade, ela transforma o tato em cor! Fatias incolores de marmelo cozidas numa calda de açúcar perdem sua adstringência e adquirem cor e translucidez semelhantes às do rubi. O marmelo e certas variedades de pera são especialmente ricos em substâncias fenólicas, entre as quais agregados (proantocianidinas) de 2 a 20 subunidades semelhantes às antocianinas. Os agregados têm o tamanho correto para agregar e coagular proteínas, de modo que os sentimos como adstringentes. Quando essas frutas são cozidas por bastante tempo, a combinação de calor e acidez faz com que as subunidades se separem uma por uma; depois, o oxigênio do ar reage com as subunidades para formar antocianinas propriamente ditas. Assim, frutas claras e adstringentes adquirem sabor mais suave e uma coloração que vai do rosa pálido ao vermelho-escuro. (Curiosamente, o surgimento de uma cor rosada em peras enlatadas é considerado um defeito de cor. É acentuado pelo estanho das latas não esmaltadas.)

Textura. Já vimos que a textura das frutas e hortaliças é determinada por dois fatores: a pressão interna da água nas células do tecido e a estrutura das paredes celulares (p. 294). A cocção amacia os tecidos vegetais porque diminui a pressão da água e desmonta as paredes. Quando o tecido chega a 60 °C, as membranas celulares são danificadas, as células perdem água e desincham e o tecido como um todo perde

---

Como transformar vinho tinto em vinho branco

A sensibilidade das antocianinas ao pH é o fundamento de uma receita notável encontrada na coletânea romana tardia atribuída a Apício:

Para fazer vinho branco com vinho tinto. Põe farinha de feijão ou três claras de ovos no frasco e mexe por longo tempo. No dia seguinte, o vinho estará branco. As cinzas de videiras de uvas-brancas têm o mesmo efeito.

Tanto as cinzas de videira quanto as claras de ovos são alcalinas e de fato mudam a cor do vinho. No entanto, quando fiz esta experiência com ovos, o resultado não foi um vinho branco, mas um vinho cinza.

sua crocância e firmeza e se torna flácido e mole. (Mesmo hortaliças imersas em água fervente perdem água durante a cocção, o que pode ser provado pela pesagem do vegetal antes e depois de cozido.) Nesse estágio, as hortaliças frequentemente resistem à mastigação: perderam a crocância dos tecidos túrgidos, mas as paredes celulares ainda estão fortes e resistentes. À medida que a temperatura do tecido se aproxima de 100 °C, as paredes celulares começam a enfraquecer. A estrutura de celulose quase não se modifica, mas a "argamassa" de pectina e hemicelulose se amacia, aos poucos se decompõe em cadeias menores e por fim se dissolve. Agora é fácil para os dentes separar as células adjacentes umas das outras, e a textura se torna mais tenra. A fervura prolongada elimina quase toda a argamassa intercelular e faz com que o tecido se desintegre, transformando-o em purê.

A acidez e a água mineralizada preservam a firmeza; o sal e a alcalinidade aceleram o amaciamento. Aquela fase da cocção de frutas e hortaliças em que as paredes celulares se dissolvem e o vegetal se amacia é fortemente influenciada pelo meio em que se dá a cocção. As hemiceluloses não são muito solúveis em meio ácido, mas dissolvem-se prontamente em meio alcalino. Isso significa que frutas e hortaliças cozidas num líquido ácido – um molho de tomate, por exemplo, ou outros sucos e purês de frutas – podem permanecer firmes mesmo que a cocção dure horas, ao passo que em água neutra, nem ácida nem alcalina, os mesmos alimentos amaciam em 10 a 15 minutos. Em água alcalina, as frutas e hortaliças rapidamente se tornam pastosas. O acréscimo de sal à água neutra acelera o amaciamento dos alimentos de origem vegetal, aparentemente porque os íons de sódio deslocam os íons de cálcio que interligam as moléculas da argamassa intercelular e as ancoram às paredes celulares. Com isso, as ligações cruzadas se desfazem e a hemicelulose se dissolve mais depressa. Por outro lado, o cálcio dissolvido na água "dura" (com grande quantidade de íons minerais) retarda o amaciamento, na medida em que reforça as ligações cruzadas da argamassa intercelular. Quando as hortaliças são cozidas sem serem imersas em água – cozidas no vapor, fritas ou assadas ao forno –, as paredes celulares permanecem expostas somente aos fluidos celulares mais ou menos ácidos (o próprio vapor tem pH 6, levemente ácido) e os vegetais permanecem mais firmes do que quando são cozidos pelo mesmo tempo em água fervente.

O cozinheiro pode utilizar essas influências para diagnosticar a causa de um amaciamento excessivamente rápido ou lento e adequar o preparado – por exemplo, cozinhando hortaliças de antemão em água pura antes de acrescentá-las a um molho de tomate, ou compensando a "dureza" da água

Cocção de vegetais ricos em amido. À esquerda: antes da cocção, as células vegetais estão intactas e os grânulos de amido, duros e compactos. À direita: a cocção faz com que os grânulos absorvam água dos fluidos celulares, inchem e fiquem mais macios.

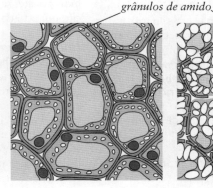
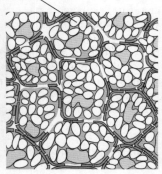

grânulos de amido

com uma pitada de bicarbonato de sódio, o qual, sendo alcalino, amacia os vegetais. No caso das hortaliças verdes, a abreviação do tempo de amaciamento por meio de sal e uma discreta dose de bicarbonato de sódio ajudam a preservar o verde vivo da clorofila (p. 310).

Hortaliças ricas em amido. Batatas, batatas-doces, abóboras de inverno e outras hortaliças ricas em amido devem sua característica textura pós-cocção à presença de grânulos de amido. Nas hortaliças cruas, os grânulos (aglomerados de moléculas de amido) são duros e próximos entre si e produzem uma sensação de dureza e secura quando tirados das células pela mastigação. Começam a amaciar na mesma temperatura em que as proteínas das membranas se desnaturam, a "faixa de gelificação", que na batata se situa entre 58 e 66 °C (varia de vegetal para vegetal). Nessa faixa, os grânulos de amido começam a absorver moléculas de água, as quais rompem sua estrutura compacta. Assim, os grânulos incham e se tornam muitas vezes maiores do que eram, formando um gel macio que na realidade é uma rede esponjosa de longas cadeias moleculares que contêm água em seus interstícios. O resultado geral é uma textura macia mas relativamente seca, pois a umidade do tecido terá sido sugada pelo amido. (Pense na diferença de textura entre uma batata cozida, rica em amido, e uma cenoura cozida, com pouco amido.) Nas hortaliças ricas em amido e cujas paredes celulares são relativamente fracas, as células repletas de gel amidoso permanecem fortes suficiente para se separar individualmente umas das outras, criando uma textura farinhenta. É em razão da absorção de água e da grande área superficial das células separadas que o purê de batata e outros purês de hortaliças ricas em amido ficam mais gostosos quando se lhes acrescenta uma grande quantidade de gordura lubrificante.

A pré-cocção pode dar firmeza persistente a algumas hortaliças e frutas. Acontece que em algumas hortaliças e frutas – batata, batata-doce, beterraba, cenoura, vagem, couve-flor, tomate, cereja, maçã, entre outros – o amaciamento usual durante a cocção pode ser reduzido caso o vegetal seja submetido a uma etapa inicial de pré-cocção em baixa temperatura. Quando pré-aquecidos a 55-60 °C por 20-30 minutos, esses alimentos desenvolvem uma firmeza persistente que resiste à cocção final prolongada. Isso é muito adequado para hortaliças que têm de conservar sua forma num prato de carne cozido por longo tempo, ou para as batatas de uma salada, ou ainda para alimentos preservados em latas. Também é indicado para batatas e beterrabas fervidas inteiras, cujas regiões exteriores serão inevitavelmente muito mais macias que o interior e podem começar a se desagregar enquanto o miolo está apenas chegando ao ponto. Essas raízes, bem como outras que pedem cocção prolongada, são geralmente postas para cozinhar numa água inicialmente fria, para que seu exterior se firme durante a lenta subida da temperatura. As hortaliças e frutas capazes de se firmar pela pré-cocção têm em suas paredes celulares uma enzima que se ativa em torno de 50 °C (e se desativa acima de 70 °C) e altera as pectinas ali presentes, possibilitando que essas pectinas sejam interligadas por íons de cálcio. Ao mesmo tempo, íons de cálcio são liberados à medida que os conteúdos das células saem pelas membranas danificadas; esse cálcio interliga as pectinas, que se tornam muito mais resistentes à remoção ou decomposição quando da fervura.

Hortaliças que não perdem a crocância. Umas poucas hortaliças, que na verdade são caules subterrâneos, se destacam por conservar certa crocância após cocção prolongada ou mesmo enlatamento. São elas a castanha-d'água chinesa, a raiz de lótus, o broto de bambu e a beterraba. A robustez de sua textura vem de certos compostos fenólicos em suas paredes celulares (ácidos ferúlicos) que firmam ligações com os carboidratos dessas paredes e impedem que estes sejam dissolvidos durante a cocção.

Sabor. O sabor relativamente suave da maioria das hortaliças e frutas é intensificado pela cocção. O calor dá mais proeminência às moléculas do sabor – açúcares doces, ácidos azedos – porque rompe as paredes celulares e facilita o contato entre os conteúdos das células e nossas papilas gustativas. As cenouras, por exemplo, ficam muito mais doces depois de cozidas. O calor também torna mais voláteis e, logo, mais perceptíveis as moléculas aromáticas dos alimentos, e cria novas moléculas mediante o aumento da atividade enzimática, a mistura dos conteúdos das células e a intensificação das reações químicas em geral. Quanto mais prolongado ou intenso o calor, mais as moléculas aromáticas originais do alimento se modificam e se suplementam e mais complexo e "cozido" será o sabor. Se a temperatura de cocção exceder o ponto de ebulição da água – nas frituras e assados ao forno, por exemplo –, esses materiais ricos em carboidratos começam a sofrer reações de escurecimento, que produzem sabores característicos de caramelo e assado. Combinando estratos bem cozidos, parcialmente cozidos e até crus das mesmas hortaliças e ervas, o cozinheiro pode criar várias "camadas" de sabor num prato.

Uma qualidade sensorial que só os vegetais têm é a adstringência (p. 301), que pode roubar um pouco do prazer do consumo de alimentos como alcachofra, frutas imaturas e frutos secos. Existem meios para controlar a influência dos taninos sobre esses alimentos. Os ácidos e sais intensificam a percepção de adstringência, ao passo que o açúcar a reduz. O acréscimo de leite, gelatina ou outras proteínas reduz a adstringência de um prato porque induz os taninos a ligarem-se às proteínas do alimento antes de afetar as da saliva. Ingredientes ricos em pectina ou gomas também tiram alguns taninos de circulação; e gorduras e óleos retardam as ligações iniciais entre taninos e proteínas.

Valor nutricional. A cocção destrói alguns nutrientes da comida, mas torna mais fácil a absorção de outros. O melhor é incluir vegetais cozidos e crus em nossa dieta diária.

Certa perda de valor nutricional... Em geral, a cocção reduz o conteúdo nutricional de frutas e hortaliças. Existem importantes exceções a essa regra, mas a quantidade da maioria das vitaminas, antioxidantes e outras substâncias benéficas é reduzida pela combinação de alta temperatura, atividade enzimática descontrolada e exposição ao oxigênio e à luz. Esses nutrientes, assim como os minerais, também são extraídos dos tecidos vegetais pela água da cocção. Todas essas perdas podem ser minimizadas por uma cocção breve. As batatas assadas, por exemplo, se aquecem muito mais devagar e perdem muito mais vitamina C pela ação das enzimas do que as batatas cozidas. Por outro lado, certas técnicas que tornam a cocção mais rápida – cortar as hortaliças em pedaços pequenos e cozê-las num grande volume de água, que conserva com mais eficácia a temperatura desejada – podem resultar numa extração e diluição maiores dos nutrientes hidrossolúveis, entre os quais os minerais e as vitaminas B e C. Para maximizar a retenção de vitaminas e minerais, cozinhe pequenas porções de frutas e hortaliças no forno de micro-ondas e com um acréscimo mínimo de água.

... e certos ganhos. A cocção apresenta diversas vantagens do ponto de vista nutricional. Elimina microrganismos potencialmente nocivos; amaciando e concentrando os alimentos, facilita o consumo deles em maior quantidade; e, na realidade, aumenta a disponibilidade de certos nutrientes. Os dois mais importantes são o amido e os pigmentos carotenoides. O amido consiste em longas cadeias de moléculas de açúcar comprimidas em pequenas massas chamadas grânulos. Nossas enzimas digestivas não penetram além da camada exterior de grânulos crus de amido, mas a

cocção desdobra as cadeias amidosas e as coloca à disposição de nossas enzimas. Quanto ao betacaroteno (precursor da vitamina A), seu primo licopeno (um importante antioxidante) e outros pigmentos carotenoides benéficos: por não serem muito solúveis em água, não basta mastigar e engolir para extraí-los eficientemente. A cocção desmonta os tecidos vegetais e nos permite extraí-los em quantidade muito maior. (O acréscimo de gordura também melhora a absorção de nutrientes lipossolúveis.)

Há muitas maneiras de cozinhar frutas e hortaliças. Apresento a seguir um apanhado dos métodos mais comuns e de seus efeitos gerais. Os métodos podem ser divididos em três grupos: métodos úmidos, que transferem o calor por meio da água; métodos secos, que o transferem por meio do ar, do óleo ou da radiação infravermelha; e um grupo mais diversificado que inclui diversas maneiras de reestruturar o alimento, quer transformando-o numa versão líquida de si mesmo, quer extraindo a essência de seu sabor ou cor.

ÁGUA QUENTE: FERVURA, COCÇÃO NO VAPOR, COCÇÃO NA PRESSÃO

A cocção por imersão em água fervente e a cocção no vapor são os métodos mais simples para cozinhar hortaliças, pois não exigem que se avalie a temperatura de cocção: quer em fogo alto, quer em fogo baixo, a água fervente está a 100 °C (no nível do mar; em altitude maior, a temperatura será progressivamente mais baixa). E pelo fato de a água quente e o vapor serem excelentes transmissores de calor, estes métodos também são eficientes, ideais para a cocção rápida de hortaliças verdes, minimizando a perda de cor (p. 310). Uma diferença importante entre as duas técnicas é que a água quente dissolve e extrai um tanto de pectina e cálcio das paredes celulares, ao passo que a cocção no vapor não os tira do lugar: por isso a fervura amacia os vegetais de modo mais rápido e completo.

Cocção por imersão em água fervente.
Quando se fervem hortaliças verdes, vale a pena conhecer o pH da água de cocção e o conteúdo de minerais nela dissolvidos. O ideal é que ela seja neutra ou apenas ligeiramente alcalina (pH 7-8) e que não seja demasiado dura (não tenha quantidade excessiva de minerais em solução), pois a acidez tira a cor da clorofila, e tanto a acidez quanto o cálcio retardam o amaciamento e, portanto, prolongam a cocção. Um volume grande de água em fervura intensa conservará a temperatura mesmo depois de acrescentadas as hortaliças frias, cortadas em pedaços pequenos suficiente para cozinhar o interior em cerca de 5 minutos. O sal acrescentado à água de cocção numa concentração equivalente à da água do mar (3% ou 2 colheres de sopa [30 g] por litro) acelera o amaciamento (p. 313) e minimiza a perda de conteúdos celulares por dissolução na água (a água sem sal atrai para fora das células vegetais os sais e açúcares nelas contidos). Quando estiverem no ponto, as hortaliças devem ser tiradas da água e servidas de imediato, ou brevemente mergulhadas em água gelada para deter a cocção e impedir qualquer esbatimento ulterior da coloração.

As hortaliças ricas em amido, especialmente batatas cozidas inteiras ou em pedaços grandes, devem receber outro tratamento. Sua fraqueza é a tendência das partes de fora de ficarem excessivamente macias e se desfazerem enquanto o interior fica no ponto. A água dura e levemente ácida pode ajudá-las a conservar a firmeza superficial; o mesmo efeito pode ser obtido colocando-as para cozinhar em água inicialmente fria e ir aumentando a temperatura aos poucos, a fim de reforçar as paredes celulares (p. 314). O melhor é não colocar sal na água, uma vez que ele estimula o amaciamento precoce do exterior vulnerável. Tampouco é necessário que a água chegue ao ponto de fervura: 80-85 °C são suficientes para amaciar o amido e as paredes celulares e não chegam a sobrecozer as camadas exteriores, embora essa temperatura prolongue o tempo necessário para que o interior fique no ponto.

Quando hortaliças são incluídas num braseado ou ensopado de carne e se espera que fiquem macias sem perder a integridade da forma, sua cocção demanda tanta atenção quanto a da carne. Uma temperatura de cocção muito baixa, que não tire a maciez da carne, pode não chegar a amaciar as hortaliças, ao passo que a cocção lenta e prolongada para dissolver o tecido conjuntivo de um corte duro pode transformá-las em pasta. As hortaliças podem ser pré-cozidas em separado para amaciar antes de um braseado em baixa temperatura ou firmar-se antes do *simmering*; podem também ser removidas de um prato submetido a cocção lenta quando atingem a textura desejada e devolvidas ao final, quando a carne estiver pronta.

Cocção no vapor. A cocção no vapor é um bom método para cozinhar hortaliças a 100 °C sem que seja necessário aquecer uma panela cheia d'água, expor o alimento à turbulência da fervura e perder cor, sabor ou nutrientes por diluição. Por outro lado, não permite ao cozinheiro controlar a salinidade, as interligações de cálcio ou a acidez (o próprio vapor tem pH 6, levemente ácido, e os vacúolos são mais ácidos do que o pH ideal para a clorofila); e, para que a cocção seja homogênea, as peças de hortaliças devem ser dispostas numa única camada ou, no mínimo, arranjadas de modo tal que o vapor tenha acesso a todas as superfícies. O alimento cozido no vapor não adquire nenhum outro sabor exceto o seu próprio, embora o próprio vapor possa ser aromatizado pelo acréscimo de ervas e especiarias à água da fervura.

Cocção na pressão. Às vezes as hortaliças são cozidas na pressão, especialmente quando se pretendem enlatar alimentos de baixa acidez. Trata-se essencialmente de um misto de cocção por fervura e no vapor, com a diferença de que ambos se encontram a cerca de 120 °C em vez de 100 °C. (A contenção do vapor dentro da panela hermeticamente fechada aumenta a pressão interna, o que por sua vez eleva o ponto de ebulição da água.) A cocção na pressão aquece rapidamente os alimentos, o que também significa que facilita a sobrecocção de hortaliças frescas. O melhor é seguir à risca as receitas especializadas.

AR QUENTE, ÓLEO E RADIAÇÃO TÉRMICA: ASSADOS AO FORNO, FRITURAS E GRELHADOS

Estes métodos "secos" removem umidade da superfície dos alimentos e, logo, concentram e intensificam o sabor. Além disso, podem aquecer os alimentos a temperatura mais alta que 100 °C, sendo, portanto, capazes de gerar as cores e sabores típicos das reações de escurecimento (p. 867).

Assados ao forno. O ar quente dentro do forno submete frutas e hortaliças a uma cocção relativamente lenta, e isso por várias razões. Em primeiro lugar, o ar não é tão denso quanto a água ou o óleo, de modo que as moléculas nele presentes colidem com o alimento com menos frequência e levam mais tempo para transferir-lhe sua energia térmica. Em segundo lugar, um objeto frio dentro de um forno quente cria em torno de si uma "camada intermediária" de moléculas de ar e vapor-d'água estagnadas, que torna ainda mais lento o ritmo de colisão. (Um ventilador de convecção acelera a cocção porque faz o ar circular mais rápido e rompe a camada intermediária.) Em terceiro lugar, numa atmosfera seca a umidade do alimento evapora de sua superfície e essa evaporação absorve e consome a maior parte da energia incidente; somente uma fração dessa energia chega ao centro do assado. Por isso o assado ao forno é muito menos eficiente que a fervura ou a fritura.

É claro que o ambiente rarefeito do forno explica por que o assado é um meio adequado para secar alimentos, quer em parte – para concentrar o sabor de tomates suculentos, por exemplo – quer quase completamente, a fim de preservar ou criar uma textura crocante ou elástica. Além disso, uma vez seca a superfície, sua temperatura se aproxima daquela do forno e os carboidratos e proteínas podem sofrer as reações de escurecimento, que geram centenas de novas moléculas de sabor e aroma e, portanto, uma nova profundidade de paladar.

Muitas vezes, as hortaliças são revestidas de óleo antes de serem assadas. Esse pré-tratamento simples tem duas consequências importantes. A fina camada superficial de óleo não evapora com a mesma rapidez que a umidade própria da hortaliça evaporaria, de modo que o calor absorvido pelo óleo é aproveitado para aumentar a sua temperatura e a da própria hortaliça. A superfície da hortaliça, portanto, fica mais quente do que ficaria sem o óleo, acelerando o escurecimento e a cocção completa. Além disso, algumas moléculas do óleo participam das reações de escurecimento na superfície e mudam a composição dos produtos da reação, criando um sabor nitidamente mais rico.

Frituras e salteados. O assado de hortaliças revestidas de óleo chama-se às vezes de "fritura ao forno"; e, com efeito, a fritura em óleo propriamente dita também resseca a superfície do alimento, escurece-a e enriquece o sabor com as notas características fornecidas pelo próprio óleo. Um alimento pode ser frito por imersão ou meia-imersão em óleo, ou simplesmente lubrificado (salteado). A temperatura típica do óleo fica entre 160-190 °C. A fritura propriamente dita é mais rápida que a fritura ao forno porque o óleo é muito mais denso que o ar, de modo que suas moléculas carregadas de energia colidem com o alimento com frequência muito maior. O segredo da fritura bem-sucedida está em acertar o tamanho da peça e a temperatura de cocção, para que a cocção completa se dê no tempo necessário para que as superfícies escureçam suficiente. De todos os alimentos vegetais, as hortaliças ricas em amido são os que mais se preparam por meio de fritura, e descreverei detalhadamente o importante exemplo das batatas no capítulo 6 (p. 335). Muitas hortaliças mais delicadas, e até mesmo frutas, são empanadas ou fritas com um revestimento protetor de massa líquida (p. 615), que escurece e se torna crocante enquanto o vegetal, lá dentro, permanece isolado do contato direito com a alta temperatura.

Salteado rápido com movimento e refogados ou suados. Duas importantes variedades de fritura exploram extremidades opostas do espectro das temperaturas. Uma delas é o salteado rápido com movimento. As hortaliças são cortadas em pedaços suficientemente pequenos para estar prontas em cerca de um minuto e são salteadas numa superfície de metal quentíssima com óleo apenas suficiente para lubrificá-las, sendo constantemente mexidas para garantir um aquecimento homogêneo e impedir que se queimem. Neste tipo de fritura, é importante pré-aquecer somente a panela e acrescentar o óleo poucos segundos antes de introduzir as hortaliças; caso contrário, o calor intenso danificará o óleo, tornando-o desagradável ao paladar, viscoso e pegajoso. A brevidade do salteado rápido com movimento o torna um método adequado para reter pigmentos e nutrientes. No outro extremo situa-se uma técnica chamada refogado ou "suado" (o *soffrito* italiano ou o *soffregit* dos catalães, ambos os termos que significam "subfrito"): a cocção muito lenta, sobre calor brando, de hortaliças cortadas em fatias muito finas e revestidas de óleo, a fim de criar uma base de sabor para um prato que leva também outros ingredientes. Muitas vezes, o cozinheiro quer evitar ou minimizar o escurecimento; nesse caso, o fogo baixo e o óleo têm a função de amaciar as hortaliças, desenvolver e concentrar seu sabor e miscigenar os diversos sabores. As hortaliças cozidas numa versão de *confit* (p. 197) são imersas em óleo e submetidas a cocção lenta para amaciar e absorver um pouco da intensidade e do sabor do óleo.

Grelhados. O grelhado e o gratinado são métodos de cocção que funcionam por meio da intensa radiação infravermelha emitida por carvões em brasa, chamas ou elementos elétricos aquecidos ao vermelho. Essa radiação é capaz de secar, escurecer e queimar, tudo isso em rápida sucessão. Logo, é importante determinar corretamente a distância entre a fonte de calor e o alimento a fim de garantir que este possa aquecer-se até o miolo antes de a superfície tostar. Como no assado ao forno, um revestimento de óleo acelera a cocção e aperfeiçoa o sabor. Envolvendo o alimento num invólucro – o milho-verde em sua palha, bananas-da-terra ainda em sua casca, batatas em papel-alumínio –, a superfície recebe alguma proteção e, na prática, o alimento é cozido no vapor gerado por sua própria umidade, ao mesmo tempo em que absorve parte do aroma defumado da fonte de calor e do invólucro quente. E há certos alimentos que ficam melhores quando tostados. As pimentas grandes do gênero *Capsicum*, sejam doces (pimentões), sejam picantes, têm uma cutícula ou "pele" grossa, resistente e demorada de descascar. Por ser relativamente seca em comparação com a polpa e parcialmente composta de ceras inflamáveis, a pele tosta completamente antes de o interior amaciar. Uma vez tostada, a pele pode ser retirada com facilidade por raspagem ou lavagem. Do mesmo modo, a casca da berinjela absorve o aroma defumado e pode ser facilmente raspada da polpa quando a hortaliça inteira é grelhada até o interior amaciar e a pele secar e endurecer.

COCÇÃO POR MICRO-ONDAS

A radiação de micro-ondas energiza seletivamente as moléculas de água em frutas e hortaliças, e são as moléculas de água que então aquecem as paredes celulares, o amido e outras moléculas vegetais (p. 876). Uma vez que a radiação penetra no alimento a uma profundidade de cerca de 2 cm, pode ser um método relativamente rápido e é excelente quando não se querem perder as vitaminas e os minerais. Contudo, acarreta diversos problemas que o cozinheiro deve prevenir e compensar. Uma vez que as micro-ondas só penetram a determinada distância da superfície, a cocção somente será homogênea se o alimento for picado em peças finas, todas da mesma espessura, e se as peças forem arranjadas numa camada única ou numa pilha com muitos interstícios. As moléculas de água energizadas se convertem em vapor e escapam do alimento: por isso a cocção por micro-ondas tende a ressecar a comida. As hortaliças devem ser fechadas num recipiente quase hermético, de onde o vapor não possa escapar facilmente; e em regra convém colocar desde o início um pouco de água a mais dentro do recipiente para impedir que a superfície do alimento perca demasiada umidade e enrugue. Por fim, como os alimentos devem permanecer fechados, eles retêm algumas substâncias voláteis que de outro modo escapariam – o que lhes dá um sabor estranho e singular. A inclusão de outros ingredientes aromáticos pode ajudar a mascarar esse efeito.

Os cozinheiros podem usar a qualidade secante da radiação de micro-ondas para dar crocância a fatias finas de frutas e hortaliças. O melhor é fazer isso em baixa potência, de modo que o aquecimento seja suave e homogêneo e não produza rapidamente o escurecimento e a queima. Quando sobra pouca água num trecho de tecido, a energia necessária para extraí-la é maior; assim, o ponto de ebulição naquele local sobe para uma temperatura capaz de decompor carboidratos e proteínas, o que primeiro escurece o tecido e depois o deixa preto.

PULVERIZAÇÃO E EXTRAÇÃO

Além de preparar frutas e hortaliças tais como se apresentam na natureza, mantendo intacta a estrutura de seus tecidos, os cozinheiros também costumam desconstruí-las completamente. Em certos preparados, os conteúdos das células vegetais são misturados com as paredes que geralmente as separam e contêm. Em outros, separamos o sabor ou a cor do vegetal das fibras incolores e insípidas de suas paredes celulares, ou ainda do excesso de água nele contido, e produzimos um extrato concentrado da essência desse alimento.

Purês. A versão mais simples de frutas e hortaliças desconstruídas é o purê. Nessa categoria se incluem preparados como os molhos de tomate e maçã, purê de batatas, sopa de cenoura e guacamole. Para fazer purê, aplicamos força física em intensidade suficiente para esmagar o tecido, separar e romper suas células e misturar o conteúdo das células com fragmentos das paredes celulares. Graças ao alto teor de água das células, a maioria dos purês são versões fluidas do tecido original. E graças ao poder espessante dos carboidratos das paredes celulares, que retêm moléculas de água e se emaranham uns nos outros, esses preparados também apresentam consistência densa e aveludada – ou podem desenvolver tal consistência quando reduzimos por fervura o excesso de água e concentramos os carboidratos. (As batatas e outras hortaliças ricas em amido são a principal exceção: os grânulos de amido das células absorvem toda a umidade livre no tecido, e o melhor é deixá-los intactos dentro de células íntegras para que o purê, embora sólido, não se torne pegajoso. Ver a discussão sobre purê de batatas na p. 336.) Os purês são transformados em molhos e sopas, resfriados para fazer gelados de frutas e ressecados para formar lâminas resistentes. Ver à p. 690 um estudo do uso dos purês para fazer molhos.

Em muitas frutas maduras, as paredes celulares são a tal ponto fracas que é fácil transformá-las em purê ainda cruas, mas a maioria das hortaliças devem ser cozidas de antemão para amaciar tais paredes. A pré-cocção tem ainda a vantagem de desativar as enzimas que, uma vez rompida a organização celular, tenderiam a destruir as vitaminas e pigmentos, alterar o sabor e produzir uma descoloração desagradável (p. 298). O tamanho das partículas sólidas no purê, e, portanto, a firmeza de sua textura, é determinado pelo quanto as paredes celulares foram desmanteladas pela maturação ou cocção e pelo método usado para esmagar o tecido. O esmagamento manual deixa intactos grandes agregados de células; as telas usadas em indústrias e as peneiras usadas em casa geram pedaços menores; as lâminas de um processador elétrico cortam muito fino; e as lâminas de um liquidificador, trabalhando em espaço ainda mais confinado, cortam e rompem partículas ainda menores. As fibras ricas em celulose só podem ser removidas passando o purê por uma peneira.

Sucos. O suco é uma versão refinada do purê: é feito principalmente do conteúdo líquido das células de frutas e hortaliças mediante o esmagamento do vegetal cru e a separação da maior parte do material sólido proveniente das paredes celulares. Uma fração desse material inevitavelmente irá para o suco – a polpa no suco de laranja, por exemplo – e poderá dar-lhe um caráter turvo e uma densidade de textura que podem ser desejáveis ou indesejáveis. Uma vez que nesse processo são misturados os conteúdos de células vivas, inclusive enzimas ativas e várias substâncias reativas e sensíveis ao oxigênio, os sucos frescos são instáveis e podem sofrer rápidas mudanças. Os sucos de maçã e pera, por exemplo, escurecem pela ação das enzimas do escurecimento e do oxigênio (p. 299). Se não forem usados imediatamente, o melhor é resfriá-los ou congelá-los, talvez após aquecê-los a temperatura pouco abaixo de 100 °C para desativar as enzimas e matar os microrganismos. As modernas máquinas de fazer suco são extremamente potentes e possibilitam a extração do suco de qualquer fruta ou hortaliça, e não somente daqueles tradicionalmente usados para esse fim.

Espumas e emulsões. Nos purês e sucos, os carboidratos das paredes celulares podem ser usados para estabilizar duas estruturas físicas que de outro modo seriam efêmeras: uma espuma de bolhas de ar e uma emulsão de gotículas de óleo (pp. 696, 712), que são especialmente fáceis de preparar com os modernos processadores e liquidificadores elétricos. Quando um purê ou suco é batido para se preencher de bolhas de ar, os carboidratos das paredes celulares retardam a saída de água de dentro das bolhas, de modo que estas demoram mais para se desfazer. Isso faculta ao cozinheiro criar uma espuma ou musse que dure suficiente para ser saboreada; as espumas feitas com sucos são especialmente etéreas. Do mesmo modo, quando se mistura óleo a um purê ou suco, por batimento, os carboidratos vegetais isolam as gotículas de óleo umas das outras, retardando a separação das fases oleosa e aquosa. Isso significa que o cozinheiro pode incorporar óleo num purê ou suco para constituir uma emulsão temporária, cujas dimensões de sabor e textura são mais ricas que as do purê comum. Quanto mais espesso for o purê, mais estável e menos delicada será a espuma ou emulsão. A consistência de um preparado espesso pode ser aligeirada pelo acréscimo de um líquido (água, suco, caldo).

Purês e sucos congelados: gelados, *sorbets*, *sherbets*. Quando purês e sucos são congelados, constituem uma refrescante massa semissólida conhecida pelos mais diversos nomes, entre os quais "gelado", "*sorbet*", "granita" e "*sherbet*". Esse tipo de preparado foi elaborado pela primeira vez na Itália do século XVII, de onde nos vem o termo *sorbet* (do italiano *sorbetto*, derivado por sua vez do árabe *sharab*, "xarope"). Seu sabor é essencialmente o da própria fruta (ou às vezes de uma erva, especiaria, flor, café ou chá), geralmente intensificado pelo acréscimo de açúcar e ácido (à razão de 25-35% e 0,5% respectivamente). A relação geral entre açúcar e ácido é semelhante à do melão (30-60:1; ver p. 425). O purê ou suco também é frequentemente diluído com um pouco de água, às vezes para reduzir a acidez (sucos de limão e lima), às vezes para aumentar a quantidade de um ingrediente raro e às vezes para incrementar o sabor, que é afetado de modo inusitado pela temperatura muito baixa em que o prato é servido: o melão não diluído, por exemplo, pode ter gosto muito semelhante ao do pepino, seu parente, e o purê de pera diluído tem sabor mais delicado e perfumado que o da simples fruta congelada. Nos Estados Unidos, o termo "*sherbet*" é aplicado aos gelados de frutas aos quais se acrescentam sólidos do leite (3-5%) para complementar o sabor e amaciar a textura.

Embora os gelados tradicionais sejam feitos com frutas, os de hortaliças também podem ser refrescantes e surpreendentes.

A textura dos purês e sucos congelados. A textura dos gelados pode variar do quebradiço ao cremoso, passando pelo áspero. Isso depende das proporções dos ingredientes, de como o gelado é feito e da temperatura em que é servido. Durante o processo de congelamento, a água na mistura se solidifica em milhões de minúsculos cristais de gelo, os quais são rodeados por todas as outras substâncias que fazem parte do preparado: principalmente um resto de água líquida que constitui uma calda com os açúcares dissolvidos, tanto o da fruta quanto o acrescentado pelo cozinheiro, bem como os conteúdos das células e as paredes celulares do vegetal. Quanto maior a proporção de calda e restos vegetais, tanto mais os cristais sólidos são lubrificados. Com isso, eles deslizam mais uns em relação aos outros quando pressionados com a colher ou a língua, e a textura se torna mais macia. A maioria dos gelados leva cerca do dobro do açúcar usado para fazer sorvete (no qual uma quantidade substancial de gordura e proteínas ajuda a amaciar a textura, p. 44), entre 25 e 35% do peso total. As frutas mais doces precisam de menos açúcar acrescentado para perfazer esse total, e a quantidade total de açúcar nos purês ricos em pectina e outros restos vegetais (abacaxi, framboesa) não precisa ser tão grande para garantir a maciez. Muitos cozinheiros substituem de um quarto a um terço do açúcar de mesa (sacarose) por xarope de milho ou glicose, que incentiva a maciez sem adoçar demais o sabor. O tamanho dos cristais de gelo, e portanto a aspereza ou cremosidade do gelado, é determinado pelo conteúdo de açúcar e sólidos vegetais e pela agitação da mistura durante o congelamento. O açúcar e os sólidos estimulam a formação de muitos cristais pequenos em vez de poucos grandes, e o mesmo efeito é obtido pelo batimento (p. 49). Os gelados servidos assim que retirados do congelador são relativamente duros e cristalinos; quando se permite que aqueçam e derretam parcialmente, obtém-se uma textura mais macia e lisa.

Caldos de hortaliças. Um caldo de hortaliças é um extrato aquoso de várias hortaliças e ervas, que serve de base de sabor para sopas, molhos e outros preparados. Submetendo as hortaliças e outros alimentos vegetais a cocção lenta por imersão até amaciarem, o cozinheiro rompe suas paredes celulares e libera na água o conteúdo das células. Estas contêm sais, açúcares, ácidos e aminoácidos sápidos, e também moléculas aromáticas. Cenoura, aipo e cebola são quase sempre incluídas em razão de seu aroma; cogumelos e tomates são as fontes mais ricas de aminoácidos. As hortaliças são picadas em pedaços bem pequenos para maximizar a área superficial pela qual se dá a extração. A pré-cocção de algumas hortaliças, ou todas, numa pequena quantidade de gordura ou óleo apresenta duas vantagens: acrescenta novos sabores e a gordura dissolve melhor que a água muitas moléculas aromáticas. É importante não diluir os sabores extraídos em água em demasia; em relação ao peso, a proporção adequada seria de 1 parte de hortaliças para 1,5-2 partes de água. As hortaliças são cozidas em fogo lento em panela destampada (permitindo a evaporação e a concentração) por não mais que uma hora. Depois desse prazo, é consenso que o sabor do caldo deixa de melhorar e até se deteriora. Uma vez coado o líquido, este pode ser concentrado mediante fervura.

Óleo, vinagre, xarope e álcool aromatizados. Os cozinheiros extraem as substâncias aromáticas características de frutas, hortaliças, ervas e especiarias e infundem-nas em diversos líquidos que então passam a atuar como convenientes adjutórios de sabor para molhos, temperos de salada e outros preparados. Em geral, os extratos ou essências de gosto mais fresco são obtidos de frutas ou ervas cruas mergulhadas no líquido em questão e conservadas em temperatura ambiente ou na geladeira por dias ou semanas. Os sabores de ervas e especiarias secas são menos alterados pelo calor e podem ser extraídos com mais rapidez em líquidos quentes.

O crescimento de microrganismos que provocam a deterioração ou causam doenças é inibido pela acidez do vinagre, pelo açúcar concentrado em xaropes ou caldas e pelo álcool na vodca (cujo próprio sabor neutro a torna um excelente veículo para a extração do aroma). Por isso vinagres, xaropes e alcoóis aromatizados são preparados relativamente pouco problemáticos. Os óleos aromatizados, por outro lado, demandam um cuidado especial. O ambiente anaeróbico dentro do óleo pode estimular a multiplicação das bactérias do botulismo, que vivem no solo, são encontradas na maioria dos alimentos cultivados nos campos e têm esporos que sobrevivem às temperaturas comuns de cocção. Seu crescimento é inibido pela baixa temperatura. Os óleos não cozidos aromatizados com alho ou ervas são mais seguros quando feitos na geladeira, e todos os óleos aromatizados, cozidos ou não, devem ser guardados no refrigerador.

"Clorofila." A clorofila culinária é um extrato vegetal relativamente desconhecido, mas fascinante: um corante de um verde intenso que, embora não seja idêntico à clorofila bioquímica, é sem dúvida uma fonte concentrada desta. Para fazer a clorofila culinária, verduras verde-escuras são raladas em pedaços muito finos para isolar e romper as células; os pedaços ralados são mergulhados em água para diluir as enzimas e ácidos que danificam os pigmentos e separar as fibras sólidas e os restos das paredes celulares; são submetidos a cocção muito suave por imersão em água para desativar as enzimas e levar à superfície as células e os cloroplastos livres; e o líquido é separado da massa verde por filtração e prensagem. Embora a clorofila química presente na clorofila culinária ainda perca o brilho quando aquecida com alimentos ácidos, o preparado pode ser acrescentado no último instante a molhos, ácidos ou não, e conservará seu verde vibrante durante toda a refeição.

PRESERVAÇÃO DE FRUTAS E HORTALIÇAS

As frutas e hortaliças podem ser preservadas por prazo indefinido. Para tanto, é preciso "matar" os tecidos vivos, desativando assim suas enzimas, e depois torná-los inóspitos aos microrganismos ou subtraí-los à ação destes. Algumas dessas técnicas são antigas, outras são produtos da era industrial.

SECAGEM EM GERAL E LIOFILIZAÇÃO

Secagem ou desidratação em geral. A secagem preserva os alimentos mediante a redução do teor de água dos tecidos de 90% para uma proporção que varia entre 5 e 35%, faixa de umidade que permite o crescimento de pouquíssimos seres vivos. Trata-se de uma das técnicas de preservação mais antigas; o sol, o fogo e montículos de areia quente são usados para secar alimentos desde a Pré-História. Em geral, frutas e hortaliças devem receber tratamentos que desativam as enzimas que causam dano às vitaminas e às cores: as hortaliças secas vendidas no comércio são geralmente branqueadas; as frutas são banhadas em diversos tipos de compostos de enxofre que previnem a oxidação e, portanto, o escurecimento enzimático, bem como a perda de compostos fenólicos, vitaminas e sabor. A secagem ao sol sempre foi o tratamento mais comumente dispensado a ameixas, uvas, damascos e figos, mas hoje um jato de ar quente é mais usado por ter resultados mais previsíveis. Em casa e no restaurante, os cozinheiros podem usar o forno ou pequenos secadores elétricos cuja temperatura é mais fácil de controlar. Frutas e hortaliças são desidratadas em temperatura relativamente baixa, 55-70 °C, para minimizar a perda de cor e sabor e impedir que a superfície seque rápido demais, extraindo a umidade do interior. Purês de frutas são dispostos em camadas finas para transformar-se em "películas frutais". Frutas e hortaliças desidratadas mas ainda relativamente úmidas são agradavelmente macias, mas também são vulneráveis a certas leveduras e fungos resistentes. Por isso o melhor é conservá-las em geladeira.

Liofilização. A liofilização ou criodessecação é uma versão controlada da queimadura por congelamento: não remove a umidade por evaporação, mas por sublimação, ou seja, a passagem da água diretamente do estado sólido para o gasoso. Embora a liofilização seja habitualmente considerada uma inovação industrial, os nativos do Peru, nos Andes, secam batatas por esse método há milênios. Para fazer *chuño*, que tem prazo de validade indefinido, eles pisoteiam batatas para quebrar-lhes a estrutura e expõem-nas constantemente ao ar seco e frio da cordilheira. À noite, as batatas congelam e perdem certa umidade por sublimação; descongeladas durante o dia, perdem mais água por evaporação. O rompimento dos tecidos e a longa exposição ao ar e ao sol dão ao *chuño* um sabor forte; a batata seca é reconstituída com água para fazer ensopados.

Na moderna liofilização industrial, os alimentos são levados rapidamente a uma temperatura muito baixa, cerca de −57 °C, e depois levemente aquecidos e expostos ao vácuo, que suga as moléculas de água e efetua a criodessecação. Uma vez que tais alimentos não são nem cozidos nem expostos ao oxigênio, conservam cor e sabor semelhantes aos dos mesmos vegetais frescos. Hoje em dia, muitas frutas e hortaliças são liofilizadas e consumidas como petiscos ou lanches. Podem também ser reconstituídas com água em misturas instantâneas para sopa, rações de emergência e comida de acampamento.

FERMENTAÇÃO E PRESERVAÇÃO EM SALMOURA OU MEIO ÁCIDO: CHUCRUTE E *KIMCHI*, PICLES DE PEPINO, AZEITONAS

A fermentação é um dos métodos mais simples e mais antigos de preservação de alimentos. Não está ligado a um clima particular e não exige cocção, de modo que tampouco acarreta gasto de combustível. Exige somente um recipiente, que pode ser um mero buraco no chão, e quem sabe um pouco de sal ou água do mar. As azeitonas e o chucrute – repolho fermentado – são exemplos conhecidos de uma fruta e uma verdura fermentadas. Categoria que se sobrepõe a essa é a dos *picles*, ou seja, alimentos preservados por imersão em salmoura ou num ácido forte, como o vinagre. A salmoura muitas vezes estimula a fermentação e esta gera ácidos que preservam o alimento. Por isso, o termo "picles" se aplica igualmente a preparados fermentados e não fermentados de pepinos e outros alimentos. O chucrute e as azeitonas têm alguns parentes menos conhecidos mas também intrigantes, como os limões em conserva do Norte da África, as ameixas, rabanetes e outras frutas e hortaliças em conserva do Japão e os variegados picles de frutas da Índia, temperados com especiarias de sabor forte.

A natureza da fermentação. A preservação de frutas e hortaliças por fermentação se baseia no fato de os vegetais serem o lar natural de certos microrganismos benignos que, nas condições corretas – a primeira das quais é a ausência de ar –, florescem e suprimem o crescimento de outros microrganismos que causam doenças e deterioração. Suprimem-nos porque são os primeiros a consumir os açúcares fáceis de metabolizar da matéria vegetal e produzem diversas substâncias antimicrobianas, entre as quais o ácido láctico e outros ácidos, dióxido de carbono e álcool. Ao mesmo tempo, deixam intacta a maior parte do material da planta, inclusive sua vitamina C (protegida da oxidação pelo dióxido de carbono gerado); frequentemente acrescentam uma quantidade significativa de vitamina B; e geram novas substâncias voláteis que enriquecem o aroma da comida. Ao que parece, essas benignas "bactérias do ácido láctico" surgiram há muitíssimo tempo em montes de vegetação caída das plantas (um ambiente pobre em oxigênio), e agora transformam os produtos que cuidadosamente colhemos em dezenas de alimentos diferentes pelo mundo afora (ver quadro, p. 325), além de transformar o leite em iogurte e queijo e a carne picada em saborosos embutidos (pp. 49 e 188).

Condições e resultados da fermentação. Ao passo que certas frutas e hortaliças são fermentadas sozinhas em buracos ou jarros hermeticamente fechados, a maioria é salgada a seco ou mergulhada em salmoura para extrair a água, o açúcar e outros nutrientes dos tecidos vegetais e proporcionar um líquido que cubra o alimento e limite sua exposição ao oxigênio. As características de um determinado tipo de conserva fermentada dependem da concentração de sal e da temperatura de fermentação, que determinam quais os microrganismos a predominar e as substâncias que produzem. A baixa concentração de sal e as baixas temperaturas favorecem o *Leuconostoc mesenteroides*, que gera uma mistura suave mas complexa de ácidos, álcool e compostos aromáticos; temperaturas mais altas estimulam o *Lactobacillus plantarum*, que produz quase exclusivamente ácido láctico. Em muitos picles, os microrganismos se sucedem: o *Leuconostoc* domina no começo e depois cede lugar ao *Lactobacillus* à medida que a acidez cresce. Alguns picles asiáticos não são feitos por fermentação láctica espontânea, mas pelo acréscimo de algum outro material que sirva de "fermento-mãe", geralmente os sub-

Algumas hortaliças e frutas fermentadas

Método	Material	Microrganismos	Região	Exemplo
Enterrar num buraco revestido de folhas	Banana	Bactérias do ácido láctico	África	Kocho
	Fruta-pão, raízes		Pacífico Sul	Poi (taro)
Fechar num jarro	Mostarda e verduras aparentadas	Bactérias do ácido láctico	Nepal	Gundruk
	Raízes semelhantes ao rabanete		Nepal, Índia	Sinki
Sal, 1-2%	Repolho	Bactérias do ácido láctico	Europa	Chucrute
Sal, 2-3%	Cenouras (roxas) raladas em água	Bactérias do ácido láctico	Paquistão, norte da Índia	Kanji
Sal, 3-4%	Repolho, bactérias do rabanete	Bactérias do ácido láctico	Ásia	Kimchi
Sal, 4-10% (às vezes com farelo de arroz)	Rabanete, repolho, berinjela, pepino	Bactérias do ácido láctico, leveduras	Ásia	Tsukemono (nukazuke)
Sal, 5-8%	Pepino	Bactérias do ácido láctico	Europa, Ásia	Picles
Sal, 5-10%	Limão	Leveduras	Oeste da Ásia, norte da África	Lamoun makbous, limões em conserva
Sal, 6-10%	Azeitona	Bactérias do ácido láctico, leveduras	Europa	Azeitonas
Sal, 20%	Limão, lima, manga verde	Bactérias, leveduras	Índia	Achar, picles

Adaptado de G. Campbell Platt, Fermented Foods of the World – A Dictionary and Guide [Alimentos fermentados do mundo – Um dicionário e um guia] (Londres: Butterworth, 1987).

produtos da produção de vinho, missô ou molho de soja. Os *nukazuke* japoneses são singulares porque empregam farelo de arroz, cuja abundante vitamina B acaba enriquecendo o daikon e outras hortaliças preservadas.

Problemas. Na fermentação vegetal, os problemas são geralmente causados pela falta ou excesso de sal, pela temperatura muito baixa ou muito alta e pela exposição ao ar, condições essas que favorecem o crescimento de microrganismos indesejáveis. Em específico, se as hortaliças não forem prensadas para se manterem abaixo da superfície da salmoura, ou se esta não estiver muito bem coberta, será formada uma película de leveduras, fungos e bactérias aeróbicas, que prejudicará a qualidade da salmoura, consumindo seu ácido láctico e encorajando o crescimento de microrganismos que causam a deterioração. Os resultados são a descoloração, o amaciamento excessivo das hortaliças e um cheiro de putrefação decorrente da decomposição de gorduras e proteínas. Até o útil *Lactobacillus plantarum* pode gerar uma acidez desagradavelmente intensa se a fermentação for muito vigorosa ou prolongada.

Picles não fermentados, acidificados diretamente. Há também um sem-número de produtos feitos com frutas e hortaliças preservadas não pela fermentação, mas pelo acréscimo direto de ácido na forma de vinho ou vinagre, que inibe o crescimento dos microrganismos que causam a deterioração. Esta técnica antiga é muito mais rápida que a fermentação e permite um controle maior sobre a textura e a quantidade de sal, mas produz um sabor menos complexo. Hoje, o método usual consiste em acrescentar vinagre quente em quantidade suficiente para produzir uma concentração final de ácido acético da ordem de 2,5% (metade da do vinagre comum) a materiais como feijões, cenoura, quiabo, abóbora-moranga, cogumelos, casca de melancia, pera e pêssego. Em regra, os picles não fermentados sofrem tratamento térmico (85 °C por 30 minutos) para não estragar. O sabor simples dos picles acidificados diretamente é às vezes complementado pelo acréscimo de especiarias e/ou açúcar.

A textura dos picles. A maioria das frutas e hortaliças em conserva fermentada ou acidificada é comida crua como guarnição aromática, e a textura que se prefere é a crocante. O uso de sal marinho não refinado melhora a crocância graças às impurezas de cálcio e magnésio nele presentes, que ajudam a reforçar e estabelecer ligações entre as pectinas das paredes celulares. Picles especialmente crocantes de pepino e casca de melancia são feitos acrescentando alume (hidróxido de alumínio), cujos íons de alumínio estabelecem ligações entre as pectinas; ou pré-mergulhando a matéria-prima numa solução de cal hidratada (hidróxido de cálcio), cujos íons de cálcio fazem a mesma coisa. (A cal é fortemente alcalina, e deve-se lavar o excesso dos ingredientes antes de colocá-los na conserva para evitar que a acidez dos picles seja neutralizada.) Quando cozidos depois de mergulhados na solução de conserva, pode acontecer de os picles não amaciarem, pois a acidez estabiliza as paredes celulares (p. 313). Para fazer picles de consistência macia, as hortaliças são pré-cozidas até amaciar.

Repolho fermentado: chucrute e *kimchi*. Dois estilos populares de picles de repolho ilustram de que modo pequenas variações no processo de fermentação podem produzir qualidades altamente distintas. O chucrute europeu constitui refrescante acompanhamento para pratos gordos de carne, ao passo que o *kimchi* coreano é um acompanhamento forte para um arroz de gosto discreto. O chucrute – a palavra *sauerkraut* significa "repolho azedo" em alemão – é feito pela fermentação de repolho picado em fatias muito finas com pequena quantidade de sal a temperatura fresca; deixa-se que fique bem azedo e desenvolva um aroma notável, quase floral, devido ao crescimento de algumas leveduras. O *kimchi* é feito pela fermentação de caules e folhas intactos de couve-chinesa com pimentas ardidas e alho, acrescentando-se às vezes outras hortaliças, frutas (maçã, pera, melão) e molho de peixe. Usa-se mais sal e a temperatura de fermentação é bem mais baixa, o que reflete o modo original de produção em potes parcialmente enterrados no solo frio do fim do outono e do inverno. O resultado é uma conserva picante e crocante, nitidamente menos ácida e mais salgada que o chucrute, cujo líquido pode até formar bolhas em virtude da predominância de bactérias que produzem gás a uma temperatura inferior a 14 °C.

Picles de pepino. Hoje existem nos Estados Unidos três estilos diferentes de picles de pepino, e os dois mais comuns são na verdade pepinos aromatizados: só se conservam em geladeira. Os verdadeiros pepinos fermentados tornaram-se relativamente difíceis de encontrar.

Todos os picles de pepino são feitos com variedades de casca fina colhidas enquanto imaturas, de tal modo que a região das sementes ainda não tenha começado a se liquefazer. Devem-se retirar dos pepinos todos os resíduos de flores, que contêm microrganismos dotados de enzimas que estimulam o amaciamento. Os pepinos fermentados são curados numa salmoura de 5-8% a 18-20 °C por duas ou três semanas e acumulam 2-3% de sal e 1-1,5% de ácido láctico; têm, portanto, sabor relativamente forte. Para moderar um pouco esse sabor, às vezes se retira um pouco do sal e do ácido láctico e se acrescenta ácido acético à conserva já pronta. O tipo mais comum de picles de pepino, mais crocante e de sabor mais brando, é feito mergulhando os pepinos brevemente em vinagre e sal até acumularem 0,5% de ácido acético e 0-3% de sal e pasteurizando-os antes de embalá-los. Esses picles devem ser conservados em geladeira depois de abertos. Por fim, existem os picles de sabor mais fresco e suave mas mais perecíveis, que são mergulhados em vinagre e sal mas não são pasteurizados. São conservados em geladeira desde o momento em que são colocados no vidro.

Os problemas mais comuns nos picles de pepino feitos em casa são sabores rançosos e desagradáveis, às vezes com notas de queijo, decorrentes do crescimento de bactérias indesejáveis quando a quantidade de sal e a acidez não são suficientes; e as conservas ocas e estufadas pelo dióxido de car-

---

Dois estilos de repolho fermentado

As versões alemã e coreana de repolho fermentado são feitas de modo diferente e desenvolvem qualidade típicas.

	Chucrute	*Kimchi*
Tamanho dos pedaços	Fatias de 1 mm	Pequenas folhas e caules
Outros ingredientes que não repolho e sal	Nenhum	Pimentas do gênero *Capsicum*, alho, molho de peixe
Temperatura de fermentação	18-24 °C	5-14 °C
Tempo de fermentação	1-6 semanas	1-3 semanas
Conteúdo final de sal	1-2%	3%
Acidez final	1-1,5%	0,4-0,8%
Qualidades	Azedo, aromático	Sabor forte, crocante, faz cócegas na língua

bono produzido por leveduras (ou, às vezes, pelo *Lactobacillus brevis* ou o *mesentericus*) quando o teor de sal é muito alto.

Azeitonas. As azeitonas frescas são praticamente não comestíveis por serem repletas de uma substância fenólica amarga, a *oleuropeína*, e de substâncias semelhantes. A oliveira começou a ser cultivada no Mediterrâneo há cerca de 5 mil anos, provavelmente em vista do óleo por ela fornecido. A fermentação da azeitona talvez tenha sido descoberta quando os povos antigos aprenderam a remover o amargo mergulhando a fruta em repetidos banhos de água. Na época romana, a água era frequentemente suplementada com cinzas de lenha, as quais são alcalinas e reduzem o período de tratamento de algumas semanas para algumas horas. (O moderno tratamento industrial é uma solução de 1-3% de hidróxido de sódio ou lixívia.) A alcalinidade decompõe a oleuropeína amarga, além de romper a cutícula exterior da fruta e dissolver os materiais das paredes celulares. Esses efeitos tornam a fruta como um todo mais permeável à salmoura na qual depois é colocada (depois de lavada e tratada com ácido para neutralizar a alcalinidade) e aceleram a fermentação. Os principais agentes de fermentação são as bactérias do ácido láctico, embora algumas leveduras também cresçam na solução e suplementem o aroma. As azeitonas podem ser "desamargadas" e fermentadas ainda verdes (o estilo "espanhol", que representa o tipo mais comercializado) ou depois que sua casca escureceu por obra de antocianinas roxas; as azeitonas maduras são menos amargas.

Pode-se também fermentar as azeitonas sem nenhum tipo de tratamento preliminar por água ou alcalinidade, mas a fermentação resulta diferente. Os nutrientes que alimentam os microrganismos presentes na salmoura se difundem muito lentamente a partir da polpa da fruta, passando pela cutícula cerosa; e os materiais fenólicos intactos inibem o crescimento microbiano. Por isso o preparado é conservado em baixa temperatura (13-18 °C) e os microrganismos que dominam a fermentação são leveduras e não bactérias do ácido láctico. Esse processo de fermentação alcoólica é lento e pode durar até um ano. O método é geralmente usado com azeitonas pretas maduras (a grega, a gaeta italiana, a *niçoise* francesa), que ficam mais amargas e menos azedas que os tipos pré-tratados (acidez de 0,3-0,5% em vez de 1%) e têm aroma menos caracteristicamente vinhoso e frutado.

As "azeitonas pretas maduras" foram inventadas pelas indústrias de enlatados da Califórnia. São feitas de azeitonas verdes imaturas que podem sofrer uma fermentação parcial e incidental enquanto permanecem mergulhadas em salmoura antes do processamento. Seu caráter próprio é determinado pela repetição de breves tratamentos com lixívia para extrair e decompor a oleuropeína, bem como pelo acréscimo de uma solução de ferro e de oxigênio dissolvido para reagir com os compostos fenólicos e pretejar a casca da fruta. As azeitonas assim tratadas são mergulhadas em salmoura leve (3%), enlatadas e esterilizadas. Têm sabor pouco pronunciado, cozido, e apresentam às vezes uma alcalinidade residual que lhes empresta uma qualidade escorregadia.

Fermentações incomuns: poi, cidra, limões em conserva. O poi é um preparado havaiano feito com raiz de taioba-brava (p. 339). A raiz de taioba-brava (chamada "taro" no Havaí), rica em amido, é cozida, esmagada, diluída em água e ali deixada por um a três dias. É azedada pelas bactérias do ácido láctico, que também produzem alguns ácidos voláteis (acético, do vinagre, e propiônico, dos queijos). Fermentações mais prolongadas também permitem o crescimento de leveduras e fungos do gênero *Geotrichum*, que contribuem com notas de frutas e cogumelos.

A casca de cidra, uma parente do limão, deve à fermentação seu sabor tradicionalmente complexo. Originalmente, as cidras inteiras eram preservadas por algumas semanas em água do mar ou numa salmoura de 5 a 10% enquanto viajavam da Ásia e do Oriente Médio até a Europa; hoje em dia são postas em salmoura para desenvolver o sabor. Fermentos crescem na casca e produzem álcool, que por sua vez nutre as bactérias do ácido acético. Resulta disso a produção de ésteres voláteis que aprofundam o aroma da casca. Os limões em conserva do Marrocos e de outros países norte-africanos têm o mesmo caráter. São limões cortados e salgados que fermentam por alguns dias ou semanas.

CONSERVAS DE AÇÚCAR OU COMPOTAS

Outra técnica veneranda para a preservação de frutas é o aumento do seu conteúdo de açúcar. O açúcar, como o sal, torna a fruta inóspita para os microrganismos: dissolvendo-se, prende as moléculas de água e extrai a umidade das células vivas, prejudicando seu funcionamento. As moléculas de açúcar são bem pesadas em comparação com os íons salinos de sódio e cloro; por isso é preciso uma quantidade maior de açúcar para obter o mesmo efeito de preservação. A proporção usual entre o peso do açúcar e o das frutas é de 55 para 45%, e o açúcar representa cerca de dois terços da mistura final após a cocção. É claro que as conservas ou compotas de açúcar são muito doces, e isso faz parte de seus atrativos. Mas, além disso, desenvolvem uma consistência intrigante que só se encontra também nos preparados gelatinosos à base de carne – uma solidez firme mas úmida, que vai do rígido e elástico a uma maciez tremulante. E podem deliciar os olhos com uma clareza cristalina: no século XVI, Nostradamus desenvolveu uma gelatina de marmelo cuja cor "é tão diáfana que parece um rubi oriental". Essas qualidades notáveis decorrem da natureza da pectina, um dos componentes das paredes celulares dos vegetais, e de suas interações fortuitas com os ácidos da fruta e o açúcar acrescentado pelo cozinheiro.

A evolução das compotas. As primeiras compotas provavelmente foram pedaços de frutas imersos em mel líquido (o termo grego que designava os marmelos em mel era *melimelon*, e daí veio o nome da fruta e do doce feito com ela, a marmelada). O primeiro passo rumo à confecção de geleias e preparados gelatinosos foi a descoberta de que, quando cozidos juntos, o açúcar e as frutas desenvolviam uma textura que nenhum dos dois era capaz de produzir sozinho. No século IV d.C., Paládio apresentou instruções para cozinhar marmelo ralado em mel até reduzir o volume da mistura à metade, criando uma pasta rígida e opaca semelhante ao "queijo de frutas" (*fruit cheese*) produzido hoje nos Estados Unidos (a "manteiga de frutas", para passar no pão, é menos reduzida). Já no século VII havia receitas de preparados gelatinosos transparentes e delicados feitos pela fervura de suco de marmelo em mel. Outra inovação, desta vez vinda da Ásia, foi a introdução do açúcar de cana, que, ao contrário do mel, é um açúcar quase puro, sem umidade que precise ser reduzida por fervura nem um sabor forte que compita com o da fruta. Os árabes já usavam açúcar de cana durante a Idade Média e levaram-no no século XIII à Europa, onde logo se tornou o adoçante preferido para fazer compotas. Entretanto, as geleias e preparados gelatinosos de frutas só se tornaram alimentos populares no século XIX, quando o açúcar já era barato suficiente para ser usado em grande quantidade.

Géis de pectina. As compotas de frutas são um tipo de estrutura física chamado *gel*: uma mistura de água e outras moléculas que se solidifica porque estas se aglutinam numa rede contínua e esponjosa, prendendo a água num grande número de pequenos bolsões separados. A chave da criação de um gel de frutas é a pectina. Essas longas cadeias de centenas de subunidades semelhantes ao açúcar parecem ter surgido na natureza exatamente para ajudar a formar um gel altamente concentrado e organizado nas paredes celulares dos vegetais (p. 294). Quando as frutas são cortadas e aquecidas a temperatura próxima a 100 °C, a agitação desprende das paredes celulares as cadeias de pectina, as quais se dissolvem na própria água e nos fluidos que saem das células. Por várias razões, elas não são imediatamente capazes de reconstituir seu gel. Em primeiro lugar, as moléculas de pectina dissolvidas em água acumulam carga elétrica negativa, de modo que repelem umas às outras em vez de se atraírem; além disso, encontram-se agora tão diluídas pelas moléculas de água que, mesmo que se ligassem entre si, não conseguiriam formar uma rede contínua. Precisam de ajuda para se aproximar de novo umas das outras.

O cozinheiro faz três coisas com as frutas cozidas para reunir as moléculas de pectina num gel contínuo. Primeiro, acrescenta uma grande dose de açúcar, cujas moléculas atraem a água para si, afastando-a assim das cadeias de pectina, que ficam mais expostas umas às outras. Segundo, ele ferve a mistura de frutas e açúcar para evaporar parte da água e aproximar ainda mais as cadeias de pectina. Por fim, aumenta a acidez, que neutraliza a carga elétrica e permite que as cadeias de pectina solitárias se liguem umas às outras e reconstituam o gel. Os cientistas alimentares constataram que as condições ideais para a gelificação da pectina são um pH entre 2,8 e 3,5 – próximo à acidez do suco de laranja e numa proporção de 0,5% de ácido em relação ao peso –, uma concentração de pectina de 0,5 a 1% e uma concentração de açúcar de 60 a 65%.

A preparação de compotas. A preparação de compotas começa com a cocção da fruta para extrair sua pectina. O marmelo, a maçã e as frutas cítricas são especialmente ricas em pectina e frequentemente são acrescentadas como ingredientes subsidiários para suplementar frutas pobres em pectina, entre as quais se incluem a maioria das frutas vermelhas. A combinação de calor e acidez acaba por quebrar as cadeias de pectina em pedaços pequenos demais para formar uma rede. Por isso essa cocção preliminar deve ser a mais breve e suave possível. (Quando se pretende fazer um gel transparente e luminoso, a fruta cozida é delicadamente passada em peneira para remover todas as partículas sólidas formadas por restos de células.) Acrescenta-se açúcar e, se necessário, pectina suplemen-

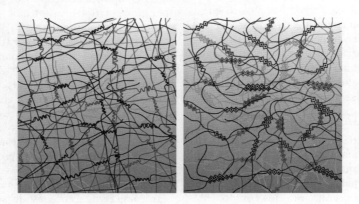

Dois tipos de gel de pectina. À esquerda: nas compotas comuns de frutas, o cozinheiro controla cuidadosamente a acidez e a proporção de açúcar e faz com que as moléculas de pectina se liguem diretamente umas com as outras, constituindo uma rede contínua. *À direita:* uma forma modificada de pectina (com baixa concentração de metoxila) pode ser arranjada numa rede contínua por meio do acréscimo de íons de cálcio (os pontos pretos), independentemente do conteúdo de açúcar. É assim que se fazem compotas com baixo teor de açúcar.

tar, e a mistura é levada rapidamente ao ponto de fervura para remover a água e concentrar os outros ingredientes. A redução prossegue até que a temperatura da mistura chegue a 103-105 °C (no nível do mar; computa-se 1 °C a menos para cada 165 m de altitude), indicando que a concentração de açúcar chegou a 65% (sobre a relação entre a concentração de açúcar e o ponto de ebulição, ver p. 757). Um sabor mais refrescante resulta quando a cocção é feita suave e lentamente numa panela larga, dotada de grande área superficial para facilitar a evaporação. (Os fabricantes industriais evaporam a água a vácuo e em temperatura muito mais baixa, entre 38 e 60 °C, para conservar ao máximo o sabor e a cor da fruta fresca.) Então, acrescenta-se uma quantidade suplementar de ácido (numa etapa tardia do processo, para evitar a quebra das cadeias de pectina). Para saber se a mistura está pronta, coloca-se uma gota numa colher ou pires frios a fim de verificar se ela se gelifica. Por fim, a mistura é vertida em vidros esterilizados. Ela endurece quando chega a uma temperatura inferior a 80 °C, mas se firma mais rapidamente a 30 °C e vai se tornando progressivamente mais firme ao longo de alguns dias ou semanas.

O problema que mais acomete a confecção de compotas é a não gelificação da mistura mesmo quando a temperatura de fervura e a concentração de açúcar estão corretas. Ele pode ser causado por três fatores: quantidade insuficiente de ácido, quantidade insuficiente de pectina de boa qualidade ou excesso de cocção, que danifica a pectina. As compotas que deram errado podem às vezes ser salvas pelo acréscimo de um preparado líquido comercial de pectina e/ou de cremor de tártaro ou sumo de limão, seguido de breve refervura. O excesso de ácido pode causar o vazamento de líquido de um gel demasiado firme.

"Compotas" não cozidas e não adoçadas. A moderna confecção de compotas foi transformada pela disponibilidade de pectina concentrada, a qual é extraída e purificada a partir de restos de maçãs e frutas cítricas. Essa pectina pode ser acrescentada a qualquer fruta esmagada, cozida ou não, para constituir um gel firme. Para fazer "geleia de congelador", frutas frescas esmagadas são suplementadas com pectina e açúcar e permanecem nesse estado por um dia enquanto as moléculas de pectina lentamente constituem sua rede e formam o gel. Depois, tais preparados são "preservados" na geladeira ou congelador (a fruta não cozida sofreria rapidamente a deterioração causada por fungos e leveduras tolerantes ao açúcar). A pectina também é usada para fazer balas de goma transparentes e outros doces.

Os químicos alimentares desenvolveram várias versões de pectina para aplicações comerciais específicas. A mais notável delas é uma pectina que endurece sem o acréscimo de açúcar, o qual afastaria as moléculas de água das longas cadeias pécticas. Ao contrário, as cadeias se ligam fortemente umas às outras por meio de íons de cálcio, acrescentado depois de cozida a mistura de frutas e pectina. É essa pectina que torna possível a produção de "geleias" de baixa caloria com adoçantes artificiais.

Frutas cristalizadas. As frutas cristalizadas são frutas inteiras pequenas ou pedaços de frutas impregnados de uma calda de açúcar saturada, drenados, secos e armazenados em temperatura ambiente em pedacinhos separados. As frutas cozidas em calda de açúcar permanecem relativamente firmes e conservam a forma graças à interação das moléculas de açúcar com as hemiceluloses e pectinas das paredes celulares. O processo de cristalização pode ser tedioso, pois leva tempo para que o açúcar se difunda de modo homogêneo da calda para a fruta. Em regra, as frutas são suavemente cozidas para que amaciem e seus tecidos se tornem mais permeáveis; depois, em temperatura ambiente, são mergulhadas por vários dias numa calda que de início contém 15-20% de açúcar e cuja concentração vai aumentando a cada dia até chegar a 70-74%.

ENLATAMENTO

Quando foi inventado por Nicholas Appert, por volta de 1810, o enlatamento era considerado um milagre: os contemporâneos diziam que ele preservava as frutas e hortaliças quase como se fossem frescas! É verdade que os preserva sem lhes dar a textura desidratada da secagem, o salgado e o azedo da fermentação ou a doçura das compotas; mas não há como não perceber que todo alimento enlatado foi cozido. O enlatamento é essencialmente o aquecimento de um alimento isolado num recipiente hermeticamente fechado. O calor desativa as enzimas vegetais e destrói os microrganismos nocivos, e o fechamento hermético impede a recontaminação pelos microrganismos do ambiente. Nessas condições, o alimento pode ser guardado em temperatura ambiente sem estragar.

O arquivilão do processo de enlatamento é a bactéria *Clostridium botulinum*, que se multiplica em meio pouco ácido e sem ar – o oxigênio é tóxico para ela – e produz uma toxina mortífera que ataca os nervos. A toxina do botulismo é facilmente destruída pela fervura, mas os esporos bacterianos adormecidos são muito resistentes e capazes de sobreviver à fervura prolongada. A menos que sejam eliminados por uma temperatura superior à do ponto de ebulição da água (o que só é possível em panela de pressão), os esporos se proliferam e geram bactérias ativas quando a lata esfria, causando o acúmulo de toxinas dentro dela. Uma precaução possível é ferver todo vegetal enlatado depois de abri-lo para destruir quaisquer toxinas presentes ali. O correto, porém, é descartar todas as latas suspeitas, especialmente aquelas inchadas pela pressão dos gases produzidos pelo crescimento bacteriano.

O baixo pH (acidez elevada) do tomate e de muitas frutas comuns inibe o crescimento das bactérias do botulismo, de modo que esses alimentos exigem o tratamento menos severo para serem enlatados: em geral, 30 minutos num banho de água fervente para aquecer o conteúdo à temperatura de 85-90 °C. A maioria das hortaliças, porém, são apenas levemente ácidas, com pH de 5 ou 6, e são portanto muito mais vulneráveis a bactérias e fungos. Em regra, são aquecidas em panela de pressão à temperatura de 116 °C por 30 a 90 minutos.

CAPÍTULO 6

UM EXAME DAS HORTALIÇAS MAIS COMUNS

Raízes e tubérculos	334
Batata	335
Batata-doce	338
Raízes e tubérculos tropicais	339
A família da cenoura: cenoura, cherovia e outras	340
A família da alface: topinambo, cercefi, escorcioneira, bardana	341
Outras raízes e tubérculos comuns	342
Caules inferiores e bulbos: beterraba, nabo, rabanete, cebola e outros	343
Beterraba	343
Raiz de aipo	343
A família do repolho: nabo, rabanete	344
A família da cebola: cebola, alho, alho-poró	344
Caules e talos: aspargo, aipo e outros	348
Aspargo	349
A família da cenoura: aipo e funcho	350
A família do repolho: *kohlrabi* e rutabaga	351
Caules tropicais: broto de bambu e palmito	351
Outros caules e talos comestíveis	352
Folhas: alface, repolho e outras	353
A família da alface: alface, chicória, dente-de-leão	354
A família do repolho: repolho, couve, couve-de-bruxelas e outras	356
Espinafre e acelga	360
Verduras diversas	361
Flores: alcachofra, brócoli, couve-flor e outras	362
As flores como alimento	362
Alcachofra	363
A família do repolho: brócoli, couve-flor, romanesco	364
Frutos usados como hortaliças	365
A família das solanáceas: tomate, pimentas do gênero *Capsicum*, berinjela e outras	365
A família da abóbora e do pepino	369
A família dos feijões: vagens e ervilhas frescas	372
Outros frutos usados como hortaliças	374
Algas marinhas	378
Algas verdes, vermelhas e marrons	381
Os sabores das algas	382
Cogumelos, trufas e seus parentes	382
Criaturas da simbiose e da putrefação	382
A estrutura e as qualidades dos cogumelos	383
Os sabores característicos dos cogumelos	384
Estocagem e manipulação dos cogumelos	385
Cocção dos cogumelos	385
Trufas	385
Huitlacoche, o fungo de milho	386
Micoproteína ou Quorn	388

No capítulo 5, descrevemos a natureza geral dos alimentos vegetais e o comportamento deles na cozinha. Neste capítulo e nos dois seguintes examinaremos algumas hortaliças, frutas e temperos mais comuns. Uma vez que comemos centenas de vegetais diferentes e inúmeras variedades deles, nosso exame será necessariamente seletivo e sumário. Tem a finalidade de pôr em evidência as qualidades distintivas desses alimentos e ajudar o gastrônomo a apreciar mais essas qualidades e fazer melhor uso delas.

Estes capítulos dão atenção especial a duas características dos alimentos vegetais. A primeira são as *relações familiares*, que nos dizem quais plantas são parentes de quais outras e, sob outro ponto de vista, quantas variedades uma mesma espécie pode ter. Essas informações nos ajudam a entender as semelhanças e diferenças entre determinados alimentos e podem sugerir ideias para combinações e temas interessantes.

A segunda característica destacada nas páginas a seguir é a *química dos sabores*. Frutas, hortaliças, ervas e especiarias são nossos alimentos mais complexos. Se tivermos algum conhecimento, por pouco que seja, das substâncias que criam seu sabor, entenderemos melhor de que modo o sabor se constrói e nos tornaremos mais capacitados para perceber ecos e harmonias entre diferentes ingredientes. Essa percepção enriquece a experiência da alimentação e pode nos ajudar a cozinhar melhor. Todos os aromas provêm de substâncias químicas voláteis específicas, e às vezes menciono os nomes dessas substâncias para delimitar do modo mais claro possível as qualidades de um dado alimento. Os nomes talvez pareçam estranhos e incompreensíveis, mas são simplesmente nomes – e, às vezes, têm mais sentido que os nomes dos alimentos nos quais as substâncias se encontram!

Este exame das hortaliças começa debaixo da terra, com aquelas partes dos vegetais que sustentam boa parte da população do planeta. Vai então subindo aos poucos pelo vegetal, passando pelos caules, folhas, flores e frutos, e termina com as plantas aquáticas e aqueles alimentos deliciosos que parecem plantas mas não são: os cogumelos.

RAÍZES E TUBÉRCULOS

Batata, batata-doce, inhame, mandioca – essas raízes e tubérculos são alimentos básicos para bilhões de pessoas. São órgãos subterrâneos em que os vegetais armazenam amido, ou seja, onde reúnem grandes agregados moleculares dos açúcares criados durante a fotossíntese. Também para o ser humano, portanto, eles constituem pacotes de nutrição concentrados e duráveis. Alguns antropólogos conjecturam que as raízes e tubérculos podem ter colaborado para estimular a evolução humana quando o clima da savana africana esfriou, há cerca de 2 milhões de anos, e as frutas escassearam. Pelo fato de os tubérculos serem abundantes e muito mais nutritivos quando cozidos do que quando crus – os grânulos crus de amido resistem às nossas enzimas digestivas, ao passo que o amido gelificado é digerível –, podem ter oferecido vantagens significativas aos primeiros humanos que aprenderam a tirá-los da terra e tostá-los nas brasas de uma fogueira.

Palavras da culinária: *root* (raiz), *radish* (rabanete), *tuber* (tubérculo), *truffle* (trufa)

A palavra *root* (raiz) vem de um termo indo-europeu que significa tanto "raiz" quanto "ramo". *Radish* (rabanete) e *licorice* (alcaçuz) partilham o mesmo ancestral. *Tuber* (tubérculo) vem de uma raiz (linguística) indo-europeia que significa "intumescer", coisa que acontece com muitos órgãos de armazenamento das plantas. A mesma raiz nos deu *truffle* (trufa), o fungo subterrâneo intumescido, além das palavras *thigh* (coxa), *thumb* (polegar), *tumor* (tumor) e *thousand* (mil) na língua inglesa.

Embora algumas hortaliças subterrâneas tenham mais de um terço de seu peso composto de amido, muitas outras – cenoura, cherovia, beterraba – não contêm amido nenhum ou quase nenhum. Uma vez que durante a cocção os grânulos de amido absorvem a umidade das células em que se encontram, as hortaliças ricas em amido tendem a ter textura seca e farinhenta, ao passo que as pobres em amido permanecem úmidas e coesas.

BATATA

Há mais de duzentas espécies de batatas, todas elas parentes do tomate, das pimentas do gênero *Capsicum* e do tabaco e nativas das regiões úmidas e frescas das Américas Central e do Sul. Algumas já eram cultivadas há 8 mil anos. Os conquistadores espanhóis levaram uma espécie, *Solanum tuberosum*, do Peru ou da Colômbia para a Europa por volta de 1570. Por ser resistente e fácil de cultivar, a batata era barata e seus principais consumidores eram os pobres. (Os camponeses da Irlanda comiam de 2 a 4,5 quilos por dia na época da grande praga das plantações, em 1845.) De todas as hortaliças, ela é agora a mais produzida no mundo. Os Estados Unidos consomem mais batatas do que qualquer outra hortaliça, cerca de 150 g por pessoa por dia.

A batata é um tubérculo, a ponta de um caule subterrâneo que armazena amido e água e leva em si brotos primordiais, os "olhos", que geram o caule e as raízes de uma nova planta. É às vezes um pouco doce, com um amargor leve mas característico, e tem suave sabor terroso dado por um composto (uma pirazina) produzido não só por microrganismos do solo como também, ao que parece, pelo próprio tubérculo.

Colheita e estocagem. As verdadeiras batatas "novas" são tubérculos imaturos colhidos de plantas verdes no final da primavera e durante o verão. São úmidos, doces, relativamente pobres em amido e perecíveis. As batatas maduras são colhidas no outono. A parte aérea da planta é morta por poda ou secagem e os tubérculos são deixados no solo por várias semanas para "curar" e desenvolver uma casca resistente. As batatas podem ser estocadas por meses em ambiente escuro, e nesse período seu sabor se intensifica; a lenta ação das enzimas gera notas de gordura, frutas e flores a partir dos lipídios das membranas celulares. A temperatura ideal de estocagem é 7-10 °C. Em ambiente mais quente elas podem estragar ou soltar brotos, e em ambiente mais frio seu metabolismo sofre mudanças complexas que podem resultar na transformação de alguns amidos em açúcares. Os fabricantes de batatinhas chips têm de "recondicionar" em temperatura ambiente as batatas estocadas a frio. Esse processo dura várias semanas e reduz os níveis de glicose e frutose, açúcares que fariam as batatas escurecer muito rapidamente e desenvolver um gosto amargo. As manchas negras no interior da batata são decorrentes de impactos físicos sofridos durante a manipulação. Esses impactos danificam as células e fazem com que as enzimas do escurecimento criem complexos escuros do aminoácido tirosina (também se formam alcaloides, que por sua vez geram amargor).

Qualidades nutricionais. A batata é boa fonte de energia e vitamina C. As variedades amarelas devem sua cor a carotenoides lipossolúveis (luteína, zeaxantina); as roxas e azuis, a antocianinas hidrossolúveis e antioxidantes. A batata é notável por conter um teor significativo dos alcaloides tóxicos solanina e chaconina, e um toque do amargor típico desses alcaloides faz parte do verdadeiro sabor da hortaliça. A maioria das variedades comerciais contém de 2 a 15 mg de solanina e chaconina a cada 100 g de batata. Teores progressivamente mais altos provocam um sabor caracteristicamente amargo, sensação de queimação na garganta, problemas neurológicos e digestivos e até mesmo a morte. Condições de plantio adversas e a exposição à luz podem dobrar ou triplicar o teor. Uma vez que a luz também induz a formação de clorofila, a superfície esverdeada é sinal de um teor de alcaloides anormalmente alto. As batatas esverdeadas devem ser ou descascadas a fundo ou descartadas, e aquelas fortemente amargas não devem ser consumidas.

Categorias de batatas segundo os modos de cocção e o comportamento na cozinha. Há duas categorias gerais de batatas que se diferenciam pelo modo como devem ser trabalhadas na cozinha; podemos chamá-las "farinhentas" e "cerosas" segundo a textura que adquirem depois da cocção. Os tipos farinhentos (*atlantic, baraka, bintje*) concentram mais amido seco em suas células e por isso são mais densos do que os cerosos. Quando são cozidos, as células tendem a inchar e se separar umas das outras, produzindo uma textura fina, seca e fofa que funciona bem para batatas fritas, assadas ou em purê, sendo este último umedecido com manteiga ou creme de leite. Nos tipos cerosos (as verdadeiras batatas "novas" e as variedades de casca amarela e vermelha mais comuns nos Estados Unidos), as células vizinhas permanecem coesas entre si mesmo após a cocção, o que dá a essa hortaliça uma textura sólida, densa e úmida e a mantém intacta para o uso em gratinados, bolos e saladas de batatas. Para aumentar a firmeza e a coesão de ambos os tipos de batata e torná-los menos suscetíveis ao amolecimento excessivo das camadas exteriores quando da fervura, as hortaliças devem ser tratados por pré-cocção em baixa temperatura de modo a fortalecer as paredes celulares (p. 314).

A batata cozida às vezes desenvolve uma grande descoloração cinzento-azulada no interior. Esse "escurecimento após a cocção" é causado pela combinação de íons de ferro, uma substância fenólica (ácido clorogênico) e oxigênio, que reagem entre si e formam um complexo pigmentado. Esse problema pode ser minimizado nas batatas cozidas tornando o pH da água nitidamente ácido mediante o acréscimo de cremor de tártaro ou sumo de limão uma vez que as batatas já estejam parcialmente cozidas.

O sabor da batata cozida é dominado pela intensificação das notas terrosas, gordas, frutais e florais do tubérculo cru. As batatas assadas desenvolvem uma outra nuança de sabor em virtude das reações de escurecimento (p. 777) e apresentam também aromas maltados e "doces" (metilbutanal, metional). As sobras de batatas adquirem um sabor cediço, semelhante ao de papelão, que se desenvolve no decorrer de vários dias em geladeira mas em poucas horas quando as batatas são mantidas em temperatura de servir. O que acontece é que os fragmentos aromáticos dos lipídios das membranas são temporariamente estabilizados pela vitamina C do tubérculo, de efeito antioxidante; mas, com o tempo, a vitamina C se consome e os fragmentos se oxidam, formando uma série de aldeídos menos agradáveis.

As batatas são preparadas de muitas maneiras e usadas como ingredientes em muitos pratos. Agora, umas poucas notas sobre pratos em que elas fazem o papel principal.

Purê de batatas. Há muitos estilos diferentes de purês de batatas, mas em todos eles as batatas são cozidas inteiras ou em pedaços, esmagadas até formar partículas mais ou menos pequenas e lubrificadas e enriquecidas com uma combinação de água e gordura, geralmente na forma de manteiga e leite ou creme. Algumas versões de luxo podem conter a mesma quantidade de batatas e de manteiga ou levar ovos ou gemas de ovos. As batatas farinhentas se decompõem em células individuais e pequenos agregados de células. Por isso oferecem grande área superficial a ser revestida pelos ingredientes acrescentados e produzem rapidamente uma consistência refinada e cremosa. As batatas cerosas precisam ser esmagadas com mais força para fornecer textura lisa. Produzem mais amido gelificado e não absorvem tão facilmente a gordura. O purê de batatas francês clássico, chamado de *pommes purées*, é feito de batatas cerosas cujos pedaços são esmagados numa peneira fina ou passador de legumes e depois fortemente sovados – a ponto de o cozinheiro ficar com o "braço amortecido", como disse Mme. Ste-Ange, eminente autora de culinária francesa –, primeiro sozinhos e depois com manteiga, a fim de incorporar o ar e desenvolver a leveza de um creme de leite batido. As receitas norte-americanas prescrevem um método mais suave: variedades farinhentas de batata são passadas na peneira, após o que se acrescentam líquidos e gorduras e a mistura é mexida com todo o cuidado para evitar a excessiva danificação celular, a liberação de amido e o desenvolvimento de uma consistência pegajosa.

Batatas fritas. As batatas fritas se contam entre os alimentos mais apreciados do mundo. Bastonetes e fatias de batatas fritos por imersão, bem como a técnica da dupla fritura, já eram todos bem conhecidos na Europa em meados do século XIX. Na Inglaterra, eram atribuídos principalmente aos franceses, donde o termo inglês *French fries* (fritas francesas) para designar aquilo que os franceses chamavam simplesmente de batatas fritas (*pommes frites*). Felizmente, esses produtos estão entre os poucos alimentos cuja qualidade não é necessariamente comprometida pela produção em massa. É claro que são ricos em gordura: o óleo da fritura reveste-lhes a superfície e é absorvido pelos minúsculos poros criados quando essa superfície seca. O teor de óleo na batata depende da área superficial. As batatas *chips*, tão finas que praticamente só têm superfície, contêm cerca de 35% de óleo, ao passo que batatas cortadas mais grossas podem conter entre 10 e 15%.

Bastonetes fritos. É possível que este alimento tenha sido preparado pela primeira vez em grande quantidade por vendedores de rua parisienses no começo do século XIX. São bastonetes de batatas com seção quadrada de 5-10 mm de lado, fritos por imersão em óleo, com exterior dourado e crocante e interior aerado quando as batatas contêm grande quantidade de amido, cremoso quando contêm menos. A fritura simples não funciona bem; forma uma crosta fina e delicada que absorve rapidamente a umidade do interior. Para que a crosta fique crocante, é preciso um período inicial de fritura suave, de modo que o amido das células superficiais tenha tempo para sair dos grânulos, se dissolver e reforçar e agregar as paredes celulares da camada exterior, constituindo uma parede mais grossa e robusta.

Para obter o melhor resultado, podem-se colocar as batatas de início em óleo relativamente frio, a 120-163 °C, e fritá-las por 8-10 minutos; depois, eleva-se a temperatura do óleo para 175-190 °C e fritam-se as batatas por mais 3-4 minutos a fim de deixar o exterior dourado e crocante. O método de produção mais eficiente consiste em pré-fritar todos os bastonetes de batata na temperatura mais baixa, reservá-los em temperatura ambiente e deixar para o último instante a breve fritura em alta temperatura.

Batatas chips. As batatas *chips* são essencialmente batatas fritas das quais se removeu todo o interior, deixando somente a crosta superficial. As batatas são cortadas em fatias finas com cerca de 1,5 mm de espessura, o equivalente a apenas 10-12 células da batata; depois, são fritas por imersão até ficarem douradas e crocantes. Há duas maneiras básicas de fazer batatas *chips*, que produzem duas texturas diferentes. A cocção em temperatura alta e relativamente constante, cerca de 175 °C, aquece tão rapidamente as fatias que os grânulos de amido e as paredes celulares quase não têm tempo de absorver umidade antes de a batata ficar seca e pronta, em 3-4 minutos. A textura, por isso, é delicadamente crocante e homogênea. A maioria das batatas *chips* industriais têm este tipo de textura porque são feitas num processador contínuo em que a temperatura do óleo permanece constantemente alta. Por outro lado, a cocção numa temperatura inicialmente baixa que vai aumentando lentamente (começando em 120 °C e chegando a 175 °C em 8-10 minutos) proporciona tempo para que os grânulos de amido absorvam água e segreguem amido dissolvido por entre as paredes celulares da batata, reforçando e aderindo essas paredes entre si. O resultado é uma batata *chips* mais dura e ainda mais crocante. É esta a textura criada quando as fatias são fritas em grandes levas numa panela comum. A temperatura da panela pré-aquecida cai imediatamente quando uma leva de fatias frias é lançada dentro dela; assim, as batatas fritam num óleo inicialmente frio cuja temperatura vai subindo lentamente à medida que as fatias do tubérculo perdem umidade e o fogão cumpre sua tarefa.

Batatas-suflê. As batatas-suflê são uma espécie de híbrido entre as batatas fritas em bastonetes e as batatas *chips*. Nelas, as fatias crescem e viram delicados balões marrons. Cortam-se fatias de batatas com cerca de 3 mm de espessura. Essas fatias são fritas por imersão em temperatura moderada, 175 °C, até as superfícies adquirirem certa firmeza e apenas começarem a escurecer. As fatias são esfriadas e depois fritas pela segunda vez em temperatura alta, cerca de 195 °C. Quando a umidade do interior é aquecida e vaporizada, as superfícies enrijecidas resistem à pressão e o vapor as separa uma da outra, deixando oco o centro de cada fatia.

BATATA-DOCE

A batata-doce é a raiz que armazena nutrientes para o vegetal *Ipomoea batatas*, membro da família da ipomeia. É nativa do norte da América do Sul e pode ter chegado à Polinésia já na época pré-histórica. Colombo levou a batata-doce à Europa e, no final do século XV, a planta já grassava na China e nas Filipinas. Hoje em dia, a China produz e consome muito mais batatas-doces do que as três Américas – o bastante para que esse vegetal seja a segunda hortaliça mais importante do mundo. Há muitas variedades de batatas-doces, desde os tipos secos e ricos em amido comuns nas regiões tropicais, alguns dos quais são amarelo-claros e outros, vermelhos ou roxos (coloração dada por antocianinas), até a versão úmida e doce popularizada nos Estados Unidos, que tem coloração alaranjado-escura (dada pelo betacaroteno). Nas campanhas de publicidade norte-americanas da década de 1930, essa variedade recebeu erroneamente o nome "*yam*" ("inhame"; sobre o verdadeiro inhame, ver p. 340). Nos Estados Unidos, a maior parte das batatas-doces são produzidas no sudeste e curadas por vários dias a 30 °C para reparar a casca danificada e estimular a geração de açúcar. Fiéis à sua origem subtropical, as batatas-doces se conservam melhor à temperatura de 13-16 °C. Se forem refrigeradas, sua parte interior às vezes adquire uma dureza que não cede sequer à cocção.

A maioria das variedades deste tubérculo se torna doce durante a cocção graças à atividade de uma enzima que ataca o amido e o transforma em maltose, um açúcar feito de duas moléculas de glicose, o qual tem cerca de um terço do poder adoçante do açúcar de mesa. As variedades "úmidas" convertem até 75% do seu amido em maltose e, depois de cozidas, parecem recheadas de calda de açúcar! A enzima começa a fabricar maltose quando os grânulos de

---

Palavras da culinária: *potato* (batata), *yam* (inhame)

Potato (batata) chegou à língua inglesa por intermédio do espanhol *patata*, sendo esta uma corruptela da palavra *batata*, usada pelos povos tainos do Caribe para designar a batata-doce. Na língua quechua, do Peru, a verdadeira batata dos Andes era chamada *papa*. A palavra inglesa *yam* vem do português "inhame", que, por sua vez, é derivado de uma palavra da África Ocidental que significa "comer".

amido absorvem umidade e se expandem, a partir de cerca de 57 °C, e para quando é desnaturada pelo calor, por volta de 75 °C. O assado lento, portanto, deixa a enzima trabalhar por mais tempo que numa cocção rápida no vapor, em água fervente ou em micro-ondas, e proporciona resultado mais doce. As raízes "verdes" recém-colhidas, disponíveis no outono nos Estados Unidos, têm menos atividade enzimática e, portanto, não ficam nem tão doces nem tão úmidas.

As batatas-doces amarelas e vermelhas ou roxas têm um aroma delicado, acastanhado, ao passo que as variedades alaranjadas têm uma qualidade mais pesada, semelhante à da abóbora-moranga, criada por fragmentos de pigmentos carotenoides. Algumas variedades (p. ex., a Garnet de casca vermelha) escurecem depois da cocção (p. 336) em razão da abundância de compostos fenólicos que contêm.

RAÍZES E TUBÉRCULOS TROPICAIS

As raízes e tubérculos originários dos trópicos geralmente contêm menos água que a batata comum e até o dobro do seu amido (os carboidratos são responsáveis por 18% do peso da batata e 36% do peso da mandioca). Tornam-se, portanto, extremamente farinhentos quando assados e densos e cremosos quando cozidos por imersão ou no vapor. Nesse sentido, ajudam a espessar as sopas e ensopados em que figuram como ingredientes. Têm prazo de conservação relativamente curto e são danificados pela refrigeração, mas podem ser congelados depois de descascados e cortados.

Mandioca. Trata-se da raiz alongada de uma planta tropical da família das euforbiáceas, a *Manihot esculenta*, que tem o utilíssimo hábito de durar até três anos debaixo da terra. Foi domesticada no norte da América do Sul e nos últimos cem anos se disseminou pelas planícies tropicais da África e da Ásia. Além de frita, cozida ou assada, pode ser fermentada ou usada para fazer farinha, pães e bolos. Há dois tipos gerais de mandioca: as variedades "bravas", potencialmente tóxicas, usadas nos países produtores, entre os quais o Brasil; e as variedades comuns, mais seguras, que são também exportadas para o Primeiro Mundo. A mandioca-brava, variedade altamente produtiva, tem células de defesa que produzem cianeto em toda a raiz, e deve sofrer um tratamento pesado – por moagem, prensagem e lavagem, por exemplo – para se tornar segura e palatável. Nos países produtores, a mandioca-brava é transformada sobretudo em farinha e fécula de mandioca. Esta é usada para fazer o que no Brasil se chama "sagu", bolinhas de amido de mandioca seco que se tornam agradavelmente gelatinosas quando umedecidas em sobremesas e drinques. A mandioca comum é uma planta menos produtiva, mas nela as defesas de cianeto só se acumulam junto à superfície, de modo que basta descascá-la e prepará-la por cocção para que seu consumo seja seguro. A polpa da raiz é branca e densa; a casca lenhosa e o âmago fibroso são geralmente retirados antes da cocção. Antes de ser frita ou assada, a mandioca deve ser cozida para umedecer o amido.

Taioba-brava. A taioba-brava, *Colocasia esculenta*, é uma planta de clima úmido nativa da Ásia oriental e das ilhas do Pacífico. Integra a família das aráceas, da qual fazem parte o filodendro e plantas floríferas como o antúrio e o copo-de-leite. Como os das demais aráceas, os tubérculos de taioba-brava contêm, à guisa de proteção, agulhas cristalinas de oxalato de cálcio (40-160 mg a cada 100 g) e as depositam perto dos estoques de uma enzima que digere proteínas. O resultado é um arsenal de armas semelhantes a dardos envenenados: quando o tubérculo é comido cru, os cristais perfuram a pele e as enzimas corroem a ferida, produzindo considerável irritação. A cocção desativa esse sistema defensivo, desnaturando as enzimas e dissolvendo os cristais.

A raiz da taioba-brava se encontra geralmente em dois tamanhos: o tubérculo principal, que pode pesar alguns quilos, e os tubérculos laterais, que pesam algumas centenas de gramas e têm textura mais úmida. A polpa é sarapintada de vasos arroxeados, repletos de compostos fenólicos; durante a cocção, os fenóis e a cor se difundem e tingem o tubérculo amarelo-claro. A raiz de taioba-brava conserva a forma quando cozida mas se torna cremosa ao esfriar. Tem um aroma forte que a alguns parece acastanhado, a outros lembra o de gema de ovo. No Havaí, a raiz de taioba-brava é fervida, esmagada e fermentada para fazer o *poi*, um dos elementos do luau havaiano (p. 328).

A taioba-brava é facilmente confundida com a taioba comum. Esta última, uma espécie tropical do gênero *Xanthosoma*, nativa do Novo Mundo, também é uma arácea protegida por cristais de oxalato. A taioba comum cresce em solos menos úmidos que a taioba-brava; seu tubérculo é mais alongado, tem sabor mais terroso e se desmancha mais facilmente quando cozido em fogo lento para fazer sopas e ensopados*.

Inhame. O inhame verdadeiro é o tubérculo rico em amido de uma planta tropical aparentada com os capins e os lírios. Os inhames são qualquer uma de cerca de dez espécies cultivadas do gênero *Dioscorea*, nativas da África, da América do Sul e do Pacífico, de várias texturas, tamanhos, cores e sabores. Quase não são encontrados nos mercados dos Estados Unidos, onde a palavra "*yam*" se refere, em regra, a uma batata-doce alaranjada rica em açúcares (p. 338). O inhame pode alcançar 50 kg de peso ou mais e, nas ilhas do Pacífico, é um objeto de culto. Parece ter sido plantado na Ásia desde 8000 a.C. Muitos inhames contêm cristais de oxalato de cálcio sob a casca. Contêm também saponinas, moléculas que dão qualidade escorregadia e espumosa a seus sucos. Certas variedades contêm um alcaloide tóxico chamado dioscorina que deve ser removido por ralação

e lavagem em água. Os tubérculos do inhame ajudam as plantas a sobreviver à estação seca e se conservam por mais tempo que a mandioca e os tubérculos de taioba e taioba-brava.

A FAMÍLIA DA CENOURA: CENOURA, CHEROVIA E OUTRAS

As raízes da família da cenoura partilham o hábito de acumular moléculas aromáticas características e por isso são usadas com frequência para emprestar complexidade a caldos, sopas, ensopados e outros preparados. A cenoura e a cherovia contêm menos amido que a batata e são nitidamente doces; podem conter até 5% de açúcares, uma mistura de sacarose, glicose e frutose. No Ocidente, as cenouras são aproveitadas para fazer bolos e compotas; no Irã, são raladas e adoçadas para ser comidas com arroz; na Índia, são cozidas em leite para fazer uma espécie de doce vegetal chamado *halwa*.

Cenoura. A cenoura cultivada é a raiz principal intumescida da espécie *Daucus carota*, que surgiu na região do Mediterrâneo. Há dois grupos principais de cenouras cultivadas. A cenoura oriental se desenvolveu na Ásia central, contém antocianinas e se caracteriza por um exterior que vai do vermelho-arroxeado ao roxo enegrecido e pelo miolo amarelo. É produzida em sua região de origem e encontrada também na Espanha. A cenoura ocidental, que contém caroteno, parece ser híbrida de três grupos de ancestrais: cenouras amarelas cultivadas na Europa e no Mediterrâneo desde a época medieval; cenouras brancas cultivadas desde a época clássica; e certas populações de cenouras silvestres. A cenoura mais conhecida, a alaranjada, que é de todas as hortaliças a que mais contém betacaroteno (precursor da vitamina A), parece ter sido desenvolvida na Holanda no século XVII. Há também certas variedades asiáticas de cenoura cuja raiz é vermelha em virtude do licopeno, o carotenoide do tomate. As cenouras que contêm caroteno têm a van-

---

* No Brasil, a taioba comum é mais conhecida do que a taioba-brava, e suas folhas são consumidas como verdura. (N. do T.)

tagem prática de não perder seus pigmentos lipossolúveis quando cozidas em água, ao passo que as cenouras que contêm antocianinas deixam vazar seus pigmentos hidrossolúveis em sopas e ensopados.

O aroma característico da cenoura é devido em grande medida à presença de terpenos (p. 303) e é um composto de notas de pinho, madeira, óleo, cítricas e terebintina; a cocção acrescenta uma nota semelhante à de violeta, decorrente da fragmentação do caroteno. As variedades brancas tendem a ser as mais aromáticas. A exposição ao sol ou à alta temperatura, bem como os danos físicos, podem fazer com que as raízes gerem álcool, o qual intensifica um aroma semelhante ao de solvente; ao mesmo tempo, elas geram uma substância química defensiva de sabor amargo. A retirada da camada exterior remove a maior parte do amargor, bem como os compostos fenólicos que causam descoramento marrom. A doçura se faz notar sobretudo quando as raízes são cozidas, pois a cocção enfraquece as paredes celulares e faculta o acesso dos açúcares à língua. O núcleo da cenoura transporta água da terra aos ramos e tem menos sabor que as camadas exteriores, dedicadas ao armazenamento.

As cenouras "em miniatura" pré-descascadas, que na verdade são cortadas a partir de cenouras maduras, apresentam às vezes superfície levemente esbranquiçada. A camada branca é inofensiva e resulta dos danos sofridos pelas células exteriores, que desidratam algumas horas depois de serem processadas.

Cherovia. A cherovia ou pastinaca, *Pastinaca sativa*, com sua raiz aromática, é nativa da Eurásia, era conhecida pelos gregos e romanos e, ao lado do nabo, era um dos alimentos mais importantes antes da introdução da batata na Europa. A versão usada hoje foi desenvolvida na Idade Média. A cherovia acumula mais amido que a cenoura mas o converte em açúcar quando exposta a baixas temperaturas; por isso as raízes colhidas no inverno são mais doces que as colhidas no outono e, antes de o açúcar se tornar um produto barato, eram usadas para fazer bolos e geleias na Inglaterra. O tecido pálido e relativamente seco da cherovia amacia mais rápido durante a cocção que o da cenoura ou o da batata.

Raiz de salsinha. A raiz de salsinha é a raiz principal de uma variedade específica de salsa, a *Petroselinum crispum* var. *tuberosum*. Seu aroma também é dado por um conjunto de terpenoides e é mais pungente e complexo que o das folhas de salsa. Todas as salsas são nativas da Eurásia (p. 453).

Mandioquinha. A mandioquinha, batata-salsa ou batata-baroa é a raiz de um membro sul-americano da família da cenoura, *Arracacia xanthorhiza*. Suas raízes lisas, de várias cores, têm um sabor rico que o eminente botânico David Fairchild considerava muito superior ao da cenoura.

A FAMÍLIA DA ALFACE: TOPINAMBO, CERCEFI, ESCORCIONEIRA, BARDANA

As raízes e tubérculos dos membros setentrionais da família da alface partilham três características: uma abundância de carboidratos à base de frutose, pouco amido e um sabor suave que lembra o da verdadeira alcachofra (também parente da alface). Os carboidratos da frutose (a inulina, semelhante ao amido, e frutosanas de cadeia curta) funcionam como armazéns de energia e mecanismos que impedem o congelamento das plantas no inverno. Os seres humanos não têm as enzimas necessárias para digerir as cadeias de frutose. Por isso, bactérias benéficas presentes no intestino se alimentam delas, e nesse processo geram dióxido de carbono e outros gases que podem causar desconforto abdominal a quem comeu porções grandes dessas hortaliças.

O topinambo é o tubérculo polpudo e não fibroso de um girassol norte-americano (*Helianthus tuberosus*), cujo obscuro nome tradicional em inglês é "*Jerusalem artichoke*" (alcachofra-de-jerusalém). É agradavelmente úmido, crocante e doce quando cru e se torna macio e doce após breve cocção. Quando é cozido por 12-24 horas em temperatura baixa (cerca de 93 °C), a maior parte de seus carboidratos se convertem em frutose digerível e a polpa se torna doce e assume translúcida tonalidade castanha, como se fosse um *aspic* vegetal.

A escorcioneira (*Scorzonera hispanica*) e o cercefi (*Tragopogon porrifolius*, cujo sabor seria supostamente semelhante ao da ostra) são nativos da região do Mediterrâneo. A bardana (*Arctium lappa*), parente deles e nativa da Eurásia, é apreciada sobretudo no Japão, onde é chamada gobô. Essas três raízes alongadas se tornam desagradavelmente fibrosas à medida que crescem e ficam mais velhas. São ricas em compostos fenólicos (os da bardana são poderosos antioxidantes) e, por isso, rapidamente assumem coloração marrom-acinzentada – na superfície quando cortadas e descascadas, em todo o volume quando cozidas.

OUTRAS RAÍZES E TUBÉRCULOS COMUNS

Castanha-d'água chinesa e chufa.
A castanha-d'água chinesa e a chufa são membros da família da junça, grupo de vegetais aquáticos que inclui o papiro. A castanha-d'água é o tubérculo subaquático da *Eleocharis dulcis*, planta nativa do Extremo Oriente cultivada sobretudo na China e no Japão. (A castanha-d'água europeia ou tríbulo-aquático é a semente de certas espécies do gênero *Trapa*, vegetais aquáticos nativos da África, da Europa Central e da Ásia.) A chufa é o pequeno tubérculo da planta *Cyperus esculentus*, nativa do norte da África e do Mediterrâneo e já cultivada no Egito antigo. Tanto a castanha-d'água chinesa quanto a chufa têm gosto levemente adocicado, com notas acastanhadas, e caracterizam-se por manter a crocância mesmo depois de cozidas e até enlatadas, graças aos compostos fenólicos que interligam e reforçam suas paredes celulares. Os espanhóis fazem a bebida doce "orchata de chufa" com chufas secas, as quais são mergulhadas em água, raladas e novamente umedecidas. O líquido dessa segunda infusão é coado e adoçado com açúcar comum.

Na Ásia, onde castanhas-d'água chinesas e tríbulos-aquáticos são às vezes cultivados em água contaminada, sabe-se que esses alimentos podem transmitir os cistos de um parasita intestinal às pessoas que os descascam com os dentes. Essas hortaliças, quando frescas, devem ser cabalmente lavadas e esfregadas antes de serem descascadas com faca; depois, devem ser lavadas de novo. Breve imersão em água fervente basta para garantir-lhes a salubridade.

Crosne-do-japão ou alcachofra-do-japão.
O crosne é o diminuto tubérculo de várias espécies do gênero *Stachys*, planta asiática da família da hortelã; foi levado da China para a França no final do século XIX. É crocante e tem gosto doce e acastanhado, algo semelhante ao do topinambo. Caracteriza-se por conter estaquiose, um carboidrato incomum que combina duas galactoses e uma sacarose. A estaquiose não pode ser digerida; por isso uma porção grande de crosne pode gerar gases e causar desconforto. O crosne contém pouco amido e fica pastoso quando sujeito a cocção excessiva, mesmo que por tempo pouco superior ao normal.

Jacatupé.
O jacatupé é a raiz tuberosa da *Pachyrhizus erosus*, trepadeira sul-americana da família das leguminosas (plantas que dão vagens). Sua principal virtude é o resistente frescor: o jacatupé demora a estragar e a perder a cor e conserva certa crocância quando cozido. Costuma ser comido cru, em saladas ou mergulhado num molho, e às vezes é usado como substituto fresco das castanhas-d'água chinesas, embora não tenha a mesma qualidade doce e acastanhada.

Raiz de lótus.
A raiz de lótus, que cresce na lama, é o rizoma da *Nelumbo nucifera*, um lírio-d'água natural da Ásia que tem parentes na América do Norte e no Egito. O lótus é uma imagem importante no Budismo e em outros sistemas de pensamento – uma haste que nasce do lodo e produz uma linda flor sobre folhas flutuantes –, de

modo que a raiz de lótus facilmente evoca ideias extraculinárias. O rizoma contém grandes cavidades que dão aos cortes transversais um desenho caracteristicamente rendilhado. É crocante e assim permanece depois de cozido, por motivos idênticos aos da castanha-d'água. Tem aroma suave e leve adstringência e descolore-se rapidamente depois de cortado em razão dos compostos fenólicos que contém. Depois de descascada (e branqueada quando usada para fazer saladas), a raiz de lótus pode ser cozida de diversos modos: de uma rápida fritura rasa a um lento braseado. Pode ser inclusive caramelada. Também é aproveitada para a extração de seu modesto conteúdo de amido.

Oca. A oca é o pequeno tubérculo da *Oxalis tuberosa*, uma parente sul-americana da azedinha. Às vezes é suculenta, às vezes rica em amido; sua casca pigmentada por antocianinas pode apresentar várias cores, do amarelo ao púrpura, passando pelo vermelho. A oca se destaca por ser extraordinariamente azeda, graças ao ácido oxálico típico de sua família botânica. No Peru e na Bolívia, de onde é nativa, é geralmente cozida em sopas e ensopados.

CAULES INFERIORES E BULBOS: BETERRABA, NABO, RABANETE, CEBOLA E OUTROS

As hortaliças que pertencem a esta categoria mista posicionam-se no nível do chão ou logo abaixo dele e têm uma única característica em comum: em comparação com a maioria das raízes e tubérculos, armazenam pouco amido. Por isso em geral são menos densas, cozinham mais rápido e conservam uma textura úmida.

BETERRABA

A beterraba não é uma raiz, mas sim a parte inferior do caule da *Beta vulgaris*, planta nativa do Mediterrâneo e da Europa Ocidental. Os povos dessa região comem esse vegetal desde a Pré-História. Inicialmente aproveitavam-lhe as folhas (acelga, p. 361) e depois passaram a usar a parte subterrânea de certas variedades especializadas (subespécie *vulgaris*). Na época grega, as raízes de beterraba eram longas, doces e podiam ter cor branca ou vermelha; por volta de 300 a.C., Teofrasto relatou que eram tão gostosas que podiam ser comidas cruas. O tipo vermelho e arredondado é mencionado pela primeira vez no século XVI. As beterrabas usadas na alimentação humana contêm cerca de 3% de açúcar, ao passo que certas variedades aproveitadas para ração animal contêm 8%; no século XVIII, a seleção feita em vista da produção de açúcar gerou beterrabas com 20% de sacarose.

As beterrabas coloridas devem suas tonalidades vermelha, alaranjada e amarela aos pigmentos chamados betaínas (p. 298), que são solúveis em água e tingem os outros ingredientes do prato. Existem variedades matizadas, com camadas alternadas de floema vermelho e xilema despigmentado (p. 291); são especialmente apreciadas em fatias cruas, pois a cocção danifica as células e faz vazar os pigmentos. Quando comemos beterrabas, o pigmento vermelho é geralmente descolorido pela acidez estomacal e pelas reações com ferro no intestino grosso, mas as pessoas às vezes excretam o pigmento intacto, fenômeno assustador mas inofensivo. A firmeza persistente das beterrabas cozidas é causada pelo reforço fenólico das paredes celulares, como ocorre no broto de bambu e na castanha-d'água (p. 314).

O aroma da beterraba é dado principalmente por uma molécula de cheiro terroso chamada geosmina. Por muito tempo se pensou que a geosmina era criada pelos microrganismos do solo, mas hoje se afirma que ela é produzida pela própria raiz da beterraba. O adocicado da beterraba às vezes é aproveitado em bolos de chocolate, caldas e outros doces.

RAIZ DE AIPO

A raiz de aipo ou aipo-rábano é a porção inferior intumescida do caule principal de determinada variedade de aipo, *Apium graveolens* var. *rapaceum*. As raízes se projetam de uma superfície nodosa que precisa ser descascada a fundo. O aipo-rábano tem gosto semelhante ao do aipo comum graças à presença dos mesmos anéis aromáticos de oxigênio, e contém quantidade moderada de amido (5-6% de seu peso). É geralmente cozido como as demais raízes alimentícias, mas também pode ser ralado em ralador fino para fazer uma crocante salada crua.

A FAMÍLIA DO REPOLHO: NABO, RABANETE

O nabo, *Brassica rapa*, é cultivado na Eurásia desde há cerca de 4 mil anos e sempre foi usado como um alimento básico de crescimento rápido. Compreende a parte inferior do caule e a própria raiz, pode ter diversas formas e cores e exala o aroma sulfuroso típico de sua família (p. 356). As variedades pequenas e suaves podem ser comidas cruas, sendo crocantes como os rabanetes, e as maiores são cozidas até ficar macias. Não devem porém, ser cozidas por muito tempo, sob pena de desenvolver textura pastosa e serem dominadas por um sabor forte de repolho sobrecozido. Os nabos também servem para fazer picles.

O rabanete, crocante e picante, pertence a uma espécie diferente, a *Raphanus sativus*. É natural da Ásia Ocidental e já chegara ao Mediterrâneo na época dos antigos egípcios e gregos. Como o nabo, é a extremidade inferior intumescida do caule da planta. A seleção humana plasmou-o em muitas formas características e cores impressionantes (verde por fora e vermelho por dentro, por exemplo). As variedades mais conhecidas nos Estados Unidos são as pequenas e precoces, da primavera. Geralmente têm a casca vermelha viva, crescem em poucas semanas e se tornam duras e lenhosas no calor do verão; são comidas cruas, como salada. Por outro lado, existem também as grandes variedades espanholas e alemãs, às vezes pretas, às vezes brancas, que podem ter mais de 10 centímetros de diâmetro e vão crescendo ao longo de vários meses para serem colhidas no outono. São firmes, secas e especialmente adequadas aos braseados e assados na brasa. Há, por fim, as variedades asiáticas, grandes, brancas e alongadas, conhecidas nos Estados Unidos pelo termo japonês *daikon**. Podem ter mais de 25 cm de comprimento e pesar até 3 kg. Relativamente suaves, são cozidas ou comidas cruas, apresentando às vezes qualidades semelhantes às de uma pera crocante. A pungência do rabanete é criada por uma reação enzimática que forma um óleo volátil de mostarda (p. 356). Boa parte dessa enzima se encontra na casca, de modo que a hortaliça descascada é bem menos picante. Embora seja em geral comido cru ou preservado em picles, o rabanete pode ser cozido como o nabo, tratamento que minimiza sua pungência (desativando a enzima) e ressalta o aspecto doce de seu sabor.

Uma espécie incomum de rabanete, a *R. caudatus*, é conhecida em inglês como *rat-tailed radish* (rabanete-rabo-de-rato) porque a parte comestível são suas longas vagens.

A FAMÍLIA DA CEBOLA: CEBOLA, ALHO, ALHO-PORÓ

O gênero *Allium*, grupo de liliáceas nativas das regiões temperadas do Hemisfério Norte, engloba cerca de 500 espécies. Umas 20 delas são importantes na alimentação humana e algumas são apreciadas há milhares de anos, como atesta o famoso lamento dos israelitas exilados, no Antigo Testamento: "Lembramo-nos dos peixes que comíamos à vontade no Egito; dos pepinos, dos melões, das verduras, das cebolas e dos alhos!" A cebola, o alho e a maior parte de seus parentes são cultivados sobretudo em vista de seus bulbos subterrâneos, os quais são compostos de "escamas" ou bases de folhas intumescidas que armazenam energia para o começo da próxima estação de crescimento e conservam-se naturalmente

---

* No Brasil, esta hortaliça é considerada uma forma de nabo e é chamada assim. (N. do T.)

por vários meses. Como o topinambo e as hortaliças a ele correlatas, a família da cebola não acumula suas reservas de energia na forma de amido, mas em cadeias de frutose (p. 898) que são decompostas pela cocção lenta e prolongada e produzem sabor nitidamente adocicado. É claro que as folhas novas e verdes das plantas bulbosas do gênero *Allium* também são comidas; e os tipos não bulbosos, como o alho-poró, a cebolinha e determinadas cebolas, são cultivados somente por suas folhas.

O segredo da atração da família da cebola é um sabor sulfuroso forte, às vezes pungente, cuja finalidade original era dissuadir os animais de comer essas plantas. A cocção transforma essa defesa química num sabor delicioso, quase carnoso, que acrescenta profundidade a muitos pratos em diferentes culturas.

O sabor e a pungência das plantas do gênero Allium quando cruas. Os sabores característicos da família da cebola são dados pelo uso defensivo do elemento enxofre. As plantas em crescimento assimilam enxofre do solo e o incorporam em quatro tipos diferentes de armas químicas que flutuam nos fluidos celulares, enquanto a enzima que as ativa é armazenada separadamente num vacúolo especial (p. 290). Quando a célula é danificada pelo corte ou pela mastigação, a enzima se liberta e quebra ao meio as moléculas que servem de arma, produzindo compostos sulfurosos irritantes e de cheiro forte. Alguns destes são extremamente reativos e instáveis, de modo que continuam a se transformar em ainda outras substâncias. A mistura de moléculas assim produzida define o sabor dessas plantas quando cruas e depende dos compostos defensivos iniciais, do grau de danificação dos tecidos, da quantidade de oxigênio que participou das reações e de por quanto tempo estas prosseguiram. O sabor típico da cebola inclui notas de maçã e notas cáusticas, amargas e de borracha; o do alho-poró tem aspectos de repolho, creme de leite e carne; o do alho é especialmente forte porque neste bulbo a concentração de defesas químicas iniciais é cem vezes maior que nas outras plantas do mesmo gênero. Diferentes resultados podem ser obtidos quando a hortaliça é picada, esmagada no almofariz ou passada pelo processador. Quando se pretendem comer crus os pedaços picados de plantas do gênero *Allium* – num tempero de salada ou molho cru, por exemplo –, o melhor é lavá-los em água para remover os compostos sulfurosos das superfícies danificadas, pois eles tendem a desenvolver gosto cada vez mais forte à medida que o tempo passa e são expostos ao ar.

Há uma substância sulfurosa que é produzida em quantidade significativa somente na cebola, na chalota, no alho-poró, na cebolinha e no *rakkyo*: o "lacrimador" que nos traz lágrimas aos olhos. Este composto volátil escapa da cebola danificada para o ar e se deposita nos olhos e no nariz do cozinheiro, onde, ao que parece, ataca diretamente os terminais nervosos e em se-

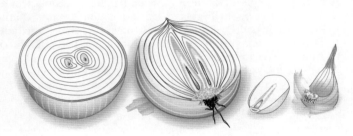

Bulbos de cebola e de alho. Os bulbos da família da cebola são formados por um broto central ao redor do qual crescem as bases de folhas, as quais armazenam reservas de nutrientes durante uma estação de crescimento e, na estação seguinte, fornecem esses nutrientes ao broto, que se transformará num caule.

guida se decompõe em sulfeto de hidrogênio, dióxido de enxofre e ácido sulfúrico – uma bomba molecular muitíssimo eficaz! Seus efeitos serão minimizados se as cebolas, antes de serem cortadas, forem mergulhadas em água com gelo por 30-60 minutos. Esse tratamento diminui radicalmente a atividade da enzima responsável por deflagrar a bomba e retira de todas as moléculas voláteis a energia de que precisam para se lançarem ao ar. Além disso, hidrata a casca da cebola, geralmente semelhante a um papel. Com isso, torna-a mais resistente, menos quebradiça e, portanto, mais fácil de ser retirada.

Os sabores das plantas do gênero *Allium* quando cozidas. Quando as cebolas e suas parentes são aquecidas, os vários compostos de enxofre reagem entre si e com outras substâncias e produzem diversas moléculas de sabor características. O método, a temperatura e o veículo de cocção afetam fortemente o equilíbrio de sabores. O assado ao forno, a secagem e a cocção por micro-ondas tendem a gerar trissulfetos, os quais proporcionam as notas características do repolho excessivamente cozido. A cocção em gordura em alta temperatura produz mais compostos voláteis e um sabor mais forte que as outras técnicas. Os compostos relativamente suaves presentes no alho perduram na manteiga, mas se transformam em notas borrachentas e pungentes em óleos vegetais insaturados e mais reativos. O braqueamento do dente de alho inteiro aparentemente desativa a enzima que gera os sabores e limita a ação dela. Por isso o sabor do alho cozido inteiro é pouco picante, sobressaindo então as notas doces e acastanhadas. Do mesmo modo, alhos e cebolas conservados na forma de picles são relativamente suaves.

O teor de açúcares e cadeias de açúcar da cebola e do alho é o maior responsável pela tendência dessas hortaliças de escurecer sob fritura, e proporciona uma nota de caramelo à cebola e ao alho fritos.

Cebola e cebolinha. As cebolas são as plantas da espécie *Allium cepa*, que se originou na Ásia Central mas daí se espalhou por todo o globo em centenas de variedades diferentes. Nos Estados Unidos há duas grandes categorias de cebolas vendidas nos mercados, as quais não se definem pela variedade, mas pelo método e pela época do cultivo. As cebolas de primavera são plantadas por meio de mudas no final do outono e colhidas já na primavera e no começo do verão, antes de estarem plenamente maduras. São relativamente suaves, úmidas e perecíveis e devem ser conservadas em geladeira. A cebola "doce" – "suave" seria o adjetivo mais adequado – é uma categoria especial de cebola de primavera. É, em geral, uma cebola de primavera comum, do tipo amarelo, cultivada num solo pobre em

---

Palavras da culinária: *onion* (cebola), *garlic* (alho), *shallot* (chalota), *scallion* (cebolinha)

Os nomes ingleses das hortaliças da família da cebola têm as mais diversas origens. *Onion* (cebola) vem da palavra latina que significa "um", "unidade", "unicidade", que era o nome dado pelos lavradores romanos a uma variedade de cebola (*cepa* em latim) que crescia sozinha, sem formar múltiplos bulbos como o alho e a chalota. *Garlic* é uma palavra anglo-saxã que significava "alho-poró-de-lança": um alho-poró dotado não de folhas largas e abertas, mas de uma única folha delgada e pontuda. E tanto *shallot* (chalota) quando *scallion* (cebolinha) vêm, por intermédio do latim, da palavra Ashqelon (Ascalon ou Ascalão), nome hebraico de uma cidade que, na era bíblica, situava-se no litoral sul da Palestina.

enxofre e, portanto, portadora de menos da metade da quantidade usual de defesas químicas sulfurosas. O segundo grande tipo de cebola é a de estocagem, que cresce durante todo o verão e só é colhida quando amadurece, no outono. É rica em compostos de enxofre, mais seca e se conserva facilmente em ambiente fresco por vários meses.

As cebolas-brancas são um pouco mais úmidas e não se conservam tão bem quanto as amarelas, cuja cor é dada por compostos fenólicos flavonoides. As cebolas-roxas são pigmentadas por antocianinas hidrossolúveis, as quais porém só estão presentes na superfície de cada camada. Por isso a cocção dilui e embaça sua coloração.

As cebolinhas ou cebolas-verdes podem ser variedades de cebolas bulbosas colhidas ainda novas ou variedades especiais que jamais chegam a formar bulbo. As chalotas são uma variedade específica cujos bulbos, que se formam em grupos, são menores, um pouco mais doces e suaves e têm textura um pouco mais fina que as cebolas comuns. Apresentando frequentemente uma coloração roxa, são especialmente apreciados na França e no Sudeste Asiático.

Alho. O alho (*Allium sativum*) é natural da Ásia Central e produz uma cabeça formada por doze ou mais bulbos ou "dentes".

O "alho-elefante" na verdade não passa de uma variedade bulbosa de alho-poró, com sabor mais suave, ao passo que o "alho-bravo" é ainda outra espécie, *A. ursinum*. Ao contrário dos bulbos das cebolas, que têm múltiplas camadas, os dentes de alho são formados por uma única folha intumescida, com função de armazenamento, que envolve o broto. Essa folha contém muito menos água que as camadas de cebola – menos de 60% do seu peso, em comparação com 90% na cebola – e concentração muito mais alta de frutose e cadeias de frutose. Por isso na fritura ou no assado, o alho escurece e queima muito mais rápido que a cebola.

Há muitas variedades de alho, com diferentes proporções de compostos de enxofre e, portanto, diferentes sabores e graus de pungência. As principais variedades comerciais são cultivadas em razão da produtividade e do tempo de conservação, não do sabor. Os alhos plantados em clima frio têm sabor mais intenso. A umidade do alho atinge seu grau máximo logo após a colheita, entre o final do verão e o final do outono; o bulbo se torna mais concentrado à medida que vai secando durante o período de estocagem. Guardado em geladeira, ele perde um tanto do seu sabor específico e acaba por adquirir mais caracte-

Membros importantes da família da cebola

Cebola, cebolinha verde	*Allium cepa*
Chalota	*Allium cepa* var. *ascalonicum*
Alho	*Allium sativum*
Alho-poró bravo	*Allium ampeloprasum*
Alho-poró cultivado	*Allium ampeloprasum* var. *porrum*
Alho-elefante	*Allium ampeloprasum* var. *gigante*
Alho-poró egípcio	*Allium kurrat*
Ramp, alho-poró de folha larga	*Allium tricoccum*
Cebolinha	*Allium schoenoprasum*
Cebolinha chinesa	*Allium tuberosum*
Cebola comprida do Japão	*Allium ramosum*
Cebolinha comum	*Allium fistulosum*
Rakkyo	*Allium chinense*

rísticas do sabor genérico das plantas do gênero *Allium*.

Uma vez que descascar e picar os pequeninos dentes de alho é um trabalho tedioso, o alho às vezes é preparado em grandes quantidades e guardado em óleo para ser usado depois. Esse procedimento estimula o crescimento da bactéria letal do botulismo, que se multiplica na ausência de ar. Para impedir o crescimento bacteriano, o alho pode ser mergulhado em vinagre ou sumo de limão por algumas horas antes de ser posto no óleo, e o recipiente deve ser guardado em geladeira. O alho conservado em meio ácido desenvolve de vez em quando um estranho matiz verde-azulado, numa reação que aparentemente envolve um dos precursores sulfurosos de sabor. Para minimizar a descoloração, o alho pode ser branqueado antes de ser posto em conserva.

Alho-poró. Ao contrário da cebola e do alho, o alho-poró não forma bulbo. É cultivado, antes, pela massa de folhas, que lembram as de uma cebolinha. (Há uma única exceção a esta regra: a variedade de alho-poró a que se dá o nome enganoso de "alho-elefante" e que produz um agrupamento de bulbos semelhante a uma cabeça de alho, pesando até meio quilo.) O alho-poró tolera bem o frio e em certas regiões pode ser colhido durante todo o inverno. Atinge grande tamanho, e a porção branca da base de suas folhas, mais apreciada, pode ser aumentada (até 30 cm de comprimento e 7,5 cm de diâmetro) caso se amontoe um pouco de terra em torno da parte de baixo da planta para protegê-la do sol. Essa prática também enche de terra os interstícios entre as folhas, que devem ser, portanto, cuidadosamente lavadas. As folhas de dentro (e as raízes, raramente usadas) têm o sabor mais forte. A porção superior, verde, de cada folha também é comestível, mas tende a ser mais dura e fibrosa e a ter, em comparação com a parte branca, sabor menos semelhante ao da cebola e mais parecido com o do repolho. Também é rica em carboidratos de cadeia longa, que dão à hortaliça cozida uma textura escorregadia, gelificam-se quando refrigerados e podem adensar a consistência de sopas e ensopados.

CAULES E TALOS: ASPARGO, AIPO E OUTROS

As hortaliças derivadas de caules e talos frequentemente apresentam ao cozinheiro um desafio especial. Os caules e talos sustentam as outras partes das plantas e conduzem nutrientes essenciais delas e para elas. Por isso são feitos sobretudo de tecido vascular fibroso e de fibras especiais de reforço – as caneluras que se veem à volta do aipo e da alcachofra-brava, por exem-

Hálito de alho

Por acaso a química do sabor do alho nos oferece alguma pista sobre como diminuir o mau hálito provocado pela ingestão desse bulbo? Entre os principais componentes do hálito de alho há um grupo de substâncias aparentadas com a secreção do gambá (metanetiol, p. ex.), que permanecem na boca. Outro componente (metil alil sulfeto) é aparentemente gerado pelo alho ao passar pelo sistema digestivo e atinge sua maior concentração no hálito de 6 a 18 horas depois da refeição. Os tióis residuais na boca podem ser transformados em moléculas inodoras pelas enzimas que provocam o escurecimento de muitas frutas e hortaliças cruas (p. 298). Por isso é bom comer uma salada ou uma maçã depois do alho. Os enxaguantes bucais que contêm fortes agentes oxidantes (cloramina, p. ex.) também são eficazes. Já os sulfetos produzidos pelo sistema digestivo provavelmente não podem ser evitados!

plo – que são de 2 a 10 vezes mais firmes que as próprias fibras vasculares. Esses materiais fibrosos são progressivamente reforçados pela celulose insolúvel à medida que o caule ou haste cresce. Às vezes, tudo o que resta ao cozinheiro fazer é retirar as fibras, cortar a hortaliça em pedaços pequenos para diminuir a fibrosidade ou transformá-la em purê e peneirá-la. O segredo de um aipo, alcachofra-brava ou ruibarbo macios não está na cozinha, mas na horta: escolher a variedade correta, proporcionar-lhe água em abundância para que os caules possam se sustentar pela pressão hidráulica interna (p. 294) e providenciar suporte mecânico por meio de montículos de solo ou amarração dos caules, de modo que a tensão mecânica não induza o crescimento de fibras.

Há um grupo intrinsecamente macio de caules usados como hortaliças: os caules novos de ervilhas, melões, abóboras, videiras e do lúpulo, que crescem rapidamente na primavera e há muito tempo são apreciados, no Hemisfério Norte, como as primeiras hortaliças da nova estação.

ASPARGO

O aspargo é o caule de um vegetal da família das liliáceas, *Asparagus officinalis*, natural da Eurásia; era considerado uma iguaria já na época greco-romana. O caule não sustenta folhas comuns; as pequenas projeções laterais que nele ocorrem são brácteas que abrigam aglomerados imaturos de ramos fotossintéticos, de textura delicadamente felpuda. Os caules nascem de longevos rizomas subterrâneos e há muito são apreciados como tenra manifestação da primavera. Muitas outras hortaliças foram chamadas de "aspargos dos pobres":

alhos-porós imaturos, brotos de *blackberry* e de lúpulo. Os aspargos são caros até hoje porque os caules crescem em ritmos diferentes e têm de ser colhidos à mão. Na Europa, a versão branca, que demanda ainda mais trabalho uma vez que, para se manter clara, é coberta com solo e cortada debaixo da terra, é popular desde o século XVIII. Tem aroma mais delicado que o do aspargo verde (rico em dimetil sulfeto e outros compostos voláteis sulfurosos) e leve amargor na parte de baixo. Exposto à luz após a colheita, o aspargo branco se torna amarelo ou vermelho. As variedades roxas contêm antocianinas, cuja cor geralmente se perde durante a cocção, deixando atrás de si somente o verde da clorofila.

Colhido ainda imaturo e consumido imediatamente após a colheita, o aspargo é suculento e nitidamente doce (talvez 4% de açúcar). À medida que a estação avança, os rizomas vão perdendo a energia acumulada e o teor de açúcar nos ramos diminui. Depois de colhido, o caule, ainda em ativo crescimento, continua consumindo seus açúcares num ritmo mais rápido que o de qualquer outra hortaliça comum. Seu sabor se achata; ele perde a suculência e se torna cada vez mais fibroso, a começar da base. Essas mudanças são especialmente rápidas nas primeiras 24 horas após a colheita e são aceleradas pelo calor e pela luz. As perdas de umidade e açúcar podem ser parcialmente repostas caso se mergulhe os aspargos em água com açúcar (a 5-10%, ou seja, 5-10 g por 100 ml) antes de cozinhá-los. O aspargo branco é sempre mais fibroso que o verde e endurece mais rápido quando armazenado. Tanto ele quanto determinados aspargos verdes podem ser descascados para remover parte do tecido que não ama-

O aspargo e seus peculiares ramos, os filocládios, que se aglomeram perto da ponta do caule imaturo.

ciará de jeito nenhum; porém, a formação de lignina também ocorre no núcleo do caule. Há 500 anos que os cozinheiros resolvem do mesmo modo esse endurecimento interno: dobram o talo e deixam que a própria tensão mecânica determine a fronteira entre a parte dura e a macia, quebrando o aspargo em dois.

Há muito que o aspargo é famoso por provocar um estranho efeito colateral nos que o consomem: forte odor na urina. Ao que parece, o organismo metaboliza uma substância que contém enxofre, o ácido asparagúsico, e o transforma numa substância aparentada à essência do cheiro de gambá, chamada metanetiol. Em parte pelo fato de certas pessoas se afirmarem imunes a esse efeito, os bioquímicos estudaram detalhadamente esse fenômeno. Agora parece que, graças a diferenças genéticas, a maioria das pessoas, mas não todas, produz metanetiol depois de comer aspargos; e a maioria, mas não todas, é capaz de sentir-lhe o cheiro.

A FAMÍLIA DA CENOURA: AIPO E FUNCHO

A família da cenoura proporciona dois caules aromáticos usados como hortaliças.

Aipo. O aipo ou salsão, *Apium graveolens*, é a versão maior e mais suave de uma erva eurasiana amarga e de caules finos, chamada aipo-bravo. O aipo-japonês (var. *secalinum*) é mais parecido com o aipo-bravo quanto à forma e ao sabor, ao passo que o aipo-d'água é um parente mais distante (*Oenanthe javanica*) com sabor característico. Ao que parece, o aipo que conhecemos foi selecionado na Itália no século XV e considerado uma iguaria até meados do século XIX. Os talos de suas folhas, ou pecíolos, são grandes, agradavelmente crocantes e têm aroma típico porém sutil, produzido por compostos incomuns chamados ftalídeos, presentes também nas nozes (daí a agradável combinação de aipos e nozes na salada Waldorf), e por terpenos que proporcionam ligeiras notas cítricas e de pinho. O aipo é frequentemente combinado com cenouras e cebolas num refogado usado como base de sabor para outros pratos (um preparado chamado *mirepoix* em francês, *soffrito* em italiano e *sofregit* em catalão; na "trindade" de temperos aromáticos da culinária cajun, da Louisiana, as cenouras são substituídas por pimentas verdes do gênero *Capsicum*). Certas regiões da Europa preferem consumir o aipo numa forma clara, de sabor mais delicado, originalmente produzida cobrindo os talos com terra durante a fase de crescimento e, em época posterior, pela seleção de variedades verde-claras. O

O aroma da urina de quem comeu aspargos

Nem todas as pessoas têm a mesma capacidade de detectar o produto do metabolismo do aspargo; além disso, os que o detectam o avaliam de diferentes maneiras:

Como todos sabem, [o aspargo] pode provocar na urina um cheiro imundo e desagradável.

C. Louis Lemery, *Treatise of All Sorts of Foods*
[Tratado sobre todos os tipos de alimento], 1702

[...] durante toda a noite, após um jantar em que comera [aspargos], essas hortaliças brincaram (com gestos rudes e líricos, como as fadas do *Sonho* de Shakespeare) de transformar meu urinol num vaso de perfume aromático.

– Marcel Proust, *Em busca do tempo perdido*, 1913

mais comum é que o aipo se sirva cru; sua crocância será maximizada se ele for pré-mergulhado em água fria (p. 295). Tanto o aipo quanto o aipo-rábano contêm substâncias químicas defensivas que podem causar reações cutâneas, e de outros tipos, em pessoas sensíveis (p. 294).

Funcho. O funcho bulboso, que em italiano se chama *finocchio*, é uma variedade (var. *azoricum*) do *Foeniculum vulgare*, também conhecido como erva-doce, da qual se aproveitam igualmente as sementes como especiarias (p. 461). As bases de seus pecíolos intumescidos constituem um aglomerado semelhante a um bulbo. (O restante dos pecíolos, equivalentes aos do aipo, são sempre duros e fibrosos.) O funcho tem forte aroma de anis graças à presença da mesma substância (anetol) que dá sabor às sementes de anis e ao anis-estrelado, e isto faz do funcho um ingrediente mais dominante e menos versátil que o aipo e a cenoura. Ele tem também uma nítida nota cítrica (de limoneno, que é um terpeno), evidente sobretudo em sua folhagem esparsa. O funcho pode ser comido cru – crocante, em fatias finas – ou cozido, quando em geral é braseado ou gratinado.

A FAMÍLIA DO REPOLHO: KOHLRABI E RUTABAGA

Kohlrabi. O *kohlrabi* é uma versão do repolho comum (*Brassica oleracea* var. *gonglioides*) em que o caule principal se intumesce até alcançar mais de dez centímetros de diâmetro. Tem a textura úmida e o sabor suave do caule do brócoli. O nome alemão significa "repolho-rábano" e, com efeito, o *kohlrabi* arredondado se assemelha a um rabanete grande ou a um nabo esférico. O *kohlrabi* novo é macio suficiente para ser comido cru, em razão de sua crocante suculência, ou brevemente cozido; os caules colhidos depois da época são lenhosos.

Rutabaga. A rutabaga resulta de um cruzamento espontâneo entre o nabo e o repolho e, segundo se pensa, surgiu pouco antes de 1600 na Europa Oriental, talvez em hortas onde nabos e couves eram cultivados lado a lado. Como o *kohlrabi*, é uma porção intumescida do caule da planta; como o nabo, pode ser branca ou amarela. É mais doce e mais rica em amido que o nabo e o *kohlrabi*, embora seu teor de carboidratos seja ainda a metade do da batata; habitualmente, é cozida e amassada para virar purê.

CAULES TROPICAIS: BROTO DE BAMBU E PALMITO

Broto de bambu. O broto de bambu é o caule muito novo de vários bambus tropicais asiáticos (espécies do gênero *Phyllostachys* e outros), os quais são, por sua vez, membros lenhosos da família das gramíneas. Quando os caules novos começam a romper a superfície do solo, coloca-se mais terra sobre eles para minimizar a exposição à luz e, portanto, a produção de compostos amargos que geram cianeto (p. 287). Depois, para eliminar todos esses compostos dos brotos frescos, cozinheiros e fabricantes fervem os brotos em água até perderem todo o amargor. Ao lado da castanha-d'água chinesa e da raiz de lótus, o broto de bambu é apreciado porque conserva a textura firme, crocante e carnosa durante a cocção e depois dela, mesmo quando submetido ao tratamento térmico extremo necessário para o enlatamento (p. 314). Seu sabor tem uma insólita nota de remédio, ou de terreiro de fazenda, graças a um composto chamado cresol; exala também odores mais comuns de pão e de caldo aromático produzidos por compostos sulfurosos simples (metional, dimetil sulfeto).

Palmito. O palmito é o miolo do meristema (a parte do caule responsável pelo crescimento) de várias palmeiras, especialmente da sul-americana *Bactris gasipaes* ou pupunheira, que gera novos brotos no solo depois de ter a ponta do caule cortada. Sua consistência é macia e apenas levemente crocante; o sabor é doce e ligeiramente acastanhado; e o palmito de pupunheira é consumido cru, cozido ou em conserva. Os palmitos tirados de outras palmeiras podem ter leve amargor e a tendência de escurecer; e sua colheita em geral resulta na morte de toda a árvore*.

OUTROS CAULES E TALOS COMESTÍVEIS

Nopales. Os nopales ou nopalitos são segmentos achatados do caule do cacto *Opuntia ficus-indica* (p. 412), natural das regiões áridas do México e do sudoeste dos Estados Unidos. São comidos crus em saladas ou molhos, assados ao forno, fritos, conservados em vinagre ou acrescentados a ensopados. Destacam-se por duas características: uma mucilagem que provavelmente os ajuda a reter água e pode lhes dar consistência mais ou menos pegajosa (os métodos secos de cocção minimizam este problema) e um impressionante azedume devido ao seu teor de ácido málico. Os cactos, a portulaca e outras plantas naturais de ambientes quentes e secos desenvolveram uma forma especial de fotossíntese em que mantêm os poros fechados durante o dia para conservar água e os abrem à noite para assimilar dióxido de carbono, o qual é armazenado na forma de ácido málico. Durante o dia, a energia da luz do sol é usada para converter o ácido málico em glicose. Por isso os nopales colhidos de manhã cedo contêm até 10 vezes mais ácido málico que os colhidos à tarde. O teor de ácido nos nopales cai lentamente depois da colheita, de modo que a diferença entre os dois tipos se torna menos evidente ao cabo de alguns dias.

Alcachofra-brava. O cardo ou alcachofra-brava é o pecíolo (caule da folha) da *Cynara cardunculus*, planta mediterrânea da qual aparentemente descende a alcachofra comum (*C. scolymus*); os pecíolos são frequentemente cobertos de terra por várias semanas antes da colheita para ficarem protegidos do sol, branqueando. A alcachofra-brava, de sabor bastante semelhante ao da alcachofra, é abundantemente dotada de compostos fenólicos amargos e adstringentes que rapidamente desenvolvem descoloração marrom quando o tecido é cortado ou danificado. É habitualmente cozida no leite, cujas proteínas prendem os compostos fenólicos e podem reduzir a adstringência (caso análogo ao do chá, p. 483). Os fenóis também podem causar o endurecimento das paredes celulares, e as fibras da alcachofra-brava geralmente resistem de modo extraordinário ao amaciamento. Caso seja gradativamente levada à fervura em várias mudas de água, isso pode ajudar a extrair dela os compostos fenólicos e amaciá-la, embora o sabor seja igualmente extraído e perdido. Às vezes, é necessário retirar, à faca, as fibras de reforço dos pecíolos ou cortá-los em fatias transversais finas para que tais fibras, mantidas assim relativamente curtas, não sejam percebidas durante a mastigação.

Broto de samambaia. Os pecíolos imaturos e os brotos das folhas de samambaias são chamados *fiddleheads* em inglês em razão de seu formato espiralado, que lembra a voluta da caixa das cravelhas de um violino. Há muito consumidos como iguaria tradicional da primavera, os brotos de samambaia são colhidos quando começam a se desenrolar, mas antes que endureçam. Hoje, recomenda-se cuidado ao consumi-los. Descobriu-se que a *Pteridium aequilinum*, uma espécie comum e especialmente apreciada no Japão e na Coreia, contém uma substância química possante que danifica o DNA (p. 287). Os brotos dessa samambaia devem ser evitados, mas considera-se que não haja problema em comer os das samambaias do gênero *Matteuccia*.

Ruibarbo. Os pecíolos dessa grande erva perene são incomuns por conterem alta concentração de ácido oxálico. Na Europa e nos Estados Unidos, são usados, sobretudo, como substitutos das frutas; por isso serão descritos no próximo capítulo (p. 407).

Salicórnia. Os caules e ramos novos, pequenos e suculentos das plantas litorâneas

---

* No Brasil, o cultivo do palmito de pupunheira se intensificou somente em época recente. Por ora, as espécies mais consumidas e exportadas são o açaí (*Euterpe oleraceae*) e a juçara (*Euterpe edulis*). (N. do T.)

do gênero *Salicornia*, da família da beterraba, são comestíveis. As plantas novas são crocantes e macias e podem ser comidas cruas ou rapidamente branqueadas, desprendendo um sabor fresco, de salmoura; as plantas mais desenvolvidas podem ser cozidas por imersão ou no vapor junto a peixes ou frutos do mar para intensificar o aroma marinho.

Brotos em geral. Os brotos são plantinhas recém-saídas da semente, com talvez uns 2 cm de comprimento, e são compostos essencialmente de um caule que sustenta o primeiro par de folhas, erguendo-as acima da terra para que possam receber a luz do sol. É claro que esses caules-bebês são macios e nem um pouco fibrosos; são geralmente comidos crus ou após brevíssima cocção. As sementes de muitas plantas diferentes são postas para germinar a fim de produzir brotos comestíveis, mas a maioria delas pertencem a umas poucas famílias: os feijões (feijão-mungo, soja, alfafa), os cereais (trigo, milho), a família do repolho (agrião, brócoli, mostarda, rabanete), a família da cebola (cebola, cebolinha). Por serem tão vulneráveis, os brotos às vezes contam com fortíssimas defesas químicas. Nos brotos de alfafa, entre essas defesas inclui-se o aminoácido tóxico canavanina (p. 287); nos de brócoli, as defesas são os sulforafanos, espécies de isotiocianatos (p. 356) que parecem prevenir o crescimento de tumores cancerosos. Uma vez que o calor e a umidade típicos das condições de produção de brotos favorecem o crescimento de microrganismos, os brotos crus são causa comum de intoxicação alimentar. Devem ser adquiridos tão frescos quanto possível e conservados em geladeira; o melhor é cozinhá-los cabalmente.

FOLHAS: ALFACE, REPOLHO E OUTRAS

As folhas, ou verduras, são o alimento vegetal quintessencial. Constituem, em regra, as partes mais abundantes e visíveis

---

O preparo de saladas

Embora as saladas de verduras cruas não exijam cocção, demandam cuidado na hora da preparação. Use ingredientes de boa qualidade: as folhas novas são menos fibrosas e têm sabor mais delicado, ao passo que uma alface excessivamente crescida pode ter gosto quase semelhante ao da borracha. Se as folhas tiverem de ser divididas em pedaços menores, isso deve ser feito com o mínimo de pressão física; a pressão excessiva pode esmagar as células e fazer surgir regiões escurecidas e sabores desagradáveis. O corte com uma faca afiada é, em geral, o método mais eficaz. Quando se rasgam as folhas com a mão, é necessário apertá-las, o que pode infligir dano às mais tenras. As verduras devem ser bem lavadas em várias mudanças de água para remover a terra e outras sujidades da superfície. Se forem mergulhadas por certo tempo em água gelada, as células poderão repor a água perdida até então, tornando as verduras crocantes e túmidas. Seque o máximo possível as verduras para que o molho ou tempero as revista sem se diluir. Molhos espessos e viscosos demoram mais a escorrer da superfície da folha do que molhos ralos e líquidos. Para tornar muito mais viscoso um vinagrete simples (p. 710), coloque-o por algum tempo no congelador.

Os molhos para salada à base de óleo, como os vinagretes, devem ser acrescentados somente no último instante, pois o óleo se imiscui de imediato na cutícula cerosa das folhas, se difunde pelos espaços vazios dentro delas e logo as torna escuras e ensopadas. Os molhos cremosos à base de água são melhores para verduras que tenham de ser temperadas muito antes do momento do consumo.

da planta e são tão nutritivas que a maioria dos primatas quase não come outra coisa. A salada de verduras cruas é um prato realmente primordial! As pessoas também cozinham e comem as folhas de muitas plantas diferentes, desde simples ervas até plantas cujas raízes e frutos são igualmente aproveitados. Nas regiões temperadas, quase todos os brotos tenros das folhas primaveris são comestíveis e, tradicionalmente, eram acolhidos como arautos da nova abundância após a escassez do inverno; no nordeste da Itália, por exemplo, o *pistic* é um prato feito na primavera com os brotos de mais de 50 plantas silvestres, cozidos em água e depois salteados.

Por serem largas e finas, tanto certas folhas comestíveis (folhas de alface, repolho e parreira) quando outras não comestíveis (folhas de banana, figo e bambu) são usadas como invólucros que envolvem, protegem e aromatizam porções de carne, peixe, cereais e outros alimentos. Para tal, são frequentemente branqueadas de antemão a fim de se tornarem macias e flexíveis.

Embora muitas verduras tenham sabores bastante característicos, a maioria delas tem em comum uma nota aromática de frescor que se costuma denominar "verde" ou "de relva". Ela é dada por moléculas específicas feitas de 6 átomos de carbono – o "álcool de folha" (hexanol) e o "aldeído de folha" (hexanal) –, produzidas quando as folhas são cortadas ou esmagadas. As células danificadas liberam enzimas que decompõem as longas cadeias de carbono dos ácidos graxos presentes nas membranas dos cloroplastos (pp. 289-90). A cocção desativa as enzimas e obriga seus produtos a reagir com outras moléculas, de modo que a nota verde perde destaque e outros aromas ganham proeminência.

A FAMÍLIA DA ALFACE: ALFACE, CHICÓRIA, DENTE-DE-LEÃO

A família da alface, ou família das compostas, é a segunda maior família de plantas floríferas, mas aquelas usadas como alimento são em pequeno número. As mais conhecidas são a alface e suas parentes, componentes principais de nossas saladas cruas.

Alfaces: verduras não amargas. As alfaces populares hoje em dia, variedades suaves da espécie *Lactuca sativa*, derivam de

---

Verduras da família da alface

Lactuca sativa: **alfaces não amargas**
  Alfaces de folhas soltas lisas, inclusive alfaces-manteiga
  Alfaces de folhas soltas crespas, inclusive alfaces-mimosas
  Alfaces repolhudas de folhas lisas
  Alfaces repolhudas de folhas crespas
  Alfaces-romanas, de folhas abertas e alongadas
  Alfaces roxas
Cichorium intybus: **chicórias amargas**
  Chicória: cabeça aberta de folhas grandes com talos proeminentes
  "Endívia" belga, *witloof*: cabeça alongada e densa de folhas crespas e claras
  Radicchio: cabeça fechada, ora redonda, ora alongada, de folhas avermelhadas
  Almeirão, catalonha: cabeça aberta de folhas finas e talos alongados e estreitos
Cichorium endivia: **endívias amargas**
  Endívia crespa: cabeça aberta de folhas crespas
  Endívia frisada: cabeça aberta de folhas frisadas
  Escarola: cabeça aberta de folhas moderadamente largas

uma ancestral herbácea que, de tão amarga, era impossível comer: a *L. serriola*, que crescia na Ásia e no Mediterrâneo e começou a ser cultivada e aperfeiçoada há 5 mil anos. A alface parece figurar em algumas pinturas egípcias e certamente era apreciada pelos gregos e romanos, que dispunham de diversas variedades e comiam-nas cozidas ou cruas, na forma de salada, no começo ou no final da refeição. A primeira sílaba de seu nome latino, *lac*, significa "leite" e se refere à densa seiva branca que ressuma da base recém-cortada. Embora hoje em dia, no Ocidente, a alface seja consumida predominantemente em sua forma crua, na Ásia ainda é habitualmente picada e cozida. Pode ser este um bom destino a dar às folhas mais velhas e mais duras que às vezes se encontram nos pés de alface vendidos no supermercado.

Há vários tipos gerais de alface, cada qual com forma e textura características (ver quadro, p. 354). A maioria deles têm gosto semelhante, embora algumas alfaces roxas sejam nitidamente adstringentes em razão das antocianinas que as colorem. Em regra, as variedades repolhudas, cujas folhas são protegidas da luz do sol, fornecem teores muito mais baixos de vitaminas e antioxidantes. A variedade clara e aguada que no Brasil se conhece como "alface-americana" (e, tecnicamente, como *iceberg*) triunfou nos Estados Unidos graças à combinação entre sua durabilidade no transporte e estocagem – já na década de 1920 os norte-americanos podiam comer alface o ano inteiro – e sua textura crocante e úmida, de efeito refrescante. As alfaces repolhudas respiram mais lentamente e, portanto, se conservam mais que as abertas; ambos os tipos se conservam por muito mais tempo a 0 °C que a 4 °C. Há também um tipo chamado alface-aspargo*, especialmente popular na Ásia em razão de seu caule carnudo e crocante. Tiram-se as folhas pequenas do caule, que é então descascado, fatiado e cozido. Às vezes, os caules dessa alface e os talos sólidos das folhas de alface comum são caramelados.

* Pouco conhecido no Brasil. (N. do T.)

Chicórias e endívias: amargor sob controle. O intenso amargor original das alfaces, dado por um terpeno chamado lactucina e por outras substâncias semelhantes a ele, foi expulso, mediante seleção, das formas atualmente cultivadas. Porém, várias parentes próximas da alface são cultivadas e preparadas como salada, ou ainda cozidas, especialmente para proporcionar doses civilizadas de puro amargor. Trata-se das plantas do gênero *Chicorium*, que são as endívias, a escarola, a chicória e o *radicchio*, entre outras. Os agricultores se esforçam arduamente para controlar seu sabor amargo. As folhas abertas dos pés de escarolas e endívias são amarradas de modo a formar uma "cabeça" artificial para que as folhas internas permaneçam no escuro e, assim, tenham sabor relativamente suave. E a popular "endívia belga", originalmente chamada *witloof* ("folha branca"), é uma versão levemente amarga e duplamente cultivada da amaríssima chicória. A endívia belga é plantada por semeadura na primavera; no outono, é desfolhada e retirada da terra; a raiz, com suas reservas de nutrientes, é mantida sob refrigeração. Depois, a raiz é replantada em ambiente interno e permanece coberta de terra e areia à medida que produz novas folhas; ou, alternativamente, é cultivada no escuro em regime hidropônico. Leva cerca de um mês para desenvolver uma cabeça repolhuda de folhas brancas ou verde-claras, do tamanho de um punho fechado, com sabor delicado e textura crocante mas macia. Essa delicadeza é facilmente perdida. As folhas exteriores dos pés expostos à luz no mercado rapidamente enverdecem e se tornam amargas, e o sabor perde sua suavidade.

As saladas de verduras amargas são frequentemente acompanhadas de um tempero salgado ou de outros ingredientes em que predomine o sabor salgado; o sal não só equilibra o amargor como também suprime a nossa percepção desse sabor.

Folhas de dente-de-leão. O dente-de-leão (*Taraxicum officinale*) parece se encontrar naturalmente em todos os continentes, embora a maioria das variedades cultivadas seja natural da Eurásia. É cultivado ocasionalmente e em pequena escala e desde a Pré-História sua forma silvestre é coletada dos campos ou do quintal. Planta perene, fornecerá folhas indefinidamente se sua raiz for conservada intacta. Costumam-se branquear as folhas amargas antes do consumo para torná-las mais palatáveis.

A FAMÍLIA DO REPOLHO: REPOLHO, COUVE, COUVE-DE--BRUXELAS E OUTRAS

Como a família da cebola, a do repolho é formada por um grupo de guerreiros formidáveis que empunham armas químicas de sabor forte. É também uma família singularmente diversificada. A partir de duas plantas herbáceas naturais do Mediterrâneo e da Ásia Central, conseguimos desenvolver mais de uma dúzia de plantas alimentícias muito diferentes entre si: de algumas aproveitamos as folhas, de outras as flores, de outras os caules e, de outras ainda, as sementes. Essas plantas têm também numerosos parentes, entre os quais o rabanete e as mostardas (sobre mostarda usada como especiaria, ver o capítulo 8); e existem os cruzamentos entre espécies. No conjunto, esta família evidencia uma contínua e produtiva colaboração entre a inventividade da natureza e a da raça humana! Mesmo fora da família imediata do repolho, alguns de seus parentes mais distantes partilham algumas de suas características bioquímicas e, portanto, algo de seu sabor; entre eles, podemos mencionar a alcaparra (p. 454) e o mamão (p. 423).

A química do sabor da família do repolho. Como as cebolas e assemelhados, os repolhos e seus parentes acumulam em seus tecidos dois tipos de substâncias defensivas: precursores de sabor e enzimas que atuam sobre esses precursores para liberar, mediante reação química, o sabor propriamente dito. Quando as células da planta são danificadas, os dois tipos e substâncias se misturam e as enzimas iniciam uma cadeia de reações que gera compostos amargos, picantes e de cheiro forte. O sistema específico da família do repolho é tão eficaz que inspirou uma infame versão fabricada pelo homem: o gás-mostarda usado na Primeira Guerra Mundial. E constatou-se que o repolho e seus parentes também contêm partes do sistema defensivo das cebolas (p. 344), que acrescentam certo aroma sulfuroso ao sabor geral da família.

Os precursores defensivos armazenados pelas plantas da família do repolho são chamados *glicosinolatos*. Diferem dos precursores da cebola por conterem não somente enxofre, mas também nitrogênio. Por isso, tanto eles quanto seus produtos saborosos imediatos, sobretudo os *isotiocianatos*, têm qualidades características. Alguns dos precursores e produtos são extraordinariamente amargos, e alguns têm efeitos significativos sobre nosso metabolismo. Certos isotiocianatos específicos prejudicam o funcionamento da glândula tireoide e podem deixá-la inchada caso a dieta seja deficiente em iodo. Outros, contudo, podem prevenir o câncer, auxiliando o organismo a se livrar de substâncias estranhas. É este o caso de certos compostos presentes no brócoli e em seus brotos.

Cada vegetal da família do repolho contém uma combinação característica de glicosinolatos específicos. É por isso que o repolho, a couve-de-bruxelas, o brócoli e a mostarda-castanha têm sabores semelhantes mas diferenciados. O sistema de defesas químicas é mais ativo – e o sabor, mais forte – nos tecidos jovens e em fase de crescimento ativo: o miolo da couve-de-bruxelas, por exemplo, e certas partes do núcleo do repolho, que são duas vezes mais ativas que as folhas de fora. As condições de crescimento têm forte influência sobre a quantidade de precursores de sabor armazenados pelas plantas. A temperatura quente do verão e a estiagem fazem-na aumentar, ao passo que o frio, a umidade e o sol esmaecido do outono e do inverno a reduzem. As hortaliças colhidas no outono e no inverno são, em geral, mais suaves.

A família do repolho: parentescos e graus de pungência

A nomenclatura da botânica evolui constantemente, sobretudo em grupos complicados como a família do repolho. Embora um ou outro nome possa mudar, as relações amplas aqui assinaladas parecem sólidas.

De origem mediterrânea

Brassica oleracea
  Repolho (var. *capitata*)
  Couve-tronchuda (var. *tronchuda*)
  Couve-manteiga (var. *acephala*)
  Brócoli (var. *italica*)
  Couve-flor (var. *botrytis*)
  Couve-de-bruxelas (var. *gemmifera*)
  Kohlrabi (var. *gongylodes*)

Mostarda-preta: *Brassica nigra*
Mostarda-branca: *Sinapis alba*
Rúcula: *Eruca sativa*, espécies do gênero *Diplotaxis*
Agrião: espécies do gênero *Nasturtium*
Mastruço: espécies do gênero *Lepidium*
Agrião-da-terra: espécies do gênero *Barbarea*
Erva-alheira: espécies do gênero *Alliaria*

De origem centro-asiática

Brassica rapa
  Nabo (var. *rapifera*)
  Broccoli rabe (var. *rapifera*)
  Acelga japonesa (var. *chinensis*)
  Couve-chinesa (var. *pekinensis*)
  Tatsoi (var. *narinosa*)
  Mizuna, mibuna (var. *nipposinica*)

Brócoli chinês, *gai lan*: *Brassica oleracea* (var. *alboglabra*)
Rabanete: *Raphanus sativus*
Raiz-forte: *Armoracia rusticana*

Híbridos recentes

Acidentais
  Rutabaga, canola: *Brassica napus* (*rapa* × *oleracea*)
  Mostarda-castanha: *Brassica juncea* (*rapa* × *nigra*)
  Mostarda-da-abissínia: *Brassica carinata* (*oleracea* × *nigra*)
Intencionais
  Broccolini: *Brassica oleracea* × *alboglabra*

Quantidades relativas de precursores sulfurosos do sabor picante

Couve-de-bruxelas	35	Repolho-branco	15	Rabanete	7
Repolho comum	26	Raiz-forte	11	Couve-chinesa	3
Brócoli	17	Repolho-roxo	10	Couve-flor	2

Os efeitos do corte. Diferentes modos de preparação e métodos de cocção produzem diferentes configurações de sabor no repolho e em seus parentes. Constatou-se, por exemplo, que o simples ato de picar o repolho – para fazer salada de repolho cru, por exemplo – aumenta não só a liberação de compostos de sabor a partir dos precursores, mas também a produção dos próprios precursores! Caso o repolho picado seja temperado em seguida com um molho ácido, a produção de certos compostos picantes aumentará seis vezes. (Se o repolho picado for mergulhado em água fria, a maioria dos compostos de sabor produzidos pelo corte serão retirados da hortaliça e, ao mesmo tempo, as folhas serão hidratadas e se tornarão mais crocantes.) Quando o repolho e seus parentes são fermentados para fazer chucrute e outros picles, quase todos os precursores e seus produtos se transformam em substâncias menos amargas e picantes.

Os efeitos do calor. O aquecimento do repolho e de seus amigos tem dois efeitos. De início, o aumento de temperatura dentro do tecido acelera a atividade enzimática e a geração de sabor, as quais atingem seu nível máximo em torno de 60 °C. As enzimas param completamente de funcionar perto do ponto de ebulição de água. Caso as enzimas sejam rapidamente desativadas mediante imersão dos vegetais em água fervente em abundância, muitas das moléculas precursoras do sabor permanecerão intactas. Isso nem sempre é desejável: a cocção rápida de certos tipos de mostarda-castanha, por exemplo, minimiza sua pungência mas preserva o amargor intenso dos precursores do sabor picante. A cocção em grande quantidade de água fervente puxa as moléculas para fora das hortaliças e gera um sabor mais suave que o salteado ou a cocção no vapor. Se o período de cocção for prolongado, o calor constante transformará gradativamente as moléculas de sabor. Ao fim e ao cabo, os compostos de enxofre formam trissulfetos que se acumulam e são os principais responsáveis pelo cheiro forte e renitente que caracteriza o repolho sobrecozido. A cocção prolongada torna mais doces e suaves os membros da família da cebola, mas os familiares do repolho se tornam mais dominadores e desagradáveis.

Pelo fato de as duas famílias partilharem alguns sistemas enzimáticos, as misturas de parentes da cebola com os do repolho podem gerar efeitos surpreendentes. Acrescentando pedaços de cebolinhas cruas a uma porção de mostarda-castanha cozida (e, portanto, não picante), as enzimas da cebolinha transformarão os precursores da mostarda (que não se modificam pela ação do calor) em produtos picantes: assim, as cebolinhas terão mais gosto de mostarda que a própria mostarda!

Repolho, couve, couve-de-bruxelas. O repolho silvestre original é natural do litoral do Mar Mediterrâneo, uma região ensolarada e de ar salgado que explica as folhas e caules grossos, suculentos e cerosos que ajudam a tornar estas plantas tão resistentes. Esse repolho silvestre foi domes-

---

Palavras da culinária: *cabbage* (repolho), *kale* (couve),
collards (couve), *cauliflower* (couve-flor)

Em língua inglesa, os nomes de vários membros da família do repolho – no caso, *kale* (couve), *collards* (couve) e *cauliflower* (couve-flor) – derivam da palavra latina *caulis*, que significa "caule", aquela parte da planta da qual emerge a porção comestível. A própria palavra *cabbage* (repolho) vem do latim *caput*, "cabeça": é a única forma em que o caule se reduz a um pequeno coto e as folhas formam uma cabeça ao redor dele.

ticado há cerca de 2.500 anos e, por tolerar bem o clima frio, se tornou um dos pilares da alimentação na Europa Oriental. A prática de conservá-lo em meio ácido parece ter-se originado na China.

A couve-manteiga e a couve-tronchuda portuguesa assemelham-se ao repolho silvestre por darem folhas abertas e separadas que crescem em torno de um caule central relativamente curto; as nervuras da couve-tronchuda são especialmente proeminentes. O repolho cultivado forma uma grande "cabeça" de folhas bem próximas umas das outras, que se aninham ao redor da ponta do caule principal. Há muitas variedades: algumas verde-escuras, outras quase brancas, outras ainda pigmentadas de roxo pelas antocianinas; algumas com nervuras pronunciadas, outras quase lisas. Em geral, as plantas de folhas soltas acumulam mais vitaminas C e A e antioxidantes carotenoides que as repolhudas, cujas folhas internas jamais veem a luz do dia. Os repolhos fechados contêm mais açúcar e se conservam bem por meses após a colheita.

A couve-de-bruxelas vem de uma variante do repolho que desenvolve cabeças pequenas e numerosas ao redor de um caule central alongado. Pode ter sido desenvolvida no norte da Europa no século XV, mas é só no século XVIII que encontramos indícios inequívocos de sua existência. Para muita gente sensível ao sabor amargo, a couve-de-bruxelas é simplesmente amarga demais. Seu teor de glicosinolatos é extremamente alto. Um dos principais glicosinolatos (a sinigrina, que também é o principal precursor da mostarda) é amargo em si, mas produz um tiocianato sem amargor; outro (a progoitrina) não é amargo, mas produz um tiocianato amargo. Por isso, seja a couve-de-bruxelas cozida rapidamente para minimizar a produção de tiocianatos, seja cozida lentamente para transformar todos os glicosinolatos, o resultado será sempre o amargor. Uma vez que esses compostos de sabor se concentram no interior do broto, é conveniente partir as cabecinhas em duas metades e cozinhá-las numa panela grande cheia de água fervente, que extrairá delas tanto os precursores quanto os produtos.

Rúcula, agrião, mostarda-castanha, mostarda-da-abissínia. O nome rúcula (da raiz latina *roc*, que significa "rústica, rude") é dado a várias plantas e às folhas, ou verduras, por elas produzidas. Todas elas

Algumas hortaliças da família do repolho, que se caracteriza pela extraordinária variedade. No centro: *folha de couve.* À direita e no sentido horário: o *caule intumescido do* kohlrabi, *a cabeça do repolho na ponta do caule, as cabecinhas laterais da couve-de-bruxelas, o caule florescente do brócoli e a couve-flor, uma massa de inflorescências imaturas.*

pertencem à família do repolho e são plantas herbáceas de pequeno porte naturais da região do Mediterrâneo. São especialmente picantes, dotadas de um sabor cheio, quase carnoso, construído a partir de vários aldeídos, entre os quais o benzaldeído típico da essência de amêndoa. São frequentemente usadas para dar vida a uma salada mista de verduras, mas também podem ser passadas em purê para criar um molho verde vivo ou para servir de cobertura para uma pizza. Mesmo a mais breve cocção desativa suas enzimas protetoras e amansa sua forte pungência. Certas variedades de folhas grandes são bastante suaves. Como a rúcula, as várias formas de agrião – agrião comum, mastruço, agrião-da-terra – são plantas picantes de folhas pequenas e geralmente são servidas como acompanhamento ou como contraponto a uma carne gorda. A capuchinha, natural do Hemisfério Sul, às vezes oferece suas florzinhas levemente picantes para uso como tempero; os botões das flores, de sabor mais forte, também são usados.

A mostarda-castanha é a verdura tirada das variedades de *Brassica juncea* selecionadas em vista de sua folhagem e não das sementes. Sua textura é mais delicada que a do repolho. Frequentemente é picante como a semente de mostarda, mas em geral é cozida, o que a torna suave e mais parecida com o repolho ou senão extremamente amarga, dependendo da variedade. A mostarda-da-abissínia, híbrida natural entre os repolhos e as mostardas, provavelmente surgiu no nordeste da África, onde as folhas novas, de rápido crescimento, são comidas cruas ou levemente cozidas. Uma variedade aperfeiçoada, desenvolvida nos Estados Unidos, recebeu o nome de *texsel greens*.

Couve-chinesa e suas parentes. As diversas formas de couve-chinesa (a acelga japonesa, a couve-chinesa propriamente dita, o *tatsoi*) vêm todas da mesma espécie do gênero *Brassica* que nos forneceu o nabo. A *B. rapa* é uma das mais antigas plantas cultivadas. Talvez tenha sido selecionada antes de tudo em vista de suas sementes, e é hoje uma das plantas comestíveis mais importantes da Ásia. As formas modernas, maiores, consistem sobretudo em cabeças alongadas que podem pesar até 4,5 kg e se distinguem das plantas europeias da mesma família por terem nervuras brancas e proeminentes, folhas verde-claras e sabor suave. A mizuna e a mibuna, parentes de menor porte, constituem touceiras amplas de folhas alongadas e estreitas; as da mizuna são frisadas e recobertas de leve penugem. O *tatsoi* é uma roseta de folhas arredondadas. Todas essas hortaliças representam acréscimos bem-vindos às saladas ocidentais; são mais resistentes à estocagem e ao tempero que as alfaces.

ESPINAFRE E ACELGA

Espinafre. O espinafre (*Spinacia oleracea*) é um membro da família da beterraba que foi domesticado na Ásia Central e se torna mais produtivo nas estações frias (o calor e os dias longos o fazem soltar flores quando ainda tem poucas folhas). No final da Idade Média, os árabes o trouxeram à Europa, onde ele logo substituiu certos parentes seus de folhas pequenas (a erva-armoles e a ançarinha-branca, bem como o amaranto e a azedinha). Na culinária clássica francesa, o espinafre era comparado à *cire-vierge*, a cera virgem de abelha, capaz de receber qualquer forma, ao passo que a maioria das outras verduras impunha ao prato o seu próprio sabor. Hoje em dia, nos Estados Unidos, o espinafre é a verdura mais importante depois da alface. É valorizado por seu crescimento rápido, sabor suave e textura macia quando brevemente cozido. (Certas variedades são macias mesmo cruas, ao passo que as variedades de folhas grossas são difíceis de mastigar e não são adequadas para o preparo de saladas.) Quando cozido, seu volume se reduz em cerca de três quartos. O espinafre tem grande quantidade de oxalatos potencialmente problemáticos (p. 287), mas continua sendo excelente fonte não só de vitamina A como também de antioxidantes e compostos fenólicos que reduzem as potenciais causas de dano ao DNA e, logo, a probabilidade de se ter câncer. O ácido fólico foi originalmente extraído do espinafre, que é nossa fonte mais rica dessa importante vitamina (p. 283).

Várias plantas de folhas macias são chamadas de espinafre em língua inglesa, embora não tenham com ele nenhum parentesco. A *Basella alba*, um tipo de bertalha, é uma trepadeira asiática notável por sua resistência ao calor e pela textura mucilaginosa de suas folhas, que podem ser verdes ou vermelhas. O espinafre-da-nova-zelândia (*Tetragonia tetragonioides*) é produtivo em clima quente, mas suas folhas são grossas e é melhor consumi-lo cozido*. A *Ipomoea aquatica* ou "espinafre-d'água" é um parente asiático da batata-doce, dotado de folhas alongadas e caules ocos e crocantes, bons para absorver molhos.

Acelga. Este é o nome originalmente dado a certas variedades de beterraba, *Beta vulgaris*, selecionadas em razão de sua folhagem grossa e carnuda (subespécie *cicla*) e não das raízes. A beterraba é uma parente distante do espinafre, e suas folhas – inclusive as da beterraba comum – também contêm oxalatos. Os caules e nervuras das folhas da acelga podem assumir viva cor amarela, alaranjada ou vermelha graças aos mesmos pigmentos (betaínas) que dão cor às raízes. Esses pigmentos, solúveis em água, tingem os molhos e líquidos de cocção. Certas variedades coloridas de acelga, recentemente recuperadas, são plantas de linhagens locais e tradicionais que remontam ao século XVI.

VERDURAS DIVERSAS

A seguir, algumas notas sobre um pequeno número das demais verduras que vez por outra se encontram em nossa mesa.

Alface-de-cordeiro. A alface-de-cordeiro (*Valerianella locusta* e *V. eriocarpa*) tem folhas pequenas, tenras, mais ou menos mucilaginosas e aroma característico, complexo, frutado e floral (dado por diversos ésteres, linalol, octanol típico de cogumelos e citronelol característico do limão), que fazem dele um acréscimo ou alternativa popular à salada de alface na Europa.

Amaranto. O amaranto (espécies do gênero *Amaranthus*) é apreciado desde a Antiguidade tanto na Europa quanto na Ásia. Suas folhas tenras, de sabor terroso, são ricas em vitamina A mas também em oxalatos: duas ou três vezes mais que o espinafre, por exemplo. A cocção em bastante água remove algumas dessas substâncias.

Folhas de parreira. As folhas de parreira são mais conhecidas em conserva**, e nessa forma são usadas para embrulhar os charutinhos gregos e libaneses. São mais delicadas e deliciosas quando branqueadas antes de ser conservadas. As folhas de parreira têm sabor nitidamente azedo em razão da grande quantidade de ácidos tartárico e málico que armazenam.

Portulaca. A portulaca (*Portulaca oleracea*) é uma erva de pequeno porte, com caules grossos e folhas pequenas e polpudas. Cresce em terrenos baldios no calor do verão. Natural da Europa, espalhou-se pelo mundo. Os ingleses a chamam também de *pigweed* (erva-de-porco), e o inglês William Cobbett, no século XIX, a considerava adequada somente para os suínos e os franceses. Malgrado essa opinião, pessoas de muitos países apreciam sua combinação de azedume com uma mucilagem suave e macia, consumida tanto crua, na forma de salada, quanto acrescentada a pratos de carnes ou hortaliças nos últimos minutos de cocção. Existem hoje variedades cultivadas com folhas maiores, de tonalidade amarela e rosada. Suas qualidades são semelhantes à dos *nopales* (os segmentos do caule do figo-da-índia), pois ambos os vegetais se adap-

---

* É este o tipo de espinafre mais conhecido e consumido no Brasil. (N. do T.)

** As folhas de parreira frescas são facilmente encontradas nos mercados nos meses quentes. Quando frescas, devem ser escaldadas antes do uso. (N. do R. T.)

taram à vida em ambiente quente e seco (p. 351). A portulaca se destaca por seu alto teor de cálcio e por conter diversas vitaminas e um ácido graxo ômega-3, o ácido linolênico (p. 893).

Urtiga. A urtiga (*Urtica dioica*) é uma planta comum originária da Eurásia que se espalhou por todo o Hemisfério Norte. É famosa pela penugem, que causa irritação cutânea. Seus pelos têm uma ponta frágil de silicato e uma glândula que produz um coquetel de substâncias químicas irritantes, entre as quais a histamina, que são injetadas quando a penugem das folhas encosta na pele humana. Os pelos da urtiga podem ser neutralizados por breve branqueamento em água fervente, que libera e dilui as substâncias. Porém, é preciso usar luvas protetoras para colher e lavar a planta. A urtiga é usada para fazer sopas e ensopados e é misturada com queijo para rechear massas de macarrão.

FLORES: ALCACHOFRA, BRÓCOLI, COUVE-FLOR E OUTRAS

AS FLORES COMO ALIMENTO

As flores são os órgãos dos vegetais que atraem animais polinizadores por meio de um cheiro forte, cores vivas ou ambos; por isso podem acrescentar a nossos alimentos um apelo visual e aromático. Por outro lado, as principais flores comestíveis da culinária ocidental não são nem coloridas nem cheirosas! O brócoli e a couve-flor são estruturas florais imaturas, cujo desenvolvimento foi interrompido; e a alcachofra, em geral, é comida antes que suas pétalas tenham a oportunidade de se abrir. As flores aromáticas desempenharam papel mais destacado no Oriente Médio e na Ásia. No Oriente Médio, a essência destilada das rosas da região e, mais tarde, das amargas flores da laranjeira da China, é

Algumas flores comestíveis e não comestíveis

Flores comestíveis	Flores não comestíveis
Ervas (cebolinha, alecrim, alfazema)	Lírio-do-vale, lírio-do-brejo
Rosa	Hortênsia
Violeta, amor-perfeito	Narciso
Hemerocale	Oleandro
Begônia	Poinsétia
Jasmim	Rododendro
Gerânio (muitos aromas herbáceos e frutais)	Ervilha-de-cheiro
Lilás	Glicínia
Orquídeas	
Crisântemo, margarida	
Lótus	
Capuchinha	
Flor de sabugueiro	
Flores cítricas	
Maçã, pera	
Tulipa	
Gardênia	
Peônia	
Tília	
Cercis canadensis	

usada há muito tempo para enriquecer o sabor de muitos pratos: a água de rosas na baclava e na *rahat*, por exemplo, e a água de flor de laranjeira nas saladas e ensopados marroquinos e no café turco. Charles Perry considerava essas essências como "a baunilha do Oriente Médio". Também eram habitualmente usadas no Ocidente até serem substituídas pela baunilha em meados do século XIX.

Muitas flores podem ser, e são, usadas como guarnições comestíveis, ou cozidas para fazer *fritters* aromáticos, ou postas em infusão para fazer chá ou um *sorbet*. As pétalas são a principal fonte das substâncias voláteis, as quais se armazenam em glândulas oleíferas especializadas ou nas células da superfície. Tanto as pétalas quanto seus sabores são delicados, de modo que devem ser cozidas muito brevemente ou acrescentadas ao prato somente no último minuto. As pétalas podem ser carameladas; deve ser cozidas brevemente numa calda espessa de açúcar ou, alternativamente, revestidas de clara de ovo ou de uma solução de goma-arábica, polvilhadas com açúcar e postas para secar. Nesta segunda técnica, a clara de ovo fornece proteínas antimicrobianas (p. 77) e constitui um líquido pegajoso no qual o açúcar pode se dissolver; o açúcar concentrado, por sua vez, retira a água de quaisquer microrganismos sobreviventes. Ao trabalhar com flores, o cozinheiro deve tomar dois cuidados: evitar aquelas flores que sabidamente contêm toxinas defensivas e também aquelas que podem ter sido tratadas com pesticidas ou fungicidas na estufa ou no jardim.

Flor de abóbora. As grandes flores da abóbora e de seus parentes (p. 369) são recheadas e, em seguida, fritas por imersão ou picadas e acrescentadas a sopas ou pratos feitos com ovos. Seu aroma é almiscarado e complexo, com notas verdes, amendoadas, de especiarias, violetas e terreiro de sítio.

Flor de bananeira. A parte comestível da flor de bananeira é a porção masculina da flor dessa árvore tropical, junto com seus invólucros protetores. É relativamente adstringente em razão do tanino e é cozida e comida como uma hortaliça.

Hemerocale. Os botões de hemerocale, geralmente espécies do gênero *Hemerocallis*, são consumidos frescos e secos na Ásia – a forma seca às vezes recebe o nome de "agulhas de ouro" – e fornecem precioso suplemento de antioxidantes carotenoides e fenólicos.

Hibisco, vinagreira, rosela. Todos estes nomes designam as sépalas vermelho-vivas, azedas e aromáticas de uma espécie de hibisco. (As sépalas são aquela parte da flor que equivale às "folhinhas" presentes na base dos morangos.) O *Hibiscus sabdariffa*, parente do quiabo, é natural da África. É muito usado no México e no Caribe, às vezes fresco, às vezes seco e posto em infusão para fazer bebidas, às vezes ainda reidratado e cozido com outros ingredientes. Nos Estados Unidos, é conhecido sobretudo como um ingrediente do ponche havaiano e de muitos chás de ervas vermelhos (seus pigmentos são antocianinas). A vinagreira é notável por ser fonte concentrada de vitamina C, antioxidantes fenólicos e pectina.

ALCACHOFRA

A alcachofra é o grande botão da flor de uma espécie de cardo, *Cynara scolymus*, natural da região do Mediterrâneo. Provavelmente desenvolveu-se a partir do cardo ou alcachofra-brava (*C. cardunculus*), dotado de botões pequenos e pouco desenvolvidos cujos receptáculos eram comidos na Grécia antiga. A alcachofra era considerada uma iguaria em Roma, fato do qual Plínio se confessava envergonhado: "transformamos assim num banquete corrupto as monstruosidades da terra, que até os animais instintivamente evitam" (Livro 19). O nome é uma corruptela italiana do árabe *al-qarshuf*, que significa "cardozinho". Charles Perry, especialista em história da alimentação, especula que os grandes botões que conhecemos hoje, os quais podem ter mais de dez centímetros de diâmetro, foram desenvolvidos na Espanha mourisca no final da Idade Média.

Os cardos integram a família da alface e, como tais, são parentes do cercefi e do topinambo, que têm sabores semelhantes. As partes comestíveis da alcachofra são as bases carnosas das brácteas (que envolvem a flor) e o coração, que é na verdade a parte superior do caule, base de toda a estrutura floral. O coração é constituído pelos florículos propriamente ditos, os quais, quando de fato desabrocham, adquirem tonalidade escura, entre azul e violácea. As alcachofras pequenas que às vezes se veem no mercado ou em conserva vêm de caules que brotam na parte inferior da planta e não do caule principal. Por crescerem muito devagar, são colhidas ainda extremamente imaturas e não têm coração, ou o têm muito pequeno.

As qualidades da alcachofra são determinadas em grande medida por seu copioso teor de compostos fenólicos, os quais se manifestam imediatamente quando a polpa é cortada ou provada antes da cocção. As superfícies cortadas escurecem rapidamente à medida que esses fenóis reagem com o oxigênio e formam complexos coloridos; as fatias cruas são nitidamente adstringentes graças à reação entre os compostos fenólicos e as proteínas da saliva. A cocção minimiza ambos os efeitos. Rompendo as células, faz com que os fenóis se liguem a um grande número de outras moléculas, inclusive entre si; isso dá à polpa da alcachofra uma tonalidade homogeneamente escura e elimina quase todos os fenóis livres que poderiam causar adstringência. Alguns compostos fenólicos da alcachofra têm propriedades antioxidantes e reduzem o colesterol; um deles em particular, chamado cinarina, tem o estranho efeito de tornar mais doces os alimentos comidos logo em seguida à alcachofra. Ao que parece, a cinarina inibe os receptores do sabor doce em nossas papilas gustativas. Quando o próximo bocado tira a cinarina da língua, esses receptores voltam a funcionar e percebemos a diferença. Por distorcer o sabor dos outros alimentos, considera-se que a alcachofra não deve acompanhar o consumo de vinhos finos.

A FAMÍLIA DO REPOLHO: BRÓCOLI, COUVE-FLOR, ROMANESCO

Todas estas hortaliças são variedades do repolho em que o desenvolvimento normal dos pedúnculos e das próprias flores é tolhido, de tal modo que os tecidos florais imaturos proliferam e se acumulam em grandes massas. Recentes análises genéticas e geográficas dão a entender que o brócoli surgiu na Itália e deu origem, por sua vez, à couve-flor, que já era conhecida em toda a Europa no século XVI.

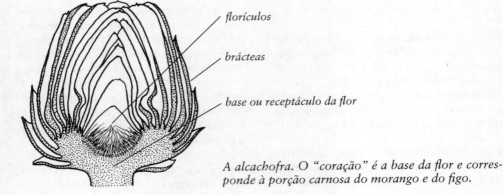

A alcachofra. O "coração" é a base da flor e corresponde à porção carnosa do morango e do figo.

No caso do brócoli, os pedúnculos florais se multiplicam, se fundem e acabam produzindo "cachos" de pequenos botões verdes. Na couve-flor e no romanesco (uma interessante variedade verde e angulosa), o estágio de produção de pedúnculos se estende indefinidamente e acaba por constituir uma densa massa de ramos floridos imaturos. Uma vez que essa massa não atingiu a maturidade de desenvolvimento, permanece relativamente pouco fibrosa e rica em pectina e hemicelulose (p. 294). Por isso pode ser transformada num purê de consistência extremamente fina e cremosa (e, se a couve-flor inteira for excessivamente cozida, ficará rapidamente pastosa). Para que a couve-flor fique tão branca quanto possível, os produtores costumam amarrar as folhas em volta dela para protegê-la da luz do sol, a qual induz a formação de pigmentos amarelos.

O *broccoli rabe*, pedúnculos esguios encimados cada qual por um pequeno cacho de botões de flor, não tem parentesco com o brócoli verdadeiro. O nome italiano é uma corruptela de *"broccoletti di rape"*, ou seja, "brotinhos de nabo", e se refere a uma variedade de nabo na qual pedúnculos florais mais ou menos grossos crescem ao redor do caule principal. O *broccoli rabe* é bem mais amargo que o brócoli verdadeiro. O *broccolini*, semelhante ao *broccoli rabe* mas menos amargo, é um híbrido recente entre plantas europeias e asiáticas do gênero *Brassica*.

FRUTOS USADOS COMO HORTALIÇAS

Os frutos botânicos que os cozinheiros tratam como hortaliças geralmente precisam de cocção para se tornar suficientemente interessantes ou macios. As duas mais famosas exceções a essa regra são o tomate e o pepino, frequentemente servidos crus na forma de salada.

A FAMÍLIA DAS SOLANÁCEAS: TOMATE, PIMENTAS DO GÊNERO *CAPSICUM*, BERINJELA E OUTRAS

Esta família notável inclui não só várias hortaliças que se contam entre as mais populares do mundo, mas também o tabaco e a beladona; na verdade, foi a semelhança do tomate com a beladona que retardou sua aceitação na Europa. Os membros da família das solanáceas partilham o hábito de

Hortaliças da família das solanáceas

Batata	*Solanum tuberosum*
Berinjela	*Solanum melongena; S. aethiopicum, macrocarpon*
Tomate	*Lycopericon esculentum*
Pimentas do gênero *Capsicum*	Espécies do gênero *Capsicum*
Pimentão, pimenta-americana, páprica, jalapeño, serrano, poblano...	*C. annuum*
Malagueta, tabasco, caiena	*C. frutescens*
Pimenta-de-cheiro, bode, cumari-do-pará	*C. chinense*
Dedo-de-moça, cambuci	*C. baccatum*
Manzano	*C. pubescens*
Tomatilho	*Physalis ixocarpa, P. philadelphica*
Tamarilho	*Cyphomandra betacea*

armazenar defesas químicas, em geral alcaloides amargos. Muitas gerações de seleção e reprodução dirigida reduziram essas defesas na maioria dos frutos comestíveis da família, embora suas folhas ainda sejam, em geral, tóxicas. Existe, porém, uma defesa química específica pela qual os seres humanos se apaixonaram: as capsaicinas picantes das "pimentas" do gênero *Capsicum*. Estas pimentas são as especiarias mais populares do mundo; sua pungência será discutida no capítulo 8. Por ora, vamos descrever aquelas que, mais suaves, são consumidas como hortaliças.

Tomate. No começo, o tomate era uma baga pequena e amarga que crescia em arbustos nos desertos do litoral ocidental da América do Sul. Depois de terem sido domesticados no México (seu nome vem da palavra asteca que significa "fruto polpudo", *tomatl*) e de um período em que estiveram sob suspeita na Europa e que durou até meados do século XIX, eles são hoje consumidos no mundo inteiro e numa imensa variedade de formas, tamanhos e cores, estas determinadas por seus pigmentos carotenoides. Nos Estados Unidos, o tomate como hortaliça só perde em popularidade para a batata, que, cheia de amido, é um dos pilares da alimentação norte-americana.

O que explica o grande apelo do tomate? E por que esse fruto agridoce é tratado como uma hortaliça? Creio que as respostas residem em seu sabor exclusivíssimo. Além de um teor de açúcar relativamente baixo para uma fruta (3%), semelhante ao do repolho e da couve-de-bruxelas, o tomate maduro contém uma quantidade anormalmente grande (até 0,3% do seu peso) de ácido glutâmico, que intensifica todos os sabores, bem como compostos aromáticos de enxofre. Os aromas de ácido glutâmico e enxofre são mais comuns nas carnes do que nas frutas, daí a predisposição do tomate de complementar o sabor de carne ou mesmo substituí-lo, e, sem dúvida, de acrescentar complexidade e profundidade a molhos e outros preparados mistos. (Talvez seja também por isso que, enquanto muitas frutas podres desprendem agradável cheiro de fermentação, os tomates podres têm cheiro horrível!) De qualquer modo, é fácil gostar de tomate. O fruto é rico em vitamina C e a variedade vermelha comum nos dá uma excelente dose de licopeno, um antioxidante carotenoide que se encontra em concentração especialmente alta no extrato de tomate e no ketchup.

Anatomia e sabor do tomate. Com exceção das variedades relativamente secas usadas para fazer purê, a maioria dos tomates tem quatro tipos de tecidos: uma pele (ou cutícula) firme e fina, que às vezes é retirada; a parede externa do fruto; o núcleo central; e um fluido gelatinoso, quase líquido, ao redor das sementes. A parede do fruto contém a maior parte dos açúcares e aminoácidos, ao passo que a concentração de ácidos no suco que envolve as sementes é o dobro daquela da parede. E a maior parte dos compostos aromáticos se encontram na parede e na pele. O sabor de uma fatia de tomate, portanto, depende das proporções relativas entre esses tecidos. Para preparar tomates para a cocção, muitos cozinheiros removem a pele, as sementes e o fluido que as envolve. Essa prática torna a polpa do tomate mais refinada e menos aquosa, mas modifica o equilíbrio de sabor, fazendo predominar a doçura; além disso, sacrifica o aroma. Os ácidos cítrico e málico do tomate não são voláteis nem são removidos pela cocção, de modo que a acidez e parte do aroma podem ser recuperados caso as peles e o fluido gelatinoso sejam cozidos juntos até evaporar boa parte do líquido e, depois de passados na peneira, sejam reunidos à polpa em cocção. Os cozinheiros sabem há muito tempo (e os cientistas comprovaram recentemente) que o sabor global do tomate pode ser intensificado pelo acréscimo de açúcar e ácido.

Todo tomate ao qual se permite amadurecer plenamente ainda no pé acumula mais açúcar, ácidos e compostos aromáticos e tem o sabor mais cheio. Uma importante nota do sabor de tomate maduro é dada pelo composto furaneol, que lembra caramelo (e também contribui para os sabores do morango e do abacaxi). A maioria dos tomates comprados em supermercado são colhidos e transportados ainda verdes e tratados com gás etileno para avermelharem artificialmente (p. 390). Por isso seu sabor de fruto maduro é fraco; nos Estados Unidos, a falta de sabor dos tomates é quase proverbial. Entretanto, em certas partes da Europa e da América Latina, as pessoas preferem fazer saladas com tomates já plenamente crescidos mas ainda verdes, e os povos de muitas regiões cozinham (ou conservam) tomates verdes e apreciam seu sabor próprio. Na zona rural do Peru, as variedades mais apreciadas de tomate e tomatilho são francamente amargas.

Tomate cozido. Quando tomates frescos são cozidos para fazer um molho espesso, eles ganham alguns sabores – com destaque para fragmentos dos pigmentos carotenoides, que lembram o odor de rosas e violetas – mas perdem as notas "verdes" e frescas dadas por fragmentos instáveis de ácidos graxos e por um composto sulfuroso particular (tiazol). Uma vez que as folhas do tomateiro, graças às suas enzimas (p. 303) e glândulas oleíferas, têm forte aroma de tomate fresco, alguns cozinheiros acrescentam umas poucas folhas ao molho de tomate perto do fim da cocção a fim de lhes devolver as notas frescas. Há muito que as folhas de tomateiro são consideradas potencialmente tóxicas por conterem um alcaloide defensivo, a tomatina; porém, recentes pesquisas constataram que a tomatina se liga fortemente às moléculas de colesterol em nosso sistema digestivo, de modo que o corpo não absorve nem o alcaloide nem o parceiro ao qual ele adere. Reduz, assim, a quantidade de colesterol que assimilamos diretamente! (Os tomates verdes também contêm tomatina e têm o mesmo efeito.) Não há problema algum, portanto, em refrescar o sabor do molho de tomate acrescentando-lhe algumas folhas.

Os tomates frescos facilmente se transformam num purê sedoso quando cozidos, mas isso nem sempre acontece com tomates enlatados. As indústrias de alimentos em lata costumam acrescentar sais de cálcio aos tomates para firmar as paredes celulares e manter os pedaços intactos, o que pode atrapalhar sua desintegração durante a cocção. Se você quiser fazer um purê fino a partir de tomates enlatados, verifique os rótulos e compre uma marca que não liste o cálcio entre seus ingredientes.

Estocagem. O tomate é fruto natural de um clima quente e deve ser conservado em temperatura ambiente. A refrigeração faz deteriorar rapidamente o sabor do tomate fresco. Os tomates que já completaram seu crescimento mas ainda estão verdes são especialmente sensíveis à refrigeração abaixo de 13 °C e sofrem danos em suas membranas, resultando num desenvolvimento deficiente do sabor, manchas descoloridas e uma textura farinhenta quando são devolvidos à temperatura ambiente. Os to-

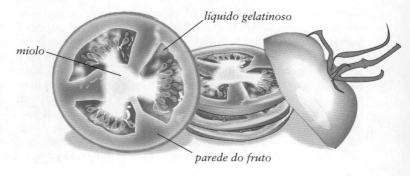

A anatomia do tomate. A parede do fruto é especialmente rica em açúcares, aminoácidos e moléculas aromáticas; o líquido gelatinoso, em ácidos que contrabalançam o açúcar.

mates plenamente maduros são menos sensíveis, mas perdem sabor em razão da diminuição da atividade enzimática. Tal atividade pode ser retomada em certa medida; por isso deve-se deixar os tomates refrigerados descansar em temperatura ambiente por um ou dois dias antes de consumi-los.

O tamarilho é o fruto de uma planta lenhosa da família das solanáceas e se assemelha vagamente ao tomate. Existe nas cores vermelha e amarela; tem casca resistente e sabor pouco expressivo.

Tomatilho. O tomatilho é o fruto da *Physalis ixocarpa*, parente do tomate que, na verdade, foi cultivada antes deste no México e na Guatemala, a cujas terras altas e frescas está mais adaptada. O fruto do tomatilho é menor que o tomate comum mas tem estrutura semelhante; nasce envolto num invólucro exterior que parece um papel. Sua casca propriamente dita é resistente e grossa. Por liberar uma secreção hidrossolúvel, é pegajosa (o nome científico da espécie, *ixocarpa*, significa "fruto pegajoso") e ajuda a conservá-lo por várias semanas depois de colhido. O tomatilho permanece esverdeado mesmo quando maduro e tem sabor azedo mas suave e fresco, e textura firme e relativamente seca. É geralmente cozido ou transformado em purê para fazer molhos; outros ingredientes acrescentam profundidade ou intensidade a seu sabor. Uma espécie correlata, a *P. philadelphica*, dá um fruto roxo chamado "miltomate", muito apreciado.

Pimentas doces do gênero *Capsicum*. Como o tomate, as pimentas do gênero *Capsicum* são frutos do Novo Mundo que conquistaram o Velho Mundo. Foram domesticadas na América do Sul e hoje são elementos que definem a culinária do México, da Espanha, da Hungria e de muitos países da Ásia (o México e a Coreia são os países onde o consumo *per capita* é maior). Esse triunfo se deve em grande medida à capsaicina, uma substância defensiva que ativa em nossa boca os receptores de dor e calor e que muitas culturas passaram, perversamente, a amar. Foi esse sabor quente das plantas do gênero *Capsicum* que inspirou Colombo a chamá-las de pimentas, conquanto não tenham parentesco algum com a verdadeira pimenta-do-reino. (Eram chamadas *chillis* pelos astecas.) Sobre as pimentas do gênero *Capsicum* usadas como especiarias, ver o capítulo 8.

As pimentas do gênero *Capsicum* são essencialmente bagas ocas com uma parede relativamente fina e crocante composta de células de armazenamento (os tipos usados como pimenta foram selecionados em vista da finura e da facilidade de secagem; tipos como o *pimiento* foram selecionados por ter paredes mais carnosas). O gênero *Capsicum* tem cinco espécies domesticadas, e a maioria dos *Capsici* usados como hortaliças são da espécie *C. annuum*. Foram desenvolvidas muitas variedades suaves suficiente para serem consumidas como hortaliças e não como condimentos, e suas cores, formas, aromas e graus de doçura são muito diversificados. Os *Capsici* maduros podem ter tonalidade amarela, marrom, roxa ou vermelha, dependendo da mistura de pigmentos (o roxo é dado por antocianinas, o marrom por uma combinação de carotenoides vermelhos e clorofila verde), mas todos podem ser colhidos e consumidos ainda verdes. O familiar pimentão verde tem aroma forte e característico, dado por um determinado composto (isobutil metoxipirazina) dissolvido em gotículas de óleo dentro de suas células; o mesmo composto às vezes aparece nos vinhos Cabernet Sauvignon e Sauvignon Blanc, dando-lhes uma nota de hortaliças verdes que em geral não é apreciada. Os frutos verdes e as variedades amarelas maduras também são ricos em luteína, carotenoide que ajuda a prevenir os danos oxidativos aos olhos (p. 284). Nas variedades vermelhas, tanto a luteína quanto o aroma verde desaparecem junto com a clorofila durante a maturação; outros pigmentos carotenoides se acumulam, sendo os principais a capsantina, a capsorrubina e o betacaroteno, precursor da vitamina A. Os frutos maduros do gênero *Capsicum* estão entre as mais ricas fontes de carotenoides à nossa disposição; o pó de páprica pode conter mais de 1% de pigmento em relação ao peso. Também são ricos em vitamina C. E, graças ao conteúdo de pectina, tanto os frutos frescos quanto aqueles secos e reidratados desenvolvem consistência espessa e lisa quando cozidos e passados em purê para fazer uma sopa ou um molho.

Berinjela. A berinjela é a única hortaliça da família das solanáceas que era natural do Velho Mundo. Talvez uma ancestral dessa planta tenha flutuado mar afora da África até a Índia ou o Sudeste Asiático, onde foi domesticada e onde variedades pequenas e amargas ainda são apreciadas como condimento ou guarnição aromática. Mercadores árabes levaram a berinjela à Espanha e ao norte da África durante a Idade Média; na Itália ela já era consumida no século XV; na França, no XVIII. (A etimologia da palavra inglesa *aubergine* espelha essa história: vem do nome sânscrito da planta, passando pelo árabe e pelo espanhol.) Graças às suas origens tropicais, a berinjela não se conserva bem em geladeira; os danos internos causados pela baixa temperatura escurecem os tecidos e produzem sabores desagradáveis em poucos dias.

Há muitas variedades de berinjela: de casca branca, alaranjada e roxo-escura, do tamanho de uma ervilha, de um pepino ou de um melão, muito suave ou intensamente amarga. A maioria dos tipos comercializados são coloridos por antocianinas roxas, ao passo que uma espécie diferente (*S. aethiopicum*) proporciona os tipos carotenoides alaranjados. Todas as berinjelas têm o interior esponjoso, com muitas pequenas bolsas de ar entre as células. Quando a hortaliça é cozida, as bolsas se esvaziam e a polpa se consolida numa massa de textura fina, às vezes cremosa (a maioria das variedades asiáticas), às vezes carnosa (a maioria das europeias). Tudo isso depende da variedade, do grau de maturidade e do tipo de preparação. Nos pratos feitos com berinjela assada – a mussacá grega e a berinjela à parmegiana dos italianos –, as fatias de berinjela retêm certa estrutura. No babaganuche, típico do Oriente Médio, a berinjela grelhada e passada em purê constitui um veículo cremoso para os sabores da pasta de gergelim, do sumo de limão e do alho.

A estrutura esponjosa da berinjela tem dois significados notáveis para o cozinheiro. O primeiro é que as berinjelas diminuem expressivamente de volume quando cozidas. O outro é que, quando fritas, as peças de berinjela absorvem óleo, diminuindo a quantidade que resta na panela para lubrificação e tornando a hortaliça extremamente rica. Em certos preparados – como o famoso prato turco *imam bayaldi*, "o clérigo desmaiou", em que berinjelas cortadas na metade são recheadas e assadas numa copiosa quantidade de azeite de oliva –, essa riqueza é desejada e maximizada. Quando não é esse o caso, a capacidade de absorção da berinjela pode ser reduzida pela destruição parcial de sua estrutura esponjosa antes da fritura. Para tanto, ela é pré-cozida – o forno de micro-ondas funciona bem para isto – ou suas fatias são salgadas para que a água saia das células e preencha os bolsões de ar. A salga é frequentemente recomendada como meio para eliminar o amargor às vezes encontrado em berinjelas mais velhas cultivadas em ambiente árido. O mais provável, porém, é que o sal simplesmente diminua nossa percepção dos alcaloides (p. 713); é certo que a maior parte dos fluidos celulares permanece dentro das células.

A FAMÍLIA DA ABÓBORA E DO PEPINO

A família das abóboras ou cucurbitáceas deu três grandes contribuições à nutrição e ao prazer da humanidade. Estamos falando dos melões grandes e doces descritos no próximo capítulo; das nutritivas abóboras "de inverno", doces, amidosas e nutritivas, que são colhidas plenamente maduras e se conservam por meses; e do pepino e das abóboras "de verão", não tão doces, que são colhidos imaturos e macios e se conservam por algumas semanas. (A palavra inglesa *squash*, que designa a abóbora, vem de um termo dos índios narragansett que significa "coisa verde que se come crua".) Quando cozidas, as abóboras de inverno desenvolvem consistência e sabor mais ou menos semelhantes aos da batata-doce, ao passo que a abobrinha, o quiabo chinês, a abóbora-d'água e o melão-de-são-caetano desenvolvem um aroma suave mas característico e uma textura translúcida, escorregadia, quase gelatinosa. Os frutos da *Cucurbita maxima*, variedade de abóbora-moranga, podem chegar a 135 kg e são os maiores frutos produzidos por vegetais de qualquer espécie. A maioria das cucurbitáceas produzem uma forma particular de baga chamada pepônio, com casca protetora e uma massa de tecido de armazenamento que contém muitas sementes. Todas as cucurbitáceas são naturais de climas quentes; por isso, serão danificadas se conservadas em geladeira. Além da polpa de seus frutos, as cucurbitáceas fornecem folhas, talos, flores e sementes comestíveis.

Abóboras de inverno. As abóboras foram domesticadas na América a partir de 5000 a.C. São nutritivas – muitas são ricas não só em amido, mas também em betacaroteno e outros carotenoides – e versáteis. A polpa da maioria das espécies é firme suficiente para ser salteada ou cozida depois de cortada em pedaços (a fibrosa abóbora-espaguete, variedade da *Cucurbita pepo*, é uma exceção), mas, uma vez cozida, também pode ser transformada num purê de consistência delicadíssima; e sua doçura moderada a torna adequada para preparados doces e salgados, desde sopas e acompanhamentos a tortas e cremes feitos com ovos e leite. A casca seca e resistente e a estrutura oca da abóbora permitem que ela seja usada como um recipiente comestível; pode ser preenchida de ingredientes doces ou salgados, assada ao forno e comida junto com seu conteúdo. As abóboras podem ser conservadas por meses e algumas dão o ano inteiro, mas, nos Estados Unidos, atingem sua melhor forma pouco depois da colheita, no fim do outono. Conservam-se melhor a uma temperatura de cerca de 15 °C e em ambiente relativamente seco (50-70% de umidade relativa).

A família da abóbora

Espécies asiáticas e africanas

Pepino	*Cucumis sativus*
Maxixe	*Cucumis anguria*
Melões: cantaloupe, honeydew etc.	*Cucumis melo*
Melancia	*Citrullus lanatus*
Abóbora-d'água	*Benincasa hispida*
Quiabo chinês	*Luffa acutangula*
Cabaça, porongo	*Lagenaria siceraria*
Melão-de-são-caetano	*Momordica charantia*

Espécies americanas

Abóbora (de verão), abobrinha	*Cucurbita pepo*
Abóbora-menina (de inverno)	*Cucurbita moschata*
Abóbora-moranga (de inverno)	*Cucurbita maxima*
Abóbora-caipira	*Cucurbita mixta*
Chuchu	*Sechium edule*

Abóboras de verão*. Por seleção, os produtores criaram uma imensa variedade de formas de abóboras de verão ou abobrinhas. Existem as *scallops*, abobrinhas redondas e achatadas, de bordas caneladas; a abóbora-menina e outras semelhantes a ela, com pescoço alongado, às vezes reto, às vezes curvo; a abobrinha-italiana, sem pescoço; a abóbora-japonesa, mais ou menos esférica e canelada; e numerosas variedades típicas do Oriente Médio e da Ásia. Algumas têm a casca verde; outras são de cor amarela vibrante, dada por pigmentos carotenoides; outras ainda são variegadas, e todas têm uma polpa clara e delicadamente esponjosa que amacia rapidamente quando cozida. São mais doces quando colhidas bem novas e se conservam por algumas semanas a 7-10 °C.

Pepino. O pepino foi domesticado na Índia por volta de 1500 a.C., chegou na região do Mediterrâneo cerca de mil anos depois e é hoje, depois da melancia, a cucurbitácea mais utilizada na alimentação humana em todo o mundo. Como a melancia, o pepino se caracteriza por ser crocante, úmido, suave e refrescante. É consumido sobretudo cru ou em conserva (picles), mas às vezes é transformado num suco de sabor delicado, usado para fazer tempero de saladas, pochear peixes etc. O aroma típico do pepino, semelhante ao do melão, se desenvolve quando sua polpa é cortada ou mastigada e provém da atividade de enzimas que decompõem ácidos graxos de membrana longa em cadeias pequenas com 9 átomos de carbono de comprimento. Os fragmentos característicos do melão são alcoóis; os do pepino, aldeídos. Quanto maior o pepino, mais baixa a sua acidez e mais alto o seu modesto teor de açúcar (1-2%).

Tipos de pepino. Há cinco grupos amplos de variedades de pepino. Os pepinos do Oriente Médio e da Ásia são relativamente pequenos e finos. As variedades selecionadas para fazer conserva são menores ou de crescimento mais lento que o pepino "comum" e têm a casca fina para facilitar a penetração da salmoura. O pepino "comum" mais usado nos Estados Unidos foi selecionado para resistir aos rigores do cultivo em escala e da distribuição para lugares distantes. Tende a ser curto e grosso, com casca relativamente resistente, polpa seca, muitas sementes, forte sabor característico e certo amargor na extremidade à qual se liga o caule e logo abaixo da casca, graças à presença de uma substância chamada cucurbitacina, que afasta as pragas. As variedades europeias, cultivadas sobretudo em condições controladas, dentro de estufas, são tipicamente longas e esguias, com casca fina e delicada, polpa suculenta, sementes não formadas (em razão da ausência de insetos polinizadores), sabor mais suave e nenhum amargor (as cucurbitacinas foram eliminadas por seleção). Nos Estados Unidos, os pepinos costumam ser encerados para retardar a perda de umidade, e por isso são quase sempre descascados antes do uso. As variedades europeias são envolvidas em plástico com a mesma finalidade, de modo a não comprometer a comestibilidade da casca**.

O chamado "pepino-da-armênia" é, na realidade, um melão africano alongado. O maxixe é o fruto abundante de uma planta africana e se caracteriza pela casca espinhosa.

Melão-de-são-caetano. Desde há muito, o melão-de-são-caetano é apreciado na Ásia por uma característica que no pepino é considerada um defeito: a presença de cucurbitacinas amargosas. Ao que parece, existem bons motivos para se cultivar o gosto pelas cucurbitacinas: estudos recentes

---

* As abóboras de verão são aquelas que se consomem antes de amadurecer, ou seja, as abobrinhas. (N. do T.)

** No Brasil são cultivados essencialmente quatro tipos de pepino: o aodai ou pepino comum, verde-escuro e de casca lisa; o pepino caipira, verde-claro com estrias brancas e casca lisa; o pepino japonês, verde-escuro brilhante, mais fino e alongado e com reentrâncias na casca; e o pepino tipo "indústria", usado para fazer conservas. (N. do T.)

constataram que essas substâncias podem retardar o desenvolvimento de câncer. O melão-de-são-caetano é verde-claro e tem superfície irregular e cheia de calombos. É geralmente comido antes de amadurecer. Em regra, é inicialmente branqueado para removerem-se algumas cucurbitacinas hidrossolúveis; depois é recheado ou combinado com outros ingredientes que lhe moderam o amargor. Os frutos maduros contêm um material vermelho, doce e pegajoso ao redor das sementes, que às vezes também é comido.

Cabaça. A cabaça ou porongo é em geral colhida madura e posta para secar; é usada para fazer vasos e ornamentos. Os italianos dão o nome de *cucuzze* ao fruto imaturo da cabaceira, que é descascado e cozido como se fosse uma abobrinha. Tem sabor pouco pronunciado.

Quiabo chinês. O quiabo chinês é um fruto alongado com arestas proeminentes ao longo da casca. Tem sabor brando e textura delicada quando comido na forma imatura. (Outro fruto do mesmo gênero tem o interior fibroso e é usado como esponja de banho: é a bucha, muito conhecida no Brasil. As esponjas propriamente ditas são animais marinhos.)

Abóbora-d'água. A abóbora-d'água acumula tamanha quantidade de cera em sua casca que se podem fazer velas com o produto de uma raspagem. Nos frutos novos, as glândulas que produzem cera são mais proeminentes que a própria cera. A abóbora-d'água é cozida como uma abobrinha e sua polpa se torna quase translúcida com a cocção. Este fruto se conserva bem e, na culinária chinesa, é usado como recipiente comestível para uma sopa festiva.

Chuchu. De todas as cucurbitáceas, o chuchu é o que menos se parece com uma abóbora. De origem centro-americana, é o fruto de uma trepadeira e tem formato semelhante ao de uma pera alongada, com 12-20 cm de comprimento e uma única semente no centro. Sua polpa tem textura mais delicada que a da abobrinha e leva mais tempo para cozinhar, mas o chuchu e a abobrinha têm em comum o aroma brando e a textura úmida e macia. O chuchu às vezes é recheado e suas sementes podem ser comidas.

A FAMÍLIA DOS FEIJÕES: VAGENS E ERVILHAS FRESCAS

Ao contrário da maioria dos frutos comestíveis, os da família dos feijões não foram feitos para chamar a atenção de animais dispersores. Esta família de plantas era chamada de *leguminosas*. O "legume", no sentido técnico, é o nome do tipo particular de fruto que caracteriza a família: uma vagem de paredes finas, seca e frágil depois de madura, que contém várias sementes e as dispersa quando, perturbada, se abre de repente. É em sua forma seca que colhemos a maioria das leguminosas, uma vez que suas sementes podem ser estocadas indefinidamente e são uma fonte concentrada de nutrientes (ver capítulo 9). As vagens e as ervilhas verdes são frutos e/ou sementes imaturos, colhidos antes de começar a secar, e são alimentos a um só tempo muito antigos e muito recentes. É provável que os primeiros seres humanos comessem somente as vagens e sementes verdes das leguminosas, uma vez que as sementes secas precisam ser cozidas. Entretanto, as formas secas eram a tal ponto mais úteis que as variedades cujas vagens podem ser comidas verdes – as que não têm um revestimento interno e contêm poucas fibras – só passaram a ser selecionadas há poucos séculos.

As sementes verdes das leguminosas são saborosas e nutritivas porque receberam açúcares, aminoácidos e outros nutrientes do restante da planta, mas ainda não tiveram tempo de transformar tudo isso em amido e proteínas secos e insípidos. As vagens verdes são saborosas e nutritivas porque servem temporariamente como depósito para os suprimentos enviados às sementes. Além disso, as vagens geram seus próprios açúcares por meio de fotossíntese, usando para tanto o dióxido de carbono que as sementes liberam à medida que crescem. Depois de colhidas, as vagens verdes continuam a mandar açúcar para as sementes, e por isso vão perdendo a doçura. Comemos as sementes verdes de muitas leguminosas, especialmente do feijão-de-lima, da fava e da soja (capítulo 9), mas só consumimos as vagens verdes de três espécies: o feijão comum, o feijão-de-corda e a ervilha.

Vagem. A hortaliça chamada vagem vem de uma trepadeira natural da América Central e da região dos Andes, na América do Sul. Embora os povos que a domesticaram provavelmente tenham sempre comido algumas vagens imaturas, a seleção de variedades especializadas na produção de vagens só começou há menos de 200 anos. Existem hoje versões amareladas, sem clorofila, e roxas, com antocianinas que mascaram a clorofila. Estas últimas se tornam verdes quando cozidas (p. 311). Os filamentos fibrosos que geralmente unem as duas paredes da vagem e são retirados junto com o caule quando da preparação da hortaliça foram eliminados por um agricultor de Nova York no final do século XIX; hoje em dia, só as variedades de "fundo de quintal" tendem a apresentar esses filamentos. Há duas formas gerais de vagem, uma roliça e fina (a vagem-macarrão), outra achatada e larga (a vagem-manteiga). Constatou-se que o sabor da vagem-manteiga é mais intenso. O sabor geral da vagem cozida é interessante e complexo: inclui várias notas verdes e sulfurosas, mas também a essência de cogumelos frescos (octanol) e um terpeno floral (linalol).

Não é fácil achar uma vagem de boa qualidade nos Estados Unidos, por ser ela uma das hortaliças mais frágeis. Por ter tecidos muito ativos, a vagem rapidamente consome seus açúcares e perde toda a doçura, mesmo se conservada a frio. E, graças à sua origem subtropical, não se conserva bem em geladeira; suas células se danificam e perdem clorofila. Uma vez colhidas, as variedades tenras, com poucas fibras, rapidamente murcham à medida que perdem umidade e açúcares. Desenvolveram-se variedades comerciais com mais fibras, que resistem melhor ao transporte e à comercialização.

Feijão-de-corda. A vagem do feijão-de-corda, também chamado feijão-de-metro, chega de fato, às vezes, a alcançar um metro de comprimento; é fina e abriga sementes pequenas. O feijão-de-metro é uma subespécie do feijão-fradinho ou caupi, planta africana que foi levada à Ásia há mais de 2 mil anos. As culturas asiáticas já dispunham de várias excelentes leguminosas alimentícias, mas não tinham nenhuma que, natural de clima quente, pudesse ser consumida ainda verde; assim, foram os chineses ou os indianos que desenvolveram a versão longa do feijão-fradinho. Essa vagem tem um conteúdo de fibras maior que o da vagem comum e, portanto, apresenta textura mais firme depois de cozida. Também é sensível à refrigeração (conserva-se

---

Alguns feijões consumidos na vagem ou ainda verdes, e suas origens

Vagem	*Phaseolus vulgaris*	América Central
Feijão-de-lima	*Phaseolus lunatus*	América do Sul
Ervilha (variedades)	*Pisum sativum*	Ásia Ocidental
Fava	*Vicia faba*	Ásia Ocidental
Feijão-de-corda	*Vigna unguiculata*	África
Soja	*Glycine max*	Ásia Oriental
Feijão-alado, feijão-aspargo	*Tetragonolobus purpureus*	África

melhor no frio, mas se deteriora rapidamente quando trazida de volta à temperatura ambiente).

Ervilha. A ervilha é a semente de uma leguminosa trepadeira nativa da região do Mediterrâneo. Quando imatura ou verde, é comida tanto dentro de sua vagem quanto fora dela, debulhada (também os brotos, os caules e as folhas são hortaliças populares na Ásia). As variedades comidas na vagem foram desenvolvidas no século XVII, primeiro na Holanda e depois na Inglaterra, e por muito tempo foram alimentos de luxo. Existem vários tipos de vagens de ervilhas: a inglesa ou europeia tradicional, roliça e de paredes finas; a variedade *sugar snap*, roliça, de paredes grossas e crocante; e a ervilha-torta, achatada e larga, de paredes finas, com sementes pequenas. A ervilha partilha com o pimentão alguns compostos aromáticos "verdes" (isobutil metoxipirazinas) muito potentes.

OUTROS FRUTOS USADOS COMO HORTALIÇAS

Abacate. O abacateiro, *Persea americana*, é natural da América Central e membro da família do loureiro, sendo portanto parente deste e do sassafrás. À semelhança destes, possui folhas aromáticas usadas como tempero (p. 453). O abacate é notável por conter pouco ou nenhum açúcar e amido e por ser composto de até 30% de gordura, o equivalente de uma carne bem marmorizada (na hipótese de que esta fosse marmorizada com azeite de oliva, por exemplo: a gordura do abacate é quase toda monoinsaturada). Parece ser uma fruta feita para atrair animais grandes, que precisam de muitas calorias. O nome vem do nahuatl *ahuacatl*, aparentemente inspirado pela forma da fruta, semelhante à de uma pera, e por sua superfície irregular: significa "testículo".

Há três tipos de abacate, relacionados à sua geografia de origem. O tipo mexicano evoluiu em terras altas subtropicais, relativamente frescas, e por isso é o mais tolerante ao frio. Os frutos são pequenos e têm a polpa homogênea; contêm bastante gordura e suportam temperaturas de estocagem relativamente baixas, em torno de 4 °C. O tipo proveniente de terras mais baixas evoluiu na costa oeste da Guatemala, de clima semitropical, e é o que menos tolera o frio. Os frutos tendem a ser grandes, com textura áspera, e sofrem danos causados pelo frio quando conservados a menos de 12 °C. E o tipo guatemalteco, das montanhas semitropicais, é intermediário sob a maioria dos aspectos. Seus frutos são os menos fibrosos de todos e suas sementes são as menos pesadas em relação à polpa. Nos Estados Unidos, onde a maioria dos abacates são plantados no sul da Califórnia, as variedades comerciais têm origem mista. A mais comum, e uma das melhores, é o abacate Hass, de casca preta e granulosa, proveniente sobretudo da estirpe guatemalteca. O Fuerte, o Pinkerton e o Reed, de casca verde, são também relativamente ricos, ao passo que o Bacon e o Zutano, igualmente verdes, bem como o Booth e o Lula, da Flórida, são mais derivados do tipo litorâneo, tendem a permanecer firmes quando maduros e têm no máximo a metade do teor de gordura do tipo Hass.

Os abacates só amadurecem depois de colhidos. Por isso são "estocados" na própria árvore. O amadurecimento ocorre da extremidade mais larga para a mais fina num processo que dura uma semana a partir da colheita, e os frutos desenvolvem sua melhor qualidade entre 15 e 24 °C. O amadurecimento pode ser acelerado caso a fruta seja colocada num saco de papel com um sachê que emita etileno. Se estes frutos de clima quente forem refrigerados ainda verdes, seus mecanismos celulares serão danificados e eles jamais amadurecerão; uma vez maduros, porém, podem ser refrigerados por vários dias sem perder a qualidade. O aroma do abacate é dado principalmente por um grupo de terpenos suavemente "quentes", entre os quais o cariofileno, de aroma lenhoso, bem como por fragmentos incomuns de ácidos graxos, com 10 e 7 átomos de carbono.

A polpa das variedades ricas de abacate se transforma num purê gorduroso sem que seja preciso cozinhá-la, ao passo que as variedades mais magras conservam certa crocância e são adequadas para ser preparadas na forma de fatias e consumidas como salada. A polpa do abacate é famosa por escurecer rapidamente depois de cortada ou esmagada (p. 298), problema que pode ser remediado acrescentando-lhe um ingrediente ácido (em geral, suco de limão) ou envolvendo-a num filme plástico que efetivamente impeça a passagem do oxigênio (o cloreto de polivinilideno, chamado saran, é muito mais eficaz que o polietileno ou o PVC). No caso do abacate esmagado, o filme deve encostar na superfície do purê. Embora em geral o abacate não seja cozido – o calor gera um composto amargo e faz ressaltar uma qualidade estranha, que lembra ovos –, às vezes é acrescentado no último minuto a sopas, molhos e ensopados para encorpá-los e lhes dar sabor.

Milho doce. O milho que comemos como hortaliça é a versão "verde" do mesmo cereal que nos dá a pipoca e o fubá (capítulo 9), secos e ricos em amido. Cada grão numa espiga de milho é um fruto em miniatura composto principalmente pela semente: uma combinação de um pequeno embrião do vegetal e um estoque relativamente grande de proteínas e amido. O milho-verde é comido cerca de três semanas após a polinização, enquanto os frutos estão ainda imaturos, com os tecidos de armazenamento ainda doces e suculentos. A cor tipicamente amarela do milho é devida a pigmentos carotenoides, entre os quais a zeaxantina (cujo nome é derivado daquele do milho, *Zea mays*, e que é um dos dois principais antioxidantes que protegem os olhos). Há também variedades brancas com baixo teor de carotenoides, além de variedades vermelhas e azuis, pigmentadas por antocianinas, e variedades verdes.

Carboidratos e qualidades do milho-verde. O milho-verde contém três formas diferentes de carboidratos que lhe dão variadas qualidades e estão presentes em diversas proporções dependendo da variedade. O pé de milho produz açúcares e os envia à semente, na qual são temporariamente preservados no estado em que se encontram e continuam proporcionando o sabor doce até que as células os unam em longas moléculas de armazenamento. As maiores cadeias de açúcar são "empacotadas" em grânulos de amido, que não têm gosto e emprestam textura

---

Os carboidratos e as qualidades do milho-verde

Esta tabela fornece as proporções, em diferentes variedades de milho, dos carboidratos que fazem com que o milho-verde cozido tenha sabor doce e pareça cremoso ou seco quando mastigado. Os números são porcentagens do peso do milho cru, colhido entre 18 e 21 dias após a polinização.

	Açúcares (doçura)	Polissacarídeos hidrossolúveis (cremosidade)	Amido (secura)
Milho comum	6	3	66
Milho doce	16	23	28
Milho superdoce	40	5	20

Fonte: A. R. Hallauer, org., *Specialty Corns* [Milhos especiais], 2. ed. (2001).

quebradiça e farinhenta ao milho não cozido. Os agregados de açúcar de tamanho médio, também insípidos, são chamados "polissacarídeos hidrossolúveis" e contêm muitos ramos curtos de moléculas de açúcar. Essas estruturas ramificadas são pequenas suficiente para flutuar em forma dissolvida nos fluidos celulares, mas grandes o bastante para prender a si muitas moléculas de água e manter contato umas com as outras, dando ao fluido, assim, uma consistência cremosa.

O desenvolvimento do milho doce tradicional foi possibilitado por uma característica genética que, surgida nos campos cultivados da América do Sul pré-colombiana, que reduziu a quantidade de amido nos frutos em processo de amadurecimento, ao mesmo tempo em que aumentou o teor de açúcares e polissacarídeos hidrossolúveis. Os grãos verdes desse tipo de milho eram, assim, mais doces e mais cremosos que os do milho comum. No começo da década de 1960, plantadores norte-americanos lançaram novas variedades "superdoces", com altíssimo teor de açúcar, pouco amido e uma quantidade menor de polissacarídeos hidrossolúveis: por isso os fluidos dos grãos são menos cremosos e mais líquidos (ver quadro, p. 375). As variedades superdoces têm a vantagem de perder menos doçura durante o transporte e a estocagem – em três dias, o milho doce tradicional converte metade do seu açúcar doce em cadeias insípidas –, mas alguns apreciadores do milho as consideram doces demais e deploram a unidimensionalidade do seu sabor.

Preparo do milho. Embora os grãos sejam geralmente preparados e consumidos inteiros, a maior parte do sabor vem dos tecidos internos. Por isso alguns cozinheiros ralam os grãos crus ou passam-nos pelo processador ou liquidificador, e assim separam os fluidos da casca das sementes, que fica cada vez mais grossa e resistente à medida que o tempo passa. Uma vez que os fluidos contêm um pouco de amido, engrossam como um molho quando aquecidos a mais que 65 °C. O aquecimento também intensifica o aroma característico do milho, devido principalmente ao dimetil sulfeto, ao sulfeto de hidrogênio e a outros compostos sulfurosos voláteis (metanetiol e etanetiol). O dimetil sulfeto também se destaca no aroma de leite cozido e moluscos, sendo esse um dos motivos pelo qual o milho vai tão bem no *chowder**. O milho doce também pode ser desidratado, o que lhe dá leve nota de caramelo. A estrutura de apoio chamada sabugo, não comestível, pode temperar caldos de hortaliças; o sabor terá uma nota acastanhada se o sabugo for antes tostado no forno.

Milho em miniatura. O milho em miniatura consiste em espigas imaturas e não polinizadas de variedades comuns de milho, colhidas de dois a quatro dias depois de o cabelo surgir na espiga, quando o sabugo ainda é comestível, crocante e doce. (O restante da planta é aproveitado como ração para animais.) A espiguinha pode ter 5-10 cm de comprimento e contém 2-3% de açúcar. A produção de milho em miniatura foi desenvolvida em Taiwan e aperfeiçoada na Tailândia; há pouco tempo, a América Central tornou-se uma das maiores fontes dessa modalidade de milho.

Quiabo. O quiabo é dado pela planta anual *Hibiscus (Abelmoschus) esculentus*, membro da família dos hibiscos e parente da vinagreira (p. 363) e do algodão. Originou-se no sudoeste da Ásia ou no leste da África e chegou aos Estados Unidos com o tráfico de escravos. A porção que comemos é a cápsula imatura que contém as sementes, com sua característica forma pentagonal quando vista em corte transversal e sua mucilagem notoriamente pegajosa, chamada baba. A mucilagem dos vegetais é uma mistura complexa de carboidratos longos e emaranhados, de um lado, e proteínas, de outro, que ajuda as plantas e suas sementes a reter água. (Os cactos e a portulaca são igualmente pegajosos; as sementes de manjericão, feno-grego e linhaça exsudam mucilagem quando mergulhadas ou envol-

---
* Uma sopa creme de mariscos com leite, típica da Nova Inglaterra. (N. do T.)

vidas em água, e são por isso usadas como espessantes ou para acrescentar textura a bebidas.) A baba de quiabo pode ser usada com espessante em sopas e ensopados (como no *gumbo*, prato típico da Louisiana, onde o quiabo substitui ou complementa a folha de sassafrás em pó); suas qualidades podem ser minimizadas pelo uso de métodos secos de cocção (fritura, assado ao forno). Na África, fatias de quiabo são secas ao sol. O quiabo tem sabor brando (embora um parente seu, *A. moschatus*, produza sementes aromáticas a partir das quais os perfumistas extraem a ambretta, um ingrediente de aroma almiscarado).

Os frutos do quiabeiro podem ser recobertos de uma penugem grossa e, às vezes, até espinhenta, e suas paredes internas contêm feixes de fibras que se espessam e endurecem à medida que amadurecem. Os quiabos mais macios são aqueles pequenos, de três a cinco dias de idade. Natural de regiões subtropicais, o quiabo é danificado quando estocado em temperatura inferior a 7 °C.

Azeitona. A azeitona é o pequeno fruto da *Olea europaea*, árvore extraordinariamente resistente e tolerante às secas, natural da região oriental do Mediterrâneo e capaz de sobreviver e frutificar por mais de mil anos. Além de nos dar sustento, a azeitona nos forneceu uma palavra de uso cotidiano: seu antigo nome grego *elaia* é a origem da palavra "óleo" (e de *oil* no inglês, *olio* no italiano e *huile* no francês). A camada de polpa que rodeia a grande semente central pode conter até 30% de óleo, que os povos pré-históricos podiam extrair mediante simples ralação e drenagem e que usavam para cozinhar e acender lâmpadas e também com finalidade cosmética. A azeitona também é incomum entre os principais frutos alimentícios por ser extremamente desagradável ao paladar! É ricamente provida de compostos fenólicos amargos, que a protegem dos microrganismos e dos mamíferos. (As azeitonas silvestres são comidas principalmente por pássaros, que as engolem inteiras e dispersam suas sementes; os mamíferos danificam as sementes pela mastigação.) Seu amargor há muito tem sido moderado ou eliminado por diversas técnicas de cura (p. 328). A cor escura da azeitona madura é dada por antocianinas arroxeadas na camada exterior do fruto.

Hoje em dia, cerca de 90% da grande safra mundial de azeitonas são usados para fazer azeite.

Como se faz o azeite. O azeite é feito com azeitonas de seis a oito meses de idade, maduras e próximas de alcançar seu máximo teor de óleo, logo que começam a mudar de cor, de verde para roxas; os frutos totalmente maduros desenvolvem menos o apreciado aroma verde. As azeitonas são limpas, parcialmente esmagadas com caroço e tudo (às vezes, acompanhadas por algumas folhas da oliveira) e moídas de forma a constituir uma pasta fina na qual as células vegetais se abrem e liberam seu óleo.

Azeite de oliva

O azeite de oliva é único entre os óleos alimentares por não ser extraído nem de um cereal nem de uma semente oleaginosa, mas de um fruto carnoso; e por preservar em si o forte sabor desse fruto. Os azeites mais apreciados não são refinados e são comercializados logo depois da colheita, tão frescos quanto possível. Não são usados como veículo para a cocção de outros ingredientes, mas sobretudo como portadores de um sabor próprio, delicioso e delicado. A Itália, a França e outros países do sul da Europa são os maiores produtores e consumidores desse alimento.

A pasta é mexida por 20-40 minutos para que as gotículas de óleo tenham a oportunidade de se separar da massa aquosa de polpa de oliva e agregar-se umas às outras (esta etapa se chama "malaxagem"). Então, a pasta é prensada para separar dos sólidos tanto o óleo quanto o fluido aquoso. Uma quantidade maior de óleo de menor qualidade será extraída caso a prensagem seja repetida várias vezes e a pasta seja aquecida; o óleo extraído da "primeira prensagem a frio" é o mais delicado e estável, e também o que mais probabilidade terá de ser classificado como "extravirgem" (ver quadro, p. 377). Por fim, o óleo é separado do líquido por meio de centrifugação ou algum outro sistema e, depois, filtrado.

A cor e o sabor do azeite de oliva. O resultado é um óleo verde-dourado em razão da presença de clorofila e pigmentos carotenoides (betacaroteno e luteína), mais ou menos pungente em virtude de vários compostos fenólicos e certos produtos da decomposição de lipídios (hexanol), e aromático por conter dezenas de moléculas voláteis. Entre estas encontram-se terpenos florais e cítricos, ésteres frutados, moléculas que lembram os aromas de frutos secos, terra, amêndoas e feno; mas também, e acima de tudo, fragmentos de ácidos graxos com cheiro "verde" de relva, que também caracterizam as verduras e algumas outras hortaliças verdes (alcachofra), as ervas em geral e as maçãs. A maioria dessas moléculas é gerada durante a moagem e a malaxagem, quando enzimas ativas das células danificadas das frutas entram em contato com vulneráveis ácidos graxos poli-insaturados nos cloroplastos verdes. (As folhas às vezes são incluídas na moagem para fornecer mais cloroplastos.) O azeite em si é predominantemente monoinsaturado (ácido oleico) e menos vulnerável à oxidação.

A qualidade do azeite de oliva. A qualidade do azeite de oliva é determinada pelo sabor global e pelo teor de "ácidos graxos livres", ou seja, cadeias lipídicas de carbono que deveriam estar intactas dentro das moléculas de óleo mas, em vez disso, estão flutuando livres, e nesse sentido indicam que o óleo está danificado e instável. Pelos regulamentos da Comunidade Econômica Europeia, o azeite de oliva "extra virgem" deve conter no máximo 0,8% de ácidos graxos livres; o azeite "virgem", no máximo 2%. (Nos Estados Unidos, a expressão da qualidade do azeite de oliva nos rótulos não é regulamentada até hoje.) Os azeites que contêm mais ácidos graxos livres são geralmente refinados para remover quase todas as impurezas das moléculas de óleo ainda intactas – e, entre as impurezas removidas, encontram-se preciosas moléculas aromáticas. Os produtores geralmente misturam o azeite refinado com um pouco de óleo virgem para dar-lhe sabor.

Estocagem do azeite de oliva. O fato de o azeite de oliva virgem não ser refinado tem consequências desejáveis e indesejáveis. É claro que a bonita cor e o sabor rico são pontos positivos. Esses azeites também contêm quantidade significativa de substâncias antioxidantes – compostos fenólicos, pigmentos carotenoides e tocoferóis (a vitamina E e seus parentes) – que os fazem resistir mais que os demais azeites e óleos aos danos provocados pelo oxigênio do ar. Entretanto, a mesma clorofila que os pigmenta os torna especialmente vulneráveis à danificação pela luz, cuja energia a clorofila absorve. Para prevenir a "foto-oxidação" e o desenvolvimento de um aroma cediço e grosseiro, o melhor é estocar o azeite de oliva no escuro – em latas opacas, por exemplo – e em ambiente fresco, onde se retardam todas as reações químicas.

Banana-da-terra. Estas variedades de banana retêm boa parte de seu amido mesmo quando maduras e são tratadas como quaisquer outras hortaliças ricas em amido. Serão descritas ao lado de suas primas mais doces na p. 420.

ALGAS MARINHAS

O termo *alga marinha* designa um grupo de vegetais que habitam os oceanos. Quase todos os vegetais marinhos são *algae*, ou seja, algas: um grupo biológico que domina as águas há quase 1 bilhão de anos e deu origem a todas as plantas terrestres, inclusive as que nos alimentam. Há mais de 20 mil espécies de algas, e os seres humanos apreciam várias centenas delas. Têm sido importantes como alimento sobretudo nos litorais da Ásia, nas Ilhas Britânicas e em lugares tão díspares quanto o Havaí e a Islândia, onde fazem parte do pequeníssimo grupo de alimentos nativos. Os japoneses usam algas como invólucros para outros alimentos e também para fazer sopas e saladas; na China, são usadas como hortaliças; na Irlanda, são esmagadas para fazer mingau e espessar sobremesas. A maioria das algas tem sabor rico e salgado e aroma fresco que lembra o da praia; e, com efeito, o "cheiro de praia" é causado, em parte, pelas algas do mar. Muitas algas são boas fontes de vitaminas A, B, C e E, de

Algumas das principais algas marinhas comestíveis

	Nome científico	Usos
Algas verdes		
Alface-do-mar	*Ulva lactuca*	Salada crua, sopa
Uva-do-mar	*Caulerpa racemosa*	Picante; é consumida fresca ou caramelada (Indonésia)
Awonori	Espécies dos gêneros *Enteromorpha, Monostrema*	Condimento em pó (Japão)
Algas vermelhas		
Nori, *laver*	Espécies do gênero *Porphyra*	Mingau de aveia (Irlanda); para envolver *sushi* ou frita (Japão)
Ágar-ágar, tengusa	Espécies do gênero *Gracilaria*	Caules ramificados; crua, salgada, em conserva de picles, agente de gelificação para balas moldadas (ágar-ágar, kanten japonesa)
Musgo-da-irlanda	*Chondrus crispus*	Espessante para doces (carragenana)
Salsa-marinha	*Palmaria palmata*	Com batatas, leite, sopa, pão (Irlanda)
Algas pardas ou marrons		
Laminária, kombu	Espécies do gênero *Laminaria*	Base para sopa (*dashi*), salada, frita (Japão)
Wakame	Espécies do gênero *Undaria*	Missoshiro, saladas (Japão)
Hiziki	*Hizikia fusiformis*	Como hortaliça, sopas, "chá" (Japão, China)

As algas marinhas e o glutamato monossódico original

Foi uma alga marinha que provocou uma revolução em nossa compreensão do paladar humano – e também ofereceu ao mundo o controverso aditivo alimentar chamado glutamato monossódico. Há mais de mil anos, os japoneses usam a alga marrom *kombu* como base para fazer sopas. Em 1908, um químico japonês chamado Kikunae Ikeda constatou que a *kombu* é uma fonte especialmente rica de glutamato monossódico – na verdade, esta substância forma cristais na superfície da *kombu* seca. Ikeda constatou também que o glutamato monossódico provoca no paladar uma sensação singular, diferente do doce, do salgado, do azedo e do amargo. Deu a essa sensação o nome de *umami* (que pode ser traduzido, mal e mal, por "delicioso") e observou que outros alimentos, entre os quais queijos e carnes, também a proporcionam. Durante décadas, os cientistas ocidentais não acreditaram que o *umami* fosse um sabor específico e não somente um intensificador geral de todos os sabores. Por fim, em 2001, o biólogo Charles Zuker, do *campus* de São Diego da Universidade da Califórnia, demonstrou conclusivamente que os seres humanos e outros animais têm um receptor específico para o sabor do glutamato monossódico*.

Poucos anos depois das observações de Ikeda, um colega dele descobriu outra substância de sabor *umami* (monofosfato de inosina) no gaiado curado, também usado como base para sopas (p. 237). Então, em 1960, Akira Kuninaka relatou ter descoberto uma substância *umami* no cogumelo shiitake (monofosfato de guanosina). Kuninaka também descobriu que essas substâncias estabelecem uma sinergia umas com as outras e com o glutamato monossódico: uma quantidade muito pequena de uma fortalece o gosto da outra. Os cientistas do sabor ainda estão trabalhando para compreender por que isso acontece.

Um ano depois da descoberta de Ikeda, a empresa japonesa Ajinomoto começou a vender glutamato monossódico puro a ser usado como tempero, extraindo-o das proteínas do glúten do trigo, que é rica fonte de glutamato e, na verdade, deu nome a essa substância. O glutamato monossódico foi rapidamente aprovado, primeiro pelos cozinheiros japoneses e chineses e depois por fabricantes de alimentos no mundo inteiro. A Ajinomoto é hoje uma grande empresa multinacional; tanto ela quanto outras empresas produzem toneladas de glutamato monossódico, usando bactérias que sintetizam grandes quantidades dessa substância e a secretam no líquido no qual crescem.

No final da década de 1960, o glutamato monossódico levou a culpa pela "síndrome do restaurante chinês", em que sensações desagradáveis de queimação, pressão e dor no peito se abatem de repente sobre pessoas suscetíveis que iniciam uma refeição chinesa com uma sopa repleta de glutamato monossódico. Muitos estudos depois, os toxicólogos concluíram que o glutamato monossódico, mesmo em grande quantidade, é absolutamente inofensivo para a maioria das pessoas. O aspecto mais deplorável da saga do glutamato monossódico é o modo pelo qual ele foi usado como um substituto barato e unidimensional de alimentos verdadeiramente extraordinários. Em seu livro sobre a culinária de Sichuan, *Land of Plenty* (Terra da abundância), Fuchsia Dunlop escreve:

> Por amarga ironia, foi na China – quem diria! –, onde os chefes de cozinha passaram séculos desenvolvendo as mais sofisticadas técnicas culinárias, que este pó branco produzido em massa recebeu o nome *wei jing*, "a essência do sabor".

---

* Para designar o sabor *umami*, o autor usa ao longo de todo o livro o adjetivo *savory*, traduzido por "sápido". (N. do T.)

iodo e outros minerais; e, depois de secas, até um terço de seu peso pode ser composto de proteínas. As algas marinhas são abundantes, renovam-se rapidamente no decorrer de um ciclo de vida de um ou dois anos e são facilmente preservadas por secagem. No Japão, onde as algas são cultivadas desde o século XVII, a safra da alga nori, usada para embrulhar o *sushi*, rende mais dinheiro que o produto de qualquer outra atividade de aquicultura, inclusive a produção de peixes e mariscos.

O ambiente subaquático onde vivem as algas moldou a natureza delas de diversas maneiras, todas elas importantes para o cozinheiro:

- O fato de flutuarem na água permitiu às algas que crescem soltas minimizar seus tecidos estruturais e aumentar ao máximo os tecidos fotossintéticos. Algumas algas (como a nori e a alface-do-mar) são quase somente folhas e mais nada, com uma ou duas células de espessura, extremamente tenras e delicadas.
- A imersão em água com diversas concentrações de sal levou as algas a acumular várias moléculas que preservam o equilíbrio osmótico de suas células. Algumas dessas moléculas contribuem para seu sabor característico. O manitol, um álcool de açúcar, é doce (e tem poucas calorias, uma vez que não é metabolizado pelo organismo humano); o ácido glutâmico é sápido; e certos compostos sulfurosos complexos originam o aromático e "oceânico" dimetil sulfeto.
- Uma vez que a água absorve seletivamente os comprimentos de onda vermelhos do espectro da luz solar, algumas algas suplementam sua clorofila com pigmentos especiais que capturam os demais comprimentos de onda. Por isso certas algas são pardas ou vermelho-arroxeadas, e mudam de cor quando cozidas.
- As muitas tensões físicas da vida no mar estimularam certas algas a preencher-se de grande quantidade de um material gelatinoso, que dá força e flexibilidade a seus tecidos e pode ajudar a manter úmidas as espécies costeiras quando são expostas ao ar na maré baixa. Esses carboidratos especiais são úteis para fazer gelatina (ágar-ágar) e espessar vários alimentos (algina, carragenana). (Sobre os espessantes, ver capítulo 11.)

ALGAS VERDES, VERMELHAS E MARRONS

Quase todas as algas comestíveis pertencem a um de três grandes grupos: as algas verdes, as algas vermelhas e as algas marrons.

- As algas verdes – alface-do-mar, *awonori* – são as que mais se parecem com as plantas terrestres às quais deram origem. Seus pigmentos fotossintéticos primários são clorofilas, com quantidades menores de carotenoides; e armazenam energia na forma de amido.
- As algas vermelhas – nori, salsa-marinha – são comuns sobretudo em águas tropicais e subtropicais. Devem sua cor à presença de complexos especiais de pigmentos e proteínas hidrossolúveis e sensíveis ao calor: por isso, durante a cocção, sua cor pode sofrer impressionante mudança do vermelho para o verde. As algas vermelhas armazenam energia numa forma característica de amido; além disso, produzem grande quantidade do açúcar galactose e de cadeias compostas pelas moléculas dele, as quais nos fornecem os gelificantes ágar-ágar e carragenana.
- As algas marrons – laminária, *wakame* – dominam as águas temperadas e suplementam sua clorofila com um grupo de pigmentos carotenoides, com destaque para a fucoxantina, de cor parda. Armazenam parte de sua energia sob a forma do álcool de açúcar manitol, de sabor doce, que pode representar até um quarto do peso seco das laminárias colhidas no outono. Seu material mucilaginoso característico é a algina.

Algumas algas de água doce também são coletadas em rios e lagos: é o caso de certas espécies do gênero *Cladophora*, por exemplo, que no Sudeste Asiático são prensadas para formar lâminas iguais às de nori e usadas da mesma maneira (a *kaipen* do Laos). Veem-se na cozinha duas criaturas semelhantes às algas, mas que na verdade são bactérias azul-esverdeadas: o suplemento nutricional espirulina e a "hortaliça-cabelo" (ou "musgo-cabelo") chinês, ambos espécies do gênero *Nostoc*, que se multiplica nas nascentes de montanha do deserto da Mongólia.

OS SABORES DAS ALGAS

No que se refere ao sabor, as três famílias de algas partilham um gosto básico que tende ao salgado e ao sápido, dado por minerais e aminoácidos concentrados, especialmente o ácido glutâmico, que é uma das moléculas usadas para transportar energia dentro da alga. As algas também partilham o aroma de dimetil sulfeto, que se encontra no leite cozido, no milho e em mariscos, e não menos no ar do litoral. Contêm ainda fragmentos de ácidos graxos altamente insaturados (principalmente aldeídos) que fornecem sobretons aromáticos de peixe e chá-verde. Diante desse pano de fundo comum, as três famílias têm caracteres distintos. Quando secas, as algas vermelhas tendem a desenvolver um aroma sulfuroso mais profundo dado pelo sulfeto de hidrogênio e pelo metanetiol, além de notas florais e de chá preto provenientes da decomposição dos pigmentos carotenoides. Quando frita, a salsa-marinha desenvolve um nítido aroma de toicinho. Algumas algas vermelhas, entre as quais a limu kohu do Havaí (*Asparagopsis*), acumulam compostos de iodo e bromo e podem ter forte sabor de iodo. As algas marrons, geralmente suaves, têm uma nota característica de iodo (iodo-octano), como também uma nota de feno (do terpeno cubenol). Algumas delas, em particular certas espécies do gênero *Dictyopteris* usadas como condimento no Havaí, têm compostos aromáticos "apimentados" que aparentemente

são sinais reprodutivos na alga viva. Certas algas pardas são nitidamente adstringentes graças à presença de compostos fenólicos semelhantes ao tanino, os quais, na alga seca, têm cor marrom-escura (ficofeínas).

A cocção prolongada em meio líquido tende a acentuar o aroma de peixe. Por isso o mais comum é que as algas sejam tratadas por cocção breve. Por exemplo: o primeiro passo para fazer o *dashi*, uma base de sopa japonesa, consiste em colocar a alga *kombu* seca em água fria, levar a água à fervura e tirar a *kombu*, deixando na água somente seus minerais e aminoácidos solúveis e sápidos. Uma vez que os minerais e aminoácidos saborosos se cristalizam na superfície e no miolo das algas marinhas secas, estas fornecem mais sabor quando não são lavadas; e, se forem grossas, devem ser escoriadas com uma faca para liberar as substâncias internas.

COGUMELOS, TRUFAS E SEUS PARENTES

Os cogumelos e seus parentes não são vegetais. Pertencem a outro reino biológico, o dos fungos, do qual também fazem parte os bolores e as leveduras.

CRIATURAS DA SIMBIOSE E DA PUTREFAÇÃO

Ao contrário dos vegetais, os fungos não têm clorofila e não podem captar a energia da luz solar. Por isso alimentam-se da substância de outros seres, entre os quais vegetais vivos e restos de vegetais. Os diversos cogumelos efetuam esse processo de diferentes maneiras. Alguns, entre os quais os boletos e as trufas, constituem uma simbiose com árvores vivas, relação da qual ambos os parceiros se beneficiam: os cogumelos coletam minerais do solo e os partilham com as raízes das árvores, as quais, por sua vez, partilham seus açúcares com os cogumelos. Alguns fungos são parasitas de plantas vivas e causam doenças; o parasita que infesta o sabugo de milho é comestível (o fungo do milho ou huitlacoche). E outros, entre os quais os cogumelos mais populares do mundo, vivem dos restos putrefatos de vegetais mortos. Ao que parece, os cogumelos brancos e castanhos evoluíram lado a lado com os mamíferos herbívoros a fim de tirar vantagem do esterco desses animais, parcialmente digerido mas rico em nutrientes! Hoje são cultivados em montes artificiais de composto e esterco.

Os cogumelos que vivem em restos de vegetais são relativamente fáceis de cultivar. Os chineses já cultivavam cogumelos shiitake em troncos de carvalho no século XIII. O cultivo do champinhom comum começou na França no século XVII e expandiu-se para os túneis das pedreiras próximas de Paris na era napoleônica. Hoje em dia, o *Agaricus bisporus* (ou *A. brunescens*) é cultivado numa mistura de esterco, palha e terra em edifícios escuros com umidade e temperatura cuidadosamente controladas. A versão tropical do champinhom é a *Volvariella volvacea*, que cresce em composto de palha de arroz. O cultivo das espécies simbióticas, por outro lado, é difícil, pois elas precisam de árvores vivas e seria necessária uma floresta inteira para permitir a produção intensiva. É por isso que boletos, cantarelos e trufas são relativamente raros e caros: a maior parte deles ainda é coletada do ambiente silvestre. De um total estimado de mil espécies de cogumelos comestíveis, só umas poucas dezenas são cultivadas com sucesso.

A ESTRUTURA E AS QUALIDADES DOS COGUMELOS

Os cogumelos diferem dos vegetais sob aspectos importantes. Em primeiro lugar, a parte comestível é somente uma pequena porção do organismo, a maior parte do qual vive invisivelmente debaixo da terra sob a forma de uma rede fina de fibras semelhantes ao algodão, as hifas, que se ramificam pelo solo para coletar nutrientes. Um único centímetro cúbico de solo pode conter até 2 mil metros de hifas! Quando a massa subterrânea de fibras acumula quantidade suficiente de matéria-prima e energia, surge uma nova porção de hifas que, mais densa, se organiza na forma de um corpo frutífero, o qual se enche de água para romper a superfície do solo e liberar no ar seus esporos reprodutores. Os cogumelos que comemos são esses corpos frutíferos. (Os morilles constituem corpos frutíferos atipicamente ocos, com chapéu alveolado; os esporos encontram-se dentro dos alvéolos.)

Uma vez que o corpo frutífero é essencial para a reprodução e a sobrevivência desses fungos, habitualmente é protegido do ataque de animais por meio de venenos defensivos.

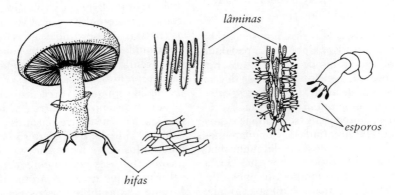

A anatomia de um cogumelo. As hifas são filamentos que coletam nutrientes e se espalham pelo subsolo. O cogumelo em si é um corpo frutífero que as hifas produzem e fazem romper a superfície do solo. O corpo frutífero dispersa os esporos contidos em suas lâminas.

Algumas toxinas produzidas pelos cogumelos são mortais. É por isso que os cogumelos silvestres devem ser colhidos somente por especialistas que saibam identificá-los. Hoje se acredita que um dos cogumelos tradicionalmente coletados e comidos na Europa apresenta um risco imprevisível, mas concreto, de causar intoxicação potencialmente fatal por hidrazina: é o "falso morille" (espécies do gênero *Gyromitra*).

Uma vez que é a água que lhes dá turgidez, os cogumelos contêm 80-90% de água e uma fina cutícula externa que permite a perda e o ganho rápidos de umidade. Suas paredes celulares não são reforçadas por celulose, mas pela *quitina*, um complexo de aminas e carboidratos que também constitui o exoesqueleto de insetos e crustáceos. Os cogumelos se destacam por conter muito mais proteínas e vitamina B12 que outros produtos frescos da terra. Vários cogumelos são utilizados em sistemas tradicionais de medicina, e existe prova científica de que alguns dos carboidratos incomuns das paredes celulares do shiitake, do matsutake e das curiosas variedades comestíveis dos cogumelos "orelha-de-pau" (ao mesmo tempo crocantes e gelatinosas) contêm substâncias que inibem o crescimento de tumores. Outra substância presente no shiitake pode limitar a produção de nitrosaminas mutagênicas em nosso sistema digestivo.

OS SABORES CARACTERÍSTICOS DOS COGUMELOS

Apreciamos os cogumelos por seu sabor rico, quase carnoso, e por sua capacidade de intensificar o sabor de muitos pratos. Em grande medida, essas qualidades se devem a um alto teor de aminoácidos livres, entre os quais o ácido glutâmico, que faz dos cogumelos – como das algas marinhas – uma fonte natural concentrada de glutamato monossódico. O monofosfato de guanosina, outro intensificador de sabor que opera em sinergia com o glutamato monossódico, foi descoberto nos cogumelos shiitake e contribui para o seu rico sabor.

O aroma característico de champignons frescos é devido sobretudo ao octanol (um álcool com 8 carbonos), produzido por enzimas a partir de gorduras poli-insaturadas quando o tecido é danificado. O octanol tem a função de proteger o cogumelo do ataque de certos caramujos e insetos. As lâminas do cogumelo geram mais octanol que suas outras partes, e esse é um dos motivos pelos quais os champinhons com chapéus fechados e imaturos são menos saborosos que sua versão madura, com lâminas proeminentes. Outras espécies do gênero *Agaricus* (entre as quais certas espécies marrons e o *A. campestris*) têm mais sabor que o champinhom; e o "portobelo", um cogumelo marrom que se deixa amadurecer por mais cinco ou seis dias até atingir um diâmetro de cerca de 15 cm, tem sabor especialmente intenso.

Outros cogumelos oferecem larga variedade de aromas. Um parente próximo do champinhom produz a substância que caracteriza a essência de amêndoas, ao passo que espécies mais exóticas são apreciadas por suas notas de sabor de canela, pimenta-do-reino, alho, agulhas de pinheiro, caramelo com manteiga e frutos do mar. O cogumelo shiitake deve seu aroma característico a uma molécula incomum chamada lentionina, um anel de átomos de carbono e enxofre criado por enzimas quando o tecido é danificado. A produção de lentionina é maximizada pela prática comum de secar o shiitake e reidratá-lo em água quente (e é minimizada pela cocção rápida do cogumelo fresco ou seco, uma vez que assim as enzimas são destruídas antes de terem a oportunidade de agir). Com poucas exceções (cantarelo, shimeji, matsutake), a secagem intensifica o sabor dos cogumelos, na medida em que favorece a atividade enzimática e promove a ocorrência de reações de escurecimento entre açúcares e aminoácidos. O shiitake e o boleto são exemplos conhecidos desse fenômeno; são especialmente saborosos por conterem compostos sulfurosos que geram o aroma de carne. Mesmo champinhons secos em casa são muito mais saborosos que os frescos, embora percam o octanol que caracteriza os cogumelos frescos.

ESTOCAGEM E MANIPULAÇÃO DOS COGUMELOS

Em comparação com a maioria das hortaliças, os cogumelos permanecem muito ativos depois da colheita e podem até continuar crescendo. Em quatro dias de estocagem em temperatura ambiente, perdem cerca de metade de suas reservas de energia para formar a quitina que constitui as paredes celulares. Ao mesmo tempo, perdem parte da atividade enzimática que determina o sabor dos cogumelos frescos, ao passo que as enzimas que decompõem proteínas permanecem mais ativas na haste e transformam suas proteínas em aminoácidos a serem armazenados no chapéu e nas lâminas; por isso estas últimas partes se tornam um pouquinho mais saborosas. A refrigeração a 4-6 °C torna mais lento o metabolismo dos cogumelos, mas estes devem ser embrulhados de forma não muito apertada numa embalagem que absorva a umidade – para evitar que a água evaporada se condense na sua superfície e os estrague. Em resumo, os cogumelos devem ser consumidos o mais rápido possível depois de adquiridos.

Os livros de receitas costumam recomendar que os cogumelos não sejam lavados para não ficarem ensopados nem perderem o sabor. O fato, porém, é que eles já são quase totalmente compostos de água, de modo que uma breve lavagem não prejudicará seu sabor em nada ou quase nada. Devem, entretanto, ser cozidos imediatamente de lavados, uma vez que a lavagem pode danificar as células superficiais e causar a descoloração de todo o tecido.

COCÇÃO DOS COGUMELOS

Os cogumelos podem ser cozidos de muitas formas. Em geral, seu sabor se desenvolve e se intensifica quando são cozidos lentamente em calor seco, para que as enzimas tenham tempo de trabalhar antes de serem desativadas e para que parte de sua abundante água se evapore, aumentando assim a concentração de aminoácidos, açúcares e aromas. O calor também elimina os bolsões de ar e consolida a textura. (Com a perda de água e ar, os cogumelos diminuem expressivamente de tamanho quando cozidos.) À semelhança da celulose, a quitina e outros materiais que constituem as paredes celulares não são solúveis em água, de modo que a cocção prolongada não deixa os cogumelos pastosos. O *Phlogiotis helvelloides* e certos cogumelos do gênero *Auricularia*, populares nas culinárias asiáticas, contêm uma quantidade incomum de carboidratos solúveis e por isso desenvolvem textura gelatinosa.

Muitos cogumelos, e especialmente suas lâminas, são ricos em enzimas que promovem as reações de escurecimento. Por isso pretejam rapidamente quando cortados ou esmagados. Os pigmentos escuros são hidrossolúveis e podem escurecer os demais ingredientes de um prato – o que às vezes é desejável, às vezes não.

TRUFAS

As trufas são os corpos frutíferos de certas espécies do gênero *Tuber*, poucas das quais têm importância comercial. A trufa é, em regra, uma massa densa e nodosa, que pode ter desde o tamanho de uma noz até mais de 10 centímetros de largura. Ao contrário dos cogumelos, as trufas permanecem ocultas debaixo da terra. Para disseminar seus esporos, emitem um cheiro que atrai animais – besouros, esquilos, coelhos, veados etc. –, os quais as encontram e comem, espalhando os esporos no estrume. É por isso que as trufas têm um aroma almiscarado e persistente – para atrair seus disseminadores – e ainda são coletadas com a ajuda de cães ou porcos treinados ou pela procura de revoadas de "moscas das trufas", insetos que pairam sobre o solo que contém esses fungos e ali põem seus ovos, de modo que as larvas possam enterrar-se e se alimentar.

Em geral, as trufas crescem somente em simbiose com árvores, em geral carvalhos, aveleiras ou tílias. Para haver cultivo, portanto, é preciso dispor de uma floresta ou plantar uma, e a primeira colheita significativa virá somente depois de dez anos ou mais. A região do Périgord, na França, ainda é famosa por suas trufas pretas de inverno, *Tuber melanosporum*, e o centro e o norte da Itália pelas trufas brancas, *Tuber magnatum Pico*. Ambas são muito procuradas, difíceis de encontrar e, por isso, caríssimas. É possível adquirir o sabor delas a preço mais razoável na forma de trufas inteiras cozidas, pasta de trufas ou óleos, manteigas e farinhas com essência de trufas, embora algumas destas sejam aromatizadas artificialmente. Há outras espécies de trufa coletadas na Europa, na Ásia e na América do Norte, mas não são tão saborosas. As trufas imaturas de qualquer espécie terão pouco sabor.

Os sabores da trufa preta e da trufa branca são bastante diferentes. A trufa preta é relativamente sutil e terrosa, com uma mistura de cerca de doze alcoóis e aldeídos e um tanto de dimetil sulfeto. (Contém também pequena quantidade de androstenona, um esteroide encontrado no suor da axila masculina e na saliva do porco macho, onde promove o comportamento reprodutivo na fêmea. Certas pessoas são insensíveis ao odor de androstenona, ao passo que outras o percebem e podem considerá-lo desagradável.) A trufa branca tem aroma mais forte e pungente, que lembra o do alho, e isso graças a alguns compostos sulfurosos incomuns. Em geral se considera que o sabor da trufa preta é intensificado pela cocção suave, ao passo que o da trufa branca, embora forte, é frágil; para melhor apreciar este último, fatias finíssimas de trufa branca devem ser cortadas e servidas imediatamente. Essas fatias revelam a estrutura interna da trufa: uma rede de veios finos correndo entre as massas de células que portam os esporos.

As trufas frescas são altamente perecíveis e perdem aroma quando estocadas. O melhor é mantê-las refrigeradas num recipiente fechado que contenha algum material – em geral, arroz – que absorva a umidade e assim proteja a superfície do fungo da deterioração microbiana.

HUITLACOCHE, O FUNGO DO MILHO

O huitlacoche, *Ustilago maydis*, é um fungo parasitário que ataca o milho e é consumido no México e na América Central desde a época dos astecas. Infecta várias partes da planta, entre as quais os grãos da espiga em crescimento, e se dispõe em massas irregulares e espongiformes compostas por células vegetais de tamanho aumentado, filamentos fúngicos que absorvem nutrientes e esporos azuis, quase pretos. As massas totalmente maduras são bolsões secos cheios de esporos. As espigas infectadas devem ser colhidas duas a três semanas após a infecção, quando as massas de fungos numa única espiga podem alcançar um peso de até 500 g e cerca de três quartos de seu interior já estão pretos. Quando cozidas, essas massas espongiformes imaturas desenvolvem um sabor doce, sápido e lenhoso graças à presença de glicose, sotolona e vanilina. Nos Estados Unidos, o fungo do

A anatomia da trufa. Como os cogumelos, a trufa é o corpo frutífero de um fungo; ao contrário dos cogumelos, permanece debaixo da terra. Os esporos estão contidos na densa massa de tecido entre os veios.

Tipos e qualidade de cogumelos

Os cogumelos se agrupam segundo semelhanças familiares. A maioria dos cogumelos comestíveis porta os esporos nas lâminas.

Cogumelos com lâminas

Champinhom Branco Marrom Campestre Amêndoa	Cultivado; decompõe folhas e estrume Sabor de amêndoas	Espécies do gênero *Agaricus* *A. bisporus* var. *alba* *A. bisporus* var. *avellanea* *Agaricus campestris* *Agaricus subrufescens*
Shimeji	Cultivado; decompõe madeira	Espécies do gênero *Pleurotus*
Shiitake	Cultivado; decompõe carvalho	*Lentinus edodes*
Matsutake	Silvestre; decompõe pinheiro-vermelho; sabores de pinho e canela	Espécies do gênero *Tricholoma*
Cogumelo-do-mel	Silvestre; decompõe madeiras	Espécies do gênero *Armillariella*
Oréade	Silvestre; decompõe folhas	Espécies do gênero *Marasmius*
Enokitake	Cultivado; decompõe madeira; cresce a 0 °C	*Flammulina velutipes*
Clitocibe, blewit	Silvestre; decompõe folhas; cor roxa, azul	*Clitocybe nuda*
Cogumelo-da-palha	Decompõe palha de arroz	*Volvariella volvacea*
Lepiota, tortulho	Silvestre ou cultivado; decompõe folhas	Espécies do gênero *Lepiota*
Ink cap	Silvestre; decompõe composto orgânico	Espécies do gênero *Coprinus*
Nameko	Cultivado; decompõe madeira; chapéu gelatinoso	Espécies do gênero *Pholiota*
Boleto	Silvestre; vive em simbiose com árvores	Espécies do gênero *Boletus*
Candy cap	Silvestre; decompõe madeiras	*Lactarius rubidus*

Cogumelos sem lâminas

Maitake	Silvestre; decompõe carvalho	*Grifola frondosa*
Laetiporus sulphureus	Silvestre; decompõe árvores	*Laetiporus sulphureus*

Cogumelos sem lâminas		
Língua-de-vaca	Silvestre; vive em simbiose com árvores	Espécies do gênero *Hydnum*
Cogumelo couve--flor	Silvestre; parasita de árvores	*Sparassis crispa*
Cantarelo	Silvestre; vive em simbiose com árvores; cores dourada, branca, vermelha	Espécies do gênero *Cantharellus*
Trombeta-negra	Silvestre; vive em simbiose com árvores	Espécies do gênero *Craterellus*
Orelhas-de-pau: orelha-de-judas etc.	Cultivado; decompõe madeira; gelatinoso; protease	Espécies do gênero *Auricularia*
Tremella fuciformis	Cultivado; decompõe madeira; gelatinoso; sobremesa	*Tremella fuciformis*
Pufe, bufa-de-velha	Silvestre; decompõe composto orgânico	Espécies dos gêneros *Calvatia*, *Lycoperdon*
Morille	Silvestre; decompõe árvores	Espécies do gênero *Morchella*
Trufa	Silvestre; vive em simbiose com árvores	Espécies do gênero *Tuber*
Hypomyces lactifluorum	Silvestre; decompõe outros cogumelos	*Hypomyces lactifluorum*

milho era considerado apenas uma doença até a década de 1990, quando o crescente interesse pela culinária mexicana levou alguns agricultores a cultivá-lo intencionalmente.

Um fungo correlato, *U. esculenta*, é consumido na China e no Japão. A infecção se desenvolve na parte superior do caule de um arroz silvestre asiático, *Zizania latifolia*, que fica repleta de hifas. Os caules são cozidos e consumidos como uma hortaliça (kah-peh-sung em chinês, makomotake em japonês) cujo sabor, ao que se diz, lembra o de broto de bambu.

MICOPROTEÍNA OU QUORN

A micoproteína é uma invenção do século XX, forma comestível das hifas subterrâneas de um fungo comum, *Fusarium venetatum*. Geralmente, essas hifas não têm utilidade. Uma variedade do fungo obtida originalmente num campo de Buckinghamshire, na Inglaterra, é cultivada em meio líquido num fermentador de escala industrial. A resultante massa de hifas é colhida, lavada e rapidamente aquecida. Produzem-se assim fibras microscópicas ricas em proteínas, com cerca de 0,5 mm de comprimento e 0,003-0,005 mm de diâmetro, ou seja, mais ou menos do tamanho das fibras musculares na carne. Essa micoproteína (de *myco-*, "fungo") essencialmente insípida pode então ser moldada na forma de substitutos da carne e vários outros produtos alimentícios*.

* O nome Quorn é marca comercial no Reino Unido. (N. do T.)

CAPÍTULO 7

UM EXAME DAS FRUTAS MAIS COMUNS

Como se constitui a fruta: maturação	389	Outras frutas de clima temperado	406
Antes da maturação: crescimento e expansão	390	Frutas de clima quente: melão e melancia, frutas cítricas, frutas tropicais e outras	408
A função do etileno e das enzimas	390	Melão e melancia	408
Dois tipos de maturação, dois modos de manipular	392	Frutas de clima árido: figo, tâmara e outras	411
Frutas comuns de clima temperado: maçã e pera, drupas, frutas vermelhas	393	A família dos citros: laranja, limão, toranja e seus parentes	413
Pomos: maçã, pera e seus parentes	393	Algumas frutas tropicais comuns	420
Drupas: damasco, cereja, pêssego e ameixa	398		
Frutas vermelhas, uvas e kiwi	400		

As hortaliças descritas no capítulo 6 são, em sua maioria, partes de plantas cujo sabor é suave e acidental (raízes, folhas, caules) ou forte e agressivo (famílias da cebola e do repolho). São geralmente cozidas porque a cocção aperfeiçoa-lhes o sabor e as torna mais macias e fáceis de comer. As frutas descritas neste capítulo são criadas pela planta especialmente para atrair animais que as comam e dispersem as sementes nelas contidas. Por isso a planta preenche essas frutas com uma deliciosa mistura de açúcares e ácidos, dota-as de aromas agradáveis e cores chamativas e as torna macias: são belas e deliciosas, mesmo cruas. O quadro às pp. 425-6 resume os elementos essenciais do sabor de algumas frutas comuns, ressaltando especialmente o equilíbrio entre doçura e acidez que proporciona o próprio fundamento desse sabor.

COMO SE CONSTITUI A FRUTA: MATURAÇÃO

As frutas se destacam entre nossos alimentos pelo modo como progridem da não comestibilidade à plenitude do sabor. As hortaliças e os animais de corte são mais macios e delicados quando jovens, mas as frutas em geral são menos agradáveis em sua fase imatura. Não que não possamos comê-las e apreciá-las nesse estado – tomate, mamão e manga verdes, por exemplo –, mas nesse caso as tratamos como hortaliças, cortando-as em pedaços pequenos para fazer saladas, cozinhando-as ou as pondo em conserva. A fim de progredir do estágio de "hortaliça" para o de fruta, os frutos têm de passar pelo processo chamado maturação, que cria seu caráter típico.

ANTES DA MATURAÇÃO: CRESCIMENTO E EXPANSÃO

O fruto é um órgão que se desenvolve a partir da flor e, em específico, a partir do tecido feminino desta, o ovário, que abriga as sementes. A maioria dos frutos são simplesmente um intumescimento da parede do ovário; alguns incorporam também certos tecidos vizinhos. A maçã e a pera, por exemplo, são feitas principalmente da ponta do caule a que a flor se liga. Em regra, o fruto se desenvolve em três camadas distintas: uma fina película protetora no exterior, um revestimento protetor ao redor da massa central de sementes e, entre essas duas, um tecido espesso, suculento e saboroso.

O fruto passa por quatro estágios de desenvolvimento. O primeiro é, em regra, a fertilização do óvulo feminino pelo pólen masculino, a qual desencadeia a produção de hormônios que promovem o crescimento e, assim, a expansão da parede do ovário. Certas frutas, que convenientemente não produzem sementes – é o caso da banana, da laranja-baía e de algumas uvas –, conseguem se desenvolver sem que ocorra a fertilização. O segundo estágio, relativamente breve, é a multiplicação das células na parede do ovário. No tomate e na abóbora, por exemplo, esse estágio já está praticamente completo no momento da fertilização (pode-se ver o fruto plenamente formado, embora pequeno, na base da flor assim que esta se abre).

A maior parte do crescimento que se percebe durante o desenvolvimento do fruto ocorre no terceiro estágio, a expansão das células de armazenamento. A proporção desse crescimento é, às vezes, notável. O melão, em sua fase mais ativa, pode aumentar seu volume em mais de 80 cm^3 por dia. A maior parte dessa expansão é devida à acumulação de seiva (cujo veículo é a água) nos vacúolos celulares. As células de armazenamento dos frutos maduros estão entre as maiores de todo o reino vegetal; na melancia, chegam a quase 1 milímetro de diâmetro. Durante esse estágio de crescimento, os vacúolos armazenam açúcar quer em sua forma própria, quer na forma de grânulos de amido, mais compactos. Compostos defensivos, entre eles alcaloides tóxicos e taninos adstringentes, se acumulam nos vacúolos para prevenir infecções e afastar predadores, e vários sistemas enzimáticos se preparam para funcionar. Quando as sementes se tornam capazes de crescer sozinhas e o fruto está pronto para atrair animais dispersores, diz-se que ele está "fisiologicamente maduro".

A FUNÇÃO DO ETILENO E DAS ENZIMAS

O estágio final de desenvolvimento é a maturação propriamente dita, uma mudança drástica que conduz à morte do fruto. A maturação se define por vários acontecimentos simultâneos. O teor de ácidos e amido diminui e o de açúcares aumenta. A tex-

---

Palavras da culinária: *ripe* (maduro), *climacteric* (climatério, climatérico)

A palavra *ripe* (maduro) provém de um termo do inglês arcaico que significa "pronto para colher", e à semelhança de *reap* (o verbo colher) é derivada em última análise de uma raiz indo-europeia que significa "cortar". É parente de *river* (rio), *rope* (corda), *row* (fileira) e *rigatoni*. As origens de *climacteric* (climatério, climatérico) se encontram numa raiz que significa "inclinar", a qual redundou no grego *climax*, "escada", de onde derivaram termos que significam "degrau" e, portanto, "lugar perigoso" – dos quais proveio por fim a própria palavra *climacteric*, que significa um estágio crítico ou crucial da existência, quer de um ser humano, quer de uma fruta.

As frutas: potencial de incremento após a colheita e temperatura ideal de estocagem

Fruta	Incremento após a colheita	Estocar a 0 °C	Estocar a 7 °C	Estocar a 13 °C
Pomos				
Maçã	Doçura, aroma, maciez	+		
Pera	Doçura, aroma, maciez	+		
Drupas				
Ameixa	Aroma, maciez	+		
Cereja	–	+		
Damasco	Aroma, maciez	+		
Pêssego	Aroma, maciez	+		
Citros				
Laranja	–		+	
Lima	–			+
Limão	–			+
Toranja	–			+
Vermelhas				
Blackberry	–	+		
Framboesa	Aroma, maciez	+		
Groselha-espinhosa	–	+		
Groselha-preta ou cassis	–	+		
Groselha-vermelha	–	+		
Mirtilo	Aroma, maciez	+		
Morango	–	+		
Oxicoco	–	+		
Uva	–	+		
Melões				
Cantaloupe	Aroma, maciez		+	
Honeydew	Aroma, maciez		+	
Melancia	–			+
Tropicais				
Abacaxi	–		Maduro	Verde
Banana	Doçura, aroma, maciez			+
Cherimólia	Aroma, maciez			+
Goiaba	Aroma, maciez			+
Lichia	–	+		
Mamão	Aroma, maciez			+
Manga	Doçura, aroma, maciez			+
Maracujá	Aroma, maciez		+	
Outras				
Abacate	Aroma, maciez	Maduro	Verde	
Caqui	Aroma, maciez	+		
Figo	–	+		
Kiwi	Doçura, aroma, maciez	+		
Romã	–	+		
Tâmara	–			+
Tomate	Aroma, maciez			+

tura se amacia; compostos defensivos desaparecem. Um aroma característico se desenvolve. Muda a cor da casca, em geral do verde para um tom qualquer de amarelo ou vermelho. O fruto, assim, não só se torna mais doce, mais macio e mais saboroso como também comunica visualmente esses aperfeiçoamentos. Uma vez que a maturação é logo sucedida pela putrefação, por muito tempo foi considerada um estágio inicial da desintegração geral do fruto. Contudo, agora está claro que a maturação é a última e mais intensa fase da vida. À medida que amadurece, o fruto se prepara ativamente para a morte, organizando um verdadeiro banquete para nossos olhos e paladar.

A maioria das mudanças que caracterizam a maturação são provocadas por um sem-número de enzimas, que decompõem moléculas complexas em outras mais simples e também criam novas moléculas especialmente para este momento da vida do fruto. Há um elemento simples que desencadeia a atividade das enzimas do amadurecimento. As primeiras pistas acerca de sua identidade foram descobertas por volta de 1910. Chegou das ilhas do Caribe o relato de que as bananas estocadas ao lado de laranjas haviam amadurecido mais rápido que o restante do lote. Então, produtores de citros da Califórnia repararam que as frutas verdes colocadas ao lado de um fogão de querosene mudavam de cor mais rapidamente que as demais. Qual o agente secreto de maturação presente tanto no fogão quanto nas próprias frutas? A resposta veio vinte anos depois: o etileno, um hidrocarboneto gasoso simples produzido tanto pelos vegetais quanto pela combustão do querosene, e que desencadeia o amadurecimento em frutas já plenamente crescidas mas ainda verdes. Muito tempo depois, os cientistas constataram que as próprias frutas produzem etileno antes de amadurecer. Portanto, é um hormônio que inicia esse processo de forma organizada.

DOIS TIPOS DE MATURAÇÃO, DOIS MODOS DE MANIPULAR

Há dois tipos de maturação das frutas. O primeiro é drástico. Quando estimulada pelo etileno, a fruta produz ainda mais etileno e começa a *respirar* – consumir oxigênio e produzir dióxido de carbono – duas a cinco vezes mais rápido que antes. Seu sabor, textura e cor mudam rapidamente e, em seguida, também se deterioram com presteza. Essas frutas "climatéricas" podem ser colhidas quando já chegaram a seu tamanho final mas ainda estão verdes. Então amadurecem sozinhas, especialmente se forem estimuladas por uma dose artificial de etileno. Frequentemente armazenam seus açúcares na forma de amido, o qual as enzimas convertem de novo em doçura durante a maturação após a colheita.

O outro tipo de maturação é menos expressivo. As frutas "não climatéricas" não reagem ao etileno produzindo mais etileno. Amadurecem gradualmente, em geral não armazenam os açúcares na forma de amido e, por isso, dependem de seu vínculo com a planta para continuarem se adoçando. Uma vez colhidas, não ficam mais doces, embora outros tipos de atividade enzimática possam continuar amaciando as paredes celulares e gerando moléculas aromáticas.

Estes dois tipos básicos de maturação determinam o modo pelo qual as frutas são manipuladas no comércio e na cozinha. As frutas climatéricas, como a banana, o abacate, a pera e o tomate, podem ser colhidas quando chegam a seu tamanho definitivo mas ainda estão verdes e duras. Com isso, minimizam-se os danos físicos. Depois, são embaladas, transportadas e tratadas com gás etileno para amadurecerem e serem colocadas à venda. Os próprios consumidores podem apressar o processo: colocar as frutas num saco de papel (o plástico retém demais a umidade) junto com uma fruta já madura, de modo a expô-las ao etileno emitido por esta e concentrar o gás no ar ao redor delas. As frutas não climatéricas, como o abacaxi, as frutas cítricas, a maioria das frutas vermelhas, o melão e a melancia, não armazenam amido nem sofrem grande melhora depois da colheita. Por isso sua qualidade depende essencialmente de até que ponto foi seu amadurecimento ainda na planta. O melhor é colhê-las e transportá-las tão maduras quanto possível, e não há nada que o consumidor possa fazer para influenciar sua qualidade: tudo o que nos resta é escolher frutas boas no mercado.

Com pouquíssimas exceções (pera, abacate, kiwi, banana), mesmo as frutas climatéricas serão muito melhores caso se permita que amadureçam na planta, onde podem continuar acumulando as matérias-primas do sabor até o momento da colheita.

FRUTAS COMUNS DE CLIMA TEMPERADO: MAÇÃ E PERA, DRUPAS, FRUTAS VERMELHAS

POMOS: MAÇÃ, PERA E SEUS PARENTES

A maçã, a pera e o marmelo são parentes próximos entre si. São todos membros da família das rosáceas, naturais da Eurásia e domesticados na era pré-histórica. São um tipo de fruta chamada *pomo* (da própria palavra latina que significa "fruta"). A polpa de um pomo é a ponta do pedúnculo da flor, com seu tamanho muito aumentado. Os restos da flor são visíveis na parte de baixo da fruta e as poucas sementes, de pequeno tamanho, são protegidas por um núcleo de paredes duras. As maçãs e suas parentes são frutas climatéricas e contêm estoques de amido que podem ser transformados em açúcar depois da colheita. Geralmente se conservam bem em temperatura baixa, embora as frutas colhidas depois da época tendam a ter o núcleo escurecido. Em geral, as maçãs são vendidas maduras e devem ser imediatamente embaladas e refrigeradas para conservar-se bem; as peras são vendidas verdes e deve-se deixá-las amadurecer em temperatura ambiente relativamente fresca. Depois de madurar, devem ser refrigeradas, mas sem embalagem hermética.

A cor avermelhada dos pomos (em geral na casca, mas às vezes também na polpa) é produzida sobretudo por antocianinas hidrossolúveis; as cores amarela e creme são geradas por carotenoides lipossolúveis, entre os quais o betacaroteno e a luteína (pp. 283, 296). Essas frutas são excelentes fontes de compostos fenólicos antioxidantes (p. 296) de estrutura particularmente simples (ácido clorogênico, também presente no café), os quais se concentram especialmente na casca. Algumas maçãs têm atividade antioxidante equivalente à da vitamina C encontrada em 30 porções de laranja do mesmo tamanho!

A maçã e a pera devem seu sabor básico a certos ésteres característicos (ver quadro, p. 395). Verificam-se diferenças nos sabores dos pomos de variedades diversas, das frutas de partes diversas da mesma árvore e até mesmo dentro de uma única fruta (entre a parte de cima e a de baixo e entre o miolo e o exterior da polpa). Em regra, a pera é bem mais saborosa no lado da flor que no lado do pedúnculo. Tanto a maçã

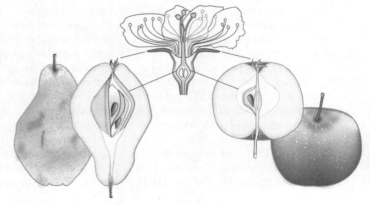

Os pomos e a flor da qual surgem. A porção comestível da maçã e da pera deriva do receptáculo ou base da flor. Uma vez que o ovário se situa sob a maioria das partes da flor, esta permanece como uma espécie de cicatriz na parte de baixo da fruta.

quanto a pera contêm um álcool de açúcar não digerível e levemente adocicado chamado sorbitol (0,5%). Por isso uma dose grande de sidra pode causar o mesmo desconforto provocado por alimentos ricos em inulina (p. 341).

Maçã. A macieira, árvore especialmente resistente, é provavelmente a frutífera de mais ampla distribuição no planeta. O gênero *Malus* tem 35 espécies. A espécie que fornece a maioria das maçãs comestíveis, *Malus × domestica*, parece ter-se originado nas montanhas do Cazaquistão a partir do cruzamento de uma espécie asiática (*Malus sieversii*) com várias primas desta. A maçã domesticada disseminou-se desde muito cedo pelo Oriente Médio. Já era conhecida na região do Mediterrâneo na época das epopeias gregas e os romanos se encarregaram de introduzi-la no restante da Europa. Hoje em dia, a produção de maçãs é um negócio intercontinental. Os países do Hemisfério Sul suplementam as maçãs estocadas no Norte durante a baixa estação, e certas variedades comuns têm tanta probabilidade de terem sido produzidas na Ásia (a Fuji japonesa, por exemplo) quanto no Ocidente. Há milhares de variedades de maçã, cada qual com seu nome; mas todas podem ser classificadas em quatro grupos gerais.

- As *maçãs de sidra* (sobretudo a *Malus sylvestris*, natural da Europa) são frutas altamente ácidas e ricas em taninos adstringentes, qualidades essas que ajudam a controlar a fermentação alcoólica e a clarificar o líquido (os taninos estabelecem ligações entre as proteínas e as partículas de parede celular e causam a precipitação destas). São usadas somente para fazer sidra.
- As *maçãs de sobremesa* são crocantes e suculentas e se caracterizam pelo agradável equilíbrio entre doçura e acidez quando comidas cruas (pH 3,4, 15% de açúcar). Por outro lado, são relativamente insípidas quando cozidas. Nos Estados Unidos, a maioria das maçãs vendidas no supermercado ou na quitanda é de sobremesa.
- As *maçãs para cozinhar* são caracteristicamente azedas quando cruas (pH de cerca de 3 e teor de açúcar de 12%) e equilibradas depois de cozidas, e têm uma polpa firme que tende a conservar sua estrutura quando aquecida, em vez de se transformar imediatamente em purê ou – como no caso de certas variedades chamadas "*codling*" – numa espuma macia. Muitos países têm uma variedade de maçã usada tradicionalmente para cozinhar (a *Calville blanc d'hiver* na França, a *Bramley's Seedling* na Inglaterra, a *Glockenapfel* usada para fazer strudel na Alemanha). Porém, estas vêm sendo substituídas por variedades que servem tanto para cozinhar quanto para comer cruas.
- As *maçãs de dupla utilidade* são boas quer cruas quer cozidas (são exemplos a Golden Delicious e a Granny Smith). Em geral, prestam-se melhor à cocção quando jovens e azedas e ao consumo direto quando mais velhas e adocicadas.

Para verificar o potencial de cocção de uma maçã, podem-se embrulhar algumas fatias em papel-alumínio e assá-las ao forno por 15 minutos, ou no micro-ondas, envolvidas em filme plástico até o filme inchar em razão do vapor.

O sabor da maçã. As variedades de maçã podem ter sabores muito característicos, os quais continuam se desenvolvendo mesmo depois de colhida a fruta. Os ingleses eram grandes *connoisseurs* de maçãs há cerca de cem anos, quando Edward Bunyard escreveu que, caso armazene adequadamente as maçãs em ambiente fresco e as prove periodicamente, o apreciador poderá "surpreender os éteres voláteis em seu ponto de máximo desenvolvimento, e os ácidos e açúcares em seu mais grato equilíbrio". É fato que a maçã fica mais adocicada com o tempo, pois consome parte de seu ácido málico para obter energia. Boa parte do aroma da maçã vem da casca, onde se concentram enzimas que criam substâncias voláteis. O aroma característico da polpa de maçã cozida é dado em grande parte por um fragmento dos pigmentos carotenoides (damascenona) que desprende uma nota floral.

O ar e a textura da maçã. A maçã difere da pera por ter até um quarto de seu volume ocupado pelo ar, graças aos espaços abertos entre as células da fruta. (A pera contém menos de 5% de ar.) Os bolsões de ar contribuem para a típica consistência farinhenta das maçãs demasiado maduras: à medida que as paredes celulares se amaciam e as próprias células perdem água, a ação dos dentes ao morder simplesmente separa as células umas das outras em vez de romper a membrana de cada uma delas e liberar seus sucos internos. Os bolsões de ar devem ser levados em conta ao assarem-se maçãs inteiras ao forno: eles se enchem de vapor e se expandem à medida que a maçã assa, e a sua casca se partirá a menos que se remova uma faixa dela na parte de cima para liberar a pressão.

As maçãs em geral, tanto as doces e cultivadas quanto as ácidas e silvestres, são boas fontes de pectina (pp. 294-5) e excelentes para fazer gelatina. Pelo mesmo motivo, um simples purê de maçã tem consistência espessa e agradável quando é brevemente cozido para fazer um molho ou lentamente reduzido para produzir uma "manteiga de maçã".

Suco de maçã e sidra. O suco de maçã pode ser opalescente ou transparente; isso depende de as pectinas e proteínas permanecerem intactas ou não, uma vez que, intactas, essas substâncias desviam os raios de luz. Uma vez feito, o suco permanece claro e conserva seu frescor por cerca de uma hora. Depois disso, evidencia-se a influência das enzimas e do oxigênio, que escurecem o suco e lhe modificam o aroma. O escurecimento pode ser minimizado caso o suco seja levado a rápida fervura a fim de desativar as enzimas; é claro, porém, que o sabor adquirirá uma nota cozida. O suco de maçã pasteurizado foi produzido comercialmente pela primeira vez por volta de 1900, na Suíça, e é hoje um dos mais importantes produtos feitos com

---

Compostos aromáticos das frutas: os ésteres

Muitas frutas devem seu aroma característico a substâncias chamadas *ésteres*. A molécula do éster combina duas outras moléculas, um ácido e um álcool. A típica célula vegetal contém muitos tipos de ácido e várias espécies de álcool. Os ácidos podem ser substâncias azedas presentes nos vacúolos ou nos fluidos celulares – ácido acético, ácido cinâmico – ou ácidos graxos provenientes de moléculas lipídicas e das moléculas que constituem a membrana celular: ácido hexanoico, ácido butírico. Os alcoóis são, em geral, subprodutos do metabolismo celular. As frutas dispõem de enzimas que unem esses dois materiais básicos da célula e os transformam em ésteres aromáticos. Uma única fruta emitirá muitos ésteres, mas somente um ou dois deles são responsáveis por seu aroma mais característico. Alguns exemplos:

etil álcool + ácido acético = etil acetato, nota característica da maçã
hexil álcool + ácido acético = hexil acetato, na pera
etil álcool + ácido butírico = etil butirato, no abacaxi
isoamil álcool + ácido acético = isoamil acetato, na banana

frutas nos Estados Unidos. A sidra ainda é importante no noroeste da Espanha, no oeste da França e na Inglaterra, onde o método tradicional consistia em deixar a polpa da fruta fermentar lentamente ao longo do inverno frio até desenvolver um teor de álcool de cerca de 4%.

Pera. A pera é uma fruta do gênero *Pyrus*, mais difícil de cultivar e menos comum que a maçã, mas considerada por alguns a "rainha das frutas" em razão do refinamento de seu sabor, textura e formato. A pera é menos azeda e mais densa que a maçã. As peras europeias, alongadas e de polpa homogênea, são variedades da *Pyrus communis* da Ásia Ocidental. As "peras asiáticas" são variedades de duas espécies naturais da China mas aperfeiçoadas no Japão, *P. pyrifolia* e *P. ussuriensis*. Têm polpa suculenta mas crocante, mais ou menos granulada em razão da presença de células ricas em celulose, e formato alongado ou mais semelhante ao de uma maçã. O aroma característico da pera é dado por diversos ésteres, entre os quais o "éster da pera" (etil decadienoato).

Em geral, a pera tem taxa respiratória mais elevada que a maçã e não se conserva tão bem quanto esta. É singular entre as frutas de clima temperado por alcançar sua máxima qualidade quando colhida já em seu tamanho definitivo mas ainda verde e dura, e amadurecida fora da árvore. Se for colhida depois de iniciado o processo de amadurecimento, terá textura pastosa e sofrerá o colapso do núcleo. O mesmo núcleo adquirirá textura farinhenta se a pera for exposta a excessivo calor depois de estocada a frio. O melhor é deixá-la amadurecer lentamente, ao longo de alguns dias, entre 18-20 °C. A pera é sensível ao dióxido de carbono e por isso não pode em nenhum momento ser conservada em saco plástico fechado. As peras asiáticas facilmente desenvolvem manchas devidas a choques físicos e por isso são, de hábito, comercializadas dentro de invólucros protetores.

Variedades de pera. Originalmente, todas as peras tinham textura granulada e polpa dura. Após séculos de seleção, reduziu-se enormemente o número de células que causam granulação (não, porém, nas variedades usadas para a fabricação de *perry*, o vinho de pera análogo à sidra; nessas variedades, os grãos são apreciados porque ajudam a desconstituir a polpa antes da fermentação). A textura macia e "amanteigada" que caracteriza muitas peras europeias foi desenvolvida no século XVIII

As maçãs: alguns de seus sabores e variedades

Sabor	Variedades
Simples, refrescante	Gravenstein, Granny Smith
Morango, framboesa	Northern Spy, Spitzenburg
Vinho	McIntosh (bem madura)
Aromático e floral	Cox's Orange e Ribston Pippins
Mel	Golden Delicious (bem madura), Fuji, Gala
Anis ou estragão	Ellison's Orange, Fenouillet
Abacaxi	Newtown Pippin, Ananas Reinette
Banana	Dodds
Acastanhado	Blenheim Orange
Noz-moscada	D'Arcy Spice

por produtores belgas e franceses. As peras europeias se classificam em três grupos, de acordo com o momento da colheita e o tempo tradicional de estocagem (que hoje é maior, graças ao controle da atmosfera e da temperatura de armazenamento). Na Europa, as peras de verão, como a Bartlett (também chamada Williams ou Bon chrétien), são colhidas em julho e agosto e se conservam por um a três meses; as de outono, como a Bosc e a Comice, são colhidas em setembro e outubro e se conservam por dois a quatro meses; e as de inverno, como a Anjou e a Winter Nellis, são colhidas em outubro e novembro e se conservam por seis ou sete meses.

Marmelo. O marmelo, fruto da árvore centro-asiática *Cydonia oblonga*, nos dá uma ideia de como devem ter sido as peras e maçãs em sua forma primitiva. É granuloso, adstringente e duro mesmo quando maduro. Mas tem um característico aroma floral (dado por lactonas e iononas com notas de violeta; ambas as substâncias são derivadas de pigmentos carotenoides) que se concentra especialmente na casca amarela. E o marmelo é domesticado pela cocção: o calor decompõe e amacia as paredes celulares ricas em pectina, a qual prende então os taninos adstringentes, suavizando também o sabor. A pasta de marmelo, sólida a ponto de poder ser cortada em fatias, é um produto tradicional da Espanha (*membrillo*) e da Itália (*cotognata*); e uma conserva de marmelo criada em Portugal é conhecidíssima sob o nome de marmelada. Nostradamus, alquimista e confeiteiro do século XVI, publicou várias receitas de conservas de marmelo e observou que os cozinheiros "que descascam a fruta [antes da cocção] não sabem por que o fazem, uma vez que a casca intensifica o odor". (Aliás, o mesmo vale para a maçã.)

O marmelo tem outra qualidade fascinante: quando fatias da fruta são lentamente cozidas em açúcar por várias horas, perdem o matiz esbranquiçado e adquirem cor vermelha viva e translúcida, passando entrementes por um tom rosado. A chave dessa transformação é um estoque de compostos fenólicos incolores, alguns dos quais a cocção transforma em antocianinas (p. 311). A pera contém os mesmos compostos, mas em menor quantidade (a Bartlett comum tem cerca de um vinte e cinco avos, a Packham de um décimo a metade), e por isso na melhor das hipóteses chega a ficar rosada.

Nêspera-europeia. A nêspera-europeia é o pequeno fruto de uma árvore aparentada com a macieira (*Mespillus germanica*) e natural da Ásia Central. Hoje rara, tempo houve em que era comumente cultivada na Europa como fruta de inverno. Como o marmelo, a nêspera-europeia permanece dura mesmo madura; por isso se conserva bem e até se aperfeiçoa se for deixada na árvore durante as primeiras geadas. Era usada para fazer compota, mas no mais das vezes era colhida e mantida em local fresco e seco por várias semanas até as enzimas de suas próprias células a digerirem de dentro para fora, deixando-lhe a polpa macia e parda. (Em inglês, tal processo se chama *bletting*, termo cunhado no século XIX a partir do francês *blessé*, "contundido".) A adstringência desaparece, o ácido málico é consumido e o aroma desenvolve fortes sobretons de especiarias, maçã assada, vinho e leve deterioração – combinação que D. H. Lawrence descreveu como "o delicado odor de um pedir licença".

Nêspera. A nêspera tem pouca semelhança com os outros pomos. É a fruta pequena e alongada de uma árvore chinesa (*Eriobotrya japonica*), a qual foi imensamente aperfeiçoada pelos japoneses e levada para muitas regiões subtropicais no século XIX, especialmente a Sicilia, onde é chamada *nespole*. Em geral, a nêspera amadurece cedo, antes ainda da cereja. Tem sabor suave e delicado e uma polpa que, repleta de carotenoides, tem cor de branca a alaranjada e envolve várias sementes grandes. As variedades norte-americanas são sobretudo ornamentais e produzem frutos pequenos, ao passo que os frutos das variedades europeias e asiáticas podem alcançar até 250 g de peso. A nêspera é consumida fresca e serve para fazer gelatinas e geleias. Além disso, pode ser cozida em calda com especiarias, à maneira dos "picles" de pêssego. Por não ser nem climatérica nem sensível ao frio, a nêspera se conserva bem.

DRUPAS: DAMASCO, CEREJA, PÊSSEGO E AMEIXA

Todas as drupas são espécies do gênero *Prunus*, membros da família das rosáceas e parentes dos pomos. Em inglês são chamadas *stone fruits*, "frutas com pedras no meio", nome devido à duríssima "casca" que envolve uma única semente grande no centro do fruto*. Embora as 15 espécies do gênero *Prunus* sejam encontradas em todo o Hemisfério Norte, as drupas mais importantes são naturais da Ásia. Não armazenam amido e por isso não se tornam mais doces depois da colheita, embora amaciem e desenvolvam mais o aroma. Seus tecidos internos tendem a se tornar farinhentos ou mesmo líquidos após prolongada estocagem a frio; por isso as drupas são mais sazonais que as maçãs e peras, as quais têm mais resistência. À semelhança de alguns pomos, as drupas acumulam sorbitol, um álcool de açúcar não digerível (ingrediente frequente em gomas e doces sem açúcar, p. 662); também são ricas em fenóis antioxidantes. Suas sementes são protegidas por uma enzima que gera cianeto e produz o aroma característico da essência de amêndoa (a amêndoa, aliás, é a semente da *Prunus amygdalus*). Emprestam assim uma nota de amêndoas às conservas à base de açúcar e álcool e podem substituir as "amêndoas amargas" em massas e doces europeus (p. 561).

Ameixa e seus híbridos. A maioria das ameixas são frutos de duas espécies do gênero *Prunus*. Uma espécie eurasiana, *P. domestica*, deu origem às ameixas europeias, entre as quais as variedades francesa e italiana usadas para fazer ameixas secas, a Greengage, a Reine Claude, a Yellow-Egg e a Imperatrice. As mais comuns são as usadas para fazer ameixas secas: frutas ovais de cor roxo-azulada, com polpa carnosa, mais ou menos macia e que se desprega mais ou menos facilmente do caroço. Já a espécie asiática *P. salicina*, originária da China, foi aperfeiçoada no Japão e ulteriormente selecionada por Luther Burbank e outros agricultores norte-americanos depois de 1875. As variedades da espécie asiática (Santa Rosa, Elephant Heart e muitas outras) tendem a ser maiores, mais redondas, de coloração amarela, vermelha ou roxa, de polpa presa ao caroço e, em geral, macias. As ameixas europeias são geralmente secas ou transformadas em conservas ou compotas; as asiáticas são consumidas frescas. A ameixa é uma fruta climatérica, e por isso pode ser colhida antes de estar madura, estocada a 0 °C por até 10 dias e depois lentamente amadurecida a 13 °C. Seu aroma depende da variedade, mas em geral inclui o benzaldeído típico das amêndoas, o linalol floral, a lactona do pêssego e o pungente metil cinamato.

Os híbridos de ameixa e damasco, chamados em inglês de *pluot* (mais material genético da ameixa) ou *plumcot* (quantidade equivalente de material genético da ameixa e do damasco), são em geral mais doces que as ameixas e têm aroma mais complexo. Existem também algumas espécies de ameixa menos conhecidas, entre as quais a *P. insititia* e a *P. spinosa* inglesas. Esta última dá frutos pequenos e adstringentes, usados para fazer um tipo de gim.

Ameixa seca. Estas ameixas, de polpa firme, são postas para secar ao sol ou num desidratador a cerca de 79 °C, durante 18-24 h. Desenvolvem um sabor rico graças à concentração de açúcares e ácidos – quase 50% e 5% de seu peso respectivamente – e às reações de escurecimento que geram notas de caramelo e tostado; também a cor preto-acastanhada é escura suficiente para ficar bonita. É em razão dessa riqueza que a

---

* O termo "drupa", por sua vez, vem em última análise do grego *dryppa*, "azeitona". (N. do T.)

ameixa seca dá certo em muitos pratos salgados feitos com carne. A ameixa seca é fonte tão concentrada de compostos fenólicos antioxidantes (até 150 mg a cada 100 g) que se torna naturalmente um ótimo estabilizador de sabor: impede o desenvolvimento do sabor de "requentado" nas carnes moídas quando incluída à razão de poucos pontos percentuais (2 colheres de sopa por quilo de carne). Também é rica em fibras, que retêm umidade, e em sorbitol; por isso é usada para substituir a gordura em hambúrgueres e nos mais diversos pratos assados. (A cereja seca tem muitas propriedades e usos semelhantes.) Sua famosa ação laxativa sobre o sistema digestivo humano não é perfeitamente compreendida, mas provavelmente envolve o álcool de açúcar chamado sorbitol (p. 662), que representa até 15% do peso da ameixa seca ou de seu suco. Uma vez que não conseguimos digerir o sorbitol, ele passa incólume para o intestino, onde pode ter efeito estimulante.

Cereja. Existem dois tipos básicos de cereja, cada um dos quais correspondente a uma espécie. Ambos são naturais do oeste asiático e do sudeste da Europa. A cereja doce é o fruto da *Prunus avium*, uma das prováveis ancestrais da cereja azeda, *Prunus cerasus*. A diferença entre a cereja doce e a azeda está sobretudo no conteúdo máximo de açúcar, uma vez que a doce acumula uma quantidade bem maior dessa substância. A cereja não melhora depois de colhida e por isso deve ser retirada da árvore quando já madura e frágil. A maioria das cerejas doces cultivadas nos Estados Unidos é vendida fresca, mas a quantidade de cerejas azedas é muito maior, e a maior parte delas é processada. A cereja é apreciada não só por seu sabor, mas também pela cor, que vai de um vermelho bem escuro (rico em antocianinas) até um amarelo bem claro. As variedades vermelhas são rica fonte de antioxidantes fenólicos.

O sabor da cereja é dado principalmente pelo benzaldeído típico das amêndoas, por um terpeno floral (linalol) e pela essência do cravo (eugenol). O calor intensifica as notas florais e de amêndoas, especialmente se a fruta for cozida com o caroço. É por isso que o creme ácido chamado *clafoutis* de cereja, um clássico da culinária francesa, tem sabor intenso, mas deve ser mastigado com cuidado!

A famosa cereja "ao marasquino" originou-se há alguns séculos no nordeste da Itália e nos vizinhos Bálcãs, onde a cereja local, da variedade marasca, era preservada em seu próprio licor para ser comida no inverno. Na moderna versão industrializada, variedades de polpa clara são branqueadas com dióxido de enxofre e preservadas em salmoura até o momento da preparação. Em seguida, são postas em infusão em calda de açúcar, tingidas de vermelho, aromatizadas com essência de amêndoa e pasteurizadas. No final desse processo, o que sobra da cereja original é principalmente seu esqueleto: as paredes celulares e a casca.

Damasco. O damasco mais conhecido no Ocidente é o fruto da *Prunus armenica*, árvore natural da China que foi levada ao Mediterrâneo na época romana. Existem

As drupas e a flor da qual surgem. O pêssego e a cereja derivam de um ovário situado acima da base da flor, de tal modo que nenhum traço desta permanece nas frutas.

hoje milhares de variedades, não só alaranjadas com também brancas e vermelhas (pigmentadas com licopeno), a maioria delas adaptadas a climas específicos; o damasco floresce e frutifica cedo (o sinônimo "apricô" vem do latim *praecox*, "precoce") e, por isso, se dá melhor nas regiões onde o inverno é ameno e previsível. Várias outras espécies são cultivadas na Ásia, entre as quais a *P. mume*, cujos frutos os japoneses preservam em sal e tingem de vermelho para fazer o condimento chamado *umeboshi*. O aroma característico do damasco fresco é dado por uma rica mistura de terpenos que proporcionam notas cítricas, herbáceas e florais, bem como por compostos típicos do pêssego (lactonas). O damasco é rico em pectina, a qual lhe proporciona textura polpuda quando maduro e carnosa depois de seco.

O damasco é uma fruta delicada e não resiste bem ao transporte. Por isso a maioria é processada. É especialmente adequado à secagem, a qual concentra seu sabor agridoce mesmo quando excessivamente maduro. Nos Estados Unidos, a maioria dos damascos secos vêm de alguns estados da Costa Oeste ou da Turquia, que exporta uma variedade relativamente clara e de sabor pouco pronunciado, com metade dos pigmentos carotenoides e da acidez das variedades Blenheim e Patterson típicas da Califórnia. Os frutos são secos ao sol no começo do verão por uma ou duas semanas até seu teor de umidade reduzir para 15-20%. Em regra, são tratados com dióxido de enxofre para preservar o abundante betacaroteno e outros carotenoides, a vitamina C e o sabor da fruta fresca. Os damascos secos não sulfurados são castanhos e têm sabor menos complexo, lembrando o da fruta cozida.

Pêssego e nectarina. Tanto o pêssego quanto a nectarina são frutos da espécie *Prunus persica*. A nectarina é uma variedade de pele lisa; em geral também é menor, mais firme e mais aromática que seu irmão penugento. As palavras "pêssego" e *"persica"* vêm de "Pérsia", país através do qual a fruta, vinda da China, chegou ao mundo mediterrâneo em torno de 300 a.C.

As modernas variedades de pêssego e nectarina se distribuem numas poucas categorias. Podem ter a polpa branca ou amarela, firme ou macia, firmemente ligada ao caroço ou facilmente destacada dele. As características geneticamente dominantes são a polpa branca, macia e destacável do caroço. As variedades amarelas foram desenvolvidas sobretudo depois de 1850, e os tipos firmes e de polpa pegada ao caroço foram selecionados para serem secos ou enlatados e resistir melhor ao transporte e à manipulação. A coloração amarela é dada por alguns pigmentos carotenoides, entre eles o betacaroteno; as variedades vermelhas, mais raras, contêm antocianinas (e o mesmo se pode dizer da casca de quase todos os pêssegos). O pêssego começa a amadurecer do lado do pedúnculo e ao longo do vinco, ou "sutura", que lhe marca a superfície. Diz-se que continua a desenvolver seu sabor mesmo após a colheita. O sabor caracteristicamente aromático do pêssego e da nectarina é dado principalmente por compostos chamados lactonas, que também são responsáveis pelo aroma do coco; certas variedades também contêm eugenol, típico do cravo.

O problema mais frequente que acomete o pêssego é a polpa farinhenta. Ao que parece, tal fato se deve à sustação da decomposição da pectina, que ocorre quando a fruta é temporariamente estocada em temperatura inferior a 8 °C. Esse fenômeno é mais comum nas frutas vendidas em supermercado.

FRUTAS VERMELHAS, UVAS E KIWI

O termo *frutas vermelhas* traduz aqui o inglês *berries* (plural de *berry*) e, no uso que lhe damos neste livro, se refere a frutos pequenos que nascem em moitas e arbustos, não em árvores. O termo *berry* significa literalmente "baga", palavra que tem conotação botânica específica; no inglês, porém, ele tem uso comum relativamente vago. A maioria das frutas vermelhas conhecidas são naturais das florestas e bosques do Hemisfério Norte.

Framboesa, *blackberry* e seus parentes. A framboesa, o *blackberry* e seus parentes são frutos das plantas do gênero *Rubus*, que crescem naturalmente em quase toda a região temperada do Hemisfério Norte na forma de caules e galhos compridos, finos e espinhosos. Existem centenas de espécies de *blackberry* naturais da Europa e das Américas, mas apenas um punhado de espécies de framboesa. O cultivo deliberado destas frutas provavelmente só começou por volta do ano 1500, e de lá para cá foram criados vários híbridos entre o *blackberry* e a framboesa, entre os quais o *boysenberry*, o *loganberry*, o *youngberry* e o *tayberry* a partir de espécies americanas, bem como a variedade Bedford Giant a partir de espécies europeias. Entre as frutas menos conhecidas deste gênero podemos mencionar o *cloudberry* (uma fruta escandinava de coloração amarelo-alaranjada) e a framboesa-do-ártico, vermelho-escura e intensamente aromática.

Os frutos da família da framboesa são compostos: cada flor tem de 50 a 150 ovários e cada ovário gera um frutículo separado, semelhante a uma ameixa em miniatura com semente dura no centro. Os frutículos são nutridos pelo contato com a base da flor e agregados por uma rede de pequenos filamentos que nascem em sua superfície (e que serviram de inspiração original para o Velcro). Quando amadurece, o *blackberry* se separa do pedúnculo situado sob a base da flor, de modo que a base se desprende junto com a fruta; a framboesa, ao contrário, se separa da própria base, tendo por isso uma cavidade interior. As frutas da família da framboesa são climatéricas e, entre os frutos em geral, são as que têm uma das taxas respiratórias mais altas. Em razão disso e de sua casca fina, são extremamente frágeis e perecíveis.

O sabor característico da framboesa é devido a um composto chamado "cetona da framboesa"; essa fruta tem também uma nota de violeta (dada pelas iononas, fragmentos de carotenoides). Constatou-se que o sabor das frutas vermelhas silvestres é de longe o mais intenso. O sabor do *blackberry* varia: as variedades europeias são mais suaves, as americanas mais intensas, todas com notas aromáticas de especiarias (terpenos). A maioria das cores destas frutas são dadas por antocianinas, cuja sensibilidade às mudanças de pH pode fazer com que um *blackberry* roxo-escuro se torne vermelho depois de congelado (p. 311). Estas frutas são excelentes fontes de antioxidantes fenólicos, pelo menos um

Frutas vermelhas comuns. O mirtilo (à esquerda) é uma baga propriamente dita, ou seja, uma fruta única derivada do ovário da planta. Os morangos e as frutas semelhantes à framboesa não são verdadeiras bagas, mas frutos múltiplos que se desenvolvem a partir de muitos ovários situados no mesmo receptáculo floral. Cada segmento de uma framboesa ou de um blackberry *(centro) é uma drupa completa. O morango (à direita) é um "falso fruto": as pequenas "sementes" presentes na superfície da base intumescida da flor são frutos secos, mas inteiros, que correspondem aos segmentos das frutas semelhantes à framboesa.*

dos quais (ácido elágico) aumenta de quantidade quando se faz geleia. Quando as frutas são usadas para fazer compota, suas numerosas sementes (em número de milhares a cada 100 g) podem às vezes absorver a calda de açúcar, tornar-se translúcidas e dar à geleia, geralmente escura, uma tonalidade leitosa e opaca.

Mirtilo, oxicoco e seus parentes. Estas frutas vermelhas são produzidas por várias espécies do gênero *Vaccinium*, disseminado por toda a Europa Setentrional e a América do Norte.

Mirtilo. O mirtilo (*blueberry*) é a frutinha de um arbusto norte-americano do gênero *Vaccinium*, encontrado desde os trópicos até o Ártico. O *V. angustifolium* e o *V. corymbosum* são plantas herbáceas pioneiras, ou seja, estão entre as primeiras a surgir em campos queimados. Seus frutos eram colhidos na forma silvestre até a década de 1920, quando as primeiras variedades selecionadas do tipo "*highbush*" (*corymbosum*) foram desenvolvidas em Nova Jersey. O *bilberry*, *V. mirtillus*, é a variedade europeia do mirtilo; e o *rabbit-eye blueberry*, *V. ashet*, é uma variedade semelhante mas menos saborosa, originária do sul dos Estados Unidos. O *huckleberry*, nome que designa várias espécies do gênero *Vaccinium*, tem poucas sementes grandes e duras, ao passo que o mirtilo tem muitas sementes pequenas.

O mirtilo tem um aroma característico, de especiarias, aparentemente devido a vários terpenos. É rico em antioxidantes fenólicos e em antocianinas, principalmente na casca. Estas frutinhas se congelam bem e conservam a forma e a consistência quando assadas. Os pigmentos podem assumir estranhos tons de verde quando a fruta é acompanhada de ingredientes alcalinos (bicarbonato de sódio em *muffins*, por exemplo).

Oxicoco e seus parentes. O oxicoco (*cranberry*) é o fruto da trepadeira perene norte-americana *Vaccinium macrocarpon*, natural das áreas mais baixas e pantanosas do norte dos Estados Unidos, desde a Nova Inglaterra até o Centro-Oeste. O cultivo e a seleção começaram no século XIX, e o molho de oxicoco de consistência gelatinosa, muito popular nos Estados Unidos,

---

Algumas relações entre os membros do gênero da framboesa

Todas estas plantas pertencem ao prolífico gênero *Rubus*, da família das rosáceas.

Framboesa, europeia	*Rubus idaeus vulgatus*
Framboesa, americana	*R. idaeus strigosus*
Framboesa, preta (africana)	*R. occidentalis*
Blackberry, europeu	*R. fruticosus*
Blackberry, americano	*R. ursinus, laciniatus, vitifolius* etc.
Dewberry, europeu	*R. caesinus*
Dewberry, americano	*R. flagellaris, trivialis*
Boysenberry, loganberry, marionberry, olallieberry, youngberry	Vários híbridos entre *blackberry* e framboesa
Cloudberry	*R. chamaemorus*
Salmonberry	*R. spectabilis*
Framboesa-do-ártico	*R. arcticus*

surgiu no comecinho do século XX quando um produtor decidiu aproveitar seus oxicocos danificados para fazer um purê enlatado.

O oxicoco pode ser colhido "a seco", com uma máquina semelhante a um pente, ou "a úmido", inundando o pântano. Aqueles colhidos a seco se conservam melhor, por vários meses. O oxicoco dura bastante por vários motivos. Um é a alta acidez, suplantada somente pela do limão siciliano e da lima ácida ou limão verde (acidez que é, aliás, o principal obstáculo ao consumo da fruta sem acompanhamento). O outro é o altíssimo teor de compostos fenólicos (até 200 mg a cada 100 g), alguns dos quais têm efeito antimicrobiano e provavelmente protegem a fruta em seu hábitat natural úmido. A maioria desses fenóis são úteis para o ser humano, alguns como antioxidantes, outros como antimicrobianos. É exemplo o ácido benzoico, conservante comum em alimentos industrializados. Um pigmento precursor encontrado no oxicoco (e também no mirtilo) impede as bactérias de aderir a vários tecidos do corpo humano e ajuda, assim, a prevenir as infecções urinárias.

O aroma de especiarias que caracteriza o oxicoco é criado por uma combinação de terpenos e derivados fenólicos (cinamatos, benzoatos, vanilina, benzaldeído). Alguns fenóis produzem marcante adstringência. O oxicoco é rico em pectina, e é por isso que seu purê se espessa imediatamente, formando um molho, com um mínimo de cocção; pelo mesmo motivo, oxicocos macerados em álcool podem causar a gelificação deste.

O *lingonberry* ou *cowberry* é o fruto de um parente europeu do oxicoco americano, *V. vitis-idaea*; tem sabor característico e complexo. O oxicoco europeu ou arando, *V. oxycoccus*, tem sabor mais forte e mais herbáceo que o da espécie norte-americana.

Groselha-preta, groselha-branca, groselha-vermelha e groselha-espinhosa. Todas estas frutas são espécies do gênero *Ribes*, encontrado na Europa Setentrional e na América do Norte. Parece que o cultivo destas espécies só começou por volta de 1500. (Nos Estados Unidos, o cultivo foi obstado por regulamentos federais e estaduais, uma vez que estas frutas podem transmitir uma doença que ataca o pinheiro-branco.) Existem groselhas brancas e vermelhas, *R. sativum* e *R. rubrum*, além de híbridas entre as duas. A groselha-preta ou cassis, *R. nigrum*, é mais ácida que as demais e tem aroma caracteristicamente intenso, composto por muitos terpenos com notas de especiarias, ésteres frutais e um composto sulfuroso almiscarado, com cheiro de gato, encontrado também nos vinhos brancos do tipo Sauvignon. O cassis também é bastante rico em vitamina C e compostos fenólicos antioxidantes – cerca de um terço dos quais são antocianinas. As groselhas branca, vermelha e preta são usadas principalmente para fazer compotas ou geleias, e os franceses aproveitam a preta para produzir o licor chamado *crème de cassis*.

A groselha-espinhosa, *R. grossularia*, é maior que as demais e é habitualmente colhida verde para ser cozida em recheios e molhos. A *jostaberry* é uma híbrida de groselha-preta e groselha-espinhosa.

Uva. A uva é uma baga, fruto de trepadeiras lenhosas do gênero *Vitis*. A *V. vinifera*, principal fonte das uvas de mesa e das usadas para a fabricação de vinho, é originária da Eurásia (p. 822). Existem também cerca de 10 espécies de uva naturais das regiões temperadas da Ásia e 25 espécies norte-americanas, entre as quais *V. labrusca*, que nos fornece as uvas Concord e Catawba. Cerca de dois terços da produção mundial de uvas são usados para fazer vinho; do restante, mais ou menos dois terços são consumidos frescos e um terço é transformado em uvas-passas. Existem milhares de variedades de uva. A maioria das viníferas se originaram na Europa, ao passo que as variedades consumidas frescas ou passas vieram, em regra, de estirpes da Ásia Ocidental. As uvas viníferas dão em cachos relativamente pequenos e são ácidas suficiente para controlar a fermentação; as de mesa dão em cachos grandes e são menos azedas; as usadas para fazer passas têm casca fina e alto teor de açúcar, além de as bagas disporem-se bem separadas umas das outras no cacho, o que facilita a secagem. A Thompson sem semente, que nos Estados Unidos é a mais comum das uvas de mesa e das usadas para fazer passas, é uma versão de uma antiga variedade médio-oriental chamada Kishmish, usada para todas as finalidades.

Há diversos tipos de uvas de mesa: com ou sem sementes; roxas de antocianinas ou de cor amarelo-clara, com teor de açúcar de 14 a 25%, com acidez de 0,4 a 1,2%. Podem ter aroma verde, quase neutro (Thompson sem semente), levar as notas florais e cítricas dos terpenos (Moscatel) ou desprender o odor almiscarado do antranilato e outros ésteres (Concord e outras variedades americanas). Hoje em dia, a maioria das variedades comerciais foram selecionadas para serem sem sementes, "crocantes", azedinhas e bem doces, com longa vida de prateleira. Uvas Thompson sem sementes colhidas no frescor da manhã e tratadas com dióxido de enxofre antimicrobiano podem ser conservadas por até dois meses a 0 °C.

Uvas-passas. É fácil preservar uvas secando-as ao sol para fazer passas. Nos Estados Unidos, as uvas geralmente são colocadas sobre folhas de papel entre as fileiras do vinhedo por cerca de três semanas. As uvas-passas são naturalmente marrons e têm notas de sabor de caramelo em razão de uma combinação da oxidação enzimática dos compostos fenólicos e da ocorrência direta de reações de escurecimento entre açúcares e aminoácidos (pp. 298, 867). Ambos os processos são acelerados pela alta temperatura; por isso as uvas secas à sombra têm cor mais clara. Para fazer passas douradas, as uvas são tratadas com o antioxidante dióxido de enxofre e secas mecanicamente em condições controladas de temperatura e umidade; o resultado é um sabor muito mais leve e frutado. As "passas-de-corinto" são feitas com as pequenas uvas pretas da variedade Corinto e são mais azedas que as passas comuns em razão da maior proporção de casca em relação à polpa.

Verjus e saba. Há dois preparados antigos feitos com uvas que se mostram muito versáteis na cozinha. As frutas colhidas seis a oito semanas antes da colheita principal (para arejar os cachos) são esmagadas e filtradas para produzir *verjus*, uma alternativa azeda ao vinagre ou ao sumo de limão, levemente adocicada, com aroma verde e delicado. E uvas maduras são cozidas e reduzidas a um xarope aromático, espesso e agridoce (*sapa* em Roma, *saba* e *mosto cotto* no resto da Itália, *pekmez* na Turquia e *dibs* no mundo árabe). Como os xaropes feitos de outras frutas (romã, por exemplo), o de uvas era importante adoçante antes de o açúcar de mesa se tornar barato; mas, além de doçura, ele proporciona azedume e aroma. Conjectura-se que o vinagre balsâmico se desenvolveu a partir de um xarope de uvas fermentado (p. 863).

Kiwi. É este o nome que os produtores neozelandeses inventaram para designar a extraordinária baga azeda de uma trepadeira chinesa, *Actinidia deliciosa*, quando a introduziram no mercado internacional na década de 1970. Hoje são cultivadas várias outras espécies do gênero *Actinidia*, entre as quais a *A. chinensis*, de polpa amarela ou avermelhada. O kiwi é incomum quanto à aparência e ao modo de amadurecimento. Sua casca fina e penugenta não muda de cor à medida que a fruta amadurece; a polpa translúcida tem cor verde em razão da clorofila e contém mais de 1.500 sementinhas pretas embutidas num anel ligado ao centro da fruta por raios brancos de tecido vascular. (Existem também variedades sem clorofila, de polpa amarela, vermelha ou roxa.) Por isso as fatias transversais de kiwi são muito bonitas. Quando colhido, o kiwi contém grande quantidade de amido. Ao longo de vários meses de estocagem a 0 °C, o amido se converte lentamente em açúcares. Depois, em temperatura ambiente, a fruta sofre um amadurecimento climatérico que dura cerca de 10 dias. A polpa amolece e o aroma se intensifica: ésteres fortemente frutados (benzoatos, butanoatos) passam a predominar sobre os alcoóis e aldeídos mais delicados e herbáceos. Certas variedades de kiwi são ricas em vitamina C e carotenoides.

O kiwi apresenta dois desafios ao cozinheiro. Primeiro, contém actinidina, uma poderosa enzima que digere proteínas, a qual pode danificar outros ingredientes de uma mistura e irritar a pele sensível. O calor desativa as enzimas, mas também enevoa a cor e a translucidez delicadas da fruta. Além disso, o kiwi contém cristais de oxalato de cálcio (p. 287). A transformação da fruta em purê ou suco, ou a sua secagem, podem tornar esses cristais mais irritantes para a boca e a garganta.

Amora. A amora é o fruto composto, frágil e surpreendentemente pequeno das árvores do gênero *Morus*. Assemelha-se ao *blackberry*, mas cada frutinho nasce de uma flor separada num pedúnculo curto. A amoreira-branca, *M. alba*, é natural da China, onde suas folhas são há muito usadas como alimento do bicho-da-seda. A cor dos frutos vai de branca a roxa e seu sabor é relativamente pouco pronunciado; às vezes os frutos são secos para fazer amoras-passas, o que ajuda a intensificar o sabor. A espécie persa ou amoreira-preta, *M. nigra*, vem da Ásia Ocidental; seus frutos são sempre roxo-escuros e muito mais saborosos. A amora-vermelha norte-americana, *M. rubra*, é azeda. É usada para fazer geleia, xarope e *sorbet*.

Morango. O morango é produzido pelas pequenas plantas perenes do gênero *Fragaria*, cujas 20 espécies são originárias de diferentes pontos do Hemisfério Norte. São plantas de fácil cultivo e, por isso, são plantadas em toda parte, da Finlândia ártica ao Equador tropical. O morango é atípico por produzir suas "sementes" na superfície da parte carnosa e não dentro desta. A verdade é que essas "sementes" são frutos secos em miniatura (aquênios), semelhantes às "sementes" de trigo-sarraceno e de girassol, e a porção carnosa é a base intumescida da flor, não seu ovário. Durante o amadurecimento, as células de dentro do morango aumentam de tamanho e se separam umas das outras. Assim, a fruta se enche de minúsculos bolsões de ar e sua forma se mantém pela pressão dos conteúdos das células, que apertam cada célula de encontro a suas vizinhas. Quando essa pressão diminui – pela perda de água decorrente quer da secagem, quer do congelamento que perfura as paredes celulares –, a estrutura enfraquece e a fruta se torna mole e pastosa. O morango não melhora depois de colhido, e por isso só deve sê-lo depois de maduro. Em razão da pele delicada e da estrutura frágil, ele dura poucos dias, mesmo estocado a frio.

A nota de abacaxi no morango comum é dada pela presença de etil ésteres. Alguns compostos sulfurosos e um anel complexo, que contém oxigênio e lembra o caramelo (furaneol, também característico do abacaxi), arredondam o aroma da fruta. O morango silvestre europeu, menor, tem sabor de uvas Concord dado por antranilatos, além de uma nota de cravo (do composto fenólico eugenol). Todo morango é rico em ácido ascórbico e em antioxidantes fenólicos, entre os quais as antocianinas vermelhas que o pigmentam. É pobre em materiais pécticos, sendo por isso que as geleias de morango costumam ser suplementadas com pectina preparada ou frutas ricas em pectina.

A domesticação do morango. A maioria dos morangos cultivados hoje derivam de duas espécies americanas que foram hibridizadas há menos de 300 anos – e na Europa, não nas Américas!

A Europa tem seu próprio morango nativo (*F. vesca* e *F. moschata*), hoje chamado morango "silvestre" ou *freise de bois*, embora seja cultivado. Esse morango foi mencionado na literatura romana e cultivado desde então; no século XV tinha uma fragrância maravilhosa mas ainda era pequeno, duro e pouco produtivo. Os primeiros europeus que chegaram à América do Norte maravilharam-se diante do tamanho e do vigor de uma espécie americana, *F. virginiana*, e a levaram de volta à Europa. Em seguida, um francês chamado Frézier – nome espetacularmente apropriado – descobriu no Chile os frutos de outra espécie nativa do Novo Mundo, *F. chiloensis*, os quais tinham o tamanho de uma noz. Em 1712, levou tal espécie à França. Por volta de 1750, na região produtora de morangos ao redor da cidade de Plougastel, na Bretanha, surgiu acidentalmente um híbrido dessas duas espécies americanas. Do outro lado do Canal da Mancha, na Inglaterra, ocorreu uma mutação natural da espécie chilena: morangos grandes e rosados, com formato e aroma que lembravam os do abacaxi. As modernas variedades de morango, grandes, vermelhas e saborosas, derivam todas desses dois antepassados cem por cento americanos. Receberam o nome científico de *F. x ananassa* para indicar sua origem híbrida (*x*) e seu característico aroma de abacaxi (*ananassa*).

Fruto do sabugueiro e uva-espim. São frutas menores que vale a pena redescobrir. Os frutos do sabugueiro, de agradável aroma, nascem nas árvores do gênero *Sambucus*, encontradas em todo o Hemisfério Norte. São geralmente cozidos ou transformados em vinho, uma vez que são azedos demais para serem comidos crus e por conter lectinas antinutritivas (p. 287) desativadas somente pelo calor. O fruto do sabugueiro é rico em antocianinas e compostos fenólicos antioxidantes. O mesmo ocorre com a uva-espim, fruto dos arbustos do gênero *Berberis*, naturais do Hemisfério Norte. Esta se parece com um oxicoco e resiste bem à secagem. A uva-espim é muito usada na culinária persa, onde figura como os azedos rubis de um prato chamado "arroz com joias".

OUTRAS FRUTAS DE CLIMA TEMPERADO

Caqui. O caqui é o fruto de certas árvores do gênero *Diospyros*, natural da Ásia e da América do Norte. Existe um caqui genuinamente norte-americano, do tamanho de uma ameixa, de nome *D. virginiana*, e uma espécie mexicana chamada sapota-preta (*D. digyna*). Porém, a espécie de caquizeiro mais importante em todo o mundo é a *D. kaki*, árvore com frutos do tamanho de uma maçã, natural da China e adotada pelo Japão; às vezes se diz que o caqui está para os japoneses com a maçã para os estadunidenses. O caqui japonês é um fruto doce, pouco ácido e suave, com umas poucas sementes marrons rodeadas de uma polpa laranja viva em razão da presença de vários pigmentos carotenoides, entre os quais o betacaroteno e licopeno. Tem aroma muito suave que lembra o da abóbora

---

Palavras da culinária: *berry* (baga, fruta vermelha), *strawberry* (morango)

A palavra *berry* (baga, fruta vermelha) vem de uma raiz indo-europeia que significa "brilhar", talvez em razão das muitas cores vivas dessas frutinhas. O elemento *straw* de *strawberry* (morango) vem de uma raiz que significa "espalhar". A palavra *straw* (palha) designa os caules secos espalhados pelo campo depois da colheita dos cereais; talvez o morango tenha recebido o nome de *strawberry* em língua inglesa em razão do hábito do morangueiro de se disseminar por estolhos. Há um termo correlato na culinária: *streusel*, farofa doce que se polvilha sobre as massas antes de estas serem levadas ao forno.

e provavelmente deriva de produtos da decomposição dos carotenoides.

Existem dois tipos gerais de caqui japonês: o adstringente e o não adstringente. As variedades adstringentes, entre as quais o Hachiya (afilado no lado de baixo), têm tamanho teor de tanino que só são comestíveis quando completamente maduras, ocasião em que sua polpa fica translúcida e quase líquida. Os tipos não adstringentes, entre os quais o Fuyu (de base chata) e o Jiro, não são tânicos e podem ser comidos ainda verdes e crocantes (também não ficam tão macios quanto os tipos adstringentes). Há séculos, os chineses descobriram um jeito de remover a adstringência do caqui antes de este amadurecer – processo que talvez seja o primeiro exemplo de estocagem em atmosfera controlada! Simplesmente enterravam a fruta na lama por alguns dias. Acontece que, quando os frutos são privados de oxigênio, eles modificam seu metabolismo de um modo tal que acabam acumulando um derivado de álcool chamado acetaldeído. Esta substância se liga aos taninos dentro das células, impedindo-os de estabelecer ligações químicas com nossa língua. Os cozinheiros modernos podem fazer a mesma coisa envolvendo cuidadosamente os caquis num filme plástico verdadeiramente hermético, feito de cloreto de polivinilideno (*saran*).

De hábito, o caqui é consumido cru, ou é congelado inteiro para transformar-se num *sorbet* natural, ou é usado para fazer doce. O tradicional pudim de caqui norte-americano deve sua característica cor marrom, quase preta, à combinação da glicose e frutose da fruta com a farinha, as proteínas do ovo, o bicarbonato de sódio alcalino e horas de cocção, que estimulam a ocorrência de reações de escurecimento (p. 867; substituído o bicarbonato de sódio por fermento em pó químico neutro ou diminuído o tempo de cocção, o que se obtém é um doce de cor laranja-clara). A polpa do caqui, batida, pode produzir uma espuma que se mantém estruturada por bastante tempo graças ao tanino, que ajuda a juntar fragmentos de parede celular para estabilizar os bolsões de ar. No Japão, a maioria dos caquis da variedade Hachiya são secos. Nesse processo, são massageados a cada poucos dias para espalhar homogeneamente a umidade e reduzir um pouco a fibrosidade, adquirindo textura macia, semelhante à de uma massa de farinha.

Physalis. É este o nome pelo qual vêm se tornando conhecidos no Brasil os frutos de certas plantas herbáceas da família das solanáceas, parentes próximos do tomatilho (p. 368). A physalis-do-peru, *Physalis peruviana*, é originária do continente sul-americano, ao passo que a physalis mais conhecida nos Estados Unidos, *P. pubescens*, é natural tanto da América do Norte quanto da do Sul. Ambos os frutos se assemelham a tomates em miniatura, de casca grossa e amarelada; nascem envoltos numa palha fina como papel e se conservam bem em temperatura ambiente. A physalis-do-peru tem notas aromáticas florais e de caramelo, ao lado de ésteres frutais mais genéricos. Estes frutos são usados para fazer compotas e tortas.

Ruibarbo. O ruibarbo é uma hortaliça que muitas vezes se mascara de fruta. São as azedíssimas hastes das folhas de uma

---

Palavras da culinária: *rhubarb* (ruibarbo)

O termo *rhubarb* (ruibarbo) foi cunhado no latim medieval pela combinação das palavras *rha* e *barbarum*, ambas de origem grega, que significam respectivamente "ruibarbo" e "estrangeiro". *Rha* também era o nome do rio Volga, de modo que a planta pode ter recebido do rio o seu nome: provinha de terras estrangeiras muito a leste do Volga.

grande planta herbácea, *Rheum rhabarbarum*, originária das regiões temperadas da Eurásia, que se tornou popular na Inglaterra no começo do século XIX por ser uma das primeiras hortaliças a surgir no início da primavera – e por lembrar uma fruta. A raiz de ruibarbo há muito era usada como laxante na medicina chinesa e comercializada como planta medicinal. Os caules também eram usados como hortaliças no Irã e no Afeganistão (cozidos com espinafre), bem como na Polônia (com batatas). No século XVIII, os ingleses já os usavam para fazer tortas e pasteizinhos doces. O século XIX assistiu ao surgimento de variedades melhores e de técnicas para transplantar raízes maduras e acelerar o crescimento dos caules em galpões quentes e escuros, gerando assim tecidos mais macios e adocicados. Esses aperfeiçoamentos, o açúcar mais barato e o aumento da oferta resultaram numa verdadeira "febre do ruibarbo" que atingiu seu auge entre as duas guerras mundiais.

Os caules do ruibarbo podem ser vermelhos (pigmentados por antocianinas), verdes ou de um matiz intermediário, dependendo da variedade e da técnica de produção. Sua acidez é gerada por diversos ácidos orgânicos, especialmente o oxálico, responsável por cerca de um décimo da acidez total de 2-2,5%. (É o dobro ou o triplo do teor de oxalato do espinafre ou da beterraba.) Diz-se que as folhas de ruibarbo são tóxicas em razão de seu alto conteúdo de oxalato – até 1% do peso da folha –, mas é possível que também haja outras substâncias responsáveis por essa toxicidade. Hoje, o ruibarbo é disponibilizado praticamente o ano inteiro graças ao cultivo em estufa, mas alguns cozinheiros preferem o sabor e a cor mais intensos da planta colhida em campo aberto no final da primavera. Para preservar a cor dos caules vermelhos, devem ser minimizados tanto o tempo de cocção quanto o acréscimo de líquido, que dilui os pigmentos.

FRUTAS DE CLIMA QUENTE: MELÃO E MELANCIA, FRUTAS CÍTRICAS, FRUTAS TROPICAIS E OUTRAS

MELÃO E MELANCIA

Todos os melões (mas não a melancia) são frutos da planta *Cucumis melo*, parente próxima do pepino (*C. sativus*) e natural do semiárido subtropical da Ásia. O meloeiro foi domesticado na Ásia Central ou na Índia e chegou ao Mediterrâneo no começo do século I d.C., onde seu crescimento rápido e o grande tamanho dos frutos tornou-o um símbolo natural da fertilidade, da abundância e do luxo. Há muitas variedades de melão, cada qual com seu tipo de casca, cor da polpa (as alaranjadas são excelente fonte de betacaroteno), textura, aroma, tamanho e capacidade de conservação.

Em geral, os melões são consumidos frescos, fatiados ou transformados em purê. Contêm cucumisina, uma enzima que digere proteínas, e por isso impedem a solidificação das gelatinas a menos que a enzima seja desnaturada pela cocção ou se use uma quantidade excessiva de gelatina. A superfície do melão pode ser contaminada por microrganismos no campo de cultivo e causar intoxicação alimentar quando esses microrganismos se introduzem na polpa na hora de cortar a fruta: hoje se recomenda

---

Palavras da culinária: *melon* (melão)

Em grego, a palavra *melon* significava "maçã" e, genericamente, outros frutos com sementes. Os gregos chamavam nosso melão de *melopepon*, ou "cabaça-maçã", termo que foi depois reduzido para *melon*.

que todo melão seja cabalmente lavado com água morna e sabão antes de ser consumido.

As famílias de melões e suas qualidades. Os melões mais comuns no Ocidente se classificam em duas famílias:

- Os melões de verão ou rendilhados são altamente aromáticos e perecíveis, e geralmente têm a casca áspera e rendilhada. Entre eles incluem-se o verdadeiro *cantaloupe* e o *muskmelon**.
- Os melões de inverno ou inodoros são menos aromáticos e menos perecíveis e geralmente têm a casca lisa ou enrugada. Neste grupo incluem-se as variedades *honeydew, casaba* e *canary***.

---

* No Brasil, também o gália. (N. do T.)
** No Brasil, também o amarelo valenciano e o caipira. (N. do T.)

As diferenças entre os melões das duas famílias têm por base certas diferenças fisiológicas. Os melões de verão, aromáticos, são em geral frutas climatéricas que (com exceção do Cantaloupe) se soltam do caule quando maduras e contêm enzimas ativas que geram mais de duzentos ésteres a partir de aminoácidos precursores, ajudando assim a criar seu aroma característicamente rico. Os melões de inverno, por outro lado, são em regra frutas não climatéricas (como as abóboras e os pepinos, seus parentes) e, por apresentarem baixa atividade enzimática, geram poucos ésteres e têm, portanto, sabor mais suave.

É importante que todos os melões amadureçam no pé, pois eles não armazenam amido e portanto não ficam mais doces após a colheita. Restos de caule num melão aromático indicam que ele foi colhido antes de estar plenamente maduro, ao passo que todos os melões de inverno (e os verdadei-

---

Algumas variedades de melão

Melões de verão: muito aromáticos, conservam-se por uma a duas semanas
  Cantaloupe: liso ou levemente rendilhado, polpa alaranjada, sabor rico (*Charentais, Cavaillon*)
  Muskmelons **ou melões rendilhados:** profundamente rendilhados (a maioria das variedades norte-americanas)
  Gália, *ha ogen, rocky ford*: polpa verde, doces e aromáticos
  Ambrosia, *sierra gold*: polpa alaranjada
  Persian: grande, alaranjado, suave
  *Sharlyn/***Ananas:** polpa clara e translúcida
  Pancha (*charentais* × *muskmelon*): reticulados e nervurados, alaranjados, muito aromáticos

Melões de inverno: menos aromáticos, conservam-se durante semanas ou meses
  Honeydew: casca lisa, polpa verde ou alaranjada, doce, aroma suave (muitas variedades)
  Casaba, **Santa Claus:** casca lisa ou enrugada, polpa branca, menos doce e menos aromático que o *honeydew*
  Canary: casca levemente rugosa, polpa branca, "crocante", aromático

Híbridos
  Crenshaw (*persian* × *casaba*): casca rugosa verde-amarelada, polpa alaranjada, suculento, aromático

ros Cantaloupes), até os maduros, conservam um pedaço de caule. O aroma do melão pode continuar a se desenvolver depois de colhida a fruta, mas não será idêntico ao da fruta amadurecida no pé. Além dos ésteres frutais, o melão contém boa parte dos mesmos compostos herbáceos e verdes que dão ao pepino seu sabor característico, além de compostos sulfurosos que proporcionam uma dimensão de sabor mais profunda, sápida.

Melões menos conhecidos. Além dos melões ocidentais, há vários grupos de melões asiáticos, entre os quais os melões japoneses para fazer conserva, muitos dos quais têm a polpa crocante, e os do grupo *flexuosus*, frutos longos e de formato sinuoso (entre estes se inclui o "pepino-da-armênia"). Há também o grupo *dudaim* de melõezinhos pequenos e almiscarados, usados no sul dos Estados Unidos e em outras partes para fazer conservas ou simplesmente perfumar o ar; em hebraico, *dudaim* significa "plantas do amor". O melão-chifrudo é o fruto do *Cucumis metiliferus*. Natural da África, tem a casca amarela e espinhosa e uma quantidade relativamente pequena de gel translúcido e verde-esmeralda ao redor de suas sementes. O gel tem sabor semelhante ao do pepino e é usado para fazer drinques, molhos frescos e *sorbets*. A casca da qual se retiraram a polpa e as sementes constitui um bonito recipiente.

Melancia. Parente distante dos melões, a melancia é o fruto de uma planta rastejante africana, *Citrullus lanatus*, cujas primas selvagens são extremamente amargas. Os egípcios já a comiam há 5 mil anos e os gregos a conheciam no século IV a.C. Atualmente, a produção mundial de melancias é o dobro da dos vários tipos de melão. A melancia é notável pelo tamanho de suas células, que podem ser vistas a olho nu, e dos próprios frutos, que podem chegar a mais de 30 kg. Ao contrário do melão, a melancia é formada pelo tecido placentário, no qual nascem as sementes, e não pela parede do ovário, que as envolve – e que, portanto, não tem sementes. A "melancia sem sementes", que na verdade contém sementes pequenas e pouco desenvolvidas, foi selecionada no Japão na década de 1930. A melancia clássica é vermelho-escura, pigmentada pelo carotenoide licopeno, e na verdade é fonte mais rica deste antioxidante que o tomate. Em anos recentes surgiram variedades amarelas e alaranjadas. Uma boa melancia tem consistência crocante mas tenra, gosto moderadamente doce e aroma delicado, quase verde. Os sinais externos de qualidade são um peso desproporcional ao tamanho, casca com sobretons amarelados que indicam perda de clorofila e, portanto, madureza, e uma ressonância sólida quando a fruta é golpeada.

Além de ser consumida fresca, a polpa de melancia pode ser conservada na forma de picles, caramelada (em geral após uma secagem preliminar) e cozida para constituir uma calda ou um purê espesso. Com a casca densa, fazem-se conservas doces ou ácidas. Há um subgrupo de melancias, *C. lanatus citroides*, cuja polpa não é comestível, mas que fornece casca em abundância para esse tipo de preparado. Tanto as sementes dos melões quanto as da melancia são usadas em várias regiões, quer tostadas, quer moídas e postas em infusão para fazer bebida.

Palavras da culinária: *date* (tâmara), *pomegranate* (romã)

A palavra *date* (tâmara, datil) vem da palavra grega que significa "dedo", *daktulos*, órgão ao qual se assemelha a fruta alongada. *Pomegranate* (romã) vem do francês medieval e combina as palavras latinas que significam "fruto comestível" (*pomum*) e "granuloso" ou "cheio de sementes" (*granatum*).

FRUTAS DE CLIMA ÁRIDO: FIGO, TÂMARA E OUTRAS

Figo. O figo é a fruta da *Ficus carica*, árvore natural da região do Mediterrâneo e do Oriente Médio e parente da amoreira. Como a tâmara, o figo facilmente se seca ao sol e se transforma numa fonte concentrada de nutrição que dura muito tempo; por esse motivo, há milhares de anos é um alimento importante para o ser humano. É a fruta mais mencionada na Bíblia e, ao que se diz, crescia no Jardim do Éden. Os navegantes espanhóis o levaram à América, introduzindo-o primeiro no México, e hoje o figo cresce bem em regiões subtropicais secas. Há muitas variedades, de casca às vezes verde, às vezes roxa, e algumas têm o interior vermelho vivo. O figo fresco maduro contém 80% de água e por isso é muito frágil e perecível. A maior parte da produção mundial é destinada à preservação por secagem, processo que geralmente começa na árvore e se conclui no chão do pomar ou em secadores mecânicos.

O figo é peculiar por ser mais uma flor que um fruto. Seu corpo principal é a base carnosa de uma flor fechada sobre si mesma, com um poro aberto no lado oposto ao caule e inflorescências femininas internas que se transformam em pequenas frutas individuais e secas, dotadas de consistência crocante, como se fossem "sementes". As inflorescências são polinizadas por vespinhas que entram pelo poro. Muitas variedades de figos frutificam sem polinização e produzem "sementes" sem embrião, mas dizem os especialistas que a fertilização e o desenvolvimento de sementes geram sabores diferentes. (As vespas levam microrganismos para dentro do figo, de modo que as frutas fertilizadas também estragam mais fácil.) Os figos de Esmirna e seus descendentes (o "Calimyrna" é a versão californiana) só frutificam quando fertilizados. Devem ser cultivados ao lado de um pomar de "caprifigos" não comestíveis, no qual as vespas obtêm pólen e põem seus ovos.

As paredes do figo contêm bolsões de látex nos quais se encontra a ficina, uma enzima que digere proteínas; contêm também células tânicas que lhe dão adstringência. O figo é notável por conter grande quantidade de compostos fenólicos, alguns dos quais são antioxidantes, e por ter teor de cálcio mais alto que o da maioria das frutas. Quando maduro, o figo tem um aroma que lhe é próprio, dado principalmente por fenóis com notas de especiarias e por um terpeno floral (linalol).

Jujuba. A jujuba é o fruto da *Ziziphus jujuba*, árvore nativa da Ásia Central. Assim como a versão conhecida na Índia como "ber" (*Z. mauritania*), a jujuba tem certa semelhança com a tamareira. Ambas as árvores toleram bem o calor e a seca e são cultivadas em regiões áridas pelo mundo afora. A jujuba é pequena, relativamente seca e esponjosa, mais doce que azeda. É excelente fonte de vitamina C e contém mais do que o dobro da quantidade presente em laranjas de peso equivalente. Pode ser consumida fresca, seca, em conserva, em bolos à base de arroz e fermentada para fazer bebidas alcoólicas.

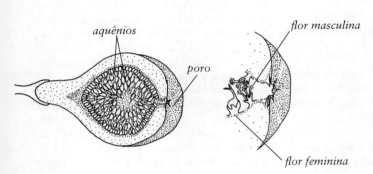

O figo. As pequenas inflorescências estão contidas dentro do "fruto" carnoso, que outra coisa não é senão a base intumescida da flor. O figo é um morango invertido: não serve de base para os aquênios (os verdadeiros frutinhos), mas os envolve.

Opúncia. A opúncia, também chamada figo-da-índia, é a fruta do cacto americano *Opuntia ficus-indica*. O nome da espécie vem da antiga ideia europeia de que a fruta seca era um figo e provinha do subcontinente indiano. Esse cacto chegou ao Velho Mundo no século XVI e se espalhou como erva daninha por toda a região do Mediterrâneo e do Oriente Médio. Ao passo que nas Américas se comem tanto os frutos quanto partes do caule, os europeus apreciavam somente os frutos, que amadurecem no verão e no outono e têm casca grossa de cor verde, vermelha ou roxa e muitas sementes duras engastadas numa polpa avermelhada, às vezes cor de fúcsia. O pigmento principal não é uma antocianina, mas uma betaína semelhante à da beterraba (p. 297). O aroma é suave e lembra o do melão graças à presença de alcoóis e aldeídos similares aos deste. Como o abacaxi e o kiwi, o figo-da-índia contém uma enzima que digere proteínas e pode afetar a solidificação da gelatina a menos que seja desativada pela cocção. A polpa é removida e geralmente consumida fresca em forma de suco ou molho; pode ser também cozida e reduzida a um xarope ou mesmo uma pasta. A pasta é usada para fazer doces ou bolos com farinha de trigo e frutos secos ou outras sementes oleaginosas.

Romã. A romã é a fruta do arbusto *Punica granatum*, natural das regiões áridas e semiáridas do Mediterrâneo e da Ásia Ocidental; diz-se que as melhores variedades são cultivadas no Irã. Com sua casca seca e insípida que envolve duas câmaras sobrepostas de frutinhos translúcidos, de cor rubi, (existem também variedades amarelas e quase transparentes), a romã desde muito cedo figurou na mitologia e na arte. Taças com forma de romã foram encontradas na Troia pré-histórica; segundo o mito grego, foi uma romã que tentou Perséfone e a manteve na Morada dos Mortos. A romã é bem doce, mais ou menos ácida e muitas vezes adstringente (graças ao suco fortemente pigmentado com antocianinas e outros antioxidantes fenólicos correlatos). O suco fabricado pelo esmagamento da fruta inteira é muito mais tânico que os próprios frutinhos nela contidos; a casca é tão rica em tanino que outrora era usada para curtir couro! Uma vez que cada frutinho contém uma semente bem desenvolvida, a romã é geralmente consumida na forma de suco, o qual pode ser bebido fresco, reduzido por cocção para fazer um xarope ou fermentado para fazer vinho. A verdadeira *grenadine* é um suco de romã misturado com calda de açúcar quente. Hoje em dia, a maioria dos xaropes de romã são sintéticos. No norte da Índia, os grãozinhos de dentro da romã são secos, moídos e usados como pó acidificante.

Tâmara. A tâmara é a fruta de uma palmeira do deserto, *Phoenix dactylifera*, a qual é capaz de tolerar algum frio e cresce bem onde quer que haja uma fonte de água. Seus frutos são doces e fáceis de conservar por secagem. A tamareira é originária dos oásis do Oriente Médio e da África, onde já era cultivada por meio de irrigação e polinização artificiais há mais de 5 mil anos; hoje é cultivada também na Ásia e na Califórnia. Embora geralmente só tenhamos acesso a duas ou três versões secas da fruta, existem milhares de variedades de tâmara que se diferenciam pelo tamanho, formato, cor, sabor e tempo e época de amadurecimento.

Os plantadores e apreciadores distinguem quatro estágios de desenvolvimento da tâmara: verde e não totalmente desenvolvida; já no tamanho definitivo mas ainda imatura, ocasião em que tem cor amarela ou vermelha e é dura, quebradiça e adstringente; madura (*rhutab* em árabe), quando é macia, marrom-dourada e delicada; e, por fim, seca, quando é marrom, enrugada e dulcíssima. A secagem geralmente é realizada na própria tamareira. A tâmara fresca é úmida e suculenta, pois contém de 50 a 90% de água; seca, é elástica e concentrada, com menos de 20% de umidade. A tâmara seca contém de 60 a 80% de açúcar, ao lado de algumas pectinas e outros materiais das paredes celulares, que lhe dão textura, e de uma baixa porcentagem de materiais gordurosos, entre os quais a cera que lhe reveste a superfície. Pode ser moída para fazer "açúcar de tâmara".

O processo de secagem dá à tâmara a cor marrom e um sabor igualmente "escurecido", graças à ação de enzimas sobre os compostos fenólicos e às reações de escurecimento que se travam entre os açúcares concentrados e os aminoácidos. Certas variedades ricas em fenóis, especialmente a Deglet Noor, podem desenvolver maior adstringência e coloração vermelha quando aquecidas. Os compostos fenólicos e de outras famílias químicas conferem à tâmara notáveis propriedades antioxidantes e antimutagênicas.

A FAMÍLIA DOS CITROS: LARANJA, LIMÃO, TORANJA E SEUS PARENTES

Os citros estão entre as mais importantes frutas arbóreas. Desde seu lar originário no sul da China, norte da Índia e Sudeste Asiático, eles se espalharam por todas as regiões subtropicais e temperadas de clima ameno. O comércio introduziu a cidra na Ásia Ocidental e no Oriente Médio antes de 500 a.C., e os cruzados levaram laranjas azedas de volta à Europa; mercadores portugueses e genoveses trouxeram a laranja doce ao Ocidente por volta de 1500, e os navegantes espanhóis a levaram às Américas. Hoje em dia, o Brasil e os Estados Unidos são os maiores produtores mundiais de laranjas. Há pouco mais de um século, a laranja era uma iguaria consumida somente em ocasiões especiais; atualmente, boa parte do mundo ocidental começa o dia tomando suco de laranja.

Por que os citros são tão populares? Eles acumulam um rol peculiar de virtudes. Acima de tudo, suas cascas têm um aroma forte e característico que bem pode ter representado seu atrativo original, antes de o engenho humano ter selecionado variedades com suco doce. As variedades aperfeiçoadas têm, de fato, um suco ácido ou agridoce que pode ser extraído com um mínimo de polpa. A casca é rica em pectinas gelificantes e os citros são frutas relativamente robustas. Não são climatéricos, o que significa que conservam sua qualidade por bom tempo após a colheita; e a casca carnuda oferece excelente proteção contra danos físicos e microrganismos agressivos.

A anatomia dos citros. Cada gomo de uma fruta cítrica é um compartimento do ovário e é repleto de pequenas bolsas alongadas chamadas *vesículas*, cada uma das quais contém muitas células microscópicas que se enchem de água e substâncias dissolvidas à medida que a fruta se desenvolve.

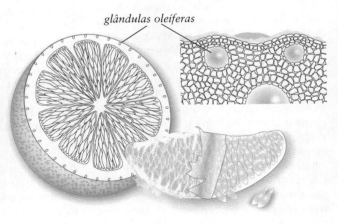

A anatomia dos citros. A casca protetora inclui glândulas que secretam um óleo aromático. Tais glândulas encontram-se inseridas numa substância branca e amarga, o albedo. Cada gomo ou carpelo de um citro é composto por inúmeras bolsas cheias de suco envolvidas por uma forte membrana.

Ao redor dos gomos há um estrato grosso, branco e esponjoso chamado *albedo*, geralmente rico em substâncias amargas e em pectina. E sobre o albedo há a casca, um estrato fino e pigmentado, repleto de pequenas glândulas esféricas que criam e armazenam óleos voláteis. Quando se dobra um pedaço de casca de fruta cítrica, as glândulas oleíferas se rompem e produzem um borrifo visível, aromático – e inflamável!

A cor e o sabor dos citros. Os citros devem suas cores amarela e laranja (palavra derivada, em última análise, do nome desta fruta em sânscrito) a uma complexa mistura de carotenoides, somente um pequeno número dos quais tem atividade relacionada à vitamina A. A casca é inicialmente verde e, nos trópicos, muitas vezes conserva essa cor mesmo depois de a fruta amadurecer. Em outras regiões, a baixa temperatura desencadeia a destruição da clorofila na casca, tornando visíveis os carotenoides. As frutas comerciais são frequentemente colhidas verdes e depois tratadas com etileno para melhorar a cor; por fim, são revestidas de uma cera comestível para retardar a perda de umidade. As toranjas rosadas e vermelhas são pigmentadas por licopeno, e as laranjas doces vermelhas, por uma mistura de licopeno, betacaroteno e criptoxantina. O vermelho-arroxeado da laranja-vermelha é criado por antocianinas.

O gosto dos citros é gerado por uma série de substâncias, entre as quais o ácido cítrico (que leva esse nome por ser típico da família), açúcares e alguns compostos fenólicos amargos, que geralmente se concentram no albedo e na casca. Os citros são surpreendentemente ricos em glutamato, um aminoácido sápido; nesse quesito, às vezes rivalizam com o tomate (a laranja chega a conter 70 mg a cada 100 g; a toranja, 250 mg). Quase não armazenam amido e, por isso, não se tornam substancialmente mais doces depois de colhidos. Em regra, o lado da flor contém mais ácidos e mais açúcares que o lado pelo qual a fruta se liga à árvore, e por isso tem sabor mais intenso. Gomos vizinhos também podem sofrer forte variação de sabor.

O aroma cítrico é produzido tanto pelas glândulas oleíferas da casca quanto por gotículas de óleo nas vesículas de suco – e as duas fontes são, em geral, bastante distintas. De hábito, os óleos das vesículas contêm mais ésteres frutais, e os da casca, mais aldeídos verdes e terpenos cítricos e de especiarias (p. 304). Uns poucos compostos aromáticos estão presentes na maioria dos citros: entre eles, o limoneno, genericamente cítrico, e pequena quantidade de sulfeto de hidrogênio, com aroma de ovo. No suco fresco, as gotículas de óleo das vesículas aos poucos se agregam com o material da polpa. Essa agregação reduz o aroma percebido pelo apreciador, especialmente quando parte da polpa é coada.

A casca dos citros. A casca dos citros, de sabor intenso, há muito é usada para dar gosto a outros pratos (a casca seca de laranja na culinária de Sichuan, por exemplo) e preparada ela mesma na forma caramelada. A epiderme exterior abriga as glândulas oleíferas, ao passo que o albedo subjacente – branco, esponjoso e rico em pectina – geralmente contém substâncias fenólicas amargas, de função protetora. Tanto o óleo, com seus terpenos, quanto os antioxidantes fenólicos são importantes substâncias fitoquímicas (pp. 284, 285). Os compostos amargos são hidrossolúveis, mas os óleos, não. Por isso o cozinheiro pode lavar a casca repetidamente com água quente (processo rápido) ou fria (processo lento) para remover tudo o que é amargo; depois, submeter a casca a cocção suave se ainda for necessário amaciar o albedo; por fim, infundi-la com uma calda de açúcar concentrada. Ao longo desse processo, os óleos não solúveis em água permanecem na casca. A marmelada, uma conserva de açúcar que leva também casca de citros, era originalmente uma pasta de marmelo inventada pelos portugueses; já no século XVIII, porém, a laranja-azeda, que se gelifica rapidamente, começou a substituir o marmelo. A marmelada feita com laranjas doces

Notas de sabor em alguns citros

As substâncias listadas nas cinco primeiras colunas de sabor são *terpenos*, que caracterizam especialmente as frutas cítricas e algumas ervas e especiarias (p. 433).

Fruto	Cítrico (limoneno)	Pinho (pineno)	Herbáceo (terpineno)	Limão (neral/geranial)	Floral (linalol)	Ceroso, de casca (decanal, octanol)	Almíscar (compostos de enxofre)	Tomilho (timol)	Especiarias (outros terpenoides)	Outros
Laranja	+	+		+	+	+	+		+	marmelada cozida (valenceno, sinensal)
Laranja-azeda	+									
Laranja-vermelha	+	+			+	+			+	(valenceno)
Tangerina	+	+	+	+	+			+		
Limão (siciliano)	+	+	+							
Limão (Meyer)	+	+						+		
Lima ácida (limão verde)	+	+	+						+	
Cidra	+		+	+			+			
Toranja	+			+	+	+	+		+	(sinensal)
Yuzu	+	+	+	+	+					
Folhas de lima-cafre			+		+					
Bergamota	+	+							+	

não gelifica tão rápido e tampouco tem o sabor característico desse doce, o qual inclui um elemento amargoso que contrabalança o açúcar.

Como acontece com a maioria das frutas, também no caso dos citros é mais fácil separar a casca do tecido subjacente mergulhando-se brevemente a fruta em água fervente. Por terem casca grossa, os citros devem ser imersos em água por alguns minutos. O calor amacia a "argamassa" das paredes celulares que ligam a casca ao fruto e pode também estimular certas enzimas a começar a dissolver essa argamassa.

Tipos de citros. As árvores do gênero *Citrus* são maravilhosamente variadas e tendem a formar híbridos umas com as outras. Por isso os cientistas têm dificuldade para desvendar suas relações familiares. Hoje se pensa que todas as frutas cítricas mais comuns e domesticadas derivam de apenas três matrizes: a cidra (*Citrus medica*), a tangerina (*Citrus reticulata*) e o pomelo (*Citrus grandis*). Pelo menos uma de suas filhas é relativamente jovem: a toranja, ao que parece, originou-se no Caribe no século XVIII, híbrida entre o pomelo e a laranja.

Cidra. A cidra, nativa do sopé do Himalaia, talvez tenha sido o primeiro citro a chegar ao Oriente Médio, por volta de 700 a.C., e ao Mediterrâneo, cerca de 300 a.C. É desta fruta que provém o nome do gênero; o nome dela, por sua vez, foi dado pela semelhança entre a copa da cidreira e a de um cedro perenifólio do Mediterrâneo (*kedros* em grego). As diversas variedades de cidra têm pouco suco, mas uma casca intensamente aromática que pode perfumar todo um ambiente – a cidra é usada em cerimônias religiosas asiáticas e judaicas – e que há muito tem sido caramelada (p. 328). Na província chinesa de Sichuan, a casca da cidra é usada para fazer um picles apimentado.

Tangerina. A tangerina já era cultivada na Índia e na China há pelo menos 3 mil anos. A satsuma, conhecido tipo japonês, surgiu no século XVI, e os tipos mediterrâneos (daí o nome "tangerina", da cidade de Tanger, no Marrocos), no século XIX. A tangerina, também chamada mexerica, mimosa ou bergamota em diversas regiões do Brasil, tende a ser relativamente pequena e achatada, com casca avermelhada que se des-

---

Relações familiares dos citros

As matrizes
  Cidra — *Citrus medica*
  Pomelo — *Citrus grandis*
  Tangerina — *Citrus reticulata*

Suas filhas
  Laranja — *Citrus sinensis*, pomelo × tangerina (?)
  Laranja-azeda — *Citrus aurantium*
  Lima ácida galego (limão-galego) — *Citrus aurantifolia*
  Lima ácida taiti (limão-taiti) — *Citrus latifolia*, limão-galego × cidra (?)
  Limão (siciliano) — *Citrus limon*, cidra × limão-galego × pomelo (?)
  Limão-meyer — *Citrus limon*, limão × tangerina ou laranja (?)
  Toranja — *Citrus paradisi*, pomelo × laranja

Híbridos modernos
  Tangelo — *Citrus* × *tangelo*, tangerina × toranja
  Tangor — *Citrus* × *nobilis*, tangerina × laranja

prende facilmente e um aroma rico e característico, com notas de tomilho e uvas Concord (timol, metil antranilato). Dos citros, a mexeriqueira é a árvore que melhor resiste ao frio, mas seus frutos são relativamente frágeis. A satsuma, que não tem sementes, é habitualmente enlatada com os gomos já separados.

Pomelo. De todos os citros mais comuns, o pomelo é que o exige mais calor para ser cultivado. Por isso encontrou dificuldade para se disseminar a partir de seu lar originário na Ásia tropical, onde já era cultivado na Antiguidade. O pomelo é grande, tendo pelo menos 25 cm de diâmetro e albedo relativamente grosso; vesículas de suco grandes e separadas entre si, que se rompem dentro da boca; membranas grossas e fortes separando os gomos; e uma ausência do amargor que caracteriza a toranja, uma híbrida sua. Certas variedades têm vesículas rosadas.

Laranja. Quase três quartos dos citros produzidos pelo mundo afora são laranjas, cuja suculência e tamanho moderado, doçura e acidez as tornam especialmente versáteis. A laranja provavelmente se originou de uma antiga hibridização entre a tangerina e o pomelo e foi por sua vez selecionada de modo a distinguir-se em tipos muito diferentes entre si.

A *laranja-baía* provavelmente originou-se na China, mas tornou-se uma das principais mercadorias do comércio internacional em 1870, quando uma variedade brasileira foi introduzida nos Estados Unidos. A extremidade do fruto oposta ao pedúnculo assume a forma de um umbigo graças ao desenvolvimento de um pequeno conjunto secundário de gomos. A laranja-baía é a melhor para ser consumida fresca, pois não tem sementes e é fácil de descascar. Entretanto, estas laranjeiras são de difícil cultivo e o suco da laranja-baía contém menos ésteres frutais que o das melhores variedades de laranja-pera. Além disso, o suco da laranja-baía se torna nitidamente amargo após cerca de 30 minutos. Isso acontece porque, quando as células de suco se quebram e seus conteúdos se misturam, os ácidos e enzimas convertem um precursor insípido num terpeno amaríssimo chamado limonina.

A *laranja-pera*, variedade preferida para fazer suco, tem a parte inferior lisa, geralmente tem sementes e é mais difícil de descascar que a laranja-baía. Os sucos de laranja comerciais são feitos com variedades que não tendem a desenvolver o amargor da limonina. O sabor suave do suco é geralmente intensificado pelo acréscimo de óleos da casca.

A *laranja-vermelha* é cultivada na região do Mediterrâneo pelo menos desde o século XVIII e pode ter se originado quer ali, quer na China. Atualmente, é o tipo de laranja mais cultivado na Itália. A cor castanho-avermelhada de seu suco é dada por antocianinas que só se desenvolvem quando a temperatura noturna é baixa, ou seja, no outono e no inverno do Mediterrâneo. Os pigmentos tendem a se acumular na parte de baixo do fruto e nas vesículas imediatamente vizinhas às membranas que dividem os gomos, e continuam a se desenvolver mesmo após a colheita, desde que as frutas sejam conservadas a frio. Os pigmentos e seus precursores fenólicos dão à laranja-vermelha um valor antioxidante maior que o de outros tipos de laranja. O sabor exclusivo da laranja-vermelha combina notas cítricas com um aroma nitidamente semelhante ao da framboesa.

A *laranja-lima* é cultivada em pequena escala na África do Norte, na Europa e na América do Sul e tem cerca de um décimo da acidez da laranja-pera e da laranja-baía, bem como um aroma menos "alaranjado".

A *laranja-azeda* pertence a uma espécie diferente e é não só azeda como também amarga (não em razão da limonina, mas de um composto aparentado, a neoesperidina). Sua casca tem aroma intenso e característico. Chegou à Península Ibérica no século XII e logo substituiu o marmelo como ingrediente principal da marmelada. Suas flores são usadas para fazer água de flor de laranjeira.

Toranja. A toranja originou-se no Caribe, no século XVIII, como um híbrido da laranja com o pomelo, e ainda é cultivada principalmente nas Américas. Os tipos vermelhos devem sua coloração ao pigmento licopeno e surgiram como mutações ocorridas ao acaso na Flórida e no Texas no começo do século XX (as variedades Star Ruby e Rio Red, mais recentes e mais populares, foram criadas por mutações intencionalmente induzidas por radiação). Ao contrário das antocianinas que pigmentam a laranja-vermelha, o licopeno da toranja exige uma temperatura constantemente alta durante o crescimento do fruto para se desenvolver bem. Além disso, seu aspecto é o mesmo em todas as vesículas de suco e ele é estável no calor. O amargor moderado que caracteriza a toranja é dado por uma substância fenólica chamada naringina, cuja concentração diminui à medida que a fruta amadurece. Como a laranja-baía, a toranja contém um precursor da limonina e seu suco se torna amargo depois de certo tempo. Alguns compostos fenólicos presentes na fruta prejudicam a metabolização de certos medicamentos no organismo humano; fazem com que os medicamentos permaneçam por mais tempo no corpo e, assim, causam o equivalente de uma overdose. Por isso algumas bulas de remédios avisam que não se consuma a toranja ou seu suco enquanto se toma o medicamento. (Os mesmos compostos fenólicos estão sendo transformados em ingredientes que intensificam o efeito dos tais medicamentos.) A toranja tem um aroma especialmente complexo, que inclui compostos sulfurosos que lembram almíscar e carne.

Lima ou limão verde*. A lima é a mais ácida de todos os citros: o ácido cítrico representa até 8% de seu peso. A lima ácida galega ou limão-galego (*Citrus aurantifolia*), pequeno e cheio de sementes, é o citro ácido mais cultivado nos trópicos, onde os verdadeiros limões não crescem bem. No oeste da Ásia, o limão-galego inteiro é seco ao sol, moído e usado como acidificante aromático, embora seu sabor seja um tanto apático. A lima ácida taiti ou limão-taiti (*C. latifolia*) – maior, sem sementes e mais tolerante ao frio – talvez seja híbrida do limão-galego com a cidra e é bem mais conhecida que o limão-galego nos Estados Unidos e na Europa. Apesar da impressão generalizada de que as duas espécies de limas ácidas são caracteristicamente "verde-limão", ambas assumem tonalidade amarelo-clara quando totalmente maduras. Seu sabor próprio é dado por notas aromáticas de pinho, florais e de especiarias (terpenos).

Limão. O limão (denominado limão siciliano no Brasil) pode ter se originado de uma hibridização em duas etapas, a primeira das quais (cidra × lima) ocorreu na região correspondente ao noroeste da Índia e ao Paquistão, e a segunda ([cidra × lima] × pomelo), no Oriente Médio. O limão chegou à região do Mediterrâneo por volta de 100 d.C., já era plantado em pomares na Espanha no ano 400 e hoje em dia é cultivado principalmente em regiões subtropicais. É apreciado por sua acidez, em regra cerca de 5% do suco, e pelo aroma fresco e vivo, que serve de base para muitas bebidas populares, quer frescas, quer engarrafadas. Há muitas variedades de limão verdadeiro e também alguns híbridos novos. A variedade ponderosa, grande e de casca rugosa, resulta provavelmente de um cruzamento entre o limão e a cidra, ao passo que a variedade Meyer, menos ácida e de casca fina, trazida à Califórnia no começo do século XX, representa talvez um híbrido de limão e laranja ou limão e tangerina, com sabor característico devido em parte a uma nota de tomilho (timol). Em regra, o limão é "curado" para durar mais no comércio; é colhido verde e mantido em condições controladas por algumas semanas, ao longo das quais sua casca fica amarela e mais fina e se recobre de uma camada de cera, ao passo que as vesículas de suco aumentam de tamanho.

---

* Na nomenclatura dos citros adotada no livro, que difere do uso popular no Brasil, os limões galego e taiti são chamados "limas" ou "limas ácidas". Nessa nomenclatura, "limão" *tout court* é o limão-siciliano. (N. do T.)

Os limões em conserva da África do Norte recentemente passaram a ser apreciados como condimento em outras partes do mundo. O limão é cortado, salgado e posto para fermentar por algumas semanas. O crescimento de bactérias e leveduras amacia a casca e muda o aroma da fruta, que de vivo e pungente se torna rico e arredondado. As versões mais curtas do processo – por exemplo, congelar e descongelar os limões para apressar a penetração do sal, depois pô-los em salga por algumas horas ou dias – provocam algumas mudanças químicas, na medida em que as glândulas oleíferas se rompem e seus conteúdos se misturam com outras substâncias; mas não desenvolvem a mesma plenitude de sabor provocada pela fermentação.

Outras frutas cítricas. Há outros citros menos famosos que vale a pena conhecer:

- A bergamota, *C. bergamia*, talvez híbrida de laranja-azeda com lima-da-pérsia (*C. limettoides*), é cultivada sobretudo na Itália em razão do óleo de sua casca, que tem aroma floral. Esse óleo era um dos ingredientes da água-de-colônia original, desenvolvida na Alemanha no século XVII, e é usado sobretudo em perfumaria e para aromatizar tabaco e o chá Earl Grey.
- A laranjinha kinkan, espécie do gênero *Fortunella* também chamada "kumquat", é uma fruta pequena que pode ser comida numa só mordida, com casca e tudo. Em geral é azeda, mas não amarga. O calamondim, outro citro diminuto, é provavelmente derivado, em parte, da laranjinha kinkan.
- A lima-da-austrália, *Microcitrus australasica*, é uma fruta pequena e alongada, natural da Austrália e parente dos citros. Tem vesículas de suco esféricas, grandes e decorativas, às vezes claras, às vezes rosadas. Seu aroma é característico.
- A lima-cafre, *Citrus hystrix*, é comum em todo o Sudeste Asiático. Sua casca verde e rugosa tem aroma semelhante ao das limas ácidas, com notas gerais de citros e pinho (limoneno, pineno), e é usada para dar sabor a vários pratos. O mesmo uso é dado às folhas da planta, com intenso aroma de limão (p. 456).
- O tangelo e o tangor são híbridos modernos de tangerina e toranja e tangerina e laranja, respectivamente. Também os sabores são híbridos, e estas frutas são consumidas sobretudo frescas*.
- O yuzu, *Citrus junos*, talvez um híbrido de tangerina, é originário da China mas tem sido desenvolvido no Japão desde há cerca de mil anos. A casca desta fruta pequena, amarelo-alaranjada, é usada para aromatizar vários pratos e para fazer vinagre, chá e conservas. Tem um sabor complexo que inclui compostos sulfurosos almiscarados e notas de cravo e orégano (dos fenóis eugenol e carvacrol, respectivamente).

* O tangor mais conhecido no Brasil é a mexerica murcote ou morgote. (N. do T.)

Palavras da culinária: *orange* (laranja), *lemon* (limão), *lime* (lima)

A laranja deriva seu nome da denominação que lhe era dada em sânscrito, *naranga*; a mesma palavra foi aplicada para designar a cor viva que caracteriza a fruta. Tanto *lemon* (limão) quanto *lime* (lima) vêm do persa por meio de uma palavra árabe, refletindo a rota pela qual essas frutas chegaram ao Ocidente.

ALGUMAS FRUTAS TROPICAIS COMUNS

Há cem anos, era mínimo o número de frutas tropicais comercializadas na Europa e na América do Norte, e todas elas eram produtos de luxo. Hoje em dia, a banana é consumida habitualmente no café da manhã e novas frutas surgem no mercado a cada ano. Enumeramos a seguir as mais conhecidas.

Abacaxi. O abacaxi é a fruta grande do *Ananas comosus*, um membro da família das bromeliáceas (que inclui as bromélias cultivadas como plantas ornamentais) natural das regiões tropicais áridas da América do Sul. (O sinônimo *ananás* vem do nome guarani da fruta; o inglês *pineapple* vem do espanhol *piña*, em razão da semelhança entre o abacaxi e a pinha.) A planta já havia chegado ao Caribe antes de Colombo conhecê-la, em 1493, e os modernos labores de seleção começaram logo em seguida em estufas francesas e holandesas.

O abacaxi é formado por espirais de frutinhos sem sementes e separados, em número de 100 a 200, que se fundem entre si e se ligam a um núcleo central. Durante o processo de fusão, bactérias e leveduras se incorporam ao interior da fruta e podem, mais tarde, provocar uma deterioração impossível de detectar do exterior. O abacaxi não acumula amido, não é fruta climatérica e não se torna mais doce nem desenvolve seu sabor depois de colhido, embora fique mais macio. O abacaxi totalmente maduro não se presta ao transporte; por isso os exportados são colhidos bem verdes, com metade da quantidade de açúcar que são capazes de armazenar e apenas uma fração do aroma. O descoramento preto ou marrom dentro da fruta é causado pelo frio excessivo durante o transporte ou a estocagem; as áreas translúcidas parecem ser causadas por condições de cultivo em que as paredes celulares se enchem de açúcares. A qualidade do abacaxi subtropical é menos confiável que a do produzido perto do equador, onde as variações sazonais e climáticas são mínimas.

O sabor do abacaxi. O abacaxi é notável pela intensidade de seu sabor, a experiência do qual foi descrita por Charles Lamb, escritor inglês do século XIX, como "transcendente quase por demais [...] um prazer vizinho à dor, em razão da ferocidade e da loucura do deleite que o acompanha". Em sua melhor forma, o abacaxi é muito doce e bastante ácido (ácido cítrico) e tem aroma rico proporcionado por uma mistura complexa de ésteres frutais, compostos sulfurosos pungentes, essências de baunilha e cravo (vanilina, eugenol) e vários anéis de carbono que contêm oxigênio e desprendem sobretons de caramelo e Xerez. Cada abacaxi tem várias zonas de sabor. Os frutinhos perto da base se formam primeiro e são, portanto, mais velhos e mais doces; e a acidez da polpa superficial é o dobro da do centro. Graças a seu sabor impositivo e à polpa firme e mais ou menos fibrosa, o abacaxi cortado em grandes pedaços pode ser assado ao forno, grelhado ou frito. Tem afinidade com os sabores de manteiga e caramelo e funciona bem em massas assadas, assim como em diversos preparados crus (molhos, bebidas, *sorbets*).

As enzimas do abacaxi. O abacaxi contém várias enzimas ativas que digerem proteínas. Elas são usadas para fazer amaciantes de carne, mas podem causar problemas em outros pratos. (Na medicina, são exploradas para desinfetar queimaduras e outros ferimentos, e ajudam a controlar inflamações em animais.) A principal enzima, chamada bromelaína, é capaz de decompor gelatina. Por isso o abacaxi usado em sobremesas à base de gelatina tem de ser cozido de antemão para desativar a enzima. Caso seja incorporada numa mistura que contenha leite ou creme de leite, a bromelaína decompõe a caseína e produz fragmentos proteicos de gosto amargo. Mais uma vez, a pré-cocção do abacaxi previne esse problema.

Banana e banana-da-terra. Graças à sua produtividade e por serem extremamente nutritivas em razão da acumulação de amido, a banana e a banana-da-terra estão no topo da lista das frutas mais produzidas e comercializadas no mundo. O consumo anual *per capita* é de quase 14 kg, e, nas regiões onde essas frutas são alimentos básicos, cada indivíduo pode consumir centenas de quilos por ano. A banana e a banana-da-terra são as bagas sem sementes da planta herbácea *Musa sapientum*, a qual, embora tenha o aspecto de uma árvore, é parente das gramíneas. A bananeira se originou nos trópicos do Sudeste Asiático. A planta produz uma única estrutura florífera ("cacho") com uma a 20 "pencas" de frutos, cujo número pode chegar a 300; cada fruto pesa de 50 a 900 g. A curvatura característica das bananas longas se desenvolve porque a ponta do fruto cresce para cima, contrapondo-se à força descendente da gravidade. Tanto a banana quanto a banana-da-terra são frutas climatéricas, armazenam energia na forma de amido e convertem parte deste em açúcar durante o amadurecimento. No caso drástico da banana, a razão de 25 partes de amido para uma de açúcar na fruta verde se converte em uma parte de amido para 20 de açúcar na madura.

Usamos os termos *banana* e *banana-da--terra* para designar duas categorias básicas (e parcialmente sobrepostas) em que se enquadram as muitas variedades desta fruta. As bananas são as variedades de mesa, geralmente doces, e as bananas-da-terra são as variedades ricas em amido que se prestam à cocção. A banana é muito doce quando madura, e seu teor de quase 20% de açúcar só é excedido pelo da tâmara e o da jujuba, a passo que a banana-da-terra madura pode conter somente 6% de açúcar e 25% de amido. Ambos os tipos são colhidos verdes e amadurecidos em seguida; uma vez maduros, são altamente perecíveis em razão de seu metabolismo ativo. As bananas desenvolvem consistência extremamente macia e sem nenhuma granulosidade, e têm um aroma característico devido sobretudo ao amil acetato e a outros ésteres, com notas verdes, florais e de cravo (eugenol). A acidez da banana também aumenta (às vezes, duplica) quando ela amadurece, de modo que o sabor se torna mais completo em várias dimensões. A banana-da--terra, mesmo madura, em geral conserva uma textura seca e amidosa e pode ser consumida como são as batatas: assada, frita, cozida em grandes pedaços ou transformada em purê.

A polpa dessas frutas é pigmentada por carotenoides – as bananas-da-terra de modo mais evidente –, e a presença de tanino confere adstringência à polpa imatura. Tanto a banana quanto a banana-da-terra são suscetíveis à descoloração marrom graças à atividade enzimática e às substâncias fenólicas presentes em vasos defensivos que contêm látex e são associados ao sistema vascular. A quantidade dessas substâncias diminui pela metade ao longo do amadurecimento. Por isso a fruta madura pode ser refrigerada sem sofrer forte descoloração da polpa (a casca pretejará do mesmo jeito).

Embora o comércio internacional seja dominado por um pequeno número de variedades de banana (Grand Nain, Gros Michel, Cavendish), existem muitas variedades interessantes de origem latino-americana ou asiática que, nos Estados Unidos, podem ser encontradas em mercados "étnicos". Geralmente são bananas menores, com casca e polpa coloridas e sabores diferentes e intrigantes.

Carambola. A carambola é o fruto da arvorezinha asiática *Averrhoa carambola*, da família da azedinha (oxalidáceas). Os frutos amarelados, de tamanho médio, são notáveis pelo belo contorno estrelado quando cortados transversalmente, proporcionando um toque decorativo em saladas e guarnições. Seu aroma tem notas de uvas Concord e marmelo, e a carambola é rica em ácido oxálico, sobretudo nas cinco costelas. Quando verde (ocasião em que o teor de ácido oxálico é maior), a carambola lembra a azedinha (p. 454) e pode ser usada para limpar e polir metais! Sua cor é dada por pigmentos carotenoides, entre eles o betacaroteno. Um parente seu, o bilimbi, é azedo demais para ser comido fresco e, nos trópicos, é transformado em compotas e usado para fazer bebidas.

Cherimólia e atemoia. A cherimólia e a atemoia são frutos de espécies arbóreas do gênero *Annona*, naturais das regiões tropicais e subtropicais da América do Sul (a graviola e a fruta-do-conde pertencem ao mesmo gênero). Têm tamanho médio e são massas de ovários fundidos, cada qual com sua semente, envolvidos por uma casca não comestível verde ou marrom. Como a pera, podem conter células que lhes dão textura granulosa. Tanto a cherimólia quanto a atemoia são frutas climatéricas que armazenam amido e o convertem em açúcar durante o amadurecimento; o resultado é uma polpa macia, doce e pouco ácida que tem cerca de duas vezes mais calorias que as frutas mais comuns de clima temperado. Seu vago aroma de banana é produzido por ésteres, e as notas florais e cítricas, por terpenos. Devem ser conservadas em temperatura superior a 13 °C até amadurecer e depois podem ser refrigeradas por alguns dias. A cherimólia e a atemoia são comidas às colheradas, tanto geladas quanto congeladas; e sua polpa pode ser usada para fazer bebidas e *sorbets*.

Durião. O durião é o fruto grande e espinhoso da árvore *Durio zibethinus*, nativa do Sudeste Asiático e cultivada principalmente na Tailândia, no Vietnã e na Malásia. É famoso por seu aroma pouco frutado, um odor poderoso que pode lembrar o de cebolas, queijo e carne em diversos estágios de putrefação! Ao mesmo tempo, muitos o apreciam pelo sabor delicioso e pela consistência cremosa. A massa de ovários fundidos e protegidos por grossa casca, cada qual contendo uma semente, pode pesar mais de 6 kg e aparentemente assumiu tal forma para chamar a atenção de elefantes, tigres, javalis e outros animais selvagens de grande porte, que são atraídos por uma bateria de fortes compostos sulfurosos, entre os quais alguns encontrados também na cebola, no alho, em queijos excessivamente maduros, na secreção do gambá e em ovos podres. Estes compostos se concentram principalmente na casca, ao passo que os gomos carnosos ao redor das sementes têm sabor mais convencional, frutado, e teor especialmente alto de açúcares e outros sólidos dissolvidos (36%). O durião é comido fresco, transformado em bebidas, doces e bolos e incorporado em pratos à base de arroz e hortaliças. Também é fermentado para ficar com gosto ainda mais forte (o *tempoyak* da Malásia).

Fruta-pão e jaca. A fruta-pão e a jaca, semelhantes quanto à estrutura, são frutos de duas espécies de árvores do gênero asiático *Artocarpus*, aparentado com a amoreira e a figueira. Tanto a fruta-pão quanto a jaca são grandes aglomerados de ovários fundidos, cada qual com sua semente; a fruta-pão pode alcançar 4 kg de peso, e a jaca, dez vezes mais. A jaca, originária da Índia, tem composição convencional para uma fruta – grande quantidade de água, 8% de açúcar e 4% de amido – e desenvolve aroma forte e complexo, com notas de almíscar, frutas vermelhas, abacaxi e caramelo. É consumida crua e em sorvetes, além de seca, em compota doce e em conserva salgada e ácida. A fruta-pão, originária de algum ponto desconhecido das ilhas do Pacífico, deriva seu nome do altíssimo teor de amido, que pode chegar a 65% de seu peso (com 18% de açúcar e somente 10% de água) quando a fruta já atingiu a plenitude do tamanho mas ainda não está madura. Quando cozida, transforma-se numa massa seca, que absorve umidade. É alimento básico no Pacífico Sul e no Caribe, para onde foi levada pelo capitão Bligh, vítima do famoso "grande motim" que se deu no navio *Bounty*. Pode ser cozida por imersão em água, assada sobre fogueira, frita ou fermentada para fazer uma pasta azeda que depois é seca e moída para virar farinha. A fruta-pão madura é doce e macia, até semilíquida, e é usada para fazer doces.

Goiaba e feijoa. A goiaba é a grande baga de uma árvore baixa do gênero *Psidium*, natural da América tropical. Pertence à família das mirtáceas, da qual também fazem parte o cravo, a canela, a noz-moscada e a pimenta-da-jamaica*. Como os outros membros de sua família, a goiaba tem aroma forte, almiscarado, de especiarias (dado por ésteres – cinamatos – e alguns compostos sulfurosos). A polpa contém centenas de sementinhas e muitas células que lhe dão consistência granulada; por isso a goiaba é muito usada para fazer purês, sucos, caldas e compotas. Os colonizadores espanhóis exploraram seu alto teor de pectina para fazer uma nova versão de marmelada. A goiaba se destaca pelo seu alto conteúdo de vitamina C, que pode chegar a até 1 g a cada 100 g. Boa parte dessa vitamina se concentra na frágil casca e nas proximidades desta.

A goiaba-serrana, goiaba-ananás ou feijoa é o fruto do arbusto *Feijoa sellowiana*, outra mirtácea sul-americana. Seu tamanho e estrutura são semelhantes aos da goiaba, assim como certos compostos de sabor. Porém, seu aroma forte é característico e menos complexo, dominado por um grupo particular de ésteres (do ácido benzoico). Geralmente é transformada em polpa, a qual é coada para ser usada em preparados líquidos.

Lichia. A lichia é a fruta de uma árvore asiática subtropical (*Litchi chinensis*), do tamanho de uma ameixa pequena, com casca seca que se desprende facilmente da polpa e uma grande semente no meio. A parte comestível é o arilo – o revestimento carnoso da semente –, o qual é leitoso mas translúcido, doce e nitidamente floral graças à presença de vários terpenos (óxido de rosa, linalol e geraniol; as uvas e o vinho Gewürztraminer partilham boa parte das mesmas notas). As lichias com sementes pequenas e pouco desenvolvidas são apreciadas por terem mais polpa que semente. Uma vez tirada da árvore, o sabor da lichia não se aprimora. Problema comum que acomete esta fruta é o escurecimento da polpa em razão de danos provocados pela perda de água ou pelo frio. O melhor é mantê-las em temperatura ambiente dentro de um saco plástico mal fechado. Quando cozidas, as lichias frescas às vezes adquirem tom rosado à medida que os agregados fenólicos se decompõem e se convertem em antocianinas (p. 311). A fruta pode ser comida fresca, enlatada em calda, usada para fazer bebidas, molhos e compotas, submetida a breve cocção e servida com carnes, peixes e frutos do mar ou congelada para fazer sorvetes e *sorbets*. A lichia-passa é a própria fruta depois de seca.

O rambutão, o longão e o pulasão são arilos de outras frutas asiáticas da família da lichia (as sapindáceas**) e têm qualidades semelhantes.

Mamão. Os diversos tipos de mamão são espécies do gênero *Carica*, originário da América tropical. O mamoeiro parece uma arvorezinha, mas na verdade é uma grande planta herbácea. O mamão comum, *C. pa-*

---

* Além da pitanga e da jabuticaba. (N. do T.)

** Família da qual faz parte também o guaraná. (N. do T.)

Palavras da culinária: frutas tropicais

Muitas palavras que designam as frutas tropicais provêm dos povos que apresentaram tais frutas aos viajantes ocidentais. *Banana* vem de várias línguas da África Ocidental; *manga*, da língua tâmil do sul da Índia; *papaia*, da língua caribe; *durião*, do malaio (palavra que significa "espinho").

paya, consiste na parede intumescida do ovário da planta; é vermelho ou alaranjado graças a pigmentos carotenoides e tem muitas sementes pretas numa grande cavidade central. É uma fruta climatérica que não armazena amido. O amadurecimento começa no centro e progride em direção à casca, causando a multiplicação da quantidade de carotenoides e moléculas aromáticas, além de pronunciado amaciamento. O amaciamento faz aumentar a doçura aparente, embora o teor de açúcar propriamente dito não mude (o tecido macio libera mais rapidamente os açúcares). O mamão maduro é uma fruta de baixa acidez, com aroma delicado e floral (terpenos) e um toque de pungência semelhante ao do repolho em razão da surpreendente presença de isotiocianatos (p. 356). Estes compostos se concentram especialmente nas sementes, que podem ser dessecadas e usadas como tempero suave que lembra a mostarda.

O mamão verde é usado para fazer saladas e picles. A fruta verde contém vasos de um látex leitoso rico em papaína, uma enzima que digere proteínas. A mesma enzima se encontra em alguns amaciantes de carne. O teor de papaína cai à medida que a fruta amadurece, mas ainda assim pode causar problemas de textura e sabor semelhantes aos provocados pela bromelaína, enzima do abacaxi (p. 420).

Duas outras espécies de mamão são encontradas nos mercados norte-americanos. O mamão-do-monte, de clima frio (*C. pubescens*), é menos doce que o mamão comum mas é mais rico em papaína e em pigmentos carotenoides, inclusive em licopeno, o qual dá à sua polpa um tom vermelho. O babaco (*C. pentagona*) é, ao que parece, um híbrido natural; sem sementes, tem polpa azeda de cor creme.

Manga. A manga é o fruto suculento e aromático de uma árvore asiática, *Mangifera indica*, parente distante do pistache, da cajazeira e do cajueiro, a qual é cultivada há muitos milhares de anos. Há centenas de variedades com qualidades diversas, por exemplo, diferentes sabores e graus de fibrosidade e adstringência. A casca da manga contém um composto fenólico irritante e alergênico, semelhante ao encontrado na castanha-de-caju. Sua forte cor alaranjada é dada por pigmentos carotenoides, especialmente o betacaroteno. A manga é uma fruta climatérica que acumula amido. Por isso pode ser colhida verde e vai se ado-

---

Frutas que comem carne: o mistério da protease vegetal

À primeira vista, parece estranho que certas frutas contenham enzimas capazes de digerir carne e gelatina: são estas as moléculas que impedem os cozinheiros de fazer preparados gelatinosos com essas frutas cruas. É claro que existem plantas carnívoras que aprisionam insetos e outros animaizinhos em seus sucos digestivos. E, em determinadas partes das plantas, essas enzimas forneceriam proteção contra insetos e animais maiores, podendo irritar ou ferir as suas vísceras. Porém, as frutas têm o objetivo específico de serem comidas pelos animais para que estes dispersem as sementes da planta. Para que, então, as proteases?

No caso do mamão, do abacaxi, do melão, do figo e do kiwi, as enzimas podem limitar o número de frutas que um único animal é capaz de consumir; se comer demais, seu sistema digestivo sofrerá as consequências. Outra conjectura interessante é que, em quantidade moderada, as enzimas na verdade beneficiam os animais dispersores, livrando-os de parasitas intestinais. Alguns povos tropicais usam o látex do figo e do mamão para essa finalidade, e sabe-se que as enzimas de fato dissolvem tênias vivas.

Elementos de sabor em algumas frutas comuns

Os conteúdos de açúcares e ácidos das frutas variam e dependem principalmente do grau de madureza. Os números abaixo não representam um ideal, mas a realidade do comércio, e têm o objetivo de propiciar uma comparação preliminar entre as qualidades de diferentes frutas. Em regra, quanto mais doce uma fruta, mais saborosa ela é; mas mesmo uma fruta doce parecerá unidimensional se não tiver uma certa acidez para contrabalançar a doçura. As notas aromáticas arroladas representam substâncias voláteis que os químicos do sabor encontraram na fruta, mas que não resumem seu cheiro; são qualidades específicas que contribuem para o sabor global. As entradas em branco não significam que o aroma não seja interessante, mas que não temos informações a respeito dele!

Fruta	Teor de açúcar, % do peso	Teor de ácido, % do peso	Razão entre açúcar e ácido	Notas que contribuem para o aroma
Pomos				
Maçã	10	0,8	13	Muitas; depende da variedade (p. 396)
Pera	10	0,2	50	
Drupas				
Ameixa	10	0,6	17	Amêndoas, especiarias, florais
Cereja	12	0,5	24	Amêndoas, cravo, florais
Damasco	8	1,7	5	Cítricas, florais, amêndoas
Pêssego	10	0,4	25	Creme, amêndoas
Citros				
Laranja	10	1,2	8	Florais, almíscar (sulfurosas), especiarias
Lima ácida (limão verde)	1	7	0,1	Pinho, especiarias, florais
Limão (siciliano)	2	5	0,4	Florais, pinho
Toranja	6	2	3	Almíscar, verdes, carnosas, metálicas
Vermelhas				
Blackberry	6	1,5	4	Especiarias
Framboesa	6	1,6	4	Florais (violeta)
Groselha-espinhosa	9	1,8	5	Especiarias, almíscar
Groselha-preta	7	3	2	Especiarias, almíscar
Groselha-vermelha	4	1,8	2	
Mirtilo	11	0,3	37	Especiarias

Fruta	Teor de açúcar, % do peso	Teor de ácido, % do peso	Razão entre açúcar e ácido	Notas que contribuem para o aroma
Morango	6	1	6	Verdes, caramelo, abacaxi; cravo, uva (silvestre)
Oxicoco	4	3	1	Especiarias, amêndoas, baunilha
Uva	16	0,2	80	Muitas; depende da variedade (p. 403)
Melões				
Cantaloupe	8	0,2	40	Verdes, pepino, almíscar
Honeydew	10	0,2	50	Verdes, almíscar
Melancia	9	0,2	45	Verdes, pepino
Tropicais				
Abacaxi	12	2	6	Caramelo, carnosas, cravo, baunilha, manjericão, Xerez
Banana	18	0,3	60	Verdes, florais, cravo
Cherimólia	14	0,2	70	Banana, cítricas, florais
Goiaba	7	1	7	Especiarias, almíscar
Lichia	17	0,3	57	Florais
Mamão	8	0,1	80	Florais
Manga	14	0,5	28	Coco, pêssego, caramelo, terebintina
Maracujá	8	3	3	Florais, almíscar
Outras				
Abacate	1	0,2	5	Especiarias, madeira
Caqui	14	0,2	70	Abóbora-moranga
Figo	15	0,4	38	Florais, especiarias
Figo-da-índia	11	0,1	110	Melão
Kiwi	11	3	4	Verdes
Romã	12	1,2	10	
Tâmara (semisseca)	60			Caramelo
Tomate	3	0,5	6	Verdes, almíscar, caramelo

çando e amaciando à medida que amadurece, o que ocorre primeiro nas vizinhanças da semente. Seu sabor é especialmente complexo e pode ser dominado pelos compostos que caracterizam o pêssego e o coco (lactona), ésteres frutais genéricos, terpenos medicinais (ou mesmo que lembram terebintina) e notas de caramelo. A manga verde é muito azeda. Além de usada para fazer picles, pode ser seca, moída e usada como pó acidificante (*amchur* na língua hindi). Os picles de manga eram tão apreciados na Inglaterra do século XVIII que, em inglês, a fruta emprestou seu nome a esse tipo de preparado e a outros ingredientes usados nele: daí o termo *mango peppers*, "pimenta-manga", com que eram denominados os pimentões em conserva.

Mangostão. O mangostão é a fruta de tamanho médio e casca grossa de uma árvore asiática, *Garcinia mangostana*. Sua polpa branca é formada pelos arilos que envolvem várias sementes; é úmida e apresenta agradável equilíbrio entre doçura e acidez, com aroma delicado, frutado e floral, que lembra vagamente o da lichia. Em geral, o mangostão é consumido fresco ou em compota; também pode ser enlatado.

Maracujá e granadilha. O maracujá e a granadilha são os frutos de cerca de doze espécies de trepadeiras dos gêneros *Passiflora* e *Tacsonia*, naturais das planícies tropicais e planaltos subtropicais da América do Sul. Têm casca exterior quebradiça (*Passiflora*) ou macia (*Tacsonia*) e uma massa de sementes duras embutidas em invólucros polpudos chamados arilos. Os arilos são a única parte comestível e não chegam a perfazer um terço do peso da fruta. Embora a polpa seja, portanto, esparsa, seu sabor é concentrado e melhora quando é diluído. O maracujá é atípico pela sua acidez relativamente alta, sobretudo na forma de ácido cítrico – mais de 2% do peso da polpa nos tipos de casca roxa, o dobro disso nos de casca amarela –, e pelo aroma forte e penetrante, que parece uma complexa mistura de notas frutais e florais (ésteres, lactonas do pêssego, ionona da violeta) e peculiares notas almiscaradas (de compostos sulfurosos como os encontrados no cassis e nos vinhos brancos Sauvignon). A polpa de maracujá é usada sobretudo para fazer sucos, gelados e molhos. A *P. edulis*, mais suave e de casca roxa, é geralmente consumida fresca, ao passo que a *P. edulis* var. *flavicarpa*, mais forte e de casca amarela, é processada (uma de suas primeiras aplicações foi como ingrediente no ponche havaiano).

CAPÍTULO 8

SABORES VEGETAIS
Ervas e especiarias, chá e café

A natureza do sabor e dos temperos	430	Essências: óleos, vinagres e alcoóis aromatizados	444
O sabor depende do paladar e sobretudo do olfato	430	A evolução do sabor	444
A evolução do paladar e do olfato	431	As ervas e especiarias como espessantes	445
Os sabores dos temperos são armas químicas	432	**Um exame das ervas mais comuns**	446
Armas transformadas em prazeres: basta acrescentar alimento	432	A família da hortelã	446
A química e as qualidades das ervas e especiarias	433	A família da cenoura	451
		A família do louro	453
A maioria dos sabores é semelhante aos óleos	433	Outras ervas comuns	454
O sabor de uma erva ou especiaria é a combinação de vários sabores	433	**Um exame das especiarias de clima temperado**	458
Famílias de sabores: terpenos	433	A família da cenoura	458
Famílias de sabores: fenóis	434	A família do repolho: mostardas, raiz-forte e wasabi picantes	461
Famílias de sabores: substâncias pungentes	434	A família do feijão: alcaçuz e feno-grego	464
Por que a dor pode causar prazer	438	Pimentas do gênero *Capsicum*	464
As ervas e especiarias e a saúde	439	Outras especiarias de clima temperado	468
Manipulação e estocagem de ervas e especiarias	440	**Um exame das especiarias tropicais**	470
		Chá e café	481
A preservação dos compostos aromáticos	440	A cafeína	481
A estocagem de ervas frescas	440	O chá, o café e a saúde	482
A secagem de ervas frescas	441	A água com que se fazem chá e café	482
Cocção com ervas e especiarias	441	Chá	483
A extração do sabor	441	Café	489
Marinadas e marinadas secas	443	**Fumaça e carvão de lenha**	497
As ervas e especiarias como empanamento	443	A química da madeira em combustão	497
		Fumaça líquida	499

As ervas e especiarias são ingredientes que usamos para acrescentar sabor às comidas e bebidas. As ervas são folhas frescas ou secas e as especiarias são pedaços secos de sementes, cascas e raízes. São consumidas em quantidades mínimas e praticamente não têm valor nutritivo. No entanto, há muito tempo esses fragmentos aromáticos se contam entre os ingredientes culinários mais caros e apreciados. No mundo antigo, eram mais que meros alimentos: julgava-se terem propriedades medicinais e até transcendentais. As fogueiras sacrificiais ofereciam aos deuses a fumaça de essências aromáticas e ao mesmo tempo proporcionavam aos humanos uma experiência fugaz do paraíso. As especiarias vinham dos confins da Terra, da Arábia e de outros países legendários situados mais a oriente. A cobiça pelos aromas do paraíso ajudou a motivar as grandes navegações dos europeus, redundou na descoberta da América e promoveu intercâmbios biológicos e culturais que contribuíram para moldar o mundo moderno.

Hoje em dia, pouca gente vê as especiarias como sinais do paraíso ou do céu. Não obstante, elas são agora mais populares do que jamais foram, porque de fato trazem outros mundos à nossa mesa. Imprimem sabores característicos às comidas de diferentes culturas e nos proporcionam um gostinho da Tailândia numa refeição e do Marrocos na seguinte. Ajudam-nos a recuperar

Uma breve história das especiarias

A história das especiarias é pitoresca e já foi contada muitas vezes. Tudo começou porque a Ásia tropical era especialmente rica em plantas que forneciam especiarias. Para os povos do Mediterrâneo e da Europa, que dependiam dos comerciantes árabes tanto para conhecer as especiarias quanto para obtê-las, isso significava que a canela, a pimenta-do-reino e o gengibre eram tesouros raros vindos de terras longínquas e fabulosas.

Os romanos conheciam algumas especiarias orientais, mas em sua culinária usavam principalmente a pimenta-do-reino. Mil anos depois, na era medieval, a influência cultural árabe introduziu outros temperos nas mesas ricas da Europa e a demanda por esses produtos cresceu de mãos dadas com o fortalecimento da classe média. Os molhos medievais geralmente levam cerca de meia dúzia de especiarias, as primeiras das quais são, na maioria das vezes, a canela, o gengibre e a pimenta-da-costa. O controle dos preços e das rotas comerciais pelos turcos motivou Portugal e Espanha a buscar uma nova rota marítima rumo à Ásia; Colombo descobriu a América – local de origem da baunilha e das pimentas do gênero *Capsicum* – em 1492 e Vasco da Gama chegou à Índia em 1498. Os portugueses primeiro, e depois os espanhóis, controlaram as Ilhas Molucas e o comércio de cravo e noz-moscada até cerca de 1600; a partir de então, os holandeses, com brutal eficiência, dominaram por duzentos anos esse empreendimento comercial.

À medida que as especiarias passaram a ser plantadas em outros países tropicais e se tornaram mais baratas e acessíveis, foram aos poucos perdendo o domínio que outrora exerciam sobre os pratos europeus e sobreviveram principalmente em doces. Por outro lado, no final do século XX, o consumo de ervas e especiarias aumentou sobremaneira no Ocidente. Nos Estados Unidos, simplesmente triplicou entre os anos de 1965 e 2000 (quando chegou a cerca de 4 g por pessoa por dia), graças sobretudo à maior apreciação dos alimentos asiáticos e latino-americanos, especialmente do sabor "quente" das pimentas do gênero *Capsicum*.

aquela variedade de estímulos sensoriais de que nossos antepassados gozavam ao se alimentarem em uma época anterior à agricultura (esta, quando surgiu, tornou a alimentação menos imprevisível e mais monótona). E, uma vez que o olfato é um dos sentidos que nos ajudam a perceber nosso entorno imediato, as ervas e especiarias nos deleitam na medida em que emprestam a nossos alimentos qualidades que lembram as florestas, as várzeas, os jardins floridos e as bordas do mar. Num simples bocado, conseguem condensar todo um ambiente do mundo natural.

Neste capítulo, examinaremos as ervas, as especiarias e três outros importantes sabores de origem vegetal. O chá e o café são tão importantes que não os concebemos nem como uma erva nem como uma especiaria, respectivamente; mas é exatamente isso que eles são, pois o chá é uma folha seca e o café é uma semente torrada, e ambos são usados para dar sabor à água (e infundir nela uma substância útil, a cafeína). E a fumaça de lenha é um aromatizante criado quando o calor intenso decompõe os tecidos lenhosos e forma alguns compostos encontrados nas verdadeiras especiarias.

A NATUREZA DO SABOR E DOS TEMPEROS

O SABOR DEPENDE DO PALADAR E SOBRETUDO DO OLFATO

As ervas e especiarias têm a função de acrescentar sabor a nossos pratos. O sabor é uma qualidade composta, uma combinação das sensações das papilas gustativas da boca e dos receptores olfativos localizados no teto das cavidades nasais. E essas sensações têm natureza química: sentimos os gostos e os cheiros quando nossos receptores são estimulados por substâncias específicas presentes na comida. O número de sabores é reduzido – doce, azedo, salgado, amargo e *umami* ou sápido (p. 380) –, mas existem milhares de odores diferentes. São as moléculas odoríferas que dão à maçã o gosto de maçã e não de pera ou rabanete, por exemplo. Com o nariz entupido por um res-

---

Os aromas da santidade e do paraíso

Nas religiões do mundo antigo, as especiarias simbolizavam a realização espiritual e a traduziam numa forma de deleite sensorial.

És jardim fechado, minha irmã, noiva minha; jardim fechado, fonte selada.
Teus brotos são pomar de romãs com frutos preciosos: cânfora com nardo, nardo e açafrão, canela, cinamomo e árvores todas de incenso, mirra e aloés e os mais finos perfumes: a fonte de todos os jardins, um poço de água viva e as torrentes do Líbano. Desperta, vento norte, aproxima-te, vento sul, soprai no meu jardim para espalhar seus perfumes.

– Cântico dos Cânticos, 4: 12-15

Alá os libertará do mal daquele dia e os fará encontrar o verdor e a alegria. Por sua perseverança, recompensá-los-á com vestes de seda e um jardim. [...] E serão servidos em vasos de prata e em copos de prata semelhantes ao cristal, que eles mesmos medirão; e ser-lhes-á dado de beber de uma taça cuja mistura será gengibre, das águas de uma fonte chamada Salsabil.

– Alcorão, "O homem", 76: 11-15

friado ou tampado com os dedos, é difícil detectar a diferença entre a maçã e a pera. Em resumo, a maior parte do que experimentamos como sabor é na verdade odor, ou aroma. As ervas e especiarias intensificam o sabor na medida em que acrescentam ao alimento suas moléculas odoríferas características. (As exceções a esta regra são as ervas e especiarias picantes, que estimulam e irritam os nervos da boca; ver p. 438.)

Os odores e a sugestividade dos compostos voláteis. As substâncias aromáticas das ervas e especiarias são *voláteis*, ou seja, são pequenas e leves suficiente para evaporar de sua fonte e se deslocar pelo ar, sendo tragadas pela respiração para dentro do nariz, onde as detectamos. A alta temperatura volatiliza ainda mais as substâncias voláteis, de modo que o aquecimento das ervas e especiarias libera uma quantidade maior de suas moléculas aromáticas e preenche o ar com seu odor. Ao contrário da maioria dos objetos que vemos, ouvimos ou tocamos à nossa volta, os aromas constituem uma presença intangível e invisível. Para as culturas que nada sabiam a respeito de moléculas e receptores olfativos, essa qualidade etérea e penetrante sugeria todo um universo de entidades e poderes invisíveis. Por isso as ervas e especiarias se tornaram importantes nas fogueiras e turíbulos sacrificiais das cerimônias religiosas: eram tesouros oferecidos aos deuses, um meio para evocar a presença destes e imaginar o paraíso onde habitavam. Os perfumes – palavra que vem do latim "por meio da fumaça" – há muito tempo exercem o mesmo misterioso atrativo.

A EVOLUÇÃO DO PALADAR E DO OLFATO

Nós, seres humanos, pertencemos ao reino animal; e, para todos os animais, o sentido do olfato não serve somente para fornecer informações acerca de um bocado de comida. O olfato detecta todas as moléculas voláteis presentes no ar. Nessa medida, informa o animal acerca do local onde se encontra: o ar, o chão, as plantas e outros animais próximos que podem ser inimigos ou parceiros sexuais ou ainda servir de alimento. Esta função mais geral explica por que somos sensíveis a certas notas aromáticas dos alimentos que nos lembram do mundo em geral: de madeira, pedra, terra, ar, animais, flores, relva seca, o litoral e as florestas. O aprendizado que vem da experiência também é essencial para os animais; por isso

---

As especiarias nem sempre foram usadas com os alimentos

Na época da Grécia e da Roma clássicas, quando as especiarias eram muito usadas em cerimônias religiosas e para fazer perfumes, nem todos achavam que devessem ser usadas também para temperar alimentos!

Podemos nos perguntar por que motivo os aromas e outras substâncias fragrantes, embora deem gosto agradável ao vinho, não têm esse efeito sobre nenhum outro alimento. Em todos os casos eles estragam o alimento, quer cozido, quer cru.
– Teofrasto, *De causis plantarum*, século III a.C.

Hoje precisamos de "suplementos" para o alimento. Misturamos óleo, vinho, mel, vinagre e pasta de peixe com especiarias da Síria e da Arábia, como se estivéssemos embalsamando um corpo para o enterro.
– Plutarco, *Moralia*, século II d.C

associamos determinadas sensações às situações nas quais elas ocorreram. Talvez seja por isso que os cheiros evocam tantas memórias e as emoções a elas associadas.

A variedade da coleta e a monotonia da agricultura. Nossos mais longínquos antepassados eram onívoros: comiam qualquer coisa que lhes parecesse útil dentre os alimentos encontrados na savana africana, desde restos de carne na carcaça de um animal até sementes oleaginosas, frutas, folhas e tubérculos. Usavam o paladar e o olfato para determinar se um objeto novo era comestível – a doçura implicava a presença de açúcares nutritivos, o amargor a de alcaloides, os maus cheiros indicavam um apodrecimento perigoso – e para identificar e lembrar os efeitos de objetos já conhecidos. E adotavam uma dieta variada que provavelmente incluía centenas de alimentos diferentes. Tinham muitos sabores de que se lembrar.

Quando os seres humanos criaram a agricultura, há cerca de 10 mil anos, trocaram sua dieta diversificada, mas incerta, por outra, mais previsível e monótona. Passaram a viver, sobretudo, de trigo, centeio, arroz e milho, todos eles fontes concentradas de energia e proteína e todos de sabor pouco expressivo. Tinham poucos sabores de que se lembrar, mas ainda dispunham dos sentidos do paladar e do olfato.

Os temperos fornecem estímulo e diversão. Uma das características que distinguem o ser humano é a tendência de explorar e manipular os materiais naturais que nos rodeiam e modificar esses materiais a fim de adaptá-los segundo nossas necessidades e interesses. Entre tais necessidades e interesses inclui-se a estimulação dos sentidos, a criação de padrões sensoriais que atraiam a atenção do cérebro. Depois do desenvolvimento da agricultura e da simplificação radical da dieta, nossos antepassados descobriram meios para fornecer, de novo, experiências estimulantes ao nariz e às papilas gustativas. Para isso serviam aquelas partes de plantas nas quais o sabor se concentrava de modo especial. As ervas e especiarias não só possibilitam a intensificação do sabor de alimentos insípidos como também emprestam sabores mais diversificados a esses alimentos, ornamentam os pratos e, por fim, permitem o cultivo do sabor pelo simples prazer de saboreá-lo.

OS SABORES DOS TEMPEROS SÃO ARMAS QUÍMICAS

E por que as partes de certas plantas são fontes de sabor tão potentes e intensas? Qual o papel desempenhado na vida das próprias plantas pelas substâncias que lhes dão sabor?

Uma das pistas para responder a essas perguntas está na própria intensidade do sabor. Experimente mastigar uma folha de orégano, um cravo ou um pedaço de vagem de baunilha. O resultado não será agradável, nem de longe! Quando comidas em seu estado natural, a maioria das ervas e especiarias é acre, irritante ou amortece a boca. E as substâncias responsáveis por essas sensações são, na verdade, tóxicas. As essências do orégano ou do tomilho podem ser adquiridas de empresas fornecedoras de produtos químicos e vêm com rótulos bem vistosos: não toque nem inale; estas substâncias lesionam a pele e os pulmões. É essa a função primordial das substâncias em questão: tornar repugnantes as plantas que as produzem, protegendo-as assim do ataque de animais ou microrganismos. Os sabores das ervas e especiarias são armas químicas de defesa liberadas pelas células da planta quando esta é mastigada. Sua volatilidade lhes dá a vantagem de contra-atacar não somente mediante o contato, mas também através do ar; e serve de sinal de alerta, acostumando certos animais a se afastar daquelas plantas só por sentir-lhes o cheiro.

ARMAS TRANSFORMADAS EM PRAZERES: BASTA ACRESCENTAR ALIMENTO

Não obstante, os humanos passaram a apreciar essas armas feitas para nos afugentar. O que retira a toxicidade das ervas e especiarias e as torna não só comestíveis como também deliciosas é um dos princípios mais simples da culinária: a diluição. Quando mordemos uma folha intacta de orégano ou um grãozinho de pimenta-do-reino, a dose concentrada de defesas químicas sobrecarrega e irrita nossos sentidos; mas as mesmas substâncias difundidas num prato cheio de outros alimentos – alguns miligramas a cada quilo – nos estimulam sem sobrecarregar. Acrescentam sabores que os cereais e carnes não têm e tornam estes alimentos mais complexos e fascinantes.

A QUÍMICA E AS QUALIDADES DAS ERVAS E ESPECIARIAS

A MAIORIA DOS SABORES É SEMELHANTE AOS ÓLEOS

A substância saborosa de uma erva ou especiaria é tradicionalmente chamada de *óleo essencial*. O termo reflete um fato importante: as substâncias aromáticas são mais semelhantes aos óleos e gorduras que à água e, portanto, são mais solúveis em óleo que em água (p. 888). É por isso que os cozinheiros preparam extratos de sabor mergulhando ervas e especiarias em óleo. Também acontece de infundirem ervas em vinagre ou álcool diluídos em água, mas tanto os alcoóis em geral quanto o ácido acético do vinagre são primos das moléculas lipídicas e conseguem dissolver melhor do que a água pura as substâncias aromáticas.

As substâncias defensivas aromáticas podem ter efeitos devastadores não só sobre as células de um predador como também sobre as da própria planta. Por isso as plantas cuidam de isolá-las de seus mecanismos internos. As ervas e especiarias acumulam seus aromas em células especializadas, em glândulas situadas na superfície das folhas ou em canais que correm entre as células. Até 15% do peso de algumas especiarias secas são compostos por óleos essenciais; em outras, essa razão fica entre 5 e 10%. As ervas frescas e secas contêm muito menos óleo, cerca de 1% – as frescas porque seu conteúdo de água é muito mais alto, as secas porque perdem substâncias aromáticas no processo de secagem.

O SABOR DE UMA ERVA OU ESPECIARIA É A COMBINAÇÃO DE VÁRIOS SABORES

Como já vimos muitas vezes e em referência a muitos alimentos, o sabor é uma qualidade composta. Uma fruta madura pode conter centenas de compostos aromáticos diferentes, e o mesmo vale para um assado. Embora estejamos habituados a pensar que cada erva ou especiaria tem o seu próprio sabor característico, também estes sabores resultam da interação entre diversos compostos aromáticos. Às vezes, um desses compostos predomina e fornece a nota principal – caso do cravo, da canela, do anis e do tomilho –, mas amiúde é a mistura que cria o caráter de um aroma e que torna determinada especiaria apta a servir como traço de união entre vários ingredientes distintos. A semente de coentro, por exemplo, tem aromas florais e de limão; o louro combina notas de eucalipto, cravo, pinho e florais. Pode ser fascinante – e útil – provar analiticamente as especiarias, procurando perceber os diversos elementos de seu sabor e compreender de que modo este se constrói. Os termos dos perfumistas podem ser úteis: as "notas de saída", percebidas de imediato, são etéreas e somem rapidamente; as "notas de corpo" representam os sabores principais; e as "notas de fundo" desenvolvem-se devagar e persistem por mais tempo. As tabelas das pp. 436 e 437 arrolam os componentes aromáticos principais de uma seleção de ervas e especiarias. Há duas famílias químicas que fornecem boa parte dos compostos aromáticos desses temperos.

FAMÍLIAS DE SABORES: TERPENOS

Os *terpenos* são compostos construídos a partir de um bloco de 5 átomos de carbono, o qual é incrivelmente versátil e pode ser combinado, torcido e ornamentado de modo a formar dezenas de milhares de moléculas diferentes. Em geral, as plantas produzem um coquetel de terpenos defensivos. Estes compostos são típicos das agulhas e da casca das coníferas, das frutas cítricas (p. 415) e de muitas flores; e emprestam ao sabor geral de muitas ervas e especiarias as qualidades do pinho, dos citros, de flores, folhas e notas "frescas" em geral. Os terpenos, como família, tendem a ser especialmente voláteis e reativos. Isso significa que são frequentemente as primeiras moléculas que chegam ao nariz e fornecem uma impressão inicial leve e etérea. Significa também que somem com a fervura e são modificadas até por breve cocção, sendo por isso que as notas frescas e leves desapareçam. Se for o caso, tais notas podem ser devolvidas ao prato acrescentando uma nova dose da erva ou especiaria logo antes de servir.

FAMÍLIAS DE SABORES: FENÓIS

Os compostos fenólicos são construídos a partir de um simples anel fechado de 6 átomos de carbono e pelo menos um fragmento de uma molécula de água (uma combinação de oxigênio e hidrogênio). Os anéis simples podem ser modificados pelo acréscimo de outros átomos a um ou mais carbonos; além disso, dois ou mais anéis podem ligar-se entre si para formar compostos polifenólicos, entre os quais se incluem as antocianinas e a lignina. Ao contrário dos terpenos, que em regra têm uma qualidade genérica, os compostos aromáticos fenólicos são bem distintos uns dos outros e definem o sabor de especiarias como o cravo, a canela, o anis e a baunilha, além das ervas tomilho e orégano. Os compostos pungentes das pimentas do gênero *Capsicum*, da pimenta-do-reino e do gengibre também são sintetizados a partir de uma base fenólica.

Graças à hidroxila presente no anel de carbono, os compostos fenólicos são mais hidrossolúveis que a maioria dos terpenos. Tendem também a persistir mais nos alimentos e na boca à medida que comemos e apreciamos os sabores.

FAMÍLIAS DE SABORES: SUBSTÂNCIAS PUNGENTES

Há uma grande exceção à regra de que as ervas e especiarias servem para acrescentar aromas. As especiarias mais populares do mundo são a pimenta-do-reino e as pimentas do gênero *Capsicum*. Ao lado de algumas outras – gengibre, mostarda, raiz-forte, wasabi –, elas são especialmente apreciadas por uma qualidade que se costuma chamar de "quente", mas que é mais bem descrita pelo termo *pungência*: nem um gosto nem um aroma, mas uma sensação geral de irritação que se avizinha à dor. A pungência é causada por dois grupos gerais de substâncias químicas. Um deles, o dos tiocianatos, se forma nas mostardas e suas parentes raiz-forte e wasabi, quando as células das plantas são danificadas. A maioria dos tiocianatos são moléculas pequenas e leves – de dez a vinte e poucos átomos – que repelem a água

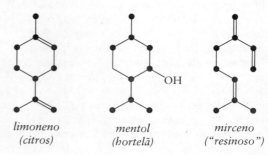

Exemplos de terpenos aromáticos. Os pontos pretos representam a estrutura de átomos de carbono. O limoneno e o mentol são marcantes e característicos, ao passo que o mirceno proporciona nota de fundo em várias ervas e especiarias.

limoneno (citros)   mentol (hortelã)   mirceno ("resinoso")

e prontamente escapam do alimento para o ar em nossa boca, subindo então pelas vias nasais. Tanto na boca quanto no nariz, elas estimulam terminações nervosas que enviam ao cérebro uma mensagem de dor. O segundo grupo de substâncias pungentes, as alquilamidas, se encontram pré-formadas em várias plantas que não têm parentesco entre si, entre as quais as pimentas do gênero *Capsicum*, a pimenta-do-reino, o gengibre e a pimenta-japonesa. Essas moléculas são maiores e mais pesadas – 40 ou 50 átomos – e, portanto, não tendem a escapar do alimento e subir pelo nariz; afetam predominantemente a boca, e de modo muito específico. Ligam-se a receptores de determinado tipo em certos nervos sensoriais e, essencialmente, tornam esses nervos hipersensíveis às sensações comuns – e eles passam a registrar de modo mais intenso a sensação de irritação ou dor. Os tiocianatos da mostarda pare-

eugenol (cravo)   *cinamaldeído (canela)*   *vanilina (baunilha)*   *Exemplos de compostos aromáticos fenólicos.*

Famílias de sabores: alguns terpenos e fenóis importantes e seus aromas

Composto químico	Aroma
Terpenos	
Pinenos	Agulhas e casca de pinheiro
Limoneno, terpineno, citral	Citros
Geraniol	Rosas
Linalol	Lírio-do-vale
Cineol	Eucalipto
Mentol e mentona	Hortelã
L-carvona	Hortelã-verde
D-carvona	Alcaravia
Fenóis	
Eugenol	Cravo
Cinamaldeído	Canela e cássia
Anetol	Anis
Vanilina	Baunilha
Timol	Tomilho
Carvacrol	Orégano
Estragol	Estragão

Os componentes do sabor das ervas mais comuns

Esta tabela e a da página ao lado nos ajudam a perceber os gostos das plantas como misturas de vários sabores. As tabelas identificam as mais importantes notas de sabor em ervas e especiarias específicas, destacando tanto a qualidade sensorial geral quanto as substâncias que a proporcionam. Essa informação pode nos auxiliar a captar de modo mais pleno o sabor de uma determinada erva ou especiaria e compreender suas afinidades com outros ingredientes.

As listas de qualidades e substâncias são seletivas e seus agrupamentos, informais. A categoria "leve" compreende principalmente terpenos; as categorias "quente" e "penetrante", principalmente compostos fenólicos. Os compostos "característicos" são aqueles que se encontram quase exclusivamente numa determinada erva ou especiaria e são responsáveis pela nota que define seu caráter.

	LEVES				QUENTES, DOCES			OUTRAS QUALIDADES		
	Frescas	Pinho	Cítricas	Florais	Madeira	Quentes, "doces"	Anis	Penetrantes	Pungentes	Características
Aipo										ftalidas
Alecrim	cineol	pineno		terpineol	borneol	mirceno		cineol, cânfora		
Angélica	felandreno	pineno	limoneno			lactona angélica				
Bagas de zimbro		pineno			sabineno	mirceno				
Borragem										aldeído de pepino
Capim-limão			citral	geraniol, linalol						
Cerefólio							estragol			
Coentro			decenal							
Endro	felandreno	pineno	limoneno		miristicina					éter de endro
Erva-de--santa-maria		pineno	limoneno							ascaridol
Estragão	felandreno	pineno	limoneno			mirceno	estragol			
Folha de abacateiro								estrago, anetol		
Funcho					miristicina		anetol			
Gualtéria										salicilato de metila
Hissopo	pinocanfona	pineno						cânfora		
Hoja santa										safrol
Hortelã		pineno								mentol
Hortelã-verde	cineol	pineno	limoneno			mirceno		cineol		L-carvona, piridinas
Lavanda	lavandulil acetato, cineol			linalol	terpineol	ocimeno		cineol		linalil acetato
Levístico				terpineol				carvacrol		ftalidas
Lima-cafre			citronelal							
Limonete			citral	linalol						
Louro	cineol	pineno		linalol		metil eugenol		cineol, eugenol		
Louro-da--califórnia	cineol, sabineno	pineno			sabineno			cineol		
Manjericão	cineol			linalol		metil eugenol	estragol	cineol, eugenol		
Manjerona	sabineno		terpineno	linalol	sabineno					
Orégano								carvacrol		carvacrol
Pandano										pirrolina
Perila			limoneno							perilaldeído
Planta-caril	felandreno	pineno		terpineol	carofileno					
Salsa	felandreno				miristicina	mirceno				mentatrieno
Sálvia	cineol	pineno						cineo, cânfora		tujona
Sassafrás	felandreno	pineno	limoneno	linalol		mirceno				
Segurelha								carvacrol, timol		
Tomilho		pineno	cimeno	linalol				timol		timol

Os componentes do sabor das especiarias mais comuns

	LEVES				QUENTES, DOCES			OUTRAS QUALIDADES		
	Frescas	Pinho	Cítricas	Florais	Madeira	Quentes, "doces"	Anis	Penetrantes	Pungentes	Características
Açafrão										safranal
Ajwan		pineno	terpineno					timol		timol
Alcaçuz					paeonol					ambretolida
Alcaravia			limoneno							D-carvona
Alpínia	cineol	pineno		geranil acetato		metil cinamato		cineol, cânfora, eugenol		acetato de alpínia
Anis							anetol			anetol
Anis-estrelado			limoneno	linalol			estragol, anetol			anetol
Assafétida										di-, tri-, tetrassulfetos
Baunilha				linalol		vanilina		eugenol, cresol, guaiacol		vanilina
Canela	cineol			linalol	cariofileno		cinamil acetato	cineol, eugenol		cinamaldeído
Cardamomo	sabineno, cineol	pineno	limoneno	terpineol, linalol	sabineno	terpenil acetato		cineol		
Cardamomo grande	cineol							cineol, cânfora		
Cássia						cinamil acetato		metoxici-namato		cinamaldeído
Coentro		pineno	citral	linalol				cânfora		
Cominho	felandreno	pineno								cuminaldeído
Cravo					cariofileno	eugenil acetato		eugenol		eugenol
Cúrcuma	felandreno, cineol				turmerona, curcumeno			cineol		
Feno-grego						sotolona				sotolona
Gengibre	felandreno, cineol		citral	linalol	zingibereno			cineol	gingerol, xogaol	
Macis	sabineno	pineno			miristicina	metil eugenol				
Mástique		pineno				mirceno				
Mostarda									tiocianatos	
Nigela		pineno						carvacrol		
Noz-moscada	sabineno, cineol	pineno	limoneno	geraniol	miristicina	mirceno, metil eugenol		cineol		safrol
Pimenta-cubeba	sabineno			terpineol				cineol		
Pimenta-da-costa				linalol	humuleno, cariofileno				gingerol, xogaol	
Pimenta-da-jamaica	cineol				cariofileno			cineol, eugenol		
Pimenta-do-reino	sabineno	pineno	limoneno		cariofileno				piperina	
Pimenta-japonesa	felandreno	pineno	citronelol	geraniol, linalol					sanshool	
Pimenta-longa					cariofileno				piperina	
Pimenta-rosa	felandreno	pineno	limoneno			careno			cardanol	
Pimentas do gênero *Capsicum*									capsaicina	
Raiz-forte									tiocianatos	
Sanshô			citronelal	geraniol, linalol					sanshool	
Sementes de aipo			limoneno							ftalida, sedanolida
Sementes de endro	felandreno	pineno	limoneno							D-carvona
Sementes de erva-doce		pineno	limoneno				anetol	fenchona		anetol
Sumagre		pineno	limoneno							
Urucum		pineno	limoneno		humuleno	mirceno				
Wasabi									tiocianatos	

cem atuar de maneira semelhante na boca e no nariz.

POR QUE A DOR PODE CAUSAR PRAZER

Por que as especiarias irritantes são nossas prediletas? O psicólogo Paul Rozin propôs algumas explicações. Talvez as comidas apimentadas sejam, na alimentação, o equivalente a andar de montanha-russa ou mergulhar em um lago no inverno: um exemplo de "risco sob controle" que desencadeia incômodos sinais de alerta pelo corpo afora. Porém, uma vez que a situação não é realmente perigosa, podemos ignorar o significado convencional dessas sensações e apreciar a vertigem, o choque e a dor, prestando atenção neles tais como são. A sensação de dor também pode fazer com que o cérebro libere substâncias naturalmente analgésicas que deixam no corpo uma sensação morna e confortável quando a queimação vai embora.

Estimulação e sensibilização. Também pode ser que apreciemos a comida apimentada porque a irritação acrescenta nova dimensão à experiência de comer. Pesquisas recentes constataram que, pelo menos no caso das substâncias irritantes da pimenta-do-reino e das pimentas do gênero *Capsicum*, a pungência não se reduz a uma simples queimadura. Esses compostos induzem uma inflamação temporária na boca, transformando-a num órgão mais suscetível à dor e mais sensível a todo e qualquer estímulo. As sensações que se intensificam são, entre outras, o tato, a temperatura e os aspectos irritantes de vários outros ingredientes, como o sal, os ácidos, a carbonatação (que se torna ácido carbônico) e o álcool. É a pimenta que transforma a sopa "quente e azeda" da culinária chinesa (a qual, além de quentíssima, é ácida e salgada) numa experiência tão intensa. Depois de ingerir alguns bocados, passamos a perceber nossa simples respiração: a boca se torna tão sensível que a exalação de ar na temperatura do corpo se assemelha a uma sauna e a inalação de ar na temperatura ambiente, uma brisa refrescante.

Na realidade, a pungência intensa diminui nossa sensibilidade aos sabores propriamente ditos – doce, azedo, salgado, amargo – e também aos aromas. Em parte, isso ocorre porque ela chama para si um tanto da atenção que o cérebro geralmente dedicaria a essas outras sensações. Nossa sensibilidade aos temperos pungentes também declina na razão direta de nossa exposição a eles, e essa dessensibilização dura de 2 a 4 dias. Isso explica, em certa medida, por que aqueles que comem pimenta regularmente são capazes de tolerar pratos

capsaicina (gênero Capsicum*)*

piperina (pimenta-do-reino)

Exemplos de compostos de sabor pungente.

mais picantes que as pessoas que só comem alimentos pungentes de vez em quando.

AS ERVAS E ESPECIARIAS E A SAÚDE

As ervas e especiarias como remédios em geral. A ideia de que as ervas e especiarias têm valor medicinal é antiga e corroborada pelos fatos: os vegetais são virtuoses da síntese bioquímica e originaram muitos medicamentos importantes (aspirina, digitális, quinino e taxol, para citar apenas alguns). Os efeitos dos alimentos vegetais em geral sobre a saúde foram descritos anteriormente, p. 281. As ervas e especiarias, na medida em que se especializaram na produção de terpenos e compostos fenólicos, são notáveis por três tendências gerais de grande envergadura. Os compostos fenólicos muitas vezes têm propriedades antioxidantes; entre os alimentos mais eficazes nesse quesito podemos mencionar o orégano, o louro, o endro, o alecrim e a cúrcuma. Os antioxidantes são úteis tanto no corpo – para prevenir danos ao DNA, às partículas de colesterol e a outras substâncias importantes – quanto nos alimentos, pois retardam a deterioração destes. Os terpenos não impedem a oxidação, mas ajudam a reduzir a produção, pelo corpo, de moléculas que podem causar câncer; além disso, controlam o crescimento de tumores. Por fim, alguns terpenos e fenóis são anti-inflamatórios: moderam a reação do corpo a danos celulares, reação essa que poderia, de outro modo, desencadear doenças cardíacas ou câncer.

Ainda não sabemos se o consumo de ervas e especiarias pode reduzir significativamente o risco de ocorrência de alguma doença específica; mas essa possibilidade existe.

As ervas e especiarias e sua relação com as intoxicações alimentares. Já se aventou a hipótese de que as pessoas, sobretudo os habitantes de países tropicais, começaram a usar ervas e especiarias porque as

---

Intensidade relativa das substâncias pungentes na pimenta-do-reino, nas pimentas do gênero *Capsicum* e no gengibre

Nesta lista, à pungência da piperina – ingrediente ativo da pimenta-do-reino – atribui-se arbitrariamente o valor de 1. Os ingredientes do gengibre e da pimenta-da-costa têm intensidade semelhante à da piperina, ao passo que as capsaicinas das pimentas *Capsicum* são muitíssimo mais fortes. A pungência efetiva de uma determinada especiaria depende tanto da identidade do ingrediente ativo quanto do grau de sua concentração na especiaria.

Composto pungente	Especiaria	Pungência relativa
Piperina	Pimenta-do-reino	1
Gingerol	Gengibre fresco	0,8
Shogaol	Gengibre velho (substância produzida a partir do gingerol)	1,5
Zingerona	Gengibre aquecido (substância produzida a partir do gingerol)	0,5
Paradol	Pimenta-da-costa	1
Capsaicina	Pimentas do gênero *Capsicum*	150-300
Variantes da capsaicina	Pimentas do gênero *Capsicum*	85-90

substâncias defensivas aí presentes ajudam a controlar os microrganismos que causam intoxicação alimentar, tornando assim o alimento mais seguro. Ao passo que alguns temperos – alho, canela, cravo, orégano, tomilho – são razoavelmente capazes de matar importantes microrganismos patogênicos, a maioria não é. E muitos, especialmente a pimenta-do-reino e outros que passam vários dias secando ao relento em climas tropicais, portam milhões de microrganismos em cada pitada – entre eles, às vezes, a *E. coli* e certas variedades patogênicas dos gêneros *Salmonella*, *Bacillus* e *Aspergillus*. É por isso que as especiarias são frequentemente fumigadas com várias substâncias químicas (nos Estados Unidos, etileno ou óxido de propileno) ou aquecidas no vapor. Cerca de 10% das especiarias importadas para os Estados Unidos são bombardeadas com radiação ionizante para erradicar os microrganismos.

MANIPULAÇÃO E ESTOCAGEM DE ERVAS E ESPECIARIAS

A PRESERVAÇÃO DOS COMPOSTOS AROMÁTICOS

O objetivo da manipulação de ervas e especiarias é garantir a conservação de seus compostos aromáticos característicos. Por serem voláteis, esses compostos evaporam-se facilmente; por sua natureza reativa, tendem a ser alterados pela exposição ao oxigênio e à umidade do ar, ao calor e à luz. Para preservar ervas e especiarias, seus tecidos têm de ser mortos e dessecados para não apodrecer; mas isso deve ser feito do modo mais suave possível, de forma que a água seja removida sem que se elimine também o sabor. Depois, o material seco deve ser guardado em recipientes fechados em local fresco e escuro. Como regra geral, as ervas e especiarias se conservam melhor em frascos opacos de vidro mantidos no congelador (o recipiente deve chegar à temperatura ambiente antes de ser aberto para impedir que a umidade do ar se condense nos temperos frios). Na prática, a maioria dos cozinheiros conservam seus condimentos em temperatura ambiente. Desde que não sejam regularmente expostos à luz forte, as especiarias inteiras se conservam bem por até um ano, e as moídas, por alguns meses. As partículas finas das especiarias moídas têm grande área superficial e perdem com mais rapidez suas moléculas aromáticas, ao passo que as especiarias inteiras retêm o aroma dentro de suas células intactas.

A ESTOCAGEM DE ERVAS FRESCAS

Muitas ervas são, na verdade, caules e folhas novos e delicados, sendo por isso mais frágeis que outros produtos da terra. Por terem tido os caules cortados, tendem a produzir o hormônio etileno, que surge nos ferimentos e, acumulado, desencadeia a deterioração geral. A maioria das ervas frescas deve ser conservada em geladeira em um saco plástico parcialmente aberto, embrulhadas soltas e jamais comprimidas, num pano ou papel que absorva a umidade e impeça os microrganismos de crescerem rapidamente nas folhas úmidas. Por serem plantas de clima quente, o manjericão e a perila são danificados pela temperatura de refrigeração e devem ser conservados em temperatura ambiente, com os caules recém-cortados imersos na água.

O sabor de muitas ervas pode ser bem preservado caso elas sejam congeladas, embora os tecidos sofram os danos provocados pelos cristais de gelo e assumam desagradável tonalidade escura e aspecto flácido quando descongelados. A imersão em óleo, que protege os tecidos do oxigênio, também funciona por algumas semanas, após as quais boa parte do sabor terá escapado para o meio oleoso. As ervas em óleo devem ser sempre conservadas em geladeira, pois a mesma ausência de oxigênio que é boa para preservar o sabor também favorece o crescimento das bactérias do botulismo. As bactérias não se multiplicam nem produzem toxinas em temperatura de refrigeração.

A SECAGEM DE ERVAS FRESCAS

A secagem é um processo que envolve a remoção da maior parte da umidade de uma erva que, quando fresca, pode conter até 90% de água. O dilema básico é que muitas substâncias aromáticas são mais voláteis que a água; por isso qualquer processo que vise à evaporação da água redundará igualmente na evaporação do sabor. É por isso que muitas ervas secas não têm gosto nem de longe semelhante ao da erva fresca, apresentando em vez disso um aroma genérico de feno e folhas secas. Há algumas exceções a esta regra, especialmente entre as ervas mediterrâneas da família da hortelã, as quais, naturais de regiões quentes e secas, contêm substâncias aromáticas que persistem após a secagem (caso do orégano, do tomilho, do alecrim e do louro). Embora a secagem ao sol dê a impressão de ser uma coisa boa, o fato é que a alta temperatura e a altíssima dose de luz visível e radiação ultravioleta acarretam, em regra, a eliminação e a alteração dos sabores. A secagem à sombra, realizada pelo ar no decorrer de alguns dias, é muito mais recomendável. As ervas podem ser secas em poucas horas num forno baixo ou num desidratador, mas a alta temperatura geralmente causa mais perda de sabor que a secagem pelo ar. Algumas ervas vendidas no comércio são liofilizadas, processo que às vezes preserva melhor o sabor original.

O forno de micro-ondas, graças ao efeito rápido e seletivo de sua radiação, funciona bastante bem para secar pequena quantidade de ervas. A energia das micro-ondas excita as moléculas de água mas não afeta as moléculas não polares de óleo, e penetra instantaneamente o caule e as folhas finas (p. 876). Isso significa que todas as moléculas de água numa leva de ervas atingem o ponto de ebulição em alguns segundos e começam a sair das folhas, ao passo que as estruturas que contêm os compostos de sabor semelhantes ao óleo (glândulas e canais, pp. 448 e 453) se aquecem de modo mais gradual e indireto, recebendo o calor das moléculas de água. As ervas secam em questão de minutos, e a perda de sabor é menos drástica que a resultante da secagem normal ao forno.

COCÇÃO COM ERVAS E ESPECIARIAS

Em geral, as ervas e especiarias são cozidas junto com outros ingredientes e perfazem uma proporção relativamente pequena da mistura, 1% ou menos do peso total. Nesta seção, investigaremos a extração e as transformações do sabor nesses pratos. Em certos preparados, por outro lado, os temperos não proporcionam somente sabor (p. 446). E algumas ervas – salsa, sálvia, manjericão – são deliciosas por si sós, fritas por imersão por breve período, suficiente apenas para dar-lhes crocância e lhes suavizar o sabor.

A EXTRAÇÃO DO SABOR

Para que as ervas e especiarias nos brindem com seu sabor, os cozinheiros têm de encontrar um modo de liberar as substâncias sápidas presentes em seus tecidos e transmiti-las a nossas papilas gustativas e receptores olfativos. No caso de ervas frágeis, às vezes basta espalhar as folhas frescas sobre o prato, como em certas sopas vietnamitas: a pessoa que está comendo libera o aroma quando mastiga a folha, apreciando-a na plenitude de seu frescor. Se, por outro lado, é necessário que os sabores se incorporem ao prato, os compostos de sabor terão de sair da erva ou especiaria. O cozinheiro pode deixar o tempero intacto e usar líquidos e calor para estimular a gradual exsudação do sabor; pode também quebrar o tempero em pedaços pequenos – picar ervas frescas, desagregar as secas, ralar especiarias – a fim de expor o prato diretamente às moléculas de sabor. Quanto mais finas as partículas, maior a área superficial pela qual tais moléculas poderão escapar, e mais rápida a transferência de sabor do tempero para o prato.

A extração rápida às vezes é desejável, às vezes não. Num prato cozido por pouco tempo, é essencial. Num ensopado de cocção prolongada, porém, pode ser preferível a liberação mais lenta dos compostos, extraídos de partículas mais graúdas ou folhas e sementes inteiras. Em picles e conservas, especiarias inteiras proporcionam sabor sem turvar o líquido. Uma vez extraídas as moléculas de sabor, elas começam a reagir com o oxigênio e outras moléculas do alimento e seu sabor original se transforma, ainda que sutilmente. Partículas maiores liberam o sabor original ao longo de um período maior. Para garantir um tanto de sabor fresco num prato sujeito a cocção prolongada, pode-se ainda acrescentar a erva ou especiaria – quer em sua medida total, quer numa dose suplementar – perto do final da cocção ou mesmo depois dela.

Algumas misturas clássicas de ervas e especiarias

França

Bouquet garni	Louro, tomilho, salsa
Fines herbes	Estragão, cerefólio, cebolinha
Quatre épices	Pimenta-do-reino, noz-moscada, cravo, canela
Herbes de Provence	Tomilho, manjerona, funcho, manjericão, alecrim, lavanda

Marrocos

Chermoula	Cebola, alho, folha de coentro, pimenta do gênero *Capsicum*, cominho, pimenta-do-reino, açafrão
Ras el hanout	20 ou mais ingredientes, entre os quais cardamomo, cássia, macis, cravo, cominho, pimenta do gênero *Capsicum*, pétalas de rosa

Oriente Médio

Zatar	Manjerona, orégano, tominho, gergelim, sumagre
Zhug	Cominho, cardamomo, alho, pimenta do gênero *Capsicum*

Índia

Garam masala	Cominho, coentro, cardamomo, pimenta-do-reino, cravo, macis, canela
Panch phoran	Cominho, funcho, nigela, feno-grego, mostarda

China

Five spice	Anis-estrelado, pimenta-japonesa, cássia, cravo, funcho

Japão

Shichimi	Sanshô, mostarda, semente de papoula, semente de gergelim, casca de tangerina seca

México

Recado rojo	Urucum, orégano mexicano, cominho, cravo, canela, pimenta-do-reino, pimenta-da-jamaica, alho, sal

Essências preparadas, como a de baunilha, são práticas porque as moléculas de sabor já estão dissolvidas num líquido e permeiam imediatamente o prato. Uma vez que a cocção só fará evaporar ou transformar seu sabor, as essências devem ser acrescentadas, em regra, no período final do preparo.

Moagem, esmagamento, corte. Há várias maneiras de esmagar ervas e especiarias, maneiras essas que têm efeitos diversos sobre o sabor. Todo ralador, moedor ou instrumento cortante gera calor. Quanto mais quentes as moléculas aromáticas, mais elas se tornam voláteis e mais prontamente se perdem. Além disso, se tornam mais reativas e mutáveis. Para preservar os sabores originais, o melhor é pré-refrigerar tanto a especiaria quanto o ralador, mantendo os compostos aromáticos tão frios quanto possível. Os processadores de alimentos cortam as ervas e introduzem nelas uma grande quantidade de ar e de oxigênio que altera os aromas, ao passo que a ação de um pilão sobre um almofariz esmaga as ervas e minimiza a aeração. O corte cuidadoso com uma faca afiada deixa intacta boa parte da estrutura da erva a fim de manter o frescor do sabor, e também minimiza os danos celulares nas extremidades cortadas. A faca cega, por outro lado, não corta, mas esmaga; danifica um grande número de células e pode provocar rápida descoloração marrom e preta.

Um efeito positivo do oxigênio sobre as especiarias moídas se manifesta na maturação das misturas de especiarias, das quais se diz que se suavizam no decorrer de alguns dias ou semanas.

A influência de outros ingredientes. Uma vez que as substâncias aromáticas são, de modo geral, mais solúveis em óleos, gorduras e alcoóis que em água, os ingredientes presentes no prato também vão influenciar a velocidade e o grau de extração de sabor, bem como a liberação de sabor durante a mastigação. Os óleos e gorduras dissolvem mais moléculas aromáticas que a água durante a cocção, mas também as prendem durante o consumo do alimento, de modo que os sabores surgem gradualmente e permanecem por mais tempo. O álcool também extrai os aromas com mais eficiência, mas, por ser igualmente volátil, os libera com relativa rapidez.

Os dois métodos de extração de sabor que tiram vantagem da volatilidade das moléculas aromáticas são a cocção no vapor e a defumação. Ervas e especiarias podem ser imersas na água fervente usada na cocção por vapor ou podem formar um leito sobre o qual se coloca o alimento que está sendo cozido; de um jeito ou de outro, o calor extrai moléculas aromáticas para o vapor; quando este se condensa sobre a superfície mais fria do alimento, as moléculas se depositam ali. Colocadas sobre brasas ou dentro de uma panela aquecida, ervas e especiarias emitem não só seus aromas usuais como também um aroma transformado pelo calor intenso.

MARINADAS E MARINADAS SECAS

Quando se cozinham pedaços grandes e sólidos de carne ou peixe, é fácil projetar os sabores de ervas e especiarias sobre a superfície do alimento, mas difícil fazê-los penetrar no interior das peças. As marinadas à base de água ou óleo revestem a carne de um líquido saboroso, ao passo que as pastas e marinadas secas põem as substâncias aromáticas sólidas em contato mais direto com a superfície do alimento. Uma vez que os sabores são sobretudo moléculas lipossolúveis e a carne contém 75% de água, aquelas moléculas não conseguem penetrar muito longe no interior dos pedaços. Se a marinada, seca ou não, for salgada o bastante, o tecido da carne se romperá (p. 172), o que facilitará a alguns aromas levemente hidrossolúveis a tarefa de penetrá-la. Método mais eficiente consiste em usar uma seringa e injetar pequenas porções do líquido saboroso em várias partes do interior da carne.

AS ERVAS E ESPECIARIAS COMO EMPANAMENTO

O ato de revestir a carne com uma pasta ou marinada seca de ervas e especiarias tem um efeito colateral útil: esse revestimento, ou empanamento, atua como camada protetora – como a pele do frango – que isola a carne em si do intenso calor direto do forno ou da grelha. Isso significa que as camadas externas da carne ficam menos sobrecozidas e, portanto, mais úmidas. Especiarias apenas quebradas, não moídas – especialmente sementes de coentro –, podem proporcionar um contraponto crocante aos tecidos mais moles do interior. O sabor de uma crosta de especiarias será melhor se o empanado contiver um pouco de óleo, com o qual a crosta não seca, mas frita.

ESSÊNCIAS: ÓLEOS, VINAGRES E ALCOÓIS AROMATIZADOS

Caso especial de extração de sabor é a fabricação das essências, preparados que servem como fontes instantâneas de sabor para outros pratos. Os materiais mais comumente usados para extrair essências são óleos, vinagres, caldas de açúcar (especialmente no caso de flores) e alcoóis (uma vodca neutra, por exemplo, para extrair o sabor da casca de citros). A erva e/ou especiaria é geralmente batida para danificar a estrutura celular e facilitar a penetração do líquido e a liberação do aroma. Com a finalidade de matar bactérias e facilitar a penetração inicial no tecido vegetal, óleos, vinagres e caldas são geralmente aquecidos antes do acréscimo da erva ou especiaria; depois, permite-se que esfriem para evitar a transformação do sabor. Flores delicadas podem aromatizar uma calda de açúcar em menos de uma hora, ao passo que folhas e sementes geralmente ficam em infusão no líquido de extração por semanas em temperatura ambiente baixa. Quando a essência ou extrato alcança a concentração desejada, o líquido é coado e conservado em local fresco e ao abrigo da luz.

Uma vez que o álcool, o ácido acético e o açúcar concentrado matam as bactérias ou inibem a multiplicação destas, os alcoóis, vinagres e xaropes não acarretam muitos problemas de segurança alimentar. Os óleos, por outro lado, estimulam o crescimento da mortífera *Clostridium botulinum*, cujos esporos sobrevivem a uma fervura breve e germinam quando ao abrigo do ar. A maioria das ervas e especiarias não proporcionam nutrientes em quantidade suficiente para o crescimento das bactérias do botulismo, mas não se pode dizer o mesmo do alho. As infusões em óleo são mais seguras quando feitas e armazenadas em temperatura de refrigeração. Isso retarda a extração, mas também impede o crescimento das bactérias e torna mais lenta a deterioração.

Essências comerciais. As essências comerciais, ao contrário das feitas em casa, são altamente concentradas. Por isso são acrescentadas aos alimentos em quantidades mínimas, algumas gotas ou uma fração de colherada para um prato inteiro. São exemplos as essências de baunilha, amêndoa, hortelã e anis. Algumas essências e óleos são preparadas com ervas e especiarias de verdade, ao passo que outras são feitas a partir de uma ou mais substâncias sintéticas que capturam o sabor principal do tempero, mas não se comparam com este em matéria de complexidade e suavidade (em geral, as essências artificiais têm gosto agressivo e desagradável). A vantagem das essências sintéticas é seu baixo preço.

A EVOLUÇÃO DO SABOR

Quando as moléculas aromáticas de ervas e especiarias são liberadas num preparado e postas em contato com o ar, o calor e os outros ingredientes, começam a sofrer um sem-número de reações químicas. Uma parte das substâncias aromáticas originais se altera e se transforma em várias outras substâncias, de modo que as notas características, inicialmente fortes, perdem algo de sua intensidade e a complexidade geral da mistura aumenta. Essa maturação pode ser simples efeito colateral da cocção dos temperos junto com outros ingredientes, mas não raro constitui uma etapa específica da preparação do prato. Quando o cominho ou o coentro são tostados sozinhos, por exemplo, seus açúcares e aminoácidos sofrem reações de escurecimento e geram moléculas aromáticas sápidas que geralmente se encontram em alimentos assados (pirazinas), desenvolvendo assim um novo estrato de sabor que complementa o aroma original.

A maturação dos sabores de especiarias: o sistema indiano. O uso de especiarias é especialmente antigo e elaborado na Índia e no Sudeste Asiático. Os cozinheiros indianos dispõem de diversos sistemas para maturar os sabores das especiarias antes de incorporá-las num prato.

- Tostam-se em panela quente especiarias secas inteiras, tipicamente mostarda, cominho ou feno-grego, por um ou dois minutos e até as sementes começarem a pipocar, ponto em que sua umidade interior se vaporiza e elas começam a escurecer. As especiarias assim tostadas se suavizam, mas não perdem a própria individualidade: retêm suas qualidades características.
- Fritam-se em óleo ou *ghee* especiarias em pó sortidas; em geral, usam-se cúrcuma, cominho e coentro, além de outras. Esta preparação permite que as diferentes substâncias aromáticas reajam umas com as outras de modo a integrar os sabores. Em geral, depois disso acrescentam-se alho, gengibre, cebola e outros ingredientes frescos que vão compor aquela fase do prato que se assemelha a um molho.
- Frita-se lentamente uma pasta de especiarias frescas e em pó, mexendo-se constantemente até evaporar-se boa parte da umidade. O óleo então se separa da pasta e a mistura começa a escurecer. Os cozinheiros mexicanos preparam de modo parecido seus purês de misturas de pimentas do gênero *Capsicum*. Esta técnica gera sabores característicos, uma vez que os ingredientes secos e frescos (que trazem em si enzimas ativas) podem interagir desde o começo. Além disso, a umidade das especiarias frescas impede que as secas sejam tão afetadas pelo calor quanto seriam se fossem fritas sozinhas.
- Fritam-se levemente, em *ghee*, especiarias inteiras, as quais são então polvilhadas como guarnição sobre um prato recém-preparado.

Os cozinheiros indianos também aromatizam alguns pratos com uma extraordinária combinação de defumação e tempero a que dão o nome de *dhungar*. Dentro de uma panela, colocam o prato e, junto com este, uma cebola da qual se retirou o interior, ou uma tigelinha, contendo uma brasa acesa; sobre a brasa, derramam *ghee* e, às vezes, especiarias, e tampam bem a panela para que a fumaça aromatizada penetre o alimento.

Em suma, as ervas e especiarias são ingredientes incrivelmente versáteis e são capazes de produzir uma extraordinária diversidade de efeitos. Combinações, proporções, o tamanho das partículas, a temperatura e a duração da cocção – tudo isso influencia o sabor final do prato.

AS ERVAS E ESPECIARIAS COMO ESPESSANTES

Algumas ervas e especiarias são usadas para proporcionar não só a essência aromática, mas também a substância do prato. Um purê de ervas frescas, como o molho pesto italiano, feito de manjericão, é espesso porque a própria umidade da erva já está ligada a vários materiais celulares. E é graças à abundância desses materiais celulares – principalmente paredes e membranas – que esses purês também conseguem revestir gotículas de óleo e criar uma emulsão estável e exuberante (p. 700). As pimentas frescas do gênero *Capsicum*, que são frutos, produzem um purê que, embora aguado, pode ser reduzido por cocção até atingir um incrível grau de suavidade e lisura graças às abundantes pectinas das paredes celulares.

Muitos molhos mexicanos são feitos a partir de pimentas secas do gênero *Capsicum*, as quais podem ser facilmente reidratadas para produzir o mesmo tipo de purê; e os papricaches húngaros são espessados com pimentas do gênero *Capsicum* em pó.

Os pratos indianos e do Sudeste Asiático frequentemente devem sua textura e densidade a uma combinação de especiarias frescas e secas. Por ter casca seca e grossa, a semente de coentro moída absorve muita umidade; o gengibre, a cúrcuma e a alpínia são rizomas cheios de amido, o qual se dissolve durante a cocção prolongada e forma uma rede de longas cadeias moleculares que espessam o preparado. Folhas de sassafrás secas e moídas também espessam o *gumbo* da Louisiana. E o feno-grego se destaca pelo alto teor de um carboidrato mucilaginoso chamado galactomanana, o qual é liberado pela simples infusão das sementes moídas em água.

UM EXAME DAS ERVAS MAIS COMUNS

A maioria das ervas usadas na culinária europeia tradicional é membro de duas famílias vegetais: a da hortelã e a da cenoura. Os membros de cada família têm diversos graus de semelhança uns com os outros, e por isso agrupei-os neste breve exame. As ervas restantes seguem quase sempre em ordem alfabética.

As ervas frescas são geralmente colhidas de plantas maduras, muitas vezes no começo da fase de florescência, quando o teor de óleos essenciais defensivos atinge o auge. O conteúdo de óleo das ervas do Mediterrâneo é mais alto no lado das plantas que dá para o Sol. Pratica-se a interessante variação de colher as ervas quando ainda são brotos novos, com poucas folhas, época em que sua composição de óleos essenciais pode ser muito diferente. O broto de funcho, por exemplo, contém quantidade relativamente módica de anetol, o aroma característico do anis, que domina o sabor da planta adulta.

A FAMÍLIA DA HORTELÃ

A família da hortelã é grande. Agrupa cerca de 180 gêneros e proporciona a maioria das ervas que mais usamos na cozinha. Por que tanta generosidade? Por uma feliz combinação de vários fatores. Os membros da família da hortelã dominam as regiões áridas próximas ao Mediterrâneo, onde poucas outras plantas conseguem vicejar, e combatem sua fragilidade com poderosas defesas químicas. Estas se localizam principalmente em pequenas glândulas que se projetam das folhas; por serem superficiais, esses tanques de armazenamento podem se expandir e às vezes representam até 10% do peso de cada folha. Além disso, os membros da família da hortelã são extremamente produtivos em matéria de química e extremamente promíscuos em matéria de interfertilização: cada espécie fabrica ampla gama de substâncias químicas e as várias espécies se hibridizam facilmente. O resultado é uma enorme variedade de plantas e aromas.

Alecrim. O alecrim é um arbusto lenhoso, *Rosmarinus officinalis*, que cresce nas terras áridas na região europeia do Mediterrâneo. Suas folhas são tão estreitas e compactas que parecem agulhas de pinheiro. Tem um aroma forte e complexo no qual despontam notas de madeira, pinho, florais, eucalipto e cravo. No sul da França e na Itália, é tradicionalmente usado para dar sabor a carnes grelhadas, mas também pode complementar pratos doces. O aroma do alecrim é pouco afetado pela secagem.

Erva-bergamota. Esta erva é um membro norte-americano da família da hortelã, *Monarda didyma*, de aroma alimonado. O nome "bergamota" também designa uma fruta cítrica cujo óleo essencial é rico no composto floral linalil acetato e que caracteriza o sabor do chá Earl Grey.

Hissopo. O nome hissopo é ambíguo. É aplicado às vezes a um tipo de planta mencionado na Bíblia e muito usado no Oriente

Médio, compreendendo várias espécies caracterizadas por uma qualidade aromática penetrante semelhante à do orégano (ver p. 449). O hissopo propriamente dito, *Hyssopus officinalis*, é uma erva europeia mais suave com notas frescas, pungentes e de cânfora. Era apreciado na Roma antiga, mas hoje é mais usado na culinária vietnamita e tailandesa. O hissopo contribui para o sabor de várias bebidas alcoólicas, entre as quais o Pernod, o Ricard e a Chartreuse.

Hortelãs. As verdadeiras hortelãs são, em sua maioria, naturais de ambientes úmidos da Europa e da Ásia. O gênero *Mentha* compreende cerca de 25 espécies e seiscentas variedades, embora a tendência da família à hibridização e à variabilidade química complique um pouco esse quadro. As hortelãs que mais interessam ao cozinheiro são a hortelã-verde ou hortelã comum (*M. spicata*) e a hortelã-pimenta (*M. piperita*), sendo esta um antigo híbrido entre a hortelã-verde e a hortelã-d'água (*M. aquatica*).

Ambas as principais hortelãs culinárias têm qualidade refrescante, mas são bem diferentes. O aroma característico da hortelã-verde é dado por um terpeno chamado L-carvona; e sua riqueza e complexidade, pelas piridinas, compostos nitrogenados que se encontram com mais frequência em alimentos assados que em alimentos crus. A hortelã-verde é largamente usada nas bordas orientais do Mediterrâneo, na Índia e no Sudeste Asiático, sempre em grande quantidade, tanto fresca como cozida e em pratos doces e salgados. A hortelã-pimenta, de sabor mais simples e mais vivo, não contém nem carvona nem piridinas, ou só as contém em mínima quantidade; em vez delas, fabrica um terpeno chamado *mentol*, que lhe dá uma exclusiva qualidade refrescante. Além de ter seu próprio aroma, o mentol se liga aos receptores dos nervos bucais que percebem a temperatura e faz com que essas células informem ao cérebro que estão mais frias do que se realmente se encontram, com uma diferença de 4-7 °C. O mentol é uma substância reativa que se degenera rapidamente quando aquecida; por isso a hortelã-pimenta não costuma ser cozida. Pelo fato de a concentração de mentol aumentar com a idade da folha, as mais velhas são mais refrescantes. Quando a erva cresce em condições quentes e secas, o mentol se transforma num subproduto não refrescante, de sabor mais ou menos agressivo (a pulegona, volátil característico do poejo).

Vale a pena conhecer algumas outras hortelãs. A hortelã-d'água, uma das mães da hortelã-pimenta, tem aroma forte e era outrora largamente cultivada na Europa, mas hoje é mais comum no Sudeste Asiático. O poejo (*M. pulegium*) é uma hortelã menor, especialmente pungente e picante; a hortelã-maçã (*M. suaveolens*) é doce e de fato tem sabor semelhante ao de maçã; e a

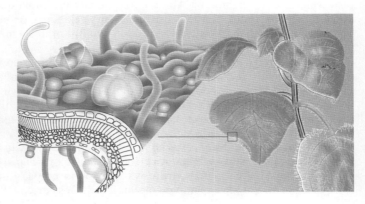

A anatomia da família da hortelã. Vê-se aqui uma folha de orégano, com destaque para as microscópicas glândulas oleíferas que cobrem a superfície das ervas dessa família. Essas glândulas – frágeis, expostas e repletas de óleos essenciais pungentes – proporcionam uma primeira linha de defesa contra os predadores.

Mentha x piperita "citrata" é a hortelã perfumada usada para fazer água-de-colônia. *Nepitella* é o nome italiano da *Calamintha nepeta*, erva às vezes mentolada, às vezes pungente, natural da Europa mediterrânea e usada na Toscana para aromatizar pratos feitos com carne suína, cogumelos e alcachofra. A "menta coreana" é uma erva asiática da família da hortelã, *Agastache rugosa*, que tem gosto de anis.

Lavanda. A lavanda é uma planta da região do Mediterrâneo, há muito apreciada mundo afora por seu persistente perfume que combina notais florais e de madeira (uma mistura das notas florais linalil acetato e linalol e do cineol típico do eucalipto), mas muito mais conhecida por ser usada em velas e sabonetes que na comida; seu nome vem da palavra latina relacionada ao verbo "lavar". Não obstante, as flores secas da *Lavandula dentata* são um ingrediente tradicional na mistura *herbes de Provence* (ao lado de manjericão, alecrim, manjerona, tomilho e funcho). Tanto elas quanto as flores da lavanda-inglesa, *L. angustifolia*, são igualmente úteis sozinhas, usadas discretamente como guarnição ou para infundir seu aroma em molhos e doces. A lavanda-espanhola (*L. stoechas*) tem aroma complexo que lembra o dos *chutneys* indianos.

Manjericão. Os manjericões compõem um grupo grande e fascinante. São todos membros do gênero tropical *Ocimum*, que provavelmente se originou na África e foi domesticado na Índia. Existem cerca de 165 espécies do gênero *Ocimum*, várias das quais são alimentícias. O manjericão já era conhecido pelos gregos e romanos, radicou-se firmemente na Ligúria e na Provença (onde se inventaram os populares purês de manjericão chamados "pesto" e "pistou") e mal era conhecido nos Estados Unidos até a década de 1970. O *Ocimum basilicum* ou "manjericão doce", espécie mais comercializada na Europa e na América do Norte, é uma das ervas mais virtuosísticas que existem. Foi selecionado de modo a desenvolver diversas variedades, cada qual com um sabor próprio: limão, lima ácida, canela, anis e cânfora, entre outros. O sabor da maioria das variedades de manjericão é dominado por notas florais e de estragão, embora a variedade usada em Gênova para fazer o clássico molho *pesto genovese* se caracterize, ao que parece, pelo predomínio do metileugenol, suavemente "apimentado", e do eugenol típico do cravo, sem nenhum traço de aroma de estragão. O manjericão tailandês (*O. basilicum* e *tenuiflorum*) tende ao anis e à cânfora; o indiano (*O. tenuiflorum*) é dominado pelo eugenol.

O sabor do manjericão não depende somente da variedade, mas também das condições de crescimento e do estágio em que é colhido. Em geral, os compostos aromáticos perfazem uma proporção maior do peso do manjericão novo que do velho – até cinco vezes mais. Nas folhas que ainda crescem, as proporções relativas dos diversos compostos variam segundo a parte da folha: a ponta, mais velha, é mais rica em notas de estragão e cravo, ao passo que a base, mais nova, desprende mais notas florais e de eucalipto.

Manjerona. Outrora, a manjerona era classificada como pertencente a um gênero vizinho ao do orégano, mas hoje em dia é reconhecida como uma espécie de orégano, *Origanum majorana*. Sejam quais forem as suas relações familiares, o fato é que a manjerona difere do orégano por ter sabor mais suave – fresco, verde e floral – e quase nenhuma qualidade penetrante. Por isso ela funciona bem como ingrediente de muitos pratos e misturas de ervas.

Marroio-branco. O marroio-branco, assim chamado em razão da cor de suas folhas, é a espécie eurasiana *Marrubium vulgare*, com sabor almiscarado e amargo. É usada sobretudo para fazer doces.

Melissa. A melissa, de nome científico *Melissa officinalis*, é uma espécie do Velho Mundo que se distingue pela mistura de terpenos cítricos e florais (citronelal, citronelol, citral e geraniol). Em regra, a melissa é incorporada em pratos feitos com frutas e outros doces.

Orégano. O gênero mediterrâneo *Origanum* compreende cerca de 40 espécies, a maioria delas ervas baixas e resistentes que crescem em lugares rochosos. O nome vem do grego e significa "alegria (ou ornamento) das montanhas", embora não saibamos de que modo os gregos apreciavam essa erva. O orégano era pouco conhecido nos Estados Unidos até a introdução da pizza nesse país, depois da Segunda Guerra Mundial. As espécies de orégano se hibridizam facilmente umas com as outras, de modo que não é fácil identificá-las. O que o cozinheiro deve saber é que elas podem apresentar toda uma gama de sabores, de suave a forte e penetrante. A qualidade penetrante é dada pelo composto fenólico carvacrol. Os oréganos gregos são tipicamente ricos em carvacrol, ao passo que as versões mais brandas encontradas na Itália, na Turquia e na Espanha contêm mais timol (do tomilho) e terpenos frescos, verdes, florais e amadeirados.

O orégano mexicano é uma planta completamente diferente: várias espécies do gênero americano *Lippia*, da família da verbena. Certas variedades têm alto teor de carvacrol, mas outras se assemelham ao tomilho e outras ainda têm mais notas de madeira e pinho. Todas elas têm teor de óleo substancialmente mais alto que o do verdadeiro orégano (3-4% na folha seca, contra 1%) e por isso parecem mais fortes.

Apesar do nome, o orégano cubano é um membro asiático da família da hortelã, *Plectranthus amboinicus*, com folhas penugentas e suculentas e uma boa dose de carvacrol. Hoje em dia, é largamente cultivado nos trópicos; na Índia, as folhas frescas são empanadas e fritas.

Perila ou shissô. A perila é a folha da *Perilla frutescens*, parente da hortelã originária da China ou da Índia. Foi levada ao Japão no século VIII ou IX, onde recebeu o nome de shissô; muitos ocidentais a experimentam pela primeira vez em restaurantes que servem *sushi*. O aroma característico da perila é dado por um terpeno chamado perilaldeído, que tem caráter encorpado, herbáceo e apimentado. Há diversas variedades de perila, algumas verdes, algumas vermelhas ou roxas graças às antocianinas, algumas sem perilaldeído e que, em vez disso,

---

As ervas da família da hortelã

Alecrim	*Rosmarinus officinalis*
Erva-bergamota	*Monarda didyma*
Hissopo	*Hyssopus officinalis*
Hortelãs	Espécies do gênero *Mentha*
Lavanda	*Lavandula dentata, L. angustifolia*
Manjericão	*Ocimum basilicum*
Manjerona	*Origanum majorana*
Marroio-branco	*Marrubium vulgare*
Melissa	*Melissa officinalis*
Orégano	Espécies do gênero *Origanum*
Perila	*Perilla frutescens*
Sálvia	*Salvia officinalis*
Segurelha	Espécies do gênero *Satureja*
Tomilho	*Thymus vulgaris*

têm gosto de endro ou limão. Os japoneses comem as folhas e inflorescências com frutos do mar e carnes grelhadas e usam uma variedade vermelha para colorir e dar sabor ao popular picles de ameixa chamado umeboshi. Os coreanos usam as sementes de perila como tempero e como fonte de óleo de cozinha.

Sálvia. O gênero *Salvia* é o maior da família da hortelã. Compreende cerca de mil espécies que, ricas em substâncias incomuns, têm sido usadas num sem-número de remédios tradicionais. O nome do gênero vem de uma raiz latina que significa "saúde". Constatou-se que a essência de sálvia tem excelentes propriedades antioxidantes e antimicrobianas. Por outro lado, a sálvia comum, *S. officinalis*, é rica em dois derivados de terpenos, a tujona e a cânfora, que são tóxicos para o sistema nervoso. Por isso não convém usá-la senão ocasionalmente, como tempero.

A sálvia comum tem uma qualidade quente e penetrante dada pela tujona. Traz ainda a nota de cânfora e uma nota de eucalipto dada pelo cineol. A sálvia-grega (*S. fruticosa*) tem mais cineol, ao passo que a sálvia-esclareia (*S. sclarea*) é muito diferente, tendo caráter semelhante ao chá e notas florais e doces dadas por outros terpenos (linalol, geraniol, terpineol). A sálvia-espanhola (*S. lavandulaefolia*) tem odor mais fresco e menos caracterizado, com notas de pinho, eucalipto, cítricas e outras substituindo parcialmente a tujona. A *S. elegans (rutilans)* é nativa do México e, ao que se diz, tem aroma doce e frutado.

A sálvia é usada com destaque na culinária do norte da Itália. Nos Estados Unidos, fornece seu sabor aos recheios e temperos usados em aves e às linguiças de carne de porco; parece ter afinidade com a gordura. A maior parte da sálvia seca é da espécie sálvia comum ou sálvia da "Dalmácia", no litoral dos Bálcãs; hoje em dia, a Albânia e outros países do Mediterrâneo são os maiores produtores. A sálvia usada em marinadas secas é composta pelas folhas moídas em partículas grandes; perde o aroma mais lentamente que a sálvia moída fina.

Segurelha. Há dois tipos de segurelha, ambos espécies do gênero *Satureja*, natural do Hemisfério Norte. Tanto a segurelha-de-verão (*S. hortensis*) quando a segurelha-de-inverno (*S. montana*) têm o sabor de uma mistura de orégano e tomilho: contêm carvacrol e timol. Em regra, a segurelha-de-verão é mais suave. Há quem diga que o gênero *Satureja* seja o ancestral dos diversos tipos de orégano e da manjerona. A *S. douglasii*, originária da América do Norte, é conhecida na Califórnia como *yerba buena* e tem sabor brando, semelhante à da hortelã.

Tomilho. O nome desta erva foi dado pelos gregos, que a usavam como oferenda aromática em seus sacrifícios ígneos; na língua grega, tem a mesma raiz das palavras "espírito" e "fumaça". Existem muitos tomilhos: de 60 a 70 espécies do gênero *Thymus*, herbáceo, de folhas pequenas e natural da região do Mediterrâneo, e outras tantas variedades do tomilho comum, *Thymus vulgaris*. O tomilho também tem vários sabores, entre eles os de limão, hortelã, abacaxi, alcaravia e noz-moscada. Várias espécies e variedades de tomilho têm gosto semelhante ao do orégano, pois contêm carvacrol. As espécies e variedades mais típicas são ricas em timol, um composto fenólico. Este é uma versão mais amistosa e suave do carvacrol; é penetrante e "apimentado", mas não agressivo. Provavelmente, foi essa qualidade moderada que tornou o tomilho tão querido pelos franceses e que faz dele um tempero mais versátil que o orégano e a segurelha; há muito que os cozinheiros europeus o usam em todos os tipos de pratos feitos com carne e hortaliças. Apesar do aroma mais suave, o timol é uma substância tão poderosa quanto o carvacrol. Por isso o óleo de tomilho é usado há muito tempo como agente antimicrobiano em cremes para a pele e enxaguantes bucais.

A FAMÍLIA DA CENOURA

Não obstante a família da cenoura tenha dado aos europeus menos ervas aromáticas que a família da hortelã, ela se destaca pelo fato de vários de seus membros poderem ser usados não só como ervas, mas também como especiarias e até mesmo como verduras. As plantas da família da cenoura vicejam em ambientes menos agressivos que as ervas mediterrâneas da família da hortelã. Geralmente não são plantas perenes lenhosas, mas tenras bianuais, e em regra seus sabores são mais suaves, às vezes até doces. As sementes (na verdade, pequenos frutos secos) podem ter defesas químicas – sendo, portanto, especiarias – porque são bastante grandes e tentadoras para insetos e pássaros. O terpeno miristicina, que fornece uma cálida nota de madeira ao endro, à salsa, ao funcho e à cenoura, é provavelmente uma defesa contra bolores. Os compostos aromáticos das ervas da família da cenoura são armazenados em canais oleíferos dentro das folhas, debaixo de veias grandes e pequenas, e geralmente estão presentes em quantidade menor que as defesas da família da hortelã, as quais se estocam na superfície externa da planta.

Aipo. Antes de os horticultores desenvolverem a verdura suave de caules grossos que leva esse nome, o aipo era uma erva de caules finos, aromática mas amarga. O *Apium graveolens* é originário dos habitats úmidos dos litorais da Europa. O sabor característico de suas folhas e caules é dado por compostos chamados ftalidas, presentes também no levístico e nas nozes. Costuma-se saltear ou cozinhar o aipo em fogo brando com cebolas e cenouras a fim de fazer uma base aromática para molhos e braseados denominada *mirepoix* em francês.

Angélica. A angélica é uma planta grande e esguia do norte da Europa, *Angelica archangelica*. Tem notas frescas, cítricas e de pinho, mas é dominada por um composto de aroma doce chamado "lactona angélica". Os caules caramelados de angélica foram uma iguaria popular desde a Idade Média até o século XIX, mas hoje em dia raramente se veem na cozinha. Várias partes da planta são atualmente usadas para aromatizar gins, vermutes, licores, balas, perfumes e outros produtos manufaturados.

Cerefólio. O cerefólio (*Anthriscus cerefolium*) tem folhas pequenas, claras, divididas em folículos estreitos, e um sabor delicado proveniente de uma quantidade relativamente pequena de estragol, composto aromático característico do estragão. É melhor usá-lo cru ou apenas levemente aquecido, pois o calor retira-lhe o sabor. O cerefólio é ingrediente da mistura francesa *fines herbes*.

As ervas da família da cenoura

Aipo	*Apium graveolens*
Angélica	*Angelica archangelica*
Cerefólio	*Anthriscus cerefolium*
Coentrão	*Eryngium foetidum*
Coentro	*Coriandrum sativum*
Endro	*Anethum graveolens*
Funcho	*Foeniculum vulgare*
Levístico	*Levisticum officinale*
Mitsuba	*Cryptotaenia japonica*
Salsa	*Petroselinum crispum*

Coentrão. O coentrão, coentro-de-caboclo ou coentro-bravo é o coentro nativo do Novo Mundo. Conquanto ainda seja usado no Caribe, é encontrado hoje sobretudo na culinária asiática. Há mais de cem espécies de *Eryngium*, algumas delas europeias. O *Eryngium foetidum*, contudo, vem das zonas subtropicais da América do Sul e é mais fácil de cultivar em clima quente. O coentrão tem sabor quase idêntico ao do coentro comum ou coentro-português; seu principal componente aromático (dodecanal) é um aldeído lipídico um pouquinho mais comprido que o daquele. As folhas do coentrão são grandes e alongadas, com borda serrilhada; e são mais grossas e firmes que as do coentro-português. São usadas com frequência em pratos vietnamitas, geralmente rasgadas com a mão e espalhadas sobre o alimento imediatamente antes do consumo*.

Coentro. Diz-se que o coentro é a erva fresca mais consumida no mundo. O *Coriandrum sativum* é natural do Oriente Médio. Sementes dessa erva foram encontradas em aldeias da Idade do Bronze e na tumba do faraó Tutancâmon; desde muito cedo foi levado à China, à Índia e ao Sudeste Asiático, e depois à América Latina. Suas folhas arredondadas, tenras e serrilhadas são populares em todas essas regiões. Nas Américas Central e do Sul, acabaram por substituir o coentrão (p. 452), um parente autóctone de sabor semelhante, cujas folhas são, porém, grandes e mais duras. O coentro não é muito popular na Europa**, onde seu aroma é às vezes comparado ao de sabão. O principal componente desse aroma é um aldeído lipídico chamado decenal, que também dá a nota "cerosa" à casca de laranja. Pelo fato de o decenal ser muito reativo, a folha de coentro rapidamente perde o aroma quando aquecida. Por isso é usada sobretudo como guarnição ou em preparados que não vão ao fogo. Na Tailândia, a raiz da erva é usada como ingrediente em certas pastas de especiarias piladas; a raiz não contém decenal, e em seu lugar proporciona notas verdes e de madeira, algo semelhante às da salsinha.

Endro. O endro (*Anethum graveolens*) é natural do Sudoeste Asiático e da Índia. Tem caules firmes mas folhas muito delicadas, semelhantes a plumas. Já era conhecido no Egito antigo e se tornou popular na Europa Setentrional graças, talvez, à sua afinidade com a alcaravia, nativa dessa região. O endro combina o sabor típico de suas sementes com agradáveis notas verdes e frescas e uma nota única, caracteristicamente sua (éter de endro). Na culinária da Europa Ocidental e da América do Norte, é usado sobretudo para temperar peixes; na Grécia e na Ásia, é preparado em grande quantidade, quase como se fosse uma verdura e frequentemente acompanhado de arroz. A Índia tem sua própria variedade, *A. graveolens* var. *sowa*, usada não somente por causa de suas sementes mas também como verdura.

Funcho. O funcho é natural da região mediterrânea e do Sudoeste Asiático; como no endro, as hastes de suas folhas são fibrosas, mas as folhas em si são leves e tenras. Existe uma única espécie de funcho, *Foeniculum vulgare*, a qual pode assumir três formas diferentes. A subespécie silvestre, *piperitum*, é coletada nos campos do sul da Itália e da Sicília, onde é conhecida como *carosella* e apreciada pela pungência que confere a pratos de carne e peixe. (Hoje em dia, a forma silvestre do funcho também cresce em toda a Califórnia central.) A subespécie cultivada *vulgare* é chamada em inglês de "funcho doce" por conter em muito maior proporção o composto fenólico anetol, que é 13 vezes mais doce que o açúcar de mesa e confere ao anis seu aroma característico. E uma variedade especializada do funcho comum, var. *azoricum*, tem as bases das folhas intumescidas e é usada como hortaliça aromática.

---

* No Brasil, o coentrão ainda é muito comum na Amazônia, onde é conhecido também como "chicória" ou "chicória-do-pará". (N. do R. T.)

** Exceto em Portugal, onde é apreciadíssimo. (N. do T.)

Levístico. O *Levisticum officinale* é uma erva grande, natural do oeste da Ásia e dotada de aromas comuns ao aipo e ao orégano, ao lado de uma nota doce e floral. Era usado na Grécia e na Roma antigas, onde se chamava aipo-da-ligúria. Hoje em dia, suas grandes folhas lobadas aromatizam pratos de carne bovina na Europa Central e molhos de tomate na Ligúria. É pouco conhecido em outras partes.

Mitsuba. A mitsuba, também chamada salsinha-japonesa, é natural da Ásia e da América do Norte. As folhas grandes e brandas da *Cryptotaenia japonica* (ou *canadensis*) são usadas pelos japoneses em sopas e saladas. Seu sabor é dado principalmente por uma mistura de terpenos pouco conhecidos, com notas resinosas e de madeira (germacreno, selineno, farneseno, elemeno).

Salsa. A salsa ou salsinha é natural do sudeste da Europa e do oeste da Ásia; seu nome grego significa "aipo-das-pedras". Como quer que seja, o *Petroselinum crispum* é uma das ervas mais importantes na culinária europeia, talvez porque seu sabor característico (de metantrieno) seja acompanhado por notas frescas, verdes e de madeira que, genéricas, são capazes de complementar muitos alimentos. Quando a salsinha é picada, sua nota característica perde força, a nota verde adquire predomínio e uma leve nota de frutas se desenvolve. Existem variedades de folhas planas e de folhas enroladas, cada qual com suas características: a de folhas planas tem mais sabor de salsinha quando nova e mais tarde desenvolve uma nota de madeira; a de folhas enroladas é suave e amadeirada de início e só depois desenvolve a nota típica. As folhas encaracoladas são menores e mais serrilhadas; por isso tornam-se mais rapidamente crocantes quando fritas.

A FAMÍLIA DO LOURO

A antiga família das lauráceas, composta principalmente por grandes árvores tropicais, destaca-se sobretudo por nos ter dado a canela; mas nos fornece também uma erva famosa e outras três que, embora menos conhecidas, são interessantes. As folhas de várias espécies de canela também são usadas como ervas na Ásia, mas quase nunca são vistas no Ocidente.

Folha de abacateiro. O abacateiro mexicano (*Persea americana*) tem folhas dotadas de nítido aroma de estragão, graças aos mesmos compostos voláteis que aromatizam tanto essa erva quanto o anis (estragol, anetol). Os abacateiros mais tropicais (p. 374), por sua vez, não têm esse aroma. No México, as folhas do abacateiro são secas e, depois, esfareladas ou moídas para aromatizar pratos de frango, peixe e feijão.

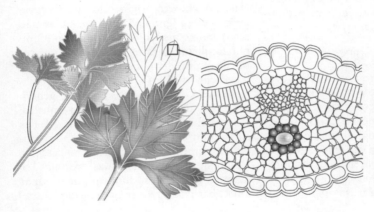

A anatomia da família da cenoura: uma folha de salsa. As ervas da família da cenoura têm glândulas oleíferas defensivas dentro de suas folhas, não na superfície delas. As glândulas se dispõem ao longo de canais, onde secretam o óleo essencial.

Louro. O louro, uma das ervas europeias mais úteis, é dado por uma árvore ou arbusto perenifólio originário das regiões quentes ao redor do Mediterrâneo. A folha seca e resistente do *Laurus nobilis* acumula óleos em glândulas esféricas em seu interior e apresenta uma mistura bem equilibrada de notas de madeira, florais, de eucalipto e de cravo. As folhas geralmente são secas à sombra. No mundo antigo, ramos de louro eram usados para fazer coroas perfumadas; hoje em dia, as mesmas folhas são ingredientes sempre presentes em muitos pratos salgados.

Louro-da-califórnia. As folhas de louro-da-califórnia vêm de uma árvore completamente diferente: a *Umbellularia californica*, natural desse estado norte-americano. Seu aroma tem alguma semelhança com o do louro, embora seja bem mais forte, com nota dominante de eucalipto (cineol).

Sassafrás. As folhas de sassafrás são dadas pela árvore norte-americana *Sassafras albidum*. Os índios choctaw as apresentaram aos colonos franceses na Louisiana. Ainda hoje são encontradas, sobretudo secas e em pó, e são usadas para espessar e dar sabor ao *gumbo*, prato típico desse estado norte-americano. Desprendem notas de madeira, florais e verdes e quase não contêm safrol, composto presente em grande quantidade nas raízes e na casca da árvore e que costumava dar à *root beer* seu sabor característico, até que se constatou que provavelmente é carcinogênico (ver, na p. 456, a erva *hoja santa*).

OUTRAS ERVAS COMUNS

Alcaparra. As alcaparras são os botões das flores de um arbusto do Mediterrâneo, *Capparis spinosa*. Os botões são coletados do ambiente silvestre e postos em conserva há milhares de anos, mas só nos últimos dois séculos passaram a ser cultivados. O pé de alcaparra tem parentesco distante com a família do repolho e traz em si os mesmos compostos sulfurosos pungentes, os quais predominam no botão cru. Este é preservado de várias maneiras – em salmoura, em vinagre, salgado a seco – e usado para dar um toque azedo e salgado a molhos e pratos diversos, especialmente os feitos com peixe. Quando salgado a seco, o botão de flor sofre uma impressionante transformação: suas notas de rabanete e cebola são substituídas por um nítido aroma de violetas e framboesas (dado pelos compostos ionona e cetona)!

Azedinha. A azedinha, como seu nome diz, é a folha extraordinariamente azeda de várias ervas europeias aparentadas com o ruibarbo e o trigo-sarraceno e ricas em ácido oxálico: *Rumex acetosa*, *scutatus* e *acetosella*. Os cozinheiros usam-na principalmente como fonte de acidez, mas também para proporcionar um aroma verde mais genérico. Uma cocção rápida basta para transformar a azedinha num purê semelhante a um molho que vai bem com peixes, mas a acidez dá a sua clorofila uma opaca tonalidade verde-oliva. Para avivar a cor, pode-se amassar um pouco de azedinha crua e acrescentá-la ao molho logo antes de servir.

Bagas de zimbro. As bagas de zimbro não são folhas, mas sua essência é o aroma das agulhas de pinheiro; por isso as incluo aqui, observando de passagem que as agulhas de pinheiro e outras coníferas são frequentemente usadas como temperos. Os chineses cozinham peixe no vapor sobre elas, e o tempero original do salmão curado por salga (*gravlax*) provavelmente não era o endro, mas folhas de pinheiro. O pinho também figura como elemento no aroma de muitas ervas e especiarias (ver tabelas das pp. 436 e 437).

Existem cerca de dez espécies do gênero *Juniperus*, um parente distante do pinheiro, todas naturais do Hemisfério Norte. Todas elas produzem pequenas estruturas reprodutivas semelhantes a pinhas, com cerca de 10 mm de diâmetro, mas suas "escamas" se mantêm macias e se fundem para formar uma "baga" ao redor das sementes. Essas bagas levam de um a três anos para amadurecer, e no decorrer desse período passam da cor verde à roxo-escura. Quando imaturas, seu aroma é dominado pelo terpeno pineno; amadurecidas, desprendem uma mistura de pinho e notas verdes/frescas e cítricas. Depois de dois anos num frasco, as bagas de zimbro quase já não têm aroma. Por isso é melhor consumi-las recém-coletadas. São muito usadas na Europa Setentrional e na Escandinávia para temperar carnes, especialmente de caça, e pratos feitos com repolho. O zimbro é o sabor característico do gim e emprestou seu nome à bebida (que se chamava originalmente, em holandês, *genever*, derivado de *juniperus*).

Borragem. A borragem, erva de tamanho médio, é a *Borago officinalis*, natural do Mediterrâneo. Tem flores de um azul vivo e folhas grandes e penugentas, cujo nítido sabor de pepino é dado por enzimas que convertem seus ácidos graxos na mesma cadeia de 9 carbonos (nonanal) produzida pelas enzimas do pepino. Foi outrora ingrediente comum a diversas saladas (ver a receita à p. 278). As plantas da família da borragem acumulam alcaloides potencialmente tóxicos, e por isso a erva deve ser consumida com moderação.

Capim-limão. O capim-limão ou erva-cidreira faz parte de um pequeno grupo de espécies aromáticas da família das gramíneas. A *Cymbopogon citratus* acumula o terpeno alimonado citral (uma mistura de dois compostos, neral e geranial), bem como o geraniol e o linalol florais, em células oleíferas especiais situadas no meio de suas folhas. É natural do sul da Ásia e inclusive do sub-Himalaia, região que tem uma estação seca bastante pronunciada; e é importante na culinária do Sudeste Asiático. O capim-cidreira dá em grossas touceiras; todas as suas partes são aromáticas, mas somente a parte de baixo do caule é macia suficiente para ser ingerida. As folhas de fora da touceira, mais velhas, podem ser usadas para aromatizar um prato ou para fazer chá. Na Tailândia, o caule macio é ingrediente convencional das pastas de especiarias piladas, e também é comido fresco na forma de salada.

Capuchinha. As flores, folhas e frutos imaturos desta conhecida erva nativa da América do Sul (*Tropaeolum major*) são todas dotadas de pungência semelhante à do agrião e acrescentam vivacidade a muitas saladas.

Dokudami. O dokudami é uma pequena planta perene asiática, *Houttuynia cordata*, da primitiva família das saururáceas e parente da pimenta-do-reino. Suas folhas são usadas em saladas, ensopados e outros pratos vietnamitas e tailandeses. Há duas variedades principais: uma com aroma cítrico e a outra com um odor singular que se diz ser semelhante a uma mistura de carne, peixe e coentro.

Erva-caril. A erva-caril, *Helichrysum italicum*, é membro mediterrâneo da família da alface e diz-se que seu gosto lembra o do curry indiano. De fato ela contém vários terpenos que lhe dão um aroma agradável, o qual lembra vagamente o de especiarias; é usada para dar sabor a chás, doces e pratos feitos com ovos.

Erva-de-santa-maria. A erva-de-santa-maria é um membro aromático da grande família das quenopodiáceas, da qual provêm também o espinafre, a beterraba e o cereal quinoa. A *Chenopodium ambrosioides* é uma erva natural das regiões temperadas da América Central e se espalhou por boa parte do mundo. Empresta um aroma característico aos feijões, sopas e ensopados mexicanos, aroma esse que é descrito de várias maneiras: encorpado, herbáceo ou penetrante. É devido, em todo caso, ao terpeno ascaridol. Esta substância também é responsável pelo uso da erva-de-santa-maria na medicina popular: é tóxica para os vermes intestinais.

Erva-do-arrozal. A erva-do-arrozal é uma planta aquática da família das plantagináceas, *Limnophila chinensis* var. *aromatica*, natural da Ásia e das ilhas do Pacífico, cujas folhinhas são usadas na culinária do Sudeste Asiático e especialmente do Vietnã para dar sabor a sopas, peixes e caris. Seu aroma alimonado e complexo é produzido por pequena quantidade de um terpeno cítrico e pelo composto característico da perila (perilaldeído).

Estragão. Esta erva é a folha pequena e afilada de uma planta natural do oeste e do norte da Ásia, *Artemisia dracunculus*, membro da família da alface. O robusto estragão silvestre, frequentemente vendido na forma de muda com o nome de estragão-russo, tem sabor agressivo e desinteressante, ao passo que a variedade cultivada, relativamente frágil e chamada "estragão-francês", tem aroma característico graças à presença de um composto fenólico chamado estragol em cavidades oleíferas ao longo das nervuras da folha. O estragol é muito parecido com o anetol que aromatiza o anis, e de fato as duas ervas se assemelham. O estragão integra a mistura de ervas francesa *fines herbes*, é o tempero principal do molho *béarnaise* e é usado com frequência para aromatizar vinagres.

O "estragão-mexicano", *Tagetes lucida*, é uma planta do Novo Mundo que lembra a margarida e cujas folhas efetivamente contêm uma mistura de anetol e estragol.

Flor de laranjeira. Trata-se da flor da árvore que dá a laranja-amarga, *Citrus aurantium*. É usada há milênios para aromatizar doces e outros alimentos no Oriente Médio, geralmente na forma da essência chamada água de flor de laranjeira. Seu perfume característico resulta de uma mistura de terpenos também encontrados na rosa e na lavanda, com uma importante contribuição do mesmo composto que dá gosto às uvas Concord (metil antranilato).

Gualtéria. Esta erva é a folha da *Gaultheria procumbens* ou *fragantissima*, arbusto norte-americano da família do mirtilo e do oxicoco, cujo aroma caracteristicamente refrescante é criado sobretudo pelo salicilato de metila.

Hoja santa. O nome castelhano desta erva significa "folha santa" e se refere às grandes folhas de duas parentes da pimenta-do-reino, naturais do Novo Mundo: a *Piper auritum* e a *P. sanctum*. Esta erva é usada desde o sul do México até o norte da América do Sul para embrulhar alimentos e dar-lhes sabor enquanto são cozidos; também é acrescentada diretamente aos pratos como tempero. O principal composto aromático na *hoja santa* é o safrol, nota característica do sassafrás que os norte-americanos conhecem sobretudo por meio da *root beer*, e da qual se suspeita ser carcinogênica.

Jurubeba. Este é o nome dado no Brasil a vários arbustos da família das solanáceas (parentes da batata e do tomate), entre eles o *Solanum torvum*, o qual, embora natural do Caribe, encontra-se agora disseminado por toda a Ásia tropical. Suas frutinhas esféricas, intensamente amargas, são usadas na Tailândia, na Malásia e na Indonésia para acrescentar sabor amargo a molhos e saladas.

Lima-cafre. A lima-cafre ("cafre" vem do árabe *kaffir*, "incrédulo", e tem conotação pejorativa) é chamada *ma krut* em tailandês. As folhas e a casca do fruto deste citro (*Citrus hystrix*) do Sudeste Asiático são caracteristicamente aromáticas e constituem importante ingrediente da culinária da Tailândia e do Laos, especialmente em sopas, ensopados e peixes. A casca traz uma mistura notável de notas cítricas, frescas e de pinho, mas as folhas, bastante resistentes, são ricamente dotadas de citronelal, que lhes dá um caráter intenso, fresco e persistente de limão verde, bastante distinto do aroma do capim-limão, cujo composto dominante é o citral. (As folhas de lima-cafre são frequentemente cozidas junto com capim-limão.) O citronelal deriva seu nome da citronela (*Cymbopogon winterianus*), sua fonte original e principal, que é espécie irmã do capim-limão.

Limonete. O limonete é uma planta sul-americana, *Aloysia triphylla*, parente do orégano mexicano. O sabor alimonado de suas folhas vem dos mesmos terpenos que aromatizam a erva-cidreira e que recebem coletivamente o nome de citral; outros terpenos acrescentam-lhe uma nota floral.

Lolot. Trata-se das folhas grandes, em forma de coração, da *Piper lolot*, uma parente da pimenta-do-reino nativa do Sudeste Asiático, onde é usada como envoltório para carnes grelhadas.

Pandano. O pandano é um arbusto aparentado com a família das liliáceas e natural da Indonésia (espécies do gênero *Pandanus*). Suas folhas aromáticas são usadas na Índia e no Sudeste Asiático para dar sabor a doces e outros pratos feitos com arroz, bem como para envolver carnes e peixes. Seu principal composto volátil é o mesmo que dá ao arroz basmati seu aroma caracteristicamente acastanhado (2-acetil-1-pirrolina, que também figura com destaque no aroma da pipoca e da carne de caranguejo). A flor do pandano, também aromática, é a fonte de uma essência chamada *kewra*, que mais lembra um perfume e é usada para aromatizar muitos doces de leite indianos.

Pimenta-d'água. A pimenta-d'água ou *Polygonum hydropiper*, parente da erva vietnamita rau ram, é espécie muito disseminada pelas áreas úmidas do Hemisfério Norte. Suas folhas já foram usadas na Europa como substitutas da pimenta, e hoje em dia são empregadas principalmente no Japão para propiciar uma pungência que tende a amortecer a boca (dada pela substância poligodial). Tem notas de madeira, pinho e eucalipto.

Planta-caril. A planta-caril é uma arvorezinha da família dos citros, *Murraya koenigii*, natural do sul da Ásia. Suas folhas são usadas em muitos pratos, sobretudo no sul da Índia e na Malásia, onde muitas casas têm seu próprio pé de planta-caril. Apesar do nome, o gosto da folha da planta-caril não é semelhante ao do caril ou curry indiano: é, antes, suave e sutil, com notas frescas e de madeira. A folha da planta-caril é acrescentada a ensopados e outros pratos cozidos por imersão em fogo lento, ou é rapidamente salteada para aromatizar o óleo usado na cocção. Também é notável por conter alcaloides incomuns (carbazóis) dotados de propriedades antioxidantes e anti-inflamatórias.

Rau ram. É este o nome vietnamita de uma erva da família do trigo-sarraceno. O *Polygonum odoratum* é natural do Sudeste Asiático. Suas folhas misturam os aromas de coentro e limão com um gosto levemente apimentado. Costuma ser combinado com hortelã e consumido fresco com muitos alimentos.

Rosas. As rosas, especialmente as flores da híbrida eurasiana *Rosa x damascena*, têm sido usadas há milênios em todo o Oriente Médio e a Ásia, geralmente secas ou na forma de essência (água de rosas). Seu aroma é dado principalmente pelo terpeno geraniol. As rosas são empregadas sobretudo em doces, mas também se encontram na mistura de especiarias marroquina *ras el hanout*, usada em pratos salgados, e nos embutidos produzidos na África do Norte.

Tabaco. O tabaco é usado ocasionalmente como tempero e é curado de modo semelhante ao chá (p. 483). As folhas da famigerada *Nicotiana tabacum*, nativa da América do Norte e parente da batata e do tomate, são colhidas quando começam a amarelar e a desenvolver secreções resinosas. Depois, são curadas ao sol ou fermentadas em grandes pilhas durante algumas semanas e secas mediante contato com um metal quente. Esses tratamentos desenvolvem um aroma complexo, com notas de madeira, couro, terra e especiarias, as quais são às vezes complementadas com óleos essenciais diversos (baunilha, canela, cravo, rosa e outros). As folhas de tabaco contêm taninos adstringentes e a nicotina, que é amarga. Por isso são postas somente em breve infusão em molhos, caldas de açúcar e cremes. Às vezes, folhas inteiras são usadas como envoltório descartável para dar sabor a um alimento durante a cocção.

UM EXAME DAS ESPECIARIAS DE CLIMA TEMPERADO

O que vale para as ervas de clima temperado vale também para as especiarias da mesma região climática: a maioria provém de um pequeno número de famílias botânicas. Neste exame, agrupo as especiarias que têm relação botânica umas com as outras e menciono as demais em ordem alfabética. As especiarias tropicais serão tratadas em separado, na próxima seção.

A FAMÍLIA DA CENOURA

Além de muitas ervas, a família da cenoura nos fornece algumas de nossas especiarias prediletas. As "sementes" aromáticas das plantas dessa família são, na verdade, frutos pequenos mas completos que, em vez de carnosos, são secos. Nascem aos pares, envolvidos por uma casca protetora, e geralmente são vendidos sem casca e separados. Cada fruto tem uma superfície caracteristicamente canelada, e o óleo aromático é armazenado em canais sob as costelas.

Ajwan. O ajwan (*Trachyspermum ammi*) é um parente próximo da alcaravia. É usado na África do Norte e na Ásia, especialmente na Índia, e pode ser concebido como um tomilho na forma de semente: leva o timol, essência do tomilho, numa semente semelhante à alcaravia.

Alcaravia. A alcaravia é dada pela pequena erva *Carum carvi*. Existe uma forma anual e outra bianual, a primeira nativa da Europa Central, a segunda do Levante e do Oriente Médio. A forma bianual desenvolve uma raiz no primeiro verão e flores e frutos no segundo; na Europa Setentrional, essas raízes são às vezes cozidas como cenouras. A alcaravia pode ter sido uma das primeiras especiarias cultivadas na Europa; suas sementes foram encontradas nos sítios arqueológicos dos primitivos habitantes dos lagos suíços e continuam sendo ingrediente importante na Europa Oriental. O sabor característico da alcaravia é dado pelo terpeno D-carvona (presente também no endro), sendo o limoneno cítrico o único outro composto volátil presente em quantidade significativa. A alcaravia é usada em pratos feitos com repolhos, batatas e carne suína, em queijos e pães e na bebida escandinava aquavit.

Anis. O anis é a semente de uma plantinha centro-asiática, *Pimpinella anisum*, a qual é apreciada desde a Antiguidade. É notável

A anatomia da família da cenoura: sementes de funcho. As sementes das plantas da família da cenoura levam seu óleo essencial em câmaras ocas debaixo das costelas exteriores.

pelo altíssimo teor do composto fenólico anetol, que, caracteristicamente aromático e doce, tem sido usado principalmente para aromatizar doces e bebidas alcoólicas (Pernod, pastis, ouzo), embora os gregos também o empreguem em pratos feitos com carne e molhos de tomate.

Assafétida. De todas as especiarias, a assafétida é uma das mais fortes e estranhas. Vem de uma planta perene da família da cenoura, natural das montanhas da Ásia Central, desde a Turquia até a Caxemira, passando pelo Irã e pelo Afeganistão; a Índia e o Irã são os principais produtores. As espécies *Ferula asafoetida*, *F. foetida* e *F. narthex* parecem gigantescos pés de cenoura, alcançando até 1,5 m de altura e desenvolvendo raízes enormes, também semelhantes à cenoura, que chegam a 15 cm de diâmetro, das quais novos ramos brotam toda primavera. A especiaria é obtida quando a nova folhagem começa a amarelar. A parte de cima da raiz é exposta, a folhagem é arrancada e a superfície do tubérculo é periodicamente raspada. Das feridas abertas escorre uma seiva protetora que ali se acumula e que, endurecendo aos poucos, desenvolve aroma forte e sulfuroso, que lembra o do suor humano e o dos queijos esfregados com salmoura (p. 58). Às vezes a resina é maturada em pele não curtida de cabra ou ovelha a fim de intensificar o aroma, o qual é tão forte que, não raro, a assafétida é moída e diluída em goma arábica e farinha antes de ser vendida. O aroma da assafétida é devido a uma mistura complexa de compostos de enxofre, uma dúzia dos quais é idêntica aos voláteis da família da cebola, e a alguns dissulfetos, trissulfetos e tetrassulfetos menos comuns. A assafétida pode evocar os odores de cebola, alho, ovos, carne e trufas brancas e é especialmente apreciada na culinária dos jainistas, que evitam não só todo alimento de origem animal como também cebola e alho (os quais têm um broto que, não sendo consumido, se transformará numa nova planta).

Coentro. O *Coriandrum sativum* é apreciado e cultivado desde a Antiguidade, mais pelos frutos secos que pelas folhas, que têm um sabor completamente diferente. O sabor do óleo essencial do fruto é surpreendentemente floral e alimonado, tornando o coentro singular e insubstituível no arsenal de aromas do cozinheiro. Em regra, o coentro é usado juntamente com outras especiarias, como ingrediente de uma mistura de temperos para embutidos ou conservas de vinagre, no gim e outras bebidas alcoólicas ou como metade da espinha dorsal de muitos pratos indianos (sendo o cominho a outra metade). Além disso, o coentro é um dos sabores que distinguem o cachorro-quente norte-americano.

As especiarias da família da cenoura

Ajwan	*Trachyspermum ammi*
Alcaravia	*Carum carvi*
Anis	*Pimpinella anisum*
Assafétida	*Ferula asafoetida*
Coentro	*Coriandrum sativum*
Cominho	*Cuminum cyminum*
Cominho-preto	*Cuminum nigrum*
Semente de aipo	*Apium graveolens*
Semente de endro	*Anethum graveolens*
Semente de funcho	*Foeniculum vulgare*

Há dois tipos comuns de coentro. O tipo europeu tem frutinhas pequenas (1,5-3 mm), conteúdo relativamente alto de óleo essencial e uma grande proporção de linalol floral; o tipo indiano tem frutas maiores (5 mm), teor de óleo mais baixo, menos linalol e diversos compostos aromáticos que não se encontram no tipo europeu.

A "semente" de coentro geralmente é vendida inteira, com as duas frutas secas ainda envolvidas na casca. Quando ralada juntamente com as frutas aromáticas, a casca quebradiça e fibrosa é boa para absorver água e espessar molhos (a porção líquida de um curry, por exemplo). O coentro moído em fragmentos grandes também é usado para revestir carnes e peixes e proporcionar sabor, crocância e proteção contra o calor direto, tudo ao mesmo tempo.

Cominho. O cominho provém de uma pequena planta anual (*Cuminum cyminum*) originária do Sudoeste Asiático e já era apreciado pelo gregos e romanos; os gregos o mantinham em seu próprio recipiente sobre a mesa, mais ou menos como hoje se faz com a pimenta-do-reino. Por algum motivo, o cominho praticamente desapareceu da culinária europeia durante a Idade Média, embora os espanhóis o tenham conservado por tempo suficiente para levá-lo ao México, em cuja culinária se arraigou. Os holandeses ainda fazem um queijo aromatizado com cominho, e os franceses da Saboia, um pão com cominho; mas essa especiaria, hoje, está presente, sobretudo, nas culinárias da África do Norte, do oeste da Ásia, da Índia e do México. Seu aroma característico é dado por uma substância incomum (cuminaldeído) aparentada com a essência de amêndoas amargas (benzaldeído). O cominho também tem notas frescas e de pinho.

O cominho-preto é a semente de outra espécie do mesmo gênero (*Cuminum nigrum*), mais escura e menor, com menos cuminaldeído e aroma mais complexo. É muito usado em pratos salgados na África do Norte, no Oriente Médio e no norte da Índia.

Semente de aipo. Trata-se essencialmente de uma versão seca e concentrada dos mesmos aromas encontrados no aipo fresco (*Apium graveolens*), embora lhe faltem, é claro, as notas verdes e frescas. Os aromas

---

O sabor do anis

A substância volátil que cria o aroma típico do anis – bem como do funcho, do anis-estrelado, da *Piper marginatum* (parente centro-americana da pimenta-do-reino) e da erva chamada em inglês *sweet cicely* (*Myrrhis odorata*) – é chamada anetol. Faz parte de um grupo de compostos que, além de caracteristicamente aromáticos, são intensamente doces – treze vezes mais que o mesmo peso de açúcar de mesa. O anis-estrelado é mascado na China, e a semente de funcho na Índia, para "adoçar o hálito"; além disso, são sentidos como literalmente doces pela pessoa que os masca. Outro composto aromático doce e aparentado com o anetol é o estragol (metil cavicol), presente em maior proporção no manjericão e no estragão.

O anetol é incomum entre os compostos fenólicos por permanecer agradável ao paladar mesmo em concentração elevada. É em razão de sua altíssima concentração nos licores aromatizados com anis que tais bebidas se turvam drasticamente quando diluídas com água. O anetol se dissolve no álcool, mas não na água; por isso, quando a água acrescentada dilui o álcool, as moléculas de anetol se unem em aglomerados grandes suficiente para refratar a luz.

principais são uma nota característica do aipo, dada por compostos incomuns chamados ftalidas, e notas cítricas e doces. A semente de aipo era usada na Antiguidade na região do Mediterrâneo e ainda é comum em embutidos europeus e americanos, misturas de temperos para conservas em vinagre e temperos de salada. O "sal-de-aipo" é uma mistura de sal e sementes de aipo moídas.

Semente de endro. A semente de endro tem sabor mais forte que as folhas da mesma planta (*Anethum graveolens*). Lembra de longe a alcarávia graças ao terpeno carvona que caracteriza esta última, mas também tem notas frescas, cítricas e de especiarias. É usada principalmente na Europa Central e Setentrional para fazer picles de pepino (a combinação remonta pelo menos ao século XVII), embutidos, condimentos, queijos e massas assadas. O endro indiano, var. *sowa*, produz uma semente maior com equilíbrio aromático um pouco diferente; é usada nas misturas de especiarias do norte da Índia.

Semente e pólen de funcho. A semente de funcho, assim como o caule e as folhas da mesma planta (*Foeniculum vulgare*), tem gosto doce e aroma semelhante ao do anis. Seu volátil dominante é o composto fenólico anetol (ver anis, p. 458), que se apoia em notas cítricas, frescas e de pinho. A maioria das sementes de funcho é tirada da variedade cultivada (p. 452) e tem gosto doce. As sementes dos tipos silvestres trazem algum amargor graças à presença de um determinado terpeno (fenchona). A semente de funcho é ingrediente característico dos embutidos italianos e das misturas de especiarias feitas na Índia. Neste país, é mascada para refrescar o hálito depois das refeições.

O pólen amarelo e finíssimo das flores de funcho também é coletado e usado como especiaria. O pólen de funcho combina aromas florais e de anis e, na Itália, é polvilhado sobre certos pratos imediatamente antes de estes serem levados à mesa.

A FAMÍLIA DO REPOLHO: MOSTARDAS, RAIZ-FORTE E WASABI PICANTES

Entre as várias especiarias que nos agradam por causar irritação e dor, as mostardas e seus parentes se destacam por proporcionar uma pungência volátil, que se desprende do alimento para o ar e não nos irrita somente a boca, mas também as vias nasais. Os ingredientes ativos das pimentas do gênero *Capsicum* e da pimenta-do-reino só se tornam significativamente voláteis em alta temperatura, acima de 60 °C mais ou menos, e é por isso que todos os que estão na cozinha começam a espirrar quando se tostam pimentas fortes do gênero *Capsicum* ou grãozinhos de pimenta-do-reino. Já a mostarda, a raiz-forte e o wasabi podem penetrar no nariz mesmo em temperatura ambiente, ou na temperatura da nossa boca. O calor delas nos sobe à cabeça.

A pungência da mostarda e de suas parentes provém do mesmo sistema de defesas químicas usado pelas verduras e demais hortaliças igualmente pertencentes à família do repolho (p. 356). Para armazenar suas defesas irritantes, os isotiocianatos, as plantas os associam a uma molécula de açúcar. Essa forma estocada não é irritante, mas amarga. Quando as células são danificadas, enzimas especiais atacam e decompõem a forma estocada, liberando as moléculas irritantes (e, ao mesmo tempo, eliminando o amargor). As sementes de mostarda e raízes da raiz-forte são picantes porque, quando moídas cruas, suas enzimas liberam as moléculas que causam irritação. Se as sementes de mostarda forem cozidas – para muitos pratos indianos, são tostadas ou fritas até pipocar – as enzimas serão desativadas, nenhuma substância irritante será liberada e o sabor não será picante, mas amargo e acastanhado.

Mostardas. Foram encontradas sementes de mostarda em sítios arqueológicos pré-históricos desde a Europa até a China, e, na Europa primitiva, a mostarda era a única especiaria picante disponível. É usada pelo menos desde a época dos romanos para fazer o conhecido condimento europeu; aliás, na maioria das línguas europeias o nome da planta ou da semente não é derivado de seu nome latino (*sinapis*), mas do nome do condimento, que era feito com vinho recém-fermentado (*mustum*) e as sementes quentes (*ardens*). Os diferentes países e regiões têm diferentes preparados de mostarda cujas raízes remontam à Idade Média. A mostarda também é usada na forma de semente integral, especialmente na culinária indiana, e dá sabor a um sem-número de pratos, inclusive a frutas conservadas em calda de açúcar (a *mostarda di frutta* italiana).

Mostarda preta, castanha e branca. Há três tipos principais de plantas e sementes de mostarda, cada qual com suas características próprias.

- A mostarda-preta, *Brassica nigra*, é natural da Eurásia. Suas sementes são pequenas e escuras, com alto teor do composto defensivo sinigrina e, portanto, alto potencial de pungência. Durante muito tempo foi importante na Europa e ainda o é na Índia, mas é difícil de cultivar e em muitos países foi substituída pela mostarda-castanha.
- A mostarda-castanha, *B. juncea*, é um híbrido entre a mostarda-preta e o nabo (*B. rapa*) e é muito mais fácil de cultivar e colher. Tem sementes grandes, de cor castanha, que contêm um pouco menos sinigrina que a mostarda-preta e, portanto, menos potencial de pungência. A maioria dos preparados de mostarda europeus são feitos com mostarda-castanha.
- A mostarda-branca ou mostarda-amarela, *Sinapis alba* (ou *Brassica hirta*), é planta natural da Europa. Tem sementes grandes e claras e um composto defensivo diferente, a sinalbina. A parte irritante da sinalbina é muito menos volátil que a parte análoga da sinigrina e, por isso, a pungência da mostarda-branca quase não sobe ao nariz. Afeta principalmente a boca, de modo que esta especiaria parece, em regra, mais suave que as mostardas preta e castanha. A mostarda-branca é usada principalmente nos Estados Unidos, não só em preparados de mostarda mas também inteira como ingrediente de conservas de vinagre.

Como fazer e usar a mostarda. Os condimentos preparados que levam o nome de mostarda podem ser feitos quer com sementes inteiras, quer com mostarda moída e depois peneirada para remover as cascas das sementes. As sementes secas de mostarda não são picantes, mesmo quando moídas. A pungência se desenvolve no decorrer de alguns minutos ou horas quando as sementes são mergulhadas em água e depois moídas, ou quando as sementes pré-moídas são umedecidas. A combinação de umidade e danificação celular ressuscita as

---

Uma mostarda romana

Limpa e peneira cuidadosamente as sementes de mostarda, lava-as em água fria e, quando estiverem bem limpas, deixa-as na água por duas horas. Tira-as, aperta-as com as mãos e [...] acrescenta cones de pinheiro tão frescos quanto possível, bem como amêndoas. Agrega vinagre e pila tudo meticulosamente. [...] Verás que esta mostarda não somente é agradável como molho mas também bonita de se ver; pois, quando é feita com cuidado, tem um brilho primoroso.

– Columela, *De re rustica*, século I d.C.

enzimas das sementes e as habilita a liberar os compostos pungentes a partir da forma armazenada. A maioria dos condimentos de mostarda são feitos com líquidos ácidos – vinagre, vinho, suco de frutas – que moderam a ação das enzimas mas também retardam o posterior desaparecimento dos compostos pungentes à medida que estes reagem com o oxigênio e outras substâncias da mistura.

Uma vez desenvolvida a pungência, a cocção expulsa e modifica as moléculas irritantes e assim torna o condimento menos picante, produzindo como resultado um aroma mais genérico das plantas da família do repolho. Por isso a mostarda é geralmente acrescentada ao final do processo de cocção.

Outros usos das sementes de mostarda. Além das defesas químicas, as sementes de mostarda contêm proteínas, carboidratos e óleos em proporções iguais, mais ou menos de um terço cada. Quando as sementes são moídas, as partículas de proteínas e carboidratos e a mucilagem da casca podem revestir a superfície de gotículas de óleo e, assim, estabilizar molhos emulsionados, como a maionese e o vinagrete (p. 700). A casca das sementes de mostarda-branca é especialmente rica em mucilagem (até 5% do peso da semente); essa mostarda, na forma moída, é usada em embutidos para ajudar a coligar as partículas de carne.

O óleo de mostarda é tradicionalmente usado na culinária do Paquistão e de todo o norte da Índia, onde empresta sabor característico aos picles, peixes e outros preparados da culinária bengalesa. Em muitos países ocidentais, a venda de óleo de mostarda para uso culinário é ilegal por duas razões: ele contém grande quantidade de um estranho ácido graxo, o ácido erúcico; e contém isotiocianatos irritantes. O ácido erúcico causa problemas cardíacos em animais de laboratório; não se conhecem seus efeitos sobre a saúde humana. Embora os condimentos de mostarda tenham os mesmos isotiocianatos que o óleo extraído das sementes, é possível que o consumo diário de alimentos preparados com esse óleo tenha, em longo prazo, efeitos deletérios. Até agora, os estudos médicos são inconclusivos. Na Ásia acredita-se que, se o óleo for pré-aquecido ao ponto de fumaça, o teor de isotiocianatos será reduzido.

Raiz-forte. A raiz-forte ou *Armoracia rusticana*, natural do oeste da Ásia, é parente do repolho e se destaca por ter raízes grandes, brancas e carnosas ricas em sinigrina e no composto volátil pungente dela derivado. A pungência da raiz-forte se desenvolve quando a raiz crua é ralada ou quando a raiz seca é ralada e reidratada. A raiz-forte não parece ter sido cultivada na Europa até a Idade Média; hoje, é usada para acompanhar carnes e frutos do mar, frequentemente complementada com creme de leite, que lhe tira o excesso de pungência.

Wasabi. O wasabi é o caule intumescido de uma parente oriental do repolho, a qual também acumula sinigrina como defesa

---

Como lidar com uma overdose de raiz-forte ou wasabi

Embora um bocado de comida com excesso de pimenta possa causar dor, nada é tão assustador quanto um excesso de raiz-forte ou wasabi, cujos compostos voláteis irritantes podem chegar rapidamente às vias aéreas e causar engasgo ou um forte acesso de tosse. Essas reações serão minimizadas se a pessoa se lembrar de exalar o ar pela boca – poupando as vias nasais – e inspirá-lo pelo nariz, a fim de não conduzir ao pulmão os compostos irritantes presentes na boca.

química. A *Wasabia japonica* é natural do Japão e da ilha de Sacalina, onde cresce à beira dos frios regatos que descem das montanhas. O wasabi é hoje cultivado em vários países e de quando em vez é encontrado fresco no Ocidente; as raízes inteiras e mesmo as parcialmente usadas se conservam por várias semanas na geladeira.

A maior parte do "wasabi" servido nos restaurantes é, na verdade, raiz-forte seca, moída, colorida de verde e reconstituída com água. A pungência é semelhante, mas afora isso a raiz-forte não tem quase nada em comum com o verdadeiro wasabi. Quando o caule fresco de wasabi é ralado poucos minutos antes da refeição, ele libera mais de 20 compostos voláteis gerados por suas enzimas, alguns pungentes, outros que lembram cebola, alguns verdes e outros, por fim, até doces.

A FAMÍLIA DO FEIJÃO: ALCAÇUZ E FENO-GREGO

Alcaçuz. O alcaçuz são as raízes da planta *Glycyrrhiza glabra*, natural do Sudoeste Asiático. Seu nome em inglês, *licorice*, é uma versão muito alterada do nome do gênero da planta, que em grego significa "raiz doce". As raízes lenhosas deste arbusto são notáveis por conter ácido glicirrízico, uma substância semelhante a um esteroide e de 50 a 150 vezes mais doce que o açúcar de mesa. O extrato aquoso das raízes contém muitos compostos diferentes, entre os quais açúcares e aminoácidos que sofrem reações de escurecimento quando o extrato é concentrado, gerando sabores e pigmentos. Os extratos de alcaçuz são disponibilizados na forma de xaropes escuros, em bloco ou em pó e são usados em confeitaria para dar cor e sabor à cerveja preta e para aromatizar o tabaco usado para fazer charutos e cigarros e para mascar. Muitas balas de alcaçuz são aromatizadas com anetol, essência do anis (p. 458); mas a própria raiz de alcaçuz tem aroma mais complexo, com notas florais e de amêndoas.

Graças à sua estrutura química semelhante à de um hormônio, o ácido glicirrízico tem vários efeitos sobre o corpo humano, alguns úteis, outros não. Ajuda a combater a tosse, mas também pode prejudicar a regulação normal das taxas de minerais e de pressão sanguínea. Por isso o melhor é consumir alcaçuz moderadamente e com pouca frequência; às vezes, o consumo diário pode causar uma subida significativa da pressão sanguínea, bem como outros problemas.

Feno-grego. O feno-grego é a semente pequena e resistente da leguminosa *Trigonella foenumgraecum*, uma parente dos feijões originária do Sudoeste Asiático e do Mediterrâneo. O feno-grego é levemente amargo e tem aroma caracteristicamente doce, que lembra não somente feno seco como também xarope de bordo e caramelo. É dado por uma substância chamada sotolona, que também é importante no aroma do melado, do malte de cevada, do café, do molho de soja, da carne bovina cozida e do Xerez. A camada celular exterior da semente do feno-grego contém um carboidrato hidrossolúvel (galactomanana) e, quando mergulhada em água, libera um gel espesso e mucilaginoso que empresta agradável lisura a certos molhos e condimentos do Oriente Médio (o *hilbeh* iemenita). O feno-grego está presente em várias misturas de especiarias, entre elas o berber etíope e certos caris em pó da Índia.

As folhas de feno-grego, amargas e levemente aromáticas, são apreciadas como erva seca ou fresca na Índia e no Irã.

PIMENTAS DO GÊNERO *CAPSICUM*

As pimentas do gênero *Capsicum*, frutos de pequenos arbustos naturais da América do Sul, são as especiarias mais cultivadas no mundo. Seu ingrediente ativo, a capsaicina – substância extraordinariamente pungente –, protege as sementes desses frutos e parece ter a função específica de repelir os mamíferos. As aves, que engolem os frutos inteiros e assim dispersam as sementes, são imunes à capsaicina; os mamíferos, cujos dentes esmagam o fruto e destroem as sementes, sentem dor em contato com essa substância. De modo maravilhosamente perverso, a espécie humana apaixonou-se por essa arma antimamífera e disseminou essas plantas por uma área mais ampla do que a que seria possível para qualquer ave!

O sucesso das pimentas do gênero *Capsicum* é espetacular. A produção e o consumo mundiais são hoje cerca de 20 vezes maiores que as da outra principal especiaria picante, a pimenta-do-reino. As pimentas do gênero *Capsicum* são popularíssimas nas Américas Central e do Sul, no Sudeste Asiático, na Índia, no Oriente Médio e na África do Norte. Na China, estão entre as principais especiarias da culinária das províncias de Sichuan e Hunan; na Europa, a Hungria tem a sua páprica e a Espanha, seu *pimentón*. Nos Estados Unidos, as *salsas* (molhos mexicanos) tornaram-se mais populares que o ketchup na década de 1980, graças à influência dos restaurantes mexicanos. O México continua sendo o país mais avançado do mundo em matéria do uso das pimentas do gênero *Capsicum*. Ali, diversas variedades podem ser misturadas para se obter um determinado sabor e a substância de muitos molhos é dada diretamente por essas pimentas, sem o auxílio de farinhas ou amidos insípidos.

As pimentas do gênero *Capsicum* e a capsaicina. Existem cerca de 25 espécies do gênero *Capsicum*, a maioria naturais da América do Sul. Delas, cinco foram domesticadas. A maioria das pimentas deste tipo são variedades de uma única espécie, *Capsicum annuum*, cultivada pela primeira vez no México há pelo menos 5 mil anos. As pimentas do gênero *Capsicum* são frutos ocos. Sua parede externa é rica em pigmentos carotenoides; envolve as sementes e o tecido onde estas se fixam, uma massa clara e esponjosa chamada placenta. (Sobre estas pimentas usadas como hortaliças, ver p. 368.) A capsaicina, sua substância pungente, é sintetizada somente pelas células superficiais da placenta e se acumula em gotículas sob a cutícula da superfície placentária. Quando sujeita a tensão, essa cutícula pode se romper e liberar a capsaicina, que se espalha então sobre as sementes e o interior da parede do fruto. Parte da capsaicina parece entrar também no sistema circulatório da planta e pode ser encontrada em pequena quantidade dentro das paredes dos frutos e nos caules e folhas próximos.

A quantidade de capsaicina contida numa determinada pimenta não depende somente da constituição genética da planta, mas também das condições de cultivo – a alta temperatura e o tempo seco aumentam a produção – e do grau de madureza do fruto. Este acumula capsaicina desde o momento da polinização até começar a amadurecer, e a partir daí sua pungência declina um pouco. Ou seja, a máxima pun-

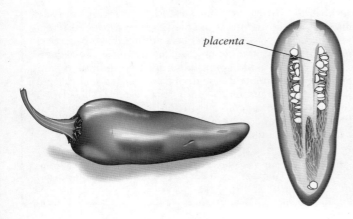

O fruto de uma planta do gênero Capsicum. *A capsaicina, substância pungente, é secretada pelas células superficiais da placenta, o tecido claro que sustenta as sementes.*

gência é atingida por volta da época em que o fruto começa a mudar de cor.

Há várias versões da molécula de capsaicina encontrada nas pimentas do gênero *Capsicum*. Talvez seja por isso que os diferentes tipos de pimenta parecem produzir diferentes tipos de pungência – alguns rápidos e fugazes, outros lentos e persistentes – e afetar diferentes partes da boca.

Os efeitos da capsaicina sobre o corpo humano. Os efeitos da capsaicina sobre o corpo humano são variados e complexos. Em 2004, quando escrevo, o saldo deles é positivo. A capsaicina não parece aumentar o risco de câncer ou úlcera estomacal. Afeta a regulação de temperatura do corpo, fazendo-nos sentir mais calor e induzindo mecanismos de resfriamento (sudorese, maior circulação de sangue junto à pele). Acelera o ritmo metabólico, levando-nos a queimar mais energia (e, portanto, armazenar menos energia na forma de gordura). Talvez desencadeie sinais cerebrais que nos fazem sentir menos fome e mais saciedade. Em suma, pode nos estimular a comer em menor quantidade os alimentos que acompanha e a queimar uma parte maior das calorias efetivamente consumidas.

É claro que existem também os efeitos irritantes da capsaicina, os quais podem ser prazerosos na boca mas não necessariamente em outras partes do corpo. (É por isso que o "spray de pimenta" é uma arma eficaz: dificulta a respiração e a visão por cerca de uma hora.) A capsaicina é potente, oleosa e difícil de ser removida por lavagem; por isso pequenas quantidades deixadas nos dedos podem, horas depois, acabar sendo levadas aos olhos. Facas, tábuas e mãos devem ser muito bem lavadas em água morna com sabão para evitar esta surpresa e outras tão desagradáveis quanto ela. Por outro lado, a irritação causada pela capsaicina tem várias aplicações medicinais: quando aplicada sobre a pele, por exemplo, ajuda a reduzir a dor muscular, pois aumenta o fluxo sanguíneo local.

O controle da pungência da capsaicina. A pungência de qualquer prato que contenha pimentas do gênero *Capsicum* é influenciada por quatro fatores principais: a variedade de pimenta utilizada, a quantidade acrescentada, a presença ou ausência dos tecidos mais ricos em capsaicina e o lapso de tempo em que a pimenta permanece em contato com os outros ingredientes. Para reduzir substancialmente a pun-

---

A terminologia das pimentas

Nos Estados Unidos, como no Brasil, os frutos pungentes do gênero *Capsicum* são geralmente chamados "pimentas" devido ao fato de os colonizadores espanhóis terem identificado a pungência dos *Capsici* com a da pimenta-do-reino. A palavra originária em língua nahuatl era *chilli*, que deu origem ao termo castelhano *chile* e ao estadunidense *chili* (o qual designa tanto um ensopado apimentado quanto o pó usado para lhe dar sabor). O país Chile deriva seu nome de uma palavra que não tem relação nenhuma com as pimentas (em língua araucana, significa "fim da terra"). Dadas as muitas possibilidades de confusão, concordo com a opinião de Alan Davidson e outros: em inglês, devemos chamar os frutos picantes do gênero *Capsicum* pelo nome original nahuatl *chilli*, que não tem nenhuma ambiguidade*.

* Nesta tradução brasileira, preferiu-se não usar *chilli* pelo inusitado desse termo. Referimo-nos sempre a esses frutos como "pimentas do gênero *Capsicum*", para distingui-los das verdadeiras pimentas. (N. do T.)

gência desses frutos, o cozinheiro pode cortá-los na metade no sentido longitudinal e, com cuidado, destacar e remover o tecido placentário esponjoso, juntamente com as sementes.

E o que fazer para "apagar o fogo" uma vez que este já esteja aceso dentro da boca? Os dois remédios mais garantidos – conquanto temporários – são enfiar na boca algo gelado ou algo sólido e áspero, como arroz ou batata cozidos, bolachas salgadas ou uma colherada de açúcar. O gelo ou líquido gelado resfria os receptores nervosos e leva-os a uma temperatura inferior àquela em que foram ativados. O alimento áspero distrai os nervos com um tipo diferente de sinal. Embora a capsaicina seja mais solúvel em álcool e óleo que em água, parece que as bebidas alcoólicas e os alimentos gordurosos não são mais eficazes que a água fria ou adoçada para aliviar a queimadura (a carbonatação aumenta a irrita-

Variedades e graus de pungência de algumas pimentas do gênero *Capsicum*

Apresentamos aqui uma lista de variedades comuns do gênero *Capsicum* e comparamos seus graus de pungência. A pungência é medida em unidades de Scoville, sistema inventado em 1912 pelo químico farmacêutico Wilbur Scoville e mais tarde adaptado às modernas análises químicas. No método original, a essência da pimenta era extraída em álcool durante uma noite; no dia seguinte, o extrato era provado em graus crescentes de diluição até que a pungência não fosse mais detectável pelo paladar. Quanto mais o extrato pudesse ser diluído, mais pungente a pimenta e mais alta a pontuação de Scoville.

Variedade de *Capsicum*	Pungência em unidades de Scoville
Capsicum annuum	
Pimentão	0-600
Novo México	500-2.500
Wax	0-40 mil
Páprica	0-2.500
Pimento	0
Jalapeño	2.500-10 mil
Ancho/poblano	1 mil-1.500
Serrano	10 mil-25 mil
Caiena	30 mil-50 mil
Capsicum chinense	
Habanero, Scotch Bonnet	80 mil-150 mil
Capsicum frutescens	
Tabasco	30 mil-50 mil
Capsicum pubescens	
Rocoto, pimenta-cavalo	30 mil-60 mil
Capsicum baccatum	
Aji	30 mil-50 mil

ção). Se nada mais der certo, console-se com o fato de que a dor provocada pela capsaicina geralmente passa em cerca de 15 minutos.

Pimentas secas. As pimentas secas do gênero *Capsicum* são muito mais que uma fonte conveniente e estável de pungência e espessamento: proporcionam uma complexidade de sabor que é rara até mesmo entre as ervas e especiarias. O processo de secagem concentra os conteúdos das células da parede do fruto, estimulando-os a reagir entre si e gerar notas de frutas secas, terrosas, de madeira, acastanhadas e outras. Tradicionalmente, a secagem ao sol ou à sombra levava várias semanas, e assim ainda é em boa parte do mundo. O moderno processo mecanizado de secagem permite um controle maior sobre o resultado e pode minimizar a perda de pigmentos e vitaminas fotossensíveis, mas também introduz certas diferenças de sabor. As pimentas do gênero *Capsicum* às vezes são secas por defumação (as *chipotles* mexicanas, alguns pimentões espanhóis), adquirindo assim uma nota característica.

OUTRAS ESPECIARIAS DE CLIMA TEMPERADO

Açafrão. O açafrão é a especiaria mais cara do mundo: sinal não só do trabalho necessário para produzi-lo como também da sua singular capacidade de dar aos alimentos uma intensa cor amarela, além de um sabor incomum. O açafrão é parte da flor *Crocus sativus*, também conhecida como flor açafrão, que provavelmente foi domesticada na Grécia ou perto dali durante a Idade do Bronze. A flor açafrão foi levada ao Oriente até a Caxemira antes de 500 a.C.; na era medieval, os árabes a levaram de volta ao Ocidente, em específico à Península Ibérica, e os cruzados introduziram-na em França e Inglaterra. (O nome vem da palavra árabe que significa "fio".) Hoje em dia, o Irã e a Espanha são os principais produtores e exportadores. Usam açafrão em seus respectivos risotos, o *pilaf* e a *paella*; os franceses empregam-no na *bouillabaisse*, seu ensopado de peixe; os italianos, no risoto milanês; e os indianos, no biriani e em vários doces feitos com leite.

Os números que definem a produção de açafrão são impressionantes. São necessárias cerca de 70 mil flores para produzir 2,25 kg de estigmas, as três extremidades vermelhas dos túbulos ("estilos") que conduzem o pólen ao ovário da planta. Esses 2,25 kg, por sua vez, se reduzem a não mais de 450 g de açafrão. As flores ainda são colhidas à mão, e os estigmas, por serem tão delicados, também são separados manualmente das demais partes da flor; quase duzentas horas de trabalho são necessárias para se obterem os mesmos 450 g de aça-

A flor do açafrão. O açafrão puro são os estigmas secos, as extremidades superiores vermelhas dos estilos, que capturam os grãos de pólen e os conduzem rumo ao ovário. O açafrão de baixa qualidade frequentemente inclui os próprios estilos de cor clara e relativamente insípidos.

frão seco. Cada flor de pétalas lilases deve ser colhida no mesmo dia em que começa a abrir, no final do outono. Uma vez separados, os estigmas são cuidadosamente secos, quer tostados por 30 minutos sobre uma fogueira (Espanha), quer por um período maior sob o sol (Irã), quer ainda numa sala quente ou num forno moderno.

A cor do açafrão. A cor intensa do açafrão é dada por um conjunto de pigmentos carotenoides (p. 296) que representam 10% ou mais do peso da especiaria seca. A forma mais abundante, chamada crocina, é uma molécula de pigmento envolvida por duas moléculas de açúcar, uma em cada extremidade. Os açúcares fazem com que esse pigmento, geralmente lipossolúvel, se torne hidrossolúvel – sendo por isso que o açafrão se extrai facilmente em água ou leite quente e funciona tão bem como corante para o arroz e outras comidas não gordurosas. A crocina é um corante poderoso e é capaz de tingir perceptivelmente a água mesmo numa concentração de 1 parte por milhão.

O sabor do açafrão. O sabor do açafrão se caracteriza pelo notável amargor e por um aroma penetrante, semelhante ao de feno. É devido em grande medida a outra combinação entre um açúcar e um hidrocarboneto: a pirocrocina, que pode representar até 4% do peso dos estigmas frescos e provavelmente atua como defesa contra insetos e outros predadores. A própria combinação é amarga. Quando os estigmas secam e sua estrutura celular é danificada tanto o calor da secagem quanto certa enzima atuam sobre a pirocrocina para liberar o hidrocarboneto nela contido, um terpeno volátil chamado safranal. Por isso a secagem dos estigmas modera o amargor do açafrão e desenvolve-lhe o aroma. Vários parentes do safranal completam o aroma geral da especiaria.

O uso do açafrão. Em regra, o açafrão é usado parcimoniosamente – uns poucos fios ou uma "pitada" – e reidratado em pequena quantidade de líquido morno ou quente antes de ser acrescentado ao prato; a reidratação extrai o sabor e a cor. O pigmento principal é hidrossolúvel, mas a inclusão de um pouco de álcool ou gordura no líquido de extração dissolverá outros carotenoides lipossolúveis.

A cor e as moléculas de sabor do açafrão são prontamente alteradas pelo calor e pela luz. Por isso o melhor é guardar essa valiosa especiaria no congelador, dentro de um recipiente à prova de ar.

Lúpulo. O lúpulo são os "cones" secos que portam as sementes da planta perene *Humulus lupulus*, natural do Hemisfério Norte e parente do cânhamo e da maconha. O lúpulo era cultivado na região de Hallertau, na Alemanha, já no século VIII, e no final do século XIV havia chegado a Flandres. Embora hoje seja usado quase exclusivamente na fabricação de cerveja, pode ser empregado também para dar sabor a pães e como chá herbáceo. O aroma do lúpulo depende da variedade e pode incluir notas de madeira, florais e sulfurosas complexas. Será descrito de modo mais detalhado no capítulo 13.

Mahleb. O mahleb ou mahaleb é o cerne do caroço de uma cerejinha natural do Irã, *Prunus mahaleb*. Depois de seco, o cerne tem um aroma cálido que sugere o de amêndoas amargas e é usado para dar sabor a massas assadas e doces em boa parte das bordas orientais do Mediterrâneo.

Mástique. O mástique ou almécega é a resina que sai do tronco de uma árvore aparentada com o pistache, *Pistacia lentiscus*. Essa árvore é natural da costa leste do Mediterrâneo e hoje em dia só cresce na ilha grega de Quios. O mástique era mascado como chiclete (daí seu nome, da mesma raiz de *mastigar*) e também para dar sabor a vários preparados, desde pães e massas à base de gordura até sorvetes, doces e bebidas alcoólicas (ouzo). Os principais componentes aromáticos da goma são dois terpenos, o pineno (nota de pinho) e o mirceno (nota de madeira). O mirceno é também a molécula da qual são feitos os longos polímeros da resina. Esta não é muito solúvel em água, e por isso deve ser finamente moída e então misturada com outro ingrediente em pó (farinha, açúcar) para se dispersar homogeneamente em ingredientes líquidos.

Nigela. A semente pequena, preta e angulosa da *Nigella sativa*, natural da Eurásia e parente próxima da comum planta ornamental dama-entre-verdes, parece uma versão mais suave e mais complexa do tomilho ou do orégano, com um toque de alcaravia. É usada desde a Índia até o Sudoeste Asiático em pães e outros preparados.

Sumagre. O sumagre é a baga pequena, seca e vermelho-arroxeada do arbusto *Rhus coriaria*, parente do cajueiro e da mangueira e natural do Sudoeste Asiático. Destaca-se por ser extremamente azedo (por causa do ácido málico e outros), adstringente (é rico em tanino, que representa até 4% de seu peso) e aromático, com notas de pinho, de madeira e cítricas. O sumagre moído é acrescentado a vários pratos salgados no Oriente Médio e no Norte da África.

UM EXAME DAS ESPECIARIAS TROPICAIS

Entre as especiarias tropicais, as relações familiares não se traduzem imediatamente em relações de sabor. Por isso arrolei todas em simples ordem alfabética. É interessante, porém, observar que a família do gengibre inclui a cúrcuma, a alpínia, o cardamomo e a pimenta-da-costa; e que a pimenta-da-jamaica e o cravo são membros da família das mirtáceas e, portanto, não só parentes uma do outro como também, ambos, de duas frutas de cheiro forte, a goiaba e a goiaba-serrana ou feijoa.

Alpínia. As alpínias são duas plantas asiáticas aparentadas com o gengibre: *Alpinia galanga* e *Alpinia officinarum*. A parte utilizada é o rizoma. A *Alpinia galanga* é a mais apreciada e a mais comum. Esta especiaria é mais austera que o gengibre; é ardida e desprende notas de eucalipto, pinho, cravo e cânfora, mas, ao contrário do gengibre, não tem nenhum aroma de limão. Na culinária da Tailândia e de outros países do Sudeste Asiático, é frequentemente combinada com capim-cidreira e outros produtos aromáticos. Também é ingrediente do licor Chartreuse, de alguns *bitters* e um ou outro refrigerante.

Anis-estrelado. O anis-estrelado é o fruto lenhoso de uma árvore da família da magnólia, *Illicium verum*, natural do sul da China e da Indochina. Tem impressionante forma estrelada. Seu sabor é dado pelo mesmo composto fenólico que caracteriza o anis europeu (p. 458), com o qual o anis-estrelado não tem nenhum parentesco. A própria fruta, que pode ter de seis a oito pontas, tem mais sabor que as sementes e, em sua forma verde, é tradicionalmente mascada para adoçar o hálito. Além disso, o anis-estrelado encontra outro uso tradicional e importante nas carnes chinesas cozidas lentamente em molho de soja; quando se acrescentam cebolas, o resultado é a produção de aromas sulfurosos fenólicos que intensificam a carnosidade do prato.

Baunilha. A baunilha é um dos aromatizantes mais populares do mundo. Entre as especiarias, ela se destaca pela riqueza, profundidade e persistência de seu sabor. E é a segunda mais cara, depois do açafrão. Por isso, na verdade, a maior parte da essência de baunilha consumida atualmente é uma imitação sintética da especiaria original.

A baunilha é extraída da vagem de uma orquídea trepadeira natural da América Central e da região setentrional da América do Sul. O gênero tropical *Vanilla* conta cerca de cem espécies. A *V. planifolia* (ou *V. fragrans*) foi cultivada inicialmente pelos índios totonaques no litoral oriental do México, perto da atual Veracruz, talvez mil anos atrás. Eles enviaram exemplares da planta para o norte, aos astecas, que a usavam para aromatizar suas bebidas de chocolate (p. 773). Os primeiros europeus a provarem a baunilha foram os espanhóis, que lhe deram o nome: *vainilla* é o diminutivo da palavra castelhana que significa "vagem" (do latim *vagina*). Charles Morren, botânico belga do século XIX, descobriu como fazer a polinização manual das flores de baunilha e, assim, possibilitou o cultivo da especiaria em regiões onde não estavam presentes os insetos que geralmente a polinizam. Os franceses, por sua vez, levaram a orquídea para as ilhas situadas ao largo do litoral sudeste da África e que hoje são responsáveis por boa parte da produção mundial: Madagáscar, Reunião e Comores, que coletivamente produzem a chamada baunilha bourbon.

Atualmente, Indonésia e Madagáscar são os principais países produtores. O que torna a baunilha tão cara é o trabalho cuidadoso e intenso de polinizar à mão as flores da orquídea e curar suas vagens, bem como a baixa produção das regiões onde o cultivo é praticado.

O rico sabor da baunilha é criado por três fatores: a abundância de compostos fenólicos defensivos presentes na vagem, com destaque para a vanilina; um bom suprimento de açúcares e aminoácidos, que sofrem reações de escurecimento; e o processo de cura. A planta armazena a maior parte de seus compostos aromáticos defensivos sob forma inerte, ligando-os a uma molécula de açúcar. As defesas ativas – e seus aromas – são liberadas quando as vagens são danificadas e as formas armazenadas entram em contato com determinadas enzimas. Por isso o segredo da manufatura da baunilha está em deliberadamente infligir danos às vagens e, em seguida, submetê-las a um longo processo de secagem que, além de desenvolver e concentrar o sabor, impede que as vagens se deteriorem.

Como se faz a baunilha. A manufatura da baunilha começa de seis a nove meses depois da polinização das flores da orquídea: as vagens verdes, com 15-25 cm de comprimento, estão começando a amadurecer. Nas paredes internas da vagem, milhares de sementinhas estão inseridas numa complexa mistura de açúcares, gorduras, aminoácidos e compostos fenólicos ligados a açúcares para armazenagem. As enzimas que liberam os fenóis aromáticos se concentram mais perto da superfície exterior da vagem. A primeira etapa da cura consiste em "matar" a vagem para que ela pare de consumir seus açúcares e aminoácidos; depois, em danificar-lhe as células e permitir que os compostos fenólicos armazenados encontrem as enzimas que vão liberá-los. Ambos os objetivos são alcançados expondo-se brevemente as vagens a alta temperatura, quer sob o sol, quer em água quente ou vapor. A danificação celu-

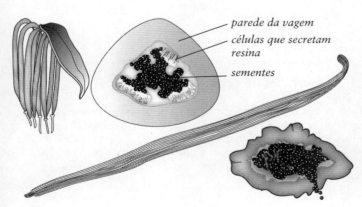

As vagens da orquídea da baunilha. A vagem fresca contém milhares de sementinhas inseridas numa pegajosa resina feita de açúcares, aminoácidos e uma forma inerte de vanilina, o principal composto aromático da baunilha. O processo de secagem e cura da vagem libera a vanilina e cria ainda outras moléculas aromáticas.

lar assim provocada também permite que as enzimas do escurecimento (polifenoloxidases, p. 298) agreguem alguns compostos fenólicos isolados e formem substâncias coloridas que mudam a vagem de verde em marrom.

Seguem-se então vários dias ao longo dos quais as vagens são alternadamente expostas ao sol até ficarem quase quentes demais para serem pegas na mão e depois envoltas em panos a fim de "suar" com o calor residual. Durante esse estágio, desfazem-se as ligações entre os principais compostos aromáticos da baunilha – a vanilina e outras moléculas fenólicas correlatas – e as moléculas de açúcar que os prendiam. O calor e a luz solar também fazem evaporar parte da umidade da vagem, coíbem a multiplicação de microrganismos na superfície úmida e geram pigmentos e aromas complexos por meio de reações de escurecimento entre açúcares e aminoácidos (p. 867). São necessários de 3 a 5 quilos de vagens frescas para produzir 1 quilo de vagens curadas.

No último estágio de processamento, as vagens são endireitadas e alisadas à mão, secas por algumas semanas e por fim "maturadas", ou seja, estocadas por certo tempo para desenvolver ainda mais o sabor (os compostos de sabor reagem com o oxigênio, com algumas enzimas resistentes ao calor e uns com os outros, e assim formam ésteres frutais e outras notas antes ausentes). Em Madagáscar, a cura leva de 35 a 40 dias, ao passo que o processo mexicano dura vários meses.

Os sabores da baunilha. A vagem curada contém cerca de 20% de água, 20% de fibras, 25% de açúcares e 15% de gordura (em relação ao peso); os restantes 20% são aminoácidos, compostos fenólicos, outros compostos de sabor e pigmentos marrons. Os açúcares proporcionam doçura; os aminoácidos livres, certa sapidez; a gordura, riqueza; e o tanino, alguma adstringência. O aroma da baunilha natural é complexo: mais de 200 compostos voláteis foram encontrados nas vagens. É fato que o composto fenólico principal, a vanilina, em si sugere o sabor de baunilha, mas ele não tem a riqueza da especiaria inteira. Alguns dos outros compostos voláteis importantes fornecem notas descritas como amadeiradas, florais, de folhas verdes, de tabaco, de frutas secas, de cravo, de mel, de caramelo, defumadas, terrosas e de manteiga.

Os tipos de baunilha. As diversas regiões de cultivo de baunilha produzem vagens com sabores bastante diferentes. A baunilha bourbon de Madagáscar e das ilhas vizinhas é geralmente considerada a melhor, dotada do sabor mais rico e equilibrado. As vagens da Indonésia parecem mais leves, com menos vanilina e, às vezes, mais notas defumadas. As mexicanas contêm cerca de metade da vanilina das bourbons e têm aroma nitidamente frutado e vinhoso. A rara baunilha do Taiti – de outra espécie, *V. tahitensis* – também tem muito menos vanilina que a bourbon, mas desprende exclusivas notas florais e perfumadas.

As virtudes da vanilina

Além de dar à baunilha seu gosto característico, a vanilina se forma durante certos processos de cocção e manufatura, especialmente os que envolvem combustão de lenha e barris de madeira (pp. 497, 801). Assim, a vanilina contribui para o sabor de carnes defumadas e grelhadas, vinhos, uísques, pães e amendoins fervidos. Também tem várias propriedades biologicamente úteis. É antioxidante, tóxica para vários microrganismos e inibe danos ao DNA.

Essências naturais e artificiais de baunilha. Para fazer a essência natural de baunilha, as vagens são picadas e repetidamente banhadas com uma mistura de água e álcool no decorrer de vários dias; depois, a essência líquida assim obtida é maturada para desenvolver sabor mais pleno e complexo. A vanilina e os demais compostos são mais solúveis em álcool que em água, de modo que, quanto maior o teor de sabor que se deseja dar à essência, maior a proporção de álcool necessária para servir-lhe de veículo.

As essências artificiais de baunilha contêm vanilina sintética feita a partir de vários subprodutos industriais, especialmente lignina de madeira. Falta-lhes o sabor cheio, complexo e sutil que caracteriza as vagens de baunilha ou seu extrato natural. A demanda de essência de baunilha é muito maior que a oferta da essência natural, e esta é aproximadamente cem vezes mais cara que a sintética. Cerca de 90% da essência de baunilha consumida nos Estados Unidos é artificial; na França, essa proporção é de 50%.

A baunilha na culinária. A baunilha é usada principalmente em alimentos doces. Cerca de metade da essência de baunilha consumida nos Estados Unidos vai para a fabricação de sorvete, e boa parte do resto, para refrigerantes e chocolates. Porém, essa especiaria também funciona em pratos salgados: lagosta e carne de porco são exemplos conhecidos. Em quantidade moderada, a baunilha pode acrescentar profundidade, calor, equilíbrio e persistência de sabor a praticamente qualquer alimento.

O sabor da baunilha reside em duas de suas partes: o material pegajoso e resinoso em que se inserem as minúsculas sementes e a parede fibrosa da vagem. O primeiro é facilmente removido da vagem por raspagem e se dispersa imediatamente no preparado ao qual é acrescentado, mas a segunda deve ser mergulhada por certo tempo no preparado para que seu sabor seja extraído. Uma vez que os voláteis em geral são mais solúveis em lipídios que em água, o cozinheiro extrairá mais sabor se o líquido de extração contiver um pouco de álcool ou gordura. A essência de baunilha se dispersa instantaneamente pelo prato e em regra é acrescentada perto do final da cocção: a alta temperatura, mesmo que por breve tempo, causará perda de aroma.

Canela. A canela é a parte interior, desidratada, da casca de certas árvores do gênero *Cinnamomum*, nativo da Ásia tropical e parente distante do louro e do abacate. Essa camada da casca, chamada floema, conduz os nutrientes das folhas para as raízes e contém células que sintetizam óleos protetores. Quando o floema é cortado e retirado dos ramos novos das árvores, ele se enrola e forma a famosa "canela em pau". A canela foi uma das primeiras especiarias a chegar no Mediterrâneo; os antigos egípcios usavam-na para embalsamar cadáveres e ela é mencionada várias vezes no Antigo Testamento. Há muito que os povos da Ásia e do Oriente Próximo usam canela para aromatizar carnes; e, graças à influência árabe, também o fizeram os cozinheiros europeus na Idade Média. Hoje em dia, a canela é usada sobretudo em doces e balas.

Há várias espécies do gênero *Cinnamomum* cuja casca é aromática, mas elas se dividem em duas grandes categorias. A primeira é a canela do Ceilão ou Sri Lanka (*C. verum* ou *zeylanicum*), marrom-clara, fina, frágil, enrolada numa única espiral, cujo sabor suave e delicado é frequentemente descrito como "doce". A outra é a canela da China ou do Sudeste Asiático, comumente chamada cássia. Em regra, é grossa e dura, forma duas espirais, tem cor mais escura e sabor muito mais forte e mais ou menos agressivo e ardido, como na bala norte-americana chamada *red-hot*. Esta segunda categoria de canela provém principalmente da China (*C. cassia*), do Vietnã (*C. loureirii*) e da Indonésia (*C. burmanii*). As variedades do tipo cássia são preferidas na maior parte do mundo; as variedades doces, na América Latina. O aroma de canela, caracteristicamente quente e apimentado, vem de um composto fenólico chamado cinamaldeído, presente em muito maior quantidade nas cássias que nas canelas propriamente ditas; estas últimas são mais sutis e complexas, com notas florais e de cravo (linalol, eugenol).

Cardamomo. O cardamomo é a terceira especiaria mais cara do mundo, depois da açafrão e da baunilha. É a semente de uma planta herbácea da família do gengibre, natural das montanhas do sudoeste da Índia, o único lugar onde era cultivada antes da virada do século XX. Então, imigrantes alemães levaram-na à Guatemala, que é hoje o maior produtor. As sementes de cardamomo nascem em aglomerados de cápsulas fibrosas que amadurecem em momentos diferentes. Por isso as cápsulas devem ser colhidas à mão, uma por uma, e sempre pouco antes de amadurecerem plenamente, momento em que a cápsula se rompe. O nome da especiaria vem de uma raiz árabe que significa "esquentar"; e o cardamomo tem uma qualidade cálida e delicada, fornecida por dois grupos de compostos aromáticos armazenados logo abaixo da superfície da semente: um grupo de terpenos florais, frutados e doces (linalol e ésteres de acetato), e o cineol do eucalipto, mais penetrante.

Existem duas variedades de cardamomo, muito diferentes entre si: o cardamomo malabar, uma pequena cápsula esférica com alto teor de compostos delicados e florais, e o misore, uma cápsula maior, trilobada, com predominância de notas de pinho, madeira e eucalipto. Ambas são levemente adstringentes e picantes. O cardamomo malabar desenvolve seu melhor sabor quando as cápsulas deixam de ser verdes e começam a se tornar leitosas. Por isso em regra só é disponibilizado na forma alvejada, depois de seco ao sol ou quimicamente alvejado para regularizar a cor. O cardamomo misore costuma ser vendido ainda verde, tendo sua cor fixada por três horas de calor moderado (55 °C) antes da secagem.

O cardamomo é mencionado ao lado da canela no Antigo Testamento, mas só parece ter chegado à Europa na Idade Média. Hoje em dia, os países nórdicos consomem 10% da produção mundial, empregando-a principalmente em pães e outras massas assadas ao forno, ao passo que os países árabes abocanham 80% para seu café aromatizado com cardamomo. O *gahwa* se faz fervendo o café recém-torrado e moído com cápsulas de cardamomo verde abertas na hora.

O **cardamomo-negro,** também chamado cardamomo-grande ou cardamomo-do-nepal, é a semente de um arbusto aparentado com o cardamomo verdadeiro. O *Amomum subulatum* cresce na região oriental do Himalaia, numa região que abarca parte do norte da Índia, o Nepal e o Butão. (Outras espécies dos gêneros *Amomum* e *Aframomum* também são utilizadas.) Suas sementes nascem numa vagem avermelhada com cerca de 2,5 cm de comprimento, e a polpa que as circunda é adocicada. O cardamomo-negro tem sabor forte e agressivo por duas razões: boa parte da produção é seca por defumação e as sementes são ricas em cineol e cânfora, ambos terpenos penetrantes. O cardamomo-negro é usado com frequência na Índia, no Ocidente Asiático e na China para fazer risotos, outros pratos salgados e conservas de picles.

Cravo. De todas as especiarias, o cravo é uma das mais fortes e características. É o botão imaturo e seco das flores de uma árvore da família das mirtáceas, *Syzygium aromaticum*, natural de umas poucas ilhas localizadas no atual arquipélago da Indonésia. O cravo já era apreciado na China há 2.200 anos, mas só na Idade Média passou a ser utilizado na culinária europeia. Atualmente, a Indonésia e Madagáscar são os principais países produtores.

Os botões de flor do craveiro são colhidos logo antes de abrirem e, em seguida, secos por vários dias. Sua tipicidade é dada pelo elevado teor de um composto fenólico chamado eugenol, cujo aroma característico é mais ou menos doce e muito penetrante. O cravo, de todas as especiarias, é a que contém a mais alta concentração de moléculas aromáticas. Até 17% de seu peso são compostos voláteis, a maioria armazenados logo abaixo da superfície do pedúnculo alongado, na base da flor e nos delicados estames dentro dela. O óleo contém cerca de 85% de eugenol. Graças sobretudo a este composto, o óleo de cravo tem excelente ação antimicrobiana e amortece temporariamente nossos terminais nervosos, propriedades essas que há muito lhe garantiram o uso em enxaguantes bucais e outros produtos para os dentes.

Em boa parte do mundo, o cravo é usado para dar sabor a pratos de carne, mas os europeus empregam-no sobretudo em doces. O cravo é importante elemento de várias misturas de especiarias (ver quadro, p. 442). A maior fração da produção mundial é usada para aromatizar os cigarros de cravo da Indonésia, que podem conter até 40% de cravo.

Cúrcuma. A cúrcuma é o rizoma de uma planta herbácea tropical da família das zingiberáceas, *Curcuma longa*. Parece ter sido domesticada na Índia em época pré-histórica, provavelmente em razão de seu pigmento amarelo forte (*cúrcuma* vem da palavra sânscrita que significa "amarelo"). Há muito a cúrcuma é usada para tingir de amarelo a pele, vestimentas e alimentos para cerimônias ligadas ao casamento e à morte. Nos Estados Unidos, seu principal uso está em proporcionar cor aos preparados de mostarda, sem porém aumentar-lhes a pungência. É também a cúrcuma o componente principal da maioria das versões de curry em pó, representando de 25 a 50% do peso deste.

O principal pigmento da cúrcuma é um composto fenólico chamado curcumina, o qual é também excelente antioxidante. Isso talvez explique por que à cúrcuma se atribuem propriedades conservantes; na Índia, costumam-se polvilhar peixes e outros alimentos com cúrcuma antes da cocção, e essa especiaria é ingrediente de muitos pratos. A cor da curcumina é sensível ao pH. É amarela em meio ácido, mas em meio alcalino se torna laranja-avermelhada.

Para fazer a especiaria, os rizomas são fervidos ou aquecidos no vapor de água levemente alcalina para fixar a cor e pré-cozer o abundante amido; depois, são secos ao sol. Em regra, a cúrcuma é comercializada já ralada ou moída, embora os rizomas frescos ou secos possam ser encontrados em mercados típicos indianos. A cúrcuma tem aroma amadeirado e seco (dado por terpenos pouco aromáticos chamados turmerona e zingibereno), com um levíssimo toque de amargor e pungência.

Gengibre. O gengibre é o rizoma pungente e aromático de uma planta herbácea tropical, *Zingiber officinale*, parente muito distante da banana. Empresta seu nome a uma família (as zingiberáceas) de cerca de 45 gêneros encontrados em todas as regiões tropicais do mundo e que incluem a alpínia, a pimenta-da-costa, o cardamomo e a cúrcuma. O nome vem, por via latina, do sânscrito *singabera*, que significa "chifres" e se refere à semelhança entre o rizoma e estes últimos.

O gengibre foi domesticado na Pré-História em alguma parte do sul da Ásia; já na época clássica, em sua forma seca, fora levado ao Mediterrâneo pelos gregos; e era uma das especiarias mais importantes na Europa medieval. O bolo chamado *gingerbread* foi criado nessa época; a gengibirra e a cerveja amarga de gengibre surgiram no século XIX, quando os taverneiros ingleses começaram a polvilhar gengibre em pó sobre as bebidas que serviam.

Para criar a especiaria seca, rizomas maduros de gengibre são limpos, descascados por raspagem, às vezes alvejados com cal ou ácido e depois secos ao sol ou num secador mecânico. Cerca de 40% do peso do gengibre seco são compostos de amido. Hoje em dia, os maiores produtores são a Índia e a China, ao passo que o gengibre jamaicano é considerado um dos melhores. Proporção surpreendentemente grande da produção de gengibre é adquirida pelo Iêmen, onde a especiaria é acrescentada ao café, perfazendo até 15% do seu peso.

Na Ásia, e cada vez mais no resto do mundo, o gengibre é consumido fresco. Hoje em dia, a maior parte do gengibre fresco vendido nos Estados Unidos provém do Havaí, onde a colheita vai de dezembro a junho. O gengibre fresco contém uma enzima que digere proteínas e, portanto, pode causar problemas em preparados à base de gelatina (p. 676).

Os aromas do gengibre. O gengibre tem notável versatilidade culinária: pode aromatizar desde embutidos e peixes até refrigerantes e doces. Leva em si algo da qualidade do limão, pois acrescenta um aroma vivo e refrescante – com notas frescas, florais, cítricas, de madeira e de eucalipto – e uma pungência leve, semelhante à da pimenta-do-reino, que complementa os demais sabores sem dominá-los. Os gengibres de diferentes partes do mundo têm diferentes qualidades. O chinês tende a ser principalmente ardido; os do sul da Índia e da Austrália têm grande quantidade de citral e, portanto, aroma caracteristicamente alimonado; o jamaicano é mais doce e delicado, e o africano, penetrante.

A pungência do gengibre é variável. A pungência do gengibre e de outros membros da família das zingiberáceas é dada pelos gingeróis, aparentados quimicamente com a capsaicina e a piperina (p. 434). Os gingeróis são os menos poderosos desse grupo e os que mais facilmente se alteram com a secagem e a cocção. Quando o gengibre é desidratado, suas moléculas de gingerol perdem um pequeno conjunto lateral de átomos que se transformam em shogaóis, os quais são cerca de duas vezes mais picantes: por isso o gengibre seco é mais forte que o fresco. A cocção, por sua vez, reduz a pungência do gengibre porque transforma alguns gingeróis e shogaóis em zingerona, a qual é bem pouco pungente e tem aroma doce, apenas levemente ardido.

Macis e noz-moscada. O macis e a noz-moscada têm aromas semelhantes e vêm da mesma fonte: o fruto de uma árvore asiática tropical, *Myristica fragrans*, que parece ter-se originado na Nova Guiné. A noz-moscada e o cravo puseram as Ilhas Molucas (atualmente parte da Indonésia) nos mapas das potências marítimas europeias. Os portugueses primeiro, e depois os holandeses, monopolizaram o comércio de noz-moscada até o século XIX, quando se conseguiu plantar a árvore no Caribe e em outras regiões. A noz-moscada e o macis não se fizeram notar na culinária europeia até a Idade Média. Hoje proporcionam o sabor característico de *doughnuts* e da bebida *eggnog*, e são também acrescentados a cachorros-quentes e outros embutidos. Além disso, a noz-moscada é ingrediente importante do clássico molho bechamel francês.

Tanto a noz-moscada quanto o macis nascem dentro dos frutos da árvore, os quais têm o tamanho aproximado de uma ameixa ou de um pêssego. Quando o fruto está maduro, ele se parte e revela um caroço marrom, liso e brilhante; e, ao redor do caroço, uma fita vermelha viva, estreita e irregular. A fita é um arilo, parte da fruta cuja cor e cujos açúcares atraem os pássaros para que levem a semente embora. O arilo é a especiaria chamada macis, e a semente dentro do caroço é a noz-moscada. O arilo é removido do caroço e seco separadamente. Na noz-moscada, os compostos aromáticos estão concentrados numa camada de tecido que contém óleo e que se estende ao redor do corpo principal da semente, feito de tecidos que armazenam amidos e gorduras. Estes tecidos contêm taninos adstringentes.

A noz-moscada e o macis têm sabores parecidos mas distintos; o do macis é mais suave e equilibrado. Ambas as especiarias desprendem notas frescas, de pinho, florais e cítricas, mas são dominadas pela miristicina, um composto quente, amadeirado, com toques de pimenta (e que também integra, como componente menor, o aroma do endro fresco). A noz-moscada ralada inclui partículas de tanino dos tecidos de armazenamento e é mais escura que o macis em pó. Em geral, a noz-moscada é usada em doces e em pratos à base de leite, creme e ovos; o macis, em pratos à base de carne e para temperar picles e ketchup. O calor prolongado tende a tornar desagradável o sabor de ambos; por isso, é hábito ralá-los sobre o prato no último minuto.

Diz-se que a noz-moscada é alucinógena quando várias sementes raladas são consumidas de uma vez. Aventou-se a hipótese de que o ingrediente ativo seja a miristicina, mas não existem provas concretas disso.

Pimenta-da-costa. A pimenta-da-costa, também chamada pimenta-da-guiné ou pimenta-de-negro, são as sementinhas do *Aframomum melegueta*. Esta zingiberácea é natural da África Ocidental e foi usada na Europa desde a Idade Média até o século XIX, quando se tornou raridade. Ao mesmo tempo em que é um pouco pungente (em razão do gingerol e alguns parentes, como os paradóis e shogaóis), tem um aroma sutil mas agradável, com notas de madeira e coníferas (humulona e cariofileno). Integra a mistura marroquina de especiarias *ras el hanout* e pode servir como interessante alternativa à pimenta-do-reino.

Pimenta-da-jamaica. A pimenta-da-jamaica é a baga de tamanho médio, marrom e seca de uma árvore tropical do Novo Mundo. A *Pimenta dioica* faz parte da família das mirtáceas e é parente do cravo. É chamada em inglês *allspice* ("todas as especiarias"), nome adquirido no século XVII porque se considerava que essa pimenta reunia os aromas de diversos temperos. Hoje, descreve-se seu gosto como uma combinação suave e equilibrada de cravo, canela e noz-moscada. De fato, a pimenta-da-jamaica é rica no eugenol que caracteriza o cravo e em outros voláteis fenólicos correlatos, com notas frescas, doces e amadeiradas (mas nenhum volátil da canela). A Jamaica é o principal produtor. As bagas são colhidas verdes e no auge do sabor; em seguida, são fermentadas em grandes montes, postas para "suar" dentro de sacos para acelerar a secagem e o escurecimento e, por fim, secas ao sol por cinco ou seis dias (ou em secador mecânico). A pimenta-da-jamaica é usada para temperar conservas de peixes, carnes e hortaliças e entra como ingrediente no recheio de tortas.

Pimenta de Sichuan, sanshô. A especiaria chinesa chamada pimenta de Sichuan e o sanshô japonês oferecem ambos uma singular e interessante versão de pungência. Vêm de duas arvorezinhas da família dos citros. As pimenteiras de Sichuan são a *Zanthoxylum simulans* e a *Z. bungeanum*, e a do sanshô é a *Zanthoxylum piperitum* (vale também a ortografia *Xanthoxilum*). As especiarias são as cascas secas das frutinhas, aromatizadas pelos compostos citronelal e citronelol, típicos do limão. Os compostos pungentes, chamados sanshoóis, são membros da mesma família da qual provêm a piperina da pimenta-do-reino e a capsaicina das pimentas do gênero *Capsicum*. Os sanshoóis, porém, não são simplesmente pungentes. Produzem uma sensação estranha, de formigamento ou amortecimento, que se assemelha um pouco ao efeito de uma bebida carbonatada ou de uma leve corrente elétrica (encostar na língua os terminais de uma bateria de 9 V). Os sanshoóis parecem atuar em vários tipos de receptores nervosos ao mesmo tempo; induzem a sensibilidade ao tato e ao frio em nervos que geralmente não a têm e talvez, por isso, causem uma confusão neurológica geral no ambiente bucal.

A versão chinesa da especiaria é diferente da versão japonesa. Os grãos de pimenta de Sichuan são sempre torrados, de modo que suas afinidades cítricas são sobrepujadas por notas tostadas, de madeira, que vão bem com carnes. O sanshô japonês é caracteristicamente alimonado e é usado para mascarar ou equilibrar as gorduras de certas carnes e peixes. Essas especiarias são quase sempre usadas como ingredientes de uma mistura.

Pimenta-do-reino e seus parentes. A pimenta-do-reino foi uma das primeiras especiarias a ser trazida, pelo comércio, da Ásia para o Ocidente; hoje, continua sendo a principal especiaria na Europa e na América. No Ocidente, é concebida como um tempero básico, como o sal; sua pungência moderada e seu aroma agradável são usados para preencher o sabor de muitos pratos salgados, frequentemente logo antes do consumo. A pimenta é natural das cadeias de montanhas próximas ao litoral do sudoeste da Índia, uma região tropical cujo comércio por mar e terra com o restante do mundo antigo começou há no mínimo 3.500 anos. A pimenta é mencionada em papiros egípcios, era bem conhecida pelos gregos e popularíssima entre os romanos. Nessa época, era geralmente coletada de plantas silvestres, mas um pouco antes do século VII d.C. foi transplantada para o arquipélago malaio e as ilhas de Java e Sumatra. Vasco da Gama descobriu o caminho marítimo da Europa para o sudoeste da Índia em 1498, e depois disso os portugueses controlaram por várias décadas o comércio internacional de pimenta-do-reino. Foram depois substituídos pelos holandeses e, a partir de cerca de 1635, pelos ingleses, que fundaram grandes plantações de pimenteiras. No século XX, vários países da América do Sul e da África começaram a produzir pimenta-do-reino. Hoje em dia, as principais fontes produtoras são a Índia, a Indonésia e o Brasil.

A produção de pimenta. A pimenta-do-reino é a pequena baga seca de uma trepadeira do gênero *Piper*, o qual inclui várias outras plantas usadas como ervas e especiarias (ver quadro, p. 480). As bagas da *Piper nigrum* se formam num cacho de flores com alguns centímetros de comprimento e levam cerca de seis meses para crescer. À medida que crescem e amadurecem, o teor do composto pungente piperina aumenta constantemente, ao passo que as qualidades aromáticas atingem um pico e depois declinam. As bagas totalmente maduras podem conter menos da metade do aroma que tinham no final da fase de crescimento. A casca da baga madura é vermelha, mas se torna marrom ou preta depois da colheita em razão da atividade de enzimas que causam esse escurecimento. A semente é composta basicamente de amido, com certo teor de gorduras, 3-9% de piperina pungente e 2-3% de óleo volátil.

Pimentas de cor branca, verde e rosa. As bagas de pimenta são processadas para fazer várias versões da especiaria, cada qual com uma cor.

- A pimenta-preta, a mais comum, é feita com bagas que já chegaram ao fim de sua fase de crescimento mas ainda não amadureceram plenamente; são, portanto, ricas em compostos aromá-

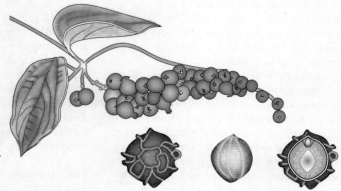

As pimentas-do-reino preta e branca. A pimenta-do-reino são os frutinhos de uma trepadeira tropical. A preta resulta da secagem dos frutos inteiros; a camada exterior, enrugada e escura, é a parte carnosa do fruto depois de seca. A pimenta-do-reino branca é feita removendo a parte carnosa dos frutos e secando apenas a semente.

ticos. Os cachos de frutos são colhidos das trepadeiras e as bagas são tiradas dos cachos por batimento. Em seguida, são branqueadas por um minuto em água quente, a qual limpa-as e rompe as células da polpa para acelerar o trabalho das enzimas do escurecimento. Por fim, são secas ao sol ou em secador mecânico por vários dias, ao longo dos quais a parte carnosa do fruto escurece.

- A pimenta-branca consiste somente nas sementes das bagas, sem a camada carnosa do fruto. É feita com bagas totalmente maduras, as quais são mergulhadas em água por uma semana para que a polpa seja degradada por bactérias. Depois, os restos de polpa são removidos por esfregação e as sementes são secas. A pimenta branca é apreciada sobretudo por fornecer pungência ao mesmo tempo em que permanece invisível em molhos e outros preparados de cor clara. Tornou-se um produto comercial de escala na Indonésia, que ainda é a maior produtora.
- A pimenta-verde é feita com bagas colhidas uma semana ou mais antes do momento em que começariam a amadurecer. As bagas são preservadas por simples tratamento com dióxido de enxofre e desidratação, por enlatamento ou envidramento em salmoura ou mediante liofilização. O sabor depende do método de preservação, mas sempre inclui, além de certa pungência e dos aromas típicos da pimenta-do-reino, uma nota fresca de folhas verdes.
- A pimenta-rosa ou *poivre rose* é uma raridade que se faz mediante a preservação de bagas recém-amadurecidas em salmoura e vinagre. (A pimenta-rosa, fruto da aroeira, é outra coisa completamente diferente; ver a seguir.)

O sabor da pimenta. O principal composto pungente da pimenta-do-reino é a piperina, que se encontra na fina polpa e nas camadas superficiais da semente. A piperina é cerca de cem vezes menos pungente que a capsaicina das pimentas do gênero *Capsicum*. Seus principais compostos aromáticos (os terpenos pineno, sabineno, limoneno, cariofileno e linalol) criam uma impressão geral fresca, cítrica, amadeirada, morna e floral. A pimenta-do-reino branca tem tanta pungência quanto a preta, mas falta-lhe boa parte do aroma em razão da remoção da camada carnosa do fruto. Frequentemente, ela apresenta também notas de mofo e estrebaria, provavelmente devido à prolongada fermentação da polpa (escatol, cresol).

A pimenta é usada na forma de grãos inteiros naqueles preparados em que há tempo suficiente para extrair-lhes o sabor: picles, conservas e alguns molhos e caldos. Quando os grãos são moídos, seu sabor pode ser extraído com mais rapidez para ajustes de última hora. A moagem também permite a evaporação dos compostos aromáticos. Por isso o sabor mais pleno e fresco é obtido quando grãos inteiros são moídos diretamente sobre o preparado que se quer temperar. Mesmo os grãos inteiros perdem boa parte de seu aroma depois de um mês dentro do ralador. Alguns cozinheiros tostam-nos rapidamente numa panela quente para enriquecer-lhes o aroma.

A pimenta-do-reino deve ser guardada em embalagem hermética e em ambiente frio e escuro. Se for exposta à luz durante a estocagem, ela perde a pungência: a luz rearranja a piperina, transformando-a numa molécula quase insípida (isocavicina).

Pimenta-rosa. A pimenta-rosa são os frutos da aroeira, *Schinus terebinthifolius*, árvore brasileira que foi levada ao sul dos Estados Unidos como planta ornamental e tornou-se uma espécie invasora. Seus bonitos frutos rosados foram vendidos como uma espécie de pimenta pela primeira vez na década de 1980. A árvore faz parte da família da mangueira e do cajueiro, que também inclui a hera venenosa e o sumagre venenoso dos Estados Unidos; seus frutos quebradiços, cada qual do tamanho de uma baga de pimenta-do-reino, contêm cardanol, um composto fenólico irritante que impõe sérios limites à sua utilidade alimentícia. Graças a vários terpenos, a pimenta-rosa exala notas aromáticas frescas, de pinho, cítricas e doces. Uma parente próxima natural do Peru, a *S. molle*, igualmente cultivada como ornamental, também é chamada aroeira ou aroeirinha. Seus frutos têm aroma mais resinoso (mirceno) e quantidade menor do irritante cardenol.

Sândalo. O sândalo é mais famoso no incenso que nos alimentos, mas as raízes e o durame da árvore *Santalus album* são às vezes usadas na Índia para aromatizar doces. Seu aroma é dado principalmente pelo santalol, que tem qualidades amadeiradas, florais, de leite e de almíscar.

Tamarindo. O tamarindo como especiaria é a polpa fibrosa, pegajosa, aromática e azedíssima que envolve as sementes nas vagens (frutos) da *Tamarindus indica*, árvore da família das leguminosas natural da África e de Madagáscar. Para extrair a essência da polpa, é preciso mergulhá-la em água por alguns minutos, apertar a massa fibrosa e separar a água assim aromatizada; a essência ou extrato de tamarindo também é comercializada na forma de uma pasta grossa. Cerca de 20% da polpa são ácidos, principalmente ácido tartárico; 35--50% são açúcares; e cerca de 30%, umi-

---

Algumas parentes da pimenta-do-reino

O gênero *Piper* compreende cerca de mil espécies. Várias parentes da *Piper nigrum* já foram usadas com temperos, entre elas as ervas *hoja santa* e lolot (pp. 456 e 457). Eis mais algumas parentes notáveis da pimenta:

- Pimenta-longa (*Piper longum*). Esta nativa da Índia foi provavelmente a primeira especiaria ardida, depois da mostarda, a ser apreciada na Europa – os gregos e romanos a preferiam à pimenta-do-reino –, e dela veio o nome *pimenta*, por meio do sânscrito *pippali* (a pimenta-do-reino se chama *marichi*). A pimenta-longa tem esse nome porque é composta por todo o cacho de flores, em cuja superfície aninham-se os frutinhos. Seu gosto é mais picante (em razão de uma quantidade maior de piperina) e o aroma, amadeirado. Hoje em dia é usada principalmente para temperar hortaliças em conserva, embora se encontre também em algumas misturas de especiarias do Norte da África. Outra planta que pode ser chamada de pimenta-longa ou pimenta-comprida é a *Piper retrofractum*, natural de Java e ainda em uso na Indonésia e na Malásia. Diz-se que é mais aromática que a pimenta-longa indiana.
- Pimenta-cubeba (*P. cubeba*). Esta versão de pimenta consiste em bagas individuais acopladas a seus pedúnculos. Natural da Indonésia, foi usada na culinária europeia no século XVII; em sua terra de origem, ainda dá sabor a molhos, licores, pastilhas medicinais e cigarros. Além da pungência, tem aromas frescos, de eucalipto, amadeirados, quentes e florais.
- Pimenta-de-são-tomé (*P. guineense*). Na África Ocidental, esta especiaria empresta a vários pratos suas notas de noz-moscada e sassafrás.
- Pimenta-betel (*P. betle*). Há muito que as folhas desta espécie asiática são enroladas em torno de outros ingredientes para formar um pacote pequeno, o qual é mascado. O pacote indiano, chamado supari, inclui também lima, a noz da palmeira-areca e, às vezes, tabaco.

dade. O tamarindo tem aroma complexo, sápido, tostado, graças às reações de escurecimento que ocorrem na própria árvore enquanto a polpa se concentra sob o sol quente. Em boa parte da Ásia, o tamarindo é usado para acidificar e dar sabor a conservas, molhos, sopas e bebidas agridoces. Também é popular no Oriente Médio e é um dos ingredientes que definem o molho inglês tipo Worcestershire.

Urucum. O urucum é tempero e corante. Semente do arbusto *Bixa orellana*, natural da América tropical, é muito usado em vários preparados cozidos desde o sul do México até o Brasil. O pigmento bixina, de viva cor vermelho-alaranjada, se encontra no revestimento ceroso das sementes e se transforma rapidamente numa série de variantes químicas que assumem diferentes tonalidades de laranja, amarelo e vermelho. Algumas dessas variantes são solúveis em água, outras em óleo; as grandes empresas do ramo de alimentos usam essência de urucum para dar cor viva a queijos tipo cheddar, manteigas e outros produtos. As sementes de urucum são duras e difíceis de ralar fino; por isso de hábito são fervidas num líquido que extrai delas o sabor e a cor e depois é filtrado. Também existem pastas comerciais de urucum. O aroma do urucum é dominado pelo terpeno humulona, lenhoso e seco, também encontrado no lúpulo.

CHÁ E CAFÉ

O chá e o café são as bebidas mais consumidas no mundo e sua popularidade tem a mesma raiz que a das ervas e especiarias: os materiais vegetais de que são feitos incorporam defesas químicas que nós, seres humanos, aprendemos a diluir, modificar e amar. As folhas de chá e os grãos de café têm uma defesa comum: a cafeína, um alcaloide amargo que provoca efeitos significativos em nosso corpo. E ambos contêm grandes doses de compostos fenólicos. São, entretanto, materiais muito diferentes. O café vem de uma semente, um armazém de proteínas, carboidratos e óleos, e é criado pelo calor intenso, transformando-se num robusto resumo de todos os sabores e alimentos tostados. O chá vem de uma folha nova, em fase de crescimento ativo, rica em enzimas, e é formado pela ação delicada dessas mesmas enzimas, cuidadosamente capturadas e preservadas por doses mínimas de calor e secagem. O café e o chá, portanto, põem ao nosso alcance duas versões muito diferentes de inventividade botânica e engenho humano.

A CAFEÍNA

De todas as substâncias químicas que modificam o comportamento humano, a cafeína é a mais consumida. Trata-se de um alcaloide (p. 286) que interfere num sistema de comunicação usado por muitos tipos de células e que, portanto, tem diversos efeitos sobre o corpo. Acima de tudo, a cafeína estimula o sistema nervoso central, alivia a sonolência e a fadiga e acelera os ritmos de reação do organismo. Também aumenta a produção de energia nos músculos e, nesse sentido, sua capacidade de trabalho. Diz-se que melhora o humor e o desempenho mental, embora estudos recentes indiquem que esses efeitos podem resultar do simples alívio dos sintomas de falta de cafeína desde a última dose! Por outro lado, em doses muito altas a cafeína causa agitação, nervosismo e insônia. Tem efeitos complexos sobre o coração e as artérias e pode induzir um ritmo cardíaco anormalmente alto. Há indícios de que a cafeína acelera a descalcificação dos ossos, de modo que o consumo habitual poderia contribuir para a osteoporose.

A cafeína atinge sua máxima concentração no corpo entre 15 minutos e 2 horas depois de ingerida, e seus níveis se reduzem à metade ao cabo de três a sete horas. Seus efeitos são mais evidentes em pessoas que não a consomem habitualmente. Os sintomas da falta de cafeína podem ser desagradáveis, mas geralmente somem depois de três dias de abstinência.

A teofilina, quimicamente aparentada com a cafeína, é encontrada no chá e sob alguns aspectos é mais potente que a cafeína, mas o chá só a contém em quantidade insignificante. Embora os grãos de café tenham 1-2% de cafeína e as folhas de chá, 2-3%, o café que bebemos tem mais cafeína que o chá, pois a quantidade extraída por xícara é maior (8-10 gramas no café, 2-5 gramas no chá).

O CHÁ, O CAFÉ E A SAÚDE

Há poucos anos, suspeitava-se que tanto o chá quanto o café contribuíssem para a eclosão de várias doenças, entre elas o câncer; por isso eram mais dois prazeres a respeito dos quais tínhamos de nos sentir culpados. Hoje, isso acabou. Atualmente se reconhece que o café é a fonte principal de antioxidantes na dieta norte-americana (o café tostado em ponto médio é o que tem a maior atividade antioxidante). O chá-preto, e especialmente o verde, também é rico em antioxidantes e outros compostos fenólicos protetores que parecem reduzir os danos arteriais e o risco de câncer.

Certos tipos de café, depois de feitos, de fato aumentam a quantidade de colesterol no sangue. Duas substâncias lipídicas, o cafestol e o caveol, têm indesejável efeito hipercolesterolêmico. Porém, elas só estão presentes no café quando a técnica de preparo não as separa por filtragem. Encontram-se no café fervido árabe, no *espresso* e no extraído por prensa francesa. A magnitude desse efeito não é conhecida e provavelmente é pequena, uma vez que o cafestol e o caveol são acompanhados por um sem-número de substâncias que impedem que o colesterol se oxide e cause danos (p. 283).

A ÁGUA COM QUE SE FAZEM CHÁ E CAFÉ

O chá e o café já preparados comportam 95-98% de água, de modo que sua qualidade é fortemente influenciada pela qualidade da água usada para prepará-los. A maior parte dos sabores desagradáveis e dos compostos de cloro presentes na maioria das águas de torneira é eliminada pela fervura. A água muito "dura", rica em carbonato de cálcio e magnésio, tem vários efeitos indesejáveis: no café, esses minerais tornam mais lenta a extração de sabor, turvam o líquido, entopem os tubos das máquinas de café *espresso* e reduzem a quantidade de espuma deste último; no chá,

A cafeína em números

Consumo diário de cafeína em mg *per capita*, década de 1990

Noruega, Holanda, Dinamarca	400
Alemanha, Áustria	300
França	240
Reino Unido	200
Estados Unidos	170

Conteúdo de cafeína em mg por dose

Café preparado por infusão	65-175
Espresso	80-115
Chá	50
Refrigerante de cola	40-50
Chocolate quente	15

causam a formação de uma espuma superficial feita de carbonato de cálcio precipitado e agregados fenólicos. A água desmineralizada, por outro lado, extrai em demasia os sólidos do café e do chá e proporciona um sabor salgado. E a água destilada de grande pureza fornece uma infusão que se pode descrever como chata, destituída de toda uma dimensão de sabor.

A água ideal tem conteúdo moderado de minerais e pH próximo ao neutro, de tal modo que a infusão final tenha pH moderadamente ácido, em torno de 5, na medida correta para apoiar e equilibrar os outros sabores. Certas águas minerais engarrafadas são adequadas (em Hong Kong usa-se a Volvic). Muitas águas fornecidas pelos sistemas públicos de abastecimento são intencionalmente alcalinizadas para reduzir a corrosão dos canos. Com isso, podem reduzir-se também a acidez e a vivacidade do chá e do café torrado ao escuro (a torra clara fornece sua própria acidez). O alcalinidade da água de torneira pode ser corrigida acrescentando-lhe pequenas pitadas de cremor de tártaro – ácido tartárico – até que ela comece a apresentar gosto levemente azedo.

CHÁ

Embora tenha emprestado seu nome a um sem-número de outras infusões, o *chá* – da idêntica palavra chinesa – é uma bebida preparada com as folhas verdes de um tipo de camélia. Acontece que as folhas novas do chá são tão repletas de interessantes substâncias defensivas quanto qualquer especiaria. A partir de cerca de 2 mil anos atrás, e antes de tudo no sudoeste da China, as pessoas aprenderam a usar o tempo, o calor brando e a pressão física para extrair das folhas de chá os mais diversos sabores e cores. O chá tornou-se elemento básico da dieta chinesa por volta de 1000 d.C. No Japão do século XII, alguns monges budistas, que já apreciavam o chá como bem-vindo auxílio a suas longas horas de estudo, constataram que a bebida em si era digna de sua contemplação. Desenvolveram a cerimônia formal do chá, que permanece extraordinária pela importância que confere e a atenção que presta ao mais simples de todos os preparados: uma infusão de folhas em água.

A história do chá

O chá na China. O arbusto das folhas de chá, *Camellia sinensis*, é natural do Sudeste Asiático e do sul da China. Suas folhas novas e tenras, ricas em cafeína, eram provavelmente mascadas desde a Pré-História. A preparação das folhas de chá para infusão em água evoluiu aos poucos. Existem indícios de que no século III d.C. as folhas já eram fervidas e depois secadas para uso posterior, e que no século VII eram também rapidamente tostadas antes da secagem. Essas técnicas resultariam em infusões verdes ou verde-amareladas e num sabor suave mas amargo e adstringente. Os chás de sabor mais forte e cor laranja-avermelhada, como o moderno oolong, foram desenvolvidos por volta do século XVII, provavelmente a partir da constatação acidental de que as folhas desenvolvem aroma e cor característicos quando são prensadas ou se permite que murchem antes da secagem. Foi também cerca dessa época que a China começou a praticar intenso comércio com a Europa e a Rússia e que o novo estilo de chá, mais complexo, conquistou a Inglaterra, onde o consumo aumentou de 10 toneladas em 1700 para 10 mil em 1800. O forte chá-preto, que hoje é o mais conhecido no Ocidente, foi inventado em época relativamente recente e resulta de uma prensagem intensa; os chineses desenvolveram-no na década de 1840, especificamente para vendê-lo aos ocidentais.

A disseminação da produção de chá. Até o final do século XIX, todo o chá comercializado no mundo vinha da China. Porém, quando a China começou a resistir à prática britânica de financiar com a venda de ópio o dispendioso hábito de tomar chá, os ingleses intensificaram a produção de chá em suas colônias, sobretudo na Índia. Nas regiões quentes cultivaram uma variedade autóctone, *Camellia sinensis* var. *assamica*, ou chá Assam, que tem mais cafeína e compostos fenólicos que o chá chinês e produz um chá-preto mais forte e mais escuro. Plantaram o chá chinês, mais resistente, nas colinas de Darjeeling, situadas ao pé do Himalaia, e nas montanhas mais altas do sul. Hoje em dia, a Índia é o maior produtor de chá do mundo.

Cerca de três quartos do chá produzido no mundo atualmente são de chá-preto. A China e o Japão ainda produzem e bebem mais chá-verde que chá preto.

A folha de chá e sua transformação. A folha de chá fresca tem gosto amargo e adstringente e não apresenta praticamente nenhuma outra nota de sabor. Isso reflete o fato de que seu principal componente químico, ainda mais abundante que seus materiais estruturais, é um complexo de substâncias fenólicas amargas e adstringentes cujo objetivo é tornar a folha desagradável para os animais. E suas moléculas aromáticas permanecem presas em ligações com moléculas de açúcar, perdendo assim a volatilidade. O chá-verde preserva muitas qualidades da folha fresca. Já o segredo da fabricação do chá oolong e do chá preto está em estimular as próprias enzimas da folha a transformar esses austeros materiais defensivos em moléculas muito diferentes e deliciosas.

Como as enzimas do chá criam sabor, cor e corpo. O período de atividade enzimática durante a fabricação do chá era tradicionalmente chamado de "fermentação", mas não envolve nenhuma atividade microbiana em nível significativo. Na fabricação do chá, a "fermentação" significa transformação enzimática. Ocorre quando o fabricante procede à prensagem das folhas de chá a fim de romper suas células e depois deixa as folhas em repouso por certo tempo para que as enzimas possam trabalhar.

amargo
não adstringente

muito amargo
e adstringente

menos amargo
e adstringente

A evolução do gosto do chá. A folha fresca contém rico estoque de compostos fenólicos simples (catequina, à esquerda), incolores mas não adstringentes. Quando a folha é prensada ou rolada, suas enzimas e o oxigênio reúnem os compostos simples e formam outros maiores, com cores e sabores diferentes. A ação das enzimas por tempo reduzido produz um composto amarelado (teoflavina, no meio) muito amargo e adstringente. A ação por tempo mais prolongado produz um composto (digalato de teaflavina, à direita) moderadamente amargo e adstringente. À medida que as moléculas fenólicas se tornam maiores, vão ficando cada vez mais escuras e suaves.

Na fabricação de chá, há dois tipos gerais de transformação enzimática. Uma é a liberação de uma grande diversidade de compostos aromáticos, os quais, na folha intacta, estão ligados a açúcares e não podem volatilizar-se. Quando as células são esmagadas, as enzimas rompem os complexos de moléculas aromáticas e açúcares. Por isso o aroma dos chás oolong e preto é mais cheio e rico que o do chá verde.

A segunda transformação é a construção de moléculas grandes a partir de moléculas pequenas, modificando o sabor, a cor e o corpo do chá. As moléculas pequenas, no caso, são os compostos fenólicos de três anéis, abundantemente presentes nas folhas de chá. São adstringentes, amargos e incolores. A enzima de escurecimento da folha, chamada polifenoloxidase, usa o oxigênio do ar para reunir as pequenas moléculas fenólicas, formando complexos maiores (p. 298). Uma combinação de duas moléculas fenólicas gera um tipo de molécula (teaflavina) de cor amarela a acobreada e sabor menos amargo, embora ainda adstringente. Complexos formados por três a dez moléculas originais são laranja-avermelhados e menos adstringentes (tearubiginas). Os complexos ainda maiores são marrons e não têm nenhuma adstringência. Quanto mais as folhas são prensadas, e quanto mais tempo passam em repouso antes de as enzimas serem desativadas pelo calor, se tornam tanto menos adstringentes e amargas e tanto mais coloridas. No chá oolong, cerca de metade das moléculas fenólicas pequenas é transformada; no chá-preto, cerca de 85%.

Os complexos fenólicos vermelhos e marrons – e um outro complexo, de tamanho intermediário entre as teaflavinas e as moléculas de cafeína de dois anéis – emprestam corpo à infusão feita com folhas de chá, pois são grandes suficiente para obstruir não só o movimento uns dos outros como também para tornar mais lenta a movimentação da própria água.

Como se faz chá

O arbusto do chá e suas folhas. O melhor chá é aquele feito com as folhas pequenas e novas e com os brotos de folhas que ainda não abriram, os quais são os mais tenros e vulneráveis e contêm as maiores concentrações de defesas químicas e enzimas correlatas. A melhor parte são o broto terminal e as duas folhas adjacentes. Hoje em dia, a maior parte do chá é colhida por máquinas e, por isso, contém grande proporção de folhas mais velhas e menos saborosas.

A fabricação do chá. A produção do chá envolve várias etapas, algumas sempre presentes, outras opcionais.

- Pode-se submeter as folhas recém-colhidas ao "emurchamento", ou seja, deixá-las perder água por evaporação por alguns minutos ou horas. O emurchamento transforma o metabolismo delas de modo a mudar-lhes o sabor

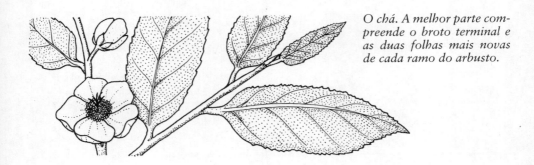

O chá. A melhor parte compreende o broto terminal e as duas folhas mais novas de cada ramo do arbusto.

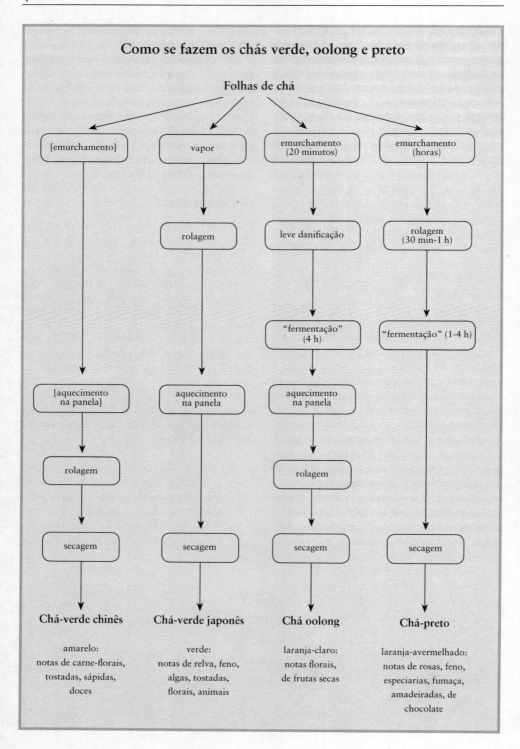

e torná-las fisicamente mais frágeis. Quanto mais prolongado o emurchamento, mais profundos serão o sabor e a cor das folhas e da infusão feita com elas.
- As folhas são quase sempre "roladas", ou seja, pressionadas para romper a estrutura de seus tecidos e liberar os fluidos celulares. Se as folhas forem roladas ainda cruas, as enzimas e o oxigênio poderão transformar os fluidos celulares e gerar mais sabor, cor e corpo.
- As folhas podem ser aquecidas para desativar as enzimas e deter o processo de produção de sabor e cor. O calor seco também gera sabor.
- As folhas são aquecidas para secar e se preservar.
- As folhas secas são separadas de acordo com seus diferentes tamanhos, desde folhas inteiras até "pó". Quanto menores os pedaços, mais rápida a extração de cor e sabor.

O principais tipos de chá. Os chineses desenvolveram meia dúzia de diferentes tipos de chá. Três deles respondem pela maior parte do chá consumido no mundo.

Chá-verde. O chá-verde preserva algumas qualidades da folha fresca, ao mesmo tempo em que as equilibra e intensifica. Para fazê-lo, as folhas recém-colhidas ou brevemente emurchadas são cozidas para que suas enzimas sejam desativadas. Depois, são prensadas para perder umidade e secas por meio de ar quente ou numa panela quente.

Alguns chás apreciados e incomuns

Estes chás são produzidos de modo singular e têm qualidades incomuns:

- Chá-branco: um chá-verde chinês feito quase exclusivamente de brotos de folhas cuja penugem lhes dá aparência branca. São emurchados por dois ou três dias, às vezes passados no vapor, e secos sem rolagem.
- Pu-erh: um chá-verde chinês feito pelo processo usual, depois umedecido e fermentado em grandes pilhas por diversos microrganismos. Todos os seus fenóis se convertem em tearubigenas não adstringentes e outros complexos marrons, fazendo-o desenvolver um aroma complexo, quente, de cravo.
- Lapsang souchong: um chá-preto chinês, seco sobre fogueiras de madeira de pinheiro.
- Chás aromatizados: vários tipos de chás chineses aromatizados mediante o contato com flores como jasmim, cássia, rosa, orquídeas e gardênia. O chá e as flores permanecem no mesmo recipiente por 8-12 horas. O chá comercializado pode incluir 1-2% de pétalas de flores.
- Gyokura e kabesuchá: chás-verdes japoneses feitos de brotos que, ainda no pé, foram cobertos com caixas de bambu e permaneceram em sombra quase total pelas duas semanas anteriores à colheita. Desenvolvem um teor maior de pigmentos carotenoides que fornecem notas de violeta ao singularíssimo "aroma de folhas cobertas".
- Hoji-chá: um chá-verde japonês tostado em alta temperatura (180 °C). Esse tratamento triplica quantidade de voláteis e, portanto, intensifica o sabor.

NA PÁGINA AO LADO: *Como se fazem os chá-verde, chá oolong e chá-preto. As variações no processo de produção geram cores e sabores diferentes a partir das mesmas folhas frescas.*

Na China, a cocção é feita em panela quente, produzindo moléculas aromáticas que caracterizam os alimentos assados (pirazinas, pirróis) e uma infusão amarelo-esverdeada. No Japão, a cocção é feita no vapor, que preserva mais o sabor de relva e a cor verde tanto na folha quanto na infusão.

Chá oolong. O chá oolong decorre de uma modesta transformação enzimática dos sucos da folha. Estas são emurchadas até se tornarem significativamente enrugadas e enfraquecidas. Então, são levemente agitadas de modo que suas bordas sejam danificadas. São "fermentadas" por algumas horas até que a atividade enzimática dê cor vermelha às bordas, aquecidas em alta temperatura na panela, roladas e, por fim, delicadamente secadas em temperatura inferior a 100 °C. A infusão de chá oolong tem cor âmbar e aroma caracteristicamente frutado.

Chá-preto. O chá-preto é fruto de uma profunda transformação enzimática dos sucos da folha. Estas são emurchadas durante horas, roladas repetidas vezes por até uma hora e deixadas em repouso por uma a quatro horas, período em que a ação das enzimas lhes dá cor de cobre e as faz emitir o aroma de maçã. Por fim, as folhas são secas por meio de ar quente a uma temperatura próxima de 100 °C e se tornam bem escuras.

O sabor do chá. O sabor do chá, uma qualidade vivaz, que preenche toda a boca, tem várias origens. O chá é levemente ácido e amargo e contém traços de sal. Também é rico num aminoácido que só existe nele, a teanina, que em si é doce e sápido e durante o processamento se decompõe no sápido ácido glutâmico. Os chás-verdes chineses também contêm elementos que promovem a sinergia da sapidez, ou seja, do sabor *umami* (monofosfato de guanosina e monofosfato de inosina, p. 380). Por fim, a cafeína amarga e os fenóis adstringentes ligam-se uns aos outros e limitam assim suas respectivas propriedades, criando a impressão de uma consistência estimulante mas não agressiva. Esse efeito é especialmente importante no gosto do chá-preto, onde é chamado "vivacidade" ou, em inglês, *briskness*.

Os aromas dos diferentes chás são notavelmente diversos. No chá verde, o uso precoce do calor impede boa parte da atividade enzimática nas folhas. O calor fornecido pelo vapor dá ao chá-verde japonês notas de relva, algas marinhas e frutos do mar (as notas marinhas do dimetil sulfeto), ao passo que o aquecimento na panela produz mais notas salgadas e tostadas no chá-verde chinês. Nos chás oolong e preto, a atividade das enzimas liberta as moléculas aromáticas frutadas e florais de sua forma inodora e produz um aroma muito mais rico e forte (mais de seiscentos voláteis foram identificados no chá-preto).

Os cozinheiros exploram o sabor do chá em diversos tipos de preparados: marinadas e líquidos de cocção, gelados e sorvetes, alimentos cozidos no vapor e como fonte de fumaça aromática (por exemplo, no pato chinês defumado ao chá).

Estocagem e infusão do chá. O chá bem feito é relativamente estável e pode ser guardado por vários meses num recipiente hermético e em ambiente fresco e escuro. A qualidade do chá acaba se deteriorando em razão dos efeitos do oxigênio e de uma atividade enzimática residual: o aroma e a vivacidade se perdem e a cor da infusão de chá-preto se torna menos laranja-avermelhada e mais marrom e opaca.

A infusão de chá é feita de formas diferentes nas diversas partes do mundo. No Ocidente, uma quantidade relativamente pequena de folhas de chá-preto – uma colher de chá (2-5 g) por xícara (180 ml) – é posta em infusão uma única vez e depois descartada. Na Ásia, uma quantidade maior de folhas de qualquer chá – até um terço do volume da chaleira – é lavada com água quente e depois posta em breve infusão diversas vezes. A segunda e a terceira infusões oferecem equilíbrios de sabor mais delicados e sutis. O tempo de infusão varia entre 15 segundos e 5 minutos e depende de dois fatores. Um é o tamanho das folhas; as partículas pequenas, com maior área superficial em relação ao volume, têm seus conteúdos extraídos em menos tempo. O outro é a temperatura da água, que por sua vez depende do tipo de chá utilizado. Tanto o chá oolong quanto o preto são infundidos em água próxima ao ponto de fervura e por tempo relativamente breve. O chá-verde é infundido por mais tempo em água muito mais fria, entre 70 e 45 °C, o que limita a extração de seus compostos fenólicos amargos e adstringentes, ainda abundantes, e minimiza os danos à clorofila.

Numa típica infusão de chá-preto por 3-5 minutos, cerca de 40% dos sólidos da folha são extraídos na água. A cafeína é extraída rapidamente, mais de três quartos do total nos primeiros 30 segundos, ao passo que os complexos fenólicos maiores saem de modo muito mais lento.

Como se serve o chá. Uma vez terminada a infusão, o líquido deve ser imediatamente separado das folhas; caso contrário, a extração continua e o sabor fica agressivo. Todos os tipos de chás são melhores imediatamente depois de feitos; à medida que o tempo passa, seu aroma se dissipa e seus componentes fenólicos reagem uns com os outros e também com o oxigênio dissolvido na água, modificando a cor e o sabor.

Às vezes, o chá é misturado com leite. Nesse caso, os componentes fenólicos imediatamente se ligam às proteínas do leite e já não podem reagir com a superfície da boca e as proteínas da saliva; assim, o gosto se torna muito menos adstringente. O melhor é acrescentar o chá quente ao leite morno e não o contrário; desse modo, o leite se aquece gradualmente até uma temperatura moderada e terá menos probabilidade de coalhar.

Ocasionalmente se acrescenta suco de limão ao chá para intensificar seu aspecto azedo e suplementar seu aroma com o frescor cítrico. O limão também clareia a cor da infusão de chá-preto, pois altera a cor dos compostos fenólicos vermelhos (esses complexos são ácidos fracos e incorporam íons de hidrogênio do sumo de limão). Quando se usa água alcalina, por outro lado, a infusão de chá-preto tende a assumir tonalidade vermelho-sangue. Até o chá-verde pode ficar vermelho.

Chá gelado. O chá gelado é a forma mais popular de chá nos Estados Unidos; foi lançado na Feira Mundial de 1940, na abafada St. Louis. A infusão é feita com 50% a mais de chá para compensar a posterior diluição pelo gelo derretido. O acréscimo de gelo à infusão de chá tende a turvá-la graças à formação das partículas de um complexo feito de cafeína e teaflavina. Para evitar isto, a infusão inicial deve ser feita em temperatura ambiente ou na geladeira ao longo de várias horas. Essa técnica extrai menos cafeína e teaflavina que a infusão em água quente, de modo que os complexos de cafeína e teaflavina não se formam em quantidade suficiente para se tornar visíveis no chá gelado.

CAFÉ

O cafeeiro é natural da África Oriental e provavelmente foi apreciado antes de tudo por suas frutas doces, semelhantes a cerejas, e pelas folhas, com as quais se podia fazer uma espécie de chá. Até hoje uma infusão da polpa seca do fruto é consumida no Iêmen. Aliás, foi nesse país, ao que parece, que as sementes ou "grãos" foram pela primeira vez torradas, moídas e postas em infusão, no século XIV. A palavra "café" vem do árabe *qahwah*, cuja origem é desconhecida. O cafeeiro foi levado para o sul da Índia por volta de 1600, da Índia para Java cerca de 1700 e de Java (via Amsterdam e Paris) para as colônias francesas no Caribe pouco tempo depois. Hoje em dia, o Brasil, o Vietnã e a Colômbia são os maiores exportadores de café; os países africanos respondem por cerca de um quinto da produção mundial.

A história da infusão de café. A versão original do café torrado e moído é a árabe, ainda popular no Oriente Médio, na Turquia e na Grécia. Os grãos submetidos a moagem fina são misturados com água e açúcar num bule destampado e a mistura é fervida até espumar; a fervura é repetida mais uma ou duas vezes e, por fim, o café é decantado em xícaras pequenas. Foi esse o café que penetrou na Europa por volta de 1600; é concentrado, traz algum sedimento e tem de ser bebido imediatamente; caso contrário, o sedimento fará aumentar o amargor, que já é considerável.

Refinamentos franceses. As primeiras modificações ocidentais da infusão de café datam de cerca de 1700, quando cozinheiros franceses fecharam dentro de um saquinho de pano os sólidos da mistura e produziram assim uma infusão mais translúcida e com menos partículas granuladas. Por volta de 1750, os franceses inventaram o avanço mais importante anterior ao *espresso*: a infusão por filtragem, em que a água quente é derramada sobre uma camada de pó e depois passa para outro recipiente. Essa invenção tinha três benefícios: mantinha abaixo do ponto de fervura a temperatura da água, limitava a poucos minutos o tempo de contato entre a água e o pó e produzia uma infusão sem sedimentos que se conservava por certo tempo sem ficar mais forte. Os limites impostos à temperatura e ao tempo de infusão acarretavam uma extração apenas parcial do café. Reduziam-se assim o amargor e a adstringência e concedia-se proeminência aos outros elementos de sabor: a leve acidez e o aroma, que agradavam ao gosto europeu.

O café na era industrial. O século XIX assistiu à criação de vários métodos novos de infusão. Surgiu a percolação, na qual a água fervente sobe por um tubo central e irriga um leito de café em pó. Surgiu a cafeteira francesa ou prensa francesa, na qual o pó é posto em infusão e depois empurrado para o fundo com um êmbolo, permitindo que o líquido seja servido sem sedimentos. Porém, a maior inovação em matéria de infusão de café foi inaugurada na Exposição de Paris de 1855. Era o *espresso* italiano, palavra que significa algo feito na hora e para um único consumidor. Para fazer café rapidamente, é preciso fazer com que a água passe pelo pó em alta pressão. Assim, ela extrai uma quantidade substancial do óleo dos grãos e o emulsiona em finas gotículas, que criam textura aveludada e dão um sabor persistente à bebida. O café *espresso* é uma expressão do poder da máquina de tirar o máximo e o melhor de um ingrediente tradicional e transformá-lo numa coisa nova.

Os grãos de café

Os cafés arábica e robusta. O grão de café é a semente de duas espécies de uma parente tropical da gardênia. A *Coffea arabica*, uma árvore de 5 m de altura natural dos frescos planaltos da Etiópia e do Sudão, produz os chamados grãos de café "arábi-

Bagas e sementes de café. Cada baga vermelha contém duas sementes.

ca"; a *Coffea canephora*, árvore maior e originária das regiões mais quentes e úmidas da África Ocidental, produz os grãos "robusta". Cerca de dois terços dos grãos negociados no mercado internacional são do tipo arábica, que desenvolve sabor mais complexo e equilibrado que o robusta. Contém menos cafeína (menos de 1,5% do peso do grão seco, diante de 2,5% do robusta), menos materiais fenólicos (6,5% vs. 10%) e mais óleo (16% vs. 10%) e açúcar (7% vs. 3,5%). As variedades do tipo robusta somente se popularizaram no final do século XIX, quando sua natural resistência às pragas da lavoura garantiu sua importância na Indonésia e em outras partes do mundo.

Os processos seco e úmido de beneficiamento. Para beneficiar os grãos de café, as bagas maduras são colhidas do cafeeiro e as sementes são separadas da polpa por um ou outro de dois métodos básicos. No processo seco, as bagas são postas para secar ao sol; alternativamente, são antes postas para fermentar em montes por alguns dias e depois espalhadas ao sol. Depois de secas, a polpa é removida mecanicamente. No processo úmido, a maior parte da polpa é separada mecanicamente das sementes e o restante se liquefaz ao longo de um ou dois dias de fermentação microbiana. As sementes são então lavadas com água em abundância, secas até conservarem cerca de 10% de umidade e têm sua casca externa, aderente, removida por meios mecânicos. A lavagem extrai alguns açúcares e minerais dos grãos tratados pelo processo úmido, de modo que estes tendem a produzir um café com menos corpo e mais acidez que os beneficiados pelo processo seco. Entretanto, os grãos tratados pelo método úmido têm mais aroma e, de modo geral, tendem a apresentar qualidade mais uniforme.

Torrefação. Os grãos de café verdes e crus são duros como milho de pipoca, e seu gosto também não é muito melhor que o deste. A torrefação os transforma em cápsulas concentradas de sabor, frágeis e fáceis de abrir. A maioria das pessoas deixa que os profissionais cuidem da torrefação do café, mas torrar café em casa é uma experiência fascinante (e fumarenta). Trata-se de algo que os cozinheiros de diversos países fazem há muito tempo, usando equipamentos que vão desde uma simples frigideira até torrefadoras especiais, passando por panelas de fazer pipoca.

Os grãos de café são torrados a uma temperatura que varia entre 190 e 220 °C; o processo geralmente leva de 90 segundos a 15 minutos. À medida que a temperatura do grão se aproxima da do ponto de ebulição da água, as pequenas quantidades de umidade dentro das células se vaporizam e dão ao grão um tamanho uma vez e meia maior que o original. Em temperaturas progressivamente mais altas, as proteínas, açúcares, materiais fenólicos e outros componentes começam a se decompor em fragmentos moleculares e a reagir entre si, desenvolvendo ainda os pigmentos marrons e os aromas tostados que caracterizam as reações de Maillard (p. 778). Por volta de 160 °C, essas reações passam a ocorrer em cadeia, como a chama de uma vela, e a decomposição molecular extrema gera mais vapor-d'água e dióxido de carbono, cuja produção aumenta agudamente aos 200 °C. Se a torrefação continua, as células danificadas deixam vazar óleo para a superfície dos grãos, que se torna, assim, lustrosa.

Quando os grãos alcançam o grau desejável de torra, são imediatamente resfriados com ar frio ou borrifos de água para sustar a decomposição molecular. O resultado é um grão marrom, quebradiço, de estrutura esponjosa. As cavidades dessa estrutura são preenchidas de dióxido de carbono.

O desenvolvimento do sabor do café. Quanto maior a temperatura de torrefação, mais escuro se torna o grão, e sua cor é um bom indício do equilíbrio de sabor. Nos primeiros estágios da torra, os açúcares se decompõem em vários ácidos (fórmico, acético, láctico), os quais, reunidos aos ácidos orgânicos já existentes (cítrico, málico), dão aos grãos marrom-claros um azedume pronunciado. À medida que a torra prossegue, tanto os ácidos quanto os materiais fenólicos adstringentes (ácido clorogênico) são destruídos, de modo que a acidez e a adstringência diminuem. Entretanto, o amargor aumenta, porque alguns produtos das reações de escurecimento são amargos. E, à medida que a cor do grão se torna mais escura que um marrom médio, os aromas característicos dos grãos de primeira categoria são sobrepujados por sabores tostados mais genéricos – ou, inversamente, as deficiências de sabor dos grãos de segunda categoria se tornam menos evidentes. Por fim, à medida que a torrefação escura faz declinar a quantidade de ácidos, taninos e carboidratos solúveis, declina também a plenitude de corpo da infusão: ela tem menos substâncias capazes de nos estimular a língua. As infusões mais completas são as feitas com grãos torrados em ponto médio.

Estocagem do café. Uma vez torrados, os grãos de café inteiros se conservam razoavelmente bem por algumas semanas em temperatura ambiente ou por alguns meses no congelador. Depois disso, adquirem sabor nitidamente rançoso. Um dos motivos da boa durabilidade dos grãos inteiros é que eles são preenchidos de dióxido de carbono, o qual ajuda a excluir o oxigênio do interior poroso. Uma vez moídos os grãos, a durabilidade do pó de café em temperatura ambiente é de apenas alguns dias.

Moagem do café. O segredo da correta moagem do café é a obtenção de partículas todas mais ou menos do mesmo tamanho, sendo este adequado ao método de preparo. Quanto menor o tamanho da partícula, maior a área superficial do grão que fica exposta à água e, portanto, mais rápida a extração de seus conteúdos. Quando o pó tem partículas de diversos tamanhos, é difícil controlar a extração durante a infusão. As partículas pequenas podem sofrer extração excessiva e as grandes, extração insuficiente, tornando a infusão resultante ao mesmo tempo amarga e fraca. O

Os efeitos da torrefação sobre os grãos de café

Perda de peso dos grãos de café torrados

Ponto de torra	Perda de peso, %
Canela (190 °C)	12, principalmente umidade
Médio	13
City	15
Full City	16, metade umidade e metade sólidos
Francês	17
Italiano (220 °C)	18-20, principalmente sólidos

Composição dos grãos de café crus e torrados, porcentagem do peso

	Cru	Torrado
Água	12	4
Proteínas	10	7
Carboidratos	47	34
Óleo	14	16
Fenóis	6	3
Grandes agregados complexos que proporcionam cor e corpo	0	25

O sabor do café, do grão à xícara

Esta tabela expõe as relações entre o sabor do café e a proporção de sólidos extraídos do grão para a água por meio de vários métodos de infusão. O sabor equilibrado corresponde a uma extração de cerca de 20% dos sólidos do grão. A intensidade do sabor (café "forte") depende das proporções relativas de café e de água: o *espresso* se faz com uma proporção muito maior de café do que outras infusões.

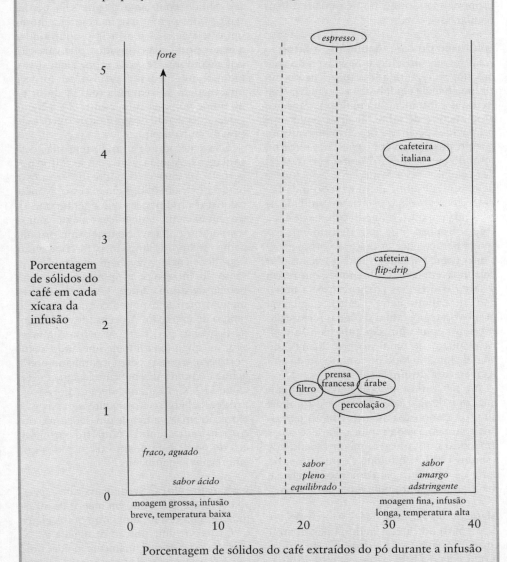

moedor de hélice vai pulverizando todos os pedaços de café até o motor ser desligado, por menores que sejam as partículas. Por isso as moagens média e grossa acabam contendo um pouco de pó fino. O moedor de brocas, mais caro, permite que as partículas que já atingiram o tamanho desejado escapem pelas caneluras das brocas, proporcionando um pó de tamanho mais regular.

A infusão do café. A infusão é a extração em água das substâncias desejáveis do grão de café, em quantidades capazes de produzir uma bebida equilibrada e agradável. Entre essas substâncias há muitos compostos aromáticos e de sabor, além de pigmentos produzidos pelas reações de escurecimento que proporcionam cor (quase um terço do total do extrato) e carboidratos das paredes celulares, que fornecem corpo (quase um terço). O sabor, a cor e o corpo da bebida são determinados pela quantidade de pó usada para determinado volume de água e pela proporção de café efetivamente extraída para a água. A extração insuficiente e uma bebida aguada e ácida são causadas pela moagem demasiado grossa, que retém o sabor dentro das partículas; pela brevidade do contato entre o café e a água; ou pela baixa temperatura da água. A extração excessiva e uma infusão amarga e agressiva resultam de uma moagem demasiado fina, de longo tempo de contato ou da alta temperatura de infusão.

A temperatura ideal da água para qualquer tipo de café é de 85-93 °C; se for mais alta, os compostos amargos serão extraídos com demasiada rapidez. Para se obter uma xícara do café geralmente bebido nos Estados Unidos, o tempo de infusão varia entre 1 e 3 minutos para uma moagem fina e 6 a 8 minutos para uma moagem grossa.

Métodos de infusão. Há vários métodos de preparo do café. A maioria deles extrai entre 20% e 25% da substância do grão e produzem uma bebida que, em relação a seu peso, contém entre 1,3% e 5,5% de sólidos de café. O quadro da página ao lado tabula a relação entre alguns estilos famosos de preparação. O café preparado por filtragem é o mais fraco, e o *espresso*, o mais forte. A proporção inicial entre café e água é de 1:15 para o filtrado, 1:5 para o *espresso*. O quadro nos diz claramente que é sempre melhor usar pó demais do que de menos: um café forte mas equilibrado pode ser diluído com água quente sem perder seu equilíbrio, mas não há como melhorar um café fraco. Esse princípio pode ajudar a evitar problemas causados pela variação dos medidores de água e pó; além disso, mesmo um medidor preciso só fornece uma medida aproximada (um medidor de 30 ml de pó pode conter entre 8 e 12 g de café, dependendo do grau de moagem e do tipo de embalagem).

Cada método de infusão tem suas desvantagens. A água usada no extrator por percolação chega ao ponto de fervura e tende a extrair sólidos em excesso. Muitas cafeteiras automáticas que operam por filtragem não conseguem levar a água a uma temperatura alta suficiente; assim, prolongam o tempo de infusão para compensar essa deficiência e acabam extraindo um tanto de amargor e proporcionando uma bebida de aroma fraco. Os filtros de uso manual oferecem pouco controle sobre o tempo de extração. A prensa francesa deixa pequenas partículas suspensas na infusão, as quais continuam liberando compostos amargos. A cafeteira italiana opera acima do ponto de ebulição da água (a cerca de 110 °C e 1,5 atmosfera de pressão) e produz bebida relativamente agressiva. A extração em água fria de um dia para o outro não retira tantos compostos aromáticos do pó de café quanto os métodos que empregam água quente.

Café *espresso*. O verdadeiro café *espresso* é feito rapidamente, em menos de 30 segundos. Um pistão, mola ou bomba elétrica faz passar uma porção de água a 93 °C através do pó de café finamente moído, tudo isso a 9 atmosferas de pressão. (As máquinas caseiras e baratas usam um vapor excessivamente quente, desenvolvem menos

Métodos de infusão de café

Este quadro resume as características mais importantes de alguns métodos comuns de fazer café e das bebidas produzidas por meio deles. A estabilidade da infusão é determinada pela quantidade de partículas de café que nela permanecem; quanto mais partículas, mais amargor e adstringência continuam sendo extraídos dentro da xícara ou bule.

	Fervido, estilo do Oriente Médio e do Mediterrâneo	Filtro (cafeteira)	Filtro (manual)	Percolação	Prensa francesa	Cafeteira italiana	"Espresso" (vapor)	Espresso (bomba)
Grau de moagem	Muito fina (0,1 mm)	Grossa (1 mm)	Média (0,5 mm)	Grossa (1 mm)	Grossa (1 mm)	Média (0,5 mm)	Fina (0,3 mm)	Fina (0,3 mm)
Temperatura de infusão	100 °C	82-85 °C	87-93 °C	100 °C	87-90 °C	110 °C	100 °C	93 °C
Tempo de infusão	10-12 min	5-12 min	1-4 min	3-5 min	4-6 min	1-2 min	1-2 min	0,3-0,5 min
Pressão de extração (em atmosferas)	1	1	1	1(+)	1(+)	1,5	1(+)	9
Sabor	Pleno mas amargo (adoçado)	Leve, amiúde amargo	Pleno	Pleno, amiúde amargo	Pleno	Pleno mas amargo	Pleno mas amargo	Muito pleno
Corpo	Pleno	Leve	Leve	Leve	Médio	Pleno	Pleno	Muito pleno
Estabilidade depois de feita a infusão	Ruim	Boa	Boa	Boa	Ruim	Média	Ruim	Ruim

pressão e promovem uma infusão mais demorada, produzindo um café ralo e de sabor agressivo.) A proporção de pó de café é de três a quatro vezes maior que a usada na infusão sem pressão e deposita de três a quatro vezes mais sólidos de café na infusão, criando um corpo substancioso e aveludado e um sabor intenso. Entre os materiais extraídos inclui-se uma quantidade relativamente grande de óleo arrancado das partículas de grão pela alta pressão. Esse óleo forma uma emulsão cremosa feita de minúsculas gotículas e contribui para a liberação lenta e prolongada do sabor do café dentro da boca, que vai muito além do último gole. Outra característica exclusiva do *espresso* é o *crema*, a espuma estabilíssima e cremosa que se forma na própria infusão e lhe cobre a superfície. É ela o produto do dióxido de carbono ainda preso no café em pó, misturado com carboidratos, proteínas, fenóis e grandes agregados pigmentosos dissolvidos e suspensos na infusão. Esses materiais se ligam de diversas maneiras uns aos outros e dão estabilidade às paredes das bolhas. (Sobre as espumas de leite frequentemente servidas com o café, ver p. 29.)

Como servir e conservar o café já feito. O melhor é apreciar imediatamente o café recém-infundido – seu sabor é evanescente. A temperatura ideal de consumo é de cerca de 60 °C, que não queima a boca e permite a plena expressão do aroma. Pelo fato de esfriar rapidamente na xícara, o café é, em regra, conservado no bule a uma temperatura pouco inferior à de infusão. A alta temperatura acelera as reações químicas e a fuga de moléculas voláteis; por isso o sabor do café muda de modo nítido depois de menos de uma hora no bule: torna-se mais ácido e menos aromático. Para manter o café quente, o melhor é conservá-lo em seu calor original, fechado num recipiente pré-aquecido e isolado, e não sobre uma chapa quente que fornece constante calor pelo lado de baixo enquanto o aroma e o próprio calor escapam por cima.

O sabor do café. De todos os nossos alimentos, o café é um dos que têm o sabor mais complexo. Por trás de tudo está um equilíbrio de acidez, amargor e adstringência, que dá água na boca. Até um terço do amargor é devido à cafeína, de extração rápida; o restante vem de substâncias de extração mais lenta: compostos fenólicos e pigmentos resultantes das reações de escurecimento. Mais de oitocentos compostos aromáticos foram identificados no café. Eles fornecem notas descritas como acastanhadas, de terra, florais, frutadas, de manteiga, de chocolate, de canela, de chá, de mel, de caramelo, de pão, de carne assada, de especiarias e até de vinho e carne de caça. O café robusta, que tem muito mais substâncias fenólicas que o café arábica, desenvolve um aroma caracteristicamente defumado, de alcatrão, que é apreciado em torra escura (o robusta também é nitidamente menos ácido que o arábica). O leite e seu creme reduzem a adstringência do café, proporcionando proteínas que se ligam aos compostos fenólicos tânicos; porém, esses líquidos também prendem algumas moléculas aromáticas e enfraquecem o sabor geral do café.

Café descafeinado. O café descafeinado foi inventado na Alemanha por volta de 1908. Grãos verdes de café são mergulhados em água para dissolver a cafeína; esta é extraída dos grãos por meio de um solvente (cloreto de metileno, etilacetato) e os grãos são passados pelo vapor para que se removam todos os resquícios de solvente. No processo "suíço" ou "hídrico", o único solvente utilizado é a água, a cafeína é retirada da água por filtros de carvão e os outros elementos hidrossolúveis são depois devolvidos aos grãos. Alguns dos solventes orgânicos usados nos outros processos estiveram sob suspeita de provocar danos à saúde mesmo nas quantidades vestigiais que permanecem nos grãos (cerca de uma parte por milhão). O mais comum, chamado cloreto de metileno, hoje é considerado seguro. Em época mais recente, tem-se usado dióxido de carbono em altíssima pressão ("supercrítico"), o qual não apresenta toxicidade alguma. Ao passo que o café comum pode conter de 60 a 180 mg de cafeína por xícara, o descafeinado contém de 2 a 5 mg.

Café instantâneo. O café instantâneo tornou-se comercialmente viável na Suíça pouco antes da Segunda Guerra Mundial. O pó de café é infundido perto do ponto de fervura da água para se capturar o aroma; depois, é infundido uma segunda vez a 170 °C e alta pressão para maximizar a extração de pigmentos e carboidratos que dão corpo à bebida. A água das duas infusões é removida por meio de secagem a jato de ar quente ou por liofilização; esta última preserva melhor os compostos aromáticos voláteis e proporciona sabor mais pleno. Os dois extratos são então misturados e suplementados com aromas capturados durante o estágio de secagem. Os cristais de café instantâneo contêm cerca de 5% de umidade, 20% de pigmentos marrons, 10% de sais minerais, 7% de carboidratos complexos, 8% de açúcares, 6% de ácidos e 4% de cafeína. Sendo essencialmente um concentrado seco, o café instantâneo é bom para ser acrescentado a massas assadas, doces e sorvetes.

FUMAÇA E CARVÃO DE LENHA

Nem a lenha nem a fumaça que ela emite, a rigor, são ervas ou especiarias. No entanto, os cozinheiros e fabricantes de bebidas alcoólicas frequentemente usam a madeira queimada ou em processo de combustão como agente de sabor – para fazer churrasco ou envelhecer vinhos e bebidas destiladas em barris –, e alguns dos sabores assim obtidos são idênticos aos de especiarias: a vanilina da baunilha, por exemplo, e o eugenol do cravo. Isso porque a madeira é estruturada por massas de unidades fenólicas interligadas, as quais são decompostas pelo calor em fenóis menores e voláteis (p. 433).

A QUÍMICA DA MADEIRA EM COMBUSTÃO

A madeira queimada e a fumaça são produtos da combustão incompleta de materiais orgânicos na presença de uma quantidade limitada de oxigênio e na temperatura relativamente baixa que é a do fogo comum (abaixo de 1.000 °C). Se a combustão fosse completa, somente se produziriam água e dióxido de carbono, ambos inodoros.

A natureza da madeira. A madeira é composta por três materiais primários: celulose e hemicelulose, que proporcionam a estrutura e o enchimento das paredes celulares, e lignina, um material de reforço que une as paredes celulares entre si e dá à madeira sua força. Tanto a celulose quanto a hemicelulose são agregados de moléculas de açúcar (pp. 293, 294). A lignina é feita de moléculas fenólicas intricadamente interligadas – em essência, anéis de átomos de carbono aos quais se ligam diversos grupos químicos – e é uma das substâncias naturais mais complexas de que se tem conhecimento. Quanto maior o conteúdo de lignina de uma madeira, mas dura ela é e mais elevada a sua temperatura de combustão; aliás, a combustão da lignina libera 50% mais calor que a da celulose. A madeira da algarobeira é famosa pela alta temperatura de seu fogo, devida a seu teor de 64% de lignina (à guisa de comparação, a nogueira-amarga, madeira de lei bastante utilizada, tem 18% de lignina). A maioria das madeiras também contém pequena porção de proteínas, suficiente para sustentar as reações de escurecimento que geram os sabores típicos de assado e tostado (p. 867) em temperatura moderadamente quente. A madeira de coníferas como o pinho, o abeto e as árvores do gênero *Picea* contém quantidade significativa de resina, uma mistura de compostos lipídicos que, quando queimados, produzem uma fuligem grossa.

Como a combustão gera sabor a partir da madeira. A temperatura de combustão transforma cada um dos elementos da madeira num grupo característico de compostos (ver quadro, p. 499). Os açúcares da celulose e da hemicelulose se decompõem e geram boa parte das moléculas encontradas no caramelo, dotadas de aromas doces, frutais, florais e de pão. E os anéis fenólicos interligados da lignina se separam uns dos outros e formam um sem-número de fenóis menores e voláteis, além de diversos outros fragmentos que desprendem os aromas de baunilha e cravo e proporcionam ainda notas gerais de especiarias, doçura e pungência (ardor). Para inserir esses voláteis em alimentos sólidos (em geral, carnes e peixes), os cozinheiros expõem os alimentos aos vapores fumarentos emitidos pela madeira em combustão. Os fabricantes de vinho e bebidas alcoólicas destiladas guardam seus produtos em barris de madeira cujo interior foi queimado pelas chamas; os voláteis ficam presos logo abaixo da superfície interior do barril e vão sendo lentamente extraídos pelo líquido (pp. 801-2).

O sabor que a fumaça de madeira confere ao alimento é determinado por vários fatores. O principal é a própria madeira. O carvalho, a nogueira e as madeiras de árvores frutíferas (cerejeira, macieira, pereira) produzem sabores característicos e agradáveis em razão da proporção equilibrada e da quantidade moderada em que os diversos componentes estão presentes nelas. Outro fator importante é a temperatura de combustão, a qual é parcialmente determinada pelo tipo de madeira e pela umidade que ela contém. A produção máxima de sabor ocorre em temperatura relativamente baixa, entre 300-400 °C; em temperatura mais alta, as próprias moléculas de sabor se decompõem em substâncias mais simples, insípidas ou de sabor agressivo. As madeiras que contêm muita lignina se queimam em temperatura demasiado alta, a menos que sua combustão seja retardada pela restrição do fluxo de ar ou, ainda, pela excessiva umidade. Quando a defumação se faz com lascas de madeira atiradas sobre carvão em brasa, as lascas devem ser pré-embebidas em água para esfriar as brasas. Por ser composto de carbono praticamente puro, o carvão se queima em temperatura próxima de 1.000 °C e quase não produz fumaça.

Embora a fumaça ajude a estabilizar o sabor de carnes e peixes, seu próprio sabor é instável. Os compostos fenólicos desejáveis são altamente reativos e se dissipam, em sua maior parte, no decorrer de algumas semanas ou meses.

As toxinas na fumaça de lenha: conservantes e carcinogênicos. Nos primórdios, a fumaça não servia somente para dar um sabor interessante aos alimentos: era antes de tudo um meio de retardar sua deterioração. A fumaça de lenha contém muitas substâncias que retardam a multiplicação de microrganismos, entre elas o formaldeído, o ácido acético (vinagre) e outros ácidos orgânicos, graças aos quais o pH da fumaça se aproxima de 2,5, sendo portanto altamente hostil à vida microbiana. Boa parte dos compostos fenólicos presentes na fumaça de lenha também são antimicrobianos, e o próprio fenol é um forte desinfetante. Os compostos fenólicos são, ainda, eficientes antioxidantes e retardam o surgimento do sabor rançoso nas carnes e peixes defumados.

Além dos compostos antimicrobianos, a fumaça contém compostos anti-humanos, substâncias que, a longo prazo, fazem mal à nossa saúde. Destacam-se entre eles os hidrocarbonetos aromáticos policíclicos (HAPs), que são comprovadamente carcinogênicos e se formam a partir de todos os componentes da madeira em quantidades cada vez maiores à medida que a temperatura de combustão aumenta. A algarobeira gera o dobro da quantidade de HAPs que a nogueira. Para minimizar a deposição de HAPs sobre a carne, deve-se limitar a temperatura do fogo, manter a carne o mais longe possível da chama ou brasa e permitir a livre circulação de ar a fim de afastar a fuligem e outras partículas que contenham HAPs. Os defumadores comerciais usam, para essa finalidade, filtros de ar e controles de temperatura.

FUMAÇA LÍQUIDA

A "fumaça líquida" ou extrato de defumação não é outra coisa senão água aromatizada com fumaça. A fumaça tem duas fases: gotículas microscópicas que a tornam visível e um vapor invisível. Acontece que boa parte do sabor e dos conservantes estão no vapor, ao passo que as gotículas são, em boa medida, agregados de alcatrão, resina e materiais fenólicos mais pesados, entre os quais os HAPs. Estes são quase todos insolúveis em água; por outro lado, a maioria dos conservantes e componentes saborosos são moderadamente hidrossolúveis. Essa diferença possibilita que a maioria dos HAPs sejam separados dos vapores e estes sejam dissolvidos em água. Os cozinheiros usam esse extrato líquido de fumaça para dar sabor a seus pratos. Os estudos toxicológicos feitos com a fumaça líquida indicam que, embora ela esteja repleta de compostos biologicamente ativos, é inofensiva na quantidade geralmente empregada para fins culinários. Os HAPs que conseguem persistir na fumaça líquida tendem a se agregar e decantar com o tempo. Por isso as garrafas desse líquido não devem ser agitadas antes do uso. Deixe o sedimento no fundo.

Os componentes da madeira e os sabores da fumaça

Componente da madeira (% do peso seco)	Temperatura de combustão	Subprodutos da combustão e seus aromas
Celulose (estrutura das paredes celulares, formada de glicose) 40-45%	280-320 °C	Furanos: doce, pão, floral Lactonas: coco, pêssego Acetaldeído: maçã verde Ácido acético: vinagre Diacetil: manteiga
Hemicelulose (enchimento das paredes celulares, formada de diversos açúcares) 20-35%	200-250 °C	
Lignina (reforço das paredes celulares, formada de compostos fenólicos) 20-40%	400 °C	Guaiacol: defumado, especiarias Vanilina: baunilha Isoeugenol: doce, cravo Siringol: especiarias, aroma semelhante ao de embutidos

CAPÍTULO 9

SEMENTES
Cereais, leguminosas e oleaginosas

As sementes como alimento	501
Algumas definições	502
As sementes e a saúde	504
Importantes substâncias fitoquímicas encontradas nas sementes	504
Problemas causados pelas sementes	505
Muitas sementes são alergênicas	505
Intoxicação alimentar causada por sementes	505
A composição e as qualidades das sementes	506
As partes da semente	506
As proteínas das sementes: solúveis e insolúveis	506
Os amidos das sementes: ordenados e desordenados	507
Os óleos das sementes	509
Os sabores das sementes	509
Manipulação e preparação das sementes	509
Estocagem de sementes	509
Brotos	510
Cocção de sementes	510
Os cereais	511
A estrutura e a composição dos cereais	512
Moagem e refinação	512
Cereais matinais	513
Trigo	515
Cevada	520
Centeio	521
Aveia	522
Arroz	523
Milho	529
Cereais menos importantes	534
Pseudocereais	535
As leguminosas: feijões, ervilhas e outras	536
Estrutura e composição das leguminosas	537
As leguminosas e a saúde: o curioso caso da soja	538
As leguminosas e o problema da flatulência	539
O sabor dos feijões	540
Brotos de feijão	540
A cocção das leguminosas	540
Características de algumas leguminosas comuns	544
A soja e suas transformações	547
Os frutos secos e outras sementes oleaginosas	555
Estruturas e qualidades das oleaginosas	556
O valor nutricional das oleaginosas	557
O sabor das oleaginosas	558
Manipulação e estocagem de oleaginosas	558
A cocção das oleaginosas	558
Características de algumas sementes oleaginosas mais comuns	561
Características de outras oleaginosas	570

AS SEMENTES COMO ALIMENTO

As sementes são nossos alimentos mais duráveis e concentrados. São resistentes botes salva-vidas, projetados para transportar os filhotes de uma planta sobre as águas de um futuro incerto. Partindo ao meio um cereal integral, ou ainda um feijão ou uma castanha, será encontrado lá dentro um minúsculo broto embrionário. No momento da colheita, esse broto entrou em animação suspensa e se preparou para sobreviver a meses de seca ou frio, esperando a hora certa de voltar à vida. A maior parte do tecido que o rodeia é uma reserva de alimento para nutrir essa ressurreição. A semente é a destilação do sistema de vida da planta-mãe: água, nitrogênio e minerais retirados do solo, carbono do ar e energia do sol. E, como tal, é um recurso precioso para nós e outras criaturas do reino animal, que não conseguimos viver do solo, do sol e do ar. Na verdade, foram as sementes que deram aos primeiros seres humanos os nutrientes e a inspiração de que precisavam para começar a moldar o mundo natural segundo suas necessidades. Dez mil turbulentos anos de civilização nasceram do silencioso regaço das sementes.

Essa história começou quando alguns habitantes do Oriente Médio, da Ásia e das Américas Central e do Sul aprenderam a coletar as sementes de certas plantas silvestres. Essas sementes, grandes e fáceis de colher, eram semeadas em clareiras para produzir novas sementes do mesmo tipo. Parece que a agricultura surgiu nos planaltos do sudeste da atual Turquia, perto das cabeceiras dos rios Tigre e Eufrates; e também no vale do rio Jordão. As primeiras plantas ali sujeitas à seleção humana foram os trigos enkorn e emmer, cevada, lentilhas, ervilhas, ervilhaca-amarga e grão-de-bico: uma mistura de cereais e leguminosas. Aos poucos, a vida nômade dos caçadores-coletores cedeu lugar a povoados sedentários situados ao lado dos grandes campos cultivados que os sustentavam. Surgiu a necessidade de planejar a semeadura e a distribuição das colheitas, de prever as mudanças sazonais, de organizar o trabalho e manter registros. Alguns dos primeiros sistemas conhecidos de escrita e aritmética, surgidos

---

As sementes do pensamento

O desenvolvimento da agricultura teve profunda influência sobre o sentimento e o pensamento do ser humano, bem como sobre a mitologia, a religião e a ciência. É difícil resumir essa influência numas poucas citações, mas Mircea Eliade, historiador das religiões, sintetizou-a deste jeito:

> Estamos habituados a pensar que a descoberta da agricultura desencadeou uma mudança radical no curso da história humana por ter garantido a adequada nutrição e permitido, assim, um tremendo aumento da população. É fato que essa descoberta teve resultados decisivos; a razão, porém, é completamente diferente. [...] A agricultura evidenciou ao homem a unidade fundamental de toda a vida orgânica; e dessa revelação nasceram não só as analogias simples entre a mulher e o campo, o ato sexual e a semeadura, como também sínteses intelectuais extremamente avançadas: a vida como um ritmo, a morte como um retorno etc. Tais sínteses foram essenciais para o desenvolvimento do homem e só foram possibilitadas pela descoberta da agricultura.

– *Padrões nas religiões comparadas*, 1958

pelo menos 5 mil anos atrás, foram dedicados à contagem de cereais e cabeças de gado. Isso significa que o cultivo dos campos estimulou o cultivo da mente. Por outro lado, também surgiram novos problemas: entre eles, a radical simplificação da dieta dos caçadores-coletores e os consequentes danos à saúde humana, bem como o desenvolvimento de uma hierarquia social em que poucos se beneficiavam do trabalho de muitos.

Na *Odisseia*, Homero chamou o trigo e a cevada de "medula dos ossos dos homens". Hoje, no mundo moderno e industrializado, isso é menos óbvio do que foi ao longo de boa parte da história, mas fato é que as sementes continuam sendo o alimento essencial da espécie humana. Os cereais proporcionam diretamente o grosso da ingestão de calorias para a maior parte da população mundial, especialmente na Ásia e na África. Juntos, cereais e leguminosas correspondem a dois terços das proteínas consumidas no mundo. Mesmo os países industrializados são alimentados indiretamente pelos carregamentos de milho, trigo e soja devorados por seus bois, porcos e frangos. O fato de os cereais pertencerem à família das gramíneas acrescenta nova dimensão de significado ao que diz o profeta Isaías no Antigo Testamento: "Toda carne é feno."

As sementes como ingredientes, têm muito em comum com o leite e os ovos. Todos esses alimentos são feitos de nutrientes básicos e existem para alimentar uma nova geração de seres vivos; todos são relativamente simples e pouco saborosos em si mesmos, mas inspiraram os cozinheiros a transformá-los nos alimentos mais complexos e deliciosos que temos à nossa disposição.

ALGUMAS DEFINIÇÕES

Sementes. As sementes são estruturas por meio das quais os vegetais criam uma nova geração, cada qual de sua espécie. Toda semente contém o embrião de uma nova planta e o suprimento alimentar que nutrirá sua germinação e a primeira fase de seu crescimento. Inclui ainda um estrato exterior que isola o embrião do solo e o protege não só de danos físicos como também do ataque de microrganismos ou animais.

As sementes mais importantes na cozinha se distribuem em três grupos.

Cereais. Os *cereais* (de *Ceres*, deusa romana da agricultura) são plantas da família das gramíneas (também chamadas *poáceas*), cujos membros produzem espigas cheias de sementes comestíveis e nutritivas. A mesma palavra é usada para designar as plan-

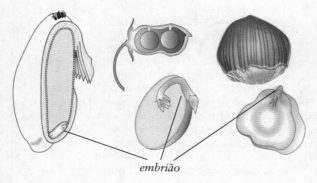

embrião

Um grão de aveia, lentilhas em sua vagem e uma avelã. Todos são sementes e consistem num embrião vegetal vivo e num suprimento alimentar que nutrirá a primeira fase do crescimento embrionário. Nos cereais, o suprimento alimentar é um tecido específico chamado endosperma. Nos feijões e seus parentes (leguminosas), bem como na maioria dos frutos secos e outras oleaginosas, o suprimento alimentar preenche as duas primeiras folhas do embrião, os cotilédones, anormalmente grandes e grossos.

tas em si, as sementes e certos produtos feitos com elas – os "cereais matinais", por exemplo. Os cereais e as demais gramíneas são vegetais nativos das planícies ou das estepes de altitude, áreas secas demais para o desenvolvimento de árvores. Seu ciclo de vida é de um ou dois anos e suas sementes podem ser facilmente colhidas e manipuladas. As plantas crescem em touceiras cerradas que excluem toda competição e produzem muitas sementes de pequeno tamanho, confiando mais na quantidade que nas defesas químicas para garantir a sobrevivência da espécie. Essas características tornam as gramíneas ideais para a agricultura. Com nossa ajuda, elas vieram a cobrir extensas áreas do globo.

Os cereais mais importantes no Oriente Médio e na Europa sempre foram o trigo, a cevada, a aveia e o centeio; na Ásia, o arroz; no Novo Mundo, o milho; e, na África, o sorgo e o painço. Os cereais têm especial importância na culinária porque possibilitam a feitura de cerveja e pão, pilares da alimentação humana há pelo menos 5 mil anos.

Leguminosas. As *leguminosas* (do latim *legere*, "coletar") são as plantas da família dos feijões, cujos membros dão vagens contendo numerosas sementes. As vagens das leguminosas são propriamente chamadas *legumes*, e as sementes não têm um nome genérico, embora possam ser denominadas *feijões* ou *favas*. Muitas leguminosas são trepadeiras que se apoiam em gramíneas e outras plantas para ter acesso à luz do sol; como as gramíneas, essas leguminosas rasteiras também têm ciclo de vida curto, de alguns meses. As leguminosas produzem sementes especialmente ricas em proteínas, graças à sua simbiose com bactérias que vivem em suas raízes e as alimentam com o nitrogênio do ar. A mesma simbiose faz com que as leguminosas enriqueçam com compostos nitrogenados o solo onde crescem, e é por isso que várias delas são cultivadas em sistema de rotação de culturas pelo menos desde a época romana. Suas sementes relativamente grandes fascinam os animais, e cogita-se que boa parte da imensa diversidade de feijões e ervilhas seja explicada pelas pressões de sobrevivência exercidas por insetos. As sementes das leguminosas são camufladas por revestimentos coloridos e protegidas por um grande arsenal de defesas bioquímicas.

A lentilha, a fava, a ervilha e o grão-de-bico são todos nativos do Crescente Fértil, no Oriente Próximo. Foram adaptados de modo a brotar e se reproduzir rapidamente na estação úmida e fresca que precedia a seca do verão e talvez tenham sido os primeiros alimentos substanciais a amadurecer na primavera. A soja e o feijão-mungo são naturais da Ásia; o amendoim, o feijão-de-lima e o feijão comum, da América.

Frutos secos e demais sementes oleaginosas. Os frutos secos, dos quais é exemplo a *noz* (de uma raiz indo-europeia que significa "comprimido"), e as demais sementes oleaginosas, vêm não de uma única família vegetal, mas de várias. São, em geral, sementes grandes envolvidas por uma casca dura, que nascem de árvores longevas. O tamanho das sementes colabora tanto para atrair os animais que as dispersam (os quais enterram algumas para consumi-las mais tarde e, na prática, acabam semeando as que esquecem de recuperar) quanto para dar ao embrião um suprimento adequado de alimento que lhe permita crescer lentamente num ambiente de meia sombra. A maioria dos frutos secos, bem como das sementes oleaginosas em geral, não armazena sua energia na forma de amido, mas sim na forma de óleo, substância mais compacta e concentrada do ponto de vista químico (p. 134).

Os frutos secos e demais sementes oleaginosas são muito menos importantes na dieta humana que os cereais e as leguminosas, pois as árvores das quais nascem só começam a frutificar muitos anos depois de plantadas e não conseguem produzir uma quantidade tão grande por hectare quanto as outras plantas que fornecem sementes alimentícias. A maior exceção a essa regra é o coco, alimento básico em muitos países tropicais. Outra é o amendoim, uma leguminosa dotada de sementes atipicamente oleosas e macias, que dão embaixo da terra e podem ser cultivadas rapidamente e em grande número.

AS SEMENTES E A SAÚDE

As sementes alimentícias nos oferecem muitos benefícios nutricionais. Para começar, são nossas mais importantes fontes de energia e proteínas e levam em si as vitaminas do complexo B, das quais precisamos para a atividade química de geração de energia e construção dos tecidos orgânicos. Na verdade, são fontes tão confiáveis desses nutrientes essenciais que certas culturas passaram a depender excessivamente dos cereais para sua alimentação e, nesse processo, acabaram por sofrer de deficiências dietéticas. A doença debilitante chamada beribéri assolou a Ásia no século XIX, quando as novas máquinas de refinação possibilitaram a remoção da inconveniente camada exterior de farelo dos grãos de arroz – e, junto com o farelo, a remoção da tiamina, que não podia ser suprida pelos elementos restantes de uma dieta essencialmente vegetariana (as carnes e peixes são ricas em tiamina). Outra doença, chamada pelagra, instalou-se entre os pobres do meio rural na Europa e no sul dos Estados Unidos nos séculos XVIII e XIX. Eles adotaram o milho, natural das Américas Central e do Sul, como alimento básico, mas não assimilaram o processo de beneficiamento (cocção em água alcalina) que torna os depósitos de niacina do milho acessíveis à digestão humana.

O beribéri e a pelagra levaram, no início do século XX, à descoberta das vitaminas cujas deficiências causam aquelas doenças. Hoje em dia, embora a maior parte da população da Ásia coma arroz refinado, e conquanto a polenta e a sêmola de milho ainda não sejam cozidas em água alcalina, a dieta mais equilibrada tornou essas doenças muito menos comuns.

IMPORTANTES SUBSTÂNCIAS FITOQUÍMICAS ENCONTRADAS NAS SEMENTES

No final do século XX, compreendemos que as sementes têm muito mais a nos oferecer além dos mecanismos básicos da vida. Estudos epidemiológicos constataram uma correlação genérica entre o consumo de cereais integrais, leguminosas e oleaginosas, de um lado, e a redução do risco de vários tipos de câncer, doenças cardíacas e diabete, de outro. O que há nesses alimentos que não esteja presente nos cereais refinados? Centenas ou mesmo milhares de substâncias que se concentram nas camadas exteriores protetoras e que não se encontram nos tecidos internos, os quais são sobretudo depósitos de amido e proteínas. Entre as substâncias químicas já identificadas e que parecem ser úteis podemos mencionar:

- várias vitaminas, entre as quais a vitamina E (um antioxidante) e seus parentes químicos, os tocotrienóis;
- fibras solúveis: carboidratos hidrossolúveis mas não digeríveis que tornam mais lenta a digestão, moderam os teores de insulina e açúcar no sangue, reduzem o teor de colesterol e proporcionam energia para certas bactérias intestinais benéficas. Essas bactérias alteram seu meio químico, suprimem a multiplicação de bactérias nocivas e influenciam para melhor a saúde das células intestinais;
- fibras insolúveis, que aceleram a passagem do bolo alimentar pelo sistema digestivo e reduzem a absorção de substâncias carcinogênicas e outras moléculas indesejáveis;
- vários polifenóis e outros compostos defensivos, alguns dos quais são antioxidantes eficazes. Outros assemelham-se a hormônios humanos e podem conter a multiplicação celular, retardando assim o desenvolvimento de um câncer.

Os cientistas ainda estão apenas começando a identificar e estudar essas substâncias, mas de modo geral parece que o consumo regular de cereais integrais, leguminosas e oleaginosas pode efetivamente contribuir de modo positivo para nossa saúde em longo prazo.

PROBLEMAS CAUSADOS PELAS SEMENTES

As sementes não são alimentos perfeitos. As leguminosas, em específico, contêm substâncias defensivas – lectinas e inibidores de protease – que podem causar desnutrição e outros problemas. Felizmente, a simples cocção desarma essas defesas (p. 288). A fava ou feijão-fava contém substâncias semelhantes a aminoácidos que causam grave anemia em pessoas suscetíveis (p. 544), mas tanto a fava em si quanto a suscetibilidade são relativamente raras. Falaremos a seguir dos dois problemas mais comuns.

MUITAS SEMENTES SÃO ALERGÊNICAS

As verdadeiras alergias alimentares são reações desproporcionais do sistema imunológico a certas substâncias que, embora façam parte do alimento, são tomadas como sinais da invasão de uma bactéria ou vírus; quando isso ocorre, o sistema imunológico desencadeia um processo de defesa que causa dano ao corpo. O dano pode ser leve, manifestando-se como um desconforto, coceira ou erupção cutânea; mas também pode ser um ataque de asma que põe a vida em risco, ou ainda uma modificação da pressão sanguínea ou do ritmo cardíaco. Estima-se que 2% dos adultos e 8% das crianças estadunidenses tenham uma ou mais alergias alimentares. As reações alérgicas ao alimento causam cerca de duzentas mortes por ano nos Estados Unidos. Os alimentos alergênicos mais comuns são o amendoim, a soja e vários tipos de sementes oleaginosas. As substâncias que desencadeiam o processo são, em regra, proteínas que não se tornam menos alergênicas com a cocção. Quantidades mínimas de proteínas de sementes oleaginosas – mesmo no teor encontrado em óleos mecanicamente extraídos – bastam para causar reações.

A sensibilidade ao glúten. Forma especial de alergia alimentar é a doença chamada "enteropatia induzida pelo glúten" ou doença celíaca, em que o corpo cria anticorpos contra uma parte da gliadina, proteína inofensiva presente no trigo, na cevada, no centeio e talvez na aveia. Essas defesas acabam atacando as células intestinais que absorvem nutrientes, causando assim severa desnutrição. A doença celíaca pode se desenvolver na infância ou em época posterior e não tem cura. Para controlá-la, é preciso evitar rigorosamente todo alimento que contenha glúten. Vários cereais ou pseudocereais não contêm gliadina e, portanto, não agravam a doença celíaca: são eles o milho, o arroz, o amaranto, o trigo-sarraceno, o painço, a quinoa, o sorgo e o tefe.

INTOXICAÇÃO ALIMENTAR CAUSADA POR SEMENTES

As sementes em geral são secas e a água representa somente cerca de 10% de seu peso. Por isso elas se conservam bem sem nenhum tratamento especial; e, como são geralmente assadas ou fervidas a fundo, as sementes recém-cozidas de cereais, leguminosas e oleaginosas não contêm bactérias que possam causar intoxicação alimentar. Entretanto, a maioria dos pratos feitos com cereais e leguminosas torna-se altamente receptiva às bactérias depois de fria. As sobras devem ser refrigeradas de imediato e reaquecidas a 100 °C antes de serem servidas. Os pratos feitos com arroz são particularmente vulneráveis à contaminação pelo *Bacillus cereus* e devem ser tratados com especial cuidado (p. 526).

Nem mesmo as sementes secas são completamente imunes à contaminação e à deterioração. Os bolores, ou fungos, são capazes de crescer em meio relativamente seco e podem contaminar as sementes quer no campo, quer durante a estocagem. Alguns fungos sintetizam toxinas mortíferas, capazes de causar câncer e outras doenças (certas espécies do gênero *Aspergillus* produzem um carcinogênico chamado aflatoxina, por exemplo, e o *Fusarium moniliforme* produz outro chamado fumonisina). Em geral, a presença de toxinas de fungos no alimento não é detectável pelo consumidor, sendo monitorada pelos produtores e pelos órgãos do governo. Hoje em dia, os fungos não são considerados um grande fator de risco para a saúde. Mesmo assim, quaisquer cereais ou sementes oleaginosas que apresentem sinais de bolor ou qualquer outra deterioração devem ser descartados.

A COMPOSIÇÃO E AS QUALIDADES DAS SEMENTES

AS PARTES DA SEMENTE

Todas as sementes alimentícias são compostas por três partes básicas: um revestimento protetor, um pequeno embrião capaz de crescer e se transformar numa planta adulta e uma grande massa de tecido de armazenamento que contém proteínas, carboidratos e óleos para alimentar o embrião. Cada uma das partes tem sua influência sobre a textura e o sabor da semente cozida.

O revestimento protetor, chamado *farelo* nos cereais e *tegumento* nas leguminosas e oleaginosas, é uma camada densa de tecido resistente e fibroso. É rico em compostos fenólicos defensivos ou com função de camuflagem, entre eles algumas antocianinas e taninos adstringentes. Além disso, o tegumento retarda a absorção de água pelos cereais e leguminosas durante a cocção. É frequentemente retirado dos cereais (especialmente do arroz e da cevada), das leguminosas (com destaque para o *dal* indiano) e das oleaginosas (amêndoa, castanha) para acelerar a cocção e aperfeiçoar a aparência, a textura e o sabor desses alimentos.

O embrião das leguminosas e oleaginosas não tem grande significado prático, mas o germe dos cereais tem: é ele que contém boa parte do óleo e das enzimas presentes nessas sementes, sendo assim uma fonte potencial de sabor – tanto dos aromas desejáveis do alimento cozido quanto do mau cheiro provocado pela deterioração.

A maior parte da semente é formada por uma massa de tecido de reserva cuja composição lhe determina a textura básica. As células de armazenamento são repletas de partículas concentradas de proteína, grânulos de amido e, às vezes, gotículas de óleo. Em alguns cereais, especialmente a cevada, a aveia e o centeio, as paredes celulares também armazenam carboidratos – não na forma de amido, mas na de outras cadeias longas de açúcar que, como o amido, absorvem água durante a cocção. A textura da semente é determinada pela força da "argamassa" que une as células de armazenamento e pela natureza e as proporções dos materiais nelas contidos. As células de leguminosas e cereais são repletas de grânulos de amido e corpos proteicos sólidos e duros; a maioria das células de oleaginosas são preenchidas de óleo líquido, sendo portanto mais frágeis. Os cereais conservam a forma e a firmeza mesmo quando retiramos a camada protetora de farelo e os cozinhamos em água fervente. As leguminosas permanecem intactas quando as cozinhamos dentro do tegumento; se este for retirado, elas se desintegram rapidamente, formando um purê.

Os conteúdos particulares das reservas das sementes influenciam de várias maneiras sua textura e utilidade culinária. Por isso vale a pena conhecer de modo mais detalhado as proteínas, os amidos e os óleos.

AS PROTEÍNAS DAS SEMENTES: SOLÚVEIS E INSOLÚVEIS

As proteínas das sementes são classificadas segundo um aspecto particular de seu comportamento químico, o qual também determina o que acontece com elas durante a cocção: o tipo de líquido no qual se dissolvem. Este pode ser água pura, água com sal, água com ácido diluído ou álcool (os respectivos tipos de proteínas se chamam "albuminas", "globulinas", "glutelinas" e "prolaminas"). A maioria das proteínas das sementes leguminosas e oleaginosas são solúveis em água pura ou numa solução de água com sal. Isso significa que, na cocção por imersão em água salgada, as proteínas dos feijões e ervilhas se dispersam na umidade contida dentro das sementes e no líquido de cocção que as rodeia. Por outro lado, as principais proteínas armazenadas no trigo, arroz e outros cereais são solúveis em ácidos e em álcool. Não se dissolvem na água comum; ao contrário, ligam-se umas às outras e formam uma massa compacta. Os grãos de trigo, arroz, milho e cevada desenvolvem consistência elástica porque suas proteínas insolúveis se agregam durante a cocção e, unidas aos grânulos de amido, constituem um complexo pegajoso.

OS AMIDOS DAS SEMENTES: ORDENADOS E DESORDENADOS

Todos os cereais e leguminosas contêm quantidade substancial de amido, suficiente para determinar significativamente a textura das sementes cozidas e dos produtos feitos com elas. Esse amido pode fazer com que certa variedade de cereal se comporte de modo muito diferente de outra variedade do mesmo cereal.

Dois tipos de moléculas de amido. A planta-mãe deposita as moléculas de amido na forma de grânulos sólidos e microscópicos que preenchem as células do tecido de reserva das sementes. Todo amido consiste em cadeias de moléculas individuais do açúcar chamado glicose (p. 896). Porém, os grânulos contêm dois tipos de moléculas de amido, que se comportam de modo muito diferente umas das outras. As moléculas de *amilose* são feitas cada qual de cerca de mil moléculas de glicose. Cada uma delas é essencialmente uma única cadeia extensa, com poucas ramificações também longas. As moléculas de *amilopectina* são feitas cada qual de 5 mil a 20 mil açúcares e têm centenas de ramificações curtas. A amilose é, portanto, uma molécula relativamente simples e pequena, de tal modo que pode facilmente se organizar em grupos compactos, ordenados e densamente interligados; a amilopectina, por outro lado, é uma molécula grande, volumosa e cheia de arestas, que dificilmente forma grupos cerrados. Tanto a amilose quanto a amilopectina são armazenadas no grânulo de amido cru, em proporções que dependem do tipo e da variedade de semente. Os grânulos de amido das leguminosas contêm pelo menos 30% de amilose, ao passo que os do trigo, da cevada, do milho e do

As proporções de proteínas nas sementes

	Albuminas solúveis em água	Globulinas solúveis em água e sal	Glutelinas solúveis em ácido	Prolaminas solúveis em álcool
Trigo	10	5	40-45	33-45
Cevada	10	10	50-55	25-30
Centeio	10-45	10-20	25-40	20-40
Aveia	10-20	10-55	25-55	10-15
Arroz	10	10	75	5
Milho	5	5	35-45	45-55
Feijões, ervilhas	10	55-70	15-30	5
Amêndoa	30	65		

arroz longo contêm cerca de 20%. Os grânulos do arroz curto contêm por volta de 15% de amilose, ao passo que os do arroz glutinoso são amilopectina quase pura.

A cocção separa as moléculas de amido e amacia os grânulos. Quando uma semente é cozida em água, os grânulos de amido absorvem moléculas de H_2O, incham e em seguida amolecem à medida que a água vai separando as moléculas de amido umas das outras. Esse amolecimento, chamado *gelificação*, ocorre numa faixa de temperatura que depende da semente e do amido, mas se situa sempre entre 60 e 70 °C. (A conversão de amido sólido num gel de amido e água é às vezes chamada "gelatinização", mas esse nome pode causar confusão: amido e gelatina são coisas completamente diferentes.) Os aglomerados ordenados de moléculas de amilose exigem uma temperatura mais alta, quantidade maior de água e mais tempo de cocção para gelificar, ao contrário dos grupos frouxos de moléculas de amilopectina. É por isso que o arroz longo chinês é cozido com mais água que o arroz curto japonês.

O resfriamento reorganiza as moléculas de amido e dá nova firmeza aos grânulos. Quando a cocção termina e as sementes atingem novamente uma temperatura inferior à da faixa de gelificação, as moléculas de amido começam a se reorganizar na forma de aglomerados separados por bolsões de água e os grânulos macios e gelificados readquirem certa firmeza. Esse processo se chama *retrogradação*. As moléculas de amilose, mais simples, começam a se religar umas às outras quase imediatamente, num processo que, em temperatura ambiente ou de refrigeração, termina em poucas horas. As de amilopectina, grandes e ramificadas, levam um dia ou mais para se reassociar e formam aglomerados relativamente frouxos e fracos. Essa diferença explica por que o arroz longo, rico em amilose, tem textura firme e elástica quando servido logo após a cocção mas se torna duro e quase não comestível depois de uma noite na geladeira, ao passo que o arroz curto, com menos amilose, tem textura mais macia e pegajosa e endurece muito menos durante o período de refrigeração. É fácil remediar a dureza de todas as sobras de

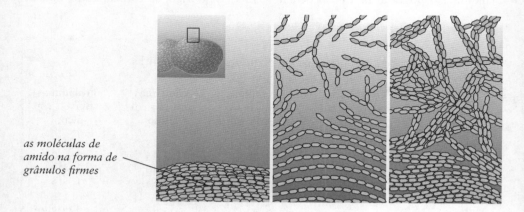

as moléculas de amido na forma de grânulos firmes

Gelificação e retrogradação do amido. Os grânulos são massas compactas e organizadas de longas cadeias de amido (à esquerda). Quando se cozinha um cereal amidoso, a água penetra o grânulo e separa as cadeias umas das outras, aumentando o volume do grânulo e amolecendo-o no processo chamado gelificação (no meio). Quando o cereal cozido esfria, as cadeias de amido lentamente se religam de forma mais intensa e organizada, tornando o grânulo mais firme e mais duro. Esse processo se chama retrogradação (à direita).

cereais: basta reaquecê-los, gelificando novamente o amido.

A retrogradação do amido pode ser útil. Os cereais reaquecidos nunca ficam tão macios quanto eram logo depois de cozidos. Isso porque, durante o processo de retrogradação, as moléculas de amilose formam aglomerados ainda mais organizados que os originais, regiões cristalinas que resistem à decomposição mesmo na temperatura de ebulição da água. Essas regiões atuam como reforços localizados dentro da rede geral de moléculas de amilose e amilopectina, dando mais força e integridade aos grânulos. Os cozinheiros tiram vantagem dessa força quando fazem pudim de pão e macarrão de amido; o arroz parboilizado e os "cereais matinais" norte-americanos conservam sua forma sobretudo porque se permite que o amido retrograde durante o processo de fabricação. Ainda por cima, o amido retrogradado faz bem ao corpo humano! Ele resiste às nossas enzimas digestivas e, assim, retarda o aumento da taxa de açúcar no sangue após as refeições; e serve de alimento para bactérias benéficas que habitam nosso intestino grosso (p. 286).

OS ÓLEOS DAS SEMENTES

As sementes oleaginosas e a soja são ricas em óleo, que se armazena em pequenas cápsulas chamadas corpos lipídicos ou corpos oleaginosos. Cada um deles é uma gotícula de óleo cuja superfície é recoberta por dois materiais protetores: fosfolipídios (parentes da lecitina) e proteínas chamadas oleosinas. Esse revestimento superficial impede a coalescência das gotículas. Os corpos oleaginosos das sementes são muito semelhantes, em tamanho e estrutura, aos glóbulos de gordura do leite. É por isso que, quando comemos nozes, elas se tornam cremosas e não somente gordurosas na boca. É também por essa razão que há mil anos os cozinheiros fazem "leites" de amêndoa, soja e outras sementes ricas em óleo (pp. 548, 560).

OS SABORES DAS SEMENTES

Os compostos que mais definem o sabor de cereais, leguminosas e sementes oleaginosas são fragmentos dos ácidos graxos insaturados contidos nos óleos e nas membranas celulares, cujos aromas individuais são descritos como verdes, gordos, oleosos, florais e de cogumelos. A camada exterior de farelo dos cereais contém a maior parte dos óleos e enzimas das sementes, e por isso dá sabor mais forte aos cereais integrais, além de fornecer algumas notas tostadas e de baunilha dadas por seus compostos fenólicos. As leguminosas são especialmente ricas em notas verdes e de cogumelos. As oleaginosas, geralmente cozidas em calor seco, contêm produtos das reações de escurecimento, com aroma tipicamente tostado. Os sabores das sementes específicas serão descritos adiante.

MANIPULAÇÃO E PREPARAÇÃO DAS SEMENTES

A preparação de sementes específicas será discutida depois de modo mais detalhado. Apresentamos agora alguns aspectos universais do uso de sementes na cozinha.

ESTOCAGEM DE SEMENTES

Uma vez que a maior parte das sementes alimentícias são criadas pelas plantas para sobreviver a um período de seca ou de dormência, elas são, de todos os ingredientes, os mais fáceis de armazenar. As sementes integrais se conservam bem por meses num local seco, fresco e ao abrigo da luz. A umidade estimula o crescimento de microrganismos que causam deterioração; a danificação física, o calor e a luz podem acelerar a oxidação dos óleos, produzindo aroma rançoso e gosto amargo.

A praga que às vezes infesta cereais, leguminosas, oleaginosas e farinhas é a traça-indiana-da-farinha, traça-dos-cereais ou simplesmente traça (*Plodia interpunctella*). Essa mariposa se alimentava inicialmente de espigas de cereais nos campos, mas atualmente habita nossas despensas. De seus ovos saem larvas que consomem as sementes e geram cheiros desagradáveis. Não há nada a fazer com uma porção contaminada a não ser descartá-la. Se as sementes forem mantidas em frascos de vidro ou de plástico separados, isso impedirá que uma leva contaminada infecte as demais.

BROTOS

A semente brotada é um ingrediente culinário de antiga linhagem na Ásia, mas só há pouquíssimo tempo chegou ao Ocidente. Graças aos brotos, qualquer um, a qualquer hora – mesmo quem more num apartamento em Anchorage, no Alasca, em pleno mês de fevereiro –, pode cultivar com pouco esforço algo que se parece muito com uma hortaliça fresca. A brotação frequentemente melhora a digestibilidade e aumenta o conteúdo de vitaminas da semente. E, com seu sabor acastanhado e sua consistência crocante, os brotos podem simplesmente representar uma alternativa agradável às hortaliças mais comuns.

São as leguminosas as sementes mais usadas para o cultivo de brotos, mas muitas sementes alimentícias podem ser brotadas. O trigo e a cevada brotados, por exemplo, desenvolvem certa doçura à medida que suas enzimas começam a decompor o amido armazenado, transformando-o em açúcares a ser consumidos pelo embrião. O valor nutricional dos brotos é intermediário entre o da semente seca, que eles eram até há pouco, e o da hortaliça que iriam se tornar em seguida. Os brotos têm mais vitamina C e menos calorias que a maioria das sementes; e têm mais proteínas (5% contra 2%), vitamina B e ferro que a maioria das hortaliças.

COCÇÃO DE SEMENTES

As sementes são o ingrediente mais duro e resistente com que os cozinheiros têm de lidar. A maioria necessita de umidade e calor para se tornar comestível. A maioria, mas não todas: as oleaginosas, graças às paredes celulares relativamente finas e ao fato de as células não conterem amido sólido, mas sim óleos líquidos, já são geralmente comestíveis e nutritivas assim que retiradas da casca ou submetidas a breve cocção por calor seco. Porém, os cereais e leguminosas secos são duros e cheios de amido. A água quente os amolece porque dissolve os carboidratos que reforçam suas paredes celulares e, imiscuindo-se nas células, gelifica os grânulos de amido e dissolve ou umedece as proteínas armazenadas. A semente se torna assim mais nutritiva, pois seus nutrientes ficam expostos às nossas enzimas digestivas.

Há alguns fatos simples, que não devem ser esquecidos, acerca da cocção de cereais e leguminosas por imersão em água.

A transformação de sementes em substitutos da carne

Os cozinheiros vegetarianos, particularmente os budistas da China e do Japão, há muito tempo usam cereais, leguminosas e oleaginosas para fazer alimentos que tenham a textura elástica e o sabor delicioso da carne. Os extratos proteicos do trigo (glúten ou *seitan*, p. 518) e da soja (*yubá*, p. 549) podem ser manipulados para se assemelhar às fibras da proteína da carne e fermentados para adquirir um sabor semelhante ao do produto animal. Nas misturas de sementes, os cereais integrais dão densidade à textura, as leguminosas proporcionam suavidade, certa doçura e complexidade de sabor e as oleaginosas acrescentam riqueza e os sabores típicos das reações de escurecimento.

- A camada exterior do farelo tem a função de controlar a passagem da umidade do solo para o embrião e para os tecidos de reserva durante a germinação. Ela também retarda a penetração da água da cocção. As sementes beneficiadas, das quais se retirou o farelo ou que foram quebradas em pedacinhos menores, cozinham muito mais rápido que as sementes inteiras ou integrais.
- O calor penetra as sementes com mais rapidez que a água, de modo que boa parte do tempo de cocção serve apenas para umedecer os grãos. Se as sementes forem pré-mergulhadas em água por algumas horas ou durante a noite, o tempo de cocção poderá ser reduzido à metade ou menos.
- A maioria das sementes ficam muito macias quando absorvem líquido suficiente para que 60-70% de seu peso sejam compostos de água. Essa quantidade de água é equivalente a cerca de 1,7 vez o peso das sementes secas ou 1,4 vez seu volume. As receitas geralmente pedem muito mais água que isso, pois preveem a perda de água devida à evaporação durante a cocção.
- A textura das sementes cozidas é macia e frágil na temperatura de cocção, mas se firma à medida que elas esfriam. Caso a aparência intacta seja importante, vale a pena esperar que cereais e leguminosas esfriem antes de manipulá-los.

É claro que os alimentos mais importantes baseados nos cereais e leguminosas são aqueles feitos com suas farinhas ou extratos. Caso se misture água com cereais moídos ou com o amido extraído de leguminosas, o resultado será uma massa sólida ou líquida, que pode ser transformada pelo calor em macarrões, pães chatos e bolos. Se essa massa for aerada com a ajuda de leveduras, bactérias ou fermentos químicos, resultarão pães e bolos levedados. As massas sólidas e líquidas são materiais dotados de características próprias e serão descritas detalhadamente no capítulo seguinte.

As sementes concentram os líquidos de cocção. Uma vez que os cereais e leguminosas são secos e absorvem água, eles também removem a água do líquido em que são cozidos e, portanto, concentram os demais ingredientes presentes nesse líquido. Criam, assim, seu próprio molho. Quando o arroz ou a polenta são cozidos no leite, por exemplo, o líquido entre os grãos se torna mais rico em proteínas do leite e glóbulos de gordura, sendo, portanto, mais semelhante a um creme. Quando se cozinham cereais num caldo de carne, a gelatina deste se concentra, dando-lhe a aparência de um caldo reduzido ou demiglacê.

OS CEREAIS

Das cerca de 8 mil espécies da família das gramíneas, pouquíssimas desempenham papel de destaque na alimentação humana. Afora o bambu e a cana-de-açúcar, essas espécies úteis são os cereais. Embora os grãos de todos eles sejam semelhantes em matéria de estrutura e composição, as poucas diferenças provocaram grandes divergências entre as histórias culinárias de diferentes regiões.

Os principais cereais eurasianos – trigo, cevada, centeio e aveia – originalmente vegetavam na forma silvestre em grandes pradarias situadas nos planaltos temperados do Oriente Próximo. Nesses campos, os antigos grupos de seres humanos podiam colher em poucas semanas trigo e cevada suficientes para se sustentar ao longo de todo um ano. Entre 12 mil e 14 mil anos atrás, os primeiros agricultores começaram a plantar e cultivar sementes de trigo e cevada escolhidas pelo tamanho e pela facilidade com que podiam ser colhidas e usadas; e aos poucos esse cultivo se disseminou pela Ásia Ocidental e Central, a Europa e o norte da África. Cada cereal tinha suas vantagens. A cevada era especialmente resistente, ao passo que o centeio e a aveia eram capazes de se adaptar a climas frios e úmidos; o trigo, por sua vez, produzia uma pasta singularmente elástica na qual se podiam criar pequenas bolhas e que, assada, dava macios pães levedados. Por volta dessa mesma época, os habitantes da Ásia tropical e subtropical domesticaram o arroz, notável por ser capaz de crescer em clima quente e úmido. Foi só mais tarde que, nas regiões quentes das Américas Central e do Sul, surgiu o milho, cujos pés e espigas são muito maiores que os dos outros cereais.

A ESTRUTURA E A COMPOSIÇÃO DOS CEREAIS

A parte comestível do cereal, chamada grão, é tecnicamente um fruto completo cuja camada derivada do ovário é fina e seca. Os frutos de três cereais – cevada, aveia e arroz – são cobertos por estruturas pequenas e resistentes, semelhantes a folhas, que se fundem para formar a casca. O trigo comum e o trigo *durum*, o centeio e o milho geram frutos nus e não têm de ter a casca retirada antes da moagem.

Todos os cereais têm a mesma estrutura básica. O fruto tem uma epiderme e, por baixo dela, várias camadas finas, entre as quais a parede do ovário; o conjunto todo tem a espessura de apenas algumas células. Sob esse revestimento localiza-se a *camada de aleurona*, com espessura de uma a quatro células. Seu conteúdo de óleo, minerais, proteínas, vitaminas, enzimas e sabor é, contudo, desproporcional ao tamanho. A camada de aleurona é a seção exterior e a única parte viva do *endosperma*; o restante é uma massa de células mortas que armazena a maior parte dos carboidratos e proteínas e ocupa quase todo o volume do grão. De um dos lados do endosperma localiza-se o *escutelo*, uma única folha modificada que absorve o alimento, digere-o e leva-o do endosperma para o *embrião* ou "germe", que se situa na base do fruto e é também carregado de óleo, enzimas e sabor.

O endosperma (do grego, "parte interior da semente") é, muitas vezes, a única parte do grão que é consumida. É formado por células de reserva que contêm grânulos de amido embebidos numa matriz proteica. Essa matriz é feita de proteínas celulares normais, materiais de membrana e, às vezes, corpos esféricos de proteínas especiais que, pressionadas pelo crescimento dos grânulos de amido, acabam por perder sua identidade individual e formam uma massa monolítica. Em regra, há mais amido e menos proteína por célula nas proximidades do centro do grão do que em sua superfície. Essa relação significa que, quanto mais os grãos são refinados mediante moagem e polimento, menos nutritivos eles ficam.

MOAGEM E REFINAÇÃO

Desde a época pré-histórica as pessoas tratam os cereais para remover-lhes as duras camadas protetoras externas. A moagem quebra o grão em pedacinhos e a refinação separa o farelo e o germe. As diferentes propriedades mecânicas do endosperma, do

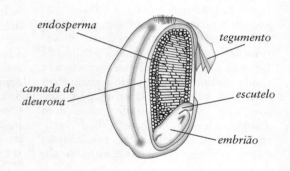

A anatomia de um grão de trigo. É um fruto completo em miniatura, cuja parede do ovário não é carnosa, mas seca. A grande massa de células do endosperma armazena nutrientes para alimentar o crescimento inicial do embrião ou "germe".

germe e do farelo possibilitam essa separação: o primeiro se fragmenta facilmente, ao passo que os outros dois são respectivamente oleoso e rijo. O germe e o farelo – o qual, na prática, inclui a camada de aleurona logo abaixo dele – contêm juntos a maior parte da fibra, do óleo e das vitaminas B presentes no grão, além de cerca de 25% das proteínas. Não obstante, essas partes do grão são geralmente removidas, no todo ou em parte, dos grãos de arroz e cevada e das farinhas de milho e de trigo. Por que esse desperdício? Os grãos refinados são mais fáceis de cozinhar e mastigar e tem cor mais bonita e mais clara. No caso dos cereais moídos, a alta concentração de lipídios no germe e na camada de aleurona diminui substancialmente a vida de prateleira das farinhas integrais. Os óleos se oxidam e desenvolvem sabor rançoso (aroma desagradável, gosto agressivo) em questão de semanas. Hoje em dia, a maior parte dos cereais refinados nos países industrializados é reforçada com ferro e vitaminas B para compensar os nutrientes perdidos junto com o farelo.

CEREAIS MATINAIS

Depois dos pães e massas à base de gordura, a forma de cereal mais consumida pelos norte-americanos é o "cereal matinal". Há dois tipos básicos de cereais matinais: os quentes, que precisam ser cozidos, e os prontos para comer, consumidos no estado em que são comprados, às vezes com um pouco de leite frio.

Cereais quentes. Os cereais quentes são consumidos desde o alvorecer da civilização na forma de mingaus e angus. Os min-

A composição dos cereais

A composição dos cereais é altamente variável; estes números são aproximados e pressupõem um conteúdo de umidade de 10%. Trata-se aqui de cereais integrais, a menos que se indique o contrário.

Cereal	Proteínas	Carboidratos	Óleo
Trigo	14	67	2
Cevada	12	73	2
Cevada (perolada)	10	78	1
Centeio	15	70	3
Aveia	17	66	7
Arroz branco	7	80	0,5
Arroz integral	8	77	3
Arroz selvagem	15	75	1
Milho	10	68	5
Fônio	8	75	3
Painço	13	73	6
Sorgo	12	74	4
Tefe	9	77	2
Triticale	13	72	2
Amaranto	18	57	8
Trigo-sarraceno	13	72	4
Quinoa	13	69	6

gaus de aveia, maisena e sêmola de milho são exemplos modernos. A cocção em água quente do cereal inteiro ou moído amolece as paredes celulares, gelifica os grânulos de amido e extrai algumas de suas moléculas, produzindo uma substância pastosa e facilmente digerível. A única melhora significativa ocorrida na era da máquina foi a redução do tempo de cocção, quer pela moagem fina, quer pela pré-cocção parcial do cereal.

Cereais prontos para consumir. Os cereais prontos para consumo são de longe os mais comuns entre os matinais norte-americanos. Ironicamente, o setor que tem sido alvo de críticas por fornecer "calorias vazias" às crianças, uma espécie de lixo alimentar a ser consumido de manhã cedo, iniciou sua existência em busca de um alimento saudável, "puro" e "científico", uma alternativa à dieta destrutiva que predominava nos Estados Unidos na virada do século XX. A história quintessencialmente norte-americana do desenvolvimento dos cereais matinais envolve excêntricos reformadores dos costumes, seitas religiosas e muito tino comercial.

Em meados do século XIX, os Estados Unidos foram engolfados numa onda de vegetarianismo. Tratava-se de uma reação à dieta predominante na época, composta de carnes bovina e suína salgadas, milho, condimentos e pão branco levedado com fermento alcalino. O objetivo era uma dieta simples e pura para a América; a questão não era somente médica, mas também moral. Como disse algum tempo depois o dr. John Harvey Kellogg em seu *Plain Facts for Old and Young* [Fatos simples e claros para os velhos e os jovens], "o homem que vive à base de carne suína, condimentos, pão feito com farinha branca e tortas e bolos gordurosos, que bebe chá e café e faz uso do tabaco – para ele, seria mais fácil voar que ser casto em espírito". Kellogg e seu irmão Will Keith Kellogg, C. W. Post e outras pessoas inventaram preparados teoricamente capazes de promover a virtude sexual, como trigo moído, flocos de trigo e de milho e Grape Nuts. Esses cereais pré-cozidos de fato representavam uma alternativa leve e simples aos pesados cafés da manhã da época. Tornaram-se imensamente populares e rapidamente deram origem a todo um setor da indústria alimentícia – um setor grande, criativo e lucrativo. Hoje em dia, existem alguns tipos básicos de cereais prontos para o consumo:

- O müsli é uma mistura simples de flocos finos de cereais, açúcar, frutas passas e sementes oleaginosas.
- Os flocos são feitos de grãos inteiros (de trigo) ou fragmentos de grãos (de milho). Estes são aromatizados, cozidos no vapor, resfriados, prensados entre dois rolos e tostados num forno giratório.
- A granola, termo cunhado pelos irmãos Kellogg há 100 anos, é feita de flocos de aveia adoçados (com mel, malte, açúcar) e temperados com especiarias, enriquecidos de óleo vegetal, tostados e misturados com sementes oleaginosas e/ou frutas passas.
- Para fazer flocos de arroz e de milho expandidos no forno, os grãos de arroz ou a sêmola do milho são cozidos em água e condimentos, parcialmente secos e levemente prensados por rolos. Depois, são tostados num forno que pode chegar a 340 °C. A umidade restante evapora tão rápido que a estrutura dos grãos se expande.
- Os flocos de arroz e de trigo expandidos são feitos com grãos integrais, molhados e cozidos numa panela de pressão especial, do tipo "pistola", à temperatura de 260-430 °C. A pressão do vapor chega a 14 atmosferas e é liberada de repente, quando então os grãos são expelidos da panela. À medida que o vapor dentro dos grãos se expande graças à queda de pressão, a estrutura dos grãos também se expande e, quando esfria, assume a forma de uma massa leve e porosa.
- Os cereais assados seguem o modelo dos Grape Nuts originais do século

XIX, inventados por C. W. Post: uma espécie qualquer de massa é preparada, assada, às vezes granulada e novamente assada.
- Os cereais extrudados, geralmente de formato pequeno e crocante, são feitos de massas que passam em alta pressão por uma abertura pequena, num processo mais ou menos semelhante ao usado para fazer massa seca de macarrão. A pressão e o atrito geram temperatura alta suficiente para cozinhar a massa à medida que esta é moldada. A queda de pressão quando a massa moldada sai do extrusor também pode fazê-la se expandir.

Os grãos de cereais ainda são a base de todos esses alimentos, mas na prática a maior parte do peso destes pode ser composta de açúcar e outros adoçantes. A sacarose é a predileta, pois cria uma superfície brilhante ou vítrea ao redor dos flocos crocantes e retarda a penetração do leite, impedindo que a massa perca rapidamente a crocância.

TRIGO

O trigo foi uma das primeiras plantas alimentícias a ser cultivadas pelo ser humano e era o cereal mais importante nas antigas civilizações do Mediterrâneo. Depois de longo hiato que durou desde o final da Idade Média até o século XIX, ao longo do qual as batatas e alguns cereais mais fáceis de cultivar foram os principais alimentos dos europeus, o trigo recuperou hoje sua preeminência em boa parte da Europa. Foi levado à América do Norte no começo do século XVII e chegou às planícies centrais em 1855. Comparado com outros cereais de clima temperado, o trigo é uma planta exigente. É suscetível a doenças em regiões quentes e úmidas e se dá melhor em clima frio, conquanto não possa ser plantado em regiões demasiado setentrionais onde, no entanto, o cultivo de cevada e centeio é possível.

Trigos antigos e modernos. Vários tipos de trigo foram cultivados desde a Pré-História. Sua evolução fascinante e ainda relativamente misteriosa está resumida no quadro da p. 517. O trigo mais simples, e um dos primeiros a ser cultivados, foi o *einkorn*, que tem material genético semelhante ao da maioria dos vegetais e animais: a saber, dois grupos de cromossomos (sendo, pois, uma espécie diploide). Há pouco menos de um milhão de anos, um trigo silvestre hibridizou-se por acaso com um capim do gênero *Aegilops* e produziu uma espécie de trigo com quatro conjuntos de cromossomos. Essa espécie "tetraploide" nos deu os dois trigos mais importantes do antigo mundo mediterrâneo, a saber, o *emmer* e o *durum*. Depois, há apenas 8 mil anos, outro cruzamento incomum entre um trigo tetraploide e outro capim do gênero *Aegilops* produziu plantas com seis conjuntos de

---

Palavras da culinária: *cereal*, *wheat* (trigo),
barley (cevada), *rye* (centeio), *oat* (aveia)

A palavra "cereal", idêntica no inglês e no português, vem do nome da deusa romana dos campos cultivados, Ceres, cuja denominação provém por sua vez da raiz indo-europeia *ker*, que significa "crescer"; a mesma raiz produziu "criar" e "incrementar". A raiz indo-europeia da qual veio a palavra *barley* (cevada) era *bhares*, que redundou também no inglês *barn* (celeiro); *rye* (centeio) era *wrughyo*. *Wheat* (trigo) proveio da mesma raiz que deu *white* (branco), aparentemente em razão da cor clara de sua farinha; e *oat* (aveia) veio de *oid*, "inchar".

cromossomos, das quais veio nosso moderno *"trigo para pão"*. Segundo se especula, os cromossomos suplementares contribuem para a diversidade agrícola e culinária dos trigos modernos e sobretudo para a elasticidade das proteínas do glúten. Hoje em dia, 90% do trigo cultivado no mundo é para pão hexaploide. A maior parte dos 10% restantes é de trigo durum, que serve sobretudo para fazer macarrão (p. 636). Os outros trigos ainda são cultivados em pequena escala.

Trigo durum. O trigo durum, *T. turgidum durum*, é o mais importante trigo tetraploide. Surgiu no Oriente Próximo e se espalhou para o Mediterrâneo ainda antes da época romana, quando era um dos dois principais trigos cultivados. O emmer era mais adaptado aos climas úmidos e continha bastante amido, ao passo que o *durum* se dava melhor em meio semiárido e tinha grãos vítreos. Ambos eram usados para fazer pães ázimos e levedados, bulgur, cuscuz, injera e outros preparados. O centro e o sul da Itália são as principais regiões produtoras na Europa; a Índia, a Turquia, o Marrocos, a Argélia, os Estados Unidos e o Canadá também produzem bastante trigo *durum*.

Trigo einkorn. O trigo einkorn, *T. monococcum*, foi redescoberto no começo da década de 1970 na região de Vaucluse, na França, e nos Alpes meridionais, onde era cultivado para fazer um tipo de mingau. Foi provavelmente o primeiro trigo a ser plantado pelo homem, por volta de 10 mil anos atrás. Cresce melhor em clima frio, tende a ser rico em pigmentos carotenoides amarelos e tem alto teor de proteínas. Entretanto, ao passo que a proporção entre a elástica glutenina e a fluida gliadina (p. 578) é de 1 para 1 no trigo para pão, no einkorn é de 1 para 2. O resultado é um glúten fluido e pegajoso que não serve para se fazer pão.

Trigo emmer ou farro. O trigo emmer, *T. turgidum dicoccum*, foi provavelmente o

---

A produção mundial de cereais

O fato de o milho figurar em primeiro lugar pode induzir a erro, pois boa parte da produção de milho é usada para alimentar animais e como matéria-prima de produtos industriais. Parte do trigo também é usada como ração animal, ao passo que quase todo o arroz é diretamente ingerido pelos seres humanos.

Cereal	Produção mundial, 2002
	Em milhões de toneladas
Milho	602
Arroz	579
Trigo	568
Cevada	132
Sorgo	55
Aveia	28
Painço	26
Centeio	21
Trigo-sarraceno	2

Fonte: Organização para a Alimentação e a Agricultura, Organização das Nações Unidas

segundo tipo a ser cultivado. Vegetava em climas mais quentes que o einkorn e se tornou a mais importante forma cultivada desde o Oriente Próximo até a Europa, passando pelo norte da África – isso até os primórdios da era romana, quando foi substituído pelo trigo durum e pelo trigo para pão. Porém, bolsões de trigo emmer sobreviveram em certas partes da Europa, e esse trigo se encontra facilmente hoje sob seu nome italiano, *farro*. Na Toscana, grãos inteiros de trigo farro são preparados com feijão para fazer uma sopa de inverno; os grãos pré-umedecidos também são usados para fazer um prato chamado farroto, semelhante a um risoto.

Kamut. Kamut é a marca registrada de um velho parente do trigo *durum*, subespécie do *T. turgidum*. A moderna produção e comercialização do kamut ("trigo" em língua egípcia) começou depois da Segunda Guerra Mundial, quando sementes supostamente coletadas no Egito foram plantadas no estado norte-americano de Montana. O trigo kamut se caracteriza por seu grande tamanho e alto teor de proteína, embora seu glúten seja mais adequado à confecção de macarrões que à de pães levedados.

Spelt. O trigo spelt, *T. spelta*, é chamado *Dinkel* no sul da Alemanha, onde é cultivado desde 4000 a.C. O spelt, frequentemen-

A família do trigo

As complicadas relações familiares entre os diversos tipos de trigo ainda são debatidas pelos estudiosos. Apresentamos aqui uma versão plausível da árvore genealógica desse cereal. Os trigos cujos grãos vêm encapsulados numa casca fina e aderente são marcados "com casca"; nenhum dos outros têm casca, sendo por isso mais fáceis de preparar para a cocção ou moagem. Os trigos mais usados hoje em dia são marcados em negrito.

Einkorn silvestre   →   Einkorn cultivado
(diploide; com casca;   (diploide; com casca;
Triticum monococcum boeticum)   *Triticum monococcum monococcum*)

Um trigo silvestre, *Triticum urartu* + um capim, *Aegilops speltoides*
↓

Triticum turgidum (tetraploide)
Emmer (com casca; *T. turgidum dicoccum*)
Durum (*T. turgidum durum*)
Khorasan (*T. turgidum turanicum*)
Polonês (*T. turgidum polonicum*)
Persa (*T. turgidum carthlicum*)

Triticum turgidum + um capim, *Aegilops tauschii*
↓

Triticum aestivum (hexaploide)
Trigo comum, trigo para pão (*T. aestivum aestivum*)
Spelt (com casca; *T. aestivum spelta*)
Club (*T. aestivum compactum*)

te confundido com o emmer, é notável por seu alto teor proteico, que pode chegar a 17%. Ainda é usado para fazer pães e sopas. Para fazer o *Grünkern*, "germe verde", certas populações da Europa Central secam ou tostam suavemente os grãos verdes e os moem para uso em sopas e outros preparados.

Variedades de trigo para fazer pães e macarrões. Conhecem-se cerca de 30 mil variedades de trigo, as quais são classificadas em alguns tipos básicos de acordo com o calendário de plantio e a composição do endosperma. A maioria delas é usada para fazer pães, massas à base de gordura e macarrões, e serão descritas no próximo capítulo.

Os pigmentos do trigo. A maioria das variedades de trigo tem uma camada de farelo vermelho-acastanhada cuja cor é produzida por vários compostos fenólicos e pelas enzimas do escurecimento (p. 298) que reúnem esses compostos em grandes agregados coloridos. O trigo branco é menos comum; sua camada de farelo tem cor creme por conter muito menos compostos fenólicos e enzimas do escurecimento. Tem sabor menos adstringente e perde menos cor quando parte do farelo é incluída na farinha; é usado para substituir o trigo comum quando se deseja um sabor especialmente suave ou uma cor clara.

A cor do trigo *durum*, da semolina feita com ele e das massas de macarrão secas é devida principalmente à xantofila carotenoide luteína, que assume forma incolor quando oxidada pelas reações entre as enzimas do grão e o oxigênio do ar. Essa maturação é tradicionalmente apreciada nos trigos em geral (lembre-se de que o nome do trigo vem de uma antiga raiz que significa "branco"), mas não na variedade *durum* especificamente. Alguns trigos menos conhecidos também são ricos em pigmentos carotenoides.

O glúten do trigo

O glúten nas massas de farinha de trigo. Se o trigo é o principal cereal do Ocidente há tanto tempo, isso ocorre porque suas proteínas armazenadas têm certas propriedades químicas singulares. Quando a farinha é misturada com água, as proteínas do

---

Teor proteico e qualidade do glúten de diversas variedades de trigo

A qualidade do glúten determina os pratos a cuja feitura as diversas variedades são adequadas. Tanto os pães quanto os macarrões pedem um glúten forte e uniforme. A elasticidade incrementa a leveza das massas de pão e sua capacidade de conter os gases gerados pela fermentação, mas prejudica a moldagem das massas de macarrão em lâminas finas.

Variedade de trigo	Conteúdo de proteína, % do peso do grão	Qualidade do glúten
Pão	10-15	Forte e elástico
Durum	15	Forte, não muito elástico
Einkorn	16	Fraco, pegajoso
Emmer (*farro*)	17	Moderadamente forte, não muito elástico
Spelt, duro	16	Moderadamente forte, não muito elástico
Spelt, macio	15	Forte, moderadamente elástico

trigo se ligam umas às outras e constituem uma massa elástica capaz de se expandir para acomodar as bolhas de gás produzidas pelo fermento. Sem o trigo, portanto, não teríamos os pães levedados, bolos e macarrões que conhecemos. A quantidade e a qualidade do glúten variam significativamente de um tipo de trigo para outro e determinam os usos a que se prestam os diferentes tipos.

O glúten como ingrediente em si. Por serem coesas e insolúveis em água, as proteínas do glúten se separam facilmente do restante da farinha: basta fazer massa e sová-la dentro d'água. O amido e as substâncias hidrossolúveis se diluem no líquido, deixando para trás o glúten duro e elástico. O glúten como ingrediente culinário independente foi descoberto pelos fabricantes de macarrão chineses por volta do século VI, e no século XI era chamado *mien chin*, o "músculo da farinha". (Os japoneses chamam-no *seitan*.) Quando cozido, o glúten concentrado desenvolve textura elástica e escorregadia, semelhante à dos músculos dos animais. O *mien chin* tornou-se um dos principais ingredientes da culinária vegetariana que se desenvolveu nos mosteiros budistas; conhecem-se receitas do século XI para imitações de carne de caça e carne-seca, bem como receitas de glúten fermentado. Uma vez que o glúten contém alta proporção de ácido glutâmico, a fermentação transforma-o numa versão primitiva do glutamato monossódico, de sabor *umami* (p. 380). Uma das maneiras mais simples de preparar o glúten é separar pequenos bocados e fritá-los por imersão; expandindo, eles se transformam em bolas leves de consistência elástica que prontamente absorvem o sabor de um molho. Hoje em dia, o glúten é produzido em grandes quantidades e usado para a confecção das mais diversas "carnes" vegetarianas.

Preparados notáveis feitos com trigo. Os grãos de trigo integral são geralmente vendidos com o farelo intacto e podem levar mais de uma hora para cozinhar se não forem postos de molho de antemão. Hoje se encontra farro com parte do farelo removida por moagem – semelhante ao arroz pigmentado ou selvagem parcialmente moído –, o qual cozinha muito mais rápido sem perder o sabor forte e a integridade dos grãos proporcionada pelo farelo.

Às vezes se acrescenta germe de trigo a massas assadas ou outros alimentos; é ele uma boa fonte de proteínas (20% do peso), óleos (10%) e fibras (13%). O farelo de trigo é composto principalmente de fibras, com 4% de óleo. O alto teor de óleo faz com que tanto o germe quanto o farelo corram o risco de desenvolver sabor rançoso. Devem ser conservados em geladeira.

Bulgur. O bulgur é um antigo preparado de trigo – geralmente da variedade durum – que ainda conserva sua popularidade na África do Norte e no Oriente Médio. Grãos inteiros são cozidos em água, secos de modo a ficar com o interior duro e vítreo, umedecidos para reforçar a integridade da camada exterior de farelo e, por fim, batidos ou moídos para remover o farelo e o germe e deixar somente pedaços do endosperma. O processo de feitura é parecido com o do arroz parboilizado (p. 524). O resultado é uma forma nutritiva de trigo que se conserva por tempo indefinido e cozinha em tempo relativamente curto. O bulgur grosso (até 3,5 mm de diâmetro) é usado como se fosse um arroz ou cuscuz – fervido ou cozido no vapor para acompanhar um prato com molho, ou ainda servido como um pilaf ou salada –, ao passo que o bulgur fino (0,5-2 mm) é transformado em falafel (almôndegas de bulgur e farinha de fava, fritas por imersão) e vários doces semelhantes a pudins.

Trigo verde ou imaturo. Os grãos de trigo verde também sempre foram apreciados por sua doçura e seu sabor singular. As espigas são colhidas quando os grãos ainda estão úmidos por dentro; os grãos são tostados sobre um pequeno fogo de palha para enfraquecer as cascas e incrementar o sabor, e depois são consumidos frescos ou dessecados para serem estocados (o *firig* turco e o *frikke* árabe).

CEVADA

A cevada, *Hordeum vulgare*, pode ter sido o primeiro cereal a ser domesticado nas pradarias do Sudoeste Asiático, onde crescia ao lado do trigo. Suas vantagens são a alta resistência, a adaptabilidade e uma estação de crescimento relativamente curta; é cultivada desde o Círculo Ártico até as planícies tropicais do norte da Índia. Era o principal cereal na antiga Babilônia, na Suméria, no Egito e no mundo mediterrâneo e foi cultivada pela civilização do Vale do Indo, no ocidente da Índia, muito antes do arroz. Segundo Plínio, a cevada era o alimento especial dos gladiadores, chamados de *hordearii* ou "comedores de cevada"; o mingau de cevada, precursor da polenta, era feito com linhaça tostada e coentro. Na Idade Média, sobretudo no norte da Europa, a cevada e o centeio eram os alimentos básicos dos camponeses, ao passo que o trigo era reservado ao consumo das classes superiores. No mundo árabe medieval, a massa de farinha de cevada era fermentada durante meses para produzir um condimento salgado chamado *murri*, o qual, segundo descobriu Charles Perry, especialista em história dos alimentos, tem gosto muito parecido com o de molho de soja.

Hoje em dia, a cevada é um alimento pouco consumido no Ocidente; metade da safra vai para a produção de ração para animais e um terço é usado na forma de malte. Em outras partes do mundo, a cevada é usada para a confecção de vários pratos básicos, entre os quais a *tsampa* tibetana, uma farinha de cevada tostada, frequentemente consumida em sua forma pura, simplesmente umedecida com chá. A cevada é ainda um ingrediente importante do missô, pasta de soja fermentada japonesa; e no Marrocos (onde o consumo *per capita* é o maior do mundo) e em outros países da África do Norte e do Ocidente Asiático, é usada para fazer sopas, mingaus e pães chatos. Na Etiópia existem cevadas branca, preta e roxa, algumas das quais servem para fazer bebidas. Há dois mil anos ou mais que, desde a Europa Ocidental até o Japão, se aprecia a água fervida em fogo lento com cevada tostada.

O grão de cevada é notável por conter em quantidade significativa – até 5% do peso do grão, cada um – dois outros carboidratos além de amido: as pentosanas, que tornam pegajosa a farinha desse cereal, e os glucanos, que dão à aveia sua qualidade gelatinosa e colaboram para baixar o colesterol (pp. 521-2). Ambos se encontram não somente no farelo como também nas paredes celulares do endosperma; jun-

---

Palavras da culinária: da água de cevada a *orgeat*, *horchata*, *orchata*, *tisane*, *tisana*

O hábito europeu de beber água de cevada praticamente desapareceu, mas permanece vivo nos nomes de várias outras bebidas ou aromatizantes de bebidas. O termo latino que designava a cevada, *hordeum*, tornou-se *orge* no francês; *orge mondé*, cevada descascada, tornou-se *orgemonde* e, no século XVI, *orgeat*. O orgeat ainda existe, mas hoje é um xarope aromatizado com amêndoas. A palavra *orgeat* também se tornou *horchata* em espanhol e *orchata* em português, que aos poucos deixaram de estar relacionadas com uma bebida à base de cevada e passaram a designar uma bebida feita com arroz ou chufa (p. 342). E *tisane* (*tisana* em português), que no francês moderno designa uma infusão de ervas ou flores? Vem do latim *ptisana*, que significava quer a cevada limpa e moída, quer a bebida feita com esta, que era às vezes aromatizada com ervas.

tamente com as proteínas não hidrossolúveis da cevada, eles determinam a textura nitidamente elástica do grão de cevada cozido. Também fazem com que a farinha de cevada absorva duas vezes mais água que a de trigo.

Cevada perolada. Existem cevadas sem casca, mas a maioria das variedades alimentares têm cascas que aderem firmemente às outras partes do grão e são retiradas por moagem. A porção removida do grão de cevada é maior que a do arroz, o outro cereal que costuma ser consumido na forma de grão integral. Isso ocorre, em parte, porque o farelo da cevada é quebradiço e não se desprende do grão em grandes lascas, de modo que não pode ser removido durante a moagem normal; e, em parte, porque os processadores eliminam o vinco profundo existente no grão de cevada a fim de lhe dar aparência mais uniforme. O processo de "perolização" em moinho de pedra remove a casca e partes do farelo. A cevada "pilada" perdeu entre 7 e 15% do grão, mas conserva o germe e parte do farelo e, portanto, mais nutrientes e mais sabor. A cevada perolada perdeu o farelo, o germe e as camadas de aleurona e subaleurona – cerca de 33% do peso inicial do grão.

Malte de cevada. A forma mais importante pela qual consumimos a cevada é o *malte*, um dos ingredientes principais da cerveja e de certas bebidas alcoólicas destiladas e ingrediente menor de muitos pratos assados. O malte é um pó ou xarope feito de grãos de cevada umedecidos e germinados; adoça-se com o acréscimo de açúcares. Sua produção e suas qualidades são descritas adiante (pp. 755, 827).

CENTEIO

Ao que parece, o centeio surgiu no Sudoeste Asiático. Na qualidade de erva daninha, migrou juntamente com o trigo e a cevada domesticados, chegou ao litoral do Mar Báltico cerca de 2000 a.C., cresceu melhor que os demais cereais no solo tipicamente pobre e ácido e no clima frio e úmido daquela região e foi domesticado por volta de 1000 a.C. É excepcionalmente resistente; chega a ser cultivado no Círculo Ártico e em altitudes de até 4 mil metros. Até o século passado, era o cereal predominantemente usado para fazer pão pelos pobres

---

O centeio e o LSD

Além do seu papel como alimento, o centeio também influenciou a medicina moderna e a farmacologia recreativa. O clima frio e úmido que favorece o crescimento do centeio também é propício ao crescimento do fungo chamado "esporão do centeio" (*Claviceps purpurea*). A contaminação da farinha de centeio pelo esporão foi responsável, entre os séculos XI e XVI, por frequentes epidemias da doença que se chamava ergotismo, que causava dois conjuntos de sintomas: gangrena progressiva, com a qual as mãos e os pés pretejavam, encolhiam e por fim caíam, e perturbações mentais. Surtos ocasionais de intoxicação por ergotina continuaram ocorrendo até o século XX.

No começo desse século, os químicos isolaram do esporão do centeio um punhado de alcaloides com efeitos muito diversos: um deles estimula o músculo uterino; alguns são alucinógenos; e outros fazem contrair os vaso sanguíneos, propriedade que pode causar gangrena mas também tem aplicações úteis na medicina. Todos esses alcaloides têm em comum um componente chamado ácido lisérgico. Em 1943, o cientista suíço Albert Hofman descobriu uma variante particular que viria a alcançar larga fama na década de 1960: o alucinógeno dietilamida do ácido lisérgico ou LSD.

do norte da Europa. Até hoje persiste o gosto pelo centeio, especialmente na Escandinávia e na Europa Oriental. A Polônia, a Alemanha e a Rússia são os principais produtores. Na Alemanha, a produção de trigo excedeu a de centeio pela primeira vez somente em 1957.

O centeio contém carboidratos e proteínas incomuns e, como resultado, produz um tipo especial de pão, o qual será descrito no próximo capítulo (p. 605).

Os carboidratos do centeio. Boa parte do centeio, até 7% de seu peso, é composta por carboidratos chamados *pentosanas* (termo antigo; o novo é *arabinoxilanos*): agregados de açúcar, de tamanho médio, dotados da utilíssima propriedade de absorver grande quantidade de água e produzir uma massa de consistência espessa, viscosa e pegajosa. Graças a suas pentosanas, a farinha de centeio absorve oito vezes o seu peso de água, ao passo que a de trigo absorve duas vezes. Ao contrário do amido, as pentosanas não retrogradam nem endurecem depois de cozidas e resfriadas. Proporcionam, portanto, uma textura macia e úmida que ajuda a conservar o pão de centeio durante semanas. As pentosanas do centeio também ajudam a controlar o apetite; os carboidratos secos nos flocos de centeio incham e dão a sensação de estômago cheio; são digeridos lentamente e apenas em parte.

AVEIA

Atualmente, a produção mundial de aveia é maior que a de centeio, mas 95% da safra é dada como ração aos animais. A aveia é o grão da *Avena sativa*, uma gramínea que provavelmente originou-se no Sudoeste Asiático e aos poucos começou a ser cultivada como companheira do trigo e da cevada. Na época clássica, a aveia era considerada uma erva daninha ou uma forma doente de trigo. Em 1600, porém, já se tornara um produto importante na Europa Setentrional, cujo clima úmido é o melhor para essa planta; de todos os cereais com exceção do arroz, a aveia é o que precisa de mais umidade. Outros países, porém, continuavam a desdenhá-la. O *Dictionary* de Samuel Johnson (Londres, 1755) dava a seguinte definição para a aveia: "Um cereal que na Inglaterra é habitualmente dado aos cavalos, mas na Escócia alimenta o povo."

Hoje em dia, o Reino Unido e os Estados Unidos são os maiores consumidores de aveia como alimento. O consumo norte-americano foi estimulado no final do século XIX por Ferdinand Schumacher, um imigrante alemão que desenvolveu uma aveia de cocção rápida, prensada entre rolos compressores, a ser consumida no café da manhã; e por Henry Crowell, o primeiro a transformar um cereal de um produto primário numa marca de varejo: deu à aveia uma embalagem bonita com instruções de cocção, apôs-lhe a qualificação "Pura" e batizou-a de "Aveia Quaker". Hoje em dia, a aveia é ingrediente essencial de granolas, müslis e cereais matinais manufaturados.

A condição relativamente menor da aveia se explica por várias razões. Como a cevada, a aveia não dispõe de proteínas que produzam glúten, de modo que não serve para fazer pão levedado. O grão tem uma casca aderente que dificulta o beneficiamento. Além disso, a aveia tem de duas a cinco vezes mais gordura que o trigo, sobretudo no farelo e no endosperma; e contém ainda grande quantidade de uma enzima que digere gorduras. Isso significa que a aveia tende a rançar. Precisa sofrer um tratamento térmico que desative a enzima a fim de impedir a rápida deterioração durante a estocagem.

Por outro lado, a aveia tem diversas virtudes. É rica em carboidratos não digeríveis chamados betaglucanos, que absorvem e retêm água, dão ao mingau de aveia sua consistência lisa e espessa, tem o efeito de amaciar e umedecer massas assadas e ajudam a baixar a taxa de colesterol no sangue. Os glucanos se encontram sobretudo nas camadas exteriores do endosperma, sob a camada de aleurona; ou seja, concentram-se especialmente no farelo de aveia. A aveia também contém vários compostos fenólicos com propriedades antioxidantes.

O beneficiamento da aveia. A aveia geralmente é usada na forma de grãos inteiros, os quais são muito mais macios que os de trigo ou milho e não se dividem facilmente em endosperma, germe e farelo. O primeiro estágio de beneficiamento é uma "torrefação" em baixa temperatura, que dá ao grão boa parte de seu sabor característico e desativa a enzima que decompõe gorduras. (Esta etapa também desnatura as proteínas armazenadas e as torna menos solúveis, propiciando maior integridade ao grão durante a cocção.) Os grãos integrais são então processados para assumir várias formas, todas as quais têm o mesmo valor nutricional. A aveia cortada são grãos partidos em dois ou quatro pedaços para cozinharem mais rápido. A aveia rolada ou em flocos são grãos integrais aquecidos no vapor para se tornarem macios e maleáveis e depois prensados entre dois rolos; finos, reabsorvem rapidamente a água durante a cocção ou quando simplesmente umedecidos (no caso do müsli). Quanto mais finos os flocos, mais rápida a reidratação: os flocos "normais" têm cerca de 0,8 mm de espessura, os de "cozimento rápido" têm por volta de 0,4 mm e os "instantâneos" são ainda mais finos.

ARROZ

O arroz é o alimento principal de metade da população mundial; em países como Bangladesh e Camboja, proporciona quase três quartos da ingestão diária de energia. A *Oryza sativa* é planta natural das regiões tropicais e subtropicais do subcontinente indiano, do norte da Indochina e do sul da China. Ao que parece, o arroz foi domesticado independentemente em vários lugares – o de grão curto por volta de 7000 a.C. no vale do rio Yangtsé e o de grão longo no Sudeste Asiático algum tempo depois. A espécie irmã *Oryza glaberrima*, de sabor característico e farelo vermelho, é cultivada na África Ocidental há pelo menos 1.500 anos.

O arroz viajou da Ásia à Europa através da Pérsia, onde os árabes aprenderam a cultivá-lo e cozinhá-lo. Os mouros começaram a plantá-lo em grande quantidade na Espanha, no século VIII, e na Sicília um pouco mais tarde. O vale do rio Pó e as planícies da Lombardia, no norte da Itália, onde surgiu o risoto, foram dedicados à produção de arroz somente no século XV. Os portugueses e espanhóis introduziram o arroz em toda a América nos séculos XVI e XVII. Na América do Norte, as primeiras plantações comerciais foram cultivadas na Carolina do Sul em 1685, beneficiando-se da experiência dos escravos africanos nesse tipo de cultivo; hoje em dia, a maior parte do arroz norte-americano vem do Arkansas, do baixo Mississippi, do Texas e da Califórnia.

Tipos de arroz. Estima-se que existam mais de 100 mil variedades de arroz pelo mundo afora. Todas elas se incluem em uma ou outra das duas subespécies tradicionalmente reconhecidas da *Oryza sativa*. O arroz da subespécie *indica* geralmente é plantado em planícies tropicais e subtropicais, acumula grande quantidade de amilose e produz um grão longo e firme. O da subespécie *japonica*, que pode ser plantado em terras mais altas tanto nos trópicos (os tipos indonésios e filipinos, às vezes chamados *javanica*) quanto em clima temperado (Japão, Coreia, Itália e Califórnia), acumula proporção muito menor de amilose e produz um grão mais curto e mais pegajoso quando cozido. Existem ainda variedades intermediárias entre a *indica* e a *japonica*. Em regra, quanto maior o conteúdo de amilose numa determinada variedade, mais organizados e estáveis serão os grânulos de amido e, portanto, maiores serão a quantidade de água, a temperatura e o tempo necessários para cozinhar os grãos.

Em geral, o arroz é beneficiado, sendo removidos o farelo e a maior parte do germe; depois, é "polido" com finas escovas metálicas que retiram a camada de aleurona, rica em óleo e enzimas. O resultado é um grão refinado muito estável, que se conserva por meses.

Eis algumas categorias comuns de arroz:

- O arroz *longo* tem formato alongado: o comprimento é de quatro a cinco vezes maior que a largura. Graças à quantidade relativamente alta de amilose (22%), sua cocção tende a exigir proporção mais alta de água em relação ao arroz (1,7 para 1 quanto ao peso, 1,4 para 1 quanto ao volume). Os grãos cozidos são elásticos e separados ("soltinhos") e se firmam quando esfriam; se forem resfriados, chegam a ficar duros. A maior parte do arroz consumido na China e na Índia, bem como nos Estados Unidos e no Brasil, é o cereal longo da subespécie *indica*.
- O arroz *médio* ou *arbóreo* tem comprimento duas a três vezes maior que a largura, contém menos amilose (15-17%) que o longo, precisa de menos água para cozinhar e, quando pronto, desenvolve grãos macios que aderem uns aos outros. O arroz utilizado nos risotos italianos e na *paella* espanhola é constituído de grãos médios da subespécie *japonica*.
- O arroz *curto* ou *cateto* é pouco mais comprido do que largo e, quanto ao mais, assemelha-se ao arroz médio. Os grãos curtos e médios da subespécie *japonica* são os tipos preferidos no norte da China, no Japão e na Coreia. São ideais para *sushi* porque seus grãos se agregam em pequenos aglomerados e permanecem macios mesmo quando servidos em temperatura ambiente.
- O arroz *glutinoso* é um tipo curto cujo amido é quase todo amilopectina. É o que precisa de menos água para cozinhar (1 para 1 em peso, 0,8 para 1 em volume). Quando cozido, se torna extremamente pegajoso e se desintegra facilmente (não costuma ser fervido, mas posto de molho e cozido no vapor). Apesar de seu nome, não contém glúten nem é doce, embora seja frequentemente empregado na Ásia para fazer preparados doces. É o arroz mais comum no Laos e no norte da Tailândia.
- O arroz *aromático* compreende um grupo característico de variedades longas e médias que acumulam concentração anormalmente alta de compostos voláteis. O arroz *basmati* ("fragrante" em língua urdu, com tônica na primeira sílaba) da Índia e do Paquistão, o arroz-jasmim da Tailândia (um tipo incomum, de grão longo e baixo teor de amilose) e o Della norte-americano são variedades aromáticas bem conhecidas.
- O arroz *pigmentado* tem camadas de farelo ricas em antocianinas. As cores mais comuns são a vermelha e a roxa, quase negra. O farelo pode ser deixado intacto ou parcialmente retirado por moagem, de modo a deixar somente vestígios da cor original.

Arroz integral. O arroz integral não é refinado e retém intactos o farelo, o embrião e a camada de aleurona. Qualquer tipo de arroz, longo, curto ou aromático, pode ser comercializado na forma integral. Sua cocção demora duas a três vezes mais que a da versão refinada da mesma variedade. O arroz integral tem consistência resistente à mastigação e um aroma rico, frequentemente descrito como acastanhado. Graças ao óleo contido no farelo e no germe, é mais suscetível à deterioração que o arroz refinado e deve ser conservado em geladeira.

Arroz parboilizado ou vaporizado. Há mais de 2 mil anos que os produtores de arroz da Índia e do Paquistão praticam a "parboilização" de variedades não aromáticas antes de remover a casca dos grãos e submetê-los a moagem para obter arroz branco. O grão recém-colhido é mergulhado em água, fervido ou cozido no vapor e, em seguida, é seco antes de ser descascado e beneficiado. Essa pré-cocção tem diversas vantagens. Para começar, ela melhora a qualidade nutricional do grão beneficiado, pois as vitaminas do farelo e do germe se difundem pelo endosperma; além disso, a camada de aleurona adere ao grão. Por fim, a pré-cocção do amido endurece o grão e torna sua superfície menos pegajosa, de modo que, quando cozido para consumo, o arroz parboilizado se caracteriza pelos grãos separados, firmes e inteiros. O arroz parboilizado também tem um sabor nitidamente acastanhado; o umedecimento inicial ativa enzimas que geram açúcares e aminoácidos, os quais são depois sujeitos a reações de escurecimento durante a secagem; e a decomposição parcial da lignina da casca produz vanilina e outros compostos correlatos. O arroz parboilizado demora mais para cozinhar que o arroz comum – de um terço a metade do tempo a mais – e sua textura é tão firme que, às vezes, pode mostrar-se áspera.

Arroz de cocção rápida. Este tipo de arroz é, na verdade, um arroz branco, integral ou parboilizado que foi cozido para romper as paredes celulares e gelificar o amido, e depois teve os grãos fissurados a fim de acelerar a infiltração de água quente na cocção final; por fim, é seco. A fissura dos grãos é obtida por meio de calor seco, prensagem em rolo, tratamento por micro-ondas ou liofilização.

O sabor do arroz. O sabor do arroz depende da variedade e do grau de refinação. As partes exteriores do grão contêm mais açúcares, minerais e aminoácidos livres; proporcionalmente, também contêm menos amido. Quanto mais o grão de arroz é refinado ou beneficiado, tanto maior a porção superficial removida e, logo, menor o sabor e maior a proporção de amido.

O aroma do arroz branco tem notas verdes, de cogumelos, de pepino e "gordas" (dadas por aldeídos com 6, 8, 9 e 10 átomos de carbono), além de leve nota de pipoca e notas florais, de milho, de feno e animais. O arroz integral contém, além de tudo isso, pequenas quantidades de vanilina e sotolona, esta última típica do xarope de bordo. As variedades aromáticas são especialmente ricas no componente que lembra pipoca (acetilpirrolina), o qual também

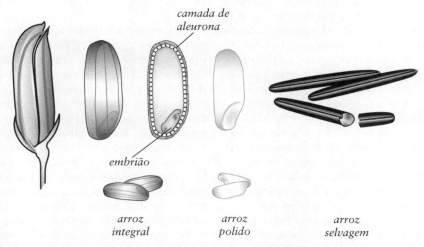

Diferentes formas de arroz. O arroz integral inclui as camadas exteriores do fruto e da semente que compõem o farelo, bem como o embrião e a camada de aleurona, rica em óleos e enzimas. O arroz polido é a massa central de células do endosperma, liberto de todas as outras partes do grão: contém sobretudo amido e proteínas. O arroz selvagem é o grão integral de uma gramínea norte-americana; é aquecido para secar e desenvolver o sabor, e nesse processo seu endosperma adquire um brilho vítreo.

é elemento importante nas folhas de pandano (p. 457), na própria pipoca e na casca do pão. Por ser volátil e não se regenerar durante a cocção, o aroma de pipoca escapa quando do cozimento e sua concentração declina. É essa uma das razões pelas quais o arroz aromático deve ser posto de molho antes de ser cozido: o molho abrevia a cocção e, logo, diminui a perda de aroma.

A cocção do arroz

Muitos métodos tradicionais. A cocção do arroz consiste em introduzir água nos grãos e aquecê-los o suficiente para gelificar e amolecer os grânulos de amido. Os cozinheiros indianos cozinham o arroz numa grande quantidade de água cujo excesso é descartado quando os grãos ficam no ponto, de modo que estes permaneçam inteiros e soltos. Já os cozinheiros chineses e japoneses fervem o arroz com a mínima quantidade de água suficiente para umedecê-lo e cozinhá-lo numa panela fechada, produzindo uma massa de grãos que aderem uns aos outros e podem ser facilmente levados à boca com palitinhos. Nas regiões onde o arroz é o alimento de todos os dias, caso de boa parte da Ásia Oriental, ele costuma ser preparado somente em água e julgado pela integridade, brancura, brilho, maciez e sabor dos grãos. Onde o arroz era menos comum e às vezes até um alimento de luxo, como na Ásia Central, no Oriente Médio e no Mediterrâneo, ele é frequentemente enriquecido com caldos, óleos, manteiga e outros ingredientes na produção de pratos como o pilaf, o risoto e a *paella*. Os iranianos, que talvez preparem os mais sofisticados pratos à base de arroz, têm um prato chamado *polo*: o arroz longo é parcialmente cozido em quantidade excessiva de água e disposto em camadas entremeadas com carnes e hortaliças cozidas, frutas passas e frutos secos; a cocção final desse conjunto é feita no vapor, com cuidadoso controle do calor para que no fundo se forme uma crosta marrom, a apreciadíssima *tahdig*.

Lavagem e molho. A lavagem inicial do arroz seco remove o amido da superfície e elimina, assim, um elemento que poderia deixar o preparado mais pegajoso. Algumas variedades de arroz, como o basmati e o japonês, são postos de molho em água ou reservados por 20-30 minutos após a lavagem; absorvem assim uma porção de água, o que acelera a cocção subsequente. Pode-se dar o mesmo tratamento ao arroz integral e ao arroz selvagem.

Depois da cocção: deixar descansar, reaquecer. Uma vez cozido o arroz, convém deixá-lo descansar para que os grãos percam um pouco de calor e se firmem, de modo a não se quebrar facilmente quando tirados da panela e postos no prato. As sobras de arroz são, em regra, duras em razão da retrogradação do amido. Para remediar esse problema, o arroz deve ser reaquecido à temperatura de gelificação. Para amaciá-lo, basta, portanto, reaquecê-lo a 70 °C ou mais, quer acrescentando um pouquinho de água, quer no micro-ondas, quer ainda na forma de fritura, usada para fazer arroz frito, bolinhos de arroz e croquetes.

Como evitar a intoxicação alimentar causada pelo arroz. O arroz cozido é fonte potencial de intoxicação alimentar. Quase todo arroz contém esporos adormecidos da bactéria *Bacillum cereus*, que produz poderosas toxinas gastrointestinais. Os esporos toleram alta temperatura e alguns sobrevivem à cocção. Caso se deixe o arroz cozido em temperatura ambiente por algumas horas, os esporos germinam, as bactérias se multiplicam e as toxinas se acumulam. Por isso o arroz cozido deve ser servido imediatamente e suas sobras devem ser refrigeradas para prevenir o crescimento bacteriano. O arroz do *sushi* japonês é servido em temperatura ambiente, mas a superfície de seus grãos cozidos é revestida com uma mistura saborosa e antimicrobiana de vinagre de arroz e açúcar. Também as saladas de arroz devem ser acidificadas com vinagre ou sumo de limão ou lima ácida.

Alguns outros preparados e produtos feitos com arroz. Pelo mundo afora, as diferentes culturas encontraram diversos usos inventivos para o arroz. Eis alguns exemplos.

Farinha de arroz. A farinha de arroz é notável por conter por volta de 90% de arroz e por ter os menores grânulos de amido de todos os cereais: de metade a um quarto do tamanho dos grânulos de amido do trigo. Quando usada para espessar molhos ou recheios, ela proporciona uma textura especialmente fina. E, graças ao seu baixo conteúdo proteico, a farinha seca absorve quantidade relativamente pequena de água. Isso significa que, quando é usada para fazer a massa com que se frita o tempurá japonês, a farinha de arroz proporciona consistência fina com o acréscimo de pouca água, de modo que a massa, quando frigida, rapidamente assume textura crocante e seca.

Uma vez que a farinha de arroz não contém as proteínas elásticas do glúten, não pode ser usada para fazer pães fermentados. Por outro lado, a própria falta de glúten faz da farinha de arroz um ingrediente útil para as pessoas que sofrem de intolerância ao glúten. Para fazer algo parecido com um pão levedado, os cozinheiros suplementam a farinha de arroz com goma xantana ou goma guar ou ainda outros carboidratos de cadeia longa, que dão integridade à massa e ajudam a reter as bolhas de gás produzidas pelo fermento biológico ou químico.

Pó de arroz. O pó de arroz é um condimento feito no Vietnã e na Tailândia. Os grãos são torrados e moídos, e o pó é polvilhado sobre diversos pratos no momento do consumo.

Macarrão de arroz e papel de arroz. Apesar de o arroz não ter glúten, macarrões e

---

Risoto: o arroz faz seu próprio molho

O risoto italiano é feito com variedades de grão médio. Apesar disso, os grãos do arroz utilizado são relativamente grandes e, logo, capazes de tolerar um método de cocção exclusivo que submete a superfície do arroz a abrasão e remove parte do amido nela presente, de tal forma que o líquido de cocção se espesse até adquirir consistência cremosa.

Para fazer risoto, o arroz é cozido acrescentando, em levas, pequena quantidade de líquido de cocção quente e mexendo o arroz a cada vez até que o líquido seja absorvido. O processo é repetido até que o arroz fique macio mas conserve no miolo uma certa dureza. Essa técnica demorada sujeita os grãos de arroz à fricção constante e retira da superfície o endosperma amaciado, o qual pode assim dissolver-se na fase líquida do preparado (caso o arroz seja mexido somente no final da cocção, os grãos amaciados se quebrarão e não terão sua camada superficial removida). Além disso, a cocção de pequena quantidade de líquido em panela destampada faz evaporar boa parte da umidade, o que significa que, no todo, é preciso usar uma quantidade maior de líquido de cocção. Com isso, o sabor do líquido fica mais concentrado no prato.

Os cozinheiros de restaurante preparam o risoto a pedido. Para tanto, cozinham o arroz de antemão segundo o método tradicional até que esteja quase pronto e refrigeram-no. Isso permite que parte do amido cozido se firme (p. 508), dando aos grãos mais resistência do que teriam se fossem cozidos até o fim e simplesmente reaquecidos. Na hora de servir, o arroz refrigerado é reaquecido e completado com caldo quente e outros enriquecimentos.

folhas finas podem ser feitos com massas de farinha de arroz (p. 644). O papel de arroz é usado para envolver preparados de carne e hortaliças e pode ser ingerido quer frito, quer simplesmente umedecido.

Moti. Moti é o nome que os japoneses dão a um preparado resistente, quase elástico, feito com arroz glutinoso, que pode ser moldado em bolinhos ou na forma de finas folhas que envolvem algum recheio. O arroz glutinoso é cozido no vapor e batido até virar uma pasta; alternativamente, uma massa de farinha de arroz glutinoso é sovada por 30 minutos. O batimento ou sova organiza as moléculas de amilopectina numa massa enredada que resiste a mudanças em sua estrutura.

Lao chao. O lao chao é um arroz fermentado chinês feito com arroz glutinoso. Este é cozido no vapor, resfriado, transformado em bolinhos com um fermento-mãe que inclui o fungo *Aspergillus oryzae* (p. 840) e leveduras e mantido em temperatura ambiente por dois a três dias, quando então se torna macio e agridoce, com aroma frutado e alcoólico.

Arroz selvagem. O arroz selvagem não é uma espécie do verdadeiro gênero tropical *Oryza*. É antes um parente distante, uma gramínea de clima frio que produz grãos atipicamente longos, com até 2 cm de comprimento, tegumento escuro e um sabor complexo e característico. A *Zizania palustris* é natural da região dos Grandes Lagos, na América do Norte, onde vegeta em lagos rasos e pântanos e era coletada em canoas pelos ojibway e outros povos indígenas. É o único cereal norte-americano que se tornou importante na alimentação humana. O arroz selvagem se diferencia dos outros cereais por conter, quando maduro, o dobro da quantidade comum de umidade: por volta de 40% do peso do grão. Por isso exige um beneficiamento mais elaborado que o do arroz verdadeiro para poder ser estocado. Primeiro, é curado em pilhas úmidas por uma ou duas semanas, durante as quais os grãos imaturos continuam a amadurecer e microrganismos crescem na superfície deles, gerando sabor e enfraquecendo as cascas. Depois, é tostado sobre uma chama; esse processo seca o grão, dá-lhe sabor e torna a casca quebradiça. Por fim, é joeirado para removerem-se as cascas.

Textura e sabor. O arroz selvagem tem textura firme e resistente graças à camada intacta de farelo e ao processo de beneficiamento, que gelifica e fortalece o amido de modo análogo ao processo de parboilização. Sua cocção é mais demorada que a da maioria dos cereais: leva às vezes uma hora ou mais, pois o amido pré-cozido assume a forma de uma massa dura e vítrea e as camadas de farelo são impregnadas de cutina e cera (p. 290) para resistir à absorção de água (na natureza, os grãos caem na água e permanecem inativos por meses ou até anos antes de germinar). Pode ser que também a pigmentação escura contribua para o longo tempo de cocção; é formada por derivados da clorofila, de cor verde muito escura, e por compostos fenólicos parcialmente pretos gerados pelas enzimas de escurecimento. Em geral, os produtores submetem os grãos a leve abrasão a fim de melhorar a absorção de água e, logo, abreviar o tempo de cocção. Os cozinheiros também podem deixar os grãos de molho por várias horas em água quente.

O sabor do grão cru tem notas verdes e de terra, florais e de chá. A cura fortalece as notas de chá (piridinas), mas pode acrescentar um indesejável odor de mofo; o aquecimento sobre chama gera reações de escurecimento e um caráter tostado, acastanhado (pirazinas). Os diferentes produtores usam diferentes métodos de cura (nenhum, breve, extenso) e tostagem (temperatura baixa ou alta, chama direta ou tambores de metal indiretamente aquecidos), de modo que o sabor do arroz selvagem apresenta grandes variações.

Arroz selvagem domesticado. É bem pouco o arroz selvagem ainda coletado de touceiras naturais. Hoje em dia, a maior parte desse cereal é cultivada em campos artificialmente alagados e colhida mecanicamente depois de drenados os campos. Por isso os grãos de arroz selvagem cultivado apresentam com maior regularidade um tegumento maduro e preto. Para provar a forma verdadeiramente silvestre deste cereal e apreciar as diferenças de sabor entre os grãos fornecidos por pequenos produtores, é necessário consultar cuidadosamente os rótulos das embalagens.

MILHO

O milho, chamado *Zea mays* pelos biólogos, foi domesticado no México entre 7 mil e 10 mil anos atrás a partir de uma gramínea de grande porte chamada teosinto (*Zea mexicana*), que cresce em florestas pouco densas. Ao contrário dos cereais do Velho Mundo e das leguminosas, relativamente pouco alterados pela seleção humana, o milho resultou de diversas mudanças drásticas na estrutura do teosinto. A produção de pólen se concentrou no alto da planta e a produção de flores femininas – e, logo, de espigas e grãos – distribuiu-se ao longo do caule. O grande tamanho da planta e das espigas tornou o cultivo do milho relativamente fácil, e ele se tornou a principal planta alimentícia de muitas outras culturas antigas da América. Os incas do Peru, os maias e astecas do México, os habitantes do vale do Mississippi que construíam grandes fortificações em terra e muitas culturas seminômades das Américas do Norte e do Sul dependiam do milho como ingrediente básico de sua culinária. Colombo levou o milho consigo à Europa e, no prazo de uma geração, este já estava sendo cultivado na região meridional do continente europeu.

Hoje em dia, o milho é a terceira maior cultura alimentícia do mundo depois do arroz e do trigo e representa o alimento primário para milhões de pessoas na América Latina, na Ásia e na África. Na Europa e nos Estados Unidos, onde esse cereal é mais usado para alimentar animais que para nutrir seres humanos, ele é apreciado por seu sabor típico e pela textura e substância que propicia a diversos pratos cozidos por imersão, fritos e assados ao forno; é também consumido como um lanche rápido. O milho proporciona, ainda, malte para a fabricação de uísque, amido para espessar molhos e recheios, xarope de glicose para aromatizar e dar viscosidade a diversos preparados doces e, por fim, um óleo de uso culinário. As diferentes partes da planta são também transformadas em muitos produtos industriais.

Tipos e cores de milho. Há cinco tipos gerais de milho, cada qual caracterizado por uma composição típica do endosperma. Parece que o primeiro a ser cultivado foi um milho de pipoca rico em proteínas, mas os cinco tipos já eram largamente co-

---

Palavras da culinária: *corn* (cereal, milho) e *maize* (milho)

O milho é chamado *corn* pelos norte-americanos, mas era originalmente conhecido em inglês como *maize* ou *indian corn*. O nome *maize* vem da língua taino usada nas Índias Ocidentais, da qual derivaram também os nomes dados a esse cereal nas línguas castelhana, italiana e francesa. Já a palavra *corn* é, em inglês, um termo genérico que vem da mesma raiz de *kernel* (cerne, germe) e *grain* (grão, cereal), e tem o mesmo sentido amplo destes últimos termos; assim é que se fala de *corned beef*, isto é, carne bovina curada com "grãos" de sal. *Corn* ainda é usada em várias partes das Ilhas Britânicas para designar o cereal mais importante em cada região; só nos Estados Unidos é que passou a se referir exclusivamente ao milho.

nhecidos pelos habitantes autóctones das Américas desde muito antes da chegada dos europeus.

- O *milho de pipoca* e o *milho duro* contêm quantidade relativamente grande de proteínas armazenadas ao redor de grânulos de amido ricos em amilose.
- O *milho dentado* ou *milho mole* é a variedade mais cultivada para o uso como ração animal e para fazer diversos ingredientes beneficiados (sêmola, farinha, fubá). Tem na coroa do grão um depósito localizado de amido "ceroso", pobre em amilose, que produz uma depressão ou "dente" no grão seco.
- Os milhos *farináceos*, entre os quais se incluem as variedades mais comuns de milho azul, são macios e fáceis de moer porque seu endosperma é um agregado descontínuo e frágil de pouca proteína, grande quantidade de amido ceroso e bolsões de ar. Os milhos que nos Estados Unidos se chamam *indian corn* são variedades duras e farináceas com grãos de cor variegada.
- O *milho doce*, muito popular nos Estados Unidos sob a forma de milho verde, armazena mais açúcar que amido e, portanto, tem grãos translúcidos e enrugados quando secos (os grânulos de amido refletem a luz e incham os grãos dos outros tipos). A maioria dos países produtores de milho consome o milho ainda verde, mas usa para tanto os outros tipos de milho*. Os índios americanos que desenvolveram o milho doce apreciavam sobretudo seu sabor quando a espiga era tostada.

Os diferentes tipos de milho também existem em várias cores, algumas das quais foram originalmente selecionadas pelos povos autóctones da América para uso cerimonial. O interior é geralmente branco e não pigmentado, ou amarelo em razão da presença de carotenos e xantofilas lipossolúveis e nutritivos (betacaroteno, luteína, zeaxantina). Os grãos azuis, roxos e vermelhos contêm antocianinas hidrossolúveis na camada de aleurona, o nutritivo estrato celular localizado abaixo da casca.

Tratamento alcalino: seus muitos benefícios. O milho é diferente de todos os outros cereais pelo grande tamanho de suas espigas e grãos e pela grossura e resistência de sua casca ou pericarpo. Os primeiros

---

* É o caso do Brasil, onde o milho mais cultivado e mais consumido na forma verde é o milho duro. (N. do T.)

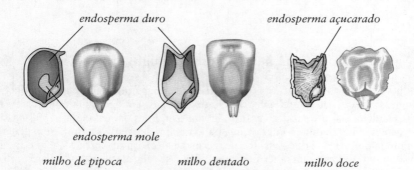

Tipos de milho. Da esquerda para a direita: *grãos de milho de pipoca, milho dentado e milho doce. O abundante endosperma duro faz com que o milho de pipoca suporte a pressão do vapor até estourar.*

povos a usar o milho como alimento desenvolveram um pré-tratamento especial para facilitar a remoção da casca. Trata-se do processo chamado *nixtamalização*, de uma palavra asteca: os grãos eram cozidos em água alcalinizada por diversas substâncias. Os maias e astecas usavam cinzas ou cal; as tribos norte-americanas, cinzas e carbonato de cálcio encontrado em depósitos naturais; e um grupo contemporâneo, de ascendência maia, queima conchas de mexilhão para o mesmo fim. A hemicelulose, um dos principais componentes das paredes celulares dos vegetais, é especialmente solúvel em meio alcalino. A nixtamalização amolece a casca e a destaca parcialmente do restante do grão, de tal modo que possa ser removida por esfregação. O processo também ajuda a transformar os grãos numa massa coesa que serve para fazer tortilhas e outros preparados (ver p. 533); e libera boa parte da niacina presa no milho, permitindo-nos absorvê-la e gozar de seus benefícios.

O sabor do milho. O milho tem um sabor característico ao qual não se assemelha o de nenhum outro cereal. A pipoca e outros produtos feitos com milho seco e tostados em alta temperatura desenvolvem diversos compostos de anéis de carbono, entre os quais um que está presente também no arroz basmati (acetilpirrolina). O processamento alcalino gera ainda outro conjunto de moléculas aromáticas características. Uma delas é produto da decomposição do aminoácido triptofano e se assemelha muito, dos pontos de vista químico e aromático, a uma nota característica das uvas Concord e dos morangos silvestres (aminoacetofenona, parente do metil antranilato dessas frutas). A massa de farinha de milho nixtamalizado chamada *masa* também pode apresentar notas de violetas e especiarias (ionona e vinil guaiacol).

Ingredientes preparados com grãos inteiros: milho em grão nixtamalizado (*hominy*), Corn Nuts. Os ingredientes e alimentos mais comuns feitos a partir do milho podem ser divididos em duas categorias gerais: os feitos com grãos inteiros e os feitos com grãos moídos. Existe também uma divisão básica entre materiais secos, não tratados, e materiais processados a úmido por tratamento alcalino.

Os ingredientes feitos com grãos de milho inteiros são relativamente poucos, e

---

Milho fermentado na lama

Explorando a região oriental do lago Huron por volta de 1616, Samuel de Champlain observou uma espécie de técnica de "fermentação" praticada pelos índios huron. Um desafio aos antropólogos: acaso esta receita tem um fundamento nutricional? Envolvia ela apenas a conversão de amido em açúcar? Ou será ela o equivalente da "nobre podridão" para os huron?

> Eles têm outra maneira de comer o milho. Para prepará-lo, tomam a espiga e põem-na dentro d'água, sob a lama, deixando-a nesse estado durante dois ou três meses até julgarem-na pútrida; então, tiram-na, cozinham-na com carne ou peixe e a comem. Também a consomem assada na fogueira, e ela é melhor assada que cozida, mas asseguro-te que nada há que cheire tão mal quanto este milho quando sai da água todo coberto de lama; não obstante, as mulheres e crianças o chupam como se fosse cana-de-açúcar, demonstrando claramente que, a seu ver, não há nenhuma outra iguaria tão apreciada quanto essa.

a pipoca é de longe o mais comum. Nos Estados Unidos dá-se o nome de *hominy* aos grãos de milho inteiros, de preferência de milho branco, cozidos por 20-40 minutos numa solução de cal ou lixívia, despojados da casca e lavados do excesso da solução alcalina. Esse milho em grão nixtamalizado é usado para fazer sopas (pozole), ensopados e guarnições e tem textura densa e resistente. Os Corn Nuts são um lanche comum feito dos maiores grãos conhecidos, da variedade peruana Cuzco Gigante. Os grãos sofrem tratamento alcalino para perder as cascas, são postos de molho por algumas horas em água morna, frigidos para desenvolver a cor, o sabor e a crocância e, por fim, temperados.

Pipoca. Vestígios arqueológicos encontrados no México dão a entender que a pipoca na brasa pode ter sido o primeiro método de cocção do milho. Os exploradores europeus descreveram a pipoca entre os astecas, os incas e as tribos da América do Norte. No século XIX, os norte-americanos serviam pipoca como cereal matinal, transformavam-na em mingaus, pudins e bolos e acrescentavam-na a sopas, saladas e pratos principais, ou ainda misturavam-na com melaço para fazer uma versão primitiva da pipoca doce. A pipoca era um salgadinho muito popular nos Estados Unidos na década de 1880; depois foi associada aos cinemas e, por fim, ao assistir à televisão em casa. No século XXI, a maior parte da pipoca vendida nos supermercados é empacotada para ser feita no micro-ondas.

Como a pipoca estoura. Algumas variedades de milho duro e milho mole estouram e formam uma "esponja" crocante, mas expandem muito menos que as variedades especificamente "de pipoca", que em regra são menores e contêm proporção maior de endosperma duro e translúcido. Graças a um arranjo mais denso das fibras de celulose, o pericarpo ou casca do milho de pipoca conduz calor várias vezes mais rápido que o do milho comum; e graças à sua densidade e maior espessura, ele é muito mais forte: o resultado é que esse pericarpo transmite o calor com maior rapidez ao endosperma e é capaz de suportar melhor a pressão do vapor antes de ceder.

À medida que a temperatura interior do grão de milho alcança e ultrapassa 100 °C, a matriz proteica e os grânulos de amido amolecem e a umidade contida nos grânulos se transforma em vapor. O vapor amolece ainda mais o amido, e milhares de bolsões de vapor exercem forte pressão contra o pericarpo. O amaciamento do amido e da proteína continua até que a pressão interna se torne várias vezes maior que a pressão atmosférica externa, momento em que o pericarpo se rompe. A súbita queda de pressão dentro do grão causa a expansão dos bolsões de vapor e, com eles, a expansão da mistura de amido e proteína, que aumenta de tamanho e se firma à medi-

---

Flores de pipoca

Só mesmo Henry David Thoreau para ver a pipoca com outros olhos. Em pleno inverno de 1842, ele escreveu em seu diário:

> Hoje à noite estourei pipoca, a qual é somente uma rápida floração da semente sob um calor maior que o do mês de julho. O milho estourado é uma perfeita flor de inverno, evocando anêmonas e rubiáceas. [...] Ao lado de minha cálida lareira abriram-se estas flores cereais: foi esta a margem onde nasceram.

da que esfria, tornando-se leve e crocante. (Se a pipoca for estourada numa panela de tampa hermética, que não ofereça via de escape para o vapor, o endosperma reterá o vapor e se tornará duro e resistente; a tampa da panela deve ficar entreaberta.)

A pipoca estoura a cerca de 190 °C e pode ser feita no óleo, com ar quente ou no forno de micro-ondas. Os diversos híbridos estouram melhor com diferentes métodos. Os saquinhos de pipoca para micro-ondas desenvolvem a alta temperatura necessária por meio de uma fina camada de Mylar (filme de poliéster), que reflete as micro-ondas.

Ingredientes moídos a seco: sêmola, fubá, fubá mimoso. A maior parte do milho é preparada e comida na forma moída. Os produtos moídos a seco são aqueles feitos diretamente a partir dos grãos armazenados – nos Estados Unidos, principalmente de milho dentado* – sem nenhum pré-tratamento. Hoje em dia, o milho costuma ser refinado para excluir a casca e o germe, inovação que data de cerca de 1900 e possibilitou a moagem do milho em grande escala. O fubá de milho integral, mais raro, moído às vezes em moinho de pedra, é mais rico em fibras, em sabor e em nu-

---

* No Brasil, de milho duro. (N. do T.)

trientes, mas também deteriora-se rapidamente em razão dos óleos e outras substâncias presentes no germe, que se oxidam em contato com o ar.

A *sêmola* de milho resulta de uma moagem relativamente grossa: são partículas de endosperma com diâmetro de 0,6 a 1,2 mm. É usada para se fabricarem cereais matinais, salgadinhos e cerveja e para fazer uma espécie de mingau especialmente apreciada no sul dos Estados Unidos. No passado, a sêmola era feita com milho nixtamalizado, mas hoje em dia esse produto é raro.

O *fubá*, cujas partículas têm cerca de 0,2 mm de diâmetro, é mais fino que a sêmola, mais rápido que esta para absorver água e cozinhar e produz preparados de textura menos áspera. É usado para fazer angu, polenta e broa, além de pão de milho, *muffins* e outros alimentos assados e fritos que, para garantir a leveza, levam também um pouco de farinha de trigo e fermento.

O *fubá mimoso* é o que tem moagem mais fina, com partículas de diâmetro menor que 0,2 mm. Geralmente é misturado com outros ingredientes para dar sabor a diversos alimentos fritos e assados.

Preparados feitos com o milho moído úmido: *masa*, tortilhas, tamales, salgadinhos de milho. As tortilhas, tamales e salgadinhos de milho são feitos com grãos

---

O folclore da polenta

A polenta, versão italiana do angu de fubá, era originalmente feita com cevada. Hoje em dia é prato conhecido nos Estados Unidos e deu origem a muitas ideias populares sobre como deve ser feita. Alguns cozinheiros preparam-na rapidamente no forno de micro-ondas, ao passo que os tradicionalistas insistem na necessidade da cocção lenta e do movimento constante por uma hora ou mais. A cocção lenta na boca do fogão tem pelo menos uma vantagem: desenvolve o sabor do milho pela aplicação constante de calor superior a 100 °C ao fundo da panela (daí a necessidade de mexer para evitar que o fundo queime) e pela secagem e exposição ao ar que ocorrem na superfície. Os cozinheiros que têm muito o que fazer podem obter o mesmo sabor com menos trabalho: basta tampar parcialmente uma panela de polenta recém-engrossada, colocá-la em forno baixo (130 °C) – que aquece o fundo e os lados de modo controlado e homogêneo – e mexer só de vez em quando.

de milho moídos úmidos, depois de passarem pela etapa preliminar de cocção chamada nixtamalização (p. 531). Antes de tudo, o milho é cozido numa solução (0,8-5%) de hidróxido de cálcio ou lixívia por um período que varia de alguns minutos a uma hora; depois, é reservado para absorver o líquido e esfriar lentamente ao longo de 8 a 16 horas. Durante este período de molho, a alcalinidade amacia o pericarpo e as paredes celulares de todo o grão, promove a interligação entre as proteínas armazenadas e decompõe parte do óleo, formando excelentes emulsificantes (mono e diglicerídeos). Depois do molho, o líquido é descartado, as cascas são removidas por lavagem e o restante dos grãos, inclusive com o embrião ou germe, é moído em moinho de pedra, produzindo o material chamado *masa* ou massa de milho nixtamalizado. A moagem em pedra corta os grãos, amassa-os e sova a massa, misturando o amido, as proteínas, o óleo, os emulsificantes e os materiais das paredes celulares, bem como o cálcio da cal, que estabelece ligações entre moléculas. Com uma sova suplementar depois da moagem, essa combinação se transforma numa massa coesa e plástica.

A forma industrial de *masa* é chamada *masa harina*: uma farinha feita a partir de *masa* fresca, a qual é seca por jato de ar quente e se desagrega em partículas pequenas. Por ser feita com menos água que a *masa* normal e depois ainda sofrer secagem, a *masa harina* tem menos aroma de *masa* e exala uma nota tostada. Quando reconstituída, produz uma textura mais macia que a da *masa* fresca.

Tortilhas, tamales e salgadinhos de milho.
As tortilhas são feitas moldando-se a *masa* (em grau de moagem fino) na forma de películas que são cozidas tradicionalmente em panela quente por um ou dois minutos, hoje em dia em fornos comerciais de esteira por 20-40 segundos. Os tamales são bolinhos de *masa* recheados; tradicionalmente, são moldados na palha do milho e cozidos no vapor*. A massa é umedecida com um caldo e sovada com banha animal, num processo que a enriquece, lhe dá sabor e a preenche de ar. A banha é semissólida em temperatura ambiente; ajuda a lubrificar os materiais da massa e a prender bolhas de ar numa estrutura fofa que se expande quando da cocção no vapor. Os salgadinhos de milho fritos são feitos quer com tortilhas, quer diretamente com *masa*. Os do primeiro tipo são tortilhas fritas por imersão; os do segundo são tiras de *masa* grossa, com pouca água, igualmente fritos por imersão.

CEREAIS MENOS IMPORTANTES

Os cereais de que falaremos a seguir são encontrados só de vez em quando na Europa e nos Estados Unidos, embora alguns deles sejam extremamente importantes nas regiões tropicais e subtropicais de clima seco.

Fônio. O fônio e o fônio-preto são gramíneas africanas, parentes distantes do milho e do sorgo. A *digitaria exilis* e a *D. iburua* foram domesticadas nas savanas da África Ocidental por volta de 5000 a.C. e são, sob a maioria dos aspectos, cereais típicos. Os grãozinhos são usados para fazer mingau, cuscuz e pipoca, são fermentados para fazer cerveja e misturados com trigo para fazer pão.

Painço. Painço é o nome usado para designar vários cereais, todos eles com sementinhas redondas de 1-2 mm de diâmetro (espécies dos gêneros *Panicum*, *Setaria*, *Pennisetum* e *Eleusine*). Os painços são todos naturais da África e da Ásia e têm sido cultivados há 6 mil anos. São especialmente importantes em ambientes áridos, pois de todos os cereais são os que menos precisam de água e podem ser cultivados em solo pobre. Os grãos são notáveis pelo alto teor proteico (de 16 a 22%). Podem ser estourados como pipoca e transformados em mingaus, pães, maltes e cervejas.

* No Brasil, o abará e a pamonha são espécies de tamale. (N. do T. e do R. T.)

Sorgo. O sorgo (*Sorghum bicolor*) evoluiu nas estepes e savanas da África Central e Meridional, foi domesticado nessa região por volta de 2000 a.C. e logo depois foi levado primeiro à Índia e depois à China. Graças à sua tolerância à seca e ao calor, o sorgo se estabeleceu na maioria dos países quentes. Os grãos são pequenos, com cerca de 4 mm de comprimento e 2 de largura; podem ser cozidos como o arroz, estourados como pipoca ou usados de variados modos para fazer mingaus, pães chatos, cuscuz e cerveja. Não se deve permitir que o sorgo brote; quando o grão germina, produz um sistema de defesas químicas que gera cianeto (p. 287).

Tefe. O tefe, *Eragrostis tef*, é o principal vegetal alimentício da Etiópia, mas não é produzido praticamente em nenhum outro lugar. Suas sementes pequenas (1 mm) nascem com várias cores (pretas, marrons, vermelhas ou brancas), das quais se diz que as variedades pigmentadas têm mais sabor. O tefe é usado sobretudo para fazer o pão achatado e esponjoso chamado injera, que, ao contrário da maioria dos pães, permanece macio por vários dias.

Triticale. O triticale é um híbrido artificial, moderno, entre o trigo e o centeio (*Triticum* x *Secale*), mencionado pela primeira vez no final do século XIX e cultivado comercialmente a partir de 1970. Tem muitas formas diferentes; a mais comum é um cruzamento entre o trigo durum e o centeio. Seus grãos são, em geral, mais semelhantes aos do trigo que aos do centeio, embora a maioria das variedades não sirvam para fazer um pão tão bom quanto o de trigo. Hoje em dia, o triticale é cultivado sobretudo para alimentar animais e às vezes é encontrado nas lojas de produtos naturais.

PSEUDOCEREAIS

O amaranto, o trigo-sarraceno e a quinoa não fazem parte da família das gramíneas e, portanto, não são verdadeiros cereais, mas suas sementes assemelham-se às destes e são usadas de modo parecido.

Amaranto. O amaranto é a sementinha de 1-2 mm de diâmetro de três espécies do gênero *Amaranthus* naturais do México, da América Central e da América do Sul, que passaram a ser cultivadas há mais de 5 mil anos. (Há também espécies de amaranto nativas do Velho Mundo, mas são usadas exclusivamente como verduras.) Hoje em dia, o amaranto complementa outros tipos de grãos em massas assadas, cereais matinais e salgadinhos. A combinação de sementes pipocadas e um xarope doce ainda vive no prato mexicano chamado "alegria" e no *laddu* indiano. As sementes de amaranto contêm bem mais proteína e óleo que os cereais.

Trigo-sarraceno. O trigo-sarraceno, *Fagopyrum esculentum*, é planta da família das poligonáceas, parente do ruibarbo e da azedinha. Natural da Ásia Central, foi domesticada na China ou na Índia em época relativamente recente, cerca de mil anos atrás, e levada à Europa Setentrional durante a Idade Média. Tolera condições difíceis de cultivo e dá suas sementes em pouco mais de dois meses, de modo que sempre foi muito apreciada nas regiões frias onde a estação de crescimento é breve.

Os grãos de trigo-sarraceno são triangulares, com 4-9 mm de tamanho, e têm o pericarpo escuro. A semente propriamente dita é composta por um endosperma rico em amido que envolve um embrião pequeno e é por sua vez envolvido por um tegumento verde-amarelado. Em geral, as sementes são vendidas descascadas. O trigo-sarraceno é composto por cerca de 80% de amido e 14% de proteína, esta sobretudo na forma de globulinas solúveis em água com sal. Contém cerca do dobro do teor de óleo da maioria dos cereais, o que limita o prazo de validade tanto da semente descascada quanto da farinha feita com ela. A semente descascada contém cerca de 0,7% de compostos fenólicos, alguns dos quais dão a esse grão sua adstringência característica. O aroma singular do trigo-sarraceno cozido tem notas acastanhadas, de fumaça e verdes, bem como leve nota de peixe (devidas respectivamente às pirazinas, ao salicilaldeído, aos aldeídos e às piridinas).

A farinha de trigo-sarraceno tem pequena quantidade de mucilagem, um carboidrato complexo semelhante à amilopectina – cada molécula sua é composta por cerca de 1.500 moléculas de açúcar ligadas numa estrutura ramificada. Embora seja um componente menor da farinha, a mucilagem absorve água e pode proporcionar parte da aderência que mal e mal mantém uniforme o macarrão de trigo-sarraceno (p. 643).

O trigo-sarraceno é alimento básico de certas regiões da China, da Coreia e do Nepal. No Himalaia, é usado para fazer *chillare*, um pão não fermentado, e também a massa frita chamada *pakora* e alguns doces. No norte da Itália, é misturado com trigo comum no talharim chamado *pizzocheri* e misturado com fubá para fazer polenta. Na Rússia, é empregado na confecção das panquequinhas chamadas *blini*; e os grãos descascados são o ingrediente principal do mingau *kasha*, com sabor acastanhado. Na Bretanha, produz crepes caracteristicamente salgados. Os japoneses fazem o macarrão *sobá* com a farinha de trigo-sarraceno. Nos Estados Unidos, este grão é usado sobretudo para fazer panquecas, às quais proporciona certa maciez e um aroma acastanhado.

Quinoa. A quinoa, natural da região setentrional da América do Sul, foi domesticada perto do lago Titicaca, nos Andes, por volta de 5000 a.C. Era um dos alimentos básicos dos incas, só perdendo em importância para a batata. O *Chenopodium quinoa* pertence à família da beterraba e do espinafre. Seus grãos são esferinhas com 1 a 3 mm de diâmetro. O pericarpo de muitas variedades contém compostos defensivos amargos chamados saponinas, que podem ser removidas por breve lavagem e esfregação em água fria (o molho prolongado deposita as saponinas dentro da semente). A quinoa pode ser cozida como o arroz ou acrescentada a sopas e outros pratos líquidos; também é estourada como pipoca e, moída, usada para fazer vários pães chatos.

AS LEGUMINOSAS: FEIJÕES, ERVILHAS E OUTRAS

Os feijões e ervilhas pertencem à terceira maior família de plantas floríferas (depois das famílias das orquídeas – orquidáceas – e das margaridas – compostas) e à segunda família mais importante na dieta humana, depois das gramíneas. A contribuição específica das leguminosas é seu alto conteúdo proteico, duas ou três vezes maior que o do arroz ou do trigo, desenvolvido graças à simbiose dessas plantas com bactérias que vivem no solo. Certas espécies de bactérias do gênero *Rhizobium* invadem as raízes das leguminosas e convertem o abundante nitrogênio do ar numa forma que a planta pode aproveitar diretamente para fabricar aminoácidos e, logo, proteínas. Há muito que as leguminosas representam alternativa essencial aos alimentos animais, os quais são ricos em proteína mas também são mais dispendiosos; as leguminosas se destacam especialmente na alimentação da Ásia, das Américas Central e do Sul e do Mediterrâneo. Sinal notável da alta consideração de que gozavam no mundo antigo é o fato de que cada uma das quatro principais leguminosas conhecidas pelos romanos emprestou seu nome a uma destacada família romana: *Fabius* vem da fava, *Lentulus* da lentilha, *Piso* da ervilha e *Cicero* – o mais famoso de todos – do grão-de-bico. Nenhum outro grupo alimentar recebeu tantas honras!

Há cerca de vinte espécies de leguminosas cultivadas em grande escala (ver quadro, p. 537). A soja e o amendoim, plantados em vista da extração de óleo, têm produção muito maior que a das leguminosas consumidas em seu estado original; os óleos não são utilizados somente na culinária, mas também na indústria, e a soja é um dos principais ingredientes da ração para animais nos Estados Unidos.

ESTRUTURA E COMPOSIÇÃO DAS LEGUMINOSAS

As sementes de leguminosas contêm o embrião de uma planta rodeado por um tegumento protetor. O embrião, por sua vez, é formado por duas grandes folhas, chamadas cotilédones, ligadas a um minúsculo caule. Os cotilédones, como o endosperma dos cereais, fornecem a maior parte do alimento de que o embrião precisa. Na verdade, eles são uma forma alterada do endosperma. Quando o pólen se une ao óvulo no processo de fertilização, formam-se tanto o embrião quanto o endosperma, que é um tecido nutritivo primordial. Nos cereais, o endosperma se desenvolve ao lado do embrião e se transforma no órgão de armazenamento do fruto maduro. Nas leguminosas, por outro lado, o endosperma é absorvido pelo embrião, que rearmazena os nutrientes em seus cotilédones.

Alguns feijões e ervilhas comuns

Nome comum	Nome científico
Naturais da Europa e do Sudoeste Asiático	
Grão-de-bico	*Cicer arietinum*
Lentilha, massur dal	*Lens culinaris*
Ervilha	*Pisum sativum*
Fava	*Vicia faba*
Tremoço	Espécies do gênero *Lupinus*
Alfafa	*Medicago sativa*
Naturais da Índia e da Ásia Oriental	
Soja	*Glycine max*
Feijão-mungo	*Vigna radiata*
Feijão-da-índia, urad dal	*Vigna mungo*
Feijão azuki	*Vigna acutifolia*
Feijão-arroz	*Vigna umbelata*
Moth bean	*Vigna aconitifolia*
Feijão-guandu	*Cajanus cajan*
Chícharo, Chícaro	*Lathyrus sativus*
Labe-labe	*Lablab purpureus*
Feijão-alado	*Psophocarpus tetragonolobus*
Naturais da África	
Feijão-fradinho, caupi	*Vigna unguiculata*
Feijão-jugo	*Vigna subterranea*
Naturais das Américas Central e do Sul	
Feijão comum	*Phaseolus vulgaris*
Feijão-de-lima	*Phaseolus lunatus*
Feijão-tepari	*Phaseolus acutifolius*
Feijão-da-espanha, feijão-trepador	*Phaseolus coccineus*
Amendoim	*Arachis hypogaea*

O tegumento só é interrompido junto ao hilo, a pequena depressão por onde a semente se liga à vagem e por onde absorverá água quando estiver no chão ou na sementeira. O tegumento pode ser muito fino, caso do amendoim, ou grosso, representando cerca de 15% do peso do grão-de-bico e 30% do tremoço. Esse tegumento das leguminosas é quase todo formado por carboidratos das paredes celulares e reúne a maior parte da fibra não digerível presente na semente. As variedades coloridas – feijões amarelos, rosados, pretos – têm o tegumento rico em antocianinas e outros compostos fenólicos, sendo portanto dotadas de propriedade antioxidantes.

A maioria dos feijões e ervilhas contém principalmente proteínas e amido (ver quadro, p. 543). As grandes exceções são a soja e o amendoim, que contêm respectivamente cerca de 25% e 50% de óleo. Muitas leguminosas, nitidamente doces, contêm vários pontos percentuais de sacarose em relação a seu peso.

Algumas leguminosas são ricas em compostos secundários defensivos (p. 286), sobretudo inibidores de protease, lectinas e, no caso do feijão-de-lima tropical, compostos que geram cianeto (as variedades europeias e norte-americanas do feijão-de-lima não produzem cianeto nenhum ou quase nenhum). Os animais alimentados com uma dieta de leguminosas cruas *perdem* peso. Todos esses compostos potencialmente tóxicos são desativados ou eliminados pela cocção.

As cores das sementes. As cores das leguminosas são determinadas principalmente pelas antocianinas presentes no tegumento. O vermelho e o preto geralmente sobrevivem à cocção, ao passo que os desenhos sarapintados tendem a sumir quando os pigmentos hidrossolúveis se infiltram nas áreas adjacentes não pigmentadas e se perdem na água da cocção. Para manter a intensidade da cor, o melhor é reduzir a quantidade de água usada para a cocção: comece o processo apenas cobrindo os feijões com água e vá acrescentando água à medida que for necessário para mantê-los cobertos. O verde persistente da ervilha e de certos feijões é dado pela clorofila.

Os feijões claros com tegumento translúcido às vezes desenvolvem delicada cor rosada no caulículo do embrião depois de cozidos. Esse efeito provavelmente resulta da mesma reação que causa o avermelhamento do marmelo e da pera cozidos por imersão (p. 311).

AS LEGUMINOSAS E A SAÚDE: O CURIOSO CASO DA SOJA

As leguminosas são, em geral, excelentes fontes de vários nutrientes, entre os quais proteínas, ferro, várias vitaminas do com-

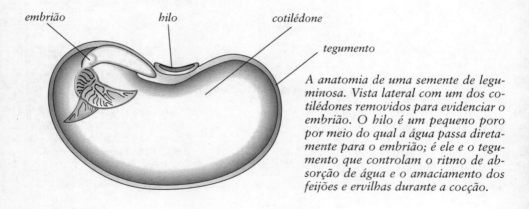

A anatomia de uma semente de leguminosa. Vista lateral com um dos cotilédones removidos para evidenciar o embrião. O hilo é um pequeno poro por meio do qual a água passa diretamente para o embrião; é ele e o tegumento que controlam o ritmo de absorção de água e o amaciamento dos feijões e ervilhas durante a cocção.

plexo B, ácido fólico e amido ou óleo. As variedades coloridas proporcionam ótimos antioxidantes. Entre as leguminosas, porém, a soja parece especialmente capaz de afetar a saúde humana de modo positivo. Estudos epidemiológicos mostraram que, naqueles países onde a soja é alimento básico, especialmente na China e no Japão, os índices de ocorrência de doenças cardíacas e câncer são significativamente menores. Será a soja a responsável, pelo menos em parte?

Acontece que a soja contém, sob forma armazenada, diversos compostos fenólicos chamados *isoflavonas*, que têm sua forma ativa liberada pela ação de nossas bactérias intestinais. Tais formas ativas (genisteína, daidzeína e gliciteína) se assemelham ao hormônio humano chamado estrógeno. São, por isso, chamadas "fitoestrógenos" (do grego *phyton*, "folha"). O feijão-mungo e outras leguminosas também contêm isoflavonas, mas em quantidade muito menor. (Dos alimentos à base de soja consumidos geralmente, os grãos inteiros cozidos são os que contêm, de longe, a maior concentração de isoflavonas, cerca do dobro da quantidade encontrada no tofu.) Os fitoestrógenos de fato parecem ter, sobre o corpo humano, efeito semelhante ao dos hormônios. Há indícios de que podem retardar a perda de cálcio pelos ossos e o desenvolvimento de câncer de próstata e de doenças cardíacas. Por outro lado, alguns estudos dão a entender que os fitoestrógenos podem agravar um câncer de mama preexistente e só protegem contra determinados cânceres se forem consumidos durante a adolescência. Nosso entendimento dessas substâncias químicas ainda é muito incompleto. É cedo demais para afirmar categoricamente que a soja é mais benéfica para a saúde humana que qualquer outra semente ou que convém comer soja com frequência.

As *saponinas* são compostos defensivos semelhantes ao sabão e têm um lado hidrossolúvel e outro lipossolúvel, de modo que podem atuar como emulsificantes e estabilizantes de espumas. É pela presença deles, entre outras razões, que a água da panela onde se cozinha a soja faz espuma e se derrama. A soja é rica fonte de saponinas, que perfazem até 5% de seu peso total. Cerca da metade delas se encontra no pericarpo da semente. Algumas saponinas vegetais são tão fortes que danificam nossas membranas celulares. As da soja têm efeito mais brando e se ligam ao colesterol, de modo que o corpo não consegue absorvê-las em grande quantidade. A soja também é boa fonte de fitoesteróis, parentes químicos do colesterol. Os fitoesteróis prejudicam nossa absorção de colesterol e, assim, diminuem o teor de colesterol no sangue.

AS LEGUMINOSAS E O PROBLEMA DA FLATULÊNCIA

Vários componentes químicos das leguminosas são responsáveis por um efeito colateral incômodo, e às vezes constrangedor, do consumo desses alimentos: a geração de gases no sistema digestivo.

A causa: carboidratos não digeríveis. Toda pessoa produz em seu intestino uma mistura de gases, cerca de 1 litro por dia, graças à multiplicação e ao metabolismo das bactérias que moram dentro de nós. Muitas leguminosas, especialmente a soja, o feijão-branco e o feijão-de-lima, provocam um aumento repentino da atividade bacteriana e um correspondente aumento da produção de gás poucas horas depois de serem consumidas. Isso porque contêm grande quantidade de carboidratos que as enzimas digestivas do ser humano não conseguem transformar em açúcares assimiláveis pelo organismo. Tais carboidratos, portanto, passam incólumes pelo intestino delgado e assim chegam ao intestino grosso, onde a população bacteriana cumpre a tarefa que não conseguimos cumprir.

Um dos tipos de carboidratos problemáticos são os *oligossacarídeos*, moléculas compostas de três, quatro e cinco moléculas de açúcar interligadas de modo incomum. Porém, as mais recentes pesquisas dão a entender que os oligossacarídeos não são a fonte principal dos gases intestinais. As substâncias que provocam a aderência entre as paredes celulares geram a mesma quantidade de dióxido de carbono e hidrogênio que os oligossacarídeos – mas as leguminosas geralmente contêm duas vezes mais carboidratos daquele tipo que oligossacarídeos.

As curas: molho, cocção prolongada.

O método mais usado para reduzir a produção de gases pelo consumo de leguminosas consiste em escaldar as leguminosas rapidamente em bastante água, deixá-las de molho por uma hora, descartar essa água e começar a cocção com outra água. Com isso, a maioria dos oligossacarídeos hidrossolúveis é retirada da semente – mas junto com eles se vão também quantidades significativas de vitaminas, minerais, açúcares simples e pigmentos tegumentares: ou seja, nutrientes, sabor, cor e antioxidantes. É um preço alto demais a pagar. A alternativa é a simples cocção prolongada, que acaba por decompor a maioria dos oligossacarídeos e das fibras hidrossolúveis, transformando-os em açúcares simples e digeríveis. Os oligossacarídeos também são consumidos pela leguminosa durante a germinação e pelos microrganismos no processo de fermentação; assim, os brotos de feijão em geral, bem como o missô, o molho de soja e os coalhos de soja, fazem menos mal que os feijões inteiros.

O SABOR DOS FEIJÕES

O feijões devem seu sabor típico ao fato de conterem grande quantidade da enzima lipoxigenase, que decompõe os ácidos graxos insaturados e os transforma em moléculas pequenas e odoríferas. Os componentes principais do aroma do feijão são o hexanol e o hexanal (notas de relva) e o octanol (nota de cogumelo). A lipoxigenase tem oportunidade de agir quando as células do feijão são danificadas e existem quantidades suficientes de umidade e oxigênio disponíveis: quando os feijões frescos sofrem choques ou danos físicos, por exemplo, ou quando os feijões secos já danificados são postos de molho ou levados lentamente à fervura. O forte sabor "afeijoado" que caracteriza a soja e seus produtos é bem-aceito na Ásia mas repugna aos ocidentais; por isso, no Ocidente, alguns cientistas alimentares inventaram técnicas para minimizá-lo (ver quadro, p. 548). O aroma de feijões cozidos também tem forte nota doce, dada por lactonas, furanos e maltol.

Alguns feijões ficam estocados durante anos antes de serem vendidos no supermercado ou usados como ingredientes em produtos industrializados. A estocagem prolongada faz com que as leguminosas percam algumas de suas notas típicas de sabor e acumulem outras, associadas à deterioração.

BROTOS DE FEIJÃO

Os brotos de feijão nos são conhecidos sobretudo graças às culinárias chinesa e japonesa. Na China, há cerca de mil anos que os brotos de feijão-mungo se popularizaram no norte e os de soja, no sul. Muitas outras leguminosas são brotadas na Ásia e em outras partes, desde a minúscula semente de alfafa até a gigantesca fava. Os cozinheiros às vezes cortam as radículas, os folículos e os densos cotilédones dos brotos, de modo que a textura e o sabor sutis dos caules possam ser apreciados sem distração. Os brotos geralmente sofrem cocção mínima, se é que sofrem alguma, a fim de se preservar o sabor delicado e a textura tenra mas crocante.

A COCÇÃO DAS LEGUMINOSAS

A maioria das sementes maduras de leguminosas são ricas em amido e precisam ser cozidas em água para amolecer os grânulos de amido e as paredes celulares dos cotilédones. As leguminosas frescas são sementes maduras mas ainda úmidas e por isso cozinham rapidamente, em 10 a 30 minutos. Também são mais doces que as leguminosas secas. As leguminosas mais consumidas na forma fresca são a ervilha, o feijão-de-lima, o feijão-rajado italiano (*borlotti*) e a soja (*edamame*).

Os feijões e ervilhas secos e inteiros podem levar de uma a duas horas para cozinhar – muito mais que os cereais secos. Isso se deve não somente a seu maior tamanho, mas também à eficácia do controle que o tegumento exerce sobre a absorção de água, sendo a água necessária para amolecer as paredes celulares e o amido. De início, a água só é capaz de penetrar a semente pelo hilo, o poro localizado no lado côncavo do feijão. Depois de 30-60 minutos de molho em água fria (e menos tempo em água quente), o tegumento já está plenamente hidratado e expandido. A partir de então, a maior parte da água que entra no feijão passa através de toda a superfície tegumentar, embora o ritmo desse fluxo ainda seja lento. As leguminosas das quais se retirou a casca – ervilhas partidas, muitos *dals* indianos – cozinham mais rápido e se desintegram, formando uma papa.

O líquido de cocção. A qualidade dos feijões cozidos e o tempo necessário para cozinhá-los dependem do líquido de cocção. Na cocção de hortaliças em geral, um volume grande de água em plena fervura minimiza os danos que as enzimas poderiam causar às vitaminas e pigmentos, pois mantém-se em alta temperatura quando as hortaliças são acrescentadas. As leguminosas, que levam tempo para cozinhar, são completamente diferentes. Quanto maior o volume de água para cocção, mais os grãos são despojados de sua cor, sabor e nutrientes e mais estes se diluem. Por isso o melhor é cozinhar essas sementes numa quantidade de água apenas suficiente para que elas a absorvam e amoleçam. Além disso, embora a temperatura do ponto de ebulição da água acelere a cocção, a turbulência da água fervente pode danificar os tegumentos e fazer com que os feijões se desintegrem; numa temperatura mais baixa (80-93 °C), a cocção é mais lenta mas mais suave.

O teor de substâncias dissolvidas na água de cocção também afeta o tempo que leva o processo e a textura final dos grãos. A água "dura", com alto teor de cálcio e magnésio, acaba por reforçar as paredes celulares (p. 313). Pode, portanto, retardar o amolecimento dos feijões ou mesmo impedi-los de ficar totalmente macios. A cocção em líquido ácido retarda a dissolução da hemicelulose das paredes celulares e, portanto, o processo de amolecimento, ao passo que a cocção em meio alcalino tem o efeito oposto. Por fim, muitos cozinheiros e livros de culinária dizem que o acréscimo de sal à água de cocção deixa o feijão duro. É fato que retarda o ritmo de absorção de água, mas no fim essa absorção ocorre e o feijão amolece. E, quando os feijões são deixados de molho em água salgada, na verdade cozinham muito mais rápido (abaixo).

A preservação da textura do feijão cozido. Três substâncias retardam o amolecimento do feijão e, assim, possibilitam que ele seja cozido em fogo brando por horas ou reaquecido sem desintegrar. Os *ácidos* tornam a hemicelulose das paredes celulares mais estável e menos solúvel; o *açúcar* ajuda a reforçar a estrutura das paredes celulares e retarda o inchaço dos grânulos de amido; e o *cálcio* estabelece ligações entre as pectinas das paredes celulares, reforçando-as. Por isso ingredientes como o melado – levemente ácido e rico em açúcar e cálcio – e os tomates ácidos são capazes de preservar a estrutura do feijão durante a cocção prolongada ou o reaquecimento. Tais ingredientes são usados nos *baked beans* britânico e norte-americano, por exemplo.

O uso do molho para reduzir o tempo de cocção. Embora o feijão seja idealmente cozido lenta e tranquilamente num forno baixo, às vezes convém cozinhá-lo mais rápido. Em regiões montanhosas, onde o ponto de ebulição da água é mais baixo, a cocção de feijões secos pode levar o dia inteiro.

Há várias maneiras de reduzir o tempo de cocção dos feijões e companhia. A mais simples consiste em deixar o feijão de molho antes de cozinhá-lo. Isso reduz em 25% ou mais o tempo de cocção, por um motivo muito simples: o calor penetra a semente seca mais rápido que a água. Se o feijão seco for posto para cozinhar sem ficar de molho, o amaciamento propriamente dito só começará depois que a água chegar ao centro dos grãos, o que demora. Enquanto isso, a porção exterior dos grãos cozinha mais do que devia e pode ficar indevidamente frágil.

O tempo de molho depende da temperatura. As leguminosas de tamanho médio absorvem mais da metade da água de que são capazes nas primeiras duas horas de molho e atingem o dobro de seu peso original ao cabo de 10-12 horas, quando então a absorção cessa. O ritmo de absorção é diretamente proporcional à temperatura da água do molho; se o feijão, antes de tudo, for branqueado por 1,5 minuto em água fervente, a absorção subsequente não levará mais que duas a três horas em água fria, pois o branqueamento hidrata rapidamente o tegumento que controla o movimento hídrico.

O sal e o bicarbonato de sódio aceleram a cocção. O tempo de cocção pode ser reduzido ainda mais caso se acrescentem sais diversos à água em que o feijão será cozido. O sal de mesa numa concentração de 1% (10 g ou 2 colheres de chá por litro) acelera imensamente a cocção, talvez porque desloque o magnésio da pectina das paredes celulares e facilite a sua dissolução. O bicarbonato de sódio à concentração de 0,5% (1 colher de chá por litro) pode reduzir o tempo de cocção em até 75%; além de conter sódio, é alcalino, facilitando portanto a dissolução da hemicelulose. É claro que os sais acrescentados à água afetam tanto o sabor quanto a textura do feijão cozido. A alcalinidade do bicarbonato de sódio pode criar um certo gosto de sabão e uma desagradável sensação escorregadia na boca. E o sal reduz a gelificação dos grânulos de amido dentro dos feijões, que tendem a ficar com textura farinhenta e não cremosa.

Cocção na pressão. Graças à temperatura de cerca de 120 °C, a cocção na pressão pode reduzir em mais da metade o tempo de cocção das leguminosas. Os feijões deixados

Leguminosas levemente fermentadas na Índia

Embora os alimentos fermentados não sejam tão populares na Índia quanto em outros países, os indianos descobriram maneiras de transformar massas cozidas de arroz e leguminosas em panquecas levemente aeradas e bolos cozidos no vapor. Para fazer o bolinho chamado *idli*, feijão-preto-da-índia e arroz são moídos e misturados, formando uma massa líquida mas espessa, e postos para fermentar durante a noite. As mesmas bactérias do ácido láctico que se encontram nos leites e cremes fermentados (*Leuconostoc mesenteroides*, *Lactobacillus delbrueckii* e *L. lactis*, *Streptococcus faecalis*), além de algumas leveduras (*Geotrichum candidum*, espécies do gênero *Torulopsis*), se alimentam dos açúcares e produzem ácidos, compostos aromáticos, gás carbônico e carboidratos viscosos e pegajosos que espessam a massa e ajudam a prender lá dentro as bolhas de gás. A massa é cozida no vapor e produz um bolo esponjoso de sabor delicado. O *dhokla* é um preparado semelhante feito com arroz e grão-de-bico. O *dosa*, um grande disco frito, semelhante a um crepe mas crocante, é feito de uma diluída massa líquida fermentada de arroz e feijão-preto-da-índia. O *papadum*, acompanhamento familiar aos que frequentam restaurantes indianos no Ocidente, é um *wafer* fino de pasta de feijão-preto-da-índia, ao qual se permitiu que fermentasse por algumas horas antes de ser cortado em discos e seco; quando frito, desenvolve bolhas e uma textura delicadamente frágil.

em molho em água com sal podem não levar mais de 10 minutos para cozinhar.

Feijões que não amolecem. Um dos problemas que os cozinheiros costumam encontrar quando preparam leguminosas secas é que algumas levas demoram demais para amaciar ou, às vezes, sequer chegam a amolecer completamente. O problema pode ser causado pelas condições de cultivo ou pelas de estocagem após a colheita.

O "feijão duro" é aquele cultivado em condições de excessivo calor e seca. O tegumento se torna extremamente resistente à água, de tal modo que esta leva muito mais tempo para penetrar o interior da semente. Este tipo de feijão é, em geral, menor que o feijão comum; por isso às vezes é possível evitar o problema escolhendo-se os feijões antes da cocção e descartando os grãos menores.

O feijão "duro de cozinhar", por outro lado, é normal quando colhido, mas se torna resistente ao amaciamento quando é estocado por muito tempo – meses – em condições de alta temperatura e umidade. Isso resulta de diversas modificações nas paredes celulares e no interior da semente, entre elas a formação de lignina, a conversão de compostos fenólicos em taninos que interligam proteínas e a desnaturação de certas proteínas de reserva, que formam uma camada à prova d'água ao redor dos grânulos de amido. É impossível reverter essas mudanças e tornar o feijão "duro de cozinhar" tão macio quanto o feijão comum. Tampouco é possível identificar o feijão "duro de cozinhar" antes da cocção propriamente dita. Depois de cozidos, porém, eles podem ser menores que o normal, de modo que podem ser retirados da travessa antes de servir.

Leguminosas torradas. Embora a maioria das leguminosas sejam cozidas por imersão em líquido para amolecer o amido e as paredes celulares, algumas são torradas em calor seco para criar uma textura crocante. De todas as leguminosas, a que mais comumente é submetida a esse tratamento é o amendoim, graças a seu altíssimo conteúdo de óleo e ao fato de ter cotilédones relativamente macios. Outras leguminosas que contêm menos óleo, entre elas a soja e o grão-de-bico, também são torradas, após o que adquirem qualidade acastanhada. Por terem os cotilédones mais duros, são primeiro postas de molho em água e depois torradas. A alta temperatura e a umidade inicial amolecem as paredes celulares e os grânulos de amido dos cotilédones; à medida que a torração prossegue, a maior parte da água se evapora, propiciando uma textura crocante e não dura.

A composição de leguminosas secas e brotos de leguminosas

Espécie	Água	Proteínas	Carboidratos	Óleo
Feijão comum	14	22	61	2
Fava	14	25	58	1
Feijão-de-lima	14	20	64	2
Feijão-mungo	14	24	60	1
Broto	90	4	7	0,2
Soja	10	37	34	18
Broto	86	6	6	1
Lentilha	14	25	60	1
Grão-de-bico	14	21	61	5
Ervilha	14	24	60	1

A torração pode ser feita na panela ou no forno, ou ainda – como em certas partes da Ásia – em areia aquecida a 250-300 °C. Na Índia, por exemplo, o grão-de-bico é aquecido a cerca de 80 °C, umedecido, reservado por algumas horas e por fim tostado em areia quente. As sementes se expandem e o tegumento pode ser retirado por esfregação.

CARACTERÍSTICAS DE ALGUMAS LEGUMINOSAS COMUNS

Fava. A fava ou feijão-fava, *Vicia faba*, é a maior de todas as leguminosas geralmente consumidas como alimento e era o único feijão conhecido na Europa até a descoberta do Novo Mundo. Aparentemente originou-se na Ásia Central ou Ocidental e foi um dos primeiros vegetais a serem domesticados. Formas cultivadas de maior tamanho foram encontradas ao redor do Mediterrâneo em sítios arqueológicos datados de 3000 a.C. A fava pode ter vários tamanhos, o maior dos quais parece ter sido desenvolvido na região mediterrânea por volta de 500 d.C. A China é o maior produtor desta leguminosa.

A fava é incomum por ter um tegumento grosso e resistente que costuma ser removido quer dos cotilédones carnosos das sementes verdes, quer das sementes já secas e duras. O branqueamento em água alcalina desprende e amacia o tegumento. No Egito, o prato popular chamado *ful medames* é feito com favas cozidas até amaciar e temperadas com sal, sumo de limão, óleo e alho. A fava madura também é brotada e cozida para fazer uma sopa.

Favismo. O consumo da fava causa uma doença grave chamada "favismo" naquelas pessoas cujo organismo, por hereditariedade, não produz uma determinada enzima. A maioria das vítimas são crianças naturais da Europa Mediterrânea e do Oriente Médio, ou cujos ancestrais vieram dessa região. Quando são expostos a duas substâncias incomuns chamadas vicina e convicina, aparentadas com os aminoácidos e presentes tanto na fava quanto no pólen de suas flores, os corpos dessas pessoas metabolizam esses elementos e produzem substâncias que danificam os glóbulos vermelhos e provocam uma anemia grave, às vezes fatal. Essa deficiência enzimática também suprime a multiplicação do plasmódio (parasita que causa a malária) nos glóbulos vermelhos, de modo que pode ter sido, na verdade, um traço genético vantajoso numa época em que a malária ainda não tinha sido controlada na Europa.

Grão-de-bico. O grão-de-bico é natural do árido Sudoeste Asiático e, como a fava, a lentilha e a ervilha, já é cultivado há cerca de 9 mil anos. Há dois tipos gerais, o marrom e o branco. O marrom é mais parecido com a forma silvestre: sementes pequenas, tegumento grosso e resistente e cor escura decorrente de uma abundância de compostos fenólicos. É a principal variedade cultivada na Ásia, no Irã, na Etiópia e no México. O tipo branco, mais comum no Oriente Médio, no Mediterrâneo e também no Brasil, é maior e de cor creme, apresentando ainda tegumento mais fino. Exis-

---

Palavras da culinária: *bean* (feijão), *frijol* (feijão)

A palavra inglesa *bean* (feijão), aplicada hoje em dia a muitas leguminosas da Eurásia, do Oriente e das Américas, originalmente se referia somente à fava. A raiz indo-europeia *bha-bha* nos deu tanto "fava" quanto *bean*. Na época dos gregos e romanos, o feijão-fradinho, de origem africana, também já era conhecido no Mediterrâneo e recebeu o nome de *phaseolus* – de onde vêm a palavra castelhana *frijol*, o português *feijão* e o nome científico do gênero dos feijões do Novo Mundo.

tem também variedades com cotilédones verde-escuros. O grão-de-bico se destaca entre as leguminosas por conter cerca de 5% de óleo em relação ao peso; a maioria das leguminosas contém entre 1 e 2%.

O nome desta leguminosa em inglês, *chickpea*, vem de seu nome latino, *cicer*; no nome científico *Cicer arietinum*, a segunda palavra significa "semelhante a um carneiro" e se refere ao aspecto da semente, que de fato lembra uma cabeça de carneiro com chifres espiralados. O termo castelhano *garbanzo* deriva do nome grego. Hoje em dia, esta leguminosa é ingrediente frequente de muitos pratos da Índia e do Oriente Médio. O húmus é uma pasta de grão-de-bico temperada com alho, páprica e limão e popular nas bordas orientais do Mediterrâneo; em certas partes da Itália, pães chatos são feitos com farinha de grão-de-bico. O grão-de-bico é a leguminosa mais importante em toda a Índia, onde é descascado e partido para fazer o *chana dal*; é moído e sua farinha é usada para fazer papadum, pakora e outros bolinhos fritos; e também pode ser, por fim, cozido, torrado e brotado.

Feijão comum, feijão-de-lima, feijão-tepari. O feijão comum, o feijão-de-lima e o feijão-tepari são as espécies domesticadas mais importantes dentre as cerca de 30 que compõem o gênero centro-americano *Phaseolus*.

Feijão comum. A espécie mais importante do gênero *Phaseolus* é a *P. vulgaris* ou feijão comum. O ancestral dessa planta era natural do sudoeste do México, e a América Latina ainda responde pela maior parte do consumo de feijão comum no mundo. O feijão comum foi cultivado pela primeira vez há cerca de 7 mil anos e aos poucos se difundiu para o norte e para o sul, chegando aos dois grandes continentes americanos há cerca de 2 mil anos e à Europa na Era das Navegações. Esse feijão se desenvolveu em centenas de variedades, com diferentes tamanhos, formatos, cores, desenhos, graus de brilho e sabores. A maioria das variedades com sementes grandes (roxo, rajado italiano, branco) vieram originalmente dos Andes e grassaram no nordeste da América do Norte, na Europa e na África; as de sementes pequenas, naturais da América Central (rajado, preto, roxinho, branco), se concentraram no sudoeste da América do Norte. Nos Estados Unidos, há mais de doze categorias comerciais baseadas na cor e no tamanho. Os feijões são preparados de muitas maneiras: simplesmente cozidos e como ingredientes de ensopados, sopas, pastas, bolos e doces.

Feijão-pipoca. Um dos tipos especiais de feijão comum é o *nuña* ou feijão-pipoca, cultivado há milhares de anos nos Andes. Para estourar, bastam 3-4 minutos de calor seco – uma grande vantagem nas montanhas, onde há pouco combustível – ou no forno de micro-ondas. Ele não se expande tanto quanto a pipoca de milho e continua denso, com textura pulverulenta e sabor acastanhado.

Feijão-de-lima. O uso do feijão comum no Peru foi precedido pelo uso do feijão-de-lima – o nome é o da capital do país –, o qual é maior e, embora também nativo da América Central, foi domesticado depois do feijão comum. Ambas as espécies foram exportadas para a Europa pelos conquistadores espanhóis. O feijão-de-lima foi introduzido na África pelos traficantes de escravos e é agora a principal leguminosa usada nas regiões tropicais desse continente. O tipo silvestre e algumas variedades tropicais contêm quantidades potencialmente tóxicas de um sistema defensivo baseado no cianeto, e devem ser cabalmente cozidos para que seu consumo seja seguro (as variedades comerciais comuns não contêm cianeto). O feijão-de-lima é comido fresco ou seco.

Feijão-tepari. O feijão-tepari, pequeno, marrom e natural do sudoeste da América do Norte, tolera excepcionalmente bem o calor e a seca. É especialmente rico em proteínas, ferro, cálcio e fibras e tem um sabor característico, doce, que lembra o de xarope de bordo ou melaço.

Lentilha. De todas as leguminosas, a lentilha talvez seja a de cultivo mais antigo, contemporânea do trigo e da cevada e frequentemente plantada ao lado dessas gramíneas. Sua terra natal são as regiões áridas do Sudoeste Asiático; hoje em dia, a lentilha é consumida sobretudo na Europa e na Ásia. Os maiores países produtores são a Índia e a Turquia, vindo o Canadá bem longe em terceiro lugar. O nome latino da lentilha, *lens*, nos deu a palavra que designa uma peça de vidro biconvexa (este uso data do século XVII). A lentilha contém poucas substâncias antinutritivas e cozinha rapidamente.

As lentilhas se dividem em dois grupos: as variedades achatadas e grandes, com pelo menos 5 mm de diâmetro, e as variedades menores e mais esféricas. As variedades grandes são mais comuns, ao passo que entre as menores, de textura mais delicada, se incluem a apreciada *lentille du Puy*, francesa e de cor verde; a beluga, preta; e a pardina espanhola, também verde. Existem variedades com tegumento marrom, vermelho, preto e verde; a maioria tem cotilédones amarelos, embora alguns sejam vermelhos ou, de novo, verdes. O tegumento verde pode amarronzar com o tempo e durante a cocção, graças à agregação dos compostos fenólicos em grandes complexos pigmentares (p. 298). Por serem as lentilhas achatadas e finas, com tegumento fino, a água de cocção só precisa penetrar cerca de um milímetro de cada lado; por isso esta leguminosa amolece muito mais depressa que a maioria dos feijões e ervilhas – em cerca de uma hora ou menos.

Entre os pratos tradicionais feitos com lentilha incluem-se o *massur dal* indiano, o mingau de lentilhas vermelhas descascadas e partidas e o *koshary* ou *mujáddarah* do Oriente Médio, uma mistura de arroz com lentilhas inteiras.

Ervilha. A ervilha, *Pisum sativum*, é cultivada há cerca de 9 mil anos e desde muito cedo disseminou-se do Oriente Médio para o Mediterrâneo, a Índia e a China. É uma leguminosa de clima frio, que cresce durante o inverno úmido dos países mediterrâneos e na primavera dos países temperados. Era importante fonte de proteínas na Europa medieval e mesmo depois disso, como atesta a antiga canção infantil inglesa: *Pease porridge hot, Pease porridge cold, Pease porridge in the pot, Nine days old* ["Mingau de ervilhas quente, mingau de ervilhas frio, mingau de ervilhas na panela, nove dias a fio"]. Hoje são cultivadas duas variedades principais: um tipo amidoso, com tegumento liso, que nos fornece as ervilhas secas e partidas, e um tipo enrugado, com teor mais alto de açúcar, geralmente consumida verde como hortaliça. As ervilhas se diferenciam das demais leguminosas por reterem parte da clorofila em seus cotilédones secos; seu sabor característico é dado por um composto aparentado com aquele que caracteriza o pimentão verde (metoxi isobutil pirazina).

Feijão-fradinho. O chamado feijão-fradinho, feijão-de-corda ou caupi (*Vigna unguiculata*) é um parente africano do feijão-mungo. Já era conhecida na Grécia e em Roma e foi levado aos Estados Unidos no contexto do tráfico de escravos. Tem pigmentação preta ao redor do hilo, semelhante a um olhinho e dada por antocianinas, e desprende um aroma característico. A variedade que produz vagem muito longa e sementes pequenas é o feijão-de-metro, comumente consumido como hortaliça na China (p. 373).

Feijão-guandu. O feijão-guandu (*Cajanus cajan*) é parente distante do feijão comum. Natural da Índia, é cultivado atualmente em toda a zona tropical do globo. Na Índia leva o nome de *tur dal* ou *gram* vermelho (feijão-vermelho-da-índia) porque o forte tegumento de muitas variedades é marrom-avermelhado, embora o guandu seja frequentemente descascado e partido e tenha cotilédones amarelos. Já é cultivado há cerca de 2 mil anos e é usado para fazer mingau. Como os outros feijões-da-índia, contém poucos fatores antinutricionais*.

Feijão-mungo, feijão-preto-da-índia, feijão azuki

Os feijões-da-índia. As leguminosas do gênero *Vigna*, naturais do Velho Mundo, fornecem os chamados "feijões-da-índia" ou *grams*, ao lado de algumas outras sementes asiáticas e africanas. A maioria dos feijões-da-índia têm a vantagem de serem pequenos, cozinhar rápido e conter relativamente poucos compostos antinutritivos ou que causam desconforto intestinal. O feijão-verde-da-índia ou feijão-mungo é natural da Índia, logo se disseminou para a China e é hoje o mais cultivado de todo este grupo de leguminosas, graças à popularidade de seus brotos. O feijão-preto-da-índia ou *urad dal* é a leguminosa mais apreciada no subcontinente indiano, onde é cultivada há mais de 5 mil anos e é consumida inteira, ou descascada e partida, ou ainda moída e usada para fazer pães e bolos.

O feijão-arroz é consumido sobretudo na Tailândia, mas também em outras partes da Península da Indochina. O feijão-jugo africano se assemelha ao amendoim pelo fato de dar debaixo da terra e conter óleo, mas não é tão rico quanto aquele. Na África Ocidental, suas sementes são comidas frescas, enlatadas, cozidas, tostadas e transformadas em mingaus e bolos.

Feijão azuki. O feijão azuki (*chi dou* em chinês) é uma espécie extremo-oriental do gênero *Vigna, V. angularis*. Tem cerca de 8 por 5 mm e, em regra, cor vermelho-escura, o que o torna um ingrediente predileto para ocasiões festivas. Era cultivado na Coreia e na China há pelo menos 3 mil anos; hoje, tanto na Coreia quanto no Japão, é a leguminosa mais importante depois da soja. O azuki é muito apreciado na forma de broto e também pode ser caramelado, infundido em açúcar para fazer uma cobertura para doces e usado como base de uma bebida quente. No Japão, a maior parte da colheita de azuki é usada para fazer *an*, uma pasta doce composta de partes iguais de açúcar e azuki fervido duas vezes e moído: o açúcar e a farinha de feijão são sovados juntos.

Tremoço. O tremoço, chamado *lupino* em italiano, é a semente de diversas espécies do gênero *Lupinus* (*albus, angustifolius, luteus*). É anômalo porque não contém amido – é composto de 30-40% de proteínas, 5-10% de óleo e até 50% de carboidratos solúveis mas não digeríveis (fibra solúvel, p. 286). Embora haja alguns tipos "doces" que não requerem processamento especial, muitas variedades contêm alcaloides amargos e tóxicos e têm de ser deixadas de molho em água por vários dias para que essas substâncias saiam. Depois, o tremoço é fervido até amaciar e servido em óleo; pode também ser tostado e salgado. Uma espécie do Novo Mundo, a *L. mutabilis*, cultivada nos Andes, tem teor proteico equivalente a quase 50% do peso do grão seco.

A SOJA E SUAS TRANSFORMAÇÕES

Por fim, a mais versátil das leguminosas. A soja foi domesticada no norte da China há mais de 3 mil anos e com o tempo se tornou alimento básico em todo o Oriente Asiático; sua disseminação provavelmente acompanhou as doutrinas vegetarianas do budismo e foi estimulada por estas. A soja era pouco conhecida no Ocidente até o século XIX, mas hoje em dia os Estados Unidos são responsáveis por metade da produção mundial, vindo a China em quarto lugar, atrás do Brasil e da Argentina. Entretanto, a maior parte da soja norte-americana não é usada para a alimentação humana, mas para a de animais; e grande proporção do restante é processada para fazer

---

* Segundo a Embrapa, os fatores antinutricionais são substâncias que, presentes nos alimentos crus, podem impedir o aproveitamento completo dos seus nutrientes pelo organismo. A maioria das leguminosas *in natura* contém substâncias inibidoras das proteases. Esses fatores são destruídos pelo calor do cozimento. (N. do R. T.)

óleo de cozinha e os mais diversos produtos industriais.

As muitas aparências assumidas pela soja foram inspiradas por suas grandes virtudes e não menores defeitos. A soja é excepcionalmente nutritiva, com o dobro do conteúdo de proteína das outras leguminosas, equilíbrio quase ideal de aminoácidos, rica reserva de óleo e alguns componentes menores que talvez contribuam para nossa saúde em longo prazo (p. 538). Ao mesmo tempo, suas qualidades sensoriais são pouquíssimo atraentes. A soja contém abundantes fatores antinutritivos e oligossacarídeos e fibras que dão gases. Quando cozida como as demais leguminosas, desenvolve um sabor forte demais "de feijão". E, uma vez cozida, não adquire consistência agradavelmente cremosa como a dos demais feijões; uma vez que seu teor de amido é insignificante, ela permanece firme. Os chineses e outros povos desenvolveram dois métodos básicos para tornar a soja mais palatável: extrair-lhe a proteína e o óleo na forma de um "leite" e concentrar esse leite na forma de coágulos semelhantes ao queijo; e estimular o crescimento de microrganismos que consomem as substâncias indesejáveis e geram um sabor convidativo. Os resultados foram o queijo e a película de soja, de um lado; e, do outro, o molho de soja, o missô, o tempê e o natô.

Soja fresca. O outro modo de tornar a soja mais palatável é comê-la antes de chegar à maturidade, quando é mais doce, contém menos substâncias antinutritivas e que provocam gases e tem sabor menos pronunciado. A soja fresca, chamada *edamame* em japonês e *mao dou* em chinês, é uma variedade especializada colhida quando está 80% madura, ainda doce, crocante e verde; é fervida por alguns minutos em água com sal. A soja verde contém cerca de 15% de proteína e 10% de óleo.

Leite de soja. O método tradicional para fazer leite de soja consiste em deixar os grãos de molho até amaciarem, moê-los e, então, ou retirar os sólidos com peneira e cozinhar o leite (China) ou cozinhar a pasta e por fim retirar os sólidos (Japão). O resultado é um fluido aquoso repleto de proteínas e gotículas microscópicas de óleo. Tanto por um método quanto pelo outro, o leite resultante tem fortíssimo sabor de soja. O método moderno, que minimiza a ação enzimática e, portanto, o sabor desagradável, consiste em deixar os grãos de molho (uma hora a 65 °C permite que absorvam água em peso equivalente ao seu, sem sofrer

---

O sabor "afeijoado" da soja

O forte aroma da soja cozida resulta de duas características: o alto teor de óleo poli-insaturado, que é especialmente vulnerável à oxidação, e as enzimas altamente ativas que decompõem esse óleo. Quando as células do grão são danificadas e seus conteúdos se misturam, as enzimas e o oxigênio quebram as longas cadeias de carbono do óleo em fragmentos com cinco, seis e oito átomos de comprimento. Os aromas desses fragmentos lembram grama, tinta, papelão e gordura rançosa, e a combinação cria um cheiro que se costuma descrever como "afeijoado" ou "de feijão". Desenvolvem-se também certo amargor e adstringência, provavelmente causados por aminoácidos livres ou pelas isoflavonas da soja, que se liberam da forma de reserva (p. 538).

O segredo para minimizar o desenvolvimento do sabor afeijoado consiste em desativar rapidamente as enzimas dos grãos, antes que elas tenham a oportunidade de atacar o óleo. Para tanto, os grãos devem ser postos de molho para acelerar a subsequente cocção e, depois, imersos em água fervente ou cozidos na pressão.

danos celulares significativos) e, então, ou cozinhá-los rapidamente em temperatura de 80-100 °C antes de moê-los, ou moê-los nessa mesma faixa de temperatura, sendo o moedor e a água pré-aquecidos.

No Ocidente, o leite de soja se tornou uma alternativa popular ao leite de vaca, pois seu conteúdo de proteínas e gorduras é mais ou menos o mesmo ao passo que a gordura é menos saturada (o leite de soja deve ser fortificado com cálcio para ser um bom substituto). Porém, o leite de soja é diluído, sem textura, insípido e não muito versátil. Os chineses descobriram dois jeitos de torná-lo mais interessante (e de remover os oligossacarídeos que dão gases): coagular o leite formando películas superficiais ou usá-lo para fazer um tipo de queijo.

Película de soja. Quando se aquece em panela destampada o leite de um animal ou de uma semente, uma película de proteínas coaguladas se forma na superfície do líquido. Isso acontece porque as proteínas desdobradas pelo calor se concentram na superfície, emaranham-se umas nas outras e perdem umidade para o ar. À medida que secam, ficam ainda mais ligadas umas às outras e formam uma película proteica fina mas sólida, capturando gotículas de óleo e desenvolvendo textura resistente e fibrosa.

Em regra, essa película mais atrapalha que ajuda, mas certas culturas aproveitam-lhe as virtudes e a transformam num prato. Os indianos o fazem com leite de vaca; os chineses, por sua vez, há séculos usam o leite de soja para fazer *dou fu pi* (*yubá* para os japoneses): várias camadas de películas são empilhadas de modo a servir de base para diversos pratos salgados e doces, alguns dos quais recebem a forma de flores, peixes, pássaros e até cabeças de porco. As películas também são deliciosamente evanescentes quando consumidas assim que retiradas do leite. Em alguns restaurantes japoneses, uma panelinha de leite de soja é aquecida à mesa para que os comensais possam remover e comer as películas logo que estas se formam. Depois, uma pitada de diversos sais é acrescentada ao leite restante, que se coagula e forma um tofu macio.

Queijo de soja ou tofu. O queijo de soja é leite de soja coagulado: uma massa concentrada de proteína e óleo formada pela coagulação das proteínas dissolvidas mediante a ação de sais que as unem às gotículas de óleo, as quais se revestem de uma camada proteica. O queijo de soja foi inventado na China cerca de 2 mil anos atrás, já era amplamente conhecido no ano

---

Uma antiga descrição do tofu

Um dos primeiros relatos europeus acerca do tofu foi feito pelo frade Domingo Navarrete e data do século XVII. Na opinião dele, o queijo de soja era

> o alimento mais usual, comum e barato, abundante em toda a China e consumido por todos os habitantes do império, desde o imperador até os chineses da mais baixa condição; o imperador e os magnatas o consomem como iguaria, e o povo, como sustento. Chama-se Teu Fu, ou seja, pasta de feijão. Não vi como é feito. Tira-se o leite dos feijões e, mexendo-o, formam-se grandes bolos como se fossem queijos, cada qual do tamanho de uma peneira graúda e com cinco ou seis dedos de espessura. A massa é branca como a neve e nada há que seja tão belo de se ver. [...] Por si só ele é insípido, mas afirmo que é muito bom quando temperado e excelente quando frito na manteiga.

500 d.C. e tornou-se alimento diário a partir do ano 1300, mais ou menos. O queijo de soja chinês é tradicionalmente coagulado com sulfato de cálcio; o japonês e o das regiões litorâneas da China, com o produto que os japoneses chamam de *nigari*, uma mistura de sais de cálcio e magnésio que surge como subproduto da cristalização do sal de mesa (cloreto de sódio) a partir da água do mar.

A confecção do queijo de soja. Para fazer queijo de soja, o leite de soja cozido é resfriado à temperatura de 78 °C e então coagulado com sais de cálcio ou magnésio dissolvidos em pequena quantidade de água. A coagulação demora de 8 a 30 minutos. Quando se formam os delicados coágulos, semelhantes a nuvens, o "soro" restante é retirado às colheradas ou, alternativamente, os coágulos são rompidos (para liberar água) e drenados. A massa resultante é prensada por 15 a 25 minutos ainda quente, a cerca de 70 °C, e constitui por fim uma massa coesa composta por cerca de 85% de água, 8% de proteína e 4% de óleo. Na produção comercial, o tofu é cortado em blocos e embalado em água, e as embalagens são pasteurizadas por imersão em água quente.

O tofu "sedoso", com textura semelhante à de um pudim, é feito coagulando-se o leite dentro da própria embalagem, de tal modo que os coágulos permaneçam intactos, úmidos e delicados.

Congelamento do queijo de soja. O tofu é um dos poucos alimentos que podem ser beneficamente alterados pelo congelamento. Quando congela, as proteínas coaguladas se tornam ainda mais concentradas e os cristais sólidos de gelo formam bolsões na rede proteica. Uma vez descongelado, a água líquida flui da fortalecida rede esponjosa, especialmente se o queijo for prensado. A esponja se torna então apta a absorver líquidos de cocção saborosos e desenvolve textura mais resistente, semelhante à da carne.

Queijo de soja fermentado. O *sufu* (*tou fu ru*, *fu ru*) é o queijo de soja fermentado por fungos dos gêneros *Actinomucor* e *Mucor*, os quais produzem um equivalente vegetariano dos queijos de leite maturados por fungos.

Produtos fermentados de soja: molho de soja, missô, tempê, natô. O grande apelo do missô e do shoyu, produtos da longa fermentação da soja, é seu sabor forte, característico e delicioso. Este se desenvolve quando os microrganismos decompõem as proteínas e os outros componentes da leguminosa e os transformam em substâncias sápidas que reagem umas com as outras e geram novos sobretons de sabor. O tempê e o natô são produtos da fermentação rápida da soja e têm suas próprias qualidades.

Fermentação em dois estágios. As fermentações fúngicas praticadas na Ásia geralmente envolvem dois estágios distintos. No primeiro, esporos verdes adormecidos do fungo *Aspergillus* são misturados com cereais ou soja cozidos, que são então conservados em meio úmido, morno e bem arejado. Os esporos germinam e se transformam numa massa de hifas filamentosas, as quais produzem enzimas digestivas que decompõem o alimento para crescer e obter energia. O segundo estágio começa depois de mais ou menos dois dias, quando a atividade enzimática chega ao auge. A mistura de alimento e hifas, chamada *chhü* na China e *koji* no Japão, é imersa em salmoura, muitas vezes acompanhada de mais soja cozida. Na salmoura, pobre em oxigênio, os fungos morrem mas suas enzimas continuam ativas. Ao mesmo tempo, microrganismos que se multiplicam na ausência de oxigênio – bactérias do ácido láctico e leveduras tolerantes ao sal – crescem, consomem parte dos produtos das enzimas e fornecem à mistura seus próprios subprodutos saborosos.

As origens do missô e do molho de soja. Os primeiros alimentos que os antigos chineses fermentaram em salmoura foram pedaços de carne ou peixe. Por volta do século II a.C., estes foram substituídos por grãos inteiros de soja. A pasta de soja se tornou o principal condimento do império cerca de 200 d.C. e preservou essa condição até o ano 1600, mais ou menos, quando foi substituída pelo molho de soja. Este começou sua carreira como um resíduo da produção de pasta de soja com excesso de líquido, mas acabou se tornando mais popular que a pasta e já no ano 1000 era preparado intencionalmente.

A pasta e o molho de soja fermentados foram levados por monges budistas ao Japão, onde, por volta de 700 d.C., um novo nome japonês – *missô*, onde *mi* significa "sabor" – foi dado às versões caracteristicamente nipônicas da pasta. Estas eram feitas com um *koji* de cereais que proporcionava doçura, álcool, delicadeza e aromas mais refinados. Até o século XV, o molho de soja japonês era simplesmente o excesso de fluido – chamado *tamari* – retirado às colheradas do missô recém-preparado. No século XVII, porém, já se consagrara a fórmula de trigo partido tostado e soja para fazer o molho, e o produto resultante recebeu um nome novo: shoyu. O shoyu começou a figurar nas mesas ocidentais como tempero exótico e caro no final do século XVII.

Missô. O missô é usado como base para sopas, tempero para vários pratos, ingrediente de marinadas e veículo para conservar hortaliças. Existem dezenas de variedades.

Para fazê-lo, um cereal ou leguminosa cozido – em geral arroz, às vezes cevada ou soja – é fermentado em travessas rasas a partir de um fermento-mãe e assim permanece por vários dias a fim de desenvolver as enzimas. O *koji* resultante é misturado com soja moída e cozida, sal (5-15%) e uma dose de uma leva anterior de missô (para proporcionar bactérias e leveduras). No processo tradicional de produção, a mistura é fermentada (e maturada) em barris durante meses ou mesmo anos a uma temperatura de 30-38 °C. Várias bactérias do ácido láctico (lactobacilos, pediococos) e leveduras tolerantes ao sal (*Zygosaccharomyces*, *Torulopsis*) decompõem proteínas, carboidratos e óleos da soja e produzem um sem-número de moléculas de sabor e compostos precursores. Reações de escurecimento geram camadas mais profundas de cor e sabor.

Pastas e molhos de soja chineses

Vários condimentos usados na culinária chinesa como molhos ou bases para molho são variações sobre o tema da soja fermentada por fungos, chamada *chiang*. Os nomes chineses refletem esse fato. Eis alguns deles:

- O molho de feijão, *yuen-shi chiang*, feito com o resíduo da fabricação do molho de soja, é usado para fazer molhos salgados.
- A pasta de feijão, *to-pan chiang*, é essencialmente um missô de trigo, cevada e soja, de consistência quebradiça, e também é usada para fazer molhos salgados.
- O molho hoisin, *ha-hsien chiang*, é feito com o resíduo da fabricação do molho de soja misturado com farinha de trigo, açúcar, vinagre e pimentas do gênero *Capsicum*; é servido com pato à moda de Pequim e porco mu shu.
- O chiang doce de trigo, *t'inmin chiang*, é consistente, macio e marrom. É feito com farinha de trigo moldada em bolinhos ou películas cozidas no vapor e postas em salmoura, e é usado como base do molho em que se mergulham os pedaços de pato à moda de Pequim.

O missô tradicional adquire por fim um sabor rico e complexo dominado por notas doces e assadas, e às vezes por ésteres que lembram abacaxi e outras frutas. A maioria dos sistemas industriais de produção reduz o tempo de fermentação de alguns meses para algumas semanas e compensa com numerosos aditivos a resultante insipidez e falta de cor.

Molho de soja. Hoje em dia, existem diversos estilos de molho de soja. De modo muito geral, o sabor do molho de soja tradicional depende das proporções de soja e trigo. A maioria dos molhos de soja chineses, bem como o molho tamari japonês, é feita primária ou exclusivamente com soja. O molho de soja japonês é feito, em regra, de proporções equivalentes de soja e trigo; e o amido do trigo lhe confere uma doçura característica, um teor maior de álcool e mais aromas derivados de alcoóis. O *shiro shoyu*, ou molho de soja "branco", de cor e sabor mais ligeiros, é feito com mais trigo que soja.

O molho de soja japonês. Quase todo o molho de soja comercializado no Ocidente é feito no Japão ou à moda japonesa, resumida no quadro da p. 553. Durante a primeira e breve fermentação, o fungo *Aspergillus* produz enzimas que vão transformar o amido do trigo em açúcares, as proteínas da soja e do trigo em aminoácidos e os óleos em ácidos graxos. Depois, durante a fermentação mais longa, essas enzimas trabalham; as leveduras produzem álcool e toda uma gama de compostos de aroma e sabor; e as bactérias produzem os ácidos láctico, acético e outros, e ainda novos aromas. Com o tempo, as várias enzimas e produtos da atividade microbiana também reagem uns com os outros. Os açúcares e aminoácidos formam pirazinas, com cheiro de assado; os ácidos e alcoóis se combinam para formar ésteres frutados. A pasteurização em alta temperatura desenvolve ainda outra camada de sabor, estimulando as reações de escurecimento entre aminoácidos e açúcares. O resultado é um líquido salgado, azedo, doce e sápido (em razão da alta concentração de aminoácidos, especialmente o ácido glutâmico), com aroma rico. Centenas de moléculas aromáticas foram identificadas no molho de soja, com destaque para compostos que dão notas de as-

---

A deliciosa física da sopa de missô

A sopa de missô ou *missoshiro* é um dos pratos japoneses mais comuns. Inclui tipicamente um caldo *dashi* (p. 265) e cubinhos de tofu. Como a maioria dos preparados japoneses, o *missoshiro* é agradável não somente ao paladar como também aos olhos. Quando a sopa é despejada na tigela onde será consumida, as partículas de missô se dispersam por todo o líquido, enevoando-o. Se a tigela for deixada imóvel por alguns minutos, as partículas se reúnem no centro dela em várias nuvenzinhas que vão aos poucos mudando de forma. As nuvens ocorrem em células de convecção, "colunas" dentro do caldo por onde sobe o líquido quente do fundo da tigela; quando esse líquido chega à superfície, a evaporação o torna mais frio e, portanto, mais denso, e ele desce novamente. É reaquecido no fundo e o ciclo recomeça. O *missoshiro* reproduz à mesa o mesmo processo pelo qual grandes nuvens de trovoada se formam no céu de verão.

NA PÁGINA AO LADO: *produção do molho de soja. O processo de fermentação, mais complexo e demorado, gera um resultado muito mais saboroso que o método rápido de produção química.*

AS LEGUMINOSAS: FEIJÕES, ERVILHAS E OUTRAS 553

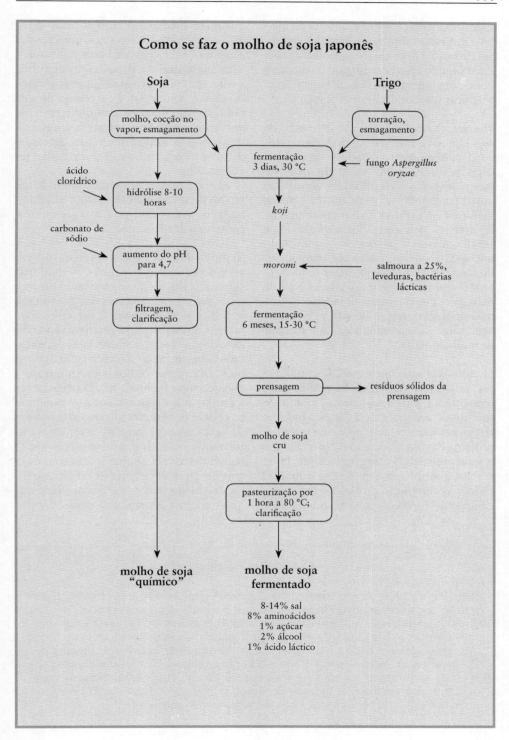

sado (furanonas e pirazinas), o doce maltol e diversos complexos sulfurosos de aroma carnoso. No conjunto, o molho de soja é um líquido concentrado que dá água na boca e um ingrediente versátil capaz de intensificar o sabor dos outros alimentos.

Tamari. O tamari é um tipo de molho de soja japonês que se parece mais com o original chinês: é feito com pouco ou nenhum trigo, sendo portanto pobre em alcoóis e ésteres frutados derivados desse cereal. Por outro lado, tem cor mais escura e sabor mais rico em razão da maior concentração de aminoácidos derivados da soja. Hoje em dia, o tamari costuma ser estabilizado mediante o acréscimo de álcool, aproximando seu aroma daquele do shoyu comum. O *saishikomi* fermentado duas vezes é ainda mais forte que o tamari verdadeiro: nele, a mistura a ser fermentada não é feita com água salgada, mas com uma leva anterior de molho de soja.

O molho de soja "químico". Os produtores industriais vêm criando molhos não fermentados parecidos com o molho de soja desde a década de 1920, quando os japoneses usaram pela primeira vez uma proteína de soja modificada ("proteína vegetal hidrolisada") como ingrediente. Hoje em dia, a farinha de soja desengordurada, resíduo da produção de óleo de soja, é decomposta – hidrolisada – em aminoácidos e açúcares mediante a ação do ácido clorídrico concentrado. Essa mistura cáustica é neutralizada com carbonato de sódio, substância alcalina; depois, é aromatizada e colorida com xarope de glicose, corante caramelo, água e sal. Esse molho de soja rápido e "químico" é muito diferente da versão fermentada e, em geral, é misturado com pelo menos um pouco de verdadeiro molho fermentado para poder ser engolido.

Para ter certeza de estar comprando um molho de soja verdadeiro, leia cuidadosamente o rótulo e evite produtos que incluam corantes e flavorizantes.

Tempê. O tempê foi inventado na Indonésia e, ao contrário do missô e do molho de soja, não é um condimento salgado em conserva, mas um ingrediente principal sem sal, fermentado rapidamente e perecível. Para fazê-lo, grãos de soja inteiros são cozidos, dispostos em camadas finas e fermentados com o fungo *Rhizopus oligosporus* ou *R. oryzae* por 24 horas em temperatura quente, tropical (30-33 °C). O fungo cresce e produz hifas filamentosas que penetram os grãos e os agregam, digerindo quantidade significativa de proteínas e óleos e transformando-os em fragmentos saborosos. O tempê fresco tem aroma de fermento e cogumelos; quando é cortado em fatias e frito, desenvolve um sabor acastanhado que quase chega a lembrar o de carne.

O ketchup original

As pastas e molhos de soja fermentados desenvolveram-se em muitas variações regionais no continente asiático. Uma delas é o molho indonésio *kecap*, cujo nome nos deu a palavra que designa um molho agridoce feito com tomate. Para se fazer *kecap* (pronuncia-se "quetcháp"), promove-se por cerca de uma semana o crescimento do fungo *Aspergillus* em soja cozida. Depois, a massa bolorenta é fermentada em salmoura por 2 a 20 semanas e fervida por 4 a 5 horas. Por fim, o líquido é separado dos resíduos sólidos por filtragem. A versão salgada é chamada *kecap asin*. No *kecap manis*, doce, açúcar de palmira e diversas especiarias – alpínia, lima-cafre, funcho, coentro e alho, entre outras – são acrescentados à soja fermentada logo antes da fervura.

Natô. O natô é feito no Japão há pelo menos mil anos e se destaca por sua nítida alcalinidade (devida à decomposição de aminoácidos em amônia) e por desenvolver uma gosma escorregadia e pegajosa que pode ser puxada com a ponta de um palitinho em filamentos de até 1 metro! Como o tempê, em sua produção não se usa sal e o produto é perecível. A soja inteira é cozida, inoculada com uma cultura da bactéria *Bacillus subtilis natto* e mantida a cerca de 40 °C por 20 horas. Algumas enzimas das bactérias decompõem as proteínas, formando aminoácidos; e fazem o mesmo com os oligossacarídeos, transformando-os em açúcares simples. Outras enzimas produzem alguns compostos aromáticos (diacetil de manteiga, vários ácidos voláteis, pirazinas acastanhadas), além de longas cadeias de ácido glutâmico e sequências longas e ramificadas de sacarose, que formam os filamentos pegajosos. O natô é servido em cima do arroz ou do macarrão, em saladas e sopas; também pode ser cozido com hortaliças.

OS FRUTOS SECOS E OUTRAS SEMENTES OLEAGINOSAS

Desde a mais remota antiguidade, a palavra inglesa *nut* ("noz") significava uma semente comestível envolvida por uma casca dura, e até hoje é esse o seu sentido co-

Alguns preparados tradicionais de soja fermentada

Alimento	Nomes	Preparação	Qualidades
Pasta de soja, missô	Dou jiang; missô	Soja e cereal fermentados com fungos, bactérias, leveduras	Rico, sápido, salgado, às vezes doce; condimento usado em muitos pratos
Molho de soja	Jiang you; shoyu; kecap	Soja e trigo fermentados com fungos, bactérias, leveduras	Rico, sápido, salgado; condimento usado em muitos pratos
Grãos de soja-preta fermentados, *nuggets* de soja	Dou chi; hamanatô	Soja e farinha de trigo fermentados com fungos	Sápido, salgado; ingrediente usado em pratos de carne e hortaliças
Tofu fermentado	Dou fu ru; sufu	Rofu fermentado com fungos	Semelhante ao queijo; condimento usado em muitos pratos
Natô	Na dou; natô	Soja fermentada com bactérias especiais	Macio, característico, pegajoso; comido com arroz ou macarrão
Tempê	Tian bei; tempê	Soja descascada e fermentada com fungo especial	Massa firme, sabor suave semelhante ao de castanhas e cogumelos; ingrediente principal, frequentemente frito

mum*. Mais tarde, tanto no inglês quanto no português, os botânicos apropriaram-se da palavra para se referir especificamente aos frutos dotados de uma única semente e pericarpo duro e não suculento. Segundo essa definição restrita, entre os frutos secos somente as bolotas, as avelãs, os frutos das faias e as castanhas seriam verdadeiras nozes. Porém, deixando de lado os detalhes de anatomia, as sementes diversas a que chamamos de "frutos secos", e num sentido mais geral todas as sementes oleaginosas, se diferenciam dos cereais e das leguminosas por três importantes características: em regra, são maiores, mais ricas em óleo e precisam de pouca ou nenhuma cocção para se tornarem comestíveis e nutritivas. Essa combinação de qualidades fez das sementes oleaginosas uma importante fonte de nutrição na era pré-histórica. Hoje em dia, elas são especialmente apreciadas por seu sabor caracteristicamente rico.

As nozes, avelãs, castanhas e pinhões têm, todas elas, espécies típicas do Velho Mundo e do Novo Mundo. Isso porque as árvores que dão sementes oleaginosas existem há muito mais tempo que os demais vegetais alimentícios – há tanto tempo que já existiam antes de a Europa e a América do Norte se separarem, cerca de 60 milhões de anos atrás. No decorrer dos últimos séculos, os seres humanos disseminaram as oleaginosas mais apreciadas por praticamente todas as regiões do globo dotadas de clima adequado. A Califórnia se tornou a maior produtora das amêndoas e nozes do Sudoeste Asiático; amendoins naturais da América do Sul são cultivados em todas as regiões subtropicais; e o coco asiático, em toda a zona tropical.

ESTRUTURAS E QUALIDADES DAS OLEAGINOSAS

A maior parte do volume de cada semente oleaginosa é composta pelas folhas intumescidas que armazenam reservas para o embrião, ou cotilédones. Porém, o coco e o pinhão são massas monolíticas de endosperma, e a castanha-do-pará é um caule embrionário intumescido. Ao contrário da maioria dos cereais e leguminosas, as sementes oleaginosas são deliciosas quando consumidas em seu estado natural: secas, concentradas em termos de nutrientes, às vezes tostadas e escurecidas por um rápido assado. A debilidade de suas paredes celulares as deixa macias; o baixo conteúdo de amido lhes retira toda textura farinhenta; e o óleo lhes confere uma umidade que dá água na boca.

Traço importante das oleaginosas é a casca, uma camada protetora de espessura variável que adere ao núcleo da semente. A casca da castanha é grossa e resistente; a da avelã, fina e frágil. Em regra, a casca das

---

* No português, *noz* em sua acepção restrita é especificamente o fruto da nogueira; neste livro, a palavra *nut* usada em sentido genérico foi traduzida por "fruto seco" ou, dependendo do caso, por "semente oleaginosa". (N. do T.)

A *castanha*, com sua casca e seu tegumento firme e aderente.

oleaginosas tem cor vermelho-amarronzada e sabor adstringente. Ambas as qualidades se devem à presença de tanino e outros compostos fenólicos, que pode representar até um quarto do peso da casca seca. Boa parte desses compostos fenólicos são eficazes como antioxidantes, sendo portanto valiosos como alimento. Mas, por ser adstringente e modificar a cor dos outros ingredientes (a casca de noz dá ao pão uma tonalidade roxo-acinzentada), a casca das oleaginosas costuma ser removida pelos cozinheiros.

O VALOR NUTRICIONAL DAS OLEAGINOSAS

As sementes oleaginosas são extremamente nutritivas. Depois das gorduras e óleos puros, são os alimentos mais ricos presentes em nossa alimentação, reunindo em média seiscentas calorias a cada 100 g; a carne bovina gorda, em comparação, tem duzentas calorias, e os cereais seco e amidosos, 350. As oleaginosas podem conter 50% de óleo ou mais, 10-25% de proteínas e são boa fonte de várias vitaminas e minerais, bem com de fibras. Destaca-se entre essas vitaminas a antioxidante vitamina E, especialmente concentrada na avelã e na amêndoa, e o ácido fólico, considerado importante para a saúde cardiovascular. A maioria dos óleos das oleaginosas são compostos principalmente de ácidos graxos monoinsaturados e têm mais gorduras insaturadas que saturadas (as exceções são o coco, com grande dose de gordura saturada, e as nozes e nozes-pecãs, predominantemente poli-insaturadas). E os tegumentos das oleaginosas são ricos em compostos fenólicos antioxidantes. Essa constelação de características – um equilíbrio favorável de gorduras, copiosos antioxidantes e ácido fólico – podem expli-

As composições de algumas oleaginosas comuns

A tabela a seguir arrola os principais componentes de algumas oleaginosas segundo a porcentagem do peso comestível da semente. A castanha e a polpa de coco são geralmente vendidas frescas, e por isso têm conteúdo de água relativamente alto.

Semente	Água	Proteína	Óleo	Carboidratos
Amêndoa	5	19	54	20
Castanha-do-pará	5	14	67	11
Castanha-de-caju	5	17	46	29
Castanha	52	3	2	42
Coco (polpa)	51	4	35	9
Semente de linhaça	9	20	34	36
Avelã	6	13	62	17
Macadâmia	3	8	72	15
Amendoim	6	26	48	19
Noz-pecã	5	8	68	18
Pinhão	6	31	47	12
Pistache	5	20	54	19
Semente de papoula	7	18	45	24
Semente de gergelim	5	18	50	24
Semente de girassol	5	24	47	20
Noz-negra	3	21	59	15
Noz	4	15	64	16

car por que certos estudos epidemiológicos constataram que o consumo de oleaginosas está associado a uma diminuição do risco de doença cardíaca.

O SABOR DAS OLEAGINOSAS

As sementes oleaginosas nos proporcionam um conjunto de sabores característico, atraente e versátil. O sabor "acastanhado" reúne várias qualidades: notas levemente doces, levemente gordas e levemente tostadas ou assadas; um gosto delicado, mas dotado de certa profundidade. A abundância de óleo é a chave do caráter das oleaginosas; os cereais, menos ricos, adquirem sabor agradável quando simplesmente tostados, mas desenvolvem uma dimensão suplementar quando cozidos em óleo ou gordura. A qualidade acastanhada complementa muitos outros alimentos doces ou salgados, desde o peixe até o chocolate.

A maioria das oleaginosas contém pelo menos alguns vestígios de açúcares livres. Algumas contêm mais que simples vestígios e são nitidamente doces: é o caso da castanha, da castanha-de-caju, do pistache e do pinhão.

MANIPULAÇÃO E ESTOCAGEM DE OLEAGINOSAS

O mesmo alto teor de óleo que torna as oleaginosas nutritivas e deliciosas as torna muito mais frágeis que os cereais e leguminosas: o óleo rapidamente absorve odores do ambiente e se torna rançoso quando decomposto em ácidos graxos, os quais são então fragmentados pelo oxigênio e pela luz. Os ácidos graxos têm efeito irritante sobre a boca, ao passo que seus fragmentos têm sabor de tinta ou papelão. A noz, a noz-pecã, a castanha-de-caju e o amendoim são ricos em frágeis gorduras poli-insaturadas e especialmente suscetíveis à deterioração. A rancidez da gordura é facilitada pelos choques físicos, pela luz, pelo calor e pela umidade. Por isso o melhor é estocar as oleaginosas em ambiente frio e dentro de recipientes opacos. Os núcleos descascados devem ser refrigerados. Por conterem pouca água e não serem afetadas pela formação de pontudos cristais de gelo, as oleaginosas podem ser congeladas. Seus recipientes devem ser verdadeiramente à prova de ar e de odores – frascos de vidro tampados, por exemplo, em lugar de sacos plásticos permeáveis.

As oleaginosas estão em sua melhor forma logo depois da colheita, em geral realizada no final do verão e no outono (no caso da amêndoa, no começo do verão). As sementes recém-colhidas são úmidas e suscetíveis a fungos quando estocadas em seu estado natural, e por isso os produtores as secam com o menor calor possível, em geral 32-38 °C. Ao comprar sementes oleaginosas frescas, especialmente frutos secos, o ideal é que o interior seja esbranquiçado e opaco. Qualquer translucidez ou escurecimento é sinal de que as células foram danificadas e perderam óleo, o qual contribui para o desenvolvimento da rancidez.

A COCÇÃO DAS OLEAGINOSAS

Ao contrário da maioria das demais sementes alimentícias, as oleaginosas ficam boas quando simplesmente torradas ao forno ou tostadas na panela por alguns minutos. Com isso, as sementes pálidas, relativamente insípidas e difíceis de mastigar se transformam em bocados crocantes, saborosos e levemente escurecidos. Também podem ser assadas no forno de micro-ondas. Uma vez que as sementes oleaginosas são pequenas e secas, a torração é geralmente feita em temperatura relativamente baixa por tempo relativamente curto, alguns minutos a 120-175 °C; para as sementes maiores (macadâmia e castanha-do-pará, por exemplo), devem-se usar temperatura mais baixa e tempo maior. O ponto deve ser avaliado pela cor e pelo sabor, não pela textura; o calor amacia o tecido, que se torna crocante à medida que esfria. Interrompa a cocção pouco antes do ponto ideal, uma vez que as oleaginosas continuam cozinhando por algum tempo depois de tiradas do fogo. Elas são menos frágeis quando quentes. Por isso, se forem cortadas ou fatiadas nesse estado, serão obtidos pedaços mais íntegros, com menos lascas e fragmentos.

As oleaginosas preparadas para o comércio são habitualmente torradas, salgadas com sal em flocos, que adere melhor à superfície da semente, e por fim revestidas de uma camada de óleo ou de um emulsificante proteico que retém o sal. O amendoim é salgado na casca: é mergulhado em salmoura e submetido ao vácuo, que retira o ar de dentro da casca e o substitui pela salmoura.

A remoção do tegumento. Em muitos preparados, o tegumento das oleaginosas deve ser removido para não mudar a cor do prato nem acrescentar-lhe uma indesejável adstringência. Mediante rápida torração no forno, esse tegumento – o do amendoim e da avelã, por exemplo – pode se tornar frágil e quebradiço suficiente para ser retirado por simples esfregação. O tegumento da amêndoa, mais grosso, se solta com um ou dois minutos de fervura. Outros podem ser removidos pela inserção das sementes em água quente alcalinizada por bicarbonato de sódio (45 g por litro), remoção do tegumento por esfregação (a alcalinidade ajuda a dissolver a hemicelulose das paredes celulares) e reimersão das sementes em solução ácida diluída para neutralizar a pequena quantidade de líquido alcalino absorvida. A cor e a adstringência do tegumento das nozes, difícil de remover, podem ser significativamente reduzidas por breve fervura em água acidificada, que lava os taninos e clareia a cor dos que permanecem. O resistente tegumento da castanha é amolecido quando os frutos são assados ou cozidos dentro da casca, ou por breve período no forno de micro-ondas. Também pode ser simplesmente retirado como a casca de uma maçã.

Pastas e manteigas de sementes oleaginosas. Todas as oleaginosas secas e gordurosas podem ser moídas, quer em um almofariz, quer com um liquidificador, e fornecem assim uma pasta semelhante à manteiga, onde o óleo das células rompidas reveste e lubrifica os fragmentos de células e as partículas que ainda retêm suas células intactas. Uma das mais veneráveis pastas de oleaginosas é o tahine do Oriente Médio, feito de sementes de gergelim moídas; é usado com grão-de-bico para fazer homus e com berinjela para o babaganuche. Pelo mundo afora, pastas de oleaginosas são acrescentadas a sopas e ensopados para lhes dar sabor, riqueza e corpo; sopas de amêndoas são feitas na Espanha, de nozes no México, de coco no Brasil e de noz-pecã e amendoim no sul dos Estados Unidos.

Óleos de oleaginosas. Os óleos de algumas sementes oleaginosas são apreciados por seu sabor – o de nozes e o de coco, por exemplo – e vários outros são usados como óleo comum de cozinha (de amendoim, de semente de girassol). O óleo é extraído das oleaginosas por dois meios diferentes. O óleo "extraído a frio" é obtido por prensagem mecânica das células das oleaginosas. Estas se aquecem em razão da pressão e do

---

Óleo de argânia

A argânia é uma oleaginosa exótica, conhecida na Europa e nos Estados Unidos quase exclusivamente em razão de seu óleo. Trata-se da semente da *Argania spinosa*, uma árvore marroquina tolerante à seca e parente do sapotizeiro (que dá a goma-chiclete) e da fruta-milagrosa. As sementes semelhantes a amêndoas são removidas dos frutos (processo antigamente deixado a cargo das cabras, que comiam as frutas e excretavam as sementes), descascadas, torradas, moídas e prensadas. O óleo de argânia tem aroma característico, que lembra o de carne.

atrito, mas geralmente não chegam aos 100 °C. Em um outro sistema, o óleo das sementes esmagadas é dissolvido por um solvente em temperatura de 150 °C e, depois, separado do solvente. O óleo extraído por solvente é mais refinado que o extraído por prensagem a frio, e apresenta menor quantidade dos componentes vestigiais que tornam os óleos ao mesmo tempo saborosos e potencialmente alergênicos (p. 505). Os óleos prensados a frio são geralmente usados como tempero, e os refinados, como óleo de cozinha. Os óleos de oleaginosas terão sabor mais forte se as sementes forem torradas antes da extração. Por conterem frequentemente uma grande proporção de frágeis ácidos graxos poli-insaturados, são mais vulneráveis à oxidação que os óleos vegetais comuns, sendo por isso recomendável conservá-los em frascos de vidro escuros dentro da geladeira. Os sólidos remanescentes – farinha de oleaginosas – acrescentam sabor e valor nutritivo a massas assadas.

Leites de oleaginosas. Quando se moem sementes oleaginosas secas, seus microscópicos corpos oleaginosos (p. 509) se fundem e o óleo se torna a fase contínua da pasta. Porém, se as oleaginosas cruas forem antes deixadas de molho em água, a moagem liberará os corpos oleaginosos de forma relativamente intacta dentro de uma fase contínua de água. Quando as partículas sólidas das sementes são separadas por filtragem ou peneira, o que resta é um fluido semelhante ao leite, com gotículas de óleo, proteínas, açúcares e sais dispersos na água. Na Europa medieval, que adquiriu esse conhecimento dos árabes, os leites e cremes de amêndoas eram ingredientes de luxo e substituíam os laticínios nas épocas de jejum. Hoje em dia, o mais comum leite de sementes é feito de coco, mas o mesmo tipo de preparado pode ser obtido de qualquer oleaginosa ou mesmo da soja (p. 548).

Os cozinheiros modernos podem usar o leite de oleaginosas para fazer gelados ricos e deliciosos e para enriquecer molhos e sopas. Graças à tendência de coagulação das proteínas das oleaginosas, os leites dessas sementes podem ser espessados com ácidos, transformando-se num equivalente do iogurte; podem ainda ser cozidos de forma a produzir um prato de consistência

---

Leite e creme de amêndoas na época medieval

Blancmange

Prepara um bom caldo de frango e retira dele a carne. Mói amêndoas branqueadas e mistura-as no caldo. Põe esse leite numa panela. Lava arroz, acrescenta-o e deixa-o cozinhar. Desfia a carne do frango e acrescenta-a à mistura. Acrescenta ainda banha, açúcar e sal, prosseguindo na cocção. Decora o prato com anis tingido de branco ou vermelho e amêndoas fritas e serve-o imediatamente.

– *The Forme of Cury*, c. 1390

Creme de leite de amêndoas

Aquece o leite de amêndoas e, quando estiver fervendo, retira-o do fogo e acrescenta-lhe um pouco de vinagre. Dispõe-no sobre um pano, polvilha açúcar e, quando estiver frio, fatia-o sobre os pratos e serve-o.

– De um manuscrito medieval, publicado em R. Warner, *Antiquitates Culinariae*, 1791

intermediária entre um creme e um pudim. A amêndoa, com seu alto conteúdo proteico, produz o leite que se espessa com mais facilidade. Outros leites de oleaginosas podem ser reduzidos por fervura de modo a coagular as proteínas; depois, os coágulos podem ser drenados, batidos até adquirir consistência lisa e suavemente aquecidos para espessar mais um pouco. A fim de dar mais sabor ao leite, uma pequena fração das sementes pode ser torrada antes da moagem.

CARACTERÍSTICAS DE ALGUMAS SEMENTES OLEAGINOSAS MAIS COMUNS

Amêndoa. De todas as oleaginosas arbóreas, a amêndoa é a que tem maior produção. É a semente de uma drupa, fruto de uma árvore muito parecida com a ameixeira e o pessegueiro. Há dezenas de espécies silvestres e menos importantes, mas a amêndoa cultivada, *Prunus amygdalus*, é natural do oeste da Ásia e já fora domesticada na Idade do Bronze. Hoje em dia, a Califórnia é o maior produtor mundial. Graças ao alto teor de vitamina E antioxidante e do parco conteúdo de gorduras poli-insaturadas, a amêndoa tem vida de prateleira relativamente longa.

A amêndoa é o ingrediente principal do marzipã, uma pasta de açúcar e amêndoas finamente moídas, moldada e seca de modo a assumir formas decorativas. Inventado no Oriente Médio, popularizou-se na Europa na época das Cruzadas. Leonardo da Vinci fez esculturas de marzipã para a corte milanesa de Ludovico Sforza em 1470, e escreveu que "observava condoído que [eles] engoliam até o último bocado todas as esculturas que eu lhes dava". A pasta de amêndoas também é comumente usada como recheio de tortas ou base para *macarons*, biscoitos cujo único ingrediente estrutural, com exceção das amêndoas, são claras de ovos.

Por que a amêndoa não tem gosto de essência de amêndoas. O curioso é que a amêndoa domesticada tem gosto suave-

A amêndoa, parente próxima do pêssego, da ameixa e da cereja, com sua casca dura.

A essência de amêndoas e suas imitações

A forma mais comum em que se apresenta a essência de amêndoas amargas é um líquido que contém o composto aromático benzaldeído sem o cianeto que o acompanha nas amêndoas propriamente ditas. A essência de amêndoas "pura" é derivada de amêndoas amargas, ao passo que a "natural" geralmente contém benzaldeído produzido a partir da casca de cássia (p. 473). A essência "artificial" contém benzaldeído sintetizado por meios puramente químicos.

mente acastanhado, que em nada lembra o sabor forte e característico da chamada "essência de amêndoas". Esse sabor forte só é encontrado nas amêndoas silvestres ou amargas, cuja amargura e toxicidade as tornam não comestíveis. Elas contêm elas um sistema defensivo que gera o mortífero cianeto de hidrogênio quando a semente é danificada (p. 287). Estima-se que o consumo de umas poucas amêndoas amargas seja suficiente para matar uma criança. Acontece, porém, que um dos subprodutos da fabricação de cianeto é o benzaldeído, molécula volátil que é a essência do sabor da amêndoa silvestre e está presente também nos aromas da cereja, do damasco, da ameixa e do pêssego. Às variedades de amêndoas cujo consumo direto é seguro falta tanto o amargor quanto o aroma característico das variedades bravas.

Em geral, a amêndoa amarga não é encontrada nos Estados Unidos, ao passo que na Europa é usada como especiaria, acrescentada em pequena quantidade para dar sabor ao marzipã feito de amêndoa doce, bem como aos biscoitos *amaretti*, ao licor *amaretto* e a outros preparados. O núcleo do caroço de pêssegos e damascos são fontes alternativas de benzaldeído, embora não tenham o sabor intenso e refinado da amêndoa amarga. Os cozinheiros alemães fazem versões de marzipã com caroços de pêssegos e damascos; esse preparado é chamado *persipan*.

Amendoim. Esta oleaginosa popularíssima não é um fruto seco, mas a semente de um arbusto da família das leguminosas, *Arachis hypogaea*, que "empurra" suas vagens finas e lenhosas para baixo da terra à medida que amadurecem. O amendoim foi domesticado na América do Sul, provavelmente no Brasil, por volta de 2000 a.C., e era importante produto agrícola no Peru desde antes da época dos incas. No século XVI, os portugueses levaram-no à África, ao subcontinente indiano e à Ásia, e esta leguminosa logo se tornou uma das principais fontes de óleo de cozinha na China (o amendoim tem o dobro do conteúdo de óleo da soja). Foi só no século XIX que os norte-americanos passaram a considerar o amendoim como algo mais que ração para animais, e no começo do século XX o notável cientista agrícola George Washington Carver conseguiu convencer alguns fazendeiros do sul a substituir o algodão, devastado pela broca, pelo amendoim.

Hoje em dia, a Índia e a China são de longe os maiores produtores do mundo, com os Estados Unidos num distante terceiro lugar. A maioria dos amendoins asiáticos são prensados para se obter óleo e farinha; nos Estados Unidos, são comidos inteiros. O amendoim ocupa hoje lugar de destaque em várias tradições culinárias da Ásia e da África. Passado em purê, empresta riqueza, substância e sabor a molhos e sopas. Amendoins inteiros e em pasta são usados nos pratos de macarrão da Tailândia e da China, como recheio doce para bolinhos, em molhos e na guarnição *sambal* da Indonésia e em ensopados, sopas, bolos e doces da África Ocidental. O amendoim fervido em água salgada é salgadinho popular na Ásia e no sul dos Estados Unidos. Quando cozido dentro da casca, o amendoim desenvolve aroma semelhante ao de batata, com toques doces de baunilha graças à vanilina liberada pela casca.

Nos Estados Unidos, quatro variedades de amendoim são cultivadas para diferentes fins: o grande Virgínia e o pequeno Valência para serem vendidos com casca, o Virgínia e o pequeno Espanhol para doces e frutos secos sortidos e o Runner para alimentos assados e manteiga de amendoim, uma vez que seu alto teor de gordura monoinsaturada o torna menos vulnerável à rancidez.

Manteiga de amendoim. A versão moderna da manteiga de amendoim foi desenvolvida, ao que parece, por volta de 1890 em St. Louis ou em Battle Creek, no estado norte-americano de Michigan. Para fazer a manteiga de amendoim comercial, aquecem-se as sementes à temperatura interna de cerca de 150 °C para lhes desenvolver o sabor; depois, elas são branqueadas em água quente para perder a pele e, por fim, moídas com cerca de 2% de sal e 6% de açúcar. Para impedir que o óleo se separe das partículas sólidas, acrescentam-se 3-5% de gordura vegetal hidrogenada, que se solidifica à medida que a manteiga de amendoim esfria e forma um sem-número de cristaizinhos que mantêm no lugar o óleo de amendoim líquido e insaturado. Na manteiga de amendoim com baixo teor de gordura, parte dos amendoins são substituídos por açúcar e proteína de soja.

O sabor do amendoim. Centenas de compostos voláteis foram identificados no amendoim torrado. A semente crua tem sabor verde, semelhante ao de feijão (dado pelo hexanal e pela pirazina que caracteriza as ervilhas). O aroma tostado reúne vários compostos sulfurosos, várias pirazinas genericamente "acastanhadas" e outras substâncias ainda, algumas das quais dão notas frutadas, florais, fritas e defumadas. Durante a estocagem e o processo de deterioração, as pirazinas acastanhadas desaparecem e dão lugar a notas de tinta e papelão.

Óleo de amendoim. Graças à produtividade do amendoim em climas quentes, o óleo de amendoim é importante óleo de cozinha, especialmente na Ásia. Os amendoins são cozidos no vapor, o que lhes desativa as enzimas e amacia a estrutura celular. Depois, são prensados. O óleo é clarificado e, às vezes, refinado, processo que remove em parte seu sabor característico e o libera das impurezas que fariam baixar o ponto de fumaça.

Avelã. A avelã é o fruto de algumas das 15 espécies do gênero *Corylus*, arbustos do Hemisfério Norte. A *Corylus avelana* e a *Corylus maxima* são nativas das regiões temperadas da Eurásia e já eram largamente aproveitadas na época pré-histórica em razão de seus frutos e dos galhos que se desenvolviam rapidamente e podiam ser usados como bordões de caminhada ou para cobrir a superfície de terrenos pantanosos. A *C. colurna*, árvore muito mais alta, responde por boa parte da produção de avelãs no litoral turco do Mar Negro. Em inglês, a avelã também é chamada *filbert*; no Reino Unido, esse termo se aplica especificamente às variedades mais alongadas e pode ter sido derivado do dia de São Filiberto, em agosto, quando as avelãs começam a amadurecer. O livro de receitas de Apício, do final do período romano, preconiza o uso de avelãs em molhos servidos com carne de aves, javali e tainha; as avelãs podem ser usadas no lugar das amêndoas nos molhos espanhóis picada e romesco e como ingrediente da apimentada pasta egípcia chamada *dukka* e do licor italiano Frangelico. A avelã continua especialmente popular na Europa, onde os principais produtores são a Turquia, a Itália e a Espanha. Quase todas as avelãs estadunidenses são produzidas no Oregon.

O aroma característico da avelã é dado por um composto chamado filbertona (heptenona), que, presente em quantidade modesta na oleaginosa crua, se multiplica de 600 a 800 vezes quando as avelãs são fritas ou fervidas.

Castanha. A castanha é o fruto de diversas espécies de árvores de grande porte do gênero *Castanea*: as castanheiras, encontradas na Europa, na Ásia e na América do Norte. Diferem das demais oleaginosas por armazenar a energia para a futura planta na forma de amido, não de óleo. Por isso em geral as castanhas só são consumidas depois de muito bem cozidas e têm textura farinhenta. Desde a Pré-História são secas, moídas para fazer farinha e usadas da mesma forma que os cereais amidosos – para fazer mingaus, pães, macarrões e bolos e engrossar sopas. Antes da chegada da batata e do milho vindos do Novo Mundo, a castanha era alimento essencial para a subsistência dos povos que habitavam as zonas montanhosas e pouco produtivas da Itália e da França. Por outro lado, uma iguaria feita com castanhas e inventada no século XVII é o marrom glacê: castanhas grandes cozidas, postas em infusão por um ou dois dias dentro de uma calda de açúcar aromatizada com baunilha e depois revestidas com uma calda mais concentrada.

A possibilidade de apreciar o fruto da castanheira americana, *Castanea dentata*, extinguiu-se tristemente no começo do século XX, quando, no decorrer de algumas décadas, um fungo trazido da Ásia acabou com uma espécie arbórea que antes chegava a compor 25% das florestas do leste dos Estados Unidos. Hoje em dia, os maiores produtores mundiais de castanhas são a China, a Coreia, a Turquia e a Itália.

Em razão de seu alto conteúdo inicial de umidade, as castanhas são perecíveis. O melhor é mantê-las cobertas e refrigeradas, e elas devem ser consumidas com rapidez. Recém-colhidas, porém, devem ser curadas em temperatura ambiente por alguns dias. Isso lhes aperfeiçoa o sabor, permitindo que parte do amido seja convertido em açúcar antes de o metabolismo das células se tornar excessivamente lento.

Castanha-do-pará. A castanha-do-pará é uma oleaginosa anormalmente grande, com 2,5 cm de comprimento ou mais e o dobro do peso da amêndoa ou da castanha-de-caju. É a semente de uma árvore de grande porte (*Bertholletia excelsa*, com 50 m de altura e 2 de diâmetro) natural da Amazônia. As sementes se desenvolvem em grupos de 8 a 24 indivíduos dentro de uma casca dura, do tamanho de um coco. Os países sul-americanos ainda são os maiores produtores. Os "ouriços" (frutos) são coletados somente depois de cair ao chão. Por pesarem cerca de 2,5 kg, podem ser letais se caírem em cima de alguém, e os coletores têm de portar escudos para se proteger. A porção comestível da semente é um caule embrionário enormemente intumescido. Graças ao tamanho e ao alto conteúdo de óleo, duas castanhas-do-pará grandes equivalem, em calorias, a um ovo de galinha.

A castanha-do-pará se caracteriza por conter o maior teor de selênio de todos os alimentos. O selênio ajuda a prevenir o câncer, e o faz, ao que parece, por vários meios diferentes, entre os quais uma enzima antioxidante e a indução da morte das células danificadas. Entretanto, é tóxico em alta dosagem. A Organização Mundial de Saúde recomenda uma ingestão máxima diária de apenas 14 g de castanha-do-pará.

Castanha-de-caju. Como a castanha-do-pará, a castanha-de-caju é natural da região amazônica, de onde também surgiu o nome da fruta. O cajueiro, porém, foi transplantado pelos portugueses para a Índia e o leste da África, que são hoje os maiores produtores mundiais da castanha. No comércio internacional, a castanha-de-caju só perde em quantidade para a amêndoa. O cajueiro é parente da hera venenosa, e é por isso que as castanhas não são postas à venda dentro de seu invólucro. Este contém um óleo irritante que deve ser eliminado pelo aquecimento antes de a semente

---

Por que as castanhas-do-pará sobem à superfície da vasilha

Um artigo publicado no periódico *Physical Review Letters* em 1987 procurou resolver um problema difícil: por que motivo, numa vasilha cheia de diversas sementes oleaginosas diferentes, as pequenas sempre acabam embaixo e as castanhas-do-pará, em cima? O mesmo tipo de segregação por tamanho ocorre em muitas misturas de partículas sólidas, desde um prato de flocos de milho até o próprio solo. Acontece que os objetos que fazem parte da mistura são atraídos para baixo, pela gravidade, através dos buracos na mistura – e os buracos pequenos são em maior número que os grandes, de modo que deixam passar com mais facilidade os objetos pequenos que os grandes.

poder ser extraída sem se contaminar. Nos países produtores, o fruto que contém a semente é frequentemente descartado, sendo aproveitado somente o "falso fruto" chamado caju, que é a ponta intumescida de um caule. O caju é consumido fresco, cozido ou fermentado para fazer uma bebida alcoólica.

A castanha-de-caju é anômala entre as oleaginosas por conter quantidade significativa de amido (cerca de 12% de seu peso), o que a torna mais eficaz que a maioria das oleaginosas para dar densidade a pratos à base de água (sopas, ensopados, doces indianos à base de leite).

Coco. De todas as oleaginosas, o coco é a maior e a mais importante. O coco é o caroço de uma drupa, sendo esta o fruto da *Cocos nucifera*, palmeira grande (de até 30 m de altura) que tem mais parentesco com as gramíneas que com as demais árvores que produzem sementes oleaginosas. Conjectura-se que o coqueiro se originou na Ásia tropical, mas seus resistentes frutos flutuaram sobre o mar e chegaram a muitas outras partes do mundo antes de os seres humanos começarem a transportá-los. Cerca de 20 bilhões de cocos são produzidos por ano, principalmente nas Filipinas, na Índia e na Indonésia. O nome *coco* originalmente significava "duende" ou "macaco" em português, pois as marcas que se veem na extremidade superior do fruto podem lembrar um estranho rosto. O minúsculo embrião reside sob um dos olhos, através do qual passa ao brotar.

O coco é revestido por uma grossa camada fibrosa dentro da qual se aninha a semente, devidamente envolvida por um revestimento lenhoso, comumente chamado casca. A polpa e o leite constituem o endosperma da semente e contêm nutrientes e umidade suficientes para sustentar o crescimento do embrião por mais de um ano. O fruto inteiro pode pesar de 1 a 2 kg, dos quais cerca de 25% são polpa e 15% são água em forma livre.

O coco proporciona sabor de fundo em muitas culinárias tropicais, desde o sul da Índia e o Sudeste Asiático até a África e a América do Sul. O que geralmente se emprega é o leite do fruto, um líquido rico e saboroso em que podem ser cozidos alimentos de todo tipo, desde carnes e peixes a hortaliças e arroz. Uma vez que a polpa inteira não pode ser torrada ou tostada, seu sabor é desenvolvido mediante a cuidadosa torração de pequenos flocos ou fragmentos. Ao contrário de outras oleaginosas, que são crocantes ou ricas e homogêneas dependendo do grau de moagem, o coco tem uma persistente textura elástica, a menos que seja tostado e mantido em condições muito secas.

O aroma do coco, caracteristicamente rico e doce, é criado pelas lactonas (octalactonas, decalactonas, dodecalactonas e tetradecalactonas), derivadas de ácidos graxos saturados; o pêssego contém os mes-

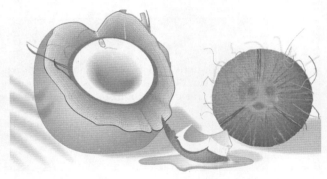

O coco. Essa semente de grande porte nasce dentro de uma casca seca e grossa e contém endosperma nas formas líquida e sólida para alimentar o minúsculo embrião, que sai por um dos três "olhos" que se encontra numa das extremidades do fruto.

mos compostos. A torração produz notas tostadas mais genéricas (pirazinas, pirróis, furanos).

O desenvolvimento do coco. O coqueiro dá frutos o ano inteiro. Cerca de quatro meses depois de germinar, a noz se enche de líquido; aos cinco meses, atinge seu tamanho definitivo e começa a desenvolver uma polpa gelatinosa; aos sete, a casca começa a endurecer; e com um ano o fruto está maduro. O coco-verde, com cinco a sete meses, oferece seus prazeres específicos: a doce água de coco (cerca de 2% de açúcar); e uma polpa úmida, delicada e gelatinosa composta principalmente de água, açúcares e outros carboidratos. No coco maduro, com 11-12 meses, a água se torna menos doce e menos abundante, e a polpa, firme, gorda e branca. A polpa do coco contém cerca de 45% de água, 35% de gordura, 10% de carboidratos e 5% de proteínas.

Polpa e leite de coco. Um bom coco fresco deve parecer pesado; balançando-o, deve-se poder ouvir a água que ele contém. Se a polpa for amassada num almofariz ou moída num liquidificador, formará uma pasta grossa composta de microscópicas gotículas de óleo e detritos celulares em suspensão na água, perfazendo cerca de metade do volume do todo. O leite de coco se produz misturando-se a pasta com mais um pouco de água e coando-se as partículas sólidas. Reservado por uma hora, esse leite se separa numa camada de "creme", rica em gordura, e numa fina camada "desnatada". O leite de coco também pode ser feito com a polpa seca e moída e é facilmente encontrado em frascos de vidro.

Óleo de coco. Durante a maior parte do século XX, o óleo de coco foi o óleo vegetal mais importante do mundo. Pode ser produzido em grande quantidade, é muito estável e tem ponto de fusão semelhante ao da gordura do leite. Porém, a mesma qualidade que o torna estável e versátil contribui para torná-lo aparentemente desvantajoso do ponto de vista nutricional. Noventa por cento das gorduras que compõem o óleo de coco são saturadas (15% de ácido cáprico e caprílico, 45% de ácido láurico, 18% de ácido mirístico, 10% de ácido palmítico e somente 8% de ácido oleico monoinsaturado), o que significa que elevam a taxa de colesterol no sangue. Por isso, durante as décadas de 1970 e 1980, os fabricantes de alimentos industrializados substituíram o óleo de coco por óleos vegetais menos saturados e parcialmente hidrogenados – os quais, segundo agora se sabe, contêm indesejáveis ácidos graxos trans (p. 42).

Dada a nossa compreensão atual, mais ampla, das demais influências da dieta alimentar sobre as doenças cardíacas (p. 283), não há razão para não apreciar as riquezas do coco no contexto de uma dieta equilibrada que inclua uma abundância de frutas, hortaliças e sementes que protejam o coração.

A "gelatina" de coco

Além dos produtos derivados da própria noz, o coqueiro fornece vários outros materiais alimentares. Um dos mais estranhos é a nata ou "gelatina de coco", massa de celulose úmida e translúcida produzida pela bactéria *Acetobacter xylinum* (do vinagre) sobre a superfície da água de coco em processo de fermentação. Esse material quase insípido tem textura singularmente crocante. Nas Filipinas, ele é lavado para eliminar todos os traços de vinagre, aromatizado, embalado em calda de açúcar e consumido como um doce.

Gingko. O gingko é a semente amidosa do *Gingko biloba*, último sobrevivente de uma família botânica cujos membros predominaram na era dos dinossauros. As sementes se desenvolvem dentro de frutos carnosos que desprendem cheiro forte e rançoso quando maduros. Na Ásia, lar original da árvore, os frutos são fermentados dentro de tanques de água para amolecer e soltar a polpa; as sementes são então lavadas, secas e assadas ou fervidas, quer dentro da casca, quer descascadas. A noz do gingko tem sabor característico, mas brando.

Macadâmia. A macadâmia chegou há pouco tempo às mesas do mundo. É o fruto de duas árvores perenifólias tropicais (*Macadamia tetraphylla* e *M. integrifolia*) nativas do nordeste da Austrália, cujos aborígines a apreciaram por milhares de anos antes de ser identificada e nomeada pelos europeus (John Macadam, químico escocês, em 1858). A macadâmia foi introduzida no Havaí na década de 1890 e adquiriu importância comercial cerca de 1930. Hoje em dia, a Austrália e o Havaí são os principais produtores, mas a produção em si continua sendo relativamente pequena. Por isso a macadâmia é uma das oleaginosas mais caras. Por ter a casca extremamente dura, é vendida quase exclusivamente descascada, geralmente embalada em latas ou frascos que as protegem do ar e da rancidez. De todas as oleaginosas arbóreas, a macadâmia é a que tem o maior conteúdo de gordura, monoinsaturada em sua maior parte (65% de ácido oleico). Seu sabor é suave e delicado.

Noz. A noz nasce nas árvores do gênero *Juglans*, do qual contam-se cerca de 15 espécies naturais do Sudoeste Asiático, do Extremo Oriente e das Américas. A espécie mais cultivada é a nogueira europeia, *Juglans regia*, cujas sementes são apreciadas desde a Antiguidade no oeste da Ásia e na Europa e que, entre os frutos secos, só perdem para a amêndoa em matéria de consumo mundial. Em várias línguas europeias, a palavra que designa os frutos secos em geral é a mesma que se refere à noz em particular. Na atualidade, os maiores produtores são os Estados Unidos, a França e a Itália. Há muito que a noz é prensada para se tirar dela um óleo aromático outrora transformado num "leite de nozes" na Europa e na China e que proporciona o fundamento rico e saboroso de molhos criados na Pérsia (*fesenjan*), na Geórgia (*satsivi*) e no México (*nogado*). Em alguns países, nozes "verdes" (imaturas) são colhidas no começo do verão e

---

Palavras da culinária: *pine* (pinho, pinheiro), *walnut* (noz), *flax* (linho), *sesame* (gergelim, sésamo)

Em inglês, vários nomes de oleaginosas parecem designar somente os frutos como tais, sem evocar toda uma série de significados correlatos. Isso indica que a amêndoa e o pistache (do grego) e a avelã (cujo nome inglês, *hazelnut*, vem de uma raiz indo-europeia) são alimentos básicos há muito, muito tempo. *Pine* (pinho, pinheiro) vem de uma raiz indo-europeia que significa "inchar, engordar", provável alusão à resina lipídica que mana da árvore. *Walnut* (noz) é termo composto do inglês arcaico, englobando as palavras *wealh* ("celta" ou "estrangeiro") e *hnutu* ("noz", "fruto seco"), refletindo o fato de que a nogueira foi introduzida nas Ilhas Britânicas vinda do Oriente. *Flax* (linho) vem de uma raiz indo-europeia que significa "trançar", pois a planta era cultivada originalmente em vista das fibras de seu caule. E *sesame* (gergelim, sésamo) vem de duas palavras da antiga língua acádia do Oriente Médio, que significam "óleo" e "planta".

postas em conserva (Inglaterra), usadas para aromatizar uma bebida alcoólica adoçada (o *nocino* siciliano e o *vin de noix* francês) ou preservadas em calda de açúcar (Oriente Médio).

À semelhança de suas primas, a noz-pecã e a noz-amarga, a noz é o caroço de um fruto de paredes finas e sua parte comestível são os dois cotilédones lobados e enrugados. As nozes são extremamente ricas em ácido linolênico, um ácido graxo ômega-3 poli-insaturado, o que lhes dá imenso valor nutritivo mas também facilita a rancidez; devem ser conservadas em ambiente frio e ao abrigo da luz. O aroma de nozes é criado por uma complexa mistura de moléculas derivadas de seus óleos (aldeídos, alcoóis e cetonas).

Algumas parentes da noz. Uma parente norte-americana da noz europeia, a noz-negra (*J. nigra*), é menor e tem casca mais dura e sabor mais forte e característico. Era habitualmente usada como ingrediente em pães, doces e sorvetes, mas é difícil de extrair da casca em pedaços grandes e por isso tem sido, em geral, ignorada. A maioria ainda é coletada de árvores silvestres no Missouri. Outra espécie norte-americana, a noz-branca (*J. cinerea*), é ainda menos conhecida, embora se notabilize por seu alto conteúdo proteico – quase 30% – e seja estimada pelos entusiastas como uma das mais saborosas de todas as nozes, ou mesmo de todos os frutos secos. Os japoneses têm uma noz autóctone, a *J. ailantifolia*, uma de cujas variedades é a noz-coração, que tem o formato desse órgão.

Noz-pecã. A noz-pecã é a semente macia e rica de uma árvore muito grande, parente distante da nogueira europeia e nativa do vale do Mississippi e outros vales da região central da América do Norte; ao sul, é encontrada até na região de Oaxaca. A *Carya illinoiensis* é uma de cerca de 14 espécies de nogueira-amarga, e seus frutos são dos mais saborosos e fáceis de descascar. A noz-pecã silvestre era apreciada pelos índios norte-americanos e, aparentemente, era usada para a confecção de uma espécie de leite usado como bebida, ingrediente culinário e, talvez, para fermentação. O primeiro cultivo intencional foi feito pelos espanhóis no México por volta de 1700, e algumas décadas depois a árvore foi plantada nas colônias britânicas do leste. As primeiras variedades aperfeiçoadas foram possibilitadas na década de 1840 pelas pesquisas de um escravo chamado Antoine, da Louisiana, que descobriu como enxertar galhos de árvores superiores em mudas. Atualmente, a Geórgia, o Texas e o Novo México são os maiores produtores da noz-pecã.

Comparada com a noz europeia, a pecã é mais alongada e seus cotilédones são mais grossos e mais lisos, sendo maior a proporção de polpa em relação à casca. Como no caso das nozes, as variedades de casca clara são menos adstringentes que as de casca escura. O sabor característico da pecã continua misterioso. Além das notas acastanhadas genéricas dadas pelas pirazinas, um estudo encontrou uma lactona (octalactona) presente também no coco.

Entre as oleaginosas, a noz-pecã e a noz europeia são das que mais contêm óleos e ácidos graxos insaturados. O maior teor de óleo geralmente é acompanhado por uma textura frágil, o que significa que o cerne do fruto sofre facilmente a influência de danos físicos, perdendo óleo para a superfície e, consequentemente, sujeitando-se à rápida oxidação e deterioração. A torração acelera a deterioração na medida em que enfraquece as células e permite que o óleo entre em contato com o ar. As nozes-pecãs cuidadosamente manipuladas podem ser conservadas por anos no congelador.

Pinhão. Os pinhões são coletados de cerca de 12 das 100 espécies de pinheiro, uma das coníferas mais comuns no Hemisfério Norte. Entre as fontes mais importantes estão o pinheiro italiano *Pinus pinea*, o pinheiro coreano ou chinês *P. koraiensise* os pinheiros do sudoeste dos Estados Unidos, *P. monophylla* e *P. edulis*. Os pinhões nascem nas escamas das pinhas, que levam três anos para amadurecer. As pinhas são secas ao sol e joeiradas para soltar as sementes, que são então descascadas, atualmente à máquina. O pinhão tem aroma característico e resinoso e é rico mesmo quando comparado a outras oleaginosas: o pinhão asiático tem teor de gordura mais alto (78%) que os tipos americano e europeu (62% e 45% respectivamente). Os pinhões são usados em muitos preparados salgados e doces e prensados para dar óleo. Na Coreia, o pólen de pinheiro é usado para fazer doces e os romenos gostam de fazer molho de pinhões verdes para acompanhar carne de caça*.

Pistache. O pistache é a semente de uma árvore natural das regiões áridas do Oeste Asiático e do Oriente Médio: a *Pistacia vera*, parente do cajueiro e da mangueira. Pistaches e amêndoas foram encontrados nas escavações de povoamentos datados de 7000 a.C., no Oriente Médio. Uma parente próxima, a *Pistacia lentiscus*, proporciona a goma aromática chamada mástique ou almécega (p. 469). O pistache se tornou importante fruto seco nos Estados Unidos na década de 1880 graças à sua popularidade entre os imigrantes estabelecidos em Nova York. Atualmente, os maiores produtores são o Irã, a Turquia e a Califórnia.

Os pistaches crescem aglomerados, com uma casca fina e tânica ao redor da casca interna e do miolo da semente. À medida que a semente amadurece, a casca externa se torna roxo-avermelhada, e o miolo, expandindo, quebra a casca interna. Tradicionalmente, as frutas maduras eram derrubadas das árvores por agitação dos ramos e secas ao sol. Os pigmentos da casca externa manchavam a casca interna; por isso, as cascas internas eram habitualmente tingidas para apresentar um vermelho uniforme. Hoje em dia, a maioria dos pistaches da Califórnia são descascados antes da secagem. Assim, as cascas conservam sua cor natural castanho-clara.

O pistache se diferencia das demais oleaginosas por ter cotilédones verdes. A cor é dada pela clorofila e permanece vívida quando as árvores crescem em clima relativamente frio – e altitude elevada, por exemplo – e quando os frutos são colhidos cedo, várias semanas antes de atingir a plena maturidade. Assim, o pistache proporciona não somente sabor e textura, mas também uma cor contrastante quando usado em patês, embutidos e outros pratos feitos com carne, bem como em sorvetes e doces. Para preservar a cor, o melhor é torrar ou cozinhar as sementes em baixa temperatura, minimizando a danificação da clorofila.

---

* No Brasil, dá-se o nome de pinhão à semente da araucária ou pinheiro-do-paraná (*Araucaria angustifolia*), também consumida como alimento. (N. do T.)

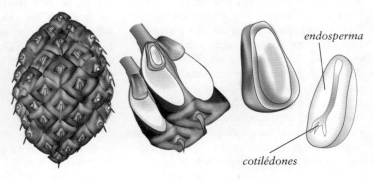

Pinhão. Os pinhões nascem nas escamas da pinha e, à semelhança do coco, são compostos principalmente pelo tecido do endosperma, e não pelos cotilédones.

endosperma

cotilédones

CARACTERÍSTICAS DE OUTRAS OLEAGINOSAS

Linhaça. A linhaça é a semente de certas plantas naturais da Eurásia, espécies do gênero *Linum* – sobretudo a *L. usitatissimum*, empregada há mais de 7 mil anos como alimento e matéria-prima para a confecção de fibra de linho. Essa semente pequena, dura e marrom-avermelhada contém cerca de 35% de óleo e 30% de proteína e tem agradável sabor acastanhado e bonita aparência lustrosa. Duas qualidades a distinguem das demais sementes comestíveis. Em primeiro lugar, mais da metade de seu óleo é composto por ácido linolênico, um ácido graxo ômega-3 que o organismo humano é capaz de converter nos saudáveis ácidos graxos de cadeia longa (DHA, EPA) encontrados em alimentos tirados do mar (p. 203). O óleo de linhaça (apreciado nos sistemas manufatureiros por desenvolver, mediante secagem, uma forte camada resistente à água) é, de longe, a fonte mais rica de ácidos graxos ômega-3 entre nossos alimentos de origem vegetal. Em segundo lugar, a linhaça contém cerca de 30% de fibras dietéticas, um quarto dos quais são compostos por uma goma presente no tegumento da semente e feita de longas cadeias de vários açúcares. Graças a essa goma, a linhaça moída forma um gel espesso quando misturada com água, é eficaz como emulsificante e estabilizante de espumas e pode aumentar o volume de massas assadas.

Semente de abóbora. A semente de abóbora nasce dentro dos frutos da planta *Cucurbita pepo*, natural do Novo Mundo. É notável por sua coloração verde-escura, de clorofila, e por conter até 50% de óleo, 35% de proteína e nenhum amido. As sementes de abóbora são popularmente consumidas como salgadinho e no México são usadas para espessar molhos. Existem variedades "nuas" às quais falta o tegumento forte e aderente e com as quais, portanto, é muito mais fácil trabalhar.

O óleo de semente de abóbora é largamente usado para temperar saladas na Europa Central. É composto principalmente por ácido linoleico poli-insaturado e ácido oleico monoinsaturado e, curiosamente, dá a impressão de mudar de cor. A semente de abóbora contém tanto pigmentos carotenoides amarelo-alaranjados – luteína, principalmente – quanto clorofila. O óleo prensado a partir de sementes cruas é verde; porém, quando as sementes moídas são umedecidas e aquecidas para aumentar a produtividade, a quantidade de carotenoides extraídos é maior que a de clorofila. O resultado é um óleo que parece marrom-escuro dentro do frasco, em razão da combinação de pigmentos alaranjados e verdes; numa camada fina, porém, por exemplo sobre um pedaço de pão revestido de óleo, o número de moléculas pigmentadas que absorvem luz é menor, a clorofila predomina e o óleo assume tonalidade verde-esmeralda.

Semente de gergelim. Trata-se aqui das sementes da *Sesamum indicum*, planta da savana centro-africana que hoje em dia é cultivada sobretudo na Índia, na China, no México e no Sudão. As sementes de gergelim são pequenas, cerca de 250-300 por grama. Apresentam-se em diversas cores, de douradas a marrons, violeta e pretas, e cerca de 50% de seu peso é composto de óleo. Em regra, são ligeiramente tostadas (120-150 °C por 5 minutos) a fim de desenvolver um sabor acastanhado que tem certas notas sulfurosas em comum com o aroma de café (furfuriltiol). As sementes de gergelim são usadas na confecção da pasta médio-oriental chamada tahine; no Japão, são acrescentadas bolas de arroz e usadas com araruta para fazer um bolo semelhante ao tofu; são transformadas numa pasta doce na China; e decoram as mais diversas massas assadas na Europa e nos Estados Unidos. O óleo de gergelim também é extraído das sementes tostadas (180-200 °C por 30 minutos) e usado como tempero. Esse óleo é notável por sua resistência à oxidação e à rancidez, resistência essa que resulta do alto teor de compostos fenólicos antioxidantes (lignanos), de certo conteúdo de vitamina E e de alguns produtos das reações de escurecimento ocorridas durante o processo de tostagem.

Semente de girassol. A flor do *Helianthus annuus*, a única planta nativa da América do Norte que se tornou produto significativo na agricultura mundial, é composta de cem ou mais florzinhas, cada uma das quais produz um pequeno fruto semelhante à "semente" do morango: uma única semente contida dentro de uma casca fina. A semente é quase toda preenchida pelos cotilédones. O girassol originou-se no sudoeste da América do Norte, foi domesticado no México quase 3.500 anos antes da chegada dos exploradores europeus e chegou na Europa em 1510 como planta decorativa. As primeiras grandes lavouras europeias se estabeleceram na França e na Baviera no século XVIII, com a finalidade de produzir óleo vegetal. Hoje em dia, a Rússia é de longe o maior produtor mundial. Variedades russas, aperfeiçoadas, passaram a ser cultivadas nos Estados Unidos durante a Segunda Guerra Mundial, e o girassol é atualmente, no mundo inteiro, um dos principais produtos agrícolas usados para fazer óleo. As sementes comestíveis são maiores que os tipos oleíferos e têm uma casca decorativamente listrada, que pode ser removida com facilidade. A semente de girassol é especialmente rica em antioxidantes fenólicos e em vitamina E.

Semente de papoula. A semente de papoula é dada por uma planta natural do oeste da Ásia, a *Papaver somniferum*, já cultivada pelos sumérios. Trata-se da mesma planta cujas cápsulas de sementes imaturas são incisadas para manar o látex chamado ópio, uma mistura de morfina, heroína, codeína e outros alcaloides correlatos. As sementes são colhidas das cápsulas quando cessa o fluxo de látex. Podem também conter traços de alcaloides opioides, não em quantidade suficiente para provocar um efeito no corpo, mas bastante para causar resultado positivo num exame de uso de drogas após o consumo de um bolo ou outra iguaria feita com sementes de papoula.

As sementes de papoula são minúsculas: são necessárias 3.300 para completar um grama. Cinquenta por cento do peso de cada semente é composto de óleo. Às vezes as sementes de papoula têm um gosto amargo, apimentado, resultado de danos físicos que misturam o óleo com as enzimas e geram ácidos graxos livres. A impressionante cor azul de certas sementes de papoula é causada, ao que parece, por uma ilusão de ótica. O exame feito com microscópio comprova que a camada de pigmentos da semente é marrom. Duas camadas acima, porém, há um estrato de células que contêm minúsculos cristais de oxalato de cálcio: e os cristais atuam como pequenos prismas, refratando os raios de luz de modo a refletir seletivamente os comprimentos de onda correspondentes ao azul*.

---

* No Brasil, é difícil o acesso à semente de papoula, cuja importação é regulada pela Anvisa. A legislação vigente (RDC 239 de 28 de agosto de 2002) estabelece critérios rígidos para a atividade. O importador é obrigado a apresentar "documento emitido pelo órgão competente do país exportador" onde se comprove que o produto é procedente de cultivos lícitos. O mesmo documento deve afirmar que as sementes não têm capacidade germinativa, são livres de entorpecentes e não são oriundas de apreensão. (N. do R. T.)

CAPÍTULO 10

MASSAS FIRMES E LÍQUIDAS FEITAS COM FARINHA DE CEREAIS
Pães, bolos, macarrões e massas à base de gordura

A evolução do pão	574	O sabor do pão	603
A era pré-histórica	574	Pães produzidos industrialmente	604
Grécia e Roma	575	Tipos especiais de pão: de fermento azedo, de centeio, doce e sem glúten	604
A Idade Média	576		
O início dos tempos modernos	576		
Declínio e renascimento dos pães tradicionais	577	Outros pães: chatos, bagels, cozidos no vapor, massas de fermentação rápida, *doughnuts*	607
A estrutura básica das massas firmes e líquidas e de seus produtos	578	**Alimentos feitos com massas líquidas ralas: crepe, *popover*, massas moles assadas na chapa, massa *choux***	611
Glúten	579		
Amido	583		
Bolhas de gás	584	Alimentos feitos com massas líquidas	611
Gorduras	584	Crepes	612
Os ingredientes das massas firmes e líquidas: farinhas de trigo	585	*Popovers*	612
Os tipos de trigo	585	Massas moles assadas na chapa: panquecas e *crumpets*	613
A transformação do trigo em farinha	586	Massas moles assadas na chapa: *waffles* e *wafers*	613
Os componentes menores da farinha	588	Massa *choux*	614
Tipos de farinha	588	Massas líquidas para fritar	615
Os ingredientes das massas firmes e líquidas: fermentos biológicos e fermentos químicos	590	**Alimentos feitos com massas líquidas espessas: pães de massa mole e bolos**	615
Leveduras ou fermentos biológicos	591	Pães de massa mole e *muffins*	615
Fermentos químicos	592	Bolos	616
Pães	594	**Massas à base de gordura**	623
A escolha de ingredientes	594	Os estilos de massa à base de gordura	624
A preparação da massa: mistura e sova	595		
A fermentação ou crescimento	598	Os ingredientes das massas à base de gordura	624
O assado ou forneamento	599		
O resfriamento	601	A cocção das massas à base de gordura	627
O processo de envelhecimento; estocagem e recuperação de pães	601		

Massas amanteigadas: massa para torta, massa *brisée*	627	Confecção e conservação de biscoitos e bolachas	634
Massas flocadas: a massa de torta norte-americana	628	**Macarrão e bolinhos cozidos por imersão em água fervente**	**636**
Massa folhada ou *pâte feuilleté*	629	A história do macarrão	636
Massas de folha: massa filo, massa de strudel	630	A confecção da massa de macarrão	639
		A cocção do macarrão	640
Híbridos entre pães e massas à base de gordura: *croissant*, folhado dinamarquês	631	Cuscuz, bolinhos cozidos por imersão, *spatzle*, nhoque	641
Massas à base de gordura salgadas e macias: *pâte à pâté* ou massa feita com água quente	632	Macarrões e bolinhos asiáticos feitos de trigo	643
		Macarrões asiáticos de amido e arroz	644
Biscoitos e bolachas	**632**		
Os ingredientes e texturas dos biscoitos e bolachas	633		

O pão é o mais comum e conhecido de todos os alimentos, o forte alicerce da vida onde centenas de gerações foram buscar seu sustento. Constitui também uma descoberta notabilíssima, o trampolim onde a jovem imaginação humana provavelmente se apoiou para saltar rumo à sabedoria e à inspiração. Para nossos antepassados pré-históricos, teria sido um sinal impressionante do potencial de transformação oculto no mundo natural e de sua própria capacidade de moldar os materiais naturais segundo os desejos humanos. O pão não se assemelha em nada aos cereais originais – soltos, duros, quebradiços e insípidos! O simples ato de moer o cereal, molhar as partículas com água e depositar a pasta sobre uma superfície quente cria uma massa saborosa e fofa, crocante por fora e úmida por dentro. E o pão fermentado é ainda mais extraordinário. Se a pasta for reservada por um ou dois dias, ela ganha vida; incha-se e, cozida, cria um alimento com o interior delicadamente aerado, dividido

---

Palavras da culinária: *dough* (massa), *bread* (pão)

Dough (massa de farinha com água) vem de uma raiz indo-europeia que significa "formar, construir" e que também produziu as palavras *figure* (figura), *fiction* (ficção) e *paradise* (paraíso, um jardim murado). Essa derivação indica o quanto eram importantes para os povos primitivos a maleabilidade da massa e sua capacidade, semelhante à da argila, de ser moldada pela mão humana. (Há muito que os cozinheiros usam tanto a argila quanto as massas para fabricar recipientes que contenham outros alimentos durante a cocção – especialmente aves, carnes e peixes.)

Já a palavra *bread* (pão) vem de uma raiz germânica e originalmente significava um pedaço ou parte de uma *loaf* (filão de pão); era esta última palavra que significava a própria substância fermentada e assada. Com o tempo, *loaf* passou a significar a massa assada intacta e *bread* assumiu o significado originalmente conferido àquela palavra. Se não fosse assim, ainda hoje pediríamos na padaria *a bread of loaf* (um pão de filão) em vez de *a loaf of bread* (um filão de pão).

em pequenas células que a mão humana jamais seria capaz de construir. Os simples cereais tostados e os densos mingaus nutrem tanto quanto o pão, mas este introduziu nas bases da vida humana uma nova dimensão de prazer e maravilhamento.

Foi assim que o pão se tornou sinônimo do próprio alimento no oeste da Ásia e em toda a Europa e assumiu lugar de destaque em rituais religiosos e seculares (o matzá da Páscoa judaica, o pão da comunhão cristã, os bolos de casamento). Na Inglaterra, serviu de tema para a designação das relações sociais. A palavra *lord* (lorde, senhor, barão) vem do anglo-saxão *hlaford*, que em inglês moderno seria *loaf ward* (aquele que guarda e distribui o pão), o senhor que fornece alimento; *lady* (dama, senhora) vem de *hlaefdige*, em inglês moderno *loaf kneader* (aquela que sova o pão), a pessoa cujo séquito produz o que seu marido distribui; "companheiro" e "companhia" vêm do latim tardio *companio*, "aquele com quem se partilha o pão". O sustento da vida também tem sido um dos bordões do pensamento ocidental.

A EVOLUÇÃO DO PÃO

A evolução do pão foi influenciada por todos os elementos que participam de sua produção: os cereais, os instrumentos ou máquinas com que são moídos, os microrganismos e substâncias químicas que fermentam a massa, os fornos onde se assam os filões e as pessoas que fazem o pão e o comem. Um dos temas que mais se repetem desde a Antiguidade é a preexcelência das versões refinadas e enriquecidas desse alimento básico. O pão foi sendo cada vez mais definido pelo uso de trigos de alta capacidade de crescimento, pela moagem do grão de modo a produzir uma farinha branca, com pouco ou nada do farelo e do germe do cereal, pela fermentação com culturas cada vez mais puras de leveduras de sabor suave e pelo enriquecimento com quantidades sempre maiores de gordura e açúcar. No século XX, conseguimos levar ao extremo o refinamento e o enriquecimento; hoje temos pães industrializados quase desprovidos de sabor e textura e bolos que contêm mais açúcar que farinha. Nas últimas décadas, os apreciadores do pão promoveram a redescoberta dos prazeres dos pães mais simples e menos refinados, assados na hora em antigos fornos de tijolo; e até os pães de supermercado estão se tornando mais saborosos.

A ERA PRÉ-HISTÓRICA

Duas descobertas pré-históricas serviram de fundamento para a transformação dos cereais em pães, macarrões, bolos e massas à base de gordura. A primeira foi que, além de serem ingeridas como um mingau, as pastas feitas de água e cereais moídos podiam ser transformadas num sólido interessante caso fossem cozidas sobre brasas ou pedras quentes: o resultado era um pão chato. A segunda foi que uma porção de massa guardada por alguns dias fermentava e se enchia de gases: essa pasta produzia um pão mais macio, leve e saboroso, especialmente se fosse cozida com o calor vindo de todos os lados, em um forno fechado.

O pão chato era traço comum da vida dos homens do fim da Idade da Pedra naquelas partes do mundo onde os cereais eram os alimentos principais; sobrevivem até hoje o *lavash* do Oriente Médio, a pita grega e o *roti* e o *chapati* indianos, todos feitos principalmente com trigo, mas também com outros cereais; e as tortilhas e os *johnnycakes* americanos, ambos feitos de milho. Provavelmente, todos esses pães eram inicialmente assados ao lado de uma fogueira, depois sobre uma pedra que servia de grelha; e alguns deles, muito tempo depois, dentro de um forno hexagonal aberto na parte de cima, que continha tanto brasas quanto pães. Os pedaços de massa eram grudados nas paredes internas desses fornos.

O trigo para pão, uma espécie singularmente capaz de produzir pães grandes e leves, já existia por volta de 8000 a.C. (p. 515), mas os primeiros indícios da existência de pães fermentados foram encontrados em sítios arqueológicos egípcios de cerca de 4000 a.C. As primeiras massas fermentadas o eram espontaneamente, uma vez que os esporos das leveduras estão por toda parte, no ar e nas superfícies dos cereais, e infectam facilmente uma pasta úmida e nutritiva. Ao longo de toda a história, os padeiros aproveitaram esse processo natural, fermentando as massas novas com uma sobra da massa antiga em que as leveduras já se multiplicavam; mas também apreciaram o uso de "fermentos-mães" menos azedos, especialmente a escuma residual da fabricação de cerveja – a produção de levedo já era uma profissão especializada no Egito em 300 a.C. Enquanto isso, o equipamento de moagem também progrediu: do pilão e almofariz para duas pedras achatadas e, por volta de 800 a.C. na Mesopotâmia, para pedras capazes de girar continuamente. A moagem contínua possibilitou por fim o uso da tração animal e das forças da água e do vento – e, portanto, a feitura de farinhas muito finas, com pouca intervenção do trabalho humano.

GRÉCIA E ROMA

O pão fermentado demorou a chegar ao litoral norte do Mediterrâneo. O trigo para pão só passou a ser cultivado na Grécia em 400 a.C., e por muito tempo depois disso os pães mais comuns ainda eram chatos de cevada. Sabemos, por outro lado, que os gregos apreciavam pães e bolos suplementados com mel, anis, gergelim e frutas, e que faziam tanto pães integrais quanto suas versões parcialmente refinadas. Pelo menos a partir da era grega, a brancura do pão passou a ser vista como um sinal de pureza e requinte. Arquestrato, contemporâneo de Aristóteles e autor da *Gastronomia*, um compêndio dos antigos hábitos de alimentação no Mediterrâneo, elogia com extravagância o pão de cevada da ilha de Lesbos pelo simples fato de ser branco: "sua brancura supera em pureza a das etéreas neves. Se os deuses celestiais comem pão

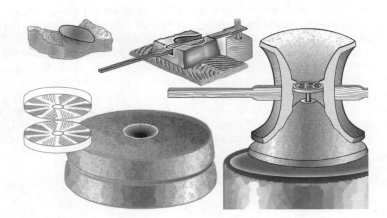

Quatro estágios na evolução das máquinas de moagem de cereais. No sentido horário, a partir do canto superior esquerdo: o moinho em sela e o moinho de alavanca eram limitados pelo movimento de vaivém. O moinho-ampulheta, que podia ser girado continuamente na mesma direção pela força do homem ou de animais, já era amplamente usado na época romana. A mó achatada possibilitou o uso de outras forças da natureza e foi empregada na construção de moinhos de água e de vento. No moderno mundo industrializado, a maior parte dos cereais é moída em rolos metálicos raiados, mas a moagem em moinho de pedra ainda existe.

de cevada, não há dúvida de que Hermes se dirige a Éreso para comprá-lo".

No final da época romana, o pão de trigo já era um elemento essencial da vida, e quantidades imensas de trigo *durum* e trigo para pão eram importadas do Norte da África e de outras partes do império para matar a fome do povo romano. Plínio nos oferece um comovente lembrete de que os pães enriquecidos – os primeiros bolos e massas à base de gordura – eram alimentos de luxo numa época de grande turbulência:

> Certas pessoas usam ovos ou leite ao sovar a massa, ao passo que até a manteiga já foi usada pelos povos que gozavam de paz, numa época em que se podia dedicar atenção às variedades de produtos da arte do padeiro.

A IDADE MÉDIA

Durante a Idade Média europeia, os padeiros eram especialistas: ou produziam o comum pão integral ou faziam o luxuoso pão branco. Foi só no século XVII que aperfeiçoamentos nas técnicas de moagem e o aumento da renda *per capita* estimularam a maior disponibilidade de um pão mais ou menos branco e, logo, a dissolução da guilda dos padeiros de pão integral como entidade independente. Na Europa Setentrional, o centeio, a cevada e a aveia eram mais comuns que o trigo e eram usados para fazer pães grosseiros e pesados. Nessa época, o pão chato era usado como prato sobre o qual se colocavam os demais alimentos, e depois era comido ou dado aos pobres. E as massas gordas eram usadas como uma espécie de recipiente universal para cocção e estocagem – em particular, como um envoltório protetor, e comestível, para alimentos feitos com carne.

O INÍCIO DOS TEMPOS MODERNOS

O final da Idade Média e o Renascimento acarretaram notáveis progressos na arte de fazer pães enriquecidos; tanto a massa folhada quanto a massa *choux* datam dessa época. Receitas de pão domésticas começaram a aparecer em livros de culinária dirigidos à nascente classe média e já se pareciam muito com as receitas modernas. Os livros de receitas ingleses e norte-americanos publicados a partir do século XVIII trazem dezenas de receitas de pães, bolos, biscoitos e bolachas. Na Inglaterra, por volta de 1800, a maior parte do pão ainda era feita em fornos domésticos ou comunitários. Porém, com a disseminação da Revolução Industrial e o acúmulo da população em apinhados bairros urbanos, as padarias assumiram uma parcela cada vez maior da produção de pães, e algumas delas adulteravam a farinha com branqueadores (alume) e materiais que faziam volume (giz, farinha de osso). O declínio do hábito de fazer o pão em casa foi criticado em prosa e verso por motivos econômicos, nutricionais e até morais. Em *Cottage Economy* [A economia do chalé], obra dirigida à classe trabalhadora, o jornalista político inglês

---

Palavras da culinária: *flour* (farinha)

Nas línguas latinas, a palavra que designa o cereal moído (farinha, *farine*, *farina*) vem do termo latino que denominava um cereal específico (*far*). Já a palavra inglesa *flour* (farinha) surgiu na época medieval a partir de *flower* (flor) e significava a melhor parte do cereal moído: a porção que restava depois de peneiradas as partículas grandes de farelo e germe (o mesmo sentido se conserva no português "flor de farinha"). Para um inglês medieval, a expressão *whole wheat flour* (farinha de trigo integral) significaria "flor de farinha de trigo integral", uma contradição em termos!

William Cobbett afirma que só é razoável comprar pão em cidades onde há pouco espaço e combustível. Caso contrário,

Como é perdulário, e mesmo vergonhoso, o ato de a esposa do trabalhador ir à padaria para comprar pão [...]
Quem quiser ver uma coisa bela, que olhe para uma mulher inteligente e asseada acendendo seu forno e nele depositando o pão que ela mesma fez! E, se a agitação fizer rebrilhar em sua fronte o sinal do trabalho, onde está o homem que não prefira enxugar esse suor com um beijo a lamber o pó de arroz das bochechas de uma duquesa?

As invectivas de Cobbett e outros não conseguiram reverter aquela tendência. A produção de pão era uma das mais laboriosas e demoradas tarefas domésticas, por mais que o suor das donas de casa fosse enxugado com beijos; e esse trabalho foi sendo cada vez mais deixado a cargo dos padeiros.

Inovações na fermentação. Um novo método de fermentação foi divulgado pelo primeiro livro de receitas norte-americano, o *American Cookery* [Culinária norte-americana] de Amelia Simmons, de 1796. Quatro receitas – duas de *cookies* norte-americanos e duas de pão de mel – pedem o ingrediente *pearlash* (perlasso), versão refinada da potassa. A cinza de materiais vegetais era mergulhada em água e o líquido era drenado e evaporado, concentrando as substâncias nele dissolvidas. O perlasso é quase todo composto de carbonato de potássio, uma substância alcalina que reage com os ingredientes ácidos da massa e gera o gás dióxido de carbono. Foi o precursor do bicarbonato de sódio e do fermento químico em pó, que surgiram entre 1830 e 1850. Esses ingredientes químicos possibilitaram a fermentação instantânea de misturas que não podiam ser adequadamente fermentadas por leveduras vivas e de multiplicação lenta: coisas como a massa líquida de bolos e a massa doce de biscoitos e bolachas. Culturas comerciais purificadas de fermento biológico para pães, mais previsíveis e menos ácidas que o levedo de cerveja, começaram a ser comercializadas por fabricantes especializados na virada do século XX.

DECLÍNIO E RENASCIMENTO DOS PÃES TRADICIONAIS

A industrialização do século XX. O século XX inaugurou duas grandes tendências na Europa e na América do Norte. Uma delas foi o declínio do consumo *per capita* de pão. Com o aumento da renda, as pessoas puderam se dar ao luxo de comer mais carne e mais bolos e massas à base de gordura, ricos e açucarados. Por isso hoje nos apoiamos menos que nossos antepassados no sustentáculo da vida. A

A fermentação química e a primeira receita norte-americana de *cookies*

Cookies

Meio quilo de açúcar fervido lentamente em uma xícara de água. Passe a escumadeira e deixe esfriar. Acrescente duas colheres (chá) de perlasso dissolvido em leite e 1.250 kg de farinha, misture 100 g de manteiga e duas colheres grandes de semente de coentro finamente moída. Faça rolinhos com pouco mais de 1 cm de diâmetro e corte-os na forma de sua preferência; asse por quinze ou vinte minutos em forno brando – se conserva por três semanas.

– Amelia Simmons, *American Cookery*, 1796

outra tendência foi a industrialização da fabricação de pão. Hoje em dia, poucas vezes se faz pão em casa e, exceto naqueles países onde é forte a tradição de comprar pão fresco todos os dias – a França, a Alemanha e a Itália, por exemplo –, a maior parte do pão é feita em grandes fábricas e não em pequenas padarias locais. Os instrumentos mecânicos para fazer pão, como batedeiras motorizadas, começaram a surgir por volta de 1900 e culminaram, na década de 1960, em grandes instalações automatizadas que produzem pão numa pequena fração do tempo original. Esses sistemas industriais substituem o desenvolvimento biológico da massa (a fermentação gradual e o fortalecimento do glúten pelas leveduras, que levam horas) por um desenvolvimento químico mecânico e quase instantâneo. Esse método de produção resulta em pães com o interior macio, textura semelhante à de bolo, casca fina e flácida e sabor descaracterizado. Tais pães são formulados para se manter macios e comestíveis por uma semana ou mais quando conservados dentro de um saco plástico. Os pães industriais são muito diferentes dos pães tradicionais.

A volta do sabor e da textura. Na década de 1980, os europeus e norte-americanos começaram a comer muito mais pão que na década anterior. Um dos motivos foi a restauração dos modos tradicionais de panificação. Pequenas padarias começaram a produzir pão usando grãos menos refinados, desenvolvendo o sabor por meio de uma longa fermentação e assando pequenas levas em fornos de tijolo que produzem filões escuros, de crosta crocante. Outra razão foi a redescoberta, pelos cozinheiros domésticos, do prazer de assar e comer pães frescos. A invenção da máquina de fazer pão pelos japoneses habilitou as pessoas ocupadas que cozinham em casa a colocar todos os ingredientes numa única câmara, fechar a tampa e encher a casa com os aromas esquecidos do pão recém-assado.

Os pães feitos em casa e por padeiros artesanais representam somente pequena fração da produção total de pão na Inglaterra e nos Estados Unidos. Seu reaparecimento, porém, demonstra que as pessoas ainda apreciam os sabores e as texturas dos pães frescos tradicionais, e esse fato chamou a atenção dos produtores industriais. Estes desenvolveram há pouco o sistema do pão "pré-assado", em que o fabricante fornece ao supermercado pães parcialmente assados e então congelados, que voltam ao forno no ponto de venda e são comercializados ainda saborosos e com a casca crocante.

De início, os pães industriais eram "otimizados" em vista do custo mínimo e do máximo prazo de validade. Até que enfim o sabor e a textura estão começando a ser levados em conta nesse cálculo, e pelo menos alguns produtos estão melhorando.

A ESTRUTURA BÁSICA DAS MASSAS FIRMES E LÍQUIDAS E DE SEUS PRODUTOS

A farinha de trigo é um material estranho e maravilhoso! Qualquer outro ingrediente em pó misturado com água produzirá, em regra, uma pasta simples e inerte. Porém, se uma porção de farinha for misturada com cerca de metade de seu peso em água, a combinação parece ganhar vida. De início, forma-se uma massa uniforme que reluta em mudar de forma. Com o tempo e a sova, a relutância dá lugar à vivacidade, uma elasticidade que se faz sentir mesmo quando o padeiro tira a mão da massa. São essas qualidades de coesão e vivacidade que distinguem as massas de trigo das de outros cereais e possibilitam a confecção de pães leves e macios, massas à base de gordura que soltam lascas delicadas e macarrões com textura semelhante à da seda.

As várias texturas dos pães, bolos e macarrões são criados pelas massas firmes e líquidas com que eles são feitos. Essas estruturas são compostas de três elementos básicos: água, as proteínas do glúten da farinha e seus grânulos de amido. Juntos, esses elementos criam uma massa integrada e coesa. É essa coesão que dá ao macarrão sua sedosidade, decorrente da textura cerrada. É também ela que permite que as massas de pães e bolos e as massas à base de gordura se dividam em lâminas microscopicamente finas, porém intactas. Os pães e bolos são leves e macios porque a massa de proteína e amido contém milhões de minúsculas bolhas de ar; as massas à base de gordura são macias e delicadamente quebradiças porque o contínuo de proteína e amido é interrompido por centenas de finíssimas camadas de gordura.

A mistura de farinha e água será uma massa *firme* ou *líquida* dependendo das proporções relativas dos dois ingredientes principais. Em geral, as massas firmes contêm mais farinha que água e são rígidas suficiente para serem trabalhadas com as mãos. Toda a água se liga às proteínas do glúten e à superfície dos grânulos de amido, que se inserem na matriz semissólida de água e glúten. As massas líquidas, por sua vez, contêm mais água que farinha e podem ser vertidas de um recipiente. Boa parte da água se encontra na forma de um líquido livre em que estão dispersas tanto as proteínas do glúten quanto os grânulos de amido.

A estrutura da massa firme ou líquida é temporária. Com a cocção, os grânulos de amido absorvem água, incham e criam uma estrutura sólida permanente a partir da forma original líquida ou semissólida. No caso dos pães e bolos, essa estrutura sólida é uma rede esponjosa de amido e proteína preenchida por milhões de minúsculas bolsas de ar. Os padeiros dão o nome de *miolo* a essa rede esponjosa, que constitui a maior parte do pão ou do bolo. A superfície exterior, que geralmente tem textura mais seca e mais densa, é a *casca* ou *crosta*.

Tendo em mente estes dados gerais, vamos examinar mais de perto os elementos estruturais das massas firmes e líquidas.

GLÚTEN

Quando se mastiga um bocadinho de massa, ela se torna mais compacta mas não perde sua elasticidade; torna-se um resíduo a que os chineses deram o nome de "músculo da farinha" e que nós chamamos de *glúten*. Este é feito basicamente de proteínas e inclui algumas moléculas proteicas que talvez sejam as maiores encontradas no mundo natural. São essas moléculas notáveis que dão vivacidade às massas e possibilitam a confecção de pães fermentados.

As proteínas do glúten formam longas cadeias que aderem umas às outras. O glúten é uma mistura complexa de certas proteínas do trigo que não se dissolvem em água, mas que constituem associações umas com as outras e também com as moléculas de água. Secas, essas proteínas são imóveis e inertes. Umedecidas, adquirem a capacidade de mudar de forma, deslocar-se umas em relação às outras e formar e desconstituir ligações entre si.

As proteínas são moléculas longas em forma de cadeia, construídas a partir de moléculas menores chamadas aminoácidos (p. 898). A maior parte das proteínas do glúten, as gliadinas e gluteninas, têm um comprimento de cerca de mil aminoácidos. As cadeias de gliadina se dobram sobre si mesmas e formam uma massa compacta; tais moléculas estabelecem ligações fracas umas com as outras e com as gluteninas. Estas, por outro lado, ligam-se umas às outras de diversas maneiras e constituem uma rede extensa e bastante firme.

Em ambas as extremidades de cada cadeia de glutenina há aminoácidos que contêm enxofre e formam fortes ligações sulfurosas com os mesmos aminoácidos nas extremidades de outras cadeias da mesma proteína. Para fazer isso, precisam ter à sua disposição alguns agentes oxidantes – o oxigênio do ar, substâncias produzidas pelas leveduras ou "melhoradores de massa" (p. 587) acrescentados pelo fabricante da farinha ou pelo próprio padeiro. A seção intermediária da molécula de glutenina, longa e espiralada, é feita sobretudo de aminoácidos que formam ligações temporárias e mais fracas (ligações hidrofóbicas e ligações de hidrogênio) com aminoácidos semelhantes. Assim, as cadeias de glutenina se ligam umas às outras pelas extremidades e constituem supercadeias, cada uma das quais com o comprimento de algumas centenas de moléculas; e as seções espiraladas nas partes intermediárias formam muitas ligações temporárias com os trechos semelhantes das gluteninas vizinhas. O resultado é uma extensa rede interligada de proteínas enrodilhadas: o *glúten*.

A plasticidade e a elasticidade do glúten. O glúten do trigo para pão é plástico e elástico; isso significa que é capaz de mudar de forma sob pressão, mas também resiste à pressão e reassume a forma original quando aquela cessa. Graças a essas duas propriedades, a massa de farinha de trigo se expande para incorporar o gás carbônico produzido pelo fermento, mas tem resistência suficiente para impedir que as paredes das bolhas se tornem finas a ponto de romper.

A plasticidade do glúten resulta da presença das gliadinas entre as gluteninas. Por serem compactas, as gliadinas atuam como "rolamentos" e permitem que certas partes das gluteninas deslizem umas em relação às outras sem formar ligações entre si. A elasticidade, por sua vez, resulta da estrutura helicoidal e sinuosa das proteínas de glúten interligadas. A sova desdobra e alinha as moléculas proteicas, sem porém eliminar as espirais e curvas no sentido do seu comprimento. O ato de estender a massa retifica essas espirais e curvas, mas, uma vez cessada a pressão, as moléculas tendem a reassumir a sinuosa forma original. Além disso, a estrutura helicoidal das moléculas proteicas individuais é capaz de suportar o esticamento e, nesse processo, armazenar parte da energia mecânica que atua sobre elas; quando a tensão é liberada, as próprias moléculas atuam como molas e voltam à sua compacta forma helicoidal.

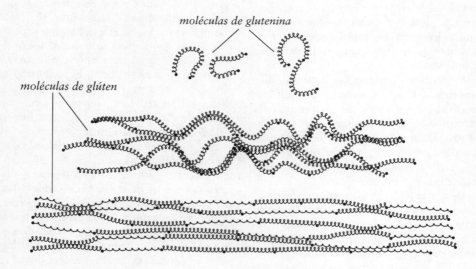

A formação do glúten. Quando se misturam farinha e água para fazer massa, as moléculas da proteína glutenina se ligam umas às outras pelas extremidades e formam longas moléculas compostas: a substância chamada glúten. A massa é elástica porque as moléculas de glúten são helicoidais e sinuosas. Quando se estende a massa, as curvas sinuosas se endireitam, as espirais se alongam e as proteínas ficam mais compridas (embaixo). *Quando a tensão é liberada, boa parte das espirais e sinuosidades se reconstitui, as cadeias proteicas se encurtam e a massa reassume o tamanho e a forma originais.*

O resultado visível desses eventos submicroscópicos é que a massa estendida reassume sua forma original.

Enfraquecimento do glúten. Outra característica importante das massas de farinha de trigo é que sua elasticidade se perde com o tempo. Uma massa elástica que não enfraquecesse não poderia receber as formas tão variadas que se veem em pães e bolos levedados e macarrões! Numa massa bem desenvolvida, as moléculas de proteína estão organizadas e alinhadas e formaram entre si muitas ligações fracas. Por serem tantas, essas ligações mantêm as proteínas em seu lugar e resistem à extensão, de tal modo que a bola de massa permanece firme e tesa. Entretanto, visto que as ligações são fracas, a tensão física causada pelo próprio formato da bola vai aos poucos desfazendo algumas delas, e a estrutura da massa se enfraquece, tornando-a mais maleável e achatada.

O controle da força do glúten. Nem todas as massas assadas devem ser feitas com um glúten forte e elástico. Este é desejável em pães levedados, bagels e na massa folhada; mas confere desagradável rigidez a outras massas à base de gordura, aos bolos, massas assadas na chapa e biscoitos e bolachas em geral. Para os preparados mais macios, os padeiros e confeiteiros limitam intencionalmente o desenvolvimento do glúten.

Há vários ingredientes e técnicas por meio dos quais o profissional controla a força do glúten e, logo, a consistência das massas firmes e líquidas. São eles:

- O tipo de farinha utilizado. As farinhas de pão com alto teor proteico produzem um glúten forte; as de baixo teor proteico, usadas para bolos e massas à base de gordura, um glúten fraco; e as de semolina de trigo *durum* (para macarrão), um glúten forte mas maleável.
- As presença de substâncias oxidantes na farinha – agentes de maturação e melhoradores –, capazes de intensificar e multiplicar as ligações entre as extremidades das moléculas de glutenina e, logo, a força da massa (p. 587).
- O conteúdo de água da massa, que determina a concentração das proteínas do glúten e o quanto elas são capazes de se ligar umas às outras. A massa feita com pouca água redunda

---

Palavras da culinária: *glúten*

Embora os cozinheiros chineses tenham descoberto as propriedades do glúten muito antes de quaisquer outros (p. 518), foram dois cientistas italianos que introduziram essa noção na Europa. Num manual de ótica publicado depois de sua morte, em 1665, o estudioso jesuíta Francesco Maria Grimaldi observou que a massa de macarrão feita com semolina de trigo *durum* contém uma substância espessa e pegajosa que, quando seca, se torna dura e quebradiça. Deu-lhe o nome de *glúten*, palavra latina que significa "cola". Essa palavra, por sua vez, vem da raiz indo-europeia *gel-*, que deu origem a várias palavras que incorporam as noções de "tomar a forma de bola", "constituir uma massa coagulada", "ser espesso ou pegajoso": entre elas, no inglês, os termos *cloud* (nuvem), *globe* (globo), *gluteus* (glúteo), *clam* (mexilhão), *cling* (apegar-se, agarrar) e *clay* (argila). Em 1745, Giambattista Beccari estudou o glúten de modo mais meticuloso e notou o quanto ele era semelhante a certas substâncias de origem animal: reconheceu, em outras palavras, que o glúten é um exemplo daquilo a que hoje damos o nome de proteína.

Os ingredientes que afetam a estrutura das massas firmes e líquidas e de seus produtos

Ingrediente	Tipo de material	Comportamento	Principais efeitos sobre a estrutura
Farinha			
Glutenina	Proteína	Forma a rede interligada do glúten	Dá elasticidade à massa
Gliadina	Proteína	Estabelece ligações fracas com a rede de glutenina	Dá plasticidade ou maleabilidade à massa
Amido	Carboidrato	Preenche a rede de glúten, absorve água durante a cocção	Dá maciez à massa, estabelece e firma a estrutura durante o assado
Água		Permite a formação da rede de glúten; dilui a rede	Em quantidade muito pequena ou muito grande, proporciona produtos mais macios
Fermento biológico ou químico	Células vivas, substâncias químicas purificadas	Produz gás carbônico nas massas firmes e líquidas	Torna os produtos mais leves e macios
Sal	Mineral purificado	Fortalece a rede de glúten	Torna a massa mais elástica
Gorduras, óleos, gordura vegetal hidrogenada	Lipídios	Enfraquecem a rede de glúten	Torna os produtos mais macios
Açúcar	Carboidrato	Enfraquece a rede de glúten, absorve umidade	Torna os produtos mais macios, preserva a umidade
Ovos	Proteínas; gorduras e emulsificantes (somente a gema)	As proteínas coagulam durante a cocção; as gorduras e os emulsificantes enfraquecem a rede de glúten; os emulsificantes estabilizam as bolhas e o amido	Suplementam a estrutura de glúten com um delicado coágulo proteico; tornam os produtos mais macios; retardam o envelhecimento
Leite; leitelho	Proteínas, gorduras; emulsificantes, acidez	As proteínas, gorduras, emulsificantes e acidez enfraquecem a rede de glúten; os emulsificantes estabilizam as bolhas e o amido	Tornam os produtos mais macios; retardam o envelhecimento

no desenvolvimento incompleto do glúten e, logo, numa textura farelenta; a massa feita com muita água fornece um glúten menos concentrado e redunda numa textura mais macia e úmida.
- O batimento e a sova da mistura de farinha e água, atos estes que esticam e organizam as proteínas do glúten, constituindo uma rede elástica.
- O sal, que fortalece enormemente a rede de glúten. Os íons de sódio (de carga elétrica positiva) e de cloro (de carga elétrica negativa) se agregam ao redor das poucas porções eletricamente carregadas das gluteninas, impedem que essas porções repilam umas às outras e, assim, permitem que as proteínas fiquem mais próximas e desenvolvam mais ligações entre si.
- O açúcar, que, na concentração típica dos pães doces fermentados, de 10% ou mais do peso da farinha, limita o desenvolvimento do glúten na medida em que dilui as proteínas do trigo.
- As gorduras e óleos, que enfraquecem o glúten porque se ligam aos aminoácidos hidrofóbicos ao longo das cadeias proteicas e, assim, impedem-nas de se ligar umas às outras.
- A acidez da massa – dada por uma cultura de fermento azedo, por exemplo –, que enfraquece a rede de glúten

porque aumenta o número de aminoácidos de carga positiva ao longo das cadeias proteicas, intensificando assim as forças de repulsão entre elas.

AMIDO

As proteínas elásticas do glúten são essenciais para a confecção de pães fermentados. Porém, as proteínas representam somente 10% do peso total da farinha, ao passo que o amido responde por 70%. Os grânulos de amido cumprem diversas funções nas massas firmes e líquidas. Junto com a água que retêm em sua superfície, eles compõem mais da metade do volume da massa, interpenetram a rede de glúten e interrompem-na, tornando-a, assim, mais macia. Nos bolos, o amido é o principal material estrutural, uma vez que o glúten se acha por demais disperso em meio à água e ao açúcar para fornecer solidez à massa. Durante o assado de pães e bolos, os grânulos de amido absorvem água, incham e se enrijecem, constituindo a estrutura fixa das paredes que rodeiam as bolhas de dióxido de carbono. Ao mesmo tempo, sua rigidez intumescida limita a expansão das bolhas, obrigando o vapor-d'água presente dentro destas a estourá-las e escapar, transformando a espuma de bolhas isoladas numa rede contínua e esponjosa, formada por buracos interligados. Se isso não acontecesse, ao final do assado o vapor-d'água

---

Palavras da culinária: *starch* (amido)

Os antigos romanos já incorporavam amido purificado ao papel para lhe dar corpo e tornar sua superfície mais lisa. No século XIV, a Holanda e outros países do norte da Europa começaram a engomar com amido de trigo seus panos de linho. A palavra *starch* data do século XV e vem de uma raiz germânica que significa "enrijecer" – e é isso também que o amido faz com a massa de pão, transformando-a num assado firme. A raiz alemã, por sua vez, provém de uma raiz indo-europeia que significa "rígido"; em inglês encontram-se as palavras correlatas *stare* (olhar fixamente), *stark* (rígido, hirto), *stern* (severo) e *starve* (passar fome, que redunda na rigidez da morte).

se contrairia por resfriamento e solaria o pão ou o bolo.

BOLHAS DE GÁS

São as bolhas de gás que dão leveza e maciez às massas firmes e líquidas fermentadas. Os pães e bolos são tão aerados que até 80% do seu volume são feitos de espaço vazio. As bolhas de gás interrompem e, portanto, enfraquecem a rede de glúten e grânulos de amido, dividindo-a em milhões de lâminas muito finas e delicadas que formam as paredes das mesmas bolhas.

Os padeiros e confeiteiros usam fermentos biológicos (leveduras) ou químicos para preencher seus produtos de bolhas de gás (p. 590). Entretanto, esses ingredientes não criam bolhas novas: seu dióxido de carbono é liberado na fase aquosa da massa firme ou líquida e se difunde para dentro das bolhas que já existem nela, ampliando-as. Essas bolhas primordiais cheias de ar são criadas quando o padeiro sova a massa, ou incorpora o açúcar na manteiga, ou bate os ovos. Portanto, a aeração inicial das massas firmes e líquidas tem forte influência sobre a textura final das massas assadas. Quanto maior o número de bolhas produzidas durante a preparação de uma massa firme ou líquida, mais requintado e macio será o resultado.

GORDURAS

Desde o começo do século XIX que os ingleses e norte-americanos usam o termo *shortening* para se referir àquelas gorduras ou óleos que "encurtam" a massa firme – ou seja, que enfraquecem sua estrutura e tornam o produto final mais macio ou quebradiço. Esse papel das gorduras é mais evidente nas massas de torta e na massa folhada (p. 624), onde camadas de gordura sólida separam finas lâminas de massa. É menos evidente, mas não menos importante, em bolos e pães enriquecidos, onde moléculas de gordura e óleo se ligam a certas partes das espirais do glúten e impedem que suas proteínas estabeleçam demasiadas ligações entre si, ou seja, que formem um glúten forte. Para fazer um pão rico com glúten forte (como o panetone italiano, p. 606), o padeiro ou confeiteiro mistura somente a farinha e a água, sova a mistura para desenvolver o glúten e somente então acrescenta a gordura.

As gorduras e outras substâncias correlatas também desempenham papel importante, embora indireto, na formação da estrutura final dos pães e bolos: o acréscimo de pequenas quantidades aumenta significativamente o volume e a leveza da textura (p. 588).

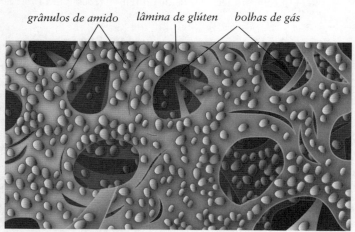

Vista ampliada da massa de pão. A densa massa de glúten e amido é interrompida e amaciada por bolhas de gás.

OS INGREDIENTES DAS MASSAS FIRMES E LÍQUIDAS: FARINHAS DE TRIGO

Embora se possam usar também outros cereais e sementes, a maioria dos pães, bolos e macarrões mais conhecidos são feitos de farinha de trigo.

OS TIPOS DE TRIGO

Hoje em dia são cultivados vários tipos de trigo, cada qual com suas características e respectivos usos (ver quadro, p. 586). A maioria são espécies do trigo para pão, *Triticum aestivum*. A característica que mais distingue cada espécie é o teor e a qualidade

Massas firmes e líquidas: composições representativas

Os números indicam os pesos relativos dos diversos ingredientes das massas firmes e líquidas, sendo o peso da farinha representado pela constante 100. Esta tabela pretende apenas dar uma ideia geral das proporções usadas em massas famosas; as receitas individuais apresentam amplas variações.

	Farinha	Total de água	Gordura ou óleo	Sólidos do leite	Ovos	Açúcar	Sal
Massas firmes							
Pão	100	65	3	3	0	5	2
Biscuit	100	70	15	6	0	1	2
Massa à base de gordura	100	30	65	0	0	1	1
Cookie norte-americano	100	20	40	3	6	45	1
Macarrão	100	25	0	0	5	0	1
Brioche	100	60	45	2	75	3	1
Panetone	100	40	27	1	15*	28	1
Massas líquidas							
Panqueca, waffle	100	150-200	20	10	60	10	2
Crepe, popover	100	230	0	15	60	0	2
Choux	100	200	100	–	130	–	2
Pão de ló	100	75	0	0	100	100	1
Bolo americano (*pound cake*)	100	80	50	4	50	100	2
Bolo recheado	100	130	40	7	50	130	3
Bolo *chiffon*	100	150	40	0	140	130	2
Angel cake	100	220	0	0	250**	45	3

* somente gemas
** somente claras

de proteínas do glúten; o alto teor proteico e o glúten forte frequentemente são traços daqueles grãos cujo interior é duro, vítreo e translúcido. Os grãos de trigo *duro* constituem cerca de 75% do total de trigo plantado em solo estadunidense. O trigo *mole*, que perfaz cerca de 20% desse total, tem quantidade menor de proteínas um pouco mais fracas. O trigo *club* é uma espécie diferente, T. *compactum*, cujas proteínas formam um glúten especialmente fraco. O trigo *durum* é outra espécie ainda (T. *turgidum durum*, p. 516), usada principalmente para fazer massa de macarrão (p. 636).

Além de serem classificados segundo o conteúdo proteico, os trigos norte-americanos são designados pelos seus hábitos de crescimento e pela cor de seus grãos. Os trigos de primavera (entre os quais o *durum*) são semeados na primavera e colhidos no outono, ao passo que os de inverno são semeados no final do outono, sobrevivem ao inverno na forma de brotos novos e são colhidos no verão. As variedades de trigo mais comuns são do trigo *vermelho*, de tegumento vermelho-amarronzado em razão da presença de compostos fenólicos. Os trigos *brancos*, com conteúdo fenólico muito menor e tegumento castanho-claro, estão se tornando cada vez mais populares em razão da cor clara e do gosto "doce" e menos adstringente de suas farinhas integrais e dos produtos que contêm o farelo no todo ou em parte.

A TRANSFORMAÇÃO DO TRIGO EM FARINHA

As qualidades de uma determinada farinha quando assadas são determinadas pelo trigo de que é feita e pelo modo de transformação do trigo em farinha.

Moagem convencional e moagem em moinho de pedra. A moagem é o processo pelo qual o grão de trigo é quebrado em partículas pequenas e estas são peneiradas, formando uma farinha que tenha as qualidades desejadas. A maioria das farinhas são *refinadas*, ou seja, peneiradas para separar as partículas de germe e farelo, de um lado, das de endosperma rico em proteínas e amido, de outro. O germe e o farelo são ricos em nutrientes e sabor, mas rançam em poucas semanas e prejudicam física e quimicamente a formação de um glúten contínuo e forte; por isso os pães e outras massas de trigo integral são mais densos e mais escuros. Na moagem convencional, rolos metálicos raiados abrem o grão, expulsam o germe e trituram o endosperma,

Os principais tipos de trigo

	Conteúdo de proteína, % do peso	Uso
Trigo duro vermelho de primavera	13-16,5	Farinhas para pão
Trigo duro vermelho de inverno	10-13,5	Farinhas multiuso
Trigo mole vermelho	9-11	Farinhas multiuso e para massas à base de gordura
Trigo duro branco	10-12	Farinhas especiais de trigo integral
Trigo mole branco	10-11	Farinhas especiais de trigo integral
Trigo *club*	8-9	Farinhas para bolos
Trigo *durum*	12-16	Semolina para massa de macarrão seca

de modo que este possa ser peneirado e novamente triturado até que suas partículas atinjam o tamanho desejado. A moagem em moinho de pedra, muito mais rara, esmaga o grão integral de modo mais completo antes da peneiração, de tal modo que partes do farelo e do germe acabam restando mesmo nas farinhas refinadas. Por isso a farinha moída em moinho de pedra é mais saborosa que a convencional, mas tem vida de prateleira mais curta.

Farinhas melhoradas e alvejadas. Há muito os padeiros sabem que a farinha recém-moída forma um glúten fraco e torna a massa mole e o pão, denso. Quando a farinha é curada por algumas semanas em contato com o ar, suas qualidades se aperfeiçoam. Hoje sabemos que o oxigênio do ar vai liberando os grupos sulfurosos das extremidades das gluteninas para reagir uns com os outros e formar cadeias de glúten maiores, que dão mais elasticidade à massa. Por volta de 1900, os moleiros começaram a economizar tempo, espaço e dinheiro suplementando a farinha recém-moída com agentes oxidantes, tais como o gás cloro e, depois, o bromato de potássio. No final da década de 1980, entretanto, a preocupação com a possível toxicidade dos resíduos deste último fez com que a maior parte dos moleiros o substituísse pelo ácido as-

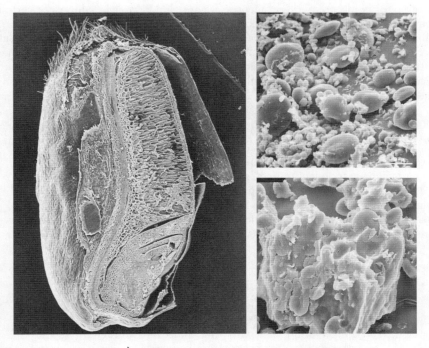

O grão e a farinha de trigo. À esquerda: o grão de trigo antes da moagem. Seu comprimento é de cerca de 6 mm. Acima, à direita: a farinha de trigo mole. Neste tipo de trigo, a proteína se apresenta em seções finas e fracas, interrompidas por grânulos de amido e bolsões de ar. Quando moído, ele produz partículas pequenas e finas. A farinha de trigo mole cria um glúten fraco e é preferida para fazer bolos macios e massas à base de gordura. Embaixo, à direita: a farinha de trigo duro. A matriz proteica no duro endosperma do trigo é forte suficiente para que pedaços grandes sobrevivam à moagem. As farinhas de trigo duro criam um glúten forte e são preferidas para fazer a maioria dos pães.

córbico (vitamina C) ou pela azodicarbonamida. (O próprio ácido ascórbico é um antioxidante, mas oxida-se e transforma-se em ácido deidroascórbico, que por sua vez oxida as proteínas do glúten.) Na Europa, as farinhas de fava e de soja foram usadas como melhoradores da farinha de trigo; suas enzimas ativas, que oxidam gorduras e geram o sabor típico dos feijões, também causam indiretamente a oxidação e o alongamento das proteínas do glúten.

A tradicional cura da farinha de trigo pelo ar tem um efeito colateral visível: a farinha amarelada se torna progressivamente mais clara à medida que as xantofilas se oxidam e assumem forma incolor. Uma vez compreendida a química dessa mudança, os moleiros começaram a usar agentes alvejantes (azodicarbonamida, peróxido) para branquear as farinhas. Muitos padeiros preferem usar farinhas não alvejadas, pois estas são sujeitas a menos alterações químicas. O branqueamento da farinha é proibido na Europa.

OS COMPONENTES MENORES DA FARINHA

As proteínas do glúten e os grânulos de amido da farinha respondem por cerca de 90% do seu peso e determinam boa parte do comportamento das massas firmes e líquidas. Porém, certos componentes menores também têm influência importante.

Gorduras e moléculas correlatas. Embora a farinha branca só contenha cerca de 1% de gorduras, fragmentos de gorduras e fosfolipídios, essas substâncias são essenciais para o desenvolvimento de um pão que cresça bem. Existem indícios de que alguns materiais gordurosos podem ajudar a estabilizar as paredes das bolhas à medida que estas se expandem, impedindo assim a rotura e o colapso da estrutura esponjosa. Outras gorduras se ligam aos grânulos de amido e ajudam a amaciar o pão e retardar seu envelhecimento. Ingredientes semelhantes acrescentados pelo cozinheiro ou fabricante podem intensificar esses efeitos úteis (p. 582).

Enzimas. Uma vez que os açúcares naturalmente presentes na farinha só bastam para alimentar as leveduras por certo tempo, há muito que os fabricantes de farinha suplementam o trigo moído com trigo ou cevada maltados: grãos brotados que desenvolveram as enzimas capazes de transformar amido em açúcar. Visto que as farinhas de malte escurecem a farinha branca e as massas feitas com ela, e como sua atividade não é muito regular, os fabricantes cada vez mais as substituem por enzimas purificadas extraídas de fungos microscópicos ("amilase fúngica").

TIPOS DE FARINHA

Embora as panificadoras industriais e os padeiros profissionais possam obter fari-

Índice de extração

O grau de refinação da farinha é medido pelo "índice de extração", ou seja, a porcentagem do grão integral que permanece na farinha pronta. A farinha de trigo integral tem índice de extração de 90%. A maioria das farinhas brancas comerciais contém de 70 a 72% do grão integral; a farinha francesa para pão contém de 72 a 78%, tendo por isso sabor mais próximo ao do grão inteiro. As pessoas que fazem pão em casa podem criar suas próprias farinhas refinadas com índice de extração mais alto, suplementando a farinha branca com uma porção de farinha de trigo integral peneirada para se removerem as partículas mais grosseiras de germe e farelo.

nhas feitas com tipos específicos de trigo, a maioria das farinhas à venda nos supermercados norte-americanos são rotuladas de acordo com seu uso pretendido, sem indicar nem o tipo ou tipos de trigo nelas contidos – geralmente são vários – nem o teor e a qualidade das proteínas. A composição das farinhas pode variar significativamente de região para região: em boa parte dos Estados Unidos e do Canadá, a farinha "multiuso" (*all-purpose*) tem teor proteico mais alto que o da farinha "multiuso" do sul ou do noroeste dos Estados Unidos. Não surpreende, portanto, que receitas preparadas com um determinado tipo de farinha normalmente produzam resultado muito diferente quando preparadas com outro, a menos que se tome o cuidado de corrigir o tipo substituto de modo a aproximá-lo do original. O quadro abaixo traz as composições de vários tipos comuns de farinha.

Conteúdo proteico de algumas farinhas de trigo mais comuns

Os números são aproximados e partem do princípio de que a farinha contém 12% de umidade. A maior parte do peso da farinha, entre 70 e 80%, é composta de amido e outros carboidratos do cereal. As farinhas de alto teor proteico absorvem muito mais água que as de baixo teor proteico, produzindo, portanto, uma massa mais rígida que estas quando se usa a mesma proporção de água.

Farinha	Conteúdo proteico
Trigo integral, graham	11-15
Semolina de trigo *durum*	13
Para pão	12-13
Multiuso (marcas presentes em todo o território norte-americano)	11-12
Multiuso (marcas regionais norte-americanas, sul e noroeste dos Estados Unidos)	7,5-9,5
Para massas à base de gordura	8-9
Para bolos	7-8
0 ou 00 (italianas de trigo mole)	11-12
Tipo 55 (francesa, mistura de trigos mole e duro)	9-10
Simples inglesa	7-10
Vital glúten (glúten de trigo)	70-85

Uma vez que há diferenças não só entre os teores, mas também entre as próprias qualidades das proteínas dos diversos tipos de farinha, na realidade não é possível usar uma farinha multiuso para fazer massas à base de gordura ou vice-versa. Por outro lado, é possível diluir as proteínas do glúten de uma farinha mediante o acréscimo de amido de milho ou outro amido puro, ou fortalecê-las acrescentando-lhes "vital glúten" (puro glúten de trigo) em pó. Para que uma farinha própria à confecção de massas à base de gordura se torne mais semelhante a uma farinha multiuso, deve-se acrescentar uma parte de amido (por peso) a duas de farinha; para o processo inverso, deve-se acrescentar um quarto de parte de glúten a duas de farinha para massa à base de gordura. (O glúten purificado perde pouco menos da metade de sua força no processo de secagem.) A farinha para bolo, cujos amidos e gorduras são alterados pelo cloro, é inimitável.

As farinhas de trigo integral têm alto conteúdo proteico, mas boa parte dessa proteína vem do germe e da camada de aleurona e, portanto, não forma glúten; além disso, as partículas de germe e farelo prejudicam a formação dessa massa proteica. Assim, os pães feitos com farinha de trigo integral tendem a ser saborosos mas densos. As farinhas para pão têm alto teor de proteínas fortes e produzem os pães mais leves, mais crescidos e de consistência mais elástica. Tanto as farinhas para bolo quanto as para massas à base de gordura têm baixo teor de proteínas fracas e servem para fazer preparados macios. A farinha de bolo se distingue por ser tratada com dióxido de cloro ou gás cloro. Esse tratamento tem diversos efeitos sobre os grânulos de amido que tanto influenciam a confecção de bolos (p. 617) e deixa na farinha um vestígio de ácido clorídrico, o que dá às massas firmes e líquidas um pH ácido e gosto levemente azedo.

As "farinhas com fermento" são aquelas que já contêm fermento químico em pó (5-7 g por 100 g de farinha) e, portanto, não precisam de nenhum acréscimo de fermento para a feitura de pães de minuto, panquecas e outras massas que levam fermento químico. As farinhas "instantâneas" (das marcas norte-americanas Shake & Blend e Wondra, por exemplo) são farinhas de baixo teor proteico cujos grânulos de amido foram pré-cozidos e, assim, gelificados, e depois secos. A pré-cocção e a secagem facilitam a penetração da água durante a cocção. A farinha instantânea é adequada para a confecção de massas leves à base de gordura e para espessar molhos no último minuto*.

OS INGREDIENTES DAS MASSAS FIRMES E LÍQUIDAS: FERMENTOS BIOLÓGICOS E FERMENTOS QUÍMICOS

Os fermentos são aqueles ingredientes que preenchem as massas firmes e líquidas com bolhas de gás, reduzindo a quantidade de

---

* Os países do hemisfério norte, que têm o trigo como planta nativa, classificam a farinha produzida a partir do grão de acordo com critérios semelhantes ao brasileiro. A diferença é que enumeram um número maior de categorias, que são também mais específicas. Em ambos os casos, o critério é a quantidade de resíduos de farelo, chamados de cinzas, presentes na hora da moagem do grão seco. Quanto mais baixo o conteúdo de cinzas, maior é a indicação de que a farinha foi produzida apenas com o endosperma e menor será o seu rendimento. O método italiano, por exemplo, avalia a pureza da farinha (maior ou menor presença de cinzas) misturando-a com água. Tanto no caso italiano quanto no francês, as farinhas são classificadas em cinco grupos, sendo o primeiro a farinha integral e os demais numa ordem decrescente de granulometria e presença de farelo. A farinha brasileira é dividida em apenas três categorias: a integral, a especial (que seria a mais adequada à panificação) e a farinha comum. As chamadas semolina e sêmola, que no Brasil são usadas para fabricar massas de macarrão, diferem das demais apenas pela granulação obtida na moagem. Além dessas, há muitas outras farinhas aditivadas, formando misturas específicas. (N. do R. T.)

Palavras da culinária: *leavening* (fermento) e *yeast* (levedura)

Leavening (fermento em geral) tem a mesma origem da palavra portuguesa "levedura": uma raiz indo-europeia que significa "leve, ligeiro". Entre as palavras inglesas que provêm da mesma raiz podemos mencionar *levity* (leviandade), *lever* (alavanca), *relieve* (aliviar) e *lung* (pulmão). *Yeast* (levedura, levedo, fermento biológico) vem de uma raiz verbal que significa "ferver, borbulhar". Essa derivação evidencia que a fermentação parecia ser uma espécie de cocção interna da pasta de cereais, uma transformação ocorrida de dentro para fora.

material sólido por volume e tornando pães e bolos menos densos, mais leves e mais macios.

LEVEDURAS OU FERMENTOS BIOLÓGICOS

Os seres humanos já comem pães levedados há 6 mil anos, mas foi só com as pesquisas de Louis Pasteur, há 150 anos, que começamos a compreender a natureza do processo de levedação ou fermentação natural. A chave desse processo é o metabolismo de uma classe particular de fungo, as leveduras ou fermentos, que produzem gases. A palavra inglesa *yeast* (levedura), porém, é tão antiga quanto a própria língua, e de início significava a escuma ou o sedimento que se acumulavam num líquido em fermentação e podiam ser usados para fermentar o pão.

As leveduras são um grupo de fungos unicelulares microscópicos, parentes dos cogumelos. Conhecem-se mais de 100 diferentes espécies. Algumas causam infecções nos seres humanos e outras provocam a deterioração dos alimentos, mas uma espécie em particular – a *Saccharomyces cerevisiae*, cujo nome significa "fungo do açúcar dos cervejeiros" – serve a úteis propósitos tanto na produção de cerveja quanto na de pão. Durante boa parte da história, as leveduras eram simplesmente recrutadas dentre as presentes na superfície dos cereais, fornecidas por um pedaço da massa anterior ou obtidas da escuma dos barris onde se preparava a cerveja. Hoje em dia, variedades especialmente selecionadas para o uso em massas de pão são cultivadas em tanques industriais cheios de melaço.

O metabolismo das leveduras. As leveduras metabolizam açúcares para obter energia e, como subprodutos desse metabolismo, liberam gás carbônico e álcool. A equação da conversão que ocorre nas células das leveduras é a seguinte:

$$C_6H_{12}O_6 \rightarrow 2C_2H_5OH + 2CO_2$$
(uma molécula de glicose gera duas moléculas de álcool mais duas moléculas de dióxido de carbono)

Na feitura de cerveja e vinho, o dióxido de carbono escapa do líquido em fermentação e o álcool se acumula nele. Na feitura de pão, tanto o dióxido de carbono quanto o álcool ficam presos na massa e ambos são expulsos dela pelo calor do forno.

Numa massa não adoçada, as leveduras se alimentam dos açúcares glicose e frutose, ambos monossacarídeos, e da maltose, feita de duas unidades de glicose. Todos esses açúcares são produzidos pelas enzimas da farinha a partir dos grânulos de amido rompidos. Caso se acrescente à massa uma pequena quantidade de açúcar de mesa, a atividade das leveduras se intensificará; se a quantidade for grande, contudo, a atividade será menor (ver pães doces, p. 606); o sal também diminui essa atividade. A fermentação é fortemente afetada pela temperatura: as células se multiplicam e produzem gás com máxima rapidez a cerca de 35 °C.

Além de proporcionar dióxido de carbono para fazer crescer a massa, as leveduras liberam outras substâncias que afetam a sua consistência. Tais substâncias têm o efeito geral de fortalecer o glúten e melhorar-lhe a elasticidade.

Formas de fermento biológico para pães. O fermento biológico de uso comercial é vendido aos cozinheiros domésticos e profissionais sob três diferentes formas, cada qual uma diferente variedade genética de *S. cerevisiae* com características específicas.

- O fermento biológico fresco é um bloco úmido de células de leveduras tiradas diretamente dos tanques de fermentação. As células são vivas e produzem mais gás que as outras formas. O fermento biológico fresco é perecível e tem prazo de validade curto, de uma a duas semanas.
- O fermento biológico seco foi introduzido na década de 1920. São leveduras removidas do tanque de fermentação e submetidas a um processo de secagem que lhes dá a forma de grânulos revestidos de uma camada prote-

tora de restos de fermento. As células permanecem em hibernação e podem ser conservadas por meses em temperatura ambiente. Para reativá-las, o cozinheiro as mergulha em água morna (41-43 °C) antes de misturá-las à massa. Se a água estiver mais fria, as células de leveduras não chegam a se recuperar plenamente e liberam substâncias que prejudicam a formação do glúten (glutationa).

- O fermento biológico seco instantâneo, inovação da década de 1970, sofre secagem mais rápida que a do fermento biológico seco comum e assume a forma de pequenos bastonetes porosos que absorvem água com mais rapidez que os grânulos. Este fermento não precisa ser pré-hidratado antes da mistura com os demais ingredientes da massa e produz dióxido de carbono com mais vigor que o fermento biológico seco comum.

FERMENTOS QUÍMICOS

As células das leveduras produzem dióxido de carbono lentamente, no decorrer de uma hora ou mais, de modo que o material que as rodeia deve ser elástico e resistente o bastante para conter o gás durante todo esse período. As massas firmes fracas e as massas líquidas em geral não são capazes de segurar bolhas de gás senão por alguns minutos. Por isso geralmente são fermentadas com uma fonte de gás de ação rápida.

É esse o grande papel dos fermentos químicos. Esses ingredientes são concentrados, e pequenas diferenças na quantidade acrescentada podem causar grandes variações na qualidade do alimento pronto. A falta de fermento deixa a massa densa e achatada; o excesso a faz expandir-se demais e, por fim, murchar, transformando-se numa estrutura grosseira de sabor agressivo.

Quase todos os fermentos químicos exploram uma reação entre certos compostos ácidos e alcalinos que resulta na produção de dióxido de carbono, o mesmo gás produzido pelas leveduras. O primeiro fermento químico foi o extrato seco de uma mistura de água e cinzas de lenha – potassa, composta principalmente de carbonato de potássio –, que reage com o ácido láctico da massa azeda segundo a seguinte fórmula:

$$2(C_3H_6O_3) + K_2CO_3 \rightarrow 2(KC_3H_5O_3) + H_2O + CO_2$$

(2 moléculas de ácido lático mais uma de carbonato de potássio geram 2 moléculas de lactato de potássio mais uma molécula de água mais uma molécula de dióxido de carbono)

Bicarbonato de sódio. O mais comum componente alcalino dos fermentos químicos é o bicarbonato de sódio (ou carbonato ácido de sódio, $NaHCO_3$).

O bicarbonato de sódio pode ser o único ingrediente levedante acrescentado à massa, desde que esta já contenha ácidos capazes de reagir com ele. Entre os ingredientes

---

Um fermento químico incomum: sais de amônia

Os fermentos que não funcionam por meio de uma reação ácido-base são os sais de amônia – carbonato e/ou carbamato de amônia. Outrora, esses sais eram chamados *hartshorn* em língua inglesa, pois que obtidos da destilação de chifres de veado. (Os chifres também eram fonte comum de gelatina.) Quando tais compostos são aquecidos a 60 °C, decompõem-se em dois gases, o dióxido de carbono e a amônia, e não produzem água. São especialmente adequados para o uso em bolachas muito finas e secas, com grande área superficial por onde a amônia pungente possa ser liberada durante o forneamento.

ácidos mais comuns estão as culturas de fermento azedo, os leites fermentados (leitelho, iogurte), açúcar mascavo e melado, chocolate e cacau em pó (sem tratamento alcalino, p. 784), além de sucos de frutas e vinagre. Uma regra geral: ½ colher de chá ou 2 g de bicarbonato de sódio são neutralizados por 1 xícara ou 240 ml de leite fermentado, ou 1 colher de chá ou 5 ml de sumo de limão ou vinagre, ou ainda 1 e ¼ colher de chá ou 5 g de cremor de tártaro.

Fermentos químicos em pó. Os fermentos químicos em pó são sistemas completos de fermentação: contêm bicarbonato de sódio alcalino e um ácido apresentado na forma de cristais sólidos. (Os ingredientes ativos são misturados com amido seco triturado, que absorve a umidade e assim impede a ocorrência de reações prematuras em contato com o ar úmido; além disso, aumenta o volume do pó, tornando-o mais fácil de medir.) Quando acrescentado a ingredientes líquidos, o bicarbonato de sódio se dissolve quase imediatamente. Se o ácido também for altamente solúvel, se dissolverá rapidamente durante a mistura e reagirá com o bicarbonato, inflando desde o início um conjunto de bolhas de gás. O cremor de tártaro, por exemplo, libera dois terços de seu potencial levedante durante os primeiros dois minutos de batimento da massa. Se o ácido *não* for muito solúvel, permanecerá em forma cristalina por um período característico ou até que a cocção eleve a temperatura suficiente para que ele se dissolva – e só então reagirá com o bicarbonato, liberando tardiamente o gás. Há vários ácidos usados nos fermentos químicos, cada qual com seu próprio padrão de produção de gás (ver quadro abaixo).

A maioria dos fermentos químicos vendidos nos supermercados norte-americanos é de "ação dupla": ou seja, inflam bolhas de gás no momento em que o pó é acrescentado à massa e inflam um segundo conjunto de bolhas durante o forneamento. Os fermentos químicos usados em restaurantes e pelas indústrias de alimentos contêm ácidos de liberação lenta, de modo que

---

Os componentes ácidos do fermento químico em pó

Alguns destes ácidos só podem ser adquiridos pelos fabricantes. A maioria dos fermentos químicos de "ação dupla" vendidos nos supermercados norte-americanos são uma mistura de bicarbonato de sódio, fosfato monocálcico e sulfato de alumínio e sódio. Os fermentos químicos de "ação simples" omitem o sulfato de alumínio e sódio, e neles o fosfato monocálcico é revestido para que sua liberação seja artificialmente retardada.

Ácido	Tempo de reação
Cremor de tártaro, ácido tartárico	Imediatamente, durante a mistura
Fosfato monocálcico	Imediatamente, durante a mistura
Pirofosfato de alumínio e sódio	Liberação lenta após a mistura
Sulfato de alumínio e sódio	Liberação lenta ativada pelo calor
Fosfato de alumínio e sódio	Ativada pelo calor no começo da cocção (38-40 °C)
Fosfato de dimagnésio	Ativada pelo calor no começo da cocção (40-44 °C)
Fosfato dicálcico di-hidratado	Ativada pelo calor no fim da cocção (57-60 °C)

o fermento não perca seu poder enquanto a massa, já pronta, espera para ir ao forno.

Os fermentos químicos podem ter alguns efeitos adversos sobre o sabor e a cor do alimento. Alguns ácidos têm gosto nitidamente adstringente (sulfatos, pirofosfatos). Quando os ácidos e bases estão presentes nas mesmas quantidades, não restará excesso de nenhum deles. Porém, quando se acrescenta bicarbonato demais, ou quando a massa é mal batida e nem todo o pó se dissolve, resulta um sabor amargo, "químico" ou de sabão. As cores também são afetadas, mesmo que a alcalinidade residual seja muito pequena: as reações de escurecimento se intensificam, o chocolate fica avermelhado e os mirtilos se esverdeiam.

PÃES

Há quatro etapas básicas para se fazer pão com fermento biológico. Misturamos a farinha, a água, o fermento e o sal; sovamos a mistura para desenvolver a rede de glúten; damos tempo para que as leveduras produzam dióxido de carbono e encham a massa com células de gás; e assamos a massa para firmar sua estrutura e gerar sabor. Na prática, cada etapa envolve escolhas que afetam as qualidades do pão terminado. Há muitas maneiras de fazer um pão básico! Os parágrafos seguintes explicam algumas das escolhas mais importantes e seus efeitos. Os pães feitos com ingredientes ou métodos especiais – pães de fermento azedo, pães doces, pães chatos – serão descritos depois.

A ESCOLHA DE INGREDIENTES

A confecção do pão começa com os ingredientes, especialmente a farinha e o fermento. Uma vez que as proporções são importantes e o peso de um determinado volume de farinha pode variar em até 50% segundo esteja ela aerada (pela peneiração) ou compactada, o melhor é pesar os ingredientes em vez de medi-los por xícaras.

Farinha. A textura e o sabor do pão são fortemente influenciados pelo tipo de farinha utilizada. As "farinhas para pão" vendidas nos Estados Unidos são feitas com trigos de alto teor proteico, precisam ser sovadas por longo período para desenvolver seu glúten forte e produzem pães que crescem bastante, com sabor característico que lembra o de ovos e textura elástica e resistente à mastigação. As farinhas "multiuso", com teor proteico mais baixo, produzem pães com volume menor, sabor mais neutro e textura menos elástica, ao passo que as farinhas feitas com trigo mole, de proteínas fracas, redundam em pães mais densos com miolo macio como o de um bolo. Quanto maior a proporção de aleurona, farelo e germe que permanece na farinha, mais escuro e mais denso será o pão e mais forte o sabor de trigo integral. O padeiro pode misturar diferentes farinhas para obter determinado efeito. Muitos padeiros artesanais preferem farinhas com conteúdo proteico moderado, de 11-12%, e índice de extração intermediário entre o da farinha branca comum e o da farinha de trigo integral.

Água. A composição química da água usada para fazer a massa influencia a sua qualidade. Uma água nitidamente ácida enfraquecerá a rede de glúten, ao passo que a água ligeiramente alcalina a fortalecerá. A água "dura" (altamente mineralizada) produzirá massa mais firme graças às ligações estabelecidas pelo cálcio e pelo magnésio. A proporção de água também influencia a consistência da massa. A proporção padrão para uma massa firme e capaz de suportar boa aeração é de 65 partes de água para 100 partes de farinha multiuso, tudo medido por peso e não por volume (a água terá 40% do peso total). Com menos água, se produzirá massa mais firme e densa, menos fácil de esticar, ao passo que com mais água se obterá uma massa macia, menos elástica, e um pão de textura aberta. As massas molhadas, quase impossíveis de sovar – como a da *ciabatta* italiana –, podem ter 80 ou mais partes de água para 100 de farinha (45%). As farinhas de alto teor proteico absorvem até um terço a mais de água que as farinhas multiuso, de modo que a proporção de água e a textura correspondente também dependem da natureza da farinha utilizada.

Sal. Embora alguns pães tradicionais sejam feitos sem sal, a maioria o inclui, e não somente pelo sabor. Numa proporção de cerca de 1,5-2% do peso da farinha, o sal torna mais firme a rede de glúten e aumenta o volume do pão terminado. (A firmeza que ele confere se evidencia especialmente no método de mistura por "autólise", tratado no quadro da p. 596.) Um sal marinho não refinado, que contenha impurezas de cálcio e magnésio, pode fornecer ao glúten o mesmo fortalecimento adicional que lhe é dado pela água mineralizada. Quando se usa fermento azedo, o sal também ajuda a limitar a atividade de digestão proteica das bactérias, que de outro modo poderia danificar o glúten.

Levedura. O padeiro pode incorporar o fermento biológico de muitas formas diferentes e em diversas proporções. Para que uma massa simples fermente e esteja assada em poucas horas, a proporção padrão para fermento biológico fresco é de 0,5-4% do peso da farinha, ou de 2,5 a 20 g por meio quilo de farinha; e, para o fermento seco, cerca de metade disso. Caso se pretenda que a massa fermente lentamente, de uma dia para o outro, só é necessário 0,25% do peso da farinha, 1 g por meio quilo. (Um simples grama contém milhões de células de levedura.) Como regra geral, quanto menos fermento se usa e quanto mais se deixa a massa crescer, melhor o sabor do pão. Isso porque o sabor próprio do fermento concentrado é agressivo e porque o processo de fermentação gera vários compostos de sabor desejáveis (p. 603).

Fermento-mãe. Um dos métodos de incorporação do fermento na massa, que maximiza o tempo efetivo de fermentação e a produção de sabor, é o uso de um *fermento-mãe*, uma porção de massa já fermentada acrescentada à nova massa de farinha e água. O fermento-mãe pode ser um pedaço de massa guardado da leva anterior, uma porção de massa firme ou líquida feita com pequena quantidade de fermento fresco e deixada a fermentar por algumas horas ou uma cultura de leveduras e bactérias "naturais" obtidas sem o acréscimo de fermento comercial. Este último se chama "fermento azedo", pois inclui grande número de bactérias formadoras de ácido. O fermento-mãe é chamado por muitos nomes – *poolish* na França, *biga* na Itália, *desem* na Bélgica, *sponge* na Inglaterra – e desenvolve diferentes qualidades que dependem das proporções entre os ingredientes, do tempo e temperatura de fermentação e de outros detalhes da panificação. Os pães feitos com fermento azedo serão descritos na p. 604.

A PREPARAÇÃO DA MASSA: MISTURA E SOVA

Mistura. A primeira etapa da panificação é a mistura dos ingredientes. No instante

---

Pães de trigo *durum*

A farinha de trigo *durum* forma uma massa pouco elástica que não cresce bem, mas mesmo assim foi usada por milhares de anos na região do Mediterrâneo para a confecção de pães densos, de bela cor dourada e sabor característico. A farinha de trigo *durum* absorve quase 50% a mais de água que a farinha comum para pão, fato que explica em parte o maior prazo de validade do pão de trigo *durum*.

em que a farinha é posta em contato com a água, vários processos se desencadeiam. Os grânulos de amido rompidos absorvem água e as enzimas digerem o amido exposto, transformando-o em açúcares. As células de levedura se alimentam dos açúcares, produzindo dióxido de carbono e álcool. As gluteninas absorvem um pouco de água e se estendem, formando longos filamentos espiralados; as espiras das moléculas vizinhas constituem muitas ligações fracas entre si e formam, assim, os primeiros fios de glúten. Vemos que a massa assume aspecto vagamente fibroso e sentimos que começa a formar certa coesão interna. Quando é mexida com uma colher, os agregados proteicos constituem filamentos visíveis e formam o que já se descreveu como uma "massa desgrenhada". Ao mesmo tempo, várias substâncias da farinha interrompem e bloqueiam as ligações entre as extremidades sulfurosas das moléculas de glúten, começando assim a encurtar as suas cadeias. À medida que o oxigênio do ar e os compostos oxidantes formados pelas leveduras entram na massa, essas interrupções e bloqueios cessam e as moléculas de glúten passam a se ligar por suas extremidades, constituindo cadeias longas.

A mistura pode ser feita à mão, com batedeira ou com um processador de alimentos. O processador vence essa etapa em menos de um minuto, fração do tempo necessário para misturar a massa à mão ou com batedeira; oferece, assim, a vantagem de minimizar a exposição ao ar e ao oxigênio, cujo excesso branqueia os pigmentos remanescentes e altera o sabor do trigo. A alta carga de energia aquece a massa, e deve-se permitir que esta esfrie antes da fermentação.

O desenvolvimento da massa: a sova. Uma vez misturados os ingredientes e formada a massa, começa o seu processo de desenvolvimento. Seja ela sovada à mão ou à máquina, trata-se sempre do mesmo tipo de manipulação física: ela é estendida, dobrada, comprimida, e novamente estendida, dobrada e comprimida, repetindo muitas vezes esse processo. Essa manipulação fortalece a rede de glúten. Desdobra ainda mais as proteínas, orienta-as, dispõe-nas umas ao lado das outras e estimula a formação de ligações fracas entre as cadeias vizinhas. As moléculas de glutenina também constituem fortes ligações entre suas extremidades, formando assim uma rede coerente de extensas cadeias de glúten. A massa aos poucos se enrijece e se torna difícil de manipular, adquirindo aparência acetinada. (Se a sova for excessiva, muitas ligações entre as extremidades das moléculas se quebrarão, a estrutura entrará em colapso e a massa resultará pegajosa e pouco elástica. Este problema só se apre-

---

A mistura em dois estágios: autólise

Como alternativa à mistura de todos os ingredientes da massa de uma só vez, pode-se empregar o método de "autólise" preconizado por Raymond Calvel, legendária autoridade francesa em matéria de pães, o qual compensa algumas das desvantagens da produção industrial acelerada. O método também foi adotado por muitos padeiros artesanais. No processo de autólise, somente a água e a farinha são misturadas e reservadas por 15-30 minutos antes de se acrescentarem o fermento e o sal. Segundo Calvel, essa preparação inicial dá ao amido e ao glúten a oportunidade de absorver o máximo possível de água sem a interferência do sal e permite que as cadeias de glúten se encurtem um pouco mais (*autólise* significa "autodigestão"). O resultado é uma massa mais fácil de manipular, que precisa de menos sova e permanece, portanto, menos exposta ao oxigênio, preservando melhor a cor dourada do trigo e seu sabor característico.

senta quando a sova é feita por meios mecânicos.)

A sova também introduz ar na massa. À medida que a massa vai sendo dobrada e comprimida, formam-se bolsões de ar que, sob pressão, se desfazem em bolsas menores e mais numerosas. Quanto maior o número de bolsas de ar formadas durante a sova, mais fina a textura derradeira do pão. A maioria das bolsas de ar se incorpora à massa quando esta se aproxima de sua máxima rigidez.

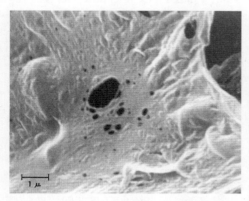
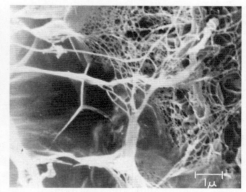

A formação do glúten. Farinha umedecida vista pelo microscópio ótico. À esquerda: quando se acrescenta água à farinha, as proteínas do glúten estão orientadas aleatoriamente dentro de um fluido espesso. À direita: à medida que se bate esse fluido, o glúten rapidamente forma um emaranhado de fibras à medida que as gluteninas constituem feixes moleculares alongados.

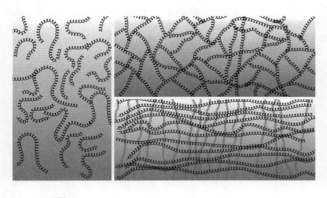

A orientação do glúten. Imediatamente depois de se misturarem a água e a farinha, as moléculas de glutenina formam uma rede de cadeias de glúten distribuídas aleatoriamente. A sova contribui para orientar as cadeias de glúten em arranjos ordenados.

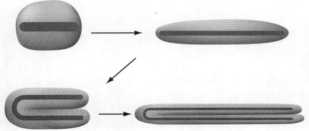

A sova. Neste processo, a massa é reiteradamente estendida e dobrada. Assim, o glúten se alonga e suas cadeias se orientam. A sova estimula, desse modo, as ligações colaterais que reforçam o poder do glúten.

Algumas receitas de pão pedem uma sova sumária. Em regra, isto resulta em bolsões de ar maiores e menos numerosos e, logo, numa textura mais grosseira e irregular, que tem seus próprios atrativos. O glúten desse tipo de massa se encontra menos desenvolvido quando a fermentação começa, mas o crescimento faz com que a estrutura proteica continue se desenvolvendo (a seguir). Por isso, mesmo massas pouco sovadas podem crescer bastante, proporcionado um miolo aerado e macio.

A FERMENTAÇÃO OU CRESCIMENTO

A fermentação é o estágio durante o qual a massa é reservada para que as células de levedura produzam dióxido de carbono, que se difunde pelos bolsões de ar, enche-os lentamente e assim faz a massa crescer. Essa extensão suave dá continuidade ao processo de orientação e desenvolvimento do glúten; o mesmo efeito decorre da oxidação promovida por outros subprodutos das leveduras, que continuam a ajudar as moléculas de glutenina a estabelecer ligações entre suas extremidades. Em decorrência disso, até massas inicialmente úmidas e pouco coesas se tornam mais manipuláveis após a fermentação.

A produção de dióxido de carbono pelas leveduras é mais rápida a cerca de 35 °C, mas nessa temperatura também é maior a geração de subprodutos azedos, de cheiro ruim. Costuma-se sugerir uma fermentação à temperatura de 27 °C para que a massa cresça em tempo relativamente curto, de poucas horas. Se a temperatura for mais baixa, o tempo de fermentação aumentará em uma hora ou mais, aumentando também a geração de sabores desejáveis conferidos pelas leveduras.

O final do período de fermentação é assinalado pelo volume da massa – quase o dobro do original – e pelo estado da matriz de glúten. Quando pressionada com o dedo, a massa plenamente fermentada reterá a impressão e não voltará à forma original: o glúten atingiu o limite de sua elasticidade. Deve-se agora manipular a massa gentilmente para reconsolidar o glúten, subdividir os bolsões de gás, redistribuir as células de levedura e seu suprimento alimentar e homogeneizar a temperatura e a umidade (a fermentação gera calor, água e álcool). Graças ao aumento da quantidade de água e às bolhas que interrompem as cadeias de glúten, a massa fermentada parece mais macia e mais fácil de trabalhar que a recém-sovada.

As massas feitas com farinhas de alto teor proteico podem sofrer uma segunda fermentação para desenvolver plenamente o glúten. Seja como for, após a fermentação a massa é dividida e seus pedaços são delicadamente moldados na forma de bolas; depois de alguns minutos de espera, durante os quais o glúten enfraquece um pouco, as bolas são moldadas na forma final que se pretende dar ao pão. Permite-se, por fim, que os filões de pão cresçam mais um pouco a fim de estarem preparados para o crescimento final, e extraordinário, que ocorre no forno.

Retardamento da fermentação. A panificação tradicional leva horas e era comum que os padeiros trabalhassem a noite inteira para vender pão fresco de manhã. Na

---

Palavras da culinária: *knead* (sovar)

A palavra *knead* vem de uma raiz indo-europeia que significa "comprimir formando uma bola"; são correlatas as palavras *gnocchi* (nhoque), *quenelle*, *knoll* (outeiro, colina arredondada) e *knuckle* (nó dos dedos).

década de 1920, os padeiros de Viena começaram a experimentar dividir o trabalho em dois períodos: um turno diurno dedicado à mistura, fermentação e moldagem da massa e um turno da alvorada, quando o pão era assado. Durante a noite, os filões de pão já moldados eram conservados numa câmara refrigerada. A baixa temperatura retarda substancialmente a atividade dos microrganismos; as leveduras levam dez vezes mais tempo para fazer o pão crescer na geladeira que na temperatura ambiente. A refrigeração da massa se chama, por isso, *retardamento* em câmara climatizada. Hoje em dia, o retardamento é prática comum.

Além de dar maior liberdade ao padeiro, o retardamento tem efeitos úteis sobre a massa. A fermentação lenta e prolongada permite que tanto os fermentos quanto as bactérias tenham mais tempo para gerar compostos de sabor. A massa resfriada é mais rígida que a massa em temperatura ambiente; por isso é mais fácil manipulá-la sem provocar a perda dos gases da fermentação. E o ciclo de resfriamento e retorno à temperatura ambiente redistribui os gases (de bolhas pequenas na fase aquosa para bolhas maiores), estimulando o desenvolvimento de uma estrutura mais aberta e irregular no miolo do pão.

O ASSADO OU FORNEAMENTO

Os fornos, a temperatura do assado e o vapor-d'água. O tipo de forno em que se assa o pão tem importante influência nas qualidades do alimento.

Os fornos de pão tradicionais. Até meados do século XIX, o pão era assado em fornos de argila, pedra ou tijolo pré-aquecidos pela combustão de lenha e capazes de armazenar grande quantidade de energia térmica. O padeiro fazia a fogueira no piso do forno, deixava-a queimar durante horas, retirava as cinzas, introduzia os filões de massa e fechava a porta. No início do assado, as superfícies do forno estão a 350-450 °C. O domo irradia desde cima o calor armazenado e o piso conduz calor diretamente aos pães que sobre ele repousam. À medida que a massa esquenta, ela libera vapor, que preenche a câmara fechada e acelera ainda mais a transferência de calor. Aos poucos as superfícies internas do forno perdem energia térmica e a temperatura cai durante o assado, ao mesmo tempo em que os pães escurecem e, por isso, absorvem de modo mais eficiente o calor emitido. O resultado é um rápido aquecimento inicial que estimula a expansão da massa e, em seguida, uma temperatura alta suficiente para gerar as cores e sabores típicos das reações de escurecimento (p. 867).

Os modernos fornos de metal. O moderno forno de metal é, sem dúvida, mais fácil de usar que o forno a lenha, mas não é tão adequado à panificação. Em geral, atinge a temperatura máxima de 250 °C. Suas paredes finas não conseguem armazenar tanto calor, de modo que sua temperatura é conservada por meio da combustão de gás ou da incandescência de resistências elétricas aquecidas ao vermelho. Quando essas fontes de calor são ativadas durante o assado, a temperatura efetiva se torna, por certo tempo, superior à temperatura ideal para assar pão, e os pães podem se queimar. Por serem ventilados a fim de permitir o escape dos gases decorrentes da combustão (dióxido de carbono e vapor-d'água), os fornos a gás não retêm adequadamente o vapor que sai dos pães durante o crítico primeiro estágio de aquecimento. Os fornos elétricos são um pouco melhores. Algumas vantagens típicas dos fornos a lenha podem ser obtidas pelo uso de tijolos cerâmicos refratários ou outros revestimentos cerâmicos na superfície interna do forno, que são pré-aquecidos à temperatura máxima e proporcionam um calor mais intenso e homogêneo durante o forneamento.

Vapor-d'água. O vapor-d'água cumpre diversas funções úteis nos primeiros minutos de assado. Em primeiro lugar, aumenta enormemente o índice de transferência de calor do forno para a massa. Sem o vapor, a superfície da massa chega a 90 °C em 4 minutos; com o vapor, em 1 minuto. Logo, o vapor causa a rápida expansão das células de gás. À medida que se condensa sobre a superfície da massa, constitui uma película de água que temporariamente impede a secagem daquela e a formação da casca, mantendo-a flexível e elástica para não prejudicar a expansão inicial do pão dentro durante o assado. O resultado geral é um pão maior e mais leve. Além disso, a película de água quente gelifica o amido na superfície da massa, formando um revestimento fino e transparente que, mais tarde, resseca e forma uma crosta bonita e brilhante.

Os padeiros profissionais muitas vezes bombeiam vapor-d'água em baixa pressão para dentro do forno nos primeiros minutos de assado. Nos fornos caseiros, a borrifação de água ou o simples ato de introduzir cubos de gelo na câmara quente podem produzir vapor suficiente para aumentar o crescimento do pão no forno e o brilho de sua casca.

O início do forneamento: o crescimento da massa. Quando o pão é colocado no forno, o calor penetra na parte de baixo da massa a partir do piso do forno ou da assadeira; e penetra na parte de cima vindo da parede superior do forno e do ar quente. Se houver vapor-d'água, ele se condensará na superfície fria da massa, proporcionando-lhe uma injeção inicial de calor. Este calor passa da superfície para o interior da massa por dois meios: a lenta condução através da viscosa matriz de glúten e amido e o movimento mais rápido do vapor-d'água pela rede de bolhas de gás. Quanto mais bem fermentada estiver a massa, mais rápido será o deslocamento do vapor dentro dela e menor, portanto, o tempo de forno necessário para assar o pão.

À medida que a massa esquenta, ela se torna mais fluida, suas células de gás se expandem e o pão cresce. A causa principal desse crescimento dentro do forno é a vaporização do álcool e da água, formando gases que preenchem os bolsões da massa e a expandem, acrescentando-lhe até metade de seu volume inicial. Esse crescimento ocorre, em regra, depois de 6-8 minutos de forno.

A fase intermediária do forneamento: de espuma a esponja. O crescimento da massa no forno cessa quando a crosta se torna firme e rígida suficiente para resistir a essa expansão e quando o interior da massa atinge 68-80 °C, faixa de temperatura em que as proteínas do glúten constituem fortes ligações umas com as outras e os grânulos de amido absorvem água, incham, gelificam e deixam escapar moléculas de amilose. A essa altura, as paredes das bolhas já não podem se dilatar para reter dentro de si a pressão cada vez maior dos gases. Essa pressão cresce e por fim rompe as paredes, transformando a estrutura do pão:

A massa de pão antes e depois de assada. À medida que a massa aquece, os grânulos de amido absorvem umidade do glúten, incham e deixam escapar algumas moléculas de amido, reforçando as paredes de massa que rodeiam os bolsões de gás.

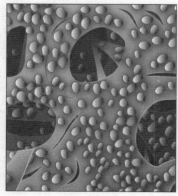 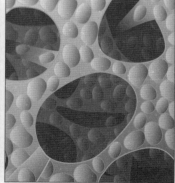

a rede fechada de células de gás isoladas se transforma numa rede aberta de poros intercomunicantes; um agregado de balõezinhos se transmuda numa esponja através da qual os gases podem passar facilmente. (Se a massa não se transformasse numa esponja, o resfriamento faria com que cada célula isolada voltasse a seu tamanho inicial e o pão solaria.)

O fim do forneamento: a plena cocção e o desenvolvimento do sabor. O forneamento continua por algum tempo depois de o centro do pão se aproximar de 100 °C. Com isso, o amido se gelifica ao máximo, impedindo que o centro se torne úmido e pesado e retardando o posterior envelhecimento. A continuidade do assado também estimula as reações de escurecimento na superfície do pão, que melhoram tanto a cor quanto o sabor. Embora ocorram somente na crosta quente e seca, essas reações afetam o sabor de todo o filão, pois seus produtos se difundem para dentro. Um pão claro será nitidamente menos saboroso que um escuro.

Considera-se que o pão está pronto quando sua crosta está marrom e sua estrutura interna se firmou completamente. A segunda condição pode ser verificada indiretamente batendo com a mão na superfície inferior do pão. Se o interior ainda contiver uma massa contínua de glúten, com bolhas inseridas nela, o som e a sensação serão densos e pesados. Se estiver bem assado e com estrutura esponjosa e aberta, o som será oco.

O RESFRIAMENTO

Imediatamente depois de sair do forno, a camada exterior do pão estará sequíssima, com cerca de 15% de água, e a uma temperatura de 200 °C, ao passo que o interior estará tão úmido quanto a massa original (cerca de 40% de água) e a uma temperatura de 93 °C. Durante o resfriamento, essas diferenças se equilibram parcialmente. A água se difunde de dentro para fora, sendo então que ocorre boa parte da perda de umidade do pão. Essa perda será de 10 a 20% do peso do pão, dependendo da sua área superficial. Pãezinhos pequenos perdem mais umidade e grandes filões perdem menos.

À medida que a temperatura cai, os grânulos de amido se firmam e, com isso, o pão como um todo se torna mais fácil de cortar sem que sua estrutura se destrua. Essa desejável firmeza progride no decorrer de um ou dois dias, sendo o primeiro passo do processo pelo qual o pão fresco se transforma em "pão velho".

O PROCESSO DE ENVELHECIMENTO; ESTOCAGEM E RECUPERAÇÃO DE PÃES

Envelhecimento. O envelhecimento ocorre nos dias que se seguem ao forneamento e parece envolver essencialmente a perda de umidade: o interior do pão se torna seco,

---

Palavras da culinária: *stale* (velho, cediço)

Embora o termo *stale* sugira, no inglês moderno, um alimento velho e seco, que já deixou para trás sua melhor forma, nem sempre ele teve essas conotações negativas. Trata-se de palavra teutônica medieval que significava originalmente "maturar" ou "envelhecer". Era aplicada a vinhos e demais bebidas alcoólicas, que se clarificavam e desenvolviam o sabor quando se lhes permitia um tempo de envelhecimento. Também as moléculas de amido no pão envelhecem, mas os efeitos desse envelhecimento são indesejáveis, pelo menos para aquele pão que se pretende comer fresco. O pão envelhecido, duro e seco também tem seus usos (ver quadro, p. 602).

duro e farinhento. O pão envelhece até mesmo quando sua perda total de umidade é zero. Esse fato foi demonstrado num estudo pioneiro sobre o envelhecimento do pão conduzido em 1852. Nele, o francês Jean-Baptiste Boussingault provou que o pão envelhecia mesmo quando era hermeticamente selado para impedir a perda de água. Demonstrou ainda que o envelhecimento se reverte quando o pão é aquecido a 60 °C, que hoje sabemos ser a temperatura de gelificação do amido.

Atualmente se entende que o envelhecimento é uma manifestação da retrogradação do amido – a recristalização, desumidificação e endurecimento que se produzem quando o amido cozido é resfriado (p. 609). A estabilização inicial do pão recém-assado, pelo qual ele se torna mais tolerante ao corte com faca, é causada pela retrogradação das moléculas simples de amilose, de cadeias retas, e se completa na prática um dia depois do assado.

A maioria das moléculas de amido, as amilopectinas filamentosas dentro dos grânulos, também retrograda. Graças, porém, a seu formato irregular, elas constituem estruturas cristalinas em certas regiões e expelem a água muito mais devagar, no decorrer de vários dias. É esse o processo responsável pelo desagradável enrijecimento da textura que ocorre *depois* de o pão se tornar tolerante ao corte. Por algum motivo, tanto o ritmo quanto a intensidade do envelhecimento são mais baixos em pães mais leves e menos densos.

Constatou-se que certos agentes emulsificantes retardam substancialmente o envelhecimento, sendo, por esse motivo, acrescentados desde há 50 anos aos pães industrializados. O leitelho legítimo (p. 54) e as gemas de ovos são ricos em emulsificantes e têm o mesmo efeito. Conjectura-se que essas substâncias se ligam ao amido ou interferem de algum outro modo com o movimento da água, inibindo assim a recristalização.

O reaquecimento reverte o envelhecimento. Caso a maior parte da água liberada pelo amido permaneça no glúten circundante – isto é, caso o pão não seja velho *demais* ou tenha sido embalado e refrigerado –, o envelhecimento poderá ser revertido. Basta, para tanto, aquecer o pão acima da temperatura de gelificação do amido do trigo, 60 °C. As regiões cristalinas serão de novo rompidas; as moléculas de água se introduzirão nos grânulos de amido; e tanto os grânulos quanto a amilose se gelificarão e se tornarão novamente macios. É por isso que é macio o interior das fatias de pão torrado; é por isso, também, que um filão de pão pode ser rejuvenescido caso ele seja aquecido no forno.

A estocagem do pão: evite a geladeira. O envelhecimento se dá de modo mais rápido em temperatura pouco superior à de

As virtudes do pão velho

Há muito tempo se sabe que o pão velho pode ser útil na cozinha. Ele é mais robusto que o pão fresco e conserva sua estrutura esponjosa em preparados nos quais o pão fresco se desintegraria, caso das saladas feitas com pão, dos pudins de pão e da rabanada ou *pain perdu*. Do mesmo modo, as migalhas de pão velho conservam sua identidade individual quando umedecidas e podem dar liga a recheios e empanados para fritura. A fonte da integridade estrutural do pão seco é o amido. Quando este retrograda, forma algumas regiões extremamente ordenadas e estáveis, que dão estrutura e firmeza a toda a rede amidosa (p. 508).

congelamento; abaixo desse ponto, é extremamente lento. Segundo um experimento, o pão conservado em geladeira a 7 °C envelheceu em um dia o mesmo que o pão conservado a 30 °C envelheceu em seis dias. Se você pretende consumir o pão em um ou dois dias, guarde-o em temperatura ambiente numa caixa de pão ou num saco de papel, que reduzem a perda de umidade e permitem que a casca conserve parte de sua crocância. Se precisar guardar o pão por muitos dias ou por mais tempo, envolva-o bem em filme plástico ou papel-alumínio e congele-o. Só ponha o pão na geladeira (bem embalado) se pretender torrá-lo ou reaquecê-lo.

A deterioração do pão. Em comparação com muitos outros alimentos, o pão contém pouca água. Por isso frequentemente seca antes de ser infectado por microrganismos que causam deterioração. Se o pão for conservado num saco plástico em temperatura ambiente, a umidade liberada pelos grânulos de amido vai se acumular na superfície e estimular a multiplicação de fungos potencialmente tóxicos, sobretudo espécies verde-azuladas dos gêneros *Aspergillus* e *Penicillium*, espécies cinza-esbranquiçadas do gênero *Mucor* e o fungo vermelho *Monilia sitophila*.

O SABOR DO PÃO

O sabor incomparável do simples pão de trigo tem três fontes: o sabor da farinha de trigo, os produtos da fermentação causada por leveduras e bactérias e as reações desencadeadas pelo calor do forno. O aroma da farinha de trigo com baixo índice de extração é dominado por notas de baunilha, de especiarias, metálicas e gordas (vanilina, furanona e aldeídos graxos), ao passo que a farinha de trigo integral é mais rica em todos esses compostos e contém, ainda por cima, notas de pepino, fritura, "suor"

Uma definição científica da qualidade do pão

Raymond Calvel é figura eminente no mundo da panificação. Pesquisador e professor, deu importantes contribuições à compreensão e ao aperfeiçoamento da qualidade dos pães na França do pós-guerra. Sua definição de qualidade no pão francês não necessariamente se aplica em detalhes a outros tipos de pão, mas nos mostra o quanto há que apreciar num pão bem-feito.

Um pão bem-feito – um filão de qualidade realmente boa – [...] terá o miolo branco cremoso. A adequada cor branca cremosa do miolo demonstra que a oxidação da massa durante a mistura não foi excessiva. Pressagia também o aroma e o sabor característicos que constituem sutil composição do perfume da farinha de trigo – o do óleo de germe de trigo com a delicada sugestão de aroma de avelãs que vem do próprio germe. Tudo isto se combina com o cheiro forte dado pela fermentação alcoólica da massa, acompanhado pelos aromas discretos que resultam da caramelização e do assado da crosta. [...] a textura do pão francês deve ser aberta, marcada aqui e ali por grandes células de gás. Estas devem ter as paredes finas, com aspecto levemente perolado. Essa estrutura única, resultante da combinação de vários fatores, entre os quais o grau de maturação da massa e o método de moldagem do filão, é essencial para as qualidades alimentares, o sabor e o fascínio gustativo do pão francês.

– *O paladar do pão*, trad. para o inglês de R. L. Wirtz.

e mel (dadas por outros aldeídos graxos, alcoóis e ácido fenilacético). A fermentação por leveduras gera um sabor característico, boa parte do qual é dada por ésteres frutais e compostos sulfurosos presentes também nos ovos. O assado fornece os produtos das reações de escurecimento. O uso de um fermento-mãe acrescenta complexidade ao conjunto e propicia nota nitidamente ácida proveniente do ácido acético e outros ácidos orgânicos.

PÃES PRODUZIDOS INDUSTRIALMENTE

A panificação comercial em escala industrial tem pouca semelhança com o processo descrito acima. Normalmente, a mistura, sova e fermentação exigem do padeiro várias horas de trabalho e espera. Nas fábricas de pão, desenvolvedores mecânicos da massa e agentes químicos de maturação (oxidantes) podem produzir uma massa "madura", com boa aeração e estrutura do glúten, em quatro minutos. As leveduras são acrescentadas a essas massas sobretudo para dar uma contribuição de sabor. Os filões moldados descansam e crescem por alguns minutos e são assados enquanto rolam sobre esteiras dentro de um forno metálico em forma de túnel. Os pães industrializados tendem a ter textura fina, semelhante à de um bolo, porque os misturadores industriais produzem uma aeração muito mais eficiente que as mãos ou as bateideiras comuns. O sabor do pão industrial às vezes é marcado por compostos aromáticos desagradáveis, como os ácidos isovalérico e isobutírico, azedos e com cheiro de suor, produzidos pelo desequilíbrio nas quantidades de farinha e enzimas das leveduras num contexto de mistura intensa e crescimento em alta temperatura.

TIPOS ESPECIAIS DE PÃO: DE FERMENTO AZEDO, DE CENTEIO, DOCE E SEM GLÚTEN

Os padeiros criam variações características sobre o tema do filão básico, usando para tanto vários outros cereais e ingredientes. Apresento agora breves descrições de algumas dessas variações.

Pão de fermento azedo. O pão de fermento azedo deriva seu nome do fato de tanto a massa quanto o pão serem ácidos. A acidez, acompanhada por outros componentes de sabor característicos, é produzida por bactérias que crescem na massa junto com várias leveduras. Entre essas bactérias, frequentemente encontram-se algumas das que transformam o leite em iogurte e leitelho azedo (bactérias do ácido láctico – p. 49). O fermento deste pão é, a princípio, um fermento-mãe "silvestre", ou seja, uma mistura espontânea dos microrganismos presentes nos cereais, no ar e nos demais ingredientes quando a farinha é misturada com a água. A mistura de leveduras e bactérias perpetua-se então numa

---

Massas e pães congelados e pré-assados

A massa de pão pode ser congelada, descongelada e então assada, mas o congelamento mata boa parte das células de levedura, o que acarreta um crescimento mais lento e a multiplicação de substâncias químicas que enfraquecem o glúten. As massas que melhor resistem ao congelamento são as mais doces e gordas.

O melhor momento para congelar a massa de pão é depois da ela ter crescido e ter sido assada por 70 a 80% de seu tempo convencional de forneamento. Uma vez descongelado, esse pão "pré-assado" fica pronto em apenas alguns minutos num forno quente. A sobrevivência das leveduras já não importa, pois as células já cumpriram sua função de fazer o pão crescer e morrem todas durante o primeiro período no forno.

porção de massa, reservada para fermentar a próxima leva de pão.

Os primeiros pães provavelmente assemelhavam-se ao moderno pão de fermento azedo, e os pães de várias regiões do mundo são feitos com fermentos-mães ácidos que lhes conferem característicos sabores regionais. As bactérias de algum modo retardam a retrogradação do amido e o envelhecimento do pão, e os ácidos que produzem tornam o produto resistente aos microrganismos que causam a deterioração: por isso os pães de fermento azedo são especialmente saborosos e se conservam bem. Visto que as reações de escurecimento são mais lentas em meio ácido, os pães de fermento azedo tendem a ser mais claros que os de fermento comum, e seu sabor é menos torrado.

Não é fácil fazer um bom pão com culturas de fermento azedo. Os motivos são dois. Em primeiro lugar, as bactérias se multiplicam mais rápido que as leveduras; quase sempre superam-nas em número à razão de cem a mil para uma e inibem sua produção de gás, de modo que os pães de fermento azedo nem sempre crescem bem. O outro motivo é que a acidez e as enzimas bacterianas que digerem proteínas enfraquecem a estrutura do glúten, tornando-o menos elástico. O pão resultante é mais denso.

Diretrizes para o trabalho com massa de fermento azedo. O segredo da boa panificação com massa de fermento azedo é a limitação do crescimento bacteriano e da acidificação e o estímulo ao desenvolvimento de uma população sadia de leveduras. Em geral, para tanto é preciso manter o fermento-mãe em ambiente relativamente frio e "alimentá-lo" com frequência, acrescentando-lhe farinha e água e aerando-o vigorosamente. Há algumas regras gerais que não se devem esquecer.

Tanto as leveduras quanto as bactérias crescem mais rápido em fermentos-mãe líquidos, que facultam aos microrganismos um acesso melhor aos nutrientes. Numa massa semissólida, elas se multiplicam mais devagar e exigem atenção menos frequente. Uma vez que os microrganismos em processo de multiplicação consomem seus nutrientes com rapidez e produzem ácidos e outras substâncias que inibem o crescimento do pão, os fermentos-mãe devem ser divididos e renovados frequentemente, duas ou mais vezes por dia. O acréscimo de água e farinha dilui os ácidos acumulados e outros inibidores do crescimento e proporciona novo estoque de alimento. A aeração do fermento-mãe – o batimento do líquido ou a sova do semissólido – proporciona o oxigênio de que as leveduras precisam para construir membranas celulares para as novas células. Quanto maior a frequência com que o fermento-mãe for dividido e renovado, melhor será a multiplicação das leveduras e maior o poder de fazer a massa crescer. O fermento-mãe deve ser incorporado à massa quando estiver borbulhando ao máximo, em fase de crescimento ativo. Enquanto as bactérias se dão bem à temperatura de 30-35 °C, as leveduras em meio ácido se multiplicam melhor em temperatura mais baixa, de 20-25 °C; por isso, tanto o fermento-mãe quanto a massa em processo de crescimento devem ser conservados em ambiente relativamente fresco.

Por fim, todo fermento-mãe deve ser bem salgado. O sal limita a liberação de enzimas bacterianas que digerem proteínas, protegendo o vulnerável glúten.

Pão de centeio. Embora o centeio seja um cereal menos importante que o trigo, ainda é encontrado em muitos pães na Alemanha, na Escandinávia e em outras partes da Europa Setentrional. A maioria dos pães de centeio atuais são feitos com uma mistura de farinhas de centeio e de trigo: o centeio proporciona seu sabor forte e característico e o trigo garante o poder de crescimento do glúten. As proteínas do centeio simplesmente não constituem uma rede elástica como as do glúten, talvez porque suas moléculas de glutenina não sejam capazes de se ligar pelas extremidades e formar longas cadeias. O centeio tem outra grande desvantagem no que se refere à panificação: tende a brotar antes da colheita, de modo que suas enzimas que digerem amido encontram-se ativas durante o forneamento e decompõem o segundo grande responsável pela estrutura do pão. Não obstante, os padeiros norte-europeus descobriram um modo de fazer um exclusivo pão fermentado usando somente farinha de centeio.

Pumpernickel. Ao que parece, o verdadeiro pumpernickel surgiu no século XVI durante um período de carestia na Vestefália. É feito com farinha integral de centeio de textura grossa e é fermentado em diversos estágios por fermento azedo; a acidez ajuda a limitar a decomposição do amido e também torna a massa mais elástica. A massa consegue reter algumas bolhas de dióxido de carbono graças ao alto teor de pentosanas (p. 521), materiais gomosos das paredes celulares do centeio. A massa de centeio fermentada é forneada em temperatura baixa ou cozida no vapor; ambos os processos levam muito tempo, de 16 a 24 horas. O pão cria crosta muito fina, adquire coloração castanho-escura e desenvolve sabor rico graças ao longo tempo de cocção e à alta concentração de açúcares e aminoácidos livres, que sofrem reações de escurecimento. Uma vez que as abundantes enzimas que convertem amido em açúcar permanecem ativas por bastante tempo no forneamento lento, o pumpernickel pode adquirir bastante doçura, com teor de açúcar de 20%.

O sabor complexo e característico do pão de centeio é dado sobretudo pelo próprio cereal, que tem notas de cogumelos e batatas e notas verdes (octanona, metional, nonenal). A tradicional fermentação com fermento azedo acrescenta notas de malte, baunilha, frituras, manteiga, suor e vinagre.

Pães doces e ricos: brioche, panetone, pandoro. As massas que contêm quantidades substanciais de gordura e/ou açúcar deparam desafios especiais ao padeiro. Tanto a gordura quanto o açúcar retardam o desenvolvimento do glúten e o enfraquecem: o açúcar porque prende as moléculas de água e interrompe a rede de água e glúten, a gordura porque se liga às porções lipófilas das cadeias de glúten e as impede de ligarem-se umas às outras. Por isso as massas ricas são relativamente macias e frágeis. Para confeccioná-las, os padeiros costumam retardar o acréscimo da gordura e do açúcar até depois de desenvolver a rede de glúten; além disso, assam as massas dentro de recipientes que as apoiam e as impedem de solar. O açúcar em grande quantidade desidrata as células de levedura e retarda sua multiplicação. Por isso as massas doces são feitas com mais fermento que os pães comuns e podem levar mais tempo para crescer. O açúcar também tor-

---

Palavras da culinária: *pumpernickel, bagel, pretzel, brioche, panettone, pandoro*

Três desses nomes são de origem germânica e três vêm das línguas latinas. *Pumpernickel* teve origem no dialeto da Vestefália; é um composto do nome do diabo (também chamado *Old Nick* em inglês) e da palavra que significa "peido": trata-se de um pão com alto teor de fibras. *Bagel* vem, através do iídiche, de uma raiz germânica que significa "anel", e *pretzel* vem diretamente de uma palavra alemã de origem latina que significa "pulseirinha": ambos os nomes refletem as formas dos pães. *Brioche* é palavra francesa aparentemente derivada da raiz verbal *broyer*, que significa moer ou sovar. Surge no século XV para designar pães enriquecidos com manteiga, mas não, ainda, com ovos. *Panettone* e *pandoro* são palavras italianas criadas no século XIX; significam respectivamente "grande pão" e "pão de ouro".

na a massa mais propensa a escurecer no começo do forneamento. Em razão disso, as massas doces são geralmente assadas em temperatura relativamente baixa, impedindo a superfície de escurecer antes de o interior estar firme.

A massa de brioche é especialmente rica em manteiga e ovos. De hábito, é retardada (resfriada, p. 598) por 6-18 horas para adquirir firmeza, e só depois é estendida e posta brevemente para descansar. Com isso, se torna mais fácil de manipular e moldar antes do crescimento final. O panetone e o pandoro italianos são pães extraordinários, criados para serem consumidos em datas festivas e enriquecidos com imensa quantidade de açúcar, gemas de ovos e manteiga. Não obstante, se conservam bem, pois são fermentados por uma porção de massa já naturalmente levedada.

Pão sem glúten. Os portadores de intolerância ao glúten devem evitar o trigo e todos os seus parentes próximos. Por isso não podem comer o pão comum, em cuja texturização o glúten desempenha papel tão importante. Pode-se fazer uma imitação razoável de pão fermentado com farinhas ou amidos sem glúten – farinha de arroz, por exemplo – suplementadas com goma xantana e emulsificantes. Essa goma, secretada por uma bactéria e purificada a partir de fermentadores industriais, proporciona modesta elasticidade, ao passo que os emulsificantes estabilizam as bolhas de gás e tornam mais lenta a perda de dióxido de carbono durante o forneamento.

OUTROS PÃES: CHATOS, BAGELS, COZIDOS NO VAPOR, MASSAS DE FERMENTAÇÃO RÁPIDA, *DOUGHNUTS*

Os pães fermentados e leves, assados no forno, são a forma de pão mais comum na Europa e na América do Norte, mas o sustentáculo da vida tem muitas outras versões. A seguir, apresento breves descrições de algumas delas.

Pães chatos. Os primeiros pães eram achatados e finos e ainda representam importante fonte de nutrição em muitos países do mundo. A característica essencial do pão chato é que ele assa muito rápido, às vezes em meros dois minutos, quando colocado sobre uma superfície quente simples, quer seja uma assadeira, o piso ou a parede de um forno ou uma pilha de pedras quentes. Em regra, é assado em temperatura muito alta – um forno de pizza pode chegar a 450 °C –, o que significa que as minúsculas bolsas de ar na massa são expandidas pela água em rápida vaporização, o que faz o pão crescer sem necessidade de fermentação (embora muitos pães chatos sejam feitos com massa fermentada). A expansão e a finura do pão deixam-no macio; e, uma vez que não é necessária a formação de um glúten forte, os pães chatos podem ser feitos com qualquer cereal. Apesar do breve tempo de cocção, a alta temperatura desenvolve um delicioso sabor tostado em toda a extensa superfície dos pães chatos.

Os pães chatos frequentemente se expandem num grau impressionante, embo-

---

Pão de leite

Às vezes, leite fresco ou leite em pó são acrescentados à massa de pão em razão de seu sabor e valor nutritivo, mas esses ingredientes podem enfraquecer o glúten e produzir um filão denso e pesado. A culpada parece ser uma proteína do soro, que pode ser desativada escaldando o leite – levando-o quase à fervura – antes do uso. (O leite deve voltar à temperatura ambiente antes de ser misturado na massa para não pré-cozer a farinha nem danificar o fermento.)

ra essa expansão seja temporária; e a cavidade central da pita (pão sírio) e de outros pães semelhantes pode ser recheada com outros alimentos. A expansão ocorre quando as duas superfícies do pão se firmam com o calor e se tornam mais rígidas que a camada interna, onde o vapor se acumula e por fim separa a parte de cima da de baixo. Quando a expansão é indesejável (em bolachas, por exemplo, que se tornariam muito frágeis), a massa estendida é perfurada em intervalos regulares com um utensílio pontudo – um garfo ou um carimbo especial – a fim de formar densos nódulos de glúten que resistem ao aumento de volume.

Pretzels. Os pretzels são singulares em razão da forma, da casca marrom-escura e do sabor característico. Como as bolachas de água e sal, são feitos com massa firme e levedada, de farinha de trigo mole. Na manufatura, a massa moldada é borrifada por 10-15 segundos com uma solução alcalina quente de hidróxido de sódio (lixívia) ou carbonato de sódio a 1%. O calor e a umidade se aliam para gelificar o amido da superfície. Então, a massa é salgada e assada por cinco minutos em forno muito quente. O gel de amido endurece e adquire brilho acetinado; graças à alcalinidade da lixívia, os pigmentos e compostos de sabor das reações de escurecimento rapidamente se acumulam sobre a superfície do pão. (A lixívia reage com o dióxido de carbono no forno para formar um carbonato comestível e inofensivo.) A etapa final é um forneamento lento e prolongado para secar completamente o pretzel. Em razão das minúsculas bolhas de ar e dos grânulos de amido não gelificados que se distribuem por toda a massa, o pretzel é crocante mas frágil; sua superfície alcalina e escura lhe dá um sabor peculiar.

Para fazer pretzels em casa ou deixá-los macios, pode-se deixá-los crescer e aferventá-los numa solução de bicarbonato de sódio. Depois, devem ser assados por 10 a 15 minutos em forno quente.

Bagels. O bagel é um pão pequeno em forma de rosca que surgiu na Europa Oriental e foi introduzido nos Estados Unidos pelos imigrantes judeus que chegaram a Nova York no começo do século XX.

Tradicionalmente, o bagel tinha casca lustrosa, grossa e resistente à mastigação, e miolo denso; quando sua popularidade aumentou, no final do século XX, muitos padeiros começaram a fazê-lo maior e mais fofo. O bagel é feito com farinha de trigo de glúten forte, com a qual se prepara uma massa muito firme (a massa padrão de pão tem 65 partes de água para 100 de farinha; a de bagel tem somente 45 para 100). Para fazer o bagel tradicional, a massa é moldada em forma de rosca, posta para crescer (um retardamento de 18 horas fornece boa consistência ao miolo), imersa em água fervente por 1,5-3 minutos a fim de expandir o interior e engrossar a crosta e, por fim, assada. No método moderno, mais fácil de automatizar e muito mais rápido, a rosca é cozida no vapor e assada; não é posta para crescer nem afervantada. A cocção no vapor faz o bagel crescer mais do que quando é mergulhado em água fervente e produz casca mais fina. O resultado é uma rosquinha mais leve e mais macia.

Pães asiáticos cozidos no vapor. Há 2 mil anos que os chineses fazem e comem pães e bolinhos cozidos no vapor. Em geral, os pães asiáticos são pequenos, arredondados e muito brancos, com superfície lisa e lustrosa, casca fina e textura úmida e elástica, que pode ser resistente (*mantou*) ou fofa e macia (*bao*). São geralmente feitos de farinha de trigo mole, cujo glúten tem teor e força moderados. A massa relativamente rígida é fermentada, estendida diversas vezes, cortada, moldada, posta para crescer e cozida no vapor por 10-20 minutos.

Massas de fermentação rápida: *biscuits, biscotti, scones*. Por dois motivos, as massas rápidas têm uma denominação adequada: são rápidas de preparar, sendo fermentadas por substâncias químicas de ação imediata e misturadas por pouco tempo para minimizar o desenvolvimento do glúten; e devem ser consumidas rapida-

Alguns pães chatos de vários países ou regiões

País ou região	Pão	Características
	*Ázimos*	
Israel	Matzá	Muito fino, semelhante a uma bolacha
Armênia	Lavash	Fino como papel, frequentemente seco e reidratado
Itália (Sardenha)	Carta di musica	Semolina de trigo, muito fino
Noruega	Lefse	Farinha de trigo e batata, frequentemente com manteiga ou creme
Escandinávia	Vários pães chatos de centeio, aveia e cevada	Muitos são secos
Escócia	Bannocks	Bolos de aveia
Tibete	Pão de cevada	Feito com *tsampa*, farinha de cevada tostada
China	Shaobing	Farinha de trigo, água, banha, sovado e estendido, em camadas
	Baobing	Massa feita com água quente, estendido na forma de folhas muito finas para envolver outros alimentos
Índia	Chapati	De trigo integral, tostado na panela até ficar seco
	Phulka	Chapati cozido e posto diretamente sobre brasas para crescer
	Paratha	Sovado com *ghee*, estendido, em camadas
	Puri, golegappa, lucchi	Fritos por imersão, expandidos
México	Tortilhas	Farinha de trigo ou milho
	*Levedados*	
Irã	Sangak	De trigo integral, assado sobre pedras quentes
Itália	Focaccia	Espessura moderada
	Pizza	Fino, assado em forno muito quente (até 450 °C)
Egito	Baladi	Pão de bolso
Etiópia	Injera	Massa líquida azeda de farinha de tefe, borbulhante e macia
Índia	Naan	Massa enriquecida com iogurte e assado no *tandur* (forno cilíndrico de barro)
Estados Unidos	Soda cracker	Massa e fermento azedo neutralizados por bicarbonato de sódio
	Muffin inglês	Pequeno diâmetro, espesso
	Pretzel	Cilindro fino moldado em nós

mente, pois envelhecem em pouco tempo. Os pães de massa mole, por outro lado, são mais úmidos e mais ricos e se conservam por mais tempo (p. 615).

O termo inglês *biscuit* (biscoito) é ambíguo. No francês, sua língua de origem, significa "cozido duas vezes" e se referia a pães e massas à base de gordura assados até ficar duros e secos. Os duros biscoitos italianos chamados *biscotti* permanecem fiéis a essa herança: são massas magras levedadas com fermento químico, assadas num formato achatado, cortadas na transversal em pedaços finos e assadas novamente em forno baixo até secar. Os *biscuits* franceses e os *biskets* ingleses eram doces e se conservavam por muito tempo: pãezinhos feitos com claras em neve, farinha e açúcar. Até hoje, na Inglaterra, a palavra *bisket* designa os bolinhos arredondados, doces, secos e relativamente crocantes que os norte-americanos chamam de *cookies*. O modernos *biscuits* franceses são bolos secos feitos com espuma de ovos, geralmente umedecidos com creme de leite ou uma calda de açúcar aromatizada.

Os *biscuits* se tornaram coisa muito diferente nos Estados Unidos, e isso desde o começo da história da nação norte-americana (ver quadro abaixo). Os *biscuits* norte-americanos não contêm açúcar e em regra não contêm ovos. São preparados com uma massa úmida feita com leite ou leitelho, farinha, pedaços de gordura sólida e bicarbonato de sódio e sofrem cocção breve até adquirir consistência macia e tenra. Há dois estilos: um com crosta superior irregular e interior macio; e outro com a parte de cima plana e interior quebradiço. O primeiro se faz com o mínimo de manipulação para evitar o desenvolvimento do glúten, e o segundo com sova suficiente para desenvolver uma estrutura em que se alternam as camadas de massa e gordura. A simplicidade da receita e a rapidez da cocção garantem a proeminência do sabor de farinha.

Antigos *biscuits* norte-americanos

Apesar de seu nome, estes *biscuits* norte-americanos eram assados uma só vez e não eram secos, mas ricos e úmidos.

Biscuit

Meio quilo de farinha, 30 g de manteiga, um ovo, umedecer com leite e moldar enquanto o forno esquenta; e na mesma proporção.

Biscuit de manteiga

Meio litro de leite e meio litro de *emptins* [fermento líquido] misturados com farinha para formar a esponja*; na manhã seguinte, acrescente meio quilo de manteiga derretida, mas não quente; e, acrescentando mais meio litro de leite morno, sove com mais farinha, o quanto for necessário para dar uma consistência macia – alguns derretem a manteiga no leite.

– Amelia Simmons, *American Cookery*, 1796

---

* Nesta receita, a autora recomenda que a textura da massa feita de véspera seja semelhante a uma esponja. Em português, esse termo define uma mistura prévia do fermento de uma receita com partes da farinha e do líquido (sem adição de gordura) para formar uma espécie de fermento-mãe, utilizado no dia seguinte como base para o pão ou outro preparado. Este processo também é chamado de pré-fermentação. Tal mistura promove a formação de uma massa cheia de bolhas que se assemelha a uma esponja. Em italiano, dá-se a essa massa o nome de *biga*. (N. do R. T.)

Os *scones* ingleses são semelhantes aos *biscuits* norte-americanos em sua simplicidade e composição básica e no gosto de farinha. O pão irlandês de bicarbonato de sódio (*soda bread*) é feito com farinha integral de trigo mole e sem gordura.

Doughnuts e *fritters*. Os *doughnuts* e *fritters* são essencialmente pedaços de massa de pão ou massa à base de gordura que, em vez de assados, são fritos em óleo. Os *doughnuts* têm o interior úmido e pouca ou nenhuma casca, ao passo que os *fritters* geralmente são fritos até ficar crocantes.

A palavra *doughnut* foi inventada nos Estados Unidos no século XIX para designar o que os holandeses chamavam de *olykoeks*, porções de massa doce frita. Sua grande popularidade foi um fenômeno da década de 1920, quando a introdução de novas máquinas simplificou a manipulação da massa macia e pegajosa, rica em açúcar, gordura e, às vezes, ovos. Há dois estilos principais de *doughnuts*: os que levam fermento biológico são leves e fofos e os que levam fermento químico são mais densos. Os *doughnuts* feitos com fermento biológico flutuam na superfície do óleo e devem ser virados durante a fritura; uma faixa branca forma-se ao redor de sua circunferência, que sofre cocção menos intensa em razão da menor temperatura superficial do óleo. Ou *doughnuts* são fritos em temperatura moderada. Originalmente eram fritos em banha, mas hoje se usa uma gordura vegetal hidrogenada que solidifica quando o *doughnut* esfria, tornando sua superfície seca em vez de oleosa.

ALIMENTOS FEITOS COM MASSAS LÍQUIDAS RALAS: CREPE, *POPOVER*, MASSAS MOLES ASSADAS NA CHAPA, MASSA *CHOUX*

ALIMENTOS FEITOS COM MASSAS LÍQUIDAS

Na língua inglesa, a diferença entre as massas firmes e as massas líquidas se reflete em seus respectivos nomes: *dough* (massa firme) vem de uma raiz que significa "formar, moldar", ao passo que *batter* (massa líquida) vem de uma raiz que significa "bater". As massas firmes podem ser desenvolvidas e moldadas à mão. As líquidas são demasiado fluidas e por isso as mantemos dentro de uma vasilha, as misturamos por batimento e as assamos dentro de recipientes que lhes conferem forma e solidez.

A fluidez da massa líquida vem do fato de ela conter de duas a quatro vezes mais água que a massa firme. A água dispersa a tal ponto as proteínas do glúten que elas só conseguem formar uma rede fluida e pouco interligada. Quando se cozinha uma massa líquida, os grânulos de amido absorvem boa parte da água, incham, gelificam-se, exsudam amilose, aderem uns aos outros e, assim, transformam o fluido numa estrutura sólida mas macia e úmida. As proteínas do glúten desempenham papel estrutural secundário, proporcionando uma coesão subjacente que impede o alimento de esfarelar. Com efeito, se o glúten for por demais desenvolvido, tornará a massa elástica e resistente. A massa líquida muitas vezes contém ovos, cujas proteínas lhe dão uma solidez não elástica quando se coagulam sob o efeito do calor da cocção. As massas líquidas ralas são incapazes de reter a maior parte dos gases lentamente emitidos pela ação das leveduras, e por isso são levedadas quer química, quer mecanicamente (incorporando ar à massa ou a seus componentes por meio de batimento).

A maioria dos produtos feitos com massas líquidas deve ser tenra e delicada. A delicada maciez pode ser estimulada de várias maneiras:

- A concentração das proteínas do glúten na massa é reduzida pelo uso de farinha para massas à base de gordura ou de farinhas com reduzido teor de glúten ou mesmo sem glúten (trigo-sarraceno, arroz, aveia), ou ainda de farinha multiuso misturada com amido de milho ou outro amido puro.

- O desenvolvimento do glúten é minimizado pelo parco batimento dos ingredientes.
- A substituição do leite ou da água por laticínios azedos, como o leitelho azedo ou o iogurte, ajuda a produzir textura especialmente suave. O efeito é devido sobretudo à consistência espessa desses ingredientes, o que significa que é necessária menos farinha para deixar a massa na consistência adequada. Com isso, cada colherada da massa pronta contém menos farinha, menos amido e menos glúten, e desenvolve, depois da cocção, uma estrutura mais delicada.
- Quando a massa é levedada com bolhas de gás, ela não só se divide em inúmeras películas que envolvem tais bolhas como também se torna mais viscosa (como nas espumas usadas como molhos, p. 663), o que mais uma vez significa que será necessária menos farinha para espessá-la.

Será útil classificar em dois grupos os alimentos feitos com massas líquidas. As massas líquidas ralas não só têm a consistência pouco espessa como também são cozidas na forma de bolos pequenos, finos e independentes. Os pães de massa mole e os bolos são feitos com massas mais espessas e são cozidos dentro de assadeiras, em quantidades maiores e em volumes de maior profundidade.

CREPES

Os crepes e seus parentes (os *blintzes* e *palaschinki* da Europa Oriental) são panquecas finas e não levedadas cozidas em panela rasa e dobradas ao redor de algum tipo de recheio. São preparados há pelo menos mil anos com uma massa líquida simples feita de farinha, leite e/ou água e ovos. Sua delicadeza vem da pouca espessura. A massa é misturada cuidadosamente para minimizar a formação do glúten, posta para descansar por uma hora ou mais a fim de que as proteínas e o amido danificado absorvam água e as bolhas de ar subam e escapem e depois cozida por um ou dois minutos de cada lado. Na França, especialmente na Bretanha, o leite da massa de crepe é às vezes parcialmente substituído por cerveja e a farinha de trigo por farinha de trigo-sarraceno.

POPOVERS

O *popover* é uma versão norte-americana do *Yorkshire pudding* inglês, o qual é cozido na gordura que derrete e escapa de um assado de carne bovina. A base do *popover* é quase idêntica à do crepe, mas um método de cocção diferente a transforma num grande bolsão de ar envolvido por uma fina camada de massa. A massa líquida é vigorosamente batida para incorporar ar e assada imediatamente, antes que as bolhas de ar tenham a oportunidade de escapar. É derramada numa assadeira pré-aquecida e generosamente untada e posta em forno quente. As superfícies da massa endurecem quase imediatamente. As bolhas de ar ficam presas dentro dela, expandem-se com o aumento da temperatura e fundem-se numa única bolha grande, em torno da qual a massa líquida se expande como um balão e endurece numa camada finíssima. Quan-

---

Palavras da culinária: *crepe*

A palavra *crepe* vem do francês *crepe*, que vem por sua vez do termo latino que significa "crespo, encaracolado". Provavelmente se refere ao leve enrolamento das bordas do crepe à medida que este seca durante a cocção.

do cozidos em formas individuais postas dentro de uma assadeira grande, os *popovers* crescem de modo desigual, pois as formas das bordas da assadeira aquecem mais rápido que as do meio.

MASSAS MOLES ASSADAS NA CHAPA: PAQUECAS E *CRUMPETS*

As panquecas assadas na chapa são feitas com massa mais enfarinhada e viscosa que as dos crepes e *popovers* e que a massa *choux* e são capazes de reter as células de gás durante os poucos minutos necessários para sua cocção; assim, crescem sobre a superfície quente da panela e desenvolvem estrutura tenra e aerada. As panquecas podem ser levedadas com fermento biológico (que também lhes dá sabor) ou com espuma de clara de ovos incorporada à massa, ou ainda com fermento químico ou alguma combinação desses métodos. A *blini* russa às vezes leva cerveja, que pode lhe dar certa efervescência. A massa é derramada na panela e cozida até as bolhas começarem a subir e romper a superfície superior; o cozinheiro então vira a massa para endurecer o outro lado antes de o gás produzido pelo fermento escapar.

Os *crumpets* são invenção inglesa: bolos pequenos, achatados, levedados com fermento biológico, com superfície superior caracteristicamente pálida e esburacada. São feitos com uma massa grossa de panqueca, que se deixa fermentar até que comece a borbulhar. Essa massa é derramada dentro de anéis metálicos especiais (*crumpet rings*) colocados sobre a panela, com altura de cerca de 2 cm, e são cozidas muito lentamente até as bolhas espocarem na superfície. Depois, desenformados, os *crumpets* são virados para cozinhar brevemente o lado esburacado.

MASSAS MOLES ASSADAS NA CHAPA: *WAFFLES* E *WAFERS*

Os *waffles* e *wafers* têm duas coisas em comum: a raiz de seus nomes e o método exclusivo pelo qual são cozidos. A mistura de farinha e água é espalhada numa camada muito fina e prensada entre duas chapas metálicas aquecidas, que a tornam ainda mais fina, transmitem-lhe rapidamente o calor e imprimem nela um desenho bonito e, muitas vezes, útil. As habituais reentrâncias quadradas aumentam a área superficial crocante da bolacha e recebem a manteiga, a geleia ou os outros enriquecimentos que costumam ser derramados por cima. A versão francesa, chamada *gaufre*, remonta à época medieval, quando vendedores de rua faziam e vendiam as bolachas nos dias de festas religiosas.

Hoje em dia, a diferença entre *wafers* e *waffles* está na textura. Os *wafers* são fi-

---

Uma antiga receita francesa de *waffle*

Waffle de leite ou creme

Põe um *litron* [357 g] de farinha numa tigela, acrescenta dois ou três ovos e mistura-os, juntando um pouco de leite ou creme e uma pitada de sal. Acrescenta um pouco de queijo-creme recém-preparado, do tamanho de dois ovos, ou simplesmente a mesma quantidade de queijo fresco feito com leite integral, e um *quarteron* [125 g] de manteiga derretida. Meio *quarteron* de manteiga será suficiente se juntares também meio *quarteron* de boa medula óssea bovina amassada.

Mistura tudo e, quando der liga, põe no fogo a forma de *waffle* e faz os *waffles*. Estes devem ser comidos ainda quentes.

– La Varenne, *Le Cuisinier François*, 1651

nos, secos, crocantes e, quando contêm bastante açúcar, densos e quase duros. O *wafer* mais conhecido é a casquinha de sorvete; há também bolachas francesas chamadas *gaufres* que se assemelham a *tuiles* finas e crocantes. Os *waffles* chegaram aos Estados Unidos no século XVIII, vindos da Holanda, e são mais grossos, mais leves e mais delicados graças à fermentação promovida por fermento químico ou biológico, que interrompe com bolhas de gás a estrutura da bolacha cozida. São servidos quentes e as reentrâncias de sua estrutura hexagonal são preenchidas com manteiga ou geleia.

Em regra, as modernas receitas de *waffle* envolvem essencialmente uma massa de panqueca mais rala, cozida dentro de uma forma de *waffle* e não sobre a chapa; em geral, produzem um resultado decepcionante, mais massudo que crocante. Para garantir a crocância, é preciso aumentar a proporção de açúcar, gordura ou ambos. Caso contrário, a massa cozinha no vapor em vez de fritar; as proteínas e o amido da farinha absorvem água em demasia e a superfície se torna resistente.

MASSA *CHOUX*

Choux em francês significa "repolho", e a *pâte à choux* ou massa *choux* forma bolinhas irregulares semelhantes a pequenos repolhos e ocas por dentro como os *popovers*. Ao contrário dos *popovers*, porém, a massa *choux* se torna firme e crocante depois de assada. Proporciona o recipiente básico para recheios cremosos em doces como profiteroles e carolinas, mas também é usada para petiscos salgados como *gougères* com sabor de queijo e *beignets* fritos por imersão, cuja leveza inspirou o nome *pets de nonne*, "peidos de freira".

A massa *choux* parece ter sido inventada no final da Idade Média e sua forma de preparo é muito característica. Híbrida de massa firme e massa líquida, é cozida duas vezes: uma para a preparação da pasta propriamente dita e outra para transformar essa pasta em bolinhas ocas. Uma grande quantidade de água e um pouco de gordura são fervidas em uma panela. Acrescenta-se a farinha; a mistura é mexida e cozida em fogo baixo até se formar uma bola uniforme de massa. Vários ovos são sequencialmente incorporados à massa até que esta se torne muito macia, quase uma massa líquida. Essa pasta é moldada em bolinhas ou outras formas e assada em forno quente, ou frita por imersão. Como no caso do *popover*, a superfície endurece quanto o interior ainda está quase líquido, de modo

---

A lógica da massa *choux*

A técnica de preparo da massa *choux* pode parecer tediosamente complicada, mas foi uma invenção brilhante. Produz uma pasta especialmente rica e úmida que o cozinheiro pode moldar e transformar num recipiente oco e crocante, capaz de conter outros ingredientes. A cocção da farinha com água e gordura amacia as proteínas do glúten, impedindo-as de desenvolver sua elasticidade; o amido gelifica-se e incha, transformando em massa firme o que seria uma massa líquida. O acréscimo posterior de ovos crus fornece a riqueza da gema e as proteínas coesas da clara, que incrementam a estrutura da massa. Além disso, a massa é novamente raleada até adquirir consistência pastosa, de modo que os bolsões de ar sejam capazes de se mover e se fundir durante a cocção. Durante o forneamento, a gordura ajuda a tornar crocante a superfície da massa e a lhe dar sabor. E tanto os ovos como a gordura ajudam a construir uma estrutura que resiste à umidade e permanece crocante mesmo envolvendo um recheio cremoso.

que o ar preso ali dentro se funde todo numa única bolha grande.

MASSAS LÍQUIDAS PARA FRITAR

Vários alimentos, especialmente os peixes e frutos do mar, as aves e as hortaliças, são às vezes revestidos por uma camada de massa líquida antes da fritura por imersão (ou antes de serem assados). Uma boa massa líquida adere ao alimento e, frita, transforma-se numa crosta que retém a crocância e se desfaz rapidamente na boca sem deixar um resíduo oleoso. As massas problemáticas despegam-se do alimento durante a fritura ou produzem uma crosta gordurosa, elástica e resistente, ou mole e pastosa.

As massas usadas para fritar incluem algum tipo de farinha, um líquido que pode ser água, leite ou cerveja, às vezes um pouco de fermento químico para proporcionar bolhas de gás e leveza e, em geral, ovos, cujas proteínas promovem a aderência da massa ao alimento e permitem que se use menos farinha. De todos os ingredientes, é a farinha que mais influi na qualidade da massa. O excesso pode produzir um empanado duro, semelhante a uma casca de pão; a falta acarretará a fragilidade dele. As proteínas do glúten da farinha de trigo comum valem por proporcionar uma consistência pegajosa, mas constituem um glúten elástico e absorvem umidade e gordura, criando portanto um empanado resistente e oleoso depois de frito. Por isso as farinhas com teor moderado de proteínas são melhores para empanar que as farinhas para massa de pão, e existem massas líquidas feitas com farinha de outros cereais e com uma mistura de farinha de trigo e outras farinhas ou amidos. As proteínas do arroz não formam glúten e absorvem menos umidade e gordura, e por isso as massas que as contêm em proporção substancial se tornam mais secas e crocantes quando fritas. Do mesmo modo, o fubá melhora a crocância porque suas partículas relativamente grandes são menos absorventes; além disso, suas proteínas diluem o glúten do trigo e reduzem a resistência da crosta frita. O acréscimo de um pouco de amido de milho puro também reduz a influência e a proporção das proteínas do glúten de trigo. As farinhas e féculas de tubérculos não funcionam bem neste tipo de massa, pois seus grânulos de amido gelificam-se e se desintegram em temperatura relativamente baixa, ou seja, no começo da fritura, produzindo uma crosta macia que rapidamente se empapa de óleo.

As massas líquidas aderem melhor a alimentos úmidos quando os seus pedaços são antes mergulhados em partículas secas, quer de farinha comum temperada, quer de farinha de rosca; as partículas secas aderem à superfície úmida, e a massa úmida, por sua vez, adere melhor à superfície áspera criada pelas partículas. A massa tem maior probabilidade de transformar-se numa crosta crocante e macia se for preparada logo antes da fritura, com líquido frio e pouco batimento para minimizar a absorção de água e o desenvolvimento do glúten (ver o tempurá japonês, p. 239). Se a massa for deixada em repouso por muito tempo antes de revestir o alimento e ir para o óleo, boa parte do ar e das bolhas de gás que ela contém escaparão e uma certa porção do fermento químico restante reagirá antes do tempo; o resultado será não um revestimento leve e crocante, mas uma crosta densa e pesada.

ALIMENTOS FEITOS COM MASSAS LÍQUIDAS ESPESSAS: PÃES DE MASSA MOLE E BOLOS

PÃES DE MASSA MOLE E *MUFFINS*

Os pães de massa mole e os *muffins* são versões mais úmidas e geralmente mais doces das massas de fermentação rápida descritas à p. 608. São fermentados com fermento químico ou bicarbonato de sódio e frequentemente contêm quantidade moderada de ovos e gordura, além de açúcar. Desenvolvem uma textura densa e úmida que permite o acréscimo de sementes oleaginosas, frutos secos e até frutas e hortaliças frescas como maçã, mirtilo, cenoura e abobrinha, cuja umidade se funde prontamente com a da broa. Batatas e bananas podem ser amassadas para se tornar parte da própria massa.

A massa de *muffin* geralmente contém menos açúcar, ovos e gordura que a dos pães de fermentação rápida. Os ingredientes são misturados apenas o suficiente para umedecer os sólidos e a mistura é assada em pequenas porções, não num filão único. O *muffin* bem-feito tem o interior homogêneo, macio e aerado. Envelhece rapidamente, uma vez que a pouca mistura causa a dispersão desigual da pequena quantidade de gordura, a qual se torna incapaz de proteger todo o amido. O excesso de batimento da massa produz um interior menos macio, com bolsões de ar menores e ocasionais "túneis" de diâmetro expressivo, que se desenvolvem quando a massa excessivamente elástica prende o gás do fermento em grandes bolsões.

Mirtilos verdes e nozes azuis. Às vezes, os ingredientes sólidos misturados às massas de pães e *muffins* adquirem cores desconcertantes: mirtilos, cenouras e sementes de girassol podem ficar verdes, e as nozes, azuis. Isso acontece quando a mistura contém bicarbonato de sódio em demasia ou quando este não está bem misturado na massa, formando bolsões concentrados de alcalinidade. Uma vez que as antocianinas e outros pigmentos correlatos presentes em frutas, hortaliças e sementes oleaginosas são sensíveis ao pH e existem normalmente em meio ácido, as massas alcalinas provocam a mudança de sua cor (p. 311). Manchinhas marrons na superfície do pão ou do *muffin* também são sinais de batimento insuficiente: as reações de escurecimento ocorrem mais rapidamente nas porções mais alcalinas da massa.

BOLOS

A essência da maioria dos bolos são a doçura e a riqueza. Um bolo é uma rede de farinha, ovos, açúcar e manteiga (ou gordura vegetal hidrogenada), uma estrutura delicada que rapidamente se desagrega na boca e a preenche de um delicioso sabor. Os bolos frequentemente contêm mais açúcar e gordura que farinha! E servem como bases para substâncias ainda mais ricas e doces: os cremes, géis, glacês, geleias, caldas, chocolates e licores que lhes servem de coberturas, recheios e líquidos umidificadores. Em conformidade com sua natureza requintada, os bolos muitas vezes são suntuosamente moldados e decorados.

A estrutura do bolo é criada sobretudo pelo amido da farinha e pelas proteínas dos ovos. A textura tenra, que derrete na boca, é dada pelas bolhas de gás, que subdividem a massa em frágeis películas, e pelo açúcar e a gordura, que prejudicam a formação do glúten e a coagulação das proteínas dos ovos e interrompem a rede de amido gelificado. O açúcar e a gordura podem comprometer a leveza se enfraquecerem demais a estrutura do bolo e a impossibilitarem de suportar o próprio peso. É claro que também existem bolos densos e pesados que são deliciosos a seu modo. São exemplos os bolos de chocolate sem farinha, os bolos de frutas e os de frutos secos.

Bolos tradicionais: pouca doçura e muito trabalho. Mesmo em meados do século XX, o bolo típico ainda era o bolo americano com uma libra de cada ingrediente (*pound cake*) ou o *quatre quarts* francês, "quatro quartos", que contém pesos iguais dos quatro principais ingredientes: farinha e ovos, que constroem a estrutura, e açúcar e gordura, que a enfraquecem. Essas proporções levam ao limite os poderes do amido (da farinha) e das proteínas (dos ovos) de conter o açúcar e a gordura dentro de uma armação leve e delicada; caso se use mais manteiga ou açúcar, a armação desabará e o bolo será denso e pesado. E, visto que a massa de bolo precisa formar muitas bolhinhas sem a ajuda de fermentos biológicos, cuja geração de gás é lenta demais para esse tipo de massa, a confecção tradicional de bolos era dificílima. Em 1857, Miss Leslie descreveu uma técnica pela qual o cozinheiro poderia bater ovos "por uma hora sem sucumbir ao cansaço", mas acrescentou: "Porém, o batimento da manteiga e do açúcar é a parte mais difícil da confecção de bolos. Entregue esse serviço a um criado." Em 1896, Fannie Farmer alertava que "só com prolongado batimento se poderá fazer um bolo de textura fina".

Modernos bolos norte-americanos: a ajuda de gorduras e farinhas modificadas. Por volta de 1910, várias inovações no processamento de óleos e farinhas produziram grandes mudanças nos bolos norte-americanos. A primeira inovação possibilitou que se fizessem os bolos crescer com muito menos trabalho. A hidrogenação de óleos vegetais líquidos para produzir gorduras sólidas permitiu aos fabricantes lançar no mercado gorduras vegetais hidrogenadas especiais, dotadas de propriedades ideais para incorporar ar rapidamente em temperatura ambiente (p. 620). As modernas gorduras vegetais hidrogenadas para bolo também contêm minúsculas bolhas de nitrogênio que proporcionam células de gás pré-formadas, além de emulsificantes que ajudam a estabilizar as células durante o batimento e o forneamento e dispersam a gordura em gotículas que não chegam a fazer murchar as bolhas de gás.

A segunda grande inovação foi o desenvolvimento de uma farinha especial para bolos: uma farinha de baixo teor proteico, muito fina e fortemente alvejada com dióxido de cloro ou gás cloro. A cloração faz com que os grânulos de amido absorvam água e inchem-se com mais facilidade em massas altamente açucaradas, produzindo um gel mais forte. Também leva a gordura a ligar-se com mais facilidade à superfície dos grânulos, tornando mais homogênea a dispersão da fase lipídica da mistura. Associada às novas gorduras vegetais hidrogenadas e aos fermentos químicos de "ação dupla", a farinha para bolos permitiu aos fabricantes norte-americanos desenvolver misturas prontas com alto teor de açúcar, onde este pode pesar até 40% a mais que a farinha. A textura dos bolos feitos com ela é caracteristicamente leve, úmida, fina e aveludada.

Graças a essas qualidades e à conveniência de ter todos os ingredientes pré-medidos, as misturas prontas para bolo fizeram enorme sucesso: apenas 10 anos depois de terem sido lançadas no mercado, após a Segunda Guerra Mundial, já eram responsáveis pela metade dos bolos feitos nos lares norte-americanos. O bolo dulcíssimo,

---

Uma antiga receita inglesa de *pound cake* ("bolo de libra")

Antes de existirem as batedeiras elétricas e as gorduras vegetais hidrogenadas e gaseificadas, era dificílimo preencher uma densa massa de bolo com um sem-número de minúsculas bolhas de gás!

Para fazer um pound cake

Numa vasilha cerâmica, bate uma libra [454 g] de manteiga, girando a mão sempre no mesmo sentido, até ela adquirir o aspecto de um creme espesso e acetinado; quebra uma dúzia de ovos, usando somente a metade das claras, e bate-os bem com a manteiga. Acrescenta uma libra de farinha, sempre batendo, e mais uma libra de açúcar e algumas alcaravias. Bate tudo por uma hora com a mão ou um colherão de pau. Unta uma assadeira, enche-a com a massa e põe-na para assar por uma hora em forno quente.

– Hannah Glasse, *The Art of Cookery Made Plain and Easy*, 1747

macio, úmido e leve tornou-se o padrão nos Estados Unidos; e a gordura vegetal hidrogenada e a farinha clorada tornaram-se os suprimentos culinários básicos para os bolos feitos em casa.

As desvantagens das gorduras e farinhas modificadas. A gordura vegetal hidrogenada e a farinha clorada são utilíssimas, mas têm desvantagens que levam alguns confeiteiros a evitá-las. A gordura vegetal hidrogenada não é tão saborosa quanto a manteiga e tem a séria desvantagem de conter alto teor de ácidos graxos trans (10-35% em comparação com 3-4% da manteiga; ver p. 42). A farinha clorada tem um gosto característico que alguns confeiteiros não apreciam (na opinião de outros, ela intensifica o aroma do bolo). E o cloro permanece ativo nas moléculas lipídicas da farinha, que se acumulam no corpo. Não há provas de que essa acumulação seja danosa, mas a União Europeia e o Reino Unido não consideram que a salubridade da farinha clorada seja garantida, e por isso proíbem-na. A Administração de Alimentos e Medicamentos (FDA) dos Estados Unidos e a Organização Mundial de Saúde consideram a farinha clorada um ingrediente seguro para consumo humano.

Os fabricantes estão procurando resolver algumas dessas dificuldades e incertezas. Os efeitos da cloração da farinha podem ser parcialmente reproduzidos pelo tratamento térmico, por exemplo, e os óleos vegetais podem ser endurecidos sem que se produzam ácidos graxos trans. Por isso é provável que os cozinheiros possam, um dia, fazer bolos com alto conteúdo proporcional de açúcar usando ingredientes menos polêmicos.

Os ingredientes dos bolos. Em geral, os bolos são feitos com farinha, ovos, açúcar e manteiga ou gordura vegetal hidrogenada. Os ovos contêm 75% de água e podem proporcionar toda a umidade de que a receita precisa; alternativamente, o leite ou alguns de seus derivados – leitelho, creme azedo – podem ser usados para proporcionar não só umidade, mas também sabor e riqueza. Como o açúcar tem a função de incorporar o ar na mistura, a forma preferida é a de granulação fina ou extrafina

Proporções e qualidades de alguns bolos

	Farinha	Ovos	Gordura	Açúcar	Qualidades
Bolo americano ou "bolo de libra" (pound cake)	100	100	100	100	Úmido, macio, rico
Bolo de manteiga	100	40	45	100	Úmido, macio
Génoise	100	150-200	20-40	100	Leve, fofo, meio seco
Bolo biscuit	100	150-220	0	100	Leve, fofo, seco
Pão de ló	100	225	0	155	Leve, fofo, doce
Angel cake	100	350 (claras)	0	260	Leve, fofo, muito doce
Chiffon	100	200	50	135	Leve, úmido

para maximizar o número de pequenas arestas afiadas capazes de penetrar a gordura e os ovos. Visto que os bolos se enchem de bolhinhas de ar durante o batimento, suas receitas não pedem fermento químico, ou pedem uma proporção menor que a usada para outros alimentos feitos com massa líquida.

Farinha, amido, cacau. Para fazer bolo, os confeiteiros usam farinhas de baixo teor proteico: farinha especial para bolos ou farinha especial para massas à base de gordura. Assim, minimiza-se o endurecimento decorrente da formação do glúten. Na realidade, porém, esses dois tipos de farinha não são intercambiáveis; a farinha especial para bolo é clorada e moída em partículas muito finas para produzir textura aveludada. Os cozinheiros que preferem não usar farinha especial para bolos podem procurar reproduzir seu baixo conteúdo proteico e textura fina acrescentando amido a uma farinha multiuso ou para massa à base de gordura. O amido de milho é o mais comum nos Estados Unidos; as féculas de batata e araruta não têm o sabor de cereais que caracteriza o amido de milho e gelificam-se em temperatura mais baixa, o que reduziria tempo de cocção e produziria um bolo mais úmido. Alguns bolos são feitos somente com amido ou com farinha de castanhas rica em amido, e não levam farinha de trigo.

Nos bolos de chocolate, o cacau em pó assume parte dos deveres da farinha (de absorver água e estruturar a massa): contém cerca de 50% de carboidratos, amido inclusive, e 20% de proteínas que não formam glúten. O cacau em pó pode ser natural (ácido) ou alcalinizado (p. 784), diferença que afeta tanto o poder de crescimento da massa quanto o equilíbrio dos sabores; as receitas de bolo devem especificar o tipo a ser usado e o confeiteiro não deve substituir um pelo outro. Caso se use chocolate em vez de cacau, ele deve ser derretido e cuidadosamente incorporado à gordura ou aos ovos. Os diferentes chocolates contêm proporções largamente diversas de gordura, sólidos de cacau e açúcar (p. 783); por isso, também neste caso, os confeiteiros e as receitas devem especificar claramente o tipo de chocolate a ser usado.

Técnicas para aerar bolos

- Aeração em açúcar e gordura: o açúcar é acrescentado à manteiga ou à gordura vegetal hidrogenada com batimento constante; depois são incorporados os outros ingredientes
  Bolo americano (*pound cake*), *quatre quarts*, bolo de manteiga, bolo recheado, bolo de frutas
- Aeração em açúcar e ovos: o açúcar é batido com ovos inteiros ou com gemas ou claras separadas; depois são incorporados os outros ingredientes
  Ovos inteiros: *génoise*
  Aeração das claras e das gemas separadamente: bolo *biscuit*, bolo floresta negra
  Gemas somente: pão de ló
  Claras somente: *angel cake*, bolo *chiffon*, merengue sem farinha e *dacquoise*
- Aeração em todos os ingredientes: batem-se conjuntamente a farinha, os ovos, o açúcar e a gordura vegetal hidrogenada
  Misturas comerciais prontas para bolo
- Sem aeração: os ingredientes são misturados com mínima incorporação de ar
  Bolos de açúcar dissolvido: *pain d'épices*, bolo de especiarias

Gorduras. No método convencional para a confecção de bolo americano e bolo recheado, o cozinheiro bate o açúcar e a gordura para incorporar bolhas de ar até a mistura alcançar a consistência fofa de um creme de leite batido. As gorduras retêm bolhas de ar em razão de sua consistência semissólida: o ar conduzido pelos cristais de açúcar e pela batedeira se imobiliza na mistura de gordura líquida e cristalina. A manteiga era a gordura tradicionalmente usada para fazer bolos e ainda é a predileta dos confeiteiros que dão mais valor ao sabor que à leveza da textura.

As modernas gorduras vegetais hidrogenadas, por sua vez, são mais eficazes para incorporar bolhas de ar à massa de bolo. As gorduras animais – manteiga e banha – constituem cristais volumosos que retêm grandes bolsões de ar, os quais tendem a subir e a escapar da massa rala. A gordura vegetal hidrogenada é produzida de modo a formar cristais de gordura pequenos que retêm bolhas de ar igualmente pequenas, as quais permanecem na massa. Os fabricantes também preenchem as gorduras vegetais hidrogenadas com bolhinhas de nitrogênio (cerca de 10% do volume) e emulsificantes que as estabilizam (até 3% do peso do produto). Para aerar a manteiga, a temperatura ideal é de cerca de 18 °C, ao passo que a gordura vegetal hidrogenada se torna mais cremosa em temperatura bem mais quente, 24-27 °C.

Substitutos da gordura. Os efeitos de umidificação e maciez produzidos pela gordura – mas não sua capacidade de aeração – podem ser imitados por alguns purês de frutas concentrados, em especial os de ameixa, maçã, damasco e pera. Com seu alto teor de carboidratos vegetais viscosos, especialmente pectina e hemicelulose, eles prendem a água e interrompem as redes de amido e glúten. Por isso esses purês podem ser usados para substituir parte da gordura nas receitas de bolo. O resultado em geral é úmido e macio, mas também mais denso que um bolo feito somente com gordura.

A mistura das massas de bolo. Na confecção do bolo, a etapa de mistura não cumpre somente a função de combinar os ingredientes numa massa homogênea: também tem a crítica finalidade de incorporar bolhas de ar na massa, influenciando fortemente o resultado final. Os vários modos de aeração da massa ajudam a definir as famílias de bolos (ver quadro, p. 619). Envolvem a incorporação e o batimento do açúcar e/ou da farinha na gordura, nos ovos ou em todos os ingredientes líquidos juntos. As partículas sólidas levam minúsculas bolsas de ar em sua superfície, as quais são incorporadas à gordura ou ao líquido pelas próprias partículas, bem como pelos instrumentos de batimento. Em regra, a farinha só é acrescentada depois que a espuma se formou; e é incorporada cuidadosamente, sem batimento, a fim de evitar que estoure um bom número de bolhas e que o glúten se desenvolva. (Sobre este tipo de incorporação como técnica de mistura, ver p. 125.) A mistura da farinha seca com a gordura também dificulta a formação de ligações fortes entre as proteínas do glúten.

A gordura vegetal com emulsificantes e bolhas de nitrogênio e a batedeira elétrica ajudaram a tornar a confecção de bolos uma tarefa bem menos trabalhosa do que era no passado, mas a etapa de batimento ainda pode levar 15 minutos ou mais.

Os confeiteiros frequentemente modificam ou combinam elementos dessas várias técnicas. No método de batimento chamado *"pastry-blend"* (batimento tipo massa à base de gordura), a farinha, às vezes acompanhada do açúcar, é batida em creme com a gordura; depois, os ingredientes líquidos são acrescentados e batidos por tempo suficiente para aumentar a aeração inicial. Outra alternativa é a combinação da aeração em gordura e da aeração em ovos: parte do açúcar é usado para aerar a gordura e parte para aerar os ovos, e as duas espumas são reunidas posteriormente.

Modos de assar bolo. O assado do bolo pode ser dividido em três estágios: expansão, coagulação e escurecimento. Durante o primeiro estágio, a massa se expande até alcançar seu pleno volume. À medida que a temperatura da massa sobe, os gases das células de ar se expandem, o fermento químico libera dióxido de carbono e, a partir de cerca de 60 °C, o vapor-d'água começa a se formar e a expandir ainda mais as células. Durante o segundo estágio do assado, a massa crescida endurece em sua forma definitiva graças à ação do calor. Por volta de 80 °C, as proteínas do ovo coagulam-se e os grânulos de amido absorvem água, intumescem e se gelificam. A temperatura exata em que a massa se firma depende criticamente da proporção de açúcar, que retarda tanto a coagulação das proteínas quando o intumescimento do amido; num bolo com alta proporção de açúcar, pode ser que o amido só venha a gelificar-se a quase 100 °C. No último estágio, a solidificação da massa se completa; reações de escurecimento ocorrem na superfície já seca, intensificando o sabor do bolo; e este frequentemente diminui um pouquinho de tamanho, indício de que deve ser tirado do forno. Outra prova de que o bolo está pronto se obtém enfiando um palito de dente no centro do bolo: o mesmo deve sair sem nenhum fragmento de massa.

Os bolos geralmente são assados em temperatura moderada, 175-190 °C. Abaixo dessa faixa, a massa demora a firmar; as células de gás se fundem e produzem textura grosseira e pesada; e a superfície superior do bolo afunda. Em temperaturas mais altas, as partes exteriores da massa se firmam antes de o interior terminar de expandir, dando ao bolo uma forma de pico ou vulcão; e a superfície exterior fica excessivamente escura.

Assadeiras de bolo. Na medida em que afetam o ritmo de condução e a distribuição do calor, as assadeiras têm importante influência sobre os bolos assados dentro

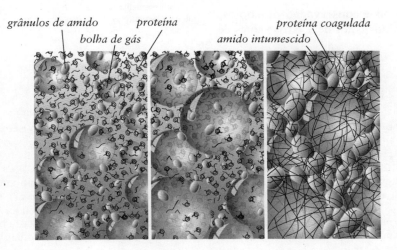

Um bolo sendo assado. À esquerda: *a típica massa de bolo contém grânulos de amido da farinha, proteínas dos ovos que se coagulam quando aquecidas e bolhas de gás incorporadas durante o batimento, tudo isso imerso numa calda de água e açúcar. (A maioria dos bolos incluem também alguma forma de gordura, que pelo bem da clareza não é mostrada aqui.)* No meio: *quando a mistura é aquecida, as bolhas de gás se expandem, fazendo a massa crescer. Ao mesmo tempo, as proteínas começam a se desdobrar e os grânulos de amido, a absorver água e intumescer.* À direita: *uma vez assado o bolo, a massa fluida transformou-se num sólido poroso graças ao intumescimento e à gelificação dos grânulos de amido e à coagulação das proteínas do ovo.*

delas. O tamanho ideal para a assadeira é aquele que corresponde ao volume final do bolo, ou seja, entre 50 e 100% a mais que o volume inicial da massa. As formas com furo no meio têm maior área superficial e aceleram a penetração de calor na massa. As superfícies brilhantes refletem o calor, transmitem pouca energia térmica ao alimento contido dentro delas e retardam o processo de forneamento. Uma assadeira de metal fosco ou uma assadeira de vidro (que também transmite com eficácia a radiação térmica) assam um bolo em tempo até 20% menor que uma assadeira brilhante, ao passo que uma superfície preta tende a absorver o calor rápido demais, causando o excessivo escurecimento da superfície. Entre as inovações recentes em matéria de recipientes não metálicos para bolos, podemos mencionar as formas flexíveis de silicone e as formas de papel – versões maiores, mais rígidas e mais elegantes das formas em que se assam *muffins* e demais bolinhos.

Esfriamento e conservação dos bolos.
A maioria dos bolos deve esfriar antes de ser removida de suas assadeiras ou manipulados de qualquer outro modo. Suas estruturas são muito delicadas enquanto ainda estão quentes, mas se firmam à medida que as moléculas de amido voltam a constituir arranjos coesos e firmes. O bolo americano e o bolo de manteiga são relativamente robustos (uma vez que sua estrutura é firmada principalmente pelo amido gelificado) e podem ser desenformados depois de apenas 10-20 minutos. Os bolos mais doces e aerados com ovos são estruturados sobretudo pelas proteínas dos ovos, que formam película mais hermética ao redor das células de gás e, portanto, tendem a afundar à medida que o gás ali contido se contrai com o resfriamento. O resultado pode ser um bolo solado. Para evitar este triste fim, o *angel cake**, o pão de ló e o bolo *chiffon* são assados em formas com furo no meio, que podem ser postas para esfriar emborcadas em cima de uma garrafa. A gravidade mantém a estrutura do bolo

---

* Bolo semelhante ao pão de ló, sem gordura, mas que leva somente as claras dos ovos, e não as gemas. (N. do T.)

Assando um bolo em altitudes elevadas

As receitas que funcionam bem no nível do mar podem falhar desastrosamente em altitudes elevadas, produzindo bolos densos e secos. A razão é que a baixa pressão atmosférica nas montanhas permite a evaporação da água em temperatura mais baixa que os 100 °C característicos do nível do mar. A queda de pressão e do ponto de ebulição da água tem vários efeitos sobre o bolo que assa no forno. A massa começa a perder umidade em temperatura mais baixa e seca mais rápido. As bolhas de ar e de gás carbônico se expandem rapidamente em temperatura inferior àquela em que a massa adquire firmeza, e os amidos e proteínas demoram a firmar a estrutura, pois a massa não chega a ficar tão quente quanto no nível do mar. Por isso o bolo assado nas montanhas tende a resultar seco, tosco e solado.

Uma receita de bolo desenvolvida para o nível do mar tem de ser adaptada para dar certo a mil metros de altitude. A perda de umidade pode ser compensada pelo acréscimo de mais líquidos. A superexpansão das células de gás pode ser combatida pela redução da quantidade de fermento. E, para que os elementos que estabilizam a estrutura endureçam um pouco antes, podem-se reduzir as proporções de açúcar e gordura e aumentar as de ovos e/ou farinha. O aumento da temperatura do forno também acelera a coagulação das proteínas e a gelificação do amido, que dão firmeza à estrutura.

estendida em seu máximo volume enquanto as paredes das células de gás se firmam e sofrem fissuras que permitem a igualdade de pressão dentro e fora das células.

Os bolos se conservam por vários dias em temperatura ambiente e podem ser refrigerados e congelados. Demoram mais que o pão para envelhecer, graças à presença de emulsificantes e às altas proporções de umidade, gordura e açúcar, que retêm água.

MASSAS À BASE DE GORDURA

As massas à base de gordura pouco se assemelham aos pães, bolos e macarrões. Constituem expressão muito diferente da natureza do grão de trigo. Para fazer outras massas firmes e líquidas, usamos água para fundir as partículas de farinha e constituir um conjunto integrado de glúten e grânulos de amido; e fortalecemos ainda mais as ligações íntimas dessa massa por meio da cocção. A massa à base de gordura, por outro lado, exprime as qualidades fragmentárias, descontínuas e particuladas da farinha de trigo. Usamos água em quantidade apenas suficiente para constituir uma massa coesa e incorporamos grande quantidade de gordura para revestir e isolar as partículas de farinha e os blocos de massa.

A cocção causa a gelificação de menos da metade do amido desidratado e produz uma massa que prontamente se desagrega ou esfarela na boca, liberando a úmida riqueza complementar da gordura.

Ao contrário da maioria dos alimentos feitos com massas firmes e líquidas, muitas massas à base de gordura não são preparadas para consumo independente. Ao contrário, servem de recipiente para um recheio umedecido, seja salgado (quiche, patê, tortas de carne e legumes), seja doce (tortas de frutas, cremes de leite e ovos). O recipiente pode ser aberto, como no caso de certas tortas, ou totalmente fechado – samosas, empanadas, pastelões, *pierogi*, *piroshki*. Em inglês, a palavra *pastry*, traduzida neste livro por "massa à base de gordura", também é usada para designar pães doces cuja estrutura é dividida por camadas de gordura. Os *croissants* e os folhados dinamarqueses são, na verdade, híbridos entre pães e massas à base de gordura.

A confecção de massas à base de gordura floresceu na região do Mediterrâneo no final da Idade Média e começo do Renascimento, quando se inventou a massa *choux*. Na época de La Varenne, meados do século XVII, tanto a massa *choux* como as massas à base de gordura amanteigadas e flocadas já eram preparados convencionais da

---

Variedades de massas à base de gordura na época isabelina

Desde a Idade Média, uma das principais finalidades das massas à base de gordura era a de conter e ajudar a preservar preparados de carne. A carne preparada por cocção lenta dentro de uma crosta espessa e durável estava, na prática, pasteurizada e protegida contra a contaminação dos microrganismos presentes no ar; por isso durava muitos dias quando conservada em local fresco. Outros pratos, a serem consumidos imediatamente depois de assados, eram feitos com massas mais delicadas. Como escreveu Gervase Markham por volta de 1615 em *The English Housewife* [A dona de casa inglesa]:

> nossa dona de casa inglesa deve ser hábil no preparo de massas à base de gordura; deve saber como e de que modo assar todos os tipos de carne e que tipo de massa é adequado para cada carne; e deve saber como manipular e preparar tais massas.

alta culinária. Os híbridos entre pães e massas à base de gordura são invenções mais recentes, dos séculos XIX e XX.

OS ESTILOS DE MASSA À BASE DE GORDURA

Há vários estilos de massa à base de gordura, cada qual com uma textura diferente, criada pelos tipos de partículas em que tais massas se desfazem quando são mastigadas.

- As *massas amanteigadas* – massa para torta, massa *brisée* – se desfazem em partículas pequenas e irregulares.
- As *massas flocadas* – massa de torta norte-americana – se desfazem em flocos ou escamas finas, pequenas e irregulares.
- As *massas folhadas* e *massas de folha* – massa folhada, massa filo, massa de strudel – são construídas de camadas grandes, separadas e finíssimas que se desfazem na boca em lascas pequenas e delicadas.
- Os *pães laminados* – *croissant*, folhado dinamarquês – combinam as camadas da massa folhada com a macia densidade do pão.

Essas várias estruturas e texturas dependem de dois elementos fundamentais: o modo com que a gordura é incorporada à massa e o desenvolvimento do glúten da farinha. Os padeiros e confeiteiros agregam a gordura de modo a isolar partículas muito pequenas de massa umas das outras, ou partículas maiores, ou mesmo grandes lâminas – ou mais de um desses casos ao mesmo tempo. E controlam cuidadosamente o desenvolvimento do glúten para não fazer uma massa difícil de moldar e não obter produtos que fiquem duros e resistentes em vez de macios e delicados.

OS INGREDIENTES DAS MASSAS À BASE DE GORDURA

Farinhas. As massas à base de gordura são feitas com diversos tipos de farinha. Para obter textura farelenta, o que se exige é um desenvolvimento mínimo do glúten, e para tanto deve-se usar uma farinha especial para massas à base de gordura, com teor

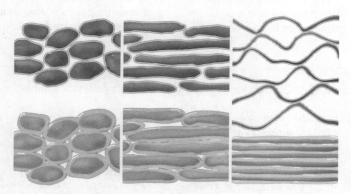

A estrutura das massas à base de gordura (as massas cruas aparecem embaixo; as assadas, em cima). O segredo da estrutura das massas à base de gordura é a distribuição da gordura, mostrada aqui como uma camada ao redor dos volumes de massa, mais escuros. À esquerda: nas massas amanteigadas, a gordura reveste e separa pequenas partículas de massa. No meio: nas massas flocadas, a gordura reveste e separa volumes achatados de massa. À direita: nas massas folhadas, a gordura reveste e separa lâminas de massa grandes e finas. As folhas da massa folhada são tão leves que o vapor da cocção as separa umas das outras, formando uma estrutura leve e aerada.

proteico moderadamente baixo; alguma proteína será necessária para dar continuidade às partículas de massa, caso contrário a massa pronta não esfarelará, mas se desmanchará em partículas minúsculas. Já a capacidade de se desfazer em lascas ou flocos e a estrutura laminada da massa folhada dependem de um desenvolvimento controlado do glúten, o que se pode obter com farinha especial para massas à base de gordura ou mesmo uma farinha com conteúdo proteico mais alto, equivalente ao das farinhas multiuso disponíveis em todos os Estados Unidos (11-12%). Para as finíssimas massas filo e de strudel, é conveniente o alto teor proteico das farinhas para pão e a força do glúten por elas formado.

Gorduras. Boa parte do sabor – e do prazer – das massas à base de gordura vem exatamente da gordura que elas contêm, que pode representar um terço do seu peso ou mais. Porém, os padeiros e confeiteiros costumam escolher uma gordura que não tenha ou quase não tenha sabor. Isso porque a gordura deve ter a consistência necessária para produzir a textura desejada.

De modo geral, qualquer gordura ou óleo pode ser incorporada à farinha para fazer massas amanteigadas, que esfarelam, ao passo que as massas flocadas e as massas folhadas exigem o uso de uma gordura que seja sólida mas maleável em temperatura ambiente: a saber, manteiga, banha ou gordura vegetal hidrogenada. A gordura vegetal hidrogenada é a mais fácil de trabalhar e a que cria a melhor textura.

A consistência da gordura: a manteiga e a banha animal são exigentes. Em qualquer temperatura, as gorduras sólidas terão consistências diferentes dependendo de qual proporção de suas moléculas assuma a forma de cristais sólidos e qual proporção assuma a forma líquida. Acima de cerca de 25% de cristais sólidos, a gordura é dura e quebradiça demais para ser moldada numa camada homogênea. Abaixo de cerca de 15%, a gordura é mole demais para se trabalhar: gruda na massa de farinha e água, não retém a forma e se desfaz em óleo líquido. A gordura ideal para as massas flocadas e as massas folhadas será, portanto, a que tiver entre 15 e 25% de sólidos na

---

Palavras da culinária: *pastry* (massa à base de gordura; produtos feitos com esse tipo de massa), *pasta* (massa; macarrão), *pâté* (patê), *pie* (torta)

A palavra inglesa *pastry*, a italiana *pasta* e as francesas *pâte* e *pâté* remontam, todas, a um sugestivo grupo de antigas palavras gregas relacionadas com partículas pequenas e texturas refinadas, que se referiam, por exemplo, aos conceitos de pó, sal, mingau de cevada, bolo e de um véu rendado. Um derivado latino posterior, *pasta*, foi aplicado à farinha umedecida até se tornar pastosa e depois seca; produziu o italiano *pasta* e o francês *pâte*, ambos os quais significam "pasta" ou "massa". *Pâté* é uma palavra do francês medieval que se aplicava originalmente a um preparado de carne picada contido dentro de uma crosta de massa, mas acabou por designar somente o preparado de carne, com ou sem o revestimento. *Pie* (torta) era quase equivalente, no inglês medieval, ao *pâté* original, e significava um prato de qualquer tipo – carnes, peixes, hortaliças, frutas – contido dentro de uma crosta de massa à base de gordura. A palavra tinha menos relação com a ideia de "massa" que com a de "objetos sortidos": veio de *magpie* (pega), uma ave que coleta todos os tipos de objetos para enfeitar seu ninho.

temperatura ambiente da cozinha e nas temperaturas que a própria massa atinge enquanto vai sendo misturada e moldada. Na prática, a manteiga só conserva a consistência ideal para a confecção de massas à base de gordura numa faixa de temperatura muito estreita, entre 15 e 20 °C. A banha é trabalhável em temperatura um pouco mais alta, cerca de 25 °C. Nossas gorduras naturais prediletas facilmente se liquefazem na cozinha, inviabilizando a confecção de uma boa massa. É por isso que os padeiros e confeiteiros que fazem massas à base de gordura costumam pré-refrigerar os ingredientes e utensílios e trabalhar numa superfície de mármore frio, que mantenha o frescor dos ingredientes durante o processo de misturar e estender a massa; além disso, preferem assistentes que, por constituição natural, tenham as mãos frias.

A consistência da gordura: a gordura vegetal hidrogenada é fácil de trabalhar. Os fabricantes de gorduras vegetais hidrogenadas controlam a consistência de seus produtos por meio da proporção de gorduras insaturadas hidrogenadas no óleo que serve de base ao preparado (p. 891). A gordura hidrogenada usada para fazer bolos tem a desejável quantidade de 15-25% de sólidos ao longo de uma faixa de temperatura três vezes maior que a da manteiga, de 12 a 30 °C. Por isso, para fazer massas flocadas, é muito mais fácil usar gordura vegetal hidrogenada que usar manteiga. Uma vez que a feitura de massas folhadas e pães laminados é especialmente complicada, os profissionais e fabricantes frequentemente usam gorduras vegetais hidrogenadas formuladas especialmente para esses preparados. As margarinas especiais para folhado dinamarquês são trabalháveis a até 35 °C, e as especiais para massa folhada comum, a até 46 °C: só derretem quando a massa está assando! Esse ponto de fusão elevado, porém, tem uma desvantagem importante: a gordura permanece sólida na temperatura da boca. Ao passo que a manteiga e a banha animal derretem na boca e ali liberam seu delicioso sabor, as gorduras hidrogenadas usadas na fabricação de massas à base de gordura podem deixar na boca um resíduo pastoso ou que lembra cera, além de não terem sabor próprio (geralmente são aromatizadas com sólidos do leite).

A água nas gorduras. Uma importante diferença entre a manteiga, de um lado, e a banha e a gordura vegetal hidrogenada, de outro, é que a manteiga contém cerca de 15% de água em relação a seu peso e, portanto, não separa as camadas de massa tão perfeitamente quanto as gorduras puras; as gotículas de água nela contidas podem grudar as camadas de massa adjacentes. Os padeiros e confeiteiros geralmente preferem as manteigas de tipo europeu, que contêm menos água que a manteiga padrão norte-americana (p. 38). Não obstante, uma certa proporção de água é útil para produzir vapor e separar as camadas de massa folhada durante a cocção. A margarina especial para massas folhadas é formulada com cerca de 10% de água.

Outros ingredientes. A água é essencial para que as partículas de farinha se agreguem e formem uma massa propriamente dita; nas massas à base de gordura, o teor de água é especialmente crítico pelo fato de esse elemento estar presente em doses muito pequenas. Certos padeiros e confeiteiros dizem que uma variação de apenas 3 ml de água em 120 g de farinha pode fazer a diferença entre uma textura delicadamente farelenta e uma textura pesada e resistente à mastigação. Às vezes se usam ovos para proporcionar riqueza e uniformidade a massas amanteigadas; e é claro que os ovos também contêm água. O leite e vários derivados – creme, creme azedo, *crème fraîche* e *cream cheese* – podem substituir parcial ou totalmente a água, proporcionando ao mesmo tempo sabor e gordura além de açúcares e proteínas para as reações de escurecimento. O sal é acrescentado sobretudo em vista do sabor, embora tenha o efeito de reforçar o glúten.

A COCÇÃO DAS MASSAS À BASE DE GORDURA

As assadeiras. Duas porções da mesma massa à base de gordura, assadas no mesmo forno mas em tipos diferentes de assadeira, produzirão resultados diferentes. As assadeiras brilhantes refletem boa parte do calor radiante produzido pelo forno (p. 872) e não o deixam chegar à massa, determinando por isso uma cocção lenta. As assadeiras pretas absorvem a maior parte do calor radiante e o conduzem à massa, ao passo que as assadeiras de vidro deixam o calor passar e aquecer a massa diretamente. As assadeiras finas de metal não retêm muito calor e, por isso, tendem a retardar o aquecimento e a favorecer um escurecimento desigual da massa. As assadeiras de metal mais pesadas e as de cerâmica são capazes de acumular o calor do forno, aquecem-se mais que as assadeiras finas e transmitem o calor à massa de modo mais homogêneo.

O assado. Excetuados os *croissants* e folhados dinamarqueses, a maioria das massas à base de gordura contêm pouquíssima água, muito abaixo do suficiente para gelificar todos os grânulos de amido. Por isso, a cocção gelifica o amido apenas parcialmente e seca bem a rede de glúten, produzindo uma textura firme, friável e crocante e um exterior dourado escuro. As massas de torta, em específico, são assadas em temperatura relativamente alta para que a massa se aqueça por inteiro e endureça rapidamente. O aquecimento lento só faria derreter a gordura da massa, e a rede de proteína e amido desabaria antes de o amido se tornar quente suficiente para absorver a água do glúten e firmar a estrutura.

O recheio das tortas abertas impede que o calor do forno atinja diretamente a superfície da massa e pode impedir a sua plena cocção, tornando-a pálida e encharcada em vez de seca e agradavelmente escurecida. Para prevenir este problema, a massa é pré-assada sozinha, às vezes com feijões secos ou pesos especialmente colocados para apoiá-la e impedir as bordas de cair. Um fundo mais crocante também resulta da temperatura mais alta do forno e de se colocar a assadeira na grelha mais baixa do forno ou mesmo sobre a sua base. Para preservar a crocância sob o recheio úmido, a superfície da massa deve ser selada durante o pré-assado com uma camada de clara ou gema de ovos; ou, depois do pré-assado, com geleias ou preparados gelatinosos reduzidos por cocção; ou ainda por uma camada de farinha de rosca que absorva a umidade.

MASSAS AMANTEIGADAS: MASSA PARA TORTA, MASSA *BRISÉE*

As massas à base de gordura com textura firme mas farelenta – aqui chamadas "massas amanteigadas" – ocupam lugar especialmente destacado na culinária francesa, onde bases finas mas robustas servem de apoio para quiches, várias tortas salgadas e tortas de frutas. Ao passo que a massa de torta norte-americana é frágil demais para apoiar a si mesma e é servida dentro da assadeira, as francesas são quase sempre removidas da assadeira e se sustentam sozinhas. Na versão convencional francesa da massa amanteigada, chamada massa *brisée*, porções relativamente grandes de manteiga e gema de ovo são colocadas no meio da quantidade adequada de farinha e os líquidos e sólidos são cuidadosamente trabalhados com as pontas dos dedos para formar uma pasta grossa. Esta é estendida e aberta com a base da palma da mão sobre a superfície de trabalho, ato que dispersa a manteiga por toda a extensão da massa. A manteiga separa e isola pequenos agregados de farinha e os impede de formar um conjunto resistente e contínuo, ao passo que a gema de ovo fornece umidade, gorduras e proteínas que vão coagular durante a cocção e dar certa uniformidade aos agregados de farinha. A manteiga pode ser substituída por óleos vegetais, gorduras de aves – frango, pato, ganso – e banha suína ou bovina; a escolha da gordura dependerá da natureza do recheio. Põe-se a massa para descansar na geladeira para firmar sua consistência antes de estendê-la e moldá-la.

A *pâte sucrée* e a *pâte sablée* – "massa açucarada" e "massa arenosa" – são versões de massa *brisée* feitas com açúcar. A grande proporção de açúcar na *pâte sablée* lhe dá textura caracteristicamente granulada, semelhante à da areia.

Há outro método simples para fazer massas amanteigadas: usar farinha de rosca ou migalhas de pães ou bolachas umedecidas com gordura e simplesmente apertadas com os dedos na assadeira antes de esta ser levada ao forno rápido.

MASSAS FLOCADAS: A MASSA DE TORTA NORTE-AMERICANA

Os métodos de confecção da massa de torta norte-americana produzem um resultado macio, que se desfaz em lascas ou flocos. Parte da gordura é dispersada por igual na massa, separando e isolando pequenas partículas de farinha; e parte é dispersada em volumes maiores, separando grandes camadas de massa umas das outras. Há várias maneiras pelas quais se pode obter esse resultado. Uma delas consiste em agregar a gordura à farinha em dois estágios: no primeiro, misturando-as cabalmente; no segundo, em pedacinhos do tamanho de uma ervilha. Outra consiste em acrescentar a gordura toda de uma vez e usar as pontas dos dedos para fragmentar e incorporar suavemente os pedaços de gordura até formar fragmentos de massa do tamanho de uma ervilha; esse trabalho garante a dispersão da gordura. (Este método funciona melhor com gordura vegetal hidrogenada que com manteiga, a qual pode ser derretida pelos dedos quentes.) Uma pequena quantidade de água fria, 15-30 g por 100 g de farinha, é acrescentada então à mistura, que é manipulada brevemente, o bastante apenas para que a água seja absorvida e se forme uma massa contínua.

A massa é posta para descansar na geladeira para que a gordura endureça nova-

---

Primitivas massas de torta norte-americanas

A massa de torta norte-americana se distingue pelo fato de parte da gordura ser agregada à farinha com os dedos para amaciá-la e parte ser estendida com o rolo entre camadas de massa para que esta descame depois de pronta. As primeiras receitas norte-americanas – as *"Puff Pastes for Tarts"* (massas folhadas para tortas) de Amelia Simmons – são notáveis por sua concisão e variedade. Simmons fornece várias; aqui apresento três.

Nº 1. Agregue com os dedos uma libra [454 g] de manteiga em uma libra de farinha, bata 2 claras e acrescente-as à mistura junto com um pouco de água fria e uma gema; faça uma pasta e estenda a massa seis ou sete vezes com o rolo, enfarinhando-a a cada vez e agregando mais uma libra de manteiga ao todo. Esta massa é boa para qualquer preparado pequeno. [...]

Nº 3. A qualquer quantidade de farinha, agregue com os dedos três quartos de seu peso em manteiga (doze ovos para cada salamim [8,81 l]); agregue com os dedos um terço ou metade e acrescente o restante usando o rolo. [...]

Nº 8. Agregue com os dedos uma libra e meia de sebo em seis libras de farinha e uma colher de sal e umedeça com creme de leite. Estendendo a massa com o rolo de seis a oito vezes, acrescente ao todo mais duas libras e meia de manteiga – massa boa para uma torta de frango ou carne bovina.

– *American Cookery*, 1796

mente e a água se distribua de modo mais homogêneo. Depois, é aberta com rolo. Essa abertura desenvolve um pouco o glúten, além de aplainar as bolas de gordura, tornando-as em lâminas finas. É essa combinação que cria a textura laminada. A massa estendida é posta para descansar a fim de enfraquecer as camadas de glúten, e a moldagem se faz com o mínimo possível de extensão; caso contrário, o glúten se desenvolveria demais e faria a massa encolher durante o assado. No forno, as lâminas de gordura, os bolsões de ar e o vapor-d'água acrescentados (bem como a água já presente em qualquer manteiga) ajudam a separar a massa em camadas, dando-lhe textura escamosa.

Em geral, a gordura vegetal hidrogenada e a banha animal produzem massas mais macias e que descamam melhor que a massa feita com manteiga, a qual derrete em temperatura mais baixa e cuja água pode causar a adesão das partículas e camadas de massa umas às outras.

MASSA FOLHADA OU *PÂTE FEUILLETÉ*

Segundo Charles Perry, historiador dos alimentos, as massas folhadas e massas de folha parecem ter sido inventadas respectivamente pelos árabes e pelos turcos por volta do ano 1500. Embora as duas sirvam para produzir muitas camadas de uma massa extremamente fina, elas envolvem duas técnicas muito diferentes.

Como se faz massa folhada. O preparo de massa folhada é complicado e demorado. Há várias maneiras de construir esse sanduíche de massa e gordura e várias maneiras de dobrá-lo; por simplicidade, vou descrever somente o método padrão.

Primeiro, o cozinheiro mistura farinha (especial para massa à base de gordura) com água gelada e faz uma massa inicial moderadamente úmida, com cerca de 50 partes de água para 100 de farinha. Às vezes acrescenta-se manteiga e/ou sumo de limão para enfraquecer o glúten e facilitar a moldagem. A mistura dos ingredientes se faz com o mínimo de manipulação para minimizar o desenvolvimento do glúten, o qual será efetuado pelas posteriores aberturas da massa com rolo. Dá-se à massa a forma quadrada.

A gordura, tradicionalmente manteiga pesando metade do peso da massa inicial, é aberta com rolo até chegar à temperatura de 15 °C e se tornar maleável, com consistência igual à da massa. (Se a gordura

---

Uma antiga receita de massa folhada: a antiga *"puff paste"* inglesa

A receita de *"puff paste"* (massa folhada) de Gervase Markham é um híbrido entre massa folhada e massa de folha.

> Para a feitura de uma massa folhada da melhor espécie, usa a mais fina flor de farinha de trigo depois de tostá-la brevemente no forno. Mistura-a bem com ovos, claras e gemas juntas. Depois de bem sovada a massa, estende com o rolo uma parte dela, deixando-a tão fina quanto te aprouver, e passa manteiga fria sobre a mesma. Sobre a manteiga, estende outra parte de massa como fizeste antes, e reveste-a de novo com manteiga; e, assim, estende folha sobre folha, entremeando-as com manteiga, até que a massa adquira a espessura que desejares. Usa-a para cobrir qualquer carne assada ou para fazer torta de carne de caça, torta florentina e torta de frutas; e leva-a ao forno.
>
> – *The English Housewife*, 1615

fosse mais firme, rasgaria a massa; se fosse mais mole, seria expulsa pelas passadas posteriores do rolo. A gordura vegetal hidrogenada, que contém menos água, produz uma massa folhada mais leve e crocante, mas também menos saborosa.) A gordura é aberta, formando uma peça achatada, e é colocada sobre o quadrado de massa. Este é repetidamente dobrado sobre si mesmo e aberto com rolo, variando a direção em que é passado e deixando a massa descansar na geladeira entre as várias aberturas. Com isso, a gordura tem a oportunidade de se ressolidificar e o glúten, de enfraquecer. A sequência de virar a massa, passar o rolo, dobrar a massa e levá-la à geladeira é repetida seis vezes. A cada nova abertura da massa com rolo, o glúten se desenvolve um pouco mais e a massa se torna mais elástica e difícil de moldar.

O resultado desse trabalho, que leva várias horas, é uma massa composta de 729 camadas de farinha úmida separadas por 728 camadas de gordura. (O termo *mille-feuille* ou "mil-folhas" é aplicado a uma espécie de sanduíche feito com dois pedaços de massa folhada assada, levando no meio uma camada de creme de confeiteiro.) Deixa-se a massa descansar por pelo menos uma hora após a dobradura final. Depois, ela é aberta numa espessura de cerca de 6 mm para ser assada. Isso significa que cada camada de massa será microscopicamente fina, com cerca de um centésimo de milímetro de espessura. Será, portanto, muito mais fina que uma folha de papel, tendo espessura equivalente ao diâmetro de um único grânulo de amido. A massa deve ser cortada com faca muito afiada; uma faca cega uniria as várias camadas de massa no local do corte, limitando sua expansão durante o forneamento. Quando a massa folhada é assada em forno muito quente, o ar em expansão e o vapor-d'água separam as folhas umas das outras e aumentam seu volume total em quatro vezes ou mais.

Massa folhada rápida. A massa folhada "rápida", chamada *demi-feuilleté* em francês, é uma híbrida entre a verdadeira massa folhada e a massa de torta norte-americana. Também existe em muitas versões. Em geral, parte da gordura ou toda ela é cortada em pedaços grossos sobre a farinha, como na feitura da massa de torta norte-americana. Acrescenta-se água fria, o restante da gordura é posto sobre a massa e esta é dobrada e aberta duas ou três vezes, descansando na geladeira entre cada abertura para esfriar a gordura e enfraquecer o glúten.

Mesmo a massa folhada rápida demora umas duas horas para ficar pronta. Por sorte, estas massas congelam bem e são comercializadas na forma congelada.

MASSAS DE FOLHA: MASSA FILO, MASSA DE STRUDEL

Ao contrário da massa folhada, as "massas de folha" são preparadas uma folha por vez. Combinações de poucas dezenas de folhas são montadas e imediatamente levadas ao forno. Charles Perry especula que a massa filo foi inventada em Istambul nos primórdios do Império Otomano, por volta de 1500; hoje em dia é usada para fazer baclava (um doce de mel e frutos secos do Mediterrâneo Oriental), pastéis salgados (o *borek* turco) e muitas tortas salgadas (a

---

Palavras da culinária: *phyllo* (filo), *strudel*

O termo grego *phyllo* (massa filo) é ancestral longínquo do francês *feuille*; ambos significam "folha". *Strudel* reflete o fato de esse doce ter a forma de um rocambole: significa "rodamoinho" em alemão.

spanakopita grega e outras). No período em que os turcos governavam boa parte da Europa Oriental, a massa filo foi chamada *retes* na Hungria e *strudel* na Áustria.

A massa filo é uma massa firme de farinha e água (cerca de 40 partes de água para 100 de farinha) com um pouquinho de sal e, às vezes, um tanto de gordura ou ácido para garantir a maciez. A massa é cabalmente sovada para desenvolver o glúten, posta para descansar durante a noite e, na manhã seguinte, aberta quer numa peça única, quer na forma de pequenas bolas, formando finos discos de massa sobre os quais polvilha-se amido e que são depois abertos novamente. A repetição do processo acaba por deixar a massa tão fina que chega a ser translúcida – com espessura de cerca de 0,1 mm. A finura é tanta que a massa logo se seca e se torna quebradiça. Por isso é pincelada com óleo ou manteiga derretida para conservar-se flexível até ser cortada, empilhada em muitas camadas e assada.

O processo de feitura da variante chamada massa de strudel é um pouco diferente. A massa inicial é mais úmida, cerca de 55-70 partes de água para 100 de farinha, e contém não só uma pequena quantidade de gordura como também, às vezes, ovos inteiros. A massa é sovada, posta para descansar, aberta em espessura razoavelmente fina, posta de novo para descansar e depois aberta aos poucos com as mãos até tomar a forma de uma única folha grande, usada como invólucro dos mais diversos preparados salgados e doces.

Tanto a massa filo quanto a massa de strudel são especialmente difíceis de fazer e podem ser adquiridas refrigeradas e congeladas.

HÍBRIDOS ENTRE PÃES E MASSAS À BASE DE GORDURA: *CROISSANT*, FOLHADO DINAMARQUÊS

As massas para *croissant* e folhado dinamarquês são feitas mais ou menos da mesma maneira que a massa folhada laminada. Porém, uma vez que a massa-base tanto do *croissant* quanto do folhado dinamarquês é essencialmente uma massa de pão, mais úmida e mais macia que a massa-base da massa folhada comum, ela tende a se romper caso a gordura esteja muito fria e dura. Logo, a adequada consistência da manteiga ou da margarina é especialmente importante na confecção do *croissant* e do folhado dinamarquês.

Croissants. Segundo Raymond Calvel, o *croissant* fez sucesso pela primeira vez na Feira Mundial de Paris de 1889. Na época, foi apresentado entre os diversos *Wienerbrod* ou pães de Viena, trazidos da cidade que mais se especializava na confecção de massas ricas e doces. Os *croissants* originais eram pães ricos, levedados com fermento biológico e moldados na forma de uma lua crescente. Foi só na década de 1920 que os padeiros de Paris tiveram a ideia de fazê-los com uma massa folhada, criando um alimento maravilhoso, ao mesmo tempo leve e denso, úmido, rico e macio.

A massa de *croissant*, firme mas maleável, é preparada com farinha, leite e fermento biológico minimamente sovados; a proporção de líquido é de 50-70 partes para 100 partes de farinha. Pode-se acrescentar um pouco de manteiga à massa durante a mistura para torná-la mais fácil de abrir. Em outras épocas, deixava-se a massa crescer por seis ou sete horas; hoje em dia, esse período foi reduzido para cerca de uma hora. Quanto mais tempo se reserva para a fermentação, mais completo será o sabor e mais leve será o *croissant* quando pronto. Em seguida, a massa é colocada na geladeira; depois, é aberta, coberta com uma camada de manteiga ou margarina e repetidamente dobrada, aberta e refrigerada, como se faz com a massa folhada; é dobrada de quatro a seis vezes. A massa terminada é aberta à espessura de cerca de 6 mm e cortada em triângulos, os quais são enrolados. Por fim, os *croissants* são postos para crescer por mais uma hora em temperatura fresca o suficiente para que a gordura não derreta. Quando o *croissant* é assado, as camadas exteriores de massa se expandem e secam, formando folhas que descamam, semelhantes às da massa folhada. Ao mesmo tempo, as camadas interiores permanecem úmidas e se transformam em delicadíssimas lâminas de pão, translúcidas e crivadas de minúsculas bolhinhas.

Folhado dinamarquês. Os folhados que os norte-americanos chamam *danish*, e que neste livro foram chamados de folhados dinamarqueses, também se originaram em Viena, mas foram introduzidos nos Estados Unidos via Copenhague. No século XIX, padeiros dinamarqueses se apropriaram de uma massa de pão vienense enriquecida e acrescentaram-lhe ainda mais camadas de manteiga, fazendo um pão mais leve e crocante que o original. Também usaram a massa para envolver vários tipos de recheio, especialmente aquele chamado *remonce* (manteiga batida com açúcar e, no mais das vezes, amêndoas). O método de confecção do folhado dinamarquês é essencialmente igual ao do *croissant*. A massa inicial é mais úmida e mais macia e inclui açúcar e ovos; por isso também é mais doce, mais rica e nitidamente amarela. Mas não é posta para crescer logo depois de misturada. Uma quantidade maior de manteiga ou margarina é usada para a laminação e a massa só pode ser dobrada três vezes, de modo que as lâminas são mais grossas e em menor número. A massa de folhado dinamarquês é frequentemente usada como recipiente para recheios doces ou ricos; pode também ser aberta, coberta com uma mistura de frutos secos, uvas-passas e açúcar aromatizado, enrolada e cortada em fatias espiraladas. Uma vez moldado o produto final, permite-se que ele cresça até dobrar de volume (sempre numa temperatura em que a gordura permaneça sólida); só então ele é assado.

MASSAS À BASE DE GORDURA SALGADAS E MACIAS: *PÂTE À PÂTÉ* OU MASSA FEITA COM ÁGUA QUENTE

A *pâte à pâté* é diferente das demais massas à base de gordura. Na Idade Média, tinha a finalidade de proporcionar um recipiente resistente para pratos de carne que deveriam conservar-se por certo tempo (p. 623). Hoje, é usada para envolver patês de carne, para fazer tortas de carne e, às vezes, como alternativa à massa folhada que envolve a carne no filé Wellington e o salmão no *coulibiac*. É fácil de abrir e moldar, e retém os sucos liberados durante a cocção, mas não deixa de ser fácil de cortar à faca e macia para mastigar. É feita com quantidade relativamente grande de água – 50 partes para 100 de farinha – e cerca de 35 partes de banha suína. A água e a banha são aquecidas juntas a quase 100 °C e então é acrescentada a farinha. A mistura é mexida até formar uma massa homogênea e posta para descansar. A grande proporção de gordura limita o desenvolvimento do glúten, proporcionando maciez, e também colabora para tornar a massa relativamente impermeável à água, de modo a reter os sucos do recheio. Essa pré-cocção promove o inchaço e a gelificação de parte do amido da farinha, que absorve água e dá à massa uma consistência espessa e moldável em lugar da estrutura elástica característica do glúten.

BISCOITOS E BOLACHAS

Os biscoitos e bolachas comuns fazem parte dos prazeres simples da vida, mas o microcosmo de todos eles é um resumo da arte do padeiro e do confeiteiro. Os biscoitos e bolachas englobam todos os tipos de massas assadas pequenas e doces: massas diversas à base de gordura, folhados, *wafers*, amanteigados, pão de ló, *biscuits*, merengues, *nougats* etc. O termo inglês *cookie*, que designa este tipo de alimento, vem de uma palavra que significava "bolinho" no holandês medieval. O equivalente francês desse termo é *petits fours*, "forninhos", e o alemão *klein Gebäck* significa mais ou menos a mesma coisa. O pequeno tamanho e as infinitas possibilidades de moldagem, sabor e ornamentação resultaram numa imensa diversidade de biscoitinhos, muitos dos quais foram desenvolvidos pelos franceses e batizados segundo o mesmo espírito que nos brindou com os macarrões italianos chamados (em sua língua original) "borboletas", "minhoquinhas" e "enforca-padres": daí os biscoitos denominados línguas de gato, cigarros-russos, óculos e orelhas de nero.

OS INGREDIENTES E TEXTURAS DOS BISCOITOS E BOLACHAS

A maioria dos biscoitos e bolachas são doces e ricos, com proporções substanciais de açúcar e gordura. Também são macios, graças ao uso de ingredientes, proporções e técnicas de mistura que minimizam a formação da rede de glúten. Por outro lado, podem ser secos ou úmidos, crocantes ou moles; podem esfarelar ou descamar depois de assados. Essa diversidade de texturas nasce de uns poucos ingredientes e dos diferentes modos pelos quais estes podem ser combinados.

Farinha. A maioria dos biscoitos e bolachas são feitos com farinha especial para massa à base de gordura ou farinha multiuso; tanto a farinha de pão quanto a farinha de bolo, por sua vez, produzem massas firmes e líquidas que se espalham menos na assadeira (graças à maior proporção de glúten e de amido, respectivamente). Uma proporção alta de farinha em relação à água, característica dos biscoitos amanteigados e daqueles feitos com massa à base de gordura, limita tanto o desenvolvimento do glúten quanto a gelificação do amido – em alguns biscoitos e bolachas secos, somente 20% do amido é gelificado – e produz textura farelenta. Uma proporção alta de água em relação à farinha, característica dos biscoitos feitos com massa líquida, dilui as proteínas do glúten, permite a extensa gelificação do amido e produz quer uma textura macia, semelhante à de um bolo, quer uma textura aerada e crocante, dependendo do método de feitura e da quantidade de umidade perdida durante o forneamento. Para massas que precisam conservar sua forma durante o assado – abertas com rolo e recortadas com molde – é necessário um alto teor de farinha e um certo desenvolvimento do glúten. Para dar certa solidez às massas líquidas, o cozinheiro as coloca na geladeira; para lhes dar forma, passa-as por um saco de confeitar ou coloca-as em forminhas.

Uma massa-base mais grossa e mais frágil pode ser criada substituindo toda ou quase toda a farinha por sementes oleaginosas moídas, como nos *macarons* clássicos, feitos somente com clara de ovo, açúcar e amêndoas.

Açúcar. O açúcar dá várias contribuições à estrutura e à textura dos biscoitos e bolachas. Quando batido com a gordura ou os ovos, introduz bolhas de ar na mistura e torna a textura mais leve. Compete com o amido pela absorção de água e eleva a temperatura de gelificação, que chega quase a 100 °C; aumenta, assim, a dureza e a crocância. Uma proporção alta de puro açúcar de mesa, sacarose, colabora de outra maneira para deixar duros os biscoitos e bolachas. A proporção de açúcar em certas massas é tão alta que só metade desse açúcar se dissolve na limitada umidade disponível. Quando a massa esquenta no forno, possibilita-se a dissolução de um pouco mais de açúcar, e esse acréscimo de líquido faz com que o biscoito ou bolacha amacie e se espalhe. Quando ele esfria, parte do açúcar torna a cristalizar; e o biscoito ou bolacha, inicialmente macio, desenvolve ao longo de um ou dois dias uma crocância característica. Outras formas de açúcar – mel, melado, xarope de milho – tendem antes a absorver água que a cristalizar (capítulo 12), de modo que, aquecidos, formam uma calda que permeia o biscoito ou a bolacha, ajuda-os a se espalhar pela assadeira e adquire firmeza quando fria, tornando o produto úmido e resistente.

Ovos. Os ovos geralmente proporcionam a maior parte da água presente na massa de biscoito ou bolacha, além de proteínas que ajudam a agregar as partículas de farinha e se coagulam durante o forneamento, dando solidez ao preparado. A gordura e os emulsificantes da gema enriquecem e umedecem a massa. Quanto mais alta a proporção de ovos ou gemas na receita, mais semelhante a um bolo será a textura do resultado.

Gordura. A gordura proporciona riqueza, umidade e flexibilidade. Ao derreter durante o assado, ela lubrifica as partículas sólidas de farinha e açúcar e torna o biscoito ou bolacha mais fino, fazendo-o se espalhar sobre a assadeira – qualidade que às vezes é desejável, às vezes não. A manteiga, que derrete em temperatura inferior à da gordura vegetal hidrogenada, permite que os biscoitos e bolachas se espalhem por mais tempo na assadeira antes de a proteína e o amido se solidificarem. A manteiga contém cerca de 15% de água e é a única ou principal fonte de umidade em receitas que levam poucos ovos, como as de biscoitos amanteigados e biscoitos de chá.

Bolhas de ar ou dióxido de carbono. As bolhas de ar ou o dióxido de carbono ajudam a tornar os biscoitos mais macios e a fazê-los crescer. Muitos biscoitos não são fermentados, mas crescem pela ação das bolhas de ar incorporadas à massa quando do batimento do açúcar com a gordura ou os ovos. Algumas massas são suplementadas com fermento químico. O bicarbonato de sódio pode ser usado quando a massa inclui ingredientes ácidos como mel, açúcar mascavo e farinha especial para bolos.

CONFECÇÃO E CONSERVAÇÃO DE BISCOITOS E BOLACHAS

Os modos de preparação de biscoitos e bolachas são ainda mais diversos que os de preparação de bolos e massas à base de gordura. As categorias convencionais nos Estados Unidos são as seguintes:

- *Biscoitos de colher*, formados de uma massa macia distribuída às colheradas sobre a assadeira, onde se espalham durante a cocção. São exemplos os típicos *cookies* americanos com lascas de chocolate ou feitos de mingau de aveia.
- *Biscoitos e bolachas de cortar*, formados de uma massa mais rígida, que conserva sua forma. A massa é aberta com rolo e repartida com um molde para cortar biscoitos ou bolachas; e o forneamento os endurece em sua forma original. São exemplos as bolachas de açúcar e os biscoitos amanteigados.
- *Biscoitos moldados à mão*, formados por uma massa enrijecida por resfriamento e cuidadosamente moldada à mão antes de ser assada. São exemplos o biscoito champanhe e as madalenas.
- *Biscoitos em barra*, formados depois de assados. São cortados da massa semelhante a um bolo produzida quando a massa é assada numa assadeira rasa. São exemplos os *brownies* e as barras de tâmaras, frutos secos e cereais.
- *Biscoitos e bolachas de geladeira*, formados pela secção em fatias de um cilindro de massa pré-preparada e conservada em geladeira. Muitas massas de biscoitos e bolachas podem ser tratadas deste modo.

Graças a seu pequeno tamanho, finura e alto teor de açúcar, os biscoitos e bolachas doces escurecem rapidamente no forno. A parte de baixo e as bordas laterais podem escurecer demais enquanto a parte do meio termina de assar, problema este que pode ser minimizado pela redução da temperatura do forno e pelo uso de assadeiras claras que reflitam o calor radiante em vez de peças escuras que o absorvam. Um tempo inferior de assado produz textura mais úmida e macia. Muitos biscoitos e bolachas são maleáveis imediatamente depois de assados; por isso os finos *wafers* podem ser moldados pelo cozinheiro na forma de taças, flores, cilindros ocos e telhas coloniais, formas essas que são preservadas quando os biscoitos esfriam.

Algumas massas firmes e líquidas para biscoitos e bolachas: ingredientes e proporções típicas

Biscoito ou bolacha	Farinha	Total de água	Ovos	Manteiga	Açúcar	Fermento químico
Biscoitos amanteigados (friáveis)	100	15	–	100	33	–
Biscotti (crocantes depois de secos)	100	35	45	–	60	sim
Cookies americanos com lascas de chocolate (semelhantes a bolo)	100	38	33	85	100	sim
Tuiles, wafers (quebradiços)	100	80	80	50	135	–
Massas à base de gordura						
Brisée: sablés (friáveis)	100	25	22	50	50	–
Folhada: *palmiers* (flocados)	100	35	–	75	(cobertura)	–
Massas líquidas feitas com manteiga batida						
Biscoitos de chá (friáveis)	100	25	18 (claras)	70	45	–
Línguas de gato (delicados, quebradiços)	100	90	100	100	100	–
Cigarros-russos (finos, quebradiços)	100	180	180 (claras)	140	180	–
Massas de pão de ló						
Biscoitos champanhe (leves, secos)	100	150	200	–	100	–
Madalenas (macios, úmidos, semelhantes a bolo)	100	145	170	110	110	(sim)

Com seu baixo teor de água, os biscoitos e as bolachas são especialmente tendentes a perder suas qualidades de textura durante a estocagem. Bolachas secas e quebradiças absorvem a umidade do ar e se tornam moles; biscoitos úmidos e macios secam e endurecem. Assim, o melhor é conservar esses alimentos em recipientes hermeticamente fechados. Por conterem pouca umidade e muito açúcar, eles são inóspitos para os microrganismos e se conservam bem.

MACARRÃO E BOLINHOS COZIDOS POR IMERSÃO EM ÁGUA FERVENTE

Um dos preparados mais simples feitos com farinha de cereais nos deu um dos alimentos mais populares do mundo: o macarrão. A palavra *pasta*, que designa o macarrão em inglês, é originalmente italiana e significa "pasta" ou "massa"; e o macarrão nada mais é que farinha e água combinadas para formar uma massa semelhante à argila, que é moldada em pedaços pequenos e/ou finos e fervida em água – não assada como a maioria das outras massas. Outro termo inglês que designa o macarrão, *noodle*, vem da palavra alemã que dá nome ao mesmo preparado e, no contexto da língua inglesa, geralmente se refere a macarrões criados fora da tradição italiana*. Os segredos do fascínio do macarrão são sua textura úmida, fina e substanciosa e seu sabor neutro, que o torna excelente acompanhamento para uma imensa variedade de outros ingredientes.

Duas culturas exploraram cabalmente as possibilidades das massas de cereais cozidas por imersão em água: a Itália e a China. Suas descobertas foram diferentes e complementares. Na Itália, a disponibilidade do trigo *durum* rico em glúten possibilitou o desenvolvimento de macarrões fortes e proteicos, que podem ser secos e estocados indefinidamente, se prestam por natureza à manufatura industrial e podem ser moldados numa miríade de formas curiosas. Os italianos também refinaram a arte de fazer macarrão fresco com farinha de trigo mole e desenvolveram todo um ramo da culinária que tem no macarrão seu ingrediente principal. Sua associação de substância e maciez serve de base para molhos saborosos – geralmente, em quantidade apenas suficiente para revestir a superfície – e recheios idem. Na China, onde predominavam os trigos macios com baixo teor de glúten, os cozinheiros dedicaram-se quase exclusivamente a desenvolver macarrões simples e compridos e envoltórios finos. Essas massas são preparadas à mão, às vezes com grandes demonstrações de destreza e poucos instantes antes da cocção; e os resultados, macios e escorregadios, são servidos quase sempre mergulhados em grandes porções de um caldo ralo. O mais notável é que os cozinheiros chineses descobriram maneiras de fazer macarrão com os mais diversos materiais, entre os quais outros cereais e até mesmo o amido puro de leguminosas e tubérculos.

A HISTÓRIA DO MACARRÃO

Já se contou muitas vezes, e outras tantas se refutou, a história de que o viajante italiano Marco Polo conheceu o macarrão na China e o introduziu na Itália. Um livro recente de Silvano Serventi e Françoise Sabban corrigiu essa informação de modo definitivo, com fascinantes detalhes. A China foi, de fato, o primeiro país a desenvolver a arte de fazer macarrão, mas já havia macarrões no mundo mediterrâneo muito antes de Marco Polo.

O macarrão na China. Apesar de o trigo ter sido introduzido na região do Mediterrâneo muito antes de chegar à China, os chineses do norte parecem ter sido os primeiros a desenvolver a arte de fazer macarrão, algum tempo antes de 200 a.C. Por volta de 300 d.C., Shu Xi compôs uma ode aos produtos do trigo (*bing*) que distingue pelo nome vários tipos de macarrões e bo-

---

* Nesta edição brasileira, todos esses preparados serão designados pelo nome "macarrão". (N. do T.)

linhos cozidos por imersão, descreve seu processo de feitura e sugere suas voluptuosas qualidades: os poetas frequentemente comparavam a aparência e a textura do macarrão às da seda (ver quadro abaixo). No ano 544, um tratado agrícola intitulado *Important Arts for the People's Welfare* [Artes importantes para o bem-estar do povo] dedicou um capítulo inteiro aos produtos feitos com massas. Aí incluíam-se não somente várias formas de macarrão de trigo (a maioria feita com farinha e caldo de carne e uma feita com farinha e ovos), mas também macarrões de farinha de arroz e até mesmo de puro amido (p. 643).

A China também inventou o macarrão recheado – o ravioli original –, em que a massa envolve outros ingredientes. Tanto o *hundun* ou *wonton*, pequeno, fino e delicado e atualmente servido nas sopas do sul da China, como o *chiao-tzu*, mais grosso e frequentemente cozido no vapor ou frito na região norte, são mencionados em textos anteriores a 700 d.C., e os arqueólogos encontraram espécimes bem preservados que datam do século IX. No decorrer dos séculos seguintes, há receitas que descrevem a confecção de macarrões estreitos mediante o corte de uma folha de massa enrolada ou o processo de puxar e dobrar reiteradamente uma corda de massa; e as próprias massas eram feitas com os mais diversos líquidos, entre os quais sucos de rabanetes e verduras, purês de hortaliças, suco de camarão cru (que dá ao macarrão uma cor rosada) e sangue de carneiro.

O macarrão – *mian* ou *mein* – e os bolinhos recheados cozidos por imersão surgiram no norte da China como iguarias reservadas à classe dirigente. Aos poucos foram se tornando alimentos essenciais da classe trabalhadora, embora os bolinhos cozidos por imersão tenham conservado uma aura de sinal de prosperidade; e che-

---

Macarrões e bolinhos cozidos por imersão na China antiga

A farinha peneirada duas vezes,
Pó branco de neve esvoaçante,
Nu'a massa elástica e pegajosa
Sovada com água ou caldo, torna-se brilhante.
[...]
Então, põe-se a água para ferver sobre o fogo.
Esperando que suba o vapor,
Puxamos para cima a barra de nossos mantos, arregaçamos as mangas
E sovamos, moldamos, alisamos e esticamos.
Por fim, a massa se desprende de nossos dedos;
Sob a palma da mão, abre-se perfeitamente em todas as direções
E, sem solução de continuidade em nossa ânsia de completar o trabalho,
As estrelas se separam e cai o granizo.
Na cesta, nenhum respingo de recheio;
No *bing*, nenhum vestígio de massa a mais.
Perfeitamente alinhada, imensamente bela,
Sem quebras nem emendas, a massa é finíssima.
Ela quase se rompe, permitindo-nos adivinhar o recheio ali oculto.
Macia como fios de seda na primavera,
Branca como a seda de outono, cozida no tempo exato.

– Shu Xi, "Ode ao *Bing*", c. 300 d.C., trad. inglesa de Antony Shugaar

garam ao sul do país cerca do século XII. O macarrão foi aceito no Japão por volta dos séculos VII ou VIII, e nesse país também foram desenvolvidos diversos tipos de men (p. 643).

O macarrão no Oriente Médio e no Mediterrâneo. Muito a oeste da China, na terra natal do trigo, os primeiros indícios da existência de preparados semelhantes ao macarrão datam do século VI d.C. Um texto sírio do século IX dá o nome árabe *itriya* (que redundou no português "aletria") a um preparado de massa de semolina moldada em fios finos e seca. Na Paris do século XI mencionam-se os *vermicelli* ou "vermezinhos". No século XII – cerca de 200 anos antes das viagens de Marco Polo – o geógrafo árabe Idrisi relatou que os sicilianos fabricavam e exportavam *itriya*. O termo italiano *macaroni* surgiu no século XIII e era aplicado a várias formas de massa, desde as achatadas até as encaroçadas. Os cozinheiros medievais faziam alguns macarrões de massa fermentada; cozinhavam o macarrão por uma hora ou mais até deixá-lo muito úmido e macio; frequentemente combinavam-no com queijo; e usavam-no para envolver recheios.

A evolução do macarrão na época pós-medieval ocorreu principalmente na Itália. Os fabricantes de macarrão formaram guildas. Em toda a Itália, criaram macarrões de farinha de trigo mole; no sul e na Sicília, desenvolveram macarrões de semolina de trigo *durum*. Desenvolveram ainda o preparado característico chamado *pastasciutta* ou "massa seca": o macarrão servido como elemento principal do prato, umedecido com molho mas não mergulhado neste, nem tampouco disperso numa sopa ou ensopado. Com seu clima ideal para a secagem do macarrão, processo espinhoso que demorava de uma a quatro semanas, a cidade de Nápoles se tornou o polo principal de fabricação da massa de trigo *durum*.

Graças à mecanização da sova e da extrusão, já no século XVIII os macarrões de trigo *durum* haviam se tornado comida de rua em Nápoles e eram populares em boa parte da Itália. Talvez porque os vendedores de rua apressassem o cozimento e os consumidores gostassem de mastigar um alimento mais substancioso, foi em Nápoles que as pessoas começaram a preferir macarrão cozido não por algumas horas, mas por alguns minutos, de modo a conservar certa firmeza. Esse hábito se espalhou pelo país no final do século XIX e o termo *al dente* surgiu depois da Primeira Guerra Mundial. As décadas subsequentes assistiram ao desenvolvimento de processos eficientes de secagem artificial e à criação dos conhecimentos e mecanismos necessários para transformar a fabricação de macarrão, de um procedimento artesanal e

---

Macarrão, queijo e vinho para todo o sempre

Na época do grande prosador Giovanni Boccaccio, que morreu em 1375, o macarrão já era suficientemente conhecido na Itália para fazer parte do paraíso de um glutão:

> num país chamado Bengodi [...] havia uma montanha inteira feita de queijo parmesão ralado, sobre a qual viviam pessoas que nada faziam exceto fabricar *macaroni* e *ravioli* e cozinhá-los em caldo de frango. E atiravam esses alimentos lá de cima; e, quanto mais se consumisse deles, mais se tinha. E ali perto corria um ribeirão de vinho branco do qual jamais se viu igual, sem mistura de uma única gota-d'água.

– *Decamerão*, 8º dia, conto 3

segmentado, num processo industrial e contínuo. Hoje em dia, a massa seca de trigo *durum* é fabricada em escala industrial em muitos países. Além disso, os modernos tratamentos térmicos e embalagens a vácuo propiciaram a conservação da massa fresca por várias semanas em geladeira.

Em décadas recentes, voltaram à voga na Itália as manufaturas de pequena escala que trabalham com variedades selecionadas de trigo, as antiquadas extrusoras que produzem uma superfície áspera e capaz de reter o molho e a secagem prolongada em temperatura amena, que, segundo se diz, gera um sabor mais refinado.

A CONFECÇÃO DA MASSA DE MACARRÃO

Ingredientes e métodos básicos. O objetivo da confecção da massa de macarrão é transformar partículas secas de farinha numa pasta coesa que seja maleável suficiente para moldar em tiras finas, mas ao mesmo tempo forte o bastante para não se desmanchar durante a cocção. Usando farinha de trigo, a coesão é fornecida pelas proteínas do glúten. O trigo *durum* tem a vantagem de conter muita proteína e de fornecer um glúten menos elástico que o do trigo para pão, sendo, portanto, mais fácil de abrir com rolo. A água geralmente compõe cerca de 30% do peso da massa de macarrão, diante dos 40% ou mais que caracterizam as massas de pão.

Depois de os ingredientes serem misturados e rapidamente sovados, constituindo um conjunto homogêneo mas rígido, a massa de macarrão é posta para descansar. Durante esse período, as partículas de farinha absorvem a água e a rede de glúten se desenvolve. Com o tempo, a massa vai se tornando nitidamente mais fácil de trabalhar e o macarrão terminado não tem consistência farelenta, mas sim coesa. Então, a massa é aberta suave mas repetidamente, de modo a formar uma lâmina cada vez mais fina. Esse processo gradual expulsa as bolhas de ar que enfraquecem a estrutura e organiza a rede de glúten, não só comprimindo e alinhando as fibras proteicas como também espalhando-as, de tal modo que a massa possa ser esticada sem voltar imediatamente à forma anterior.

Massa com ovos e massa fresca. O macarrão feito com farinha de trigo para pão e ovos é o predileto em boa parte da Europa Setentrional, e a maioria das massas frescas vendidas nos Estados Unidos são desse tipo. O ovo cumpre duas funções na massa de macarrão. A primeira é intensificar a cor e acrescentar riqueza. Neste caso, o principal fator são as gemas, que podem ser usadas sem as claras; a gordura nelas presente também torna a massa mais delicada e o macarrão, mais macio. A segunda função é fornecer mais proteínas para as farinhas de baixo teor proteico usadas quer na produção caseira, quer na industrial. As proteínas da clara tornam a massa e o macarrão mais coesos e firmes, reduzem a gelificação dos grânulos de amido e diminuem as perdas devidas à cocção. Nos macarrões comercializados nos Estados Unidos, o ovo (seco) representa 5-10% do peso da farinha. Na Itália, na Alsácia, na Alemanha e nas massas especiais e caseiras vendidas nos Estados Unidos, usam-se ovos frescos em proporção mais alta. Às vezes ocorre de os ovos serem a única fonte de água na massa. Alguns macarrões da região do Piemonte, no noroeste da Itália, contêm até 40 gemas por quilo de farinha.

Para fazer massa de macarrão com ovos, os ingredientes são misturados numa proporção que forneça uma massa muito firme; esta é sovada até homogeneizar e é posta para descansar; em seguida, é aberta e cortada nos formatos desejados. A massa fresca é perecível e, quando contém ovos, corre ligeiro risco de contaminação pela salmonela; deve ser cozida imediatamente ou, caso contrário, embalada e refrigerada. A secagem prolongada em temperatura ambiente, na cozinha, pode permitir que os microrganismos se multipliquem perigosamente. A massa fresca cozinha rapidamente, em alguns segundos ou minutos dependendo de sua espessura.

Massa de trigo *durum* **(*grano duro*).** As massas italianas convencionais, assim como as massas de tipo italiano fabricadas pelo mundo afora, são feitas com farinha de trigo *durum**, com sabor característico, agradável cor amarela e abundante teor proteico. O macarrão de *grano duro* quase nunca leva ovos em sua composição. As proteínas do glúten dão ao macarrão seco um interior duro e vítreo; durante a cocção, diminuem a perda de proteínas e amido por dissolução e garantem a firmeza do macarrão pronto.

A confecção da massa e os formatos do macarrão de trigo durum. O macarrão de trigo *durum* é feito de *semolina*, ou seja, endosperma moído em partículas caracteristicamente grandes, entre 0,15 e 0,5 mm de diâmetro; esse tamanho se deve à dureza do endosperma do trigo *durum* (uma moagem mais fina causaria excessivo dano aos grânulos de amido). Os macarrões de formato achatado são cortados de uma lâmina de massa. Os macarrões compridos e os curtos e grossos são extrudados em alta pressão. O movimento, a pressão e o calor da extrusão modificam a estrutura da massa, rompendo a rede proteica, misturando-a melhor com os grânulos de amido parcialmente gelificados pelo calor e pela pressão e permitindo que as ligações proteicas rompidas se restabeleçam e estabilizem a nova rede assim formada. Os macarrões feitos nas modernas extrusoras revestidas de teflon, de baixo atrito, têm a superfície mais lisa e sedosa, com menos poros e fissuras através dos quais a água quente possa penetrar e o amido dissolvido, sair. Geralmente perdem menos amido na água de cocção, absorvem menos água e, portanto, têm textura mais firme que o mesmo macarrão passado por uma extrusora tradicional de bronze. Os adeptos das extrusoras tradicionais preferem a superfície mais áspera, que, segundo eles, retém melhor o molho no prato terminado.

---

* No Brasil, por obrigatória imposição legal. (N. do R. T.)

A secagem da massa de trigo durum. Antes da invenção dos secadores mecânicos, os fabricantes secavam o macarrão em temperatura e umidade ambientes por dias ou semanas. Os primeiros secadores industriais operavam a 40-60 °C e levavam cerca de um dia para cumprir sua função. A secagem moderna não demora mais que duas a cinco horas e envolve uma rápida pré-secagem a 84 °C ou mesmo em temperatura mais alta, e depois períodos mais prolongados de secagem e repouso. O moderno método de alta temperatura desativa rapidamente as enzimas capazes de destruir as xantofilas amarelas e tornar o macarrão marrom; além disso, estimula o estabelecimento de interligações entre as proteínas do glúten e produz um macarrão que, depois de cozido, é mais firme e menos pegajoso. Entretanto, os adeptos da secagem lenta também afirmam que o calor piora o sabor.

A COCÇÃO DO MACARRÃO

Quando o macarrão é cozido, a rede proteica e os grânulos de amido absorvem água e se expandem; a camada proteica exterior se rompe e o amido dissolvido escapa para o líquido de cocção. No centro da massa há pouca água disponível, de modo que os grânulos de amido não se rompem totalmente: o centro do macarrão, portanto, permanece mais intacto que a superfície. A cocção do macarrão *al dente* é interrompida quando o centro do macarrão ainda não chegou ao ponto e oferece alguma resistência à mastigação; a essa altura, a superfície do macarrão contém entre 80 e 90% de água e o centro, entre 40 e 60% (um pouco mais úmido que um pão recém-assado). Às vezes, o macarrão é cozido até um pouco antes de chegar a esse ponto e terminado no molho que o acompanhará.

A água da cocção. Geralmente se recomenda que o macarrão seja cozido num peso pelo menos 10 vezes maior de água em vigorosa ebulição (cerca de 5 l de água para 500 g de massa). Isso permite que a massa absorva de 1,6 a 1,8 vez seu próprio peso em água e ainda reste água mais que suficiente para diluir o amido que escapa durante a cocção e para separar os macarrões uns dos outros, de modo que eles possam cozinhar todos por igual, sem grudar. A água "dura" – alcalina, com elevado teor de íons de cálcio e magnésio – aumenta tanto as perdas durante a cocção quanto a aderência do macarrão (provavelmente enfraquece a lâmina de proteína e amido na superfície do macarrão, e os íons atuam como uma cola que gruda os fios de massa). A maior parte da água de torneira disponível das cidades é alcalinizada para reduzir a corrosão dos canos; por isso a água em que se cozinha macarrão pode ser aprimorada pelo acréscimo de alguma forma de ácido (sumo de limão, cremor de tártaro, ácido cítrico) a fim de que o pH permaneça próximo de 6, ou seja, levemente ácido.

Aderência. Os macarrões grudam quando se permite que encostem uns nos outros nos primeiros instantes de cocção. Suas superfícies secas absorvem a pequena quantidade de água entre elas e não deixam água alguma que as lubrifique; assim, o amido superficial parcialmente gelificado gruda os macarrões. Para evitar essa aderência, o macarrão deve ser mexido constantemente nos primeiros minutos de cocção; além disso, podem-se acrescentar uma ou duas colheres de óleo ao líquido e levantar os macarrões com um garfo através da superfície da água, para lubrificá-los. O sal na água de cocção não só dá sabor ao macarrão como também limita a gelificação do amido e, desse modo, diminui as perdas e reduz a aderência.

A aderência pós-cocção é causada pelo amido superficial que seca, esfria e desenvolve consistência pegajosa depois de o macarrão ter sido escorrido. Para minimizá-la, pode-se lavar o macarrão escorrido ou umedecê-lo com molho, água de cocção fria, óleo ou manteiga.

CUSCUZ, BOLINHOS COZIDOS POR IMERSÃO, *SPATZLE*, NHOQUE

Cuscuz. O cuscuz é uma massa simples e elegante que parece ter sido inventada pelos bérberes do norte da Argélia e do Mar-

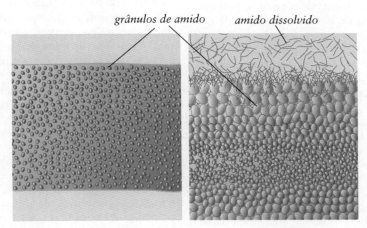

A cocção do macarrão. À esquerda: *a massa de macarrão crua consiste em grânulos de amido crus embutidos numa matriz de glúten.* À direita: *quando o macarrão é cozido, os grânulos de amido situados na superfície ou logo abaixo dela absorvem água, incham e liberam algum amido dissolvido no líquido de cocção. No macarrão al dente, a água quente penetra até o centro da massa, mas os grânulos de amido ali situados absorvem-na em quantidade relativamente pequena, de modo que a matriz de amido e glúten permanece firme.*

rocos entre os séculos XI e XIII. Continua sendo um dos alimentos básicos de toda a África do Norte, do Oriente Médio e da Sicília. Em sua forma tradicional, o cuscuz é feito borrifando água salgada sobre uma vasilha que contenha farinha de trigo integral e mexendo a farinha com os dedos a fim de constituir pequenas porções de massa. As porções são esfregadas entre as mãos e passadas na peneira a fim de se obterem grânulos de tamanho uniforme, geralmente entre 1 e 3 mm de diâmetro. Não há sova e, portanto, não há desenvolvimento do glúten. Por isso essa técnica suave pode ser – e é – usada também com farinhas de muitos outros cereais. Os grânulos de cuscuz são pequenos suficiente para serem cozidos no vapor (tradicionalmente, sobre o ensopado aromático que vão acompanhar), o que lhes permite desenvolver uma textura singularmente leve e delicada. O cuscuz atinge sua melhor forma quando é umedecido por um molho ralo que se espalhe facilmente sobre a grande área superficial dos grânulos.

O cuscuz "israelense" ou "graúdo" é, na verdade, uma massa extrudada inventada em Israel na década de 1950. É feita de massa de farinha de trigo duro moldada em bolinhas de alguns milímetros de diâmetro e ligeiramente tostada no forno para aprofundar o sabor. É cozida e servida de modo análogo ao arroz ou ao macarrão*.

Bolinhos cozidos por imersão e *spatzle*. Os bolinhos cozidos por imersão e o *spatzle* (palavra que, no dialeto bávaro, significa "torrão" e não "pardal", como se costuma dizer) são essencialmente porções informes de massa firme ou líquida lançadas numa panela de água fervente, cozidas e servidas num ensopado ou braseado ou, ainda, salteadas para acompanhar um prato de carne. Ao contrário da massa de macarrão, a massa dos bolinhos cozidos é minimamente sovada para aumentar ao máximo a maciez e para que se introduzam nela alguns bolsões de ar, que lhe dão leveza. O progresso da cocção é julgado pela posição do bolinho ou da massa de *spatzle* na panela: quando sobe à superfície, é porque está quase pronta; mais um minuto e pode ser retirada com escumadeira. Essa tendência de subir com a cocção é devida à expansão dos bolsões de ar dentro da massa, que se enchem de vapor-d'água à medida que o bolinho se aproxima de 100 °C e tornam a massa menos densa que a água circundante.

Nhoque. O nhoque – palavra vinda do italiano *gnocchi*, que significa "torrões" ou "pedaços" – surgiu no século XIV. De início, eram simples bolinhos cozidos por imersão, feitos de farinha ou migalhas de pão. (O nhoque romano ainda é feito de quadrados de massa de semolina com leite, cortados e cozidos.) Porém, com a chegada da batata do Novo Mundo, os cozinheiros italianos deram ao nhoque uma textura atipicamente leve. A amidosa polpa da batata tornou-se o ingrediente principal; acrescenta-se farinha apenas suficiente para absorver a umidade e proporcionar o glúten necessário para dar maleabilidade e coesão à massa. Às vezes se acrescentam ovos para dar liga e proporcionar a riqueza da gema, embora eles confiram à massa uma qualidade elástica. Preferem-se as batatas velhas de variedades farinhentas, que contêm menos água e mais amido. Com isso, é necessário menos farinha para fazer a massa, a quantidade de glúten é menor e os pedacinhos resultam mais macios. As batatas são cozidas, descascadas e imediatamente espremidas para permitir a máxima evaporação de umidade; depois, são esfriadas ou mesmo resfriadas em geladeira e transformadas numa massa com a quantidade necessária de farinha, geral-

---

* Há também uma forma de cuscuz especificamente brasileira, que muito se diferencia do cuscuz original magrebino. Este, bem como seu método de cocção, foram trazidos para o Brasil pelos escravos africanos, que adaptaram tanto a substância do alimento quanto o procedimento de preparo à farinha então disponível no Novo Mundo, feita do milho nativo. Em alguns casos, o prato é regado com líquidos: o cuscuz nordestino é regado com leite de coco; o paulista é preparado de maneira diferente, com o fundo de cozimento sendo misturado à farinha de milho durante a cocção. (N. do R. T.)

mente menos de 120 g para meio quilo de batatas. A massa é moldada na forma de uma corda fina e cortada em pedacinhos; estes são moldados e fervidos até subirem à superfície da água. No nhoque, a batata pode ser substituída por outras hortaliças amidosas ou por ricota.

MACARRÕES E BOLINHOS ASIÁTICOS FEITOS DE TRIGO

A Ásia produz duas famílias de macarrões muito diferentes entre si. Os macarrões de amido serão descritos adiante. Os macarrões de trigo – o *mian* chinês – têm alguma semelhança com os macarrões europeus feitos de trigo para pão. Em regra, são feitos com farinhas de teor proteico baixo ou moderado. Não são formados por extrusão, mas por abertura e corte da massa, ou por esticamento desta. A forma mais espetacular de produção é a do macarrão de Xangai esticado à mão (*la mian*). O cozinheiro começa com um pedaço grande de massa; segurando-o de um lado e de outro com as mãos, balança-o, torce-o e o estica até o comprimento de seus braços abertos; então, une as extremidades da massa, passando a segurar dois fios em vez de um – e repete o processo inteiro até onze vezes para obter até 4.096 macarrões finos! O macarrão asiático é elástico e macio. Sua textura é criada pelo glúten fraco e pelos grânulos de amido ricos em amilopectina. O sal, que geralmente representa 2% do peso total da massa, é ingrediente importante nos macarrões asiáticos. Ele reforça a rede de glúten e estabiliza os grânulos de amido, mantendo-os intactos mesmo enquanto absorvem água e incham.

Macarrão e bolinhos de trigo chineses

Macarrão branco e macarrão amarelo. O macarrão branco salgado surgiu no norte da China e hoje é conhecido sobretudo em sua versão japonesa, chamada *udon* (ver p. 644). O macarrão amarelo, feito com sais alcalinos, parece ter-se originado em algum ponto do sudeste da China antes de 1600, tendo-se disseminado depois, junto com os emigrantes chineses, por toda a Indonésia, a Malásia e a Tailândia. A cor amarela do macarrão tradicional (os modernos são às vezes coloridos com gema de ovo) é causada por compostos fenólicos presentes na farinha e chamados flavonas, os quais são normalmente incolores, mas se tornam amarelos em meio alcalino. As flavonas se concentram especialmente no farelo e no germe, de modo que quanto menos refinada a farinha, mais profunda a coloração. Por ter por base um trigo mais duro, o macar-

---

Sobá: macarrão japonês de trigo-sarraceno

O macarrão de trigo-sarraceno era feito na China no século XIV e já se tornara alimento popular no Japão por volta de 1600. É difícil fazer macarrão exclusivamente com trigo-sarraceno, pois suas proteínas não formam um glúten coeso. O *sobá* japonês pode conter de 10 a 90% de trigo-sarraceno; o restante é trigo propriamente dito. É tradicionalmente feito com farinha recém-moída, a qual é rapidamente misturada na água e trabalhada até que a água seja absorvida por igual, tornando a massa firme e lisa. Não se usa sal, que prejudica a ação das proteínas e da mucilagem que ajudam a dar liga à massa (p. 536). A massa é posta para descansar, aberta na espessura de 3 mm, novamente posta para descansar e por fim cortada em macarrões finos. Estes são cozidos frescos e, quando prontos, são lavados e postos em água gelada para se firmar. São servidos quer num caldo quente, quer acompanhados por um molho onde se umedece cada bocado.

rão amarelo do sul tem textura mais firme que o macarrão banco salgado, e a alcalinidade (pH 9-11, equivalente ao de claras de ovo velhas) aumenta essa firmeza. Os sais alcalinos (carbonatos de sódio e potássio a 0,5-1% do peso do macarrão) também prolongam a cocção e fazem a massa absorver mais água, além de contribuir com um aroma e um sabor característicos.

Bolinhos cozidos por imersão. A versão chinesa do macarrão recheado são finas lâminas de farinha ao redor de bocados de carne, peixe ou hortaliças temperados. Algumas massas levam somente farinha e água, mas para confeccionar a massa mais robusta dos bolinhos "pegajosos" é preciso ferver parte da água antes de acrescentar a farinha, de modo que parte do amido gelifique e contribua para a coesão da massa. Os bolinhos podem ser cozidos no vapor, cozidos por imersão, salteados ou fritos por imersão.

Macarrões de trigo japoneses. O macarrão grosso japonês convencional (2-4 mm de diâmetro), chamado *udon*, descende do macarrão branco salgado chinês. É branco, macio e feito com farinha de trigo mole, água e sal. O macarrão *ramen* é amarelo claro e meio rígido, sendo feito com farinha de trigo duro, água e sais alcalinos (*kansui*). Os macarrões muito finos (cerca de 1 mm) são chamados *somen*. Em geral, o macarrão japonês é cozido em água de pH 5,5-6, sendo comum que se acrescente algum ácido à água para atingir essa medida. Depois da cocção, o macarrão é escorrido, lavado e resfriado em água corrente. Com isso, o amido da superfície endurece, formando uma camada úmida, escorregadia e não pegajosa.

A versão instantânea do macarrão *ramen* japonês nasceu em 1958. No seu processo de manufatura, macarrões finos e rapidamente reidratados são cozidos no vapor, fritos a 140 °C e secos por jato de ar a 80 °C.

MACARRÕES ASIÁTICOS DE AMIDO E ARROZ

Todos os macarrões que examinamos até agora são coeridos pelas proteínas do glúten da farinha de trigo. O macarrão de amido e o macarrão de arroz não contêm glúten de espécie alguma. O macarrão de amido, em específico, foi uma invenção notável, até impressionante: ao contrário de todos os outros macarrões, este é translúcido. É frequentemente chamado de macarrão de vidro ou macarrão de celofane; no Japão, recebe o lindo nome *harusame*, "chuva da primavera".

Sagu

O sagu, largamente usado para absorver umidade e sabor, espessar sobremesas e recheios de torta e, hoje em dia, para acrescentar "bolhas" mastigáveis ao chá e outras bebidas, é translúcido, acetinado e elástico, e sua confecção se baseia no mesmo princípio do macarrão de amido. O sagu são esferas de 1-6 mm feitas de grânulos de fécula de mandioca coeridos por uma matriz de amido de mandioca gelificado (cerca de 17% de amilose). Uma massa úmida de grânulos de amido (40-50% de água) é quebrada em grãos toscos e estes são colocados em recipientes rotativos, onde aos poucos assumem a forma de bolinhas. São então cozidos no vapor até que pouco mais da metade do amido esteja gelificada, sobretudo na camada exterior. Por fim, são secos de modo a constituir uma matriz firme de amido retrogradado. Quando cozidos em qualquer líquido, absorvem água e o restante do amido se gelifica, ao passo que a matriz retrogradada conserva a estrutura esférica.

Macarrão de amido. As massas de macarrão secas feitas de puro amido – geralmente de feijão-mungo (China), arroz (Japão) ou batata-doce – são apreciadas por suas diversas qualidades: a translucidez e o brilho acetinado, a textura firme e escorregadia e a capacidade de estarem prontas após poucos minutos mergulhadas num líquido quente, quer se trate de simples água quente, quer de uma sopa ou um braseado.

Os macarrões mais firmes são feitos de amidos com alto teor de amilose (p. 507). Ao passo que o arroz comum tipo longo contém 21-23% de amilose, o arroz especial para macarrão contém 30-36%, e o amido de feijão-mungo, 35-40%. Para fazer este tipo de macarrão, em primeiro lugar uma pequena quantidade de amido seco é cozida com água, formando uma pasta grossa que servirá para dar liga e uniformidade ao restante do amido. A pasta é misturada com o amido restante e com mais água, constituindo uma massa com 35--45% de umidade. Esta é extrudada através de furinhos numa chapa metálica. O macarrão assim formado é fervido imediatamente para gelificar todo o amido e constituir uma rede contínua de moléculas amidosas; então, é escorrido e mantido em temperatura ambiente ou em geladeira por 12-48 horas antes de ser seco por jato de ar. Durante esse período de espera, as moléculas de amido gelificadas retrogradam e constituem um arranjo mais ordenado (p. 508). As moléculas de amilose, de tamanho menor, se aglomeram e constituem pequenos nódulos estruturais na rede – regiões cristalinas que resistem ao rompimento mesmo a 100 °C. Por isso o macarrão seco é firme e forte, mas as partes menos ordenadas da rede absorvem prontamente qualquer líquido quente e, inchando, tornam-se macias sem a necessidade de ser sujeitas a cocção ativa.

O macarrão de amido é translúcido porque se constitui de uma mistura uniforme de amido e água, sem nenhuma partícula proteica insolúvel e nenhum grânulo de amido intacto que possa dispersar os raios de luz.

Macarrão e invólucros de arroz. Como o macarrão de amido, o de arroz é coerido pela amilose, não pelo glúten; mas, por conter proteínas e partículas das paredes celulares, que dispersam a luz, não é translúcido, mas opaco. Para fazer este tipo de macarrão, arroz com alto teor de amilose é mergulhado em água e moído. A pasta assim obtida é cozida de modo a gelificar boa parte do amido, mas não todo ele; depois, é sovada e extrudada. Os fios de massa são cozidos no vapor para concluir-se o processo de gelificação, esfriados e postos para descansar por 12 horas ou mais. Por fim, são secos por jato de ar ou fritos em óleo quente. Também neste caso, o repouso e a secagem provocam a retrogradação do amido e a formação de uma estrutura que pode ser reidratada em simples água quente. O macarrão fresco de arroz, *chow fun*, não precisa ser reidratado antes de ser salteado.

O papel de arroz, *banh trang* em língua vietnamita, é um disco fino, semelhante ao papel-manteiga, usado como invólucro para as versões do rolinho primavera feitas no Sudeste Asiático. O arroz é posto de molho, moído, posto de molho novamente, sovado até formar uma pasta, aberto em folha fina, cozido no vapor e seco. O papel de arroz é rapidamente reidratado em água morna e usado imediatamente como um invólucro. Pode ser frito ou comido fresco.

CAPÍTULO 11

MOLHOS

A história dos molhos na Europa	648	Outros preparados gelatinosos e	
A Antiguidade	649	*gelées*: gelatinas industriais	677
A Idade Média: refinamento e		Carboidratos gelificantes: ágar-ágar,	
concentração	650	carragenana, alginatos	678
Molhos do início do período		**Molhos espessados com farinha e**	
moderno: essências de carne e		**amido**	680
emulsões	651	A natureza do amido	681
O sistema francês clássico: Carême		Os diferentes amidos e suas	
e Escoffier	653	qualidades	683
Os molhos na Itália e na Inglaterra	654	A influência dos outros ingredientes	
Os molhos modernos: *nouvelle* e		sobre os molhos espessados	
pós-*nouvelle*	657	com amido	686
A ciência dos molhos: sabor e		A incorporação do amido nos	
consistência	658	molhos	687
O sabor dos molhos: paladar e		O amido nos molhos franceses	
olfato	658	clássicos	689
A consistência dos molhos	659	O *gravy*	690
A influência da consistência sobre		**Molhos espessados com partículas**	
o sabor	663	**de vegetais: os purês**	690
Molhos espessados com gelatina e		As partículas de vegetais:	
outras proteínas	664	espessantes granulosos e pouco	
A singularidade da gelatina	664	eficientes	691
A extração da gelatina e do sabor		Purês de frutas e hortaliças	692
das carnes	665	As sementes oleaginosas e	
Caldos e molhos de carne	666	especiarias como espessantes	695
Extratos de carne comerciais e bases		Misturas complexas: o *curry*	
para molhos industrializadas	669	indiano e o *mole* mexicano	696
Caldos e molhos de peixes e frutos		**Molhos espessados com gotículas**	
do mar	671	**de óleo ou água: as emulsões**	696
Outros espessantes proteicos	672	A natureza das emulsões	697
Molhos sólidos: os preparados		Diretrizes para a correta confecção	
gelatinosos à base de gelatina e		de molhos emulsionados	700
de carboidratos	673	Molhos de creme de leite e	
A consistência dos preparados		manteiga	702
gelatinosos	674	Os ovos como emulsificantes	705
Preparados gelatinosos feitos com		Molhos frios feitos com ovos:	
carnes e peixes: os *aspics*	676	a maionese	706

A HISTÓRIA DOS MOLHOS NA EUROPA 647

Molhos quentes feitos com ovos:		Preparo e estabilização das espumas	712
hollandaise e *béarnaise*	707	**O sal**	**713**
Vinagretes	710	A produção de sal	713
Molhos espessados com bolhas de ar: as		Os tipos de sal	714
espumas	**711**	O sal e o corpo humano	716

Os molhos são líquidos que acompanham o ingrediente principal do prato. Têm a finalidade de aperfeiçoar o sabor desse ingrediente – uma porção de carne, peixe, cereais ou hortaliças –, quer aprofundando e ampliando seu próprio sabor intrínseco, quer proporcionando um sabor contrastante ou complementar. Ao passo que as carnes, cereais e hortaliças têm sempre um caráter mais ou menos fixo, determinado por sua espécie, o molho pode ter o caráter que o cozinheiro lhe quiser dar. Por isso os molhos tornam os pratos mais ricos, mais diversificados, mais bem compostos. Ajudam o cozinheiro a alimentar nossa perpétua fome de sensações estimulantes, de prazeres do olfato e do paladar, do tato e da visão. Os molhos são destilações de nossos desejos.

A palavra inglesa *sauce*, "molho", vem de uma antiga raiz que significa "sal". Com efeito, de todas as substâncias que intensificam o sabor dos alimentos, o sal é a mais concentrada e primordial, sendo composto de puros cristais minerais extraídos do mar (p. 713). Nossos alimentos primários – a carne dos animais, os cereais e suas massas, os vegetais amidosos – são relativamente insípidos, e os cozinheiros descobriram ou inventaram inúmeros ingredientes capazes de torná-los mais saborosos. Os mais simples são os *temperos* que a natureza nos deu: o sal, as pimentas picantes dos gêneros *Piper* e *Capsicum*, os sucos azedos de frutas verdes, o mel e o açúcar adocicados, as ervas e especiarias caracteristicamente aromáticas. Já os *condimentos* preparados são mais complexos, e muitos deles são preservados e transformados pela fermentação: estamos falando dos vinagres azedos e aromáticos, dos molhos de soja e peixe salgados e sápidos, dos picles salgados e azedos, da mostarda pungente e também azeda, do ketchup doce, azedo e frutado. E existem por fim os *molhos*, a última palavra em composição de sabores. O cozinheiro concebe e prepara molhos para pratos determinados e pode lhes dar o sabor que lhe aprouver. Os molhos sempre incluem temperos, às vezes incorporam condimentos e não raro desenvolvem, pela arte da culinária, os sabores dos próprios ingredientes primários, de outros alimentos ou do processo de cocção em si.

Além do sabor intenso, os molhos proporcionam um prazer tátil em razão do modo como se movimentam dentro da boca. Os cozinheiros elaboram os molhos de maneira a lhes dar consistência intermediária entre a solidez dos tecidos animais e vegetais e a fugaz sutileza da água. É essa a consistência das frutas maduras, que derretem na boca e parecem ter prazer em nos alimentar, e das gorduras que emprestam corpo úmido e persistente à carne dos animais, ao creme de leite e à manteiga. A fluidez do molho lhe permite revestir homogeneamente o alimento sólido e confere a este uma agradável umidade, ao passo que suas qualidades de substância e permanência o ajudam a aderir não só ao alimento como também à língua e ao céu da boca, prolongando a experiência do sabor e proporcionando sensação de riqueza.

O último prazer que o molho pode fornecer é o de uma aparência visual agradável. Muitos molhos têm aspecto genérico, mas outros portam a cor vibrante da fruta ou hortaliça que lhes dão origem, ou ainda um matiz profundo que só pode ser desenvolvido pela cocção prolongada. Alguns têm um brilho atraente e outros são curiosamente transparentes. A beleza visual de um molho é sinal do cuidado com que foi feito e sugere a intensidade e a nitidez de seu sabor e de sua presença na língua: é uma antecipação dos prazeres futuros.

Há várias maneiras básicas de fazer molhos. Muitas delas envolvem a perturbação dos tecidos organizados de animais e vegetais e a liberação dos sucos que portam o sabor desses alimentos. Uma vez extraídos, os sucos podem ser combinados com outros ingredientes saborosos e frequentemente são aperfeiçoados pelo espessamento, que colabora para que se peguem melhor ao alimento e à boca. Para espessar os sucos naturais, o cozinheiro os preenche de vários tipos de moléculas grandes ou partículas que obstruem o livre fluxo das moléculas de água. A maior parte deste capítulo é dedicada aos métodos de espessamento e a suas aplicações.

Os molhos têm parentesco com dois outros preparados básicos. As *sopas* também são alimentos líquidos de variável consistência e às vezes diferem dos molhos unicamente por terem o sabor menos concentrado, de tal modo que possam ser consumidas como um alimento em si e não como realce de sabor. E os *preparados gelatinosos* são líquidos espessados com gelatina em quantidade suficiente para endurecer em temperatura ambiente, tornando-se alimentos temporariamente sólidos que derretem e se transformam em molhos assim que são colocados na boca.

A HISTÓRIA DOS MOLHOS NA EUROPA

A Europa é apenas uma das regiões onde se criaram molhos largamente apreciados nos tempos modernos. Hoje em dia, muitos molhos são populares bem longe de seus locais de origem. É o caso dos molhos de soja chineses, dos molhos indianos es-

---

A harmonização dos sabores na China antiga

A adição, intensificação e combinação de sabores que caracteriza a boa confecção de molhos é um elemento central da arte da culinária e como tal é considerada desde há pelo menos 2 mil anos. Apresento aqui uma antiga descrição chinesa do processo que redunda na preparação de uma sopa ou ensopado, prato em que o alimento sólido faz parte do molho e é cozido dentro dele.

No que se refere à harmonia das combinações, é preciso fazer uso do doce, do azedo, do amargo, do picante e do salgado. Quanto a saber se os ingredientes devem ser acrescentados antes ou depois, e em que quantidade – seu equilíbrio é sutilíssimo e cada ingrediente tem sua característica própria. A transformação que ocorre no caldeirão é quintessencial e maravilhosa, sutil e delicada. A boca é incapaz de expressá-la em palavras; o pensamento é impotente para fixá-la numa analogia. É ela etérea como a arcoaria e a equitação, como as transformações do Yin e do Yang e a revolução das quatro estações. Assim, [o alimento] é perdurável, mas não perecível; cabalmente cozido, mas não pastoso; doce, mas não pegajoso; azedo, mas não corrosivo; salgado, mas não estéril; pungente, mas não acre; suave, mas não insípido; liso e acetinado, mas não gorduroso.

– atribuído ao chefe I Yin em *Lü Shih Chhun Chhiu*
(*Anais de primavera e outono do mestre Lü*), 239 a.C.,
trad. inglesa de Donald Harper e H. T. Huang

pessados e aromatizados com especiarias e das *salsas* e *moles* mexicanos, estes últimos espessados com a pectina das pimentas do gênero *Capsicum*. Mas o fato é que foi na Europa, mais especificamente na França, que gerações e gerações de cozinheiros transformaram a confecção de molhos numa arte sistemática, tornando-a o elemento essencial de uma culinária nacional que acabou por se tornar modelo para o mundo inteiro.

A ANTIGUIDADE

Os dados mais antigos a que temos acesso no que se refere ao preparo de molhos na Europa vêm da época romana. Um poema em latim de cerca de 25 d.C. descreve um

Receitas de molhos da Roma antiga

[...] enfim já franco aparece lustroso o bulbo interno branco [do alho]; em água o banha, e o lança ao marmóreo pilão. Deita sal, deita queijo a que inda unidas vão novas côdeas de sal, um queijo ressequido; e ajunta àquilo tudo as ervas que há trazido [salsa, arruda, coentro]. Entre as coxas co'a sestra o fato submeteu; co'a mão do gral a dextra exerce o lavor seu; mói os alhos primeiro, e logo de mistura tudo mais que apanhou se esmaga, se tritura: funde os sumos n'um sumo, as cores n'uma cor; alva não, que se opõe das ervas o verdor; mas verde também não, que das ervas o verde do queijo co'a brancura o ser nativo perde. [...] Instila de Minerva aurífluo licor [azeite de oliva] co' um golpe de vinagre, e torna a soto-pôr pela última vez o polme rescendente ao macio girar da clava contundente. Concluiu, raspa o gral co'os dedos; junta, e põe tudo n'um monte, o alisa, o vulto lhe compõe na costumada forma e co'o sabido aspecto do que entre os aldeões tem nome de *moreto*.

– *Moretum* (poema atribuído a Virgílio),
tradução de Antônio Feliciano de Castilho

Molho branco para alimentos cozidos

Pimenta, liquâmen [molho de peixe], vinho, arruda, cebola, pinhões, vinho com especiarias, alguns pedaços de pão cortados para espessar, óleo.

Para lula recheada

Pimenta, ligústica, coentro, semente de aipo, gema de ovo, mel, vinagre, liquâmen, vinho e óleo. Espessá-lo-ás [pelo calor].

Frango em molho de leite com massa à base de gordura

Cozinha o frango em liquâmen, óleo e vinho, ao qual acrescentarás um maço de coentro e cebolas. Quando estiver pronto, retira-o de seu suco e, numa outra panela, põe algum leite, um pouco de sal e mel e pouquíssima água. Aquece a panela em fogo lento, esfarela um pouco de massa à base de gordura e agrega-a ao leite devagar, mexendo cuidadosamente para não queimar. Acrescenta o frango, inteiro ou picado, e põe tudo numa vasilha, cobrindo-a com o seguinte molho: pimenta, ligústica, orégano, mel, um pouquinho de xarope de uva e o líquido da cocção do frango. Mistura. Leva à fervura uma panela. Quando o preparado estiver fervendo, engrossa-o com amido e serve-o.

– Apício

camponês preparando uma pasta de ervas maceradas, queijo, óleo e vinagre – antepassada do *pesto genovese* –, que dá a seu pão chato um sabor pungente, salgado e aromático (ver quadro, p. 649).

Alguns séculos depois, o livro de receitas atribuído a Apício deixa claro que os molhos desempenhavam papel essencial na alimentação da elite romana. Mais de um quarto das cerca de 500 receitas são receitas de molhos, designados então pelo termo latino *ius*, antepassado da palavra inglesa *juice* ("suco"). A maioria desses molhos continha pelo menos meia dúzia de ervas e especiarias, além de vinagre e/ou mel e alguma forma do molho de peixe fermentado chamado *garum* (p. 263), que contribuía com os sabores salgado e sápido e proporcionava um aroma característico (mais ou menos como o aliche atual). E eram espessados das mais diversas maneiras: com os próprios temperos macerados; com sementes oleaginosas ou arroz pilados; com fígado ou ouriços-do-mar amassados; com pedaços de pão ou massa à base de gordura, ou com o puro amido do trigo; e com gemas de ovos cruas e cozidas. Não resta dúvida de que os instrumentos mais importantes para quem fazia molhos eram o pilão e o almofariz, mas os ouriços-do-mar, os ovos e o amido são indícios precoces de métodos mais refinados de espessamento.

A IDADE MÉDIA: REFINAMENTO E CONCENTRAÇÃO

Pouco sabemos sobre a culinária na Europa entre a época de Apício e o século XIV, quando surgem novas coletâneas de receitas manuscritas. Sob alguns aspectos, a confecção de molhos pouco mudara. Os molhos medievais geralmente continham várias especiarias, o pilão e o almofariz ainda eram usados para moer os ingredientes – que agora incluíam carnes e hortaliças – e a maioria dos espessantes romanos ainda eram utilizados. O mais comum deles era o pão tostado para aprimorar a cor e o sabor; por outro lado, o puro amido já não era usado, e o creme de leite e a manteiga ainda não o eram.

Novos sabores, clarificação, preparados gelatinosos. Produziram-se, porém, algumas diferenças importantes e um verdadeiro progresso. O molho de peixe havia desaparecido; seu lugar fora ocupado pelo vinagre e pelo suco de uvas verdes ou *verjus*. Graças também às Cruzadas, que levaram os europeus ao Oriente Médio e os colocaram em contato com o comércio e as tradições árabes, muitos temperos locais do Mediterrâneo foram substituídos por temperos exóticos importados da Ásia, especialmente a canela, o gengibre e a pimenta-da-costa; e, de todas as oleaginosas, a preferida para espessar molhos era agora a amêndoa. Ao pilão e ao almofariz veio acrescentar-se um terceiro utensílio indispensável: a peneira ou coador de tecido (*étamine* ou *tamis* em francês), pela qual se passavam os molhos a fim de se removerem as partículas mais grossas de especiarias e espessante e produzir uma consistência mais refinada. Os cozinheiros descobriram o princípio de espessamento dos caldos de carne por concentração – a evaporação do excesso de água – e, assim, desenvolveram tanto o consomê quanto a gelatina sólida, apreciada também por ser capaz de revestir carnes e peixes cozidos e protegê-los da deterioração. A transparência das gelatinas acabou por produzir, no século XV, um coador melhorado que removia delas até as menores partículas: um "tecido" proteico de claras de ovos batidas que clarificava o líquido a partir de seu interior.

A terminologia dos molhos. Outro desenvolvimento importante ocorrido durante a Idade Média foi a elaboração de um novo vocabulário para os molhos e outros líquidos saborosos, que passaram a ser abordados de forma mais sistemática. O termo romano *ius* foi substituído por derivados do latim *salsus*, que significa "salgado": *sauce* na França, *salsa* na Itália e na Espanha. Em francês, *ius* passou a significar os sucos das carnes; *bouillon* era um caldo produzido pela cocção lenta da carne em água; *coulis* era um preparado espesso de carne que dava sabor e corpo aos molhos, aos *potages* – sopas substanciosas – e a outros pratos. A *soupe* francesa equivalia ao *sop* inglês: um líquido saboroso que imbuía um ou mais pedaços de pão. Vários manuscritos categorizam suas receitas: molhos não cozidos, molhos cozidos, molhos em que se cozinham carnes, molhos com que se servem carnes, sopas ralas e espessas e por aí afora. E surge por fim a palavra inglesa *gravy*, misteriosamente derivada, segundo parece, do termo francês *grané*. Este, derivado por sua vez do latim *granatus* ("granulado", "feito com grãos"), era uma espécie de ensopado preparado com carne e sucos de carne, e não uma mistura separada de especiarias num meio líquido.

MOLHOS DO INÍCIO DO PERÍODO MODERNO: ESSÊNCIAS DE CARNE E EMULSÕES

Foi nos três séculos compreendidos entre 1400 e 1700 que surgiram as raízes dos

---

Refinamentos da confecção de molhos na Idade Média

Estas receitas de mais de 500 anos atrás mostram o cuidado com que os cozinheiros medievais criavam molhos e preparados gelatinosos. A receita de caldo é notável por descrever exatamente a consistência e o tempo de meximento fora do fogo, a fim de evitar a coagulação.

Gelatina de peixe ou carne

Cozinha [o peixe ou carne] em vinho, *verjus* e vinagre [...] rala gengibre, canela, cravo, pimenta-da-costa e pimenta-longa, infunde-os no caldo, coa-o e põe-no para ferver junto com a carne. Amarra folhas de louro, nardo indiano, alpínia e macis no pano que usas para peneirar farinha, sem lavá-lo; acrescenta ainda os restos de outras especiarias e põe tudo para ferver junto com a carne. Conserva a panela tampada enquanto estiver no fogo; ao tirá-la do fogo, continua escumando-o até a hora de servir. Finda a cocção, coa o caldo numa vasilha limpa de madeira e deixa-o descansar. Põe a carne num pano limpo; caso usares peixe, tira-lhe a pele, limpa-o e acrescenta a pele ao caldo até a coa final. O caldo deve ser transparente, não turvo; não esperes que ele esfrie para só então coá-lo. Distribui a carne em tigelas e põe o caldo de novo no fogo num recipiente brilhante de tão limpo. Ferve-o, tirando constantemente a escuma, e derrama-o fervente sobre as tigelas de carne. Polvilha sobre elas brotos de cássia moídos e macis, e deixa-as num local fresco para esfriar. Aquele que faz gelatina não pode se dar ao luxo de adormecer. [...]

– Taillevent, *Le Viandier*, c. 1375, trad. inglesa de Terence Scully

Um bom caldo espesso

Para dez porções, separa três gemas de ovos por porção, *verjus* de boa qualidade, um bom caldo de carne, um pouco de açafrão e especiarias finas; mistura tudo, coa e põe numa panela sobre as brasas, mexendo o conteúdo constantemente até que ele forme fina camada sobre a colher; tira-o o do fogo e continua mexendo pelo tempo necessário para rezar dois *Padre-nossos*. Distribui-o então em tigelas, cobrindo-o com especiarias de sabor brando. [...]

– *A coletânea napolitana de receitas*, c. 1475, trad. inglesa de Terence Scully

molhos atuais. As receitas pedem menos especiarias e uma mão mais leve; o vinagre e o *verjus* começam a ceder lugar ao sumo de limão; o pão grosseiro e as amêndoas usados com espessantes são substituídos por farinha de trigo e emulsões de ovos e manteiga (ver quadro abaixo). Na França, os caldos de carne se tornam o elemento central da alta culinária. Foi essa época que começaram a florescer as ciências experimentais, e alguns cozinheiros franceses de renome concebiam-se como químicos – ou alquimistas – da carne. Por volta de 1750, François Marin ecoou a descrição chinesa da harmonia dos sabores feita havia 2 mil anos; mas as diferenças entre os dois textos chamam a atenção (ver quadro, p. 653).

Tanto Marin quanto I Yin falam de equilíbrio e harmonia. Porém, o caldeirão chinês reúne ingredientes doces, azedos, amargos, salgados e picantes, ao passo que a panela francesa contém somente sucos de carne e gera complexidade e harmonia mediante a concentração destes. Marin disse que "o bom gosto proibiu os sucos ardentes e os guisados cáusticos da *ancienne cuisine*", com suas especiarias asiáticas e abundância de vinagre e *verjus*. O *bouillon* de carne era agora "a alma da culinária". Os sucos da carne são a essência desta; o cozinheiro os extrai, concentra-os e os usa para infundir sabor e substância em outros alimentos. A finalidade do molho não é a de acrescentar novos sabores ao alimento, mas de aprofundar os sabores

Molhos franceses do século XVII

Nos livros de receitas de La Varenne e Pierre de Lune, encontramos um "molho perfumado" semelhante à *hollandaise*, a emulsão cremosa até hoje chamada *beurre blanc* ou "manteiga branca" e o ralo *court bouillon* ("*bouillon* de cocção breve"), tradicionalmente usado para pochear e servir peixes. Repare na simplicidade dos sabores quando comparados aos dos pratos medievais.

Aspargos em molho perfumado

Escolhe os maiores, raspa as partes de baixo, lava-os, cozinha-os em água, salga-os bem e não os deixes cozinhar demais. Quando prontos, escorre-os. Faz um molho com boa manteiga fresca, um pouco de vinagre, sal e noz-moscada e uma gema de ovo para dar liga; cuida para não coagular; e serve os aspargos com a guarnição que te aprouver.

– La Varenne, *Le Cuisinier françois*, 1651

Truta em court bouillon

Cozinha a truta com água, vinagre, um sachê [de cebolinha, tomilho, cravo, cerefólio, salsa, às vezes um pouco de banha suína, amarrados com um barbante], salsa, sal, louro, pimenta e limão, e serve do mesmo modo.

Perca em beurre blanc

Cozinha a perca com vinho, *verjus*, água, sal, cravo e louro; tira as escamas e serve-a num molho espesso feito com manteiga, vinagre, noz-moscada e fatias de limão; o molho deve ser bem espessado.

– Pierre de Lune, *Le Cuisinier*, 1656

que ele já tem e integrá-los com o fundo de sabor dos outros pratos.

Muitos desses preparados exigiam quantidades monumentais de carne, que não aparecia em estado sólido no prato final. Uma pequena quantidade de consomê, por exemplo, era feita com 1 kg de carne bovina, 1 kg de vitela, duas perdizes, uma galinha e um pouco de presunto. Toda essa carne era cozida num *bouillon* – ele mesmo já um extrato de carne – até que todos os líquidos evaporassem e a carne começasse a grudar na panela e se caramelizar. Acrescentavam-se então um pouco mais de *bouillon* e algumas hortaliças. A mistura era cozida por quatro horas e coada para produzir um líquido "amarelo como ouro, suave, acetinado e cordial".

O florescer dos molhos franceses. Marin disse que sua coleção de *bouillons, potages, jus, consommés, restaurants* (sopas "revigorantes"), *coulis* e *sauces* era "o fundamento da culinária" e afirmou que, entendendo-as e as estudando de forma sistemática, até uma família burguesa com poucos recursos poderia "imaginar uma infinidade de molhos e ensopados". Os livros de culinária franceses logo começaram a incluir dezenas de diferentes sopas e molhos, e diversos molhos clássicos foram desenvolvidos e batizados nessa época. Entre eles havia algumas alternativas aos preparados feitos com os sucos da carne. É o caso de dois molhos emulsionados com ovos, a *hollandaise* e a maionese, bem como do econômico bechamel, um molho básico, neutro e branco feito de leite, manteiga e farinha de trigo. Porém, a base da grande maioria dos molhos era a carne; e os sucos da carne eram o elemento que subjazia a toda a culinária francesa, unificando-a.

O SISTEMA FRANCÊS CLÁSSICO: CARÊME E ESCOFFIER

Em 1789 ocorreu a Revolução Francesa. As grandes casas aristocráticas da França perderam força e seus cozinheiros já não dispunham de recursos ilimitados nem de um grande número de auxiliares. Alguns perderam o cargo e, para sobreviver, inauguraram os primeiros restaurantes finos. Os efeitos dessas grandes perturbações sociais sobre a culinária foram ponderados pelo famoso chefe de cozinha Antonin Carême (1784- -1833). No "Discurso preliminar" de seu *Maître d'Hôtel français*, ele observou que o "esplendor da antiga culinária" fora possibilitado pela profusão de gastos dos aristocratas com mão de obra e materiais. Depois da Revolução, os cozinheiros que ainda tinham a sorte de conservar sua posição

> foram obrigados, por falta de auxiliares, a simplificar o trabalho a fim de serem capazes de servir o jantar, e a fazer muito com pouco. A necessidade produziu a emulação; o talento passou a compensar todas as faltas; e a experiência, mãe

---

François Marin: a culinária como uma arte química

A culinária moderna é uma espécie de química. Hoje em dia, a ciência do cozinheiro consiste em decompor, digerir e destilar carnes, obtendo sua quintessência; em tomar seus sucos leves e nutritivos, misturá-los e fundi-los de tal modo que nenhum deles predomine e todos possam ser percebidos pelo paladar; e, por fim, em lhes conferir aquela unidade que o pintor confere às cores e torná-los homogêneos suficiente para que seus diferentes sabores resultem tão somente num único gosto vivo e refinado: que resultem, se me for permitido dizê-lo, numa harmonia de todos os sabores juntos. [...]
– *Dons de Comus*, 1750

de toda perfeição, trouxe importantes aperfeiçoamentos à culinária moderna, tornando-a ao mesmo tempo mais saudável e mais simples.

Também os restaurantes produziram aprimoramentos; "a fim de agradar o paladar do público", os chefes comerciais tinham de inventar preparados inauditos, cada vez mais "elegantes" e "primorosos". Assim, a revolução social tornou-se nova força a motivar o progresso da culinária.

As famílias de molhos. O próprio Carême deu várias contribuições a esse progresso, a mais notável das quais talvez seja a relacionada os molhos. Sua ideia, exposta na *Arte da culinária francesa no século XIX*, foi a de organizar a infinidade de possibilidades antevista por Marin, ajudando assim os cozinheiros a concretizá-las. Classificou os molhos de sua época em quatro famílias, cada qual chefiada por um molho básico e passível de desenvolvimento mediante a criação de variações sobre esse tema fundamental. Somente um dos quatro molhos básicos, o *espagnole*, era baseado num extrato de carne caríssimo e altamente concentrado; tanto o *velouté* quanto o *allemande* usavam caldo não reduzido, e o bechamel usava leite. Muitos molhos eram espessados com farinha, muito mais econômica que *bouillons* de carne reduzidos. Essa abordagem atendia às limitações e necessidades da culinária pós-revolucionária. Os molhos básicos podiam ser preparados de antemão; as modificações e os temperos menores eram acrescentados na última hora, no dia da refeição. Como disse Raymond Sokolov em seu manual de molhos clássicos, *The Saucier's Apprentice* [O aprendiz de *saucier*], tais molhos foram concebidos como "alimentos de conveniência no mais alto nível".

Menos de um século depois de Carême, o *Guide Culinaire* de Auguste Escoffier (1902) – grande compilação da culinária francesa – lista quase 200 molhos diferentes, sem incluir os de sobremesa. E Escoffier atribuía a eminência da culinária francesa diretamente a seus molhos. "Os molhos representam a *partie capitale* da culinária. Foram eles que criaram e mantiveram até hoje a preponderância universal da culinária francesa."

É claro, porém, que esse sistema de sabores foi criado por toda uma linhagem de cozinheiros profissionais que remonta à era medieval. Ao lado dela desenvolveu-se uma tradição doméstica mais modesta, mas também perfeita a seu modo. Pouco amigos do excessivo trabalho e dos gastos envolvidos na confecção de caldos e molhos submetidos a cocção lenta e prolongada, os cozinheiros domésticos de classe média refinaram outros métodos: por exemplo, fazer um caldo com os restos de um assado, usar o caldo para dissolver a saborosa crosta da assadeira e ferver essa quantidade relativamente pequena de líquido a fim de reduzi-la e espessá-la, ou dar-lhe liga com creme de leite ou farinha.

OS MOLHOS NA ITÁLIA E NA INGLATERRA

Purês e sucos de carnes. Desde a Idade Média até o século XVI, a culinária cortesã italiana foi tão inovadora quanto a francesa, às vezes até mais. Não obstante, segundo o historiador Claudio Benporat, ela se estagnou no século XVII em razão da generalizada decadência política e cultural causada pela ausência de governantes fortes e pela influência de outras potências europeias sobre várias cortes italianas. Os molhos que passaram a ser conhecidos como caracteristicamente italianos são molhos domésticos, relativamente pouco refinados, baseados não em essências, mas em ingredientes inteiros: os purês de tomate e manjericão, por exemplo. O molho de carne italiano básico, chamado sugo, é feito nos moldes do consomê de Marin: a carne é lentamente cozida para liberar seus sucos, que são reduzidos e escurecidos no fundo da panela; depois, usa-se caldo de carne para dissolver os resíduos; o próprio caldo é concentrado e escurecido; e o processo é

As clássicas famílias de molhos franceses

A classificação original dos molhos desenvolvida por Carême sofreu várias modificações, assim como modificaram-se os ingredientes de muitos molhos derivados. Apresenta-se aqui uma versão moderna da classificação, pondo-se em relevo alguns dos molhos derivados mais conhecidos. Os caldos* e o *roux* serão marrons se a carne, as hortaliças ou a farinha forem escurecidas em temperatura relativamente alta antes de se acrescentar o líquido; caso contrário, serão amarelos ou brancos e terão sabor mais leve.

*Molho básico: marrom, ou espagnole, feito com caldo marrom
(carne bovina, vitela), roux marrom, tomate*

Bordelaise ("de Bordéus")	Vinho tinto, cebolinha
Diable ("diabo")	Vinho branco, cebolinha, pimenta-de-caiena
Lyonnaise ("de Lião")	Vinho branco, cebola
Madeira	Vinho madeira
Périgueux (localidade na região do Périgord)	Vinho madeira, trufas
Piquante	Vinho branco, vinagre, pepino em conserva, alcaparra
Poivrade ("apimentado")	Vinagre, pimenta em grão
Molhos de vinho tinto	Vinho tinto
Robert	Vinho branco, cebola, mostarda

*Molho básico: velouté ("aveludado"), feito com caldo branco
(vitela, aves, peixes), roux amarelo*

Allemande ("alemão")	Gema de ovo, champinhons
Bordelaise branco	Vinho branco, cebolinha
Ravigote ("revigorado")	Vinho branco, vinagre
Suprême	Caldo de ave, creme de leite, manteiga

Molho básico: bechamel (nome de um gourmand), feito com leite, roux branco

Crème	Creme de leite
Mornay (nome de uma família)	Queijo, caldo de peixe ou de ave
Soubise (nome de um comandante do exército)	Purê de cebolas

*Molho básico: hollandaise ("holandês"), feito com manteiga,
ovos e sumo de limão ou vinagre*

Musselina	Creme de leite batido
Béarnaise ("de Béarn")	Vinho branco, vinagre, cebolinha, estragão

*Molho básico: maionese (etimologia incerta), feito com óleo vegetal,
ovos e vinagre ou sumo de limão*

Rémoulade ("moído duas vezes")	Pepino em conserva, alcaparra, mostarda, pasta de anchovas

---

* Na nomenclatura de uso comum em cozinhas profissionais e escolas de gastronomia, a palavra que define os caldos básicos elaborados a partir de água e ingredientes aromáticos que lhes definem o sabor (aparas e ossos bovinos para os caldos de carne, aparas de peixe para caldos de peixe etc.) é *fundo*. (N. do R. T.)

repetido para concentrar ainda mais o sabor. A carne não é descartada, mas se torna parte do molho. Não só a Itália, mas boa parte da região mediterrânea, inclusive o sul da França, pouco se interessou pela extração das essências da carne, preferindo antes realçar e combinar sabores.

Molhos na Inglaterra: *gravies* e condimentos. Segundo um dito espirituoso do século XVIII atribuído a Domenico Caracciolli, em que está implícita uma comparação com a França, "A Inglaterra tem sessenta religiões e um único molho" – sendo este a manteiga derretida! E o mordaz Alberto Denti di Pirajno, em seu *O gastrônomo ilustrado* (Veneza, 1950), principia o capítulo sobre molhos com estas sentenças severas:

> O Dr. Johnson definiu um molho como algo que se come junto com o alimento a fim de aprimorar o sabor deste. Seria difícil crer que um homem inteligente e culto como o Dr. Johnson [...] tenha se expressado nesses termos se não soubéssemos que o Dr. Johnson é inglês. Até hoje, seus compatriotas, incapazes de imbuir seus alimentos de qualquer sabor, dependem dos molhos para fornecer a seus pratos aquilo que os pratos não têm. Isso explica os molhos, as gelatinas, os extratos, os preparados engarrafados, os *chutneys*, os ketchups que povoam as mesas desse povo infeliz.

Os padrões culinários da Inglaterra não se formaram na corte nem nas casas aristocráticas; permaneceram arraigados nos hábitos domésticos e na economia do campo. Os cozinheiros ingleses ridicularizavam os franceses por suas essências e quintessências. O gastrônomo francês Brillat-Savarin (1755-1826) narra que o príncipe de Soubise recebeu de seu chefe de cozinha o pedido de 50 presuntos a ser usados num único jantar. Acusado de apropriação indébita, o chefe respondeu que aquela quantidade de carne era essencial para a feitura dos molhos: "Se me mandares, colocarei esses cinquenta presuntos, que parecem te incomodar, num frasco de vidro não maior que teu polegar!" O príncipe, surpreso, é vencido por essa declaração do cozinheiro de seus poderes de concentração de sabor. Em contraposição, em seu popular livro de receitas setecentista, a escritora inglesa Hannah Glasse fornece diversas receitas de molho francesas que exigem mais carne que a própria refeição que devem acompanhar, e em seguida assinala "a loucura desses finos cozinheiros franceses" em incorrer em tamanhos gastos para tão pouco. O molho principal de Glasse é o "*gravy*": carne, cenouras, cebolas e várias ervas e especiarias são escurecidas no fogo, polvilha-se farinha, acrescenta-se água e se cozinha. No século XIX, eram populares os molhos de anchovas, ostras, salsinha, ovos, alcaparras e manteiga, todos igualmente prosaicos.

E o que dizer dos molhos tipo Worcestershire, dos *chutneys* e dos ketchups de que Denti di Pirajno zombava? Esses condimentos se tornaram parte da culinária inglesa no século XVII graças às atividades comerciais da Companhia das Índias Orientais, que descobriu os molhos asiáticos de soja e de peixe – entre os quais o *kecap* indonésio (p. 554) – bem como as frutas e hortaliças em conserva, todos eles alimentos conservados e com o sabor intensificado. Muitos desses preparados são ricos em aminoácidos sápidos, e as imitações inglesas eram frequentemente feitas com cogumelos e anchovas, que têm a mesma qualidade de sabor. O conhecido ketchup de tomate é uma versão adocicada das conservas de tomate salgadas, avinagradas e apimentadas. William Kitchiner, inglês contemporâneo de Carême, incluiu em seu livro de culinária uma receita de bechamel, mas também apresentou um "molho wow wow" que leva salsinha, pepino em conserva ou nozes, manteiga, farinha, caldo de carne, vinagre, *catsup* e mostarda. Essas poções de sabor forte eram rápidas de fazer e fáceis de usar. Evidentemente, não eram apreciadas por intensificar sutilmente o sabor dos alimentos que acompanhavam, mas por contrastar fortemente com este.

OS MOLHOS MODERNOS: NOUVELLE E PÓS-NOUVELLE

Século XX: a *Nouvelle Cuisine*. Lá no século XVIII, François Marin e seus colegas davam o nome de *nouvelle cuisine*, ou "nova culinária", à sua culinária baseada nos *bouillons*. Nas mãos de Carême e Escoffier, essa *nouvelle cuisine* foi incrementada com mais alguns molhos e se tornou a culinária francesa clássica, padrão e sinônimo de alimentação refinada em todo o mundo ocidental. Com o tempo, o sistema clássico foi se tornando cada vez mais rígido e previsível; na prática, a maioria dos chefes de cozinha preparava os mesmos pratos padronizados a partir dos mesmos molhos básicos pré-cozidos. Porém, o século XX trouxe consigo uma nova *nouvelle cuisine*, de par com o Novo Romance na literatura e a *nouvelle vague* no cinema. Na década de 1960, vários chefes de cozinha franceses famosos, entre eles Paul Bocuse, Michel Guérard, a família Troisgros e Alain Chapel, tornaram-se pioneiros de uma reformulação da tradição francesa. Puseram em relevo o papel criativo do chefe de cozinha e as virtudes da simplicidade, da economia e do frescor. Os alimentos já não teriam sua essência destilada; deveriam ser apresentados intactos, exprimindo suas qualidades próprias.

Em 1976, os jornalistas Henri Gault e Christian Millau publicaram os dez mandamentos da *nouvelle cuisine*, dos quais o sétimo era: "Eliminarás os molhos marrons e brancos." Os novos cozinheiros ainda pensavam que, nas palavras de Michel Guérard, "os grandes molhos da França devem ser descritos como as pedras fundamentais da culinária", mas os usavam de modo mais comedido e seletivo. Caldos de vitela, frango e peixe, de sabor mais leve, eram usados como bases para pocheados e braseados; reduções desses caldos eram usadas para acrescentar profundidade a molhos resultantes de deglaçagem ou *rôtis*; e os molhos em geral eram espessados menos com farinha e amido e mais com creme de leite, manteiga, iogurte, queijo fresco, purês de hortaliças e espumas borbulhantes.

A fase pós-nouvelle: molhos diversificados e inovadores. Na virada do século XXI, os clássicos molhos brancos e marrons já são quase raros, a tal ponto que talvez estejamos de novo dispostos a apreciar suas virtudes. Os cozinheiros comerciais e caseiros que ainda servem caldos e reduções de carne quase nunca os elaboram a partir do nada: esses produtos são adequados à fabricação em escala industrial e têm boas versões disponíveis na forma congelada. Os ricos molhos de creme de leite e manteiga popularizados pela *nouvelle cuisine* se tornaram menos comuns: caldos simples, vinagretes e molhos feitos por deglaçagem ganharam popularidade. Graças à abrangência internacional da culinária moderna, as pessoas que frequentam restaurantes finos se deparam com uma variedade de molhos mais larga do que jamais houve. Muitos desses molhos são purês contrastantes feitos com frutas, hortaliças, sementes oleaginosas e especiarias; ou são molhos asiáticos mais ralos, à base de soja ou peixe, feitos para neles se mergulhar cada bocado de alimento antes de ser deglutido. Esses molhos atraem os cozinheiros de restaurante porque sua preparação exige menos tempo, menos trabalho e, frequentemente, menos habilidade que a dos molhos franceses clássicos. Do mesmo modo, os cozinheiros domésticos tendem agora a comprar molhos e condimentos engarrafados, preparados versáteis que economizam tempo. E alguns chefes de cozinha criativos estão fazendo experiências com novos instrumentos e materiais – nitrogênio líquido, pulverizadores de alta potência, espessantes derivados de algas marinhas e microrganismos – para elaborar novas formas de suspensões, emulsões, espumas e preparados gelatinosos.

A sutileza e a delicadeza descritas por I Yin e François Marin não se contam entre as qualidades mais marcantes dos molhos contemporâneos. Por outro lado, nunca antes na história tivemos acesso a uma tão ampla variedade de destilações do desejo!

A CIÊNCIA DOS MOLHOS: SABOR E CONSISTÊNCIA

O SABOR DOS MOLHOS: PALADAR E OLFATO

O objetivo primeiro de qualquer molho é proporcionar sabor na forma de um líquido de consistência agradável. É muito mais fácil tecer generalizações sobre a consistência – sobre como ela é criada e como pode dar errado – que sobre o sabor. Há milhares de moléculas de sabor diferentes, que podem formar um número indefinido de combinações e são percebidas de maneira diferente pelos diversos indivíduos. Não obstante, na hora de elaborar um molho, convém ter em mente alguns fatos básicos sobre o sabor.

A natureza do sabor. O sabor é antes de tudo uma combinação de duas sensações: o paladar e o olfato. O paladar é percebido pela língua e se classifica em cinco sensações: salgado, doce, azedo, sápido (ou *umami*) e amargo. As moléculas que provamos – sal, açúcares, ácidos, aminoácidos sápidos e alcaloides amargos – são todas facilmente solúveis em água. (A sensação adstringente provocada pelo chá e pelo vinho tinto é uma forma de tato, e a pungência "quente" da mostarda é uma forma de dor. Não são propriamente sabores, mas também as percebemos pela língua; e também são causadas por moléculas hidrossolúveis.) O olfato é percebido na região superior do nariz e se classifica nos milhares de aromas diferentes que geralmente descrevemos remetendo-os ao alimento do qual nos lembram: frutais, florais, herbáceos, de carne ou de especiarias. As moléculas que cheiramos são mais solúveis em gordura que em água e tendem a escapar da água para o ar, onde nossos receptores olfativos podem detectá-las.

Talvez seja conveniente conceber o gosto como o esqueleto do sabor e o cheiro como a carne que o reveste. O gosto por si só é o que sentimos quando colocamos comida na boca e tampamos o nariz; o cheiro por si só é o que experimentamos quando cheiramos uma comida sem colocá-la na boca. Nenhum dos dois, por si só, é plenamente satisfatório. E as pesquisas recentes demonstram que as sensações do paladar afetam as do olfato. Num alimento doce, a presença do açúcar intensifica nossa percepção dos aromas; e, num alimento salgado, a presença do sal tem o mesmo efeito.

O espectro de sabores dos molhos. Quando considerados como portadores de sabor, os molhos constituem um espectro muito amplo. Num extremo estão misturas simples que proporcionam agradável contraste com o alimento em si ou acrescentam um sabor que falta a este. A manteiga derretida proporciona uma riqueza sutil; um molho vinagrete ou uma maionese, uma riqueza azeda; as *salsas* mexicanas, azedume e pungência. No outro extremo do espectro estão aquelas misturas complexas de sabores que preenchem de sensações a boca e o nariz e proporcionam um contexto rico em que pode se fundir o sabor do próprio alimento. Entre estes últimos estão os molhos à base de carne da tradição francesa, cuja complexidade é dada sobretudo pela extração e concentração de aminoácidos sápidos e outras moléculas do paladar, bem como pela geração de aromas carnosos por meio das reações de escurecimento entre aminoácidos e açúcares (p. 867). Os líquidos à base de molho de soja que os chineses usam para brasear são igualmente complexos, dessa vez graças à cocção e à fermentação da soja (p. 550), ao passo que as misturas de especiarias da Índia e da Tailândia e os *moles* do México tipicamente combinam meia dúzia ou mais ingredientes fortemente aromáticos e pungentes.

Para melhorar o sabor dos molhos. Talvez o problema mais comum do sabor dos molhos é que ele pareça não ser suficiente ou dê a impressão de "estar faltando alguma coisa". O aperfeiçoamento do sabor de qualquer prato é uma arte que depende da perspicácia e da habilidade do cozinheiro, mas há dois princípios básicos que podem permitir a qualquer um analisar e melhorar o sabor de um molho.

- Os molhos acompanham o prato principal e são consumidos em pequena quantidade em comparação com o prato principal. Por isso devem ter sabor concentrado. Uma colher de molho deve ter gosto muito forte, de tal modo que um pouquinho de molho num pedaço de carne ou massa tenha o gosto perfeito. Os espessantes tendem a reduzir o sabor do molho (p. 663). Por isso, é importante verificar e corrigir o sabor depois de espessar.
- Um molho satisfatório estimula a maioria de nossos sentidos químicos. O molho ao qual parece faltar alguma coisa provavelmente é deficiente em um ou mais sabores, ou não tem aroma suficiente. O cozinheiro pode provar ativamente o molho, avaliando a presença dos sabores salgado, doce, ácido, sápido e amargo, e pode então tentar corrigir as deficiências sem perder o equilíbrio geral do sabor.

A CONSISTÊNCIA DOS MOLHOS

Embora o principal dos molhos seja seu sabor, também apreciamos sua consistência, a sensação que eles provocam na boca. E os problemas de consistência – relacionados à estrutura física do molho – inviabilizam o uso de um molho com muito mais frequência que os problemas de sabor. Os molhos coagulados, endurecidos ou separados numa fase sólida e uma líquida não são agradáveis nem de ver nem de provar. Por isso convém compreender as estruturas físicas dos molhos mais comuns, como eles são construídos e como podem ser arruinados.

Dispersões de alimentos: misturas que criam texturas. O ingrediente básico de quase todos os líquidos alimentares saborosos é a água. Isso porque os próprios alimentos são feitos basicamente de água. Os caldos de carne e purês de hortaliças e frutas são todos evidentemente aquosos; os molhos de creme de leite, a maionese e os molhos quentes feitos com ovos não o são de modo tão patente, mas também eles se constroem sobre um fundamento aquoso. Em todos e em cada um desses preparados, a água é a *fase contínua*, o material que banha todos os outros componentes, o meio em que todos estão mergulhados. (As únicas exceções comuns são alguns vinagretes, manteigas aromatizadas e manteigas de sementes oleaginosas, onde a gordura forma a fase contínua.) Os outros componentes são a *fase dispersa*. A tarefa de dar consistência desejável aos molhos se resume em tornar a fase contínua menos aquosa e mais substancial. Para tanto, acrescenta-se alguma substância não aquosa – uma fase dispersa – à água. Essa substância podem ser as partículas de um tecido vegetal ou animal, ou moléculas várias, ou gotículas de óleo, ou mesmo bolhinhas de ar. E como essas substâncias acrescentadas fazem a água parecer mais substanciosa? Obstruindo o livre movimento das moléculas de H_2O.

Palavras da culinária: *liaison* (ligação, vínculo, amor ilícito)

Para designar tanto o ato de espessar quanto os próprios espessantes, os antigos cozinheiros franceses usavam o termo *liaison*, que significava em sua língua uma conexão ou vínculo íntimo, quer físico, quer político, quer amoroso. Quando os ingleses tomaram essa palavra emprestada, no século XVII, foi a aplicação culinária que veio em primeiro lugar; as ressonâncias militares e românticas só surgiram no século XIX.

A obstrução do movimento das moléculas de água. As moléculas de água são individualmente pequenas – têm somente três átomos, dois de hidrogênio e um de oxigênio. Sozinhas, são extremamente móveis, motivo pelo qual a água corre e se derrama. (As moléculas de óleo, em comparação, são formadas por três cadeias interligadas de 14 a 20 átomos cada uma; assim, atritam umas com as outras e se movem mais devagar. É por isso que o óleo é mais viscoso que a água.) No entanto, caso se espalhem partículas sólidas, ou moléculas longas e emaranhadas, ou gotículas de óleo, ou ainda bolhas de ar entre as moléculas de água, estas só poderão deslocar-se por curta distância antes de colidir com alguma dessas substâncias estranhas e menos móveis. Avançando lentamente, fluirão de modo mais relutante.

Nos molhos, os espessantes são esses fatores de obstrução. Os cozinheiros tradicionalmente os conceberam como agentes que "dão liga", e esse ponto de vista tem certo sentido. Essencialmente, os materiais dispersos dividem o líquido em muitas massas pequenas e localizadas; dividindo-o, eles o organizam e acumulam, dando-lhe uma espécie de coesão que antes lhe faltava. Alguns espessantes literalmente ligam as moléculas de água a si mesmos e assim tiram-nas totalmente de circulação, o que também tem o efeito de reduzir a fluidez da fase contínua.

Além de dar consistência mais espessa aos fluidos aquosos, as substâncias da fase dispersa podem lhes conferir diversos tipos de textura. As partículas sólidas, dependendo de seu tamanho, podem torná-los granulosos ou acetinados; as gotículas de óleo os fazem parecer cremosos; as moléculas dispersas que tendem a aderir umas às outras podem lhes dar a sensação de ser pegajosos ou escorregadios; e as bolhas de ar os tornam leves e evanescentes.

Há quatro modos comuns de espessar os sucos aquosos dos alimentos. Cada um produz um sistema físico diferente e empresta qualidades diferentes ao molho concluído.

Suspensões turvas: espessamento com partículas. A maioria dos ingredientes crus – hortaliças, frutas, ervas, carnes – são tecidos vegetais ou animais compostos de inúmeras células microscópicas repletas de fluidos aquosos. As células são contidas dentro de paredes, membranas ou finas lâminas de tecido conjuntivo. (As sementes e especiarias secas não contêm sucos, mas ainda são feitas de células e paredes celulares sólidas.) Quando qualquer um desses alimentos é pilado ou pulverizado, sendo assim fragmentado em pedaços bem pequenos, ele literalmente vira do avesso: os fluidos formam uma fase contínua que contém os fragmentos sólidos das paredes celulares e do tecido conjuntivo. Esses fragmentos obstruem as moléculas de água e se li-

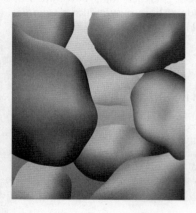

Espessamento de um líquido com partículas de alimento. Numa suspensão, pedacinhos microscópicos de tecido vegetal ou animal se distribuem no líquido e, prejudicando o fluxo deste, dão a impressão de espessamento.

gam a elas, espessando assim a consistência da mistura. Tal mistura de um fluido e partículas sólidas é chamada *suspensão*: as partículas se encontram suspensas no líquido. Os molhos feitos com alimentos amassados são suspensões.

A textura da suspensão depende do tamanho de suas partículas. Quanto menores as partículas, menos a língua as percebe e mais lisa e acetinada é a textura. Além disso, quanto menores as partículas, maior é o número delas e maior a área superficial de que dispõem para assimilar uma camada de moléculas de água; e mais espessa a consistência que produzem. As suspensões são sempre opacas, pois as partículas sólidas são grandes suficiente para bloquear a passagem dos raios de luz e absorvê-los ou refleti-los. Uma vez que as partículas e a água são materiais muito diferentes, a suspensões tendem a decantar, separando-se num fluido ralo e num concentrado particulado. Para prevenir a separação, os cozinheiros reduzem o volume da fase contínua (escorrendo ou evaporando o excesso de água) ou aumentam o da fase dispersa (acrescentando amido ou outras moléculas longas, ou ainda gotículas de gordura).

As manteigas de oleaginosas e o chocolate são suspensões de partículas sólidas de sementes numa fase contínua não de água, mas de óleos e gorduras.

Dispersões translúcidas e géis: espessamento com moléculas.

Um único fragmento microscópico da parede de uma célula de tomate ou de uma fibra muscular é feito de milhares de moléculas submicroscópicas. Nem todas as moléculas grandes desses fragmentos podem ser separadas umas das outras de modo a dispersar-se individualmente na água. Porém, aquelas que de fato podem ser extraídas desse modo – amido, pectina, proteínas como a gelatina – são espessantes utilíssimos. Visto que as moléculas individuais são muito menores e mais leves que os grânulos de amido e fragmentos celulares intactos, elas não decantam nem se separam da fase líquida onde estão dispersas. Além disso, são pequenas demais e encontram-se demasiado distantes umas das outras para bloquear a passagem dos raios de luz: por isso, ao contrário das suspensões, as dispersões de moléculas são geralmente translúcidas e vítreas. Em geral, quanto mais longa a molécula, mais eficientemente ela obstrui o movimento da água, pois as moléculas longas se emaranham com mais facilidade. Isso significa que uma pequena quantidade de longas moléculas de

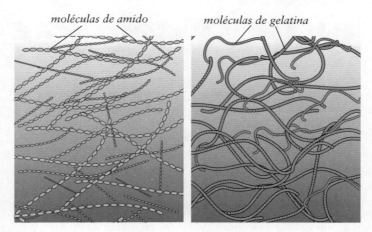

Espessamento de um líquido com moléculas longas. As moléculas dissolvidas de amido (vegetal) ou gelatina (animal) se emaranham umas nas outras e obstruem o fluxo do líquido.

amilose terá o mesmo poder de espessamento que uma grande quantidade de amilopectinas curtas (p. 681), e que as moléculas longas de gelatina espessam melhor que as curtas. O espessamento com moléculas é geralmente efetuado pelo calor, quer para liberar as moléculas das estruturas maiores onde estão engastadas – as moléculas de amido de seus grânulos, as de gelatina do tecido conjuntivo da carne –, quer para soltar umas das outras, por agitação, as moléculas compactadas – as proteínas do ovo, por exemplo –, dando-lhes forma longa, extensa e, por fim, emaranhada.

Dispersões sólidas: os preparados gelatinosos. Quando a fase aquosa de um fluido alimentar contém uma quantidade suficiente de moléculas espessantes dissolvidas e o fluido permanece em repouso e perde calor, essas moléculas podem se ligar umas às outras e constituir um emaranhado ou rede frouxos mas contínuos que permeiam o fluido, imobilizando a água em bolsões entre as moléculas da rede. Essa rede espessa o fluido a ponto de torná-lo um sólido muito úmido, chamado *gel*. É possível fazer um preparado gelatinoso sólido – embora vacilante – com 99% de água e apenas 1% de gelatina. Se o gel for feito de moléculas dissolvidas, será translúcido como a dispersão a partir da qual se formou. São exemplos familiares os preparados gelatinosos salgados feitos de gelatina e os doces feitos de pectina. Se a solução também contiver partículas – os restos de grânulos de amido, por exemplo –, o gel será opaco.

Emulsões: espessamento com gotículas. Graças à sua estrutura e às suas propriedades muito diferentes, as moléculas de água e as de óleo não se misturam homogeneamente umas com as outras (p. 888) e não se dissolvem umas nas outras. Se usarmos um misturador manual ou um liquidificador para obrigar uma pequena porção de óleo a se misturar com uma porção maior de água, as duas formarão um fluido espesso e leitoso. Tanto a viscosidade quanto a opalescência são causadas por pequenas gotículas de óleo que bloqueiam os raios de luz e obstruem o livre movimento das moléculas de água. As gotículas de óleo, logo, comportam-se como as partículas sólidas numa suspensão. Tal mistura de dois líquidos incompatíveis, com gotículas de um

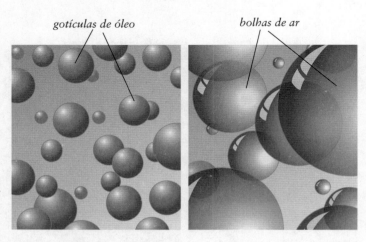

Espessamento de um líquido com gotículas de óleo ou bolhas de ar. Essas pequenas esferas têm uma atuação muito semelhante à das partículas sólidas de alimento, obstruindo o livre fluxo do líquido que as rodeia.

deles dispersas numa fase contínua do outro, é chamada *emulsão*. O termo vem da palavra latina que significa "leite", sendo o leite uma mistura desse tipo (p. 18).

Os emulsificantes. Além dos dois líquidos incompatíveis, a emulsão bem-sucedida requer um terceiro ingrediente: um *emulsificante*. Um emulsificante é uma substância que reveste as gotículas de óleo as impede de reunir-se umas às outras. Vários materiais podem cumprir essa função, entre eles certas proteínas, fragmentos de parede celular e um grupo de moléculas híbridas (a lecitina da gema de ovo, por exemplo) que têm uma extremidade semelhante aos lipídios e a outra hidrossolúvel (p. 894). Para fazer um molho emulsionado, acrescentamos óleo a uma mistura de água e emulsificantes (gema de ovo, ervas ou especiarias moídas) e decompomos o óleo em gotículas microscópicas, que são imediatamente revestidas e estabilizadas pelo emulsificante. Alternativamente, podemos começar com uma emulsão já pronta. O creme de leite é base especialmente robusta e versátil para muitos molhos emulsionados.

Espumas: espessamento com bolhas. À primeira vista, parece estranho que um fluido possa ser espessado pelo acréscimo de ar. O ar é tudo menos espesso! Por outro lado, pense nas espumas que cobrem uma xícara de café expresso ou um copo de cerveja: elas têm corpo suficiente para manter a forma quando pegas com a colher. Do mesmo modo, a massa de panqueca se torna nitidamente mais espessa quando o fermento químico é acrescentado por último. Num fluido, as bolhas de ar têm efeito semelhante ao das partículas sólidas: interrompem a continuidade da massa de água e obstruem o fluxo e o deslocamento de suas moléculas. A desvantagem das espumas é que elas são frágeis e evanescentes. A força da gravidade atrai incessantemente os líquidos que constituem as paredes das bolhas, e, quando essas paredes ficam com a espessura de apenas algumas moléculas, elas se rompem, as bolhas estouram e a espuma se arruína. Há duas maneiras de adiar esse resultado. O cozinheiro pode espessar o fluido com partículas realmente substanciais (gotículas de óleo, proteínas do ovo) a fim de retardar o esvaziamento das paredes das bolhas; pode também acrescentar um emulsificante (lecitina da gema de ovo) para estabilizar a própria estrutura espumosa. Por outro lado, a própria delicadeza e evanescência das espumas não reforçadas contribui para seu fascínio. Essas espumas devem ser preparadas de última hora e saboreadas enquanto desaparecem.

Os molhos propriamente ditos: múltiplos espessantes. Os molhos que os cozinheiros efetivamente fazem quase nunca são suspensões, dispersões, emulsões ou espumas simples. Em regra, combinam duas ou mais técnicas de espessamento. Os purês geralmente contêm tanto partículas suspensas quanto moléculas dispersas; os molhos espessados com amido contêm moléculas dispersas e os restos dos grânulos; os molhos emulsionados incluem proteínas e partículas do leite, de ovos ou de especiarias. Com frequência, os cozinheiros espessam e enriquecem molhos de todo tipo acrescentado-lhes na última hora uma colherada de manteiga ou de creme de leite, tornando-os assim, em parte, uma emulsão de gordura láctea. Essa complexidade da fase dispersa pode tornar a textura dos molhos mais sutil e intrigante.

A INFLUÊNCIA DA CONSISTÊNCIA SOBRE O SABOR

Os espessantes tornam o sabor menos intenso. Em geral, os componentes que criam a consistência do molho têm pouco sabor próprio. Por isso diluem o sabor que o molho já tem. Os espessantes também reduzem ativamente a eficácia das moléculas de sabor no molho. Ligam-se a algumas moléculas, que sequer chegam a ser provadas pelo nosso paladar; e retardam a passagem de outras moléculas para as papilas gustativas e as vias nasais. Visto que as moléculas aromáticas tendem a ser muito mais solúveis em gordura que em água, a gordura presente no molho as prende e diminui a intensidade do aroma. As moléculas de amilose seguram as moléculas aromáticas (e estas, por sua vez, tendem a fazer com que as moléculas de amido se liguem umas às outras e formem agregados leitosos, que dispersam os raios de luz). A farinha de trigo, por fim, retém mais sódio que os amidos puros, de modo que os molhos espessados com farinha de trigo exigem mais sal que os espessados com amido.

Via de regra, portanto, os molhos ralos terão sabor mais intenso e imediato que os mesmos molhos quando mais espessos. Por outro lado, os molhos espessos liberam seu sabor de modo mais gradual e persistente. Cada efeito tem sua utilidade.

Muitos molhos podem ser espessados não pelo acréscimo de espessantes, mas pela remoção de parte da fase contínua – evaporação da água –, de modo que os espessantes presentes fiquem mais concentrados. Esta técnica não reduz o sabor, pois as partículas e moléculas espessantes já terão efetuado todas as ligações possíveis com os agentes de sabor do molho. Na verdade, ela pode até intensificar o sabor, pois a concentração das moléculas saborosas aumenta do mesmo modo que a dos espessantes.

A importância do sal. Pesquisas recentes descobriram curiosos indícios de que os espessantes reduzem nossa percepção do aroma em parte porque reduzem nossa percepção do sabor salgado. Vários carboidratos de cadeia longa, entre eles os amidos, reduzem de início a salinidade aparente do molho, quer por ligarem-se aos íons de sódio, quer por criarem outra sensação (a viscosidade) à qual o cérebro tem de prestar atenção. Essa redução do sabor salgado reduz a intensidade aparente do aroma – não obstante o fato de o mesmo número de moléculas aromáticas estarem se desprendendo do molho e estimulando nossos receptores olfativos. O sentido prático desta descoberta está em que o espessamento de um molho com farinha ou amido reduz globalmente o seu sabor, e *tanto o gosto quanto o aroma* podem ser recuperados, em certa medida, pelo simples acréscimo de um pouco de sal.

MOLHOS ESPESSADOS COM GELATINA E OUTRAS PROTEÍNAS

Se aquecermos suavemente um pedaço de carne ou peixe numa panela, sem acrescentar nenhum outro ingrediente, ele liberará sucos saborosos. Geralmente, a panela é quente suficiente para evaporar a água no mesmo instante em que ela sai do alimento, de modo que as moléculas de sabor se concentrem na superfície da panela e na da própria carne e reajam umas com as outras, gerando pigmentos escuros e um sem-número de novas moléculas saborosas (p. 867). Porém, se os sucos permanecerem na forma de suco, eles constituirão um molho básico, um produto da carne que poderá umedecer e dar sabor à massa de proteínas musculares coaguladas da qual foi retirado. O problema é que a carne, ou o peixe, libera somente uma pequena quantidade de suco em comparação com a de massa sólida. Para satisfazer plenamente nosso apetite, os cozinheiros inventaram métodos para fazer molhos de carne ou de peixe em grande quantidade. Nesses molhos, o espessante principal é a gelatina, uma estranha proteína extraída da carne e do peixe pela cocção. Os cozinheiros também usam outras proteínas animais para espessar molhos, mas o comportamento destas é muito diferente e mais problemático, como veremos (p. 672).

A SINGULARIDADE DA GELATINA

A gelatina é uma proteína, mas não se assemelha às demais proteínas com que os cozinheiros trabalham. Quase todas as proteínas alimentares, quando sujeitas ao calor da cocção, se desdobram, ligam-se permanentemente umas às outras e se coagulam, constituindo massa firme e sólida. Já as moléculas de gelatina, em virtude de sua particular constituição química, não conseguem formar ligações permanentes entre si. Por isso o calor simplesmente desmancha as ligações fracas e temporárias que as mantêm unidas, e as dispersa na água. Por serem muito longas e emaranharem-se facilmente, as moléculas de gelatina dão à mistura um corpo definido e podem até fazê-la endurecer, transformando-a num gel sólido (p. 673). Por outro lado, a gelatina é um espessante relativamente ineficiente. Suas moléculas são demasiado flexíveis, ao passo que as do amido e de outros carboidratos são rígidas e bloqueiam melhor o deslocamento da água. É esse um dos motivos pelos quais os molhos espessados com gelatina geralmente levam também um pouco de amido. Um molho que só contenha gelatina precisa de uma alta concentração dessa substância, 10% ou mais, para ter peso. Nessa concentração, entretanto, o molho se solidifica rapidamente no prato e pode também causar a aderência dos dentes (a gelatina é uma cola excelente!).

A gelatina vem do colágeno. Na carne e no peixe, não existem moléculas de gelatina livres. Elas se encontram intimamente entretecidas na fibrosa proteína do tecido conjuntivo chamada colágeno (p. 142), que garante a resistência mecânica dos músculos, dos tendões, da pele e dos ossos. Cada molécula de gelatina é uma cadeia de cerca de mil aminoácidos. Graças ao padrão repetitivo dos aminoácidos, três moléculas de gelatina se encaixam naturalmente lado a lado e constituem ligações fracas e reversíveis nas quais as três moléculas se dispõem na forma de um helicoide triplo. Então, muitos helicoides triplos se interligam para constituir as fortes fibras do colágeno.

Os cozinheiros usam o calor para desmantelar as fibras de colágeno e gerar gelatina a partir delas. Em se tratando dos animais terrestres, é necessária uma temperatura de cerca de 60 °C para agitar as moléculas musculares a ponto de quebrar as ligações fracas do helicoide triplo. A estrutura ordenada do colágeno entra em colapso e as fibras se contraem, expulsando os sucos de dentro das células musculares. Parte do suco banha as fibras, e algumas moléculas de gelatina, simples ou agregadas, podem se dispersar no suco. Quanto mais alta a temperatura da carne, maior a quantidade de gelatina dispersa. Entretanto, parte das fibras de colágeno se mantêm intactas graças às fortes ligações entre elas. Quanto mais velho o animal e quanto mais seus músculos tiverem trabalhado, mais fortes serão as ligações que constituem o colágeno.

A EXTRAÇÃO DA GELATINA E DO SABOR DAS CARNES

Os músculos que compõem a carne são feitos principalmente de água e das fibras pro-

 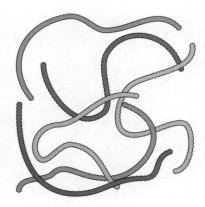

Colágeno e gelatina. As moléculas de colágeno (à esquerda) fornecem resistência mecânica ao tecido conjuntivo e aos ossos dos animais. São constituídas de três cadeias proteicas individuais enroladas num helicoide semelhante a uma corda de fibras. Quando o colágeno é aquecido na água, as cadeias proteicas individuais se desprendem (à direita) e se dissolvem no líquido. Essas cadeias, separadas e desenroladas, são o que chamamos de gelatina.

teicas que fazem o trabalho de contração, as quais não se dispersam na água. Os materiais solúveis e dispersáveis do músculo compreendem cerca de 1% de colágeno (em relação ao peso total da carne), 5% de outras proteínas celulares, 2% de aminoácidos e outras moléculas sápidas, 1% de açúcares e outros carboidratos e 1% de minerais, principalmente fósforo e potássio. Os ossos contêm cerca de 20% de colágeno, a pele suína cerca de 30% e as cartilagens da pata de vitela, cerca de 40%. Logo, os ossos e a pele são fontes de gelatina muito mais ricas que a carne em si, sendo proporcionalmente superiores em poder espessante. Por outro lado, contêm apenas uma pequena fração das outras moléculas solúveis que proporcionam sabor. Para que o molho tenha um bom sabor de carne, é a carne, e não a pele ou os ossos, que deve ser usada em sua confecção.

Quando a carne é cabalmente cozida, libera cerca de 40% de seu peso na forma de suco, e o fluxo de suco praticamente cessa quando o tecido chega aos 70 °C. A maior parte do suco é pura água; o restante são moléculas solúveis presentes nela. Se a carne for cozida em água, a gelatina poderá ser liberada do tecido conjuntivo e extraída no decorrer de um longo período de tempo. Quando o cozinheiro faz um caldo, o tempo de extração é de menos de uma hora para peixes, poucas horas para frango e vitela e um dia inteiro para carne bovina. O tempo ideal de extração varia com o tamanho dos ossos e dos pedaços de carne e com a idade do animal; o colágeno mais interligado de um novilho demora mais para se soltar que o colágeno de uma vitela. À medida que aumenta o tempo de extração, as moléculas de gelatina já dissolvidas se decompõem aos poucos em pedaços menores que cumprem com menos eficiência a função de espessar.

CALDOS E MOLHOS DE CARNE

Há várias estratégias gerais para fazer molhos de carne e peixe. A mais simples delas usa os sucos produzidos pela cocção da carne a ser usada no prato que se pretende fazer, que podem ser aromatizados e/ou espessados no último instante com purês, emulsões ou uma mistura à base de amido. No sistema mais versátil desenvolvido pelos cozinheiros franceses, começa-se por fazer, com bastante antecedência, um extrato aquoso de carne e ossos em que será cozida a carne ou que será concentrado para a elaboração de molhos intensamente saborosos e encorpados. Outrora, esses caldos e concentrados eram a essência da culinária dos restaurantes finos. Hoje são menos importantes, mas ainda representam o suprassumo da arte em matéria de molhos de carne.

A escolha de ingredientes. O objetivo da confecção de um caldo de carne é produzir

---

Palavras da culinária: *stock* (caldo), *broth* (caldo)

A palavra *stock* (caldo), tal como é aplicada na cozinha, reflete o modo como o cozinheiro profissional entende a confecção de molhos. Deriva de uma antiga raiz germânica que significa "tronco de árvore" e tem mais de 60 significados correlatos, todos os quais giram em torno da ideia de materiais e suprimentos básicos e originais. *Stock* é, portanto, a aplicação culinária de um termo muito geral e foi usado pela primeira vez no século XVIII. A palavra *broth* (caldo) é muito mais específica e antiga, pois remonta ao ano 1000 d.C. e à raiz germânica *bru*, que significa tanto "preparar por fervura" quanto o material assim preparado. São correlatos os termos *bouillon* e *brew* (poção, decocção, bebida fermentada).

um líquido saboroso com gelatina em quantidade suficiente para se tornar também encorpado quando for reduzido. A carne é um ingrediente caro, uma excelente fonte de sabor e uma fonte modesta de gelatina. Os ossos e a pele são menos caros e não são saborosos, mas são excelentes fontes de gelatina. Por isso os caldos mais saborosos e dispendiosos são feitos com carne; os mais encorpados e mais baratos, com ossos e pele suína; e os do dia a dia, com um pouco de cada material. Os caldos de carne bovina e de frango têm gosto muito semelhante ao das carnes com que são feitos, ao passo que os de ossos e carne de vitela são apreciados por seu caráter mais neutro, bem como pela copiosa produção de gelatina solúvel. As cartilagens das patas de vitela fornecem quantidade especialmente grande. Em regra, a carne e os ossos são cozidos em uma ou duas vezes seu peso em água (2 l para 1 kg de sólidos) e produzem cerca de metade desse peso de caldo graças à gradual evaporação durante a cocção. Quanto menores os pedaços em que forem cortados, mais rápida a extração.

A fim de arredondar o sabor do caldo, os cozinheiros geralmente cozinham a carne e os ossos com algumas hortaliças aromáticas – aipo, cenoura, cebola –, um sachê de ervas e, às vezes, vinho. As cenouras e cebolas fornecem não somente aroma, mas também doçura; o vinho contribui com os sabores azedo e sápido. Nunca se usa o sal neste estágio da preparação, pois as carnes e as hortaliças liberam um pouco, que se concentra à medida que o caldo é reduzido.

A cocção do caldo. O caldo de carne clássico deve ser tão transparente quanto possível, de modo que possa originar sopas e *aspics* que deleitem não só o paladar como também os olhos. Boa parte dos detalhes da confecção de caldos tem relação com a remoção de impurezas, especialmente das proteínas celulares solúveis que, coaguladas, constituem feias partículas cinzentas.

Em primeiríssimo lugar, os ossos (e muitas vezes também a carne) são bem lavados. Para fazer um caldo leve, são colocados numa panela com água fria, que é aquecida até levantar fervura; são então removidos da panela e enxaguados. Essa etapa de branqueamento remove as impurezas superficiais e coagula as proteínas presentes na superfície da carne e dos ossos, para que elas não turvem o líquido de cocção. Quando o que se quer obter é um caldo escuro para molhos marrons, os ossos e a carne são tostados em forno quente para que as reações de Maillard entre proteínas e carboidratos gerem cor e um sabor mais intenso de carne assada. Esse processo também coagula as proteínas da superfície, tornando desnecessário o branqueamento.

A importância de iniciar a cocção em água fria e do aquecimento lento em panela destampada. Depois do branqueamento ou escurecimento, os sólidos da carne começam a ser cozidos em água inicialmente fria numa panela destampada, que o cozinheiro conduz aos poucos a uma fervura lenta e mantém nesse estado, escumando regularmente a gordura e as impurezas que se acumulam na superfície. O início a frio e o aquecimento lento permitem que as proteínas solúveis se soltem dos sólidos e se coagulem lentamente, formando grandes agregados que ou sobem à tona e são facilmente retirados com escumadeira, ou precipitam-se nas paredes e no fundo da panela. Se a cocção já começasse em água quente, seriam formadas muitas partículas proteicas separadas e minúsculas que permaneceriam suspensas e turvariam o caldo; e o próprio movimento da água em fervura forte agitaria as partículas e as gotículas de gordura, formando ao mesmo tempo uma suspensão turva e uma emulsão. A panela permanece destampada por vários motivos. Isso permite que a água evapore e, logo, perca calor na superfície, tornando menos provável que o caldo entre em fervura forte. Além disso, a evaporação desidrata a escuma, que se torna menos solúvel e mais fácil de retirar. Por fim, é assim que tem início o processo de concentração que redundará num caldo de sabor mais intenso.

Caldos simples e duplos. Quando a escuma para de se formar, são acrescentadas as hortaliças, as ervas e o vinho e a cocção continua em fervura lenta e suave até que a maior parte do sabor e da gelatina tenham sido extraídos dos sólidos. O líquido é filtrado em gaze ou numa peneira de metal sem que os sólidos sejam apertados, para não se extraírem partículas turvas. Em seguida, é cabalmente resfriado e a gordura solidificada é removida da superfície. (Se o cozinheiro não tiver tempo de resfriar o caldo, pode retirar a maior parte da gordura superficial com um tecido, toalhas de papel ou mata-borrões plásticos especialmente fabricados para esse fim.) Agora o caldo está pronto para ser usado como ingrediente na confecção de carnes braseadas e ensopadas e sopas de carne, ou ainda como saboroso líquido de cocção para hortaliças; pode, alternativamente, ser reduzido para a produção de um molho. O cozinheiro pode ainda usá-lo para fazer a extração de uma nova leva de carne e ossos, produzindo o chamado caldo duplo, especialmente saboroso, altamente apreciado – e caríssimo. (O caldo duplo, por sua vez, também pode ser combinado com mais carne e mais ossos para fazer um caldo triplo.)

Uma vez que o período normal de extração, de oito horas, libera somente 20% da gelatina contida nos ossos bovinos, estes podem ser submetidos a nova extração por um período de até 24 horas. O líquido resultante pode ser usado para iniciar a próxima extração de carne e ossos.

A concentração de caldos de carne: glacê e demiglacê. Cozido em calor brando até ser reduzido a um décimo de seu volume original, o caldo se torna o *glace de viande*, literalmente "gelo de carne" ou "vidro de carne", que, ao esfriar, assume a forma de um gel firme e transparente. Graças ao alto teor de gelatina, cerca de 25%, o glacê tem consistência espessa, pegajosa, semelhante à de uma calda grossa de açúcar; graças à concentração de aminoácidos, tem gosto intensamente sápido; e graças às longas horas de cocção, durante as quais as moléculas voláteis se perderam na fervura ou reagiram umas com as outras, tem um aroma arredondado, suave mas um pouco apático. O glacê de carne é usado em pequenas porções para emprestar sabor e corpo aos molhos. A meio caminho entre o caldo e o glacê se encontra o demiglacê ou "meioglace": um caldo reduzido a 25-40% de seu volume original, frequentemente reforçado por uma porção de massa ou purê de tomate que lhe aprimora o sabor e a cor e por alguma farinha ou amido (10-15%) que lhe supre o baixo teor de gelatina. As partículas de tomate e as proteínas do glúten da farinha turvam o caldo e são removidas por escumadeira à medida

---

Concentração do caldo e do sabor para arrematar a confecção de um prato

Como alternativa à redução de grandes quantidades de caldo, ele pode ser reduzido em pequenas levas a fim de complementar os sucos liberados por uma carne assada ou salteada. Uma vez que a carne esteja cozida e seus sucos estejam concentrados e escurecidos no fundo da panela, o cozinheiro pode acrescentar reiteradamente pequenas porções de caldo e reduzi-las até que seus sólidos comecem a escurecer; no fim, dissolve os escurecimentos sucessivos numa última dose de caldo, preparando assim o molho líquido. A alta temperatura da panela decompõe as moléculas de gelatina e as deixa mais curtas; por isso o molho resultante será menos pegajoso e endurecerá mais devagar do que se a gelatina estivesse intacta.

que ele se reduz, e, depois, por uma filtragem final. O amido no demiglacê, cerca de 3-5% de seu peso final, representa em grande parte uma solução de economia – fornece mais densidade com menos redução do caldo e menos perda de volume por evaporação –, mas também tem a vantagem de evitar que parte do sabor do caldo se esvaia com a fervura, e evita a consistência pegajosa da gelatina excessivamente concentrada.

O demiglacê forma a base de muitos molhos clássicos marrons franceses, que ganham sabores e nuances particulares pelo acréscimo de vários outros ingredientes (carnes, hortaliças, ervas, vinho) e espessantes ricos adicionados como arremate (manteiga, creme de leite). Por serem versáteis mas de tediosa preparação, o demiglacê e o glacê são industrializados e largamente disponibilizados na forma congelada.

O consomê e a clarificação com claras de ovos. Uma das sopas mais notáveis que existem é o consomê, um líquido translúcido, de cor âmbar e sabor intenso, com corpo substancioso mas delicado. (O nome vem da palavra francesa que significa "consumido" e se refere à prática medieval de reduzir o caldo de carne até dar-lhe a consistência correta.) É preparado a partir de um caldo básico feito principalmente de carne, não de ossos nem de pele. O caldo é clarificado durante o processo de extração de uma segunda leva de carne e hortaliças. Trata-se de uma espécie de caldo duplo feito especificamente para ser consumido na forma de sopa; até meio quilo de carne é usado para o preparo de uma única porção.

Para efetuar a clarificação do consomê, pedaços pequenos de carne e hortaliças são acrescentados ao caldo frio juntamente com várias claras de ovos ligeiramente batidas. A mistura é lentamente levada à fervura branda e é conservada nesse estado por cerca de uma hora. À medida que o caldo esquenta, as abundantes proteínas das claras começam a coagular e a formar uma rede finíssima, semelhante a uma gaze. Essencialmente, essa rede proteica filtra o caldo desde dentro. As proteínas solúveis da nova leva de carne fornecem grandes partículas proteicas que facilmente ficam presas na rede. Aos poucos, a malha proteica sobe à tona e forma uma espécie de "balsa", que continua a capturar as partículas levadas à superfície pela convecção do líquido. Terminada a cocção, a "balsa" é retirada com escumadeira e as poucas partículas restantes são separadas por peneira ou gaze. O líquido resultante é transparente, embora colorido. A clarificação com claras de ovos acaba por remover também algumas moléculas de sabor e um tanto da gelatina do caldo, e é por isso que o cozinheiro o complementa com carne e hortaliças durante a segunda cocção.

EXTRATOS DE CARNE COMERCIAIS E BASES PARA MOLHOS INDUSTRIALIZADAS

Hoje em dia, a maioria dos cozinheiros domésticos e profissionais usam extratos e ta-

---

O caldo de carne chinês: clarificação sem ovos

As proteínas da clara do ovo são especialmente eficazes para remover pequenas partículas de proteínas e outras substâncias do caldo de carne, mas as próprias proteínas da carne podem cumprir essa tarefa. Para clarificar seus caldos de carne, os cozinheiros chineses cozinham em água a carne e os ossos de frango ou porco e clarificam o líquido duas vezes com levas de carne de frango picada muito fina, que são submetidas a cocção lenta por 10 minutos e depois cuidadosamente removidas com peneira ou gaze.

bletes industrializados para fazer seus molhos e sopas. O pioneiro dos extratos de carne produzidos em massa foi Justus von Liebig, inventor da teoria errônea de que um rápido aquecimento inicial em alta temperatura sela os sucos dentro da carne (p. 179). Na criação do extrato, Liebig foi motivado pela crença igualmente errônea de que as substâncias solúveis da carne contêm a maior parte do seu valor nutricional. É verdade, porém, que contêm boa parte de seu sabor. Hoje em dia, os extratos de carne são feitos pela cocção lenta de restos de carne e/ou ossos em água, a clarificação do caldo e a evaporação de mais de 90% da água. O caldo inicial contém mais de 90% de água e 3-4% de sólidos de carne dissolvidos; o extrato final é um material viscoso que contém cerca de 20% de água, 50% de aminoácidos, peptídeos, gelatina e outras moléculas correlatas, 20% de minerais (sobretudo fósforo e potássio) e 5% de sal. (Existem também extratos fluidos, menos concentrados, e cubos de caldo de carne aos quais se acrescentam vários sabores naturais e artificiais.) Uma vez que a gelatina dificultaria por demais a manipulação desse material concentrado, os fabricantes a decompõem intencionalmente em moléculas menores, prolongando em várias horas o período inicial de cocção e cozinhando na pressão o caldo clarificado (a cerca de 135 °C por 6-8 minutos; esta etapa também coagula as restantes proteínas solúveis). A fim de limitar as reações de escurecimento e manter leves tanto a cor quanto o sabor do extrato, boa parte da evaporação da água é efetuada a temperatura inferior a 75 °C.

As indústrias de alimentos também produzem bases para molhos com aspecto mais convencional, que mantêm a gelatina intacta. Estas são frequentemente comercializadas na forma de demiglacê ou glacê de carne.

Para aprimorar o sabor dos extratos de carne e caldos enlatados adquiridos no comércio, os cozinheiros podem submetê-los a breve cocção com ervas e/ou hortaliças aromáticas cortadas em cubinhos. Assim, o aroma do extrato ou caldo se completa, pois, além de ser genericamente carnoso, ele se perde em boa medida durante o processo de concentração.

O vinho na confecção de molhos

O vinho participa da preparação de vários molhos e às vezes é o ingrediente principal, como no *sauce meurette* da Borgonha (vinho tinto reduzido à metade com carne e hortaliças e espessado com farinha e manteiga). Contribui com vários elementos de sabor: o azedo de seus ácidos, a doçura dos açúcares residuais, a sapidez do ácido succínico e seus aromas característicos. Os aromas são modificados pela cocção, ao passo que a acidez, a doçura e a sapidez, não. Estes sabores se concentram quando a cocção é prolongada suficiente para resultar em redução. O álcool do vinho pode ter sabor agressivo quando aquecido, e por isso boa parte dele é evaporada durante a cocção. Diz-se que a cocção lenta gera um sabor mais refinado que a fervura franca. O tanino do vinho tinto pode representar um problema, especialmente quando uma garrafa inteira de vinho é reduzida a umas poucas colheres de xarope: o tanino concentrado se torna insuportavelmente adstringente. Para evitar este resultado, o vinho pode ser cozido com ingredientes ricos em proteínas, como carne picada em pedaços pequenos ou um caldo reduzido e gelatinoso. Os taninos se ligam às proteínas desses ingredientes e não às proteínas da boca (assim como os taninos do chá se ligam ao leite), perdendo assim seu efeito adstringente.

CALDOS E MOLHOS DE PEIXES E FRUTOS DO MAR

Como os dos mamíferos e aves, os ossos e a pele dos peixes são ricos em tecido conjuntivo. Porém, graças ao ambiente frio em que funcionam os corpos dos animais aquáticos (p. 210), seu colágeno é diferente daquele dos mamíferos e aves. As moléculas que compõem o colágeno dos peixes são menos interligadas e, por isso, a substância derrete e se dissolve em temperatura bem mais baixa. O colágeno e a gelatina de peixes tropicais como a tilápia derretem a cerca de 25 °C; os de peixes de água fria, como o bacalhau, a cerca de 10 °C. Isso significa que a gelatina dos peixes pode ser extraída em temperatura muito inferior ao ponto de ebulição da água e num tempo relativamente curto. O colágeno de lulas e polvos tem mais interligações que o dos peixes, o que explica por que esses moluscos devem ser cozidos por mais tempo e a cerca de 80 °C para liberar a maior parte de sua gelatina. A maioria dos cozinheiros recomenda que os caldos de peixe sejam cozidos por menos de uma hora; caso contrário, serão turvados pelos sais de cálcio dos ossos em processo de desintegração. Outra razão pela qual a extração deve ser suave e breve é que a gelatina do peixe é relativamente frágil e se decompõe mais facilmente em elementos menores quando cozida. E, pelo fato de essas moléculas estabelecerem ligações mais fracas umas com as outras, elas constituem géis delicados que derretem numa temperatura muito inferior à da boca: cerca de 20 °C ou menos.

Visto que o sabor do peixe se deteriora rapidamente, é importante que o caldo de peixe ou *fumet* seja elaborado com ingredientes extremamente frescos. Peixes inteiros, ossos e cartilagens devem ser cabalmente limpos e lavados. As guelras, ricas em sangue e altamente perecíveis, devem ser descartadas. Os cozinheiros costumam cozinhar brevemente os ingredientes em manteiga para realçar-lhes o sabor. Um molho de consistência gelatinosa pode ser elaborado a partir do líquido em que o peixe foi pocheado ou do líquido usado para a cocção no vapor, uma vez que a mais breve cocção basta para extrair o sabor e a gelatina. O líquido em que tradicionalmente se

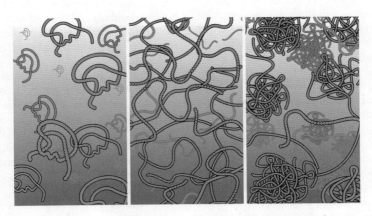

Espessamento e coagulação de proteínas. Dois resultados possíveis do aquecimento das proteínas do ovo, que a princípio se encontram enrodilhadas em forma compacta (à esquerda). Se as condições forem favoráveis a seu desdobramento, elas formam uma rede frouxa de cadeias longas (no meio) e espessam o molho. Se forem aquecidas em excesso, as cadeias se agregam e se coagulam em blocos compactos (à direita), que dão ao molho consistência e aparência granulosa.

cozinham os peixes é um *court bouillon* ou "caldo rápido" feito pela rápida cocção conjunta de água, sal, vinho e ingredientes aromáticos (p. 239).

As cascas dos crustáceos não contêm colágeno, de modo que sua cocção não acrescentará corpo ao extrato. Na verdade, a extração dos elementos das cascas dos crustáceos é feita normalmente em manteiga ou óleo, pois os pigmentos e sabores ali presentes são mais solúveis em gordura do que em água (p. 245).

OUTROS ESPESSANTES PROTEICOS

De todas as proteínas, a gelatina é a mais fácil de manipular e a que melhor resiste aos erros do cozinheiro. Quando é aquecida em água, suas moléculas se dispersam entre as do líquido; quando este é resfriado, elas se ligam novamente umas às outras; caso seja reaquecida, elas tornarão a se dispersar. Quase todas as outras proteínas de animais e vegetais têm um comportamento diametralmente oposto: o calor as faz desdobrar-se e perder seu formato inicialmente compacto, emaranhar-se e constituir fortes ligações entre si, coagulando-se de modo permanente e irreversível e constituindo um sólido firme. É assim que os ovos líquidos se solidificam, o maleável tecido muscular se torna a rígida carne que comemos e o leite se coagula. Claro está que uma peça sólida de proteína coagulada jamais poderá servir de base para um molho. Por outro lado, não é impossível controlar a coagulação das proteínas de modo a usá-las para encorpar molhos.

O cuidadoso controle da temperatura.

Para começar, os cozinheiros elaboram o líquido saboroso, mas ralo, que servirá de base para o molho; depois, acrescentam uma fonte qualquer de proteínas em fina suspensão. Um exemplo seria o fricassê, no qual o líquido é o caldo onde foi cozido um frango ou outra carne e a fonte de proteínas é a gema de ovo. A mistura é suavemente aquecida. No momento em que as proteínas se desdobram e começam a se emaranhar – mas antes de formarem ligações fortes –, o molho se espessa perceptivelmente: adere à colher em vez de escorrer. O cozinheiro atento tira imediatamente o molho do fogo e o mexe, impedindo as proteínas de constituir um grande número de ligações fortes entre si. À medida que o molho esfria, as ligações não se formam mais. Se, por outro lado, o molho esquenta demais e as proteínas se vinculam, elas acabam por se coagular em partículas densas; o molho se torna granulado e a fase líquida volta a ser rala. A maioria das proteínas animais começam a coagular por volta de 60 °C, mas este ponto crítico pode variar, de modo que nada substitui o cauteloso controle da consistência do preparado. Uma vez espessado o molho, uma filtragem cuidadosa poderá remover os poucos grumos que se terão formado.

Em todos os molhos espessados por proteínas, o cozinheiro deve tomar cuidado ao misturar o molho quente com o espessante frio. Sempre é melhor acrescentar um pouco de molho ao espessante, aquecendo-o suavemente e diluindo-o, e depois devolver essa mistura ao restante do molho. Se o espessante for colocado diretamente no molho, parte do primeiro se aquecerá em demasia e coagulará, formando partículas granuladas. Às vezes, os cozinheiros incorporam pasta de fígado ou órgãos de frutos do mar na manteiga e resfriam a mistura. Quando um tanto dessa mistura é acrescentada ao molho, a manteiga derrete e libera o espessante aos poucos; ao mesmo tempo, dificulta a interligação e a coagulação das proteínas do espessante. A inclusão de farinha ou amido também pode proteger as proteínas da coagulação; as longas moléculas de amido se insinuam entre as proteínas e as impedem de formar muitas ligações fortes entre si.

Se você cozinhar em demasia um molho espessado com proteínas e a sua fase líquida se separar das partículas proteicas granuladas, mesmo assim será possível salvá-lo. Bata-o no liquidificador, separe com a peneira as partículas grosseiras remanescentes e, se for necessário, torne a espessá-lo com o material que tiver à mão (gema de ovo, farinha, amido).

Gema de ovo. De todos os espessantes proteicos, o mais eficiente é a gema de ovo, o que se explica em parte por sua concentração: a gema contém 16% de proteínas e somente 50% de água. É também a mais fácil de usar, pois é um ingrediente comum e barato e suas proteínas já se encontram dispersas num fluido rico e cremoso. É usada principalmente para espessar molhos de cor clara: molho branco, *blanquette* e fricassê, por exemplo. Os molhos espessados com gema podem ser fervidos, desde que também levem amido em sua formulação.

O molho sabayon também é parcialmente espessado pela coagulação das proteínas da gema (p. 712).

Fígado. O fígado é um espessante saboroso, mas tem a desvantagem de precisar ser desintegrado para que possa ser usado. As proteínas coaguláveis se concentram dentro de suas células. Por isso o cozinheiro deve abrir as células, macerando o tecido, e em seguida retirar, com a peneira, as partículas de tecido conjuntivo que agregam as células.

Sangue. O sangue é espessante tradicional do *coq au vin*, o molho francês de galo ao vinho, e dos braseados feitos com carne de caça (*civets*). Tem cerca de 80% de água e 17% de proteínas e comporta duas fases: as várias células, entre as quais os glóbulos vermelhos pigmentados pela hemoglobina, e o plasma fluido em que as células flutuam. O plasma perfaz cerca de dos terços do volume do sangue bovino e suíno e contém proteínas dispersas, cerca de 7% de seu peso. A albumina é a proteína que faz o sangue espessar em temperatura superior a 75 °C*.

Órgãos de frutos do mar. O "fígado" e as ovas de crustáceos e os tecidos sexuais dos ouriços-do-mar têm as mesmas vantagens e desvantagens que o fígado, mas se espessam e coagulam em temperatura muito inferior. Devem ser acrescentados ao molho cautelosamente, tomando o cuidado de esperar que este esfrie até uma temperatura bem abaixo do ponto de ebulição da água.

Queijo e iogurte. Estes laticínios diferem dos demais espessantes proteicos pelo fato de suas proteínas, as caseínas, já terem sido coaguladas pela atividade enzimática e/ou pela acidez. Portanto, o fato de serem aquecidos num molho não lhes possibilita espessar ainda mais. O que ocorre é que, misturados no molho, eles o tornam mais denso pelo fato de serem densos. O melhor é não sujeitá-los ao calor excessivo, uma vez que podem formar grânulos firmes em temperatura próxima a 100 °C. O iogurte, desde que separado do soro aquoso, é um espessante mais eficaz. Os melhores queijos usados como espessantes são aqueles que em si já têm consistência cremosa, indício de que a rede proteica foi decomposta em pedaços pequenos, que se dispersam facilmente em meio aquoso. Fibras de caseína mais intactas podem formar agregados filamentosos (p. 72). A maioria dos queijos é fonte concentrada de gordura, cujas gotículas emulsionadas dão corpo ao molho.

Leite de amêndoas. Este extrato aquoso de amêndoas moídas contém quantidade significativa de proteínas que espessam o líquido quando aquecidas ou acidificadas (p. 560).

MOLHOS SÓLIDOS: OS PREPARADOS GELATINOSOS À BASE DE GELATINA E DE CARBOIDRATOS

Quando se permite que um caldo de carne ou peixe esfrie em temperatura ambiente, ele às vezes forma um sólido frágil, um gel. Este comportamento pode ser indesejável – quando, por exemplo, o molho se firma na hora de comer. Porém, os cozinheiros

---

* No Brasil, o tradicional frango ao molho pardo da cozinha mineira se assemelha ao *coq au vin*: o sangue é utilizado no espessamento do molho. (N. do R. T.)

também sabem explorá-lo para fazer deliciosos preparados gelatinosos. O preparado gelatinoso é, de certa forma, um molho sólido. O gel se forma quando a concentração de gelatina é suficientemente alta, cerca de 1% ou mais do peso total do caldo. Nessa concentração, a densidade de moléculas de gelatina é elevada o suficiente para que suas longas cadeias se sobreponham e formem no caldo uma rede contínua. Quando o caldo esfria e chega à temperatura em que a gelatina derrete, cerca de 40 °C, as cadeias extensas dessa proteína começam a reassumir a forma enrodilhada que tinham no triplo helicoide original das fibras de colágeno (p. 663). E quando os helicoides de diferentes moléculas se aproximam uns dos outros, eles se encaixam e formam ligações, constituindo novos helicoides duplos e triplos. Essas articulações do colágeno, reconstituídas, dão certa rigidez à rede de moléculas de gelatina, e tanto estas quanto as moléculas de água que as rodeiam já não podem fluir livremente. O líquido se transforma em sólido. Um gel de gelatina a 1% é frágil e trepidante e se decompõe facilmente quando manipulado; as sobremesas de gelatina, mais conhecidas, mais robustas e feitas com gelatina produzida industrialmente, em geral contêm pelo menos 3% de proteína. Quanto maior a proporção de gelatina, mais firme e elástico será o gel.

Os preparados gelatinosos são notáveis por dois motivos. Quando bem feitos, são translúcidos, cintilantes, bonitos quer sozinhos, quer como moldura para outros alimentos embutidos dentro deles. E a temperatura em que as articulações de gelatina se separam é quase a mesma que a temperatura do corpo: por isso os géis de gelatina derretem espontaneamente na boca, transformando-se num fluido encorpado. A boca se banha em molho. Nenhum outro espessante tem essa qualidade.

A CONSISTÊNCIA DOS PREPARADOS GELATINOSOS

A firmeza ou força de um gel de gelatina, e portanto sua tolerância à manipulação e sua textura quando do consumo, dependem de vários fatores: as próprias moléculas de gelatina, a presença de outros ingredientes e o modo pelo qual a mistura é cozida.

A qualidade e a concentração da gelatina. Os fatores mais importantes da tex-

---

Os molhos espessados por proteínas e a saúde

Os molhos espessados com proteínas são muito nutritivos e os microrganismos são capazes de se multiplicar neles rapidamente. O melhor é conservá-los a mais de 60 °C ou a menos de 5 °C para impedir o crescimento de bactérias que causam intoxicação alimentar. Ao deixar esfriar uma grande quantidade de caldo de carne, o cozinheiro deve dividi-lo em porções pequenas para que a temperatura caia rapidamente e o caldo permaneça pelo menor período possível na faixa de perigo.

Como as carnes bem escurecidas, os caldos e molhos de carne cujo sabor é dado por sucos escurecidos na panela ou pela longa redução contêm pequena quantidade de substâncias chamadas aminas heterocíclicas. Sabe-se que as AHCs danificam o DNA e, portanto, podem contribuir para o desenvolvimento do câncer (p. 137). Ainda não sabemos se, na quantidade encontrada em carnes e molhos, elas representam uma ameaça significativa. As hortaliças da família do repolho contêm substâncias que impedem as AHCs de fazer mal ao DNA. Por isso pode ser que os outros alimentos presentes numa dieta equilibrada nos protejam dos efeitos tóxicos dessas aminas.

tura de um preparado gelatinoso são a concentração e a qualidade da gelatina. A gelatina é um material altamente variável. Mesmo as gelatinas industriais (a seguir) só contêm entre 60 e 70% de moléculas de gelatina intactas, tão compridas quanto devem ser; as moléculas restantes são pedaços menores, cuja eficiência como espessantes é reduzida. A gelatina dos caldos é especialmente imprevisível, pois o teor de colágeno da carne e dos ossos é variável e a cocção prolongada acarreta a decomposição progressiva das cadeias proteicas. O melhor método para avaliar a força de um gel consiste em esfriar uma colherada de líquido numa vasilha colocada sobre água gelada, ver se o líquido endurece e aquilatar sua firmeza. O líquido ao qual falta firmeza pode ser reduzido para melhor concentrar a gelatina, ou pode ser suplementado com pequena quantidade de gelatina pura.

Outros ingredientes. Outros ingredientes de uso comum têm efeitos diversos sobre a força do gel quando incluídos no preparado gelatinoso.

- O sal reduz a força do gel na medida em que prejudica as ligações entre as moléculas de gelatina.
- Os açúcares (com exceção da frutose) aumentam a força do gel na medida em que atraem moléculas de água e, assim, aumentam a densidade das moléculas de gelatina em suspensão.
- O leite aumenta a força do gel.
- O álcool aumenta a força do gel até atingir entre 30 e 50% do seu peso. A partir dessa taxa, começa a causar a precipitação da gelatina em partículas sólidas.
- Os ácidos – vinagre, sucos de frutas, vinho – com pH abaixo de 4 tornam o gel mais fraco na medida em que intensificam as cargas elétricas repulsivas nas moléculas de gelatina.

Para compensar o efeito enfraquecedor do sal e dos ácidos, pode-se aumentar a concentração de gelatina.

Tanto os ingredientes fortemente ácidos em geral quanto os taninos presentes no chá e no vinho tinto podem turvar o preparado gelatinoso: os ácidos por precipitarem as

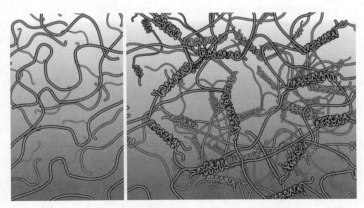

Como a gelatina transforma um líquido num sólido. Quando a solução de gelatina está quente (à esquerda), as moléculas de água e proteínas se encontram em constante e vigoroso movimento. À medida que a solução esfria e essa movimentação molecular se reduz, as proteínas naturalmente começam a formar pequenos aglomerados em que seus filamentos se ligam em estruturas helicoidais semelhantes à do colágeno (à direita). Essas "articulações" aos poucos constituem uma rede contínua de moléculas de gelatina que prende o líquido em seus interstícios, impedindo o fluxo dele. A solução se transforma num gel sólido.

proteínas do caldo de carne ou peixe; os taninos, por se ligarem às próprias moléculas de gelatina e precipitá-las. O melhor é cozinhar rapidamente esses ingredientes na solução de gelatina, de modo que esta possa ser clarificada ou passada na peneira antes de endurecer.

Algumas frutas – mamão, abacaxi, melão e kiwi, entre outras – contêm enzimas que digerem proteínas e decompõem as moléculas de gelatina em pedaços menores, prejudicando fatalmente sua capacidade de gelificação. Tanto essas frutas quanto seus sucos só podem ser transformados em preparados gelatinosos se forem cozidos de antemão para desativar as enzimas.

A temperatura de resfriamento. A temperatura em que o gel se forma e na qual se conserva depois de formado afeta sua textura. Quando resfriadas na geladeira, as moléculas de gelatina se imobilizam no lugar onde estão e se ligam umas às outras de modo rápido e aleatório, de modo que tanto as ligações quanto a estrutura geral da rede são relativamente fracas. Quando se lhes permite endurecer lentamente em temperatura ambiente, as moléculas têm tempo para se deslocar e constituir articulações helicoidais mais regulares. Por isso, depois de formada, a rede é mais firme e estável. Na prática, os preparados gelatinosos devem ser postos para esfriar na geladeira a fim de minimizar a multiplicação de bactérias. As ligações entre moléculas de gelatina continuam a se estabelecer lentamente depois de endurecido o gel. Isso sigifica que, depois de alguns dias, os preparados gelatinosos resfriados na geladeira se tornam tão firmes quanto aqueles resfriados em temperatura ambiente.

PREPARADOS GELATINOSOS FEITOS COM CARNES E PEIXES: OS *ASPICS*

Os preparados gelatinosos feitos com carnes e peixes remontam à Idade Média (p. 651) e ainda são pratos requintados, elaborados para exibir as habilidades do cozinheiro. Sua confecção muito se assemelha à do consomê. Idealmente, o ponto de partida é um saboroso caldo de carne – frequentemente cozido com uma pata de vitela para proporcionar boa quantidade de gelatina – ou um caldo duplo de peixe. Os caldos são clarificados com clara de ovos e carne ou peixe picados; depois, são recheados e temperados imediatamente antes de endurecer. Os *aspics* devem ser firmes suficiente para suportar a ação da faca, mas na boca devem ser frágeis e trêmulos, jamais resistentes. Quando revestem uma terrine ou um corte grande de carne, ou quando unem pedaços de carne picada, devem ser mais firmes, com teor de gelatina de 10-15%, de modo que não se desfaçam em pedaços nem escorram sobre o alimento. Os preparados gelatinosos e *aspics* de peixe são especialmente delicados em razão do baixo ponto de fusão da gelatina dos animais aquáticos; tanto esses preparados

---

Palavras da culinária: *gel* (gel), *gelatin* (gelatina), *jelly* (preparado gelatinoso)

Tanto *gel* (gel) e *jelly* (preparado gelatinoso), palavras que designam um sólido frágil composto quase somente de água, quanto *gelatin* (gelatina), o nome da proteína capaz de transformar um líquido em sólido, vêm todas de um raiz indo-europeia que significa "frio" ou "congelar". Quem faz um preparado gelatinoso congela o líquido – não por meio do decréscimo de temperatura, mas aproveitando as propriedades das moléculas.

quanto as vasilhas e pratos em que são servidos devem ser conservados sob refrigeração para impedir o derretimento prematuro. Há uma versão mais prosaica do *aspic* de carne chamada *boeuf à la mode*: carne braseada em vinho e caldo de carne com uma pata de vitela, cortada em fatias e embutida no gel peneirado feito com o líquido de cocção. *Chauds-froids* são preparados gelatinosos de carne ou peixe que incluem creme de leite.

OUTROS PREPARADOS GELATINOSOS E *GELÉES*: GELATINAS INDUSTRIAIS

Os primeiros preparados gelatinosos eram todos feitos com carne e peixe, mas os cozinheiros logo começaram a usar as gelatinas de origem animal para emoldurar outros ingredientes – especialmente cremes e sucos de frutas – num sólido transparente. Assim, o preparado gelatinoso se tornou um ingrediente padrão para os confeiteiros, que também o usam para dar delicada firmeza a algumas musses, cremes de leite batidos e cremes de confeiteiro. Atualmente, nos Estados Unidos, os preparados gelatinosos mais conhecidos – ambos feitos de gelatina industrializada em pó – são as sobremesas de gelatina, com sabores de frutas e cores fluorescentes, e os drinques chamados *shooters*, reforçados com vodca e outros destilados. Os preparados mais refinados, frequentemente designados pelo nome francês *gelée*, tiram vantagem do fato de os outros ingredientes poderem ser acrescentados no último minuto, quando a mistura está entre morna e fria e a ponto de endurecer. Isso permite que sabores frescos e delicados sejam preservados dentro do gel: coisas como champanhe ou a "água" de um tomate do qual se tiraram as sementes.

A produção de gelatina. A maior parte das gelatinas produzidas atualmente nos Estados Unidos e na Europa é feita de pele suína, embora parte também seja feita de pele e ossos bovinos. A extração industrial é muito mais eficiente e suave que a caseira, danificando muito menos as cadeias de proteína. As peles suínas são banhadas em ácido diluído por 18-24 horas para decompor as interligações entre as moléculas de colágeno e depois têm suas proteínas extraídas em várias mudas de água, começando a cerca de 55 °C e terminando a 90 °C. As extrações em baixa temperatura contêm as moléculas de gelatina mais intactas, produzem os géis mais fortes e são as que têm a cor mais clara; as temperaturas mais altas danificam as cadeias de gelatina e causam uma descoloração amarelada. Depois, os extratos são filtrados e purificados, têm o pH corrigido para 5,5, são evaporados, esterilizados e dessecados em folhas ou grânulos contendo 85-90% de gelatina, 8-15% de água, 1-2% de sais e 1% de glicose. Nos Estados Unidos, a qualidade da gelatina é às vezes indicada por um número qualquer de unidades "Bloom" (do nome de Oscar Bloom, inventor do aparelho de medição). Os números mais altos (250, por exemplo) indicam maior poder de gelificação.

Tipos de gelatina. A gelatina é vendida em muitas formas diferentes. A gelatina gra-

---

A gelatina não fortalece as unhas nem o cabelo

Embora muita gente creia que os suplementos alimentares de gelatina fortalecem as unhas e o cabelo, não há provas de que isso seja verdade. As unhas e o cabelo são feitos de uma proteína muito diferente, chamada queratina; e a gelatina não leva vantagem sobre nenhuma outra fonte proteica no fornecimento de matéria-prima para a produção de queratina.

nulada e a gelatina em folha são inicialmente mergulhadas em água fria para que a rede gelatinosa sólida possa absorver umidade e se dissolver imediatamente quando o líquido quente for acrescentado. Se for posta diretamente no líquido quente, as camadas exteriores dos grânulos sólidos podem se tornar pegajosas e provocar a aderência dos grânulos vizinhos, embora até esses agregados acabem por se dispersar. As folhas, com sua área superficial menor, introduzem menos ar no líquido. Isso pode ser uma vantagem quando o cozinheiro quer um preparado gelatinoso mais claro. Existe também uma gelatina "instantânea" fabricada pela secagem rápida do extrato, secagem essa que não permite às cadeias de gelatina formar suas articulações. Esse produto é dispersado diretamente no líquido quente. E as gelatinas hidrolizadas, por fim, são aquelas que foram intencionalmente decompostas em cadeias pequenas demais para formar um gel; são usadas como emulsificantes pelas indústrias de alimentos (p. 699).

A proporção habitualmente recomendada pelos pacotes de sobremesa de gelatina nos Estados Unidos é de um pacote de 7 g por xícara de água, constituindo uma solução de 3%. As soluções de 2% e 1% redundam em gelatinas proporcionalmente mais frágeis e tenras.

CARBOIDRATOS GELIFICANTES: ÁGAR-ÁGAR, CARRAGENANA, ALGINATOS

A gelatina não é o único ingrediente que os cozinheiros têm à disposição para transformar um líquido saboroso num sólido intrigante. Os géis de amido nos dão vários recheios de torta e a bala de goma chamada *rahat*; os géis de pectina nos fornecem todas as geleias e preparados gelatinosos de frutas (p. 329). Nas regiões costeiras do mundo, os cozinheiros descobriram há muito tempo que várias algas marinhas liberam na água quente uma substância viscosa que forma um gel quando a água esfria. Essas substâncias não são proteínas como a gelatina, mas carboidratos incomuns dotados de propriedades insólitas e úteis. Os fabricantes de alimentos industrializados os usam para fazer géis e estabilizar emulsões (no creme de leite e no sorvete, por exemplo).

Iguarias gelatinosas: tendões, barbatanas e ninhos

Os chineses são grandes admiradores das texturas gelatinosas, da viscosidade semissólida do tecido conjuntivo submetido a cocção prolongada. Em razão disso, fazem sopas com vários ingredientes que no Ocidente mal seriam considerados comestíveis. Um exemplo são os tendões bovinos; feitos de puro tecido conjuntivo, quando cozidos em fogo lento por algumas horas desenvolvem um textura simultaneamente gelatinosa e crocante. As barbatanas de tubarão, uma iguaria, são secas depois de retiradas desse peixe cartilaginoso, reidratadas, cozidas em várias mudas de água para eliminar os sabores ruins e, por fim, cozidas lentamente em caldo.

O ingrediente mais insólito são os ninhos de aves da família dos cipselídeos que nidificam em cavernas: os andorinhões do gênero *Collocalia*, endêmicos em todo o sudeste e o sul da Ásia. Os machos constroem os ninhos com filamentos da própria saliva, que aderem às paredes das cavernas e, secando, formam uma espécie de taça pequena e resistente. Os ninhos coletados são postos de molho em água fria para que as impurezas sejam removidas e o líquido, absorvido; depois, são lentamente cozidos em caldo de carne. São apreciados pela consistência semissólida, gelatinosa, que não se deve à presença de gelatina, mas à de proteínas salivares chamadas mucinas, aparentadas com as mucinas da clara de ovo (p. 85).

Ágar-ágar. O ágar-ágar, nome que vem da língua malaia, é uma mistura de vários carboidratos e outros materiais. É extraído há muito tempo de diversos tipos de algas vermelhas (p. 378). Hoje em dia, sua fabricação envolve a fervura das algas, a filtragem do líquido e a liofilização do mesmo na forma de bastonetes ou filamentos, que se encontram facilmente nas mercearias asiáticas. As peças sólidas de ágar-ágar podem ser consumidas cruas, simplesmente umedecidas e cortadas em bocados, fornecendo um ingrediente de consistência resistente para saladas frias. Na China, o ágar-ágar é transformado num gel sem sabor que, fatiado, é servido com um molho complexo; também é usado para gelificar misturas saborosas de sucos de frutas e açúcar e ensopados de carne, peixe ou hortaliças. No Japão, o ágar-ágar é transformado em balas de goma.

O ágar-ágar é capaz de formar géis em concentração menor que a da gelatina – menos de 1% do peso total do gel. O gel de ágar-ágar é relativamente opaco e tem textura mais farelenta que o de gelatina.

Para confeccionar um preparado gelatinoso de ágar-ágar, o ingrediente seco é posto de molho em água fria, aquecido ao ponto de fervura para que as cadeias de carboidratos se dissolvam plenamente e misturado com os outros ingredientes; a mistura é coada e resfriada até endurecer, em torno de 38 °C. Ao passo que o gel de gelatina endurece e derrete na mesma temperatura, o de ágar-ágar só volta a derreter quando sua temperatura chega a 85 °C. Por isso ele não se desmancha na boca; deve ser mastigado. Por outro lado, ele permanece sólido mesmo em dias quentes e pode ser servido quente. Os cozinheiros modernos aproveitaram essa propriedade e criaram pratos quentes em que pequenos pedaços de gel de ágar-ágar, de sabor contrastante com o do ingrediente principal, são nele dispersados.

Carragenana, alginatos, gelana. Os cozinheiros de espírito experimentador estão explorando vários outros carboidratos gelificantes, alguns dos quais são tradicionais e outros, não. A *carragenana*, extraída

---

O ágar-ágar: da panela para a placa de Petri

Há muito que os géis sólidos de ágar-ágar são instrumento convencional para o estudo de microrganismos. Os cientistas os preparam carregados de vários nutrientes e cultivam colônias de microrganismos em sua superfície. Os géis de ágar-ágar apresentam várias vantagens em relação à gelatina, originalmente usada como veículo de cultivo. Pouquíssimas bactérias são capazes de digerir os incomuns carboidratos do ágar-ágar, de modo que os géis permanecem intactos e separados das colônias bacterianas, ao passo que muitas bactérias digerem proteínas e podem liquefazer rapidamente um gel de gelatina, transformando-o numa sopa inútil. Além disso, o gel de ágar-ágar permanece sólido nas temperaturas que mais favorecem a multiplicação de bactérias, ou seja, em torno de 38 °C, temperatura em que a gelatina começa a derreter.

Como os microbiologistas começaram a usar o ágar-ágar? No final do século XIX, Lina Hesse, esposa norte-americana de um cientista alemão, lembrou-se de um conselho dado por familiares seus que haviam morado na Ásia e fez gelatinas e pudins de ágar-ágar que permaneceram sólidos no calor do verão em Dresden. Seu marido comunicou a sugestão da mulher ao chefe, o pioneiro microbiologista Robert Koch, que acabou usando o ágar-ágar para isolar o bacilo que causa a tuberculose.

de certas algas vermelhas (p. 378), há muito é usada na China para gelificar ensopados e líquidos saborosos, e, na Irlanda, para fazer uma espécie de pudim de leite. Porções purificadas de carragenana produzem géis de texturas diversas, de quebradiça a elástica. Os *alginatos* são extraídos de diversas algas marrons e só formam géis na presença de cálcio (no leite ou creme de leite, por exemplo). Os cozinheiros mais inventivos aproveitam essa propriedade para confeccionar pequenas esferas e filamentos saborosos: preparam uma solução de alginatos sem cálcio, mas dotada do sabor e da cor desejados, e gotejam-na ou a injetam numa solução de cálcio, onde ela se gelifica imediatamente. A *gelana*, descoberta por meios industriais, é um carboidrato secretado por uma bactéria e, na presença de sais ou ácidos, forma géis extremamente transparentes que facilmente liberam seu sabor.

MOLHOS ESPESSADOS COM FARINHA E AMIDO

Muitos molhos, desde os clássicos molhos marrons franceses cozidos por horas e horas até os *gravies* preparados no último minuto, devem pelo menos parte de sua consistência à substância chamada *amido*. Ao contrário dos outros espessantes, o amido é integrante importante de nossa dieta cotidiana. É a molécula em que a imensa maioria dos vegetais acumula a energia gerada pela fotossíntese e fornece cerca de três quartos de todas as calorias consumidas por toda a população humana, sobretudo na forma de cereais e tubérculos. De todos

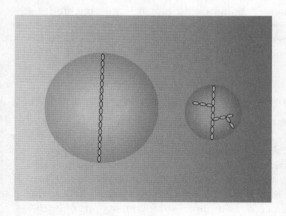

Dois tipos de amido. As moléculas de amido são agregados de centenas ou milhares de moléculas de glicose encadeadas. Assumem duas formas: cadeias retas de amilose *(à esquerda)* e cadeias ramificadas de amilopectina *(à direita). A* cadeia de amilose abrange um volume maior de líquido que a amilopectina, mesmo que esta tenha o mesmo número de moléculas de glicose. Por isso a amilose tem maior probabilidade de se emaranhar em outras cadeias e é mais eficiente, como espessante, que a amilopectina.

Amido puro

Desde a Antiguidade o amido é isolado das proteínas e outros materiais que compõem os cereais. O romanos o chamavam de *amylum*, ou seja, "não moído". Para obtê-lo, moíam o trigo no almofariz e deixavam a farinha de molho por vários dias, no decorrer dos quais as bactérias se multiplicavam e digeriam as paredes celulares e as proteínas do glúten, deixando intactos os densos grânulos de amido. Tornavam a moer a borra e filtravam-na em linho fino, que retinha os grânulos. Estes eram secos ao sol e cozidos no leite ou usados para espessar molhos (p. 650).

os espessantes com que os cozinheiros trabalham, o amido é o mais barato e o mais versátil e se dá muito bem na companhia da gelatina e da gordura. O cozinheiro pode optar entre diversos tipos de amido, cada qual com suas propriedades.

A NATUREZA DO AMIDO

As moléculas de amido são longas cadeias de milhares de moléculas de glicose unidas entre si. Há dois tipos de moléculas de amido: uma cadeia comprida e reta chamada amilose e uma cadeia curta e ramificada chamada amilopectina. Os vegetais acumulam as moléculas de amido em grânulos sólidos e microscópicos. O tamanho, o formato, o teor de amilose e amilopectina e as propriedades dos grânulos de amido variam de acordo com a espécie de planta da qual eles provêm.

A amilose linear e a ramificada amilopectina. Os formatos das moléculas de amilose e amilopectina têm efeito direto sobre sua capacidade de espessar um molho. Dissolvida em água, a cadeia reta de amilose se enrodilha, formando longas estruturas helicoidais, mas não perde seu formato unidimensional. Pelo fato de as cadeias de amilose serem longas, é maior a probabilidade de que uma encoste em outra ou num grânulo de amido intacto: cada uma delas abrange um volume relativamente grande de líquido. Por outro lado, o formato ramificado da amilopectina a torna compacta e, portanto, diminui a probabilidade de ela colidir com outras moléculas; e, mesmo que colida, tem menos probabilidade de se emaranhar nas moléculas e grânulos vizinhos e tornar mais lento o movimento destes. Ou seja, um pequeno número de moléculas longas de amilose tem poder de espessamento igual ao de um grande número de moléculas de amilopectina. Por isso, com pequena quantidade de fécula de batata, rica em amilose, o cozinheiro pode obter o mesmo espessamento obtido com uma quantidade maior dos amidos de trigo ou milho, mais pobres em amilose.

Inchaço e gelificação. A grande utilidade do amido decorre do seu comportamento quando disperso em água quente. Caso se

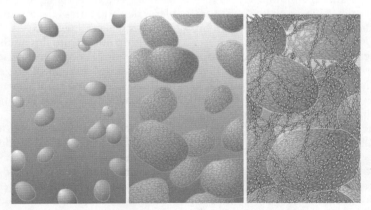

Como se espessa um molho com amido. Os grânulos de amido crus opõem pouca resistência ao livro fluxo do líquido circundante (à esquerda). À medida que o molho esquenta e a temperatura chega à faixa de gelificação, os grânulos absorvem água e incham, e a consistência do molho começa a se tornar mais densa (no meio). Prosseguindo a cocção e aproximando-se a temperatura dos 100 °C, os grânulos incham ainda mais e secretam cadeias de amido no líquido circundante (à direita). É nesse estágio que a consistência do molho se torna a mais espessa possível.

misture um pouco de farinha de trigo ou amido de milho em água fria, nada de extraordinário acontecerá. Os grânulos de amido absorvem lentamente uma quantidade limitada de água, cerca de 30% de seu próprio peso, e simplesmente decantam para o fundo do recipiente. Porém, quando a água chega a uma determinada temperatura, a energia de suas moléculas é suficiente para romper as regiões mais fracas dos grânulos. Então, estes absorvem mais água e incham, submetendo a grandes tensões suas regiões mais fortes e organizadas. Dentro de uma certa faixa de temperatura característica de cada fonte de amido, mas que em geral começa em torno dos 50-60 °C, os grânulos de repente perdem sua estrutura organizada, absorvem grande quantidade de água e se transformam em redes amorfas de amido entremeado em água. Essa temperatura se chama *faixa de gelificação*, pois os grânulos se tornam géis individuais, ou seja, malhas de moléculas longas que contêm água. A faixa de gelificação pode ser reconhecida na prática pelo fato de a suspensão de grânulos, inicialmente turva, de repente se tornar mais translúcida. A concentração das moléculas individuais de amido diminui e elas já não desviam os raios de luz; por isso a mistura fica mais clara.

Espessamento: os grânulos perdem moléculas de amido. Dependendo da concentração inicial dos grânulos de amido, a mistura de amido e água pode se espessar perceptivelmente em diversos estágios do processo de inchaço e gelificação. A maioria dos molhos são razoavelmente diluídos (contém menos de 5% de amido em relação ao peso) e se espessa durante a gelificação, quando a mistura começa a se tornar translúcida. Atingem a consistência mais densa quando os grânulos gelificados soltam moléculas de amilose e amilopectina no líquido circundante. As longas moléculas de amilose constituem uma espécie de "rede de pescar" tridimensional que não só prende bolsões de água como também obstrui o deslocamento dos grânulos inchados, que, no contexto, se assemelham a grandes baleias nadando muito perto umas das outras.

Raleamento: os grânulos se quebram. Depois de alcançar a consistência mais densa, a mistura de amido e água aos poucos se torna novamente mais rala. Há três coisas que o cozinheiro pode fazer para estimular o raleamento: aquecer o molho por longo período depois de espessá-lo, aquecê-lo até o ponto de ebulição da água e mexê-lo vigorosamente. As três têm o mesmo efeito: despedaçam os grânulos inchados e frágeis. Embora isso os faça liberar ainda mais amilose na água, também diminui o número de corpúsculos grandes a ficarem presos na rede de amilose. Em outras palavras, o tamanho e a densidade da rede de pesca aumentam, mas as grandes baleias se tornam pequenos lambaris. Esse efeito de raleamento se faz notar especialmente em pastas muito espessas e é menos óbvio nos molhos normais. Se os grânulos já forem poucos e bem espaçados desde o início, sua desintegração será menos evidente. O raleamento é acompanhado por um refinamento da textura à medida que as partículas de amido desaparecem por completo, deixando atrás de si somente moléculas pequenas e indetectáveis.

Parte do raleamento dos molhos de amido submetidos a cocção prolongada é causada pela gradual decomposição das próprias moléculas de amido em fragmentos menores. A acidez acelera essa decomposição.

Resfriamento, novo espessamento e solidificação. Uma vez gelificado o amido de um molho e liberada a sua amilose, chegará o momento em que o cozinheiro o julgará pronto. A partir daí, a temperatura do molho começa a cair. À medida que a mistura esfria, as moléculas de água e amido se movem com menos energia e, a certa altura, a força das ligações temporárias formadas entre elas começa a predominar sobre os efeitos das colisões aleatórias. Aos poucos, as moléculas mais longas de amilose constituem ligações estáveis umas com as outras, semelhantes às ligações que inicialmente as mantinham presas nos grânulos; e as moléculas se água se aninham nos bolsões entre as cadeias de amido. Resultado: a mistura líquida se torna progressivamente mais espessa. Se as moléculas de amilose estiverem suficientemente concentradas e a temperatura cair o bastante, a mistura líquida se solidificará, formando um gel parecido com o de gelatina. (As ramificadas amilopectinas levam muito mais tempo para estabelecer ligações entre si; por isso os amidos pobres em amilose demoram a se solidificar.) É assim que se fazem recheios de torta, certos pudins e outras misturas sólidas, mas úmidas, que levam amido em sua composição.

Como prever a consistência do molho na temperatura em que será servido. É importante que o cozinheiro preveja o resfriamento e o consequente espessamento. A maioria dos molhos são criados na boca do fogão e em alta temperatura, cerca de 93 °C; mas, quando derramados em fina camada sobre o alimento e servidos, imediatamente começam a esfriar e espessa-se.

Por mais espesso que seja um molho na panela, é certo que será ainda mais espesso quando for efetivamente consumido; pode até solidificar-se no prato. Por isso o molho deve ser sempre mais ralo no fogão do que se pretende que seja à mesa. (A minimização da quantidade de espessante tem ainda o efeito de reduzir o grau de perda de sabor do molho.) O melhor método para prever a textura final do molho é derramar uma colherada numa vasilha fria e experimentá-la.

OS DIFERENTES AMIDOS E SUAS QUALIDADES

Os cozinheiros podem escolher entre diversas fontes de amido para espessar seus molhos, cada uma das quais tem suas peculiares qualidades. Dividem-se elas em duas famílias: os amidos de cereais, como o da farinha de trigo e o amido de milho, e os de tubérculos e raízes, como a batata e a araruta*. Há um amido muito menos comum, que nos Estados Unidos geralmente

---
* Estes últimos, na terminologia oficial brasileira, são chamados *féculas*. (N. do T.)

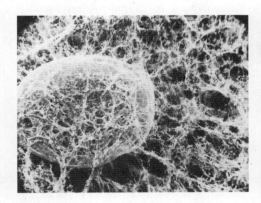 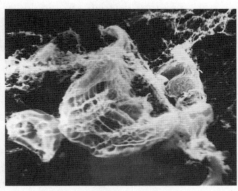

O amido na confecção de molhos. Um grânulo inchado de fécula de batata preso numa rede de moléculas que saíram dele e de outros grânulos (à esquerda). O molho espessado com amido é o mais espesso possível nesse estágio, quando tanto os grânulos quanto as moléculas de amido obstruem o movimento da água.
Um grânulo de amido de trigo que perdeu quase todas as suas moléculas para o líquido circundante (à direita). À medida que os grânulos num molho espessado com amido se desintegram, eles já não se prendem na rede de moléculas de amido livres e, consequentemente, a textura do molho se torna menos consistente.

só figura na lista de ingredientes dos rótulos de alimentos processados: o sagu original, extraído do miolo do caule de uma palmeira do Pacífico (*Metroxylon sagu*)*.

Amidos de cereais. Os amidos extraídos de cereais tendem a partilhar certas características. Seus grânulos têm tamanho médio e contêm quantidade pequena, mas significativa, de lipídios (gorduras, ácidos graxos, fosfolipídios) e proteínas. Essas impurezas acabam por dar alguma estabilidade estrutural aos grânulos, os quais portanto gelificam-se em temperatura mais alta; e turvam as misturas de amido e água, além de emprestar-lhes certo sabor típico de cereais. A luz que passa por uma rede gelificada de puro amido e água é refletida em múltiplos raios por pequenos complexos de amido e lipídios ou amido e proteínas, adquirindo aspecto leitoso e opaco. Os amidos de cereais contêm alta proporção de moléculas de amilose relativamente longas que facilmente se organizam em rede. Por isso os molhos feitos com eles se espessam e se solidificam rapidamente ao esfriar.

Farinha de trigo. Na confecção da farinha de trigo, os grãos de trigo são moídos e, em seguida, o endosperma rico em amido é separado do farelo e do germe (p. 586). A farinha de trigo só contém cerca de 75% de amido e mais ou menos 10% de seu peso são proteínas, sobretudo as proteínas insolúveis do glúten. Por isso é menos eficiente como espessante que o puro amido de milho ou a fécula de batata; é preciso usar mais farinha para obter a mesma consistência. A regra básica é usar uma vez e meia mais farinha que amido puro. Esta farinha tem um característico sabor de trigo que os cozinheiros costumam alterar, pré-tostando a farinha antes de acrescentá-la ao molho (p. 687). As partículas em suspensão de proteínas do glúten tornam os molhos à base de farinha de trigo especialmente opacos e dão à superfície deles uma aparência fosca, a menos que o molho seja cozido por várias horas e escumado para remover o glúten.

Amido de milho. O amido de milho é praticamente puro e, nesse sentido, é mais eficiente como espessante que a farinha de trigo. Na sua manufatura, os grãos de milho integrais são postos de molho e submetidos a moagem grossa para remover o germe e a casca. O material restante é novamente moído, peneirado e centrifugado para separar as proteínas. O amido resultante é lavado, secado e moído uma terceira vez para se tornar um pó finíssimo, composto de grânulos isolados ou pequenos agregados de grânulos. Durante esse processamento a úmido, os grânulos de amido absorvem odores e desenvolvem seus próprios cheiros quando os resquícios de lipídios se oxidam. Por isso o amido de milho tem um sabor característico e bem diferente do da farinha de trigo, que é moída a seco.

Amido de arroz. O amido de arroz quase nunca é encontrado nos mercados ocidentais. De todos os amidos, é o que tem em média os menores grânulos, e produz uma textura especialmente refinada nos primeiros estágios do espessamento.

Féculas. Comparadas com os amidos de cereais secos, as féculas – ou seja, os amidos dos úmidos órgãos subterrâneos de armazenamento das plantas – se apresentam na forma de grânulos maiores que retêm mais moléculas de água, cozinham mais rápido e liberam suas moléculas em temperatura mais baixa. Contêm menos amilose, mas sua amilose tem cadeias até quatro vezes mais longas que a dos cereais. As féculas das diversas raízes e tubérculos contêm apenas uma pequena fração dos lipídios e proteínas associados aos amidos de cereais, o que as faz gelificar-se rapidamente – os lipídios retardam a gelificação, pois estabilizam a estrutura dos grânulos – e lhes dá sabor menos pronunciado. Estas féculas dão aos molhos uma aparência translúcida

---

* Este ingrediente não deve ser confundido com aquele chamado sagu no Brasil, feito de fécula de mandioca. Ver o quadro da p. 644. (N. do T.)

e brilhante. As propriedades das féculas tornam-nas adequadas para corrigir a consistência de um molho no último minuto: proporcionam bastante espessamento em pouca quantidade, espessam-se rapidamente e não precisam ser pré-tostadas para aprimorar o sabor.

Fécula de batata. A fécula de batata foi o primeiro amido refinado a adquirir destaque comercial no Ocidente e ainda é importante amido alimentar na Europa. Diversas características suas chamam a atenção. Seus grânulos são muito grandes, com diâmetro de até um décimo de milímetro, e suas moléculas de amilose são extremamente longas. Essa combinação dá à fécula de batata um poder inicial de espessamento muito maior que o de qualquer outro amido. As longas cadeias de amilose emaranham-se entre si e com os grânulos gigantes, obstruindo o livre movimento do fluido do molho. Esse emaranhamento também cria longos agregados de amilose e grânulos, o que pode produzir uma consistência pegajosa. E os grandes grânulos inchados emprestam aos molhos uma perceptível aspereza inicial. Entretanto, os grânulos são frágeis e prontamente se fragmentam em partículas menores; assim, tendo alcançado o ponto de máximo espessamento e granulosidade, a consistência de um molho feito com fécula de batata rapidamente se torna mais rala e acetinada. A fécula de batata também é incomum por se apresentar vinculada a um grande número de grupos de fosfatos, que portam carga elétrica fraca e fazem que as cadeias de amido repilam umas às outras. Essa repulsão colabora para que as cadeias se mantenham homogeneamente dispersas no molho e favorece a densidade e a translucidez da dispersão, além de coibir sua tendência a se solidificar na forma de gel quando resfriada.

Fécula de mandioca ou polvilho. A fécula de mandioca ou polvilho, derivada da raiz da planta tropical chamada mandioca, aipim ou macaxeira (*Manihot esculenta*, p. 339), é usada sobretudo na confecção de doces. Tende a se tornar especialmente pegajosa em meio líquido e, por isso, nos diversos países onde é consumida, às vezes se apresenta na forma de esferas pré-gelificadas – o ingrediente chamado "sagu" no Brasil (p. 644) –, que são depois submetidas a cocção apenas suficiente para se amaciar. Uma vez que a mandioca se conserva bem sob a terra e é transformada em amido poucos dias depois da colheita, o polvilho não desenvolve os aromas fortes encontrados nos amidos de trigo e milho ou na fécula de batata, tipicamente extraída de tubérculos velhos de segunda qualidade. O pol-

Propriedades de alguns amidos e féculas comuns cozidos em água

	Temperatura de gelificação	Máximo espessamento	Consistência	Estabilidade sob cocção prolongada	Aparência	Sabor
Trigo	52-85 °C	+	Cremosa	Boa	Opaca	Forte
Milho	62-80 °C	++	Cremosa	Moderada	Opaca	Forte
Batata	58-65 °C	+++++	Pegajosa	Fraca	Translúcida	Moderado
Mandioca	52-65 °C	+++	Pegajosa	Fraca	Translúcida	Neutro
Araruta	60-86 °C	+++	Pegajosa	Fraca	Translúcida	Neutro

vilho é especialmente apreciado por seu sabor neutro*.

Araruta. A fécula de araruta conhecida no Ocidente é refinada a partir das raízes de uma planta natural do Caribe (*Maranta arundinacea*). Esta fécula tem grânulos menores que as de batata e mandioca, produz um preparado de consistência menos pegajosa e não se torna tão rala sob cocção prolongada. Sua temperatura de gelificação é mais alta que a das demais féculas e se assemelha à do amido de milho. Na Ásia e na Austrália há várias outras plantas e amidos chamados de araruta ou, em inglês, *arrowroot* (espécies dos gêneros *Tacca*, *Hutchenia*, *Canna*).

Féculas chinesas. Na China, o amido era originalmente extraído do painço e da castanha-d'água. Hoje em dia, a maioria dos molhos chineses é espessada com amidos de milho, batata ou batata-doce – todas elas plantas do Novo Mundo. Entre as demais fontes de amido naturais da Ásia podem-se mencionar o inhame, o gengibre, o lótus e o tubérculo da trepadeira chamada kudzu (*Pueraria*).

Amidos modificados. As indústrias de alimentos não se contentaram com os amidos disponíveis na natureza, sobretudo porque a consistência por eles criada não se mantém estável ao longo de todo o ciclo de produção, distribuição, estocagem e consumo. Por isso vários amidos mais estáveis foram criados. Os agrônomos desenvolveram variedades "cerosas" de milho cujas sementes praticamente não contêm amilose, mas somente amilopectina; esta não forma redes tão facilmente quanto a amilose. Assim, os amidos cerosos criam molhos e géis que resistem ao endurecimento e não se separam numa fase firme e num resíduo aquoso – problema que acomete os amidos ricos em amilose.

Os fabricantes de ingredientes também usam tratamentos físicos e químicos para modificar as moléculas de amido obtidas de cultivares convencionais. Pré-cozinham e desidratam os amidos de várias maneiras para produzir pós ou grânulos que absorvem água fria com facilidade ou se dispersam em líquido, e os espessam sem o auxílio do calor. Alteram-nos, ainda, com substâncias químicas – interligando as cadeias, oxidando-as ou inserindo nelas grupos de moléculas lipossolúveis – para torná-los menos suscetíveis à decomposição durante a cocção, dar-lhes mais eficiência na estabilização de emulsões e lhes conferir outras propriedades que os amidos "naturais" geralmente não têm. Nos rótulos dos produtos industrializados, esses amidos figuram como "amido modificado".

A INFLUÊNCIA DOS OUTROS INGREDIENTES SOBRE OS MOLHOS ESPESSADOS COM AMIDO

Sabores: sal, açúcar, ácidos. O amido e a água determinam a estrutura do molho, ao passo que a maioria dos outros ingredientes só exercem efeitos secundários sobre essa estrutura. O sal, os ácidos e o açúcar costumam ser acrescentados em razão de sua contribuição para o sabor. O sal reduz ligeiramente a temperatura de gelificação do amido, ao passo que o açúcar a aumenta. Os ácidos, na forma de vinho ou vinagre, estimulam a fragmentação das cadeias de amido e diminuem seu comprimento, de tal modo que os grânulos se gelificam e desintegram em temperatura mais baixa e o produto final, dada certa quantidade de amido, resulta menos viscoso. As féculas são nitidamente afetadas pela acidez moderada (pH inferior a 5), ao passo que os amidos de cereais são capazes de suportar a acidez típica do iogurte e de diversas frutas (pH 4). A cocção suave e breve minimiza a decomposição causada pelos ácidos.

---

* No Brasil, além do polvilho comum ou "doce", usa-se também o polvilho azedo, derivado da fécula de mandioca. O polvilho azedo é um amido modificado por oxidação. Graças a essa modificação, adquire a propriedade de expansão, que outros amidos nativos não têm. A expansão permite seu uso na fabricação de biscoitos de polvilho e pão de queijo. (N. do T.)

Proteínas e gorduras. Dois outros materiais são encontrados na maioria dos molhos e influenciam sua textura. A farinha de trigo contém cerca de 10% de proteínas em relação ao peso e boa parte dessa fração é composta de glúten insolúvel. Os agregados de glúten tendem a ficar presos na rede de amido e, assim, aumentam ligeiramente a viscosidade da solução, embora os amidos puros provavelmente sejam, no conjunto, espessantes mais poderosos. Os molhos feitos a partir de caldos de carne concentrados também contêm boa quantidade de gelatina, mas a gelatina e o amido não parecem afetar o comportamento um do outro.

As gorduras, por fim, geralmente estão presentes na forma de manteiga ou óleo, ou ainda da gordura derretida que escorre da carne assada. Não se misturam com os compostos hidrossolúveis, mas é fato que retardam a penetração de água nos grânulos de amido. A gordura acrescenta ao molho as sensações de lisura e umidade; usada na pré-cocção da farinha para um *roux*, ela reveste as partículas de farinha e as impede de aderir umas às outras quando mergulhadas em água. Impede, portanto, a formação de pelotas.

A INCORPORAÇÃO DO AMIDO NOS MOLHOS

Para espessar um molho com amido, o cozinheiro precisa incorporar o amido ao molho. Elementar, mas nada simples! Quando se acrescentam farinha de trigo ou amido puro diretamente a um molho quente, eles formam grumos e não chegam jamais a se dispersar de modo homogêneo: no mesmo instante em que mergulham no líquido quente, os agregados de grânulos de amido desenvolvem uma superfície pegajosa e parcialmente gelificada que sela dentro dela os grânulos secos e impede sua dispersão.

Pastas de amido e água, *beurre manié,* **carne enfarinhada.** Os cozinheiros usam quatro métodos para incorporar amido num molho. O primeiro consiste em misturar o amido com um pouco de água fria, de modo que os grânulos se umedeçam e se separem antes de chegar à temperatura de gelificação. A pasta de amido e água pode então ser acrescentada diretamente ao molho. Outro método consiste em separar as partículas de amido ou farinha não com água, mas com gordura. A *beurre manié*, ou "manteiga sovada", é uma pasta de farinha incorporada no mesmo peso de manteiga. Quando um pouco da pasta é acrescentado a um molho quente que precisa ser espessado na última hora, a manteiga derrete e só aos poucos libera no líquido as partículas de amido lubrificadas. O inchaço e a gelificação são retardados pela camada superficial hidrorrepelente.

Um terceiro método para a incorporação de amido no molho é introduzi-lo no começo da cocção, não no final. Na confecção de muitos ensopados e fricassês, os pedaços de carne são enfarinhados e salteados; só então é que se acrescenta o líquido de cocção, que constituirá também o molho. A essa altura, o amido já se dispersou sobre a grande área superficial dos pedaços de carne e já foi pré-revestido com a gordura usada no salteado, a qual o impede de formar grumos quando o líquido é acrescentado.

Roux. O quarto método para a incorporação do amido no molho se transformou numa arte independente, embora menor. Consiste em pré-aquecer separadamente o amido em gordura, confeccionando o preparado que os franceses chamam de *roux* ("vermelho-acastanhado"). O princípio básico funciona com qualquer forma de amido em qualquer espécie de gordura ou óleo. No sistema tradicional francês, o cozinheiro aquece cuidadosamente numa panela pesos iguais de farinha e manteiga, e pode dosar o calor de modo a conduzi-los a três pontos finais consecutivos: no primeiro, a mistura perde a umidade, mas a farinha permanece branca; no segundo, a farinha desenvolve leve tom amarelado; no terceiro, adquire coloração caracteristicamente marrom.

Aprimoramentos do sabor, da cor e da capacidade de dispersão. Além de revestir as partículas de farinha com gordura e facilitar sua dispersão num líquido quente, a confecção do *roux* exerce três outros efeitos úteis sobre a farinha. Em primeiro lugar, retira dela o sabor de cereal cru e desenvolve um sabor arredondado, tostado, que se torna mais pronunciado e intenso à medida que a cor se torna mais escura. Em segundo lugar, a própria cor – produto das mesmas reações de escurecimento entre carboidratos e proteínas que geram o sabor tostado – pode acrescentar certa profundidade à cor do molho.

Por fim, o calor provoca o rompimento de algumas cadeias de amido e, e seguida, faz com que elas constituam novas ligações umas com as outras. Em geral, isso significa que as cadeias e ramos longos se decompõem em pedaços menores que depois formam ramos curtos em outras moléculas. As moléculas curtas e ramificadas são menos eficientes que as cadeias longas para espessar líquidos, mas também tardam mais a se ligarem umas às outras e formarem uma rede contínua à medida que o líquido esfria. Por isso o molho perde a propensão a endurecer no prato. Quanto mais escuro o *roux*, maior o número de cadeias de amido que sofrem esse tipo de modificação e, portanto, maior a quantidade de *roux* necessária para produzir um dado espessamento. Para a mesma quantidade de líquido, é preciso acrescentar quantidade maior de *roux* escuro que do claro. (A versão industrial da confecção do *roux*, com a finalidade de tornar o amido mais capaz de se dispersar e mais estável quando do resfriamento, é chamada *dextrinização* e envolve o aquecimento a 190 °C do amido seco na companhia de uma substância fracamente ácida ou alcalina.)

Fora da França, o *roux* ocupa lugar de destaque na culinária de Nova Orleans, onde a farinha é pré-cozida em vários pontos definidos, desde amarelo-claro até marrom-chocolate, e onde os cozinheiros chegam a usar vários *roux* num único *gumbo* ou ensopado a fim de que cada um deles empreste ao produto final uma nuança característica de sabor.

A primeira receita de *roux* publicada

Por muito tempo se imaginou que as primeiras receitas de *roux* surgiram na França do final do século XVII, mas apresentamos aqui uma das duas receitas alemãs publicadas 150 anos antes de La Varenne. Elas dão a entender que esta versão do uso do amido como espessante foi desenvolvida no período final da Idade Média.

Como cozinhar uma cabeça de javali e lhe preparar um molho

A cabeça de javali deve ser bem fervida em água e, quando pronta, posta sobre uma grelha e regada com vinho. Assim, dará a impressão de ter sido cozida no vinho. Depois, faz com ela um molho preto ou amarelo. Se quiseres fazer o molho preto, aquece um pouco de gordura e tosta nela uma colher pequena de farinha de trigo. Em seguida, acrescenta-lhe vinho e xarope de cereja, de modo a lhe dar a cor negra, e, ainda, açúcar, gengibre, pimenta-do-reino, cravo e canela, uvas-passas e amêndoas picadas bem finas. Prova-a e termina de temperá-la a gosto.

– *Das Kochbuch der Sabina Welserin*, 1533, trad. inglesa de Valoise Armstrong

O AMIDO NOS MOLHOS FRANCESES CLÁSSICOS

No código formalizado por Auguste Escoffier em 1902, há três molhos básicos parcialmente espessados com farinha de trigo: os molhos marrom e branco à base de caldo de carne, chamados *espagnole* e *velouté*; e o bechamel, à base de leite. Cada um deles envolve uma combinação específica de *roux* e líquido. O molho marrom consiste num caldo feito de hortaliças, carne e ossos escurecidos, que é reduzido depois de espessado com um *roux* cozido até a farinha escurecer. O molho branco usa um caldo feito com carne, hortaliças e ossos *não* escurecidos e é ligado por um *roux* amarelo-claro. O bechamel associa o leite a um *roux* no qual a farinha não chega a mudar de cor. A partir desses três molhos básicos, o cozinheiro pode produzir dezenas de molhos derivados. Basta, para tanto, arrematar o molho com diferentes temperos e ingredientes ricos.

Uma vez acrescentado o *roux* ao caldo, a mistura é submetida por bastante tempo a cocção lenta – duas horas para o molho *velouté* e até dez horas para o molho marrom. No decorrer desse período, o sabor se concentra à medida que a água evapora; os grânulos de amido se dissolvem e se dispersam entre as moléculas de gelatina, resultando numa textura extremamente sedosa. O molho marrom é cozido por mais tempo porque se pretende que seja quase translúcido. É necessário, portanto, que as proteínas do glúten coagulem e sejam conduzidas à superfície, onde podem ser escumadas juntamente com os sólidos do tomate.

Escoffier disse que o molho deve apresentar três qualidades: um gosto "decidido", uma textura leve e sedosa mas não líquida e uma aparência acetinada. O gosto depende da qualidade do caldo e da perícia no uso dos temperos, ao passo que a consistência e a aparência dependem do processo de espessamento. Em geral é necessária uma cocção longa, suave e paciente, de modo que o amido perca completamente sua textura granulada e as proteínas insolúveis do glúten fiquem presas na escuma superficial e possam ser removidas. A gelatina empresta algum corpo aos molhos feitos com caldos de carne, mas é o amido que lhes confere a maior parte de sua viscosidade. Depois da redução, a concentração de amido nesses molhos é de cerca de 5%; a de gelatina, provavelmente metade disso.

Molhos à base de leite: bechamel e "molho fervido". É claro que os molhos

---

Escoffier e o *roux* do futuro

Embora fosse sobretudo um tradicionalista, Escoffier admitia estar à espera do dia em que o amido puro viesse a substituir a farinha de trigo como espessante nos molhos à base de caldo.

Com efeito, se [o amido] é absolutamente necessário para dar ao molho seu caráter suave e aveludado, será muito mais simples usá-lo puro, o que nos permitirá levá-lo ao ponto no menor tempo possível e evitar a prolongada estadia no fogo. Por isso é infinitamente provável que em breve o amido, a fécula ou a araruta refinados a um estado de absoluta pureza venham a substituir a farinha de trigo no *roux*.

Entretanto, a maior parte daqueles que hoje em dia continuam elaborando os molhos clássicos permanecem fiéis à farinha de trigo.

à base de leite, e não de caldo de carne, são mais fáceis de fazer e suportam melhor os erros de quem os elabora; por já serem leitosos, o cozinheiro não precisa se preocupar em cozinhá-los por longo tempo para deixá-los transparentes. O molho clássico à base de leite espessado com amido é o bechamel, cujos únicos outros ingredientes são os temperos e a manteiga em que o amido é pré-cozido por poucos minutos. Uma vez acrescentado o leite ao *roux*, o molho é cozido suavemente por 30-60 minutos, escumando ocasionalmente a película de leite e proteínas da farinha que se forma na superfície. O amido é mais eficaz para espessar leite do que para espessar caldos de carne, talvez porque se ligue também às proteínas e glóbulos de gordura do leite, incorporando esses pesados ingredientes a sua rede de obstrução de movimento. Graças a seu sabor agradável, mas neutro, o bechamel é um molho versátil que pode ser imbuído dos mais diversos sabores e servido com diferentes ingredientes principais. Também é elaborado em várias consistências, cada uma das quais atende a uma finalidade. Os preparados espessos (6% de farinha em relação ao peso) servem como base para suflês; os mais ralos, para umedecer e enriquecer gratinados.

No "molho fervido" (*boiled dressing*) frequentemente usado nos Estados Unidos para umedecer o *coleslaw* (salada de repolho picado) e outras saladas robustas, a farinha não só espessa o leite e/ou o creme de leite como também ajuda a impedir que o vinagre coagule as proteínas do leite e da gema de ovo em partículas graúdas.

O *GRAVY*

Chegamos por fim ao prosaico parente anglo-americano dos molhos franceses: o *gravy* espessado com amido e tipicamente preparado para acompanhar uma carne assada. Trata-se de um molho elaborado de última hora, imediatamente antes de a refeição ser servida; é diluído com líquidos adicionais e espessado com farinha de trigo. Os resíduos da carne assada, tanto a gordura quanto os sólidos escurecidos, dão ao *gravy* sua cor e sabor. Primeiro, a gordura é escorrida e reservada e a assadeira é "deglaçada": os sólidos escurecidos são retirados dela com uma pequena quantidade de água, vinho, cerveja ou caldo de carne. O líquido dissolve os produtos das reações de escurecimento que se pegaram à assadeira e, assim, incorpora seus sabores especialmente ricos. Esse líquido usado na deglaçagem também é reservado. Em seguida, parte da gordura é devolvida à panela com idêntico volume de farinha, e esta é cozida até perder o aroma de cereal cru. O líquido usado na deglaçagem é acrescentado à razão de cerca de uma xícara (250 ml) para cada uma ou duas colheres (10-20 g) de farinha. A mistura é cozida até engrossar, o que ocorre em questão de poucos minutos.

Por ser feito de última hora, o *gravy* não é cozido por tempo suficiente para que os grânulos de amido se desintegrem. Logo, em geral tem textura relativamente grosseira, mesmo que não seja engrumada. Isso lhe dá um caráter muito diferente daquele dos molhos franceses: robusto e vigoroso ou, às vezes, quase excessivamente substancioso. Para obter consistência mais sedosa, o cozinheiro pode fazer um preparado inicial com a farinha e uma pequena parte do líquido usado na deglaçagem, aquecendo a mistura até que os grânulos de amido se gelifiquem e, inchando, apertem-se uns contra os outros, constituindo uma pasta grossa; deve, em seguida, bater vigorosamente a pasta para romper os grânulos em pedacinhos menores. A pasta é então misturada com o restante do líquido usado na deglaçagem e cozida em fogo lento até que o molho atinja a desejada consistência homogênea.

MOLHOS ESPESSADOS COM PARTÍCULAS DE VEGETAIS: OS PURÊS

Alguns dos molhos mais deliciosos que comemos, como os de tomate e maçã, são elaborados pelo simples esmagamento de frutas e hortaliças. O esmagamento libera os sucos das células da fruta ou hortaliça e quebra as paredes celulares e fragmentos que permanecem suspensos no fluido e obstruem os movimentos deste, tornando-o mais espesso. As sementes oleaginosas e especiarias, mesmo moídas, não têm sucos próprios, mas espessam o líquido ao qual são acrescentadas porque absorvem parte de sua água e lhe oferecem partículas celulares secas que lhe obstruem o fluxo.

Até há pouco tempo, para fazer a maioria dos purês de tecidos vegetais, estes eram cozidos até amolecer e depois amassados no almofariz ou passados uma peneira fina. Os purês de vegetais crus só podiam ser feitos com frutas macias de tão maduras ou sementes oleaginosas quebradiças. Os cozinheiros de hoje têm acesso a máquinas poderosas – liquidificadores, processadores de alimentos – que lhes permitem transformar em purê qualquer fruta, hortaliça ou semente, quer crua, quer cozida.

AS PARTÍCULAS DE VEGETAIS: ESPESSANTES GRANULOSOS E POUCO EFICIENTES

Em comparação com os outros métodos de espessamento, o simples esmagamento tende a produzir um molho granuloso, que facilmente se separa em partículas sólidas e num fluido aguado. Os fragmentos sólidos das paredes celulares dos vegetais são blocos de milhares de moléculas de carboidratos e proteínas. Se essas moléculas se dispersassem isoladas pelo fluido – como as moléculas de gelatina e amido em outros molhos –, elas prenderiam a si um número muito maior de moléculas de água, se emaranhariam umas nas outras e seriam pequenas demais para que a língua as detectasse como partículas individualizadas. Porém, os fragmentos das células vegetais têm desde 0,01 mm até 1 mm de diâmetro; a língua os percebe como granulados, e eles são muito menos eficientes que as moléculas individuais na tarefa de se ligar à água ou obstar o fluxo dos líquidos. E, por serem em geral muito mais densos que os fluidos celulares, os fragmentos acabam decantando e separando-se dos fluidos. O aquecimento sem meximento tende a acelerar essa separação, pois a água livre pode subir acima da fase particulada e se acumular na superfície.

Alguns molhos e preparados correlatos não têm a intenção de serem acetinados e sedosos; pelo contrário, o cozinheiro deixa intactos alguns pedaços de tecido para chamar a atenção para a própria textura da fruta ou hortaliça. Os molhos mexicanos de tomate e tomatilho, o molho de oxicoco e o molho de maçã são exemplos conhecidos.

O refinamento da textura dos purês. Para refinar a textura básica dos purês, os cozinheiros podem modificar quer as partículas vegetais sólidas, quer o meio líquido que as rodeia.

Reduzir o tamanho das partículas de vegetais. Há várias maneiras de tornar as partículas de vegetais as menores possíveis.

Palavras da culinária: *purée* (purê)

A palavra *purée* (purê), que designa frutas, hortaliças ou tecidos animais cabalmente esmagados, vem em última análise do latim *purus*, que significa "puro". A Inglaterra emprestou uma forma do descendente francês (o verbo *purer*) que tinha tanto um sentido geral ("purificar") quanto um específico: drenar o excesso de água de feijões e ervilhas deixados de molho. Os feijões e ervilhas eram depois cozidos até se tornarem papa, e a consistência dessa papa parece ter servido de protótipo para todos os outros purês.

- O próprio processo de confecção do purê é um esmagamento físico que quebra o tecido vegetal em pedaços e libera de dentro dele as moléculas que efetuarão o espessamento. Para isto, os melhores instrumentos são o almofariz e o liquidificador; o processador de alimentos não esmaga, mas corta. A produção de um purê fino pode levar algum tempo, mesmo no liquidificador – alguns minutos ou mais.
- As partículas grandes podem ser removidas pelo uso de uma peneira ou gaze, e a passagem do purê por uma malha fina quebra as partículas maiores em partículas menores.
- O aquecimento amacia as paredes celulares, quebrando-as em pedaços menores, e introduz na fase aquosa da mistura os carboidratos de cadeia longa antes presos naquelas paredes. Ali, eles podem ter atuação semelhante às das moléculas isoladas de amido e gelatina.
- Quando um purê é congelado e posteriormente descongelado, os cristais de gelo danificam as paredes celulares, liberando mais moléculas de pectina e hemicelulose para a fase líquida.

Prevenir a separação. A consistência do purê também se aprimora quando se reduz a quantidade de água na fase contínua. O modo mais simples de fazer isso é reduzir todo o purê em cocção lenta até que desapareça a fase rala, separada. Outro método, que preserva melhor o sabor fresco do vegetal, consiste em drenar o fluido ralo e descartá-lo ou, alternativamente, reduzi-lo sozinho e depois devolvê-lo, já mais espesso, ao restante do purê. Por fim, o cozinheiro pode remover parte da água da fruta ou hortaliça antes de esmagá-la – secando parcialmente no forno os tomates fatiados ao meio, por exemplo.

O poder de espessamento das próprias partículas de purê pode ser suplementado por algum outro espessante – especiarias secas ou sementes oleaginosas, por exemplo, ou ainda farinha ou amido.

PURÊS DE FRUTAS E HORTALIÇAS

Qualquer fruta ou hortaliça pode ser transformada num molho; basta esmagá-la. Eis

Um purê de fruta ou hortaliça. O esmagamento dos tecidos vegetais os vira do avesso, liberando os fluidos celulares e quebrando em pequenas partículas as paredes celulares e outras estruturas sólidas. O purê é uma mistura de partículas vegetais e moléculas flutuando na água (à esquerda). *Deixados em repouso, a maioria dos purês se separa em duas fases, pois as partículas maiores decantam* (no meio). *Para prevenir tal separação e espessar a consistência do purê, ele pode ser reduzido pela evaporação do excesso de água* (à direita).

algumas breves observações sobre alguns dos purês mais comuns.

Purês crus: frutas. Os purês crus geralmente são feitos de frutas, cujas enzimas do amadurecimento decompõem suas paredes celulares a partir do seu interior e, assim, permitem que sua polpa intacta se transforme em purê na nossa boca. A framboesa, o morango, o melão, a manga e a banana são exemplos de frutas naturalmente macias. De costume, o sabor do purê cru é simplesmente acentuado pelo acréscimo de açúcar, sumo de limão e ervas ou especiarias aromáticas. Tal sabor, porém, é frágil e mutável. O esmagamento mistura os conteúdos das células entre si e com o oxigênio do ar, de modo a desencadear imediatamente a atividade enzimática e a oxidação (ver a seguir os efeitos do tomate – considerado um fruto pela botânica – sobre os purês cozidos). O melhor meio para minimizar essa mudança é refrigerar o purê. A baixa temperatura torna mais lentas todas as reações químicas.

Purês crus: pesto. O purê italiano de folhas de manjericão, *pesto genovese*, também contém azeite de oliva e, logo, é parcialmente uma emulsão. O pesto deriva seu nome da mesma raiz que em inglês deu a palavra *pestle* (pilão), e, de fato, as folhas de manjericão e o alho eram tradicionalmente esmagados com pilão e almofariz. Uma vez que isso exige tempo e esforço, os cozinheiros modernos costumam preparar o pesto no liquidificador ou no processador de alimentos. A escolha do instrumento e de seu modo de uso influencia a consistência e o sabor do purê. O esmagamento e o cisalhamento promovidos pelo pilão; o cisalhamento promovido pelo liquidificador; e o fatiamento efetuado pelo processador – cada um desses processos produz diferentes proporções de células intactas e células rompidas. Quanto mais elas forem efetivamente rompidas, mais seus conteúdos serão expostos uns aos outros e ao ar e mais seu sabor evoluirá. O pesto submetido a moagem grosseira terá um sabor por demais semelhante ao de folhas frescas de manjericão.

Purês cozidos: hortaliças, molho de maçã. Na confecção da maioria dos purês de hortaliças, antes de tudo a hortaliça é cozida para que seus tecidos amaciem, suas células se rompam e suas moléculas sejam liberadas para efetuar o espessamento. Algumas hortaliças que desenvolvem uma consistência especialmente suave e sedosa têm as paredes celulares ricas em pectina solúvel, que se solta dos fragmentos de paredes celulares durante o esmagamento. Entre essas hortaliças podem-se mencionar a cenoura, a couve-flor e as pimentas do gênero *Capsicum*; mais de 75% dos sólidos das paredes celulares nos purês destas últimas são compostos de pectina. Muitas raízes e tubérculos (mas não a cenoura) contêm grânulos de amido, os quais, quando cozidos, absorvem boa parte da água presente na hortaliça e a tornam menos aguada. O melhor, entretanto, é esmagar essas hortaliças com suavidade, sem romper as células. O esmagamento cabal, que libera o amido gelificado, transforma a hortaliça num molho pastoso e demasiado espesso, grudento e filamentoso.

Embora as frutas sejam pré-amaciadas pelo amadurecimento, os cozinheiros às vezes aquecem-nas para aprimorar a textura, o sabor e a durabilidade. Um dos mais populares molhos de frutas cozidas é o molho de maçã, o qual, embora não se pretenda que apresente textura refinada, não deve parecer granulado. As células das diferentes variedades de maçã têm diferentes tendências de aderência recíproca, e essas tendências podem mudar com o tempo de estocagem. A maioria das variedades macias usadas para fazer molho produz consistências mais finas quando estocadas por mais tempo, ao passo que com a variedade Macintosh acontece o contrário.

Molho de tomate: a importância das enzimas e da temperatura. De todos os purês de hortaliças, o molho e o extrato de tomate são os mais conhecidos não só no

Ocidente como talvez no mundo inteiro. Cerca de dois terços dos sólidos do tomate são açúcares e ácidos orgânicos saborosos e cerca de 20% são carboidratos das paredes celulares que têm algum poder de espessamento (10% de celulose, 5% de pectina e 5% de hemicelulose). Nos Estados Unidos, os purês de tomate comerciais podem incluir desde toda a água presente nos tomates originais até somente um terço dela. O extrato de tomate é um purê de tomate reduzido por cocção de modo a conter menos de um quinto da água da hortaliça crua. É, portanto, uma fonte concentrada de cor, sabor e poder de espessamento. (Também é eficaz como estabilizador de emulsões; ver p. 700.)

Há diversas variáveis na preparação de purês que podem afetar seu sabor e sua textura final. Os cientistas da alimentação evidenciaram claramente quais são essas variáveis no que se refere ao purê de tomate produzido em indústria. As lições gerais aprendidas aí são igualmente pertinentes para a preparação de purês de outras frutas e hortaliças.

As enzimas e a consistência do tomate. A consistência final de um purê de tomate não depende somente da quantidade de água removida, mas também do tempo que o purê passa em temperatura moderada ou alta. O tomate maduro tem enzimas muito ativas que decompõem as moléculas de pectina e celulose nas paredes celulares do fruto, dando a este sua textura macia e frágil. Quando os tomates são esmagados, as enzimas e as moléculas que elas atacam são postas em íntimo contato umas com as outras e as enzimas começam imediatamente a derrubar as estruturas das paredes celulares. Se o purê cru for mantido em temperatura ambiente por certo tempo ou for aquecido a uma temperatura inferior à da desnaturação das enzimas da pectina – cerca de 80 °C –, as enzimas decomporão uma grande proporção dos reforços das paredes celulares, e as moléculas assim liberadas darão ao purê uma consistência nitidamente mais espessa.

Porém, quando o purê for aquecido para remover a água e se tornar mais concentrado, a alta temperatura decompõe as moléculas (já danificadas pelas enzimas) em pedaços menores que são menos eficientes como espessantes, e a pasta precisa ser ainda mais reduzida para alcançar a densidade pretendida. Se, ao contrário, o purê cru for rapidamente levado a uma temperatura próxima a 100 °C, o resultado será um molho mais espesso que pouco precisará de redução subsequente. As enzimas da pecti-

Os componentes espessantes do tomate*		
	Sólidos totais, % em relação ao peso	Conteúdo de pectina e hemicelulose, % em relação ao peso
Tomate cru	5-10	0,5-1,0
Purê de tomate enlatado	8-24	0,8-2,4
Extrato de tomate enlatado	40	4

* Esta tabela se refere à legislação norte-americana. No Brasil, segundo a Resolução 272/2005 da Anvisa, todo produto obtido da polpa do tomateiro que contenha no mínimo 6% de sólidos solúveis naturais de tomate e não tenha o acréscimo de nenhum outro ingrediente exceto sal e açúcar é chamado "concentrado de tomate". (N. do T.)

na e da celulose serão desnaturadas e desativadas, e ao mesmo tempo as paredes celulares serão rompidas pelo calor. As pectinas que se diluem na fase fluida durante o processo de aquecimento são moléculas mais longas e mais eficientes como espessantes.

As enzimas e o sabor do tomate. Além das enzimas que afetam a textura, o tomate tem enzimas que afetam o sabor: e neste caso uma certa atividade enzimática inicial pode ser desejável. As moléculas que exalam aquele aroma fresco e "verde" (hexanal e hexanol, p. 304) que é elemento tão importante do sabor do tomate maduro são geradas pela ação das enzimas sobre os ácidos graxos quando os tecidos do fruto são esmagados, quer na boca, quer na panela. A rápida fervura minimiza esse sabor fresco; por outro lado, caso se permita que o purê cru repouse em temperatura ambiente – numa salsa mexicana, por exemplo – ou seja apenas lentamente aquecido, essas moléculas aromáticas se acumularão nele. Os cozinheiros domésticos às vezes usam o método de cortar os tomates em dois ou em quatro, assá-los em forno baixo para remover a água e finalmente cozinhá-los de modo relativamente rápido para finalizar o molho. Essa técnica minimiza o contato entre as enzimas e seus alvos, de modo que as células permaneçam relativamente intactas e o aroma verde pouco se desenvolva.

Por fim, existe o preparado tradicional italiano chamado *estratto*, que parte de tomates frescos ligeiramente cozidos e reduzidos. Estes são misturados com um pouco de azeite de oliva e a pasta é espalhada sobre grandes tabuleiros e colocada para secar ao sol. Este processo é habitualmente considerado "suave" em comparação com a cocção, e é provável que de fato cause menos dano às moléculas de pectina. Por outro lado, ele sujeita várias moléculas sensíveis – entre as quais o pigmento antioxidante licopeno, do tomate, e os ácidos graxos insaturados do azeite – à poderosa luz ultravioleta, que tem efeito destrutivo e dá ao *estratto* um sabor caracteristicamente forte e cozido.

AS SEMENTES OLEAGINOSAS E ESPECIARIAS COMO ESPESSANTES

Entre as sementes e outros materiais vegetais secos, somente as oleaginosas podem ser transformadas sozinhas em bases para molhos. Quando são moídas, o óleo proporciona a fase fluida contínua que lubrifica as partículas de paredes celulares e proteínas. Na maioria das vezes, porém, as sementes oleaginosas são misturadas com outros ingredientes, inclusive com líquidos, de modo a se tornarem parte de uma suspensão complexa e colaborarem com o espessamento desta, tanto por meio de suas partículas secas quanto de seu óleo, que se emulsiona em minúsculas gotinhas. No Oriente Médio e no Mediterrâneo, as amêndoas há muito cumprem essa função em molhos como o romesco (com pimentão vermelho, tomate e azeite de oliva) e o picada (alho, salsinha, óleo). Na Ásia tropical, o mesmo se pode dizer do coco, que é esmagado com especiarias e ervas para se tornar parte do molho que acompanha carnes, peixes e hortaliças cozidas.

É a própria secura das oleaginosas e outras sementes e especiarias moídas em ponto fino que as ajuda a espessar molhos líquidos. Sendo secas, elas absorvem água do molho e, assim, reduzem a quantidade de líquido que deve ser preenchido com partículas. Ao mesmo tempo, suas partículas se intumescem e obstaculizam o livre fluxo do líquido. Especiarias secas como a cúrcuma, o cominho e a canela contribuem não só para o sabor, mas também para a textura dos molhos indianos; e as sementes de coentro são especialmente eficazes nesse sentido em razão do tegumento fibroso e absorvente que as reveste. Os *moles* mexicanos são espessados por pimentas secas do gênero *Capsicum*, oleaginosas moídas e especiarias. Pimentas do gênero *Capsicum* secas e moídas figuram com destaque nos molhos espanhóis e húngaros (*pimentón*, páprica); a mostarda também é largamente utilizada.

Além disso, algumas especiarias liberam no líquido moléculas espessantes eficientes. As sementes de feno-grego exsudam uma goma que dá consistência gelatinosa ao molho *hilbeh*, do Iêmen, as folhas secas do sassafrás, em pó, liberam carboidratos que dão ao *gumbo* da Louisiana uma viscosidade ligeiramente pegajosa.

MISTURAS COMPLEXAS: O *CURRY* INDIANO E O *MOLE* MEXICANO

Os molhos-purês mais complexos e sofisticados são feitos na Ásia e no México. O molho que guarnece muitos pratos indianos e tailandeses começa na forma de tecidos vegetais moídos em pó fino – cebola, gengibre e alho no norte da Índia, coco no sul da Índia e na Tailândia – associados a diversas especiarias e ervas. Esses ingredientes são frigidos em óleo quente até que a maior parte da umidade evapore e os sólidos estejam suficientemente concentrados para aderir somente a si mesmos, separando-se do óleo. O calor da fritura também elimina o sabor cru e desenvolve novos sabores. Depois, o molho é raleado com um pouco de água e serve de líquido de cocção para o ingrediente principal do prato. Os *moles* mexicanos são preparados de modo muito parecido, exceto pelo fato de que os ingredientes principais são pimentas do gênero *Capsicum* secas e reidratadas. As sementes de abóbora e outras também figuram entre os elementos de destaque. Graças ao alto teor de pectina das pimentas do gênero *Capsicum*, os *moles* têm consistência mais fina e sedosa que a dos purês asiáticos. Tanto uns quanto os outros são maravilhas de dar água na boca.

MOLHOS ESPESSADOS COM GOTÍGULAS DE ÓLEO OU ÁGUA: AS EMULSÕES

Os molhos que examinamos até agora são líquidos espessados com materiais sólidos em dispersão: moléculas proteicas, grânu-

As proporções relativas de gordura e água em algumas emulsões alimentícias comuns

Alimento	Partes de gordura para 100 partes de água
Emulsões de gordura em água	
Leite integral	5
Half-and-half (meio a meio)*	15
Light cream (creme leve)*	25
Heavy cream (creme espesso)*	70
Heavy cream reduzido em um terço	160
Gema de ovo	65
Maionese	400
Emulsões de água em gordura	
Manteiga	550
Vinagrete	300

* Nomenclatura norte-americana. Ver a tabela da p. 32. (N. do T.)

los de amido, partículas de tecido vegetal e moléculas das paredes celulares das plantas. Existe, porém, um método de espessamento muito diferente: o líquido aquoso é preenchido com gotículas de óleo, que são muito maiores e mais lentas que as moléculas de água e obstaculizam os seus movimentos, dando à mistura uma consistência espessa e cremosa. Essa dispersão de um líquido dentro de outro é chamada *emulsão*. A palavra vem do termo latino que significa "tirar leite" e se referia originalmente aos fluidos leitosos extraídos de sementes oleaginosas e outros tecidos vegetais. O leite, o creme de leite e a gema de ovo são emulsões naturais; entre os molhos emulsionados incluem-se a maionese, o *hollandaise*, a *beurre blanc* e os temperos de salada elaborados com óleo e vinagre. Os chefes de cozinha atuais aplicaram essa ideia básica ao espessamento de líquidos de todo tipo e, na prática, frequentemente designam o resultado em seus menus pelo termo *emulsão*, que permanece na língua por mais tempo que a palavra *molho*.

Os molhos emulsionados deparam um desafio especial ao cozinheiro: ao contrário dos molhos espessados com partículas sólidas, as emulsões são essencialmente instáveis. Quando se batem óleo e um pouquinho de vinagre numa vasilha, o vinagre forma gotículas dentro do óleo; mas essas gotículas logo afundam e se reúnem, e em poucos minutos os líquidos estão novamente separados. Não basta aos cozinheiros formar as emulsões. Em seguida, eles têm de impedir que elas sejam desfeitas pela incompatibilidade básica entre os dois líquidos.

A NATUREZA DAS EMULSÕES

Uma emulsão só pode ser feita com dois líquidos que não se dissolvam um no outro e, portanto, conservem suas respectivas identidades quando misturados. As moléculas de água e de álcool, por exemplo, misturam-se totalmente e por isso não podem constituir uma emulsão. Além dos molhos, também certos cremes de beleza, ceras de pisos e móveis, algumas tintas, o asfalto das ruas e o petróleo cru são emulsões de água e óleo.

Dois líquidos: um contínuo, o outro dividido. Os dois líquidos que formam a emulsão podem ser concebidos como um continente e um conteúdo: um deles se frag-

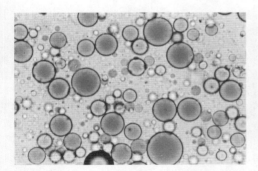 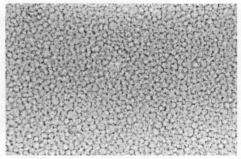

A formação da maionese. Dois estágios da confecção de maionese vistos através do microscópio óptico. Uma colher de sopa (15 ml) de óleo batido em uma gema de ovo e água resulta numa emulsão esparsa formada por gotículas grandes e desigualmente espaçadas (à esquerda). Oito colheres de sopa (120 ml) de óleo constituem uma emulsão semissólida formada por gotículas pequenas (à direita). Os emulsificantes e as proteínas estabilizantes presentes na gema devem ser eficientes o bastante para suportar grande pressão física e impedir as gotículas de óleo de se reunir.

menta em gotículas separadas, as quais são contidas e rodeadas pela massa intacta do outro. Segundo a terminologia habitual, a emulsão de óleo em água é aquela em que gotículas de óleo se dispersam numa fase aquosa contínua; a emulsão de água em óleo representa a situação inversa. O líquido disperso toma a forma de gotículas com diâmetro de um décimo de milésimo de milímetro a um décimo de milímetro. Todas essas gotículas são grandes suficiente para desviar os raios de luz do caminho que fariam caso passassem diretamente pelo líquido circundante, e dão às emulsões sua aparência caracteristicamente leitosa.

Quanto maior o número de gotículas acumuladas, mais elas obstruem os movimentos umas das outras e da água e, portanto, mais viscosa a emulsão. No creme leve, as gotículas de gordura ocupam cerca de 20% do volume total, e a água, 80%; no creme espesso, as gotículas perfazem mais ou menos 40% do volume; e, numa maionese semissólida, o óleo ocupa quase 80% do volume total do molho. Se o cozinheiro incorporar na emulsão uma quantidade maior do líquido disperso, ela se tornará mais espessa; se acrescentar maior quantidade do líquido contínuo, haverá mais espaço entre as gotículas e ela se tornará mais rala. Como se vê, é importantíssimo não esquecer que líquido desempenha qual função.

Uma vez que quase todos os molhos emulsionados são sistemas de óleo em água, na maior parte das discussões a seguir vou partir do princípio de que a fase contínua é água e a dispersa, óleo.

A formação de emulsões: superar a tensão superficial. Fazer uma emulsão dá trabalho. Todos sabemos por experiência que, quando vertemos água e óleo na mesma vasilha, eles formam duas camadas separadas: não acontece de um dos líquidos assumir a forma de gotículas e se espalhar

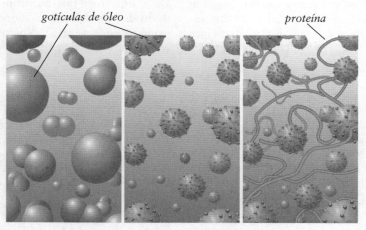

Emulsões instáveis e estáveis. O óleo e a água são substâncias incompatíveis: não se misturam homogeneamente uma na outra. Quando o óleo é misturado na água, as gotículas resultantes tendem a se reagrupar e a formar uma camada separada sobre a água (à esquerda). Os emulsificantes são moléculas dotadas de cauda compatível com o óleo e cabeça compatível com a água (p. 894). Inserem suas longas caudas nas gotículas de gordura, enquanto suas cabeças carregadas de eletricidade se projetam na água circundante. Assim revestidas, as gotículas se repelem em vez de confluir (no meio). Grandes moléculas solúveis em água, como os amidos e as proteínas, ajudam a estabilizar as emulsões, impedindo que as gotículas de gordura entrem em contato umas com as outras (à direita).

pelo outro. A explicação desse comportamento é que, quando dois líquidos não podem se misturar em razão de sua composição química, eles espontaneamente se arranjam de modo a minimizar o contato um com o outro. Cada um deles forma uma única massa volumosa, de tal maneira que a área superficial exposta ao outro seja menor do que a da mesma massa fragmentada em gotículas. Essa tendência dos líquidos de minimizar sua área superficial é uma expressão da força chamada *tensão superficial*.

Bilhões de gotículas a partir de uma única colher de líquido. É em razão da tensão superficial, portanto, que o cozinheiro deve aplicar energia ao líquido para dispersá-lo. Para fazer o molho, o líquido naturalmente contínuo deve ser dividido em muitas partezinhas. Inúmeras: quando se bate uma única colher de sopa (15 ml) de óleo para fazer maionese, ela se fragmenta em cerca de 30 bilhões de gotículas separadas! O batimento vigoroso à mão ou num liquidificador doméstico fornece força de cisalhamento suficiente para formar gotículas com 3 milésimos de milímetro de diâmetro. O tamanho das gotículas é importante, pois as gotículas menores têm menos possibilidade de se reunir e separar o molho em duas fases distintas. Também produzem uma consistência mais espessa e acetinada e parecem mais saborosas, pois têm em seu conjunto uma área superficial maior, facilitando a volatilização das moléculas aromáticas e, logo, o acesso destas ao nosso nariz.

Dois fatores facilitam para o cozinheiro a produção de gotículas bem pequenas. Uma é o espessamento da fase contínua: ela exerce pressão sobre as gotículas e lhes transfere uma proporção maior da força que vem do batedor. Quando se agita um pouco de óleo numa garrafa cheia d'água, as gotículas de óleo que se formam são grandes e rapidamente se reagrupam; quando se agita um pouco de água em grande quantidade de óleo, mais viscoso, a água se divide numa nuvem persistente de gotículas minúsculas. Convém, portanto, que a fase contínua seja, de início, tão viscosa quanto possível e só seja diluída com outros ingredientes depois de a emulsão se formar.

O segundo fator que facilita a produção de gotículas pequenas numa emulsão é a presença de emulsificantes.

Os emulsificantes: lecitina e proteínas. Os emulsificantes são moléculas que diminuem a tensão superficial de um líquido que se encontra disperso em outro, e, desse modo, facilitam a formação de gotículas pequenas e de uma emulsão cremosa, de textura acetinada. Isso porque revestem a superfície das gotículas e as protegem do contato com o líquido contínuo. Portanto, os emulsificantes são mediadores: devem ser parcialmente solúveis em cada um dos dois líquidos mutuamente incompatíveis. E isso de fato ocorre, pois eles têm duas regiões diferentes na mesma molécula, uma hidrossolúvel e a outra, lipossolúvel.

Há duas categorias gerais de moléculas que podem atuar como emulsificantes. Uma é tipificada pela lecitina, um fosfolipídio presente nos ovos. A lecitina é uma molécula relativamente pequena cuja cauda, semelhante à gordura, se enterra na fase lipídica. Sua cabeça, por outro lado, é dotada de carga elétrica e tem atração pelas moléculas de água (p. 894). A segunda categoria de emulsificantes são as proteínas, longas cadeias de aminoácidos dotadas de diversas regiões compatíveis quer com a água, quer com a gordura. As proteínas da gema do ovo e as caseínas do leite e do creme de leite são os melhores emulsificantes proteicos.

Estabilizantes: proteínas, amido, partículas de vegetais. Os emulsificantes facilitam para o cozinheiro a preparação da emulsão, mas não resultam necessariamente numa emulsão estável. Uma vez formadas, as gotículas podem se encontrar tão próximas entre si que acabam por colidir; quando isso acontece, a tensão superficial pode vir a reuni-las novamente. Felizmente, existem muitos tipos de moléculas e partículas que podem ajudar a estabilizar uma emulsão já formada. Todas elas têm em comum a propriedade de obstruir o movimento das demais moléculas, de modo que as gotículas não tenham contato umas com as outras, mas somente com os estabilizantes. Moléculas grandes e volumosas, como as proteínas, cumprem bem essa função, e o mesmo se pode dizer dos amidos, das pectinas, das gomas e de partículas de tecido vegetal pulverizado. A semente moída de mostarda-branca é especialmente eficaz nesse sentido, graças a suas partículas e a uma goma que ela exsuda quando molhada. O extrato de tomate contém quantidade considerável de proteínas (cerca de 3%) além das partículas celulares, e é excelente emulsificante e estabilizante.

DIRETRIZES PARA A CORRETA CONFECÇÃO DE MOLHOS EMULSIONADOS

A formação de emulsões. Não só os cozinheiros como também os químicos sempre tiveram as emulsões na conta de confecções frágeis e complicadas. Em 1921, um químico escreveu que os compêndios farmacêuticos da época eram "repletos de detalhes complexos quanto à elaboração de emulsões", e registrou dois desses detalhes: "Caso se comece mexendo para a direita, deve-se continuar mexendo para a direita até o fim, sob pena de a emulsão não se formar. Alguns livros chegam ao ponto de afirmar que um canhoto não conseguirá jamais fazer uma emulsão, mas isso parece um pouco absurdo." O problema é sempre a possibilidade de que, a certa altura, a emulsão "desande" e se separe de novo em duas massas de óleo e água. Isso pode acontecer, mas, quando acontece, quase sempre é porque o cozinheiro cometeu um de três erros: acrescentou rápido demais o líquido a ser disperso ao líquido contínuo, ou acrescentou quantidade excessiva do líquido a ser disperso ou, por fim, deixou que o molho ficasse quente demais ou frio demais.

Há várias regras básicas que devem ser observadas quando se prepara um molho emulsionado:

- Os primeiros materiais a entrar na vasilha são a fase contínua – em geral, o ingrediente à base de água – e pelo menos alguns ingredientes emulsificantes e estabilizantes. É sempre a fase dispersa que é incorporada à fase contínua, e não o contrário: se assim não fosse, ela não poderia se dispersar!
- De início, a fase dispersa deve ser acrescentada muito aos poucos, uma colher por vez, enquanto o cozinheiro bate vigorosamente a mistura à mão ou à máquina. É só depois que a emulsão já se formou e desenvolveu alguma viscosidade que o óleo deve ser acrescentado num ritmo mais rápido.
- As proporções das duas fases devem ser equilibradas. Na maioria das emulsões, o volume da fase dispersa não deve exceder três vezes o da fase con-

A *bouillabaisse*, uma sopa emulsionada

A *bouillabaisse*, uma sopa de peixe criada na Provença, tira partido das propriedades espessantes e emulsificantes da gelatina. Nela, os mais diversos peixes e partes de peixes (não só carne, mas também ossos, que liberam gelatina) são cozidos num caldo aromático com um pouco de azeite de oliva. A sopa é arrematada por uma fervura forte, na qual o óleo se decompõe em minúsculas gotículas e estas se revestem de uma camada estabilizante de gelatina. Sua consistência associa, portanto, a viscosidade da gelatina à rica cremosidade das gotículas de óleo emulsionadas.

tínua. Se as gotículas ficarem demasiado espremidas, provavelmente acabarão se reagrupando. Quando a consistência da emulsão se enrijece, isso é um sinal de que o cozinheiro deve aumentar a quantidade da fase contínua para dar mais espaço às gotículas.

Comece devagar. É simples a razão pela qual se deve começar a emulsão devagar e com cuidado, acrescentando pequenas quantidades da fase dispersa. No começo do processo, quando nenhuma porção do óleo foi emulsionada, é fácil que as gotas grandes fujam aos movimentos do batedor e se agreguem na superfície. Caso se acrescente um grande volume de óleo antes de o volume anterior ter sido todo emulsionado, a vasilha pode acabar acumulando mais óleo não emulsionado que água. O óleo se torna a fase contínua, a água se dispersa nele e o resultado é uma emulsão às avessas, oleosa e rala. Incorporando em pequenas doses a primeira porção de óleo, o cozinheiro garante a produção e a preservação de uma população cada vez maior de gotículas. Então, quando o restante do óleo é incorporado rapidamente a um sistema bem emulsionado, as gotículas já existentes atuam como uma espécie de moinho, quebrando automaticamente o novo óleo em partículas do tamanho delas. Nos últimos estágios da confecção do molho, já não é o *fouet* do cozinheiro que quebra as gotas de óleo; ele passa a ter a nova e mais fácil tarefa de misturar o óleo novo com o molho já formado, distribuindo-o homogeneamente por todas as partes do "moinho" de gotículas.

O uso e estocagem de molhos emulsionados. Uma vez pronto o molho emulsionado, seu uso depende de duas condições básicas.

- O molho não deve ficar muito quente. Em alta temperatura, as moléculas e gotículas se movem com muita energia, e as colisões assim provocadas podem ser fortes suficiente para reunir as gotículas numa única massa. Qualquer temperatura superior a 60 °C também fará coagular as proteínas dos molhos emulsionados com ovo, e elas não poderão mais proteger as gotículas. Além disso, o molho cozido que for mantido sob calor suave antes de ser servido pode perder água por evaporação, a ponto de aumentar por demais a densidade populacional das gotículas. Por isso as emulsões prontas devem ser conservadas mornas, mas não quentes; e não devem ser espalhadas sobre um alimento que sai fervendo da panela.
- O molho não deve ficar muito frio. Em temperatura baixa, a tensão superficial aumenta e, junto com ela, aumenta a probabilidade de que as gotículas vizinhas se reagrupem. A gordura da manteiga se solidifica em temperatura ambiente, e o mesmo ocorre com certos óleos na geladeira. Os cristais de gordura resultantes do congelamento, de bordas afiadas, rompem a camada de emulsificante acumulada ao redor das gotículas e estas se reagregam quando mexidas ou aquecidas. As emulsões refrigeradas frequentemente precisam ser novamente emulsionadas antes do uso. (A maionese comercial é feita com um óleo que permanece líquido na temperatura da geladeira.)

Como salvar um molho que se separou em duas fases. Quando um molho emulsionado entra em colapso e as gotículas da fase dispersa se agrupam, há duas maneiras de reemulsioná-lo. Uma se resume a jogar o molho no liquidificador e usar a força deste para romper novamente a unidade da fase dispersa. Isso geralmente dá certo para aqueles molhos que ainda têm grande número de moléculas intactas de emulsificantes e estabilizantes, mas não para molhos feitos com ovos que sofreram a excessiva ação do calor e cujas proteínas se coagularam. A segunda técnica, mais confiável, consiste em começar com uma pequena quantidade da fase contínua, talvez suplementada por uma gema de ovo (riquíssima em emulsificantes e estabilizantes), e aos poucos ir agregando a essa mistura o molho separado, sempre batendo. Caso as proteínas do molho inicial tenham coagulado por excesso de calor, as pelotas devem ser removidas na peneira antes da segunda emulsificação; caso contrário, o segundo processo de batimento pode quebrar esses grumos proteicos em partículas pequenas demais para serem retiradas por filtragem, mas grandes suficiente para criar na boca uma impressão de aspereza.

MOLHOS DE CREME DE LEITE E MANTEIGA

Em princípio, não seria necessário usar a manteiga e o creme de leite para fazer molhos, pois eles já são molhos! Na verdade, eles são os protótipos dos molhos em geral, com sua consistência sedosa, que dá água na boca, e sabor rico mas delicado. Um ramequim de manteiga derretida onde se mergulham um bocado de lagosta ou uma folha de alcachofra, uma colherada de creme sobre frutas frescas ou sobre a massa à base de gordura – estas combinações são maravilhosas. Porém, a manteiga e o creme de leite são ingredientes versáteis, e os cozinheiros descobriram outras maneiras de utilizá-los para criar molhos.

Emulsões de leite e creme de leite. A versatilidade do creme de leite se deve à sua origem láctea. O leite é uma dispersão complexa cuja fase contínua é a água e cujas fases dispersas são a gordura láctea, na forma de gotículas microscópicas, e partículas proteicas na forma de agregados de caseína (p. 20). As gotículas são revestidas de uma fina membrana de emulsificantes, tanto fosfolipídios semelhantes à lecitina quanto certas proteínas; além disso, outras proteínas diferentes da caseína flutuam livres na água. Tanto as membranas dos glóbulos quanto as diversas proteínas toleram bem o calor: por isso tanto o leite quanto seu creme podem ser fervidos sem que os glóbulos de gordura se agreguem e a fase gordurosa se separe, e sem que as proteínas coagulem.

O leite integral só contém cerca de 4% de gordura. Por isso seus glóbulos são poucos e espaçados e não conseguem obstruir o fluxo da fase aquosa nem dar a forte impressão de densidade. O creme é uma parte do leite em que os glóbulos de gordura se concentraram: o creme leve contém cerca de 18% de gordura, e o espesso, cerca de 38%. Além de seu suprimento de gordura, o creme abriga proteínas e moléculas emulsificantes que podem ajudar a estabilizar outras emulsões mais frágeis (como a *beurre blanc*, por exemplo).

O creme espesso resiste à coagulação. A caseína do leite e do creme de leite é uma proteína estável a 100 °C, mas é sensível à acidez; e a combinação de calor e acidez a faz coagular-se. Muitos molhos incluem saborosos ingredientes ácidos: o vinho é comumente utilizado para deglaçar frigideiras, por exemplo. Isso significa que a maior parte dos produtos feitos com leite e com creme de leite, entre os quais o creme leve e o creme azedo, não podem ser cozidos para se fazer um molho; devem ser acrescentados no último minuto para enriquecê-lo. As exceções a essa regra são o creme espesso e o *crème fraîche*, cujo teor de caseína é tão baixo que a sua coagulação não chega a ser percebida (p. 32).

Creme de leite reduzido. Quando se acrescenta creme espesso a outro líquido para enriquecê-lo e espessá-lo – a um molho de carne, um líquido usado na deglaçagem, um purê de hortaliças –, é claro que os glóbulos de gordura serão diluídos e sua consistência se tornará mais rala. A fim de aumentar a eficácia do creme de leite como espessante, os cozinheiros concentram-no ainda mais, evaporando a água da fase contínua. Quando o volume do creme espesso é reduzido em um terço, a concentração de glóbulos chega a 55% e sua consistência se assemelha à de um molho leve espessado com amido; quando é reduzido pela metade, os glóbulos ocupam 75% do volume e a consistência é muito espessa, quase sólida. Incorporados em um líquido mais ralo, esses cremes de leite reduzidos têm glóbulos suficientes para preenchê-lo e lhe dar um corpo substancial. A redução e o espessamento do creme também podem ser efetuados por último – depois de deglaçada um frigideira, por exemplo: o cozinheiro acrescenta creme ao líquido usado na deglaçagem e ferve a mistura até que ela atinja a consistência desejada.

O *crème fraîche* como ingrediente de molhos. Os cremes reduzidos têm várias desvantagens. Sua preparação leva tempo e exige atenção, seu sabor se modifica com a cocção e eles são extremamente ricos, às vezes ricos demais para ser usados neste ou naquele molho. Uma alternativa é o *crème fraîche*, uma versão do creme espesso cuja consistência foi espessada não por redução, mas por fermentação (p. 54). O ácido produzido pelas bactérias do ácido lático faz com que as caseínas da fase aquosa se agrupem e formem uma rede capaz de imobilizar a água. Algumas variedades de bactérias também secretam longas moléculas de carboidratos que espessam ainda mais a fase aquosa e atuam como estabilizantes. Usado em ligar do creme reduzido, o *crème fraîche* não precisa ser pré-preparado, é menos rico e tem sabor mais fresco. Graças a seu baixo teor de proteínas, ele tolera temperaturas que fariam coagular um creme azedo.

Manteiga. Como o material do qual provém – o creme de leite –, a manteiga é uma emulsão: trata-se, porém, de uma das poucas emulsões alimentares cuja fase contínua é gordura e não água. Na verdade, para fazer manteiga é preciso "inverter" a emulsão do creme (de gordura em água) e produzir uma emulsão de água em gordura (p. 36). A fase gordurosa contínua da manteiga, somada a alguns glóbulos que sobrevivem intactos ao batimento, perfaz cerca de 80% de seu volume total, ao passo que as gotículas de água dispersas representam cerca de 15%. Quando a manteiga derrete, as gotículas de água, mais pesadas, descem ao fundo e formam uma camada separada. A consistência da manteiga derretida, portanto, é a da própria gordura de manteiga, que, graças ao grande comprimento de suas moléculas lipídicas, é naturalmente mais viscosa e tem movimentos mais lentos que a água. Em resumo, a manteiga derretida, integral ou clarificada para remover a fase aquosa, é em si um molho simples e delicioso. Os cozinheiros também costumam aquecer a manteiga derretida até que a água seja separada por evaporação e os sólidos do leite escureçam, o que dá à gordura um aroma acastanhado. A *beurre noisette* e a *beurre noir* francesas (manteigas "acastanhada" e "preta") são manteigas escurecidas por esse método, e são frequentemente usadas para fazer emulsões temporárias em sumo de limão e vinagre, respectivamente.

Manteigas compostas e batidas. Existem outros meios de tirar vantagem da consistência semissólida da manteiga e de sua riqueza de fundo. Uma delas consiste em fazer uma "manteiga composta", incorporando-lhe ervas maceradas, especiarias, ovas ou fígado de frutos do mar e outros ingredientes; outra consiste em bater a manteiga com um líquido saboroso, constituindo uma combinação de emulsão e espuma. Pedaços de manteigas aromatizadas podem ser derretidos, constituindo uma bela e saborosa cobertura para pedaços de carne ou peixe, hortaliças ou macarrão; podem também ser incorporados num molho já terminado.

A transformação da manteiga em creme de leite: o enriquecimento de molhos com manteiga. A manteiga é notável pelo fato de ser uma emulsão conversível: a filha do creme pode ser novamente transformada em creme! É sua convertibilidade que torna a manteiga tão útil para arrematar tantos molhos, entre os quais aqueles simplesmente deglaçados; e é ela que torna possível a confecção do molho chamado *beurre blanc* ou "manteiga branca". Há apenas um requisito para converter a manteiga no equivalente de um creme de leite com 80% de gordura: o processo deve começar dentro de uma pequena quantidade de água. Quando se derrete a manteiga sozinha, a gordura continua sendo a fase contínua e as gotículas de água se separam dela. Porém, se a manteiga for derretida dentro de uma porção de água, é esta que começa o processo na qualidade de fase contínua. À medida que as moléculas de gordura são liberadas na água, esta as rodeia. Além disso, o meio aquoso é complementado pelas substâncias contidas nas próprias gotículas de água da manteiga, que se fundem na água de cocção. As gotículas contêm proteínas lácteas e vestígios das membranas dos emulsificantes que revestiam os glóbulos de gordura no creme original. E essas proteínas e vestígios de fosfolipídios se reagregam sobre a gordura à medida que esta derrete na água. Dessa maneira, revestem e separam as gotículas de gordura e formam uma emulsão de gordura em água. Entretanto, o revestimento das gotículas nesse creme reconstituído é mais fino que as membranas originais dos glóbulos de gordura e começará a deixar vazar seu conteúdo se for aquecido a cerca de 60 °C.

Isso significa que qualquer molho à base de água pode ser espessado e enriquecido caso se lhe acrescente, no final da cocção, um pouco de manteiga. Isso vem especialmente ao caso quando se pretendem espessar, de última hora, os sucos deglaçados de uma panela, os quais não contêm muita gelatina e nenhum amido. A incorporação de um volume de manteiga em três volumes de líquido da deglaçagem – fora do fogo para não danificar os frágeis revestimentos das gotículas – produz uma consistência (e um teor de gordura) semelhante à do creme leve.

Nos purês e molhos espessados com amido, uma pequena quantidade de manteiga (ou creme) pode lubrificar os espessantes sólidos e proporcionar textura mais sedosa. Uma vez que esses molhos são ricos em moléculas e partículas estabilizadoras, podem ser aquecidos ao ponto de fervura sem que as gotículas lipídicas reconstituídas se agreguem e formem uma massa independente.

Beurre blanc. O molho francês *beurre blanc* provavelmente nasceu da prática de enriquecer com manteiga os líquidos de cocção. É preparado a partir de uma redução saborosa de vinagre e/ou vinho, na qual se agregam, por batimento, pedaços de manteiga. Cada pedaço de manteiga leva em si todos os ingredientes necessários para uma nova porção de molho; por isso o cozinheiro pode incorporar um ou cem pedaços. As proporções dependem inteiramente do paladar e das necessidades do cozinheiro. A consistência da *beurre blanc* é semelhante à do creme espesso e pode se tornar ainda mais espessa caso se acrescente manteiga clarificada à emulsão inicial já formada. Os fosfolipídios e proteínas presentes na água da manteiga são capazes de emulsionar uma quantidade de manteiga duas a três vezes maior que aquela em que vêm inseridos.

A *beurre blanc* começa a se separar em duas fases quando a temperatura supera 58 °C. Entretanto, os fosfolipídios emulsificantes toleram o calor e podem reconstituir a camada protetora. Em geral, o molho aquecido acima do ponto pode ser recuperado com uma pequena quantidade de água fria e batimento vigoroso. O acréscimo de uma colher de creme de leite fornece mais emulsificantes e pode tornar mais estável a *beurre blanc*. O pior que pode acontecer com esse molho é esfriar abaixo da temperatura do corpo humano. A gordura da manteiga se solidifica e forma cristais a cerca de 30 °C. Os cristais perfuram a membrana de emulsificantes e se fundem uns com os outros, formando uma rede contínua de gordura que se separa do restante do molho quando este é reaquecido. O ideal é manter a *beurre blanc* a uma temperatura de mais ou menos 52 °C. Numa tal temperatura, a água evapora e pode deixar superconcentrada a fase lipídica; por isso convém acrescentar um pouco de água ao molho de quando em quando caso seja necessário conservá-lo no calor.

Beurre monté. A *beurre monté*, "manteiga montada", é um preparado muito semelhante à *beurre blanc*. Trata-se simplesmente de uma *beurre blanc* sem temperos, feita a partir de uma porção inicial de água, e não vinagre ou vinho. A *beurre monté* é usada, entre outras coisas, como líquido para pochear. Graças à condutividade e à capacidade térmica relativamente baixas da gordura em comparação com as da água, peixes e carnes delicadas são cozidos com mais suavidade na *beurre monté* que num caldo comum à mesma temperatura.

OS OVOS COMO EMULSIFICANTES

Como já vimos, os cozinheiros podem usar gema de ovo para espessar molhos quentes de todo tipo. As proteínas da gema se desdobram e se interligam quando aquecidas, constituindo uma rede que imobiliza os líquidos (p. 673). Ademais, a gema de ovo é excelente emulsificante, e isso por um motivo muito simples: ela mesma é uma emulsão complexa e concentrada de gordura em água, sendo portanto repleta de moléculas e agregados moleculares de efeito emulsificante.

Partículas e proteínas emulsificantes. De todos os componentes da gema, há dois que lhe proporcionam a maior parte do seu poder emulsificante. Os primeiros são as lipoproteínas de baixa densidade (as LDLs, *low-density lipoproteins*, idênticas às que circulam no sangue humano e cujo nível é medido nos exames de sangue por serem portadoras de colesterol). As lipoproteínas de baixa densidade são partículas que agregam proteínas emulsificantes, fosfolipídios e colesterol ao redor de um núcleo de moléculas de gordura. As partículas intactas de LDL parecem ser mais eficazes, como emulsificantes, que qualquer um de seus componentes isoladamente. As outras grandes partículas emulsificantes presentes na gema de ovo são os grânulos maiores, que contêm tanto LDLs quanto HDLs (as lipoproteínas de alta densidade ou *high-density lipoproteins*, portadoras do "colesterol bom", que são ainda melhores como emulsificantes que as LDLs), além da fosvitina, uma proteína emulsificante dispersa. Os grânulos da gema são tão grandes que não conseguem cobrir adequadamente a superfície de uma gotícula. Por outro lado, quando expostos a uma concentração moderada de sal, eles se decompõem em elementos separados – lipoproteínas de baixa densidade, lipoproteínas de alta densidade e proteínas –, os quais são, por sua vez, extremamente eficazes.

O uso de ovos para emulsionar molhos. Como emulsificante, a gema de ovo é mais eficaz quando crua e morna. Assim que são tiradas da geladeira, as várias partículas da gema se movimentam devagar e não revestem de modo cabal as gotículas de gordura. Por outro lado, quando a gema é cozida, as proteínas se desdobram e coagulam, perdendo totalmente a capacidade de revestir a superfície das gotículas com uma membrana flexível. Às vezes se empregam gemas cozidas em vez de gemas cruas para emulsionar um molho; as desvantagens são que as proteínas estão coaguladas e, portanto, imóveis, e que os fosfolipídios provavelmente se encontram presos dentro das partículas proteicas enrijecidas. Por isso a gema cozida tem muito menos poder emulsificante e sua textura pode emprestar sutil granulosidade ao molho.

E a clara de ovo? É fonte menos concentrada de proteínas e foi feita para existir num meio aquoso e sem gordura, de modo que pouco pode colaborar para revestir as gotículas lipídicas. Entretanto, as proteínas da clara proporcionam alguma viscosidade em razão de seu grande tamanho e do fato de se ligarem umas às outras, embora de modo frouxo; têm, assim, algum valor como estabilizantes de emulsões.

MOLHOS FRIOS FEITOS COM OVOS: A MAIONESE

A maionese é uma emulsão de gotículas de óleo suspensas numa base de gema de ovo, sumo de limão ou vinagre, água e, às vezes, mostarda. A base proporciona partículas e carboidratos estabilizantes (p. 463), além do sabor. De todos os molhos, a maionese é aquele em que as gotículas de óleo se encontram mais concentradas, pois até 80% de seu volume são compostos de óleo. Em regra, é densa e firme demais para escorrer de um recipiente ou da colher. Pode ser raleada e aromatizada com inúmeros líquidos à base de água, inclusive purês e caldos, e por outro lado pode enriquecer esses líquidos, atuando de modo semelhante ao creme de leite; também pode ser aerada mediante o acréscimo de creme de leite batido ou claras em neve. Feita para ser servida em temperatura ambiente, a maionese frequentemente acompanha diversos tipos de pratos frios. Porém, graças às proteínas da gema, também reage de modo favorável quando submetida ao calor. Proporciona corpo e riqueza aos caldos ralos aos quais é acrescentada, sendo a mistura brevemente cozida em seguida. E, depositada em camadas sobre peixes ou hortaliças e gratinada, ela modera o calor, se expande e por fim adquire firmeza, tornando-se uma rica cobertura.

Tradicionalmente, a maionese é feita com gemas de ovos cruas, e por isso leva em si um ligeiro risco de contaminação por salmonela. Os fabricantes industriais usam gemas pasteurizadas, e os cozinheiros que se preocupam com a salmonela já podem encontrar ovos pasteurizados no supermercado. Tanto o vinagre quanto o azeite de oliva extravirgem são bactericidas; não obstante, o melhor é tratar a maionese como um alimento altamente perecível, a ser servido imediatamente ou conservado em geladeira.

O preparo da maionese. Todos os ingredientes usados no preparo da maionese devem estar em temperatura ambiente; o leve calor apressa a transferência de emulsificantes das partículas da gema para a superfície das gotículas de óleo. O método mais simples é misturar tudo, exceto o óleo – gemas, sumo de limão ou vinagre, sal, mostarda –, e então agregar o óleo, primeiro bem devagar e depois num ritmo mais rápido à medida que a emulsão se espessa. Entretanto, para produzir gotículas pequenas e mais estáveis, o cozinheiro pode, para começar, incorporar por batimento um pouco de óleo às gemas e ao sal somente, acrescentando os demais ingredientes quando a emulsão estiver por demais espessa e precisar ser raleada. O sal faz com

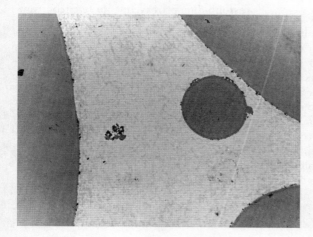

Gotículas de óleo na maionese vistas ao microscópio eletrônico. As moléculas e agregados moleculares de proteínas e emulsificantes, todos da gema do ovo, se encontram presentes entre as grandes gotículas e sobre a superfície destas, e ajudam a impedir que elas se reagreguem.

que os grânulos da gema se decomponham em partículas, tornando as próprias gemas mais translúcidas e mais viscosas. Se elas não forem diluídas, essa mesma viscosidade ajudará a decompor o óleo em gotículas menores.

Embora os livros de receitas costumem asseverar que a proporção entre óleo e gemas é crítica e que uma única gema só pode emulsionar de meia xícara a uma xícara de óleo, isso simplesmente não é verdade. Uma única gema pode emulsionar dez ou mais xícaras de óleo. A proporção crítica é entre óleo e água: a fase contínua deve estar presente em quantidade suficiente para abarcar a crescente população de gotículas lipídicas. Para cada volume de óleo, o cozinheiro deve proporcionar cerca de um terço desse volume da combinação de gemas, sumo de limão, vinagre e água, ou algum outro líquido à base de água.

Um molho sensível. Por ser tão repleta de óleo a ponto de as gotículas exercerem forte pressão umas contra as outras, a maionese é facilmente danificada por extremos de calor, frio e agitação. Tende a vazar óleo quando conservada em geladeiras muito frias ou colocada sobre alimentos quentes e não simplesmente mornos. Nas maioneses industriais, esses problemas são mitigados pelo uso de estabilizantes – em geral, longas moléculas de carboidratos e proteínas que preenchem o espaço entre as gotículas. O "molho de salada" norte-americano, vendido em frascos nos supermercados, é um híbrido muito estável entre a maionese e um molho branco cozido com água em vez de leite. A textura desses molhos modificados, contudo, é nitidamente diferente da consistência densa e cremosa da maionese artesanal. A maionese refrigerada deve ser manipulada com cuidado, uma vez que parte do óleo pode ter se cristalizado e escapado das gotículas. Se assim for, bata a maionese suavemente para reemulsioná-la, acrescentando talvez algumas gotas de água.

MOLHOS QUENTES FEITOS COM OVOS: *HOLLANDAISE* E *BÉARNAISE*

Os molhos quentes clássicos feitos com ovos – o *hollandaise*, o *béarnaise* e os demais molhos deles derivados – são, na verdade, molhos de manteiga emulsionados por ovos. Têm muitos pontos de semelhança com a maionese, mas é claro que devem ser aquecidos para que a manteiga se mantenha fluida. A fase lipídica dispersa constitui, em regra, apenas uma proporção menor do molho, entre um e dois terços do volume total. As diferenças entre o *hollandaise* e o *béarnaise* estão principal-

O preparo de maionese. O cozinheiro começa com um pequeno volume da fase aquosa – constituído em sua maior parte por gema de ovo – e aos poucos agrega, por batimento, gotículas de óleo a essa base (à esquerda). À medida que incorpora uma quantidade maior de óleo, a mistura se espessa e o óleo se decompõe em gotículas menores (no meio). Quando o molho está pronto, até 80% de seu volume é ocupado por gotículas de óleo e sua consistência é semissólida (à direita).

mente nos temperos: o *hollandaise* é levemente aromatizado com sumo de limão, ao passo que o *béarnaise* é feito a partir de uma redução azeda e aromática de vinho, vinagre, estragão e cebolinha.

O calor espessa – e faz coagular. A consistência dos molhos quentes feitos com ovos depende de dois fatores. Um é o método de incorporação da manteiga e a quantidade desse ingrediente. A manteiga integral contém cerca de 15% de água, de modo que cada acréscimo torna mais rala a fase dos ovos e o molho como um todo; já a manteiga clarificada é toda gordura e espessa o molho cada vez que é adicionada. O grande segredo do preparo desses molhos está em aquecer as gemas suficiente para obter a consistência desejada, mas não a ponto de coagular as proteínas e separar o molho em sólidos e líquidos. Isso acontece em torno de 70-77 °C. A cocção em banho-maria garante um aquecimento gradual e homogêneo, mas também torna mais lento o processo de preparo; por isso alguns cozinheiros preferem o calor mais arriscado, porém direto, da boca do fogão. O aquecimento das gemas na companhia da redução ácida também minimiza a coagulação; se o pH for de 4,5, acidez equivalente à do iogurte, as gemas podem ser aquecidas com segurança a uma temperatura de 90 °C. (O ácido faz com que as proteínas repilam umas às outras; assim, elas se desdobram antes de estabelecer ligações entre si e não formam coágulos densos, mas uma rede extensa.) Os cozinheiros que se preocupam com a salmonela devem levar as gemas a uma temperatura mínima de 70 °C ou usar ovos pasteurizados.

O preparo dos molhos *hollandaise* e *béarnaise*. Há pelo menos cinco jeitos diferentes de fazer os molhos *hollandaise* e *béarnaise*, cada qual com suas vantagens e desvantagens.

- Cozinhe primeiro os ovos e os ingredientes aquosos, obtendo uma consistência cremosa. Depois incorpore pedaços de manteiga para emulsionar a sua gordura e ralear a fase contínua. É este o método de Carême e é o mais espinhoso, pois é fácil cozinhar demais a mistura inicial de ovos, cujo volume é pequeno.

O azeite de oliva pode enlouquecer a maionese

Pode-se fazer maionese com qualquer tipo de óleo. Um dos tipos mais usados, o azeite de oliva não refinado extravirgem, frequentemente produz uma maionese instável, que se forma adequadamente, mas se separa uma ou duas horas depois. Paradoxalmente, as prováveis responsáveis são moléculas que têm propriedades emulsificantes: moléculas de óleo quebradas em fragmentos dotados de cauda lipossolúvel e cabeça hidrossolúvel, como a lecitina (p. 894). Essas moléculas se concentram no óleo e se acumulam na superfície das gotículas, de onde acabam expulsando os emulsificantes do ovo, mais volumosos e eficazes. Uma vez que as gotículas estão densamente aglomeradas, elas se reagregam e formam poças de óleo.

Essa desintegração *a posteriori* da maionese feita com azeite de oliva é bem conhecida na Itália, onde se diz que o molho "enlouquece" (*impazzire*). Os óleos velhos e estocados em condições inadequadas são os que mais tendem a ter sofrido danos e, portanto, a causar problemas na maionese. Há dois jeitos de evitar a "maionese louca": usar azeite de oliva refinado ou usar o extravirgem apenas para dar sabor, empregando um óleo refinado qualquer, sem sabor, para formar a maior parte do molho.

- Aqueça as gemas e os ingredientes à base de água, incorpore a manteiga comum ou clarificada e cozinhe a mistura até obter a consistência desejada. Este método, o de Escoffier, dá ao cozinheiro a vantagem de controlar diretamente a consistência final mediante o aquecimento de todas as partes do molho.
- Coloque numa panela todos os ingredientes do molho, ponha-a em fogo baixo e comece a mexer. A manteiga derrete aos poucos e se desfaz na fase aquosa à medida que ambas esquentam. Depois, o cozinheiro continua esquentando o molho já formado até obter a consistência desejada. Este é o método mais simples.
- Não cozinhe as gemas em absoluto; simplesmente aqueça-as, bem como os ingredientes à base de água, até uma temperatura pouco superior à do ponto de fusão da manteiga; depois, incorpore a manteiga clarificada até que a acumulação de gotículas crie a consistência desejada. Trata-se essencialmente de uma maionese de manteiga e elimina a possibilidade de sobrecozer as gemas.
- Faça um molho de manteiga no estilo *sabayon* (p. 711). Bata as gemas e um pouco de água, aquecendo-as até formarem uma espuma bem aerada. Depois, incorpore suavemente a manteiga derretida ou clarificada e o sumo de limão ou redução ácida. Claro está que essa versão é muito mais leve e é feita com uma quantidade menor de manteiga para cada gema.

Nos molhos quentes feitos com ovos, podem-se usar gorduras e óleos em vez de manteiga; a fase aquosa, por sua vez, também pode ser temperada com reduções de carne ou purês de hortaliças.

Como preservar e salvar molhos quentes feitos com ovos. Os molhos de manteiga devem ser mantidos em temperatura morna a fim de impedir que a manteiga se solidifique. O melhor é conservá-los a cerca de 63 °C para desestimular o crescimento de bactérias. Uma vez que, a essa temperatura, as proteínas do ovo continuam

Emulsões de óleo alternativas

Hoje em dia, a maionese é concebida exclusivamente como um molho emulsionado por ovos, mas isso nem sempre foi assim, e existem várias outras maneiras de elaborar e estabilizar uma saborosa emulsão de óleo. Em 1828, talvez algumas décadas depois da suposta invenção da maionese, o grande chefe de cozinha e sistematizador dos molhos Antonin Carême propôs três receitas de *magnonnaise blanche*, somente uma das quais incluía gemas de ovos. As outras são feitas com uma concha de molho *velouté* ou bechamel, ambos espessados com amido, e com um extrato reduzido e gelatinoso de carne e ossos de vitela. Nessas versões, a gelatina e as proteínas do leite (no bechamel) atuam como emulsificantes e o amido, como estabilizante. Em algumas versões da *salsa verde* ("molho verde") italiana, aromatizada com ervas, o azeite de oliva é emulsionado com uma gema cozida e pão. O *aïoli* provençal e o *skorthaliá* grego são emulsionados com uma combinação de alho amassado e batatas cozidas; também se usam alho e pão, ou queijos frescos. Nenhum desses ingredientes é tão eficaz para emulsionar e estabilizar o molho quanto a gema de ovo crua; por isso a quantidade de óleo emulsionada por esses métodos é sempre menor, e os molhos tendem a vazar um pouco de óleo.

lentamente ligando-se umas às outras, o cozinheiro deve mexer o molho de vez em quando para impedir que ele se espesse. O recipiente deve permanecer tampado para obstar a evaporação da água e a excessiva concentração das gotículas de gordura, e para que não se forme uma película proteica na superfície.

Para salvar molhos de ovos coagulados, as partículas proteicas sólidas devem ser separadas na peneira. Em seguida, mantendo a massa quente, devem-se misturar uma gema de ovo aquecida e uma colher de sopa (15 ml) de água e lentamente incorporar o molho a essa gema, batendo sempre. A mesma técnica devolverá vida a um molho posto na geladeira, cuja manteiga cristalizou: se o molho for simplesmente reaquecido, os cristais derreterão e formarão poças de gordura separadas.

VINAGRETES

Uma emulsão de água em óleo.

O molho emulsionado mais comum e mais fácil de fazer é o simples tempero de salada chamado *vinagrete*. O vinagrete adere às folhas de alface e outras verduras e hortaliças e faz azedo contraponto ao gosto destas. A proporção convencional dos ingredientes do vinagrete é de 3 partes de óleo para de vinagre. É, portanto, semelhante à proporção da maionese, mas o preparo do vinagrete é muito mais simples. Em regra, os líquidos e outros sabores – sal, pimenta, ervas – são simplesmente agitados para formar, na última hora, uma emulsão turva e temporária, que é derramada sobre a salada e misturada com esta. Quando é feito assim, de improviso, o vinagrete é a ovelha negra dos molhos: em vez de ser feito de gotículas de óleo dispersas na água, nele é a água (o vinagre) que se dispersa no óleo. Uma parte de água é simplesmente incapaz de conter três partes de óleo sem a ajuda de um emulsificante. Por isso a fase mais volumosa – no caso, o óleo – se torna a fase contínua.

Há bons motivos para fazer do óleo a fase contínua do vinagrete e não se preocupar com a estabilidade da emulsão. Ao passo que a maioria dos molhos são servidos sobre ou sob grandes pedaços de alimento, as emulsões de óleo e vinagre são usadas quase exclusivamente como temperos de salada, tendo portanto a função de proporcionar um revestimento muito fino e homogêneo para a extensa área superficial das folhas de alface e das hortaliças cortadas. Um molho fino e ágil é mais eficaz nesse sentido que um molho espesso e cremoso; e o óleo adere melhor à superfície das hortaliças que o vinagre aquoso, cuja elevada tensão superficial o faz formar gotículas em vez de se espalhar. Por fim, estando o molho tão espalhado, pouco importa que as gotículas dispersas este-

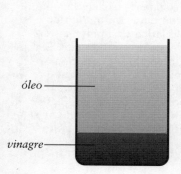

O preparo de um molho vinagrete. A proporção entre o óleo e a fase aquosa num vinagrete é semelhante a tal proporção na maionese, mas no vinagrete a água é a fase dispersa em gotículas e o óleo é a fase contínua. As gotículas desta emulsão são muito menos concentradas e, nesse sentido, o vinagrete é bem mais fluido que a maionese.

jam seguramente estabilizadas ou não. Uma vez que água e óleo não se misturam, o material usado na salada deve estar bem seco antes de ser temperado com vinagrete. Caso contrário, as superfícies revestidas de água repelirão o óleo.

Vinagretes não tradicionais. Hoje em dia, o termo *vinagrete* tem um sentido muito amplo e significa praticamente qualquer tipo de molho emulsionado ao qual o vinagre dá um toque estimulante – seja esse molho uma emulsão de água em óleo ou de óleo em água, frio ou quente, destinado a acompanhar saladas e hortaliças ou carnes e peixes. Para fazer um vinagrete de óleo em água, basta inverter as proporções: reduzir o teor de óleo e diluir o vinagre com outros ingredientes aquosos a fim de aumentar a proporção da fase aquosa contínua sem intensificar exageradamente a acidez. Os vinagretes de óleo em água, cremosos mas ralos, são razoavelmente capazes de se espalhar e aderir à superfície da salada. Sobre o vinagrete clássico, têm a vantagem de demorar mais para descorar e fazer murchar as folhas de alface. (O óleo penetra por rachaduras na cutícula cerosa da folha e se dissemina pelo interior dela, onde substitui o ar, escurecendo a folha e arruinando sua estrutura.)

Atualmente, os cozinheiros inventivos fazem vinagretes com as mais diversas gorduras, entre as quais saborosos óleos de oliva e sementes oleaginosas, óleos neutros de outras sementes e hortaliças, manteiga derretida e até banhas quentes de porco e pato; a fase aquosa pode conter sucos ou purês de frutas ou hortaliças, sucos de carne ou reduções de caldos; as gotículas podem ser emulsionadas ou estabilizadas pela pulverização cabal operada em liquidificador ou ainda por meio de ervas ou especiarias amassadas, purês de hortaliças, mostarda, gelatina ou creme de leite. Hoje em dia, no vinagrete vale tudo!

Os molhos de salada comerciais que parecem vinagrete são geralmente estabilizados e espessados com amido ou gomas de carboidratos. Nas versões com baixo teor de gordura, o uso desses ingredientes pode produzir consistência desagradavelmente viscosa.

MOLHOS ESPESSADOS COM BOLHAS DE AR: AS ESPUMAS

Como as emulsões, as espumas são uma dispersão de um fluido em outro. Nas espumas, porém, o fluido não é um líquido, mas um gás, e as partículas dispersas não são gotículas, mas bolhas. Mesmo assim, as bolhas atuam de modo análogo às gotículas da emulsão: obstruem o movimento das moléculas de água, impedem-nas de fluir e, assim, dão corpo mais espesso ao molho como um todo. Ao mesmo tempo, proporcionam duas características exclusivas e singulares: uma grande área superficial em contato com o ar que pode intensificar a liberação dos aromas que chegam ao nosso nariz; e uma consistência rarefeita e evanescente que desenha interessante contraste com a textura de praticamente qualquer outro alimento.

Há um molho de espuma clássico, o *sabayon*, em cujo preparo as gemas de ovos são cozidas e batidas ao mesmo tempo, formando uma massa estável de bolhas. E tanto o creme de leite batido quanto as claras em neve podem ser incorporados, juntamente com suas bolhas, em qualquer molho à base de água. Os cozinheiros atuais, porém, fazem espumas com praticamente qualquer tipo de líquido ou ingrediente semissólido à base de água que contenha, em solução ou suspensão, algum tipo de molécula capaz de estabilizar a estrutura do molho. O chefe de cozinha catalão Ferran Adrià foi o pioneiro dessa evolução, desenvolvendo espumas de bacalhau, mariscos, *foie gras*, aspargos, batatas, framboesa e queijo – entre outros ingredientes. E a espuma é sempre um preparado rápido, que pode ser feito na última hora: basta agitar uma porção do líquido até espumar, retirar com a colher a porção rica em bolhas, acrescentá-la ao alimento e servir.

PREPARO E ESTABILIZAÇÃO DAS ESPUMAS

Há vários modos de inserir bolhas num líquido e estabilizá-las. O batimento com um batedor de arame ou uma batedeira manual introduz ar na mistura, agitando a superfície líquida; o bico vaporizador da máquina de café expresso libera dentro do líquido uma mistura de vapor-d'água e ar; e os aparelhos que espumam creme de leite batido e água carbonatada misturam ao líquido um fluxo de dióxido de carbono ou óxido nítrico pressurizados. Quaisquer moléculas dissolvidas ou suspensas no líquido se acumularão na interface entre o ar e o líquido e reforçarão as paredes das bolhas.

O reforço, entretanto, será momentâneo e as bolhas pouco durarão, a menos que as moléculas sejam capazes de formar uma camada estável na interface. É exatamente o que fazem os emulsificantes, como a lecitina e as proteínas. Sua atuação nas espumas é análoga à estabilização das gotículas de óleo nas emulsões: sua extremidade hidrossolúvel penetra na parede da bolha, ao passo que a extremidade que não se dissolve em água fica suspensa no ar dentro da bolha. Uma vez que as bolhas na típica espuma alimentar têm entre 0,1 e 1 mm de diâmetro, ou seja, são muito maiores que as gotículas de qualquer emulsão, elas exigem pouco emulsificante para cobrir sua área superficial – em geral, 0,1% do peso do líquido (1 g por litro) é suficiente.

A estabilização das espumas. Um líquido que contenha proteínas ou fosfolipídios da gema de ovo, mesmo em quantidade modesta, é capaz de formar uma impressionante massa de bolhas, sólida suficiente para montar sem escorrer. O problema é que a espuma pode sumir em um ou dois minutos. As densidades do ar e da água são muito diferentes; enquanto as bolhas de ar da espuma sobem, a gravidade puxa no sentido oposto o líquido que forma suas paredes. Isso significa que o líquido é drenado das paredes das bolhas, que também perdem água por evaporação. Ao fim e ao cabo, a espuma na superfície se resseca e passa a conter 95% de ar e somente 5% de líquido, quantidade insuficiente para dar integridade às paredes. Estas se afinam, se abrem e as bolhas estouram.

Essa instabilidade da espuma como um todo pode ser combatida pelos mesmos materiais que estabilizam os molhos emulsionados: a saber, materiais que prejudiquem o livre movimento das moléculas de água e, assim, retardem a drenagem e o estreitamento das paredes das bolhas. Entre os estabilizantes de espumas incluem-se as partículas microscópicas dos purês, as proteínas, os carboidratos espessantes como o amido, a pectina e as gomas, e até a gordura emulsificada. A gordura ou o óleo livres prejudicam imensamente a espuma, pois a gordura se espalha no limite entre o líquido e o ar – quimicamente, é mais compatível com o ar que com a água – e impede que os emulsificantes se aninhem nessa interface e a estabilizem. Se, por outro lado, a gordura estiver emulsificada – com gema de ovo, por exemplo, ou num molho à base de gema –, permanecerá dispersa na fase aquosa e suas gotículas colaborarão para bloquear a saída do líquido que forma as paredes das bolhas.

Molhos estabilizados pelo calor: o *sabayon*. Tanto o método quanto o nome do molho francês *sabayon* são derivados do *zabaglione* italiano, uma espuma doce de gemas de ovos com vinho (p. 126). Embora ricas em proteínas e fosfolipídios, as gemas de ovo não formam boa espuma sozinhas, pois não contêm água suficiente. Batidas com água, formam uma espuma prodigiosa, mas temporária; aquecidas durante o batimento, as proteínas das gemas se desdobram e se ligam umas às outras, constituindo uma rede espessante e estabilizante. É assim que se faz o *sabayon*. Nele, a água é substituída por algum líquido saboroso – um caldo, suco ou purê, por exemplo. Os molhos quentes de manteiga emulsificados com ovos podem ser feitos ao modo do *sabayon*, incorporando-se a manteiga no fim do processo com toda a suavidade, para evitar estourar muitas bolhas da espuma. (A manteiga não precisa ser incorporada por batimento, pois a espuma cria uma grande área superficial sobre a qual a manteiga pode se espalhar, mais ou menos como o vinagrete se espalha sobre as folhas de alface.) As proteínas nas gemas aeradas se espessam a cerca de 50 °C e podem coagular e separar-se do conjunto se forem aquecidas a temperatura muito superior a essa. Por isso muitos cozinheiros preparam o *sabayon* no banho-maria e não no calor direto da boca do fogão.

O SAL

A palavra inglesa *sauce* ("molho") vem, através do latim, de uma antiga raiz que significa "sal", o tempero primordial, preparado pela terra bilhões de anos antes de os primeiros seres humanos aprenderem a temperar com ele seus alimentos. O sal é um tempero importante, mas não somente isso: é ingrediente de quase todos os preparados descritos neste livro. Os diversos capítulos explicam seu papel na confecção de alimentos como queijos, carnes e peixes curados, hortaliças em conserva ou cozidas por imersão, molho de soja e pão. Agora falaremos um pouco sobre o sal em si mesmo.

As virtudes do sal. O sal não tem semelhantes entre nossos demais alimentos. O cloreto de sódio é um mineral simples, inorgânico: não vem de vegetais, nem de animais, nem de microrganismos, mas do mar e, em última análise, das rochas que, erodidas, alimentaram-no com suas partículas. Trata-se de um nutriente essencial, de uma substância química sem a qual nosso corpo não vive. É a única fonte natural de um dos cinco sabores básicos e, por isso, o acrescentamos à maioria dos alimentos para complementar o sabor destes. Além disso, o sal intensifica ou modera os sabores: reforça a impressão dos aromas que o acompanham e suprime a sensação de amargor. É um dos pouquíssimos ingredientes que colocamos na mesa em sua forma pura, a ser acrescentado aos alimentos segundo o gosto de quem os consome.

Além dos molhos (*sauces*) e das *saladas* – folhas amargas temperadas com sal de modo a se tornar mais palatáveis –, outro alimento cujo nome inglês vem do sal são os embutidos (*sausages*), preparados em que o sal não cumpre mera função de tempero. Graças à sua natureza química, o sal é capaz de modificar de modo útil os outros ingredientes. O cloreto de sódio dissolvido em água se separa em átomos singulares dotados de carga elétrica – íons de sódio, de carga positiva, e íons de cloro, de carga negativa. Esses átomos são menores e mais móveis que qualquer molécula. Assim, penetram prontamente todos os nossos alimentos, onde reagem com as proteínas e com as paredes celulares dos vegetais. E, visto que qualquer solução concentrada retira, por osmose, a água das células vivas – a água do fluido celular menos concentrado sai da célula para restaurar o equilíbrio entre as soluções situadas de um e outro lado da membrana –, a presença de uma quantidade suficiente de sal em qualquer alimento desestimula o crescimento das bactérias que causam a deterioração. Ao mesmo tempo, permite a multiplicação de bactérias inofensivas, tolerantes ao sal e produtoras de sabor. O sal, portanto, preserva o alimento e ao mesmo tempo o aperfeiçoa.

O sal é um ingrediente extraordinário. Não admira que, desde tempos imemoriais, as pessoas o tenham considerado indispensável. Não admira tampouco que seu nome esteja presente em numerosas palavras e expressões de uso cotidiano (*salário*, da prática romana de pagar os soldados com sal; *sem sal*; *sal da terra*) e que ele tenha sido objeto de monopólios governamentais, de tributos lançados pelo Estado e de revoltas populares contra eles, desde a França revolucionária até a lendária caminhada de Gandhi rumo ao povoado litorâneo de Dandi, em 1930.

A PRODUÇÃO DE SAL

Desde a época pré-histórica que os seres humanos coletam sal na forma cristalina, tanto dos litorais marítimos quanto de minas situadas em terra. Os depósitos de sal-gema, alguns dos quais têm centenas de milhões de anos, são massas de cloreto de sódio cristalizadas quando antigos mares, isolados pela ascensão de massas de terra, acabaram por evaporar e tiveram seus leitos cobertos por processos geológicos posteriores. Até o século XIX, a produção de sal tinha por finalidades principais o tempero e a preservação de alimentos. Hoje em dia, grandes quantidades de sal são empregadas em indústrias de toda espécie, bem como para degelar as estradas no inverno; e a própria produção de sal foi industrializada. A maior parte do sal-gema é minerada por meio de solução: bombeia-se água nos depósitos para dissolver o sal e se evapora a salmoura em câmaras de vácuo, formando cristais sólidos. Embora nas regiões quentes e secas ainda se produza algum sal marinho por evaporação solar natural em salinas ao ar livre, boa parte já é produzida pela evaporação a vácuo, mais rápida.

A remoção de minerais amargos. O sal vem da água do mar, que contém quantidade significativa de vários minerais amargos, entre eles o cloreto e o sulfato de magnésio e cálcio. Os produtores dispõem de alguns métodos para remover esses minerais. Hidróxido de sódio e dióxido de carbono são acrescentados à salmoura onde se dissolveu o sal-gema, e precipitam o magnésio e o cálcio. Estes podem ser removidos da água do mar pelo mesmo método, ou senão pela concentração lenta e gradual em salinas a céu aberto, no decorrer da qual os sais de cálcio perdem a solubilidade, cristalizam-se e decantam antes do cloreto de sódio, o que permite sua separação. O cloreto de sódio, por sua vez, se cristaliza antes dos sais de magnésio, cujo leve resíduo nas superfícies dos cristais pode ser lavado numa nova salmoura.

As formas dos cristais. Atualmente, tanto o sal-gema comestível quanto o sal marinho são produzidos pela evaporação da água de salmouras. É o processo de evaporação que determina o tipo dos cristais que se formam. Se a salmoura se concentrar rapidamente num tanque fechado e a cristalização ocorrer em todo o volume da solução, se formarão muitos cristais cúbicos pequenos e regulares: o familiar sal granulado que se põe nos saleiros de mesa. Por outro lado, se a evaporação se realizar lentamente e, pelo menos durante parte do tempo, num recipiente aberto ou num leito junto ao mar, de modo que a cristalização ocorra principalmente na superfície da salmoura, o sal se solidificará na forma de flocos piramidais frágeis e ocos – forma útil para aderir à superfície de massas assadas e para se dissolver rapidamente. Para conservarem, esses flocos precisam ser retirados da superfície antes de decantar para o fundo do líquido, onde incham e se tornam os cristais grandes e grosseiros frequentemente encontrados nos sais marinhos submetidos a processamento mínimo.

Uma vez coletado e desidratado, tanto o sal granulado quanto o sal em flocos podem ser moídos em rolos metálicos, compactados ou esmagados para que suas partículas assumam as mais diversas formas e tamanhos.

OS TIPOS DE SAL

No mundo inteiro, cerca de metade da produção de sal vem do mar e metade, das minas de sal; nos Estados Unidos, 95% do sal são minerados. Dependendo do modo de processamento, os sais comestíveis contêm de 98 a 99,7% de cloreto de sódio. A cifra mais baixa é típica dos sais tratados com aditivos antiumectantes.

Sal de mesa granulado. O sal de mesa granulado se apresenta na forma de pequenos cristais cúbicos regulares. É o sal mais denso e o que mais leva tempo para se dissolver. O sal de mesa convencional é frequentemente suplementado com aditivos que perfazem até 2% de seu peso total. Esses aditivos impedem que as superfícies dos cristais absorvam umidade e grudem umas nas outras. Entre eles encontram-se os compostos de alumínio e sílica com sódio e cálcio, o dióxido de silício – material de que são feitos os vidros e as cerâmicas (p. 878) – e o carbonato de magnésio. Outros compostos, chamados umectantes, podem ser acrescentados para impedir que *os próprios aditivos* sequem em demasia e se agreguem. A maioria dos antiumectantes não se dissolvem tão rápido quanto o sal e acabam por turvar a salmoura dos picles de hortaliças. Por isso são omitidos dos sais especiais para conservas. Pode acontecer também de os aditivos darem ao sal um leve sabor desagradável.

Sal iodado. Muitos sais de mesa granulados e alguns sais marinhos são reforçados com iodeto de potássio, que ajuda a prevenir a terrível deficiência de iodo (p. 716). Essa prática começou nos Estados Unidos em 1924. Pelo fato de o iodeto ser sensível à acidez, os fabricantes geralmente suplementam o sal iodado com quantidades mínimas dos estabilizantes carbonato de sódio ou tiossulfato e açúcar. Quando dissolvido na água de torneira tratada com cloro, o sal iodado pode desenvolver um nítido aroma de algas marinhas, resultado da reação entre o iodeto e os compostos de cloro.

Sal em flocos. O sal em flocos se apresenta na forma de partículas finas, achatadas e extensas, e não de grânulos densos e compactos. É produzido pela evaporação superficial da salmoura ou pela rolagem mecânica dos sais granulados. O sal marinho de Maldon, no litoral sul da Inglaterra, é formado por cristais individuais ocos, na forma de pirâmide invertida, que medem até 1 cm de comprimento. As grandes partículas dos sais em flocos e dos sais marinhos não refinados são mais fáceis de medir e acrescentar na forma de pitadas. Polvilhado sobre o alimento logo antes de servir, o sal em flocos proporciona uma textura crocante e uma explosão de sabor. Os cristais planos não se agregam de modo tão compacto quanto os cristais cúbicos. Por isso determinado volume de sal em flocos pesa menos que a mesma medida de sal granulado.

Sal *kosher*. O sal *kosher* é usado no processo pelo qual um alimento se torna puro e passível de consumo segundo as leis dietéticas do judaísmo (p. 159). Se apresenta em partículas graúdas, às vezes em flocos, e é espalhado sobre a carne do animal recém-abatido a fim de retirar dela os restos de sangue. Por ter a finalidade de remover impurezas, o sal *kosher* não é iodado. Muitos cozinheiros gostam de usar o sal *kosher* na culinária em geral, em razão de sua relativa pureza e da facilidade de ser administrado com a mão.

Sal marinho não refinado. O sal marinho não refinado é produzido como os produtos agrícolas: as salinas são preparadas, o sal é coletado quando está pronto e seu processamento é mínimo. O preparo das salinas consiste numa lenta e progressiva concentração da água do mar e pode levar até cinco anos. Na maioria dos lugares, o sal recém-colhido é lavado de suas impurezas superficiais antes da secagem. O sal não refinado não é sistematicamente purificado de seu revestimento de minerais, algas e umas poucas bactérias tolerantes à salinidade. Levam, portanto, vestígios de cloreto e sulfato de magnésio e sulfato de cálcio, além de partículas de argila e outros sedimentos que dão aos cristais uma tonalidade acinzentada (em francês, o sal não refinado é chamado *sel gris*, "sal cinza"). Visto que os compostos de aroma e sabor são frequentemente detectáveis em concentrações mínimas e que esses sais incluem impurezas minerais e orgânicas, é possível que eles tenham um sabor mais complexo que os sais refinados, embora essa complexidade seja mascarada pelo sabor de qualquer alimento ao qual o sal seja acrescentado.

Flor de sal. A flor de sal ou, em francês, *fleur de sel* – ou seja, a parte mais fina e delicada do sal – é um produto especial das salinas marinhas do sudoeste da França.

Consiste nos cristais que se formam e se acumulam na superfície das salinas quando a umidade e os ventos estão nas condições corretas; esses cristais são delicadamente retirados da superfície da salmoura antes que tenham a oportunidade de afundar e se reunir ao sal marinho comum, cinzento. A flor de sal forma flocos delicados e não porta as partículas de sedimento que escurecem o sal comum, mas teoricamente contém vestígios de algas e outros materiais, que lhe dão um aroma característico. Isso é possível, uma vez que é no ponto de contato entre o ar e a água que as moléculas aromáticas e outros materiais gordurosos se concentram; mas, até agora, o aroma dos sais marinhos não foi objeto de muitos estudos. Graças ao trabalho empenhado em sua extração, a flor de sal é cara e não é usada na cocção, mas como tempero de último minuto.

Sais aromatizados e coloridos. Além de proporcionar o sabor salgado, o sal às vezes é transformado num portador de outros sabores e de cores ornamentais. São exemplos de sal aromatizado o sal de aipo, com sementes de aipo moídas; o sal de alho, com grânulos de alho desidratados; e os sais defumados e tostados típicos do País de Gales, da Dinamarca e da Coreia. O "sal-negro" da Índia, que na verdade é rosa-acinzentado depois de moído, é uma mistura de minerais não refinada com cheiro sulfuroso. Na confecção dos sais havaianos preto e vermelho, o sal marinho comum é misturado com lava, argila ou coral finamente moídos.

O SAL E O CORPO HUMANO

O sal e a pressão sanguínea. Os íons de sódio e cloro são elementos essenciais do sistema que preserva o equilíbrio químico geral do corpo. Permanecem sobretudo no fluido que envolve todas as nossas células, o *plasma*, porção fluida do sangue, onde contrabalançam os íons de potássio e outros que se encontram dentro das células. Estima-se que precisamos de cerca de 1 g de sal por dia, exigência que aumenta quando nos dedicamos a atividades físicas, visto que perdemos líquidos e minerais no suor. Graças à sua presença em quase todos os alimentos manufaturados, o consumo diário médio de sal nos Estados Unidos é cerca de dez vezes maior.

Há muito tempo os cientistas suspeitam que o constante consumo excessivo de sal resulta na contenção de um volume demasiado de plasma pelos vasos sanguíneos e, portanto, causa pressão alta – a qual danifica os vasos sanguíneos e aumenta o risco de doença cardíaca e infarto. Por outro lado, constatou-se que as dietas pobres em sal reduzem apenas modestamente a pressão sanguínea, e isso somente em certas pessoas. Além disso, a dieta pobre em sal tem, por si só, surpreendentes efeitos deletérios, entre os quais um aumento indesejável do nível de colesterol. Por ora, parece que as influências dietéticas mais benéficas sobre a pressão sanguínea são as de um equilíbrio dietético geral – mais hortaliças, frutas e sementes ricas em potássio, cálcio e outros minerais – aliadas ao exercício físico, que condiciona todo o sistema cardiovascular.

Os efeitos sobre os rins, os ossos e o sistema digestivo. O excesso de sódio é absorvido pelo sangue e excretado pelos rins, que ajudam a regular muitos sistemas do corpo. Portanto, a alta taxa de sódio tem o potencial indireto de afetar tais sistemas. Existem provas de que pode causar a descalcificação dos ossos e, assim, aumentar a exigência diária de cálcio, além de agravar as doenças crônicas dos rins.

Embora nosso corpo disponha de meios para diluir e excretar doses excessivas de sal, o consumo de alimentos muito salgados expõe as superfícies internas do sistema digestivo a uma concentração potencialmente nociva dessa substância química. Tanto na China quanto em outras partes da Ásia constatou-se que a dieta rica em sal aumenta o risco de ocorrência de vários cânceres do sistema digestivo.

Sal iodado. Alguns tipos de sal indubitavelmente fazem bem à saúde. O sal iodado inclui uma quantidade vestigial de iodeto de potássio, sendo portanto fonte de um mineral essencial para o correto funcionamento da glândula tireoide, que regula a produção de calor pelo corpo, o metabolismo das proteínas e o desenvolvimento do sistema nervoso. O iodo, do ponto de vista químico, é muito parecido com o cloro e se encontra facilmente em peixes e algas marinhas e nos vegetais e animais plantados e criados perto do litoral marítimo. Houve época em que a deficiência de iodo era comum nas regiões interioranas, e ainda é um problema significativo na zona rural da China. Essa deficiência obsta o desenvolvimento físico e mental, especialmente em crianças.

Sal a gosto: as preferências relacionadas ao sal. Tanto a sensibilidade ao sal quanto a preferência por alimentos mais ou menos salgados variam enormemente de pessoa para pessoa. Dependem de vários fatores, entre os quais diferenças hereditárias no número e na eficácia das papilas gustativas, a saúde em geral, a idade e o costume. A maioria dos adultos jovens é capaz de identificar como salgada uma solução de 0,05% de sal, ou seja, de uma colher de chá em 10 litros de água, ao passo que as pessoas com mais de sessenta anos em geral só detectam o sabor salgado quando a concentração atinge o dobro. Diversas sopas industrializadas, que muita gente considera de moderadamente salgadas a muito salgadas, contêm cerca de 1% de sal (10 gramas, ou 2 colheres de chá por litro), aproximadamente a mesma concentração do plasma sanguíneo. Outras podem conter 3% de sal, salinidade média da água do mar.

Parece que o gosto básico pelo sal é inato nos seres humanos, sem dúvida porque o sal é um nutriente básico. A preferência por certa *quantidade* de sal é aprendida pelo costume e pelas expectativas que este cria em nós. As preferências podem ser modificadas pela exposição constante a diferentes quantidades de sal no alimento, que faz mudar nossas expectativas. Mas isso leva tempo – em geral, de dois a quatro meses.

As propriedades físicas do sal

Na cozinha, o sal geralmente permanece sólido a menos que seja dissolvido. A água em temperatura ambiente é capaz de dissolver cerca de 35% de seu peso em sal, constituindo uma solução saturada de 26% de sal que, no nível do mar, entra em ebulição a cerca de 109 °C.

É o tamanho dos cristais de sal que determina a rapidez com que eles se dissolvem, fato que pode fazer grande diferença quando se acrescenta sal a um alimento pouco úmido, por exemplo, uma massa de pão feita pelo método da autólise (p. 596). O sal em flocos pode se dissolver de quatro a cinco vezes mais rápido que o sal granulado; o sal fino pode se dissolver quase 20 vezes mais rápido.

Os cristais sólidos de sal fundem a 800 °C e evaporam a cerca de 1.500 °C. Os fogos de lenha e carvão alcançam essas temperaturas; são capazes de vaporizar o sal e depositar fina camada sobre os alimentos colocados acima deles.

CAPÍTULO 12

AÇÚCARES, CHOCOLATES E DOCES

A história dos açúcares e da confeitaria 720
   Antes do açúcar: o mel 720
   O surgimento do açúcar na Ásia 721
   Os primórdios da confeitaria no Sudoeste Asiático 722
   Na Europa: uma especiaria e um remédio 722
   Os doces como fonte de prazer 722
   Um prazer para todos 723
   O açúcar na era moderna 726
A natureza dos açúcares 727
   Os tipos de açúcar 727
   A complexidade da doçura 729
   A cristalização 729
   A caramelização 730
   Os açúcares e a saúde 731
   Substitutos do açúcar 733
Açúcares e xaropes 737
   O mel 737
   Xaropes e açúcares extraídos de árvores: bordo, bétula, palmira 742
   O açúcar de mesa: açúcares e xaropes de cana-de-açúcar e beterraba 745
   Xarope de milho, xaropes de glicose e frutose, xarope de malte 753
Balas e doces 756
   Determinação da concentração do açúcar: a cocção da calda 757
   Determinação da estrutura do açúcar: resfriamento e cristalização 759
   Tipos de balas e doces 764
   Chiclete 770
   A estocagem e a deterioração das balas e doces 771
Chocolate 771
   A história do chocolate 772
   A confecção do chocolate 774
   As qualidades especiais do chocolate 780
   Os tipos de chocolate 782
   O chocolate e o cacau em pó como ingredientes 785
   Chocolate temperado para cobertura e moldagem 788
   O chocolate e a saúde 792

O açúcar é um alimento extraordinário. É pura sensação, prazer em forma cristalina. Todos os seres humanos partilham o gosto inato por sua doçura, que provamos pela primeira vez no leite materno: o gosto da energia que serve de combustível para todas as formas de vida. Graças a esse apelo profundo, os alimentos ricos em açúcar encontram-se hoje entre os mais populares e os mais largamente consumidos do mundo. Em séculos passados, quando o açúcar era raro e caro, esses alimentos eram iguarias reservadas aos muito ricos e ingeridas no clímax da refeição. Atualmente o açúcar é barato e as guloseimas manufaturadas se tornaram prazeres comuns do dia a dia, alimentos acessíveis e curiosos. Algumas são clássicas: creme de leite e açúcar cozidos para formar ricos caramelos marrons, ou balas vitrificadas tingidas para se assemelhar a um caco de vidro colorido. E outras são novidades provocativas com cores vivas e gritantemente artificiais, formas fantásticas, bolsões ocultos de gás e grandes doses de acidez ou especiarias.

Na cozinha, o açúcar é um ingrediente versátil. Sendo a doçura uma das cinco sensações básicas do paladar, os cozinheiros acrescentam açúcar a pratos de todo tipo para completar e equilibrar seu sabor. O açúcar prejudica a coagulação das proteínas e, nessa medida, é útil para enfraquecer e amaciar a rede de glúten das massas assadas e a rede de albúmen dos cremes de leite e ovos. Quando submetemos o açúcar a um calor forte o bastante para quebrar suas moléculas, geramos cores atraentes e uma complexidade cada vez maior de sabores: além da doçura, criamos acidez, amargor e um aroma rico e pleno. Além de tudo isso, o açúcar é um material escultórico. Submetido à umidade e ao calor, pode assumir larga gama de consistências moldáveis, desde cremoso e resistente até quebradiço e duro como pedra.

A história do açúcar não é feita somente de luz e doçura. Seus atrativos foram uma força destrutiva na história da África e das Américas, cujos povos foram escravizados para matar a fome de açúcar dos europeus. E hoje em dia, tomando o lugar de alimentos mais nutritivos em nossa dieta, o açúcar contribui indiretamente para diversas doenças típicas dos povos ricos. Como a maior parte das coisas boas da vida, é melhor apreciá-lo com moderação. E, como ocorre com aquela outra coisa boa – a gordura –, é fácil consumir uma quantidade imensa de açúcar em alimentos industrializados sem sequer se dar conta.

O chocolate – a pasta extraída da semente de um fruto arbóreo sul-americano – casou-se com o açúcar assim que chegou à Europa, há 500 anos, e sob alguns aspec-

A coleta de mel na época pré-histórica. Esta pintura rupestre encontrada na Caverna da Aranha em Valência, na Espanha, data de cerca de 8000 a.C. e parece mostrar duas pessoas coletando mel de uma colmeia. O líder (ampliado à direita) talvez esteja carregando uma cesta para os favos de mel. As colmeias artificiais e a domesticação das abelhas são atestadas desde cerca de 2500 a.C., no Egito Antigo. (Desenho baseado em original de H. Ransome, The Sacred Bee, *1937.)*

tos é seu complemento por excelência. Ao passo que o açúcar é uma molécula única extraída de fluidos vegetais complexos, o chocolate é uma mistura de centenas de moléculas diferentes produzidas pela fermentação e torrefação de uma única semente insípida. É um dos sabores mais complexos de que temos conhecimento, ao qual, porém, falta a simples doçura – que o açúcar fornece.

A HISTÓRIA DOS AÇÚCARES E DA CONFEITARIA

ANTES DO AÇÚCAR: O MEL

Depois do leite materno, a primeira fonte significativa de doçura na existência humana devem ter sido as frutas. Certas frutas de clima quente, como a tâmara, podem conter até 60% de açúcar, e até frutas de clima temperado se tornam muito doces quando secas. Porém, a mais concentrada fonte natural de doçura é sem dúvida o mel, alimento produzido e armazenado por certas espécies de abelhas, que contém até 80% de açúcar. Uma extraordinária pintura rupestre encontrada na Caverna da Aranha, em Valência, deixa claro que há pelo menos 10 mil anos os seres humanos procuram obter mel. A "domesticação" de abelhas provavelmente remonta a 4 mil anos atrás, a julgar por hieróglifos egípcios que retratam colmeias de argila.

Como quer que nossos antepassados o obtivessem, o mel era para eles um símbolo de prazer e satisfação e consta como metáfora em algumas das primeiras obras da literatura universal. Um poema de amor escrito há 4 mil anos numa tabuinha de argila suméria descreve o noivo como "doce como o mel", a carícia da noiva como "mais saborosa que o mel" e a câmara nupcial como "cheia de mel". No Antigo Testamento, a Terra Prometida é retratada diversas vezes como um país que mana leite e mel, metáfora de deleite e abundância que é por sua vez usada figurativamente no Cântico dos Cânticos, onde outro noivo canta: "Teus lábios, noiva minha, são como o favo escorrendo; tens leite e mel sob a língua [...]"

O mel continuou sendo um ingrediente importante na alimentação e na cultura da Grécia e da Roma clássicas. Os gregos o ofereciam aos deuses e aos mortos, e as sacerdotisas das deusas Deméter, Ártemis e Reia eram chamadas *melissai*: o grego *melissa*, como o hebraico *deborah*, significa "abelha". O prestígio do mel se devia em parte a sua origem misteriosa e à crença de que fosse um fragmento do paraíso na Terra. Plínio, historiador natural romano, elaborou interessantes e detalhadas cogitações sobre a natureza do mel:

> O mel vem do ar. [...] Ao raiar da aurora, as folhas das árvores se encontram orvalhadas de mel. [...] Quer se trate de uma transpiração do céu ou de uma espécie de saliva dos astros, ou de uma

---

O doce maná

No livro do Êxodo, do Antigo Testamento, Deus alimenta os israelitas exilados com o *maná*, descrito como "semelhante à semente de coentro, branco, e o seu sabor como o de bolo de mel". Hoje em dia, o termo *maná* é usado para designar a secreção rica em açúcar de certas árvores e também de alguns insetos. No Oriente Médio, a árvore chamada tamarga produz tamanha quantidade de maná que os nômades beduínos são capazes de coletar alguns quilos pela manhã, com os quais fazem *halvah*. O álcool de açúcar chamado *manitol* (p. 736) deve seu nome ao fato de ter sido originalmente extraído desse maná arbóreo.

exsudação da umidade do próprio ar, ele não obstante traz em si os grandes prazeres condizentes com sua natureza celestial.

Mais de mil anos se passaram até que se descobrissem os verdadeiros papéis das flores e das abelhas na criação do mel (p. 737). Na verdade, a produção do mel é o modelo natural de toda a produção artificial de açúcar. Também nós coletamos os sucos doces das plantas e separamos os açúcares da água. A palmira do sul da Ásia, o bordo e a bétula das florestas setentrionais, o agave e o milho das Américas: todos esses vegetais nos têm brindado com seus sucos doces. Nenhum deles, porém, é tão generoso quanto a cana-de-açúcar.

O SURGIMENTO DO AÇÚCAR NA ÁSIA

A Europa mal conhecia o que hoje chamamos de açúcar de mesa até cerca do ano 1100, e o açúcar foi artigo de luxo até 1700. A primeira grande fonte de sacarose foi a cana-de-açúcar, *Saccharum officinarum*, uma gramínea de até 6 m de altura cujos fluidos têm um teor de sacarose excepcionalmente alto – cerca de 15%. A cana-de-açúcar se originou na Nova Guiné e foi levada à Ásia quando das migrações pré-históricas. Pouco antes de 500 a.C., os indianos desenvolveram a técnica de fabricação do açúcar não refinado: o suco da cana era fervido e reduzido a uma massa escura de cristais revestidos de calda. Em 350 a.C., os cozinheiros da Índia já combinavam esse *gur* escuro com farinhas de trigo, cevada e arroz e com sementes de gergelim para produzir vários doces, alguns dos quais eram fritos. Séculos depois, os textos de medicina indiana passaram distinguir vários tipos de caldas e açúcares extraídos da cana, entre os quais cristais cujo revestimento escuro era removido por lavagem. Assim surgiu o açúcar branco, refinado.

Açúcar puxado e um doce de amêndoas na Bagdá do século XIII

Os cozinheiros árabes medievais foram os primeiros a aproveitar as excepcionais propriedades escultóricas do açúcar, como demonstram estes primitivos exemplos de açúcar puxado e marzipã.

Halewa seca

Dissolve o açúcar em água e ferve-o até endurecer. Tira-o da panela e verte-o sobre uma superfície macia para esfriar. Insere na massa uma barra de ferro com ponta lisa e puxa o açúcar para cima, moldando-o com as mãos ao redor da barra até que fique branco; depois, estende-o de novo sobre a superfície. Agrega sementes de pistache e corta o açúcar em tiras e triângulos. Se for o caso, o açúcar pode ser tingido de açafrão ou vermelhão.

Faludhaj

Mói meio litro de açúcar misturado com um sexto de litro de amêndoas e aromatiza a mistura com cânfora. Em fogo lento, dissolve um sexto de litro de açúcar em 30 g de água de rosas. Tira do fogo. Quando estiver frio, incorpora o açúcar moído com amêndoas. Se for necessário, acrescenta mais açúcar e amêndoas. Molda na forma de objetos diversos, melões, triângulos etc. Dispõe os doces numa vasilha e serve-os.

– *Kitab al-Tabikh*, trad. inglesa de A. J. Arberry

OS PRIMÓRDIOS DA CONFEITARIA NO SUDOESTE ASIÁTICO

Por volta do século VI d.C., tanto a cana quanto a técnica para a obtenção do açúcar já haviam cruzado o delta do Indo e chegado ao Golfo Pérsico, na foz do Tigre e do Eufrates, onde os persas transformaram o açúcar num dos ingredientes mais apreciados de sua alta culinária. Um dos resquícios modernos dessa apreciação é o uso de grandes cristais de açúcar sobre o prato chamado "arroz com joias". Os árabes muçulmanos conquistaram a Pérsia no século VII e levaram a cana-de-açúcar para a África do Norte, a Síria e, mais tarde, a Espanha e a Sicília. Os cozinheiros árabes misturavam o açúcar com pasta de amêndoas para fazer marzipã, cozinhavam-no com sementes de gergelim e outros ingredientes para fazer *halewa*, utilizavam-no abundantemente em caldas aromatizadas com pétalas de rosa e flores de laranjeira e foram pioneiros na produção de confeitos e esculturas de açúcar. Relata-se que num banquete celebrado no Egito, no século X, havia modelos de árvores, animais e castelos feitos de açúcar!

NA EUROPA: UMA ESPECIARIA E UM REMÉDIO

Os europeus ocidentais conheceram o açúcar na Terra Santa, durante as Cruzadas do século XI. Pouco tempo depois, Veneza tornou-se o pivô do comércio açucareiro entre os países árabes e o Ocidente; o primeiro grande carregamento de que temos conhecimento, dos enviados à Inglaterra, chegou em 1319. De início, os europeus tratavam o açúcar como tratavam a pimenta-do-reino, o gengibre e outros produtos exóticos: consideravam-no um tempero e um remédio. Na Europa medieval, o açúcar era usado basicamente em dois tipos de preparados: frutas e flores em conserva e pequenas pastilhas medicinais. Originalmente, os doces e balas não eram meros petiscos divertidos, mas "drágeas" ou "confeitos" (do latim *conficere*, "montar", "preparar") preparados por boticários ou farmacêuticos com a finalidade de equilibrar os humores do corpo. O açúcar atendia a diversas finalidades medicinais. Sua doçura mascarava o amargor de alguns medicamentos e tornava todos os preparados mais palatáveis. O fato de derreter e ser pegajoso fazia dele um excelente veículo para outros ingredientes. A solidez da massa fundida permitia-lhe liberar o medicamento de modo lento e gradual. E, por fim, o próprio efeito que, segundo se supunha, ele tinha sobre o corpo – de estimular o calor e a umidade – era aproveitado para equilibrar os efeitos de outros alimentos e auxiliar o processo digestivo. Vários doces medicinais de efeito suave continuam populares até hoje. É o caso das pastilhas para a garganta.

OS DOCES COMO FONTE DE PRAZER

Conjectura-se que, na Europa, o primeiro confeito não medicinal foi elaborado cerca de 1200 por um farmacêutico francês, que revestiu amêndoas de açúcar. As receitas medievais das cortes francesa e inglesa pe-

---

Palavras da culinária: *sugar* (açúcar) e *candy* (bala, doce)

A língua inglesa leva em si os vestígios do caminho que o açúcar fez desde a Índia até a Europa, passando pelo Oriente Médio. A palavra *sugar* (açúcar) vem da imitação árabe do sânscrito *sharkara*, que significa "cascalho" ou pedaços pequenos de um material qualquer. *Candy* (bala, doce), por sua vez, vem da versão árabe da palavra sânscrita que significa açúcar, *khandakah*.

dem o acréscimo de açúcar a molhos de peixes e aves, ao presunto e a várias sobremesas feitas com frutas ou ovos e creme. O "Conto de Sir Topas" de Chaucer, uma paródia dos romances de cavalaria escrita no século XIV, inclui o açúcar numa lista de "especiarias régias" na companhia do bolo de gengibre, do alcaçuz e do cominho. No século XV, os europeus ricos já apreciavam o açúcar como pura fonte de prazer e por sua capacidade de complementar os sabores de muitos alimentos. Platina, bibliotecário do Vaticano, escreveu por volta de 1475 que o açúcar já não era produzido somente na Índia e na Arábia, mas também em Creta e na Sicília; e acrescentou:

> Os antigos só usavam o açúcar para fazer remédios, e por isso não o mencionam como alimento. É certo que deixaram de conhecer um grande prazer, uma vez que não há nenhum alimento tão insípido que o açúcar não possa torná-lo saboroso. [...] Derretendo-o, transformamos as amêndoas, [...] os pinhões, as avelãs, o coentro, a canela e muitos outros alimentos em coisas belíssimas. As qualidades do açúcar quase se entremesclam com as dos alimentos aos quais ele se liga.

Avanços na confeitaria. Nos séculos XV e XVI, a confeitaria se tornou uma arte mais sofisticada, cuja intenção era cada vez mais a de agradar não somente ao paladar, mas também aos olhos. O açúcar derretido já era transformado em delicados fios ou puxado para desenvolver um brilho acetinado. Os confeiteiros começaram a desenvolver esquemas para determinar os diferentes pontos da calda de açúcar e sua adequação aos diversos preparados. No século XVII, os confeiteiros da corte já faziam decorações de mesa e verdadeiros cenários de açúcar. As balas duras eram comuns e os cozinheiros criaram sistemas para identificar as concentrações de calda adequadas aos diversos doces – antepassados da moderna escala de pontos de fio, bala e caramelo (ver quadro, p. 724).

UM PRAZER PARA TODOS

O açúcar se tornou mais comum no século XVIII, quando surgiram livros de receitas inteiramente dedicados à confeitaria. O povo inglês, em especial, habituou-se ao açúcar e o consumia em grande quantidade no chá e nas geleias que abasteciam a classe trabalhadora. O consumo *per capita* subiu de 2 kg por ano em 1700 para 5 kg

---

O açúcar como máscara

A origem medicinal dos confeitos ainda está viva em várias expressões usadas cotidianamente em inglês. Ao passo que "mel" é quase sempre um termo positivo, "açúcar" é ambivalente. Palavras açucaradas (*sugary words*), uma personalidade açucarada (*a sugary personality*) – no inglês, essas imagens sugerem certo cálculo e artificialidade. A própria ideia de "revestir algo com açúcar" (*sugaring over something*), que em português se diria "dourar a pílula", parece ser derivada diretamente dos preparados farmacêuticos. Já em 1400 foi usada a frase *"Gall in his breast and sugar in his face"* ["Bile no peito e açúcar no rosto"]; e Shakespeare põe na boca de Polônio, dirigindo-se a Ofélia, as seguintes palavras:

> Abundam provas de que, com o rosto da devoção
> E os atos da piedade, revestimos de açúcar
> O próprio diabo. (*Hamlet*, III, i)

por ano em 1780. Na França, por outro lado, o uso do açúcar era limitado quase somente às compotas e sobremesas. No século XIX, a produção cada vez maior de açúcar de beterraba e o desenvolvimento de máquinas que automatizaram a cocção, a manipulação e a moldagem de preparados de açúcar puseram balas e doces baratos à disposição de todos e estimularam uma criatividade que perdura até hoje. Foi no século XIX que foram inventadas as modernas balas e chocolates e que se aperfeiçoou o controle da cristalização. As palavras *taffy* (bala puxa-puxa) e *toffee* (bala *toffee*), derivadas de um dialeto colonial inglês, onde significavam uma mistura de açúcar e melado, e o termo *nougat*, derivado do latim vulgar, onde significava "bolo de nozes", entraram na língua inglesa no começo do século XIX; a palavra *fondant*, do francês "derretido", que designava a matéria básica de todos os *fudges* e recheios cremosos, surgiu por volta de 1850. Hoje em dia, a maioria das balas são variações de alguns tipos básicos de bombons, caramelos e *fondants*.

A ascensão da indústria do açúcar. A explosão do consumo de açúcar ocorrida na Europa no século XVIII foi possibilitada pelo domínio colonial no Caribe e pela escravização de milhões de africanos. Colombo levou a cana-de-açúcar à ilha Espanhola (atuais Haiti e República Dominicana) em sua segunda viagem, em 1493. Cerca de 1550, os espanhóis e os portugueses já haviam ocupado muitas ilhas caribenhas e os litorais da África Ocidental, do Brasil e do México, e produziam açúcar em quantidade significativa. Foram seguidos, um século depois, por colonos ingleses, franceses e holandeses. Por volta de 1700, cerca de 10 mil africanos eram levados às Américas todo ano, fazendo escala na colônia portuguesa de São Tomé. O açúcar não foi a única força por trás da grande expansão

---

Os estágios da cocção do açúcar no século XVII

Este antigo sistema para reconhecer a concentração das caldas de açúcar vem do *Le Confiturier françois*. Naquela época, como agora, o doceiro tinha de ter dedos resistentes.

Pontos do açúcar

O primeiro é o ponto de fita. É alcançado quando a calda começa a engrossar, de tal modo que, tomando-a com o indicador e colocando-a no polegar, ela não forme fio, mas permaneça redonda como uma ervilha.

Ponto de pérola. O segundo ponto é alcançado quando, tomando-se a calda com o indicador e colocando-a no polegar, e abrindo-se os dois dedos, ela forme um pequeno fio. [...]

Ponto de pena. Este ponto tem muitos nomes. [...] É reconhecido colocando uma espátula na calda e agitando a espátula no ar; a calda desprende da espátula como se fossem penas, sem formar aderência. [...] Este é o ponto adequado para compotas e tabletes.

Ponto de cheiro de queimado. Este ponto é reconhecido quando, mergulhando o dedo em água fria, depois na calda e depois novamente em água fria, a calda se quebra como um vidro, sem formar aderência. [...] Este ponto é adequado para o *biscuit* de cidra, para caramelos, açúcar puxado e *penide*, e é o último ponto do açúcar.

da escravidão, mas provavelmente foi a maior, e colaborou para facilitar a introdução do trabalho escravo nas colônias meridionais da América do Norte e nas fazendas de algodão. Segundo uma estimativa, dois terços dos 20 milhões de africanos escravizados nas Américas trabalhavam em plantações de cana e engenhos de açúcar. O comércio de açúcar, escravos, rum e bens manufaturados transformou em portos importantes as cidades britânicas de Bristol e Liverpool, até então pequenas, e a cidade de Newport, em Rhode Island, na América do Norte. Além disso, as enormes fortunas amealhadas pelos senhores de terras no Novo Mundo ajudaram a financiar os primeiros estágios da Revolução Industrial.

No século XVIII, quando parecia estar no auge, o setor do açúcar nas Índias Ocidentais entrou em brusco declínio. Os horrores da escravidão deram origem a movimentos abolicionistas, especialmente na Inglaterra. Os escravos começaram a se sublevar e às vezes ganhavam o apoio dos próprios países que os haviam sujeitado. Em meados do século XIX, os países europeus foram, um por um, declarando a ilegalidade da escravidão nas colônias.

O desenvolvimento do açúcar de beterraba. O golpe mais forte que abalou o açúcar caribenho foi o desenvolvimento de uma alternativa à cana passível de ser cultivada nos países do norte. Em 1747, um químico prussiano chamado Andreas Marggraf demonstrou que, usando conhaque para extrair o suco da beterraba-branca (*Beta vulgaris* var. *altissima*), hortaliça comum na Europa, era possível isolar cristais idênticos aos obtidos da cana-de-açúcar e mais ou menos na mesma quantidade. Marggraf antevia uma descentralização da produção, um regime onde cada pequeno agricultor pudesse atender às próprias

---

Receitas de caramelo, açúcar puxado e presunto de açúcar no século XVII

Caramelle

Cozinha um pouco de açúcar no ponto de cheiro de queimado, tira-o do fogo, agrega um pouco de âmbar, unta uma pedra de mármore ou um prato com óleo de amêndoas doces e coloca sobre ela o caramelo em pedaços pequenos, como se fossem de frutas em conserva. Retira-os da pedra com a colher.

Açúcar torcido

Cozinha um pouco de açúcar ao ponto de cheiro de queimado; tira-o do fogo e coloca-o sobre uma pedra de mármore untada com óleo de amêndoas doces; unta também as mãos com óleo e trabalha o açúcar, usando ganchos de ferro para puxá-lo. Decora-o como uma coroa de marzipã.

Fatias de presunto

Cozinha um pouco de açúcar em ponto de pena. Divide-o em três recipientes: um com sumo de limão, outro com rosas da Provença e o terceiro com pó de cochonilha ou suco de romã, ou pó de uva-espim. Sobre uma folha de papel, dispõe uma camada do açúcar branco e, sobre ela, duas camadas do vermelho; faz o mesmo até que o açúcar alcance a espessura de um presunto. Corta-o na forma de fatias de presunto.

– *Le Confiturier françois*

necessidades de açúcar; mas é claro que isso nunca aconteceu, e muitos anos se passaram até que a ideia finalmente se tornasse conhecida fora dos laboratórios. Em 1811, o imperador Napoleão estabeleceu oficialmente a meta de libertar a França da sua dependência em relação a vários produtos importados das colônias inglesas. Em 1812, ofereceu pessoalmente uma medalha a Benjamin Delessert, que desenvolvera uma fábrica de açúcar de beterraba. Trezentas fábricas iguais àquela surgiram no ano seguinte. Porém, em 1814 foi assinado um tratado que restabelecia o comércio entre a Inglaterra e a França, disponibilizando mais uma vez o açúcar do Caribe – e o novo setor da economia arruinou-se tão rápido quanto havia florescido. Entretanto, levantou-se das cinzas na década de 1840 e mantém-se em alta desde então.

O AÇÚCAR NA ERA MODERNA

Na atualidade, o açúcar de beterraba responde por cerca de 30% da sacarose produzida no mundo. A Rússia, a Alemanha e os Estados Unidos são os principais produtores de beterraba; nos Estados Unidos, os estados que mais produzem são Califórnia, Colorado e Utah. Hoje em dia, o Caribe já não é grande produtor de cana-de-açúcar; seu papel foi assumido pela Índia e pelo Brasil. A Flórida, o Havaí, a Louisiana e o Texas também produzem cana. Estimulada pela demanda dos países ocidentais, cada vez mais prósperos e populosos, a produção mundial de açúcar aumentou sete vezes entre 1900 e 1964, ritmo jamais igualado por qualquer outro produto agrícola na história. E, graças ao desenvolvimento de um método ainda menos dispendioso para a extração da doçura do milho, o açúcar é hoje abundante e barato como nunca antes. Não que tal coisa seja necessariamente benéfica para nossa saúde em longo prazo (p. 731); por isso um dos principais progressos realizados pelo setor de alimentos industrializados no século XX foi o desenvolvimento de ingredientes que imitam o sabor e as características físicas do açúcar sem acarretar efeitos adversos para

---

Doces do mundo inteiro

O açúcar é popular em toda parte, mas as diferentes culturas lhe deram usos diversos. Cito aqui alguns exemplos de doces característicos de certos países e regiões.

Índia	Doces de leite reduzido, massas moles fritas por imersão em calda de açúcar, *halewa* (pastas de açúcar com farinha de trigo ou de grão-de-bico, frutas e hortaliças)
Oriente Médio	*Halewa* (pastas de calda de açúcar e semolina ou calda de açúcar e pasta de gergelim), massas à base de gordura com calda de açúcar (baclava), marzipã
Grécia	Compotas, massas à base de gordura em calda de açúcar
França	Caramelo, *nougat*, drageados
Inglaterra, Estados Unidos	Balas coloridas e aromatizadas
Escandinávia	Bala de alcaçuz
México	Doce de leite, penuche (*fudge* de açúcar mascavo)
Japão	Balas de goma de ágar-ágar, doces de pasta de feijão, moti (doce de arroz), doces da cerimônia do chá

o peso do corpo e a regulação do açúcar no sangue (p. 733).

A NATUREZA DOS AÇÚCARES

O açúcar de mesa faz parte de uma grande família química que recebe o nome genérico de *açúcares*. Todos os açúcares são combinações de somente três tipos de átomos: carbono, hidrogênio e oxigênio. Os átomos de carbono formam uma espécie de espinha dorsal à qual se ligam os outros. Alguns açúcares são moléculas simples, mas outros são formados pela união de dois ou mais açúcares simples. A glicose e a frutose são *monossacarídeos* simples, ao passo que o açúcar de mesa, ou sacarose, é um *dissacarídeo* formado pela junção de uma glicose e uma frutose.

Os seres vivos usam os açúcares para duas finalidades principais. A primeira é o armazenamento de energia química. Em todas as formas de vida, o açúcar é o combustível que alimenta a atividade celular. É por isso que dispomos de papilas gustativas que registram o gosto do açúcar e que nosso cérebro associa essa sensação com o prazer: a doçura é sinal de que um alimento pode atender à nossa necessidade de calorias. A segunda grande finalidade dos açúcares é a de servir de elemento construtivo para a estrutura física dos seres vivos, especialmente nos vegetais. A celulose, a hemicelulose e a pectina que dão resistência e volume às paredes celulares das plantas são longas cadeias compostas de vários açúcares. O simples volume físico do açúcar é útil também para o cozinheiro, que pode construir a partir dele uma série de texturas interessantes.

Uma certa característica química dos açúcares é especialmente importante na cozinha. Os açúcares têm forte afinidade com a água; por isso dissolvem-se prontamente nela e formam ligações fortes, conquanto temporárias, com as moléculas de água ao seu redor. Em razão desse fato, os açúcares retêm umidade em massas assadas, impedem que as sobremesas geladas se transformem em blocos sólidos de gelo, constituem uma matriz pegajosa que agrega as partículas de alimento em preparados como o marzipã e as barras de cereais, dão aparência úmida e acetinada aos glacês e ajudam a preservar frutas, roubando a umidade dos microrganismos que causam a deterioração e impedindo a sua multiplicação.

OS TIPOS DE AÇÚCAR

Os cozinheiros só trabalham com alguns dos muitos açúcares encontrados na natureza. Todos eles são doces, mas cada qual tem suas qualidades características.

Glicose. A glicose, também chamada *dextrose*, é um açúcar simples. É aquele do qual a maioria das células vivas extraem diretamente a energia química de que necessitam. A glicose se encontra no mel e em muitas frutas, mas sempre associada a outros açúcares. É ela o elemento construtivo de que são feitas as cadeias de amido. Os cozinheiros geralmente se deparam com ela sob a forma de xarope de milho. Na fabricação deste, o amido do milho é decomposto em moléculas individuais e pequenas cadeias de glicose (p. 753). Uma cadeia de duas glicoses se chama *maltose*. Comparada com o açúcar de mesa, ou sacarose, a glicose é menos doce, menos solúvel em água e produz uma solução menos concentrada. Derrete e começa a caramelizar a cerca de 150 °C.

Frutose. A frutose, também chamada *levulose*, tem fórmula química idêntica à da glicose, mas os átomos se dispõem num arranjo diferente. Como a glicose, a frutose é encontrada em frutas e no mel. Certos xaropes de milho são tratados com enzimas que convertem sua glicose em frutose. A frutose também é vendida em forma pura e cristalina. De todos os açúcares comuns, a frutose é o mais doce, o mais solúvel em água (4 partes se dissolvem em 1 parte de água em temperatura ambiente) e o que melhor absorve e retém a água. Nosso corpo metaboliza a frutose mais lentamente que a glicose e a sacarose. Por isso ela tarda a provocar a elevação do índice de açúcar no sangue, o que a torna preferível aos demais açúcares para os diabéticos. A frutose derrete e começa a caramelizar em temperatura muito inferior à dos outros açúcares: a 105 °C, pouco acima do ponto de ebulição de água.

A molécula de frutose existe em muitos formatos diferentes quando dissolvida em água, e tais formatos têm diferentes efeitos sobre nossos receptores gustativos. O formato mais doce, um anel hexagonal, predomina em soluções frias e levemente ácidas; em temperatura morna ou quente, a frutose assume a forma de um anel pentagonal, menos doce. A doçura aparente da frutose cai quase pela metade a 60 °C; nem a glicose nem a sacarose sofrem mudanças tão drásticas. Nesse sentido, a frutose é útil como substituta da sacarose em bebidas frias, onde é capaz de proporcionar a mesma doçura com metade da concentração e uma economia de calorias de quase 50%. No café quente, contudo, sua doçura é equivalente à do açúcar de mesa.

Sacarose. Sacarose é o nome científico do açúcar de mesa. Trata-se de uma molécula composta, formada por uma molécula de glicose e uma de frutose. As plantas verdes produzem sacarose no processo de fotossíntese e nós a extraímos dos caules de cana-de-açúcar e dos tubérculos de beterraba. De todos os açúcares comuns, é a sacarose que reúne em si o mais útil conjunto de propriedades. É o segundo mais doce depois da frutose, mas é o único que tem sabor agradável nas altas concentrações encontradas em balas e compotas; os outros açúcares podem ter sabor agressivo. A sacarose também é o segundo açúcar mais solúvel – duas partes suas se dissolvem em uma parte de água em temperatura ambiente – e o que produz mais viscosidade numa solução hídrica. A sacarose começa a derreter a cerca de 160 °C e carameliza a mais ou menos 170 °C.

Quando uma solução de sacarose é aquecida na presença de algum ácido, a sacarose se desfaz e forma os dois açúcares que a compõem. Certas enzimas têm o mesmo efeito. A decomposição de sacarose em glicose e frutose é chamada de *inversão*, e a mistura resultante é o *açúcar invertido* ou *xarope invertido*. (A palavra "inversão" se refere a uma mudança nas propriedades ópticas da sacarose quando esta se decompõe.) O açúcar invertido contém cerca de 75% de glicose e frutose e 25% de sacaro-

glicose   sacarose   frutose

Os açúcares mais comuns. Os átomos de carbono são representados como pontos pretos. A glicose e a frutose têm a mesma fórmula química, $C_6H_{12}O_6$, mas têm estruturas químicas diferentes e diferentes graus de doçura. Em concentrações iguais, a frutose é muito mais doce que a glicose. O açúcar de mesa, ou sacarose, é uma combinação de glicose e frutose (uma molécula de água é liberada quando estes dois açúcares se ligam para formar a sacarose).

se. Só existe na forma de xarope, visto que a frutose jamais chega a se cristalizar plenamente na presença de glicose e sacarose. A inversão da sacarose e o açúcar invertido são úteis para a confecção de balas porque ajudam a limitar as possibilidades de cristalização da sacarose (p. 761).

Lactose. A lactose é o açúcar do leite. É composta por dois açúcares simples, a glicose e a galactose. Os cozinheiros quase nunca a usam em sua forma pura. Por ser muito menos doce que o açúcar de mesa, os fabricantes a usam da mesma maneira que usam os alcoóis de açúcar (p. 735): mais para dar corpo que para adoçar.

A COMPLEXIDADE DA DOÇURA

A doçura do açúcar não se resume à simples sensação doce. Ela pode ajudar a mascarar ou equilibrar a acidez e o amargor de outros ingredientes. E os químicos do sabor demonstraram que a doçura intensifica fortemente nossa percepção dos aromas dos alimentos – talvez porque comunique ao cérebro que o alimento é uma boa fonte de energia e, portanto, merece atenção especial.

Os diferentes açúcares dão diferentes impressões de doçura. A sacarose demora um pouco para ser detectada pela língua, mas sua impressão de doçura permanece. A doçura da frutose, em comparação, é percebida de modo rápido e intenso, mas também desaparece rapidamente. A doçura do xarope de milho demora a ser registrada, atinge o ponto máximo em cerca de metade da intensidade da sacarose e permanece na língua por mais tempo que esta. Diz-se que a ação rápida da frutose intensifica outros sabores dos alimentos, especialmente os sabores ácidos, frutados e picantes: permite-nos perceber esses sabores claramente, sem a máscara da doçura residual.

A CRISTALIZAÇÃO

Os açúcares são materiais maravilhosamente robustos! Ao contrário das proteínas, que facilmente se desnaturam e coagulam; ao contrário das gorduras, que são danificadas pelo ar e pelo calor e desenvolvem sabor rançoso; ao contrário, enfim, das cadeias de amido, que se decompõem em cadeias menores de moléculas de glicose – ao contrário de todas essas substâncias, os açúcares são moléculas pequenas e estáveis. Estas se misturam facilmente com a água, toleram o calor da fervura e, quando suficientemente concentradas em solução aquosa, ligam-se prontamente umas às outras e se coagulam em massas puras e

A composição e a doçura relativa de alguns açúcares

A doçura de cada açúcar é medida em comparação com a do açúcar de mesa, à qual se atribui arbitrariamente o valor de 100.

Açúcar	Composição	Doçura
Frutose		120
Glicose		70
Sacarose (açúcar de mesa)		100
Maltose		45
Lactose		40
Xarope de milho	Glicose, maltose	30-50
Xarope de milho com alto teor de frutose	Frutose, maltose	80-90
Xarope de açúcar invertido	Glicose, frutose, sacarose	95

sólidas, chamadas cristais. É por meio dessa tendência à cristalização que obtemos açúcares puros a partir de sucos de vegetais, e é assim que fazemos os mais diversos tipos de balas. A cristalização do açúcar será descrita em detalhes na p. 759.

A CARAMELIZAÇÃO

Caramelização é o nome dado às reações químicas ocorridas quando o açúcar é aquecido a uma temperatura em que suas moléculas começam a se decompor. Essa destruição desencadeia uma notável cascata de reações químicas criativas. A partir de um único tipo de molécula, que se apresenta na forma de cristais incolores, inodoros e simplesmente doces, o cozinheiro gera centenas de compostos novos e diferentes, alguns dos quais são pequenos fragmentos azedos, amargos ou intensamente aromáticos, ao passo que outros são grandes agregados insípidos mas de intensa cor marrom. Quanto mais o açúcar é cozido, mais ele se decompõe e perde a doçura, e mais se torna escuro e amargo.

Embora o caramelo normalmente seja feito com açúcar de mesa, suas moléculas de sacarose se decompõem em glicose e frutose antes de começar a se fragmentar e se recombinar para formar novas moléculas. A glicose e a frutose são "açúcares redutores", ou seja, dispõem de átomos reativos que efetuam a reação oposta à de oxidação (doam elétrons a outras moléculas). A molécula de sacarose, por sua vez, é formada por uma glicose e uma frutose unidas pelos átomos redutores, de modo que não lhe resta nenhum átomo redutor por meio do qual possa reagir. Assim, é menos reativa que a glicose e a frutose. Sua temperatura de caramelização (170 °C) é mais alta que a da glicose (150 °C) e, especialmente, que a da frutose (105 °C).

O preparo de caramelo. Na técnica usual de feitura do caramelo, o açúcar é misturado com um pouco de água e aquecido até que a água evapore e o açúcar derretido ganhe cor. Mas por que acrescentar água se o primeiro passo consiste em evaporá-la? A água possibilita a cocção do açúcar em calor intenso desde o princípio sem que se corra o risco de queimá-lo. Além disso, a presença da água prolonga o período de cocção da calda, dá mais tempo para que as reações aconteçam e permite o desenvolvimento de um sabor mais forte do que ocorreria caso o açúcar fosse aqueci-

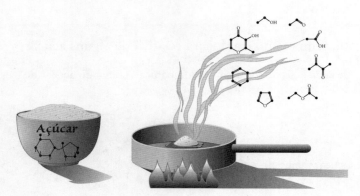

*Os sabores da caramelização. O calor transforma o açúcar de mesa – uma molécula doce, simples e inodora – em centenas de moléculas diferentes que geram um sabor complexo e rica cor marrom. Alguns exemplos aromáticos (*em sentido horário a partir do alto, à esquerda*): álcool, acetaldeído (do xerez), ácido acético (do vinagre), diacetil (da manteiga), etilacetato (frutado), furano (acastanhado), benzeno (de solventes) e maltol (tostado).*

do sozinho e muito rapidamente. Por fim, a água acelera a conversão da sacarose em glicose e frutose. Constatou-se que a cocção da calda em forno de micro-ondas produz um espectro de sabores um pouco diferente dos produzidos normalmente na boca do fogão.

Uma vez iniciada a caramelização e a geração de cor e sabor, as reações que então ocorrem liberam calor e podem queimar o açúcar se não forem cuidadosamente controladas. Vale a pena ter ao lado uma vasilha cheia de água fria onde a panela possa ser esfriada assim que o caramelo esteja pronto. A excessiva caramelização torna a calda extremamente escura, amarga e viscosa, quando não sólida.

O sabor do açúcar caramelizado. O aroma de um simples açúcar caramelizado tem várias notas diferentes, entre elas as de manteiga e leite (diacetil), frutadas (ésteres e lactonas), florais, doces, de rum e assadas. À medida que as reações continuam e o açúcar original é destruído, o gosto da mistura se torna menos doce. Aumenta a acidez e, por fim, o amargor, bem como uma sensação causticante e irritante. Certos produtos químicos da caramelização são antioxidantes eficazes e podem ajudar a retardar a deterioração dos sabores de alimentos estocados.

Quando os açúcares são cozidos com ingredientes que contêm proteínas e aminoácidos – leite ou creme de leite, por exemplo –, ocorrem não somente a caramelização propriamente dita, mas também as reações de escurecimento de Maillard (p. 867), que geram um número maior de compostos e um aroma mais rico.

OS AÇÚCARES E A SAÚDE

"Calorias vazias". Por um lado, os açúcares são altamente nutritivos. Depois das gorduras e dos óleos, são nossa fonte mais concentrada de calorias. O problema é que, no mundo desenvolvido, a maior parte das pessoas consome mais energia do que precisa para alimentar sua atividade; por outro lado, consome quantidade insuficiente das centenas de outros nutrientes e substâncias vegetais que contribuem para nossa saúde em longo prazo (p. 281). Na medida em que os alimentos ricos em açúcar deslocam de nossa dieta outros alimentos mais amplamente nutritivos, eles fazem mal à saúde humana: são fontes de calorias às quais falta qualquer outro valor nutricional e alguns dos principais responsáveis pela moderna epidemia de obesidade e problemas correlatos, entre os quais o diabete (p. 733).

No mundo desenvolvido, particularmente nos Estados Unidos, as pessoas conso-

---

Palavras da culinária: *caramel* (caramelo)

O termo que designa o açúcar queimado pode ter relação com a semelhança entre a cor deste e a cor da palha. A palavra *caramel* surge em francês no século XVII, tendo sido emprestada, por intermédio do espanhol, do português *caramelo*, que significava tanto o pão de açúcar quanto "pingente de gelo", talvez porque ambos tivessem forma alongada e aparência de cristal. O termo português, por sua vez, parece ter sido derivado do latim *calamus*, que significa "junco". Em grego, *kalamos* significava "palha", e a raiz indo-europeia original significava "grama". O italiano *calamari* e o português *calamar*, "lula", vêm da mesma raiz! Talvez o elemento comum seja a cor marrom da grama seca, do açúcar parcialmente refinado, da calda de caramelo e da pele da lula, com sua camuflagem.

mem grande quantidade de açúcar refinado. Os adultos norte-americanos obtêm dos açúcares refinados cerca de 20% das calorias de que precisam; as crianças, entre 20 e 40%. A maior parte desse açúcar não é consumida sob a forma de balas e doces, mas de refrigerantes. Quantidades significativas de açúcar também se imiscuem na maioria dos alimentos industrializados, entre os quais vários molhos salgados, recheios, carnes e massas assadas. O conteúdo total de açúcar nos alimentos industrializados nem sempre é esclarecido pela lista de ingredientes, onde os diferentes açúcares às vezes são arrolados separadamente: sacarose, dextrose, levulose, frutose, xarope de milho, xarope de milho com alto teor de frutose etc.

O açúcar e as cáries dentárias. Há milhares de anos se sabe que os alimentos doces favorecem o surgimento de cáries dentárias. No livro grego dos *Problemas*, atribuído a Aristóteles, pergunta-se: "Por que razão os figos, que são doces e macios, destroem os dentes?" Quase 2 mil anos depois, quando a cana-de-açúcar tomava conta do Caribe, um alemão chamado Paul Hentzner, que visitou a corte britânica, descreveu a Rainha Elizabeth I tal como se encontrava em 1598:

Chegou em seguida a Rainha, aos sessenta e cinco anos de idade, segundo nos disseram, e extremamente majestosa; o rosto comprido e claro, mas enrugado; os olhos pequenos, mas negros e belos; o nariz levemente aquilino; os lábios finos e os dentes, pretos; (defeito a que os ingleses parecem estar sujeitos por usarem em demasia o açúcar) [...]

Agora sabemos que certas espécies de bactérias do gênero *Streptococcus* colonizam a boca e aderem às superfícies não perturbadas, onde se alimentam dos resíduos de comida, convertendo os açúcares em carboidratos pegajosos que formam a "placa", nos quais se ancoram e que as protegem, e em ácidos defensivos que corroem o esmalte dos dentes e causam as cáries. Claro está que, quanto maior a quantidade de alimento a que tiverem acesso, mais as bactérias serão ativas; e as balas de açúcar vitrificado que se dissolvem lentamente na boca lhes proporcionam verdadeiros banquetes. Porém, o açúcar puro não é o único culpado pela deterioração dos dentes. Alimentos amidosos como o pão, os cereais matinais, o macarrão e as batatas *chips* também são nocivos porque aderem aos dentes e ali são transformados em açúcares pelas enzimas da saliva. Um punhado de outros

O corante caramelo

Há muitos séculos que os cozinheiros fazem caldas e balas de açúcar caramelado, e o açúcar queimado é preparado em razão de sua cor marrom desde os tempos antigos. A produção comercial de calda de caramelo para uso como corante alimentar começou na Europa e nos Estados Unidos em meados do século XIX. Hoje, o caramelo é o mais comum dos corantes alimentares e proporciona o tom marrom-escuro dos refrigerantes de cola e outros, da cerveja preta, de certas bebidas destiladas, de balas e muitos alimentos industrializados. Além da cor, as moléculas desse pigmento também têm certa atividade antioxidante que ajuda a preservar o sabor. Originalmente, as cores do caramelo eram produzidas pelo aquecimento do açúcar numa panela destampada. Com o tempo, foi introduzido o uso de panelas a vácuo que controlam melhor o desenvolvimento da cor, e os fabricantes passaram a acrescentar ao caramelo vários aditivos que aprimoram as propriedades de dispersão e emulsificação dos pigmentos.

alimentos, especialmente o chocolate, o cacau em pó e a essência de alcaçuz (todos eles usados na fabricação de balas), bem como o café, o chá, a cerveja e alguns queijos, na verdade inibem a atividade das bactérias que provocam as cáries. Há indícios de que os compostos fenólicos dificultam para as bactérias a tarefa de aderir aos dentes. E, em geral, os alcoóis de açúcar em balas e doces de baixa caloria (p. 735) não são metabolizados pelas bactérias bucais e não contribuem para a ocorrência de cáries.

O açúcar dos alimentos e o açúcar do sangue: o problema do diabete. Alguns alimentos ricos em açúcar podem colaborar para que o corpo perca a capacidade de controlar seus próprios níveis de açúcar. A glicose, forma primordial de energia química utilizada pelo corpo, é distribuída pelo sangue a todas as células. Porém, a molécula de glicose é reativa e, em quantidade excessiva, pode prejudicar o sistema circulatório, os olhos, os rins e o sistema nervoso. Por isso o corpo, por meio do hormônio insulina, exerce rígido controle sobre a quantidade de glicose que circula no sangue. O diabete é uma doença em que o sistema de produção da insulina é incapaz de controlar adequadamente a glicose do sangue. O consumo elevado de alguns açúcares alimentares sobrecarrega o sangue de glicose e impõe tensões ao sistema de insulina. Isso é perigoso para as pessoas que sofrem de diabete. Os alimentos que mais fazem aumentar a taxa de glicose no sangue são aqueles ricos em glicose pura, entre eles alimentos como batatas e arroz, cujo amido é digerido pelas enzimas e se transforma em glicose. O açúcar de mesa, combinação de glicose e frutose, tem efeito semelhante, ao passo que a frutose em si tem efeito muito mais fraco, pois precisa ser metabolizada pelo fígado para que o corpo possa usá-la como fonte de energia. Uma das propriedades mais úteis de muitos substitutos do açúcar é que eles não aumentam a taxa de açúcar no sangue.

SUBSTITUTOS DO AÇÚCAR

Os açúcares aliam várias qualidades úteis: energia, doçura, substância, captura da umidade e possibilidade de caramelização. O problema dessa versatilidade é que cada qualidade vem associada a todas as outras. E às vezes são só uma ou duas delas que nos interessam: o prazer da doçura sem as calorias ou a pressão exercida sobre o sistema de regulação da glicose no sangue, por exemplo, ou a substância sem a doçura, ou a substância e a doçura sem a tendência de escurecer com a cocção. Por isso os fabricantes desenvolveram ingredientes que oferecem algumas propriedades dos açúcares,

O índice glicêmico de alguns açúcares e alimentos

O "índice glicêmico" mede o quanto um determinado alimento faz aumentar a taxa de glicose no sangue. O índice glicêmico da própria glicose é fixado no valor arbitrário de 100.

Açúcar	Índice glicêmico	Açúcar	Índice glicêmico
Maltose	110	Açúcar de mesa	90
Glicose	100	Banana	60
Batata	95	Compotas de frutas	55
Arroz branco	95	Frutose	20
Mel	90		

Alguns substitutos do açúcar e suas qualidades

Nesta tabela a doçura do açúcar de mesa é fixada em 100. A doçura 50 significa que a substância tem metade da doçura do açúcar de mesa; uma de 500 significa que é 5 vezes mais doce. Os alcoóis de açúcar e o xarope de milho, cuja doçura é inferior a 100, são úteis principalmente por proporcionar volume e viscosidade com baixas calorias e pouco efeito sobre a taxa de açúcar no sangue. Mesmo os substitutos do açúcar que foram descobertos na natureza são hoje manufaturados por meio da modificação química de uma matéria-prima natural ou sintética.

Ingrediente	Doçura relativa	Fonte original	Data de comercialização	Qualidades notáveis
Polidextrose	0	Glicose (modificada)	década de 1980	Produz alta viscosidade
Xarope de milho	40	Amido	década de 1860	
Trealose	50	Mel, cogumelos, leveduras	década de 2000?	
Alcoóis de açúcar:				
Lactitol	40	Lactose (modificada)	década de 1980	
Isomalte	50	Sacarose (modificada)	década de 1980	Tende a cristalizar menos e a absorver menos umidade que o açúcar
Sorbitol	60	Frutas	década de 1980	Refrescante; absorve umidade
Eritritol	70	Frutas, fermentação	década de 2000?	
Manitol	70	Cogumelos, algas	década de 1980	Refrescante
Maltitol	90	Maltose (modificada)	década de 1980	
Xilitol	100	Frutas, hortaliças	década de 1960	Especialmente refrescante
Tagatose	90	Leite aquecido	década de 2000?	

Ingrediente	Doçura relativa	Fonte original	Data de comercialização	Qualidades notáveis
Sacarose	100	Cana-de-açúcar e beterraba	Tradicional	
Xarope de milho com alto teor de frutose	100	Amido	década de 1970	
Cristais de frutose	120-170	Frutas, mel	década de 1970	
Ciclamato	3 mil	Sintético	década de 1950	Proibido nos Estados Unidos, permitido na Europa
Glicirrizina	5 mil-10 mil	Raiz de alcaçuz	Tradicional	
Aspartame	18 mil	Aminoácidos (modificados)	década de 1970	Instável em temperatura de cocção
Acesulfame-K	20 mil	Sintético	década de 1980	Estável em temperatura de cocção
Sacarina	30 mil	Sintética	década de 1880	Estável em temperatura de cocção
Esteviosídeo	30 mil	Planta sul-americana	década de 1970	
Sucralose	60 mil	Sacarose + cloro	década de 1990	Estável em temperatura de cocção
Neoesperidina di-hidrocalcona	180 mil	Frutas cítricas (modificadas)	década de 1990	
Alitame	200 mil	Aminoácidos (modificados)	década de 1990	
Taumatina	200 mil-300 mil	Planta africana	década de 1980	
Neotame	800 mil	Aspartame (modificado)	década de 2000?	

mas não todas. Muitos desses ingredientes foram descobertos originalmente em plantas; uns poucos são totalmente artificiais. Hoje em dia, alguns cozinheiros inventivos estão fazendo experiências com certos ingredientes para criar comidas salgadas com o aspecto de balas e outras novidades.

Há dois tipos principais de substitutos do açúcar. O primeiro engloba vários carboidratos que proporcionam substância, ou volume, mas não são tão digeríveis quanto os açúcares. Por isso não aumentam tão rapidamente a taxa de açúcar no sangue nem proporcionam tantas calorias. O segundo é o dos edulcorantes de sabor intenso: moléculas que proporcionam a sensação de doçura sem fornecer muitas calorias, geralmente por serem centenas ou milhares de vezes mais doces que o açúcar e, portanto, poderem ser usadas em quantidade mínima. Os doces de baixa caloria ou sem calorias são feitos pela combinação desses dois tipos de ingredientes, cujas qualidades estão resumidas no quadro das pp. 734-5.

Ingredientes que dão corpo: os alcoóis de açúcar. Os ingredientes mais comuns que dão aos alimentos um corpo semelhante ao do açúcar são os alcoóis de açúcar ou polióis – substâncias químicas cujos nomes terminam em *-itol* –, os quais são essencialmente açúcares com um vértice da molécula modificado (o sorbitol, por exemplo, é derivado desse modo da glicose). Pequenas quantidades de alguns alcoóis de açúcar – sorbitol, manitol – são encontradas em muitas frutas e partes de vegetais. Uma vez que o corpo humano é feito para aproveitar os açúcares e não seus alcoóis, nós só absorvemos uma fração dessas moléculas e ainda as usamos de modo ineficiente. Por isso elas aumentam modicamente a taxa de insulina. As moléculas restantes são metabolizadas por nossos microganismos intestinais e obtemos sua energia de modo indireto. No conjunto, os alcoóis de açúcar proporcionam 50-75% do valor calórico do próprio açúcar.

Os alcoóis de açúcar não têm a estrutura química (o grupo aldeído) que desencadeia as reações de escurecimento entre os açúcares e destes com os aminoácidos. Portanto, apresentam uma propriedade que às vezes é útil: resistem às mudanças de cor e sabor quando aquecidos na confecção de doces.

Edulcorantes de sabor intenso. Embora a maior parte dos edulcorantes de sabor intenso por nós consumidos hoje em dia seja sintetizada em laboratórios industriais, vários deles ocorrem na natureza e são apreciados há séculos. A glicirrizina ou ácido glicirrízico, composto encontrado na raiz de alcaçuz, é de 50 a 100 vezes mais doce que a sacarose e explica por que os primeiros doces de alcaçuz eram feitos extraindo a essência da raiz em água quente e redu-

---

O alcaçuz moderno

Hoje em dia, o alcaçuz quase já não é usado como edulcorante. A essência da raiz do alcaçuz é extraída por meio de amônia, produzindo um sal de amônio do ácido glicirrízico, de sabor doce. Essa essência é muito mais cara que o melado (que dá a cor preta à maior parte das balas tradicionais de alcaçuz), o açúcar, a gelatina, o amido e outros ingredientes que compõem as balas de alcaçuz; por isso é usada principalmente como aromatizante. O alcaçuz é especialmente popular na Dinamarca, onde é estranhamente associado ao sal e à amônia para fazer balas. A glicirrizina também atua sobre o sistema hormonal de controle da pressão sanguínea e do volume do sangue. Por isso em grandes doses pode causar pressão alta e inchaço.

zindo o extrato por fervura. A doçura da essência surge lentamente na boca e permanece por bastante tempo. As folhas de uma planta sul-americana chamada estévia, *Stevia rebaudiana*, são usadas há séculos para adoçar o chá-mate. Seu ingrediente ativo, o esteviosídeo, é vendido em forma purificada em pó. Nem o esteviosídeo nem a planta da qual provém foram aprovados pela Administração de Alimentos e Medicamentos do governo dos Estados Unidos para uso como aditivos alimentares. Por isso nesse país são vendidos como suplementos dietéticos.

Os edulcorantes de sabor intenso às vezes têm características de sabor que os tornam substitutos imperfeitos do açúcar de mesa. A sacarina, por exemplo, deixa na boca um gosto metálico e pode parecer amarga; o esteviosídeo deixa um gosto amadeirado na boca. Muitos demoram mais que o açúcar de mesa a desencadear a sensação de doçura e seu gosto perdura por mais tempo depois de serem engolidos. A doçura relativa desses edulcorantes diminui à medida que sua concentração individual aumenta, ao passo que a combinação de alguns deles produz um efeito de sinergia. Por isso os fabricantes em geral usam dois ou mais cujas qualidades insólitas se equilibram e que intensificam a doçura um do outro.

O aspartame, uma combinação sintética de dois aminoácidos, é o edulcorante não calórico mais utilizado. É de 180 a 200 vezes mais doce que o açúcar de mesa. Por isso, embora leve o mesmo número de calorias por unidade de peso, é usado em quantidade muito menor. A desvantagem do aspartame é que ele é decomposto pelo calor e pela acidez, de modo que não pode ser usado em preparados cozidos.

Inibidores de doçura. Não existem somente adoçantes artificiais: há também substâncias que nos impedem de perceber a doçura dos açúcares. Esses inibidores são úteis para reduzir a doçura de um preparado cuja textura depende de uma alta concentração de açúcar. O lactisol é um composto fenólico encontrado em pequena quantidade no café torrado, patenteado como modificador de sabor em 1985 e usado em confeitaria e em lanches. Em quantidade muito pequena, reduz em dois terços a doçura aparente do açúcar.

AÇÚCARES E XAROPES

O MEL

O mel foi o adoçante mais importante na Europa até o século XVI, quando a cana-de-açúcar e sua doçura mais neutra começaram a se popularizar. Nesse meio-tempo, os maiores produtores de mel eram a Alemanha e os países eslavos, e o hidromel era bebida apreciadíssima na Europa Central e na Escandinávia. Hoje em dia, o mel é apreciado como alternativa ao açúcar, um xarope pronto que oferece muitos sabores característicos.

A abelha melífera. Embora o Novo Mundo certamente já conhecesse e apreciasse o mel antes da chegada dos colonizadores europeus, isso não acontecia na América do Norte. As abelhas nativas do Novo Mundo, espécies dos gêneros *Melipona* e *Trigona*, são exclusivamente tropicais. Também diferem das abelhas europeias por não terem ferrão e por coletarem os fluidos não somente de flores, mas também de frutos, resinas e até carniça e excrementos – fontes que criam não só sabores ricos e exóticos, mas também um mel de salubridade duvidosa. A colonização europeia provocou uma mudança fundamental no ambiente natural da América do Norte, pois introduziu ali, por volta de 1625, a abelha que produz praticamente todo o mel consumido no mundo hoje em dia: a *Apis mellifera*.

As abelhas são insetos sociais que evoluíram de par com as plantas florescentes que produzem néctar. Esses dois organismos se ajudam mutuamente: as plantas alimentam o inseto e este leva o pólen fertilizador de uma planta a outra. O mel é a forma em que o néctar das flores é armazenado na colmeia. Os registros fósseis indicam que as abelhas já existem há cerca de 50 milhões de anos e desde metade desse tempo se organizam socialmente. O gênero *Apis*, das abelhas que mais produzem mel, originou-se na Índia. A *Apis mellifera* evoluiu na África subtropical e hoje habita naturalmente todo o Hemisfério Norte, até o Círculo Ártico.

Como as abelhas fazem mel

O néctar. A principal matéria-prima do mel é o néctar coletado de flores, que o produzem para atrair insetos e pássaros polinizadores. As fontes secundárias são os nectários extraflorais e a substância doce segregada por certos tipos de insetos. A composição química do néctar é altamente variável, mas seus principais ingredientes são sempre açúcares. Alguns néctares são compostos principalmente de sacarose, alguns contêm partes mais ou menos iguais de sacarose, glicose e frutose, e outros ainda (sálvia e nissáceas) são feitos quase somente de frutose. Uns poucos néctares são inofensivos para as abelhas mas venenosos para os seres humanos e por isso geram méis tóxicos. O mel da região do Ponto, na Turquia oriental, era mal-afamado na Grécia e na Roma antigas: uma espécie local de rododendro produz "graianotoxinas" que prejudicam a atividade do pulmão e do coração.

As fontes mais importantes de néctar são as flores das plantas da família das leguminosas, especialmente o trevo, e da família da alface, um grupo grande que inclui o girassol, o dente-de-leão e os cardos. Em-

---

O progresso da abelha na América do Norte

Por sorte, temos acesso a um relato de época acerca do deslocamento da abelha de um lado a outro da América do Norte. Em 1832, Washington Irving visitou a região que hoje corresponde ao estado de Oklahoma e publicou suas observações num livro chamado *A Tour of the Prairies* [Uma viagem pelas pradarias]. O capítulo nono descreve uma "caçada à abelha", a prática de coletar mel silvestre seguindo as abelhas de volta à colmeia.

É incrível e incontável o número de enxames de abelhas que em poucos anos se disseminaram pelo Extremo Oeste. Os índios as consideram precursoras do homem branco, assim como o búfalo é o precursor do homem vermelho; e dizem que, à medida que a abelha avança, os índios e o búfalo se retiram. Estamos acostumados a associar o zumbido da colmeia às casas de fazenda e aos jardins floridos e a considerar que esses diligentes animaizinhos estão essencialmente ligados aos locais onde o homem exerce sua azafamada atividade; com efeito, ouvi dizer que as abelhas raramente se encontram a grande distância da fronteira. Elas têm sido os arautos da civilização, precedendo-a resolutamente à medida que esta progride desde o litoral atlântico, e alguns dos antigos colonizadores do Oeste pretendem conhecer o ano exato em que as abelhas atravessaram o Mississippi. Os índios, surpresos, viram as árvores putrefatas de suas florestas de repente invadidas por uma doce ambrosia; e, segundo me contam, nada se compara ao guloso deleite com que se fartam pela primeira vez desse regalo gratuito da natureza.

Para aqueles que compram esse regalo em frascos, vale a pena reimaginar esse maravilhamento primordial.

bora a maior parte dos méis seja feita de uma mistura de néctares de diferentes flores, cerca de 300 méis "monoflorais" são produzidos pelo mundo afora; os de laranjeira, castanheira, trigo-sarraceno e lavanda são especialmente apreciados pelo seu sabor característico. Alguns, especialmente os de castanheira e trigo-sarraceno, são muito mais escuros que os demais, graças em parte ao alto conteúdo de proteína dos néctares dessas plantas, proteínas essas que reagem com os açúcares para produzir não só pigmentos escuros como também um aroma tostado.

A coleta do néctar. Para coletar o néctar da flor, a abelha insere sua longa probóscide no nectário. Nesse processo, o pólen das anteras adere a seu corpo peludo. O néctar passa pelo esôfago da abelha e penetra na vesícula nectarífera ou papo, um tanque de estocagem que retém o néctar até o inseto voltar à colmeia. Certas glândulas secretam enzimas no papo, e estas trabalham para decompor o amido em cadeias de açúcares menores e a sacarose em moléculas de glicose e frutose.

Vale a pena citar alguns números notáveis. Uma colmeia forte contém uma rainha adulta, algumas centenas de zangões (machos) e cerca de 20 mil operárias. Para cada meio quilo de mel comercializado pelo homem, 4 quilos são usados pela colmeia em suas atividades cotidianas. O comprimento total do voo necessário para que uma abelha colete néctar suficiente para fazer esse meio quilo a mais de mel foi estimado três voltas em torno da Terra. Em média, cada abelha-operária permanece sempre a menos de um quilômetro e meio de sua colmeia, faz cerca de 25 viagens de ida e volta por dia e a cada uma delas leva uma carga de 0,06 grama – aproximadamente metade de seu peso. Com sua carroceria leve, uma abelha seria capaz de percorrer 3 milhões de quilômetros com um

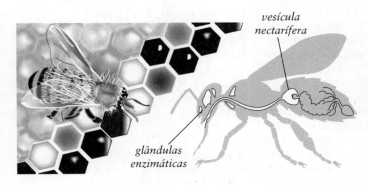

O favo de mel e a anatomia da abelha-operária. Até voltar à colmeia, a abelha-operária guarda o néctar recém-coletado na vesícula nectarífera ou papo, onde o néctar sofre a ação de enzimas segregadas por diversas glândulas.

Formigas doces

Dentre os objetos mais estranhos usados como fonte de doçura estão as formigas-do-mel ou formigas-pote-de-mel (espécies dos gêneros *Melophorus*, *Camponotus* e *Myrmecocystus*) da Austrália, do México e do sudoeste dos Estados Unidos. Em suas colônias há uma casta de operárias encarregadas de armazenar o néctar de flores e pulgões. Esses materiais são armazenados no abdômen das formigas, que incha até alcançar o tamanho de uma ervilha ou mesmo de uma uva, tornando-se translúcido. O abdômen da formiga-do-mel pode ser comido cru ou como recheio de tortilhas.

litro de mel. Numa vida inteira de coleta de néctar, cada abelha contribui somente com uma pequena fração do mel produzido pela colmeia: cerca de 30 g.

A transformação do néctar em mel. Na colmeia, as abelhas concentram o néctar de modo que ele resista às bactérias e fungos e, assim, se conserve até quando necessário. Operárias especializadas repetidamente engolem e regurgitam o néctar por um período de 15 a 20 minutos. Quando o regurgitam, formam uma gotícula que pende de sua probóscide e da qual a água pode evaporar, e o fazem até que o conteúdo de água do néctar baixe para 50 ou 40%. O néctar concentrado é depositado em fina película sobre o favo, uma rede de cilindros hexagonais cada qual com cerca de 5 mm de diâmetro, feita com a cera secretada pelas glândulas ceríngeas das operárias jovens. As operárias, agitando as asas, mantêm o ar do favo em contínuo movimento e assim o néctar perde ainda mais umidade, chegando a conter apenas 20% de água. Esse processo, chamado "maturação", leva cerca de três semanas. Por fim, as abelhas preenchem as células do favo, ou alvéolos, com o mel amadurecido e as recobrem com uma camada de cera.

A maturação do mel envolve tanto a evaporação da água como a constante atividade das enzimas das abelhas. Uma enzima importante converte quase toda a sacarose em glicose e frutose, pois a mistura de monossacarídeos é mais solúvel em água que o dissacarídeo original e, nesse sentido, pode ser dissolvida em concentração mais alta sem cristalizar. Outra enzima oxida parte da glicose, convertendo-a em ácido glucônico e peróxidos. O ácido glucônico faz baixar o pH do mel para cerca de 3,9 e o torna menos hospitaleiro aos microganismos; os peróxidos também têm atividade antisséptica. Ao lado destes e de outros efeitos das enzimas, os vários componentes do mel em maturação reagem uns com os outros e causam mudanças graduais de cor e sabor. Centenas de substâncias foram identificadas no mel, entre elas mais de 20 açúcares, vários aminoácidos sápidos e diversos compostos fenólicos e enzimas antioxidantes.

O processamento do mel. Parte do mel é vendida ainda no favo, mas os produtores extraem a maior parte do mel dos favos e o submetem a um tratamento que prolonga seu prazo de validade. Removem o favo da colmeia e o centrifugam para separar o mel líquido da cera sólida. Depois, em geral aquecem o mel a cerca de 65 °C para destruir as leveduras que poderiam fermentar os açúcares; coam-no para remover partículas de cera e outras impurezas; às vezes, misturam-no com outros méis; e, por fim, filtram-no sob pressão para remover os grãos de pólen e quaisquer bolhas de ar, mesmo pequenas, que pudessem turvar o líquido. O mel pode ser embalado na forma líquida ou cristalizado para formar uma pasta que não escorre. Embora pareça sólido, 85% do mel cristalizado permanecem na forma líquida, dispersos em torno dos 15% que se solidificaram em minúsculos cristais de glicose.

Pelo fato de todos os açúcares se tornarem mais solúveis à medida que a temperatura aumenta, o mel cristalizado amacia e começa a derreter quando é aquecido acima de 26 °C. Pelo mesmo motivo, o mel líquido que se houver cristalizado durante a estocagem pode ser liquefeito pelo calor suave.

A estocagem do mel. O mel é um de nossos alimentos mais estáveis, mas, ao contrário do açúcar de mesa, pode estragar. Isso porque contém alguma umidade e absorve mais água do ar quando a umidade relativa deste excede 60%. Leveduras tolerantes ao açúcar podem se multiplicar no mel e criar sabores ruins. Por isso o melhor é conservá-lo num recipiente à prova de umidade.

Graças à sua alta concentração de açúcares e à presença de alguns aminoácidos e proteínas, o mel tende a sofrer reações de escurecimento indesejáveis, que lhe achatam o sabor. Isso ocorre não só quando é aquecido, mas também quando é estocado por longo período em temperatura ambiente. Se você não usa o mel com frequência, o melhor é guardá-lo em temperatura inferior a 15 °C. O mel líquido se cristaliza lentamente na geladeira, e o já cristalizado desenvolve cristais maiores e mais ásperos.

O sabor do mel. A qualidade mais deliciosa do mel é seu sabor, que o transforma num molho natural. Todos os méis partilham a mesma doçura básica, à qual se incorporam leves notas azedas e sápidas. Partilham também um aroma complexo composto por vários elementos: caramelo, baunilha, frutas (ésteres), flores (aldeídos), manteiga (diacetil), especiarias doces (sotolona, p. 464). Os méis feitos de um único tipo de néctar conservam ainda as notas características deste. O mel de trigo-sarraceno tem nota de malte (metilbutanal); o de castanheira desprende a nota típica das tortilhas de milho (aminoacetofenona, com elementos florais e animais); o de laranjeira e outros citros, bem como o de lavanda, são cítricos e herbáceos, mas partilham uma nota de uvas (metil antranilato); o de tília inclui uma mistura de aromas de hortelã, tomilho, orégano e estragão.

O mel na culinária. Ao contrário do açúcar, ingrediente que frequentemente se esconde nos alimentos industrializados, o mel é um edulcorante muito visível: em geral, é acrescentado ao alimento pelo próprio consumidor. Com sua viscosidade, sua translucidez e sua gama de tons de marrom, é uma atraente cobertura para massas à base de gordura e outros alimentos. É o mel que caracteristicamente adoça preparados como a baclava e o *lebkuchen*, doces como o *nougat*, o torrone, o *halewa* e o *pasteli* e licores como o Benedictine, o Drambuie e o Irish Mist. Embora o hidromel já praticamente não exista, a cerveja de mel é popular na África. Os norte-americanos usam mel em muitas massas assadas e para diversas finalidades. O mel pode substituir o açúcar – considera-se que uma medida de mel equivale, em doçura, a 1,25-1,5 medida de açúcar, embora a quantidade de outros líquidos usados no preparado tenha de ser diminuída, pois o mel já contém água. Por ser mais higroscópico (atrair mais a água) que o açúcar de mesa, o mel torna pães e bolos mais úmidos e retarda a perda de água das massas para o ar, chegando mesmo a absorver água em dias úmidos. Graças a seus compostos fenólicos antioxidantes, ele também retarda o desenvolvimento do sabor rançoso em massas e do sabor de "requentado" em carnes. Os padeiros podem aproveitar sua acidez para provocar reações com o bicarbonato de sódio e levedar pães de fermentação rápida. E seus açúcares redutores aceleram as reações de escurecimento desejáveis e o desenvolvimento da cor e do sabor na casca de massas levadas ao forno, em marinadas, glacês e outros preparados.

O mel e a saúde; o botulismo infantil. Embora o mel não seja refinado como o açúcar de mesa e seja quimicamente com-

A composição de um mel típico

	% do peso		% do peso
Água	17	Outros dissacarídeos	7
Frutose	38	Açúcares complexos	1,5
Glicose	31	Ácidos	0,6
Sacarose	1,5	Minerais	0,2

plexo, não é uma panaceia. Seu teor de vitaminas é insignificante; as abelhas extraem do pólen a maior parte das vitaminas de que precisam. Suas propriedades antibacterianas, que levaram os médicos de antigamente a usá-lo como emplastro em feridas abertas, são devidas sobretudo ao peróxido de hidrogênio, produto de uma enzima que oxida a glicose e velho conhecido da medicina. Por fim, o mel não deve ser dado a crianças com menos de um ano de idade. Frequentemente porta os esporos adormecidos da bactéria do botulismo (*Clostridium botulinum*), que são capazes de germinar num sistema digestivo imaturo. O botulismo infantil pode causar dificuldades respiratórias e paralisia.

XAROPES E AÇÚCARES EXTRAÍDOS DE ÁRVORES: BORDO, BÉTULA, PALMIRA

Quando as abelhas fazem mel, elas cumprem duas tarefas básicas: retiram das plantas uma solução de açúcares muito diluída e evaporam a maior parte da água. O que as abelhas fazem instintivamente com seus próprios músculos e enzimas, os seres humanos aprenderam a fazer com ajuda do fogo e de certas ferramentas. Para confeccionar açúcares e xaropes, extraímos os sucos diluídos das plantas e os reduzimos por fervura, removendo toda ou quase toda a água. De todos os doces feitos pelo homem, os xaropes e açúcares extraídos de árvores são os que mais se assemelham ao mel, pelo fato de conservarem quase todos os elementos originais da seiva e de não serem tão refinados quanto os açúcares de cana e beterraba.

Xarope e açúcar de bordo. Muito antes de os europeus introduzirem a abelha na América do Norte, os habitantes autóctones dessa região já haviam desenvolvido deliciosos doces concentrados. Várias tribos indígenas, com destaque para os algonquinos, os iroqueses e os ojibways, relatavam mitos antigos e dispunham de uma terminologia referente à extração de açúcar de bordo já quando os exploradores europeus os encontraram pela primeira vez. Graças a um documento notável, temos certa noção de quanto os índios eram engenhosos na extração e concentração da seiva da árvore (ver quadro, p. 743). Tudo de que precisavam era uma machadinha para abrir um corte no tronco, uma cunha de madeira para manter o corte aberto, pedaços de casca de olmo para servir como recipientes e noites frias para congelar a água, transmudando-a em cristais puros que pudessem ser facilmente removidos da seiva cada vez mais concentrada.

O açúcar de bordo era parte importante da dieta dos índios norte-americanos. Era misturado com gordura de urso ou farinha de milho, constituindo assim um alimento leve e compacto para ser levado em viagens. Para os colonos europeus, o açúcar de bordo era mais barato e mais fácil de obter que o açúcar de cana do Caribe, sujeito a

---

Palavras da culinária: *honey* (mel)

Embora nossa tendência seja pensar que a essência do mel é sua doçura, a palavra inglesa se refere a sua cor. *Honey* provém de uma raiz indo-europeia que significa "amarelo". É claro, por outro lado, que os primitivos povos indo-europeus gostavam de mel e tinham um nome específico para designá-lo. Entre as palavras modernas que descendem dessa raiz específica (*melit-*) podemos mencionar, além do português *mel*, os termos *molasses* (melado), *marmalade* (marmelada) e até *mousse* (do latim *mulsus*, "doce como o mel").

pesada tributação. Mesmo depois da Revolução, muitos norte-americanos postularam um motivo moral para preferir o açúcar de bordo ao de cana: este último era produzido principalmente por meio do trabalho escravo. No final do século XIX, os açúcares de cana e de beterraba ficaram tão baratos que a demanda de açúcar de bordo caiu vertiginosamente. Hoje em dia, a produção de açúcar de bordo é um setor caseiro da economia, concentrado nas províncias do leste do Canadá, especialmente o Quebec, e no nordeste dos Estados Unidos.

O fluxo de seiva. A família dos bordos originou-se na China ou no Japão e conta cerca de cem espécies em todo o Hemisfério Norte. Das quatro espécies norte-americanas que prestam para a fabricação de açúcar, o bordo-canadense, *Acer saccharum,* produz seiva de melhor qualidade e em maior quantidade que a das outras e responde pela maior parte do xarope de bordo produzido hoje em dia. Na primavera, a seiva é coletada desde o primeiro grande degelo até se abrirem os primeiros botões de folhas, momento em que os fluidos da árvore começam a conter substâncias que dão ao xarope um sabor agressivo. O fluxo de seiva é incrementado por quatro condições: um inverno severo que congele as raízes da árvore, uma cobertura de neve que mantenha as raízes frias na primavera, variações extremas de temperatura entre o dia e a noite e boa exposição ao sol. Os estados do nordeste dos Estados Unidos e as províncias do leste do Canadá são os locais onde essas necessidades são mais bem atendidas.

A seiva também corre em outras árvores no começo da primavera, e a de algumas delas – a bétula, a nogueira-amarga e o olmo, por exemplo – também tem sido extraída para a confecção de açúcar. Porém, o bordo produz uma seiva mais abundante e mais doce que a de qualquer outra árvore, graças a um intricado mecanismo físico pelo qual os açúcares acumulados no tronco na anterior estação quente são obrigados a se deslocar para o câmbio, a zona exterior onde ocorre o crescimento ativo da árvore.

A produção de xarope. Desde a era colonial até o século XX, os produtores de açúcar

---

Como fazer açúcar de bordo sem metal nem fogo

Em 1755, um jovem colono foi capturado e "adotado" por um pequeno grupo de índios na região onde hoje fica o estado de Ohio. Em 1799, publicou sua narrativa em *An Account of the Remarkable Occurrences in the Life and Travels of Col. James Smith* [Relato das admiráveis peripécias na vida e nas viagens do coronel James Smith], onde se encontram várias descrições de como os índios faziam açúcar de bordo. Eis o método mais engenhoso.

Não tínhamos conosco nenhuma panela grande naquele ano, e as *squaws* fizeram com que a geada, de certo modo, tomasse o lugar do fogo na confecção de açúcar. Para conter a água dos troncos, fizeram recipientes de casca de árvore largos e rasos. Visto que aqui o tempo é muito frio, a água frequentemente congela durante a noite durante a estação do açúcar; e elas quebram o gelo e lançam-no fora dos recipientes. Perguntei-lhes se não estavam jogando fora o açúcar. Elas disseram que não; era simplesmente a água que estava sendo removida, o açúcar não congelava e quase não havia açúcar naquele gelo. [...] Observei que, depois de congelar por várias noites, a água que permanecia no recipiente mudava de cor e se tornava marrom e muito doce.

coletaram a seiva abrindo um pequeno furo na árvore, inserindo um bico de madeira ou metal no câmbio e pendurando na ponta deste um balde onde a seiva gotejava. Esse método pitoresco foi, em sua maior parte, substituído por sistemas de coletores e tubos de plástico que levam a seiva de muitas árvores para um único tanque central. Ao longo de uma estação de seis semanas, os coletores removem cerca de 10% das reservas de açúcar de cada árvore, obtendo em média de 20 a 60 litros por árvore (algumas chegam a dar mais de 300 litros!). São necessárias cerca de 40 partes de seiva para fazer uma parte de xarope. A seiva contém mais ou menos 3% de sacarose no começo da estação e metade disso no final; por isso a seiva extraída no fim da estação deve ser fervida por mais tempo e adquire, assim, cor mais escura e sabor mais forte. Hoje em dia, muitos produtores usam um sistema de osmose reversa, muito econômico em matéria de gastos de energia, para remover cerca de 75% da água da seiva sem o uso de calor. Depois, fervem a seiva concentrada para lhe desenvolver o sabor e obter a concentração de açúcar desejada. Procuram alcançar uma temperatura cerca de 5 °C superior ao ponto de ebulição da água, equivalente a um xarope que contém 65% de açúcares.

Os sabores dos xaropes de bordo. A composição final do xarope de bordo é de aproximadamente 62% de sacarose, 34% de água, 3% de glicose e frutose, 0,5% de ácido málico e outros ácidos e quantidades vestigiais de aminoácidos. O sabor característico do xarope engloba a doçura dos açúcares, o leve azedume dos ácidos e toda uma gama de notas aromáticas, como a de baunilha (vanilina, subproduto comum da madeira) e as de vários produtos da caramelização do açúcar e das reações de escurecimento entre os açúcares e os aminoácidos. Quanto mais prolongada e quente a cocção, mais escura a cor e mais forte o sabor do xarope. Os xaropes de bordo são classificados comercialmente de acordo com a cor, o sabor e o teor de açúcar. O grau A é atribuído aos xaropes mais leves, de sabor mais delicado e às vezes menos concentrados, que são vertidos diretamente sobre os alimentos. Os graus B e C têm sabor mais forte de caramelo e são mais usados como ingredientes culinários, por exemplo, em massas assadas e glacês para carnes. Pelo fato de o verdadeiro xarope de bordo ser um produto caro, muitos xaropes vendidos nos supermercados quase não contêm o xarope extraído da árvore, mas sim um sabor artificial.

O açúcar de bordo. Para fazer o açúcar de bordo, a sacarose do xarope é concentrada até um ponto em que pode se cristalizar quando o xarope esfria. Esse ponto é assinalado por uma temperatura de ebulição cerca de 15-25 °C superior à da água, ou seja, de 114-125 °C ao nível do mar. Sem a intervenção humana, acabam por se formar cristais grosseiros revestidos com o que resta do xarope marrom e saboroso. O creme de bordo, uma mistura maleável de cristais muito finos dispersos em pequena quantidade de xarope, é feito mediante o rápido resfriamento do xarope a 21 °C pela imersão da panela num banho de água gelada e depois pelo batimento contínuo até que a mistura se torne quase rígida. A massa, por fim, é suavemente reaquecida até se tornar lisa e semissólida.

Xarope de bétula. Os habitantes das regiões mais setentrionais do globo, como o Alasca e a Escandinávia, há muito extraem um xarope doce da seiva da bétula, várias espécies de árvores do gênero *Betula* que dominam as florestas em altas latitudes. O fluxo da seiva da bétula dura duas ou três semanas no começo da primavera. Sua seiva é muito mais diluída que a de bordo e só contém cerca de 1% de açúcar, principalmente uma mistura de glicose e frutose em partes iguais. São necessárias cerca de 100 partes de seiva para fazer uma de xarope, tanto porque o teor inicial de açúcar é baixo quanto pelo fato de a mistura de glicose e frutose ser menos densa que a quantidade equivalente de sacarose; por isso os produtores visam a uma concentração final de açúcar de 70-75%. Graças a seus açúcares diferentes e às reações que os envolvem, o xarope de bétula é castanho-avermelhado e tem sabor mais caramelado que o de bordo; seu teor de vanilina também é mais baixo.

Xarope e açúcar de palmira; xarope de agave. Entre as árvores produtoras de açúcar, certas palmeiras tropicais são de longe as mais generosas. A palmeira-do-açúcar asiática, chamada palmira (*Borassus flabellifer*), pode ter sua seiva extraída por seis meses a cada ano e produz de 15 a 25 litros por dia de um fluido que contém até 12% de sacarose! Cada árvore pode dar de 5 a 40 quilos de açúcar por ano. O coqueiro, a tamareira, o sagu e o dendezeiro são palmeiras menos produtivas, mas ainda assim superam em muito o bordo e a bétula. A seiva é coletada quer dos pedúnculos das flores, no alto da árvore, quer de orifícios abertos no tronco. Depois pode ser reduzida em vários graus, formando desde um xarope chamado mel de palmira até uma massa cristalizada que na Índia é chamada *gur* (hindi) ou *jaggery* (palavra inglesa vinda, por intermédio do português, do sânscrito *sharkara*). As mesmas palavras são usadas para designar o açúcar de cana não refinado. O açúcar não refinado de palmira tem um odor característico, vinhoso, que contribui para o sabor das culinárias indiana, tailandesa, birmanesa e de outros países do sul da Ásia e do litoral oriental africano. Parte do açúcar de palmira é refinado, transformando-se num açúcar branco e mais neutro.

O xarope de agave é produzido da seiva de várias espécies de agave ou pita, plantas naturais dos desertos do Novo Mundo e ligadas à família das cactáceas. O xarope de agave contém cerca de 70% de frutose e 20% de glicose, por isso é mais doce que a maioria dos demais xaropes.

O AÇÚCAR DE MESA: AÇÚCARES E XAROPES DE CANA-DE-AÇÚCAR E BETERRABA

O processamento dos açúcares de cana e de beterraba é muito mais complicado que a produção de mel e dos açúcares de bordo e palmira, e por um motivo simples: as abelhas e os extratores de seiva trabalham com um fluido que praticamente só contém água e açúcar. Já a matéria-prima do açúcar de mesa é o caule da cana ou a raiz da beterraba. Os sucos de cana e beterraba incluem muitas substâncias – proteínas, carboidratos complexos, taninos, pigmentos – que não só modificam o sabor doce como também, decompondo-se, transformam-se em matérias muito menos palatáveis quando aquecidos à alta temperatura necessária para o processo de concentração. Por isso os açúcares de cana e de beterraba precisam ser separados dessas impurezas.

A refinação de açúcar no mundo pré-industrial. Desde o final da Idade Média até o século XIX, quando as máquinas mudaram quase todos os processos de manufatura, o tratamento do açúcar seguiu sempre o mesmo procedimento básico. Os estágios eram quatro:

- clarificação do suco da cana;
- redução do suco a um xarope espesso, concentrando e cristalizando a sacarose;
- separação dos cristais sólidos mediante a drenagem do xarope repleto de impurezas;
- lavagem dos cristais, retirando o xarope restante.

Primeiro, os caules de cana-de-açúcar eram esmagados e prensados. O suco resultante era liberado de muitas impurezas orgânicas mediante aquecimento com cal e uma substância como clara de ovo ou sangue, que, coagulando-se, prendia as impurezas maiores numa escuma que pudesse ser facilmente retirada. O líquido restante era reduzido numa série de tachos rasos até perder quase toda a água e vertido em moldes cônicos de argila de 30 a 60 cm de altura, com capacidade para 2-14 kg de material. Ali era resfriado, mexido e por fim cristalizava-se e formava o "pão de açúcar", uma densa massa de cristais de sacarose revestidos por fina camada de xarope contendo outros açúcares, minerais e várias impurezas dissolvidas. Os cones de argila, invertidos, eram deixados em repouso por alguns dias, ao longo dos quais a película de xarope, chamada *melaço*, escorria por um orifício na ponta. Na fase final, uma camada de argila fina e úmida era colocada sobre a parte larga do cone. Sua umidade escorria pelo bloco sólido de cristais de açúcar durante oito a dez dias. Este processo de lavagem, que podia ser repetido várias vezes, removia a maior parte do melaço restante. Apesar disso, o açúcar resultante era geralmente amarelado.

A moderna refinação de açúcar. Hoje em dia, a produção de açúcar é um pouco diferente. Visto que a maior parte da cana-de-açúcar sempre foi cultivada em colônias ou países em desenvolvimento e que a refinação do açúcar exige o uso de um maquinário caro, a produção do açúcar de cana acabou por se dividir em dois estágios: a cristalização do açúcar não refinado, efetuada em fábricas próximas às plantações, e a refinação do açúcar branco, feita nos países industrializados que são seus principais consumidores*. A beterraba, por sua vez, é uma planta de clima temperado cultivada principalmente na Europa e na América do Norte, sendo por isso processada toda de uma vez só. A cana-de-açúcar recém-colhida é altamente perecível e deve ser processada imediatamente; a beterraba poder estocada por semanas ou meses antes de ser usada para fazer açúcar.

A produção de açúcar envolve duas tarefas básicas: a prensagem da cana para extrair o suco e a evaporação da água do

* Esta informação não se aplica ao Brasil, que há tempos beneficia o açúcar produzido. Na época da colônia e, posteriormente, do Império, os "pães de açúcar" eram quebrados em pedaços menores e secos ao sol. Em seguida eram acondicionados em caixas e embarcados. A partir dos anos 1920, o refino de açúcar se modernizou e surgiram as primeiras grandes usinas de produção e refino de açúcar. (N. do R. T.)

Do pão de açúcar ao açúcar em cubinhos

Até o final do século XIX, o açúcar era vendido na forma dos cones formados pelos moldes de drenagem. Essas massas eram chamadas *pães*: daí o nome "Pão de Açúcar" dado a diversas colinas e montanhas que supostamente se pareciam com as massas açucaradas. Em 1872, um ex-aprendiz de verdureiro chamado Henry Tate, que aos poucos subira na vida até chegar ao posto de gerente de uma das maiores refinarias de açúcar de Liverpool, conheceu um invento que cortava os pães de açúcar em pedacinhos menores para uso doméstico. Tate patenteou o aparelho, passou a produzi-lo e em pouco tempo ganhou uma imensa fortuna com o "Tate Sugar Cube" (cubo de açúcar de Tate). Tornou-se filantropo e construiu a Galeria Nacional de Arte Britânica, mais conhecida como Tate Gallery, onde depositou sua própria coleção de arte.

AO LADO: *Fabricação do açúcar de cana. O processamento inicial que culmina no pão de açúcar é feito nos países tropicais e subtropicais onde cresce a cana-de-açúcar; a maior parte da refinação que produz o açúcar branco ocorre nos países consumidores**. O processo de fabricação do açúcar de beterraba é essencialmente o mesmo, a não ser pelo fato de que a maior parte da produção de beterraba se dá nos países industrializados de clima temperado, que também fabricam o açúcar; e o melaço e o xarope de beterraba não são palatáveis.*

** Isso não se aplica ao Brasil, que efetua todo o processo desde a produção da cana até a produção dos vários tipos de açúcar: cristal, refinado, de confeiteiro etc. (N. do R. T.)

AÇÚCARES E XAROPES

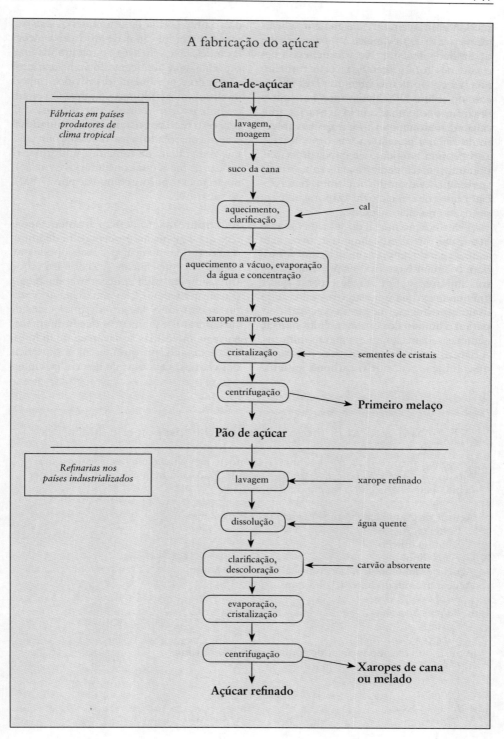

suco. A prensagem ou esmagamento é uma tarefa árdua e a evaporação exige grande quantidade de calor. No Caribe, essas necessidades foram atendidas pelo trabalho escravo e pelo desmatamento. Três inovações do século XIX ajudaram a baratear o prazer proporcionado pelo açúcar: a aplicação da máquina a vapor ao esmagamento da cana; a panela a vácuo, que ferve o xarope num ambiente de baixa pressão e, portanto, em temperatura mais baixa e mais suave; e o evaporador múltiplo, que recicla o calor de um ciclo de evaporação para ser usado no ciclo seguinte.

A clarificação inicial do suco de cana ou beterraba é realizada hoje sem ovos nem sangue; geralmente, usam-se o calor e a cal para coagular e remover as proteínas e outras impurezas. Em vez de esperar que a gravidade extraia o melaço, os refinadores usam centrífugas, que giram o açúcar e separam o líquido dos cristais sólidos não em algumas semanas, mas em alguns minutos. A sacarose é branqueada pela técnica de descoloração, em que o carbono granulado – sob a forma de um material como o carvão ativado, capaz de absorver moléculas indesejáveis através de sua grande área superficial – é acrescentado ao açúcar centrifugado e novamente dissolvido. Depois de absorver as últimas impurezas restantes, o carvão é retirado por filtragem. O processo final de cristalização é cuidadosamente controlado para redundar em cristais individuais de tamanho uniforme. O açúcar de mesa que consumimos é extraordinariamente puro: é composto por 99,85% de sacarose.

As impurezas no açúcar branco. Acontece que a pequena porcentagem de impurezas contidas no açúcar de mesa pode modificar perceptivelmente sua cor e seu sabor. Uma simples calda concentrada de água e açúcar terá coloração amarela, às vezes turva, em razão das grandes moléculas de carboidratos e pigmentos que ficam presas entre as moléculas se sacarose quando estas se cristalizam ou aderem à superfície dos cristais. O açúcar de beterraba, em es-

---

Formas de açúcar branco nos Estados Unidos: nomes e dimensões

Os comprimentos listados abaixo correspondem aproximadamente à maior dimensão do cristal inteiro ou pulverizado. Qualquer partícula maior que 0,02 mm é percebida pela língua como áspera ou granulada.

Açúcar de granulação grande (açúcar cristal): 1-2 mm
  Coarse (grosso)
  Sanding (médio)
  Pearl (fino)
Açúcar granulado de mesa convencional: 0,3-0,5 mm
Açúcar granulado fino: 0,1-0,3 mm
  Fruit
  Baker's Special
  Caster
  Superfine, ultrafine
Açúcar pulverizado (açúcar de confeiteiro): 0,01-0,1 mm
  Confectioner's (de confeiteiro)
  Powdered (pulverizado)
  Fondant
  Icing (glacê)

pecífico, às vezes desprende odores desagradáveis e rançosos, de terra. Ao passo que a cana-de-açúcar cresce acima do chão e é tão perecível que deve ser processada imediatamente após a colheita, a beterraba cresce no subterrâneo e pode ser estocada por semanas ou meses entre a colheita e o processamento. Nesse ínterim, pode ser contaminada por bactérias e fungos do solo que permanecem em sua superfície externa. Além disso, o açúcar de beterraba às vezes contém vestígios de defesas químicas chamadas saponinas, semelhantes ao sabão. Sabe-se que elas causam a formação de escuma nas caldas e talvez sejam responsáveis pelas dificuldades que os padeiros e confeiteiros às vezes enfrentam quando usam açúcar de beterraba em suas massas. (Essa reputação, por outro lado, pode ser um legado imerecido da situação que vigorava no começo do século XX, quando as técnicas de refinação eram menos eficazes e a qualidade do açúcar de beterraba não se comparava à do açúcar de cana.)

Tipos de açúcar branco. Nos Estados Unidos, o açúcar branco se apresenta em várias formas que diferem principalmente pelo tamanho dos cristais. Essas formas recebem os mais diversos nomes. O açúcar de mesa comum, usado para a cocção em geral e para ser dissolvido em bebidas, é de tamanho médio. O açúcar cristal, de granulação grande, é usado principalmente para decorar massas assadas e doces, e por isso é especialmente tratado para desenvolver transparência e um aspecto cintilante. É feito de lotes especialmente puros de sacarose e tem pouquíssimos vestígios das impurezas que dão às soluções normais de açúcar um aspecto amarelado. Chega a ser lavado com álcool para que o pó de sacarose na superfície dos cristais seja removido. Quando o cozinheiro quer fazer o *fondant* o mais branco possível ou uma calda muito transparente, deve usar o açúcar cristal.

No que se refere aos pós mais finos, há no mercado norte-americano vários açúcares cujas partículas são menores que as do açúcar de mesa. O *extra-fine*, o *baker's special* e o *caster* apresentam uma área maior de superfície cristalina, sendo portanto capazes de introduzir mais ar nas gorduras durante o estágio de aeração das massas de bolo (p. 618). Os açúcares chamados *"powdered"* (pulverizados)* são moídos em partículas ainda menores, algumas tão pequenas que sequer são percebidas como ásperas pela língua. Podem ser transforma-

---

* Correspondentes ao açúcar de confeiteiro no Brasil. (N. do T.)

As composições do açúcar branco e dos açúcares pouco refinados

Entre os açúcares pouco refinados, os "macios" retêm uma película do xarope a partir do qual se cristalizaram; os "revestidos" são formas de açúcar branco às quais se acrescentou uma película de melado depois de terem sido cristalizados e lavados.

Açúcar	Sacarose	Glicose + frutose	Outros materiais orgânicos	Minerais	Água
Branco	99,85	0,05	0,02	0,03	0,05
Pouco refinado					
Macio	85-93	1,5-4,5	2-4,5	1-2	2-3,5
Revestido	90-96	2-5	1-3	0,3-1	1-2,5

dos diretamente em glacês e recheios de consistência muito acetinada. Os açúcares pulverizados contêm amido na proporção de 3% de seu peso. O amido absorve umidade e impede que os cristais adiram uns aos outros, mas dá ao açúcar um levíssimo gosto de farinha. Ao provar o açúcar, também se percebe com a língua uma sensação farinhenta.

Açúcar mascavo e outros açúcares pouco refinados. Todos os açúcares pouco refinados são cristais de sacarose revestidos de uma camada do xarope escuro produzido num ou noutro estágio da refinação, e têm, portanto, sabor mais complexo que o da pura sacarose. Existem vários tipos básicos de açúcares pouco refinados.

Açúcares pouco refinados propriamente ditos. Estes açúcares eram originalmente produzidos durante o processamento inicial da cana a caminho de se transformar no pão de açúcar. Entre eles incluem-se o açúcar *demerara*, o *turbinado* e o *mascavo*. O demerara (nome de uma região da Guiana) vem do primeiro estágio de cristalização do suco de cana claro e assume a forma de cristais pegajosos, grandes, de cor amarelo-dourada. O turbinado é um açúcar cru parcialmente lavado de sua camada de melaço durante a centrifugação. Também é amarelo-dourado e grande, mas não é tão pegajoso quanto o demerara. O mascavo é o produto da cristalização final do licor-mãe de cor escura (p. 751); é marrom e pegajoso, de grão pequenos e sabor forte.

Açúcares aparentemente pouco refinados. Hoje em dia, os românticos nomes dos açúcares pouco refinados são às vezes aplicados a produtos de procedência totalmente diversa: açúcares produzidos na refinaria, que usam como matéria-prima não o suco da cana, mas o próprio açúcar cru. Há duas maneiras de fazer estes açúcares: ou o açúcar cru é novamente dissolvido em algum tipo de xarope e depois recristalizado, de modo a reter parte do xarope na superfície de seus cristais; ou é completamente refinado, transformando-se em açúcar branco, e depois simplesmente revestido ou "pintado" com uma fina película de melaço ou melado.

A diferença básica entre os açúcares pouco refinados propriamente ditos e aqueles que só o são em aparência é que os primeiros retêm mais o sabor do caldo da cana-de-açúcar, que inclui aromas verdes, frescos e marítimos ou de hortaliças (hexanol, acetaldeído e dimetilsulfeto). Ambos os tipos têm um importante aroma de vinagre (ácido acético), além de notas de caramelo e manteiga (estas dadas pelo diacetil, substância efetivamente encontrada na manteiga) e sabores salgado e amargo (de minerais). Os açúcares de cor escura produzidos em refinaria também desenvolvem um aroma descrito como semelhante ao de alcaçuz, resultante do aquecimento lento e prolongado da calda.

Açúcares integrais. Ainda é possível provar um açúcar que se pode chamar "integral": um açúcar cristalino envolvido pelo suco cozido da cana da qual proveio. Este é o açúcar que nos Estados Unidos é vendido nos lojas indianas sob o nome de *jaggery* e nas lojas latinas sob as denominações *piloncillo*, *papelon* ou *panela*. Seu gosto é variável; vai desde um sabor de caramelo suave até um de melaço forte.

O uso dos açúcares pouco refinados. O açúcar pouco refinado, especialmente o mascavo, é macio e pegajoso, pois sua película de melaço – cuja glicose e frutose são mais higroscópicas que a sacarose – contém quantidade significativa de água. É claro que, se esse tipo de açúcar ficar exposto ao ar seco, perderá umidade por evaporação e se tornará duro e engrumado. Para permanecer úmido, deve ser conservado num recipiente hermético; para tornar a amaciar, pode ser fechado dentro de um recipiente com um tecido úmido ou um pedaço de maçã do qual absorverá umidade. Uma vez que o açúcar pouco refinado rende a prender bolsões de ar entre os grupos de cristais aderidos uns aos outros, deve ser compactado para que seu volume seja corretamente aquilatado.

Melaço e melado

Melaço. O melaço é geralmente definido como o resíduo do processamento da cana-de-açúcar depois de a sacarose cristalizada ter sido removida do suco fervido. (Existe um melaço de beterraba, mas ele tem odor forte e desagradável, sendo usado para alimentar animais de criação e microrganismos empregados em processos industriais de fermentação.) A fim de extrair o máximo possível de sacarose do suco da cana, a cristalização se realiza em diversas etapas, cada uma das quais subproduz um melaço de grau diferente. O "primeiro" melaço é o subproduto da centrifugação dos cristais de açúcar cru e ainda contém alguma sacarose. É então misturado com calda não cristalizada de açúcar e novamente cristalizado e centrifugado. O "segundo" melaço que daí resulta tem impurezas ainda mais concentradas que o primeiro. A repetição do processo gera o "terceiro" e último melaço. A cor preto-amarronzada deste é devida à caramelização extrema dos açúcares restantes e às reações químicas induzidas pela alta temperatura alcançada pelo líquido durante as fervuras. Essas reações, aliadas à alta concentração de minerais, dão ao último melaço um sabor agressivo que o torna, em geral, inadequado para o consumo humano direto, embora às vezes seja misturado ao xarope de milho. Uma pequena quantidade também é usada para curar tabaco.

Tipos de melaço. Os melaços de primeira e segunda extração têm sido usados na alimentação humana há muitos anos, e por longo período foram as únicas formas de açúcar acessíveis aos escravos e ao povo pobre do sul dos Estados Unidos. Geralmente eram branqueados com dióxido de enxofre e, assim, adquiriam forte sabor sulfuroso. Hoje em dia, a maior parte do melaço comercializado nos Estados Unidos é na verdade uma mistura de melaço e melado, sendo este último o xarope ou a calda – não o subproduto – obtido em vários estágios do processamento da cana-de-açúcar. O sabor de tais melaços vai de suave a pungente e amargo; sua cor, de marrom-dourada a preto-amarronzada. Quanto mais escuro o melaço, mais seus açúcares terão sido transformados pela caramelização e pelas reações de escurecimento, tornando-o mais amargo e menos doce. O melaço leve pode conter 35% de sacarose, 35% de açúcares invertidos e 2% de minerais; o melaço de terceira extração, por sua vez, pode ter 35% de sacarose, 20% de açúcares invertidos e até 10% de minerais.

O melaço na culinária. O sabor do melaço de cana é complexo, com notas amadeiradas e verdes complementando as doces,

---

Palavras da culinária: *molasses* (melaço, melado) e *treacle* (melaço, melado)

A palavra *molasses* (melaço, melado) vem do latim tardio *mellaceus*, "semelhante ao mel". O termo *treacle* (melaço, melado), usado no Reino Unido, vem do francês *triacle* e, em última análise, do latim *theriaca*, que significa um contraveneno. Os farmacêuticos medievais usavam calda de açúcar para compor seus medicamentos e começaram a chamar a própria calda pelo termo que designava os remédios. Hoje em dia, em inglês, *treacle* pode significar tanto o melaço, resíduo da refinação do açúcar, quanto o melado, um xarope refinado e mais suave.

carameladas e amanteigadas. Sua complexidade o tornou um importante ingrediente de fundo em muitos alimentos: são exemplos a pipoca doce, os bolos de gengibre, a bala de alcaçuz, o molho de churrasco americano e os *baked beans*. Em regra, o melaço de cana é ácido, embora seu grau de acidez seja imprevisível. Seu pH varia entre 5 e 7, de modo que às vezes ele pode reagir com o bicarbonato de sódio e produzir gás carbônico para levedar massas. Graças a seus açúcares invertidos, ele ajuda a conservar a umidade dos alimentos. E diversos componentes seus apresentam certa capacidade antioxidante, que ajuda a retardar o desenvolvimento de sabores desagradáveis.

Melado (xarope de cana) e xarope de sorgo. O xarope de cana ou melado pode ser produzido diretamente a partir do suco da cana nas fábricas de açúcar ou a partir da rapadura já solidificada. Geralmente contém uma combinação de sacarose (25--30%) e açúcares invertidos (50%). Sua cor vai de dourada a castanho média e seu sabor é suave, impregnado de notas de caramelo, manteiga e folhas verdes. O melado da Louisiana é tradicionalmente feito com o suco da cana concentrado e clarificado. O mesmo produto básico, com cerca de metade de sua sacarose invertida por ácidos ou enzimas, é hoje chamado, às vezes, de *"high-test molasses"* (melaço de alta volatilidade) nos Estados Unidos. Por ter sido menos aquecido, tem sabor mais aromático e menos amargo que o do melaço propriamente dito. O *"golden syrup"* (xarope dourado) é um melado obtido da rapadura derretida e filtrado em carvão ativado, processo que lhe dá aspecto caracteristicamente claro e translúcido e sabor delicado. O melado dá a pratos como a torta de noz-pecã uma personalidade mais forte (e doçura mais intensa) que o xarope de milho.

Xaropes de frutas: a antiga *saba* e os modernos edulcorantes de frutas

Na Europa, os primeiros xaropes doces não eram feitos de cana-de-açúcar, mas de uvas. A *saba* italiana é um suco de uva cozido até reduzir-se à consistência de um xarope concentrado e viscoso. Contém quantidades aproximadamente iguais de glicose e frutose e, além disso, um azedume característico devido à concomitante concentração dos ácidos da uva. No século XVI, Nostradamus descreveu a feitura de diversos preparados que levavam *saba* e observou que "onde não há nem açúcar nem mel, o sol soberano produz e nutre outras frutas que [...] satisfazem nossos desejos sensoriais. [...]"

O xarope de frutas genérico e industrializado é uma versão relativamente recente dos xaropes tradicionais. É feito com lotes de diversas frutas – maçãs, peras e uvas, entre outras – excedentes, danificadas ou que não se prestam a nenhum outro uso. Tanto o aroma quanto a cor são removidos do suco, que é concentrado a um teor de 75% de açúcares. Estes são principalmente glicose e frutose, resultantes da ação dos ácidos das frutas sobre a sacarose. Os ácidos também se concentram, de modo que o pH do xarope resulta em torno de 4. Os fabricantes de alimentos industrializados gostam desses xaropes, entre outros motivos, porque podem ser identificados nos rótulos pelo interessante nome de "edulcorantes de frutas", e não como açúcar ou xarope de milho. Podem também conter quantidade significativa de pectina e outros carboidratos das paredes celulares, que ajudam a estabilizar emulsões e reduzir o tamanho dos cristais em preparados congelados.

O xarope de sorgo é fabricado em pequena quantidade no sul e no centro-oeste dos Estados Unidos a partir do suco do caule do sorgo-doce, variedade especializada de uma planta normalmente cultivada em razão de seus grãos (*Sorghum bicolor*, p. 535). O xarope de sorgo é composto principalmente de sacarose e tem sabor caracteristicamente pungente.

XAROPE DE MILHO, XAROPES DE GLICOSE E FRUTOSE, XAROPE DE MALTE

A obtenção de açúcares a partir do amido. Chegamos agora a uma fonte de doçura relativamente nova, mas cuja importância comercial se equipara, nos Estados Unidos, à dos açúcares de cana e beterraba. Em 1811, um químico russo chamado K. S. Kirchof constatou que, caso aquecesse fécula de batata na presença de ácido sulfúrico, o amido se transformaria em cristais doces e num xarope viscoso. Poucos anos depois, descobriu que a cevada maltada tinha efeito idêntico ao do ácido (e lançou assim os fundamentos da compreensão científica da fabricação de cerveja). Hoje sabemos que o amido é feito de longas cadeias de moléculas de glicose e que tanto os ácidos como certas enzimas produzidas por vegetais, animais e microrganismos são capazes de decompor essas cadeias, reduzindo-as a pedaços menores e, por fim, a moléculas individuais de glicose. Os açúcares dão doçura ao xarope, e os fragmentos restantes de cadeias de glicose conferem à solução uma textura espessa e viscosa. Nos Estados Unidos, o método ácido foi usado para produzir um xarope de fécula de batata já na década de 1840, e de amido de milho a partir da de 1860.

Xaropes de milho com alto teor de frutose. A década de 1960 assistiu ao surgimento dos xaropes de frutose. A partir de um xarope simples de milho ou de batata, um segundo processo enzimático converte parte da glicose em frutose, que, por ser muito mais doce, confere ao xarope um poder edulcorante maior. Os sólidos do xarope de milho com alto teor de frutose compreendem cerca de 53% de glicose e 42% de frutose e proporcionam a mesma doçura que o peso equivalente de açúcar de mesa. Por ser relativamente barato, o xarope com alto teor de frutose começou a substituir os açúcares de cana e beterraba na fabricação de refrigerantes na década de 1980. Além disso, nessa mesma época, os norte-americanos em geral passaram a consumir mais xarope de milho que açúcar de cana ou beterraba. Hoje em dia, o xarope com alto teor de frutose é ingrediente importante na indústria de alimentos.

A fabricação de xarope de milho. Para fazer xarope de milho, os fabricantes extraem os grânulos de amido dos grãos de milho mole (p. 523) e os tratam com ácidos e/ou com as enzimas de microrganismos ou do malte. Desenvolvem assim um xarope

---

Cristais de frutose

Faz somente algumas décadas que a frutose é comercializada em forma cristalina. Ela é tão higroscópica (ou seja, absorve tanta água) que é difícil fazê-la cristalizar a partir de uma solução aquosa. Hoje em dia, os cristais são fabricados a partir de xarope de milho com alto teor de frutose misturado com álcool, substância onde a frutose é muito menos solúvel. Se cristais de frutose forem polvilhados decorativamente sobre um alimento qualquer, eles desaparecerão rapidamente e formarão uma calda rala e pegajosa, absorvendo a umidade do ar e do alimento e se dissolvendo nela.

doce que é posteriormente clarificado, descolorido e reduzido até alcançar a concentração desejada. Hoje em dia usam quase exclusivamente as enzimas dos fungos *Aspergillus oryzae* (também usado no Japão para transformar o amido de arroz em açúcares fermentáveis na fabricação de saquê) e *A. niger*, de fácil obtenção. Na Europa, a fécula de batata e o amido de trigo são as fontes principais para a fabricação da chamada "glicose" ou "xarope de glicose", produto essencialmente idêntico ao xarope de milho norte-americano.

As propriedades e os usos dos xaropes de milho.

Entre os edulcorantes normalmente usados pelos cozinheiros, o xarope de milho é o único a conter longas moléculas de carboidratos que se emaranham umas nas outras e tornam mais lenta a movimentação de todas as moléculas da solução, o que lhe dá uma consistência mais densa que a de qualquer xarope de sacarose, com exceção dos mais concentrados. São essencialmente essas moléculas longas que tornaram o xarope de milho cada vez mais importante na confeitaria e em outros ramos da culinária. Por estorvar o movimento molecular, o emaranhamento também tem o útil efeito de impedir que os demais açúcares presentes em balas e doces se cristalizem e criem uma textura granulada. Todas as moléculas do xarope se deslocam lentamente, e as faces dos cristais de sacarose são revestidas de cadeias moleculares que não podem se tornar parte do cristal. (O mesmo efeito ajuda a minimizar o tamanho dos cristais de gelo em sorvetes e gelados de frutas, proporcionando-lhes consistência lisa e cremosa.) Outra consequência da viscosidade do xarope de milho é que ele dá aos alimentos uma textura espessa e resistente. E por conter glicose, um açúcar higroscópico menos doce que o açúcar de mesa, o xarope de milho ajuda a prevenir a perda de água e prolonga o prazo de validade de muitos alimentos sem proporcionar ao mesmo tempo a doçura excessiva do mel ou dos xaropes de sacarose. Por fim, todos os xaropes de milho são ligeiramente ácidos, com pH entre 3,5 e 5,5. Isso significa que, em massas, podem reagir com o bicarbonato de sódio e produzir dióxido de carbono, colaborando para a fermentação.

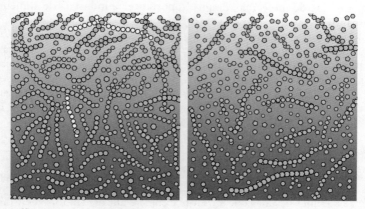

Xaropes de milho. O xarope de milho comum é uma solução aquosa de cadeias de glicose de diversos comprimentos (à esquerda). Os açúcares de uma e duas unidades têm sabor doce, ao passo que as cadeias mais longas, insípidas, tornam o xarope viscoso. Controlando a proporção relativa das diversas cadeias, o fabricante pode adequar o equilíbrio entre doçura e densidade do xarope. O xarope de milho com alto teor de frutose (à direita) é aquele tratado com uma enzima que converte uma parte das moléculas simples de glicose (hexágonos) em moléculas de frutose (pentágonos), que têm gosto mais doce.

A classificação comercial dos xaropes de milho nos Estados Unidos. O xarope de milho é um ingrediente especialmente versátil para a indústria de alimentos porque sua doçura e viscosidade podem ser reguladas mediante o simples controle do grau de digestão enzimática do amido, digestão essa que o transforma em açúcar. O xarope de milho mais comumente oferecido ao consumidor final norte-americano contém cerca de 20% de água, 14% de glicose, 11% de maltose e 55% de cadeias de glicose mais longas. É apenas moderadamente doce e razoavelmente viscoso. Os fabricantes industriais têm acesso a vários outros tipos de xarope de milho:

- As maltodextrinas são xaropes que contêm menos de 20% de glicose e maltose combinadas, e são usadas principalmente para conferir viscosidade e corpo com pouca doçura e pouca absorção de água.
- Os xaropes de milho com alto teor de frutose contêm cerca de 75% de frutose e glicose combinadas e têm doçura comparável à do açúcar de mesa. Tanto eles quanto os xaropes com alto teor de glicose desenvolvem a cor e retêm a umidade de massas assadas.
- Os xaropes com alto teor de maltose são úteis na fabricação de sorvetes e de alguns doces, onde o baixo ponto de congelamento e a baixa cristalização são desejáveis, mas a doçura, não. A maltose é menos doce que a sacarose e a glicose. Em massas assadas, a maltose alimenta as leveduras e melhora a fermentação.

Xarope e extrato de malte. O xarope de malte é feito de um coquetel de cereais germinados, especialmente cevada, e cereais cozidos. É um dos edulcorantes mais antigos e versáteis e foi o predecessor dos modernos xaropes de milho fabricados com alta tecnologia. Ao lado do mel, o xarope de malte foi a principal substância doce em uso na China durante 2 mil anos, até cerca do ano 1000 d.C.; ainda é fabricado na China e na Coreia. O xarope de malte tinha a vantagem de poder ser feito em casa com materiais prontamente disponíveis e facilmente estocáveis: os mesmos cereais integrais que compunham a base da alimentação, ou seja, o trigo, o arroz e o sorgo. Por isso era muito mais barato que a cana-de-açúcar.

A fabricação do extrato de malte tem três estágios. Primeiro, parte do cereal integral é *maltada*: posta de molho em água e parcialmente germinada, e depois novamente dessecada por meio de um aquecimento cuidadosamente controlado (p. 827). O embrião em processo de germinação produz enzimas que digerem o amido do grão e o

A composição do extrato de malte

	% do peso do extrato de malte
Água	20
Proteínas	5
Minerais	1
Total de açúcares	60
Glicose	7-10
Maltose (cadeia de duas glicoses)	40
Maltotriose (cadeia de três glicoses)	10-15
Cadeias mais longas de glicose	25-30

transformam em açúcar para alimentar seu próprio crescimento; a cevada é o cereal predileto para a maltagem porque produz enzimas excepcionalmente copiosas e ativas. A secagem preserva as enzimas e, além disso, desenvolve a cor e o sabor por meio das reações de escurecimento. No segundo estágio, os grãos maltados são misturados com um pouco de água e com grãos não maltados, mas cozidos – arroz, trigo ou cevada, por exemplo. As enzimas do malte digerem os grânulos de amido cozidos e produzem uma pasta doce. No estágio final, a pasta é extraída mediante diluição em água e o líquido é reduzido por evaporação. O resultado é um xarope concentrado de maltose, glicose e algumas cadeias de glicose mais longas. Isso significa que o xarope de malte é muito menos doce que um xarope de sacarose igualmente viscoso. Na Ásia, é usado para dar cor e sabor a pratos salgados – é passado sobre a pele do pato à moda de Pequim, por exemplo – e também em doces.

O xarope de malte tem aroma relativamente suave de malte porque a cevada maltada compõe apenas uma pequena fração da mistura de cereais. Se a cevada maltada for posta de molho sem a companhia de nenhum cereal cozido, o sabor de malte será muito mais forte. Tal preparado é geralmente chamado de "extrato de malte". É usado com frequência na fabricação de pão para fornecer maltose e glicose às leveduras e para estimular a retenção de umidade (p. 588). Nos Estados Unidos, o leite maltado e as "bolas de malte" são feitos com uma mistura de malte de cevada e leite em pó.

BALAS E DOCES

Todas as balas, quer sejam quebradiças, quer cremosas, quer mastigáveis, são essencialmente misturas de dois ingredientes: açúcar e água. Para criar texturas tão diferentes a partir dos mesmos materiais, os cozinheiros variam as proporções relativas de açúcar e água e controlam o arranjo físico das moléculas de açúcar. Controlam as proporções quando cozinham a calda e controlam o arranjo quando a es-

Os glacês

Os glacês são revestimentos ou coberturas doces para bolos e outras massas. Além de serem gostosos e decorativos, impedem a secagem do alimento que recobrem. No século XVII, quando surgiram esses preparados, eles eram simples coberturas de calda de açúcar, e aos poucos foram assumindo formas mais elaboradas. Hoje em dia, os glacês são coberturas finas, densas e acetinadas, feitas com uma mistura de açúcar de confeiteiro, pequena quantidade de água, xarope de milho e, às vezes, uma gordura (manteiga, creme de leite). O xarope de milho e a gordura impedem o açúcar de formar cristais grosseiros; e o xarope, higroscópico, funciona como uma fase líquida que preenche o espaço entre as partículas de açúcar e cria uma superfície lisa e vítrea. Um *fondant* quente (a cerca de 38 °C) derramado sobre o bolo ou massa à base de gordura produz o mesmo efeito. Os glacês mais simples são feitos incorporando açúcar e ar numa gordura sólida – manteiga, *cream cheese* ou gordura vegetal hidrogenada – a fim de formar uma pasta doce, leve e cremosa. As partículas de açúcar devem ser pequenas suficiente para que o glacê não pareça áspero. Por isso usa-se geralmente algum tipo de açúcar de confeiteiro. Os glacês cozidos levam ovos ou farinha e desenvolvem uma consistência determinada em parte pelas proteínas do ovo ou pelo amido da farinha. Como o açúcar se dissolve durante a cocção, o tamanho de seus grãos não é importante.

friam. Dependendo da temperatura que a calda alcança, da rapidez com que esfria e do quanto é mexida, ela pode, quando se solidifica, formar cristais de açúcar grossos, cristais de açúcar finos ou uma massa monolítica sem cristal algum. A arte do confeiteiro depende em grande medida da ciência da cristalização.

DETERMINAÇÃO DA CONCENTRAÇÃO DO AÇÚCAR: A COCÇÃO DA CALDA

O primeiro fator que influencia a textura de uma bala é a concentração de açúcar na calda cozida. A longa experiência ensinou aos confeiteiros que certas concentrações de calda são mais adequadas à confecção de determinados tipos de bala. De modo geral, quanto mais água a calda contém, mais macio será o produto final. Por isso o cozinheiro deve saber como fazer e reconhecer determinadas concentrações de açúcar. No fundo, isso é bastante simples. Quando dissolvemos açúcar ou sal na água, o ponto de ebulição da solução se torna mais alto que o ponto de ebulição da água pura (ver p. 874). Essa elevação do ponto de ebulição depende diretamente da quantidade de material dissolvido: quanto maior o número de moléculas dissolvidas na água, mais alto o ponto de ebulição. Resumindo, o ponto de ebulição de uma solução indica a concentração do material dissolvido. O gráfico do quadro abaixo mostra, por exemplo, que 90% do peso de uma calda de açúcar que ferve a 125 °C são compostos de açúcar.

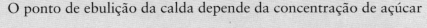

O ponto de ebulição da calda depende da concentração de açúcar

O ponto de ebulição de uma solução de açúcar aumenta na proporção da concentração do açúcar. Este gráfico mostra a relação entre o ponto de ebulição e a concentração de açúcar no nível do mar.

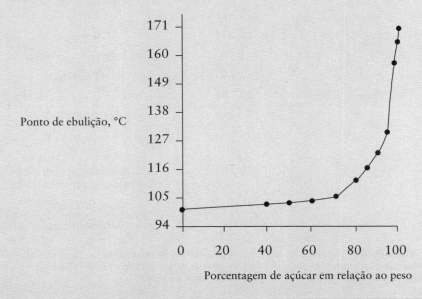

A cocção da calda aumenta a concentração do açúcar. À medida que avança a fervura da solução de açúcar, as moléculas de água evaporam e as de açúcar permanecem. Isso significa que as moléculas de açúcar passam a compor uma proporção cada vez maior do total de moléculas da solução. A calda, em outras palavras, se torna cada vez mais concentrada à medida que ferve: e isso, por sua vez, faz aumentar ainda mais o ponto de ebulição. A fim de fazer uma calda que tenha determinada concentração de açúcar, tudo o que confeiteiro precisa fazer é aquecer uma mistura de açúcar e água até que ela comece a ferver e depois, mantendo-a em fervura, observar sua temperatura. A 113 °C – equivalente a uma concentração de 85% de açúcar –, o cozinheiro pode interromper o processo de concentração e fazer um *fudge*; a 132 °C, ou 90%, bala puxa-puxa; a 149 °C ou mais, ou quase 100% de açúcar, pode fazer doces crocantes e balas duras.

O teste da água fria. Embora tenha sido inventado há 400 anos por Santório, faz só algumas décadas que o termômetro passou a ser usado no ambiente doméstico. Desde o século XVI até hoje, os confeiteiros usam um método mais simples para ava-

Balas e doces e as caldas de que são feitos

As balas e os doces são feitos de caldas com determinadas concentrações de açúcar. Esta tabela arrola algumas balas e doces comuns e duas características que distinguem a calda usada para confeccioná-los.

Comportamento da calda no teste da água fria	Ponto de ebulição da calda* (°C)	Bala
Ponto de fio	102-113	Caldas, compotas
Ponto de bala mole	113-116	*Fondant, fudge*
Ponto de bala dura	118-121	Caramelos
Ponto de areia	121-130	*Marshmallow, nougat*
Ponto de caramelo	132-143	Bala puxa-puxa
Ponto de caramelo vidrado	149-154	*Butterscotch*, doces crocantes
	160-168	Balas duras, *toffee*
	170	Caramelo suave para caldas, cor e sabor
	180-182	Açúcar acetinado, gaiola de caramelo; caramelo médio
	188-190	Caramelo escuro
	205	Caramelo preto

* Acima de 165°C, a calda de açúcar contém mais de 99% de sacarose. Já não ferve, mas começa a se decompor e caramelizar. O ponto de ebulição depende da altitude. Para cada 305 metros acima do nível do mar, subtraia 1°C de cada ponto de ebulição listado acima.

liar quanto a calda está adequada para a confecção deste ou daquele tipo de bala ou doce: pegam uma pequena amostra com a colher, esfriam-na rapidamente e veem como ela se comporta. As caldas ralas formam um simples fio. Um pouco mais concentradas, formam uma bola (ou "bala") quando mergulhadas em água fria, e a bola será macia e maleável quando manipulada; à medida que a concentração aumenta, a bola se torna mais dura. As caldas mais concentradas, quando esfriam bruscamente, fazem um barulho semelhante ao de vidro quebrado e se transformam em fios rígidos e frágeis. Cada um desses estágios indica uma determinada faixa de temperatura e é adequado para um tipo determinado de bala ou doce (ver quadro, p. 758).

O ritmo de aquecimento acelera durante a cocção. Quando cozinhamos uma calda de açúcar, a maior parte do calor é empregada na tarefa de evaporar as moléculas de água. É pouco o calor que efetivamente se destina a aumentar a temperatura da calda, e, em razão disso, tal temperatura sobe aos poucos. Porém, quando a concentração de açúcar ultrapassa 80%, a quantidade de água restante é tão pequena que tanto a temperatura da calda quanto seu ponto de ebulição passam a se elevar mais rapidamente. À medida que a concentração se aproxima de 100%, a temperatura sobe de modo extremamente rápido e pode facilmente ultrapassar a faixa desejada, queimando ou escurecendo o açúcar. Para evitar esse risco, o cozinheiro deve abaixar o fogo no final da cocção e observar cuidadosamente a temperatura da calda.

DETERMINAÇÃO DA ESTRUTURA DO AÇÚCAR: RESFRIAMENTO E CRISTALIZAÇÃO

A textura final de uma bala é determinada pelo modo como as moléculas de açúcar na calda cozida esfriam e se organizam numa estrutura sólida. Se o açúcar formar poucos cristais de grande tamanho, a textura da bala será áspera e granulada. Se formar milhões de cristais microscópicos lubrificados pela quantidade correta de calda, a bala será lisa e cremosa. E, se não formar cristal nenhum, será uma massa dura e monolítica. A fase mais difícil da confecção de balas ocorre, portanto, *depois* da cocção, enquanto a calda esfria de 120--175 °C até a temperatura ambiente. O ritmo de esfriamento, a movimentação da calda nesse estágio e a presença de mínimas partículas de poeira ou açúcar podem ter efeitos drásticos sobre a estrutura e a textura da bala.

Como se formam os cristais de açúcar. As moléculas de açúcar tendem naturalmente a se interligar em arranjos ordenados e a formar densas massas sólidas, ou cristais. Quando os cristais de açúcar são dissolvidos em água numa calda, as moléculas de água vencem a tendência de cristalização do açúcar por constituírem suas próprias ligações com as moléculas deste, envolvendo-as e separando-as umas das outras. Quando as moléculas de açúcar dissolvidas numa calda se tornam próximas demais, a ponto de as moléculas de água já não conseguirem mantê-las afastadas, os açúcares começam a se interligar e a formar cristais. No instante em que a tendência de uma substância dissolvida a se ligar a si mesma é exatamente contrabalançada pela capacidade da água de obstar essas ligações, diz-se que a solução está *saturada*.

O ponto de saturação depende da temperatura. As moléculas de água que se movem rapidamente numa solução quente são capazes de dissolver um número maior de moléculas de açúcar que as morosas moléculas de água numa solução fria. No momento em que uma solução quente e saturada começa a esfriar, ela se torna *super*saturada. Ou seja, passa temporariamente a conter uma quantidade maior de açúcar dissolvido do que seria capaz de dissolver naquela temperatura. E, quando a solução se torna supersaturada, a menor perturbação é capaz de induzir a formação e o crescimento de cristais de açúcar. Quando as moléculas de açúcar se reúnem em cristais sólidos, a solução a seu redor se torna menos concentrada. No momento em que a concentração atinge a taxa adequada à nova temperatura da solução, os cristais param de se formar e de crescer. O açúcar encontra-se então em dois estados diferentes: parte permanece dissolvida na calda, parte se reúne aos cristais sólidos envolvidos pela calda.

A cristalização do açúcar tem duas etapas: a formação de "sementes" ou núcleos de cristais e o crescimento dessas sementes até transformarem-se em cristais maduros e tão grandes quanto possível. A formação de sementes ou nucleação determina o número de cristais que vão se formar; e o crescimento determina o tamanho que eles vão ter. Ambas as etapas afetam a textura final da bala.

As partículas, a temperatura e o meximento influenciam a cristalização. A "semente" de cristal é uma superfície inicial à qual as moléculas de açúcar podem se ligar e ao redor da qual se acumulam na forma de massa sólida. A semente pode ser constituída por um pequeno número de moléculas de açúcar que por acaso se reúnem no decurso de sua movimentação aleatória pela calda. O meximento e a agitação têm o efeito de fazer as moléculas da solução colidir entre si num ritmo mais acelerado do que ocorreria caso a solução estivesse em repouso; estimulam, assim, a formação de sementes de cristais. Outras substâncias também podem servir como sementes numa calda em processo de resfriamento, desencadeando a cristalização. Entre as mais comuns estão os cristaizinhos que se formam quando a calda espirra nos lados da panela ou seca na colher, e que depois, pelo meximento, retornam à calda. Partículas de poeira e até minúsculas bolhas de ar podem também atuar como sementes. Uma colher de metal absorve o calor de certas microrregiões da calda e, esfriando-as, torna-as supersaturadas, propiciando assim a

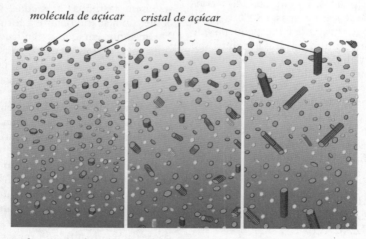

O crescimento de cristais de açúcar quando uma solução quente perde temperatura. À esquerda: *os cristais são aglomerados de moléculas sólidos e altamente organizados.* No meio: *quando as condições são favoráveis à nucleação ou formação de "sementes" cristalinas, as moléculas de açúcar dissolvidas podem se agregar a diversas sementes, os cristais resultantes são pequenos e a textura da bala, relativamente lisa.* À direita: *quando as condições do meio limitam a formação de sementes, as moléculas de açúcar dissolvidas só podem se agregar a umas poucas sementes; os cristais resultantes são grandes e a textura da bala, relativamente áspera.*

formação de cristais naquelas áreas. Os confeiteiros experientes evitam a cristalização prematura usando uma colher de pau, evitando a agitação da calda já cozida e removendo cuidadosamente com um pincel úmido a calda seca das paredes da panela.

O controle do tamanho dos cristais e da textura das balas. O cozinheiro precisa se preocupar com a cristalização prematura porque a textura das balas é afetada pela temperatura em que começa a cristalização da calda. De modo geral, as caldas mais quentes produzem cristais mais grosseiros, e as mais frias, cristais menores. A lógica é a seguinte: uma vez que, na calda quente cujas moléculas se movem com rapidez, o número de moléculas de açúcar que atinge cada superfície cristalina é maior que na calda fria e letárgica, os cristais crescem mais rápido em caldas quentes. Ao mesmo tempo, as *sementes* cristalinas estáveis têm *menos* probabilidade de se formar em temperatura mais alta: os agregados de poucas moléculas de açúcar tendem a se despedaçar diante do choque de outras moléculas rápidas. Por isso o número total de cristais formados na calda quente será menor. Somadas essas duas tendências, compreende-se que, quando uma calda quente começa a cristalizar, ela produz cristais maiores e em menor número que uma calda fria, gerando assim textura mais áspera. É por isso que as receitas de *fondant* e *fudge* – doces de textura acetinada e cremosa – pedem que a calda seja drasticamente resfriada de 113 °C para cerca de 43 °C antes que o cozinheiro a mexa para desencadear a cristalização.

O meximento produz cristais menores. O tamanho e a textura dos cristais também são influenciados pelo meximento. Já vimos que a agitação favorece a formação de sementes de cristais, pois faz as moléculas colidirem umas com as outras. A calda pouco mexida desenvolverá poucos cristais, ao passo que aquela que for mantida em constante movimento produzirá um grande número deles. E, quanto mais cristais houver na calda, todos competindo pelas moléculas livres remanescentes, menor será o número de moléculas livres circulando e, portanto, menor o tamanho médio de cada cristal. Ou seja: quanto mais a calda for mexida, mas fina e lisa será a consistência da bala. É essa a justificativa para cansar o braço na hora de fazer *fudge*: se você parar de mexer, a formação de sementes será mais lenta e os cristais já formados começarão a crescer em tamanho, tornando o doce áspero e granulado.

A prevenção da formação de cristais: vitrificação do açúcar. Os confeiteiros produzem uma estrutura e uma textura completamente diferentes quando esfriam a calda tão rapidamente que as moléculas

---

Regras para a criação de balas de textura não granulada

A fim de produzir muitos cristais de açúcar de pequeno tamanho, o confeiteiro deve:

- incluir um pouco de xarope de milho na receita, pois ele atrapalha a formação de cristais
- remover a calda seca do interior da panela antes de deixá-la esfriar
- deixar a calda esfriar um pouco antes de iniciar a cristalização
- evitar agitar a calda enquanto esfria
- quando a calda estiver fria, agitá-la contínua e vigorosamente enquanto a mobilidade da calda o possibilitar

de açúcar param de se movimentar antes que tenham oportunidade de formar quaisquer cristais. É assim que se fazem as balas duras e transparentes. Se o conteúdo de água da calda cozida for de somente 1 ou 2%, ela será feita essencialmente de açúcar derretido, com poucos vestígios de água dispersa. Tal calda é muito viscosa e, quando resfria rapidamente, as moléculas de sacarose não conseguem se organizar em cristais ordenados. Simplesmente solidificam-se no lugar onde estão, formando uma massa desorganizada. Esse material amorfo e não cristalino forma as *balas vitrificadas*. O vidro comum, com que se fazem janelas, é uma forma não cristalina do dióxido de silício. À semelhança desse vidro mineral, o açúcar vitrificado é quebradiço e transparente (e, em filmes e peças de teatro, é frequentemente usado para substituir seu primo mais duro e mais perigoso!). É transparente porque as moléculas individuais de açúcar são pequenas demais para desviar os raios de luz quando se arranjam de modo aleatório. Já os sólidos cristalinos são opacos porque mesmo os menores cristais são massas sólidas compostas de muitas moléculas e têm uma superfície grande suficiente para desviar os raios de luz.

A limitação do crescimento dos cristais pelo uso de ingredientes que inibem a cristalização. Na prática, não é nada fácil controlar ou impedir a cristalização de caldas de sacarose pura. Por isso os confeiteiros há muito se valem de outros ingredientes que prejudicam a formação e o crescimento dos cristais, e portanto limitam-nas. Esses ingredientes ajudam o cozinheiro a preparar balas duras não cristalinas e cremes de textura fina, *fudges* e outras balas e doces macios.

Açúcares invertidos. Os primeiros ingredientes usados para inibir a cristalização da sacarose foram a glicose e a frutose, ou seja, os "açúcares invertidos" (p. 729). Quando aquecida com pequena quantidade de ácido (no mais das vezes, cremor de tártaro), a sacarose se desfaz e gera seus dois componentes, a glicose e a frutose. Estas embaraçam a cristalização da sacarose na medida em que se ligam temporariamente à superfície dos cristais e obstruem a agregação de novas moléculas de sacarose. O mel é uma fonte natural de açúcar invertido e o "xarope invertido" é um preparado artificial de glicose e frutose. Graças a seu teor de frutose, tanto o mel quanto

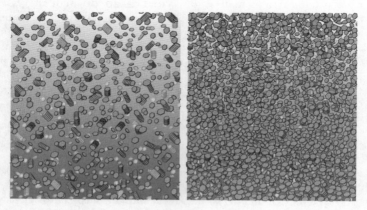

Balas cristalinas e balas vitrificadas. À esquerda: quando uma calda quente esfria devagar, permitindo que as moléculas se agrupem, estas formam cristais organizados. À direita: quando uma calda muito concentrada esfria rapidamente e imobiliza as moléculas de açúcar antes que elas possam se agregar, elas se solidificam e formam uma massa vítrea desorganizada e não cristalina.

o xarope invertido se caramelizam prontamente e podem dar a certos doces uma indesejável cor marrom. Os xaropes invertidos por meio da ação de ácidos escurecem menos, pois a acidez retarda a caramelização.

Xarope de milho. Uma vez que o tratamento da sacarose com ácidos é relativamente imprevisível, a maioria dos confeiteiros de hoje em dia lançam mão do xarope de milho, que inibe a cristalização de modo especialmente eficaz e não se carameliza facilmente. As longas cadeias de glicose formam um emaranhado que impede o movimento das moléculas de açúcar e água e dificulta a agregação das moléculas de sacarose aos cristais. As moléculas de glicose e maltose, por sua vez, têm efeito semelhante ao do açúcar invertido. O xarope de milho também proporciona corpo ao preparado, torna a bala mastigável, é menos doce que os açúcares em geral e, para alegria dos fabricantes, é mais barato que o açúcar cristalino.

Outros ingredientes das balas. Os confeiteiros acrescentam vários outros ingredientes à calda básica para modificar o gosto e a textura das balas. Todos eles embaraçam em alguma medida a cristalização da sacarose e, assim, tendem a encorajar a formação de cristais menores.

Gordura e proteínas do leite. As proteínas do leite espessam as balas e, por escurecerem facilmente, acrescentam aos caramelos e ao *fudge* um sabor rico. A caseína produz uma consistência elástica, mastigável; as proteínas do soro mudam de cor e desenvolvem o sabor; e ambas ajudam a emulsionar e estabilizar as gotículas de gordura do próprio leite. A gordura, por sua vez, empresta lisura e dá uma sensação úmida ao *butterscotch*, aos caramelos, à bala *toffee* e ao *fudge*; além disso, reduz a tendência das balas mastigáveis de aderir aos dentes. Uma vez que as proteínas do leite se coagulam em meio ácido e que as reações de caramelização e escurecimento geram ácidos, as balas que incorporam sólidos do leite às vezes são neutralizadas com bicarbonato de sódio. A reação entre os ácidos e o bicarbonato de sódio produz bolhas de dióxido de carbono. Assim, as balas feitas por esse método podem ser repletas de bolhinhas que lhes dão textura mais frágil e, portanto, menos elástica, dura ou aderente.

Agentes de gelificação. Para dar corpo mais firme a certas balas, os confeiteiros também usam vários ingredientes que se ligam uns aos outros e às moléculas de água, formando géis sólidos, mas úmidos. Entre esses ingredientes incluem-se a gelatina, a clara de ovo, amidos ou farinhas de cereais, pectina e gomas vegetais. A gelatina e a pectina, sozinhas ou combinadas, são usadas especificamente para fazer balas de goma. A gelatina produz uma textura firme e elástica, ao passo que a pectina favorece a formação de um gel mais macio. A goma-

---

As cores das balas

Para impactar não só as papilas gustativas, mas também o olhar, muitas balas são tingidas de cores vivas. Os pigmentos aí usados são geralmente sintetizados a partir de subprodutos do petróleo e são muito mais estáveis que os pigmentos naturais, além de ter cor mais intensa. Os efeitos de iridescência são obtidos combinando-se finas lâminas de mica (silicato de alumínio e potássio) com dióxido de titânio ou óxido férrico (pigmentos minerais).

-tragacanto, carboidrato extraído de um arbusto da família das leguminosas natural da Ásia Ocidental (*Astragalus*), é usada há séculos na confecção da massa de açúcar da qual são feitas as pastilhas.

Ácidos. Muitas balas incluem um ingrediente ácido que equilibra a doçura dominante. As jujubas, por exemplo, têm a superfície azeda. Os ácidos usados para modificar o sabor da bala são acrescentados depois de resfriada a calda para evitar a excessiva inversão da sacarose e, logo, a produção de glicose e frutose. Diz-se que os diferentes ácidos têm perfis de sabor diversos. Os ácidos cítrico e tartárico dão uma impressão rápida de acidez, ao passo que os ácidos málico, láctico e fumárico levam mais tempo para serem registrados pela língua.

TIPOS DE BALAS E DOCES

Convém classificar as balas e doces em três grupos: balas e doces cristalinos, balas e doces não cristalinos e balas e doces cuja textura é modificada por gomas, géis e pastas. Na prática, os três grupos se sobrepõem: existem versões cristalinas e não cristalinas de caramelos, balas duras, *nougat*, decoração de açúcar etc. Apresento a seguir breves descrições das principais balas e doces feitas hoje em dia nos Estados Unidos.

Balas e doces não cristalinos: balas duras, doces crocantes com oleaginosas, caramelos e balas puxa-puxa, decoração de açúcar

Balas duras. As balas duras são as mais simples das balas não cristalinas: são os dro-

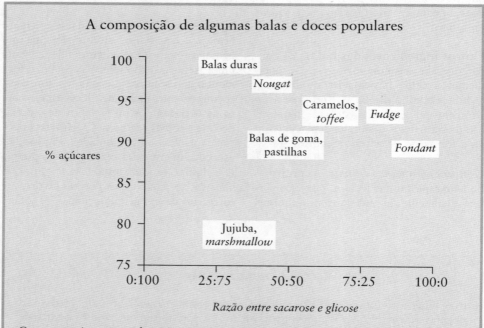

Quanto maior o teor de açúcar e menor o teor de água de uma bala, mais dura ela será. A glicose e suas cadeias (xarope de milho) são incluídas nas caldas de açúcar para impedir a cristalização da sacarose (balas vítreas, balas de goma) ou para limitá-la (caramelos, fudge, fondant).

pes, as balas de hortelã transparentes, o *butterscotch*, os bombons, os pirulitos etc. Para fazer a bala dura, a calda é levada a uma fervura tal que garanta para o sólido final um teor de água de não mais que 1 ou 2%. A calda é derramada sobre uma superfície lisa; é resfriada; cores e sabores lhe são acrescentados enquanto ainda está maleável; e é, por fim, moldada. A altíssima concentração de açúcar torna a calda capaz de formar cristais com a menor perturbação. Uma quantidade substancial de xarope de milho lhe é acrescentada para impedir que isso aconteça e produzir um açúcar vitrificado transparente. A alta temperatura de cocção também favorece a caramelização e tende a criar uma tonalidade amarelo-acastanhada; nem uma coisa nem a outra são desejáveis nestas balas. Por isso elas são frequentemente fabricadas numa atmosfera de pressão reduzida, que lhes permite alcançar a concentração adequada de açúcar em temperatura mais baixa.

Balas duras intencionalmente cristalizadas. O desenvolvimento de cristais é considerado um defeito em muitas balas duras. Resulta da falta de xarope de milho, do excesso de umidade na calda ou da introdução de núcleos de cristais vindos das paredes da panela. Porém, algumas balas duras são intencionalmente manipuladas para formar minúsculos cristais, que lhes dão uma textura mais farelenta. As bengalinhas de açúcar e as balas mentoladas consumidas após a refeição são exemplos comuns de doces desse tipo. Quando a calda fria mas ainda maleável é sovada, desenvolve um aspecto opaco mas acetinado. Esse trabalho incorpora algumas bolhas de ar à massa de açúcar, as quais por sua vez desencadeiam a formação de minúsculos cristais de sacarose. Tanto as bolhas quanto os cristais interrompem a estrutura contínua da bala, dando-lhe uma qualidade leve e crocante e tornando-a mais quebradiça entre os dentes. (Ver p. 767, "Decoração de açúcar".)

Caramelo, caramelos e caramelização

Essas três palavras significam coisas diferentes e seu uso nem sempre é coerente e regular.

- A *caramelização* é a cocção de uma calda simples de açúcar e água até que se torne marrom e aromática. O processo de caramelização é semelhante às reações de escurecimento ou reações de Maillard, que dão cor e aroma a carnes e massas assadas e outros alimentos complexos; mas, ao contrário daquelas, acontece na ausência de aminoácidos e proteínas. A temperatura necessária para a caramelização é mais alta que a que desencadeia as reações de escurecimento; a caramelização produz uma mistura diferente de compostos aromáticos e, portanto, um sabor diferente (p. 867). Há mais de um século que os cozinheiros falam de carnes "carameladas", mas essa terminologia não corresponde à realidade.
- O *caramelo* é antes de tudo a calda marrom, doce e aromática produzida pela caramelização, que pode ser usada para dar cor e/ou sabor aos mais diversos preparados. Porém, os cozinheiros usam a mesma palavra para designar a combinação de açúcar caramelado e vários derivados do leite – em especial, o creme de leite – misturados enquanto o açúcar ainda está quente, de tal modo que os sólidos do leite escureçam e gerem cor e aroma. Este tipo de caramelo é frequentemente usado como molho.
- Os *caramelos* são balas sólidas feitas com uma mistura de açúcar caramelizado e creme de leite.

Algodão-doce. O algodão-doce é um tipo de açúcar vitrificado muito diferente: filamentos tão finos que têm, no conjunto, a consistência de uma bola de algodão e se dissolvem no mesmo instante em que entram em contato com a boca úmida. O algodão-doce é feito numa máquina especial que derrete o açúcar e passa-o sob pressão por minúsculos orifícios giratórios. Em contato com o ar, os filamentos assim formados se solidificam imediatamente. O algodão-doce surgiu na Feira Mundial de 1904, em St. Louis.

Doces crocantes com oleaginosas. A calda com que se fazem os doces crocantes também é cozida até alcançar um teor de umidade muito baixo, cerca de 2%; mas, ao contrário das demais balas duras, os doces crocantes levam manteiga, sólidos do leite e, em geral, pedaços de sementes oleaginosas. São, portanto, opacos em razão das gotículas de gordura e das partículas proteicas, e marrons graças às extensas reações de escurecimento que ocorrem entre os açúcares e as proteínas. O bicarbonato de sódio é frequentemente acrescentado à calda com que se fazem doces crocantes depois da cocção desta. Os motivos são vários: a alcalinidade favorece as reações de escurecimento e ajuda a neutralizar alguns dos ácidos produzidos por essas reações; além disso, as bolhas de dióxido de carbono resultantes da neutralização permanecem presas no doce, dando-lhe textura mais leve. A *praline* original francesa era um doce crocante feito com amêndoas. A *praline* tradicional de Nova Orleans se parece mais com um *fudge* (e as modernas, com um caramelo) e, em vez de amêndoas, contém nozes-pecãs naturais do Novo Mundo*.

Caramelos, **toffees** *e balas puxa-puxa.* Os caramelos e seus parentes são balas não cristalinas que contêm gordura e sólidos do leite, geralmente na forma de leite condensado adoçado. (As versões mais baratas são feitas com leite em pó e gordura vegetal hidrogenada.) Não são duros, mas mastigáveis; e são saborosíssimos, pois a mastigação libera as gotículas de gordura láctea presas na massa de açúcar. A consistência elástica e maleável é dada por uma temperatura de cocção menor e, portanto, um teor de umidade maior que o das balas duras; contribuem para ela, ainda, uma alta proporção de xarope de milho e a presença da caseína do leite. O sabor característico dos caramelos se desenvolve a partir dos ingredientes lácteos e das reações que se desenvolvem entre estes e os açúcares da calda durante a cocção. Na Inglaterra, a manteiga usada para fazer a bala *toffee* era habitualmente estocada por certo tempo a fim de desenvolver alguma rancidez (dada por moléculas livres de ácido butírico), que produzem um desejável sabor lácteo mais forte na bala terminada. (Os fabricantes de chocolate norte-americanos usam a mesma técnica; ver quadro, p. 782.) Quanto maior o teor de gordura, menos as balas aderem aos dentes.

De todas as balas não cristalinas, os caramelos são cozidos à menor temperatura, têm o maior teor de umidade e são as mais macias. A bala *toffee* e a bala puxa-puxa contêm menos manteiga e sólidos do leite – a puxa-puxa às vezes não contém nada disso – e são cozidas a uma temperatura 28 °C mais alta que os caramelos, por isso são mais firmes. A massa de açúcar da bala puxa-puxa às vezes é sovada para produzir uma versão aerada, menos densa e menos resistente à mastigação, com cristais finos. Os caramelos feitos com laticínios devem parte de seu sabor ao açúcar caramelado, mas incluem os sabores produzidos pelas reações de Maillard. Os sabores do açúcar caramelado e dos laticínios combinam bem um com o outro. Isso talvez se deva, em parte, ao fato de um dos mais importantes produtos da caramelização ser o diacetil, substância aromática que proporciona o forte aroma da manteiga maturada (p. 38). Os caramelos têm sabor e consistência ricos e complexos. São ao mesmo tempo viscosos, pegajosos e cremosos e vão

---

* O pé de moleque é um exemplo de doce crocante brasileiro. (N. do T.)

bem com a maioria dos doces e frutas, com café e chocolate e até mesmo com sal: os famosos caramelos da Bretanha são feitos com uma dose razoável de sal marinho.

Decoração de açúcar. Os preparados mais espetaculares feitos com açúcar são aqueles que aproveitam a semelhança entre este e o vidro: sua transparência e capacidade para ser esculpido, soprado e esticado de modo a assumir infinitas formas. Essas obras de "decoração de açúcar" já existem há pelo menos 500 anos. Um "ninho de fios de seda", provavelmente semelhante às nossas gaiolas de caramelo, foi feito com extrato de malte para a casa imperial chinesa antes de 1600; e na Itália, no século XVII, várias decorações de banquetes, às vezes imitando pratos inteiros, eram feitas de açúcar. No Japão, há uma tradicional apresentação artística de rua chamada "arte das balas doces", *amezaiku,* cujos praticantes esculpem flores, animais e outras formas diante dos espectadores.

O material básico para o trabalho com decoração de açúcar é a sacarose derretida e misturada com alta proporção de glicose e frutose, que dificultam a cristalização. A glicose e a frutose podem ser acrescentadas na forma de xarope de milho ou usadas em sua forma pura; podem ainda ser formadas a partir da própria sacarose durante a cocção mediante o acréscimo de ácido (cremor de tártaro). A mistura de açúcares é aquecida a 157-166 °C, quando então já praticamente não contém água. Qualquer resíduo de água pode causar cristalização e dar à massa um tom leitoso, na medida em que facilita o movimento e a agregação das moléculas de sacarose. Em temperatura um pouco mais alta, o açúcar começa a caramelizar e a se tornar amarelo-acastanhado, fato indesejável para o trabalho com decoração mas necessário para a confecção das gaiolas de caramelo. Nestas, a calda quente é derramada em fios sobre um molde sólido ou uma grade de madeira, onde se solidifica quase instantaneamente. Nos trabalhos mais elaborados com decoração de açúcar, a massa de açúcar é resfriada inteira até chegar à temperatura de 55-50 °C, faixa em que tem consistência maleável, semelhante à de uma massa de pão. Pode então ser manipulada, moldada e soprada como vidro na forma de esferas ocas e outros formatos, mantendo-se maleável por meio do calor de uma chama. Embora os confeiteiros experientes e literalmente "calejados" consigam esculpir o açúcar com as mãos nuas, muitos usam finas luvas de látex para evitar transferir para a massa a umidade e os óleos de sua pele.

Uma das formas mais impressionantes de trabalho com a massa de açúcar é o "açúcar puxado", que desenvolve uma opacidade bela e sedosa. O cozinheiro estica uma porção da massa, formando uma longa corda; dobra-a em dois, enrola-a e a estica novamente. Repetindo esse processo muitas vezes, ele dá à massa de açúcar a forma de um feixe de filamentos finos e parcialmente cristalinos separados por colunas de ar, combinação que se torna um tecido sólido de fios brilhantes.

Balas e doces cristalinos: açúcar-cande, *fondant,* *fudge,* **confeitos, pastilhas.** Praticamente a única bala ou doce em que são apreciados os cristais grandes e grosseiros é o açúcar-cande, uma demonstração vívida do crescimento cristalino. Simplesmente cozinhe uma calda em ponto de bala dura e verta-a num copinho com um palito de dente que sirva de estrutura removível. Deixe descansar por alguns dias. Para preservar os cristais resultantes, lave rapidamente em água fria o cristal que envolve o palito, retire o excesso de água e deixe o doce secar.

***Fondant* e *fudge*.** O *fondant* e o *fudge* são os dois doces cristalinos mais comuns. Derretem na língua, assumindo consistência cremosa. O nome *fondant* vem do francês *fondre,* fundir, e esse doce serve de base para os "cremes" saborosos, úmidos e ultramacios que recheiam chocolates e outros doces e balas. Serve também de glacê ou cobertura para bolos e massas à base de gordura; pode ser aberto com rolo e moldado sobre o bolo ou, ainda, aquecido ou diluído até se tornar quase líquido e vertido sobre o doce em camada fina. O *fudge* é essencialmente um *fondant* feito com o acréscimo de leite, gordura e, às vezes, chocolate (também pode ser concebido como uma versão cristalizada do caramelo). O penuche é um *fondant* de açúcar mascavo (alguns *pralines* de Nova Orleans são uma massa de penuche com noz-pecã).

O *fondant* e o *fudge* são feitos com a ajuda do xarope de milho, que favorece a produção de cristais pequenos. Depois de fervida a calda e resfriada até 54-38 °C, o cozinheiro a bate continuamente por cerca de 15 minutos até completar a cristalização.

A textura desses doces depende de quanta água lhes resta. Se a calda for especialmente concentrada, a textura será seca e farelenta, e o aspecto, opaco; se a calda for menos cozida ou absorver a umidade do ar durante o resfriamento e o batimento, a textura será macia, às vezes quase líquida, e terá aspecto acetinado em razão da presença de calda entre os cristais. Variações mínimas no teor de água – de apenas 1 ou 2% – fazem considerável diferença. O *fudge* é mais complexo que o *fondant*, uma vez que sua calda não contém somente cristais de açúcar, mas também sólidos do leite e gotículas de gordura.

Confeitos. Estes são as versões modernas dos drageados medievais: saborosas sementes oleaginosas ou especiarias revestidas de açúcar. Há duas maneiras básicas de fazer um revestimento doce. No sistema de revestimento duro, a oleaginosa, especiaria ou qualquer outro núcleo é rolado numa panela quente e periodicamente borrifado com uma calda concentrada de sacarose, cuja umidade se evapora e deixa, sobre a superfície do núcleo, camadas duras de cristais firmemente entretecidos, de meros 0,01-0,02 mm de espessura. No sistema de revestimento macio, usado sobretudo em jujubas, a bala é passada numa mistura fria de xarope de glicose e açúcar de confeiteiro. Em vez de cristalizar, o xarope é absorvido pelo açúcar em pó e o excesso de umidade evapora. Este tipo de revestimento é mais espesso e menos cristalino.

Pastilhas. As pastilhas se contam entre as balas mais simples e mais antigas: não precisam ser cozidas em alta temperatura. Um agente ligante é dissolvido em água – o convencional é a goma-tragacanto, embora a gelatina também funcione – e com essa mistura elabora-se uma "massa" mediante o acréscimo de açúcar de confeiteiro e sabores diversos. A massa é aberta com rolo, cortada em pedaços e posta para secar. As pastilhas têm textura farelenta.

Balas e doces aerados: *marshmallow, nougat*.

Combinando uma calda de açúcar com um ingrediente que forme uma espuma estável, podem-se fazer balas e doces com textura leve e elástica. Os ingredientes espumantes mais usados são a clara de ovo, a gelatina e a proteína de soja. Em geral, tanto eles quanto alguns outros ingredientes inibidores impedem que a calda se cristalize, mas alguns doces aerados são cristalizados pela agregação de um *fondant* à espuma.

Marshmallow. O *marshmallow* surgiu na França. Era feito com a raiz gomosa da alteia (*Althaea officinalis*), chamada *marsh mallow* em inglês, planta herbácea parente da malva-rosa; o doce se chamava *pâte de Guimauve*. O suco da raiz de alteia era misturado com ovos e açúcar e a mistura era batida até montar. Para fazer *marshmallow* hoje em dia, uma solução viscosa de proteínas, geralmente gelatina, é misturada com uma calda de açúcar no ponto de caramelo e a mistura é batida para incorporar bolhas de ar. As moléculas de proteína se acumulam nas paredes das bolhas e esse reforço, aliado à viscosidade da calda, estabiliza a estrutura da espuma. A gelatina representa 2-3% da mistura e produz uma textura mais ou menos elástica. O *marshmallow* feito com clara de ovo é mais leve e mais macio.

Nougat. O *nougat* é um doce tradicional da Provença feito com nozes e aerado com espuma de clara de ovo. O torrone italiano e o *turron* espanhol são doces da mesma espécie. Trata-se de um cruzamento entre um merengue e um doce de calda de açúcar. Depois de preparado o merengue, agrega-se a ele um fio de calda de açúcar quente e concentrada sem interromper o batimento. A massa do *nougat* pode ser macia e elástica ou dura e quebradiça, dependendo do grau de cocção da calda e da proporção entre calda e clara de ovo. O mel é frequentemente usado como ingrediente.

Balas de goma e doces em pasta; marzipã. Várias balas diferentes são feitas pela incorporação da calda de açúcar numa solução de amido, gelatina, pectina ou gomas vegetais, permitindo em seguida que a mistura se solidifique, formando uma massa densa, resistente e elástica. No Japão e em outros países da Ásia, muitos doces são gelificados com o extrato de alga marinha chamado ágar-ágar (p. 678), que é eficaz em quantidade excepcionalmente pequena (apenas 0,1% da mistura).

Rahat. Esta bala de goma, chamada *lokum* em turco, é uma das mais veneráveis de sua espécie, sendo feita há séculos no Oriente Médio e nos Bálcãs. Espessada com amido (cerca de 4%), é translúcida e tradicionalmente aromatizada com essência de rosas.

Bala de alcaçuz. Em regra, a bala de alcaçuz é feita com farinha de trigo e melado, representando respectivamente cerca de 30% e 60% da mistura, e essência de alcaçuz, cerca de 5%; é densa e opaca, e seu sabor, idem. O alcaçuz é frequentemente complementado com anis, e os países escandinavos apreciam a estranhíssima combinação de alcaçuz e amônia – aroma que, entre os alimentos, geralmente só se encontra nos queijos excessivamente maduros!

Jujuba e bala de goma. Estas balas apreciadíssimas são feitas com quantidades aproximadamente iguais de sacarose e xarope de milho e uma mistura de gelatina e pectina. A gelatina pode representar de 5 a 15% do peso da bala e por si só produz uma textura cada vez mais elástica, parecida até com a de borracha; a pectina a 1%

Balas que soltam raios na boca

Quando se misturam cristais de açúcar de mesa e essência de gualtéria, o resultado é impressionante: uma bala que parece soltar faíscas quando é comida! No momento em que os cristais de sacarose, altamente ordenados, são fraturados entre os dentes, a súbita cisão provoca um desequilíbrio de carga elétrica entre os dois pedaços: há mais elétrons num lado que no outro. Os elétrons acumulados transpõem o espaço que os separa da carga positiva. Nesse trajeto, colidem com as moléculas de nitrogênio do ar, que transformam em energia luminosa essa injeção súbita de energia cinética. Também é o deslocamento e a colisão de elétrons que provoca os raios entre as nuvens e a terra. É claro que os cristais de açúcar soltam um brilho muito mais baço que o dos verdadeiros raios; além disso, boa parte desse brilho se concentra na parte ultravioleta, invisível, do espectro eletromagnético. É aí que a gualtéria entra em cena. Sua essência aromática, o salicilato de metila, é fluorescente; absorve os raios ultravioleta invisíveis e torna a irradiar na forma de luz visível a energia neles contida. Amplifica, assim, o brilho mais fraco da sacarose, a tal ponto que as faíscas azuis podem ser vistas num quarto escuro quando quebramos a bala.

introduz na bala uma microestrutura complexa, conferindo-lhe textura mais farelenta, e também faz com que os sabores e aromas pareçam mais intensos. O calor degrada a gelatina; por isso a solução concentrada desta proteína é acrescentada à calda de açúcar já cozida e resfriada. Estas balas são relativamente úmidas, contendo cerca de 15% de água.

Marzipã. O marzipã é essencialmente uma pasta de açúcar e amêndoas e já é feito há séculos no Oriente Médio e na região do Mediterrâneo. É especialmente apreciado como material escultórico, sendo moldado e colorido para figurar frutas e hortaliças, animais, pessoas e muitos outros objetos. Nas pastas de oleaginosas, caso do marzipã, a fase sólida é proporcionada por um açúcar finamente granulado e pelas partículas de proteínas e carboidratos das sementes. Para fazer marzipã, podem-se cozinhar juntas as amêndoas moídas e a calda e, em seguida, esfriar e cristalizar a mistura; alternativamente, amêndoas moídas podem ser misturadas com um *fondant* pré-preparado e açúcar de confeiteiro. Às vezes se acrescentam clara de ovo ou gelatina para dar mais liga à massa.

CHICLETE

Este doce, símbolo dos Estados Unidos, tem raízes antigas. Há milhares de anos que os seres humanos mascam gomas, resinas e látex segregados pelas mais diversas plantas. À resina de um tipo de pistache, os gregos deram um nome que significa "mastigar": o mástique ou almécega (p. 469). Os europeus e norte-americanos mascavam a resina do espruce, relativamente dura; e os maias mascavam chicle, o látex da sapota (*Achras sapote*), dez séculos antes de ele passar a ser comercializado em Nova York. A ideia de misturar goma vegetal com açúcar remonta aos antigos mercadores de açúcar árabes, que usavam a resina ora chamada goma arábica, exsudada por um tipo de acácia. Tanto ela quanto a goma-tragacanto são ligeiramente hidrossolúveis e aca-

---

Balas efervescentes e balas que estouram

As balas efervescentes foram criadas no século XIX. Em sua fabricação, uma calda de açúcar com pouquíssima água aprisiona, à medida que esfria e endurece, uma substância equivalente ao fermento químico em pó. Lembre-se de que o fermento químico em pó é uma mistura de bicarbonato de sódio com um ácido. Quando os dois componentes são umedecidos numa massa líquida, eles reagem e produzem o gás dióxido de carbono. Do mesmo modo, quando os cristais secos de ácido cítrico ou málico e de bicarbonato de sódio presentes numa bala são postos em contato com a umidade da boca, eles reagem entre si e formam bolhas de dióxido de carbono, que provocam na boca uma sensação de azedume e formigamento.

Uma inovação industrial do século XX, baseada nessa ideia, produziu as balas das marcas Pop e Space Rocks, que estouram e desaparecem instantaneamente na boca. Um cientista da General Foods constatou que era capaz de saturar de gás carbônico uma calda de açúcar concentrada; resfriando a calda abruptamente e sob pressão, prendia o gás na bala solidificada. Quando a bala é despressurizada a maior parte do gás se perde, mas um pouco permanece. E, quando a bala se dissolve na umidade da boca, o gás escapa com um estouro. Alguns chefes usam essas balas gaseificadas como fontes de sensações inesperadas, embutindo-as em pratos suficientemente secos ou frios para impedir sua dissolução prematura.

bam por se dissolver quando mascadas; na medicina antiga, eram usadas como veículos que liberavam lentamente o medicamento. Esse ainda é um dos objetivos do chiclete: liberar durante algum tempo um sabor agradável, dando aos músculos das mandíbulas algo que fazer e estimulando um fluxo purificador de saliva.

O chiclete nos Estados Unidos. A história do chiclete moderno começa em 1869, quando um inventor novaiorquino chamado Thomas Adams conheceu o chicle da América Central e do Sul. O chicle é um látex, ou seja, um fluido vegetal leitoso, à base de água, que leva em si minúsculas gotículas de longas cadeias enrodilhadas de carbono e hidrogênio. Essas cadeias são elásticas: desenrolam-se e esticam-se quando puxadas, mas voltam ao tamanho inicial quando liberadas. De todos os látex, o mais conhecido é a borracha. Adams teve a ideia de usar o chicle como base para uma goma de mascar e patenteou sua invenção em 1871. Com sabores de açúcar, sassafrás e alcaçuz, o novo doce logo se popularizou. Em 1900, empresários que atendiam pelos nomes de Fleer e Wrigley já haviam desenvolvido as gomas esféricas e os sabores de menta e hortelã, entre outros; em 1928, um empregado da Fleer aperfeiçoou o chiclete de bola, desenvolvendo uma mistura de látex muito elástica a partir de polímeros mais longos de hidrogênio e carbono.

Os modernos chicletes sintéticos. Hoje em dia, a maioria dos chicletes são feitos de polímeros sintéticos, especialmente a borracha de estireno-butadieno – também usada nos pneumáticos de automóveis – e o acetato de polivinila – matéria-prima de tintas e adesivos –, embora algumas marcas ainda contenham chicle ou jelutong, um látex natural do Extremo Oriente. A base de goma é filtrada, seca e cozida em água até formar uma calda. Agregam-se açúcar de confeiteiro e xarope de milho e, em seguida, agentes de sabor e amaciantes – derivados de óleos vegetais que tornam mais fácil a mastigação da goma. O material é resfriado, sovado até adquirir textura lisa e homogênea, cortado, aberto em camada fina, cortado em tiras e embalado. O produto final contém cerca de 60% de açúcar, 20% de xarope de milho e 20% de materiais gomosos. Também se fabricam chicletes sem açúcar, feitos com alcoóis de açúcar e edulcorantes de sabor intenso (p. 733).

A ESTOCAGEM E A DETERIORAÇÃO DAS BALAS E DOCES

Em razão de seu baixo teor de água e da concentração de açúcar, que extrai a umidade das células vivas, as balas raramente sofrem deterioração provocada pelo ataque de bactérias ou fungos. No entanto, seu sabor pode ser degradado pela oxidação e a consequente rancidez das gorduras acrescentadas, principalmente na forma de manteiga ou sólidos do leite. Esse processo pode ser retardado pela refrigeração ou o congelamento, mas a estocagem a frio provoca outro problema chamado exsudação ou eflorescência do açúcar. As mudanças de temperatura fazem com que a umidade do ar se condense na superfície da bala ou doce, e parte do açúcar se dissolve no líquido assim formado. Quando a umidade torna a evaporar ou é absorvida pela bala, o açúcar que foi para a superfície se cristaliza e forma manchas brancas e ásperas. Tal defeito pode ser prevenido pelo uso de embalagens à prova de ar.

CHOCOLATE

O chocolate é um de nossos alimentos mais notáveis. É feito das sementes adstringentes e amargas de uma árvore tropical, que praticamente não contêm nenhum outro sabor; mas o sabor do próprio chocolate é excepcionalmente complexo, rico e versátil, sendo gerado por um processo de fermentação e torrefação. A consistência do chocolate não tem igual entre os alimentos: dura e quebradiça em temperatura ambiente, evanescente e cremosa no calor da boca.

O chocolate pode ser esculpido de modo a assumir praticamente qualquer formato e sua superfície pode ficar polida como a de um vidro. E, por fim, ele é um dos poucos alimentos cujo pleno potencial foi revelado somente pela fabricação industrial. O chocolate que conhecemos e adoramos, um sólido denso, doce e liso, só existe há pouquíssimo tempo, ao passo que a história do chocolate em si é muito mais antiga.

A HISTÓRIA DO CHOCOLATE

Uma bebida exótica. A história do chocolate começa no Novo Mundo com o cacaueiro, que provavelmente surgiu à margem dos grandes rios da América do Sul equatorial. A árvore produz frutos grandes, de casca resistente, que também contêm uma polpa doce e úmida. Pode ser que os antigos povos americanos tenham levado os frutos para a América Central e o sul do México usando-os como fonte portátil de água e energia. Parece que os primeiros a cultivar o cacaueiro foram os olmecas do sudeste do México. Algum tempo antes de 600 a.C., os olmecas apresentaram a fruta aos maias, que por sua vez passaram a cultivá-la na península tropical do Iucatã e na América Central e a comerciá-lo com os astecas, que habitavam o norte mais frio e árido. Os astecas torravam e moíam as amêndoas de cacau e as transformavam numa bebida servida em cerimônias religiosas, representando simbolicamente o sangue humano. As amêndoas eram tão valiosas que se tornaram uma espécie de moeda. Os primeiros europeus a ver amêndoas de cacau foram provavelmente os tripulantes da quarta viagem de Colombo, em 1502, que levaram algumas à Espanha. Em 1519, um dos tenentes de Cortez, chamado Bernal Diaz del Castillo, compareceu a uma refeição com o imperador Montezuma e, de passagem, descreveu a bebida preparada:

> Todos os tipos de frutos produzidos no país foram postos diante dele; ele comia pouco, mas de quando em quando era-lhe apresentado, em taças de ouro, um licor preparado com cacau, o qual, segundo nos foi dito, tem natureza afrodisíaca. [...] Vi que foram trazidas ao recinto várias jarras, mais de cinquenta, as quais foram repletas de chocolate espumante, do qual ele consumiu um pouco. [...]

Um dos primeiros relatos detalhados acerca do chocolate original consta na *História do Novo Mundo* (1564) escrita pelo milanês Girolamo Benzoini, que percorreu a América Central. Observou ele que a região havia dado ao mundo duas contribuições singulares: as "aves indígenas", ou seja, os perus, e o "cavacate" ou amêndoa do cacau.

Palavras da culinária: *cocoa* (cacau, bebida de chocolate) e *chocolate* (chocolate)

A palavra inglesa *cocoa*, que designa tanto o cacau quanto a bebida feita com ele, vem do espanhol *cacao*, que vem por sua vez, através das línguas maia e asteca, da provável palavra olmeca *kakawa*, cunhada há 3 mil anos. O nome asteca (nahuatl) do pó de semente de cacau dissolvido em água era *cacahuatl*, mas os exploradores espanhóis inventaram para si a palavra *chocolate*. Segundo os historiadores Michael e Sophie Coe, eles podem ter feito essa alteração para distinguir a versão maia do líquido, a qual prefeririam por ser quente, da versão asteca, fria – no Iucatã, "quente" era *chocol*; e *atl* era "água" em língua asteca.

Eles escolhem as amêndoas e as deitam em esteiras para secar; quando querem a bebida, tostam-nas em panela de barro sobre fogo aberto e moem-nas com as pedras usadas para preparar pão. Por fim, põem a pasta em taças [...] e, misturando-a aos poucos com água e acrescentado às vezes alguma de suas especiarias, bebem-na, embora pareça mais adequada a porcos que a homens. [...] O sabor é bastante amargo, mas satisfaz e restaura o corpo sem embriagar: os índios, onde quer estejam acostumados a consumi-la, a estimam mais que qualquer outra coisa.

Benzoini e outros viajantes relatam que os maias e os astecas temperavam suas bebidas de chocolate com diversos ingredientes, entre os quais flores aromáticas, baunilha, pimentas do gênero *Capsicum*, mel silvestre e urucum (p. 470). Os europeus, por sua vez, começaram a lhes acrescentar seus próprios sabores, como açúcar, canela, cravo, anis, amêndoas, avelãs, baunilha, água de flor de laranjeira e almíscar. Segundo o jesuíta inglês Thomas Gage, eles secavam as amêndoas de cacau e as especiarias, moíam-nas, misturavam-nas e aqueciam-nas para derreter a manteiga de cacau, formando uma pasta. Então, espalhavam a pasta sobre uma folha grande ou um pedaço de papel, deixavam-na solidificar e retiravam-na na forma de um grande tablete. De acordo com Gage, havia diversas maneiras de preparar uma bebida de chocolate quente ou fria

> A mais usada no México consiste no consumo do chocolate com *atole* [um mingau de milho]. Um tablete é dissolvido em água quente e a mistura é mexida e batida na taça com um batedor. Quando chega a formar uma espuma, a taça é completada com *atole* quente e a bebida é consumida aos goles.

As primeiras "fábricas" que produziram a pasta de chocolate com especiarias na Europa estabeleceram-se na Espanha por volta de 1580, e num prazo de 70 anos o chocolate já penetrara na Itália, na França e na Inglaterra. Nesses países, a maioria dos temperos acrescentados à bebida foram eliminados, salvo o açúcar e a baunilha. De início, a bebida de chocolate era comercializada por vendedores de limonada em Paris e pelas cafeterias – outra inovação da época – de Londres. No final do século XVII, porém, Londres já tinha suas chocolaterias, versões especializadas das cafeterias. A ideia de preparar com leite a bebida de chocolate quente parece ter surgido nesses lugares.

Os primeiros doces de chocolate. Durante alguns séculos, o chocolate foi conhecido na Europa quase exclusivamente como uma bebida. O uso da semente de cacau na confeitaria era limitadíssimo. Em seu tratado sobre o chocolate intitulado *The Indian Nectar* [O néctar dos índios], de 1662, o inglês Henry Stubbe observou que na Espanha e nas colônias espanholas havia "outra maneira de consumi-lo, na forma de *pastilhas* ou amêndoas". Notou também que as pessoas já conheciam aqueles efeitos do chocolate que hoje sabemos ser devidos à cafeína: "A noz de cacau preparada na forma de doces e consumida depois do pôr do sol habilita os homens a passar a noite inteira em vigília; sendo boa, portanto, para os soldados que montam guarda." Os livros de culinária do século XVIII geralmente traziam umas poucas receitas em que o chocolate figurava como ingrediente: entre elas, receitas de drageados, marzipã, biscoitos, cremes, gelados e musses. Conhecem-se também notáveis receitas italianas de lasanha recheada de amêndoas, nozes, anchovas e chocolate, de fígado com chocolate e de polenta com chocolate. Na *Enciclopédia* francesa do século XVIII, vemos que o *chocolat* era frequentemente comercializado na forma de um bolo feito com uma parte de cacau e uma parte de açúcar e aromatizado com baunilha e canela. Esse bolo não era tanto um doce delicioso, mas, antes, uma refeição de emergência – talvez o primeiro café da manhã instantâneo!

> Estando apressado para sair de casa ou quando, em viagem, não se tem tempo para prepará-lo na forma de bebida, pode-se consumir um tablete de uma onça e beber em seguida um copo [de água], deixando que o estômago misture e dissolva esse desjejum improvisado.

Mesmo em meados do século XIX, o compêndio inglês *Gunter's Modern Confectioner* dedicava somente quatro de suas 220 páginas a receitas de chocolate.

Inovações holandesas e inglesas: o cacau em pó e o chocolate sólido. A principal razão da falta de interesse no chocolate sólido provavelmente era a textura grosseira e farelenta da pasta de chocolate. Os doces lisos e macios que hoje são tão populares foram possibilitados por diversas inovações, a primeira das quais surgiu em 1828. Conrad van Houten, cuja família comercializava chocolate em Amsterdam, estava procurando um meio de tornar o chocolate menos oleoso para que a bebida não pesasse tanto no estômago. Metade do peso da amêndoa do cacau é composta de gordura, ou seja, "manteiga de cacau". Van Houten criou uma prensa capaz de remover a maior parte da manteiga de cacau da amêndoa moída – coisa que, em si e por si, não era novidade – e passou a vender o cacau em pó desengordurado, que retém quase todo o seu sabor, para o preparo da a bebida quente de chocolate. O cacau em pó fez um sucesso tremendo e duradouro, embora há pouco tempo tenha ressurgido o interesse por versões mais ricas do chocolate quente, repletas de manteiga de cacau.

De início, a manteiga de cacau pura extraída pela prensa de Van Houten era mero subproduto. No fim, acabou se tornando a chave para o desenvolvimento da moderna barra de chocolate. A manteiga de cacau podia ser *acrescentada* à pasta de amêndoas torradas e moídas, proporcionando uma matriz rica e macia para as partículas secas e tornando a pasta menos quebradiça. O primeiro chocolate sólido foi criado pela empresa inglesa Fry and Sons em 1847 e logo inspirou muitas imitações em toda a Europa e os Estados Unidos.

Inovações suíças: chocolate ao leite e uma textura refinada. Em 1917, o *Candy Cook Book* (Livro dos doces) de Alice Bradley dedicava um capítulo inteiro a "chocolates diversos" e observava que "mais de cem chocolates diferentes podem ser encontrados nos catálogos de alguns fabricantes". A semente sul-americana chegara à maioridade e se tornara um dos principais ingredientes da confeitaria.

Dois progressos da técnica ajudaram a aumentar os atrativos do chocolate. Em 1876, um confeiteiro suíço chamado Daniel Peter usou o novo leite em pó produzido por seu compatriota Henri Nestlé para fazer a primeira barra de chocolate ao leite. Além de o sabor do leite combinar bem com o do chocolate, o leite em pó dilui o forte sabor do cacau e as proteínas lácteas reduzem sua adstringência, tornando-o mais suave. Hoje em dia, a maior parte do chocolate é consumida na forma de chocolate ao leite. Depois, em 1878, um industrial suíço de nome Rudolphe Lindt inventou a "concha", uma máquina que mistura e revolve conjuntamente as amêndoas de cacau, o açúcar e o leite em pó por várias horas e até dias, desenvolvendo uma consistência suave que jamais fora obtida até então. É essa a consistência que hoje nos parece natural até nos chocolates mais comuns.

Tendo contribuído tanto para a evolução do chocolate moderno, compreende-se que os suíços sejam há muito tempo o povo que mais consome chocolate. O consumo *per capita* da Suíça, de cerca de 30 g por dia, é quase o dobro do norte-americano.

A CONFECÇÃO DO CHOCOLATE

A transformação da semente de cacau em chocolate é uma fascinante colaboração entre o imenso potencial do mundo natural e a engenhosidade do ser humano, que encontra nutrição e prazer nos materiais aparentemente mais insípidos. Recém-tirada do fruto, a amêndoa é adstringente, amarga e essencialmente inodora. Os agricultores e os fabricantes desenvolvem seu potencial numa série de etapas de processamento:

- Os agricultores fermentam a massa de amêndoas e polpa para gerar os precursores do sabor do chocolate.
- Os fabricantes torram as amêndoas fermentadas para transformar os precursores em sabores propriamente ditos.
- Os fabricantes moem as amêndoas, acrescentam-lhes açúcar e trabalham fisicamente a mistura para refinar o sabor e criar uma textura acetinada.

A amêndoa do cacau. O cacaueiro, denominado *Theobroma cacao* por Lineu – *theobroma* é "alimentos dos deuses" em grego –, é uma árvore perenifólia que cresce numa faixa de 20 graus ao norte e ao sul do equador e alcança 7 m de altura. Produz frutos fibrosos de 15 a 25 cm de comprimento e 7,5 a 10 cm de diâmetro, cada um dos quais contém de 20 a 40 sementes ou "amêndoas". Cada amêndoa tem até 2,5 cm de comprimento e é revestida por uma polpa agridoce.

Variedades. Existem diversas variedades de cacau que se classificam em três grupos botânicos: o cacau crioulo, o forasteiro e o trinitário. O cacau crioulo produz amêndoas relativamente suaves com o sabor mais refinado e delicado, que lembra o de flores e chá. Infelizmente, o cacaueiro crioulo também é suscetível a doenças e pouco produtivo, sendo portanto responsável por menos de 5% da produção mundial. O cacau forasteiro, robusto e produtivo, é o mais cultivado mas produz amêndoas de qualidade inferior. O cacau trindade é híbrido entre o crioulo e o forasteiro e tem qualidades intermediárias.

A África Ocidental (Costa do Marfim e Gana) é responsável por mais da metade da produção mundial de cacau, e a Indonésia também produz mais que o Brasil, sendo este o maior país produtor no continente de origem do fruto.

Células de armazenamento e células defensivas. A amêndoa do cacau é formada principalmente pelas folhas que armazenam alimento para o embrião, chamadas cotilédones (p. 502). Ela contém dois tipos de células. Cerca de 80% das células são depósitos de proteínas e gorduras, ou seja, de manteiga de cacau. Tais nutrientes alimentam o embrião enquanto ele germina e se desenvolve nos sombrios estratos infe-

O *cacau contém muitas sementes grandes cobertas por uma polpa adocicada. A semente é formada principalmente pelos cotilédones, protofolhas que armazenam alimento para o embrião. São pontilhadas de células defensivas roxas, ricas em alcaloides e fenóis adstringentes.*

riores da floresta tropical. As outras 20% são células defensivas, cujo objetivo é impedir que os muitos animais e microganismos da floresta se banqueteiem com a semente e seus nutrientes. Essas células são visíveis nas amêndoas como pontinhos roxos e contêm compostos fenólicos adstringentes, antocianinas (pigmentos aparentados com os fenóis) e dois alcaloides amargos, a teobromina e a cafeína. As amêndoas são úmidas, pois contêm 65% de água. A composição das amêndoas secas fermentadas é especificada no quadro abaixo.

Fermentação e secagem. O primeiro passo importante no desenvolvimento do sabor do chocolate é o menos controlado e o menos previsível. A fermentação é realizada no próprio local da colheita, ou seja, em milhares de propriedades rurais grandes e pequenas, e pode ser feita com ou sem cuidado, ou mesmo não ser feita em absoluto; tudo isso depende dos recursos e do conhecimento do produtor. Fato é, portanto, que a qualidade das amêndoas varia tremendamente; encontram-se desde amêndoas não fermentada até amêndoas fermentadas em excesso, bem como, às vezes, amêndoas emboloradas. O primeiro desafio do fabricante de chocolate consiste em encontrar amêndoas de boa qualidade e plenamente fermentadas.

Logo depois da colheita dos frutos, os trabalhadores rurais os abrem e dispõem as amêndoas, ainda envolvidas na polpa açucarada, em grandes pilhas expostas à temperatura ambiente do clima tropical. Os microganismos imediatamente começam a se multiplicar nos açúcares e outros nutrientes da polpa. A fermentação bem-feita leva de dois a oito dias e em geral tem três fases. Na primeira predominam as leveduras, que convertem os açúcares em álcool e metabolizam parte dos ácidos da polpa. À medida que as leveduras consomem o oxigênio preso nos montes de sementes, são substituídas pelas bactérias do ácido láctico, muitas das quais são das mesmas espécies que fermentam laticínios e hortaliças. Quando os trabalhadores reviram os montes de sementes e polpa para aerá-los, as bactérias do ácido láctico são por fim substituídas pelas bactérias do vinagre, que consomem o álcool já formado e o convertem em ácido acético.

A fermentação transforma as amêndoas. A fermentação ocorre na polpa, não nas amêndoas, mas também tem efeito sobre estas. O ácido acético produzido pelas últimas bactérias penetra nas amêndoas e, assim fazendo, abre orifícios nas células, liberando o conteúdo delas. Esse conteúdo se mistura e as substâncias ali presentes reagem umas com as outras. Os fenóis entram em contato com as proteínas, com o oxigênio e uns com os outros, formando complexos muito menos adstringentes. O mais importante é que as próprias enzimas digestivas das amêndoas se misturam com as proteínas e a sacarose armazenadas e decompõem essas substâncias, transforman-

A composição da amêndoa de cacau fermentada e seca

	% do peso		% do peso
Água	5	Açúcares	1
Manteiga de cacau	54	Fenóis	6
Proteínas e aminoácidos	12	Minerais	3
Amido	6	Teobromina	1,2
Fibras	11	Cafeína	0,2

do-as nos elementos que as constituem, ou seja, em aminoácidos e açúcares simples. Estes são muito mais reativos que as moléculas originais e produzem mais moléculas aromáticas na fase de torrefação. Por fim, as amêndoas perfuradas absorvem algumas moléculas de sabor da polpa em fermentação: açúcares, ácidos e notas frutais, florais e de vinho. Isso significa que a fermentação bem-feita converte as amêndoas adstringentes, mas insípidas, em recipientes repletos de sabores e precursores desejáveis.

Secagem. Terminada a fermentação, os agricultores secam as amêndoas. No geral, limitam-se a espalhá-las ao sol sobre uma superfície plana. A secagem pode levar vários dias e, se não for cabal, pode permitir o crescimento de bactérias e fungos dentro das amêndoas e ao redor delas, maculando-as com sabores indesejados.

Uma vez secas de modo a reter somente cerca de 7% de umidade, as amêndoas tornam-se resistentes à deterioração causada por microrganismos. Então, são limpas, embaladas e enviadas para fabricantes de chocolate pelo mundo afora.

Torrefação. As amêndoas de cacau fermentadas e secas são menos adstringentes e mais saborosas que as não fermentadas, mas seu sabor ainda é desequilibrado e pouco desenvolvido, sendo frequentemente dominado pelo avinagrado ácido acético. Depois de selecionar, classificar e misturar nas devidas proporções as amêndoas secas, o fabricante de chocolate as torra para lhes desenvolver o sabor. O tempo e a temperatura de torrefação variam; dependem de as amêndoas serem torradas inteiras, ou na forma do cerne descascado e quebrado ou, por fim, na forma do cerne moído em partículas minúsculas, que absorvem o calor rapidamente. As amêndoas inteiras são torradas por 30-60 minutos a 120-160 °C. Graças à abundância de aminoácidos e açúcares que participam das reações de escurecimento de Maillard e geram sabores (p. 867), o tratamento térmico das amêndoas de cacau é muito mais suave que o dispensado aos grãos de café. Na verdade, a torrefação suave ajuda a preservar alguns sabores intrínsecos da amêndoa ou desenvolvidos durante a fermentação.

Moagem e refinação. Depois de torradas, as amêndoas são trituradas e sua casca é retirada. As amêndoas descascadas são passadas por vários conjuntos de roletes de aço que, moendo-as, transformam os pedaços sólidos de tecido vegetal numa pasta espessa e escura chamada liquor de cacau. A etapa de moagem tem dois objetivos: abrir as células das amêndoas e liberar seus estoques de manteiga de cacau; e quebrar as células em partículas pequenas, que a língua seja incapaz de detectar como grãos separados. Uma vez que as amêndoas contêm cerca de 55% de manteiga de cacau, é essa gordura que se torna a fase contínua da mistura, e os fragmentos sólidos das células – principalmente proteínas, fibras e amido – permanecem suspensos na gordura. A refinação, fase final da moagem, reduz o tamanho das partículas para 0,02-0,03 mm. Tradicionalmente, o cacau com que se fazem os chocolates suíços e alemães é moído mais fino que o dos chocolates ingleses e norte-americanos.

O tratamento dispensado ao liquor varia de acordo com as necessidades do fabricante. Para fazer cacau em pó ou manteiga de cacau, o liquor é passado sob pressão por um filtro fino que retém as partículas sólidas mas deixa passar a manteiga. A torta compacta de partículas de cacau é transformada em cacau em pó, ao passo que a manteiga se torna um ingrediente importante na manufatura de todos os tipos de chocolate.

Conchagem. O liquor de cacau puro tem gosto concentrado de chocolate e pode ser embalado e usado em massas assadas. Mas seu sabor é relativamente agressivo, amargo, adstringente e ácido. Para torná-lo não só comestível como também delicioso, os fabricantes acrescentam-lhe alguns outros ingredientes: açúcar para o chocolate escuro (p. 782), açúcar e sólidos secos do leite

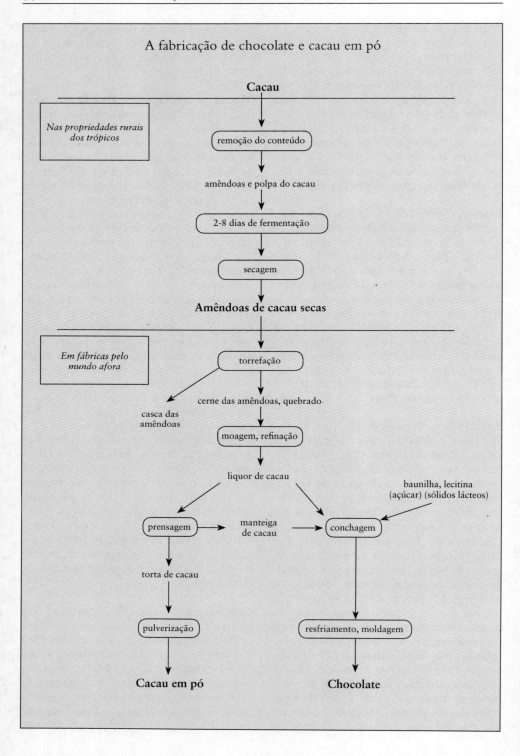

para chocolate ao leite, um pouco de baunilha (o grão integral ou sua essência, ou ainda vanilina artificial) e um suplemento de pura manteiga de cacau. E submetem a mistura a um prolongado processo de agitação chamado *conchagem*, nome que vem das conchas que efetuavam o meximento nas primeiras máquinas desse tipo. As conchas esfregam de encontro a uma superfície rígida a mistura de liquor de cacau, açúcar e sólidos do leite. O calor da fricção, às vezes aliado a um leve tratamento térmico suplementar, eleva a temperatura da massa a 45-80 °C (o chocolate ao leite é mantido a 43-57 °C). Dependendo do equipamento e do fabricante, a conchagem pode levar de 8 a 36 horas.

Refinação da textura e do sabor. A concha original era uma versão mecanizada do moedor de pedra usado pelos maias: um pesado rolete de granito rolava de um lado a outro de um leito também de granito, misturando os ingredientes e reduzindo o tamanho das partículas relativamente grosseiras. Hoje em dia, os sólidos são reduzidos às suas dimensões adequadas antes da conchagem, que atende a duas finalidades principais. Em primeiro lugar, ela quebra pequenos agregados de partículas sólidas, separa-os uns dos outros e os reveste todos homogeneamente com manteiga de cacau, de modo que o chocolate final tenha boa fluidez ao derreter. Em segundo lugar, a conchagem aperfeiçoa o sabor do chocolate; não o intensifica, mas ao contrário, o suaviza. A aeração e o calor moderado provocam a evaporação de até 80% dos compostos aromáticos voláteis (e do excesso de umidade) presentes no liquor de cacau. Felizmente, boa parte dessas substâncias é indesejável, entre elas diversos ácidos e aldeídos; a acidez diminui progressivamente durante a conchagem. Ao mesmo tempo, vários voláteis apreciados são intensificados pelo calor e pela agitação. É o caso das notas tostadas, de caramelo e de malte (pirazinas, furaneol, maltol).

Tanto a manteiga de cacau quanto uma pequena quantidade do emulsificante lecitina (p. 894) são acrescentadas à massa de chocolate no final da conchagem. A manteiga de cacau é necessária para fornecer lubrificação suficiente às partículas de açúcar adicionadas, de tal modo que a mistura, ao derreter, seja cremosa e fluida e não pastosa e pesada. Quanto mais elevada a razão entre a quantidade de açúcar e a de amêndoas de cacau moídas, mais manteiga será acrescentada nesta fase final. A lecitina, cujo uso no chocolate data da década de 1930, reveste as partículas de açúcar com as extremidades lipossolúveis de suas moléculas e ajuda a reduzir a quantidade de manteiga de cacau necessária para lubrificar as partículas; uma parte de lecitina substitui 10 partes de manteiga de cacau. Em regra, a lecitina representa 0,3-0,5 % do peso do chocolate.

Resfriamento e solidificação. Depois da conchagem, o chocolate escuro (p. 782) é essencialmente uma massa fluida de manteiga de cacau, quente, que contém uma suspensão de partículas de sementes de cacau e de açúcar. O chocolate ao leite também contém gordura láctea, proteínas do leite e lactose, sendo menor sua proporção de sólidos do cacau.

A última etapa da manufatura do chocolate é o resfriamento do fluido. Em temperatura ambiente, formam-se as famosas barras sólidas. Acontece, porém, que essa transição do estado líquido para o estado sólido não é simples. Para obter cristais estáveis de manteiga de cacau e um chocolate não pastoso e de aspecto acetinado, os fabricantes resfriam e reaquecem o choco-

AO LADO: *A fabricação de chocolate. Como a cana-de-açúcar, o chocolate é processado em dois estágios. O primeiro ocorre nos países tropicais, onde o cacau é cultivado, e o segundo, em fábricas pelo mundo inteiro.*

late líquido, controlando cuidadosamente a sua temperatura, antes de reparti-lo nos moldes, onde ele finalmente chega à temperatura ambiente e se solidifica.

Não é raro que os cozinheiros derretam o chocolate fabricado a fim de dar-lhe um formato especial ou usá-lo como revestimento para outros alimentos. Para que, depois de solidificado, ele conserve o brilho e a dureza originais, os cozinheiros devem repetir na cozinha esse ciclo de aquecimento e resfriamento, chamado *temperagem* (p. 789).

AS QUALIDADES ESPECIAIS DO CHOCOLATE

Consistência e aspecto: os efeitos da manteiga de cacau. O aspecto e a consistência extraordinários do chocolate são expressões diretas das qualidades físicas da manteiga de cacau, ou seja, daquela parte do chocolate que rodeia as partículas sólidas de sementes de cacau e as mantêm unidas. Quando é preparado com cuidado, o chocolate tem a superfície acetinada ou vítrea, é duro e não gorduroso em temperatura ambiente, se parte com um delicioso estalo e, não obstante, derrete na boca, adquirindo consistência lisa e cremosa. Essas qualidades são diferentes das de qualquer outro alimento e são consequência da estrutura das moléculas da gordura do cacau, que são, em sua maior parte, saturadas e insolitamente regulares (a maioria delas é formada por apenas três tipos de ácidos graxos). Essa estrutura possibilita que as moléculas de gordura constituam uma densa rede de cristais compactos e estáveis, restando pouca gordura líquida que possa escapar entre os cristais.

No entanto, essa rede especial só se desenvolve quando a cristalização da gordura é cuidadosamente controlada. A manteiga de cacau, ao se solidificar, pode constituir seis tipos diferentes de cristais lipídicos! Só dois deles são estáveis e capazes de produzir um chocolate acetinado, seco e duro; os outros quatro são tipos instáveis que geram uma rede menos firme e menos organizada, com mais gordura líquida e cristais cujas moléculas facilmente se destacam e escorrem. Quando o chocolate derrete e depois torna a se solidificar, mas de forma descontrolada – quando, por

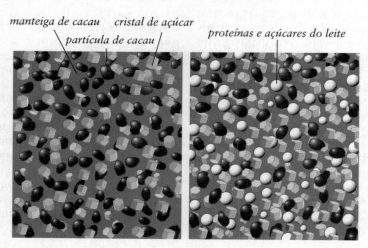

A composição do chocolate escuro e do chocolate ao leite. À esquerda: o chocolate escuro é formado por partículas de sementes de cacau e cristais de açúcar embutidos numa base de manteiga de cacau. À direita: no chocolate ao leite, uma proporção significativa de partículas de sementes de cacau é substituída por partículas de proteínas secas do leite e de açúcar.

exemplo, é deixado por acidente nas proximidades de um forno quente ou dentro de um automóvel ao sol –, os cristais que predominam na segunda formação são do tipo instável e produzem um chocolate gorduroso, mole e manchado. Para recuperar a consistência original, esse chocolate precisa ser temperado.

O sabor do chocolate. De todos os alimentos, o chocolate é um dos que têm o sabor mais rico e mais complexo. Além de sua leve acidez, do pronunciado amargor e adstringência e da doçura do açúcar que lhe é acrescentado, os químicos detectaram no chocolate mais de seiscentos tipos de moléculas voláteis. Embora algumas destas possam explicar a qualidade "tostada" que lhe serve de referência, muitas outras contribuem para sua amplitude e profundidade. A riqueza do sabor do chocolate resulta de dois fatores. Um deles é o potencial intrínseco de sabor da amêndoa do cacau, sua combinação de açúcar e proteínas e as enzimas que decompõem estes últimos, formando os elementos essenciais do sabor. O segundo fator é a complexidade do preparo do chocolate, que combina a criatividade química dos microganismos com a da alta temperatura.

Entre os sabores que um apreciador atento poderá detectar no chocolate encontram-se os seguintes:

- Da semente de cacau em si, adstringência e amargor (compostos fenólicos, teobromina).
- Da polpa fermentada, os sabores de frutas, vinho, Xerez e vinagre (ácidos, ésteres; alcoóis; acetaldeído; ácido acético).
- Da digestão efetuada pelas enzimas da própria semente, notas de amêndoas, laticínios e florais (benzaldeído; diacetil e metilcetonas; linalol).
- Da torrefação e das reações de escurecimento, notas tostadas, acastanhadas, doces, terrosas, florais e de especiarias (pirazinas e tiazóis; fenis; fenilcanos; dienais), além de um

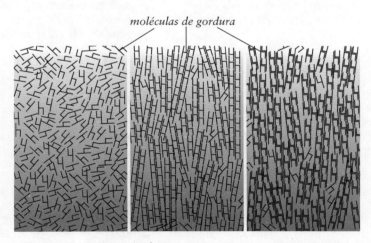

A cristalização da manteiga de cacau. À esquerda: no chocolate derretido, as moléculas de gordura (p. 890) da manteiga de cacau se encontram em constante movimento aleatório. No meio: quando o chocolate esfria de forma descontrolada, as moléculas de gordura constituem cristais instáveis e pouco firmes e o chocolate resulta mole e gorduroso. À direita: quando o chocolate é resfriado com cuidado, suas moléculas lipídicas constituem cristais densos e estáveis; o chocolate resulta seco e se quebra de modo definido.

amargor mais pronunciado (diceto-piperazinas).
- Do açúcar e da baunilha acrescentados, a doçura e o calor da especiaria.
- Dos sólidos lácteos acrescentados, notas de caramelo, *butterscotch*, leite fervido e queijo.

O chocolate feito de sementes mal fermentadas ou negligentemente manipuladas pode portar vários aromas desagradáveis, entre eles notas de borracha, queimado, fumaça, presunto, peixe, bolor, papelão e ranço.

Alguns confeiteiros acrescentam pequena quantidade de sal a seus preparados, especialmente os chocolates ao leite. O sabor salgado é a única sensação gustativa básica que falta ao chocolate adoçado; diz-se que o acréscimo de sal confere ao sabor geral do chocolate certo brilho e vigor.

OS TIPOS DE CHOCOLATE

Os fabricantes produzem enorme diversidade de chocolates, alguns dos quais são feitos para ser comidos, outros para uso culinário, outros para ser empregados em doces e outros para todos os fins. Esses chocolates se distribuem em algumas categorias gerais.

- Os chocolates baratos, produzidos em massa, são feitos de amêndoas comuns processadas em fábricas automatizadas e contêm a quantidade mínima de sólidos e manteiga de cacau e a máxima quantidade permitida de açúcar e sólidos lácteos. Seu sabor é suave e pouco caracterizado.
- Os chocolates "finos" e caros são feitos de amêndoas selecionadas em razão de seu excelente potencial, frequentemente processadas em pequenos lotes para otimizar o desenvolvimento do sabor, e contêm quantidade muito superior à mínima permitida de sólidos e manteiga de cacau. Seu sabor é mais forte e mais complexo.
- O chocolate escuro contém sólidos de cacau, manteiga de cacau e açúcar, mas não contém sólidos lácteos. É fabricado em diversas composições, desde o *amargo* (sem açúcar), passando pelo *meio amargo*, até o *doce*. Atualmente, alguns fabricantes escrevem no rótulo a proporção de amêndoas de cacau que o chocolate contém: "70% de chocolate" significa que 70% do peso da barra são compostos por manteiga e sólidos de cacau e cerca de 30%, por açúcar; a barra com "62% de cho-

---

Os diferentes sabores do chocolate ao leite

Tradicionalmente, os chocolates ao leite feitos na Europa continental, na Inglaterra e nos Estados Unidos têm sabores diferentes. Na Europa continental, onde foi inventado, o chocolate ao leite é feito com leite em pó integral, que tem sabor de leite relativamente fresco. Na Inglaterra, o método preferido consiste em misturar leite líquido com açúcar, reduzir a mistura até que os sólidos atinjam uma concentração de 90%, misturá-la com liquor de cacau e secar o preparado, obtendo um material chamado *chocolate crumb* ou "massa de chocolate". As proteínas do leite e os açúcares sofrem reações de escurecimento durante a concentração e a secagem e produzem um sabor especial de leite cozido, com notas carameladas, que não é obtido pela secagem comum. Nos Estados Unidos, por fim, os grandes fabricantes há muito expõem a gordura láctea à decomposição causada por enzimas que digerem gorduras. Essa decomposição desenvolve leve nota rançosa, cujos sobretons animais, de queijo, combinam bem, a seu modo, com o sabor do chocolate e fornecem uma contribuição positiva à sua complexidade gustativa.

colate" contém cerca de 38% de açúcar (há também pequenas quantidades de lecitina e baunilha). Quanto mais elevada a proporção de sólidos de cacau, mais intenso o sabor de chocolate, que inclui amargor e adstringência. Os chocolates fortes dão sabor mais intenso a preparados feitos com creme de leite, ovos e farinha, cujas proteínas se ligam aos fenóis e reduzem sua aparente adstringência.
- O chocolate ao leite é o mais popular e o mais suave. Contém sólidos lácteos e uma grande proporção de açúcar, e esses dois ingredientes em geral superam, em peso, a quantidade de sólidos e manteiga de cacau combinados. Graças a seu teor relativamente baixo de manteiga de cacau, o chocolate ao leite tende a ser mais macio e menos rígido que o meio amargo.
- O chocolate para cobertura é um chocolate escuro ou ao leite formulado para fluir com facilidade quando derretido, sendo portanto adequado para a elaboração de coberturas finas e delicadas. Para tanto, é preciso acrescentar quantidade maior que a normal de manteiga de cacau, proporcionando espaço de sobra para que as partículas de cacau e açúcar se desloquem sem esbarrar umas nas outras. A maioria dos chocolates para cobertura contém entre 31 e 38% de gordura.
- O "chocolate branco" é um chocolate sem chocolate: não contém partícula alguma de sólidos de cacau e, portanto, tem pouco ou nenhum sabor de chocolate. Foi inventado por volta de 1930 e consiste numa mistura de manteiga de cacau purificada (e geralmente desodorizada), sólidos lácteos e açúcar.

A composição de alguns tipos de chocolate

A composição dos chocolates varia muito, especialmente nas versões "meio amargas". Os números abaixo, que representam porcentagens do peso total do chocolate, são aproximativos, mas também permitem a elaboração de úteis comparações.

	Teor mínimo de sólidos de cacau + manteiga de cacau acrescentada (Estados Unidos)	Liquor de cacau	Manteiga de cacau acrescentada	Açúcar	Sólidos lácteos	Total de gordura	Total de carboidratos	Proteínas
Amargo		99	0	0	0	53	30	13
Meio amargo	35	70-35	0-15	30-50	0	25-38	45-65	4-6
Doce (escuro)	15	15	20	60	0	32	72	2
Ao leite	10	10	20	50	15	30	60	8
Cacau em pó não adoçado						20	40	15

Na decoração de alimentos, proporciona agradável contraste com o chocolate comum.

Atualmente, alguns fabricantes estão comercializando amêndoas de cacau torradas e moídas em pequenos pedaços, partículas crocantes de sabor intenso. Nos Estados Unidos, amêndoas inteiras torradas são encontradas às vezes nos mercados típicos latinos.

A estocagem do chocolate; eflorescência de gordura. A melhor temperatura para a estocagem do chocolate é de 15-18 °C constantes, sem flutuações que estimulem o derretimento e a recristalização das gorduras da manteiga de cacau. Às vezes, uma camada branca e pulverulenta se forma sobre a superfície do chocolate estocado. Essa "eflorescência de gordura" é a manteiga de cacau que escapou dos cristais instáveis, migrou para a superfície e ali formou novos cristais. Em regra, a eflorescência de gordura é prevenida pela correta temperagem do chocolate. Seu desenvolvimento pode ser retardado pelo acréscimo de um pouco de manteiga clarificada ao chocolate, a qual torna mais aleatória a mistura de gorduras e, assim, retarda a formação de cristais.

Graças à sua abundância de moléculas antioxidantes e de gorduras saturadas quimicamente estáveis, o chocolate tem prazo de validade extraordinariamente longo. Conserva-se por vários meses em temperatura ambiente. O chocolate branco, por outro lado, ao qual faltam os antioxidantes presentes nos sólidos do cacau, só se conserva em temperatura ambiente por algumas semanas; depois desse prazo, ou ainda antes quando é exposto à luz forte, suas gorduras se danificam e ele desenvolve sabor desagradável e rançoso.

Cacau em pó. Os fabricantes produzem cacau em pó a partir das tortas de partículas torradas de amêndoas de cacau, que restam depois da extração da manteiga (p. 777). As partículas continuam revestidas de fina camada de manteiga de cacau; o teor de gordura do pó vai de 8 a 26%. São as partículas sólidas da amêndoa de cacau que dão cor e sabor ao chocolate. Por isso o cacau em pó é a versão mais concentrada do chocolate e representa um ingrediente valioso. O cacau em pó natural tem forte gosto de chocolate e pronunciadas adstringência e amargor. Também é nitidamente ácido, com pH em torno de 5.

Cacau em pó alcalinizado. Na Europa, e às vezes também nos Estados Unidos, o cacau em pó é produzido a partir de amêndoas tratadas com carbonato de potássio, uma substância alcalina. Esse tratamento, inventado pelo holandês Conrad van Houten (um dos pioneiros do chocolate moderno), eleva o pH do cacau em pó para 7, neutro, ou mesmo 8, alcalino. A aplicação de um material alcalino às amêndoas antes ou depois da torrefação tem forte influên-

---

O chocolate refresca a boca

O chocolate bem-feito tem uma característica incomum num alimento tão rico: ao derreter, ele refresca a boca. Isso acontece porque seus cristais de gordura estáveis derretem numa faixa de temperatura muito estreita, pouco abaixo da temperatura normal do corpo humano. A mudança de estado, de sólido para líquido, absorve boa parte da energia térmica da boca. Por isso é pouca a energia que sobra para aumentar a temperatura do chocolate em si, que dá a impressão perdurável de frieza.

cia sobre sua composição química geral. Além de lhes acrescentar gosto nitidamente alcalino, semelhante ao do bicarbonato de sódio, o tratamento alcalino reduz a quantidade de moléculas portadoras dos sabores tostado e caramelado (pirazinas, tiazóis, pironas, furaneol) e de compostos fenólicos amargos e adstringentes, os quais agora se ligam uns aos outros para formar pigmentos escuros e insípidos. O resultado é um cacau em pó de sabor mais suave e cor mais escura. O cacau em pó alcalinizado pode ter várias tonalidades, de marrom claro a quase preto; quanto mais escura a cor, mais suave o sabor.

O cacau em pó na confecção de massas assadas. É importante que os padeiros e confeiteiros estejam cientes da diferença entre o cacau em pó "natural" e o alcalinizado. Algumas receitas usam a acidez do cacau em pó natural para reagir com o bicarbonato de sódio e produzir dióxido de carbono, que leveda a massa. Se a mesma receita for feita com cacau em pó alcalinizado, a reação não ocorrerá, o gás carbônico não será gerado e a massa terá gosto alcalino, semelhante ao de sabão.

Chocolate em pó instantâneo. O chamado chocolate em pó "instantâneo" com que se faz chocolate quente inclui lecitina, um emulsificante que ajuda a separar as partículas de tal modo que se misturem rapidamente com a água. A mistura de chocolate em pó instantâneo frequentemente contém açúcar, que pode representar até 70% de seu peso.

O CHOCOLATE E O CACAU EM PÓ COMO INGREDIENTES

O chocolate e o cacau em pó são ingredientes versáteis. Fazem parte de muitas misturas, e não só para a confecção de doces; os molhos mexicanos chamados *moles*, salgados, e alguns ensopados e molhos de carne europeus se aproveitam de sua profundidade e complexidade. O chocolate e o cacau em pó proporcionam sabor, riqueza e capacidade estrutural; suas partículas secas contêm amido e proteínas, absorvem umidade e emprestam densidade e solidez a massas assadas, suflês, recheios e glacês. Podem-se fazer bolos sem farinha usando chocolate ou cacau como ingredientes que proporcionem amido e gorduras; os ovos umedecem e aeram a estrutura. Numa musse de chocolate, a estrutura da espuma proporcionada pelos ovos batidos é reforçada pelas partículas secas do chocolate e pela manteiga de cacau, que aos poucos se cristaliza.

É claro que o chocolate pode se apresentar em sua forma original – como parte de uma massa à base de gordura, por exemplo – ou ser derretido sobre um outro preparado, servindo-lhe de cobertura. É quando o derretemos e depois resfriamos para moldá-lo ou usá-lo como cobertura que o maior cuidado é necessário (p. 788). No mais, basta ter em mente alguns fatos sobre o chocolate para prevenir a maioria dos problemas.

O trabalho com o chocolate. O chocolate escuro é por si só um ingrediente já plenamente cozido e desenvolvido; é, além disso, robusto e tolera os erros do cozinheiro. Lembre-se que ele já foi torrado e depois reaquecido em alta temperatura na concha, e que no fundo é uma mistura física relativamente simples de partículas de cacau e açúcar suspensas em gordura. No máximo, o cozinheiro terá de derretê-lo a uma temperatura de talvez 50 °C, mas o chocolate pode ser aquecido a 93 °C ou mais sem sofrer efeitos desastrosos. Suas fases não se separam e ele não se queima, a menos que seja deixado diretamente sobre o calor do fogão ou do forno de micro-ondas sem ser mexido. Se for necessário, pode ser repetidas vezes derretido e novamente solidificado.

Por conter mais sólidos do leite que sólidos do cacau, o chocolate ao leite e o chocolate branco são menos robustos que o chocolate escuro. O melhor é derretê-los em calor suave.

Derretimento do chocolate. O chocolate pode ser derretido de diferentes maneiras, todas elas adequadas: rapidamente sobre a boca do fogão, com cuidado e meximento constante para que não queime; também sobre a boca do fogão, mas lentamente e com menos atenção; em banho-maria, com a água em qualquer temperatura desde 38 °C até uma fervura lenta (quanto mais quente a água, mais rápido o derretimento); e no forno de micro-ondas, com interrupções frequentes para mexer e verificar a temperatura. Por ser mau condutor de calor, o chocolate deve ser cortado em pedacinhos ou passado no processador a fim de acelerar o derretimento, ou quando se pretende misturá-lo com ingredientes quentes.

O chocolate e a umidade. O único aspecto vulnerável do chocolate é sua extrema secura e o enorme número de minúsculas partículas de açúcar e cacau, cujas superfícies atraem umidade. Se uma pequena quantidade de água for misturada no chocolate derretido, este se transformará numa pasta rígida. Parece estranho que o acréscimo de um líquido a outro produza um sólido: o fato, porém, é que a pequena quantidade de água atua como uma espécie de cola, fornecendo a milhões de partículas de açúcar e cacau umidade apenas suficiente para constituir pequenos bolsões de calda, aos quais as partículas aderem, separando-se da manteiga de cacau em estado líquido. É importante, pois, quer manter o chocolate completamente seco, quer acrescentar líquido em quantidade suficiente para dissolver todo o açúcar, e não apenas umedecê-lo. Nesse sentido, é melhor incorporar o chocolate aos ingredientes líquidos quentes ou, alternativamente, acrescentar o líquido quente ao chocolate todo de uma vez. Não se deve incorporar o líquido gradativamente ao chocolate derretido. Para recuperar o chocolate enrijecido, pode-se acrescentar uma quantidade maior de líquido quente até que a pasta rígida se transforme num fluido espesso.

Os diferentes tipos de chocolate não são intercambiáveis. Tanto os autores de livros de receitas quanto os cozinheiros devem ser tão meticulosos quanto possível na especificação do tipo de chocolate a ser utilizado. Os diferentes chocolates têm diferentes proporções de manteiga de cacau, sólidos de cacau e açúcar. As proporções de sólidos de cacau e açúcar são especialmente importantes quando se pretende combinar o chocolate com ingredientes úmidos. O açúcar se dissolve e se transforma em calda, aumentando o volume da fase líquida do preparado e dando-lhe mais fluidez, ao passo que os sólidos de cacau absorvem a umidade, diminuem o volume da fase líquida e reduzem a fluidez. Uma receita desenvolvida para um chocolate escuro doce pode malograr se for feita com um chocolate meio amargo com 70% de sólidos de cacau, o qual tem muito mais partículas secantes e muito menos açúcar.

Ganache. Um dos preparados mais simples e mais conhecidos feitos com chocola-

---

Palavras da culinária: *ganache*

A palavra *ganache* é francesa e, antes de ser aplicada a uma mistura de chocolate e creme de leite, significava "almofada". Com efeito, o ganache do confeiteiro é uma espécie de almofada macia e sedosa para a boca. O ganache parece ter sido inventado na França ou na Suíça em meados do século XIX. A trufa de chocolate, pequenos bocados de ganache moldados na forma de bolas e revestidos de cacau em pó ou de uma fina camada de chocolate sólido, era um doce simples e caseiro até a segunda metade do século XX, quando se tornou uma iguaria de luxo.

te é o ganache, uma mistura de chocolate e creme de leite na qual se podem infundir muitos outros sabores e que pode, ainda, ser batida para se tornar mais leve ou ser enriquecida com manteiga. O ganache serve de recheio para trufas de chocolate e petiscos de massa a base de gordura; serve ainda de recheio ou cobertura para bolos. A sobremesa chamada *pot de crème*, em que uma porção de chocolate é derretida em duas vezes seu peso de creme de leite, é essencialmente um ganache servido sozinho.

A estrutura do ganache. Um ganache macio é feito com massas aproximadamente iguais de creme de leite e chocolate. Um ganache firme, mais adequado para conservar a forma que lhe é dada e com sabor mais pronunciado de chocolate, leva duas partes de chocolate para cada parte de creme. Para fazer ganache, o creme de leite é fervido e o chocolate em pedaços é posto para derreter dentro dele, constituindo uma estrutura complexa que combina uma emulsão e uma suspensão (p. 910). A fase contínua dessa mistura, a porção que a permeia, é uma calda constituída pela água do creme e o açúcar do chocolate. Nessa calda estão suspensos os glóbulos de gordura do creme e as gotículas de manteiga de cacau e sólidos de cacau do chocolate.

Numa mistura de creme e chocolate em partes iguais, a fase líquida é abundante e tem volume mais que suficiente para conter a gordura e as partículas sólidas; mas numa mistura firme, em que o chocolate predomina, a quantidade de calda é menor e a de partículas de cacau, que lentamente absorvem a umidade da calda e reduzem ainda mais seu volume, é proporcionalmente maior. Quando se usam chocolates com alto teor de sólidos de cacau, as partículas de cacau podem absorver tanta umidade que chegam a inchar e aderir umas às outras. É então que a emulsão, privada de água, entra em colapso, permitindo o rea-

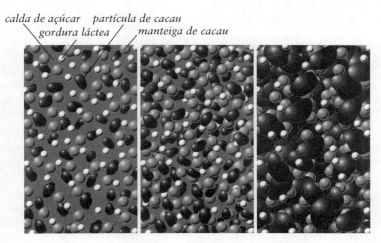

A estrutura do ganache. À esquerda: *o ganache macio é feito com quantidades iguais de chocolate e creme de leite. As partículas de cacau e as gotículas de manteiga de cacau e gordura láctea são rodeadas por uma calda formada pelo açúcar do chocolate e a água do creme.* No meio: *um ganache firme, feito com mais chocolate que creme de leite, contém proporção maior de partículas secas de cacau e menor de água.* À direita: *com o tempo, as partículas de cacau do ganache firme absorvem a água da calda e incham. Com isso, podem exercer tanta pressão sobre as gotículas de gordura que estas chegam a se reagrupar, separando-se dos demais componentes da mistura.*

grupamento dos glóbulos e gotículas de gordura e a separação entre a gordura e as partículas sólidas inchadas. Por isso os ganaches feitos com grande quantidade de chocolate são frequentemente instáveis e com o tempo tendem a adquirir textura grosseira.

A maturação do ganache. Muitos confeiteiros deixam o ganache repousar em local fresco durante a noite antes de trabalhá-lo. O resfriamento gradual permite a cristalização da manteiga de cacau, de modo que, quando o ganache for moldado ou consumido, ele demore mais para amolecer e derreter. O ganache refrigerado imediatamente após o preparo endurece antes de formar um grande número de cristais de gordura e se torna mole e gorduroso quando aquecido.

Graças à rápida fervura inicial do creme de leite e a diversas qualidades do chocolate – seu teor de açúcar, suas partículas de cacau que absorvem umidade e seus abundantes compostos fenólicos antimicrobianos –, o ganache tem prazo de validade excepcionalmente longo e dura uma semana ou mais em temperatura ambiente.

CHOCOLATE TEMPERADO PARA COBERTURA E MOLDAGEM

Como o açúcar, o chocolate pode ser moldado de modo a agradar aos olhos. Para criar finas lâminas de chocolate, padeiros e confeiteiros pincelam o chocolate derretido sobre uma superfície lisa, deixam-no endurecer completamente e por fim cortam-no em pedaços nas formas desejadas ou comprimem a lâmina para dar-lhe uma superfície ondulada. O chocolate derretido pode ser pincelado sobre as folhas de uma planta e, depois de endurecer, é cuidadosamente retirado, guardando em si a impressão da folha. Aplicado com bisnaga de confeitar, pode formar uma miríade de linhas, gotículas e formas diversas. E é claro que pode ser derramado em moldes, produzindo formas que vão de esferas ocas a coelhinhos da Páscoa.

Os amantes do chocolate costumam derretê-lo e usá-lo como cobertura para biscoitos, morangos ou trufas feitas em casa. São preparados fáceis, que podem ser feitos de improviso. O chocolate é simplesmente aquecido até derreter e é usado imediatamente; os produtos finais são às vezes postos na geladeira para acelerar a solidificação. O chocolate manipulado deste modo tem um gosto bom, mas tende a ter aspecto opaco e a desenvolver manchas, além de perder a dureza que o faz partir-se com um estalo. Isso porque o chocolate é resfriado tão rapidamente que sua manteiga de cacau não se solidifica numa rede densa e dura de cristais estáveis, mas numa

Temperaturas de temperagem dos vários tipos de chocolate

As temperaturas ideais para a preparação de um chocolate ao leite ou de um chocolate branco dependem da formulação de cada chocolate e devem ser verificadas junto ao fabricante. Este quadro arrola as temperaturas geralmente usadas pelos próprios fabricantes de chocolate.

Tipo de chocolate	Temperatura de fusão	Temperatura de resfriamento	Faixa de temperagem
Escuro	45-50 °C	28-29 °C	31-32 °C
Ao leite	40-45 °C	27-28 °C	30-31 °C
Branco	40 °C	24-25 °C	27-28 °C

rede fraca e frágil, formada por cristais instáveis. Quando o aspecto e a consistência são importantes, como são para os cozinheiros e confeiteiros profissionais, o chocolate derretido deve ser *temperado*, ou seja, solidificado de modo a formar cristais estáveis de gordura de cacau. Trata-se de um processo análogo ao empregado pelos fabricantes de chocolate.

A temperagem do chocolate. O processo de temperagem compreende três etapas básicas: aquecer o chocolate para fundir completamente todos os seus cristais de gordura, resfriá-lo um pouco para constituir um novo conjunto de cristais iniciais e cuidadosamente aquecê-lo de novo a fim de fundir os cristais instáveis, deixando somente os estáveis. Então, quando o chocolate finalmente esfriar e solidificar, os cristais iniciais estáveis conduzirão o desenvolvimento de uma rede cristalina densa e dura.

Os cristais instáveis de manteiga de cacau são aqueles que se fundem com relativa facilidade, ou seja, em temperatura ambiente relativamente baixa, entre 15 e 28 °C. Os cristais desejáveis e estáveis (às vezes chamados de cristais "beta") se fundem somente em temperatura mais alta, entre 32 e 34 °C. A faixa de temperatura em que determinado tipo de cristal se funde é também a faixa em que ele se *forma* quando o chocolate esfria. Os cristais instáveis, portanto, se formam quando o chocolate esfria rapidamente. Nessas condições, os tipos estáveis de cristais – aqueles que começam a se formar em temperatura mais alta – não têm tempo para reunir em torno de si a maior parte das moléculas de gordura antes de os cristais instáveis começarem a se formar por sua vez. Os cristais estáveis predominam no chocolate fundido quando o cozinheiro cuida de mantê-lo numa temperatura *superior* à do ponto de fusão dos cristais instáveis mas *inferior* à do ponto de fusão dos estáveis. Essa faixa de temperagem é de 31-32 °C para o chocolate escuro e um pouco menos que isso para os chocolates ao leite e branco, onde se misturam a manteiga de cacau e a gordura láctea.

Métodos de temperagem. Há várias maneiras de obter um chocolate fundido na têmpera correta. Todas elas pressupõem o uso de um termômetro preciso, uma fonte de calor suave (em regra, uma panela de água quente dentro da qual se possa colocar a vasilha com o chocolate) e a plena atenção do cozinheiro. E todas elas visam a deixar o chocolate numa temperatura em que os cristais estáveis possam se formar e os cristais instáveis, não.

Dos dois métodos mais comuns para a temperagem do chocolate, um deles cria os cristais estáveis a partir do nada e o outro usa uma pequena quantidade de chocolate já temperado para "semear" cristais estáveis no chocolate fundido.

- Para temperar o chocolate a partir do nada, aqueça-o a 50 °C para derreter todos os cristais e o resfrie a 40 °C. Então, vá mexendo o chocolate enquanto ele esfria mais um pouco, até que se torne nitidamente mais espesso (sinal de formação de cristais); ou coloque um pouco de chocolate sobre uma superfície fria e mexa-o até espessar, devolvendo-o então à vasilha. Em seguida, eleve cuidadosamente a temperatura do chocolate até a faixa de temperagem (31-32 °C) e mexa-o para fundir quaisquer cristais instáveis que possam se haver formado durante a fase anterior de meximento.
- Para semear cristais estáveis no chocolate fundido, corte em pedacinhos e reserve uma porção de chocolate temperado sólido. Aqueça a 50 °C o chocolate a ser temperado a fim de derreter todos os cristais e o resfrie a 35--38 °C, pouco acima da faixa de temperatura em que se formam os cristais estáveis. Misture então a porção sólida e já estável, mantendo o chocolate na faixa de temperagem, 31-32 °C.

Como quer que seja temperado o chocolate, sua temperatura tem de ser mantida na faixa de temperagem até que ele seja usado. Caso se permita que esfrie, ele começará a solidificar prematuramente, não terá fluxo regular e adquirirá aspecto e consistência desiguais.

Como fundir o chocolate temperado sem fazê-lo perder a têmpera. Também é possível fundir o chocolate já temperado sem ter de refazer a temperagem. Quase todos os chocolates industrializados são vendidos na forma temperada. O cozinheiro que use um chocolate novo e bem feito poderá aquecê-lo cuidadosamente, levando-o diretamente à faixa de temperagem, ou seja, 31-32 °C, de tal modo que ele derreta mas ainda conserve alguns de seus cristais de gordura desejáveis. Não é difícil fazer isso: basta mexer o chocolate cortado em pedacinhos dentro de uma vasilha sobre uma panela cheia de água a 32-34 °C. Se por algum motivo o chocolate vier a sobreaquecer e a perder todos os seus cristais de gordura, ou se o cozinheiro estiver usando um chocolate já fundido e ressolidificado com uma mistura de cristais, será necessário temperar o chocolate com um dos métodos descritos acima.

A arte da temperagem. Embora um termômetro preciso e o controle cuidadoso da temperatura sejam condições necessárias para o sucesso da temperagem, elas não são suficientes. A arte da temperagem está em reconhecer quando o chocolate chega a acumular uma quantidade *suficiente* de cristais estáveis para formar uma rede densa e dura à medida que esfria. Quando se procede à temperagem por um tempo muito curto ou quando o mexido é insuficiente, o número de núcleos de cristais estáveis será exíguo e o chocolate não resultará suficientemente temperado, vindo por isso a formar alguns cristais instáveis quando esfriar. Por outro lado, o excesso de tempo ou de mexido gera um número excessivo de cristais estáveis, ou cristais de tamanho maior que o conveniente. Assim, os cristais individuais

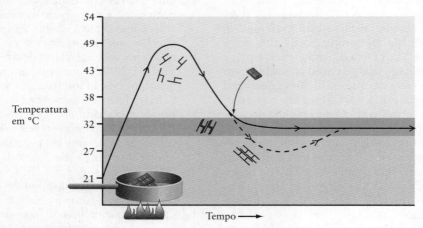

A temperagem do chocolate. Para fazer um chocolate que tenha cristais estáveis de gordura, o cozinheiro deve antes de tudo aquecer o chocolate para fundir todos os cristais. Num método, ele então esfria o chocolate até aquela faixa de temperatura em que somente cristais estáveis podem se formar, acrescenta uma porção de chocolate temperado para fornecer sementes de cristais estáveis e mantém a mistura aquecida até que seja usada para revestimento ou moldagem. Num segundo método (linha pontilhada), o cozinheiro deixa que a temperatura do chocolate caia abaixo daquela em que se formam os cristais estáveis. Forma-se então uma mistura de tipos de cristais, e o chocolate é novamente aquecido para que os instáveis se fundam e os estáveis permaneçam.

predominam sobre a rede conjunta. O chocolate sobretemperado é estável, mas pode parecer grosseiro e farelento em vez de simplesmente seco; tem aspecto opaco e é ceroso ao paladar.

Como verificar a têmpera. Para verificar a têmpera do chocolate derretido, uma porção pequena e fina deve ser colocada sobre uma superfície qualquer em temperatura ambiente: um prato ou um pedaço de papel-alumínio. O chocolate bem temperado se solidifica em poucos minutos, formando uma massa homogênea, de superfície acetinada; o lado que fica em contato com a superfície fria será brilhante. O chocolate mal temperado leva mais tempo para endurecer e tem aspecto irregular, granulado ou pulverulento.

O trabalho com o chocolate temperado. Uma vez temperado o chocolate, ele deve ser manipulado de modo a não perder a têmpera. Sua temperatura deve ser mantida na faixa de temperagem, ou seja, a 31--32 °C. Quando moldado, deve ser derramado em moldes ou sobre recheios que não estejam nem frios a ponto de solidificar rapidamente a manteiga de cacau, tornando-a instável, nem quentes a ponto de fundir os cristais estáveis do chocolate. Os confeiteiros recomendam uma temperatura na faixa dos 25 °C. Do mesmo modo, a temperatura ambiente deve ser moderada, nem muito alta nem muito baixa.

O chocolate temperado perde cerca de 2% de seu tamanho em cada uma das três dimensões à medida que solidifica, pois as moléculas de gordura dos cristais estáveis se agrupam em formação mais densa do que no estado líquido. Essa diminuição de tamanho é conveniente para a confecção de chocolates moldados, pois o chocolate se solta do molde à medida que endurece. Por outro lado, a contração pode provocar rachaduras no fino revestimento de um doce ou de uma trufa, especialmente se o recheio estiver frio e vier a se expandir ligeiramente quando em contato com o chocolate morno. A dureza cristalina do chocolate temperado leva vários dias para se desenvolver plenamente, pois nesse período a rede de cristais continua a crescer e a se tornar mais forte.

Chocolate para modelagem. Este chocolate é feito especificamente para ser modelado em formas decorativas. O chocolate fundido é misturado com xarope de milho e açúcar à razão de um terço a metade de seu peso e a mistura é sovada até configurar uma massa maleável. O "chocolate" resultante é uma calda concentrada de açú-

---

Coberturas especiais

O chocolate comum não serve para fazer certos tipos de cobertura, como as usadas em sorvetes e outros alimentos gelados ou em doces consumidos no calor do verão ou nos países tropicais. Para esses produtos, os fabricantes desenvolveram substitutos da manteiga de cacau. Mesmo sem temperagem, esses materiais têm aspecto agradável, partem-se com um estalo e permanecem duros em alta temperatura. Alguns se assemelham à manteiga de cacau e podem ser misturados com chocolate, mas outros são muito diferentes. Estes, incompatíveis com o chocolate, devem ser aromatizados com cacau em pó de baixo teor de gordura. Entre os primeiros encontram-se as gorduras purificadas de algumas oleaginosas tropicais (dendezeiro, caritê, ilipé e *Shorea robusta* ou *sal*); entre os demais, mencionem-se as "gorduras láuricas" derivadas do óleo de coco e do azeite de dendê. As coberturas feitas com esses ingredientes são conhecidas nos Estados Unidos como "chocolates que não necessitam de temperagem".

car espessada pelas partículas de cacau e pelas gotículas de manteiga de cacau. As peças moldadas endurecem à medida que a fase contínua da mistura perde umidade para o ar, por evaporação, e para as partículas secas de cacau, por absorção.

O CHOCOLATE E A SAÚDE

Gorduras e antioxidantes. Como todas as sementes, as amêndoas de cacau são ricas em nutrientes que alimentam o embrião do cacaueiro até que ele desenvolva suas raízes e folhas. São especialmente ricas em gorduras saturadas, famosas por contribuir para elevar a taxa de colesterol no sangue e, portanto, o risco de sofrer doenças cardíacas. Por outro lado, boa parte da gordura saturada na manteiga de cacau é formada por um ácido graxo específico que o corpo converte imediatamente numa gordura insaturada (o ácido esteárico é convertido em ácido oleico). Por isso considera-se que o consumo de chocolate não representa risco para o coração. Pelo contrário, pode até ser benéfico. As partículas de cacau são fonte extremamente rica de compostos fenólicos antioxidantes, que representam 8% do peso do cacau em pó. Quanto mais alto o teor de sólidos de cacau num chocolate ou doce, mais alto o seu teor de antioxidantes. O açúcar, os produtos lácteos e a manteiga de cacau adicionados simplesmente diluem os sólidos do cacau e seus fenóis. O processo de alcalinização também reduz a quantidade de fenóis desejáveis no cacau em pó, e as proteínas lácteas no chocolate ao leite parecem ligar-se a essas moléculas, impedindo-nos de absorvê-las.

Cafeína e teobromina. O chocolate contém dois alcaloides aparentados entre si, a teobromina e a cafeína, na razão de 10 partes da primeira para 1 da segunda. Como estimulante do sistema nervoso, a teobromina é mais fraca que a cafeína (p. 481); seu principal efeito parece ser diurético. (Entretanto, é extremamente tóxica para os cães, que podem sofrer grave envenenamento pelo consumo de doces feitos com chocolate.) Uma porção de 30 g de chocolate não adoçado contém cerca de 30 mg de cafeína, mais ou menos um terço da dose presente numa xícara de café; os chocolates adoçados e ao leite contêm bem menos. O cacau em pó contém em torno de 20 mg de cafeína a cada 10 g.

O desejo de comer chocolate. Muitas pessoas, especialmente mulheres, sentem um desejo de comer chocolate que chega às raias do vício. Em razão disso, já se conjecturou que o chocolate talvez contenha substâncias psicoativas. É fato que o chocolate contém compostos químicos "canabinoides" – semelhantes ao ingrediente ativo da maconha – além de outras moléculas que provocam a acumulação de canabinoides nas células cerebrais. Porém, essas substâncias estão presentes em quantidade extremamente pequena e provavelmente não têm efeito prático. Do mesmo modo, o chocolate contém feniletilamina, uma substância que ocorre naturalmente no corpo humano e tem efeitos semelhantes aos das anfetaminas – mas o mesmo ocorre com os embutidos e outros alimentos fermentados. Na verdade, dispomos de boas provas experimentais de que o chocolate não contém nenhuma substância semelhante a uma droga, que seja capaz de induzir uma verdadeira dependência. Os psicólogos já demonstraram que o desejo de chocolate pode ser satisfeito por imitações que não contêm nada de chocolate, mas não é satisfeito por cápsulas de cacau em pó ou de chocolate engolidas sem que a pessoa lhes sinta o gosto. O que parece ter apelo tão poderoso é nada mais, nada menos que a pura e simples experiência sensorial de comer um chocolate.

CAPÍTULO 13

VINHO, CERVEJA E BEBIDAS ALCOÓLICAS DESTILADAS

A natureza do álcool	795
As leveduras e a fermentação alcoólica	795
As qualidades do álcool	797
O álcool como uma droga: a embriaguez	799
Como o corpo metaboliza o álcool	799
A cocção com álcool	801
Os líquidos alcoólicos e os barris de madeira	801
O vinho	803
A história do vinho	803
As uvas viníferas	806
A produção do vinho	809
Vinhos especiais	814
Como estocar e servir o vinho	818
A apreciação do vinho	820
A cerveja	822
A evolução da cerveja	823
Os ingredientes da cerveja: o malte	827
Os ingredientes da cerveja: o lúpulo	828
A produção da cerveja	829
Como estocar e servir a cerveja	834
Tipos e qualidades de cerveja	835
Bebidas alcoólicas asiáticas feitas de arroz: o *mi chiu* chinês e o saquê japonês	838
Cereais doces embolorados	838
Os fungos que digerem amidos	839
A produção das bebidas alcoólicas de arroz	840
Bebidas alcoólicas destiladas	844
A história das bebidas alcoólicas destiladas	844
A produção das bebidas alcoólicas destiladas	847
Como servir e apreciar bebidas alcoólicas destiladas	852
Tipos de bebidas alcoólicas destiladas	852
Vinagre	859
Um ingrediente antigo	859
As virtudes do ácido acético	860
A fermentação acética	861
A produção de vinagre	861
Tipos comuns de vinagre	862
Vinagre balsâmico	863
Vinagre de Xerez	865

Como todas as boas comidas, o vinho, a cerveja e as bebidas alcoólicas destiladas nutrem e satisfazem o corpo. O que as distingue é o modo pelo qual afetam diretamente a mente do ser humano. Elas contêm álcool, que é ao mesmo tempo uma fonte de energia e uma droga. Em quantidade moderada, o álcool nos faz sentir e exprimir emoções de toda espécie – alegria, simpatia, tristeza, raiva – com mais liberdade. Em grande quantidade, é um narcótico: amortece as sensações e nubla o pensamento. Por isso as bebidas alcoólicas conseguem nos libertar, em diversos graus, de nosso estado mental habitual. Não admira que já tenham sido consideradas uma versão terrena do néctar dos deuses, alimentos que permitem aos mortais se sentirem, por um instante, semelhantes aos despreocupados senhores da vida!

Os homens sempre tiveram sede de álcool e atualmente a satisfazem com bebidas produzidas em massa, que oferecem a baixo preço um fugaz esquecimento do mundo e de seus cuidados. Porém, alguns vinhos, cervejas e bebidas alcoólicas destiladas se contam entre os alimentos mais meticulosamente elaborados, aquilo que de melhor o mundo e seus cuidados podem oferecer. Seu sabor é a tal ponto rico, equilibrado, persistente e dinâmico que, ao tocar a mente, elas não provocam o esquecimento do mundo, mas renovam nossa atenção e nossa relação com ele.

O vinho, a cerveja e as bebidas alcoólicas destiladas são criados por leveduras microscópicas que decompõem os açúcares dos alimentos e os transformam em moléculas de álcool. O álcool é uma substância volátil cujo aroma próprio é relativamente difuso. Tem o efeito específico de acrescentar nova dimensão ao sabor das uvas e cereais, criando uma espécie de palco aberto no qual as moléculas voláteis do próprio alimento podem se apresentar como atores principais. As leveduras também são prodigiosas alquimistas do sabor, de tal modo que, durante a fermentação, preenchem esse palco com dezenas de novos aromas. Os produtores de vinho e cerveja dirigem a atuação desse elenco indisciplinado e cheio de energia, coerindo-a num conjunto harmonioso e equilibrado.

Embora partilhem a mesma natureza básica, o vinho, a cerveja e as bebidas alcoólicas destiladas são alimentos muito diferentes entre si. O vinho é feito de frutas fragrantes e doces, que, portanto, já têm todas as condições de sofrer fermentação para transformar-se numa bebida aromática – mas somente naqueles poucos dias do ano em que se encontram maduras. As uvas e o vinho são dádivas da natureza, dons gratuitos que o produtor de vinhos deve receber quando lhe são oferecidos e deixar que promovam, por sua própria conta, seu potencial inato de produção de sabor. A cerveja e as bebidas de arroz, ao contrário, são expressões do esforço e do engenho cotidianos do ser humano. São feitas de cereais

A poção da felicidade

Quase 4 mil anos atrás, um poeta sumério pôs estas palavras na boca da deusa Inanna, que governava os céus e a terra mas não ficava atrás de nenhum mortal na apreciação pela cerveja. Ninkasi era a deusa da cerveja. (Omiti as muitas repetições do poema.)

> Que Ninkasi viva contigo!
> Que ela te ofereça cerveja [e] vinho,
> Que [o derramamento] dos doces licores [nas taças] ressoe para ti como
>   agradável música!
> Nos [...] baldes de junco há doce cerveja.
> Porei a teu serviço copeiros, valetes [e] cervejeiros
> Enquanto faço circular a cerveja em abundância,
> Sentindo-me entusiasmada, entusiasmada,
> Bebendo cerveja em jovial espírito,
> Sorvendo a alcoólica bebida com grande contentamento,
> Com alegria no coração [e] no fígado –
> Com o coração cheio de júbilo
> [E] o alegre fígado coberto com trajes dignos de uma rainha!
> O coração de Inanna está novamente feliz,
> O coração da rainha do céu está feliz novamente!
>   – Trad. inglesa de Miguel Civil

inodoros e desprovidos de açúcar, os insípidos mas confiáveis bordões onde se apoia a vida. Para transformar os cereais em matéria fermentável e aromática, os fabricantes de bebidas os fazem brotar ou cultivam fungos sobre eles por alguns dias e cozinham-nos por algumas horas. Podem fazer isso em qualquer época do ano e em qualquer lugar do mundo. A cerveja é, portanto, a bebida alcoólica universal, confortavelmente regional, cotidiana e comum, mas às vezes extraordinária. E as bebidas alcoólicas destiladas são a própria essência do vinho e da cerveja, extratos concentrados de seu conteúdo volátil e aromático, poções de inigualada intensidade.

O prazer da degustação de uma boa cerveja, vinho ou bebida destilada aumenta quando se reconhece que seu sabor é a expressão de muitas particularidades nacionais, culturais e pessoais: um local e suas tradições, uma planta e o solo onde cresceu, um ano e suas condições climáticas, o processo de fermentação e maturação, os gostos e habilidades do produtor. Essa riqueza de ascendência humana e natural explica por que as bebidas alcoólicas são tão fascinantes e diversificadas e por que um trago sorvido em clima de reflexão pode nos fazer mergulhar, por instante, no mundo e em seus prazeres.

A NATUREZA DO ÁLCOOL

Em muitas células vivas, as moléculas de álcool surgem como um subproduto da decomposição de moléculas de açúcar, decomposição essa que tem por objetivo aproveitar a energia nelas contida. Depois disso, a maioria das células decompõe também o álcool para extrair seu conteúdo energético. A grande exceção a essa regra é o caso de certas leveduras que excretam álcool no meio onde vivem. À semelhança do ácido láctico no queijo e nos picles de hortaliças e a exemplo dos poderosos aromas das ervas e especiarias, o álcool do vinho e da cerveja é uma arma química defensiva que as leveduras empunham para se proteger contra outros microrganismos que poderiam competir com elas. O álcool é tóxico para as células vivas. Mesmo as leveduras que o fabricam só são capazes de tolerá-lo até certo ponto. A sensação agradável que ele nos dá é manifestação do fato de ele perturbar o funcionamento normal de nossas células cerebrais.

AS LEVEDURAS E A FERMENTAÇÃO ALCOÓLICA

As leveduras compreendem cerca de 160 espécies de fungos microscópicos unicelulares. Nem todas são úteis: algumas provo-

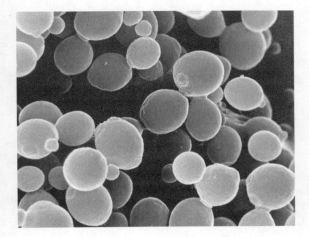

Leveduras. Células de levedo de cerveja, Saccharomyces cerevisiae, *vistas ao microscópio eletrônico. Cada uma tem cerca de 0,005 mm de diâmetro. A célula que se vê logo à direita do centro está se reproduzindo e leva em si as cicatrizes das divisões anteriores.*

cam a deterioração de frutas e hortaliças e outras causam doenças no ser humano (a infecção pelo fungo *Candida albicans*, por exemplo). A maioria das leveduras usadas para fazer pão e bebidas alcoólicas são membros do gênero *Saccharomyces*, cujo nome significa "fungo do açúcar". Nós as cultivamos pela mesma razão por que usamos determinadas bactérias para azedar o leite: elas tornam o alimento resistente à contaminação por outros microrganismos e produzem substâncias que, em geral, nos agradam. Fator essencial para a produção de álcool pelas leveduras é a capacidade destas de sobreviver com pouquíssimo oxigênio, elemento químico usado pela maioria das células para queimar moléculas de combustível a fim de obter energia. A oxidação produz somente dióxido de carbono e água. Na ausência de oxigênio, porém, o combustível só pode ser parcialmente decomposto. A equação geral da produção de energia a partir da glicose na ausência de oxigênio é a seguinte:

$$C_6H_{12}O_6 \rightarrow 2CH_3CH_2OH + 2CO_2 + \text{energia}$$

glicose → álcool + dióxido de carbono + + energia

As leveduras introduzem no suco de uva ou na massa de cereais vários outros compostos que levam em si seus sabores característicos. Produzem, por exemplo, o ácido succínico, de sabor sápido, e transformam os aminoácidos presentes no líquido em alcoóis "superiores", ou seja, de cadeia mais longa; combinam alcoóis e ácidos para formar ésteres de aroma frutado; geram compostos sulfurosos que lembram hortaliças cozidas, café e pão torrado. E, quando morre uma célula de levedura, seu mecanismo enzimático a digere e libera seus conteúdos no líquido circundante, onde continuam a gerar sabor. Uma vez que as leveduras em processo de multiplicação sintetizam proteínas e vitamina B, podem tornar um suco de frutas ou uma massa de cereais mais nutritivos do que eram a princípio.

O etanol ou álcool comum. A versátil molécula de etanol tem uma extremidade semelhante à cadeia de carbono dos ácidos graxos (ou seja, das gorduras e óleos) e a outra semelhante à água.

ácido graxo   etanol   água

A fermentação alcoólica ajudou a dar forma à biologia moderna

O mistério da fermentação fascinou alguns dos melhores e mais obstinados cientistas do século XIX, entre os quais Justus von Liebig e Louis Pasteur, e ajudou a criar a ciência da microbiologia. Os primeiros microrganismos isolados em culturas puras foram leveduras do vinho e da cerveja preparadas nos laboratórios da Cervejaria Carlsberg, em Copenhague, por volta de 1880. E os cientistas criaram a palavra *enzima* – as notáveis moléculas proteicas que as células vivas empregam para transformar outras moléculas – a partir das palavras gregas que significam "na levedura", ou seja, no local onde o açúcar é transformado em álcool.

AS QUALIDADES DO ÁLCOOL

Em química, o termo *álcool* é aplicado a uma grande família de substâncias, todas dotadas de estrutura molecular semelhante. A palavra *álcool* usada no dia a dia se refere a um determinado membro dessa família, que os químicos chamam de *etil álcool* ou *etanol*. Neste capítulo, vou usar o termo *álcool* em seu sentido comum, mas vez por outra vou me referir também aos alcoóis "superiores", ou seja, moléculas da família do álcool que têm mais átomos que o etanol.

Qualidades físicas e químicas. O álcool puro é um líquido transparente e incolor. A molécula de álcool – CH_3CH_2OH – é pequena e tem uma espinha dorsal formada por somente dois átomos de carbono. Uma das extremidades da molécula de álcool, o grupo CH_3, se assemelha às gorduras e aos óleos, ao passo que o grupo OH na outra extremidade representa dois terços de uma molécula de água. O álcool é, portanto, um líquido versátil. Mistura-se facilmente não só com a água, mas também com substâncias gordurosas. Entre estas encontram-se as membranas celulares, que o álcool penetra facilmente, e também as moléculas aromáticas e pigmentos carotenoides, que ele é exímio em extrair das células. Nas moléculas dos alcoóis superiores, que as leveduras também produzem em pequena quantidade e que se concentram nas bebidas destiladas, o lado semelhante às gorduras é mais comprido (p. 848). Por isso o comportamento delas é mais parecido com o das moléculas lipídicas, e elas emprestam ao uísque e a outras bebidas destiladas uma qualidade oleosa e viscosa. Também tendem a se concentrar nas membranas de nossas células, sendo, assim, mais irritantes e mais poderosas, como narcóticos, que o álcool simples.

Várias propriedades físicas do álcool têm importantes consequências para o cozinheiro e para o gastrônomo:

- O álcool é mais volátil que a água, evapora mais fácil e chega mais rápido ao ponto de ebulição. É a baixa temperatura de seu ponto de ebulição – 78 °C – que possibilita a destilação do álcool de modo a produzir uma solução muito mais concentrada que o vinho ou a cerveja.
- O álcool é inflamável, o que possibilita a confecção de espetaculares pratos flamejantes cujo combustível é o conhaque ou o rum. O alimento não se queima porque o calor da combus-

---

As "lágrimas" do vinho forte e das bebidas destiladas

Aqueles que regularmente consomem vinho e bebidas destiladas provavelmente já se detiveram a pensar, intrigados, no estranho fenômeno das "lágrimas", aquelas finas películas de líquido que parecem subir e descer lenta e constantemente dentro do copo. Essas películas móveis são criadas pela natureza dinâmica das misturas de álcool e água. O álcool diminui a força de atração entre as moléculas de água no vinho ou nas bebidas destiladas; mas, na face exterior da superfície do líquido, o álcool evapora e deixa atrás de si a água, que se liga com mais força a si mesma e ao vidro. É essa água menos alcoólica que sobe pelas paredes internas do copo até que, vencida pela gravidade, torna a descer na forma de uma gotícula. Quanto mais elevado o teor de álcool de um líquido e quanto mais for facilitada a evaporação do álcool – as condições mais favoráveis são a temperatura alta e uma taça rasa, de boca larga –, mais marcantes serão as "lágrimas".

tão é totalmente absorvido pela vaporização da água contida nesses destilados.
- O ponto de solidificação do álcool é de –114 °C, muitíssimo mais baixo que o da água. Isso possibilita a concentração de bebidas alcoólicas no frio do inverno ou no congelador (ver quadro, p. 847).
- Um determinado volume de álcool pesa 80% do mesmo volume de água, de tal modo que uma mistura de álcool e água é mais leve que o mesmo volume de água pura. Isso possibilita a confecção de coquetéis onde as bebidas se dispõem em camadas separadas (ver quadro, p. 858).

O álcool e o sabor. É pelos sentidos do paladar, do olfato e do tato que percebemos a presença do álcool num alimento. A molécula de álcool tem alguma semelhança com a de açúcar e, nesse sentido, tem o gosto levemente adocicado. Na alta concentração verificada em bebidas destiladas e até em alguns vinhos fortes, o álcool é irritante e produz uma sensação pungente e "quente" na boca e no nariz. Sendo um composto volátil, o álcool tem um aroma próprio, que experimentamos em sua forma mais pura no álcool de cereais sem sabor ou na vodca. O fato de ser quimicamente compatível com outros compostos de sabor significa que os alcoóis concentrados tendem a se ligar aos aromas de comidas e bebidas e inibem a liberação deles para o ar. Por outro lado, em concentração muito baixa – cerca de 1% ou menos –, o álcool intensifica a liberação de ésteres frutais e outras moléculas aromáticas. É por essa razão, entre outras, que o vinho, a vodca e outras bebidas alcoólicas são ingredientes preciosos na culinária em geral, desde que usados em pequena proporção ou que o álcool seja quase todo eliminado pela longa cocção.

Efeitos sobre os seres vivos. Uma das consequências da versatilidade química do álcool é que ele penetra facilmente as membranas das células vivas, que são feitas, em parte, de moléculas semelhantes às gorduras. Ao penetrar a membrana, ele perturba a atividade das proteínas desta. Uma concentração de álcool alta suficiente provocará tamanho distúrbio que essa fronteira crítica entre a célula e o ambiente entrará em colapso e a célula morrerá. As leveduras que produzem álcool toleram uma concentração de cerca de 20%, e a maioria dos

---

O segredo da felicidade e do esquecimento

Os observadores da condição humana há muito repararam no modo pelo qual o álcool ajuda as pessoas a lidar com os problemas inerentes a essa condição. A seguir, duas das formulações mais antigas e mais simples desse fato, uma da tradição ayurvédica da Índia, outra do Antigo Testamento.

De todas as coisas que conduzem à alegria, o vinho é a primeira.
De todas as coisas que conduzem à perda da inteligência e da memória, o vinho é a primeira.

– *Charaka samhita*, c. 400 a.C.

Dai bebida forte àquele que desfalece e vinho àquele que tem amargura no coração. Que ele beba e esqueça sua miséria, e já não se lembrará de suas mágoas.

– *Provérbios*, c. 500 a.C.

demais microrganismos são mortos em concentração muito menor. Quando a solução também contém ácidos ou açúcares – caso dos vinhos –, o álcool é um veneno ainda mais mortal contra os micróbios. É por isso que, ao contrário da cerveja e do vinho, as bebidas alcoólicas destiladas e os vinhos fortificados com álcool, como o Xerez, não se estragam depois de abertos.

Mesmo a agradável ebriedade que nos acomete quando bebemos álcool é, em parte, um sintoma de leves perturbações das membranas e proteínas em nosso sistema nervoso.

O ÁLCOOL COMO UMA DROGA: A EMBRIAGUEZ

O álcool é uma *droga*: ele altera a operação dos diversos tecidos pelos quais se difunde. Apreciamo-lo sobretudo pela influência que exerce sobre o sistema nervoso central, onde atua como narcótico. O fato de parecer estimular um comportamento mais animado e entusiasmado que o habitual é na verdade um reflexo de seu efeito depressor sobre as funções cerebrais mais elevadas, aquelas que geralmente controlam nosso comportamento e provocam diversos tipos de inibição. À medida que uma quantidade maior de álcool chega ao cérebro, é maior o número de processos básicos afetados: a memória, a concentração e o pensamento em geral; a coordenação muscular, a fala e a visão. Com respeito à ideia de que o álcool é um afrodisíaco, os modernos investigadores continuam citando a autoridade do Porteiro no *Macbeth* de Shakespeare, que, acerca da bebida, diz: "A lascívia, senhor, ela provoca e deixa sem efeito; provoca o desejo, mas impede a execução."

O grau de embriaguez do bebedor depende da concentração de álcool em suas células. Uma vez absorvido pelo trato digestivo, o álcool é rapidamente distribuído pelo sangue a todos os fluidos corporais e prontamente se difunde através das membranas, penetrando todas as células. Por isso as pessoas grandes podem beber mais que as pequenas sem se embriagar: o álcool se dilui mais em seu maior volume de fluidos e células corporais. Os problemas de coordenação motora e o comportamento impulsivo geralmente surgem quando a concentração de álcool no sangue chega a 0,02-0,03%. O "beber até cair" ocorre a cerca de 0,15%, e uma taxa de 0,4% pode ser fatal.

Comparado com outras drogas, o álcool é relativamente fraco. São necessários gramas de álcool puro, não miligramas, para provocar efeitos perceptíveis; esse fato nos permite apreciar o vinho e a cerveja em quantidade moderada sem sofrer dano. Porém, à semelhança de qualquer outro narcótico, o álcool pode provocar dependência, e o consumo habitual de grandes quantidades é destrutivo. Há milhares de anos que o consumo excessivo de álcool tem levado muitos à infelicidade e à morte prematura, e isso ainda acontece. O álcool e a primeira molécula em que se metaboliza, o acetaldeído, perturbam muitos sistemas e órgãos do corpo. Sua presença constante, portanto, pode causar larga gama de doenças graves e até fatais.

COMO O CORPO METABOLIZA O ÁLCOOL

Para eliminar o álcool, o corpo humano o decompõe por meio de uma série de reações químicas e utiliza a energia liberada nessas reações. A estrutura química do álcool tem certa semelhança com as do açúcar e da gordura e valor nutricional intermediário entre um e outra – cerca de 7 calorias por grama (o açúcar tem 4 calorias por grama, e a gordura, 9). Proporciona cerca de 5% das calorias consumidas pelos norte-americanos e uma fração muito maior entre os que bebem muito.

O álcool é decomposto e convertido em energia em dois órgãos, o estômago e o fígado. O metabolismo inicial do álcool no estômago consome parte dele antes que o restante passe ao intestino delgado e daí ao sangue. Essa parte é de cerca de 30% nos homens, mas somente 10% nas mulheres. Nos homens, por isso, a taxa de álcool no sangue sobe mais lentamente que nas mulheres, e eles são capazes de beber mais antes de sentir os efeitos da bebida. Além disso, a genética tem forte influência sobre o modo com que os indivíduos conseguem controlar esses efeitos.

No todo, o corpo é capaz de metabolizar cerca de 10-15 g de álcool por hora, o equivalente a um drinque de tamanho normal a cada 60-90 minutos. O nível de álcool no sangue é máximo de 30 a 60 minutos depois do consumo. Os alimentos em geral, e especialmente as gorduras e óleos, retardam a passagem do conteúdo estomacal para o intestino delgado. Por isso dão às enzimas estomacais mais tempo para trabalhar, tornam mais lenta a evolução do teor alcoólico no sangue e reduzem o seu pico para cerca da metade do que seria caso o estômago estivesse vazio. A aspirina, por outro lado, prejudica a metabolização do álcool pelo estômago e, assim, provoca uma ascensão mais rápida da taxa de álcool no sangue. As bolhinhas de dióxido de carbono nos vinhos espumantes e na cerveja aceleram igualmente essa ascensão, mas o mecanismo pelo qual isso se dá ainda não é conhecido.

A ressaca. Existe também o problema da ressaca, a sensação geral de mal-estar com que acordamos no dia seguinte àquele em que consumimos muito álcool. Os remédios populares para esse mal-estar são muitos e muito antigos. Na Idade Média, a escola de medicina de Salerno já recomendava "mais do mesmo":

Si nocturna tibi noceat potatio vini,
Hoc tu mane bibas iterum, et fuerit medicina.
[Se a bebedeira noturna te fez mal,
Remédio será de manhã outra igual.]

A ressaca é, em parte, uma leve síndrome de abstinência. Na noite anterior, o corpo se adaptou a uma alta concentração de álcool e de outras substâncias narcóticas correlatas, mas de manhã a droga já foi embora, ou quase. A hipersensibilidade aos sons e à luz, por exemplo, pode ser uma compensação tardia da depressão geral do sistema nervoso. A lógica de tomar outra bebida de manhã é simples, mas insidiosa: ela recompõe muitas das condições às quais o corpo se acostumara, além de anestesiá-lo ligeiramente. Porém, isso só faz adiar a verdadeira recuperação do corpo do estado de embriaguez.

Apenas uma parte dos diferentes sintomas que constituem a ressaca podem ser tratados diretamente. A boca seca e a dor de

Os benefícios do consumo moderado de álcool

Várias décadas de estudo têm produzido sempre um mesmo resultado: as pessoas que consomem regularmente o equivalente a uma ou duas doses de bebida alcoólica por dia morrem com menos frequência de doenças cardíacas e infarto. (O consumo mais intenso está associado a mais mortes por câncer e acidentes.) O álcool em si eleva a taxa de colesterol HDL – o colesterol "bom" – e reduz o nível dos fatores sanguíneos que induzem a coagulação e contribuem, assim, para uma possível trombose. Além disso, o vinho tinto e a cerveja escura são boas fontes de compostos fenólicos antioxidantes (p. 283). Os fenóis do vinho também ampliam o diâmetro das artérias e reduzem a tendência de aderência entre os glóbulos vermelhos; alguns desses compostos, especialmente o *resveratrol* e seus parentes, inibem uma enzima (ciclo-oxigenase) associada à provocação de reações inflamatórias danosas e ao desenvolvimento de artrite e de certos cânceres.

cabeça talvez sejam devidas à desidratação causada pelo álcool, de modo que o consumo de líquidos pode aliviá-las. O álcool também pode causar cefaleia pelo fato de aumentar o tamanho dos vasos sanguíneos intracranianos; a cafeína do café e do chá tem o efeito oposto e pode provocar algum alívio.

A COCÇÃO COM ÁLCOOL

Os cozinheiros usam vinhos, cervejas e bebidas destiladas como ingredientes em ampla gama de pratos, desde sopas, molhos e ensopados salgados até cremes, bolos, suflês e sorvetes doces. Essas bebidas oferecem seus sabores característicos, que em regra incluem certa acidez, doçura e sapidez (dos ácidos glutâmico e succínico) e oferecem também a dimensão aromática proporcionada pelo álcool e outras substâncias voláteis. Certas qualidades delas podem representar um desafio às habilidades do cozinheiro. São exemplos a adstringência dos vinhos tintos (p. 820) e o amargor da maioria das cervejas. O próprio álcool é um terceiro tipo de líquido – além da água e do óleo – capaz de extrair e dissolver as moléculas de sabor e de pigmentos, além de moléculas reativas que se combinam com outras substâncias no alimento para gerar novos aromas e maior profundidade de sabor. Ao passo que uma grande quantidade de álcool tende a prender outras moléculas voláteis no alimento, uma quantidade pequena aumenta a volatilidade das demais substâncias e, assim, intensifica-lhes o aroma.

Ao mesmo tempo em que o álcool pode ser uma vantagem para o cozinheiro, também pode ser um problema. O álcool tem suas próprias qualidades pungentes, que lembram um remédio, e pode apresentar sabor agressivo em alimentos quentes. Por isso os cozinheiros às vezes fervem os molhos em fogo alto ou baixo por algum tempo para evaporar o máximo possível de álcool. No preparado vistoso chamado *flambé* ou "flambado", do francês "inflamar", eles põem fogo nos vapores aquecidos de bebidas destiladas ou vinhos fortes, gerando fantasmagóricas chamas azuis que consomem o álcool e deixam no prato um gosto levemente chamuscado. Entretanto, nenhuma dessas técnicas torna o alimento totalmente isento de álcool. Experimentos demonstraram que os preparados cozidos por longo tempo em fogo lento retêm cerca de 5% do álcool inicialmente acrescentado; os pratos cozidos rapidamente, de 10 a 50%; e os flambados, até 75%.

OS LÍQUIDOS ALCOÓLICOS E OS BARRIS DE MADEIRA

A grande felicidade do vinho e da cerveja é que existem microrganismos capazes de "estragar" o suco de frutas e a massa de cereais e transformá-los em substâncias deliciosas e agradavelmente inebriantes. Há alguns séculos, os produtores de vinho e destiladores descobriram outra extraordinária circunstância favorável do destino: o simples fato de armazenar vinho, bebidas destiladas e vinagre em barris de madeira

---

A fermentação em barris

Certos vinhos e vinagres não são somente envelhecidos em barris após a fermentação, mas também fermentados nos próprios barris, e desenvolvem por isso um sabor característico. Um dos componentes comuns desse sabor, produzido pela ação de enzimas das leveduras sobre certos compostos encontrados no carvalho queimado, é uma substância sulfurosa cujo aroma lembra os de café torrado e carne assada (furfuriltiol).

proporciona a essas bebidas uma nova e complementar dimensão de sabor.

O carvalho e suas qualidades. Embora a castanheira e o cedro tenham sido usados na Europa, bem como algumas espécies de sequoia nos Estados Unidos, a maioria dos barris onde se envelhecem vinhos e bebidas destiladas são feitos de carvalho. O durâmen do carvalho, a madeira mais antiga do interior da árvore, é uma massa de células mortas que sustenta as camadas vivas da parte exterior. As células do durâmen são repletas de substâncias que repelem brocas e outros insetos semelhantes. Essas substâncias são, em sua maioria, taninos, mas também incluem compostos aromáticos como o eugenol (do cravo), a vanilina (da baunilha) e as próprias "lactonas do carvalho", parentes dos compostos aromáticos típicos do coco e do pêssego. De 90 a 95% dos sólidos do durâmen são moléculas das paredes celulares, celulose, hemicelulose e lignina. Essas substâncias são quase todas insolúveis, mas as ligninas podem ser parcialmente decompostas e extraídas pelos líquidos altamente alcoólicos; e todas elas podem ser transformadas em novas moléculas aromáticas quando a madeira é aquecida no processo de fabricação dos barris (p. 499).

Os tanoeiros usam principalmente duas espécies europeias de carvalho (*Quercus robur* e *Q. sessilis*) e dez espécies norte-americanas, sendo o carvalho-branco (*Q. alba*) a mais importante. As espécies europeias são usadas sobretudo para fazer barris de vinho, e as norte-americanas, barris para bebidas destiladas. O carvalho norte-americano tende a ter quantidade menor de taninos disponíveis e teor mais elevado de lactonas e vanilina.

A tanoaria: montagem e queima. Para fazer barris, o tanoeiro parte o durâmen do carvalho em pedaços, seca-os e lhes dá a forma de aduelas finas e alongadas, que são encaixadas e presas com aros provisórios e aquecidas para se tornar mais maleáveis, podendo então ser curvadas na forma definitiva do barril. Na Europa, o interior do barril é aquecido a 200 °C com um pequeno braseiro de lascas de carvalho. Uma vez que as aduelas amolecidas tenham sido presas em sua posição final, o interior é "carbonizado" mais uma vez à temperatura de 150-200 °C por 5 a 20 minutos, dependendo de qual seja o grau desejado de queima: de ligeira a média para os barris de vinho, forte para os de bebidas destiladas. Nos Estados Unidos, o tratamento térmico dos barris de uísque é mais radical. As aduelas presas no aro são inicialmente tratadas com vapor para amaciar e depois o interior do barril é queimado com um maçarico a gás por 15 a 45 segundos.

Os sabores dos barris. Várias coisas acontecem quando um líquido alcoólico é armazenado num barril novo. Primeiro, o líquido extrai os materiais solúveis que fornecem cor e sabor, entre os quais os taninos, os aromas de carvalho, cravo e baunilha e, ainda, os açúcares, os produtos das reações de escurecimento e os voláteis fumosos formados quando da queima do barril. Nos barris usados nos Estados Unidos para armazenar uísque, sujeitos a queima forte, a superfície carbonizada atua como um filtro de carbono ativado, removendo alguns materiais do uísque e acelerando, assim, a maturação do sabor. Minúsculos orifícios e poros na madeira permitem que o líquido absorva uma quantidade limitada de oxigênio. E a rica poção química formada por vinho ou bebida destilada, componentes da madeira e oxigênio sofre lentamente inúmeras reações e evolui rumo a um equilíbrio harmonioso.

Os barris novos de carvalho dão aos líquidos neles armazenados um sabor pronunciado, que pode subjugar as qualidades intrínsecas de alguns vinhos delicados. Para controlar a contribuição que a madeira fornece ao sabor, o produtor pode limitar o tempo de envelhecimento em barris novos ou trabalhar com barris usados, cujos componentes de sabor já foram extraídos em sua maior parte.

Alternativas aos barris. Os barris de carvalho são caros. Por isso somente vinhos e bebidas destiladas relativamente caros são envelhecidos neles. Há outras maneiras de introduzir o sabor de carvalho em produtos mais baratos. Os *boisés*, essências feitas pela cocção de lascas de madeira em água, são um aditivo tradicional que arremata a confecção dos *brandies* franceses, entre os quais o Cognac e o Armagnac. Em anos recentes, alguns produtores que fabricam vinho em grande quantidade começaram a colocar aduelas de barris, lascas e até serragem de carvalho nos vinhos enquanto estes amadurecem em recipientes feitos de aço inoxidável ou outros materiais inertes.

O VINHO

O suco da uva é somente um dos líquidos naturalmente doces com que nossos antepassados aprenderam a fazer bebidas alcoólicas. O *koumiss*, por exemplo, leite de égua fermentado pelos nômades da Ásia Central, talvez seja tão antigo quanto o vinho de uva. Uma das palavras com que os gregos designavam o vinho, *methu*, vinha da raiz indo-europeia que dava nome ao hidromel, que em inglês se chama *mead*. Os romanos fermentavam tâmaras e figos. E, muito antes de provarem o vinho, os habitantes do norte da Europa bebiam suco de maçã fermentado, ou seja, sidra.

A uva, porém, mostrou-se idealmente adequada ao desenvolvimento de uma família diversificada de bebidas alcoólicas. A videira é uma planta altamente produtiva e capaz de adaptar-se à larga variedade de solos e climas. Suas frutas contêm grande quantidade de um ácido incomum, o ácido tartárico, que poucos microrganismos metabolizam e que favorece o crescimento de leveduras. As uvas maduras possuem tal quantidade de açúcar que as leveduras conseguem produzir álcool suficiente para inibir a multiplicação de quase todos os outros microrganismos. E, por fim, são frutas que se apresentam em cores impressionantes e com os mais diversos sabores.

Graças sobretudo a essas qualidades, a uva é a fruta mais plantada no mundo e 70% da produção anual são usados para fazer vinho. A França, a Itália e a Espanha são os maiores produtores e exportadores de vinho do mundo.

A HISTÓRIA DO VINHO

A evolução do vinho é longa, fascinante e ainda não terminou. Apresentamos aqui alguns de seus pontos chave.

Na Antiguidade: vinhos envelhecidos e enofilia. Neste momento em que escrevo, os indícios mais antigos de que dispomos acerca da existência do vinho de uvas jazem nos fundos de um jarro encontrado no oeste do Irã e datado de 6000 a.C. A partir de 3000 a.C., o vinho já era mercadoria importante na Ásia Ocidental e no Egito. Tanto as uvas-silvestres quanto os primeiros vinhos eram tintos, mas os egípcios tinham uma videira mutante que dava frutos claros e fizeram vinho com estes. Fermentavam o suco da uva em grandes jarros de argila. No devido tempo, o conteúdo do jarro era experimentado e classificado e os próprios jarros eram marcados, tampados e selados com lama. O vinho podia envelhecer por anos e anos nesses recipientes à prova de ar. Muitas ânforas encontradas nas tumbas dos faraós têm rótulos que indicam a data de produção, a região em que o vinho foi feito e, às vezes, o nome e uma breve descrição do produtor. A enologia é antiquíssima!

Grécia e Roma. Os mercadores fenícios e gregos levaram o cultivo da videira a toda a bacia do Mediterrâneo, onde os gregos desenvolveram o culto de Dioniso, deus da vegetação, da videira e da temporária libertação da vida comum que o vinho possibilitava. Na época de Homero, cerca de 700 a.C., o vinho já se tornara bebida convencional na Grécia. Era produzido com alto teor alcoólico, misturado com água antes do consumo e apresentado em diferentes qualidades para os homens livres e os escravos. O cultivo da videira só lançou raízes firmes na Itália por volta de 200 a.C., mas depois arraigou-se de tal modo que os gregos passaram a chamar o sul da Itália de *Oenotria*, "terra das uvas".

No decorrer dos dois séculos seguintes, Roma fez progredir consideravelmente a arte da produção de vinhos. Plínio dedicou à uva todo um livro de sua *História natural*. Observou que havia então um número infinito de variedades de uva e que a mesma uva era capaz de produzir vinhos muito diferentes em diferentes locais; relacionou ainda a Itália, a Grécia, o Egito e a Gália (França) como locais de origem de vinhos apreciados. Os romanos, como os egípcios, dispunham de ânforas à prova de ar que lhes permitiam envelhecer o vinho por vários anos sem que ele estragasse. Gregos e romanos também conservavam e aromatizavam o vinho com resinas vegetais e com o produto da sua destilação, com sal e com especiarias.

Foi na época romana que o barril de madeira – uma inovação norte-europeia – chegou ao Mediterrâneo como alternativa à ânfora de argila. Nos séculos subsequentes, ele se tornou o recipiente convencional do vinho e a ânfora desapareceu. O barril tinha a vantagem de ser mais leve e menos frágil, mas a desvantagem de não ser hermético ao ar. Isso significava que o vinho só poderia ser conservado nele por alguns anos antes de se oxidar em demasia e tornar-se desagradável ao paladar. Por isso os melhores vinhos envelhecidos desapareceram junto com a ânfora e só ressurgiram ao cabo de mais de mil anos, com a invenção da garrafa arrolhada (p. 805).

A disseminação da produção de vinhos na Europa; a ascensão da França. Depois da queda de Roma no século V d.C., os mosteiros cristãos fizeram progredir a arte da vitivinicultura na Europa. Governantes locais davam aos monges extensões de terra que eles desmatavam e drenavam, levando a agricultura sistemática e organizada a regiões pouco habitadas. Nisso, levaram também a uva ao norte da França e à Alemanha. O vinho era necessário para o sacramento da Eucaristia e tanto ele quanto a cerveja eram produzidos também para o consumo diário, para oferecer aos hóspedes e para o comércio. Foi na Idade Média que os vinhos da Borgonha adquiriram fama.

A partir do final da Idade Média, a França aos poucos foi se tornando a principal produtora de vinho na Europa. No século XVII, os vinhos da França e especialmente de Bordeaux, que tinha a vantagem de ser um porto, eram importantes produtos de exportação para a Inglaterra e a Holanda.

Palavras da culinária: *wine* (vinho), *vine* (videira), *grape* (uva)

A língua inglesa dá testemunho do fato de que, desde época muito antiga, a videira era concebida não como produtora de um fruto comestível, mas como a fonte do vinho. As palavras *vine* (videira, vinha) e *wine* (vinho) vêm da mesma raiz, que significa o suco fermentado do fruto da videira. Essa raiz é tão antiga que precede a diferenciação entre o indo-europeu e outras línguas pré-históricas da Ásia Ocidental. As palavras que designam a fruta em si, por outro lado, são diferentes nas diversas línguas. A palavra inglesa *grape* parece provir de uma raiz indo-europeia que significa "curvo" ou "retorcido". Talvez se refira à lâmina curva da faca usada para colher os cachos de uva ou ao formato do pedúnculo do cacho. *Grapple* (luta corpo a corpo) e *crumpet* (um tipo de panqueca; ver p. 613) são termos correlatos.

A Itália, enquanto isso, ficou para trás em razão de sua situação política e econômica. Até meados do século XIX, ela não era um país, mas um amontoado de cidades--Estado, cada qual com suas tarifas protecionistas. Coibia-se assim o comércio internacional que levara a competição e o aperfeiçoamento às regiões viniprodutoras da França. A maior parte do vinho italiano era consumido no próprio local de produção e as vinhas não eram cultivadas em vinhedos, mas nos lotes dos meeiros, onde dividiam o espaço com hortaliças ou apoiavam-se em árvores para crescer.

Novos vinhos e novos recipientes. O início da era moderna trouxe consigo a invenção de diversas e deliciosas variações do suco de uva fermentado simples e importantes aperfeiçoamentos nos métodos de estocagem do vinho. Pouco antes de 1600, alguns produtores de vinho espanhóis descobriram que podiam estabilizar os vinhos e dar-lhes novo caráter fortificando-os com *brandy*; o resultado foi o Xerez. Por volta de 1650, produtores húngaros conseguiram fazer um vinho Tokaji deliciosamente concentrado e extremamente doce a partir de uvas infestadas por um fungo que em outros contextos seria destrutivo e que acabou sendo conhecido como "podridão nobre". Esse Tokaji foi o precursor do Sauternes francês e de vinhos alemães igualmente doces. Na mesma época, importadores ingleses de vinho branco da região da Champanha, a leste de Paris, descobriram que podiam tornar o vinho deliciosamente borbulhante caso o transferissem dos barris para garrafas antes do fim da fermentação. E, poucas décadas depois, os ingleses desenvolveram o vinho do porto na tentativa de estabilizar vinhos tintos fortes na viagem marítima de Portugal à Inglaterra. Os transportadores adicionaram álcool destilado aos vinhos para impedir a deterioração e assim descobriram os prazeres do vinho tinto doce e fortificado.

A garrafa e a rolha. Os séculos XVII e XVIII trouxeram duas grandes inovações que de novo possibilitaram o envelhecimento de vinhos por muitos anos, possibilidade que desaparecera quando a ânfora impermeável fora substituída por barris de madeira. Esses importantes desenvolvimentos foram a garrafa alongada e a rolha de cortiça. A descoberta do champanhe espumante pelos ingleses foi possibilitada pelo fato de eles terem começado a tampar garrafas com rolhas de cortiça que impediam a passagem de gases, em vez de tecido, e de disporem de garrafas especialmente fortes e capazes de suportar a pressão formada no interior (o vidro era mais forte por ser feito numa fornalha de carvão, e não de lenha). E, durante o século XVIII, a forma da garrafa de vinho evoluiu: de um frasco curto e arredondado, assumiu o formato familiar da garrafa alongada. As garrafas bojudas eram usadas somente para levar o vinho do barril à mesa ou para contê-lo por um ou dois dias. Quando as garrafas se tornaram delgadas suficiente para poderem ser deitadas de lado, de modo que o vinho umedecesse a rolha e a impedisse de se contrair e deixar entrar o ar, tornou-se possível armazenar o vinho nelas por muitos anos sem que ele deteriorasse. Esse armazenamento provoca, às vezes, um tremendo aprimoramento do sabor.

Pasteur e os primórdios da compreensão científica do vinho. Em 1863, o imperador francês Luís Napoleão pediu ao grande químico Louis Pasteur que estudasse as "doenças" do vinho. Três anos depois, Pasteur publicou seus pioneiros *Etudes sur le vin*. Tanto ele quanto outros estudiosos já haviam demonstrado que o levedo é formado por uma massa viva de microrganismos, o que viabilizou a identificação e o controle dos tipos de micróbios que fazem o vinho e dos que o estragam. Todavia, Pasteur foi o primeiro a analisar a criação do vinho, a descobrir o papel crucial do oxigênio e a demonstrar por que tanto o barril quanto a garrafa eram indispensáveis para a confecção de um bom vinho – o barril por proporcionar oxigênio para o vinho novo, ajudando-o a amadurecer; e a garrafa por excluir o oxigênio do vinho maduro, ajudando-o a se preservar.

> A meu ver, é o oxigênio que *faz* o vinho; é por sua influência que o vinho envelhece; é o oxigênio que modifica os princípios agressivos do vinho novo e faz desaparecer o gosto ruim [...]
> É necessário aerar lentamente o vinho para envelhecê-lo, mas a oxidação não deve ser exagerada. Ela enfraquece por demais o vinho, desgasta-o, e retira do vinho tinto quase toda a sua cor. Há um período [...] durante o qual o vinho deve passar de um recipiente permeável [o barril] para outro quase impermeável [a garrafa].

A abordagem científica da produção de vinho. Pasteur plantou a semente de uma abordagem científica da produção de vinho. Tal semente logo germinou tanto na França quanto nos Estados Unidos. Na década de 1880, a Universidade de Bordeaux e a Universidade da Califórnia fundaram institutos de enologia. O grupo de Bordeaux se dedicou a compreender e aperfeiçoar os métodos franceses tradicionais de produção de vinhos finos e descobriu a natureza da fermentação malolática (p. 811). O instituto da Califórnia deslocou-se de Berkeley para Davis em 1928 e ali estudou a melhor maneira de estabelecer uma produção vinífera na ausência de uma tradição local, determinando inclusive as variedades de uva mais adequadas às diferentes condições climáticas. Hoje em dia, graças a esses trabalhos e a outros semelhantes, empreendidos em vários países, e graças à modernização generalizada da produção de vinhos, a quantidade de bons vinhos que se fazem pelo mundo afora é maior do que jamais foi.

Vinhos tradicionais e vinhos industriais. Os produtores de vinho seguem hoje todo um espectro de abordagens, produzindo uma variedade de vinhos a partir da qual podemos escolher. Numa extremidade verifica-se a abordagem relativamente simples e direta encontrada nas regiões que tradicionalmente produzem vinhos: as uvas são cultivadas num local que maximiza a qualidade do vinho e com métodos que fazem o mesmo; são simplesmente esmagadas e fermentadas e o novo vinho é amadurecido durante certo tempo e depois engarrafado. Na outra extremidade do espectro encontram-se os processos avançados de manufatura que tratam as uvas e o vinho respectivamente como matérias-primas e um produto industrial. Esses processos procuram reproduzir as qualidades do vinho tradicional por meios não tradicionais que exigem menos trabalho e menos gastos. As próprias uvas não precisam ser colhidas num grau ideal de maturação, pois o produtor pode usar várias tecnologias de separação para ajustar seu teor de água, açúcar, ácidos, álcool e outros componentes. Os efeitos da maturação e do envelhecimento no barril e na garrafa podem ser simulados de modo rápido e barato por meio de lascas ou serragem de carvalho e pela difusão de oxigênio puro através do vinho armazenado em imensos tanques de aço inoxidável.

Os vinhos industriais são prodígios de "engenharia reversa" e muitas vezes têm um gosto agradável e limpo, sem defeitos evidentes. O vinho feito em pequena escala e com manipulação mínima tem qualidade menos previsível; mas isso porque é mais individualizado, é a expressão característica de uvas cultivadas num determinado tempo e local e transformadas por um determinado produtor. Esse vinho é mais caro que o industrializado, às vezes é muito melhor e em regra é mais interessante.

AS UVAS VINÍFERAS

São as uvas que proporcionam a substância do vinho e, portanto, determinam muitas qualidades suas. Seus componentes mais importantes são:

- Os açúcares, que servem de alimento para as leveduras e são convertidos por elas em álcool. As uvas viníferas são

habitualmente colhidas com 20-30% de açúcar, principalmente glicose e frutose.
- Os ácidos, principalmente ácido tartárico e um pouco de ácido málico, que ajudam a impedir a multiplicação de microrganismos indesejáveis durante a fermentação e são um dos principais componentes do sabor do vinho.
- Os taninos e outros compostos fenólicos, que proporcionam a sensação de adstringência e, assim, dão corpo e peso ao vinho (p. 820).
- Moléculas de pigmentos que dão cor ao vinho e, às vezes, aumentam-lhe a adstringência. As uvas vermelhas contêm antocianinas (p. 267), sobretudo na casca. As uvas "brancas" não têm antocianinas; sua cor amarelada é dada por outro grupo de compostos fenólicos, os flavonóis.
- Compostos aromáticos, que podem ser característicos das uvas em geral ou típicos de uma variedade particular. Muitos compostos aromáticos se apresentam quimicamente ligados a outras moléculas, sobretudo de açúcares, e por isso não são perceptíveis nos frutos em estado natural; durante a produção do vinho, as enzimas das frutas e das leveduras liberam esses aromas, que se tornam assim disponíveis para nossa apreciação.

Variedades e clones de uvas. A videira é dotada da capacidade evolutiva de se regenerar e crescer vigorosamente na primavera. É facilmente propagada por estaqueamento e, nesse sentido, se presta à criação de versões idênticas, ou *clones*, de uma mesma planta. E é uma espécie adaptável, capaz de assumir diferentes padrões de crescimento vegetativo, apresentar diferentes exigências de água e temperatura e produzir frutos com composições diversificadas. Durante milênios e até o início do século XIX, as uvas eram, em sua maioria, cultivadas e transformadas em vinho na Europa e na Ásia Ocidental por pequenos grupos de pessoas essencialmente isolados uns dos outros, que habitavam ambientes diferentes. Por isso se desenvolveu um grande número de variedades de uvas, cada qual selecionada por um determinado povo em vista de características consideradas desejáveis.

Atualmente se estima que haja cerca de 15 mil variedades da uva eurasiana *Vitis vinifera*. Uma mesma variedade – a Pinot Noir, por exemplo – pode existir na forma de centenas de clones diferentes, cada qual uma versão específica da mesma variedade.

Uvas viníferas híbridas e norte-americanas

A uva vinífera eurasiana, *Vitis vinifera*, tem na América do Norte várias espécies irmãs com que pode se hibridizar, e no decorrer dos séculos foram produzidos diversos híbridos entre a espécie europeia e as norte-americanas. Em geral, *connoisseurs* e burocratas europeus os denegriam por seus sabores atípicos, mas os melhores dentre eles, assim como as próprias espécies norte-americanas, estão começando a ter suas qualidades específicas apreciadas. Estamos falando de uvas baseadas na espécie *Vitis labrusca*, do nordeste dos Estados Unidos (a Concord, a Catawba floral e a Ives, que lembra morangos); na *Vitis aestivalis*, típica do centro-oeste desse país (Norton, Cynthiana); na *Vitis rotundifolia*, do sudeste (a Scuppernong, com notas cítricas e florais); e das baseadas em várias espécies-mães (a Chambourcin, desenvolvida na região do Loire, na França).

Certas variedades têm aromas muito característicos; outras são mais sutis ou mesmo anônimas, deixando mais espaço para que se destaquem os aromas produzidos pela fermentação e pelo envelhecimento. O termo *nobre* se aplica àquelas variedades que produzem vinhos dotados do potencial de desenvolver grande complexidade ao longo de vários anos de estocagem na garrafa. É o caso da Cabernet Sauvignon, da Pinot Noir e da Chardonay francesas, da Nebbiolo e da Sangiovene italianas e da Riesling alemã.

A influência das condições de cultivo: safra e *terroir*

Os vinhos mimados não são os melhores. Como observou Plínio há 2 mil anos, "a mesma videira tem diferentes valores em diferentes lugares". A qualidade das uvas e do vinho feito a partir delas é influenciada pelas condições em que os frutos crescem e amadurecem. Para produzir um vinho decente, as uvas têm de amadurecer até ficar suficientemente doces e, para tanto, a videira tem de tomar bastante sol, receber bastante calor e ter acesso a quantidades suficientes de minerais e água. Por outro lado, a água em abundância produz frutos aguados, o nitrogênio abundante no solo produz uma folhagem excessivamente desenvolvida que deixa os frutos na sombra e lhes confere um sabor estranho, e a luz e o calor em abundância produzem frutos ricos em açúcar mas pobres em acidez e em compostos aromáticos, que resultam num vinho forte mas de sabor achatado.

Safra. As uvas das quais se fazem os melhores vinhos parecem ser aquelas produzidas em condições extremamente específicas – uma quantidade minimamente suficiente de água, minerais, calor e luz – que estimulem um amadurecimento completo, mas lento e gradual, dos frutos. Essas condições podem, ou não, se concretizar num determinado ano. Daí a importância que para muitos vinhos têm a *safra*, o ano em que as uvas foram cultivadas e colhidas. O vinho produzido em determinados anos é melhor que o produzido em outros.

Terroir. Muito se tem dito e escrito nos últimos tempos acerca da importância do *terroir* na produção de vinhos – a influência do lugar específico onde as uvas são cultivadas. A palavra francesa se refere a todo o ambiente físico do vinhedo: o solo com sua estrutura e conteúdo mineral; a água contida no solo; a altitude, a declividade e a orientação do terreno; e o microclima, o regime de temperatura, luz solar, umidade e precipitação. Cada um desses aspectos pode variar de um vinhedo ao vinhedo vizinho ou mesmo dentro de um único vinhedo; e cada um deles pode afetar, às vezes de modo indireto, o crescimento da videira e o desenvolvimento de seus frutos. O declive do terreno e certos

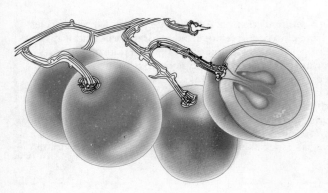

Os frutos da videira, Vitis vinifera. *As diferentes regiões da uva contêm diferentes proporções de açúcares, ácidos e outros componentes de sabor.*

tipos de solo, por exemplo, não permitem que a água se acumule junto às raízes da planta, e absorvem e refletem de diferentes maneiras o calor do sol na direção das videiras. No Hemisfério Norte, uma vertente voltada para o sul pode receber 50% a mais de sol que um terreno plano durante o outono, aumentando assim a duração da estação de crescimento dos frutos e a acumulação de compostos de sabor.

O *connoisseur* de vinhos gosta de detectar e maravilhar-se com a expressão do *terroir* nos vinhos, as diferenças palpáveis que distinguem os vinhos feitos em vinhedos vizinhos. O produtor, por outro lado, geralmente procura administrar e minimizar os efeitos de *terroirs* e safras subideais. Não há nada de novo nesse esforço de tirar o máximo proveito das condições concretas. Há séculos que os franceses acrescentam açúcar ao mosto em fermentação para compensar um amadurecimento insuficiente. A novidade, hoje em dia, está no grau em que a composição da uva pode ser manipulada depois da colheita, de tal modo que o vinho se torne menos o produto de um tempo e local particulares e mais um fruto da moderna tecnologia de fermentação.

A PRODUÇÃO DO VINHO

A produção de um vinho básico de mesa pode ser dividida em três estágios. No primeiro, as uvas maduras são esmagadas para que liberem seu suco. No segundo, o suco da uva é fermentado por leveduras que consomem açúcar e produzem álcool, transformando-se em vinho novo. O terceiro estágio é o "envelhecimento" ou maturação do vinho. Trata-se de um período em que os componentes químicos da uva e os produtos da fermentação reagem entre si, e com o oxigênio, para constituir um conjunto relativamente estável de moléculas de sabor.

O esmagamento das uvas para fazer o mosto. O esmagamento extrai da uva o líquido que se transformará em vinho. Esta etapa, portanto, determina em grande medida a composição e as qualidades potenciais do vinho final.

As substâncias que importam para a qualidade do vinho não estão homogeneamente distribuídas na uva. O cabo, ou engaço, contém resinas amargas e geralmente é separado das uvas à medida que estas são prensadas. A casca retém boa parte dos compostos fenólicos da fruta, não só pigmentos como também taninos, e contém ainda a maioria dos ácidos e os muitos compostos que dão à uva seu aroma característico. As sementes, como o engaço, são repletas de taninos, óleos e resinas, e toma-se todo o cuidado para não rompê-las durante a prensagem.

Quando a massa de uvas é esmagada na prensa mecânica, o primeiro suco extraído provém sobretudo do meio da polpa e é a mais clara e mais pura essência da uva, doce e quase desprovida de tanino. À medida que a pressão mecânica vai sendo aplicada, os sucos provindos de sob a casca e da região ao redor das sementes dão à extração um caráter mais complexo. A extensão da prensagem terá importante influência sobre o caráter final do vinho. A porção líquida extraída, chamada *mosto*, contém de 70 a 85% de água, de 12 a 27% de açúcares, principalmente glicose e frutose, e cerca de 1% de ácidos.

Depois do esmagamento. No caso dos vinhos brancos, o mosto é deixado em contato com as cascas por algumas horas e removido por leve pressão antes da fermentação. Adquire, assim, pouca pigmentação e pouco material tânico. Os mostos dos vinhos tinto e *rosé* são parcialmente fermentados em contato com as cascas vermelhas. Quanto mais tempo o mosto passar em contato com a casca e as sementes, e quanto mais forte for a pressão aplicada sobre as uvas, mais profunda será a cor (amarela ou vermelha) e mais adstringente o gosto do vinho.

Antes de começar a fermentação, o produtor geralmente acrescenta duas substâncias ao mosto. Uma delas, o dióxido de enxofre, suprime o crescimento de levedu-

810 VINHO, CERVEJA E BEBIDAS ALCOÓLICAS DESTILADAS

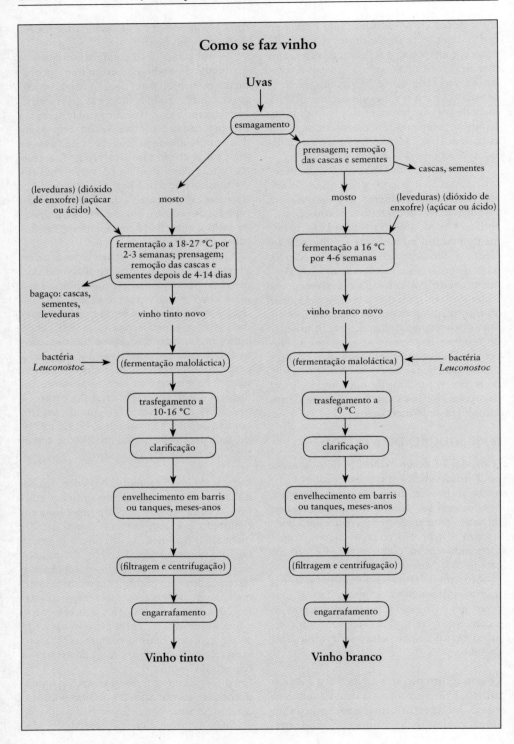

ras e bactérias indesejáveis e impede a oxidação das moléculas de sabor e de pigmentos (este tratamento é aplicado, pela mesma razão, a muitas frutas secas). Embora esse tratamento possa parecer antissepticamente moderno, ele já existe há séculos. Um dos subprodutos da fermentação, complementado pelo acréscimo de SO_2, são os sulfitos, que podem induzir reação alérgica em pessoas sensíveis.

O segundo aditivo é açúcar ou ácido e é usado para corrigir a relação entre essas duas substâncias. As uvas amadurecidas em clima frio não têm açúcar bastante para produzir a quantidade de álcool necessária para tornar o vinho estável; as amadurecidas em clima quente metabolizam parte de seus ácidos e podem resultar num vinho de sabor achatado. Os produtores franceses geralmente acrescentam açúcar a seu mosto; os californianos geralmente acrescentam ácido tartárico.

A fermentação alcoólica

As leveduras que fazem a fermentação. A fermentação pode ocorrer com ou sem o acréscimo de uma linhagem cultivada de leveduras. O produtor pode escolher entre várias linhagens de *Saccharomyces* ou deixar a fermentação começar espontaneamente com as leveduras "silvestres" presentes na casca das uvas (espécies dos gêneros *Kloeckera, Candida, Pichia, Hansenula* e outros). Todas elas são, a certa altura, substituídas pela *Saccharomyces cerevisiae,* que tem maior tolerância ao álcool; mas também fornecem compostos de sabor ao vinho terminado.

A tarefa principal das leveduras é converter o açúcar em álcool, mas elas também produzem várias moléculas voláteis e aromáticas que a própria uva não teria condições de fornecer. Destacam-se entre essas moléculas os alcoóis de cadeia mais longa e os ésteres, classe de compostos que associam um ácido com um álcool ou um fenol. Tanto as enzimas das leveduras e das uvas quanto a acidez do meio colaboram, ainda, para liberar moléculas aromáticas dos complexos de açúcares não voláteis aos quais algumas dessas moléculas estão ligadas dentro da uva. Assim, a fermentação também desenvolve o potencial de sabor da própria uva.

Tempo e temperatura. O produtor de vinho varia as condições de fermentação de acordo com o tipo de vinho a ser produzido. Em se tratando de um delicado vinho branco, o mosto será fermentado por quatro a seis semanas a cerca de 16 °C. No caso do vinho tinto, mais robusto, o mosto é fermentado a uma temperatura entre 18- -27 °C e permanece em contato com as cascas para extrair-lhes os pigmentos, o tanino e o sabor. Essa fase pode durar de 4 a 14 dias (ou menos, caso se aplique tratamento térmico ou dióxido de carbono). Depois, o mosto é separado das cascas e fermentado de novo por um período total de duas a três semanas. Durante a fermentação, uma das variáveis mais críticas é a temperatura. Quanto mais baixa a temperatura, mais lenta e mais longa a fermentação e maior o acúmulo de moléculas aromáticas.

A fermentação principal é considerada terminada quanto praticamente todo o açúcar presente no mosto foi convertido em álcool. O vinho que não contém resíduo de açúcar é chamado *seco.* Os vinhos doces são feitos interrompendo a fermentação antes de todo o açúcar ter sido consumido; ou, de modo mais comum, acrescentando uma porção de suco de uva doce ao vinho seco depois de as leveduras serem removidas deste.

A fermentação maloláctica. Às vezes, depois da fermentação pelas leveduras, os pro-

AO LADO: *A produção do vinho tinto e do vinho branco. Os vinhos brancos são fermentados em temperatura mais baixa e sem as cascas e sementes da uva; são também clarificados em temperatura mais baixa, em parte para que não se turvem quando servidos.*

dutores permitem que ocorra ou chegam mesmo a induzir uma segunda fermentação bacteriana no vinho novo. A bactéria *Leuconostoc oenos* consome o ácido málico do vinho e converte-o em ácido láctico, menos forte e menos azedo. Essa fermentação "maloláctica", portanto, reduz o azedume aparente do vinho. Produz também alguns compostos aromáticos característicos, entre eles o diacetil típico da manteiga. (Uma parente da *L. oenos*, a *L. mesenteroides*, oferece esse mesmo composto à manteiga maturada!) Alguns produtores procuram impedir a ocorrência espontânea da fermentação maloláctica. Seu objetivo é preservar a pungência e o sabor do vinho original.

Maturação. Uma vez terminada a fermentação, o vinho novo é drenado dos tanques de fermentação para começar sua carreira de clarificação e envelhecimento, durante a qual o líquido turvo, de sabor agressivo, se transforma num licor suave e translúcido.

Trasfegamento e clarificação. As partículas sólidas das uvas e das leveduras são retiradas do vinho pelo processo de trasfegamento: deixa-se que as células de leveduras e outras partículas grandes decantem no fundo do tanque e se transfere o vinho para um novo tanque. O processo é repetido a cada poucos meses. São interessantes exceções a essa regra os vinhos intencionalmente envelhecidos por meses ou anos *sur lie*, "sobre a borra", ou seja, em contato com o sedimento de leveduras, cujas células lentamente se decompõem e fornecem mais sabor e corpo ao vinho. O champanhe e o Muscadet são vinhos envelhecidos sobre a borra.

A baixa temperatura em que se faz o trasfegamento – menos de 16 °C para o vinho tinto, cerca de 0 °C para o branco – reduz a solubilidade de todos os sólidos dissolvidos e provoca o turvamento do vinho com um fino precipitado de vários complexos de proteínas, carboidratos e taninos. Depois de trasfegado, o vinho pode ser *clarificado*: é acrescentada a ele uma substância que atrai para si essas partículas em suspensão e se deposita no fundo do recipiente, levando-as consigo. Usam-se gelatina, clara de ovos, bentonita ou materiais sintéticos. Quaisquer partículas remanescentes no vinho depois do trasfegamento e da clarificação podem ser removidas por centrifugação ou filtragem. Os produtores às vezes decidem limitar ou omitir as etapas de clarificação e filtragem, uma vez que, junto com as partículas, elas retiram do vinho parte de seu sabor e de seu corpo.

Envelhecimento em barril. O vinho novo tem sabor agressivo e aroma forte, sim-

---

Brettanomyces, a controversa levedura dos barris

Alguns vinhos, entre eles certos tintos clássicos da Borgonha e de Bordeaux, desenvolvem notas aromáticas marcantes e incomuns que lembram um terreiro de fazenda ou um estábulo. Há pouco tempo, os enólogos descobriram que a principal fonte desse aromas é um grupo de leveduras do gênero *Brettanomyces*, que facilmente coloniza os barris de vinho. Em pequena quantidade, seus estranhos aromas podem sugerir o de folha de tabaco; também incluem notas de fumaça, medicinais, de cravo e de bolor (as que lembram o terreiro de fazenda são dadas por etilfenóis e pelos ácidos isovalérico e isobutírico). Alguns enófilos consideram esse aroma um defeito causado pela contaminação e pela insuficiente higiene da cantina, ao passo que outros o apreciam como uma intrigante contribuição à variedade e à complexidade dos sabores do vinho.

ples, frutado. À medida que o vinho descansa após a fermentação, um sem-número de reações químicas lentamente ocorre e resulta no desenvolvimento do equilíbrio e da complexidade do sabor. Se o vinho for mantido num barril novo de madeira, também absorverá várias substâncias desta que proporcionam sabor diretamente – a vanilina da baunilha ou lactonas semelhantes às do coco, por exemplo – ou que modificam as moléculas de sabor do próprio vinho. Na produção tradicional, os meses ao longo dos quais o vinho é trasfegado e passado de recipiente em recipiente representam um período em que a evolução química da bebida é promovida pela periódica exposição ao ar. Na presença de oxigênio, os taninos, as antocianinas e outros compostos fenólicos reagem uns com os outros e formam grandes complexos, de tal modo que a adstringência e o amargor do vinho diminuem. Algumas das moléculas que proporcionam aroma se decompõem ou reagem com o oxigênio e umas com as outras, constituindo um novo conjunto de aromas. Assim, as notas frutais e florais diminuem e dão lugar a um aroma genericamente "vinhoso", menos pronunciado. Os vinhos brancos e os tintos leves são geralmente engarrafados ainda jovens, depois de 6-12 meses, com buquê relativamente fresco e frutado. Por outro lado, um tinto escuro e adstringente pode levar um ou dois anos para "amaciar".

A maioria dos vinhos é composta de duas ou mais variedades diferentes, e esse importante teste da arte do produtor ocorre logo antes do engarrafamento. O vinho final poderá então ser filtrado para remover quaisquer microrganismos e partículas remanescentes; poderá também receber uma última dose de dióxido de enxofre para impedir a multiplicação de microrganismos durante a estocagem. Poderá, enfim, ser pasteurizado. Esta prática não é usada somente em vinhos baratos. O Borgonha de

---

A cortiça e seus problemas, e o vinho com "cheiro de rolha"

A cortiça é a casca protetora de um carvalho perenifólio, *Quercus suber* ou sobreiro, natural do Mediterrâneo Ocidental. Ao passo que a maioria das cascas são fibrosas, a cortiça é composta de minúsculas células de ar. Quase 60% das paredes celulares da cortiça são feitas de *suberina*, uma complexa substância cerosa semelhante à cutina que reveste muitas frutas. Isso torna a cortiça durável e resistente à água.

A cortiça é um material natural, orgânico, e como tal pode ser infectada por fungos e bactérias. Os fungos produzem cheiros de mofo, terra, cogumelos e fumaça. Certas bactérias, por sua vez, podem atuar sobre os fenóis da cortiça e sobre os resquícios do cloro usado para desinfetá-la e produzir o tricloroanisol, uma molécula especialmente desagradável e potente que exala o cheiro de um porão úmido e fechado. Estima-se que o "cheiro de rolha" afete de 1 a 5% das garrafas de vinho tampadas com rolhas de cortiça. O problema do "cheiro de rolha" levou os produtores a fazer experiências com tampas alternativas, como as chapinhas metálicas e rolhas artificiais feitas de plástico aerado*.

* Atualmente, os produtores de vinho, em especial os do Novo Mundo, estão adotando as tampas metálicas principalmente para vedar garrafas de vinho branco e, também, tintos de consumo rápido (em até 4 ou 5 anos). Os argumentos em favor das tampas metálicas baseiam-se na redução de custos (as rolhas de cortiça chegam a custar dez vezes mais que as metálicas) e na sustentabilidade, já que a produção do sobreiro é restrita. No entanto, as rolhas de cortiça ainda são a melhor opção para os vinhos de guarda. (N. do R. T.)

Louis Latour é levado por meros 2-3 segundos à temperatura de 72 °C, tratamento que, segundo se diz, não tem efeito deletério sobre o contínuo desenvolvimento do sabor do vinho.

O envelhecimento na garrafa. Depois de passar de alguns meses a dois anos em barris ou tanques que permitem o contato controlado com o oxigênio, chegou a hora de o vinho entrar em garrafas de vidro impermeáveis. Há duzentos anos que a tampa convencionalmente usada nas garrafas de vinho é a rolha de cortiça, feita da casca de uma espécie de carvalho chamada sobreiro. Uma vez que a cortiça é potencial fonte de sabores ruins, alguns produtores de vinho passaram a usar tampas de plástico e metal (ver quadro, p. 813).

O vinho continua sendo afetado pela oxidação muito depois de sair do barril. Entra em contato com o ar durante o processo de engarrafamento; e, quando a garrafa é vedada, resta um pequeno bolsão de ar entre o vinho e a rolha. Por isso, embora a oxidação decorra de modo muito lento dentro da garrafa, ela não cessa de todo, embora possa ser compensada por outro conjunto de reações, não de oxidação, mas de "redução". As mudanças químicas que assim ocorrem não são bem compreendidas, mas acarretam a contínua liberação de moléculas aromáticas a partir de compostos não aromáticos e a agregação de taninos e pigmentos, que diminui ainda mais a adstringência e causa uma mudança de cor, geralmente na direção do marrom.

Os vinhos brancos e *rosés* se aperfeiçoam quando envelhecidos na garrafa por um ano, período em que o aroma se desenvolve e a quantidade de dióxido de enxofre livre e odorífero diminui. Muitos vinhos tintos se aprimoram imensamente depois de um ou dois anos na garrafa, e alguns podem continuar se desenvolvendo por décadas. Fato é, porém, que todos os vinhos tem um tempo de vida finito e acabam, no fim, por perder qualidade. Os vinhos brancos desenvolvem sobretons de mel, feno, madeira e solventes químicos; os tintos perdem boa parte de seu aroma e adquirem gosto achatado, tornando-se mais agressivos e simplesmente alcoólicos.

VINHOS ESPECIAIS

Nas páginas anteriores, descrevi o método geral pelo qual são feitos os vinhos secos de mesa, que geralmente acompanham a refeição. Os vinhos espumantes, doces e fortificados são frequentemente bebidos sem acompanhamento. A seguir, um breve resumo de suas qualidades especiais e de seu modo de produção.

Vinhos espumantes: champanhe e outros. Os vinhos espumantes nos agradam porque soltam bolhinhas que refratam a luz e provocam leve ardência na língua. As bolhas vêm das polpudas reservas de gás carbônico presentes no vinho, um subproduto do metabolismo das leveduras que em regra escapa para o ar pela superfície do vinho em fermentação. Para fazer um vinho espumante, o mosto é estocado sob pressão – quer na garrafa, quer em tanques especiais – de tal modo que o dióxido de carbono não possa escapar à medida que é produzido e, ao contrário, acabe por saturar o líquido. Uma garrafa de champanhe suporta uma pressão interna de 3-4 atmosferas, pouco maior que a pressão de um pneumático de automóvel, e contém cerca de 6 vezes seu volume de dióxido de carbono!

Quando removemos a rolha e assim aliviamos a pressão, o excesso de dióxido de carbono sai da solução na forma de bolhas de gás. As bolhas se formam onde quer que o líquido entre em contato com um microscópico bolsão de ar para onde o dióxido de carbono dissolvido possa se difundir. Na taça, as bolhas se formam em pequenos riscos ou outras imperfeições da superfície. A refrescante ardência na boca é propiciada pela dose irritante de ácido carbônico que as bolhas liberam quando tornam a se dissolver na camada de saliva, que não se encontra saturada de gás.

Muitos países têm suas próprias versões de vinho espumante, que vão desde os mais cuidadosamente artesanais até os produzidos em massa. O exemplo mais conhecido de vinho espumante é o champanhe, que, a rigor, é somente aquele feito na região de Champanha, a leste de Paris, e que totaliza menos de um décimo da produção mundial de vinhos espumantes. Desde o final do século XVII até o final do XIX, o champanhe evoluiu e se tornou a mais refinada expressão de estilo de vinicultura. Os franceses inventaram um método para induzir uma segunda fermentação dentro da garrafa, que gera bolhas; e esse *méthode champenoise* se tornou o padrão mundial para a produção de excelentes vinhos espumantes.

A produção do champanhe. A primeira etapa da confecção do vinho champanhe é a produção de um vinho de base, feito primariamente de uvas Pinot Noir e/ou Chardonnay. Depois vem a fermentação secundária, que deve realizar-se em recipiente fechado para impedir a fuga do gás. Ao vinho de base adiciona-se açúcar, que serve de alimento para as leveduras. O vinho, o açúcar e as leveduras são colocados em garrafas individuais; estas são arrolhadas, apresilhadas e mantidas a cerca de 13 °C.

Embora a fermentação secundária geralmente se complete em dois meses, o vinho envelhece em contato com o sedimento de leveduras por um período que vai de alguns meses a vários anos. Nesse meio-tempo, a maioria das células de leveduras morrem, se decompõem e liberam no líquido seus componentes, dando ao vinho um sabor complexo e característico que acumula notas tostadas, assadas, acastanhadas, de café e até de carne (devidas em sua maior parte a compostos sulfurosos complexos). Além de proporcionar sabor, as proteínas e carboidratos das leveduras estabilizam as bolhas que se formam na taça e ajudam a produzir as bolhas minúsculas que caracterizam o champanhe. Depois de o vinho envelhecer *sur lie*, a borra é removida; a quantidade de vinho na garrafa é completada, acrescentando também pequena quantidade de vinho envelhecido e misturado com açúcar e *brandy*. Por fim, a garrafa é novamente arrolhada.

A produção de outros vinhos espumantes. O processo tradicional de confecção do champanhe é caro e exige muito tempo e trabalho. Vinhos espumantes mais baratos e menos complexos são fabricados de diferentes maneiras pelo mundo afora. Um desses métodos simplesmente minimiza ou elimina o envelhecimento na borra de leveduras. Outros envolvem a fermentação do vinho de base não em garrafas individuais, mas em grandes tanques; e outros ainda abolem completamente a segunda fermentação: os vinhos espumantes mais baratos são simplesmente carbonatados como os refrigerantes, com tanques de dióxido de carbono pressurizado.

A apreciação de vinhos espumantes

Para que seu caráter típico possa ser apreciado, os vinhos espumantes devem ser servidos muito frios, a cerca de 5 °C, em taças altas e estreitas que permitam que suas bolhinhas, ao subir pelo líquido, sejam admiradas por alguns segundos. O dióxido de carbono é mais solúvel em água em temperatura baixa, e por isso as bolhas serão menores e mais duradouras no vinho frio. Uma vez que os sabões, as gorduras e os óleos provocam o colapso das bolhas (p. 712), a quantidade destas se reduz quando nossos lábios depositam batom ou óleos de comida sobre a borda da taça, ou quando esta não foi bem enxaguada e ainda leva resíduos do sabão usado para lavar a louça.

Vinhos doces. Os vinhos de mesa geralmente são fermentados até se tornarem *secos*, ou seja, até que as leveduras consumam praticamente todos os açúcares das uvas e os convertam em álcool. Os vinhos doces ou de sobremesa, que contém de 10 a 20% de açúcar "residual", podem ser feitos de vários modos:

- Um vinho seco comum é adoçado com um pouco de suco de uva não fermentado e a combinação é tratada com uma dose de dióxido de enxofre para impedir que ocorra nova fermentação, ou ainda por filtração, que remove do vinho todas as leveduras e bactérias.
- As uvas são secas ainda na videira ou após a colheita, de modo que seus açúcares atinjam uma concentração de 35% ou mais em relação ao peso do fruto. Com isso, quando as leveduras levam o líquido ao teor máximo de álcool que lhes permite sobreviver e a fermentação cessa, ainda resta um pouco de açúcar. São exemplos deste processo o vinho alemão *Trockenbeerenauslese* e o italiano *recioto*.
- As uvas são deixadas na videira até depois da primeira geada e são colhidas congeladas (ou congeladas artificialmente), e depois suavemente prensadas ainda frias a fim que de que o suco concentrado se separe dos cristais de gelo. O suco concentrado, depois de fermentado, transforma-se num vinho estável com açúcar residual. O *Eiswein* alemão surgiu por volta de 1800.
- Permite-se que as uvas sejam infectadas pela "podridão nobre", o fungo *Botrytis cinerea*, que desidrata os frutos, concentra-lhes o açúcar e transforma-lhes o sabor e a consistência. Este método se originou na região de Tokaji, na Hungria, por volta de 1650, mas foi adotado em Rheingau, na Alemanha, em cerca de 1750, e na região de Sauternes, perto de Bordeaux, por volta de 1800.

A podridão nobre: Tokaji, Sauternes e outros. A podridão nobre (*pourriture noble* em francês, *Edelfäule* em alemão) é o fungo *Botrytis cinerea*, uma doença que destrói as uvas e outros frutos. Só se torna nobre nas condições climáticas corretas, quando a infecção inicial em tempo úmido é seguida por um período seco que a limita. Nessa situação, o fungo cumpre diversas funções úteis. Perfura a casca da uva, permitindo a perda de água e a concentração do sumo durante o subsequente período seco; metaboliza parte do ácido tartárico e simultaneamente consome um pouco do açúcar da uva, de modo que o equilíbrio entre doçura e acidez não é afetado; produz glicerol, que empresta ao vinho um corpo incomparavelmente denso; e sintetiza diversos compostos aromáticos, com destaque para a sotolona (característica do açúcar de bordo), o octanol (dos cogumelos) e vários terpenos. O sabor desses vinhos, que lembra o do mel, pode continuar se desenvolvendo na garrafa durante décadas*.

Vinhos fortificados. Os vinhos *fortificados* recebem esse nome porque a força do vinho de base é aumentada pelo acréscimo de bebidas destiladas até que a mistura tenha um teor de 18-20% de álcool, nível esse que impede a deterioração provocada pelas bactérias do vinagre e outros microrganismos. A fortificação parece ter surgido antes de 1600 na região da Espanha onde se produz o Xerez. Aproveitando a estabilidade dos vinhos fortificados, os produtores os expõem ao ar por meses ou anos. Dão, assim, sentido positivo às mudanças de sabor causadas pelo oxigênio, que geralmente são indesejáveis e acometem as sobras de vinho. A maioria dos vinhos fortificados se conserva por várias semanas numa garrafa ou decantador abertos.

Madeira. A partir do século XV, os navios portugueses que encetavam viagem para as Índias abasteciam-se de tonéis de vinho

---

* Os vinhos afetados pela "podridão nobre" podem ser chamados "botritizados". (N. do R. T.)

comum na ilha da Madeira, um território português. Os marinheiros e produtores logo constataram que o longo envelhecimento do líquido em temperaturas extremas e com agitação constante produzia um vinho estranho, mas atraente. Por volta de 1700, naus já faziam a viagem de ida e volta às Índias Orientais somente para envelhecer os barris de Madeira estocados a bordo; em 1800, o vinho passara a ser fortificado com *brandy* e envelhecido a quente na própria ilha. Hoje em dia, o vinho de base, que pode ser branco ou tinto, é fortificado, às vezes é adoçado e é artificialmente aquecido a uma temperatura de cerca de 50 °C, na qual permanece por três meses antes de ser lentamente resfriado. Por fim, é envelhecido em barris no sistema de *solera*, semelhante ao do Xerez (p. 818), antes de ser engarrafado. Há vários estilos de vinho Madeira, de doce a quase seco.

Porto. De início, o nome *port* referia-se, em inglês, a qualquer vinho português. O acréscimo de *brandy* foi introduzido no século XVIII para garantir que os vinhos chegassem à Inglaterra ainda potáveis e resultou no desenvolvimento de um grupo incomum de vinhos tintos doces. Na confecção do Porto, a fermentação do vinho tinto de base é detida quando ainda resta metade do açúcar original da uva e o vinho é fortificado com bebida destilada de modo a adquirir um teor alcoólico de cerca de 20%. É então envelhecido em barril e, por fim, na garrafa por um período qualquer que vai de dois a 50 anos. Os Portos mais velhos se caracterizam pelo composto sotolona, que lembra xarope de bordo, e por outros compostos aromáticos doces, produtos prováveis das reações de escurecimento, que se encontram também no Xerez e nos vinhos modificados pela ação do fungo *Botrytis*.

Xerez. O Xerez é um vinho branco fortificado e oxidado desenvolvido no porto espanhol de Jerez de la Frontera. Em inglês, esse vinho é chamado *sherry* desde cerca de 1600. O verdadeiro xerez adquire seu sabor característico mediante o sistema de maturação chamado *solera*, desenvolvido no começo do século XIX. A solera é uma série de barris empilhados, cada um dos quais contendo o vinho novo fortificado de um determinado ano, mas não cheio até a boca, de tal modo que uma área significativa da superfície do vinho permaneça em

Tipos de vinho do Porto

Existem hoje vários tipos de vinho do Porto, sendo os mais comuns:

- O Vintage feito das melhores uvas em anos especialmente bons. É envelhecido em barril por dois anos e na garrafa, sem filtragem, por pelo menos 10 anos, às vezes por muitas décadas mais. É escuro e frutado, deve ser decantado para perder a borra e deve, por fim, ser bebido em poucos dias depois de aberta a garrafa.
- O Tawny (moreno), assim chamado em razão de sua cor marrom (que resulta da precipitação dos pigmentos vermelhos), é tipicamente envelhecido em barril por 10 anos antes de ser filtrado e engarrafado. É muito mais oxidado que o Vintage da mesma idade e pode ser conservado por semanas na garrafa aberta ou no decantador.
- O Ruby é um produto de qualidade intermediária, envelhecido por três anos no barril antes de ser filtrado e engarrafado.

contato com o ar. O vinho desenvolve assim um sabor caracteristicamente intenso e oxidado. À medida que o conteúdo evapora e se torna mais concentrado, cada barril é completado com o vinho do barril acima dele, que contém vinho um ano mais jovem. O vinho final é aquele dos barris de baixo, que contêm os vinhos mais velhos, sendo portanto uma mistura de vinhos de muitas safras e em diferentes graus de desenvolvimento.

Há vários métodos industriais rápidos para a confecção de vinhos que lembram o Xerez. Os vinhos de base fortificados podem ser aquecidos para desenvolver sabor ou inoculados com uma *"flor* submersa": o vinho e as leveduras que compõem a *flor* (ver quadro abaixo) são conservados em grandes tanques, agitados e aerados.

Vermute. O vermute atual é derivado de um vinho medicinal criado na Itália no século XVIII, que os alemães chamaram de *Vermut* em razão de seu ingrediente principal, o absinto ou losna (ver quadro, p. 859). Hoje em dia, o vermute é essencialmente um vinho aromatizado e fortificado até alcançar teor alcoólico de cerca de 18%, usado principalmente em coquetéis e para cocção. O vermute é feito na Itália e na França a partir de um vinho branco neutro aromatizado com dezenas de ervas e especiarias e, às vezes, adoçado (até 16% de açúcar). Os franceses geralmente praticam a extração dos sabores no próprio vinho, ao passo que os italianos os extraem ou destilam no álcool usado para a fortificação. Uma vez fortificado, o vinho é envelhecido por vários meses.

COMO ESTOCAR E SERVIR O VINHO

A estocagem do vinho. Os vinhos são líquidos sensíveis e necessitam de algum cuidado para se conservar bem ou mesmo melhorar durante a estocagem. O melhor é conservá-los em alguma versão da adega tradicional: um lugar moderadamente úmido, escuro e frio. As garrafas são deitadas de lado, de tal modo que o vinho umedeça a rolha e a impeça de secar, contrair-se e deixar entrar o ar. A umidade moderada impede que a porção exterior da rolha se contraia, e a temperatura constante previne mudanças de volume e pressão no líquido e no ar contidos na garrafa, que poderiam provocar a introdução de ar e vinho no espaço entre a garrafa e a rolha. A escuridão minimiza a penetração de energia luminosa nos vinhos espumantes e outros vinhos brancos, onde a luz poderia provocar um desagradável aroma sulfuroso semelhante

---

Tipos de Xerez

O verdadeiro vinho da região de Jerez, na Espanha, é feito de diversos modos e subdivide-se em diferentes tipos.

- O *fino* é o mais leve, menos fortificado e menos oxidado. Na solera, sua superfície é protegida do ar por uma camada de leveduras incomuns chamada *flor*.
- O *amontillado* é essencialmente um Xerez *fino* que não desenvolveu ou não reteve uma *flor* na solera, sendo portanto mais oxidado, mais escuro e mais pesado.
- O Xerez *oloroso* ("fragrante", "perfumado") é feito de vinhos de base mais pesados e mais fortificados. Estes não desenvolvem *flor*, chegam a um teor alcoólico de 24% e se tornam marrom-escuros e concentrados.

ao encontrado na cerveja e no leite que sofreram a ação da luz (pp. 22, 834). E a baixa temperatura, entre 10 e 15 °C, torna mais lento o desenvolvimento do vinho, de tal modo que ele se mantenha complexo e interessante pelo máximo tempo possível.

A temperatura de servir. Cada tipo de vinho tem um gosto melhor numa determinada temperatura. Quanto mais frio o vinho, menos ele parecerá ácido, doce e aromático. Os vinhos intrinsecamente azedos e moderadamente aromáticos, geralmente *rosés* e brancos leves, devem ser servidos frios, a 5-13 °C. Os vinhos tintos, menos azedos e mais aromáticos, atingem a plenitude do sabor a 16-20 °C. E diz-se que o vinho do Porto, fortemente alcoólico e rico em aromas, tem o melhor sabor a 18-22 °C. Os vinhos brancos complexos podem ser servidos em temperatura mais alta que seus primos leves; do mesmo modo, vários vinhos tintos leves são melhores em temperatura mais baixa.

"Respiração" e aeração. Às vezes, um período de aeração ou "respiração" logo antes de servir faz bem ao vinho. Esse tratamento permite que as substâncias voláteis do vinho escapem e deixa que o oxigênio do ar penetre no líquido, no qual reage com moléculas voláteis e outras e muda-lhe o aroma. Quando um vinho é simplesmente desarrolhado e permanece na garrafa aberta, a aeração não é significativa. O modo mais eficaz de aerar um vinho é vertê-lo num decantador amplo e raso, onde grande área superficial permaneça exposta ao ar. A aeração pode melhorar o aroma de um vinho na medida em que permite a fuga de alguns odores desagradáveis (por exemplo, o excesso de dióxido de enxofre em alguns vinhos brancos) e propicia uma espécie de envelhecimento rápido para os vinhos jovens e pouco desenvolvidos. Porém, também permite o escape de aromas desejáveis e pode diminuir a complexidade de um vinho maduro que se desenvolveu ao longo de vários anos na garrafa.

O vinho absorve oxigênio quanto é vertido na taça e nela permanece, e seu aroma muitas vezes evolui perceptivelmente entre o primeiro e o último gole. A descoberta e o acompanhamento dessa qualidade dinâmica é um dos prazeres do consumo de vinho.

A conservação de sobras. A chave da preservação da qualidade do vinho que sobra na garrafa está em minimizar as mudanças químicas. A diminuição da temperatura reduz todas as atividades químicas. A simples refrigeração funciona para os vinhos brancos, que geralmente se conservam bem, bastando para tanto arrolhar de novo a garrafa e colocá-la na geladeira. O resfriamento, entretanto, faz com que certas substâncias dissolvidas em vinhos tintos mais complexos se precipitem, provocando mudanças irreversíveis de sabor. No que se refere ao vinho tinto que sobra na garrafa, o melhor é minimizar-lhe o contato com o oxigênio. Isso pode ser feito por meio de aparelhos baratos que extraem o ar da garrafa parcialmente vazia ou substituem-no por nitrogênio inerte. Por outra, o vinho que resta na garrafa pode ser vertido numa ou mais garrafas menores que possam ser cheias até a boca – embora o próprio ato de verter o vinho introduza nele um pouco de ar.

O teor alcoólico dos vinhos

Nos Estados Unidos, o teor alcoólico aproximado de cada vinho é registrado no rótulo. Permite-se uma variação de 1,5% para mais ou para menos, de modo que um vinho cujo rótulo afirme conter 12% de álcool pode conter desde 10,5% até 13,5%.

A APRECIAÇÃO DO VINHO

Para os que o amam, o vinho pode ser infinitamente fascinante. As variedades de uva, o local onde foram cultivadas, o clima daquele ano, as leveduras que operam a fermentação, a habilidade do produtor, os anos passados em contato com o carvalho ou o vidro: todos esses fatores, e muitos outros, afetam o gosto que percebemos num gole de vinho. E há muito a se discernir nesse gole, pois o vinho, de todos os nossos alimentos, é um dos que têm o sabor mais complexo. Os *connoisseurs* criaram um vocabulário intricado para tentar capturar e descrever essas sensações fugazes, vocabulário que às vezes pode parecer indescritivelmente complicado e fantasioso. A maioria das pessoas, a maior parte do tempo, hão de se contentar com as cinco palavras que começam com "F" propostas há 800 anos pela Escola de Salerno em seu Regime de Saúde:

> Si bona vina cupis, quinque haec
>   laudantur in illis:
> Fortia, formosa, et fragrantia,
>   frigida, frisca.
> [Se desejas bons vinhos, estas cinco
>   coisas são elogiadas neles:
> Força, formosura, fragrância, frio,
>   frescor.]

Por outro lado, podemos aprender a detectar mais sabores num gole de vinho e a melhor apreciá-lo se soubermos alguma coisa sobre esse gole e sobre as substâncias que podem contribuir, e contribuem, para o sabor do vinho (ver quadro, p. 821).

Limpidez e cor. A aparência de um vinho pode dar importantes pistas acerca do gosto que ele terá. Se o vinho estiver turvo e as partículas não se precipitarem depois de algumas horas de repouso, o mais provável é que ele tenha sofrido uma fermentação bacteriana involuntária na garrafa, e seu sabor provavelmente será ruim. Minúsculos cristais (sempre sedimentados) são geralmente sais de ácido tartárico ou oxálico e não são sinais de deterioração; na verdade, indicam um bom nível de acidez. A cor dos vinhos "brancos" varia, na prática, entre o amarelo-palha e o âmbar escuro. Quanto mais escura a cor, mais velho o vinho – os pigmentos amarelos tornam-se acastanhados quando oxidados – e mais maduro o sabor. A maioria dos vinhos tintos conserva por alguns anos uma cor vermelho-escura, semelhante à do rubi, bem como um sabor frutado. À medida que envelhecem, as antocianinas se associam a parte do tanino e se precipitam, deixando visível uma quantidade maior de taninos marrons. O vinho adquire tonalidade âmbar ou amorenada, a qual evidencia um sabor menos frutado e mais complexo.

Sensação e gosto na boca. Quando pomos na boca um gole de vinho, entram em jogo os sentidos do tato e do paladar.

Adstringência. A *sensação* de um vinho depende principalmente de sua adstringência e viscosidade. A adstringência – a palavra vem do latim e significa "amarração" – é a sensação que temos quando o tanino do vinho "curte" as proteínas lubrificantes da saliva como faz com o couro: interliga as proteínas e forma pequenos agregados que fazem a saliva parecer áspera e não lisa. A sensação de secura e travamento, aliada à lisura e à viscosidade causadas pela presença do álcool e outras substâncias extraídas – e, nos vinhos doces, do açúcar –, cria a impressão de "corpo" do vinho, de sua substância e volume. Nos vinhos tintos fortes e jovens, os taninos parecem tão palpáveis que poderiam ser descritos como "mastigáveis". Em excesso, o tanino é seco e agressivo.

Gosto. O *gosto* de um vinho gira essencialmente em torno do sabor azedo, ou de um equilíbrio entre acidez e doçura, e de uma qualidade sápida que tem sido atribuída ao ácido succínico e a outros produtos do metabolismo das leveduras. Os compostos fenólicos podem às vezes contribuir com leve amargor. O teor de ácidos do vinho é

Alguns aromas e moléculas no vinho

Aqui, alguns exemplos das moléculas e aromas que os químicos identificaram no vinho e que contribuem significativamente para o seu sabor.

Qualidade aromática	Vinho	Substância
Frutas: maçã, pera	Muitos vinhos	Etil ésteres
Banana, abacaxi	Muitos vinhos	Ésteres do ácido acético
Morango	Vinho de uva Concord	Furaneol
Goiaba, toranja, maracujá	Sauvignon Blanc, champanhe	Compostos sulfurosos
Citros	Riesling, Moscatel	Terpenos
Maçã	Xerez	Acetaldeído
Flores: violeta	Pinot Noir, Cabernet Sauvignon	Ionona
Citros, lavanda	Moscatel	Linalol
Rosa	Gewürztraminer	Geraniol
Rosa	Saquê	Álcool feniletílico
Rosa, citros	Riesling	Nerol
Madeira: carvalho	Vinhos envelhecidos em barril	Lactonas
Oleaginosas: amêndoa	Vinhos envelhecidos em barril	Benzaldeído
Hortaliças: pimentão, ervilhas-verdes	Cabernet Sauvignon, Sauvignon Blanc	Metoxi-isobutil pirazinas
Relva, chá	Muitos vinhos	Norisoprenoides
Aspargo, hortaliças cozidas	Muitos vinhos	Dimetilsulfeto
Especiarias: baunilha	Vinhos envelhecidos em barril	Vanilina
Cravo	Tintos envelhecidos em barril	Etil, vinilguaiacol
Tabaco	Tintos envelhecidos em barril	Etil, vinilguaiacol
Terra: cogumelos	Vinhos modificados pelo fungo *Botrytis*	Octanol
Pedra	Cabernet Sauvignon, Sauvignon Blanc	Composto sulfuroso
Fumaça, alcatrão	Muitos tintos	Etilfenol, etilguaiacol, vinilguaiacol
Doce, caramelo: xarope de bordo, feno-grego	Xerez, Porto	Sotolona
Manteiga	Muitos brancos	Diacetil
Tostadas: café, brioche torrado	Champanhe	Compostos sulfurosos
Carnes grelhadas	Sauvignon Blanc	Compostos sulfurosos
Animais: couro, cavalo, estábulo	Muitos tintos	Etilfenol, etilguaiacol, vinilguaiacol
Gato	Sauvignon Blanc	Compostos sulfurosos
Solventes: querosene	Riesling	Trimetildi-hidro naftaleno
Solvente de esmalte de unha	Muitos vinhos	Acetato de etila

importante para evitar que ele pareça insípido ou tenha sabor achatado; às vezes se diz que a acidez proporciona a "espinha dorsal" do sabor geral do vinho. Os vinhos brancos geralmente contêm cerca de 0,80% de acidez, e os tintos, 0,55%. Os vinhos secos, que não têm açúcar residual, podem ainda apresentar leve doçura em razão do álcool e do glicerol, molécula semelhante ao açúcar produzida pelas leveduras. A frutose e a glicose são os açúcares predominantes nas uvas e começam a proporcionar doçura perceptível quando seu teor no vinho é de 1% ou mais. Alguns vinhos de sobremesa podem conter mais de 10% de açúcares. Nos vinhos fortes, o próprio álcool, com sua agressividade pungente, chega às vezes a dominar as demais sensações.

O aroma do vinho. Se a acidez é a espinha dorsal do vinho e a viscosidade e a adstringência são seu corpo, o aroma é sua vida, o espírito que o anima. Embora não perfaçam mais que um milésimo do peso do vinho, as moléculas voláteis que ele emite e que nos sobem pelo nariz preenchem-lhe o sabor e o tornam muito diferente de uma simples água alcoólica e azeda.

Um microcosmo em permanente mutação. Cada vinho contém centenas de moléculas aromáticas diferentes, cada qual com seu odor. Na verdade, as moléculas voláteis contidas no vinho reúnem representantes de todo o nosso universo olfativo. Algumas dessas moléculas se encontram também em frutas de clima tropical e temperado, flores, folhas, madeiras, especiarias, cheiros de animais, alimentos cozidos de toda espécie e até mesmo em tanques de combustível e nos removedores de esmalte de unha. É por isso que o vinho pode ser ao mesmo tempo tão evocativo e tão difícil de descrever: quando é muito bom, nos oferece uma espécie de microcosmo sensorial. E esse pequeno universo de moléculas é dinâmico. Evolui na garrafa ao longo de anos, na taça de minuto a minuto e, na boca, a cada segundo que passa. O vocabulário da degustação de vinhos se resume, portanto, a um catálogo de objetos que soltam cheiro e cujo odor pode ser reconhecido, mesmo que de modo fugaz, por um apreciador atento.

Algumas substâncias aromáticas do vinho são proporcionadas diretamente por determinadas variedades de uva. É esse o caso dos terpenos florais de certas uvas-brancas e dos insólitos compostos sulfurosos da família da Cabernet Sauvignon. Entretanto, as principais criadoras do aroma do vinho são as leveduras, que, segundo parece, geram a maioria das moléculas voláteis como subprodutos incidentais de seu metabolismo e crescimento. As leveduras e 400 gerações de produtores de vinho, que identificaram e cultivaram esses prazeres incidentais, transformaram um líquido alcoólico azedo em algo muito mais estimulante.

A CERVEJA

O vinho e a cerveja são feitos de matérias-primas muito diferentes: o vinho é feito de frutas e a cerveja, de cereais, geralmente cevada. Ao contrário das uvas, que acumulam açúcares para atrair animais, os cereais são repletos de amido, que proporciona energia ao embrião e à plantinha nascente. As leveduras são incapazes de metabolizar o amido diretamente; isso significa que, para que possam ser fermentados, os cereais têm, antes, de ser tratados para que o amido se transforme em açúcares. Embora seja verdade que é muito mais fácil fermentar uvas – as leveduras começam a se multiplicar no suco assim que a casca das uvas se rompe –, os cereais apresentam diversas vantagens como matéria-prima para a produção de álcool. São mais fáceis de cultivar que a videira e crescem mais rápido, são muito mais produtivos por área de terra, podem ser guardados por muitos meses antes de serem fermentados e podem ser transformados em cerveja em qualquer momento do ano, não somente na época da colheita. É claro que os cereais dão à cerveja um sabor muito diferente daquele do vinho, dado pelas uvas; trata-se do sabor das gramíneas, do pão e da cocção, sendo esta essencial para o processo de produção da cerveja.

A EVOLUÇÃO DA CERVEJA

Três maneiras de adoçar os grãos amidosos. Nossos engenhosos ancestrais pré-históricos descobriram não menos que três maneiras de transformar os cereais em álcool. A chave de cada um desses métodos são as enzimas que convertem o amido em açúcares fermentáveis. Uma vez que cada molécula de enzima pode repetir talvez 1 milhão de vezes sua tarefa de decompor o amido, uma pequena quantidade da fonte enzimática é capaz de digerir um grande montante de amido, transformando-o em açúcar. As mulheres incas usavam as enzimas de sua própria saliva: para fazer chicha, mastigavam o milho moído e misturavam-no com milho cozido*. No Extremo Oriente, os cervejeiros encontraram as enzimas no fungo *Aspergillus oryzae*, que cresce espontaneamente no arroz cozido (p. 839). Esse preparado, chamado *chhü* na China e *koji* no Japão, era então misturado com uma nova leva de arroz cozido. No Oriente Próximo, o próprio cereal proporcionou a enzima. Os cervejeiros punham o cereal de molho na água e deixavam-no germinar por vários dias; depois, aqueciam os brotos moídos com grãos não germinados. Essa técnica, chamada *malteação*, é hoje a mais usada na produção de cerveja.

A cerveja na Antiguidade. A malteação se assemelha à técnica de obtenção de brotos de leguminosas e outras sementes e pode

---

* Do mesmo modo, no Brasil, as mulheres nativas mascam a mandioca cozida para produzir o cauim. (N. do R. T.)

Algumas bebidas fermentadas semelhantes à cerveja

Este capítulo trata sobretudo das cervejas comuns feitas com malte de cevada, mas existem muitos outros métodos para elaborar uma bebida alcoólica a partir de um cereal amidoso. Eis alguns exemplos.

Nome da bebida	Região	Ingrediente principal
Chicha	América do Sul	Milho cozido, mastigado para receber as enzimas da saliva
Cauim	América do Sul e outras	Mandioca cozida, mastigada para receber as enzimas da saliva
Cervejas de painço, sorgo e arroz	África, Ásia	Painço, sorgo, arroz
Boza/bouza	Sudoeste Asiático, África do Norte	Pão feito de painço maltado, trigo
Pombe ya ndizi	Quênia	Banana e painço maltado
Kvass	Rússia	Pão de centeio
Roggenbier	Alemanha	Centeio maltado

ter tido sua origem no simples hábito de fazer os grãos brotarem para que se tornassem mais macios, mais úmidos e mais doces. Existem indícios claros de que cervejas de cevada e trigo já eram feitas no Egito, na Babilônia e na Suméria no terceiro milênio a.C., e de que algo entre um terço e metade da colheita de cevada na Mesopotâmia era reservada para fermentação. Sabemos que, para preservar o malte ou grão maltado, os cervejeiros o assavam, fazendo um pão chato, e mergulhavam o pão em água para fazer a cerveja.

A ciência da produção de cerveja parece ter-se transmitido do Oriente Médio para a Europa Ocidental e daí para as regiões setentrionais do continente europeu, onde, num clima frio demais para o plantio da videira, a cerveja se tornou a bebida mais comum. (Entre as tribos nômades da Europa Setentrional e da Ásia Central, que não cultivavam cereal algum, o leite era fermentado para a obtenção das bebidas chamadas *kefir* e *koumiss*.) A cerveja é até hoje a bebida nacional da Alemanha, da Bélgica, da Holanda e das Ilhas Britânicas.

Sempre que coexistiam a cerveja e o vinho, a primeira era a bebida dos pobres e o segundo, a dos ricos. A matéria-prima da cerveja, ou seja, os cereais, é mais barata, e sua fermentação é menos complicada e mais rápida. Na opinião dos gregos e romanos, a cerveja não passava de uma imitação de vinho feita por bárbaros que não cultivavam a uva. Plínio descreveu-a como uma invenção astuta, se bem que antinatural:

Os países do Ocidente também têm sua própria bebida embriagante, feita de cereais mergulhados em água. Nas várias províncias da Gália e da Espanha, conhecem-se vários métodos para sua feitura. [...] É espantosa a engenhosidade do vício! Descobriu-se um método para embriagar a própria água.

Na Alemanha: o lúpulo e a maturação a frio. Nos séculos que se seguiram à queda de Roma, a cerveja continuou sendo uma bebida importante em boa parte da Europa. Os mosteiros a produziam para consumo próprio e para os povoados circundantes. No século IX, as cervejarias eram comuns na Inglaterra; cada proprietário fazia a sua própria cerveja. Até 1200, o governo inglês considerava a cerveja *ale* um alimento e não a tributava.

Foi na Alemanha medieval que duas grandes inovações tornaram a cerveja muito parecida com a que existe hoje: os cervejeiros a preservavam e aromatizavam com lúpulo e começaram a fermentá-la lentamente a frio para fazer a *lager* de sabor suave.

O lúpulo. Os primeiros cervejeiros provavelmente acrescentavam ervas e especiarias à cerveja, tanto para dar-lhe sabor quanto para retardar o surgimento de sabores desagradáveis decorrentes da oxidação e da multiplicação dos microrganismos que causam a deterioração. Na Europa antiga, essa mistura, chamada *gruit* em alemão, incluía o alecrim-do-norte, o alecrim comum e o

---

Palavras da culinária: *malt* (malte)

Nossos antepassados provavelmente começaram a pôr os grãos de molho e fazê-los brotar porque esse era um método fácil para tornar os grãos moles o bastante para serem comidos crus e mais rápidos de cozinhar. Com efeito, a palavra que designa os cereais postos de molho e parcialmente brotados vem de uma raiz indo-europeia que significa "mole". Entre as palavras relacionadas a *malt* e "malte" estão *melt* (derreter), *mollusc* (molusco, p. 252) e *mollify* (amolecer).

milefólio, entre outras ervas. O coentro também era usado, às vezes; na Noruega empregava-se o zimbro; e a murta-do-brejo (*Myrica gale*) era especialmente apreciada na Dinamarca e na Escandinávia. Foi por volta do ano 900 que o lúpulo, ou seja, os cones resinosos da trepadeira *Humulus lupulus*, parente da maconha, começou a ser usado na Baviera. Graças ao gosto agradável e à capacidade de retardar a deterioração, no final do século XIV ele já havia praticamente substituído o *gruit* e outras ervas. Em 1574, no *A Perfite Platform of a Hoppe Garden* [Plataforma perfeita para uma horta de lúpulo], Reginald Scot observou que as vantagens do lúpulo eram esmagadoras: "Se a tua *ale* dura quinze dias, a cerveja, graças ao lúpulo, deve durar um mês. E todos os homens que têm a boca sã poderão julgar o encanto que ele empresta ao gosto [da bebida]." Não obstante, foi somente por volta de 1700 que a *ale* inglesa passou a receber sistematicamente o acréscimo de lúpulo.

Lager. Desde a época do Egito e da Suméria até a Idade Média, os cervejeiros faziam cerveja sem dar muita importância ao controle da temperatura de fermentação e empregando as leveduras que surgiam espontaneamente na superfície do líquido. A cerveja fermentava em poucos dias e era consumida no prazo de alguns dias ou semanas. Por volta de 1400, nos contrafortes dos Alpes bávaros, surgiu um novo tipo de cerveja. Esta era fermentada em cavernas no decorrer de uma semana ou mais e com uma levedura especial que surgia abaixo da superfície do líquido. Depois, era envolvida no gelo por vários meses e só então era drenada do sedimento de leveduras para ser bebida. A lenta fermentação a frio dava à cerveja um sabor característico e relativamente suave; a baixa temperatura e o longo tempo de maturação lhe conferiam aspecto límpido e luminoso. Essa cerveja *lager* (do alemão *lagern*, "estocar") permaneceu caracteristicamente bávara até a década de 1840, quando a levedura e a técnica especial foram levadas à região de Pilsen, na Tchecoslováquia, a Copenhague e aos Estados Unidos, tornando-se assim o protótipo da maioria das cervejas modernas. A Inglaterra e a Bélgica são os únicos grandes produtores que ainda preparam sua cerveja segundo o método original: em temperatura morna e com leveduras à tona do líquido.

Na Inglaterra: garrafas e bolhas, maltes especiais. Os ingleses demoraram a aceitar o lúpulo, mas foram pioneiros da fabricação de cerveja engarrafada. A *ale* comum – essa era a palavra que designava a cerveja em inglês antes da popularização do termo *beer* – era fermentada num tonel ou tanque aberto e, como o vinho, perdia para o ar todo o seu dióxido de carbono:

Palavras da culinária: *ale* e *beer* (cerveja); *brew* (preparo por fermentação e a bebida alcoólica assim preparada)

Na língua inglesa, a palavra que originalmente designava a bebida de cevada fermentada não era *beer*, mas *ale*. Ao que parece, esse nome é derivado dos efeitos do álcool: a raiz indo-europeia da palavra *ale* é ligada às ideias de embriaguez, magia e feitiçaria e pode estar relacionada com um radical que significa "vagar, estar exilado". O nome alternativo da cerveja em inglês, *beer*, vem do latim por via bem mais prosaica: sua raiz é a palavra que significa "beber". *Brew* (preparo de bebida alcoólica por fermentação; a bebida assim preparada) tem relação com *bread* (pão), *broil* (gratinar), *braise* (brasear) e *ferment* (fermento, fermentar); todas essas palavras vêm de uma raiz indo-europeia que significa "ferver, borbulhar, efervescer".

as bolhas simplesmente subiam à superfície e estouravam. Leveduras residuais às vezes se multiplicavam quando o líquido era armazenado num barril, mas a bebida perdia o pouco de gás que tinha assim que o barril fosse aberto. Por volta de 1600, verificou-se que a cerveja guardada numa garrafa arrolhada se tornava borbulhante. Desde muito cedo a descoberta foi atribuída a Alexander Nowell, deão da catedral de São Paulo. Thomas Fuller, em sua *History of the Worthies of England* [História dos dignitários da Inglaterra], em 1662, escreveu:

> De bom coração podemos lembrar que, tendo esquecido uma garrafa de cerveja sobre a relva enquanto pescava, [Nowell] constatou alguns dias depois que ela já não era uma garrafa, mas uma arma de fogo, tal o estalo que ouviu ao abri-la; acredita-se tenha sido esse (o acaso, mais que a diligência humana, é o pai da invenção) o exemplar original da cerveja engarrafada na Inglaterra.

Em cerca de 1700, a cerveja vendida em garrafa de vidro e tampada com rolha e linha já se tornara popular, assim como o espumante vinho champanhe (p. 805). Mas ambos eram curiosidades. A maior parte da cerveja era tirada diretamente de barris e bebida sem gás algum. Séculos depois, com o desenvolvimento de barriletes herméticos e da carbonatação e com a tendência cada vez maior de se beber cerveja em casa e não no botequim, a cerveja borbulhante tornou-se a norma.

Maltes especiais. Os séculos XVIII e XIX foram época de inovações no Reino Unido, e foi no começo desse período que muitos dos nomes que hoje são famosas marcas de cerveja na Inglaterra – Bass, Guiness e outros – começaram a atuar. Em cerca de 1750, o uso do carvão mineral passou a oferecer aos malteadores um controle maior sobre a temperatura de malteação, possibilitando a elaboração de maltes claros, secos com suavidade, e portanto de cervejas claras. Em 1817, desenvolveu-se o "malte tipo *patent*": cevada maltada e tostada em grau muito escuro, usada em pequenas quantidades para ajustar a cor e o sabor de *ales* e cervejas, mas não para proporcionar açúcares fermentáveis. O malte *patent* e o malte claro possibilitaram a produção de várias cervejas escuras que combinavam um malte leve e altamente fermentável com um malte muito escuro para dar cor. Foram esses os primórdios das cervejas tipo *porter* e *stout* tais como hoje as conhecemos: mas escuras e mais pesadas que a cerveja comum, mas muito mais leves e menos calóricas do que eram há 200 anos.

A cerveja nos Estados Unidos. A preferência norte-americana por cervejas leves, até sem gosto, parece resultar do clima e da história do país. Uma cerveja pesada é menos refrescante quando o verão fica tão quente quanto o verão norte-americano. E os primeiros colonos ingleses pareciam mais interessados em fazer uísque do que em produzir cerveja (p. 846). Não havia tradição forte em matéria de cerveja; abriu-se assim o caminho para que os imigrantes alemães, por volta de 1840, determinassem o gosto nacional. Foi então que alguém – talvez um certo John Wagner, perto de Filadélfia – introduziu a levedura e a técnica das *lagers*, então recentemente divulgadas. E esse estilo de cerveja se popularizou.

Tanto Milwaukee quanto St. Louis rapidamente se tornaram grandes centros de produção de cerveja. Pabst, Miller e Schlitz na primeira; Anheuser e Busch na segunda; Stroh em Detroit – todas essas cervejarias surgiram nas décadas de 1850 e 1860, e a Coors surgiu em Denver pouco depois de 1870. Vários desses nomes permanecem dominantes hoje em dia, assim como o tipo de cerveja que fabricam, uma Pilsen leve. As cervejas mais fortes e mais tradicionais da Inglaterra e da Alemanha só apelam para um número relativamente pequeno de apreciadores. O único tipo de cerveja surgido nos Estados Unidos é a *steam beer*, uma rara relíquia da Corrida do Ouro californiana. Impedidos de obter a grande quantidade de gelo necessária para a confecção da *lager*, os cervejeiros de São Francisco usavam a levedura e as técnicas adequadas para a fermentação feita no fundo do tonel, mas essa fermentação se realizava em temperatura alta. O resultado: uma cerveja de sabor encorpado e cheia de gás, que soltava grande quantidade de espuma quando o barrilete era aberto.

A cerveja hoje. Hoje em dia, os países onde o consumo de cerveja *per capita* é maior são, em sua maioria, os que tradicionalmente produziam cerveja na Europa: a Alemanha, a República Tcheca, a Bélgica, o Reino Unido e a Austrália, ex-colônia deste. Nos Estados Unidos, a cerveja representa três quartos de todas as bebidas alcoólicas consumidas. A maior parte da cerveja norte-americana é insípida e uniforme, produzida por meia dúzia de grandes empresas em cervejarias automatizadas e semelhantes a fábricas. A década de 1970 trouxe consigo um ressurgimento do interesse por alternativas mais saborosas e um florescimento das "microcervejarias", que fazem cervejas especiais em pequena quantidade; dos bares que produzem e comercializam a própria cerveja; e da produção caseira de cerveja. Algumas dessas microempresas fizeram sucesso e cresceram, e as grandes cervejarias estão começando a comercializar bebidas que se parecem com as das pequenas. Além disso, hoje é possível encontrar cervejas do mundo inteiro nas adegas e supermercados. Os tempos são favoráveis à exploração dos muitos estilos diferentes de cerveja e *ale**.

* A cerveja do tipo Pilsen, de baixa fermentação, é a mais consumida no mundo e é também a preferida dos brasileiros. Por aqui, o seu consumo chega a 98% do total ingerido, ficando o restante para as dos tipos *bock*, *light*, *malzbier* e *stout*. De sabor delicado e mais adequada ao nosso clima, é leve, clara e de baixo teor alcoólico (entre 3% e 5%). Pela legislação brasileira, além das denominações tradicionais, a cerveja pode ser também dos tipos *export* e *large* (de características semelhantes às da Pilsen). Além das grandes marcas que dominam o mercado brasileiro, existem muitas microcervejarias artesanais dedicadas à produção de diferentes tipos de cerveja, como as *ales* de teor alcoólico mais alto e todas as suas variantes. Além disso, nos mercados, podem ser encontradas cervejas importadas das mais diferentes procedências, como Bélgica, Alemanha, Uruguai, México, Argentina e República Tcheca. (N. do R. T.)

OS INGREDIENTES DA CERVEJA: O MALTE

A cerveja começa com a cevada. Outros cereais – aveia, trigo, milho, painço, sorgo – também já foram usados, mas a cevada é o predileto porque é o que mais gera enzimas capazes de digerir o amido.

Malteação. O primeiro passo para converter o grão de cevada em malte consiste em mergulhar o grão seco em água fria e permitir que ele germine por vários dias a cerca de 18 °C. O embrião dá a partida em seus mecanismos bioquímicos e produz várias enzimas, entre as quais algumas que derrubam as paredes celulares e outras que decompõem o amido e a proteína dentro das células do tecido de reserva, o endosperma. Essas enzimas então passam do embrião para o endosperma, no qual trabalham juntas para dissolver as paredes celulares, penetrar as células e digerir parte dos grânulos de amido e corpúsculos proteicos ali contidos. O embrião também secreta o hormônio giberelina, que estimula as células da camada de aleurona a também produzir enzimas digestivas.

O objetivo da malteação é maximizar a decomposição das paredes celulares do endosperma e a produção de enzimas que digerem amidos e proteínas. As paredes celulares já terão sido suficientemente enfraquecidas quando a ponta do embrião chegar à extremidade do grão, cinco a nove dias depois de o grão ter sido posto de molho. Para fazer um malte claro, deve-se reduzir a digestão do amido ao mínimo e abreviar o processo. Para fazer um malte mais escuro, que necessita de mais açúcares para as reações de escurecimento, deve-se prolongar o processo; e pode-se concluí-lo levando os grãos de cevada à temperatura de 60-80 °C a fim de maximizar a atividade das enzimas que digerem amido e produzem açúcar.

Secagem. Uma vez que a cevada atinja o equilíbrio desejado entre enzimas e açúcares, esse equilíbrio é fixado. Para tanto, os grãos são aquecidos e secos num forno.

A desidratação e o calor matam o embrião e, além disso, geram cor e sabor. Para fazer um malte com alta atividade enzimática, os grãos de cevada são secos suavemente, no decorrer de 24 horas, e a temperatura se eleva aos poucos até cerca de 80 °C. Esse malte é claro e serve para fazer uma cerveja clara e de sabor leve. Para fazer maltes que tenham pouca atividade enzimática mas sejam mais ricos em cor e sabor, o malteador forneia a cevada em alta temperatura, 150-180 °C, estimulando as reações de escurecimento. O malte escuro desenvolve sabores que vão do tostado ao caramelizado, e daí ao pungente, ao adstringente e ao enfumaçado. Há uma imensa quantidade de tipos de malte à disposição dos cervejeiros – com nomes como *pale* ou *lager* (claro), *crystal* (cristal), *amber* (âmbar), *brown* (marrom), *caramel* (caramelo), *chocolate* e *black* (preto) –, e eles frequentemente misturam dois ou mais maltes numa única cerveja para obter determinada combinação de sabor, cor e poder enzimático.

Depois de seco o malte, os grãos podem ser guardados por vários meses até a hora de serem usados, quando então são moídos formando um pó grosso. Também são transformados em extrato de malte para cervejeiros comerciais e domésticos: a cevada maltada é mergulhada em água quente, onde perde seus carboidratos, enzimas, cor e sabor; e o líquido é concentrado, formando um xarope ou um pó seco (p. 755).

OS INGREDIENTES DA CERVEJA: O LÚPULO

O lúpulo são as flores femininas de uma trepadeira eurasiana e americana, a *Humulus lupulus*, dotada de pequenas glândulas que segregam resinas e óleos perto da base de suas brácteas ou folhas florais. É um ingrediente essencial para o sabor da cerveja. Existem hoje dezenas de variedades usadas na produção de cerveja, a maioria delas europeias ou híbridas entre europeias e norte-americanas. O lúpulo é colhido maduro. Seco, às vezes é moído e moldado na forma de pelotas, que podem ser guardadas até o uso. É acrescentado ao líquido em fermentação à razão de 0,5 a 5 gramas por litro. A proporção mais baixa é típica das marcas comerciais insípidas; a mais alta, das sabo-

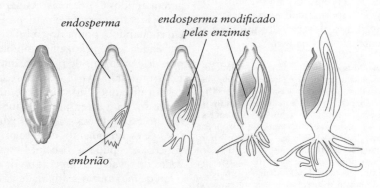

Quatro estágios do processo de malteação. À medida que germina, o grão de cevada produz enzimas digestivas, enfraquece as paredes celulares e inicia o processo de conversão do amido em açúcares fermentáveis. O sombreamento na figura indica o progresso de enfraquecimento das paredes celulares e a digestão do amido. A malteação é interrompida quando o broto em crescimento alcança a ponta do grão.

rosas bebidas produzidas em microcervejarias e das Pilsens tradicionais.

Amargor e aroma. O lúpulo proporciona dois elementos à cerveja: o amargor dos "ácidos alfa" fenólicos de suas resinas e o aroma de seu óleo essencial. Algumas variedades de lúpulo fornecem um grau confiável de amargor, ao passo que outras são apreciadas por seu aroma. Os compostos importantes para o amargor são a humulona e a lupulona, dois ácidos alfa. Em sua forma natural, não são muito hidrossolúveis, mas a fervura prolongada os transforma em estruturas solúveis que transmitem eficazmente seu sabor à cerveja. (Os cervejeiros às vezes usam extratos de lúpulo pré-tratados de forma a produzir os ácidos alfa mais solúveis.) Uma vez que a alta temperatura faz evaporar muitos dos compostos aromáticos voláteis, outra dose de lúpulo é às vezes acrescentada ao mosto depois da fervura, especificamente para lhe proporcionar aroma. O aroma do lúpulo comum é caracterizado pelo mirceno, um terpeno encontrado também nas folhas de louro e na verbena; é amadeirado e resinoso. As variedades "nobres" são dominadas pelo humuleno, mais delicado, e frequentemente contêm notas de pinho e cítricas dadas por outros terpenos (pineno, limoneno, citral). A variedade norte-americana chamada "Cascades" tem uma nítida nota floral (devida ao linalol e ao geraniol).

A PRODUÇÃO DA CERVEJA

A produção da cerveja compreende várias etapas.

- *Maceração*: o malte de cevada moído é embebido em água quente. Com isso, as enzimas da cevada entram de novo em atividade e decompõem o amido em açúcares e cadeias de açúcares e as proteínas em aminoácidos. O resultado é um líquido doce e acastanhado chamado *mosto*.
- *Fervura*: acrescenta-se lúpulo ao mosto e a mistura é fervida. Esse tratamento extrai as resinas do lúpulo que dão sabor à cerveja, desativa as enzimas, mata quaisquer microrganismos, aprofunda a cor e concentra o mosto.
- *Fermentação*: acrescentam-se leveduras ao mosto resfriado. Permite-se que elas consumam os açúcares e produzam álcool até se verificarem os teores desejados dessas substâncias.
- *Maturação*: a cerveja nova é reservada por algum tempo para perder os sabores desagradáveis, livrar-se das leveduras e outros materiais que lhe dão aspecto turvo e desenvolver a carbonatação.

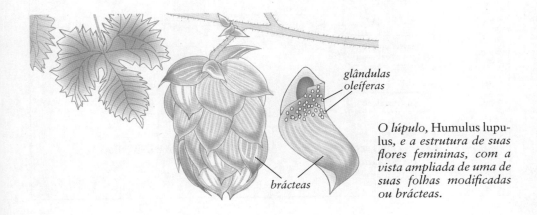

O lúpulo, Humulus lupulus, *e a estrutura de suas flores femininas, com a vista ampliada de uma de suas folhas modificadas ou* brácteas.

glândulas oleíferas

brácteas

830 VINHO, CERVEJA E BEBIDAS ALCOÓLICAS DESTILADAS

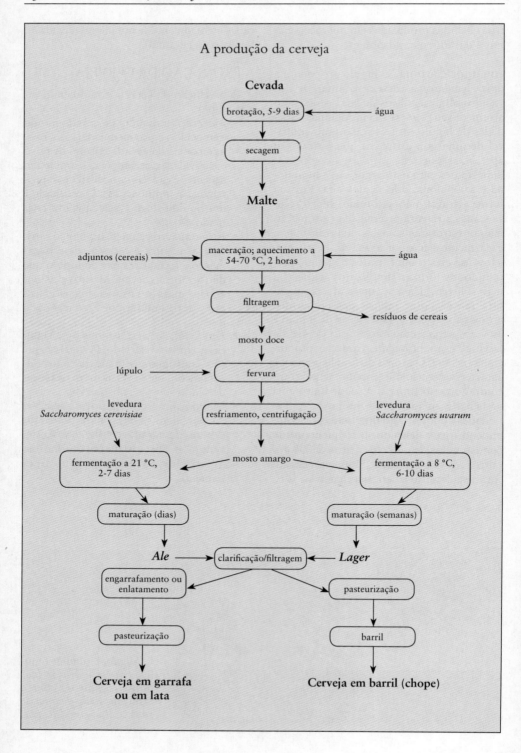

A seguir, alguns detalhes de cada etapa.

Maceração. Na etapa chamada de maceração, o malte moído ao grosso é embebido em água entre 54 e 70 °C por algumas horas. A proporção típica é de oito partes de água para uma de malte. A maceração se completa com a drenagem do mosto e a separação dos resíduos sólidos do malte, que são então enxaguados com água quente – "espargidos" – para remover os restantes materiais extraíveis antes de serem descartados.

A maceração cumpre diversas funções. Acima de tudo, ela gelifica os grânulos de amido e permite que as enzimas da cevada decomponham as moléculas longas desse carboidrato, transformando-as em cadeias menores de açúcar e em pequenos açúcares fermentáveis. Além disso, as enzimas transformam as proteínas em cadeias de aminoácidos, que estabilizam a espuma, e em aminoácidos simples, que também são fermentáveis. Por fim, a maceração extrai das partículas de grãos todas essas substâncias, bem como os compostos de cor e sabor, infundindo-as na água.

Uma vez que as diferentes enzimas trabalham mais rápido em diferentes temperaturas, o cervejeiro pode usar a variação da temperatura e do tempo de maceração para ajustar a relação entre açúcares fermentáveis e cadeias de açúcar e entre aminoácidos e cadeias de aminoácidos. Isso significa que ele pode controlar o corpo que a cerveja virá a ter e a estabilidade de sua espuma. O amido representa 85% dos carboidratos presentes no malte. No mosto líquido, 70% ou mais assumem a forma de diversos açúcares, sobretudo da cadeia de duas glicoses chamada maltose. A maior parte dos carboidratos restantes, ou seja, de 5 a 25% dos sólidos dissolvidos, são as chamadas *dextrinas*, cadeias que compreendem de quatro a algumas centenas de moléculas de glicose. Elas se emaranham umas nas outras, impedem a movimentação da água e, assim, dão consistência encorpada ao mosto e à cerveja. As dextrinas e as cadeias de aminoácidos também retardam a perda de líquido das paredes das bolhas de espuma, contribuindo para a sua estabilidade no copo.

Cereais adjuntos. A preparação do mosto com simples malte de cevada e água quente é o método convencional na Alemanha e em muitas microcervejarias dos Estados Unidos. Mas a maior parte das grandes cervejarias, tanto nos Estados Unidos quanto em outros países, acrescentam ao líquido fontes "adjuntas" de carboidratos – arroz, milho, trigo e cevada moídos ou em flocos, ou mesmo açúcar – para diminuir a quantidade de malte necessária e, assim, poupar custos para o produtor. Ao contrário do malte, esses adjuntos não oferecem nenhuma ou quase nenhuma contribuição ao sabor. São usados, portanto, quase unicamente em cervejas claras e suaves como as *lagers* norte-americanas convencionais, que às vezes são feitas com quantidades praticamente iguais de malte de cevada e adjuntos.

Água. A água é o ingrediente principal da cerveja, e por isso sua qualidade tem influência determinante sobre a qualidade final da bebida. Embora os produtores modernos possam controlar o teor de minerais de sua água, adequando-o ao tipo de cerveja que estão fazendo, os cervejeiros de antigamente adequavam em parte suas cervejas à água local, procurando torná-las as melhores possíveis naquelas condições. A água de Burton-on-Trent, rica em sulfatos, dava às *ales* claras da Inglaterra um amargor que limitava o uso do lúpulo, ao passo que as águas puras de Pilsen encorajaram

---

AO LADO: *A produção da cerveja. Esta bebida é feita de duas maneiras básicas. O tipo chamado* ale *é fermentado por menos de uma semana em temperatura morna e maturado por alguns dias, ao passo que a* lager *é fermentada por mais de uma semana em temperatura fria e maturada por algumas semanas.*

os cervejeiros tchecos a usar grande quantidade de lúpulo amargo e aromático. As águas alcalinas de Munique, do sul da Inglaterra e de Dublin, ricas em carbonato, são capazes de contrabalançar a acidez dos maltes escuros que, em regra, extraem um excesso de materiais adstringentes da casca da cevada. Essas águas estimularam o desenvolvimento da cerveja preta alemã e das *porters* e *stouts* britânicas.

Fervura do mosto. Uma vez que o mosto líquido tenha sido drenado e separado dos sólidos de cereais, o cervejeiro o acumula num grande tanque de metal, acrescenta lúpulo e o ferve vigorosamente por até 90 minutos. Com a fervura, os insolúveis ácidos alfa do lúpulo se convertem em sua forma solúvel e desenvolvem o amargor da cerveja. A fervura também desativa as enzimas da cevada e, assim, fixa a proporção de carboidratos – certa porção de açúcar a ser convertido em álcool pelas leveduras e certa porção de dextrinas para dar corpo à cerveja. Além disso, ela esteriliza o mosto para que as leveduras não enfrentem competição durante a fermentação e, por fim, concentra o mosto, evaporando parte de sua água. A cor do mosto se aprofunda em razão das reações de escurecimento ocorridas durante esta etapa, que se dão principalmente entre o açúcar maltose e o aminoácido prolina. E é aqui que começa o processo de clarificação da cerveja: as proteínas grandes se coagulam e se prendem aos taninos da casca da cevada, formando grandes massas que se precipitam e decantam, separando-se da solução. Quando a fervura termina, o mosto é filtrado, resfriado e aerado.

Fermentação. Com a fervura, o cervejeiro termina de transformar a insípida cevada num líquido rico e doce. Cabe agora às células de leveduras transformar esse líquido em cerveja, que é muito menos doce mas tem o sabor muito mais complexo.

Há dois métodos básicos de fermentação que resultam em duas cervejas diferentes. Um deles é a fermentação rápida em alta temperatura com leveduras de *ale* (diferentes linhagens de *Saccharomyces cerevisiae*). Estas se agregam, prendem o gás carbônico que produzem e sobem à superfície. O outro é a fermentação lenta em temperatura baixa com as leveduras de *lager* (*Saccharomyces uvarum* ou *carlsbergensis*), que permanecem submersas no mosto e caem ao fundo quando a fermentação termina. A essas duas fermentações costumam-se dar os nomes de "fermentação superficial" (ou fermentação alta) e

---

O sabor diferente da cerveja tirada do barril

As cervejas e as *ales* vendidas em garrafa ou em lata são geralmente estabilizadas a frio e pasteurizadas (a 60-70 °C) para sobreviver a extremos de temperatura durante o transporte e a comercialização, ao passo que cervejas de barril ou chopes são continuamente refrigerados e não necessariamente passaram pelo mesmo tratamento. É por isso que a mesma cerveja pode ter gosto muito diferente na garrafa e no barril. Entretanto, a própria cerveja de barril ou chope é completamente diferente da tradicional cerveja *maturada em barril*. O chope é filtrado e perde todo o seu levedo antes de ser acondicionado no barril, ao passo que, no caso da cerveja maturada em barril, a cerveja nova e as leveduras que vão ajudá-la a amadurecer são colocadas juntas no recipiente. Esta cerveja permanece, portanto, em contato com o levedo até o momento de ser servida, e seu sabor reflete esse fato. A cerveja maturada em barril é frágil e tem vida útil de cerca de um mês, em comparação com os três meses do chope.

"fermentação profunda" (ou fermentação baixa).

A fermentação superficial geralmente se realiza entre 18 e 25 °C e leva de dois a sete dias, ao longo dos quais a escuma do levedo é retirada várias vezes. Visto que a camada de leveduras à tona do líquido tem bom suprimento de oxigênio e é inevitavelmente contaminada por outros microrganismos provenientes do ar, as cervejas que sofrem fermentação superficial são frequentemente ácidas e de sabor forte. A fermentação profunda se desenrola em temperatura bem mais baixa, de 6 a 10 °C, leva de seis a dez dias e produz um sabor mais brando. A fermentação profunda é a técnica convencional nos Estados Unidos. Uma vez que a alta temperatura estimula a produção de determinados compostos aromáticos pelas leveduras (ésteres, fenóis voláteis), a fermentação superficial gera aromas frutados e de especiarias; a fermentação lenta e em baixa temperatura gera cervejas com sabor mais seco e definido, semelhante ao de pão.

Maturação. O tratamento da cerveja depois da fermentação varia de acordo com o tipo de fermentação efetuado: é breve para a rápida fermentação superficial e prolongado para a lenta fermentação profunda.

A cerveja que sofreu fermentação superficial é separada do levedo e passada para outro tanque ou tonel para ser maturada. A cerveja verde, recém-saída da fermentação, contém pouco dióxido de carbono, tem sabor agressivo e sulfuroso e é turvada pelos detritos de leveduras mortas. No processo de maturação, uma fermentação secundária é induzida pelo acréscimo quer de uma pequena quantidade de leveduras, açúcar e mosto fresco, quer de um pouco de mosto em fermentação ativa (um processo chamado *Kräusening*). Dentro do barril ou tanque fechado, o líquido prende e absorve o dióxido de carbono produzido. Para que os odores indesejáveis saiam da cerveja, pode-se abrir momentaneamente o recipiente e permitir a fuga de um pouco de gás. Essas técnicas tradicionais às vezes são substituídas pelo simples bombeamento de dióxido de carbono na cerveja – uma carbonatação artificial. A essa altura pode-se acrescentar também um pouco de lúpulo ou extrato de lúpulo para intensificar o aroma, o amargor ou ambos. Alguns dias de resfriamento e o uso de um agente clarificador – gelatina de peixe, argila e gomas vegetais são comuns – provocam a precipitação das proteínas e taninos suspensos, que poderiam mais tarde turvar o líquido quando este fosse refrigerado antes do consumo; este processo se chama "estabilização a frio". A cerveja é centrifugada para separar quaisquer leveduras e precipitados ainda restantes; é filtrada, embalada e, em regra, pasteurizada.

Maturação a frio. O processo de maturação para a cerveja que sofreu fermentação profunda é bastante diferente. A *lager* original da Baviera era envolvida em gelo e permanecia em repouso por vários meses, sempre em contato com a borra de leveduras. O levedo aos poucos produzia dióxido de carbono, que ajudava a purgar da cerveja o mau cheiro de enxofre. Hoje em dia, algumas *lagers* tradicionais ainda são envelhecidas por vários meses; mas, visto que o armazenamento tem a desvantagem econômica de paralisar o capital e os equipamentos, a tendência é maturar a frio a cerveja verde numa temperatura pouco superior a 0 °C por duas a três semanas. Pode-se bombear dióxido de carbono para retirar os odores indesejáveis; centrífugas, filtros e aditivos ajudam a clarificar a cerveja. Para substituir os barris de madeira, lascas de bétula ou avelãzeira podem ser jogadas no tanque, emprestando algum sabor ao produto final.

Aditivos. Mais de 50 aditivos podem ser legalmente usados na cerveja norte-americana. Entre eles incluem-se conservantes, agentes espumantes (em geral, gomas vegetais) e enzimas – semelhantes aos amaciantes de carne – que decompõem as proteínas em moléculas menores, menos tendentes a turvar o líquido. Algumas empresas evitam o uso de conservantes e geralmente fazem propaganda desse fato no rótulo de seus produtos.

A cerveja terminada. No fim, o processo de produção da cerveja transforma o grão de cevada, seco e insípido, num líquido borbulhante, amargo e ácido (seu pH é de cerca de 4) composto de 90% de água, 1 a 6% de álcool e 2 a 10% de carboidratos, principalmente as dextrinas de cadeia longa que lhe dão corpo.

COMO ESTOCAR E SERVIR A CERVEJA

Ao contrário dos vinhos, cujo teor de álcool e antioxidantes é maior, a maioria das cervejas não melhoram com a idade e se encontram em sua melhor forma assim que saem da cervejaria. A oxidação provoca o gradativo desenvolvimento de um aroma cediço, de papelão (nonenal, fragmento de um ácido graxo), e uma sensação agressiva na língua (dos fenóis do lúpulo). As reações de escurecimento podem causar outras mudanças indesejáveis. As *ales* de fermentação superficial desenvolvem nota de solvente. A deterioração se retarda em temperatura mais baixa. Por isso, sempre que possível, a cerveja deve ser estocada em local frio. O Reino Unido produz suas *laying-down beers* e a Bélgica, suas *bières de garde*, que começam a fermentação com um teor muito alto de carboidratos solúveis e continuam a fermentar lentamente na garrafa; a produção contínua de dióxido de carbono e outras substâncias ajuda a impedir a oxidação e a deterioração. Essas cervejas adquirem, no fim, um teor alcoólico de 8% ou mais e vão melhorando no decorrer de um ano ou dois.

Mantenha a cerveja no escuro. A cerveja também deve ser mantida ao abrigo da luz forte, especialmente da luz do sol, e sobretudo se o vidro da garrafa for transparente ou verde; caso contrário, desenvolverá forte odor sulfuroso. Um copo de cerveja num piquenique pode ficar com cheiro de gambá em poucos minutos, e a cerveja engarrafada exposta para venda sob luz fluorescente tende a se deteriorar em poucos dias. Acontece que as luzes da faixa do espectro luminoso que vai do verde ao ultravioleta reagem com um dos ácidos do lúpulo e formam um radical livre instável, que por sua vez reage com os compostos sulfurosos e produz um parente próximo das substâncias que integram o arsenal defensivo do gambá. O vidro marrom absorve os comprimentos de onda verdes e azuis antes de eles chegarem à cerveja que está lá dentro, mas as garrafas verdes, não. Em consequência, as cervejas alemãs e holandesas engarrafadas em frascos verdes frequentemente são sulfurosas, e muitos consumidores passaram a encarar esse fato com naturalidade! Uma cervejaria norte-americana cujas garrafas transparentes fazem parte da marca registrada desenvolveu um extrato de lúpulo modificado que não contém o ácido vulnerável, o que impede sua cerveja de ficar com cheiro de gambá.

Como servir a cerveja. Nos Estados Unidos, a cerveja é, em geral, bebida gelada e diretamente da latinha ou garrafa. Nada mal para uma cerveja leve, que sirva para matar a sede; mas esse modo de consumo não faz justiça às cervejas que se pretende tenham algum caráter. Quanto mais frio um alimento, menos encorpado será seu sabor. A melhor temperatura para servir uma cerveja *lager* é, em geral, de cerca de 10 °C, ao passo que as *ales* de fermentação superficial devem ser servidas em temperatura baixa mas ambiente, de 10 a 15 °C. As cervejas que vale a pena saborear devem ser postas num copo, onde parte do dióxido de carbono possa escapar, moderando a ardência, e onde a cor e o colarinho de espuma possam ser apreciados.

A espuma da cerveja: o colarinho. A cerveja não é o único líquido intrinsecamente borbulhante que apreciamos, mas é o único cujas bolhas devem conservar-se por tempo suficiente para constituir um "colarinho" de espuma na parte superior do copo. Os apreciadores valorizam inclusive a capacidade da espuma de pegar-se ao vidro à medida que o nível do líquido baixa, qualidade chamada *lacing* em inglês e *Schaumhaftvermögen* – um nome de peso – em alemão. Muitos fatores influenciam a formação de espuma, desde a quantidade de dióxido de carbono dissolvida na cerveja até o modo pelo qual o líquido é tirado do barril ou da lata. A seguir, alguns dos mais interessantes.

As proteínas dos cereais estabilizam o colarinho. A estabilidade do colarinho depende da presença de moléculas emulsificantes nas paredes das bolhas. Essas moléculas têm um lado hidrófilo e outro, hidrófobo (p. 894); o lado hidrófobo se projeta dentro do gás, ao passo que o hidrófilo mergulha no líquido circundante. Assim, elas reforçam a interface entre gás e líquido. Na cerveja, essas moléculas são sobretudo proteínas de tamanho médio que vêm do malte ou dos cereais adjuntos, cujas proteínas estão mais intactas que as do malte e, portanto, aprimoram significativamente a estabilidade do colarinho. Os ácidos do lúpulo também contribuem para a estabilidade da espuma e se concentram nesta a tal ponto que ela é perceptivelmente mais amarga que o fluido logo abaixo. As *lagers* fermentadas a frio geralmente têm espuma mais persistente que as *ales* fermentadas a quente, pois estas últimas contêm teor maior de alcoóis superiores produzidos pelo metabolismo das leveduras (p. 847), e esses alcoóis desestabilizam a espuma.

O nitrogênio garante uma espuma cremosa. Nos últimos dez anos, muitas cervejas passaram a apresentar um colarinho especialmente refinado e cremoso que antigamente só existia nas *stouts*. O colarinho cremoso é dado por uma dose artificial de gás nitrogênio que pode ser injetada na cerveja quer na própria cervejaria, quer no bar ou botequim pela chopeira, quer ainda por um dispositivo pequeno instalado dentro de cada lata de cerveja. O nitrogênio é menos solúvel em água que o dióxido de carbono, e por isso suas bolhas tardam mais a perder gás para o líquido circundante. Isso significa que a espuma demora mais para "murchar": as bolhas de nitrogênio permanecem pequenas e não se desfazem. Tampouco têm a ardência das de dióxido de carbono, que se transforma em ácido carbônico quando se dissolve na cerveja e, em seguida, na superfície da nossa língua.

A espuma no copo. Uma pequena quantidade de cerveja despejada com força no copo, inicialmente, produz um bom colarinho; por ser em pequena quantidade, é fácil de controlar. Uma vez que o colarinho atinja a espessura desejada, o restante da cerveja pode ser despejado com mais vagar, escorrendo pelas paredes internas do copo e evitando assim a aeração e a nucleação de novas bolhas. O copo em si deve estar inteiramente livre de resíduos de óleo ou sabão, que prejudicam a formação da espuma. (As moléculas de óleo e sabão têm elementos hidrófobos que atraem para fora das bolhas as extremidades hidrófobas das proteínas estabilizantes.) Pelo mesmo motivo, se o colarinho de uma cerveja recém-despejada ameaçar transbordar do copo, pode ser detido encostando o dedo ou os lábios na borda do recipiente. Essas partes do corpo levam em si vestígios de óleo.

TIPOS E QUALIDADES DE CERVEJA

As cervejas compõem um grupo de bebidas maravilhosamente diversificado. Uma boa cerveja pode proporcionar uma experiência deliciosa de degustação, e vale a pena saboreá-la lentamente. Há várias qualidades a serem apreciadas:

- A cor, que vai de um amarelo-claro a um impenetrável marrom enegrecido e é determinada pelo tipo de malte utilizado.
- O corpo, ou peso da bebida na boca, dado pelos longos resíduos de moléculas de amido no malte.
- A adstringência dos compostos fenólicos do malte.

- A ardência e o frescor do dióxido de carbono dissolvido.
- O gosto, que pode englobar certa salinidade da água, a doçura dos açúcares não fermentados do malte, a acidez do malte tostado e dos microrganismos presentes na fermentação, o amargor do lúpulo e dos maltes escurecidos e a sapidez dos aminoácidos do malte.
- O aroma, composto por notas amadeiradas, florais e cítricas do lúpulo; notas maltadas, de caramelo e até de fumaça do malte; e pelas leveduras e outros microrganismos, que podem produzir notas aparentemente frutais (maçã, pera, banana, citros), florais (rosa), de manteiga, de especiarias (cravo) e até as que lembram cavalos e estábulos (p. 821).

As *ales* se caracterizam pelo azedume e pelo caráter frutado, fornecido pelo diversificado grupo de microrganismos que realizam a fermentação. As *lagers* têm aroma mais discreto. Um de seus fundamentos é o dimetil sulfeto, típico do milho cozido. Essa substância é proveniente de um precursor presente no malte levemente tostado e é produzida quando o mosto é fervido e depois resfriado. Porém, é imensa a variedade de sabores desses dois tipos básicos de cerveja. As cervejas ricas e mais ou menos doces – *porter, stout, barley wine* – podem até combinar com sobremesas.

Além das inúmeras variações sobre os temas da cerveja e da *ale*, há dois tipos de cerveja que merecem menção especial por suas qualidades particulares.

Cervejas de trigo. As cervejas de trigo alemãs diferem sob quatro aspectos da cerveja bávara mais comum. Em primeiro lugar, boa porção do malte de cevada é substituída por malte de trigo, que é mais proteico, produz uma bebida mais espumosa e

---

Cervejas de baixa caloria, sem álcool e sem sabor de cerveja

Hoje em dia existem versões de cerveja para aqueles que apreciam essa bebida mas não querem consumir álcool, ou querem consumir álcool mas pretendem reduzir a ingestão de calorias. Uma garrafa convencional de *lager* norte-americana, com 360 ml, contém cerca de 14 gramas de álcool e 11 gramas de carboidratos, proporcionando cerca de 140 calorias no total. As cervejas *light* ou "secas", de baixa caloria, têm cerca de 100-110 calorias. Essa economia é produzida pela diminuição da proporção de malte e de cereais adjuntos em relação à água e pelo acréscimo de enzimas que digerem uma quantidade maior de carboidratos, transformando-os em açúcares fermentáveis. A fermentação produz então uma bebida com teor alcoólico pouco mais baixo que o normal, mas com apenas metade das cadeias de açúcar – e pouquíssimo corpo.

A "cerveja sem álcool" pode ser elaborada pela modificação da fermentação, de tal modo que as leveduras produzam pouquíssimo álcool (temperatura muito baixa, oxigênio em abundância), ou pela remoção do álcool da cerveja fermentada, geralmente; para tanto, emprega-se um sistema de filtragem molecular chamado "osmose reversa". O produto de malte que menos contém álcool é a "malta", bebida popular no Caribe, que consiste num mosto de cerveja engarrafado sem fermentação alguma. É uma bebida densa e doce.

Existem também as "bebidas maltadas", que têm calorias e teor alcoólico semelhantes aos da cerveja mas não têm gosto de cerveja: parecem mais refrigerantes. Nesses produtos, o malte serve somente para gerar açúcares fermentáveis que se transformam em álcool; nem o malte nem as leveduras contribuem para o sabor.

Alguns estilos e qualidades de cerveja

Estilo de cerveja	Teor alcoólico, porcentagem do volume	Ingredientes incomuns	Qualidades
Lager clara: europeia	4-6		Maltada, amarga e com aroma floral e de especiarias do lúpulo
Americana/internacional	3,5-5	Cereais não maltados	Pouco aroma ou amargor do malte ou do lúpulo; notas de milho cozido, verdes e de maçã
Lager escura: europeia	4,3-5,6		Maltada, meio doce
Americana	4-5	Cereais não maltados, corante caramelo	Pouco aroma do malte ou do lúpulo; nota de milho cozido; certa doçura
Bock	6-12		Maltada, caramelada, meio doce
Ale clara: inglesa	3-6,2		Aromas equilibrados de malte e lúpulo, frutada, moderadamente amarga
Belga	4-5,6	Especiarias	Quente (especiarias), frutada, moderadamente amarga
Americana	4-5,7		
Indiana	5-7,8		Forte aroma e amargor do lúpulo
Ale escura	3,5-6		Meio doce, acastanhada, frutada
Porter	3,8-6	Maltes escuros	Maltada, notas tostadas de café e chocolate, meio doce
Stout	3-6	Maltes escuros, cevada não maltada tostada	Semelhante à Porter mas menos doce e mais amarga
Imperial Stout	8-12	Maltes escuros, cevada não maltada tostada	Semelhante à Stout mas mais forte (originalmente exportada para a Rússia)
Cerveja de trigo: bávara	2,8-5,6	Malte de trigo, leveduras especiais	Trigo, cereais, azedume, notas de banana e de cravo
Berlim	2,8-3,6	Cultura de lactobacilos	Trigo, levemente frutada, azeda
Belga	4,2-5,5	Trigo não maltado, especiarias, casca de laranja-amarga, leveduras especiais, cultura de lactobacilos	Trigo, especiarias, citros, azedume
Americana	3,7-5,5	Leveduras normais	Trigo, cereais, leve aroma de lúpulo, leve amargor
Lambics belgas		Trigo não maltado, lúpulo envelhecido, leveduras e bactérias "silvestres" (de ocorrência natural)	
Faro	4,7-5,8	Especiarias, açúcar	Quente (especiarias), doce
Gueuze	4,7-5,8	Mistura de cervejas em diversos estágios de maturação	Azeda, frutada, complexa
Fruit	4,7-5,8	Cereja, framboesa e outras frutas	Azeda, frutada, complexa
Barley wine	8-12+		Maltada, frutada, encorpada

Adaptado do "Guide to Beer Styles" [Manual de estilos de cerveja] do Beer Judge Certification Program 2001 [Programa de licenciamento de juízes de cerveja] e outras fontes.

turva e torna mais leve o típico sabor de malte. Em segundo lugar, as cervejas de trigo sofrem fermentação superficial, como as *ales*, e por isso desenvolvem caráter mais ácido e frutado. Em terceiro lugar, a cultura frequentemente inclui uma levedura incomum (*Torulaspora*) que produz compostos aromáticos geralmente ausentes da cerveja. Esses fenóis voláteis (vinilguaiacol, p. 821) podem assemelhar-se ao cravo e a outras especiarias, mas também têm uma qualidade medicinal que lembra esparadrapo ou uma qualidade animal que evoca estábulos ou terreiros de fazenda. Por fim, algumas cervejas de trigo não são totalmente clarificadas e retêm parte das leveduras, o que lhes dá aparência turva e sabor de levedo. As cervejas de trigo alemãs podem ser chamadas *Weizen* ("trigo"), *Hefe-weizen* ("levedo-trigo") ou *Weissen* ("brancas"), referindo-se ao seu aspecto turvo.

Algumas cervejarias norte-americanas já produzem cervejas de trigo segundo o modelo alemão, mas geralmente não empregam a levedura que produz fenol; essas cervejas são suaves, azedas e turvas.

Cervejas belgas do tipo *lambic*. Os cervejeiros da Bélgica se mostraram mais inventivos que todos os outros. Permitem que muitos microrganismos diferentes participem da fermentação; fermentam algumas cervejas durante anos, quer continuamente, quer provocando novas fermentações; aromatizam as cervejas com especiarias e ervas e até tornam a fermentá-las com frutas frescas para fazer um híbrido entre cerveja e vinho de fruta. Geralmente usam lúpulo envelhecido, o qual faz menos mal aos microrganismos que geralmente provocam a fermentação, é menos amargo e contém mais taninos secantes e levemente adstringentes, semelhantes aos do vinho.

As mais insólitas cervejas belgas são as *lambics*. O sinal distintivo da produção da *lambic* tradicional é uma fermentação espontânea do mosto em barris de madeira, que dura meses. Uma vez fervido o mosto, ele é resfriado num grande tanque aberto, onde recebe microrganismos presentes no ar. O mosto frio é então despejado em barris ou tonéis de madeira que fornecem os microrganismos de levas anteriores; nesses barris, é fermentado por um período de 6 a 24 meses. A fermentação tem quatro estágios: um crescimento inicial de leveduras "silvestres" (*Kloeckera* e outras) e de várias bactérias (*Enterobacter* e outras), que leva de 10 a 15 dias e produz aromas de ácido acético e hortaliças; a multiplicação das leveduras *Saccharomyces*, principais produtoras de álcool, que predominam por vários meses; ao cabo de 6 a 8 meses, o crescimento das bactérias que produzem ácido láctico e ácido acético (*Pediococcus, Acetobacter*); e, por fim, a multiplicação das leveduras *Brettanomyces*, que produzem toda uma gama de aromas frutados, de especiarias, de fumaça e de animais (ver quadro, p. 812). A cerveja resultante pode ser misturada com outras *lambics* para fazer o estilo *gueuze*, com acidez e complexidade semelhantes às do vinho; ou misturada com uma cerveja comum de fermentação alta e temperada com açúcar e coentro, resultando na *lambic* de estilo *faro*; ou, por fim, novamente fermentada no barril por quatro a seis meses com cerejas ou framboesas frescas e inteiras, produzindo os estilos *kriek* e *framboise*.

BEBIDAS ALCOÓLICAS ASIÁTICAS FEITAS DE ARROZ: O *MI CHIU* CHINÊS E O SAQUÊ JAPONÊS

CEREAIS DOCES EMBOLORADOS

Os povos do Extremo Oriente desenvolveram uma bebida alcoólica característica que o resto do mundo, cada vez mais, está aprendendo a apreciar. Não se trata exatamente de um vinho, pois é fermentado a partir de cereais amidosos, especialmente arroz. Por outro lado, também não é exatamente uma cerveja, pois o amido não é transformado em açúcares fermentáveis pelas enzimas dos próprios cereais. Ao contrário, os produtores dessas bebidas usam um fungo para fornecer as enzimas que digerem amido; o fungo digere o amido ao mesmo tempo em que as leveduras convertem os açúcares em álcool. O líquido resultante pode alcançar uma concentração alcoólica de 20%, muito superior à das cervejas e vinhos ocidentais. O *mi chiu* chinês e o saquê japonês não têm, por um lado, nem o caráter frutado nem a acidez do vinho; nem, por outro, os traços de malte e lúpulo da cerveja. Por ser feito unicamente do coração amidoso do grão de arroz, o saquê talvez seja a expressão mais pura do sabor da fermentação em si: surpreendentemente frutado e floral, embora não tenha sido tocado por fruta nem por flor alguma.

Como e por que os extremo-orientais desenvolveram essa alternativa à fermentação de grãos brotados? O historiador H. T. Huang aventa que o motivo foi o fato de usarem grãos pequenos e frágeis de painço e arroz, que, ao contrário dos de cevada e de trigo, são geralmente cozidos inteiros. Segundo as especulações de Huang, frequentemente ocorria de as sobras de grãos cozidos permanecerem guardadas por tempo suficiente para embolorar; e, visto que em qualquer massa de grãos há espaços de ar, os fungos, que precisam de oxigênio, teriam crescido bem e digerido o amido presente na massa. Com o tempo, as pessoas perceberam que o arroz embolorado tinha gosto doce e cheiro alcoólico. Em algum momento, antes do século III a.C., essas observações simples se transformaram numa técnica para a produção regular de líquidos alcoólicos. No ano 500 d.C., um texto chinês já arrolava nove preparados diferentes feitos com bolores e 37 produtos alcoólicos.

Atualmente, pouca gente fora da China já ouviu falar do *mi chiu*, mas milhões tiveram notícia do equivalente japonês, o *saquê*. Tanto o cultivo do arroz quanto, provavelmente, a produção de *mi chiu* foram levados da Ásia continental ao Japão por volta de 300 a.C. No decorrer dos séculos seguintes, os produtores japoneses refinaram a tal ponto o *mi chiu* que ele se tornou uma bebida bastante diferente.

OS FUNGOS QUE DIGEREM AMIDOS

Conquanto a moderna industrialização tenha introduzido vários atalhos e simplificações na produção dessas bebidas, os produtores chineses e japoneses tradicionalmente usavam métodos muito diferentes para decompor o amido de arroz e obter açúcares fermentáveis.

O *chhü* chinês: vários fungos e leveduras. O antigo preparado chinês chamado *chhü*

A pasteurização antes de Pasteur

Ao contrário dos vinhos e cervejas europeus, o *mi chiu* era, em geral, servido morno ou quente. Talvez por terem percebido que as sobras aquecidas se conservavam melhor que o produto original, por volta de 1000 d.C. os chineses já haviam desenvolvido a técnica de aquecer no vapor os recipientes de *chiu* recém-fermentado a fim de retardar sua deterioração. No século XVI, os produtores japoneses aperfeiçoaram esse método baixando a temperatura do processo para 60-65 °C. Essa temperatura é alta suficiente para desativar e matar a maioria das enzimas e microrganismos, mas não prejudica tanto o sabor do saquê. Isso significa que os produtores asiáticos já "pasteurizavam" suas bebidas alcoólicas séculos antes de Louis Pasteur propor o suave aquecimento do vinho e do leite para matar os microrganismos que provocam a deterioração.

é geralmente feito de trigo ou arroz e faz uso de diversos tipos de fungos, além das leveduras que efetivamente produzem o álcool. Parte do trigo pode ser tostada ou usada em seu estado original, mas a maioria é aquecida no vapor, grosseiramente moída, moldada na forma de tortas e deixada por várias semanas em salas de incubação, onde embolora. Espécies do gênero *Aspergillus* crescem na superfície exterior e espécies dos gêneros *Rhizopus* e *Mucor* se multiplicam no interior das tortas. O *Aspergillus* é o mesmo fungo usado para digerir a soja no processo de produção do molho de soja; o *Rhizopus* é o principal fungo no tempê (pp. 550, 554), ao passo que o *Mucor* é importante na feitura de alguns queijos envelhecidos. Todos esses fungos acumulam enzimas que digerem amido e proteínas e geram subprodutos vestigiais que contribuem para o sabor. Uma vez que as tortas de cereais estejam bem permeadas de microrganismos, são secas e armazenadas. Quando necessárias para a produção de *mi chiu*, são embebidas em água por vários dias a fim de reativar os microrganismos e suas enzimas.

O *koji* e o *moto* japoneses: um único fungo, leveduras em separado. No método japonês, em contraposição, um novo *koji* é preparado para cada leva de saquê a ser produzida. O *koji* tem por base unicamente o arroz polido inteiro e é inoculado com uma cultura selecionada de *Aspergillus orizae*, sem nenhum outro fungo. Isso significa que a base embolorada para o saquê não fornece a complexidade de sabor proporcionada pelo preparado chinês, com seu trigo tostado, seus vários microrganismos e seu período de secagem.

Uma vez que o *koji* não contém leveduras, o sistema japonês necessita de uma outra fonte de levedo. Na feitura do preparado tradicional de levedo, chamado *moto*, deixa-se que uma mistura de *koji* e mingau de arroz cozido azede espontaneamente com uma população mista de bactérias, sobretudo as produtoras do ácido láctico (*Lactobacillus sake*, *Leuconostoc mesenteroides* e outras), que proporcionam os sabores azedo e sápido e algum aroma. Acrescenta-se então uma cultura pura de leveduras, permitindo que se multipliquem. Uma vez que a maturação do *moto* azedado por microrganismos leva mais de um mês, tal método de preparação foi, em geral, substituído pelo simples acréscimo de ácidos orgânicos à massa de *moto*, ou, alternativamente, pelo acréscimo de ácidos e leveduras concentradas diretamente à massa principal de *koji*. Esses métodos mais rápidos tendem a produzir um saquê mais leve e menos complexo.

A PRODUÇÃO DAS BEBIDAS ALCOÓLICAS DE ARROZ

Uma fermentação simultânea e gradativa. Os métodos de produção chinês e japonês apresentam importantes diferenças nos detalhes, mas também partilham certas características relevantes. O fungos que digerem amido e as leveduras que produzem álcool são acrescentados juntos à papa de arroz cozido e trabalham simultaneamente. Ao contrário do que ocorre na produção de cerveja, onde um líquido é extraído do cereal e somente o líquido sofre fermentação, neste caso o que é fermentado é a papa grossa de arroz cozido. E o arroz é introduzido gradativamente na fermentação, não todo de uma vez: novas porções de água e arroz cozido são postas no tanque de tempos em tempos durante um processo de fermentação que pode durar desde duas semanas até alguns meses. Ao que parece, todas essas práticas contribuem para a capacidade das leveduras de continuar produzindo alta concentração de álcool. Quando porções de arroz são acrescentadas perto do final da fermentação, restam alguns açúcares não metabolizados pelas leveduras, e a bebida alcoólica resultante é doce.

A prática chinesa: arroz comum e alta temperatura. No método chinês tradicional, a princípio o preparado de fungos é posto de molho em água por vários dias.

Depois, no decorrer de uma fermentação inicial que pode durar uma ou duas semanas à temperatura de 30 °C, porções de arroz comum cozido são periodicamente acrescentadas à mistura. No final dessa fase, a massa costuma ser dividida em porções menores, colocada em recipientes separados e mantida em temperatura mais branda por semanas ou meses. O líquido, então, é separado dos sólidos, filtrado, diluído com água, colorido com caramelo, pasteurizado a 85-90 °C por 5-10 minutos, maturado por vários meses, novamente filtrado e, por fim, embalado. A pasteurização em alta temperatura ajuda a desenvolver o sabor final.

A prática japonesa: arroz polido e baixa temperatura. Os produtores chineses usam arroz beneficiado. Nesse beneficiamento são removidos cerca de 10% do material dos grãos, ou seja, somente um pouco mais do que se usa remover na confecção do arroz branco geralmente usado na cozinha (p. 523). No Japão, entretanto, o arroz usado para se fazer qualquer saquê de qualidade superior deve ter removidos pelo menos 30% do material dos grãos, e os melhores saquês são feitos com arroz polido, que conserva somente 50% de seu peso original ou ainda menos. O centro do grão de arroz é a parte que concentra mais amido e menos proteínas e óleos. Por isso, quanto mais são removidas as camadas exteriores do grão, mais simples e mais pura é a parte restante e tanto menos sabor ela fornece ao líquido final.

O saquê é fermentado a temperatura bem mais baixa que as bebidas alcoólicas de arroz chinesas. A partir do século XVIII, a maior parte da produção de saquê passou a ser realizada nos meses de inverno, costume que perdura até hoje. O limite superior de temperatura para a fermentação do saquê é de cerca de 20 °C, e os produtores que fazem as melhores bebidas mantêm a temperatura a frígidos 10 °C. Nessas condições, a fermentação leva mais ou me-

---

Alguns tipos de saquê

O saquê feito para ser apreciado geralmente se classifica no grau *ginjo* ou "especial". Caracteriza-se por ser o álcool puro o único aditivo permitido e pelo fato de pelo menos 40% do material de cada grão de arroz terem sido removidos. O *junmaishu* é o saquê feito somente com arroz e água. Entre os saquês especiais mais interessantes incluem-se os seguintes:

Genmaishu	Fermentado com arroz integral.
Genshu	Não diluído e, logo, com teor alcoólico de cerca de 20%.
Kimoto	Feito com *moto* "vivo", ou seja, com um preparado de leveduras lentamente azedado por bactérias e não mediante o uso de ácidos puros.
Namazake	Um saquê "vivo", por não ser pasteurizado e, logo, conter enzimas ativas. Deve ser refrigerado e consumido em pouco tempo.
Orizake e Nigorizake	Um saquê turvo, que contém borra, células de leveduras e outras partículas pequenas da massa.
Shizuku	O saquê das "gotículas". Não é separado da massa por prensagem, mas por gravidade.
Taruzake	O saquê "de barril", envelhecido em tonéis de cedro.

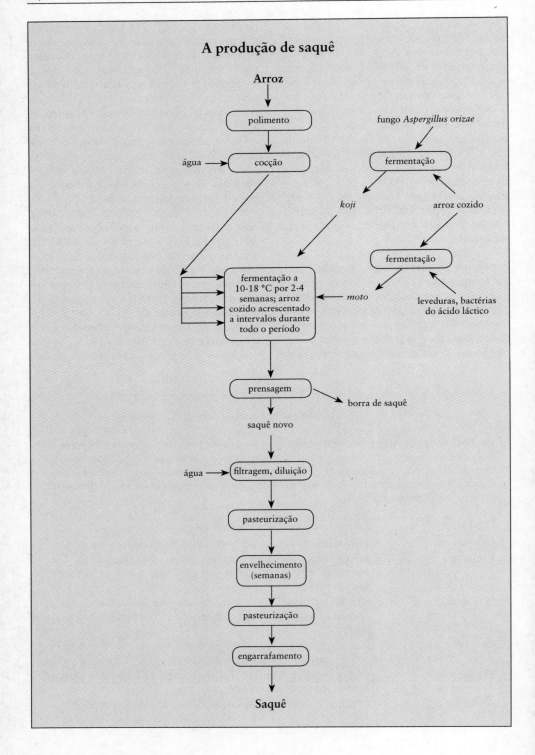

nos um mês em vez das duas ou três semanas habituais, e a massa acumula de duas a cinco vezes a quantidade normal de compostos aromáticos, especialmente daqueles ésteres que proporcionam notas de maçã e banana e outras notas frutais.

Uma vez terminada a fermentação do saquê, o líquido é extraído dos sólidos por prensagem, diluído com água até que o teor alcoólico baixe para 15-16% e envelhecido por algumas semanas para que o sabor se suavize. Também é pasteurizado (a 60-65 °C) depois da filtragem e mais uma vez antes do engarrafamento. A pasteurização desnatura quaisquer enzimas restantes, as quais de outro modo gerariam um composto volátil particularmente desagradável (o isovaleraldeído, que lembra suor).

Variedades de saquê. Existem saquês dos mais diversos tipos e graus de qualidade e preço. Tanto no saquê mais barato quanto no padrão, uma quantidade substancial de álcool puro é acrescentada à massa logo antes da prensagem. Esse método se tornou convencional na produção industrial durante os anos da guerra, pois aumenta enormemente a produtividade a partir da mesma quantidade de arroz. Açúcares e vários ácidos orgânicos também podem ser acrescentados a esses saquês. No outro extremo da escala há as versões de primeira. Estas são feitas unicamente com arroz, água e microrganismos meticulosamente cultivados segundo os métodos tradicionais. O quadro da p. 841 arrola alguns tipos que vale a pena experimentar.

Embora o saquê geralmente seja consumido quente, como as bebidas chinesas, os *connoisseurs* preferem apreciar gelados os melhores exemplares. Em regra, o saquê é menos azedo e tem sabor mais delicado que o vinho. Os aminoácidos sápidos são elementos importantes. Seu aroma varia imensamente de acordo com o processo de produção e põe em evidência a arte bioquímica das leveduras. Geralmente, ésteres frutais e alcoóis complexos de aroma floral assumem papel de destaque.

Ingredientes alcoólicos japoneses usados na culinária: *mirin* e borra de saquê

O *mirin* é um líquido alcoólico doce usado na culinária. É feito a partir de uma mistura de arroz polido cozido, *koji* e *shochu*, um destilado de saquê de baixa qualidade. O álcool inibe toda e qualquer fermentação alcoólica ulterior. Por isso, durante os dois meses em que a mistura é mantida na morna temperatura de 25-30 °C, os fungos e as enzimas do *koji* convertem lentamente o amido do arroz em glicose. O líquido encorpado é extraído por prensagem e clarificado. No final, contém cerca de 15% de álcool e de 10 a 45% de açúcar. As imitações industrializadas são feitas de álcool de cereais, açúcar e flavorizantes.

Os sólidos que restam depois da prensagem e filtragem da massa de saquê são chamados *sake kasu* ou borra de saquê. Incluem amido, proteínas, paredes celulares do arroz, leveduras, fungos e alguns ácidos, alcoóis e enzimas. A borra de saquê é muito usada na culinária japonesa, especialmente na confecção de picles de hortaliças, marinadas para peixes e sopas.

AO LADO: *A produção de saquê. Um dos traços incomuns da fermentação de saquê é o acréscimo reiterado, no decorrer de várias semanas, de arroz cozido à massa em fermentação.*

O saquê é frágil. O saquê e seus delicados sabores são vulneráveis às alterações provocadas pela exposição à luz e à alta temperatura. O melhor é bebê-lo tão jovem quanto possível. As garrafas transparentes e azuis nas quais é habitualmente comercializado oferecem-lhe pouca proteção. Por isso o saquê deve ser mantido no ambiente frio e escuro da geladeira e, uma vez aberto, deve ser consumido rapidamente.

BEBIDAS ALCOÓLICAS DESTILADAS

As bebidas alcoólicas destiladas são a essência concentrada do vinho e da cerveja. São produtos de um fato químico básico: as diferentes substâncias fervem em temperaturas diferentes. O ponto de ebulição do álcool é de cerca de 78 °C, bem abaixo dos 100 °C da água. Isso significa que, se uma mistura de água e álcool for aquecida, a parte de álcool que se transformará em vapor é inicialmente maior que a de água. O vapor pode então ser resfriado e novamente condensado, convertendo-se num líquido dotado de teor alcoólico mais alto que o do vinho ou da cerveja originais.

O primeiro atrativo das bebidas alcoólicas destiladas foi, e ainda é, seu alto teor alcoólico. Porém, suas qualidades não se limitam ao poder de embriagar. À semelhança do álcool, as substâncias que dão aroma ao vinho e à cerveja também são voláteis; o mesmo processo que concentra o álcool concentra o aroma. As bebidas alcoólicas destiladas se contam entre os alimentos mais intensamente saborosos de que dispomos.

A HISTÓRIA DAS BEBIDAS ALCOÓLICAS DESTILADAS

A descoberta da destilação. O álcool em alta concentração é tóxico para todos os seres vivos, inclusive para as leveduras que o produzem. Os levedos que convertem açúcar em álcool não toleram teor muito maior que 20%. Por isso uma bebida mais forte só pode ser feita mediante a concentração do álcool já presente em bebidas fermentadas. As chaves da descoberta das bebidas destiladas teriam sido duas observações: que os vapores de um líquido aquecido podem ser recapturados por condensação numa superfície fria e que os vapores do vinho ou da cerveja aquecidos são mais alcoólicos que os líquidos originais.

A prática da destilação em si parece ser muito antiga. Há indícios de que os mesopotâmios concentravam os óleos essenciais de plantas aromáticas mais de 5 mil anos atrás, usando uma panela simples aquecida e uma tampa em que os vapores se condensavam e podiam ser coletados. No século IV a.C. Aristóteles notou, em sua *Meteorologia*, que "a água do mar, quando convertida em vapor, se torna potável, e não forma nova água do mar quando volta a se condensar". O álcool concentrado pode ter sido descoberto pela primeira vez na China antiga. Indícios arqueológicos e provas documentais dão a entender que os alquimistas chineses já destilavam pequena quantidade de álcool a partir de preparados de cereais cerca de 2 mil anos atrás. Uns poucos privilegiados já bebiam essas essências antes do século X, e no século XIII as bebidas alcoólicas destiladas já eram produtos comerciais.

As bebidas alcoólicas destiladas e as águas da vida. Na Europa, quantidades significativas de álcool destilado foram produzidas por volta do ano 1100 na escola de medicina de Salerno, na Itália, onde a substância criou a reputação de ser um remédio precioso. Duzentos anos depois, o erudito catalão Arnaud de Vilanova chamou o princípio ativo do vinho de *aqua vitae*, "água da vida", termo que continua vivo na Escandinávia (*aquavit*), na França (*eau de vie*) e no inglês: *whisky* é a versão anglicizada do termo gaélico que significa "água da vida", *uisge beatha* ou *usquebaugh*, sendo esse o nome que os monges irlandeses e escoceses davam a sua cerveja de cevada destilada. Em todo o Velho Mundo, os alquimistas concebiam o álcool destilado como uma substância singularmente poderosa, a *quintessência* ou quinto elemento, fundamento da terra, da água, do ar e do fogo. O primeiro livro impresso que tratou da destilação, o *Liber de arte distillandi* (1500) de Hieronymus Brunschwygk, explicava que o processo opera

> a separação do grosseiro a partir do sutil e do sutil a partir do grosseiro, do frágil e destrutível a partir do indestrutível, do material a partir do imaterial, de modo a tornar o corpo mais espiritual, a tornar amável o que não o era, a tornar o espiritual mais leve por sua sutileza a fim de que penetre no corpo humano com sua força e suas virtudes ocultas e cumpra sua missão de curar.

É esse vínculo entre a destilação e as coisas puras e etéreas que deu, na língua inglesa, a palavra que designa as bebidas alcoólicas destiladas em geral: *spirits*.

De medicamento a fonte de prazer e poção do esquecimento. Durante vários séculos depois de sua descoberta, a *aqua vitae* era produzida em farmácias e mosteiros e prescrita como um *cordial*, um medicamento que estimula a circulação (a palavra vem do termo latino que significa "coração"). Parece ter-se libertado do contexto farmacêutico e passado a ser bebida por prazer no século XV, quando os termos *bernewyn* e *brannten Wein*, ancestrais da palavra *brandy*, que significam "vinho ardente" ou "vinho queimado", surgem nas leis alemãs que regulam as bebedeiras em público. Foi também nessa época que os vinicultores da região do Armagnac, no sudoeste da França, começaram a destilar seu vinho e a transformá-lo num *brandy* resistente à deterioração a fim de exportá-lo para o norte da Europa. O gim, um preparado medicinal feito de centeio e semelhante ao uísque, ao qual se acrescentavam bagas de zimbro em razão do sabor e de seu efeito diurético, foi formulado pela primeira vez na Holanda do século XVI. O famoso *brandy* da região francesa de Cognac, logo ao norte de Bordeaux, surgiu por volta de 1620. O rum foi criado a partir do melaço de cana nas Índias Ocidentais inglesas por volta de 1630, e licores monásticos como o Benedictine e o Chartreuse datam de cerca de 1650.

Nos dois séculos seguintes, a potabilidade das bebidas alcoólicas destiladas foi melhorando à medida que os alambiqueiros aprendiam a refinar seus produtos. Em primeiro lugar surgiu a dupla destilação, em que um vinho ou cerveja são destilados e o destilado é destilado uma segunda vez; depois, no final do século XVIII e começo do XIX, os ingleses e franceses inventaram o engenhoso alambique de coluna, que produz bebidas de maior pureza num único processo contínuo. A crescente disponibilidade e potabilidade das bebidas destiladas criaram problemas graves de alcoolismo, particularmente entre as populações urbanas das regiões industriais. Na Inglaterra, o principal flagelo era o gim barato, que o londrino médio consumia, no século XVIII, à razão de quase 400 ml por dia "para buscar alívio no esquecimento temporário de suas misérias", como diria Charles Dickens em *Sketches by Boz* [Contos de Boz]. O controle governamental e os progressos sociais conseguiram, mais

---

Palavras da culinária: *distill* (destilar)

A palavra *distill* (destilar) vem do latim *destillare*, "gotejar". Captura assim o instante em que os vapores quase invisíveis do líquido em ebulição se condensam e tornam a se materializar numa superfície fria.

tarde, moderar o problema do alcoolismo, mas estão longe de eliminá-lo.

O uísque na América do Norte. As bebidas destiladas eram tão populares na América do Norte que acabaram por proporcionar aos norte-americanos um legado que dura até hoje: a Receita Federal! Tanto na era colonial quanto depois da fundação dos Estados Unidos, o melaço de cana era mais abundante que a cevada; e o rum, mais comum que a cerveja. Bebidas de centeio e cevada também eram destiladas nas colônias do norte por volta de 1700, e o uísque de milho do Kentucky já existia em 1780. Depois da Revolução, o novo governo norte-americano queria levantar dinheiro para cobrir seus gastos com a guerra. Para tanto, impôs tributos sobre a destilação, e em 1794 a região ocidental da Pensilvânia, povoada sobretudo por descendentes de irlandeses e escoceses, sublevou-se na breve Rebelião do Uísque. Quando o presidente Washington convocou as tropas federais para esmagá-la, a rebelião entrou para a clandestinidade e a "ação noturna" tornou-se um hábito, especialmente nas regiões mais pobres do Sul, onde a pouca quantidade de milho que podia ser plantada alcançaria preço melhor se fosse fermentada e destilada. Essa evasão fiscal levou o governo a criar o Office of Internal Revenue (Secretaria da Receita Federal) em 1862. Sessenta anos depois, o gosto norte-americano pelas bebidas fortes deu importante estímulo ao movimento pela abstinência, que culminou na Lei Seca.

Épocas recentes: o surgimento do coquetel. Foi no século XIX que as misturas de bebidas destiladas com outros tipos de bebida, os coquetéis, entraram na moda como aperitivos na Europa e nos Estados Unidos. Esse progresso produziu uma avassaladora explosão de criatividade: os manuais dos baristas hoje listam centenas de coquetéis diferentes. As origens do mais famoso de todos os coquetéis, o martíni (gim e vermute), são discutidas; ele pode ter sido inventado independentemente em diversos lugares. O gim-tônica vem da Índia britânica, onde o gim ajudava a tornar mais palatável a água de quinino antimalárica. Nos Estados Unidos, uma das primeiras bebidas mistas a ganhar fama foi a *sazerac* de Nova Orleans (*brandy* e *bitter*); conta-se que a mãe de Winston Churchill foi quem estimulou a criação do manhattan (uísque, vermute, *bitter*) num clube nova-iorquino. A Lei Seca norte-americana e o agressivo "gim de banheira" retardaram novos progressos entre 1920 e 1934. Na década de 1950, os mixólogos descobriram o valor da vodca como bebida praticamente insípida, bem como o apelo dos sucos de frutas agridoces e dos licores doces. Nas décadas seguintes, criaram drinques extremamente populares, como o mai tai, a piña colada, o screwdriver, o daiquiri, a margarita e o tequila sunrise. Na década de 1970, a vodca

---

Palavras da culinária: *alcohol* (álcool)

A palavra *alcohol* (álcool) vem da alquimia árabe medieval, que exerceu forte influência sobre as ciências ocidentais e lhes proporcionou vários outros termos importantes, entre os quais *química*, *alcalino* e *álgebra*. Para os árabes, *al kuhl* era o pó escuro do metal antimônio, que as mulheres usavam para escurecer as pálpebras. Por generalização, o termo passou a designar qualquer pó fino e, depois, a essência de qualquer material. A palavra *alcohol* foi usada pela primeira vez para designar a essência do vinho pelo alquimista alemão Paracelso, no século XVI.

bateu o uísque como bebida destilada mais vendida nos Estados Unidos.

O final do século XX trouxe consigo um modesto ressurgimento do interesse pelos coquetéis clássicos, mais austeros, e por bebidas destiladas finas de todos os tipos misturadas unicamente com água.

A PRODUÇÃO DAS BEBIDAS ALCOÓLICAS DESTILADAS

Todas as bebidas alcoólicas destiladas são feitas basicamente do mesmo modo:

- Frutas, cereais ou outras fontes de carboidratos são fermentados com leveduras, constituindo um líquido com teor alcoólico moderado, de 5 a 12% do volume.
- Esse líquido é aquecido num recipiente que coleta os vapores do álcool e das substâncias aromáticas à medida que estes escapam do líquido em ebulição. Os vapores passam então ao longo de superfícies metálicas mais frias, nas quais se condensam e são coletados, constituindo um segundo líquido.
- O líquido alcoólico concentrado é modificado de diversas formas antes do consumo. Pode ser aromatizado com ervas ou especiarias ou envelhecido em tonéis de madeira. O teor alcoólico é geralmente ajustado pelo acréscimo de água antes do engarrafamento e da subsequente comercialização.

O processo de destilação. O princípio essencial da destilação é simples: tanto o álcool quanto as substâncias aromáticas misturados na água são mais voláteis que a própria água e, por isso, evaporam da cerveja e do vinho em quantidade inicialmente superior à da água e se concentram no vapor. Porém, não é simples fazer uma bebida destilada deliciosa, nem mesmo uma bebida potável. A fermentação provocada por leveduras gera milhares de substâncias voláteis, nem todas as quais são desejáveis. Algumas são desagradáveis e outras, tóxicas, especialmente o metanol.

A escolha dos voláteis desejados. Os alambiqueiros devem, portanto, saber controlar a composição do líquido destilado. Para tanto, subdividem o vapor em frações mais

---

Concentração por congelamento

A destilação é o método mais comum para concentrar o álcool de uma bebida, mas não é o único. O congelamento também concentra o álcool em bebidas fermentadas, fazendo com que a água forme uma massa de cristais sólidos dos quais possa ser drenado um fluido rico em álcool. (O álcool congela a –114 °C, temperatura muito inferior ao ponto de congelamento da água, 0 °C.) No século XVII, Francis Bacon chamou a atenção para a alegação de Paracelso de que "se uma taça de vinho for deixada no terraço em tempo gélido, restará um pouco de licor não congelado no centro da taça, o qual leva vantagem sobre o *spiritus vini* [espírito do vinho] extraído pelo fogo". Ao que parece, os nômades da Ásia Central aplicavam a técnica do congelamento ao leite alcoólico de suas éguas, chamado *koumiss*, e os colonos europeus na América do Norte faziam *brandy* de maçã – *applejack* – da mesma maneira. O congelamento produz um tipo diferente de bebida alcoólica concentrada. O aroma não é alterado pelo aquecimento e, ao contrário da destilação, o congelamento retém e concentra os açúcares, os aminoácidos sápidos e outras substâncias não voláteis que contribuem para o sabor e o corpo do líquido original.

e menos voláteis e coletam principalmente a fração mais rica em álcool. A fração mais volátil que o álcool, frequentemente chamada de "cabeça" da destilação por evaporar antes do álcool, inclui metanol e acetona, ambos tóxicos. A fração menos volátil que o álcool, chamada "cauda", inclui muitas substâncias aromáticas desejáveis. Entre esses "congêneres" (substâncias que acompanham o álcool) encontram-se ésteres, terpenos e fenóis voláteis, além de outras substâncias que são desejáveis em quantidade limitada. As mais notáveis entre essas últimas são os alcoóis "superiores", cujas longas cadeias, semelhantes a gorduras, podem tornar as bebidas destiladas encorpadas e quase oleosas, mas também proporcionam sabor forte e agressivo e efeitos desagradáveis no pós-bebida. Os alcoóis superiores são habitualmente denominados "óleos fúsel". (Em alemão, *fusel* significa "bebida ordinária".) Um pequena dose de óleos fúsel dá personalidade à bebida destilada; uma dose grande demais a torna desagradável.

Pureza e sabor. O melhor indício de quão forte será o sabor de uma bebida destilada é a porcentagem de álcool no líquido obtido imediatamente após a destilação, antes de ser tratado por envelhecimento ou pela diluição com água (ver quadro, p. 851). Quanto maior o teor alcoólico do destilado, mais pura será a mistura de álcool e água, mais baixa a proporção de óleos fúsel e outras substâncias aromáticas e, portanto, mais neutro o sabor. A vodca, em geral, tem 90% de álcool ou mais após a destilação; os *brandies* e os saborosos uísques de malte e milho, de 60 a 80%. Os uísques feitos no esquema caseiro de "ação noturna", mal destilados, têm somente 20--30% de álcool e, portanto, são agressivos e até nocivos.

Destilação tradicional: a escolha dos voláteis pelo tempo de destilação. Há dois meios pelos quais os destiladores podem classificar os vapores em cabeça (indesejável), cauda (mais ou menos desejável) e coração, o desejável fluxo principal de álcool. O meio original, ainda usado para

As estruturas de vários alcoóis. O metanol é venenoso porque nosso corpo o converte em ácido fórmico, que, acumulado, prejudica os olhos e o cérebro. O etanol é o principal álcool produzido pelas leveduras. O butil álcool e o amil álcool são alcoóis "superiores", de cadeia mais longa. Quando concentrados pela destilação, emprestam consistência oleosa às bebidas alcoólicas graças a suas caudas de hidrocarbonetos semelhantes a gorduras.

boa parte das melhores bebidas, é a separação pelo *tempo* efetuada num simples alambique de caldeira. Pode levar 12 horas ou mais para que uma leva de cerveja ou de vinho seja aquecida até perto do ponto de ebulição e destilada. Os vapores de cabeça, extremamente voláteis, chegam primeiro; são seguidos pelos de coração, ricos em álcool, e por fim pelos de cauda, os óleos fúsel menos voláteis. Isso significa que o destilador pode desviar o fluxo dos vapores iniciais, coletar a condensação dos vapores de coração num recipiente diferente e desviar de novo os vapores de cauda. Na prática, os destiladores realizam a destilação de caldeira duas vezes. A primeira produz uma bebida com 20-30% de álcool, e a segunda, 50-70%.

Destilação contínua: a escolha dos voláteis pela posição. O segundo meio pelo qual os destiladores separam os voláteis desejáveis dos demais é pela *posição* em que se condensam num alambique de coluna, uma câmara alongada desenvolvida por alambiqueiros franceses e ingleses na época da Revolução Industrial. Num alambique de coluna, o vinho ou a cerveja entram na coluna pela parte de cima e a coluna é aquecida pela parte de baixo com

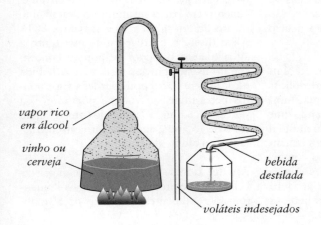

O alambique de caldeira. À medida que o vinho ou a cerveja são gradativamente aquecidos, a composição do vapor muda. As substâncias muito voláteis evaporam primeiro e as menos voláteis, depois. O destilador desvia os vapores iniciais e finais, com seus voláteis indesejáveis, e coleta o "coração" da destilação, rico em álcool e aromas agradáveis.

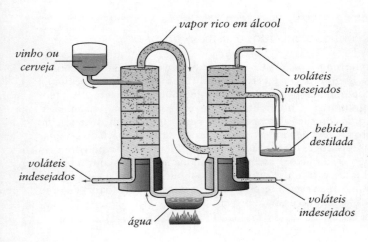

Destilação contínua num alambique de coluna. As placas em cada coluna são mais quentes perto da entrada do vapor-d'água e mais frias na outra extremidade. As substâncias com baixo ponto de fusão, entre as quais o álcool, se concentram no vapor que sai da primeira coluna e ascende ao longo da segunda; a fração rica em álcool é coletada numa posição determinada na segunda coluna.

vapor-d'água. A parte de baixo da coluna é, portanto, a região mais quente, e a parte de cima, a mais fria. O metanol e outras substâncias com baixo ponto de fusão permanecem vaporizadas ao longo de toda a coluna, exceto no topo, ao passo que os óleos fúsel e outras substâncias aromáticas com alto ponto de fusão se condensam nas placas coletoras situadas nas regiões mais quentes, perto da parte de baixo da coluna. O álcool se condensa – e pode ser coletado – num ponto intermediário. A vantagem do alambique de coluna é que ele pode ser operado continuamente e não exige vigilância constante; a desvantagem é que ele oferece menos oportunidades que o alambique de caldeira para que o destilador controle a composição do destilado. Quando duas ou mais colunas são montadas em série, são capazes de produzir um destilado neutro que contém 90-95% de álcool.

Maturação e envelhecimento. Recém-saídas do alambique, as bebidas alcoólicas destiladas são incolores como a água. Também são ásperas e agressivas, sendo por isso amadurecidas por semanas ou meses a fim de que seus vários componentes reajam uns com os outros, formem novas combinações e se tornem menos irritantes. A partir daí, de acordo com o tipo de produto em que devem se transformar, as bebidas são tratadas de diferentes maneiras. As bebidas "claras", entre as quais a vodca e as *eaux de vie* feitas de frutas, não são envelhecidas; podem ser aromatizadas, diluídas com água até apresentar o teor alcoólico desejado e, por fim, engarrafadas. As bebidas "escuras", entre as quais os *brandies* e os uísques, têm esse nome porque são envelhecidas em barris de madeira, que lhes dão cor caracteristicamente amorenada e complexidade de sabor. (Algumas bebidas escuras são coloridas com caramelo.) As bebidas alcoólicas destiladas podem ser envelhecidas por um período que vai de alguns meses a algumas décadas, no decorrer do qual seu sabor muda de modo considerável.

Os processos de extração, absorção e oxidação que ocorrem durante o envelhecimento em barril resultam no desenvolvimento de um sabor rico e suave (p. 801). Além disso, o barril permite que tanto a água quanto o álcool evaporem, concentrando as substâncias restantes. A bebida estocada em barril pode perder vários pontos percentuais de volume por ano; essa porção é chamada "parte dos anjos" e, ao cabo de 15 anos, pode chegar perto de metade do volume do barril.

Ajustes finais. Quando se conclui que as bebidas estão prontas para o engarrafamento, são geralmente misturadas para se ob-

---

Álcool concentrado: o sistema *proof*

Nos Estados Unidos, o termo *proof* é às vezes usado para designar o teor alcoólico das bebidas destiladas. O grau *proof* é cerca do dobro da porcentagem de álcool por volume, de tal modo que um *proof* 100, por exemplo, é equivalente a um teor alcoólico de 50%. (O grau *proof* é um pouquinho mais do dobro da porcentagem, pois o álcool provoca uma contração do volume da água quando é misturado com ela.) O termo *proof* (prova) vem de um teste usado no século XVII para determinar a qualidade das bebidas alcoólicas destiladas. Nesse teste, umedecia-se pólvora com a bebida e ateava-se fogo. Se a pólvora queimasse lentamente, dizia-se que a bebida estava *at proof*, "no grau de prova"; se queimasse de modo desigual ou explodisse em chamas, dizia-se que a bebida estava respectivamente *under proof* (abaixo do grau de prova) ou *over proof* (acima do grau de prova).

ter um sabor sempre igual e diluídas com água até apresentar o teor alcoólico desejado, por volta de 40%. Pequenas quantidades de outros ingredientes podem ser acrescentadas para efetuar ajustes finos no sabor e na cor: entre elas, corante caramelo, açúcar, um extrato aquoso obtido pela fervura de lascas de madeira (o *boisé* do Cognac e do Armagnac) e vinho ou Xerez (uísques misturados norte-americanos e canadenses).

Filtragem a frio. Muitas bebidas alcoólicas destiladas são *filtradas a frio*: resfriadas abaixo do ponto de congelamento da água e filtradas, removendo o material

Algumas bebidas destiladas populares

O teor alcoólico imediatamente após a destilação indica o quanto de sabor é transmitido do vinho ou cerveja para as bebidas destiladas. Quanto maior o teor alcoólico, mais baixo o teor de outras substâncias aromáticas e, logo, mais neutro o sabor.

Bebida	Material original	Teor alcoólico após a destilação (%)	Envelhecimento
Brandy	Uvas	Até 95	Barris de carvalho
Armagnac		52-65	Barris de carvalho
Cognac		70	Barris de carvalho
Grappa, marc, bagaceira	Bagaço de uvas	70	Nenhum
Calvados	Maçãs	70	Barris de carvalho
Eaux de vie	Várias frutas	70	Nenhum
Uísques de malte e milho			
Malte escocês	Cevada maltada	70	Barris de carvalho usados
Cereais	Cereais, cevada maltada	95	Barris de carvalho usados
Irlandês	Cereais, cevada maltada	80	Barris de carvalho usados
Bourbon	Milho, cevada maltada	62-65	Barris de carvalho novos chamuscados
Canadense	Cereais, cevada maltada	90	Barris de carvalho usados
Gim	Cereais, cevada maltada	95	Nenhum
Vodca	Cereais, batatas, cevada maltada	95	Nenhum
Rum	Melaço	70-90	Nenhum/barris de carvalho
Tequila	Agave	55	Nenhum/barris de carvalho
Cachaça	Garapa de cana-de-açúcar	38-48	Barris de madeira (amburana, bálsamo, cerejeira, jatobá, jequitibá ou louro-canela)

turvo que se forma. As substâncias que turvam o líquido são óleos fúsel pouco solúveis e ácidos graxos voláteis da bebida original, além de diversas substâncias parecidas extraídas do barril. Sua remoção impede que a bebida se turve quando é posta em geladeira ou diluída com água, mas também elimina parte do sabor e do corpo do líquido; por isso alguns produtores se abstêm de filtrar a frio. A turvação não ocorre em bebidas com teor alcoólico superior a 46%; assim, a maioria dessas bebidas não diluídas não é filtrada a frio. (Algumas bebidas se turvam de modo espetacular; ver pp. 858-9.)

COMO SERVIR E APRECIAR BEBIDAS ALCOÓLICAS DESTILADAS

O uso de decantadores de cristal pode fazer mal à saúde. As bebidas de alto teor alcoólico são estáveis sob os aspectos biológico e químico e podem ser conservadas por anos sem estragar. Um dos recipientes decorativos e tradicionais que se usam para guardá-las é o decantador de cristal, material que deriva seu peso e aspecto do elemento chumbo. Infelizmente, o chumbo é altamente tóxico para o sistema nervoso e se difunde prontamente do cristal para as bebidas alcoólicas destiladas e outros líquidos ácidos. Os decantadores antigos, usados muitas vezes, já tiveram seu chumbo extraído e podem ser utilizados com segurança; os novos devem ser pré-tratados para remover o chumbo das superfícies internas ou usados somente para servir as bebidas, não para estocá-las.

Os sabores das bebidas alcoólicas destiladas. As bebidas alcoólicas destiladas são servidas numa temperatura que vai de gelada (a *aquavit* sueca) a fervente (Calvados). Para que as nuances de sabor sejam apreciadas, o melhor é servi-las em temperatura ambiente e aquecê-las com as mãos, se necessário. Seu aroma é tão intenso que uma cheirada pode despertar tanto prazer quanto um gole; os apreciadores de uísque escocês chamam esse hábito de *nosing*, "narigada". No teor em que se apresenta nas bebidas destiladas, o álcool tem sobre o nariz um efeito irritante e, em seguida, entorpecente, efeito esse que se acentua em alta temperatura. Para reduzir a influência do álcool e pôr em evidência aromas mais delicados, os *connoisseurs* costumam diluir o uísque em água de boa qualidade até que a bebida chegue a um teor alcoólico de 20 a 30%. As diferentes bebidas têm sabores muito diversos, derivados do ingrediente original – uvas ou cereais –, das leveduras e da fermentação, do prolongado aquecimento da destilação, do contato com a madeira e da passagem do tempo. Aquelas ricas em óleos fúsel apresentam-se oleosas em contato com a boca, ao passo que as mais neutras têm um efeito secante e limpo. Os aromas das bebidas destiladas frequentemente permanecem na boca por muito tempo depois de o líquido ser engolido.

TIPOS DE BEBIDAS ALCOÓLICAS DESTILADAS

Pelo mundo afora, as bebidas destiladas são feitas a partir dos mais diversos líquidos alcoólicos. A seguir, breves descrições das mais famosas.

Brandies. Os *brandies* são bebidas destiladas a partir do vinho de uva. Os dois exemplos clássicos são o Cognac ou conhaque e o Armagnac. O primeiro leva o nome de uma cidade e o segundo, o de uma região do sudoeste da França, não muito longe de Bordeaux. Ambos são feitos de uvas-brancas neutras (principalmente a Ugni blanc) fermentadas sem muito rigor e transformadas em vinho, que é destilado entre a época da colheita e meados da primavera seguinte (os melhores *brandies* são destilados primeiro; durante a estocagem, o vinho perde ésteres e desenvolve acidez volátil e aromas desagradáveis). O conhaque é destilado duas vezes a partir do vinho com a borra de leveduras e alcança teor alcoólico de cerca de 70%, ao passo que o Armagnac é destilado somente uma vez num alambique tradicional de coluna, sem leveduras, e desenvolve teor alcoólico de mais ou menos 55%. Ambos são, então, envelhecidos em barris novos de carvalho francês por pelo menos seis meses; alguns Cognacs são envelhecidos por 60 anos ou mais. Antes do engarrafamento, tanto um quanto o outro são diluídos de modo a apresentar teor alcoólico de cerca de 40% e podem ser ajustados com açúcar, extrato de carvalho e caramelo. O conhaque tem caráter frutado e floral graças à destilação dos ésteres produzidos pelas leveduras do vinho. O Armagnac é relativamente áspero e complexo, graças a seu maior teor de ácidos voláteis; diz-se que seu aroma lembra o de ameixas secas. Com o prolongado envelhecimento, ambos desenvolvem um apreciado *rancio* (ranço) dado pela transformação de ácidos graxos em metil cetonas, substâncias que também proporcionam o aroma típico dos queijos azuis (p. 68).

Brandies menos famosos são feitos em outras localidades da França e pelo mundo afora segundo os mais diversos métodos, desde o industrial até o artesanal. São especialmente interessantes aqueles destilados a partir de variedades de uva com caráter mais marcante que o da Ugni blanc, propositalmente neutra.

Eaux de vie, **destilados de frutas, destilados claros.** Estes termos são menos confusos que o sinônimo "*brandies* de frutas": designam as bebidas destiladas a partir de fermentados de outras frutas que não a uva. Ao contrário dos legítimos "vinhos ardentes", que levam em si a natureza do vinho, embora transformada e complexa, as *eaux de vie* capturam e concentram a essência característica das frutas de que são feitas, de tal modo que essa essência possa ser saboreada de modo quase puro, fora da polpa da fruta. A França, a Alemanha, a Itália e a Suíça são especialmente famosas por seus finos destilados de frutas. São exemplos populares os destilados de maçã (Calvados), pera (Poire Williams), cereja (Kirsch), ameixa (Slivovitz, Mirabelle, Quetsch) e framboesa (Framboise); são menos conhecidos os de damasco (Abricot, francês), figo (o *Boukha* da África do Norte e do Oriente Médio) e melancia (*Kislav*, Rússia).

Uma única garrafa de *eau de vie* pode representar de 4,5 a 13,5 kg de fruta. Essas bebidas são geralmente destiladas duas vezes, apresentando teor alcoólico inicial de 70%, e não são envelhecidas em barris – donde sua transparência –, porque têm o objetivo de concentrar o sabor próprio da fruta, transformando-o numa essência intensa e poderosa, mas pura. O Calvados é importante exceção a essa regra. Trata-se de uma *eau de vie* de maçã, destilada na Bretanha a partir de uma mistura de variedades da fruta, algumas das quais são azedas ou amargas demais para consumo direto. No outono, ao longo de várias semanas de tempo frio, as maçãs são lentamente fermentadas e transformadas em sidra, que é então destilada em alambiques de caldeira ou de coluna, dependendo do distrito. O destilado é amadurecido em barris velhos por no mínimo dois anos. O Slivovitz, destilado de ameixa dos Bálcãs, também é envelhecido em barris.

Uísque. Esta bebida, chamada *whisky* no Reino Unido e *whiskey* em outros países de língua inglesa, é destilada a partir de cereais fermentados – sobretudo cevada, milho, centeio e trigo – e envelhecida em barril. O nome vem de um destilado de cevada da Grã-Bretanha medieval, mas hoje se aplica principalmente a destilados de milho dos Estados Unidos e do Canadá e destilados de cereais mistos de muitos outros países.

Uísques escoceses e irlandeses. Há três tipos de uísque escocês. Um deles, o *uísque de malte* (*malt whisky*), é feito unicamente de cevada maltada, tanto na região das Highlands quanto nas ilhas da Escócia. É destilado duas vezes em alambique de caldeira; apresenta teor alcoólico inicial de 70% e sabor forte e característico. Outro, o *uísque de cereais* (*grain whisky*), é menos saboroso e mais barato; é feito nas planícies baixas da Escócia a partir de cereais diversos e contém somente pequena porção de cevada maltada (10-15%) para converter os amidos em açúcares. É destilado num alambique sequencial e se apresenta inicialmente neutro, com 95% de álcool. O terceiro tipo, e o mais comum, é uma mistura (*blend*) de uísques de malte e de cereais, representando estes de 40 a 70% do volume. O costume de misturar uísques de procedências diversas iniciou-se na década de 1860 por motivos econômicos e acabou produzindo uma bebida mais suave e mais convidativa, bem a tempo de substituir o *brandy* na época em que a praga da filoxera devastou os vinhedos europeus nas décadas de 1870 e 1880. Foi então que o Scotch granjeou reputação internacional. Hoje em dia, os *connoisseurs* apreciam os singulares *single-malt whiskies* produzidos pelas poucas destilarias que ainda fazem uísque usando somente o malte de cevada.

Os produtores de uísque fazem uma cerveja, omitindo o lúpulo, e a destilam com levedo e tudo. O destilado é envelhecido por pelo menos três anos em barris de carvalho usados e, depois, é diluído com água para apresentar teor alcoólico de cerca de 40%. Em geral, é filtrado a frio. O uísque escocês deve seu sabor especial em grande medida ao malte de cevada. Os uísques de malte do litoral ocidental da Escócia apresentam singular sabor defumado em razão do uso de fogueiras de turfa para secar o malte e de água retirada da turfa para amolecer os grãos antes da fermentação. A turfa, uma camada de vegetação decomposta e em decomposição que outrora foi o combustível mais barato disponível nas regiões pantanosas da Grã-Bretanha, fornece à cerveja certas moléculas orgânicas voláteis que sobrevivem no líquido destilado.

A maior parte do uísque irlandês é feita com uma mistura de 40% de cevada maltada e 60% de cevada não maltada. Por isso, e por ser destilado duas vezes em alambique de caldeira e mais uma vez num de coluna, o uísque irlandês é mais suave que o escocês de malte e, às vezes, até que algumas misturas escocesas.

Uísques estadunidenses e canadenses. Os uísques norte-americanos são produzidos sobretudo a partir do milho, cereal nativo do Novo Mundo. O mais famoso uísque de milho é o *bourbon*, que leva o nome de um distrito administrativo do Kentucky onde o milho crescia bem na época colonial e havia água em abundância para amolecer os grãos e esfriar o destilado.

O *bourbon* é feito de uma massa que contém, em geral, 70-80% de milho, 10-15% de cevada maltada para digerir o amido e o restante de centeio ou trigo. Depois de fermentar por dois a quatro dias, a massa inteira, inclusive os resíduos de cereais e leveduras, é destilada primeiro num alambique de coluna e depois numa espécie de alambique sequencial de caldeira até

Palavras da culinária: *aperitif* (aperitivo), *digestif* (digestivo)

Essas palavras francesas descrevem duas funções atribuídas aos alcoóis concentrados na Idade Média, ideias que ainda se fazem presentes tanto nas palavras quanto nos hábitos de alimentação. *Aperitif* vem de uma raiz indo-europeia que significa "abrir, destampar", e a bebida que leva esse nome deve ser tomada antes da refeição para preparar o organismo para o alimento que está a caminho. *Digestif* vem de uma antiga raiz que significa "agir, fazer" e designa a bebida que, tomada no final da refeição, estimula o organismo a assimilar os nutrientes. Certas pesquisas demonstraram que o álcool de fato estimula a secreção de hormônios digestivos no estômago.

adquirir teor alcoólico de 60-80%. O destilado é envelhecido por pelo menos dois anos em barris novos de carvalho americano, queimados por dentro, que dão ao *bourbon* uma cor mais intensa e nota mais forte de baunilha que as dos uísques escoceses. A temperatura interna dos armazéns, que pode chegar a 53 °C no verão, acelera e modifica as reações químicas do envelhecimento. Em regra, os *bourbons* são filtrados a frio; aliás, essa técnica foi inventada por George Dickel, que fabricava uísque no Tennessee por volta de 1870. Ao contrário dos *brandies* franceses e dos uísques canadenses, o *bourbon* não pode receber corantes, edulcorantes nem aromatizantes; o único aditivo permitido é a água.

Os uísques canadenses se contam entre as mais suaves e delicadas bebidas destiladas feitas de cereais. São uma mistura de um uísque de cereais de sabor leve, destilado em alambique de coluna, com pequenas quantidades de uísques mais fortes; podem também incluir vinho, rum e *brandy* até o limite de 9% da mistura. São envelhecidos por pelo menos três anos em barris de carvalho usados.

Gim. Hoje em dia há dois estilos principais de gim *destilado*, o inglês e o holandês. Há também um gim mais barato que não pode ser chamado destilado, uma vez que os sabores são simplesmente acrescentados a um álcool neutro.

O método de produção tradicional holandês consiste na destilação dupla ou tripla, em alambique de caldeira, de uma mistura fermentada de malte, milho e centeio. O destilado tem teor alcoólico baixo e uma boa quantidade de congêneres, assemelhando-se a um uísque leve. Depois, esse líquido é destilado mais uma vez na presença de bagas de zimbro e outras ervas e especiarias, cujas moléculas aromáticas permanecem no produto final, que deve conter no mínimo 37,5% de álcool.

O gim de estilo inglês, ou gim "seco", começa com um álcool neutro a 96% produzido por outras destilarias a partir de cereais ou melaço. Esse líquido sem sabor é diluído com água e novamente destilado na presença de bagas de zimbro e outros sabores. O zimbro é necessário para que o produto possa ser chamado gim, e a maior parte dos gins também contêm coentro. Entre os demais ingredientes podem se incluir cascas de citros e enorme variedade de especiarias. Antes de ser engarrafado, o destilado é diluído de modo a apresentar teor alcoólico de 37,5 a 47%.

Os aromas principais do gim são dados por terpenos (p. 433) das especiarias e ervas, especialmente notas de pinho, cítricas, florais e amadeiradas (pineno, limoneno, linalol, mirceno). O gim holandês é geralmente apreciado puro; já o inglês, a partir da década de 1890, inspirou inúmeros coquetéis e bebidas mistas servidas em copo alto, entre os quais o martíni, o *gimlet* e o gim-tônica.

Rum. O rum surgiu no século XVII como subproduto da produção de açúcar nas Índias Ocidentais. Leveduras e outros microrganismos se multiplicava facilmente nos restos de melaço e nas águas de lavagem do açúcar. As leveduras produziam álcool e as bactérias fabricavam substâncias aromáticas de todo tipo, muitas delas desagradáveis. A partir desse material misto, equipamentos e métodos primitivos de destilação produziam um líquido de gosto forte e agressivo destinado principalmente a escravos e marinheiros e usado na África como moeda de troca para a aquisição de mais escravos. A fermentação controlada e o aperfeiçoamento da tecnologia de destilação garantiram o surgimento de um rum mais potável nos séculos XVIII e XIX.

Existem hoje dois estilos de rum. O leve estilo moderno é produzido pela fermentação de uma solução de melado com cultura pura de leveduras durante 12-20 horas e a posterior destilação em alambique sequencial. O destilado tem teor alcoólico inicial de 95% e é envelhecido por alguns meses para eliminar a aspereza do sabor. Por fim, é diluído e engarrafado com teor alcoólico de cerca de 45%. Alguns runs leves passam breve período em barris, mas depois são postos em contato com carvão para perder a cor e parte do sabor.

Runs tradicionais. Os runs tradicionais têm processo de produção muito diferente, sabor muito mais forte e cor mais escura. A maioria vem da Jamaica e do Caribe de língua francesa (Martinica, Guadalupe). Época houve em que eram fermentados por até duas semanas com um grupo de microrganismos de ocorrência espontânea, muitas vezes pelo acréscimo da borra da fermentação anterior, já dotada de sabor bem forte. Hoje em dia, a maioria dos runs tradicionais são fermentados por um ou dois dias com culturas microbianas mistas dominadas por uma levedura incomum (*Schizosaccharomyces*) que prima pela produção de ésteres. Depois, são destilados em alambique de caldeira de modo a adquirir teor alcoólico inicial muito mais baixo que o do rum leve, restando-lhes portanto uma quantidade de compostos aromáticos de quatro a cinco vezes maior que a deste. Por fim, são envelhecidos em barris já usados para o envelhecimento de uísque norte-americano, em que adquirem a maior parte de sua cor. Podem sofrer o acréscimo de caramelo para aprofundar a cor e o sabor, procedimento que parece adequado, visto que o rum é feito de açúcar*.

O rum como ingrediente. O rum puro é delicioso, mas são suas combinações com outros alimentos que explicam boa parte de sua popularidade. Os runs leves vão bem com frutas agridoces e servem de fundamento para vários coquetéis tropicais, entre os quais a piña colada e o daiquiri. Os runs escuros e médios são ingredientes úteis em doces de todo tipo graças a seu intenso sabor de caramelo.

Vodca. A vodca, destilada pela primeira vez na Rússia medieval, era usada inicialmente para fins medicinais e tornou-se bebida popular no século XVI. Seu nome significa "aguinha". Tradicionalmente, sempre foi feita a partir da fonte mais barata de amido dentre as disponíveis: geralmente algum cereal, mas às vezes batata ou beterraba. A origem não importa, pois o fermentado de base é destilado de modo a eliminar a maior parte dos compostos aromáticos. O que resta destes é removido por filtragem em carvão em pó, produzindo um sabor limpo e neutro. Essa mistura essencialmente pura de álcool e água é então diluída em mais água até apresentar o teor alcoólico desejado, de 38% no mínimo; e é engarrafada sem envelhecimento.

A vodca mal era conhecida nos Estados Unidos até a década de 1950, quando foi descoberta e considerada uma bebida ideal para ser misturada com frutas e outros sabores em coquetéis e drinques longos. Em anos recentes surgiram as vodcas aromatizadas com frutas cítricas e outras, com pimentas do gênero *Capsicum* e envelhecidas em barris.

Grappa, marc, bagaceira. São estes os nomes italiano, francês e português (de Portugal) das bebidas destiladas a partir do *bagaço*, o resíduo de cascas, polpa, sementes e engaços que resta depois da prensagem das uvas na produção de vinho. Estas bebidas são filhas da frugalidade: representavam um meio de aproveitar ao máximo as uvas. Os resíduos sólidos ainda contêm suco, açúcar e sabor. Adicionados de água e com outro período de fermentação, geram álcool e sabores que podem ser concentrados pela destilação, deixando para

---

* O destilado de cana mais produzido e consumido no Brasil é a cachaça, introduzida pelos portugueses no início da colonização a partir do conhecimento da destilação da garapa de cana-de-açúcar nas Índias Ocidentais. É bebida tipicamente brasileira e está presente no dia a dia da população, na gastronomia e na coquetelaria. Conquanto a produção artesanal seja antiga, a padronização de qualidade e a definição de critérios de produção é relativamente recente. A Anvisa proibiu a produção artesanal em alambiques de cobre por causa da contaminação, mas o assunto segue em discussão. A aguardente de cana brasileira pode ser classificada em duas modalidades básicas: a cachaça de alambique (feita artesanalmente em alambique de cobre) e a caninha industrial, que pode ser complementada com até seis gramas de açúcar por litro e à qual se pode adicionar caramelo para a correção da cor. (N. do R. T.)

trás a aspereza, a adstringência e o amargor. Os destilados de bagaço eram quase um subproduto, geralmente destilados uma única vez e frequentemente sem a separação da cabeça e da cauda. Engarrafados imediatamente depois da destilação, eram fortes e agressivos. Serviam para aquecer e estimular os trabalhadores do vinhedo, mas não se destinavam a ser saboreados. Nas últimas décadas, os produtores têm empregado uma destilação mais seletiva e às vezes envelhecem o produto, obtendo uma bebida de boa qualidade.

Tequila e mescal. Estas bebidas são destiladas do cerne rico em carboidratos de certas espécies mexicanas de agave, planta suculenta da família das amarilidáceas, semelhante a um cacto e também chamada "pita". A tequila é fabricada principalmente por grandes destilarias do estado central de Jalisco a partir do agave azul, *Agave tequilana*, ao passo que o mescal, mais rústico, é fabricado por pequenos produtores do estado sulino de Oaxaca a partir da piteira-do-caribe (*Agave angustifolia*).

O agave armazena sua energia sob a forma de frutose e de longas cadeias desse açúcar, chamadas de inulina (p. 897). Uma vez que os seres humanos não dispõem da enzima que digere a inulina, aprenderam a cozinhar por longo tempo em temperatura baixa os alimentos ricos nessa substância, tratamento esse que quebra as cadeias e produz os açúcares simples que as compõem, desenvolvendo ao mesmo tempo um sabor intenso e caracteristicamente escurecido. Os produtores de tequila cozinham no vapor o miolo do agave, rico em inulina. Cada miolo desses pode pesar de 9 a 45 kg. Já os produtores de mescal os assam em grandes fornos de carvão cavados na terra, gerando um aroma de fumaça que será preservado na bebida destilada. Os miolos doces e cozidos são amassados com água e fermentados, e o resultante líquido alcoólico é destilado. A destilação da tequila é industrial; o mescal é destilado duas vezes, primeiro em pequenos recipientes de cerâmica e depois num alambique de caldeira maior, feito de metal. A maioria das tequilas e mescais é engarrafada sem envelhecimento.

A tequila e o mescal têm sabores característicos que incluem não só aromas tostados como também florais (linalol, damascenona, feniletil álcool) e de baunilha (vanilina).

Alcoóis aromatizados: *bitters* e licores. A dupla personalidade química do álcool, sua semelhança com a água e as gorduras, o torna excelente solvente para outras moléculas voláteis e aromáticas. Ele é ótimo para extrair e reter sabores de ingredientes sólidos. Ervas, especiarias, sementes olea-

---

Alguns exemplos de alcoóis aromatizados

Flores: Sambuca (flor de sabugueiro), Gul (rosa)
Especiarias: Anisette (anis), Pimento (pimenta-da-jamaica)
Oleaginosas: Amaretto (amêndoa); Frangelico (avelã); nocino (nozes verdes)
Café: Kahlúa, Tia Maria
Chocolate: Crème de cacao
Frutas: Cointreau, Curaçao, Grand Marnier, Triple Sec (laranja); Midori (melão); Cassis (groselha-preta); limoncello (limão); "gim" de abrunho (ameixa)
Ervas: Benedictine, Chartreuse, Jaegermeister, Crème de menthe, schnapps de hortelã-pimenta

ginosas, flores, frutos: todos esses tipos de alimentos, e outros mais, são postos de molho em álcool ou destilados juntamente com líquidos alcoólicos para produzir um sem-número de líquidos aromatizados. O mais conhecido deles é o gim. A maioria dos outros se encaixa numa de duas famílias: a dos *bitters*, amargos como indica seu nome em inglês, e a dos licores, adoçados com diversas quantidades de açúcar.

Os bitters. Os *bitters* ("amargos" em inglês) são os descendentes modernos das poções medicinais outrora preparadas com vinho. Entre os ingredientes puramente amargos incluem-se a angostura (*Galipea cusparia*), planta sul-americana parente dos citros; a raiz de ruibarbo chinês; e a genciana (espécies do gênero *Gentiana*). Entre os materiais vegetais ao mesmo tempo amargos e aromáticos pode-se citar o absinto, a camomila, cascas de laranjas--amargas, o açafrão, a amêndoa-amarga e a mirra (*Commifera molmol*). Os *bitters*, em sua maioria, são misturas complexas. Podem ser feitos pela maceração do material vegetal ou por sua destilação conjunta com o fermentado alcoólico. Entre os *bitters* mais usados hoje em dia incluem-se o Angostura e o Peychaud's, formulações aromáticas do século XIX acrescentadas a coquetéis e alimentos para lhes acentuar o sabor; e aperitivos e digestivos como o Campari (anormalmente doce) e o Fernet Branca, que podem ser tomados puros.

Licores. O licor é um álcool destilado adoçado com açúcar e aromatizado com ervas, especiarias, sementes oleaginosas ou frutas. Os agentes de sabor podem ser extraídos por maceração no álcool destilado ou podem ser destilados junto com o álcool. A maioria dos licores tem por base um álcool neutro de cereais, mas há alguns cujo ingrediente inicial é um *brandy* ou um uísque. São exemplos deste último tipo o Grand Marnier, um conhaque com casca de laranja; o Drambuie, uísque escocês com mel e ervas; e o Southern Comfort, *bourbon* com *brandy* de pêssego e pêssego propriamente dito. Alguns licores incluem um creme de leite estabilizado.

Licores de anis e alcaravia. Estas bebidas destiladas derivam seu sabor dominante das sementes de plantas da família da cenoura e podem ser doces ou secas. Os licores de anis são especialmente populares; existem nas versões francesa, grega, turca e libanesa, entre outras (*pernod* e *anisette*, *ouzo*, *raki*, *araq*). Sementes de alcaravia aromatizam *aquavits* escandinavas secas e o *Kümmel* alemão, doce. Quando um licor de anis transparente é diluído com água pura em estado líquido ou gelo derretido, a mistura assume aspecto surpreendentemente turvo.

Licores em camadas

O açúcar acrescentado que adoça os licores também lhes empresta corpo e densidade. E, visto que os vários licores têm diferentes proporções de álcool (leve) e açúcar (denso), suas densidades são diversas o bastante para que os mixólogos possam formar com eles distintas camadas nos copos. Os licores mais densos ficam embaixo (*grenadine* vermelho, Kahlúa marrom) e os mais leves, em cima (Cointreau âmbar, Chartreuse verde). Quando os licores têm cores diferentes e sabores complementares, podem-se produzir agradáveis drinques decorativos. Sucos e xaropes de frutas podem tomar parte nessas composições. Com o tempo, os líquidos adjacentes se difundem uns nos outros e as camadas desaparecem.

Isso porque os terpenos aromáticos são insolúveis em água e solúveis somente num álcool altamente concentrado. Quando o álcool se dilui, os terpenos se separam da fase contínua e se agregam em pequenas gotículas hidrofóbicas, que difundem a luz como os glóbulos de gordura do leite.

VINAGRE

O vinagre é o destino inevitável do álcool, a sequência natural da fermentação alcoólica. O álcool torna os líquidos mais resistentes à deterioração porque não é tolerado pela maioria dos microrganismos. Porém, existem algumas exceções importantes e universais: bactérias capazes de usar o oxigênio para metabolizar o álcool e extrair energia dele. Nesse processo, o álcool é convertido em ácido acético, um agente antimicrobiano muito mais potente que o álcool que se tornou um dos conservantes mais eficazes das épocas antiga e moderna. O vinho alcoólico se torna, assim, um vinho ácido e pungente: em francês, um *vin aigre*.

UM INGREDIENTE ANTIGO

Uma vez que os sucos de frutas fermentados naturalmente se azedam com o ácido acético, nossos antepassados descobriram o vinagre juntamente com o vinho. Com efeito, um dos maiores desafios da produção de vinhos era o de retardar essa acidificação, limitando a exposição do vinho ao ar. Os babilônios faziam vinagre dos vinhos de tâmaras e uvas-passas, bem como da cerveja, por volta de 4000 a.C. Aromatizavam seu vinagre com ervas e especiarias, usavam-no para conservar hortaliças e carnes e acrescentavam-no à água para tornar seguro o consumo desta. Os romanos misturavam vinagre e água para fazer uma bebida comum chamada *posca*, conservavam hortaliças em vinagre e salmoura e, a julgar pelo livro de receitas de Apício, do período romano tardio, apreciavam a combinação de vinagre e mel. Plínio disse que "nenhum outro molho é tão bom para temperar a comida ou intensificar um sabor". Nas Filipinas desenvolveu-se a tradição de servir diversos peixes, carnes e hortaliças cruas com um vinagre de seiva

---

O absinto

O mais famigerado licor de ervas é o absinto, um licor verde aromatizado com anis, cujo ingrediente principal são partes da planta chamada absinto ou losna, *Arthemisia absinthium*. A losna tem um sabor amargo e agressivo e leva em si um composto aromático, a tujona, que em doses elevadas é tóxico não só para parasitas intestinais e insetos – daí o nome da planta em inglês, *wormwood*, "madeira dos vermes" – mas também para o sistema nervoso, os músculos e os rins do ser humano. O absinto era popularíssimo na França do século XIX. *L'heure verte*, a "hora verde" da tarde em que as pessoas gotejavam água no absinto através de um cubo de açúcar e provocavam turvação na bebida, foi retratada por vários pintores impressionistas e pelo jovem Picasso. O absinto adquiriu a reputação de provocar convulsões e loucura e, por isso, foi proibido em muitos países por volta de 1910, tendo sido substituído por bebidas mais simples com sabor de anis. A possível toxicidade da losna para o bebedor contumaz era provavelmente exacerbada pelo altíssimo teor alcoólico do absinto, cerca de 68% (ou seja, quase o dobro do da maioria das bebidas destiladas). O absinto ainda é legal em vários países e, nos últimos tempos, gozou de ressurgimento modesto e moderado.

de palmeira e frutas tropicais. E os chineses criaram vinagres escuros e complexos a partir do arroz, do trigo e de outros cereais, às vezes tostados antes da fermentação.

Durante milênios, a produção do vinagre se resumia ao ato de deixar azedar tonéis parcialmente cheios de vinho e outros líquidos alcoólicos, processo imprevisível que levava semanas ou meses. O primeiro sistema de produção mais rápida, um leito de gravetos de videira sobre o qual o vinho era regularmente despejado para arejar, foi inventado na França no século XVII. No século XVIII, um cientista holandês chamado Hermann Boerhaave introduziu o gotejamento contínuo de vinho sobre um leito de aeração. Nos anos 1800, Louis Pasteur demonstrou o papel essencial dos microrganismos e do oxigênio no tradicional processo de Orléans (p. 861). Os métodos modernos de cultivo de fermento biológico e produção de penicilina foram adaptados à manufatura de vinagre depois da Segunda Guerra Mundial, e hoje o vinagre é produzido em um ou dois dias.

AS VIRTUDES DO ÁCIDO ACÉTICO

O ácido acético fornece aos alimentos dois elementos de sabor. Um é a acidez na língua e o outro é um aroma característico no nariz, que pode se intensificar a ponto de adquirir uma pungência impressionante, sobretudo quando o vinagre é aquecido. A molécula de vinagre pode existir em duas formas: na forma intacta ou decomposta em duas partes, uma porção principal e um íon de hidrogênio livre. O íon de hidrogênio fornece a impressão principal de acidez, ao passo que somente a molécula intacta é volátil, sendo portanto capaz de escapar do vinagre ou do alimento, deslocar-se pelo ar e alcançar nosso nariz. A forma intacta e a "dissociada" coexistem lado a lado em proporções determinadas pelo ambiente químico em que se encontram. Se o alimento já for ácido – graças à presença do ácido tartárico no vinagre de vinho, por exemplo –, a porção dissociada será menor, uma proporção maior da substância estará na forma intacta e volátil e o aroma de vinagre será mais intenso.

O ácido acético é especialmente eficaz como conservante. Uma solução fraca, de não mais que 0,1% – o equivalente de 1 colher de chá ou 5 ml de vinagre normal num copo ou 250 ml de água –, é capaz de inibir o crescimento de muitos microrganismos.

O ponto de ebulição do ácido acético é de 118 °C, mais alto que o da água. Isso significa que o vinagre se concentrará se for fervido. Uma vez que metade de sua molécula é mais semelhante às gorduras que à água, o vinagre é mais capaz que esta última de dissolver muitas substâncias aparentadas com as gorduras, entre as quais os compostos aromáticos de ervas e especiarias. Essa é a razão pela qual os cozinheiros deixam ervas e especiarias de molho em vinagre para aromatizá-lo, e é por isso, também, que o vinagre é capaz de remover as películas de gordura de vários tipos de superfície.

Palavras da culinária: *vinegar* (vinagre), *acid* (ácido), *acetic* (acético)

Embora não pareça, a palavra *vinegar*, assim como o português *vinagre*, vem da mesma raiz das palavras *acid* (ácido) e *acetic* (acético): a raiz indo-europeia *ak-*, que significa "agudo, pungente". (O *aigre* de *vinaigre* era originalmente o latim *acer*.) São correlatas as palavras *edge* (borda, vértice), *acute* (agudo), *acrid* (acre), *ester* (éster) e *oxygen* (oxigênio), este último porque outrora se pensava que sua presença era necessária para a produção de um ácido.

A FERMENTAÇÃO ACÉTICA

São necessários três ingredientes para fazer vinagre: um líquido alcoólico, oxigênio e bactérias dos gêneros *Acetobacter* ou *Gluconobacter*, sobretudo a *A. pasteurianus* e a *A. aceti*. Essas bactérias se contam entre os poucos microrganismos capazes de usar o álcool como fonte de energia. Seu metabolismo do álcool gera dois subprodutos, o ácido acético e a água.

$$CH_3CH_2OH + O_2 \rightarrow CH_3COOH + H_2O$$
álcool + oxigênio → ácido acético + água

As bactérias do ácido acético precisam de oxigênio e, por isso, vivem na superfície do líquido em fermentação, onde, ao lado de outros microrganismos, formam uma película às vezes chamada de "mãe do vinagre". Películas especialmente grossas são criadas pela *Acetobacter xylinum*, que secreta uma forma de celulose. (Essas películas são às vezes cultivadas por seu valor intrínseco; ver p. 566.) As bactérias acéticas prosperam em ambientes quentes. Por isso a fermentação do vinagre é geralmente realizada em temperatura relativamente alta, de 28 a 40 °C.

A concentração de álcool no líquido inicial afeta a fermentação acética e a estabilidade do vinagre resultante. Uma concentração alcoólica de cerca de 5% produz um vinagre com cerca de 4% de ácido acético, ou seja, forte suficiente para impedir que ele próprio se deteriore. Acima de 5% de álcool, o vinagre resultante terá maior teor de ácido acético e será, portanto, mais estável, mas a fermentação será mais lenta porque o alto teor alcoólico inibe a atividade bacteriana. Por esse motivo e para minimizar a quantidade de álcool residual no vinagre, os vinhos que contêm de 10 a 12% de álcool são geralmente diluídos com água antes da fermentação acética. Entretanto, a água também dilui os componentes de sabor do vinho; por isso muitos pacientes produtores de vinagre ainda preferem fermentar seu vinho sem diluí-lo.

A PRODUÇÃO DE VINAGRE

Há três maneiras convencionais de produzir vinagre no Ocidente.

O processo de Orléans. O método mais simples, mais antigo e mais lento foi aperfeiçoado na Idade Média na cidade francesa de Orléans, onde os barris de vinhos deteriorados de Bordeaux e da Borgonha enviados a Paris eram identificados e aproveitados para a produção de vinagre. No processo de Orléans, barris de madeira são parcialmente preenchidos com vinho diluído. Este é inoculado com parte da "mãe" de uma leva anterior e fermentado. Periodicamente, parte do vinagre é retirada e substituída por vinho novo. Este método é lento porque a transformação do álcool em ácido acético ocorre somente na superfície do vinho exposta ao ar. Por outro lado, a fermentação lenta permite que ocorram reações entre o álcool, o ácido acético e outras moléculas, produzindo o melhor sabor. Otimizado, este processo produz um barril cheio de vinagre em dois meses.

Métodos rápidos de gotejamento e fermentação submersa. No segundo método, por "gotejamento", o vinho é reiteradamente despejado sobre uma matriz porosa e rica em ar – aparas de madeira, sabugos de milho ou um material sintético –, à qual se ligam as bactérias acéticas. Com isso, a

ácido acético

A molécula de ácido acético intacta e o ácido dissociado em íons de acetato e hidrogênio. Somente a molécula intacta é volátil e detectável por seu aroma característico. O acréscimo de vinagre a um ingrediente alcalino – claras de ovos ou bicarbonato de sódio, por exemplo – provoca a dissociação das moléculas de ácido acético e, portanto, a diminuição do aroma.

superfície efetiva do vinho aumenta muito e todas as partes do líquido são regularmente expostas ao oxigênio e às bactérias. Por fim, existe o método da "fermentação submersa", no qual bactérias mergulhadas no líquido recebem oxigênio na forma de ar bombeado para dentro do tanque. Este método industrial converte o álcool em ácido acético em 24-48 horas.

Depois da fermentação. Depois da fermentação, quase todos os vinagres são pasteurizados a 65-60 °C para matar todos os tipos de bactérias restantes, mas especialmente as próprias bactérias acéticas. Quando o álcool desaparece, estas reagem metabolizando o ácido acético e gerando água e dióxido de carbono, enfraquecendo assim o vinagre. A maioria dos vinagres é envelhecida por alguns meses, período durante o qual seu sabor se torna menos agressivo e mais suave, graças, em parte, à combinação entre o ácido acético e outros ácidos, de um lado, e vários outros compostos, de outro, para formar substâncias novas, menos pungentes e frequentemente aromáticas.

TIPOS COMUNS DE VINAGRE

Os cozinheiros podem escolher entre vários tipos de vinagre. Embora todos tenham o aroma básico e a pungência do ácido acético, cada um deles é característico, pois são feitos com matérias-primas diferentes e podem ser, ou não, envelhecidos em barris de madeira.

Vinagre de vinho. O vinagre de vinho é feito de suco de uva fermentado por leveduras. Tem, assim, um caráter vinhoso dado pelos subprodutos aromáticos e sápidos da fermentação por leveduras. Dentre as substâncias interessantes que se destacam nos vinagres de vinho e de sidra estão os compostos aromáticos que lembram manteiga (diacetil, ácido butírico). Os vinagres balsâmicos e os vinagres de Xerez são versões especializadas do vinagre de vinho (ver pp. 863-5).

Vinagre de sidra. O vinagre de sidra é feito de suco de maçã fermentado por leveduras. Inclui, portanto, certos compostos aromáticos característicos da maçã e outros que se acentuam especialmente na fermentação de maçãs: entre estes, os fenóis voláteis que dão aroma de animais e estábulos aos vinhos de uva (etilguaiacol e etilfenol, p. 821). As maçãs são ricas em ácido málico. Por isso o vinagre de sidra sofre uma fermentação malolática (p. 811) que pode intensificar o aroma e, ao mesmo tem-

A produção de vinagre em casa ou na cozinha

Não é difícil para os cozinheiros fazer seu próprio vinagre a partir de sobras de vinho ou frutas da sua escolha. Alguns cuidados aumentarão a probabilidade de se obter um bom resultado. Os líquidos doces se tornam alcoólicos e azedam naturalmente, mas alguns microrganismos de ocorrência espontânea podem produzir sabores ruins. Para minimizar essa possibilidade, devem-se usar uma cultura pura de leveduras e uma "mãe de vinagre" obtida de um produtor ativo ou de uma fonte comercial. Quanto mais alta a temperatura (até 30 °C) e quanto maior a área superficial exposta ao ar, mais rápida será a acetificação do líquido. Frutas com menos de 10% de açúcar no suco produzirão menos de 5% de álcool e, logo, menos de 4% de ácido acético no vinagre resultante, que poderá deteriorar-se. Essas frutas devem ser suplementadas com açúcar de mesa, que faz aumentar os níveis subsequentes de álcool e ácido acético.

po, diminuir a acidez. Graças a seu teor de polpa e tanino, o vinagre de sidra é frequentemente turvado por complexos tânico-proteicos em suspensão.

Vinagres de frutas. Os vinagres de frutas podem ser vinagres comuns aromatizados pelo contato com frutas frescas, maçãs inclusive, ou vinagres feitos pela fermentação do suco das frutas frescas. São exemplos os vinagres de abacaxi e de coco. Os vinagres de frutas são interessantes enquanto expressões do sabor da fruta através das fermentações alcoólica e acética.

Vinagre de malte. O vinagre de malte é feito essencialmente de cerveja sem lúpulo, ou seja, de cereais diversos e cevada brotada. Seu sabor tem sobretons de malte de cevada. Era esta a forma convencional de vinagre na Grã-Bretanha na época em que a bebida mais comum nessa região era a cerveja; era originalmente chamado *alegar*.

Vinagres asiáticos. Os vinagres asiáticos de arroz e outros cereais não são feitos de grãos brotados, mas de grãos cujo amido foi transformado em açúcares por meio de uma cultura de fungos (p. 839). Os vinagres chineses tendem a ser saborosos e especialmente sápidos, pois são feitos de grãos integrais, às vezes tostados; além disso, são fermentados em contato contínuo com os sólidos de cereais e frequentemente envelhecidos em contato com os fungos, leveduras e bactérias, todos os quais liberam aminoácidos e outros ácidos orgânicos no vinagre, além de outros compostos de sabor.

Vinagre branco ou vinagre de álcool. O vinagre branco é uma das fontes mais puras de ácido acético. É feito pela fermentação acética de álcool puro, sendo este destilado ou sintetizado a partir de gás natural; e não é envelhecido nem "amaciado" pelo contato com a madeira. Não contém nenhum ou quase nenhum subproduto aromático ou sápido da fermentação alcoólica. Nos Estados Unidos, é este o tipo de vinagre mais produzido. É usado principalmente na fabricação de picles, molhos para salada e mostardas.

Vinagre destilado. Nos Estados Unidos, o vinagre destilado é aquele feito com álcool destilado; no Reino Unido, é um vinagre feito pela fermentação acética de cerveja sem lúpulo e depois destilado para concentrar o ácido acético.

A força do vinagre. Quando se desenvolvem ou se preparam receitas em que o vinagre é um ingrediente importante, os cozinheiros devem prestar atenção não somente ao tipo de vinagre utilizado, mas também à sua força ou ao teor de ácido acético, geralmente indicada no rótulo. Nos Estados Unidos, a maioria dos vinagres produzidos industrialmente tem seu teor de ácido acético ajustado para 5%, mas em muitos vinagres de vinho esse teor é de 7% ou mais. Os suaves vinagres japoneses de arroz, por outro lado, podem conter 4% de ácido acético (o mínimo permitido nos Estados Unidos*), e os vinagres pretos chineses, apenas 2%. Por isso uma colherada terá metade da quantidade esperada de ácido acético, ou o dobro, dependendo de qual vinagre a receita pedir e daquele efetivamente utilizado.

VINAGRE BALSÂMICO

O verdadeiro vinagre balsâmico, *aceto balsamico*, não tem igual entre os vinagres: é quase preto e tem consistência espessa, sabor doce e excepcionalmente complexo e preço exorbitante, tudo isso graças a um processo de fermentação, envelhecimento e concentração em tonéis de madeira, que dura décadas. É fabricado na província da Emilia-Romagna, no norte da Itália, desde a Idade Média. Cada casa produzia o seu próprio vinagre balsâmico e o usava como uma espécie de tônico ou bálsamo para todos os fins. Foi só na década de 1980 que o resto do mundo descobriu o vinagre balsâmico. Essa descoberta motivou o desen-

---

* E no Brasil. (N. do T.)

volvimento de imitações menos elaboradas e mais baratas. O rótulo *tradizionale*, "tradicional", é de uso exclusivo da versão original.

A produção do vinagre balsâmico tradicional. O vinagre balsâmico tradicional começa com uvas viníferas: usam-se a Trebbiano (branca), a Lambrusco (tinta) e algumas outras variedades. O mosto das uvas é cozido até que seu volume se reduza em cerca de um terço. A cocção elimina água suficiente para que os açúcares e ácidos dissolvidos no suco se concentrem num teor de cerca de 40%; além disso, desencadeia uma sequência de reações de escurecimento entre os açúcares e as proteínas, que geram rica cor e sabor (p. 867). O mosto é então colocado no primeiro de uma série de barris progressivamente menores, em geral feitos cada qual de um tipo de madeira (carvalho, castanheira, cerejeira, zimbro). Os barris são mantidos num sótão ou em outro local em que fiquem expostos às variações e aos extremos do clima local. No calor do verão, os açúcares e aminoácidos concentrados reagem uns com os outros e produzem moléculas aromáticas geralmente encontradas em alimentos assados e escurecidos; além disso, os produtos e subprodutos da fermentação reagem entre si para constituir uma mistura de sabor e aroma muito intensos. À medida que a evaporação remove a água e concentra o mosto (cerca de 10% do conteúdo desaparecem a cada ano), cada barril é completado com o mosto tirado do barril imediatamente mais jovem. O vinagre terminado, cuja média de idade deve ser de no mínimo 12 anos, é tirado do barril mais antigo. Segundo certa estimativa, são necessários cerca de 36 kg de uvas para fazer 250 ml de vinagre balsâmico tradicional.

Repare que não há fermentação alcoólica inicial antes de começar a acetificação. Pelo contrário, uma cultura mista de leveduras e bactérias converte simultaneamente uma parte dos abundantes açúcares do mosto em álcool e esse mesmo álcool em ácido acético. Essas conversões ocorrem lentamente, no decorrer de vários anos, pois a alta concentração de açúcares e ácidos das uvas inibe a multiplicação de todos os tipos de microrganismos. A fermentação alcoólica é realizada por leveduras incomuns, *Zygosaccharomyces bailii* ou *bisporus*, adaptadas à sobrevivência em meio rico em açúcar e ácido acético. Ao mesmo tempo em que ocorrem as duas fermentações, dão-se os processos de maturação e envelhecimento.

No final, o vinagre balsâmico tradicional pode conter de 20 a 70% de açúcares não fermentados, cerca de 8% de ácido acético e 4% de ácidos tartárico, málico e outros ácidos não voláteis, 1% de álcool (que intensifica o aroma) e até 12% de glicerol, um produto da fermentação alcoólica que contribui para a aveludada viscosidade do preparado.

Os vinagres balsâmicos ditos "para condimento" são feitos muito mais rapidamente que os tradicionais, são muito menos concentrados e têm o sabor muito menos refinado. Os melhores vinagres produzidos em massa incluem um pouco de mosto re-

---

O uso do vinagre balsâmico

O vinagre balsâmico tradicional é usado às gotas em diversos pratos, desde saladas e carnes e peixes grelhados até frutas e queijos. As versões produzidas em massa são usadas em maior quantidade para emprestar profundidade de sabor a sopas e ensopados e para fazer vinagretes mais suaves que aqueles elaborados com simples vinagre de vinho.

duzido por cocção e vinagre balsâmico jovem, e são envelhecidos por cerca de um ano. Os vinagres balsâmicos baratos não passam de vinagre comum de vinho colorido com corante caramelo e adoçado com açúcar.

VINAGRE DE XEREZ

Um tipo de vinagre que se situa num ponto intermediário entre o vinagre comum de vinho e o vinagre balsâmico é o vinagre de Xerez espanhol, envelhecido no sistema de *solera*. O ponto de partida é um Xerez jovem e sem açúcar residual. Como o próprio Xerez e os vinagres balsâmicos, o vinagre de Xerez é misturado com levas mais velhas e amadurecido por anos ou décadas numa sequência de barris parcialmente cheios. A concentração por evaporação e o prolongado contato com os microrganismos e com a madeira dão ao vinagre de Xerez um alto teor de aminoácidos e outros ácidos orgânicos, além do viscoso glicerol. Nas soleras mais antigas, a concentração de ácido acético pode chegar a 10% ou mais. O vinagre de Xerez não é tão escuro e tão sápido quanto o vinagre balsâmico, mas é nitidamente mais intenso e mais acastanhado que os outros vinagres de vinho.

CAPÍTULO 14

MÉTODOS DE COCÇÃO E MATERIAIS DOS UTENSÍLIOS DE COZINHA

As reações de escurecimento e o sabor	867
A caramelização	867
As reações de Maillard	867
As altas temperaturas e os métodos secos de cocção	868
O escurecimento lento em alimentos úmidos	868
Desvantagens das reações de escurecimento	869
Formas de transferência de calor	869
Condução: contato direto	869
Convecção: movimento em fluidos	870
Radiação: a pura energia do calor radiante e das micro-ondas	870
Métodos básicos para aquecer o alimento	872
Grelhado e gratinado: radiação infravermelha	872
Assado ao forno: convecção do ar e radiação	873
Cocção por imersão: convecção da água	874
Cocção no vapor: aquecimento por condensação e convecção do vapor-d'água	875
Fritura em frigideira e salteado: condução	876
Fritura por imersão: convecção do óleo	876
Forno de micro-ondas: a radiação de micro-ondas	876
Os materiais dos utensílios de cozinha	877
Os diferentes comportamentos dos metais e da cerâmica	877
A cerâmica	878
O alumínio	880
O cobre	880
O ferro e o aço	881
O aço inoxidável	881
O estanho	882

Cada um dos métodos básicos de cocção, desde o grelhado sobre chama aberta até a irradiação no forno de micro-ondas, tem sua influência particular sobre o alimento. Este capítulo explica sumariamente como esses métodos funcionam e descreve as propriedades dos vários utensílios metálicos e cerâmicos que usamos para aquecer os alimentos.

Antes de tudo, porém, vale a pena examinar uma transformação importante que os alimentos sofrem quando são sujeitos a uma quantidade suficiente de calor, independentemente do método de cocção. As reações de escurecimento figuram em todos os capítulos deste livro. Têm efeitos notáveis sobre o sabor e o aspecto de um sem-número de alimentos, desde o leite condensado até as carnes grelhadas e desde o chocolate até a cerveja.

AS REAÇÕES DE ESCURECIMENTO E O SABOR

Enquanto as mudanças químicas causadas pelo calor moderado abrandam ou intensificam os sabores intrínsecos do alimento, as reações de escurecimento produzem sabores novos, sabores característicos do próprio processo de cocção. Essas reações levam o nome das cores típicas que elas também criam, cores essas que na prática vão do amarelo ao vermelho e deste ao negro, dependendo das condições de cocção.

A CARAMELIZAÇÃO

A mais simples das reações de escurecimento é a caramelização do açúcar, e não é simples de forma alguma (p. 730). Quando aquecemos o açúcar de mesa, essencialmente feito de simples moléculas de sacarose, primeiro ele derrete e se torna uma calda grossa; depois, aos poucos muda de cor, tornando-se amarelo-claro e escurecendo progressivamente rumo ao marrom-escuro. Ao mesmo tempo, seu sabor, inicialmente doce e inodoro, desenvolve acidez, certo amargor e um aroma rico. As reações químicas envolvidas nessa transformação são muitas e resultam na formação de centenas de produtos diferentes, entre eles ácidos orgânicos de sabor azedo, derivados doces e amargos, muitas moléculas voláteis fragrantes e polímeros marrons. Trata-se de uma mudança notável e é excelente que ela ocorra, pois contribui para os prazeres com que nos brindam as balas e muitos outros doces.

AS REAÇÕES DE MAILLARD

São ainda mais felizes e complexas as reações responsáveis pela cor e o sabor da casca de pão assado, do chocolate, dos grãos de café, das cervejas escuras e das carnes assadas, nenhum dos quais é feito primariamente de açúcar. Trata-se aqui das reações de Maillard, que levam o nome do físico francês Louis Camille Maillard, que as identificou e descreveu por volta de 1910. A sequência começa com a reação de uma molécula de carboidrato (um açúcar livre ou um açúcar preso numa cadeia de amido; a glicose e a frutose são mais reativas que o açúcar de mesa) e um aminoácido (livre ou parte de uma cadeia proteica). Forma-se uma estrutura intermediária instável que sofre novas reações, gerando centenas

Exemplos de moléculas aromáticas produzidas pela caramelização (à esquerda; ver p. 730) e pelas reações de Maillard entre carboidratos e aminoácidos (à direita). Os aminoácidos fornecem átomos de nitrogênio e enxofre para produzir os anéis centrais característicos dos (em sentido horário a partir de cima) pirróis, piridinas, pirazinas, tiofenos, tiazóis e oxazóis. Aos átomos de carbono de cada anel podem-se ligar outras estruturas. Os produtos das reações de Maillard têm as mais diversas qualidades, de folhosos e florais a terrosos e carnosos.

de subprodutos. Mais uma vez, o resultado é uma coloração marrom e um sabor pleno e intenso. Os sabores de Maillard são mais complexos e carnosos que os caramelizados, pois o envolvimento dos aminoácidos acrescenta átomos de enxofre e nitrogênio à mistura de carbono, hidrogênio e oxigênio, produzindo novas famílias de moléculas e novas dimensões aromáticas (ver ilustração na p. 867 e quadro abaixo).

AS ALTAS TEMPERATURAS E OS MÉTODOS SECOS DE COCÇÃO

Tanto a caramelização quanto o escurecimento de Maillard só ocorrem rapidamente em temperatura relativamente alta. A caramelização do açúcar de mesa se torna perceptível por volta de 165 °C, o escurecimento de Maillard talvez a cerca de 115 °C. Grande quantidade de energia é necessária para desencadear as interações moleculares iniciais. A consequência prática desse fato é que a maioria dos alimentos só escurecem no exterior e mediante a aplicação de calor seco. A temperatura da água não pode subir a mais que 100 °C até que ela evapore (exceto numa panela de pressão). Por isso os alimentos cozidos em água quente ou no vapor, bem como os interiores úmidos de carnes e hortaliças, jamais ultrapassam os 100 °C. Porém, a superfície exterior de alimentos preparados no óleo ou no forno alcança a temperatura de seus arredores, talvez entre 160 e 260 °C. É assim que os alimentos cozidos pelas técnicas "úmidas" – cocção por imersão, cocção no vapor, braseado – são geralmente claros e de sabor suave comparados com os mesmos alimentos cozidos por métodos "secos" – grelhado, assado, fritura. Trata-se de uma regra a não ser esquecida. Um dos fundamentos de um ensopado de sabor rico, por exemplo, é escurecer muito bem a carne, as hortaliças e a farinha antes de acrescentar qualquer líquido. Por outro lado, quando o que se pretende é realçar o sabor intrínseco dos alimentos, evite as altas temperaturas que criam os sabores escurecidos, que, embora intensos, são menos individualizados.

O ESCURECIMENTO LENTO EM ALIMENTOS ÚMIDOS

Há exceções à regra de que as reações de escurecimento exigem temperaturas superiores ao ponto de ebulição da água. A al-

---

Alguns sabores produzidos pela caramelização e pelo escurecimento de Maillard

Caramelização 165 °C ou mais	Reações de Maillard 120 °C ou mais
Doce (sacarose, outros açúcares)	Sápido (peptídeos, aminoácidos)
Azedo (ácido acético)	Floral (oxazóis)
Amargo (moléculas complexas)	Cebola, carne (compostos sulfurosos)
Frutado (ésteres)	Verduras (piridinas, pirazinas)
Xerez (acetaldeído)	Chocolate (pirazinas)
Butterscotch (diacetil)	Batata, terra (pirazinas)
Caramelado (maltol)	
Acastanhado (furanos)	E mais os sabores da caramelização

calinidade do meio, soluções concentradas de carboidratos e aminoácidos e a cocção prolongada podem todas gerar cores e aromas de Maillard em alimentos úmidos. A clara de ovo, por exemplo – alcalina, rica em proteínas, com vestígios de glicose mas composta por 90% de água –, adquire coloração amorenada quando cozida em fogo lento durante 12 horas. O líquido cuja fermentação produz a cerveja, um extrato aquoso de malte de cevada que contém açúcares e aminoácidos reativos produzidos pelos grãos germinados, tem sua cor e sabor aprofundados após várias horas de fervura. Os fundos aquosos de carne e frango sofrem os mesmos efeitos quando reduzidos para a confecção de um demiglacê concentrado. O pudim de caqui se torna quase preto graças à combinação de glicose reativa, bicarbonato de sódio alcalino e horas de cocção; e o vinagre balsâmico também se torna quase preto no decorrer de alguns anos!

DESVANTAGENS DAS REAÇÕES DE ESCURECIMENTO

As reações de escurecimento têm algumas desvantagens. Em primeiro lugar, muitas frutas desidratadas tendem a sofrer um escurecimento gradual ao longo de semanas ou meses à temperatura ambiente, pois os carboidratos e as moléculas que contêm aminas são especialmente concentradas nesse tipo de alimento (o escurecimento causado por enzimas também pode ajudar). Pequena quantidade de dióxido de enxofre é habitualmente acrescentada a esses alimentos para obstar tais mudanças indesejadas de cor e sabor. Em segundo lugar, o valor nutricional dos alimentos é levemente reduzido, pois os aminoácidos são alterados ou destruídos.

Por fim, há indícios de que alguns produtos das reações de escurecimento podem danificar o DNA e causar câncer. Em 2002, cientistas suecos encontraram um teor preocupante de acrilamida (substância que sabidamente causa câncer em ratos) em batatas *chips*, batatas fritas e outros alimentos amidosos fritos; ao que parece, a substância é produzida por reações entre os açúcares e o aminoácido asparagina. Ainda não se sabe o que essa descoberta pode significar para a saúde humana. A onipresença dos alimentos escurecidos, tanto hoje quanto ao longo de milhares de anos de história, parece indicar que eles não representam grave risco à saúde pública. E constatou-se que outros produtos das reações de escurecimento protegem contra os danos ao DNA! Porém, talvez seja prudente fazer das carnes grelhadas e lanches fritos prazeres ocasionais, e não cotidianos.

FORMAS DE TRANSFERÊNCIA DE CALOR

A cocção pode ser definida de modo geral como a transformação de alimentos crus em algo diferente. Na maioria das vezes, para transformar a comida nós a aquecemos – transferindo energia de uma fonte de calor para o alimento, de tal modo que as moléculas deste se desloquem cada vez mais rápido, colidam entre si com força cada vez maior e reajam de modo a constituir novas estruturas e sabores. Nossos vários métodos de cocção – por imersão, gratinado, assado ao forno, fritura etc. – causam seus diversos efeitos por meio do emprego de materiais muito diferentes como veículos de deslocamento do calor e pelo uso de diferentes formas de transferência térmica. Há três maneiras de transferir calor, e a familiaridade com elas nos ajudará a compreender de que modo as técnicas particulares de cocção afetam o alimento.

CONDUÇÃO: CONTATO DIRETO

Quando a energia térmica é transferida de uma partícula a outra partícula próxima por meio de uma colisão ou de um movimento que induza movimento (através da atração ou repulsão elétricas, por exemplo), o processo é chamado *condução*. Embora seja o meio mais simples e direto de transferência de calor na matéria, a condução assume diferentes formas em diferentes materiais. Os metais, por exemplo, geralmente são bons condutores de calor porque, embora seus átomos sejam fixados numa estrutura semelhante a uma treliça, alguns de seus elétrons se encontram em estado de grande liberdade e tendem a formar uma espécie de "fluido" ou "gás" dentro do sólido, que pode levar a energia de uma parte a outra. A mesma mobilidade eletrônica faz dos metais bons condutores de eletricidade. Já em sólidos não metálicos, como as cerâmicas, a condução é mais misteriosa. Parece que o calor não se propaga pelo movimento de elétrons energizados – nos sólidos feitos de compostos amarrados por ligações iônicas ou covalentes, os elétrons não têm liberdade para se movimentar –, mas pela vibração de moléculas individuais ou de uma seção da estrutura treliçada, vibração essa que se transfere para áreas vizinhas. A transferência da vibração é um processo muito mais lento e menos eficiente que o movimento eletrônico. Por isso os materiais não metálicos costumam ser considerados *isolantes* térmicos ou elétricos, e não condutores. Os líquidos e os gases são péssimos condutores, pois suas moléculas se encontram relativamente afastadas entre si.

A condutividade de um material determina seu comportamento no fogão. Quanto melhor o condutor, mais rápido o recipiente aquece e esfria e mais homogênea é a distribuição de calor pelo fundo do recipiente. O aquecimento desigual cria pontos de calor excessivo que podem queimar os alimentos – durante uma fritura, por exemplo, ou quando da redução de um purê ou molho.

A condução dentro do alimento. O calor também se transfere do exterior para o centro de um alimento sólido – um pedaço de carne, peixe ou hortaliça – por meio de condução. Uma vez que a estrutura celular dos alimentos impede o movimento da energia térmica, os alimentos se comportam mais como isolantes que como condutores e se aquecem num ritmo relativamente lento.

Uma das chaves da boa culinária está em saber aquecer um alimento até que o centro esteja no ponto sem sobreaquecer as regiões externas. Não se trata de tarefa simples, pois os diferentes alimentos se aquecem em ritmos diferentes. Uma das variáveis mais importantes é a espessura do alimento. Embora o senso comum nos diga que um pedaço de carne com 5 cm de espessura cozinha completamente no dobro do tempo necessário para cozinhar um pedaço de 2,5 cm, o fato é que ele leva entre duas e quatro vezes mais, dependendo de sua forma: menos para um pedaço compacto ou atarracado, mais para um bife ou filé largo. Não existe um método absolutamente confiável para prever quanto tempo o calor levará para passar da superfície do alimento para seu centro. Por isso o melhor é verificar frequentemente se o alimento já está no ponto.

CONVECÇÃO: MOVIMENTO EM FLUIDOS

Na forma de transferência de calor chamada *convecção*, o calor se transfere pelo movimento das moléculas de um fluido, de uma região mais quente para outra mais fria. O fluido pode ser um líquido, como a água, ou um gás, como o ar. O processo da convecção associa a condução e a mistura: moléculas energizadas se deslocam de um ponto do espaço a outro e colidem com partículas mais lentas. A convecção é um fenômeno importante, pois afeta os ventos, as tempestades, as correntes oceânicas, o aquecimento de nossas casas e o ferver da água no fogão. Ocorre porque o ar e a água ocupam mais espaço – se tornam menos densos – quando suas moléculas absorvem energia e se movem com mais rapidez. Por isso essas moléculas sobem quando se aquecem e afundam de novo quando esfriam.

RADIAÇÃO: A PURA ENERGIA DO CALOR RADIANTE E DAS MICRO-ONDAS

Todos nós sabemos que a Terra é aquecida pelo Sol. Como a energia solar nos alcança depois de viajar milhões de quilômetros por um espaço quase vazio, onde não há nada que possa transmiti-la por condução ou convecção? A resposta está na *radiação* térmica, um processo que não pressupõe o contato físico direto entre a fonte de calor e o objeto aquecido. Toda matéria emite radiação térmica constantemente, embora de hábito só sejamos capazes de detectá-la quando algo está muito quente. O calor do sol ou de um fogão a lenha, que sentimos, é o da radiação térmica. É emitido por átomos e moléculas que, tendo absorvido energia, tornam a emiti-la não na forma de um movimento mais rápido, mas de ondas de pura energia.

O calor radiante é uma radiação "infravermelha" invisível. Por incrível que pareça, o calor radiante é parente próximo das ondas de rádio, das micro-ondas, da luz visível e dos raios X. Todos esses fenômenos integram o *espectro eletromagnético*, ondas de diferentes frequências de energia criadas pelo movimento de partículas eletricamente carregadas – no mais das vezes, os elétrons dentro dos átomos. Esse movimento cria campos elétricos e magnéticos que se irradiam, ou se espalham, na forma de ondas. Inversamente, quando essas ondas energéticas atingem outros átomos, elas aumentam o movimento destes. Uma das primeiras pessoas a reconhecer que a energia térmica tem relação com a luz foi o oboísta e astrônomo inglês William Herschel, que observou, em 1800, que se um termômetro fosse deslocado de um lado a outro de um espectro luminoso produzido por um prisma, as temperaturas mais altas seriam verificadas abaixo da faixa vermelha, num local onde não havia luz visível. Em razão de sua posição no espectro, a radiação térmica é chamada *infravermelha* (*infra* significa "abaixo" em latim).

Os diferentes tipos de radiação portam diferentes quantidades de energia. Os diferentes tipos de radiação portam energias diferentes, e a energia de um determinado tipo de radiação determina o tipo de efeito que ela terá.

- Na extremidade inferior da escala, as *ondas de rádio* são tão fracas que só conseguem aumentar o movimento de elétrons livres. É por isso que são necessárias antenas de metal, com seus elétrons móveis, para transmitir e receber esse tipo de radiação.
- Depois vêm as *micro-ondas*, energéticas suficiente para tornar mais rápido o movimento de moléculas polares, como a de água. (O nome se refere ao fato de seu comprimento de onda ser mais curto que o das ondas de rádio.) Uma vez que a maioria dos alimentos são constituídos em sua maior parte por moléculas de água, a radiação de micro-ondas é um meio eficaz de cocção.
- Depois vem a *radiação térmica*, a fonte convencional de calor do cozinheiro, capaz de aumentar o movimento não somente da água polar, mas tam-

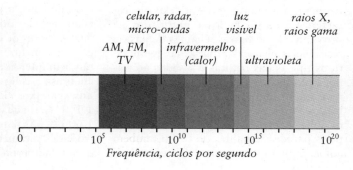

O *espectro da radiação eletromagnética. Para cozinhar nossos alimentos, usamos a radiação de micro-ondas e a infravermelha. (A escala emprega uma abreviação científica convencional para números grandes:* 10^5 *é 1 seguido de 5 zeros, ou 100.000.)*

bém de moléculas não polares – como carboidratos, proteínas e gorduras.
- A luz visível e a luz ultravioleta são capazes de alterar as órbitas de elétrons presos nas moléculas, desencadeando assim reações químicas que provocam danos a pigmentos e gorduras e desenvolvem sabores rançosos, de coisa velha. Os raios visíveis e ultravioleta do Sol podem arruinar o sabor do leite e da cerveja; e os raios ultravioleta podem queimar nossa pele, danificar nosso DNA e causar câncer.
- Os raios X e os raios gama penetram a matéria e a *ionizam*, ou seja, retiram elétrons de suas moléculas. Assim como os raios controlados de certas partículas subatômicas, eles danificam o DNA e matam os microrganismos, sendo usados para esterilizar e "pasteurizar a frio" alguns alimentos.

A radiação térmica útil é gerada por altas temperaturas. Uma vez que todas as moléculas vibram numa medida ou em outra, tudo o que nos rodeia emite constantemente alguma quantidade de radiação infravermelha. Quanto mais quente um objeto, mais energia ele irradia nas regiões superiores do espectro. É por isso que o metal aquecido ao vermelho é mais quente que o que não irradia luz visível, e o aquecido ao amarelo é mais quente que o aquecido ao vermelho. Acontece que a emissão de radiação infravermelha é relativamente baixa abaixo dos 980 °C, mais ou menos o ponto em que os objetos começam a emitir luz vermelha. A cocção por radiação é, portanto, um processo lento, a não ser em temperaturas muito altas – aquelas que caracterizam os grelhados e gratinados na proximidade de brasas, chamas de gás ou resistências elétricas ativas. Nas temperaturas típicas das frituras e assados ao forno, a condução e a convecção tendem a ser mais importantes que a radiação infravermelha. Porém, à medida que a temperatura sobe, a proporção de calor fornecida pelas paredes radiantes do forno também aumenta. Para incrementar essa contribuição, o cozinheiro pode aproximar o alimento das paredes ou do teto do forno; para diminuí-la, pode proteger o alimento com papel-alumínio.

MÉTODOS BÁSICOS PARA AQUECER O ALIMENTO

Exemplos puros das três formas de transferência de calor raramente se encontram na vida cotidiana. Todos os utensílios quentes irradiam calor em algum grau, e os cozinheiros geralmente trabalham com combinações de recipientes sólidos condutores e fluidos que circulam. Uma operação tão simples quanto aquecer no fogão uma panela cheia d'água envolve a radiação e a condução de uma resistência elétrica (radiação e convecção de uma chama de gás), condução através da panela e convecção na água. Apesar disso, em cada técnica de cocção há, em geral, uma forma predominante de transferência de calor. Juntamente com o veículo da cocção, essa forma de transferência tem influência determinante sobre o alimento.

GRELHADO E GRATINADO: RADIAÇÃO INFRAVERMELHA

O grelhado e o gratinado são as versões modernas e controladas da mais antiga técnica culinária, o assado sobre chama ou brasa. No grelhado, a fonte de calor está abaixo do alimento; no gratinado, está acima. Embora a convecção do ar contribua com parte do calor, especialmente à medida que aumenta a distância entre a fonte de calor e o alimento, o gratinado depende essencialmente da radiação infravermelha. Todas as fontes de calor usadas nessas técnicas emitem luz visível e, assim, irradiam também intensa energia térmica. O carvão em brasa e as ligas de níquel-cromo usadas nos aparelhos elétricos chegam a cerca de 1.100 °C, e a chama de gás se aproxima de 1.600 °C. As paredes de um forno, por outro lado, raramente passam de 250 °C. A quantidade total de energia irradiada por um objeto quente é proporcional à quarta potência da temperatura absoluta. Isso significa que uma brasa ou uma barra de metal a 1.100 °C irradia mais de 40 vezes a quantidade de energia irradiada por uma área equivalente da parede do forno a 250 °C.

Essa tremenda quantidade de calor é a um só tempo a grande vantagem e o principal desafio dos grelhados e gratinados. Por um lado, ela possibilita o escurecimento rápido e completo da superfície do alimento, produzindo um sabor intenso. Por outro, há enorme disparidade entre a quantidade de radiação térmica na superfície e o ritmo de condução térmica dentro do alimento. É por isso que é tão fácil queimar o churrasco no lado de fora enquanto ele permanece frio no interior.

O segredo dos grelhados e gratinados está em posicionar o alimento a uma distância tal da fonte de calor que o ritmo de escurecimento seja equivalente ao ritmo de condução; ou, alternativamente, escurecer bem a superfície com calor intenso e depois deslocar o alimento para que ele termine de cozinhar mais longe da fonte de calor ou junto a uma fonte mais branda. Esta última pode ser um ponto da grelha onde haja menos brasas, ou um forno médio.

ASSADO AO FORNO: CONVECÇÃO DO AR E RADIAÇÃO

Quando assamos um alimento, o colocamos no interior de um recinto quente – o forno – e usamos uma combinação da radiação das paredes e da convecção do ar quente para aquecê-lo. O forno desidrata facilmente a superfície dos alimentos, e por isso é capaz de escurecê-los bem, desde que a temperatura seja alta o suficiente. A temperatura típica de um assado vai de 150 a 250 °C, sendo portanto bastante superior ao ponto de ebulição da água; apesar disso, o assado ao forno é muito menos eficiente que a fervura como meio de transferência de calor. Uma batata cozinha em água fervente em menos tempo do que se leva para assá-la em temperatura muito mais alta, pois nem a radiação nem a convecção do ar a 250 °C transferem com rapidez o calor para o alimento. A densidade

Cocção por indução

O aquecimento por indução é uma versão inovadora da cocção por meio de radiação eletromagnética. Trata-se de uma alternativa à boca do fogão a gás ou elétrico: a indução aquece a panela, que aquece o alimento. No aquecimento por indução, a "boca", situada sob uma placa cerâmica, é uma bobina através da qual passa uma corrente elétrica de rápida alternância (entre 25 mil e 40 mil ciclos por segundo). A corrente faz com que a bobina gere um campo magnético de certa extensão e que alterna no mesmo ritmo. Se uma panela feita de um material adequado – ferro fundido, aço inoxidável com determinada estrutura cristalina (ferrítica) – for colocada nas proximidades da bobina, o campo magnético alternante *induz* uma corrente elétrica alternada na panela: faz com que os elétrons da panela se ponham em movimento, gerando calor rapidamente.

O aquecimento por indução tem duas vantagens nítidas sobre as bocas de gás e as resistências elétricas radiantes. Como o aquecimento por micro-ondas, é mais eficiente, pois toda a energia se transfere diretamente ao objeto aquecido sem perder-se no ar circundante. E somente a panela e seu conteúdo se tornam muito quentes. A superfície cerâmica sobre a bobina de indução só é aquecida indiretamente pela panela, pois seus elétrons não têm liberdade para serem deslocados pelo campo magnético.

do ar do forno é mais de mil vezes menor que a da água, de modo que as colisões entre as moléculas quentes e o alimento são muito menos frequentes no forno que na panela (é por isso que podemos pôr a mão dentro do forno quente sem que ela se queime imediatamente). Os *fornos de convecção* usam ventiladores para intensificar o movimento do ar e aumentam a taxa de transferência de calor, reduzindo significativamente o tempo dos assados.

Uma vez que esta técnica exige uma câmara bastante sofisticada, provavelmente entrou tarde no repertório da culinária. Os primeiros fornos parecem ter surgido quando as técnicas de panificação foram aperfeiçoadas, por volta de 3000 a.C., no Egito; eram cones de argila ocos que continham uma camada de brasas, sendo o pão grudado nas paredes internas. O forno moderno, uma caixa metálica relativamente compacta e fácil de instalar em casa, data do final do século XIX. Antes disso, a maior parte da carne era assada sobre o fogo.

COCÇÃO POR IMERSÃO: CONVECÇÃO DA ÁGUA

Na fervura e em suas modalidades efetuadas em temperatura baixa, o pocheado e o *simmering*, o alimento é aquecido pelas correntes de convecção da água quente. A máxima temperatura possível é o ponto de ebulição da água, 100 °C no nível do mar, em geral insuficiente para que estes métodos "úmidos" de cocção desencadeiem reações de escurecimento. Apesar da temperatura relativamente baixa de cocção, a fervura é um processo muito eficiente. Toda a superfície do alimento está em contato com o veículo de cocção, e a água é densa suficiente para que suas moléculas colidam constantemente com o alimento e lhe transfiram rapidamente sua energia.

Como técnica, a cocção por imersão provavelmente veio depois do assado sobre chama e antes do assado ao forno. Necessita de recipientes que resistam à água e ao fogo e, por isso, provavelmente teve de esperar até o surgimento da cerâmica, cerca de 10 mil anos atrás.

O ponto de ebulição: um marco confiável. Nem sempre é fácil para o cozinheiro reconhecer e manter uma determinada temperatura de cocção e reproduzir regularmente a mesma temperatura. Termostatos, termômetros e nossos sentidos – todos são falíveis. Por isso uma das grandes vantagens da água como veículo de cocção é que seu ponto de ebulição é constante – 100 °C no nível do mar – e instantaneamente reconhecível. O sinal inequívoco da água em ebulição são as bolhas. Por quê? Quando a água numa panela está quase fervendo, as moléculas do fundo, em que a panela é mais quente, se transformam em vapor, formando regiões menos densas que o líquido circundante. (As pequenas bolhas que se formam no começo do aquecimento são bolsões de ar que estavam dissolvidos na água fria mas se tornam menos solúveis à medida que a temperatura sobe.) Uma vez que todo o calor da panela com água fervente é aproveitado para evaporar a água líquida, a temperatura da própria água permanece sempre a mesma (p. 909). É apenas ligeiramente mais alta numa fervura forte que numa fervura fraca, com poucas bolhas, e não aumentará até que a mudança de estado, de líquido para gasoso, tenha se completado.

O ponto de ebulição depende da altitude. O ponto de ebulição da água é constante num mesmo ambiente físico, mas varia de local para local e até no mesmo lugar. O ponto de ebulição de qualquer líquido depende da pressão atmosférica que se impõe sobre sua superfície; quanto mais alta a pressão, mais energia é necessária para que as moléculas do líquido escapem da superfície e, portanto, maior a temperatura em que o líquido evapora. A cada 300 m de altitude em relação ao nível do mar, o ponto de ebulição cai cerca de 1 °C em relação ao ponto inicial de 100 °C. E o alimento demora mais para cozinhar a 93 °C que a 100 °C. Mesmo uma frente quente, de baixa pressão atmosférica, pode fazer baixar o ponto de ebulição; e a frente de alta pressão pode elevá-lo em meio grau ou mais.

Cocção na pressão: elevação do ponto de ebulição. O mesmo princípio funciona para *acelerar* a cocção na panela de pressão. Esse utensílio reduz o tempo de cocção porque prende dentro de si o vapor que sobe da água fervente, aumentando a pressão sobre o líquido e, logo, seu ponto de ebulição – e sua temperatura máxima – para cerca de 120 °C. Trata-se do equivalente de ferver água numa panela destampada no fundo de um buraco a 5.800 metros *abaixo* do nível do mar.

A panela de pressão foi inventada pelo físico francês Denis Papin no século XVII.

O açúcar e o sal dissolvidos elevam o ponto de ebulição. Quando se acrescentam sal, açúcar ou qualquer outra substância hidrossolúvel à água pura, o ponto de ebulição da solução resultante se torna mais alto que o da água e seu ponto de congelamento, mais baixo que o da água. Ambos os efeitos se devem ao fato de as moléculas de água serem diluídas pelas partículas dissolvidas, que entram no caminho daquelas moléculas à medida que elas mudam do estado líquido para o gasoso ou, inversamente, para o sólido. No caso do ponto de ebulição, a solução contém moléculas de açúcar ou íons de sal que também absorvem energia térmica, mas não podem se transformar em gás. Por isso, no ponto de ebulição normal da água, é menor a proporção de moléculas dotadas de energia suficiente para escapar do líquido e formar uma bolha de vapor, e o cozinheiro tem de empregar mais energia que o normal para formar as bolhas. O ponto de ebulição e o de congelamento sobem e descem de modo regular e constante segundo o aumento ou diminuição da concentração de açúcar ou sal dissolvidos, fato que vem a calhar quando se fazem balas e sorvetes.

É verdade que o acréscimo de sal à água eleva seu ponto de ebulição e, assim, acelera a cocção. Entretanto, são necessários cerca de 30 gramas de sal em um litro de água – salinidade semelhante à da água do mar – para que o ponto de ebulição se eleve em apenas 0,5 °C. Um morador de Denver (1.600 m acima do nível do mar) teria de acrescentar cerca de 225 g de sal a um litro de água para que esta fervesse na mesma temperatura que ferve em Boston, no nível do mar.

A cocção abaixo do ponto de ebulição. Embora a fervura seja um índice útil da temperatura, o ponto de ebulição não é necessariamente a melhor temperatura para cozinhar os alimentos por imersão. Os peixes e muitas carnes desenvolvem textura ideal a cerca de 60 °C. Se forem cozidos em água fervente, ou seja, com 40 °C a mais de temperatura, suas porções exteriores estarão sobrecozidas quando o interior estiver no ponto. Em temperatura mais branda, essa sobrecocção é reduzida, embora o tempo de cocção possa se prolongar. Um temperatura de 80 °C, verificada pelo termômetro, oferece um bom meio-termo entre a cocção eficiente e a cocção suave.

COCÇÃO NO VAPOR: AQUECIMENTO POR CONDENSAÇÃO E CONVECÇÃO DO VAPOR-D'ÁGUA

Embora seja menos denso que a água líquida e, portanto, tenha contato menos frequente com o alimento, o vapor compensa essa perda de eficiência com um ganho em energia. É preciso grande quantidade de energia para transformar em gás a água líquida; inversamente, a água gasosa libera a mesma quantidade de energia quando se condensa sobre um objeto mais frio. Ou seja, as moléculas de vapor-d'água não transmitem ao alimento somente sua energia cinética; transmitem também a energia da evaporação. Isso significa que a cocção no vapor leva a superfície do alimento ao ponto de ebulição num tempo especialmente curto e a conserva com eficácia nessa temperatura.

FRITURA EM FRIGIDEIRA E SALTEADO: CONDUÇÃO

A fritura em frigideira e o salteado são métodos onde os alimentos se aquecem principalmente por meio de condução térmica a partir de uma panela quente untada com óleo, cuja temperatura – entre 175 e 225 °C – permite a ocorrência do escurecimento de Maillard e o desenvolvimento do sabor. A gordura ou óleo desempenha vários papéis: põe a superfície irregular do alimento em contato uniforme com a fonte de calor, lubrifica alimento, impedindo que grude na panela, e fornece algum sabor. Como nos gratinados, o problema da fritura é impedir que a parte de fora do alimento cozinhe em demasia enquanto o interior fica no ponto. A alta temperatura desidrata rapidamente a superfície – por estranho que pareça, a fritura é uma técnica "seca" –, ao passo que o interior continua composto principalmente de água e nunca passa de 100 °C. Para diminuir a disparidade entre o tempo de cocção do exterior e o do interior, geralmente só fritamos alimentos cortados em pedaços finos. Também se costumam fritar as carnes inicialmente em alta temperatura – para selá-las – a fim de efetuar o escurecimento e depois reduzir a temperatura enquanto o interior chega ao ponto. Outro método para evitar a sobrecocção das porções exteriores do alimento consiste em revesti-lo de outro material que desenvolva sabores agradáveis quando frito e atue como uma espécie de isolante, protegendo o alimento nele contido do contato com o calor forte. Os empanados e massas líquidas são revestimentos desse tipo.

É difícil dizer em que época surgiu a fritura. As normas sobre o sacrifício no capítulo 2 do *Levítico*, que data de mais ou menos 600 a.C., distinguem entre o pão assado ao forno e o pão cozido "na grelha" ou "na panela". Plínio, no século I d.C., registra uma receita para doenças da vesícula em que ovos deixados de molho em vinagre são depois fritos em óleo. E no século XIV, época de Chaucer, a fritura já era comum suficiente para ser apresentada como pitoresca metáfora. Sobre seu quarto marido, a Mulher de Bath diz:

De raiva e forte ciúme,
Fi-lo fritar na própria gordura.
Por Deus! Na Terra fui seu purgatório,
E por isso espero esteja sua alma na glória.

FRITURA POR IMERSÃO: CONVECÇÃO DO ÓLEO

A fritura por imersão difere da fritura em frigideira por empregar óleo suficiente para cobrir completamente o alimento. Enquanto técnica, assemelha-se mais à cocção por imersão em água que à fritura em frigideira, com a diferença essencial de que o óleo alcança temperatura muito mais alta que a do ponto de ebulição da água, sendo por isso capaz de desidratar e escurecer a superfície do alimento.

FORNO DE MICRO-ONDAS: A RADIAÇÃO DE MICRO-ONDAS

Os fornos de micro-ondas transferem calor por radiação eletromagnética, mas o fazem por meio de ondas que portam somente um dez mil avos da energia infravermelha de um carvão em brasa. Essa mudança provoca um efeito singular de aquecimento. Ao passo que as ondas infravermelhas têm energia suficiente para estimular o movimento vibratório de quase todas as moléculas, as micro-ondas tendem a afetar somente as moléculas polares (p. 884), cujo desequilíbrio elétrico fornece à radiação uma espécie de alavanca para movimentá-las. Por isso os alimentos que contêm água são aquecidos direta e rapidamente pelas micro-ondas. Mas o ar dentro do forno, composto de moléculas não polares de nitrogênio, oxigênio e hidrogênio, bem como os materiais não polares que compõem os recipientes (vidro, cerâmica e plástico, este feito de cadeias de hidrocarbonetos), não são afetados pelas micro-ondas; é a comida que os aquece à medida que se aquece.

Como funciona o forno de micro-ondas? Um transmissor, muito parecido com um de rádio, cria dentro do forno um campo eletromagnético que troca de polaridade de 2 a 5 bilhões de vezes por segundo. (Opera numa frequência de 915 ou 2.450 milhões de ciclos por segundo; compare com a frequência das tomadas comuns, de 60 ciclos, e dos sinais de rádio FM, de mais ou menos 100 milhões de ciclos por segundo.) As moléculas polares de água no alimento são atraídas pelo campo e assumem a orientação por ele determinada; mas, como o campo muda constantemente, as moléculas oscilam de um lado para o outro junto com ele. A água transmite esse movimento às moléculas vizinhas, deslocando-as, e a temperatura do alimento como um todo sobe rapidamente.

Folhas de alumínio e utensílios metálicos podem ser colocados no micro-ondas com os alimentos úmidos, desde que sejam razoavelmente grandes e mantidos a certa distância das paredes do forno e uns dos outros, a fim de impedir a formação de um arco elétrico. Toda decoração metálica sobre a porcelana será danificada. O papel-alumínio é útil para proteger parcialmente certos alimentos da radiação – as extremidades finas dos filés de peixe, por exemplo.

O forno de micro-ondas é uma invenção recente. Em 1945, o dr. Percy Spencer, cientista que trabalhava para a Raytheon na cidade de Waltham, Massachussetts, requisitou uma patente para o uso de micro-ondas na culinária depois de conseguir fazer pipoca com elas. Esse tipo de radiação já fora usado na diatermia, ou tratamento térmico profundo para pacientes com artrite. Fora usado também nas comunicações e na navegação. Nos Estados Unidos, o forno de micro-ondas se popularizou na década de 1970.

Vantagens e desvantagens das micro-ondas. A radiação de micro-ondas tem uma grande vantagem sobre a infravermelha: cozinha muito mais rápido os alimentos. As micro-ondas penetram no alimento à profundidade de cerca de 2,5 cm, ao passo que a energia infravermelha é quase toda absorvida na superfície. Visto que a radiação térmica só pode chegar ao centro dos alimentos pelo lento processo de condução, é facilmente vencida pelas micro-ondas, que chegam substancialmente mais fundo. Esse alcance, aliado ao fato de as micro-ondas esquentarem somente o alimento e não o que está em volta dele, resulta num uso muito eficiente da energia.

A cocção por micro-ondas tem, por outro lado, várias desvantagens. Uma delas é que, nas carnes, o aquecimento rápido pode causar maior perda de fluido e, portanto, criar textura mais seca; além disso, torna mais difícil saber quando o alimento está pronto. Este senão pode ser compensado ligando e desligando alternadamente o forno para tornar mais lento o aquecimento. Outro problema é que as micro-ondas não são capazes de escurecer a maioria dos alimentos a menos que os desidratem, uma vez que a superfície não se torna mais quente que o interior. Lâminas metálicas finas, que concentram a radiação, são usadas nas embalagens de alimentos que vão ao micro-ondas para ajudar a aquecer a superfície deles a ponto de escurecê-la.

OS MATERIAIS DOS UTENSÍLIOS DE COZINHA

Por fim, uma breve discussão sobre os materiais dos quais fazemos nossas panelas e demais recipientes. Geralmente, queremos que os utensílios tenham duas propriedades. Sua superfície deve ser quimicamente inerte para que eles não mudem o gosto nem a comestibilidade do alimento. E eles devem conduzir o calor de modo homogêneo e eficiente, de tal modo que a concentração térmica num único local não venha a queimar o conteúdo. Não há um mesmo material que tenha as duas propriedades.

OS DIFERENTES COMPORTAMENTOS DOS METAIS E DA CERÂMICA

Como vimos, a condução do calor num sólido ocorre quer pelo movimento de elétrons energizados, quer pela vibração das estruturas cristalinas. Um material cujos elétrons sejam móveis suficiente para conduzir bem o calor também tenderá a ceder esses elétrons a outros átomos em contato com sua superfície; em outras palavras, os bons condutores, como os metais, em geral são quimicamente reativos. Pelo mesmo motivo, os compostos inertes são maus condutores. As cerâmicas são misturas estáveis e inertes de vários compostos (óxidos de magnésio e alumínio, dióxido de silício) cujas ligações covalentes prendem rigidamente os elétrons. Por isso transmitem lentamente o calor por meio de vibrações pouco eficazes. Quando sujeitas ao calor direto e intenso da boca do fogão, a cerâmica é incapaz de distribuir a energia de modo homogêneo. As áreas mais quentes se expandem mais que as menos quentes e se acumulam tensões mecânicas que acabam por rachar ou quebrar o utensílio. É por isso que as cerâmicas, em geral, são usadas somente no forno, onde entram em contato com um calor moderado e difuso; ou são aplicadas na forma de finos revestimentos sobre a superfície de um metal, o qual realiza a tarefa de distribuir homogeneamente o calor.

A formação espontânea de revestimentos cerâmicos nos metais. Acontece que a maioria dos metais comumente usados nos utensílios de cozinha se revestem naturalmente de uma camada muito fina de material cerâmico. Os elétrons dos metais são móveis e o oxigênio adora abocanhar elétrons. Quando o metal é exposto ao ar, os átomos da superfície sofrem uma reação espontânea com o oxigênio da atmosfera e formam um óxido metálico muito estável. (O deslustre da prata e do cobre, pelo contrário, é devido a uma composição desses metais com enxofre; o enxofre provém sobretudo da poluição atmosférica.) Essas películas de óxidos são inertes e relativamente resistentes. O óxido de alumínio, quando ocorre não em panelas mas em cristais, forma a substância abrasiva chamada coríndon e também é o material principal dos rubis e safiras (as cores dessas pedras preciosas são dadas por impurezas de cromo e titânio). O problema é que esses revestimentos naturais têm somente algumas moléculas de espessura e são facilmente raspados ou desgastados durante a cocção.

Os especialistas em metais descobriram dois modos de tirar vantagem da oxidação dos metais na superfície das panelas. A película formada sobre o alumínio pode, mediante tratamento químico, alcançar a espessura de 0,03 mm, tornando-se assim mais ou menos impermeável. E o ferro pode ser protegido mediante a mistura com outros metais, que formam uma superfície oxidada mais firme e assim produzem o aço inoxidável (p. 881).

A seguir, algumas descrições breves dos materiais de que são feitos a maioria dos utensílios culinários hoje em dia, e de suas particulares vantagens e desvantagens.

A CERÂMICA

Terracota, grês, vidro. As cerâmicas são misturas variadas de diversos compostos, especialmente os óxidos de silício, alumínio e magnésio. O *vidro* é uma variedade particular de cerâmica cuja composição é mais regular e geralmente se caracteriza pela preponderância da sílica (dióxido de silício). Até há pouco tempo, esses materiais eram feitos de agregados minerais encontrados na natureza: a palavra *cerâmica* vem do termo grego que significa "argila de oleiro". A moldagem e secagem de recipientes simples de argila, ou *terracota*, data de cerca de 9 mil anos atrás, época em que as plantas e animais começavam a ser domesticados. O *grês* é menos poroso, mais liso e muito mais forte que a terracota; contém tamanha quantidade de sílica e é queimado em temperatura tão alta que chega a se vitrificar, ou seja, transformar-se parcialmente em vidro. Os chineses inventaram esse requinte um pouco antes de 1500 a.C. A *porcelana* é um grês branco mas translúcido feito pela mistura de caulim, uma argila muito leve, com um silicato mineral e queimado em forno em temperatura extremamente alta; data da dinastia T'ang (618-907 d.C.). Essa cerâmica fina foi introduzida na Europa com o comércio de chá no século XVII. Na Inglaterra, recebeu o nome de *Chinaware* e depois simplesmente *China*. Os primeiros recipientes de vidro não eram vazados em moldes nem soprados, mas laboriosamente esculpidos a partir de blocos do material. Datam de 4 mil anos atrás, no Oriente Médio.

As qualidades dos recipientes cerâmicos. A característica mais extraordinária dos materiais cerâmicos é sua estabilidade química: são inertes, resistem à corrosão e não afetam nem o sabor nem as demais qualidades dos alimentos. (É exceção a essa regra o fato de as argilas e esmaltes às vezes conterem chumbo, que é venenoso para o sistema nervoso e pode ser extraído do recipiente por alimentos ácidos. Os recipientes cerâmicos importados feitos com argilas ou esmaltados ricos em chumbo ainda causam incidentes ocasionais de intoxicação por chumbo.) Os recipientes cerâmicos tendem a ser usados somente nos processos de cocção lentos e uniformes, especialmente assados ao forno e braseados, pois o calor direto pode despedaçá-los. Os vidros termorresistentes incorporam um óxido de boro que tem o efeito de reduzir a expansão térmica em três vezes, e por isso são menos afetados pelos choques térmicos, embora não sejam imunes a eles.

Utensílios esmaltados. Nos utensílios *esmaltados* ou de *ágata*, vidro em pó é fundido sobre a superfície de utensílios de ferro ou aço e forma aí uma fina película. A esmaltagem foi inventada no começo do século XIX, quando era aplicada a objetos de ferro fundido; hoje em dia, o metal esmaltado é muitíssimo usado nas indústrias de laticínios, cervejarias e indústrias químicas, bem como em banheiras. Nos utensílios de cozinha, o metal difunde homogeneamente o calor direto; a camada cerâmica,

Os revestimentos não aderentes e as "panelas" de silicone

Os materiais usados nos revestimentos não aderentes foram desenvolvidos em meados do século XX por químicos industriais, e os utensílios em que são empregados foram introduzidos na década de 1960. O teflon e seus parentes são longas cadeias de átomos de carbono com átomos de flúor projetando-se dessa espinha dorsal. Gera-se assim um material semelhante ao plástico, com superfície lisa e escorregadia e inerte como a cerâmica em temperatura moderada de cocção. Acima de 150 °C, entretanto, esses materiais se decompõem e formam diversos gases tóxicos e nocivos. Portanto, os utensílios não aderentes devem ser usados com cuidado para evitar o sobreaquecimento. Esses revestimentos têm outra desvantagem: arranham-se facilmente, e o alimento adere aos arranhões.

A partir da década de 1980, assadeiras e recipientes flexíveis e não aderentes feitos de silicone começaram a ser usados pelos padeiros para revestir internamente ou mesmo substituir as assadeiras de metal. O silicone também é uma molécula longa, com espinha dorsal de átomos alternados de silício e oxigênio da qual se projetam pequenas cadeias de carbono semelhantes às gorduras. A espinha dorsal dá ao material sua flexibilidade e as projeções hidrofóbicas fazem com que sua superfície se comporte permanentemente como uma assadeira bem untada. Os silicones usados na cozinha se decompõem à temperatura de mais ou menos 240 °C. Por isso, como as panelas não aderentes, as assadeiras de silicone devem ser usadas com cuidado.

fina suficiente para se expandir e se contrair de modo uniforme, protege a comida do contato direto com o metal. A ágata é razoavelmente durável, embora exija alguns cuidados: caso uma panela quente seja posta diretamente sob água fria, a camada cerâmica pode lascar ou se danificar.

As vantagens da baixa condutividade.
A baixa condutividade dos materiais cerâmicos é uma vantagem se o cozinheiro tiver de manter a comida quente. Os bons condutores, como o cobre e o alumínio, perdem calor rapidamente para o meio circundante, ao passo que a cerâmica o retém. Do mesmo modo, os fornos com paredes cerâmicas (de tijolos) não têm igual quanto à homogeneidade da distribuição do calor dentro deles. As paredes lentamente absorvem e armazenam grande quantidade de energia enquanto forno é aquecido, e a liberam quando o alimento é colocado lá dentro. Os modernos fornos de metal não são capazes de armazenar tanto calor e, por isso, suas fontes de calor têm de se ligar e desligar alternadamente. Isso causa flutuações de temperatura e pode queimar pães e outros alimentos assados em temperatura alta.

O ALUMÍNIO

O alumínio, apesar de ser o metal mais abundante na crosta terrestre, passou a ser usado em utensílios de cozinha somente há pouco mais de um século. Não é jamais encontrado na natureza em seu estado puro, e um bom método para separá-lo de seu minério só foi desenvolvido na década de 1890. Nos utensílios culinários, é geralmente ligado com pequenas quantidades de manganês e, às vezes, de cobre. As principais vantagens do alumínio são seu custo relativamente baixo, uma condutividade térmica que só perde para a do cobre e uma baixa densidade que o torna leve e de fácil manipulação. Sua onipresença, na forma de papel-alumínio e das latinhas de refrigerante e cerveja, é testemunho de sua utilidade. Porém, visto que o alumínio não anodizado desenvolve somente uma fina camada superficial de óxido, as moléculas reativas do alimento – as substâncias ácidas e alcalinas, bem como o sulfeto de hidrogênio produzido pelos ovos cozidos – penetram facilmente a superfície da panela, formando vários complexos de óxidos e hidróxidos de alumínio, alguns dos quais são cinzentos ou pretos. Estes podem manchar comidas de cor clara. Hoje em dia, a maior parte dos utensílios de alumínio tem revestimento não aderente ou são *anodizados*, processo no qual o metal assume o papel de polo positivo (ânodo) numa solução de ácido sulfúrico. Força-se assim a oxidação de sua superfície, formando uma grossa camada protetora de óxido.

O COBRE

O cobre é o único metal comum encontrado naturalmente em estado metálico. Por esse motivo, foi o primeiro metal usado para a fabricação de utensílios, cerca de 10 mil anos atrás. Na cozinha, é apreciado por sua incomparável condutividade, que torna simples a tarefa de aquecer rapidamente e por igual. Porém, o cobre também é relativamente caro, pois sua condutividade o tornou o material predileto para milhões de quilômetros de circuitos elétricos. É difícil de manter polido, pois tem forte afinidade com o oxigênio *e* o enxofre e desenvolve uma película superficial esverdeada quando exposto ao ar. O mais importante é que os utensílios de cobre podem fazer mal. A camada exterior de óxido é às vezes porosa e pulverulenta, e os íons de cobre facilmente se misturam nas soluções alimentares. Esses íons podem ter efeitos úteis: estabilizam as espumas de claras de ovos (pp. 113-4) e aprimoram, com sua presença, a cor verde de certas hortaliças cozidas. Todavia, o corpo humano só é capaz de excretar o cobre em quantidade limitada, e a ingestão excessiva pode causar problemas gastrointestinais ou, em casos mais extremos, danos ao fígado. Ninguém sofrerá intoxicação ao comer de vez em quando um merengue batido em vasilha de cobre, mas o cobre nu não é bom candidato ao uso cotidiano na cozinha. Para evitar essa grande desvantagem, os fabricantes revestem os utensílios de cobre com aço inoxidável ou, tradicionalmente, com estanho. O estanho tem as próprias limitações (p. 882).

O FERRO E O AÇO

O ferro foi descoberto em época relativamente tardia, pois existe na crosta terrestre principalmente sob a forma de óxidos e teve de ser conhecido em sua forma pura por acidente, talvez quando se fez uma fogueira sobre um afloramento do minério. Encontraram-se artefatos de ferro datados de 3000 a.C, mas afirma-se que a Idade do Ferro, quando esse metal passou a ser regularmente usado sem, porém, ganhar preeminência sobre o cobre e o bronze (uma liga de cobre e estanho), começou por volta de 1200 a.C. O *ferro fundido* é ligado a cerca de 3% de carbono para endurecer o metal e também contém um pouco de silício; o *aço-carbono* contém menos carbono e sofre um tratamento térmico que constitui uma liga menos quebradiça mas mais resistente, que pode ser usada para a fabricação de panelas mais finas. Os principais atrativos do ferro fundido e do aço-carbono na cozinha são o preço baixo e o fato de não fazerem mal à saúde. O excesso de ferro é prontamente eliminado do corpo, e fato é que um pouco mais de ferro na dieta da maioria das pessoas não lhes fará mal algum. A maior desvantagem desses materiais é a tendência à corrosão, que pode porém ser evitada pela cura regular com gordura (abaixo) e pela limpeza suave. Como o alumínio, o ferro e o aço-carbono podem manchar a comida. E o ferro não conduz tão bem o calor quanto o cobre e o alumínio. Todavia, exatamente por esse motivo, e por ser o ferro mais denso que o alumínio, o utensílio de ferro fundido absorve mais calor e o conserva por mais tempo que um utensílio idêntico de alumínio. As panelas grossas de ferro fundido proporcionam um calor estável e homogêneo.

A "cura" do ferro fundido e do aço-carbono. Os cozinheiros que gostam de panelas de ferro fundido e aço-carbono criam uma camada protetora artificial sobre a superfície facilmente corrosível de seus utensílios. Para "curá-las", revestem suas panelas de óleo de cozinha e as aquecem por várias horas. O óleo penetra nos poros e fissuras do metal, protegendo-o do ataque do ar e da água. E a combinação de calor, metal e ar oxida as cadeias de ácidos graxos e as estimula a se ligarem umas com as outras ("polimerizar") e a constituir uma camada densa, dura e seca (assim como o óleo de linhaça e outros "óleos secantes" fazem quando aplicados sobre madeira e pinturas). Os óleos altamente insaturados – de soja, de milho – são especialmente suscetíveis à oxidação e à polimerização. Para não remover a camada protetora de óleo, os cozinheiros limpam cuidadosamente as panelas de ferro fundido curadas, usando sabão neutro e um abrasivo como o sal, que se dissolve na água, em vez de detergente e palha de aço.

O AÇO INOXIDÁVEL

A grande exceção à regra de que os metais formam revestimentos superficiais protetores é o ferro, que enferruja na presença do ar e da umidade. O complexo alaranjado de óxido férrico e água (Fe$_2$O$_3\cdot$H$_2$O) é um pó e não uma película contínua, e por isso não protege a superfície metálica do contato com o ar. A menos que seja protegido por outros meios, o ferro metálico se corrói continuamente (é por isso que o ferro puro não se encontra na natureza). Os esforços para tornar esse elemento barato e abundante mais resistente à corrosão resultaram, no século XIX, no desenvolvimento do *aço inoxidável*, uma liga de ferro e carbono que – nos utensílios de cozinha – é formulada com cerca de 18% de cromo e 8-10% de níquel. O cromo garante um brilho forte e permanente porque, sendo extremamente propenso à oxidação, forma naturalmente um revestimento oxidado grosso. No aço inoxidável, o oxigênio reage preferencialmente com o cromo e o ferro não chega a ter a oportunidade de enferrujar.

Essa estabilidade química tem seu preço. O aço inoxidável é mais caro que o ferro fundido e o aço-carbono e não conduz bem o calor. O acréscimo de um grande número de átomos diferentes aparentemente prejudica o movimento dos elétrons, visto causar irregularidades estruturais e elétricas no material. Para homogeneizar a transferência de calor numa panela de aço inox, a parte de baixo da panela pode ser revestida de cobre; o cozinheiro pode colocar uma chapa de cobre ou alumínio no fundo da panela; ou a panela pode ser feita de duas ou mais camadas, com um bom condutor logo abaixo da superfície. É claro que esses refinamentos aumentam ainda mais o custo do utensílio. Não obstante, esses híbridos são os que chegam mais perto da panela ideal: quimicamente inerte, mas boa condutora de calor.

O ESTANHO

Provavelmente, o estanho era usado de início em liga com o cobre, formando o metal chamado bronze, cuja resistência mecânica é maior. Hoje em dia, o estanho é usado principalmente como revestimento inerte e não tóxico nos utensílios de cobre. Esse uso limitado resulta de duas propriedades inconvenientes: um baixo ponto de fusão (230 °C), que pode ser alcançado em certos procedimentos de cocção; e uma maciez que torna o metal muito suscetível a desgastes. A liga de estanho chamada *peltre*, que antigamente continha chumbo e hoje é feita com 7% de antimônio e 2% de cobre, já não é muito usada.

CAPÍTULO 15

AS QUATRO MOLÉCULAS BÁSICAS DOS ALIMENTOS

A água	884	As gorduras e o calor	893
A água adere fortemente a si mesma	884	Os emulsificantes: fosfolipídios, lecitinas, monoglicerídeos	894
A água é boa para dissolver outras substâncias	885	**Os carboidratos**	895
A água e o calor: do gelo ao vapor	885	Açúcares	895
A água e a acidez: a escala do pH	887	Oligossacarídeos	896
As gorduras, os óleos e seus parentes: os lipídios	888	Polissacarídeos: amido, pectina, gomas	896
Os lipídios não se misturam com água	888	**As proteínas**	**898**
A estrutura das gorduras	889	Aminoácidos e peptídeos	898
Gorduras saturadas e insaturadas, hidrogenação e ácidos graxos trans	890	A estrutura das proteínas	899
		As proteínas na água	900
		A desnaturação das proteínas	901
		As enzimas	901

Este capítulo descreve as características das quatro substâncias que protagonizam a química dos alimentos e do processo de cocção, as moléculas a que nos referimos constantemente nos quatorze capítulos anteriores.

- A *água* é o componente principal de quase todos os alimentos – e do nosso corpo! É também um veículo em que aquecemos o alimento para modificar--lhe o sabor, a textura e a estabilidade. Uma propriedade particular das soluções aquosas, sua acidez ou alcalinidade, é um fator de sabor e tem importante influência sobre o comportamento das outras moléculas alimentares.
- As *gorduras*, os *óleos* e seus parentes são os antagonistas da água. Como

esta, são componentes dos alimentos e dos corpos dos seres vivos e servem de veículo para a cocção. Porém, sua natureza química é muito diferente – tão diferente que não podem se misturar com a água. Os seres vivos se aproveitam dessa incompatibilidade: usam materiais gordurosos para conter o miolo aquoso das células. Os cozinheiros a aproveitam quando fritam os alimentos a fim de torná-los crocantes e escuros e quando espessam molhos com gotículas de gordura microscópicas mas intactas. As gorduras também portam e produzem aromas.
- Os *carboidratos*, especialidade das plantas, são os açúcares, os amidos, a celulose e as substâncias pécticas. Em

geral, misturam-se naturalmente com a água. Os açúcares dão sabor a muitos de nossos alimentos, ao passo que o amido e os carboidratos das paredes celulares lhes proporcionam volume e textura.

- As *proteínas* são as moléculas alimentares mais sensíveis e caracterizam os alimentos de origem animal: leite, ovos, carne e peixe. Suas formas e comportamentos são drasticamente modificados pelo calor, pela acidez, pela salinidade e, às vezes, até pelo ar. Os queijos, os cremes de leite e ovos, as carnes curadas e cozidas, os pães fermentados – todos esses alimentos devem sua textura às proteínas alteradas.

A ÁGUA

De todos os nossos companheiros químicos, a água é a mais familiar. É a menor e a mais simples das moléculas alimentares básicas e tem somente três átomos: H₂O, dois hidrogênios e um oxigênio. E não será fácil exagerar sua importância. Deixando o lado o fato de que ela molda os continentes e o clima do planeta, todas as formas de vida, inclusive a nossa, existem numa solução de água: um legado das origens da vida, há bilhões de anos, nos oceanos primordiais. Sessenta por cento do peso de nosso corpo são constituídos de água; a carne crua contém cerca de 75% de água e as frutas e hortaliças, até 95%.

A ÁGUA ADERE FORTEMENTE A SI MESMA

As propriedades importantes da água comum podem ser entendidas como diferentes manifestações de um único fato. Cada molécula de água é eletricamente assimétrica, ou *polar*: tem um lado positivo e outro negativo. Isso porque o átomo de oxigênio exerce atração mais forte que os de hidrogênio sobre os elétrons partilhados entre eles e porque os átomos de hidrogênio se projetam para fora da molécula, formando as hastes de um V: ou seja, a molécula de água tem o oxigênio em uma extremidade e os hidrogênios em outra, e a extremidade onde está o oxigênio é mais negativa que a dos hidrogênios. Essa polaridade faz que o oxigênio negativo em uma molécula sinta atração elétrica pelos hidrogênios positivos em outras moléculas. Quando essa atração aproxima e faz aderir duas moléculas, é chamada *ligação de*

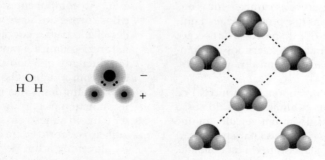

Moléculas de água. Aqui, três maneiras diferentes de representar uma molécula de água, formada por um átomo de oxigênio e dois de hidrogênio. Visto que o átomo de oxigênio exerce atração mais forte sobre os elétrons (pontinhos pequenos) que partilha com os átomos de hidrogênio, a molécula de água é eletricamente assimétrica. A separação entre um centro de carga positiva e outro de carga negativa leva à formação de ligações fracas entre os centros de cargas opostas em diferentes moléculas. As ligações fracas entre as moléculas, representadas aqui por linhas pontilhadas, são chamadas ligações de hidrogênio.

hidrogênio. As moléculas do gelo e da água líquida sempre formam de uma a quatro ligações de hidrogênio. Entretanto, o movimento das moléculas no líquido é vigoroso suficiente para superar a força das ligações de hidrogênio e quebrá-las: ou seja, as ligações de hidrogênio na água líquida são fugazes; se formam e se desfazem constantemente.

Essa tendência natural da água de constituir ligações entre suas moléculas tem vários efeitos na vida e na cozinha.

A ÁGUA É BOA PARA DISSOLVER OUTRAS SUBSTÂNCIAS

A água forma ligações de hidrogênio não somente entre suas próprias moléculas, mas também com outras substâncias que tenham alguma polaridade elétrica, alguma desigualdade na distribuição de cargas positivas e negativas. Entre as demais moléculas alimentares principais, muito maiores e mais complexas que a água, tanto os carboidratos quanto as proteínas têm regiões polarizadas. As moléculas de água são atraídas por essas regiões e se aglomeram ao redor delas. Ao fazer isso, elas envolvem as moléculas maiores e as separam umas das outras. Quando efetuam esse processo de modo mais ou menos completo, de tal maneira que cada molécula de outra substância esteja rodeada de uma nuvem de moléculas de água, essa substância se *dissolve* na água.

A ÁGUA E O CALOR: DO GELO AO VAPOR

As ligações intermoleculares de hidrogênio têm forte efeito sobre o modo como a água absorve e transmite o calor. Em baixa temperatura, a água existe na forma de gelo sólido, tendo as moléculas imobilizadas em cristais organizados. À medida que esquenta, ela derrete e se torna líquida; depois, a água líquida evapora. Cada um dos estados físicos da água é afetado pelas ligações de hidrogênio.

O gelo danifica as células. Normalmente, as substâncias são mais densas no estado sólido que no estado líquido. À medida que as forças de atração entre as moléculas se tornam mais fortes que seus movimentos, os corpúsculos se fixam num arranjo compacto determinado por sua geometria. Na água sólida, entretanto, a aglomeração molecular é determinada pela exigência de uma distribuição homogênea das ligações

---

A água "dura": minerais dissolvidos

A água é tão boa para dissolver outras substâncias que, a menos que seja destilada, raramente é encontrada em sua forma pura. A água de torneira tem composição muito variável dependendo de sua fonte original (poço, lago, rio) e do tratamento que recebe (cloração, fluoração etc.). Dois minerais comuns na água de torneira são os carbonatos (CO_3) e sulfatos (SO_4) de cálcio e magnésio. Os íons de cálcio e magnésio são problemáticos porque reagem com os sabões e formam espumas insolúveis em água; além disso, precipitam-se e formam crostas em chuveiros e chaleiras. A água que os contém, chamada "dura", pode também afetar a cor e a textura das hortaliças e a consistência da massa de pão (pp. 313, 594). A água dura pode ser suavizada quer em toda uma cidade, quer em casa, geralmente por um de dois métodos: a precipitação do cálcio e do magnésio pelo acréscimo de cal ou o uso de um mecanismo de troca iônica para substituir o cálcio e o magnésio por sódio. A água destilada, produzida por fervura da água comum e coleta do vapor condensado, é relativamente livre de impurezas.

de hidrogênio. O resultado é um sólido no qual as moléculas estão *mais* espaçadas entre si que no estado líquido, à razão de mais ou menos um onze avos. É pelo fato de a água se expandir ao congelar que as tubulações estouram quando o aquecimento falha no inverno; que as garrafas de cerveja esquecidas no congelador se abrem sozinhas; que os recipientes com sobras de sopa ou molho estouram no congelador quando o líquido não tem espaço para se expandir. E é por isso que os tecidos crus de vegetais e animais se danificam quando congelados e perdem líquido quando descongelados. No congelamento, os cristais de gelo em expansão rompem as membranas e paredes celulares. Quando os cristais derretem, as células perdem seus fluidos internos.

A água líquida demora a aquecer. Graças, mais uma vez, às ligações intermoleculares de hidrogênio, a água líquida tem alto *calor específico* – a quantidade de energia necessária para que sua temperatura aumente um determinado número de graus. Isso significa que a água absorve bastante energia antes de sua temperatura subir. A quantidade necessária para elevar em 1 °C a temperatura de 30 g de água é 10 vezes superior à necessária para elevar em 1 °C a temperatura de 30 g de ferro. No mesmo tempo em que uma panela de ferro se torna quente demais para ser manipulada, a água se torna apenas tépida. Antes que a energia térmica transmitida à água possa acelerar a movimentação de suas moléculas e elevar sua temperatura, parte da energia é usada para quebrar as ligações de hidrogênio, de modo que as moléculas tenham *liberdade* para se movimentar mais rápido.

A consequência básica dessa característica é que um determinado corpo aquoso – nosso corpo, uma chaleira cheia, um oceano – é capaz de absorver grande quantidade de calor sem se tornar rapidamente quente. Na cozinha, isso significa que uma panela tampada cheia de água demora duas vezes mais que uma panela de óleo para chegar a uma determinada temperatura; e, inversamente, ela conserva essa temperatura por mais tempo depois de removido o calor.

A água líquida absorve grande quantidade de calor quando se vaporiza. As ligações de hidrogênio também dão à água um "calor latente de vaporização" anormalmente alto. Trata-se da quantidade de energia que a água absorve sem mudar de temperatura enquanto passa do estado líquido ao gasoso. É assim que o suor esfria nosso corpo: à medida que evapora, a água acumulada na pele do corpo sobreaquecido absorve grande quantidade de energia e a transmite para o ar. As culturas antigas usavam o mesmo princípio para esfriar a água e o vinho que bebiam, armazenando-os em recipientes porosos de argila que perdem água continuamente por evaporação. Os cozinheiros aproveitam esse fato quando assam preparados delicados, como pudins, imergindo-os parcialmente numa vasilha com água quente; ou quando preparam carnes no forno, assando-as lentamente em temperatura baixa; ou, ainda, quando cozinham lentamente um caldo em panela destampada. Em todos esses casos, a evaporação retira energia do alimento ou daquilo que o rodeia e torna mais suave o processo de cocção.

O vapor libera grande quantidade de calor quando se condensa. Inversamente, quando o vapor-d'água atinge uma superfície mais fria e se condensa, passando ao estado líquido, ele perde a mesma quantidade de calor que absorvera na vaporização. É por isso que a cocção no vapor, comparada com a cocção em meio aéreo comum, é tão mais eficiente e mais rápida à mesma temperatura, embora o ar também seja um gás. Somos capazes de colocar a mão dentro do forno a 100 °C e mantê-la ali por algum tempo antes que o calor comece a nos incomodar; mas o vapor que sai de uma panela nos escalda em um ou dois segundos. Na panificação, uma injeção inicial de vapor aumenta a expansão da massa e produz um pão mais macio.

A ÁGUA E A ACIDEZ: A ESCALA DO pH

Ácidos e bases. Apesar de a fórmula molecular da água ser H_2O, mesmo a água absolutamente pura contém outras combinações de oxigênio e hidrogênio. As ligações químicas na matéria se formam e se desfazem constantemente, e a água não é exceção. Ela tende a se "dissociar" em certa medida: ocasionalmente, um hidrogênio se desgarra de uma molécula e torna a ligar-se com outra molécula intacta. Com isso, forma-se uma combinação OH de carga negativa e uma H_3O de carga positiva. Em condições normais, é pequeno o número de moléculas dissociadas — algo na ordem de dois décimos de milionésimos de ponto percentual. Trata-se de um número exíguo mas significativo, pois a presença de íons de hidrogênio relativamente móveis, que são as unidades básicas de carga positiva (prótons), pode ter efeitos drásticos sobre outras moléculas em solução. Uma estrutura estável na presença de poucos prótons pode ser instável quando há muitos prótons nas proximidades. Tão significativa é a concentração de prótons que os seres humanos dispõem de uma sensação gustativa especial para avaliá-la: a sensação de azedo. O termo que designa a classe de compostos químicos que liberam prótons nas soluções é *ácidos* e vem do latim *acere*, ter gosto azedo. O grupo químico complementar, que acolhe os prótons e os neutraliza, é o das *bases* ou *álcalis*.

As propriedades dos ácidos e bases nos afetam continuamente na vida cotidiana. Praticamente todos os alimentos que comemos, do bife às laranjas e ao café, são pelo menos um pouco ácidos. E o grau de acidez do veículo de cocção pode ter gran-

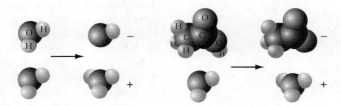

Ácidos. Os ácidos são moléculas que soltam prótons, ou íons reativos de hidrogênio, na água, onde moléculas de água neutras os acolhem e adquirem carga positiva. Os ácidos em si adquirem carga negativa. À esquerda: a própria água é um ácido fraco. À direita: ácido acético.

A definição do pH

O pH de uma solução é definido como "o logaritmo negativo da concentração de íons de hidrogênio expressa em moles por litro". O logaritmo de um número é o expoente, ou potência, à qual se deve elevar o número 10 para que aquele número seja obtido. A concentração de íons de hidrogênio na água pura é de 10^{-7} moles por litro; logo, o pH da água pura é 7. Concentrações maiores são descritas por expoentes negativos menores, de modo que a solução mais ácida terá pH menor que 7 e a mais básica, pH maior que 7. Cada incremento de 1 no pH significa um aumento ou diminuição da concentração de prótons por um fator de 10; por isso o número de íons de hidrogênio numa solução de pH 5 é mil vezes maior que numa solução de pH 8.

de influência sobre características como a cor das frutas e hortaliças e a textura das proteínas da carne e dos ovos. Alguma acidez claramente será útil, e uma escala simples foi elaborada para medi-la.

A escala do pH. A medida convencional da atividade protônica em soluções é o *pH*, termo sugerido pelo químico dinamarquês S. P. L. Sørenson em 1909. Trata-se essencialmente de uma notação mais conveniente para exprimir a minúscula porcentagem de moléculas envolvidas (ver alguns detalhes no quadro da p. 887). A escala do pH vai de 0 a 14. O pH da água neutra, pura, com o mesmo número de prótons e íons OH, é convencionalmente 7. O pH menor que 7 indica uma concentração maior de prótons e, portanto, uma solução ácida, ao passo que o pH maior que 7 indica uma prevalência de grupos que *acolhem* prótons e, portanto, uma solução básica. A seguir, uma lista de algumas soluções comuns e de seu pH usual.

Líquido	pH
Suco gástrico humano	1,3-3,0
Suco de limão	2,1
Suco de laranja	3,0
Iogurte	4,5
Café preto	5,0
Leite	6,9
Clara de ovo	7,6-9,5
Bicarbonato de sódio em água	8,4
Amônia de uso doméstico	11,9

AS GORDURAS, OS ÓLEOS E SEUS PARENTES: OS LIPÍDIOS

OS LIPÍDIOS NÃO SE MISTURAM COM ÁGUA

As gorduras e os óleos são membros de uma grande família química chamada *lipídios*, termo provindo da palavra grega que significa "gordura". As gorduras e óleos têm valor inestimável na cozinha: fornecem sabor e uma suavidade agradável e persistente; amaciam e amolecem muitos alimentos, permeando e enfraquecendo sua estrutura; como veículo de cocção, permitem-nos aquecer os alimentos a temperatura bem superior à do ponto de ebulição da água, secando a superfície do alimento e proporcionando textura crocante e sabor rico. Muitas dessas qualidades refletem uma propriedade básica dos lipídios: eles são quimicamente dessemelhantes à água e, sob a maioria dos aspectos, incompatíveis com ela. Graças a essa qualidade, desempenham papel essencial no funcionamento de todas as células desde os primórdios da vida. Por não se misturarem com a água, os lipídios são adequados para a tarefa de demarcar fronteiras – membranas – entre as células aquosas. Essa tarefa é cumprida sobretudo por fosfolipídios semelhantes à lecitina (p. 894), moléculas que os cozinheiros também usam para formar membranas ao redor de minúsculas gotículas de óleo. As próprias gorduras e óleos são criadas e armazenadas por animais e plantas para servir como forma compacta e concentrada de energia química, abrigando o dobro das calorias presentes no mesmo peso de açúcar ou amido.

Além das gorduras, óleos e fosfolipídios, a família dos lipídios inclui o betacaroteno e outros pigmentos vegetais semelhantes, a vitamina E, o colesterol e as ceras. Todas essas moléculas são feitas por seres vivos e compostas principalmente de cadeias de átomos de carbono, das quais se projetam átomos de hidrogênio. Um átomo de carbono pode formar ligações com quatro outros átomos. Por isso cada átomo de carbono da cadeia geralmente se liga a outros dois carbonos, um de cada lado, e a dois hidrogênios.

Essa estrutura da cadeia de carbono tem uma consequência importantíssima: os lipídios não se dissolvem em água. São substâncias "hidrofóbicas", "que temem a água". A razão é que os átomos de carbono e hidrogênio atraem com a mesma força os elétrons que partilham. Por isso, ao contrário da ligação entre oxigênio e hidrogênio, a ligação entre carbono e hidrogênio (e toda a cadeia de hidrogênio e carbono) não é polar. Quando a água – polar – e os lipídios

– não polares – se misturam, as moléculas de água formam ligações de hidrogênio umas com as outras, as longas cadeias lipídicas constituem ligações mais fracas entre si (ligações de Van der Waals, p. 907) e as duas substâncias se separam. Para minimizar sua superfície de contato com a água, os óleos formam grandes glóbulos e resistem à pulverização em gotículas menores.

Graças a seu parentesco químico, os diversos lipídios se dissolvem uns nos outros. É por isso que os pigmentos carotenoides – o betacaroteno da cenoura, o licopeno do tomate – e a clorofila intacta, cuja molécula tem uma cauda lipídica, tingem muito mais as gorduras que a água da cocção.

Os lipídios partilham duas outras características. Uma é sua consistência pegajosa, viscosa e oleosa, resultante das muitas ligações fracas entre as longas moléculas de carbono e hidrogênio. E essas mesmas moléculas são tão volumosas que todas as gorduras naturais, sólidas ou líquidas, flutuam na água. Em razão das inúmeras ligações de hidrogênio, que agrupam suas pequenas moléculas em aglomerados mais compactos, a água é mais densa.

A ESTRUTURA DAS GORDURAS

As gorduras e os óleos são membros de uma mesma classe de compostos químicos, os *triglicerídeos*. Diferem somente quanto ao ponto de fusão: os óleos são líquidos em temperatura ambiente e as gorduras, sólidas. Em vez de usar o termo técnico *triglicerídeos* para denotar esses compostos, vou usar *gorduras* como denominação genérica. Os óleos são gorduras líquidas; e as gorduras em geral são ingredientes de valor inestimável na cozinha. Sua pegajosa viscosidade proporciona umidade e rique-

Gorduras e ácidos graxos. Os ácidos graxos são compostos principalmente de cadeias de átomos de carbono, figurados aqui como pontos pretos. (De cada átomo de carbono se projetam dois átomos de hidrogênio; estes não estão representados.) A molécula de gordura é um triglicerídeo, formado por uma molécula de glicerol e três ácidos graxos. As cabeças ácidas dos ácidos graxos são cobertas e neutralizadas pelo glicerol, de modo que o glicerídeo completo já não tem uma extremidade polar compatível com a água. As cadeias de ácidos graxos podem girar ao redor da cabeça de glicerol, formando arranjos semelhantes a uma cadeia (embaixo).

za a muitos alimentos, e seu alto ponto de ebulição faz delas um veículo de cocção ideal para a produção dos sabores intensos das reações de escurecimento (p. 867).

O glicerol e os ácidos graxos. Embora contenham vestígios de outros lipídios, as gorduras e óleos naturais são triglicerídeos, combinações de três moléculas de *ácidos graxos* com uma molécula de *glicerol*. O glicerol é uma cadeia curta de 3 carbonos que atua como estrutura à qual três ácidos graxos podem ligar-se. Os ácidos graxos têm esse nome porque consistem numa longa cadeia de hidrogênio e carbono que tem numa extremidade um grupo de hidrogênio e oxigênio e é capaz de liberar o hidrogênio na forma protônica. É a extremidade ácida dos ácidos graxos que se liga à estrutura de glicerol para construir o glicerídeo: o glicerol mais uma molécula de ácido graxo é um monoglicerídeo, o glicerol mais dois ácidos graxos é um diglicerídeo e o glicerol mais três ácidos graxos é um triglicerídeo. Antes de se ligar à estrutura de glicerol, a extremidade ácida do ácido graxo é polar como a água; por isso dá ao ácido graxo livre a capacidade parcial de formar com a água ligações de hidrogênio.

As cadeias de ácidos graxos podem ter de 4 a 35 carbonos de comprimento, embora as mais comuns nos alimentos tenham de 14 a 20. As propriedades de um dado triglicerídeo dependem da estrutura de seus três ácidos graxos e de suas posições em relação ao glicerol. E as propriedades de uma gordura dependem da mistura de triglicerídeos que ela contém.

GORDURAS SATURADAS E INSATURADAS, HIDROGENAÇÃO E ÁCIDOS GRAXOS TRANS

O que é a saturação. Os termos "gordura saturada" e "gordura insaturada" são familiares, pois figuram constantemente nos rótulos de alimentos e nas discussões sobre saúde e dieta, mas seu significado quase nunca é explicado. Um lipídio *saturado* é aquele cuja cadeia de carbono é saturada – repleta – de átomos de hidrogênio: não há ligações duplas entre os átomos de carbono, de modo que cada carbono da cadeia se liga a dois átomos de hidrogênio. O lipídio *insaturado* tem, em sua espinha dorsal, uma ou mais ligações duplas entre átomos de carbono. Aos carbonos que têm duas ligações entre si só resta uma ligação que possa ser feita com um hidrogênio. A molécula de gordura com mais de uma ligação dupla é chamada *poli-insaturada*.

A saturação e a consistência da gordura. A saturação é importante no comportamento das gorduras porque as ligações duplas alteram significativamente a geometria e a regularidade da cadeia de ácidos graxos e, portanto, suas propriedades físicas e químicas. O ácido graxo saturado é regular e pode ficar completamente reto. Já a ligação dupla entre dois carbonos distorce os ângulos normais de vínculo, acrescentando uma dobra à cadeia. Duas ou mais dobras podem fazê-la se enrolar.

Moléculas idênticas e regulares se encaixam melhor entre si que moléculas diferentes e irregulares. As gorduras compostas por ácidos graxos de cadeia reta formam uma estrutura sólida ordenada – o processo é chamado de "fechamento a zíper" – com mais facilidade que as gorduras insaturadas. As gorduras dos animais são mais ou menos metade saturadas e metade insaturadas e são sólidas em temperatura ambiente, ao passo que as gorduras vegetais são cerca de 85% insaturadas e, na cozinha, apresentam-se na forma de óleos líquidos. Mesmo entre as gorduras dos animais, as de bovinos e ovinos são nitidamente mais duras que as de suínos e aves, pois naquelas a proporção de triglicerídeos saturados é maior.

As ligações duplas não são o único fator que determina o ponto de fusão das gorduras. Os ácidos graxos de cadeia curta não formam estrutura regular com tanta facilidade quanto os de cadeia mais longa, e, por isso, tendem a baixar o ponto de fusão da gordura quando estão presentes. E, quanto mais variada for a estrutura de seus ácidos graxos, maior a probabilidade de a mistura de triglicerídeos ser um óleo e não uma gordura sólida.

A saturação e a rancidez das gorduras. As gorduras saturadas também são mais estáveis que as insaturadas e levam mais tempo para rançar. A ligação dupla da gordura insaturada abre, em um dos lados da cadeia, um espaço não protegido por átomos de hidrogênio. Com isso, os átomos de carbono ficam expostos a moléculas reativas que quebram a cadeia e produzem pequenos fragmentos voláteis. O oxigênio da atmosfera, uma dessas moléculas reativas, é uma das principais causas de deterioração do sabor dos alimentos gordurosos. A água e os elementos metálicos presentes em outros ingredientes também podem ajudar a fragmentar as gorduras e causar rancidez. Quanto mais insaturada a gordura, mais suscetível à deterioração. A gordura bovina é mais durável que a ovina, a suína e a de aves, porque é mais saturada e, portanto, mais estável.

Por outro lado, alguns fragmentos voláteis de lipídios insaturados têm aromas característicos e desejáveis. Tanto o aroma típico de folhas verdes esmagadas quanto o do pepino são dados por fragmentos de fosfolipídios das membranas celulares, fragmentos gerados não só pelo oxigênio como também por enzimas das próprias plantas. E o aroma característico dos alimentos fritos por imersão provém, em parte, de determinados fragmentos de ácidos graxos criados em temperatura elevada.

A hidrogenação: alteração da saturação da gordura. Já há mais de um século que os fabricantes produzem gorduras vegetais sólidas a partir de óleos líquidos de sementes; o objetivo é obter uma textura desejável e melhorar a conservação. Há

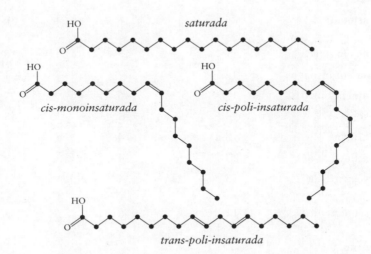

Ácidos graxos saturados e insaturados. O ácido graxo insaturado tem uma ou mais ligações duplas ao longo de sua cadeia de carbono, e forma uma dobra rígida nesse ponto da cadeia. A irregularidade estrutural causada pela ligação dupla dificulta a solidificação dessas moléculas na forma de cristais compactos. Por isso, à mesma temperatura, as gorduras insaturadas são mais moles que as saturadas. Na hidrogenação dos óleos vegetais, que os endurece, alguns ácidos graxos cis-insaturados são convertidos em ácidos graxos trans-insaturados, que têm forma menos irregular e se comportam de modo mais semelhante aos ácidos graxos saturados tanto na cozinha quanto dentro do corpo humano.

Ácidos graxos saturados e insaturados nos alimentos e gorduras de uso culinário

As proporções de ácidos graxos são apresentadas como porcentagens do conteúdo total de ácidos graxos.

Gordura ou óleo	Ácidos graxos saturados	Ácidos graxos monoinsaturados	Ácidos graxos poli-insaturados
Manteiga	62	29	4
Bovina	50	42	4
Ovina	47	42	4
Suína	40	45	11
Gordura de frango	30	45	21
Óleo de coco	86	6	2
Óleo de palmiste	81	11	2
Azeite de dendê	49	37	9
Manteiga de cacau	60	35	2
Gordura vegetal hidrogenada	31	51	14
Óleo de semente de algodão	26	18	50
Margarina em barra	19	59	18
Margarina em bisnaga	17	47	31
Óleo de amendoim	17	46	32
Óleo de soja	14	23	58
Azeite de oliva	13	74	8
Óleo de milho	13	24	59
Óleo de semente de girassol	13	24	59
Óleo de semente de uva	11	16	68
Óleo de canola	7	55	33
Óleo de açafroa	9	12	75
Óleo de nozes	9	16	70

várias maneiras de fazer isso. A mais simples e mais comum consiste em saturar artificialmente os ácidos graxos insaturados. Esse processo se chama *hidrogenação*, pois agrega átomos de hidrogênio às cadeias insaturadas. Pequena quantidade de níquel é acrescentada ao óleo como catalisador e a mistura é posta em contato com hidrogênio gasoso em condições de elevada temperatura e pressão. Depois de a gordura absorver a quantidade desejada de hidrogênio, o níquel é removido por filtração.

Ácidos graxos trans. No fim das contas, o processo de hidrogenação endireita certa proporção das dobras nos ácidos graxos insaturados. Não lhes acrescenta novos átomos de hidrogênio, mas rearranja as ligações duplas, torcendo-as para que a dobra seja menos pronunciada. As moléculas permanecem insaturadas – conservam as ligações duplas entre átomos de carbono – mas deixam de ter geometria *cis*, irregular, e assumem estrutura *trans*, mais regular (ver figura, p. 891). *Cis* em latim significa "deste lado" e *trans*, "do outro lado"; os termos descrevem as posições dos átomos de hidrogênio vizinhos à ligação dupla entre átomos de carbono. Por serem menos dobrados e terem estrutura mais semelhante à das gorduras saturadas, os ácidos graxos trans facilitam a cristalização da gordura e a tornam mais firme. Também tornam o ácido graxo menos suscetível ao ataque do oxigênio, deixando-o mais estável. Infelizmente, os ácidos graxos trans também se assemelham às gorduras saturadas por elevar a taxa de colesterol no sangue, o que pode contribuir para o surgimento de doenças cardíacas (p. 42). Nos Estados Unidos, logo se exigirá que os fabricantes especifiquem o conteúdo de ácidos graxos trans de seus produtos*. Além disso, têm sido implementadas novas técnicas que firmam a consistência das gorduras sem criar ácidos graxos trans.

AS GORDURAS E O CALOR

A maioria das gorduras não tem um ponto de fusão nitidamente definido. Ao contrário, amolecem gradativamente ao longo de uma extensa faixa de temperatura. À medida que a temperatura sobe, os diferentes tipos de moléculas de gordura derretem em

---

* No Brasil, a RDC (Resolução da Diretoria Colegiada) n. 360 de 2003, da Anvisa, obriga os fabricantes de alimentos a indicar nos rótulos de seus produtos a presença e a quantidade de gorduras trans. (N. do R. T.)

ácidos graxos ômega-3

ácido linolênico

ácido icosapentenoico

Ácidos graxos ômega-3. Os ácidos graxos ômega-3 são ácidos graxos insaturados cujas primeiras ligações duplas ocorrem no terceiro átomo de carbono a contar do fim da cadeia. (Os ácidos graxos insaturados mais comuns são os ômega-6.) São essenciais em nossa dieta, determinando, entre outras coisas, o correto funcionamento dos sistemas imunológico e cardiovascular. O ácido linolênico tem 3 ligações duplas entre seus 18 átomos de carbono e se encontra nas folhas verdes e em alguns óleos de sementes. O ácido icosapentenoico tem 20 carbonos e 5 ligações duplas e se encontra quase exclusivamente em peixes e frutos do mar (p. 203).

momentos diferentes e lentamente vão enfraquecendo a estrutura como um todo. (Interessante exceção a essa regra é a manteiga de cacau, p. 784.) Esse comportamento é especialmente importante na feitura de bolos e massas à base de gordura, e é ele que torna macia a manteiga em temperatura ambiente.

As gorduras derretidas passam, no fim, do estado líquido para o gasoso; mas isso só ocorre em temperatura muito alta, de 260 a 400 °C. Esse alto ponto de ebulição, muito superior ao da água, decorre indiretamente do grande tamanho das moléculas de gordura. Embora não possam formar ligações de hidrogênio, as cadeias de carbono das gorduras constituem ligações mais fracas umas com as outras (p. 906). E, visto que as moléculas de gordura são capazes de formar um grande número de ligações ao longo de suas compridas cadeias hidrocarbônicas, as interações, individualmente fracas, têm um efeito cumulativo forte: é preciso muita energia térmica para afastar as moléculas umas das outras.

O ponto de fumaça. A maioria das gorduras começa a se decompor em temperatura bem inferior à de seu ponto de ebulição, e podem até pegar fogo espontaneamente no fogão caso sua fumaça entre em contato com a chama de gás. Esses fatos limitam a temperatura máxima em que as gorduras culinárias podem ser usadas. A temperatura típica em que uma gordura começa a produzir gases visíveis é chamada *ponto de fumaça*. Além de a fumaça em si ser desagradável, os materiais que permanecem no líquido, entre os quais alguns ácidos graxos livres e quimicamente ativos, tendem a arruinar o sabor do alimento que está sendo cozido.

O ponto de fumaça depende do teor inicial de ácidos graxos livres na gordura: quanto mais baixo for esse teor, mais estável será a gordura e mais alto o ponto de fumaça. Em regra, o teor de ácidos graxos livres é mais baixo nos óleos vegetais que nas gorduras animais; mais baixo nos óleos refinados que nos não refinados; e mais baixo em óleos e gorduras frescos que nos velhos. Os óleos vegetais refinados e frescos começam a fumegar por volta de 230 °C, e as gorduras animais, em torno de 190 °C. As gorduras que contêm outras substâncias, como emulsificantes, conservantes e, no caso da manteiga, proteínas e carboidratos, soltarão fumaça em temperatura mais baixa que as gorduras puras. A decomposição das gorduras durante a fritura pode ser retardada pelo uso de uma frigideira ou panela alta e estreita, que reduz a área de contato entre a gordura e o ar. O ponto de fumaça de uma gordura usada em fritura por imersão abaixa a cada ocasião de uso, visto que certa decomposição é inevitável mesmo em temperatura moderada e que sempre sobram algumas partículas de alimento, que causam problemas.

OS EMULSIFICANTES: FOSFOLIPÍDIOS, LECITINAS, MONOGLICERÍDEOS

Os úteis diglicerídeos e monoglicerídeos são primos das verdadeiras gorduras, ou triglicerídeos. Suas moléculas atuam como *emulsificantes* e propiciam a formação de misturas delicadas e cremosas de gordura e água – molhos como a maionese e o *hollandaise* –, muito embora a gordura e a água normalmente não se misturem. Os mais destacados emulsificantes naturais são os diglicerídeos chamados *fosfolipídios*, presentes na gema de ovo. Entre eles, o mais abundante é a *lecitina* (que perfaz cerca de um terço dos lipídios da gema). Os diglicerídeos só têm duas cadeias de ácidos graxos ligadas à estrutura de glicerol e os monoglicerídeos só têm uma; as posições restantes na estrutura básica são ocupadas por pequenos grupos polares de átomos. Essas moléculas têm, portanto, a cabeça hidrossolúvel e a cauda lipossolúvel. Nas membranas celulares, os fosfolipídios se agrupam em duas camadas: um conjunto de cabeças polares se volta para o interior aquoso e o outro se volta para o exterior igualmente aquoso; as caudas de ambos os conjuntos se unem no meio. Quando o cozinheiro incorpora alguma gordura a um líquido à base de água que contenha emulsificantes – óleo em gema de ovo, por exemplo –, a gordura forma pequenas gotículas que comumente se uniriam entre si e se separariam do meio aquoso. Porém, as caudas dos emulsificantes se dissolvem nas gotículas, enquanto suas cabeças eletricamente carregadas se projetam das gotículas para fora e separam as gotículas umas das outras. A emulsão de gotículas de gordura se estabiliza.

Essas moléculas "formadoras de superfícies" têm muitas outras aplicações. Os monoglicerídeos, por exemplo, são usados há décadas na panificação, pois ajudam a retardar o envelhecimento do pão. Ao que parece, ligam-se à amilose e impedem a retrogradação do amido.

OS CARBOIDRATOS

O nome deste grande grupo de moléculas vem da antiga ideia de que eram compostas de carbono e água. De fato são compostas de átomos de carbono, hidrogênio e oxigênio, mas o oxigênio e o hidrogênio não são encontrados na forma de complexos intactos de água dentro das moléculas. Os carboidratos são produzidos por todos os vegetais e animais para armazenar energia química, e, pelos vegetais, para formar um esqueleto que dê suporte a suas células. Os açúcares simples e os amidos são estoques de energia, ao passo que as pectinas, a celulose e outros carboidratos das paredes celulares são materiais estruturais das plantas.

AÇÚCARES

Os açúcares são os mais simples de todos os carboidratos. Há muitos tipos de moléculas de açúcar, cada qual caracterizada pelo número de átomos de carbono que contém e por sua disposição geométrica. Os açúcares com cinco carbonos são especialmente importantes para todas as formas de vida, porque dois deles, a ribose e a desoxirribose, formam as espinhas dorsais do

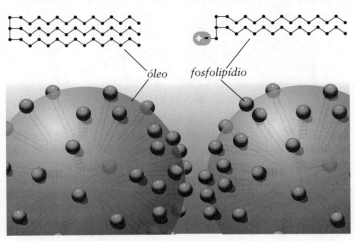

Fosfolipídios emulsificantes. Os fosfolipídios são diglicerídeos e são excelentes emulsificantes, moléculas que possibilitam uma mistura estável de óleo e água. Ao contrário das gorduras e óleos (triglicerídeos), os diglicerídeos têm uma cabeça polar, compatível com a água. Esses emulsificantes afundam as caudas (formadas por ácidos graxos) na gotícula de óleo, enquanto suas cabeças hidrocompatíveis e eletricamente carregadas se projetam da superfície e impedem que as gotículas de óleo entrem em contato umas com as outras e se reagreguem.

ácido ribonucleico (RNA) e do ácido desoxirribonucleico (DNA), portadores do código genético. E a glicose, com seis carbonos, é a molécula a partir da qual a maior parte dos seres vivos obtém energia para movimentar os mecanismos bioquímicos de suas células. Os açúcares são nutrientes tão importantes que dispomos de uma sensação cuja função específica é detectá-los. Os açúcares são doces, e a doçura é uma fonte quase universal de prazer. É a essência dos pratos servidos ao final da refeição, bem como das balas e doces. Os açúcares e suas propriedades estão descritos em detalhes no capítulo 12.

OLIGOSSACARÍDEOS

Os oligossacarídeos ("açúcares de poucas unidades") rafinose, estaquiose e verbascose têm respectivamente 3, 4 e 5 anéis. São todos grandes demais para ativar nossas papilas gustativas, sendo portanto insípidos. Encontram-se geralmente nas sementes e outros órgãos das plantas, onde perfazem parte do suprimento de energia. Todos esses açúcares afetam nosso sistema digestivo, pois não dispomos de enzimas capazes de decompô-los em açúcares simples que possam ser absorvidos pelo intestino. Em decorrência disso, os oligossacarídeos não são digeridos e passam incólumes para o intestino grosso, onde várias bactérias os digerem, produzindo, nesse processo, grande quantidade de dióxido de carbono e outros gases (p. 539).

POLISSACARÍDEOS: AMIDO, PECTINA, GOMAS

Os polissacarídeos, entre eles o amido e a celulose, são *polímeros* de açúcar, ou seja, moléculas compostas de numerosas – milhares, às vezes – unidades de açúcares simples. Em regra, em cada polissacarídeo se encontra somente um tipo de açúcar, raramente uns poucos tipos. Os polissacarídeos se classificam segundo as características gerais das grandes moléculas: uma faixa geral de tamanho, uma composição média e um conjunto comum de propriedades. Como os açúcares de que são compostos, os polissacarídeos contêm muitos átomos expostos de hidrogênio e oxigênio, sendo portanto capazes de formar ligações de hidrogênio e absorver água. Entretanto, podem se dis-

glicose

amilose

amilopectina

Um açúcar, a glicose, e um polissacarídeo, o amido, que é uma cadeia de moléculas de glicose. Os vegetais produzem duas formas de amido muito diferentes: cadeias longas e simples, chamadas de amilose, e cadeias altamente ramificadas chamadas de amilopectina.

solver em água ou não, de acordo com as forças de atração que se formam entre os próprios polímeros.

Amido. O polissacarídeo mais importante para o cozinheiro é de longe o *amido*, o polímero compacto e inerte em que as plantas armazenam seus estoques de açúcar. O amido é simplesmente uma cadeia de moléculas de glicose. Os vegetais produzem amido em duas configurações diferentes: uma cadeia completamente linear chamada *amilose* e uma forma altamente ramificada chamada *amilopectina*. Cada uma delas pode conter milhares de unidades de glicose. As moléculas de amido são armazenadas juntas numa série de camadas concêntricas, formando grânulos sólidos mas microscópicos. Quando o tecido vegetal amidoso é cozido em água, os grânulos absorvem água, incham e liberam suas moléculas de amido; quando tornam a esfriar, as moléculas de amido se ligam de novo umas às outras e podem formar um gel sólido mas úmido. Vários aspectos do amido – o modo como determina a textura do arroz cozido, como é usado para fazer macarrões de puro amido e seu papel nos pães, massas à base de gordura e molhos – estão descritos detalhadamente nos capítulos 9 a 11.

Glicogênio. O glicogênio, ou "amido animal", é um carboidrato de origem animal semelhante à amilopectina, mas ainda mais ramificado. É um componente menor dos tecidos animais e, portanto, da carne, mas sua concentração no momento do abate afeta o pH final da carne e, portanto, a textura desta (p. 158).

Celulose. A celulose, como a amilose, é um polissacarídeo vegetal linear feito somente de glicose. Todavia, graças a uma pequena diferença no modo como os açúcares se ligam uns aos outros, os dois compostos têm propriedades muito diferentes: a cocção dissolve os grânulos de amido mas deixa intactas as fibras de celulose; e a maioria dos animais digerem o amido, mas não a celulose. Esta é um suporte estrutural depositado nas paredes celulares sob a forma de fibras finas análogas às barras de aço do concreto armado, e é feita para durar. Poucos animais são capazes de digerir a celulose. O gado e os cupins só o fazem porque seus estômagos são repletos de bactérias que digerem esse composto. Para os outros animais, nós inclusive, a celulose é uma fibra não digerível (que tem seu próprio valor; ver p. 286).

Hemicelulose e substâncias pécticas. Esses polissacarídeos (feitos de diversos açúcares, entre os quais a galactose, a xilose e a arabinose) se encontram ao lado da celulose nas paredes celulares dos vegetais. Se as fibrilas de celulose são a armação de aço das paredes celulares, as amorfas hemiceluloses e substâncias pécticas são uma espécie de argamassa gelatinosa que envolve a armação. Sua importância para o cozinheiro está em que, ao contrário da celulose, são parcialmente hidrossolúveis e, portanto, contribuem para a maciez de hortaliças e frutas cozidas. A pectina é abundante suficiente para ser extraída de citros e maçãs e usada para espessar xaropes de frutas, transformando-os em geleias e preparados gelatinosos doces. Esses carboidratos são descritos em detalhes no capítulo 5.

Inulina. A inulina é um polímero de frutose e tem desde algumas moléculas até centenas delas. Armazena energia e contribui para que os membros das famílias da cebola e da alface, especialmente o alho e o topinambo, não congelem no inverno (os açúcares baixam o ponto de congelamento das soluções aquosas). Como os oligossacarídeos, a inulina não é digerível. Por isso alimenta as bactérias do nosso intestino grosso e gera gases.

Gomas vegetais. Há vários outros carboidratos vegetais que os cozinheiros e indústrias consideraram úteis para espessar e gelificar alimentos líquidos, ajudar a estabilizar emulsões e produzir consistência mais lisa e acetinada em produtos congelados e balas. À semelhança da argamassa das paredes celulares, são geralmente polímeros complexos formados por diversos açúcares diferentes ou outros carboidratos correlatos. São eles, entre outros:

- A agarose, os alginatos e a carragenana, polímeros das paredes celulares de diversas algas marinhas.
- A goma arábica, que mana de cortes feitos nos troncos de diversas árvores do gênero *Acacia*.
- A goma-tragacanto, que mana de várias espécies de arbustos do gênero *Astralagus*.
- A goma-guar, das sementes de um arbusto da família das leguminosas (*Cyamopsis tetragonobola*).
- A goma de alfarroba, extraída das sementes da árvore *Ceratonia siliqua*.
- A goma-xantana e a gelana, polissacarídeos produzidos por certas bactérias em processos industriais de fermentação.

AS PROTEÍNAS

De todas as principais moléculas dos alimentos, as mais sensíveis e difíceis de lidar são as proteínas. As outras – a água, as gorduras e os carboidratos – são bastante estáveis e serenas. As proteínas, porém, quando expostas ao calor, aos ácidos, ao sal ou ao ar, mudam drasticamente de comportamento. Essa mutabilidade reflete sua missão biológica. Os carboidratos e gorduras são, antes de tudo, formas passivas de energia armazenada ou materiais estruturais. Mas as proteínas são os mecanismos ativos da vida. Montam (e desmontam) todas as moléculas que constituem as células; deslocam moléculas de um lugar para outro dentro das células; na forma de fibras musculares, locomovem os animais. Estão no âmago de toda atividade, crescimento e movimento orgânicos. Por isso é natural que sejam ativas e sensíveis. Quando cozinhamos alimentos que contêm proteínas, tiramos vantagem da natureza dinâmica delas para criar novas estruturas e consistências.

AMINOÁCIDOS E PEPTÍDEOS

Como o amido e a celulose, as proteínas são grandes polímeros compostos de unidades moleculares menores. Essas unidades menores se chamam *aminoácidos*. São formadas por 10 a 40 átomos, principalmente de carbono, hidrogênio e oxigênio; e contêm pelo menos um átomo de nitrogênio num grupo *amina* – NH_2 –, que dá nome a essa família de compostos. Uns poucos aminoácidos incluem átomos de enxofre. Cerca de 20 tipos de aminoácidos ocorrem nos alimentos em quantidade significativa. As moléculas de proteínas reúnem de algumas dezenas a algumas centenas de aminoácidos e frequentemente contêm vários tipos. As cadeias curtas de aminoácidos são chamadas *peptídeos*.

Os aminoácidos e os peptídeos fornecem sabor. Três aspectos dos aminoácidos são especialmente importantes para os cozinheiros. Primeiro, os aminoácidos participam das reações de escurecimento que geram sabor em alta temperatura de cocção (p. 867). Depois, muitos aminoácidos e peptídeos têm seus próprios sabores; e, nos alimentos onde há proteínas parcialmente decompostas – queijos maturados, presuntos curados, molho de soja –, esses sabores podem contribuir para o gosto geral. A maioria dos aminoácidos saborosos são doces ou amargos, e alguns peptídeos também são amargos. Mas o ácido glutâmico, mais conhecido em sua forma comercial concentrada (glutamato monossódico), e alguns peptídeos têm um sabor exclusivo designado por palavras como *umami* ("delicioso" em japonês) ou *sápido*. Acrescentam uma dimensão suplementar de sabor aos alimentos que os contêm em boa quantidade, como o tomate e certas algas marinhas, bem como a produtos fermentados e curados em sal. Quando aquecidos, os aminoácidos sulfurosos se decompõem e fornecem notas aromáticas de ovos e carne.

Os aminoácidos influenciam o comportamento das proteínas. A terceira característica importante dos aminoácidos é que sua natureza química varia e influencia a estrutura e o comportamento das proteínas de que fazem parte. Alguns aminoácidos têm segmentos semelhantes à água e podem formar ligações de hidrogênio com outras moléculas, inclusive a de água. Alguns têm cadeias curtas ou anéis de carbo-

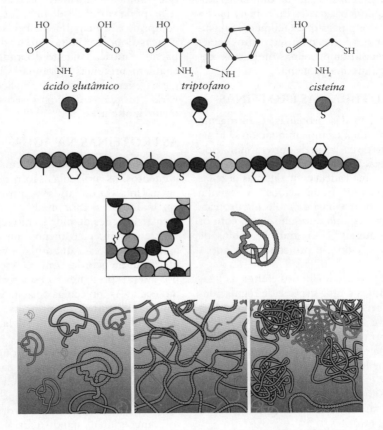

Aminoácidos e proteínas, desnaturação e coagulação. Em cima: *três dos cerca de 20 aminoácidos significativos na alimentação. Todos os aminoácidos têm uma extremidade igual que inclui um grupo amina* (NH_2), *por meio do qual essas moléculas se interligam e formam longas cadeias chamadas proteínas; e uma extremidade ou "grupo lateral" variável, capaz de formar diversos tipos de ligações com outros aminoácidos.* No meio: *uma cadeia de aminoácidos em representação esquemática, mostrando alguns grupos laterais projetando-se da cadeia. A cadeia de aminoácidos pode se dobrar sobre si mesma e alguns grupos laterais se interligam, mantendo a cadeia dobrada.* Embaixo: *o aquecimento e outros processos de cocção podem quebrar as ligações que estabilizam as dobras e causar o desdobramento ou a desnaturação das cadeias* (à esquerda, no meio). *Por fim, os grupos laterais expostos formam novas ligações entre diferentes cadeias proteicas e as proteínas se coagulam, ou seja, formam uma massa sólida permanentemente ligada* (à direita).

no semelhantes às gorduras e podem constituir ligações de Van der Waals com moléculas parecidas. E outros, especialmente os que incluem um átomo de enxofre, são especialmente reativos e capazes de formar fortes ligações covalentes com outras moléculas, entre elas outros aminoácidos sulfurosos. Isso significa que uma única proteína abriga, em sua cadeia, diferentes ambientes químicos: partes hidrófilas, partes hidrófobas e partes que facilmente constituem ligações fortes com segmentos semelhantes de outras proteínas ou outros segmentos da mesma proteína.

A ESTRUTURA DAS PROTEÍNAS

Na formação das proteínas, o nitrogênio do grupo amina de um aminoácido se liga a um átomo de carbono de outro aminoácido e essa "ligação peptídica" se repete, constituindo-se uma cadeia com algumas dezenas ou centenas de aminoácidos. A espinha dorsal nitrocarbônica da molécula proteica forma uma espécie de zigue-zague, com os "grupos laterais" – os outros átomos de cada aminoácido – se projetando ao lado.

A hélice proteica. Um dos efeitos da ligação peptídica é uma espécie de regularidade que obriga a molécula como um todo a torcer-se e formar uma espiral ou hélice. Poucas proteínas se apresentam na forma de uma hélice simples e regular, mas aquelas em que isso ocorre tendem a se unir em fibras fortes. Inclui-se aí o colágeno do tecido conjuntivo das carnes, importante fator de sua maciez e fonte da gelatina (pp. 144, 664).

Dobras nas proteínas. O outro fator que influencia a estrutura das proteínas são os grupos laterais de seus aminoácidos. Visto ser tão longa a cadeia proteica, ela pode se dobrar sobre si mesma, pondo em contato aminoácidos situados a certa distância uns dos outros. Os aminoácidos com grupos laterais semelhantes podem então se interligar de várias maneiras: ligações de hidrogênio, ligações de Van der Waals, ligações iônicas (p. 905) e fortes ligações covalentes (especialmente entre átomos de enxofre). São essas ligações que dão a cada molécula proteica a forma característica que lhe permite desempenhar sua tarefa. A natureza fraca e temporária das ligações de hidrogênio e ligações hidrofóbicas permite que a proteína mude de forma à medida que trabalha. O formato geral de uma proteína pode variar desde uma cadeia longa, comprida e principalmente helicoidal, com poucas dobras e voltas, até cadeias compactas e intricadamente dobradas, que se chamam proteínas "globulares". O colágeno é exemplo de proteína helicoidal, e as várias proteínas dos ovos são principalmente globulares.

AS PROTEÍNAS NA ÁGUA

Nos organismos vivos e na maioria dos alimentos, as moléculas são rodeadas por água. Uma vez que todas as proteínas são, em maior ou menor medida, capazes de formar ligações de hidrogênio, elas absorvem e contêm pelo menos um pouco de água, embora essa quantidade varie enormemente de acordo com os tipos de grupos laterais presentes e a estrutura geral da molécula. As moléculas de água podem ser contidas "dentro" da proteína, ao longo da espinha dorsal, e "fora" dela, nos grupos laterais polares.

O fato de uma proteína ser ou não *solúvel* em água depende da força das ligações entre suas moléculas e de a água ser capaz de separá-las umas das outras por meio de ligações de hidrogênio. As proteínas que formam o glúten quando a farinha de trigo é misturada com água absorvem quantidade considerável desse líquido mas não se dissolvem nele, pois têm muitos grupos semelhantes a gorduras ao longo de suas moléculas. Esses grupos se interligam, enfeixam as proteínas e excluem a água. Do mesmo modo, as proteínas que constituem as fibras musculares são agregadas por ligações iônicas e de outros tipos. Por outro lado, muitas proteínas dos ovos e do leite são perfeitamente solúveis.

A DESNATURAÇÃO DAS PROTEÍNAS

Característica importantíssima das proteínas é sua suscetibilidade à *desnaturação*, ou seja, à alteração de sua estrutura por meios físicos ou químicos. Essa mudança envolve a quebra das ligações que mantêm a molécula dobrada. (As fortes ligações da espinha dorsal são quebradas somente em condições extremas ou com a ajuda de enzimas.) A desnaturação não é uma mudança de composição, mas de estrutura. A estrutura, porém, determina o comportamento, e as proteínas desnaturadas têm um comportamento muito diferente das originais.

As proteínas podem ser desnaturadas de várias maneiras: pela exposição ao calor – em geral em algum ponto da faixa que vai de 60 a 80 °C –, à elevada acidez, a bolhas de ar ou a uma combinação dessas três coisas. Em cada caso, as condições físicas ou químicas incomuns – o aumento da agitação molecular, a grande quantidade de prótons reativos, a diferença drástica entre a bolha de ar e a parede líquida que a envolve – provocam a quebra de muitas ligações entre os grupos laterais dos aminoácidos que dão à proteína sua dobradura específica. Desse modo, as proteínas longas se desdobram, expondo um número maior de seus grupos laterais reativos ao ambiente aquoso.

A coagulação das proteínas. Na maioria das proteínas alimentares, a desnaturação tem diversas consequências gerais. Uma vez que o comprimento das moléculas aumenta, o contato entre elas se torna mais provável. E, visto que seus grupos laterais agora estão expostos e disponíveis para formar ligações, as proteínas desnaturadas começam a se ligar umas às outras, ou seja, a *coagular*. Isso acontece em todo o alimento e resulta no desenvolvimento de uma rede proteica contínua, que retém água nos bolsões entre seus filamentos. O alimento desenvolve, assim, uma espécie de consistência ou densidade que pode ser delicada e deliciosa, como num pudim muito macio ou num pedaço de peixe perfeitamente cozido. Entretanto, se prosseguirem a cocção ou os outros processos que promovem a desnaturação, mantendo-se as condições físicas ou químicas extremas que provocaram de início o desdobramento das proteínas, somente as ligações mais fortes poderão se formar ou permanecer. Com isso, as proteínas se interligam de modo cada vez mais forte, denso e irreversível; e, nesse processo, expulsam de entre elas os bolsões de água. O pudim se adensa e um fluido aquoso se separa da parte sólida; o peixe se torna duro e seco.

Os detalhes específicos da desnaturação e coagulação das proteínas em cada alimento são complexos e fascinantes. A acidez e a salinidade, por exemplo, podem provocar a aglomeração das proteínas dos ovos mesmo antes de elas se desdobrarem, afetando assim a consistência dos ovos mexidos e dos cremes de leite e ovos. Esses detalhes estão assinalados nas descrições dos alimentos específicos.

AS ENZIMAS

Há um grupo particular de proteínas que chama a atenção do cozinheiro não por contribuir diretamente para a textura e a consistência da comida, mas em razão do modo pelo qual modificam os outros componentes do alimento onde se encontram. Essas proteínas são as *enzimas*. As enzimas são catalisadores biológicos: aumentam o ritmo de ocorrência de certas reações químicas que de outro modo só ocorreriam muito lentamente, se é que ocorreriam. As enzimas podem, portanto, causar mudanças químicas. Algumas enzimas constroem ou modificam moléculas; algumas as decompõem. As enzimas digestivas do ser humano, por exemplo, decompõem as proteínas em aminoácidos individuais e o amido em unidades individuais de glicose. Uma única molécula de enzima pode catalisar até um milhão de reações por segundo.

O cozinheiro presta atenção nas enzimas porque algumas dessas substâncias cumpriam tarefas importantes para a planta ou o animal quando estes estavam vivos, mas agora podem danificar o alimento, modificando-lhe a cor, a textura, o sabor ou o valor nutritivo. São as enzimas que dão mortiça cor verde-oliva à viva clorofila das hortaliças, causam o escurecimento de frutas cortadas, oxidam sua vitamina C e deixam os peixes pastosos. E, na deterioração provocada por bactérias, são as enzimas bacterianas que decompõem os alimentos para que estes possam ser aproveitados pelos microrganismos. Com umas poucas exceções – o amaciamento da carne por suas enzimas internas, o endurecimento prévio de algumas hortaliças antes da cocção definitiva e as fermentações em geral –, interessa ao cozinheiro impedir a atividade enzimática na comida. A estocagem dos alimentos em baixa temperatura retarda a deterioração não só porque torna mais lenta a multiplicação de microorganismos daninhos, mas também porque desacelera a atividade das enzimas do próprio alimento.

A cocção acelera a atividade enzimática antes de detê-la por completo. Uma vez que a atividade de uma enzima depende de sua estrutura, qualquer mudança estrutural destruirá sua eficácia. Por isso a cocção suficiente dos alimentos acaba por desnaturar e desativar as enzimas neles contidas. Um exemplo claro desse princípio é o comportamento do abacaxi cru e do abacaxi cozido mergulhados na gelatina. Os abacaxis e algumas outras frutas contêm uma enzima que quebra as proteínas em pequenos fragmentos. Se o abacaxi cru for misturado com gelatina na elaboração de um preparado gelatinoso doce, a enzima digerirá as moléculas de gelatina e liquefará o preparado. Já o abacaxi enlatado foi aquecido a temperatura suficiente para desnaturar a enzima e não prejudica a formação de um gel firme.

Há, porém, uma complicação. A reatividade da maioria das substâncias aumenta com a temperatura. A regra básica é que a reatividade dobra a cada aumento de 10 °C. As enzimas também apresentam essa tendência até a temperatura entrar naquela faixa em que elas se desnaturam, se tornam menos eficazes e, por fim, se desativam totalmente. Isso significa que a cocção oferece às enzimas a oportunidade de provocar danos cada vez mais rápidos à medida que a temperatura sobe, e só as detém quando elas chegam à temperatura de desnaturação. Em geral, a melhor regra é aquecer os alimentos o mais rápido possível, minimizando o período em que as enzimas se encontram na temperatura ideal para seu funcionamento e levando-as de uma vez até o ponto de ebulição da água. Por outro lado, a atividade enzimática desejável – o amaciamento da carne, por exemplo – pode ser maximizada por um aquecimento lento e gradual, que tarde a chegar à temperatura de desnaturação.

APÊNDICE

NOÇÕES ELEMENTARES DE QUÍMICA
Átomos, moléculas, energia

Átomos, moléculas e ligações químicas 903
  Átomos e moléculas 903
  Desequilíbrio elétrico, reações e oxidação 904
  Desequilíbrio elétrico e ligações químicas 905
Energia 907
  A energia provoca mudanças 907
  A natureza do calor: movimento molecular 907
  A energia das ligações 908

Os estados ou fases da matéria 908
  Sólidos 909
  Líquidos 909
  Gases 909
  Muitas moléculas de alimentos não mudam de fase 910
  Misturas de fases: soluções, suspensões, emulsões, géis, espumas 910

A culinária é uma aplicação da química, e os conceitos básicos desta – moléculas, energia, calor, reações – são chaves para um entendimento mais claro de o que são nossos alimentos e como os transformamos. Uma familiaridade sumária com esses conceitos é suficiente para acompanhar a maioria das explicações dadas neste livro. Para os leitores que pretendem conhecê-los melhor, eis aqui um breve resumo.

ÁTOMOS, MOLÉCULAS E LIGAÇÕES QUÍMICAS

Foram os antigos gregos que nos deram a ideia dos *átomos*, partículas fundamentais da matéria, invisíveis de tão pequenas; e também a palavra *átomo*, que significa "indivisível". Alguns filósofos gregos postularam a existência de apenas quatro partículas básicas – átomos de terra, ar, água e fogo – e disseram que todas as coisas materiais, nosso corpo, nossos alimentos e todo o mais, são compostos dessas partículas primárias. A moderna concepção científica das invisíveis entranhas da matéria é mais complicada, mas também mais precisa e mais esclarecedora.

ÁTOMOS E MOLÉCULAS

Toda a matéria existente na Terra é composta por cerca de 100 substâncias puras, que chamamos *elementos*: hidrogênio, oxigênio, nitrogênio, carbono etc. O átomo é a menor partícula em que um elemento pode ser subdividido sem perder suas propriedades características. Os átomos são minúsculos: milhões deles caberiam no ponto final que arremata esta frase. Todos os átomos são feitos de partículas "subatômicas" menores: os *elétrons*, os *prótons* e os *nêutrons*. As diferentes propriedades dos elementos nascem das diversas combinações de partículas subatômicas que compõem seus átomos e, em particular, das quantidades de prótons e elétrons presentes em cada um destes. O átomo de hidrogênio contém um próton e um elétron; o de oxigênio tem 8 de cada, e o de ferro, 26.

Quando dois ou mais átomos se ligam, partilhando seus elétrons, eles formam uma *molécula* (do latim; significa "pequena massa"). A molécula está para um composto químico como o átomo está para o elemento: é a menor unidade que preserva as propriedades do material original. A maior parte da matéria terrestre, dos alimentos inclusive, é uma mistura de diversos compostos químicos.

Os prótons e os elétrons portam cargas elétricas positiva e negativa. Há uma força motriz principal por trás de toda a atividade química que possibilita a vida e a culinária: a atração elétrica entre prótons e elétrons. Os prótons são portadores de carga elétrica positiva e os elétrons, de uma carga negativa exatamente igual e contrária. (O nêutron não tem carga elétrica.) As cargas elétricas opostas se atraem; as cargas semelhantes se repelem. Em cada átomo, os prótons do núcleo central atraem uma nuvem de elétrons que orbitam constantemente a diferentes distâncias do núcleo. As formas estáveis dos elementos são eletricamente neutras, ou seja, seus átomos contêm iguais números de prótons e elétrons.

(Se as cargas iguais se repelem e as cargas opostas se atraem, por que os prótons do núcleo não se afastam uns dos outros e por que os elétrons em órbita simplesmente não caem no núcleo? Acontece que no átomo há outras forças além da eletricidade. Os prótons e nêutrons são ligados por forças nucleares extremamente fortes, ao passo que é da natureza dos elétrons se manterem em contínuo movimento. Assim, os prótons e os elétrons são permanentemente atraídos uns pelos outros e se movimentam em reação à presença uns dos outros, mas sua atração jamais se consuma.)

DESEQUILÍBRIO ELÉTRICO, REAÇÕES E OXIDAÇÃO

Os elétrons dos átomos se dispõem ao redor do núcleo, e suas órbitas determinam quão poderosa é a atração exercida sobre cada elétron. Alguns elétrons se conservam perto do núcleo e sofrem forte atração, enquanto outros mantêm-se à distância e sofrem atração mais fraca. É sobretudo o comportamento dos elétrons exteriores que determina o comportamento químico dos elementos. Os elementos classificados como metais, por exemplo – cobre, alumínio,

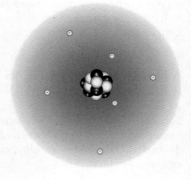

Um átomo de carbono. O carbono tem seis prótons e seis nêutrons no núcleo e seis elétrons orbitando ao redor do núcleo.

ferro –, exercem pouquíssima atração sobre seus elétrons exteriores e facilmente os repassam a átomos de outros elementos – oxigênio, cloro – que têm mais fome de elétrons e tendem a abocanhar qualquer elétron que não esteja fortemente atraído. Esse desequilíbrio de atração elétrica entre os diferentes elementos é a base da maioria das *reações químicas*. As reações são encontros entre átomos e moléculas que resultam na perda, ganho ou partilha de elétrons, e, assim, em mudanças nas propriedades dos átomos e moléculas envolvidos.

De todos os elementos que abocanham elétrons, o mais importante é o oxigênio, e isso a tal ponto que os químicos usam o nome *oxidação* para designar genericamente a atividade química de atrair elétrons de outros átomos, mesmo que essa atração seja exercida pelo cloro, por exemplo. A oxidação é importantíssima na cozinha, pois o oxigênio está sempre presente no ar e prontamente rouba elétrons das cadeias hidrocarbônicas de gorduras, óleos e moléculas aromáticas. Essa oxidação inicial inicia uma série de outras oxidações e reações que acabam por decompor as grandes moléculas lipídicas originais em fragmentos pequenos, de cheiro forte. As substâncias *antioxidantes* – os compostos fenólicos encontrados em muitos alimentos de origem vegetal, por exemplo – impedem essa decomposição na medida em que fornecem elétrons ao oxigênio sem iniciar uma reação em cadeia, e preservam, assim, as gorduras da oxidação.

DESEQUILÍBRIO ELÉTRICO E REAÇÕES QUÍMICAS

A fome de elétrons também é a base da *ligação química*, uma interação entre átomos ou moléculas que os une de modo mais forte ou mais fraco, permanente ou temporário. Há vários tipos de reações químicas importantes não só na cozinha como em toda a natureza.

Ligações iônicas; o sal. Um dos tipos de ligação química é a *ligação iônica*, em que um átomo captura completamente os elétrons de outro, tão grande é a diferença entre sua fome eletrônica. Os compostos químicos formados por ligações iônicas não se dissolvem simplesmente em água; disso-

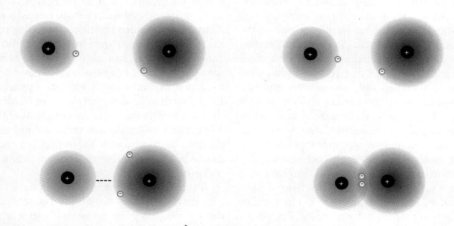

Ligação iônica e ligação covalente. À esquerda: *a ligação iônica ocorre quando um átomo captura completamente um ou mais elétrons de outro átomo e os dois átomos passam a se atrair mutuamente (linha pontilhada) em razão de suas cargas elétricas opostas.* À direita: *na ligação covalente, os átomos partilham elétrons e, assim, formam combinações estáveis chamadas moléculas.*

ciam-se em *íons* separados, ou seja, átomos dotados de carga elétrica porque perderam alguns elétrons ou tomaram posse dos elétrons de outro. (O termo foi cunhado por Michael Faraday, pioneiro da eletricidade, a partir da palavra grega que significa "ir", para designar as partículas eletricamente carregadas que se movem quando um campo elétrico é estabelecido numa solução aquosa.) O sal, o mais comum dos temperos, é um composto de sódio e cloro unidos por ligação iônica. Num cristal sólido de sal puro, íons de sódio de carga positiva se alternam com íons de cloro de carga negativa, tendo o sódio perdido seus elétrons para o cloro. Uma vez que vários íons positivos de sódio se encontram sempre atraídos por vários íons negativos de cloro, na verdade não podemos dizer que existem moléculas individuais de sal, com um átomo específico de sódio ligado a um átomo específico de cloro. Dissolvido na água, o sal se dissocia em íons positivos de sódio e íons negativos de cloro.

Ligações fortes que constituem moléculas. Um segundo tipo de ligação química, chamada *covalente* (do latim, "de força igual"), produz *moléculas* estáveis. Quando dois átomos têm afinidades eletrônicas parecidas, eles *partilham* os elétrons em vez de adquiri-los ou perdê-los por completo. Para que ocorra essa partilha, as nuvens de elétrons dos dois átomos devem se sobrepor, condição que resulta numa disposição fixa dos dois átomos no espaço, formando assim uma estrutura comum estável. A geometria da ligação determina o formato geral da molécula, e esse formato, por sua vez, define os modos pelos quais uma molécula pode reagir com outras.

Todos os elementos mais importantes para a vida na Terra – o hidrogênio, o oxigênio, o carbono, o nitrogênio, o fósforo, o enxofre – tendem a formar ligações covalentes, e estas tornam possíveis as combinações complexas e estáveis que constituem nosso corpo e nossos alimentos. Os compostos químicos puros mais presentes na cozinha são a água, uma combinação covalente de dois átomos de hidrogênio e um de oxigênio; e a sacarose ou açúcar de mesa, combinação de átomos de carbono, oxigênio e hidrogênio. Em geral, as ligações covalentes são fortes e estáveis em temperatura ambiente: ou seja, não se desfazem em proporção significativa a menos que sejam sujeitas ao calor ou a substâncias reativas, como as enzimas. Ao contrário do sal, que ao se dissolver forma íons dispersos e dotados de carga elétrica, as moléculas hidrossolúveis unidas por ligações covalentes tendem a permanecer intactas e eletricamente neutras quando dissolvidas.

Ligações fracas entre a água e moléculas polares. Um terceiro tipo de ligação química, com mais ou menos um décimo da força e da estabilidade das ligações covalentes, é a *ligação de hidrogênio*. É ela uma de várias ligações "fracas" que não formam moléculas, mas constituem vínculos temporários entre diferentes moléculas ou diferentes partes de uma única molécula grande. As ligações fracas ocorrem porque a maioria das ligações covalentes provoca um mínimo desequilíbrio elétrico entre os átomos que delas participam. Considere a água, cuja fórmula química é H_2O. O átomo de oxigênio atrai mais os elétrons que os dois átomos de hidrogênio; por isso os elétrons partilhados permanecem mais próximos do oxigênio que dos hidrogênios. Em decorrência, ao redor do oxigênio há uma carga elétrica negativa, e ao redor dos hidrogênios, uma carga elétrica positiva. Essa distribuição desigual das cargas, aliada à geometria das ligações covalentes, resulta numa molécula que tem um lado negativo e outro positivo. Tal molécula é chamada *polar*, porque tem dois centros ou polos de carga.

A ligação de hidrogênio resulta da atração entre os lados de cargas opostas de duas moléculas polares (ou dois segmentos de moléculas). É importante porque é muito comum nos materiais que contêm água; porque estabelece íntima associação entre tipos diferentes de moléculas; e porque é fraca o bastante para que tais associações moleculares possam mudar rapidamente em temperatura ambiente. Muitas interações químicas nas células dos animais e dos vegetais ocorrem por meio de ligações de hidrogênio.

Ligações muito fracas entre moléculas não polares: gorduras e óleos. Uma quarta espécie de ligação química é fraquíssima, tendo entre um centésimo e um décimo de milésimo da força de uma ligação covalente. Essas *ligações de Van der Waals* levam o nome do químico holandês que as descreveu e consistem na fugaz atração elétrica que até mesmo moléculas não polares sentem uma pela outra graças às breves flutuações de sua estrutura. Ao passo que a água, que tem polaridade elétrica, se coere em forma líquida pela força das ligações de hidrogênio, as moléculas não polares de gordura se coerem num líquido e adquirem sua atraente consistência espessa graças às ligações de Van der Waals. Embora tais ligações sejam efetivamente muito fracas, em conjunto podem produzir uma força significativa: as moléculas de gordura são longas e incluem dezenas de átomos de carbono; assim, cada molécula pode interagir com muitas outras, ao contrário das pequenas moléculas de água.

ENERGIA

A ENERGIA PROVOCA MUDANÇAS

Os parágrafos acima descrevem as diversas ligações como "fracas" ou "fortes", ou seja, fáceis ou não de se formar e se romper. A ideia da força das ligações é útil porque quase toda a culinária depende do rompimento sistemático de certas ligações químicas e da formação de ligações novas. A chave do comportamento das ligações químicas é a *energia*. A palavra grega é composto de "em" e "força" ou "atividade" e hoje em dia é definida convencionalmente como "a capacidade de realizar trabalho" ou "o exercício de uma força ao longo de uma distância". Sob um ponto de vista mais simples, a energia é aquela propriedade dos sistemas físicos que torna possível a *mudança*. Um sistema com pouca energia praticamente não sofre mudanças. Inversamente, quanto maior a energia de que um objeto dispõe, maior a probabilidade de que esse objeto se modifique ou modifique seu ambiente. Nossa cozinha se organiza em torno desse princípio. Os fogões e fornos mudam as qualidades dos alimentos, infundindo-lhes energia. Enquanto isso, a geladeira preserva os alimentos por lhes retirar o calor e, assim, tornar mais lentas as mudanças químicas que constituem a deterioração.

Os átomos e moléculas são capazes de absorver e liberar energia de diversas maneiras, duas das quais são importantes na cozinha.

A NATUREZA DO CALOR: MOVIMENTO MOLECULAR

Um dos tipos de energia é a energia do movimento ou *energia cinética*. Os átomos e moléculas podem se deslocar de um lugar a outro ou girar ou vibrar sem sair do lugar; e todas essas mudanças de posição ou

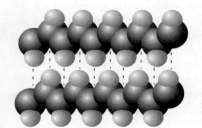

Ligações de Van der Waals. Graças às flutuações nas posições dos elétrons partilhados, até as cadeias não polares de carbono e hidrogênio nas moléculas lipídicas sofrem forças de atração elétrica de baixa intensidade (linhas pontilhadas).

orientação consomem energia. O *calor* é a manifestação da energia cinética de um material e a *temperatura* é uma medida dessa energia: quanto mais alta a temperatura do alimento ou da panela, mais quentes eles estão e maior a velocidade com que suas moléculas se deslocam e colidem umas com as outras. E o simples movimento é a chave da transformação das moléculas e dos alimentos. À medida que as moléculas se movem com maior rapidez e maior vigor, seus movimentos e colisões começam a preponderar sobre as forças elétricas que as mantêm coesas. Com isso, alguns átomos se liberam para encontrar novos parceiros e formar novas moléculas. Ou seja, o calor estimula as reações químicas e a mudança química.

A ENERGIA DAS LIGAÇÕES

O segundo tipo de energia importante na cozinha é a das ligações químicas que mantêm as moléculas unidas. Quando dois ou mais átomos compõem uma molécula, partilhando elétrons e ligando-se um ao outro, eles são "puxados" um na direção do outro por uma força elétrica. Ou seja, no processo de ligação, parte de sua energia elétrica se transforma em energia de movimento. E, quanto mais forte a energia elétrica, mais rápido eles aceleram um na direção do outro. Quanto mais forte a ligação, maior a quantidade de energia liberada – perdida – pela molécula na forma de movimento. As ligações fortes, portanto, "contêm" menos energia que as fracas. É um outro jeito de dizer que elas são mais estáveis e menos suscetíveis à mudança que as ligações fracas.

A força da ligação é definida como a quantidade de energia liberada pelos átomos participantes quando formam a ligação. É a mesma quantidade necessária para romper a ligação já formada. Quando os átomos de uma molécula são aquecidos e passam a mover-se com a mesma energia cinética que liberaram quando se interligaram, as ligações começam a se romper e a molécula começa a reagir e mudar.

As fortes ligações covalentes típicas das moléculas de nossos principais alimentos – proteínas, carboidratos, gorduras – são rompidas por uma energia cinética cem vezes maior, em média, que a energia das moléculas em temperatura ambiente. Isso significa que elas raramente se decompõem em temperatura ambiente e só mudam num ritmo significativo quando as aquecemos. As ligações *intermoleculares* de hidrogênio e de Van der Waals, temporárias e mais fracas, se rompem e se refazem constantemente em temperatura ambiente, e essa rica atividade aumenta à medida que a temperatura sobe. É por isso que as gorduras derretem e adquirem consistência menos espessa quando as aquecemos: a energia cinética de suas moléculas sobrepuja cada vez mais as forças que as atraem umas para as outras.

OS ESTADOS OU FASES DA MATÉRIA

Na vida cotidiana, encontramos a matéria em três diferentes estados ou *fases* (palavra que vem do grego e significa "aparência" ou "manifestação"). Esses estados são a fase sólida, a fase líquida e a fase gasosa. As temperaturas em que um material derrete – passa do estado sólido para o líquido – e evapora – passa do estado líquido para o gasoso – são determinadas pelas forças de ligação entre os átomos ou moléculas. Quanto mais fortes as ligações, maior a energia necessária para desfazê-las e, portanto, mais elevada a temperatura em que o material muda de fase. Durante a mudança, todo o calor que incide sobre o material é aproveitado para completar a transição. A temperatura de uma mistura da fase sólida com a fase líquida permanece mais ou menos constante até que todo o sólido derreta. Do mesmo modo, a temperatura de uma panela de água fervente em fogo alto permanece constante – no ponto de ebulição – até que toda a água tenha virado vapor.

SÓLIDOS

Em baixa temperatura, o movimento dos átomos se limita à rotação e à vibração. Os átomos ou moléculas imobilizados se agregam em estruturas sólidas, densas e bem definidas. Tais estruturas definem a fase sólida. Num sólido cristalino – sal, açúcar, chocolate temperado – as partículas se dispõem num arranjo regular, repetido, enquanto nos sólidos amorfos – balas fervidas, vidro – elas se orientam de modo aleatório. Moléculas grandes e irregulares, como as proteínas e o amido, frequentemente formam regiões cristalinas e altamente ordenadas e regiões desordenadas e amorfas no mesmo pedaço de material. As ligações iônicas, de hidrogênio e de Van der Waals muitas vezes são corresponsáveis pela coesão das partículas de um sólido.

LÍQUIDOS

Numa temperatura específica para cada substância sólida, a rotação e a vibração das moléculas individuais se tornam fortes o bastante para sobrepujar as forças elétricas que as mantêm no lugar. A estrutura fixa se quebra, liberando as moléculas para se deslocar de um lugar a outro. Entretanto, a maioria das moléculas ainda se move com certa lentidão, de modo que continuam sofrendo a influência das forças que antes as imobilizavam e, portanto, conservam entre si uma associação fraca. Têm liberdade para se movimentar, mas sempre juntas. Essa fase fluida mas coesa é um *líquido*.

GASES

Se a temperatura continua subindo e as moléculas se movem com energia cinética intensa suficiente para escapar completamente à influência umas das outras e deslocar-se livremente no ar, a substância se torna um outro tipo de fluido, um *gás*. A mais familiar das transições da fase líquida para a gasosa é a ebulição, em que a água líquida se transforma em bolhas de vapor-d'água. A evaporação da água em temperatura inferior ao ponto de ebulição, por ser tão gradativa, é menos evidente. As moléculas num líquido se movem com variadas intensidades de energia cinética, e uma pequena porção das moléculas da água em temperatura ambiente se desloca com rapidez suficiente para escapar da superfície e se soltar no ar.

Na verdade, as moléculas de água podem até se soltar do gelo sólido diretamente para o estado gasoso! Essa transformação direta do sólido em gás é chamada *sublima-*

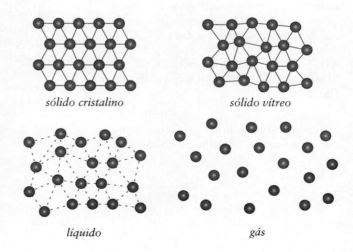

Os estados da matéria. Os sólidos cristalinos, como o sal e o açúcar, são feitos de átomos ou moléculas congregados em arranjos altamente ordenados e regulares. Os sólidos amorfos, como as balas vítreas e o próprio vidro, são massas de átomos ou moléculas interligados num arranjo aleatório. Os líquidos são massas fluidas de átomos ou moléculas fracamente ligados entre si, enquanto os gases são grupos fluidos e dispersos de átomos ou moléculas.

ção e é a causa da deterioração denominada "queimadura por congelamento", em que a água cristalina evapora no ar frio e seco do congelador. A liofilização ou criodessecação é uma versão controlada do mesmo processo.

MUITAS MOLÉCULAS DE ALIMENTOS NÃO MUDAM DE FASE

A maioria das moléculas com que o cozinheiro trabalha não muda simplesmente de fase quando aquecidas. Antes, sofrem reações e formam moléculas completamente novas. Isso porque as moléculas dos alimentos são grandes e constituem tantas ligações fracas intermoleculares que, no fim, são unidas por forças muito intensas. A energia necessária para separá-las umas das outras é tão grande quanto a necessária para decompor as próprias moléculas: assim, em vez de derreter ou evaporar, as moléculas se transformam. O açúcar, por exemplo, passa do estado sólido para o líquido; mas, em vez de evaporar e formar um gás, como a água, ele se decompõe e gera centenas de novos compostos: processo que chamamos de caramelização. As gorduras e óleos derretem, mas se decompõem e soltam fumaça antes de começar a ferver. O amido, uma longa cadeia de moléculas de açúcar, sequer chega a derreter: tanto ele quanto as proteínas, outras moléculas muito grandes, começam a se decompor ainda no estado sólido.

MISTURAS DE FASES: SOLUÇÕES, SUSPENSÕES, EMULSÕES, GÉIS, ESPUMAS

Os cozinheiros quase nunca têm de lidar com compostos químicos puros ou mesmo com fases puras. Os alimentos são misturas de diferentes moléculas, diferentes fases e até diferentes tipos de misturas! A seguir, algumas breves definições de misturas importantes na cozinha.

- A *solução* é um material em que íons ou moléculas individuais encontram-se dispersos num líquido. As salmouras e caldas de açúcar são exemplos simples na culinária.
- A *suspensão* é um material em que uma substância se encontra dispersa num líquido na forma de aglomerados ou partículas compostas de muitas moléculas. O leite desnatado é uma suspensão de partículas de proteínas lácteas em água. As suspensões em geral são turvas, pois os aglomerados são grandes suficiente para desviar os raios de luz (as moléculas individuais são pequenas demais para fazê-lo, e portanto as soluções são transparentes).
- A *emulsão* é um tipo especial de suspensão em que a substância dispersa é um líquido incapaz de se misturar homogeneamente com o líquido que o contém. O creme de leite é uma emulsão de gordura láctea em água e os vinagretes em geral são emulsões de vinagre em óleo.
- O *gel* é uma dispersão de água num sólido: as moléculas do sólido formam uma rede esponjosa que prende bolsões de água em seus interstícios. São exemplos os preparados doces ou salgados feitos com gelatina e as sobremesas de frutas feitas com pectina.
- A *espuma* é uma dispersão de bolhas de gás num líquido ou num sólido. Os suflês, o pão e o colarinho de um copo de cerveja são exemplos de espumas.

BIBLIOGRAFIA SELECIONADA

A bibliografia científica e histórica sobre os alimentos é imensa, assim como a literatura da própria culinária. A seguir, uma lista selecionada das fontes que consultei enquanto escrevia este livro. Esta bibliografia documenta os fatos e ideias mais importantes, propicia que se encontrem informações mais detalhadas e dá o devido crédito aos pesquisadores e tradutores. Começo por arrolar aquelas obras em que me apoiei ao longo de todo o livro. Depois, acrescento bibliografias de referência para cada capítulo. Cada uma delas está dividida em duas seções: primeiro, livros e artigos destinados ao leitor leigo; depois, estudos mais especializados e técnicos.

FONTES GERAIS

LIVROS SOBRE A CULINÁRIA E OS ALIMENTOS

Behr, E. *The Artful Eater*. Nova York: Atlantic Monthly, 1992
Child, J. e S. Beck. *Mastering the Art of French Cooking*. 2 vols. Nova York: Knopf, 1961, 1970.
Davidson, A. *The Oxford Companion to Food*. Oxford: Oxford Univ. Press, 1999.
Kamman, M. *The New Making of a Cook*. Nova York: Morrow, 1997.
Keller, T., S. Heller e M. Ruhlman. *The French Laundry Cookbook*. Nova York: Artisan, 1999.
Mariani, J. *The Dictionary of American Food and Drink*. Nova York: Hearst, 1994.
Robuchon, J. et al., orgs. *Larousse gastronomique*. Paris: Larousse, 1996.
Steingarten, J. *It Must've Been Something I Ate*. Nova York: Knopf, 2002.
____. *The Man Who Ate Everything*. Nova York: Knopf, 1998.
Stobart, T. *The Cook's Encyclopedia*. Londres: Papermac, 1982.
Weinzweig, A. *Zingerman's Guide to Good Eating*. Boston: Houghton Mifflin, 2003.
Willan, A. *La Varenne Pratique*. Nova York: Crown, 1989.

ETIMOLOGIAS E SENTIDO DAS PALAVRAS

Battaglia, S., org. *Grande dizionario della lingua italiana*. 21 vols. Turim: Unione tipografico-editrice torinese, 1961-2001.
Bloch, O. *Dictionnaire étymologique de la langue française*. 5. ed. Paris: Presses universitaires, 1968.
Oxford English Dictionary. 2. ed. 20 vols. Oxford: Clarendon, 1989.
Watkins, C. *The American Heritage Dictionary of Indo-European Roots*. 2. ed. Boston: Houghton Mifflin, 2000.

TEXTOS SOBRE A CIÊNCIA DOS ALIMENTOS PARA O LEITOR LEIGO

Barham, P. *The Science of Cooking*. Berlim: Springer-Verlag, 2001.
Corriher, S. *CookWise*. Nova York: Morrow, 1997
Kurti, N. The physicist in the kitchen. *Proceedings of the Royal Institution* 42 (1969): 451-67.
McGee, H. *The Curious Cook*. São Francisco: North Point, 1990.
This, H. *Révélations gastronomiques*. Paris: Belin, 1995.
____. *Les Secrets de la casserole*. Paris: Belin, 1993.

LIVROS SOBRE AS PRINCIPAIS CULINÁRIAS REGIONAIS

Achaya, K. T. *A Historical Dictionary of Indian Food*. Nova Déli: Oxford Univ. Press, 1998.
____. *Indian Food: A Historical Companion*. Déli: Oxford Univ. Press, 1994.
Anderson, E. N. *The Food of China*. New Haven: Yale Univ. Press, 1988.

Artusi, P. *La Scienza in cucina e l'arte di mangiar bene*. 1891 e eds. posteriores. Florença: Giunti Marzocco, 1960.

Bertolli, P. *Cooking by Hand*. Nova York: Clarkson Porter 2003.

Bugialli, G. *The fine Art of Italian Cooking*. Nova York, Times Books, 1977.

Chang, K. C., org. *Food in Chinese Culture*. New Haven: Yale Univ. Press, 1977.

Cost, B. *Bruce Cost Asian Ingredients*. New York: Morrow, 1988.

Ellison, J. A., org. e trad. ingl. *The Great Scandinavian Cook Book*. Nova York: Crown, 1967.

Escoffier, A. *Guide Culinaire*, 1903 e edições posteriores. Traduzido por H. L. Cracknell e R. J. Kaufmann como *Escoffier: The Complete Guide to The Art of Modern Cooking*. Nova York: Wiley, 1983.

Hazan, M. *Essentials of Classic Italian Cooking*. Nova York: Knopf, 1992.

Hosking, R. *A Dictionary of Japanese Food*. Boston: Tuttle, 1997.

Kennedy, D. *The Cuisines of Mexico*. Nova York: Harper e Row, 1972.

Lo, K. *The Encyclopedia of Chinese Cooking*. Nova York: Bristol Park Books, 1990.

Mesfin, D. J. *Exotic Ethiopian Cooking*. Falls Church, VA: Ethiopian Cookbook Enterprises, 1993.

Roden, C. *The New Book of Middle Eastern Food*. Nova York: Knopf, 2000.

St.-Ange, E. *La Bonne Cuisine de Mme E. Saint Ange*. Paris: Larousse, 1927.

Shaida, M. *The Legendary Cuisine of Persia*. Henley-on-Thames: Lieuse, 1992.

Simoons, F. J. *Food in China*. Boca Raton: CRC, 1991.

Toomre, J., trad. ingl. e org. *Classic Russian Cooking: Elena Molokhovets' A Gift to Young Housewives*. Bloomington: Indiana Univ. Press, 1992.

Tsuji, S. *Japanese Cooking: A Simple Art*. Tóquio: Kodansha, 1980.

LIVROS SOBRE A HISTÓRIA DOS ALIMENTOS

Benporat, C. *Storia della gastronomia italiana*. Milão: Mursia, 1990.

Coe, S. *America's First Cuisines*. Austin: Univ. of Texas Press, 1994.

Dalby, A. *Siren Feasts: A History of Food and Gastronomy in Greece*. Londres: Routledge, 1996.

Darby, W. J. et al. *Food: The Gift of Osiris*. 2 vols. Nova York: Academic, 1977. Food in Ancient Egypt.

Flandrin, J. L. *Chronique de Platine*. Paris: Odile Jacob, 1992.

Grigg, D. B. *The Agricultural Systems of the World: Na Evolutionary Approach*. Cambridge: Cambridge Univ. Press, 1974.

Huang, H. T e J. Needham. *Science and Civilization in China*. Vol. 6, parte V: *Fermentations and Food Science*. Cambridge: Cambridge Univ. Press, 2000.

Kiple, K. F. e K. C. Ornelas, orgs. *The Cambridge World History of Food*. 2 vols. Cambridge: Cambridge Univ. Press, 2000.

Peterson, T. S. *Acquired Taste: The French Origins of Modern Cooking*. Ithaca: Cornell Univ. Press, 1994.

Redon, O. et al. *The Medieval Kitchen*. Trad. ingl. E. Schneider. Chicago: Univ. of Chicago Press, 1998.

Rodinson, M., A. J. Arberry e C. Perry. *Medieval Arab Cookery*. Totnes, Devon: Prospect Books, 2001.

Scully, T. *The Art of Cookery in Middle Ages*. Rochester, Nova York: Boydell, 1995.

Singer, C. E. et al. *A History of Technology*. 7 vols. Oxford: Clarendon, 1954-78.

Thibaut-Comelade, E. *La table médievale des Catalans*. Montpellier: Presses du Languedoc, 2001.

Toussaint-Samat, M. *History of Food*. Trad. ingl. Anthea Bell. Oxford: Blackwell, 1992.

Trager, J. *The Food Chronology*. Nova York: Holt, 1995.

Wheaton, B. K. *Savoring the Past: The French Kitchen and Table from 1300 to 1789*. Philadelphia: Univ. of Penn. Press, 1983.

Wilson, C. A. *Food and Drink in Britain*. Harmondsworth: Penguin, 1984.

FONTES HISTÓRICAS

Anthimus. *On the Observations of Foods*. Trad. ingl. M. Grant. Totnes, Devon: Prospect Books, 1996.

Apicius, M. G. *De re coquinaria: L'Art culinaire*. J. André, org. Paris: C. Klincksieck, 1965. Organizado e traduzido em inglês por B. Flower e E. Rosenbaun como *The Roman Cookery Book*. Londres: Harrap, 1958.

Brillat-Savarin, J. A. *La Physiologie du goût*. Paris, 1825. Traduzido em inglês por M. F. K. Fisher como *The Physiology of Taste*. Nova York: Harcourt Brace Jovanovich, 1978.

Cato, M. P. *On Agriculture*. Trad. ingl. W. D. Hooper. Cambridge, MA: Harvard Univ. Press, 1934.

Columella, L. J. M. *On Agriculture*. 3 vols. Trad. ingl. H. B. Ash. Cambridge, MA: Harvard Univ. Press, 1941-55.

Grewe, R. and C. B. Hieatt, orgs. *Libellus De Arte Coquinaria*. Tempe, AZ: Arizona Center for Medieval and Renaissance Studies, 2001.

La Varenne, F. P. de. *Le Cuissiner François*. 1651. Reprint, Paris: Montalba, 1983.

Platina. *De honesta voluptate et valetudine*. Org. e trad. ingl. de M. E. Milham como *On Right*

BIBLIOGRAFIA SELECIONADA

Pleasure and Good Health. Tempe, AZ: Renaissance Soc. America, 1998.
Pliny the Elder. *Natural History.* 10 vols. Trad. ingl. Hrackman et al. Cambridge, MA: Harvard Univ. Press, 1938-62.
Scully, T., org. e trad. ingl. *The Neapolitan Recipe Collection.* Ann Arbor: Univ. of Michigan Press, 2000.
____, org. e trad. ingl. *The Viandier of Taillevent.* Ottawa: Univ. of Ottawa Press, 1988.
____, org. e trad. ingl. *The Vivendier.* Totnes, Devon: Prospect Books, 1997.
Warner, R. *Antiquitates culinariae.* Londres: 1791; Reedição, Londres: Prospect Books, s. d.

ENCICLOPÉDIAS DE CIÊNCIA E TECNOLOGIA DOS ALIMENTOS (REFERIDAS ABAIXO COMO "CABALLERO" E "MACRAE")

Caballero, B. et al., orgs. *Encyclopedia of Food Sciences and Nutrition.* 10 vols. Amsterdam: Academic, 2003. [2. ed. de Macrae et al.]
Macrae, R. et al., orgs. *Encyclopedia of Food Science, Food Technology, and Nutrition.* 8 vols. Londres: Academic, 1993.

TEXTOS DIVERSOS SOBRE QUÍMICA DOS ALIMENTOS, MICROBIOLOGIA, BOTÂNICA E FISIOLOGIA

Ang, C. Y. W. et al., orgs. *Asian Foods. Science and Technology.* Lancaster, PA: Technomic, 1999.
Ashurst, P. R. *Food Flavorings.* Ghaitersburg, MD: Aspen, 1999.
Belitz, H. D. e W. Grosch. *Food Chemistry.* 2. ed. ingl. Berlim: Springer, 1999.
Campbell-Platt, G. *Fermented Food of the World.* Londres: Butterworth, 1987.
Charley, H. *Food Science.* 2. org. Nova York: Wiley, 1982.
Coultate, T. P. *Food: The Chemistry of its Components.* 2. ed. Cambridge: Royal Society of Chemistry, 1989.
Doyle, M. P. et al., orgs. *Food Microbiology.* 2. ed. Washington, DC: American Society of Microbiology, 2001.
Facciola, S. *Cornucopia II: A Source Book of Edible Plants.* Vista, CA: Kampong, 1998.
Fennema, O., org. *Food Chemistry.* 3. ed. Nova York: Dekker, 1996.
Ho, C. T. et al. Flavor Chemistry of Chinese Foods. *Food Reviews International* 5 (1989): 253-87.
Maarse, H., org. *Volatile Compounds in Food and Beverages.* Nova York: Dekker, 1991.
Maincent, M. *Technologie culinaire.* Paris: BPI, 1995.
Paul, P. C. e H. H. Palmer, orgs. *Food Theory and Applications.* Nova York: Wiley, 1972.
Penfield, M. P. e A. M. Campbell. *Experimental Food Science.* 3. ed. São Diego, CA: Academic, 1990.

Silverthorn, D. U. et al. *Human Physiology.* Upper Saddle River, NJ: Prentice Hall, 2001.
Smartt, J. e N. W. Simmonds, orgs. *Evolution of Crop Plants.* 2. ed. Harlow, Essex: Longman, 1995.
Steinkraus, K. H., org. *Handbook of Indigenous Fermented Foods.* 2. ed. Nova York: Dekker, 1996.

CAPÍTULO 1: LEITE E LATICÍNIOS

Brown, N. W. *India and Indology.* Déli: Motilal Banarsidass, 1978.
Brunet, P., org. *Histoire et géographie des fromages.* Caen: Université de Caen, 1987.
Calvino, I. *Mr. Palomar.* Trad. ingl. W. Weaver. São Diego, CA: Harcourt Brace Jovanovich, 1985.
Grant, A. J. Trad. ingl. *Early Lives of Charlemagne.* Londres: Chatto and Windus, 1922.
Macdonnel, A. A. *A Vedic Reader for Students.* Oxford: Oxford Univ. Press, 1917.
Masui, K. e T. Yamada. *French Cheeses.* Nova York: Doring Kindersley, 1996.
O'Flaherty, W. D., org. e trad. ingl. *The Rig Veda.* Harmondsworth: Penguin, 1981.
Polo, M. *Travels* (c. 1300). Trad. ingl. W. Marsden. Nova York: Dutton, 1908.
Rance, P. *The French Cheese Book.* Londres: Macmillan, 1989.
____. *The Great British Cheese Book.* Londres: Macmillan, 1982.

Blackburn, D. G. et al. The origins of lactation and the evolution of milk. *Mammal Review* 19 (1989): 1-26.
Bodyfelt, F. W. et. al. *The Sensory Evaluation of Dairy Products.* Nova York: Van Nostrand Reinhold, 1988.
Buchin, S. et al. Influence of pasteurization and fat composition of milk on the volatile compounds and flavor characteristics of a semi-hard cheese. *J Dairy Sci.* 81 (1988): 3097-108.
Curioni, P. M. G. e J. O. Bosset. Key odorants in various cheese types as determined by gas chromatography-olfactometry. *International Dairy J* 12 (2002): 959-84.
Dupont, J. e P. J. White. "Margarine." In Macrae, 2880-95.
Durham, W. H. *Coevolution: Genes, Culture, and Human Diversity.* Stanford, CA: Stanford Univ. Press, 1991.
Fox, P. F., org. *Cheese: Chemistry, Physics, Microbiology.* 2 vols. Londres: Elsevier, 1987.
Garg, S. K. e B. N. Johri. Rennet: Current trends and future research. *Food Reviews International* 10 (1994): 313-55.
Gunderson, H. L. *Mammalogy.* Nova York: Mc-Graw-Hill, 1976.

Jensen, R. G., org. *Handbook of Milk Composition*. São Diego, CA: Academic, 1995.

Juskevich, J. C. e C. G. Guyer. Bovine growth hormone: Human food safety evaluation. *Science* 249 (1990): 875-84.

Kosikowski, F. V. e V. V. Mistry. *Cheese and Fermented Milk Foods*. 3. ed. Westport, CT: F. V. Kosikowski LLC, 1997.

Kurmann, J. A. et al. *Encyclopedia of Fermented Fresh Milk Products*. Nova York: Van Nostrand Reinhold, 1992.

Mahias, M. C. Milk and its transmutation in Indian society. *Food and Foodways* 2 (1988): 256-88.

Marshall, R. T. e W. S. Arbuckle. *Ice Cream*. 5ªed. Nova York: Chapman and Hall, 1996.

Miller, M. J. S. et al. Casein: A milk protein with diverse biologic consequences. *Proc Society Experimental Biol Medicine* 195 (1990): 143-59.

Muhlbauer, R. C. et al. Various selected vegetables, fruits, mushrooms and red wine residue inhibit bone resorption in rats. *J Nutrition* 133 (2003): 3592-97.

Queiroz Macedo, I. et al. Caseinolytic specificity of cardosin, an aspartic protease from the cardoon: Action on bovine casein and comparison with chymosin. *J Agric Food of Chem*. 44 (1996): 42-47.

Reid, G. et al. Potential uses of probiotics in clinical practices. *Clinical and Microbiological Reviews* 16 (2003): 658-72.

Robinson, R. K., org. *Modern Dairy Technology*. 2 vols. Londres: Chapman and Hall, 1993.

Schmidt, G. H. et al. *Principles of Dairy Science*. 2. ed. Englewood Cliffs, NJ: Prentice Hall, 1988.

Scott, R. *Cheesemaking Practice*. Londres: Applied Science, 1981.

Stanley, D. W. et al. Texture-structure relationships in foamed dairy emulsions. *Food Research International* 29 (1996): 1-13.

Starr, M. P. et al., orgs. *The Prokaryotes: A Handbook on Habitats, Isolation, and Identification of Bacteria*. 2 vols. Berlim: Spring-Verlag, 1981.

Stini, W. A. Osteoporosis in biocultural perspective. *Annual Reviews of Anthropology* 24 (1995): 397-421.

Suarez, F. L. et al. Diet, genetics, and lactose intolerance. *Food Technology* 51 (1997): 74-76.

Tamine, A. Y. e R. K. Robinson. *Yoghurt: Science and Technology*. 2. ed. Cambridge, Reino Unido: Woodhead, 1999.

Virgili, R. et al. Sensory-chemical relationships in Parmigiano-reggiano cheese. *Lebensmittel-Wissenschaft und Technologie* 27 (1994): 491-95.

The Water Buffalo. Roma: U.N. Food and Agriculture Organization, 1977.

Wheelock, V. *Raw Milk and Cheese Production: A Critical Evaluation of Scientific Research*. Skipton, Reino Unido: V. Wheelock Associates, 1997.

CAPÍTULO 2: OVOS

Davidson, A., J. Davidson e J. Lang. Origin of crême brulée. *Petits propos culinaires* 31 (1989): 61-63.

Healy, B. e P. Bugat. *The French Cookie Book*. Nova York: Morrow, 1994.

Hume, R. E. *The Thirteen Principal Upanishads Translated from the Sanskrit*. Oxford: Oxford Univ. Press, 1921.

Radhakrishnan, S. *The Principal Upanishads*. Atlantic Highlands, NJ: Humanities, 1992.

Smith, P. e C. Daniel. *The Chicken Book*. Boston: Little Brown, 1975.

Wolfert, P. *Couscous and Other Good Foods from Morocco*. Nova York: Harper and Row, 1973.

Board, R. G. e R. Fuller, eds. *Microbiology of the Avian Egg*. Londres: Chapman and Hall, 1994.

Burley, R. W. e D. V. Vadehra. *The Avian Egg: Chemistry and Biology*. Nova York: Wiley, 1989.

Chang, C. M. et al. Microstructure of egg yolk. *J Food Sci*. 42 (1977): 1193-1200.

Gosset. P. O. e R. C. Baker. Prevention of gray green discoloration in cooked liquid whole eggs. *J Food Sci*. 46 (1981): 328-31.

Jänicke, O. Zur Verbreitungsgeschichte und Etymologie des fr. meringue. *Zeitschrift für romanischen Philologie* 84 (1968): 558-71.

Jiang, Y. et al. Egg phosphatidylcholine decreases the lymphatic absorption f cholesterol in rats. *J Nutrition* 131 (2001): 2358-63.

Maga, J. A. Egg and egg product flavor. *J Agric Food Chem*. 30 (1982): 9-14.

McGee, H. On long-cooked eggs. *Petit propos culinaires* 50 (1995): 46-50.

McGee, H. J., S. R. Long e W. R. Briggs. Why whip egg whites in copper bowls? *Nature* 308 (1984): 667-68.

Packard, G. C. e M. J. Packard. Evolution of the cleidoic egg among reptilian ancestors of birds. *American Zoologist* 20 (1980): 351-62.

Perry, M. M. e A. B. Gilbert. The structure of yellow yolk in the domestic fowl. *J Ultrastructural Res*. 90(1985): 313-22.

Stadelman, W. J. e O. J. Cotterill. *Egg Science and Technology*. 3. ed. Westport, CT: AVI, 1986.

Su, H. P. e C. W. Lin. A new process for preparing transparent alkalized duck egg and its quality. *J Food Science Agric*. 61 (1993): 117-20.

Wang, J. e D. Y. C. Fung. Alkaline-fermented foods: A review with emphasis on pidan fermentation. *CRC Critical Revs in Microbiology* 22 (1996): 101-38.

Wilson, A. J., org. *Foams: Physics, Chemistry and Structure*. Londres: Springer-Verlag, 1989.

Woodward, S. A. e O. J. Cotterill. Texture and microstructure of cooked whole egg yolks and heat-formed gels of stirred egg yolk. *J Food Sci*. 52 (1987): 63-67.

Woodward, S. A. e O. J. Cotterill. Texture profile analysis, expressed serum, and microstructure of heat-formed egg yolk gels. *J Food Sci.* 52 (1987): 68-74.

CAPÍTULO 3: CARNE

Cronon, W. *Nature's Metropolis*. Nova York: Norton, 1991.
Kinsella, J. e D. T. Harvey. *Professional Charcuterie*. Nova York: Wiley, 1996.
Paillat, M., org. *Le Manjeur et l'animal*. Paris: Autrement, 1997.
Rhodes, V. J. How the marking of beef grades was obtained. *J Farm Economics* 42 (1960): 133-49.
Serventi, S. *La grande histoire du foie gras*. Paris: Flammarion, 1993.
Woodard, A. et al. *Commercial and Ornamental Game Bird Breeders Handbook*. Surrey, BC: Hancock House, 1993.

Abs, M., org. *Physiology and Behavior of the Pigeon*. Londres: Academic, 1983.
Ahn, D. U. e A. J. Maurer. Poultry meat color: Heme-complex-forming ligands and color of cooked turkey breast meat. *Poultry Science* 69 (1990): 1769-74.
Bailey, A. J., org. *Recent Advances in the Chemistry of Meat*. Londres: Royal Society of Chemistry, 1984.
Bechtel, P. J., org. *Muscle as Food*. Orlando, FL: Academic, 1986.
Campbell-Platt, G. e P. E. Cook, orgs. *Fermented Meat*. Londres: Blackie, 1995.
Carrapiso, A. I. et al. Characterization of the most odor-active compounds of Iberian ham headspace. *J Agric Food Chem.* 50 (2002): 1996-2000.
Cornforth, D. P. et al. Carbon monoxide, nitric oxide, and nitrogen dioxide levels in gas ovens related to surface pinking of cooked beef and turkey. *J Agric Food Chem.* 46 (1998): 255-61.
Food Standards Agency, Reino Unido. *Review of BSE Controls*. 2000, http://www.bsereview.org.uk.
Gault, N. F. S., "Marinaded meat." In *Developments in Meat Science*, organizado por R. Laurie, 5, 191-246. Londres: Applied Science, 1991.
Jones, K. W. e R. W. Mandigo. Effects of chopping temperature on the microstructure of meat emulsions. *J Food Sci.* 47 (1982): 1930-35.
Lawrie, R. A. *Meat Science*. 5. ed. Oxford: Pergamon, 1991.
Lijinsky, W. N-nitroso compounds in the diet. *Mutation Research* 443 (1999): 129-38.
Maga, J. A. *Smoke on Food Processing*. Boca Raton, FL: CRC, 1988.
———. Pink discoloration in cooked white meat. *Food Reviews International* 10 (1994): 273-386.

Mason, I. L., org. *Evolution of Domesticated Animals*. Londres: Longman, 1984.
McGee, H., J. McInerny e A. Harus. The virtual cook: Modeling heat transfer in the kitchen. *Physics Today* (Novembro 1999): 30-36.
Melton, S. Effects of feeds on flavor of red meat: A review. *J Animal Sci.* 68 (1990): 4421-35.
Milton, K. A hypothesis to explain the role of meat-eating in human evolution. *Evolutionary Anthropology* 8 (1999): 11-21.
Morgan Jones, S. D., org. *Quality Grading of Carcasses of Meat Animals*. Boca Raton, FL: CRC, 1995.
Morita, H. et al. Red pigment of Parma ham and bacterial influence on its formation. *J Food Sci.* 61 (1996): 1021-23.
Oreskovich, D. C. et al. Marinade pH affects textural properties of beef. *J Food Sci.* 57 (1992): 305-11.
Pearson, A. M. e T. R. Dutson. *Edible Meat By-products*. Londres: Elsevier, 1988.
Pinotti, A. et al. Diffusion of nitrite and nitrate salts in pork tissue in the presence of sodium chloride. *J Food Sci.* 67 (2002): 2165-71.
Rosser, B. W. C. e J. C. George. The avian pectoralis: Biochemical characterization and distribution of muscle fiber types. *Canadian J Zoology* 64 (1986): 1174-85.
Rousset-Akrim, S. et al. Influence of preparation on sensory characteristics and fat cooking loss of goose foie gras. *Sciences des aliments* 15 (1995): 151-65.
Salichon, M. R. et al. Composition des 3 types de foie gras: Oie, canard mulard et calard de barbarie. *Annales Zootechnologie* 43 (1994): 213-20.
Saveur, B. Les critères et facteurs de la qualité des pulets Label Rouge. *INRA Productions Animales* 10 (1997): 219-26.
Skog, K. I. et al. Carcinogenic heterocyclic amines in model systems and cooked foods: A review on formation, occurrence, and intake. *Food and Chemical Toxicology* 36 (1998): 879-96.
Solyakov, A. et al. Heterocyclic amines in process flavours, process flavour ingredients, bouillon concentrates and a pan residue. *Food and Chemical Toxicology* 37 (1999): 1-11.
Suzuki, A. et al. Distribution of myofiber types in thigh muscles of chickens. *Journal of Morphology* 185 (1985): 145-54.
Varnam, A. H. e J. P. Sutherland. *Meat and Meat Products: Technology, Chemistry, and Microbiology*. Londres: Chapman and Hall, 1995.
Wilding, P. et al. Salt-induced swelling of meat. *Meat Science* 18 (1986): 55-75.
Wilson, D. E. et al. Relationship between chemical percentage intramuscular fat and USDA marbling score. A.S. Leaflet R1529. Iowa State University: 1998.
Young, O. A. et al. Pastoral an species flavour in lambs raised on pasture, lucerne or maize. *J Sci Food Agric.* 83 (2003): 93-104.

CAPÍTULO 4: PEIXES E FRUTOS DO MAR

Alejandro, R. *The Philippine Cookbook*. Nova York: Putnam, 1982.
Bliss, D. *Shrimps, Lobsters, and Crabs*. Nova York: Columbia Univ. Press, 1982.
Davidson, A. *Mediterranean Seafood*. 2. ed. Londres: Allan Lane, 1981.
____. *North Atlantic Seafood*. Nova York: Viking, 1979.
Kurlansky, M. *Cod*. Nova York: Walker, 1997.
McClane, A. J. *The Encyclopedia of Fish Cookery*. Nova York: Holt Rinehart Winston, 1977.
McGee, H. "The buoyant, slippery lipids of the snake mackerels and orange roughy." Em *Fish: Food from the Waters*, organizado por H. Walker, 205-9. Totnes, Reino Unido: Prospect Books, 1998.
Peterson, J. *Fish and Shellfish*. Nova York: Morrow, 1996.
Riddervold, A. *Lutefisk, Rakefisk and Herring in Norwegian Tradition*. Oslo: Novus, 1990.

Ahmed, F. E. Review: Assessing and managing risk due to consumption of seafood contaminated with microorganisms, parasites, and natural toxins in the US. *Int J Food Sci. and Technology* 27 (1992): 243-60.
Borgstrom, G., org. *Fish as Food*. 4 vols. Nova York: Academic, 1961-65.
Chambers, E. e A. Robel. Sensory characteristics of selected species of freshwater fish in retail distribution. *J Food Sci.* 58 (1993): 508-12.
Chattopadhyay, P. et al. "Fish". In Macrae, 1826-87.
Doré, I. *Fish and Shellfish Quality Assessment*. Nova York: Van Nostrand Reinhold, 1991.
Flick, G. J. e R. E. Martin, orgs. *Advances in Seafood Biochemistry*. Lancaster, PA: Technomic, 1992.
Funk, C. D. Prostaglandins and leukotrienes: Advances in eicosanoid biology. *Science* 294 (2001): 1871-75.
Gomez-Guillen, M. C. et al. Autolysis and protease inhibition effects on dynamic viscoelastic properties during termal gelation of squid muscle. *J Food Sci.* 67 (2002): 2491-96.
Gosling, E. *The Mussel Mytilus: Ecology, Physiology, Genetics and Culture*. Amsterdam: Elsevier, 1992.
Haard, N. F. e B. K. Simon. *Seafood Enzymes*. Nova York: Dekker, 2000.
Hall, G. M., org. *Fish Processing Technology*. 2. ed. Nova York: VCH, 1992.
Halstead, B. W. *Poisonous and Venomous Marine Animals of the World*. 2. ed. rev. Princeton, NJ: Darwin, 1988.
Hatae, K. et al. Role of muscle fibers in contributing firmness of cooked fish. *J Food Sci.* 55 (1990): 693-96.
Iversen, E. S. et al. *Shrimp Capture and Culture Fisheries of the United States*. Cambridge, MA: Fishing News, 1993.
Jones, D. A. et al. "Shellfish." In Macrae, 4048-118.
Kobayashi, T. et al. Strictly anaerobic halophiles isolated from canned Swedish fermented herring. *International J Food Microbiology* 54 (2000): 81-89.
Korringa, P. *Farming the Cupped Oysters of the Genus Crassotrea*. Amsterdam: Elsevier, 1976.
Kugino, M. e K. Kugino. Microstructural and rheological properties of cooked squid mantle. *J Food Sci.* 59 (1994): 792-96
Lindsay, R. "Flavour of Fish". In *Seafoods: Chemistry, Processing, Technology, and Quality*, organizado por F. Shahidi e J, R. Botta, 74-84. Londres: Blackie, 1994.
Love, R. M. *The Food Fishes: Their Intrinsic Variation and Practical Implications*. Londres: Farrand, 1988.
Mantel, L. H., org. *Biology of Crustacea*. Vol. 5, *International Anatomy and Physiological Regulation*; vol. 9, *Integument, Pigments, and Hormonal Processes*. Nova York: Academic, 1983; Orlando, Flórida: Academic, 1985.
Martin, R. E. et al., orgs. *Chemistry and Biochemistry of Marine Food Products*. Westport, CT: AVI, 1982.
Morita, K. et al. Comparison of aroma characteristics of 16 fish species by sensory evaluation and gas chromatographic analysis. *J Sci Food Agric.* 83 (2003): 289-97
Moyle, P. B. e J. J. Cech. *Fishes: An Introduction to Ichthyology*. 4. ed. Upper Saddle River, NJ: Prentice Hall, 2000.
Nelson, J. S. *Fishes of the World*. 3. ed. Nova York: Wiley, 1994.
Ò Foighil, D. et al. Mitochondrial cytochrome oxidase I gene sequences support an Asian origin for the Portuguese oyster *Crassostrea angulata*. *Marine Biology* 131 (1998): 497-503.
Ofstad, R. et al. Liquid holding capacity and structural changes during heating of fish muscle. *Food Microstructure* 12 (1993): 163-74.
Oshima, T. Anisakiasis: Is the sushi bar guilty? *Parasitology Today* 3 (2) (1987): 44-48.
Pennarun, A. L. et al. Identification and origin of the character-impact compounds of raw oyster *Crassostrea gigas*. *J Sci Food Agric.* 82 (2002): 1652-60.
Royce, W. F. *Introduction to the Practice of Fishery Science*. São Diego, CA: Academic, 1994.
Shimizu, Y. et al. Species variation in the gel-forming [and disintegrating] characteristics of fish meat paste. *Bulletin Jap Soc Scientific Fisheries* 47 (1981): 95-104.
Shumway, S. E., org. *Scallops: Biology, Ecology, and Aquaculture*. Amsterdam: Elsevier, 1991.
Sikorski, Z. E. et al., orgs. *Seafood Proteins*. Nova York: Chapman and Hall, 1994.
Sternin, V. e I. Doré. *Caviar: The Resource Book*. Moscou e Stanwood, WA: Cultura, 1993.

Tanikawa, E. *Marine Products in Japan*. Tóquio: Koseisha-Koseikaku, 1971.
Taylor, R. F. et al. Salmon fillet texture is determined by myofiber-myofiber and myofiber-myocommata attachment. *J Food Sci.* 67 (2002): 2067-71.
Triqui, R. e G. A. Reineccius. Flavor development in the ripening of anchovy. *J Agric Food Chem.* 43 (1995): 453-58.
Ward, D. R. e C. Hackney. *Microbiology of Marine Food Products*. Nova York: Van Nostrand Reinhold, 1991.
Whitfield, F. B. Flavour of prawns and lobsters. *Food Reviews International* 6 (1990): 505-19.
Wilbur, K. M., org. *The Mollusca*. 12 vols. Nova York: Academic, 1983.

CAPÍTULO 5: PLANTAS COMESTÍVEIS

Harlan, J. R. *Crops and Man*. Madison, WI: Am. Soc. Agronomy, 1992.
Heiser, C. B. *Seed to Civilization*. Cambridge, MA: Harvard Univ. Press, 1990.
Thoreau, H. D. "Wild Apples" (1862). In H. D. Thoreau, *Wild Apples and Other Natural History Essays*, org. W. Rossi, Athens, GA: Univ. Of Georgia Press, 2002.
Wilson, C. A. *The Book of Marmalade*. Nova York: St. Martin's, 1985.

Bidlack, W. R. et al., orgs. *Phytochemicals: A New Paradigm*. Lancaster, PA: Technomic, 1998.
Borchers, A. T. et al. Mushrooms, tumors, and immunity. *Proc Society Experimental Biol Medicine* 221 (1999): 281-93.
Buchanan, B. B. et al., orgs. *Biochemistry and Molecular Biology of Plants*. Rockville, MD: Am. Society of Plant Physiologists, 2000.
Coulombe, R. A. "Toxicants, natural". In *Wiley Encyclopedia of Food Science and Technology*. Organizada por F. J. Francis, 2. ed., 4 vols. 2336-54. Nova York: Wiley, 2000.
Daschel, M. A. et al. Microbial ecology of fermenting plant materials. *FEMS Microbiological Revs.* 46 (1987): 357-67.
Dewanto, V. et al. Thermal processing enhances the nutritional value of tomatoes by increasing total antioxidant activity. *J Agric Food Chem.* 50 (2002): 3010-14.
Dominy, N. J., e P. W. Lucas. Importance of trichromic vision to primates. *Nature* 410 (2001): 363-66.
Elson, C. E. et al. Isoprenoid-mediated inhibition of mevalonate synthesis: Potential application to cancer. *Proc Society Experimntal Biol Medicine* 221 (1999): 294-305.
Francis, F. J. Anthocyanins and betalains: Composition and applications. *Cereal Foods World* 45 (2000): 208-13.

Gross, J. *Pigments in Vegetables: Chlorophylls and Carotenoids*. Nova York: Van Nostrand Reinhold, 1991.
Karlson-Stiber, C., e H. Persson. Cytotoxic fungi: an overview. *Toxicon* 42 (2003): 339-49.
Larsen, C. S. Biological changes in human populations with agriculture. *Annual Reviews Anthropology* 24 (1995): 185-213.
Luck, G. et al. Polyphenols, astringency, and proline-rich proteins. *Phytochemistry* 37 (1994): 357-71.
Muhlbauer, R. C. et al. Various selected vegetables, fruits, mushrooms and red wine residue inhibit bone resorption in rats. *J Nutrition* 133 (2003): 3592-97.
Santos-Buelga, C. e A. Scalbert. Proanthocyanidins and tannin-like compounds – nature, occurrence, dietary intake and effects on nutrition and health. *J. Sci Food Agric.* 80 (2000): 1094-1117.
Smith, D. e D. O'Beirne. "Jams and preserves". In Macrae, 2612-21.
Tomás-Barberán, F. A. e R. J. Robins, orgs. *Phytochemistry of Fruit and Vegetables*. Nova York: Oxford University Press, 1997.
Vincent, J. E. V. Fracture properties of plants. *Advances in Botanical Research* 17 (1990): 235-87.
Vinson, J. A. et al. Phenol antioxidant quantity and quality in foods: Vegetables. *J Agric Food Chem.* 46 (1998): 3630-34.
____. Phenol antioxidant quantity and quality in foods: Fruits. *J Agric Food Chem.* 49 (2001): 5215-21.
Walter, R. H., org. *The Chemistry and Technology of Pectin*. São Diego, CA: Academic, 1991.
Waldron, K. W. et al. New approaches to understanding and controlling cell separation in relation to fruit and vegetable texture. *Trends Food Sci Technology* 8 (1997): 213-21.

CAPÍTULO 6: UM EXAME DAS HORTALIÇAS MAIS COMUNS

Arora, D. *Mushrooms demystified*. 2. ed. Berkeley, CA: Ten Speed, 1986.
Chapman, V. J. *Seaweeds and Their Uses*. 3. ed. Nova York: Chapman and Hall, 1980.
Dunlop, F. *Land of Plenty*. Nova York: Morrow, 2003.
Fortner, H. J. *The Limu Eater: A Cookbook of Hawaiian Seafood*. Honolulu: Univ. of Hawaii, 1978.
Olivier, J. M. et al. *Truffe et trufficulture*. Perigueux: FANLAC, 1996.
Phillips, R. e M. Rix. *The Random House Book of Vegetables*. Nova York: Random House, 1993.
Schneider, E. *Uncommon Fruits and Vegetables*. Nova York: Harper and Row, 1986.
____. *Vegetables from Amaranth to Zucchini*. Nova York: Morrow, 2001.

Alasalvar, C. et al. Comparison of volatiles ... and sensory quality of different colored carrot varieties. *J Agric Food Chem.* 49 (2001): 1410-16.

Andersson, A. et al. Effect of preheating on potato texture. *CRC Critical Revs Food Sci Nutrition* 34 (1994): 229-51

Aparicio, R. et al., "Biochemistry and chemistry of volatile compounds affecting consumers' attitudes toward virgin olive oil". In *Flavour and Fragrance Chemistry*, organizado por V. Lanzotti e O. Tagliatela-Scarfati, 3-14. Amsterdam: Kluwer, 2000.

Bates, D. M. et al., orgs. *Biology and Utilization of the Cucurbitaceae*. Ithaca, NY: Comstock, 1990.

Block, E. Organosulfur chemistry of the genus *Allium*. *Angewandte Chemie*, International Edition 31 (1992): 1135-78.

Buttery, R. G. et al. Studies on flavor volatiles of some sweet corn products. *J Agric Food Chem.* 42 (1994): 791-95.

Duckham, S. C. et al. Effect of cultivar and storage time in the volatile flavor components of baked potato. *J Agric Food Chem.* 50 (2002): 5640-48.

Fenwick, G. R. e A. B. Hanley. The genus *Allium CRC Critical Reviews in Food Sci Nutrition* 22 (1985): 199-271, 273-377.

Fukumoto, L. R. et al. Effect of wash water temperature and chlorination on phenolic metabolism and browning of stored iceberg lettuce photosynthetic and vascular tissues. *J Agric Food Chem.* 50 (2002): 4503-11.

Gomez-Campo, C., org. *Biology of Brassica Coenospecies*. Amsterdam: Elsevier, 1999.

Heywood, V. H. Relationships and evolution in the *Dancus carota* complex. *Israel J Botany* 32 (1983): 51-65.

Hurtado, M. C. et al. Changes in cell wall pectins accompanying tomato paste manufacture. *J Agric Food Chem.* 50 (2002): 273-78.

Jirovetz, L. et al. Aroma compound analysis of *Eruca sativa* SPME headspace leaf samples using GC, GC-MS, and olfactometry. *J Agric Food Chem.* 50 (2002): 4643-46.

Kozukue, N. e M. Friedman. Tomatine, chlorophyll, -carotene and lycopene content in tomatoes during growth and maturation. *J Sci Food Agric.* 83 (2003): 195-200.

Lipton, W. J. Postharvest biology of fresh asparagus. *Horticultural Reviews* 12 (1990): 69-155.

Lu, Z. et al. Effects of fruit size on fresh cucumber composition.... *J Food Sci.* 67 (2002): 2934-39.

Mau, J.-L. et al. 1-octen-3-ol in the cultivated mushroom... *J Food Sci.* 57 (1992): 704-6.

McDonald, R. E. et al. Bagging chopped lettuce in selected permeability films. *HortScience* 25 (1990): 671-73.

Mithen, R. F. et al. The nutritional significance, biosynthesis and bioavailability of glucosinolates in human foods. *J Sci Food Agric.* 80 (2000): 967-84.

Mottur, G. P. A scientific look at potato chips. *Cereal Foods World* 34 (1989): 620-26.

Noble, P. S., org. *Cacti: Biology and Uses*. Berkeley: Univ. of California Press, 2001.

Oruna-Concha, M. J. et al. Comparison of the volatile components of two cultivar of potato cooked by boiling, conventional baking, and microwave baking. *J Sci Food Agric.* 82 (2002): 1080-87.

Pacioni, G. et al. Insects attracted by tuber: A chemical explanation. *Mycological Res.* 92 (1991): 1359-63.

Petersen, M. A. et al. Identification of compounds contributing to boiled potato off-flavour (POF). *Lebensmittel-Wissenschaft und Technologie* 32 (1999): 32-39.

Rodger, G. Mycoprotein – a meat alternative new to the U.S. *Food Technology* 55 (7) (2001): 36-41.

Rouseff, R. L., org. *Bitterness in Foods and Beverages*. Amsterdam: Elsevier, 1990.

Smith, D. S. et al. *Processing Vegetables: Science and Technology*. Lancaster, PA: Technomic, 1997.

Suarez, F. et al. Difference of mouth versus gut as site of origin of odiferous breath gases after garlic ingestion. *American J Physiology* 276 (1999): G425-30.

Takahashi, H. et al. Identification of volatile compounds of kombu and their odor description. *Nippon Shohukin Kagaku Kaishi* 49 (2002): 228-37.

Talou, T. et al. "Flavor profiling of 12 edible European truffles". In *Food Flavors and Chemistry*, organizado por A. M. Spanier et al. Londres: Royal Society of Chemistry, 2000.

Tanikawa, E. *Marine Products in Japan*. Tóquio: Koseisha-Koseikakum 1971.

Terrell, E. E. e L. R. Batra. *Zizania latifolia* and *Ustilago esculenta*, a grass-fungus association. *Economic Botany* 36 (1982): 274-85.

Valverde, M. E,. et al. Huitlacoche as a food source – biology, composition, and production. *CRC Critical Revs Food Sci Nutrition* 35 (1995): 191-229.

Van Buren, J. P. et al. Effects of salts and pH on heating-related softening of snap beans. *J Food Sci.* 55 (1990): 1312-14.

Walter, W. M. Effect of curing on sensory properties and carbohydrate composition of baked sweet potato. *J Food Sci* 52 (1987): 1026-29.

CAPÍTULO 7: UM EXAME DAS FRUTAS MAIS COMUNS

Foust, C. W. *Rhubarb*. Princeton, NJ: Princeton Univ. Press, 1992.

Grigson, J. *Jane Grigson's Fruit Book*. Nova York: Atheneum, 1982.

Morgan, J. e A. Richards. *The Book of Apples*. Londres: Edbury, 1993.

Saunt, J. *Citrus Varieties of the World*. Norwich, Reino Unido: Sinclair, 1990.
Schneider, E. *Uncommon Fruits and Vegetables*. Nova York: Harper and Row, 1986.

Arnold, J. Watermelon packs a powerful lycopene punch. *Agricultural research* (junho de 2002): 12-13.
Arthey, D. e P. R. Ashurst. *Fruit Processing*. 2. ed. Gaithersburg, MD: Aspen, 2001.
Buettner, A. e P. Schieberle. Evaluation of aroma differences between hand-squeezed juices from Valencia late and navel oranges... *J Agric Food Chem*. 49 (2001): 2387-94.
Dawson, D. M. et al. Cell wall changes in nectarines. *Plant Physiology* 100 (1992): 1203-10.
Hulme, A. C., org. *The Biochemistry of Foods and Their Products*. 2 vols. Londres: Academic, 1970-71.
Janick, J. e J. N. Moore, orgs. *Advances in Fruit Breeding*. West Lafayette, IN: Purdue Univ. Press, 1975.
Lamikanra, O. e O. A. Richard. Effect of storage on some volatile aroma compounds in fresh-cut cantaloupe melon. *J Agric Food Chem*. 50 (2002): 4043-47.
Lota, M. L. et al. Volatile components of peel and leaf oils of lemon and lime species. *J Agric Food Chem*. 50 (2002): 796-805.
Mithra, S. K. *Postharvest Physiology and Storage of Tropical and Subtropical Fruits*. Wallingford, Reino Unido: CAB, 1997.
Morton, I. D. e A. J. Macleod, orgs. *Food Flavours C: Flavours of Fruits*. Amsterdam: Elsevier, 1990.
Nagy, S. et al., orgs. *Fruits of Tropical and Subtropical Origin*. Lake Alfred, FL: Florida Science Source, 1990.
Somogyi, L. P. et al. *Procssing Fruits: Science and Technology*. Vol. 1. Lancaster, PA: Technomic, 1996.
Wilhelm, S. The garden strawberry: A study of its origin. *American Scientist* 62 (1974): 264-71.
Wyllie, S. G. et al. "Key aroma compounds in melons". In *Fruit Flavors*, organizado por R. L. Rouseff e M. M. Leahy, 248-57. Washington, DC: American Chemical Society, 1995.

CAPÍTULO 8: SABORES VEGETAIS

Dalby, A. *Dangerous Tastes: The Story of Spices*. Berkeley: Univ. of California Press, 2000.
Knox, K. e J. S. Huffaker. *Coffee Basics*. Nova York: Wiley, 1997.
Koran. Trad. ingl. N. J. Dawood. Londres: Penguin, 1974.
Kummer, C. *The Joy of Coffee*. Shelburne, VT: Chapters, 1995.
Man, R. e R. Weir. *The Compleat Mustard*. Londres: Constable, 1988.
Ortiz, E. L. *The Encyclopedia of Herbs, Spices, and Flavorings*. Nova York: Dorling Kindersley, 1992.
Peterson. T. S. *Acquired Taste: The French Origins of Modern Cooking*. Ithaca: Cornell Univ. Press, 1994.
Staples, G. *Ethnic Culinary Herbs: A Guide to Identification and Cultivation in Hawaii*. Honolulu: Univ. of Hawaii Press, 1999.
Sotbart, T. *Herbs, Spices, and Flavorings*. Woodstock, NY: Overlook, 1982.

Bryant, B. P. e I. Mezine. Alkylamides that produce tingling paraesthesia activate tactile and thermal trigeminal neurons. *Brain Research* 842 (1999): 452-60.
Caterina, M. J. e D. Julius. The vanilloid receptor. *Annual Rev Neuroscience* 24 (2001): 487-517.
Chadwick, C. I. et al. The botany, uses, and production of *Wasabia japonica*. *Economy Botany* 47 (1993): 113-35.
Charalambous, G., org. *Spices, Herbs, and Edible Fungi*. Amsterdam: Elsevier, 1994.
Charles, D. J. et al. "Essential oil content and chemical composition of finocchio fennel". In *New Crops*, organizado por J. Janick e J. E. Simon, 570-73. Nova York: Wiley, 1993.
Clarke, R. J. e O. G. Vizthum. *Coffee: Recent Developments*. Oxford: Blackwell, 2001.
Clarke, R. J. e R. Macrae, orgs. *Coffee*. 6 vols. Vol. 2: Technology. Londres: Elsevier, 1985.
Dalla Rosa, M. et al. Changes in coffee brews in relation to storage temperature. *J Sci Food Agric*. 50 (1990): 227-35.
del Castillo, M. D. et al. Effect of roasting on the antioxidant activity of coffee brews. *J Agric Food Chem*. 50 (2002): 3698-703.
Dignum, M. J. W. et al. Vanilla production. *Food Revs International* 17 (2001): 199-219.
Hiltunen, R. e Y. Holm, orgs. *Basil*. Amsterdam: Harwood, 1999.
Illy, A. e R. Viani, orgs. *Espresso Coffee: The Chemistry of Quality*. São Diego, CA: Academic, 1995.
Jagella, T. e W. Grosch. Flavour and off-flavour compounds of black and white pepper II [black pepper]. *Eur J Food Research and Technology* 209 (1999): 22-26.
_____. Flavour and off-flavour compounds of black and white pepper III [white pepper]. *Eur J Food Research and Technology* 209 (1999): 27-31.
Jordt, S. E. et al. Mustard oils and cannabinoids excite sensory nerve fibers through the TRP channel ANKTM1. *Nature* 427 (2004): 260-65.
Kintzios, S. E., org. *Sage*. Amsterdam: Harwood, 2000.
Maga, J. A. *Smoke in Food Processing*. Boca Raton, FK: CRC, 1988.
McGee, H. In victu veritas. *Nature* 392 (1998): 649-50.

Nasrawi, C. W. e R. M. Pangborn. Temporal effectiveness of mouth-rinsing on capsaicin mouthburn. *Physiology and Behavior* 47 (1990): 617-23.

Nemeth, E., org. *Caraway*. Amsterdam: Harwood, 1998.

Noleau, E. et al. Volatile compounds in leek and asafoetida. *J of Essential Oil Research* 3 (1991): 1117-27.

Peter, K. V., org. *Handbook of Herbs and Spices*. Cambridge, Reino Unido: Woodhead, 2001.

Prescott, J. et al. Effects of oral chemical irritation on tastes and flavors in frequent and infrequent users of chili. *Physiology and Behavior* 58 (1995): 1621-25.

Rozin, P. e D. Schiller. The nature and acquisition of a preference for chili peppers by humans. *Motivation and Emotion* 4 (1980): 77-101.

Shimoda, M. et al. Comparison of volatile compounds among different grades of green tea and their relations to odor attributes. *J Agric Food Chem.* 43 (1995): 1621-25.

Sivetz, M. e N. W. Desrosier. *Coffee Technology*. Westport, CT: AVI, 1979.

Takeoka, G. "Volatile constituents of asafoetida." Em *Aroma Active Constituents of Foods*, 33-44. Oxford: Oxford Univ. Press, 2001.

Taucher, J. et al. Analysis of compounds in human breath after ingestion of garlic using proton-transfer-reaction mass spectometry. *J Agric Food Chem.* 44 (1996): 3778-82.

Werker, E. et al. Glandular hairs and essential oil in developing leaves of [basil]. *Annals of Botany* 71 (1993): 43-50.

Winterhalter, P. e M. Straubinger. Saffron – renewed interest in an ancient spice. *Food Revs International* 16 (2000): 39-59.

Yamanishi, T., org. Special issue on tea. *Food Revs International* 11 (1995), nº 3.

Yu, H. C. et al., orgs. *Perilla*. Amsterdam: Harwood, 1997.

Zamski, E. et al. Ultrastructure of capsaicinoid-secreting cells I pungent and nonpungent red pepper (*Capsicum annuum* L.) cultivars. *Botanical Gazette* 148 (1987): 1-6.

CAPÍTULO 9: SEMENTES

Champlain, S., org. *The Voyages, 1619*. Traduzido para o inglês por H. H. Langton e W. F. Ganong. *The Works of Samuel Champlain*, vol. 3. Toronto: Champlain Society, 1929.

Eliade, M. *Patterns in Comparative Religion*. Trad. ingl. R. Sheed. Nova York: Sheed and Ward, 1958.

Fussell, B. *The Story of Corn*. Nova York: Knopf, 1992.

National Research Council. *Lost Crops of Africa*. Vol. 1, *Grains*. Washington, DC: National Academy Press, 1996.

Rosengarten, F. J. *The Book of Edible Nuts*. Nova York: Walker, 1984.

Shurtleff, W. e A. Aoyagi. *The Book of Miso*. Nova York: Ballantine, 1981.

____. *The Book of Tofu*. Nova York: Ballantine, 1979.

Thoreau, H. D. "Journal, Jan. 3, 1842." Em *The Writings of Henry David Thoreau: Journal I, 1837-46*, organizado por B. Torrey. Nova York: AMS, 1968.

Bakshi, A. S. e R. P. Singh. Kinetics of water diffusion and starch gelatinization during rice parboiling. *J Food Sci.* 45 (1980): 1387-92.

Bernath, J. org. *Poppy*. Amsterdam: Harwood, 1998.

Bett-Garber, K. L. et al. Categorizing rice cultivars based on cluster analysis of amylose content, protein content and sensory attributes. *Cereal Chemistry* 78 (2001): 551-58.

Bhattacharjee, O. et al. Basmati rice: A review. *International Food Sci Technology* 37 (2002): 1-12.

Bushuk, W. *Rye: Production, Chemistry, and Technology*. 2. ed. St. Paul, MN: Am. Assoc. of Cereal Chemists, 2001.

Cassidy, A. Potential risks and benefits of phytoestrogen-rich diets. *International J Vitamin Nutrition Research* 73 (2003): 120-26.

Fast, R. B. e E. F. Caldwell, orgs. *Breakfast Cereals and How They Are Made*. 2. ed. St. Paul, MN: Am. Assoc. of Cereal Chemists, 2000.

Fischer, K. H. e W. Grosch. Untersuchungen zum Leguminosenaroma roher Erdnusse. *Lebensmittel-Wissenschaft und Technologie* 15 (1982): 173-76.

Fujimura, T. e M. Kugimiya. Gelatinization of starches inside cotyledon cells of kidney beans. *Starch* 46 (1994): 374-78.

Glaszmann, J. C. Isozymes and classification of Asian rice varieties. *Theoretical and Applied Genetics* 74 (1987): 21-30.

Granito, M. et al. Identification of gas-producing component in different varieties of *Phaeolus vulgaris* by in vitro fermentation. *J Sci Food Agric.* 81 (2001): 543-50.

Hahn, D. M. et al. Light and scanning electron microscope studies on on dry beans. *J Food Sci.* 42 (1977): 1208-12.

Hallauer, A. R., org. *Specialty Corns*. 2. ed. Boca Raton, FL: CRC, 2001.

Harries, H. C. "Coconut Palm." In Macrae, 1098-1104.

Hickenbottom, J. W. Processing, types, and uses of barley malt extracts and syrups. *Cereal Foods World* 41 (1996): 788-90.

Huang, S. et al. Genes encoding plastid acetyl-Co-A carboxylase ... and the evolutionary history of wheat. *Proceedings of the National Academy of Sciences* 99 (2002): 8133-38.

Jezussek, M. et al. Comparison of key aroma compounds in cooked brown rice varieties... *J Agric Food Chem.* 50 (2002): 1101-5.

Khush, G. S. Origin, dispersal, cultivation, and variation of rice. *Plant Molecular Biology* 35 (1997): 25-34.
Kimber, I. e R. J. Dearman. Factors affecting the development of food allergies. *Proceedings Nutrition Society* 61 (2002): 435-39.
Lentz, D. L. et al. Prehistoric sunflower (*Helianthus annuus* L.) domestication in Mexico. *Economic Botany* 55 (2001): 370-76.
Lin, S. H. Water uptake and gelatinization of white rice. *Lebensmittel-Wissenschaft und Technologie* 26 (1993): 276-78.
Liu, K. *Soybeans: Chemistry, Technology, and Utilization*. Gaithersburg, MD: Aspen, 1999.
____. Storage proteins and hard-to-cook phenomenon in legume seeds. *Food Technology* 51 (1997): 58-61.
Lumpkin, T. A. e D. C. McClary. *Azuki Bean: Botany, Production, and Uses*. Wallingford, Reino Unido: CAB, 1994.
MacGregor, A. W. e R. S. Bhatty, orgs. *Barley: Chemistry and Technology*. St. Paul, MN: Am. Assoc. of Cereal Chemists. 1993.
Marshall, H. G. e M. E. Sorrels, orgs. *Oat Science and Technology*. Madison, WI: American Society of Agronomy, 1992.
O'Donnel, A. U. e S. E. Fleming. Influence of frequent and longterm consumption of legume seeds on excretion of intestinal gases. *American J of Clinical Nutrition* 40 (1984): 48-57.
Oelke, E. A. et al. Wild rice. *Cereal Foods World* 42 (1997): 234-47.
Paredes-Lopez, O., org. *Amaranth: Biology, Chemistry, Technology*. Boca Raton, FL: CRC, 1994.
Pattee, H. E. e H. T. Stalker, orgs. *Advances in Peanut Science*. Stillwater, OK: American Peanut Research and Education Assoc., 1995.
Rockland, L. B. e F. T Jones. Scanning electron microscope studies on dry beans. *J. Food Sci* 39 (1974): 342-46.
Rosato, A. D. et al. Why the Brazil nuts are on top: size segregation of particulate matter by shaking. *Physical Review Letters* 58 (1987): 1038-42.
Salunkhe, D. K. et al. *Postharvest Biotechnology of Food Legumes*. Boca Raton, FL: CRC, 1985.
____. *World Oilseeds: Chemistry, Technology, and Utilization*. Nova York: Va Nostrand Reinhold, 1992.
Santerre, C. R. *Pecan Technology*. Nova York: Chapman and Hall, 1994.
Shen, L. et al. Structural basis for gluten intolerance in celiac sprue. *Science* 297 (2002): 2275-79.
Smartt, J. *Gran Legumes*. Cambridge: Cambridge Univ. Press, 1990.
Smith. C. W. e R. A. Frederiksen, orgs. *Sorghum: Origin, History, Technology, and Production*. Nova York: Wiley, 2000.
Sobolev, V. S. Vanillin content in boiled peanuts. *J Agric Food Chem*. 49 (2001): 3725-27.
Van Schoonhoven, A. e O. Voysest, orgs. *Common Beans: Research for Crop Improvement*. Wallingford, Reino Unido: CAB, 1991.

Wang, J. e D. Y. C. Fung. Alkaline-fermented foods: A review with emphasis on pidan fermentation. *CRC Critical Revs in Microbiology* 22 (1996): 101-38.
Williams, J. T., org. *Cereals and Pseudocereals*. Londres: Chapman and Hall, 1995.
Woodruff, J. G. *Coconuts: Production, Processing, Products*. 2. ed. Westport, CT: AVI, 1979.
____. *Tree Nuts*. 2. ed. Westport, CT: AVI, 1979.
Wrigley, C. The lupin – the grain with no starch. *Cereal Foods World* 48 (2003): 30-31.

CAPÍTULO 10: MASSAS FIRMES E LÍQUIDAS FEITAS COM FARINHA DE CEREAIS

Beranbaum, R. L. *The Cake Bible*. Nova York: Morrow, 1988.
____. *The Pie and Pastry Bible*. Nova York: Scribner, 1998.
David, E. *English Bread and Yeast Cookery*. Londres: Penguin, 1977.
Friberg, B. *The Professional Pastry Chef*. 3. ed. Nova York: Van Nostrand Reinhold, 1996.
Glezer, M. *Artisan Baking*. Nova York: Artisan, 2000.
Healy, B. e P. Bugat. *The Art of the Cake*. Nova York: Morrow, 1999.
____. *The French Cookie Book*. Nova York: Morrow, 1994.
Perry, C. "Couscous and its cousins". In *Medieval Arab Cookery*, organizado por M. Rodinson et al., 233-38. Totnes, Reino Unido: Prospect Books, 2001.
____. Puff Paste is Spanish. *Petits propos culinaires* 17 (1984): 57-61.
____. "The taste for layered bread among the nomadic Turks and the Central Asian origins of baklava". In *Culinary Cultures of the Middle East*, organizado por R. Tapper e S. Zubaida, 87-92. Londres: I. B. Tauris, 1994.
Serventi, S. e F. Sabban. *Pasta: The History of a Universal Food*. Trad. ingl. A. Shugaar. Nova York: Columbia. Univ. Press, 2002.
Siesby, B. The Turkish crescent and the Danish pasta. *Petit Propos Culinaires* 30 (1988): 7-10.
Udesky, J. *The Book of Soba*. Tóquio: Kodansha, 1995.
Wolfert, P. *Couscous and Other Good from Morocco*. Nova York: Harper and Row, 1973.

Barsby, T. L. et al., orgs. *Starch: Advances in Structure and Function*. Cambridge: Royal Society of Chemistry, 2001.
Bath, D. E. e R. C. Hoseney. A laboratory-scale-bagel-making procedure. *Cereal Chemistry* 71 (1994): 403-8.
Bernardin, J. E. e D. D. Kasarda. The microstructure of wheat protein fibrils. *Cereal Chemistry* 50 (1973): 735-45.

Bhattacharya, M. et al. Physicochemical properties related to quality of rice noodles. *Cereal Chemistry.* 76 (1999): 861-67.

Blanshard, J. M. V. et al., orgs. *Chemistry and Physics of Baking.* Londres: Royal Society of Chemistry, 1986.

Brooker, B. E. The stabilization of air in cake batters – the role of fat. *Food Microstructure* 12 (1993): 285-96.

Calvel, R. *The Taste of Bread.* Trad. ingl. R. L. Wirtz. Gaithersburg, MD: Aspen, 2001.

Czerny, M. e P. Schieberle. Important aroma compounds in freshly ground wholemeal and white wheat flour: Identification and quantitative changes during sourdough fermentation. *J Agric Food Chem.* 50 (2002): 6835-40.

Dexter, J. E. et al. Scanning electron microscopy of cooked spaghetti. *Cereal Chemistry* 55 (1978): 23-30.

Eliasson, A.C. e K. Larson. *Cereals in Breadmaking: A Molecular Colloidal Approach.* Nova York: Dekker, 1993.

Fabriani, G. e C. Lintas, orgs. *Durum Wheat: Chemistry and Technology.* St. Paul, MN: Am. Assoc. Cereal Chemists, 1988.

Fik, M. e K. Surowka. Effect of prebaking and frozen storage on the sensory quality and instrumental texture of bread. *J Sci Food Agric.* 82 (2002): 1268-75.

Frazier, P. J. et al., orgs. *Starch: Structure and Functionality.* Cambridge: Royal Society of Chemistry, 1997.

Heidolph, B. B. Designing chemical leavening systems. *Cereal Foods World* 41 (1996): 118-26.

Hoseney, R. C. "Physical chemistry of bread dough." Em *Physical Chemistry of Foods,* organizado por H. G. Schwartzberg e R. W. Hartel. Nova York: Dekker, 1992.

Hoseney, R. C. e P. A. Seib. Structural differences in hard and soft wheats. *Bakers Digest* 47 (1973): 26-28.

Kruger, J. E. et al. *Pasta and Noodle Technology.* St. Paul, MN: Am. Assoc. Cereal Chemists, 1996.

Loewe, R. Role of ingredients in batter systems. *Cereal Foods World* 38. (1993): 673-77.

Matsunaga, K. et al. Influence of physicochemical properties of starch on crispness of tempura fried batter. *Cereal Chemistry* 80 (2003): 339-45.

O'Brien, R. D. *Fats and Oils: Formulating and Processing for Applications.* Lancaster, PA: Technomic, 1998.

Pomeranz, Y., org. *Wheat: Chemistry and Technology.* 2 vols. St. Paul, MN: Am. Assoc. Cereal Chemists, 1988.

Schieberle, P. e W. Grosch. Potent odorants of rye bread crust – differences from the crumb and from wheat bread crust. *Zeitschirift für Lebensmittel-Untersuchung und-Forschung* 198 (1994): 292-96.

Sluimer, I. P. Principles of dough retarding. *Bakers Digest* 55, nº 4 (1981): 6-10.

Stear, C. A. *Handbook of Breadmaking Technology.* Londres: Elsevier, 1990.

Tester, R. F. e S. J. J. Debon. Annealing of starch – a review. *Int J Biological Macromolecules* 27 (2000): 1-12.

Thiele, C. et al. Contribution of sourdough lactobacilli, yeast, and cereal enzymes to the generation of amino acids in dough relevant for bread flavor. *Cereal Chemistry* 79 (2002): 45-51.

Weiss, T. J. *Food Oils and Their Uses.* 2. ed. Westport, CT: AVI, 1983.

Zweifel, C. et al. Influence of high-temperature drying on structural and textural properties of durum wheat pasta. *Ceral Chemistry* 80 (2003): 159-67.

CAPÍTULO 11: MOLHOS

Armstrong, V., trad. ingl. *Cookbook of Sabina Welserin.* 1553. www.daviddfriedman.com/Medieval/Cookbook/Sabrina_Welserin.html

Brears, P. Transparent pleasures – the story of the jelly. *Petits propos culinaires* 53: 8-19 e 54 (1996): 25-37.

Harper, D. Gastronomy in ancient China – Cooking for the Sage King. *Parabola* 9, nº 4 (1984): 38-47.

Kenney, E. J., trad. ingl. *The Ploughman's Lunch: Moretum.* Bristol: Bristol Classical Press, 1984.

Kurlansky, M. *Salt: A World History.* Nova York: Walker, 2002.

Mennell, S. *Lettre d'un pâtissier anglois, et autres contributions à une polémique gastronomique du XVIIIème siècle.* Exeter: Univ. of Exeter Press, 1981.

Mortimer, P. Koch's colonies and the culinary contribution of Fanny Hesse. *Microbiology Today* 28 (2001): 136-37.

Peterson, J. *Sauces: Classical and Contemporary Sauce Making.* Nova York: Van Nostrand Reinhold, 1991.

Rao, H. et al. Institutional change in Toque Ville: Nouvelle cuisine as an identity movement in French gastronomy. *American Journal of Sociology* 108 (2003): 795-843.

Sokolov, R. *The Saucier's Apprentice.* Nova York: Knopf, 1983.

Augustin, J. et al. Alcohol retention in food preparation. *J Am Dietetic Assoc.* 92 (1992): 486-88.

Chang, C. M. et al. Electron microscopy of mayonnaise. *Canadian Institute of Food Science and Technology Journal* 5 (1972): 134-37.

Cook, D. J. et al. Effect of hydrocolloid thickeners on the perception of savory flavors. *J Agric Food Chem.* 51 (2003): 3067-72.

Dickinson, E. e J. M. Rodriguez Patino, orgs. *Food Emulsions and Foams*. Cambridge: Royal Society of Chemistry, 1999.
Frazier, P. J. et al., orgs. *Starch: Structure and Funcionality*. Cambridge: Royal Society of Chemistry, 1997.
Gudmundsson, M. Rheological properties of fish gelatins. *J Food Science* 67 (2002): 2172-76.
Harris, P., org. *Food Gels*. Londres: Elsevier, 1990.
Hoover, R. Composition, molecular structure, and physicochemical properties, of tuber and root starches: A review. *Carbohydrate Polymers* 45 (2001): 253-67.
Leuenberger, B. H. Investigation of viscosity and gelation properties of different mammalian and fish gelatins. *Food Hydrocolloids* 5 (1991): 353-62.
Martinez Padilla, L. e J. Hardy. "Rheological study of interactions among wheat flour milk proteins and lipids in bechamel sauce." Em *Food Colloids*, organizado por R. D. Bee et al., 395-99. Cambridge: Royal Society of Chemistry, 1989.
Miller, B. S. et al. A pictorial explanation for the increase in viscosity of a heated wheat starch-water suspension. *Cereal Chemistry* 50 (1973): 271-80.
Niman, S. Using one of the oldest food ingredients – salt. *Cereal Foods World* 41 (1996): 729-31.
Oda, M. et al. Study on food components: The structure of N-linked asialo carbohydrate from the edible bird's nest built by *Collocalia fuciphaga*. *J Agric Food Chem*. 46 (1998): 3047-53.
Pearson, A. M. e T. R. Dutson. *Edible Meat By-products*. Londres: Elsevier, 1988.
Sayaslan, A. et al. Volatile compounds in five starches. *Cereal Chemistry* 77 (2000): 248-53.
Solyakov, A. et al. Heterocyclic amines in process flavors, process flavor ingredients, bouillon concentrates and a pan residue. *Food and Chemical Toxicology* 37 (1999): 1-11.
Thebaudin, J. Y. et al. Rheology of starch pastes from starches of different origins: Applications to starch-based sauces. *Lebensmittel-Wissenschaft und Technologie* 31 (1998): 354-60.
Walstra, P. e I. Smulders. Making emulsions and foams: An overview. Em *Food Colloids*, organizado por E. Dickinson e B. Bergenstahl, 367-81. Cambridge, Reino Unido: Royal Society of Chemistry, 1997.
Ward, A. G. e A. Courts, orgs. *Science and Technology of Gelatin*. Nova York: Academic, 1977.
Weel, K. G. C. et al. Flavor release and perception of flavored whey protein gels: Perception is determined by texture rather than release. *J Agric Food Chem*. 50 (2002): 5149-55.
Westphal, G. et al. "Sodium chloride." Em *Ullmann's Encyclopedia of Industrial Chemistry*, A24: 317-39, Weinheim: VCH, 1993.
Whistler, R. L. e J. N. BeMiller, orgs. *Industrial Gums*. 3. ed. São Diego, CA: Academic, 1984.

CAPÍTULO 12: AÇÚCARES, CHOCOLATES E DOCES

Alper, J. Crazy candies. *ChemMatters*. Outubro 11, 1993.
Benzoni, G. *History of the New World* (1565). Trad. ingl. W. H. Smyth. Londres: Hakluyt Society, 1857.
Berambaum, R. L. Rose's sugar bible. *Food Arts* (Abril 2000).
Coe, S. D. e M. D. Coe. *The True History of Chocolate*. Londres: Thames and Hudson, 1996.
Gage, T. *The English-American: His Travail by Sea and Land*, 1648. Org. J. E. S. Thompson. Norman: Univ. of Oklahoma Press, 1958.
Presilla, M. *The New Taste of Chocolate*. Berkeley, CA: Ten Speed, 2001.
Richardson, T. *Sweets: A History of Candy*. Nova York: Bloomsbury, 2002.
Teubner, C. *The Chocolate Bible*. Nova York: Penguin Studio, 1997.

Alexander, R. J. *Sweeteners: Nutritive*. St. Paul, MN: Eagan, 1997.
Baikow, V. E. *Manufacture and Refining of Raw Cane Sugar*. Amsterdam: Elsevier, 1982.
Beckett, S. T. *The Science of Chocolate*. Cambridge: The Royal Society of Chemistry, 2000.
Beckett, S. T., org. *Industrial Chocolate Manufacture and Use*. 3. ed. Oxford: Blackwell, 1999.
Birch, G. G. e K. J. Parker. *Sugar: Science and Technology*. Londres: Applied Science, 1979.
Blackburn, F. *Sugar-cane*. Londres: Longman, 1984.
Clarke. M. A. "Syrups". In Macrae, 5711-16.
Edwards, W. P. *Science of Sugar Confectionery*. Cambridge: Royal Society of Chemistry, 2000.
Galloway, J. H. *The Sugar Cane Industry: An Historical Geography from Its Origins to 1914*. Cambridge: Cambridge Univ. Press, 1989.
Godshall, M. A. et al. Sensory properties of white beet sugars. *International Sugar J* 97 (1995): 296-300.
Harris, N. et al. *A Formulary of Candy Products*. Nova York: Chemical Publishing Co, 1991.
Harris, P., org. *Food Gels*. Londres: Elsevier, 1990.
Hickenbottom, J. W. Processing, types, and uses of barley malt extracts and syrups. *Cereal Foods World* 41 (1996): 788-90.
Hurst, W. J. et al. Cacao usage by the earliest Maya civilization. *Nature* 418 (2002): 289.
Jackson, E. B., org. *Sugar Confectionery Manufacture*. Nova York: Van Nostrand Reinhold, 1990.
Kroh, L. W. Caramelisation in foods and beverages. *Food Chemistry* 51 (1994): 373-79.
Michener, W. e P. Rozin. Pharmacological versus sensory factors in the satiation of chocolate craving. *Physiology and Behavior* 56 (1994): 419-22.
Minifie, B. *Chocolate, Cocoa, and Confectionery: Science and Technology*. 3. ed. Nova York: Van Nostrand Reinhold, 1989.

Nabors, L. O., org. *Alternative Sweeteners*. 3. ed. Nova York: Dekker, 2001.
Pennington, N. L. e C. W. Baker. *Sugar: A User's Guide to Sucrose*. Nova York: Van Nostrand Reinhold, 1990.
Sweeting, L. M. Experiments at home: Wintergreen candy and other triboluminescent materials. 1988, http://www.towson.edu/~sweeting/wg/candywww.htm.
Taylor, C. N. Truffles and pralines. *The Manufacturing Confectioner* (maio de 1997), 90-94.
Vinson, J. A. et al. Phenol antioxidant quantity and quality in foods: Cocoa, dark chocolate, and milk chocolate. *J Agric Food Chem*. 47 (1999): 4821-24.
Whistler, R. L. e J. N. BeMiller, orgs. *Industrial Gums*. 3. ed. São Diego, CA: Academic, 1984.
Whistler, R. L. et al, orgs. *Starch: Chemistry and Technology*. 2. ed. Orlando: Academic, 1984.
Winston, M. *The Biology of the Honey Bee*. Cambridge, MA: Harvard Univ. Press, 1987.

CAPÍTULO 13: VINHO, CERVEJA E BEBIDAS ALCOÓLICAS DESTILADAS

Brode, B. et al. *Beer Judge Certification Program: Guide to Beer Styles for Home Brew Beer Competitions*. Hayward, CA: BJCP, 2001.
Civil, M. Modern brewers re-create an ancient beer. http://oi.uchocago.edu/OI/IS/CIVIL/NN_FAL91/NN_Fal91.html.
Harper, P. *The Insider's Guide to Saké*. Tóquio: Kodansha, 1998.
Jackson, M. *Great Beer Guide*. Nova York: Dorling Kindersley, 2000.
Johnson, H. *Vintage: The Story of Wine*. Nova York: Simon & Schuster, 1989.
Johnson, H. e J. Robinson. *The World Atlas of Wine*. 5. ed. Londres: Mitchell Beazley, 2001.
Kramer, M. *Making Sense of Wine*. 2. ed. Filadélfia: Running Press, 2003.
McGovern, P. E. et al, orgs. *The Origins and Ancient History of Wine*. Amsterdam: Gordon and Breach, 1996.
Papazian, C. *The Home Brewer's Companion*. Nova York: Avon, 1994.
Robinson, J. *The Oxford Companion to Wine*. Oxford: Oxford Univ. Press, 1994.
Waymack. M. H. e J. F. Harris. *The Book of Classic American Whiskeys*. Chicago: Open Court, 1995.
Wilson, J. E. *Terroir: The Role of Geology, Climate, and Culture in the Making of French Wines*. Berkeley: Univ. of California Press, 1998.

Adams, M. R. "Vinegar". In *Microbiology of Fermented Foods*, organizado por B. J. B. Wood, 2 vols. Vol. 1, 1-45. Nova York: Elsevier, 1985.
Augustin, J. et al. Alcohol retention in food preparation. *J American Dietetic Assoc*. 92 (1992): 486-88.
Aylott, R. I. e E. G. Hernandez. "Gin". In Caballero, 2889-98.
Bakalinsky, A. T. e M. H. Penner. "Alcohol". In Caballero, 107-28.
Bertrand, A. e R. Cantagrel. "Brandy and Cognac". In Caballero, 584-605.
Blanchard, L. et al. Formation of furfurylthiol exhibiting a strong coffee aroma during oak barrel fermentation from furfural released by toasted staves. *J Agric Food Chem*. 49 (2001): 4833-35.
Cocchi, M. et al. Determination of carboxylic acids in vinegars and in aceto balsamico tradizionale di Modena by HPCL and GC methods. *J Agric Food Chem*. 50 (2002): 5255-61.
Conner, H. A. e R. J. Allgeier. Vinegar: Its History and Development. *Advances in Applied Microbiology* 20 (1976): 81-133.
Conner, J. M. et al. Release of distillate flavor compounds in Scotch malt whisky. *J Sci Food Agric*. 79 (1999): 1015-20.
De Keersmaecker, J. The mystery of lambic beer. *Scientific American* (agosto de 1996), 74-78.
Ebeler, S. Analytical chemistry: Unlocking the secrets of wine flavor. *Food Review International* 17 (2001): 45-64.
Fahrasmane, L. e A. Parfait. "Rum". In Caballero, 5021-27.
Fix, G. *Principles of Brewing Science*. Boulder, CO: Brewers Publications, 1989.
Fleming, M. et al. "Ethanol". In *Goodman and Gilman's The Pharmacological Basis of Therapeutics*, organizado por L. S. Goodman et al. 10. ed. 429-45. Nova York: McGraw-Hill, 2001.
Harris, R. e D. H. West. "Caribbean rum: Its manufacture and quality". In *Chemistry and Processing of Sugarbeet and Sugarcane*, organizado por M. A. Clarke e M. A. Godshall, 313-40. Amsterdam: Elsevier, 1988.
Hayman, C. F. "Vodka". In Caballero, 6068-69.
Jackson, R. J. *Wine Tasting: A Professional Handbook*. São Diego, CA: Academic, 2002.
Jackson, R. S. *Wine Science*. 2. ed. São Diego, CA: Academic, 2000.
Lavigne, V. et al. Identification and determination of sulfur compounds responsible for "grilled" aroma in wines. *Science des Aliments* 18 (1998): 175-91.
Ledauphin, J. et al. Chemical and sensorial aroma characterization of freshly distilled Calvados. *J Agric Food Chem*. 51 (2003): 433-42.
Licker, J. L. et al. "What is 'Brett' (*Brettanomyces*) flavor? A preliminary investigation". In *Chemistry of Wine Flavor*, organizado por A. L. Waterhouse e S. E. Ebeler, 96-115. Washington, DC: American Chemical Society, 1998.
Mosedale, J. R. e J. L. Puech. "Barrels: wine, spirits, and other beverages". In Caballero, 393-42.

Neve, R. A. *Hops*. Londres: Chapman and Hall, 1991.
Noble, A. C. e G. F. Bursick. The contribution of glycerol to perceived viscosity and sweetness in white wine. *Am J Enology and Viticulture* 35 (1984): 110-12.
Olson, R. W. et al. Absinthe and -aminobutyric acid receptors. *Proceedings of the National Academy of Sciences* 97 (2000): 4417-18.
Peynaud, E. *The Taste of Wine*. Londres: Macdonald, 1987.
Piggott, J. R. e Conner, J. M. "Whisky, whiskey, and bourbon". In Caballero, 6171-83.
Swings, J. "The genera *Acetobacter* and *Gluconobacter*". In *The Prokaryotes*, organizado por A. Balows et al., 2. ed. Vol. 3, 2268-86. Nova York: Springer, 1992.
Verachtert, H. e R. De Mot, orgs. *Yeast: Biotechnology and Biocatalysis*. Nova York: Dekker, 1990.
Wiese, J. G. et al. The alcohol hangover. *Annals of Internal Medicine* 132 (2000): 897-902.

CAPÍTULO 14: MÉTODOS DE COCÇÃO E MATERIAIS DOS UTENSÍLIOS DE COZINHA

Fennema, O., org. *Food Chemistry*. 3. ed. Nova York: Dekker, 1996.
Hallström, B. et al. *Heat Transfer and Food Products*. Londres: Elsevier, 1990.

McGee, H. From raw to cooked: The transformation of flavor. In *The Curious Cook: More Kitchen Science and Lore*, 297-313. São Francisco: North Point, 1990.
McGee, H., J. McInerny e A. Harrus. The virtual cook: modeling heat transfer in the kitchen. *Physics Today* (novembro de 1999): 30-36.
Scientific American. Número especial sobre "Materials" (materiais), setembro de 1967.

CAPÍTULO 15: AS QUATRO MOLÉCULAS BÁSICAS DOS ALIMENTOS

Barham, P. *The Science of Cooking*. Berlim: Springer-Verlag, 2001.
Fennema, O., org. *Food Chemistry*. 3. ed. Nova York: Dekker, 1996.
Penfield, M. P. e A. M. Campbell. *Experimental Food Science*. 3. ed. São Diego, CA: Academic, 1990.

APÊNDICE: NOÇÕES ELEMENTARES DE QUÍMICA

Hill, J. W. e D. K. Kolb. *Chemistry for Changing Times*. 8. ed. Upper Saddle River, NJ: Prentice Hall, 1998.
Snyder, C. H. *The Extraordinary Chemistry of Ordinary Things*. Nova York: Wiley, 1992.

ÍNDICE REMISSIVO

As referências principais a cada tópico estão em **negrito**; as referências a ilustrações e ao material contido em quadros estão em *itálico*.

Abacate, 276, 306-7, **374**, *391*, 393, *426*
Abacate, folha de, *436*, **453**
Abacaxi, *305*, *391*, **420**, *426*,
  aroma, *395*
  enzimas no, 676, 902
  sabor, 426
Abalone, 249, 252, **252**, 256
  etimologia da palavra, 252
Abate de animais, 158-9
Abelhas, 737
  anatomia, 739
  produção de mel, 737-40
  seu progresso na América do Norte, 738
Abóbora, 279, 307, 349
  -baiana, 276
  de inverno, 314, *370*, 370
  de verão, 369, *370*, 371
  flor de, 363
Abóbora-caipira, *370*
Abóbora-d'água, **372**
Abóbora, família da, **369-72**, *370*
Abobrinha, 616
  flor de, 363
Abrótea (peixe), *218*
Abrunho, gim de, *857*
Absinto, *859*
Açafrão, *437*, *468*, **468-9**, *858*
  cor, 469
  sabor, 469
  uso, 469
Açafroa, óleo de, *892*
"Ação noturna" para produção clandestina de uísque, *846*
Account of the Remarkable Occurrences in the life and travels of Col. James Smith, An, 743
Acelga, 288, 298, **361**
Acelga japonesa, 357, 360
Acer saccharum, 743
Acesulfame K, *735*
Acético
  etimologia da palavra *acetic,* 860
Aceto balsamico, 863

Acetobacter, 838, 861
Acetobacter aceti, 861
Acetobacter pasteurianus, 861
Acetobacter xylinum, 566, 861
Achras sapote, 770
Ácido acético, **860-1**, *861*
Ácido ascórbico. *Ver* Vitamina C
Ácido desoxirribonucleico. *Ver* DNA
Ácido fólico, em frutas e hortaliças, 281, 283
Ácido galacturônico, nos vegetais, 294
Ácido glicirrízico, 464, *736*
Ácido glutâmico, 898, *899*
  em carnes curadas, 194-5
  em frutas e hortaliças, 300
  em peixes e frutos do mar, 213, 251
  no chá, 488
  no glúten, 519
Ácido icosapentenoico, *893*
Ácido láctico, bactérias do, 49-51, *52*, 54, 57
  e a fermentação de leguminosas, 542
  e o missô, 551
Ácido linoleico, em ovos, 87
Ácido linolênico, *893*
Ácidos, 887, *887*. *Ver também* pH
  ao cozinhar feijões, 541
  desnaturação das proteínas pelos, 901
  e a bactéria do botulismo, 332
  e a cor das hortaliças, 310-1
  e a textura das hortaliças, 312
  e amidos, 684
  e as proteínas do leite, 20-2
  e as proteínas dos ovos, 95, 96-7
  e claras em neve, 115
  em balas, 687
  etimologia da palavra *acid,* 860
  na água usada para cozinhar macarrão, 640-1
  no fermento químico em pó, *592*, 593
  nos vegetais, 300
  para impedir o surgimento de manchas escuras em frutas e hortaliças, 298-9
  para mitigar o cheiro de peixe, 232
  sabor dos, 300, 658

ÍNDICE REMISSIVO

Ácidos graxos, **890**, *891*
  em sementes oleaginosas, *558*
  livres, no leite, 22
  no queijo, *69*
  ômega-3, 203-4, 568, 570, 893, *893*
  saturação, **890-1**, *891*, *892*
  trans, 42, *42*, 893
Aço, utensílios de cozinha feitos de, 881
Aço inoxidável, utensílios de cozinha feitos de, 881-2
Acrilamida, produzida pelas reações de escurecimento, 869
Actinidia chinensis, 404
Actinidia deliciosa, 404
Actinomucor, 550
Açúcar, **718-92**, **895**. *Ver também* Doce, sabor; Frutose; Glicose; Lactose; Maltose; Sacarose
  "calorias vazias" do, 731
  antiga receita de, 721, 726
  caramelização, 730, 730-1, 765, 867, 868
  composição, *729*
  cristalização, 729
    como impedir, 762, *762*
  de amido, 753
  de beterraba, desenvolvimento do, 725-6
  de mesa, **745-51**. *Ver também* Sacarose
    composição, 749
    cristal, 748-9
    e o melaço, *751*, **751-2**
    extrafino, 749
    impurezas no, 748
    pouco refinado, *749*, 750
    pulverizado, 749
    refinação, 745-6, 747
    tipos de, *748*, 749
  de palmira, 745
  demerara, 750
  e a formação de cristais, 759-64, *760*
  e a saúde, **731-3**
  e as balas. *Ver* Balas
  e as proteínas do ovo, 96
  e mel. *Ver* Mel
  e o ponto de ebulição da água, 875
  e os amidos, 686-7
  e xaropes. *Ver* Xaropes
  em biscoitos e bolachas, 634, *635*
  em bolos, 618-9, *618*
  em claras em neve, 116, 118
  em purês e sucos congelados, 320
  em sementes oleaginosas, 557
  em sementes, 506
  etimologia da palavra *sugar*, 722
  gaiola de, 767
  história, **720-7**
    na Ásia, 721
    na Europa, 722-3
    nos tempos modernos, 726
  integral, 750
  invertido, 728, 729, 762
  mascavo, 750
  na cocção do feijão, 542
  na culinária do século XVII, *725*
  na produção de cerveja, 831
  nas massas firmes, *582*
  no chocolate em pó instantâneo, 785
  no leite, 26
  no sangue, 733, *733*
  no sorvete, 43, 45-6, 47
  nos vegetais, 300-1
  oligossacarídeos, **896**
  pouco refinado, *749*, 750
  produção, aumento da, 724
  puxado, 767
  substitutos do, **733**, **734-5**, **736-7**
  turbinado, 750
Açúcar acetinado, **765**
Açúcar invertido, 728, *729*, 762
Açúcar puxado, 767
  antiga receita de, *721*, *726*
Açúcar-cande, **767**
Adams, Thomas, 771
Adoçantes artificiais, **733**, **734-5**, **736-7**
Adrià, Ferran, 2, 711
Adstringência, 300-1, 313
  do café, 496
  do caqui, 407
  do chá, 483
  do chocolate, 781
  do vinho, 820
Advocaat, 96
Aeração de bolos, *619*
Aeração, do sorvete, 45, *47*
Affinage, 68
Aflatoxina, 505-6
Aframomum, 474
Aframumom melegueta, 477
Ágar-ágar, *379*, **679**, *679*
  nos vegetais, 286
Agaricus bisporus var. *alba*, 387
Agaricus bisporus var. *avellanea*, 387
Agaricus bisporus, 383
Agaricus brunnescens, 383
Agaricus campestris, 387
Agaricus subrufescens, 387
Agarose, 898
Ágata. *Ver* Esmaltados, utensílios de cozinha
Agave, bebidas alcoólicas destiladas a partir do, 857
Agave, xarope de, *745*
Agave angustifolia, 857
Agave tequilana, 857
Agentes de gelificação, nas balas, 763
Agentes oxidantes, na massa, 579
Agrião, *357*, **359**
  brotos de, 353
Agricultura. *Ver também* Vegetais; *vegetais específicos e tipos de vegetais*
  a engenharia genética e a, 282
  a industrialização da fruticultura e a, 280
  surgimento da, 501
Água, 883, **884-8**, 906
  convecção do calor na, 873-4

ÍNDICE REMISSIVO

de flor de laranjeira, 773
de torneira, 885
destilada, 885
dissolução de substâncias na, 885
dura, 885
em molhos, obstrução do movimento das moléculas de, 660
em sementes oleaginosas, 557
fase líquida, 886
ligações químicas, 884, 884-5
moléculas de, 884
na forma de gelo, 885-6
na forma de vapor, 886
na massa de pão, 594
na massa firme, 582
na produção de cerveja, 831
nas claras em neve, 116
nas emulsões, proporção de, 696
nas gorduras usadas para fazer massas à base de gordura, 626
no leite, 14, 28
no sorvete, 44-5, 47
para cozinhar hortaliças, 310-1
para fazer chá e café, 482-3
para impedir o escurecimento de frutas e hortaliças, 299
pH, 887
ponto de ebulição, 182-3, 874-5
proteínas na, 901
Água de cevada, 520
Água de flor de laranjeira, 773
Água-viva, 257
Agulha (peixe), 218
Agulhão (peixe), 218
Aïoli, 709
Aipo, 276, 288, 292, 295, 303, 322, 348, 350-1, 436
Aipo, raiz de, 288, 292, 343
Aipo, sementes de, 437, 460-1
Aipo-rábano. Ver Aipo, raiz de
Ajinomoto, 380
Ajwan, 437, 458
Al dente, 638, 640
Alabote, 225
Alasca assado, 121
Albedo, nas frutas cítricas, 414
Albúmen dos ovos, 83, 90-1, 92, 94-9
Albumina, e os molhos espessados com sangue, 673
Alcachofra, 280, 293, 315, 341, 362, 363, 364, -do-japão, 419
Alcachofra-brava, 63, 292, 295, 349, 352
Alcachofra-do-japão. Ver Crosne-do-japão
Alcaçuz, 287, 437, 464, 736
Alcaçuz, balas de, 769
Alcalinização do cacau, 784
Álcalis, 887. Ver também pH
Alcaloides, em vegetais, 286
Alcaparra, 356, 454
Alcaravia, 437, 458
Alcaravia, álcool com, 858

Alcoóis
de açúcar, 734, 736
etimologia da palavra alcohols, 846
superiores, 848, 848
Álcool (etanol), 795-865. Ver também Cerveja; Bebidas alcoólicas destiladas; Vinho
aromatizado, 319, 444, 857, 857-8
com anis, 858
com alcaravia, 858
benefícios, 800
cocção com, 801
concentração, 847, 850
de arroz. Ver Arroz, bebidas alcoólicas de
destilados claros, 852
destilados de frutas, 852
e a fermentação
em barris, 801
leveduras, 795, 795-6, 796, 811
e a ressaca, 800
e o sabor, 798
efeitos sobre os seres vivos, 798
em barris de madeira, 801-2
embriaguez alcoólica, 798-9
metabolismo, 800
proof, sistema americano de determinação do teor alcoólico, 850
qualidades físicas e químicas, 796-7
teor de, no vinho, 819
Alcoólica, fermentação. Ver Fermentação, alcoólica
Alcorão, aromas no, 430
Ale (tipo de cerveja), 825, 837. Ver também Cerveja
etimologia da palavra, 825
Alecrim, 305, 436, 441, 446, 824
Alecrim-do-norte, 824
Alemanha, cerveja na, 824
Alergia
a ovos, 89
a sementes diversas, 505
ao glúten, 505
ao leite, 14
Aleurona, 512
Alface, 278, 301, 303, 341
americana, 285
crespa de folhas arroxeadas, 301
-de-cordeiro, 361
romana, 285
Alface, família da, 354-6, 354
Alface-do-mar, 379, 381
Alfafa, broto de, 353
Alfazema. Ver Lavanda
Alfonsim. Ver Imperador (peixe)
Algas, 379. Ver também Algas marinhas
marrons, 379, 381
tóxicas, 205, 205
verdes, 379, 381
vermelhas, 379, 381
Algas marinhas, 300, 379, 378-82, 380
e o ágar-ágar, 679, 679
sabor, 382

Alginatos, **679-80**, 898
Algodão-doce, **766**
Alho, 286, 293, 301, 311, 344, **347-8**, 440
 -elefante, 347-8
 etimologia da palavra *garlic*, 346
 mau hálito de, 348
 silvestre, 347
Alho-poró, **348**
Ali Bab, 80
Aligot, 72
Alitame, *735*
Allemande, molho, 654
Allium, 348. *Ver também* Cebola, família da;
 membros específicos da família da cebola
Allium ampeloprasum var. *gigante*, 347
Allium ampeloprasum var. *porrum*, 347
Allium cepa var. *ascalonicum*, 347
Allium cepa, 346, *347*
Allium chinense, 347
Allium fistulosum, 347
Allium kurrat, 347
Allium ramosum, 347
Allium sativum, 347, *347*
Allium schoenophrasum, 347
Allium tricoccum, 347
Allium tuberosum, 347
Allium ursinum, 347
Almécega. *Ver* Mástique
Aloysia triphylla, 457
Alpínia, 437, 446, **470**
Alpinia galanga, 470
Alpinia officinarum, 470
Alquilamida, 435, *435*
Alteia, 768
Althaea officinalis, 768
Altitude
 e o ponto de ebulição da água, 183, 874
 e o processo de assar um bolo, 622
Alume, 326
Alumínio
 anodizado, 880
 utensílios de cozinha feitos de, 880
Amaciantes de carne, 173
Amadurecimento. *Ver* Maturação
Amaranthus, 361, 535
Amaranto, 288, 298, **361**, 505, *513*, **535**
Amaretto, 857
Amargo, gosto, dos vegetais, 300
Amchur, 427
Ameixa, 324, *391*, **398-9**, *425*
Ameixas secas, **398-9**, 620
Amêndoa, 398, 556-7, **557**, *561*, 772. *Ver também* Marzipã
 amarga, 857
 como espessante, 695
 composição, 506, 509, 556-7, *557*
 em biscoitos, 633
Amêndoa, essências de, 561, *561*
Amêndoa, leite de, *560*
Amêndoa, pasta de, *559*
Amendoim, 556, 558-9, **562**

alergia a, 505
composição, 557
Amendoim, óleo de, 563, *892*
American Cookery (Simmons), 577, *628*
Amezaiku, 767
Amido de milho, 684, *685*
Amido, 290, 314, *680-5*, **897**
 cocção, 508, *508*
 de arroz, 684
 de cereais, 684, *685*
 de tubérculos e raízes (féculas), 684-6, *685*
 e a quebra dos grânulos, 682
 e a textura dos vegetais, 314
 e outros ingredientes, 686-7
 em bolos, 619
 em cremes, 105
 em hortaliças, 286, 314-5, 335
 em sementes oleaginosas, 557
 em sementes, 506-7
 etimologia da palavra *starch*, 583
 exsudação da amilose e da amilopectina, 681, *681*
 intumescimento e gelificação, 681-2
 macarrões asiáticos feitos com, 645
 modificado, 686
 molhos espessados com, **680-90**. *Ver também* Molhos, espessados com amido
 nas massas firmes, 582, *583*
 puro, *680*
 resfriamento, 508, 508-9
 retrogradação, *508*, 508-9, 602
 sua incorporação em molhos, 687
Amil álcool, *848*
Amilase
 fúngica, na farinha de trigo, 588
 na gema de ovo, 85, 109, 111
Amilopectinas, 507, 602, *680*, 681, 897
Amiloplastos, das células vegetais, 290
amilose e amilopectina no, *680*, 681
Amilose, 507, *680*, 681, 897
Aminas
 heterocíclicas. *Ver* Aminas heterocíclicas
 nos peixes, 209, 214
 nos queijos, 65, 75
Aminas, grupos de, 898
Aminas heterocíclicas
 em molhos espessados com proteína, 674
 na carne, 138
Aminoácidos, 898
 e a estrutura das proteínas, 898-9, *899*
 e o comportamento das proteínas, 898
 e o sabor, 898
 na carne, 148, 160
 nas frutas e hortaliças, 300
 nas reações de escurecimento, 867
 nos moluscos, 251
 nos peixes, 209, *215*, 231
 nos queijos, *69*
 tóxicos, em vegetais, 287
Amomum, 474
Amomum subulatum, 474

Amônia
    nos ovos, 97
    nos peixes, 210, *215*
    nos queijos, 66
Amora, **405**
Ananas comosus, 420
Anas platyrhynchos, 156
Anchova, 217, 219, 259, 262
    caviar de, 269
Anethum graveolens, 452
Anetol, *460*
Angélica, *436*, **451**
Angelica archangelica, 451
Angostura, 858
Anis, *305*, 433-5, *437*, **458**, *459*, 773
Anis, álcool de, 858
Anis-estrelado, *437*, *460*, **470**
anisakídeos, vermes, 207
Anisete, 857-8
Annona, 422
Anthriscus cerefolium, 451
Antibióticos, na produção de carne, 142
Antílope, *158*
Antioxidantes, **283**, 285-6, 905. *Ver também antioxidantes específicos*
    em sementes, 504
    na fumaça de lenha, 498
    no cacau, 792
    no café e no chá, 482
    nos frutos da terra, 283-4, 297-8, 315, 439
    usos medicinais, 439
Antiquitates Culinariae, *80*, *560*
Antocianinas, 296, 311-2, *312*,
Antoxantinas, 311
Aperitivo, *854*
Apício, 79, *79*, *188*, *237*, *262*, *278*, *310*, *312*, *553*, *649*, 649, 859
Apis mellifera, 737
Apium graveolens var. *rapaceum*, 344
Apium graveolens var. *secalinum*, 350
Apium graveolens, 350, 451, 460
Appenzeller, queijo, 12
Appert, Nicholas, 198, 266, 332
Applejack, *847*
Aprendiz de saucier, O (Sokolov), 654
Aqua vitae, 844
Aquavit, 844
Aquicultura, 201-3, *202*, 220, 226
Arabinoxilanos, no centeio, 522
Arachis hypogaea, 562
Arando. *Ver* Oxicoco
Araq, 858
Áraque. *Ver Araq*
Araruta, *683*, **686**
Arctium lappa, 342
Arenque, **216**, *217*, **220**, *236*
    caviar de, 269
    defumado, 263, *264*
    salgado, 259
Argania spinosa, *559*
Argânia, óleo de, *559*

Arinca (peixe), defumado, *264*
Aristóteles, 732, 844
Armagnac, 803
Armillariella, *387*
Armoracia rusticana, *357*, 463
Armour, Philip, 136
Arnaud de Vilanova, 844
Aroma, 302, 430, *430*. *Ver também alimentos específicos*
    preservação do, 440
Aroma das bebidas alcoólicas destiladas,
    apreciação do, 852
Arquestrato, *575*
Arracacia xanthorhiza, 341
Arraia (peixe), *205*, *209*, *212*, *213*, *217*
Arroz, 276, 503, 505, 511, **523-9**
    amido do, 684
    arbóreo, 524
    armazenamento, 526
    aromático, 524
    basmati, 524
    cateto, 524
    chhü feito de, 839
    cocção, 526, *527*
    com joias, 406, 722
    composição, 506-7, *507*, 508, *513*
    curto, 524
    de cocção rápida, 526
    em flocos, 514
    farinha de, 607
    glutinoso, 524
    história do uso, 523
    integral, 524, *525*
    longo, 524
    macarrão de, asiático, 645
    médio, 524
    na produção de cerveja, 831
    parboilizado (vaporizado), 524-5
    pigmentado, 524
    polido, *525*
    preparados feitos com, 527-8
    produção mundial, 516
    sabor, *525*
    silvestre, *525*, 528-9
    vinagre de, 863
Arroz, bebidas alcoólicas de, 794, **838-44**
    fungos usados para produzir, 839-40
    produção, 840, *841*, 843
Arroz, invólucros de, 645
Arroz, papel de, 645
Arroz com joias, 406, 722
Artemisia absinthium, *859*
Artemisia dracunculus, 456
Artes importantes para o bem-estar do povo, 637
Artocarpus, 422
Artrópodes, 243
Ásia. *Ver também países específicos*
    o arroz na, 523
    peixe fermentado na, 260-3
    primórdios da confeitaria na, 721

soja fermentada na, 547-8
surgimento do açúcar na, 721
Asparagopsis, 382
Asparagus officinalis, 349
Aspargos, 280, 286, 292, 295, 298, 303, *349,*
  349-50, *350,* 711
Aspartame, *735,* 737
Aspergillus, 505, 550
  e o molho de soja, 552
  em ervas e especiarias, 440
  na carne, 192
  no pão, 603
  preparação de álcool de arroz com, 839-40
Aspergillus niger, na produção de xarope de milho, 754
Aspergillus orizae, 75, 754, 840
Aspic, 240, **676**
Assada no espeto, carne, 175
Assado ao forno, **873**. *Ver também* Forno
  bolos, 612, *621,* 621-3, *622*
  frutas e hortaliças, 316
  massas à base de gordura, 627
  pão, *584,* 599-601,
  peixe, 237
  pré-assado da massa de torta, 627
Assafétida, *437,* **459**
Associação de Pesquisa dos Chefes de Cozinha, 3
Astaxantina, nos peixes, 216
Astragalus, 764
Atemoia, **422**
Átomos, **903-7**, *904*
  comportamento químico, 904
  e moléculas, 903-4
  ligações químicas, 905-7
Atum, 215, *219,* **223-5**, 231, 233, *236,* 266, *269*
  defumado, 264
  ovas de, *269*
Auricularia, *388*
Autótrofos, 272
Aveia, 286, *502,* 503, 505, 512, **522**
  composição, 506, *507, 513*
  etimologia da palavra *oats*, 515
  processamento, 523
  produção mundial, *516*
Avelã, *502,* 556-7, *557,* 559, *563,* 773
Avena sativa, 522
Averrhoa carambola, 421
Aves domesticadas para servir de alimento. *Ver também aves específicas*
  armazenamento, 162-3
  cocção, 177, *171*
  label rouge, 151-2
  pele crocante, *178*
  produção e qualidade, 151-2
Avidina, na clara de ovo, 86
Awonori, *379,* 381
Azedinha, **454**
Azeite de oliva, 11, 377, *892*
Azeitona, 324, 328, **377**
Azuki, feijão, 547

Babaganuche, 369, *559*
Bacalhau, *218,* **222**, 267
  caviar de, *269*
  espuma de, 711
  salgado, *258*
Bacillus cereus, 505, 527
Bacillus subtilis natto, 555
Bacillus, em ervas e especiarias, 440
Baclava, 363, 630, 741
Bacon, Francis, 847
Bacon. Ver Toicinho
Bactérias. *Ver também bactérias específicas*
  benéficas, no intestino, e as substâncias fitoquímicas, 284
  botulismo. *Ver* Botulismo, bactéria do
  deixam o vinho com "cheiro de rolha", *813*
  deterioração da carne por causa das, 162
  do ácido láctico. *Ver* Ácido láctico, bactérias do
  e a cor do presunto, *194*
  e as cáries dentárias, 732
  e o natô, *555*
  em cereais e leguminosas depois de molhados, 505
  em frutos do mar, 205
  evolução das, 272
  fermentação dos peixes pelas, 262
  luminescentes, *228*
  na carne, 139, 171
  na produção de queijo, 64-6
  nas ervas e especiarias, 439
  nas frutas e hortaliças, *288,* 306
  no arroz, *526*
  no trato urinário, e as substâncias fitoquímicas, 284
  que se multiplicam em ambiente salino, 65
Bactris gasipaes, 351
Badejo, *236*
Bagaceira, *851*, **856**
Bagaço, 856
Bagel, **608**
  etimologia da palavra, *606*
Bagre, 205, **216**, *217*
Baladi, *609*
Balas, **756-70**
  aeradas, 768
  algodão-doce, **766**
  armazenamento, 771
  cocção das caldas de açúcar para fazer, 757-8, *757, 758*
  coloração, 763
  composição, *764*
  confeitos, 768
  cristalinas, 767
  deterioração, 771
  etimologia da palavra *candy*, 722
  fluorescentes, 769
  mastigáveis, 770
  não cristalinas, 764
  origens medicinais das, 723
  primeiras, *721,* 722

ÍNDICE REMISSIVO 933

que desmancham e estouram na boca, 770
resfriamento das caldas de açúcar para fazer, 759-64
   e a formação de cristais, 759-60, *760*
   e a limitação do crescimento cristalino, 762
   e a prevenção da cristalização, 762, *762*
   e a textura da bala, 761
   e os outros ingredientes, 763
textura, 761, *761*
Balas de goma, **769**
Baleia, leite de, *14*
Baleia rorqual, composição do leite da, *14*
Balsâmico, vinagre, **864**, 864-5
Banana, 276, 298, 302, *305*, 307, 391, 393, *426*
   aroma, *395*
   etimologia da palavra, *423*
   purê, 693
   sabor, *426*
Banana-da-terra, 319, **378**, **420**
Bananeira, flor de, **363**
Banh trang, 645
Banha de bovinos e ovinos, 187
Banha suína, 187
Banho-maria no forno, *106*
Bannocks, *609*
Baobing, *609*
Barba, do mexilhão, 253
Barbatana de tubarão, *678*
Bardana, 342
Bares que produzem a própria cerveja, 827
Barley wine, 837
Barracuda (peixe), 207, *207*, *219*
Barris, envelhecimento de vinho e bebidas alcoólicas destiladas em, 801-2, *812*
Basella alba, 361
Bases, 887. Ver também pH
Basmati, arroz, 524
Batata, 276, 279-80, 287, 291-2, 297-8, *304*, 314-6, 334, **335-8**, *365*, 616. Ver também Batata-doce
   batatas-suflê, 338
   categorias de, segundo o comportamento durante a cocção, 336
   colheita e armazenamento, 335
   espuma de, 711
   etimologia da palavra *potato*, *338*
   fécula de, 685, *685*
   frita, 337
   purê, 336
   purê original francês, 336
   qualidades nutricionais, 335
Batata-baroa. Ver Mandioquinha
Batata-doce, 280, 291, 314, 334, **338-9**, 645
Batata-salsa. Ver Mandioquinha
Batatas *chips*, 317, 337
Batatas fritas, 337
Baunilha, 279, *305*, 434, 437, **470-3**, *471*, 773
   essências e aromatizantes de, 473
   produção, 471
   sabor, 472
   tipos, 472
   uso culinário, 473
Béarnaise, molho, **707-9**
Bebês
   alergia ao leite, 14
   botulismo associado ao mel, 741
Bebidas alcoólicas destiladas, **844-58**
   claras, 850
   e os coquetéis, 846
   escuras, 850
   história, 844-7
   "lágrimas" nos copos onde se tomam, 797
   modos de servir, 852-3
   produção, 847-52
      e a filtragem a frio, 851
      e a maturação e envelhecimento, 850
      e o processo de destilação, 847-50, *849*
   sabores, 852
   tipos, *851*, 852-9
Bebidas maltadas, 836
Beccari, Giambattista, *581*
Bechamel, molho, 653-4, *655*, 656, **689-90**
Beid hamine, 99
Beignet, 614
Beldroega, 278
Benedictine, 741, 845, *857*
Benincasa hispida, 370
Benporat, Claudio, 654
Benzaldeído, 287, *561*, 562
Benzoni, Girolamo, 772
Berberis, 406
Berbigão, *207*
Bergamota, *415*, *416*
Beribéri, 504
Berinjela, 280, 300, 307, 319, *365*, 369, 559
Berinjela à parmegiana, 369
Bertholletia excelsa, 564
Beta vulgaris, 343, 361
Beta vulgaris var. *altissima*, 725-6
Betacaroteno, 888
   benefícios para a saúde, 285
   na gema de ovo, 84
   nos frutos da terra, 285, 296, 297, 309, 316
Betaínas, em vegetais, 298, 343, 361, 412
Beterraba, 286, 288, 291-2, 298, *304*, 314, 335, **343**
Beterraba, açúcar de, 725-6
Betula, 743
Bétula, xarope de, *743*
Beurre blanc, 40, 631, **704**
Beurre concentré, 39
Beurre cuisinier, 39
Beurre manié, 687
Beurre monté, **705**
Beurre noir, 40, 631
Beurre noisette, 40, 631
Beurre pâtissier, 39
Bexiga natatória, 212
Bíblia,
   aromas na, *430*
   bebidas alcoólicas na, *798*

frituras na, 876
leite na, *8*
maná, *720*
sementes na, 502
Bicarbonato de sódio, 592
  ao cozinhar feijão, 542
  para preservar a cor das hortaliças, 310
Bicuda. *Ver* Barracuda
Bières de garde, 834
Bifidobactérias, *52*
Biga, 595
Biltong, 192
Biscoitos e bolachas, 608, **632-6**
  armazenamento, 636
  confecção, 634
  cortados antes de assar, 634
  cortados de massa deixada no refrigerador, 634
  cortados depois de assar, 634
  ingredientes, 633-4, *635*
  moldados à mão, 634
  postos às colheradas na assadeira, 634
Biscotti, 610
Biscuits, 610, *610*
bisso, do mexilhão, 253
***Bitter*, 858**
Bitter de angostura, 858
Bixa orellana, 481
Blackberry, *391*, 401, *401, 402, 425*
Blintz, 612
Bloom, Oscar, 677
Blumenthal, Heston, 2
Boccaccio, Giovanni, *638*
Bocuse, Paul, 657
Boerhaave, Hermann, 860
Boeuf à la mode, 677
Boisés, 803
Bolacha. *Ver* Biscoitos e bolachas
Boletus, 387
Bolhas de ar. *Ver também* Espumas
  desnaturação das proteínas por meio de, 901
  na massa, 584, *584*
Bolhas de dióxido de carbono, na massa, *584*
Bolhas de gás. *Ver também* Bolhas de ar; Espumas
  na massa firme, 584
Bolinhos cozidos por imersão, **642**
  chineses, *637*, 643
Bolos, **616-23**
  aeração, *619*
  antiga receita, 617
  armazenamento, 622
  chocolate e cacau nos, 785
  gorduras e farinhas especiais para fazer, 617-8
  ingredientes, *618*, 618-9
  massas líquidas para, 620
  métodos para assar em forno, 610, *621*, 621-3, *622*
  misturas prontas para, 616-7
  resfriamento, 688
  tradicionais, 616

Borago officinalis, 455
Borassus flabellifer, 745
Borden, Gail, 26
Bordo, creme de, 744
Bordo, xarope de, **742-3**, *743*
Borek, 631
Borneol, nos peixes, 214, *215*
Borra
  de saquê, *843*
  vinho envelhecido na, 812-3
Borracho, 156, *157*
Borragem, *436*, **455**
Bos grunniens, 10
Bos primigenius, 9, 153
Bos taurus, 9
Botrytis, em frutas e hortaliças, 306
Botrytis cinerea, 816
Botulismo, bactéria do
  em frutas e hortaliças cruas, *288*
  na carne, nitrito para suprimir a, 198
  no alho preparado, 348
  no *confit*, *198*
  no mel, 741
  nos óleos aromatizados, 322, 440, *444*
  nos peixes, 206
  produtos enlatados e a, 332
Boudin blanc, 170
Boudin noir, 170
Bouillabaisse, 240, *700*
Bouillie, 110, 124
Bouillon, 650, *652*
Boukha, 853
Bouquet garni, 442
Bourbon, 855
Boussingault, Jean-Baptiste, 602
Bouza, *823*
Boysenberry, 401, *402*
Boza, *823*
Bradley, Alice, 774
Brandade, 259
Brandy, 805, 845, 850, *851*, **852**
Branqueamento da farinha, 587
Branqueamento de frutas e hortaliças, 308
Braseados
  carnes, 180-2, *181*
  etimologia da palavra *braising*, 180
  peixes, 208
Brassica carinata, 357
Brassica hirta, 462
Brassica juncea, 357, 360, 462
Brassica napus, 357
Brassica nigra, 462
Brassica oleracea var. *gongylodes*, 351
Brassica oleracea, 357
Brassica rapa, 344, *357,* 360
Bresaola, 192
Brettanomyces, 812, 838
Brevibacterium epidermidis, 65
Brevibacterium linens, na produção de queijo, 65
Brewpubs. Ver Bares que produzem a própria cerveja

ÍNDICE REMISSIVO 935

Brie, queijo, 12, 62, 66
Brillat-Savarin, Jean Anthelme, 2, 4, 59, 148, 157, *200*, 656
Brioche, 606
   etimologia da palavra, *606*
Brisse, Barão, 280
Broccoletti di rape, 365
Broccoli rabe, 357, 365
Broccolini, *357*, 365
Brócoli, 276, 280, 292-3, 295, 303, *357, 359*, 362, 364
   brotos de, 353
Bromato de potássio, na farinha de trigo, 587
Bromelaína, no abacaxi, 424
Bromo, compostos de, nos frutos do mar, 246
Bromofenóis, nos peixes, 214, *215*
Broto de bambu, 287, 314, **351**
Brotos de samambaia, 288, **352**
Brotos, **353**, 510
   de alfafa, 287
   de cevada, 510
   de feijão, 353, 540, 543
   de soja, 543
   de trigo, 510
Brunschwygk, Hieronymus, 845
Bubalus bubalis, 9
Bucho, *185*
Buendnerfleicsh, 192
Búfala, leite de, 11, 18-9, 22
   composição, *14*
   no queijo, 61
Búfala-asiática, leite de, 18
Bufalo-asiático, 9
Búfalo, 9, 61
Bulgur, 519
Bunyard, Edward, *395*
Burbank, Luther, 398
Burfi, 28
Busch, 826
Butanol, *848*
Butler, Samuel, 77

Cabaça, *370*, **372**
Cabbage cream, 33
Cabeça do peixe, 211
Cabeça, na destilação de bebidas alcoólicas, 848
Cabelos, a gelatina e os, *677*
Cabernet Sauvignon, 808
Cabot, John, 279
Cabra, 10
Cabra, leite de, 11, *14, 18*, 22, 61
Cabra, queijo de, 70-1
Caça, animais de, 156-8
   etimologia da palavra *game*, *158*
Caça, sabor de carne de, 157-8
Cacau
   etimologia da palavra *cocoa*, 772
Cacau em pó, 774, *783*, **784-5**
   alcalinizado, 619, 784
   como ingrediente, 786
   em bolos, 619

   instantâneo, 785
   natural, 619
   no forno, 786
Cacau, amêndoa do, *775*, **775**, 776
Cacau, liquor de, 777
Cacau, manteiga de,
   ácidos graxos na, *892*
   cristalização da, *781*
Cacau, sementes de, 300, *775*, **775**, 776
Cacaueiro, 772
Cádmio, nos peixes, 204
Caerphilly, queijo, 72
Café, 300, 430, 481-2, **489-7**
   armazenamento, 492
   cafeína no, 481-2, *482*
   como servir, 496
   descafeinado, 796
   e a saúde, 482
   espresso, 490, 494, 496
   história, 489-90
   infusão, 494, *495*
      água para, 482-3
   instantâneo, 497
   os grãos de café e o, 490
      moagem, 492, 494
      torrefação, 491, *492*
   sabor, 491, *493*, 496
Cafeína
   consumo de, 482
   no café e no chá, 481, *482*
   no chocolate, 792
Cairina moschata, 156
Cal. Ver Hidróxido de cálcio
Cal hidratada, 326
Calafate (peixe), *219*
Calamintha nepeta, 447
Calazas, 83, *83*
Cálcio
   ao cozinhar feijão, 541
   e a saúde dos ossos, **15-6**, *16*
   e as substâncias fitoquímicas, *284*
   na água, *885*
   no leite, 21
Cálculo renal, 288
Caldos, 187
   de carne, 665-72, *669*
   de hortaliças, 322
   de peixe, 239
   etimologia da palavra *broth*, *666*
   etimologia da palavra *stock*, *666*
Calor
   absorção pela água, *886*
   como energia cinética, 907
   desnaturação das proteínas pelo, 901
   e a gordura, 893-4
   específico, 886
   liberado por condensação do vapor, 886
   transferência de, **869-72**
      por condução, 869
      por convecção, 870
      por radiação, 870-2

Calorias
  nas sementes oleaginosas, 557
  no sorvete, 47
  nos ovos, 88
Calpaínas, na carne, 160
Calvados, 851, 852
Calvatia, 388
Calvel, Raymond, 596, 603, 631
Calvino, Italo, 57
Camarão, 236, 243-4, 244, 247, 257
  etimologia da palavra *prawn*, 245
  etimologia da palavra *shrimp*, 245
Camela, leite de, composição do, 14
Camelia sinensis, 483
Camelo, 10
Camembert, queijo, 62, 65-6, 67, 68
Camomila, 858
Campari, 858
Camponotus, 739
Camurim (peixe), 219
Canabinoides, 792
Canavanina, 287
Câncer
  e a carne, 137-8
  e a fumaça de lenha, 498
  e a nitrosamina, 194
  e as bebidas alcoólicas, 800
  e as reações de escurecimento, 869
  e as substâncias fitoquímicas, 284, 285,
  e o sal, 716
  e os métodos de preparação do alimento, 208
  e os óleos de peixe, 204-5
Candida, 811
Candida albicans, 796
Candy Cook Book (Bradley), 774
Canela, 276, 278, 305, 433-4, 437, 440, 473,
  695, 773
Canna, 686
Canola, 282, 357
Canola, óleo de, 892
Cantal, queijo, 72
Cantaloupe, 391, 426
Cantarilho, 218, 233
Cantaxantina
  na gema de ovo, 84
  nos peixes, 216
Cantharellus, 388
Capim-limão, 436, 455
Capparis spinosa, 454
Capra hircus, 10
Capsaicina, 366, 438, 464, 465-8
  controle da ardência da, 467
  seus efeitos sobre o corpo, 466
Capsantina, nos vegetais, 296
Capsicum, 277
Capsicum, plantas do gênero, 277, 304, 365,
  368, 465, 467. Ver também Pimentas do
  gênero *Capsicum*; Pimenta
Capsicum annuum, 365, 465, 467
Capsicum baccatum, 467
Capsicum chinense, 467

Capsicum frutescens, 467
Capsicum pubescens, 467
Capsorrubina, nos vegetais, 296
Capuchinha, 362, 455
Caqui, 391, 406-8, 426
Caracciolli, Domenico, 656
Carambola, 421
Caramelização, 730, 730-1, 765, 867, 868
Caramelo, 765
  antiga receita, 726
  como corante alimentício, 732
  confecção, 731
  etimologia da palavra *caramel*, 731
  sabor, 731
Caramelos mastigáveis, 765, 766
Caranguejo, 207, 208, 243-4, 244, 248
  de casca mole, 248
  etimologia da palavra *crab*, 245
Caranha (peixe), 207, 207, 219, 233
Carboidratos, 883-4, 895-8. Ver também Gomas
  vegetais; Pectinas; Amido; Açúcar
  não digeríveis, nas leguminosas, 539
  no centeio, 522
  nos cereais, 513
  nos ovos, 88
  preparados gelatinosos à base de, 678-9
Carbonato de amônia, 592
Carbonato de cálcio, para preservar ovos, 128
Carbonato de potássio, no cacau em pó, 784
Carbonato de sódio
  e os pretzels, 608
  para preservar ovos, 129
Carbono, átomo de, 904
Cardamomo, 437, 474, 470
Cardo, 363-4. Ver também Alcachofra-brava
Carême, Antonin, 102, 123, 160, 280, 311, 654,
  655, 708, 709
Carga elétrica nos átomos, 904
  desequilíbrio na, 904-5
Carica papaya, 423-4
Carica pentagona, 424
Carica pubescens, 424
Cárie dentária
  e os açúcares, 732
  proteção contra, por meio do queijo, 75
Carlos Magno, 58
Carlsberg, cervejaria, 796
Carne, **131-98**, *132*.Ver também tipos específicos
  de carne
  amaciar, 172
  ao ponto, 170
  argumentos éticos contra seu consumo, 132,
  134
  armazenamento, das sobras, 184
  aspic de, **676**
  bem-passada, 171
  bleu, 171
  branca e vermelha, 146, *147*
  caldos. Ver Caldos, de carne
  clarificação de caldo por meio de, 669
  classificação comercial, 151-2, *151*, *152*

ÍNDICE REMISSIVO

cocção, 164-84
   assada ao forno, 176-7, *177*
   assada no espeto, 175
   braseada, 180-2, *181*
   churrasco americano, 175-6
   coberta, dentro do forno, 176
   cor, 165, *166*, *169*, 182
   de carne não descongelada, 164
   deixar descansar e trinchar depois da, 183-4
   em alta e baixa pressão, 183
   fritura por imersão e meia-imersão, 178-80
   fritura, *174*, 178
   gratinada, 175
   grelhada, *174*, 174-6
   modificação da textura antes e depois, 172-3
   no micro-ondas, 183
   no vapor, 182
   pocheada, 180-2
   ponto, 170
   por imersão, 180-2, *181*
   por *simmering*, 180-2
   rega, 157
   sabor, 165
   salteada, 177
   selar, *179*
   temperatura, 167, *170*
   textura, 166-7, *169*, 170-1
como servir, 184
controvérsias, 141-2
   e a qualidade, 149-52
   industrialização, 195, 198
   moderna, 141-2
cor, 146, *147*, *148*
   e o calor, 165, *166*, *169*, 182
   no churrasco americano, 175-6
corte, 161
de aves domésticas, 155-6
de caça, 156-8
de quadrúpedes domésticos, 153-5
defumada, 195-6
descongelamento, 164
desfiada, 173
deterioração, 161-2
e a saúde, **137-41**
em salmoura, 173
embalagem, 161
embutidos, **188-90**
empanada, 623
estrutura, *133*, 143-9
   cor e, 146-7, *147*, *148*
   sabor e, 148-9
   textura e, 143-9
etimologia da palavra *meat*, *135*
extração de gelatina da, 665
extratos e bases de molhos industrializados, 669-70
fibra, 143, 184
halal, 159
história do consumo, 135-6
irradiação da, 164

kosher, 159
lardeada, 172
malpassada, 171
marmorização, 151, *151*, *152*, 153
maturação, 159-61
métodos de abate, 158-9
miúdos, **185-8**
   composição, 185
moída, perigos à saúde, 139, 163-4, 171
molhos. *Ver* Molhos, à base de carne
mudança na qualidade da, 132, 134
muito malpassada, 171
patês e terrines, **190-1**
ponto de cocção, *169*, 170
preservada, **191-8**
   confit, 197-8
   defumada, 195-6
   enlatada, 198
   fermentada, 196-7
   salgada, 192-5
   seca, 192
produção, *141*
qualidade da, e os métodos de produção, 149-52
refrigeração, 162-3
sabor, 137, 148-9, 160, 165
   das sobras, 184
   e o calor, 165
sobras, 184-5
suculência, 167, *167*, *168*
textura, 143-9, 159-60
   e a cocção, 166-7, *169*, 170
   modificação, antes e depois da preparação, 172-3
transformação do músculo em, 158-61
umidade, conservação da, nas sobras, 184
vocabulário, *136*
Carne assada, 175-7, *177*
Carne bovina, *151*, 153-4, 160
   ácidos graxos na, *892*
   armazenamento, 162
   cortes, *145*
   e a doença da vaca louca, 140, 153
   em conserva, 195
   moída, salubridade da, 139, 163, 171
   tendões, *678*
Carne-seca, 192
Carnobactérias, 196
Carolina de massa *choux*, 614
Carolinas, 614
Carotenoides, **335**, *888*. *Ver também* Betacaroteno
   benefícios para a saúde, 285
   fontes de, 285
   na manteiga, 37
   no leite, 18
   no trigo, 518
   nos frutos da terra, 296, *308*, *309*, 315-6
Carpa, **216**, *217*
   caviar de, *269*
Carragenanas, 286, *379*, **678**, 898

Carta di musica, 609
Cartilagens, cocção de, 187
Carum carvi, 458
Carvalho
 barris de, bebidas alcoólicas em, 801-2
 rolhas de, *813*
Carver, George Washington, 562
Carya illinoiensis, 568
Casca das sementes oleaginosas e leguminosas, 503
Casca de melancia, picles de, 326
Caseína, 17, *18*, 20-1
 no queijo, 63, 71
Cássia, *437*
Cassis, **403**, *857*
Castanea, 563
Castanea dentata, 564
Castanha, 556, *556*, 557, 558, **563**
Castanha-d'água chinesa, 314, 342
Castanha-de-caju, *557*, 558, **564**
Castanha-do-pará, 558, **564**, *564*
 composição da, *557*
Castanha-portuguesa. *Ver* Castanha
Catão, *193*
Catepsinas, na carne, 160
Cauda, na destilação de bebidas alcoólicas, 848
Cauim, *823*
Caulerpa racemosa, 379
Caules, de vegetais, 292
Caupi, 373, **546**
Cavala, 205-6, *219*, **224**, 232, *236*
Caviar, 266-7, **268-9**
Cebola, 276, 286, 293, 297, 300-1, *305*, 322, *345*, **346**
 broto, 353
 de estocagem, 347
 de primavera, 346
 etimologia da palavra *onion*, 346
 verde, 347
Cebola, família da, **344-8**, *345*, *347*
Cebolinha, 358
 etimologia da palavra *scallions*, 346
Cebolinha, broto de, 353
Cediço
 etimologia da palavra *stale*, 601
Cefalotórax, 244, *244*
Celulose, **897**
 na madeira, 497, *499*
 nos vegetais, 286, 293-4, *295*
Cenoura, 291-2, 296, 302, 306, 309, 314-6, 320, 322, **340-1**, 616
 descoloração durante a cocção, 616
 purê de, 693
Cenoura, família da
 ervas da, *451*, **451-3**
 especiarias da, **458-61**, *459*
Centeio, 503, 505, 511, **521-2**
 carboidratos no, 522
 composição, 506, *507*, *513*
 e o LSD, *521*
 etimologia da palavra *rye*, 515

 pão de, 605
 produção mundial, *516*
Cerâmica, **877-9**
Ceras, 888
Cercefi, **342**, 364
Cereais, **511-36**. *Ver também cereais específicos*
 composição, 512, *513*
 definição, 502
 estrutura, 512, *512*
 etimologia da palavra *cereal*, 515
 extrudados, 515
 moagem e refinação, 512, 574, *575*
 na forma de cereais matinais, **513-5**
 produção mundial, 516
 para o café da manhã, 513-5
 sabor, 509
 vinagre de, 863
Cerefólio, *436*, **451**
Cereja, 286, 302, 314, 391, **399**, *425*
Cerne da amêndoa de cacau, 777
Cerveja, *794*, 794-5, **822-38**
 aditivos, 833
 armazenagem, 834
 aroma, 829
 bebidas semelhantes, 823
 chope, 832
 colarinho, 834-5
 como servir, 834-5
 de arroz, 823
 de baixas calorias, *836*
 de mandioca (cauim), 823
 de painço, *823*
 de sorgo, *823*
 de trigo, 836, 837
 e a saúde, *800*
 e o lúpulo, 824, 828-9, *829*
 e o malte, *824*, 827
 etimologia da palavra *beer*, 825
 evolução, 823-7
 gosto, 829
 lager, 825, 832, 837
 lambic, belga, *837*, 838
 leve, *836*
 maturada em barril, 832
 produção, 829, *830*
  aditivos, 833
  fermentação, 829, 832
  fervura do mosto, 829
  maceração, 831
  malteação, 827, *828*
  maturação a frio, 824, 833
  maturação, 829, 833
 seca, *836*
 secagem do malte, 828
 sem álcool, 836
 sem lúpulo, vinagre feito de, 862
 steam beer, 826
 terminada, 834
 tipos, 835-8
 tirada na torneira, *832*
 verde, 833

ÍNDICE REMISSIVO

Cervela, 196
Cevada, 501, 505, 510, **520-1**
  cerveja e, 826
  composição, 506-7, *507*, 510, *513*
  etimologia da palavra *barley*, *515*
  perolada, 521
  pilada, 521
  produção mundial, *516*
Ceviche, 230
Chá, 430, **483-9**, *485*
  água para fazer, 482-3
  armazenamento, 488
  aromatizado, *487*
  -branco, *487*
  cafeína no, 483-4, *482*
  como servir, 488
  e a saúde, 482
  gelado, 489
  gyokura, *487*
  história, 483
  hoji-chá, *487*
  infusão, 483, 488
  kabesuchá, *487*
  lapsang souchong, *487*
  oolong, 485, *486*, 488
  -preto, *486*, 488
  produção, 483-4
  pu-ehr, *487*
  sabor, 482, *484*, 488
  -verde, *486*, 487
Chá-branco, *487*
Chá-preto, *486*, 488
Chá-verde, 483, *487*
Chalota, **346-7**
  etimologia da palavra *shallots*, *346*
Champanha, 805, 815
Champanhe, 805, 812, **814-6**, 826
Champlain, Samuel de, *531*
Chandogya Upanishad, 77
Chapati, *609*
Chapel, Alain, 657
Charaka-Samhita, 798
Chardonnay, 808, 815
Charque, 192
Chartreuse, 447, 845, *857*
Chaucer, Geoffrey, 723, 876
Chauds-froids, 677
Chawan-mushi, 105-6
Cheddar, queijo, 59, 64, 66, 67, 70, 71-2, 74
Cheesecake, 108-9, *108*
Chenopodium ambrosioides, 455
Chenopodium quinoa, 536
Cherimólia, *391*, **422**
  sabor, 426
Chermoula, 442
Cherovia, 288, 291, 340, **341**
Cheshire, queijo, 59, 72
Chhanna, 28
Chhü, 823, **839-40**
Chi dou, **547**
Chiang, 551

Chiao-tzu, 637
Chicha, *823*
Chicken Book (Smith e Daniel), 81
Chicle, 770
Chiclete. *Ver* Goma de mascar
Chicória, 300, **355**
Child, Julia, 2
Chillare, 536
China
  amidos de raízes na, 686
  bebidas alcoólicas de arroz na, *839*, *841*
  chá na, 483
  clarificação dos caldos na, *669*
  macarrão na, 636, 637, 643
  molhos na, *648*
  porcelana na, 878
Chiu, 838-40, *839*
Chlodnik, 27
Chocolate, 661, **771-92**
  ao leite, 774, 780, 782, 783, 785-6, 788
  armazenamento, 784
  aspecto, 780
  branco, 783-8, 788
  como ingrediente, 785
  composição, *783*
  consistência, 780
  derretimento, 785-6, 790
  desejo de, 792
  diferenças entre os tipos, 786
  doce, *783*
  e a saúde, **792**
  e a umidade, 786
  e o cacau em pó, 784
  eflorescência no, 784
  em pó sem açúcar, *783*
  escuro, 780, 783, 785, 788
  etimologia da palavra, 772
  fino (caro), 782
  ganache de, 785, 786, 786-8
  história, 772
  meio-amargo, 782, 783
  modelagem, 791
  não temperado, 791
  para cobertura, 783
  produção, 774, 778
  produzido em massa, 782
  refresca a boca, 784
  sabor, 780, 782
  temperagem, 779, 788-92, 790
    a arte de temperar chocolate, 790
    manter a têmpera do chocolate enquanto derrete, 790
    métodos de, 789
    temperaturas para o, *788*
    teste do, 791
    trabalhar com chocolate temperado, 791-2
Chondrus, 379
Chouriço, 196
Choux, massa, **614**
Chow fun, 645
Chuchu, *370*, **372**

Chucrute, 324, 326, 327
Chufa, 342
Chumbo
   em peixes, 204
   na cerâmica, 879
   no cristal, 852
Chuño, 323
Churchill, Winston, 846
Churrasco americano, 175-6
   etimologia da palavra *barbecue*, 175
Ciabatta, 594
Cianeto
   na amêndoa, 562
   na mandioca, 339
   nos vegetais, 287, 351
Cianeto de hidrogênio. *Ver* Cianeto
Cianidina, nos vegetais, 297
Cianogênio, nos vegetais, 287
Cicer arietinum, 545
Cichorium, 355
Cichorium endivia, 355
Cichorium intybus, 355
Ciclamato, 735
Ciclídeos, peixes, 219
Cidra (fruta), 415, **416**, 416
Cidra, cascas de, 328
Ciguatera, intoxicação por, 206-7, 207
Cinamaldeído, 435, 425
Cinnamomum burmanii, 473
Cinnamomum cassia, 473
Cinnamomum loureirii, 473
Cinnamomum verum, 473
Cinnamomum zeylanicum, 473
Cinzas de lenha, para preservar ovos, 129
Cisteína, 899
Citocromos, 146, 148, 166
Citoplasma, das células vegetais, 290, 290
Citrato de sódio, nos queijos processados, 74
Citronelal, 456
Citrullus lanatus citroides, 410
Citrullus lanatus, 370, 410
Citrus aurantifolia, 416, 418
Citrus aurantium, 416, 456
Citrus bergamia, 419
Citrus grandis, 416, 416
Citrus hystrix, 419, 456
Citrus junos, 419
Citrus latifolia, 416, 418
Citrus limon, 416
Citrus medica, 416, 416
Citrus paradisi, 416
Citrus reticulata, 416, 416
Citrus sinensis, 416
Cladophora, 382
Clafoutis, 399
Clara de ovo, **85-7**
   achatada no ovo cozido, 98
   alergia a, 89
   cocção da, 95
   como emulsificante, 705
   composição da, 88

   congelamento, 92
   desenvolvimento da, 83
   em neve. *Ver* Espumas, de clara de ovo
   em ovos pochês, 100
   para clarear caldos, 669
   proteínas na, 86, 86-7
   qualidade, 90
   seca, 93, 117
   técnicas para bater, 116, 125
Clarificação, do vinho, 812
Claviceps purpurea, 521
Climatéricas, frutas, 392
Climatérico
   etimologia da palavra *climacteric*, 390
Clitocybe nuda, 387
Cloro, gás
   branqueamento da farinha por meio do, 587, 617, 617-8
   na farinha de trigo, 587
Clorofila, 296, 297, 889
   benefícios para a saúde, 285
   culinária, 322
   na cozinha, 309, 309-10
   na fotossíntese, 272
   nas leguminosas, 538
Clorofilase, 310
Cloroplastos, 290, 291, 292, 296, 310
Clostridium botulinum. *Ver* Botulismo, bactéria do
Clotted cream. *Ver* Creme coagulado
Cloudberry, 401, 402
Club, trigo, 517, 586
Coagulação
   de cremes à base de ovos e leite, prevenção da, 105
   de molhos, 671
   do leite. *Ver* Leite, coagulação do
   resistência do creme espesso à, 702
Coagulação, das proteínas, **901**
   na carne, 167, 169, 171
   no leite, 20, 53, 63-4, 66-8
   no queijo de soja, 549-50
   nos molhos, 672-3, 707-9
   nos ovos, 93-5, 94, 104-5, 113-5, 129-30
   nos peixes, 232-5
Coalhada, 11, 20, 22
Coalho, no queijo, 60, 62, 63-4, 66-8, 282
Cobbett, William, 361, 577
Cobertura, o queijo como, 73
Cobre
   e claras em neve, 115
   nos peixes, 204
   para preservar as cores das hortaliças, 311
   utensílios de cozinha feitos de, 880
Cocção na pressão, **875**
   de hortaliças, 317
   de leguminosas, 542
Cocção por indução, 873
Cocção, métodos de, **866-77**. *Ver também alimentos e métodos específicos*

e as reações de escurecimento. *Ver*
  Escurecimento, reações de; Maillard,
  reação de
e os métodos de transferência de calor, 869-70
Coco, 276, *305,* 556-7, *559-60, 565,* **565-6**
  como espessante, 566
  composição, 557, *557*
  desenvolvimento, 566
  "gelatina" de, *566*
  leite, 566
  polpa, 566
Coco, óleo de, 566, *892*
Cocos nucifera, 565
Codorna. *Ver* Codorniz
Codorniz, *157*
Coentrão, **452**
Coentro, 436, *437,* 445, **452, 459**
  como espessante, 695
  folhas, **452**
  sementes, 433
Coentro-bravo, **452**
Coentro-de-caboclo. *Ver* Coentrão
Coffea arabica, 490
Coffea canephora, 491
Cognac. Ver Conhaque
Cogumelos, 280, 287, 298, *304,* 306, 322, *380,* 382-8, *387-8*
  anatomia, *383*
  armazenamento e manipulação, 384
  cocção, 385
  estrutura e qualidades, 383-4
  sabor, 384
Cointreau, *857*
Colágeno,
  e a textura da carne, 144
  gelatina de, 167, 664-5, *665*
  nos moluscos, 250-2, 671
  nos peixes, 210-2, 233, *234*
  para fazer caldos, 675
Colarinho da cerveja, permanece aderido ao topo do copo enquanto se bebe, 834-5
Colby, queijo, 72
Cólera, e os frutos do mar, 205
Colesterol, 888
  na carne, 185
  no sangue. *Ver* Sangue, colesterol no
  nos ovos, 87-8, 88
Coletânea napolitana de receitas, A, 651
Colin, Joseph, 266
Collocalia, 678
Colocasia esculenta, 339
Colombo, Cristóvão, 279, 420, 429, 529, 724, 772
Coloração rosada do churrasco americano, 176
Colostro, 17
Columba livia, 156
Columela, *59, 681*
Cominho, *437,* **460,** *695*
Commifera molmol, 858
Compostas (família botânica), **354-6**
Compostos fenólicos, 434, *435*

benefícios para a saúde, 285
em frutas e hortaliças, 411
em sementes, 504, *506*
fontes de, 285
na fumaça de lenha, 497-8
no trigo, 518
usos medicinais, 439
Compotas, **329**
Comté, queijo, 62
Concha, 774
Conchagem, 777
Condimentos, 647
Condução, transferência de calor por, 869-70, 876
Condutividade, baixa, vantagens da, 880
Confeitos. *Ver* Balas; Chocolate
Confit
  de carne, 197-8
  de hortaliças, 318
  etimologia da palavra, *197*
Confiturier françois, Le, 724, 725
Congelamento
  concentração do álcool por meio de, *847*
  de água, 885-6
  de carne, 162-2
  de ervas e especiarias, 440
  de frutas e hortaliças, 307
  de leite, 20, 26
  de ovos, 92
  de peixes, 229
  de sorvete, 43, *48,* 48-9
  de suflês, 125
  do creme de leite, 20
  do queijo de soja, 550
Congêneres, nas bebidas alcoólicas destiladas, 848
Conhaque, 797, 852
Conservas de açúcar, **329**
Conservas estufadas, 327
Consomê, 650, 653
"Conto de Sir Topas" (Chaucer), 723
Convecção, fornos de, 874
Convecção, transferência de calor por, 870, 886
Convicina, 287
Cookie norte-americano, antiga receita de, *577*
Cookwise (Corriher), 2
Coors, 826
Coprinus, 387
Coq au vin, 673
Coração (miúdos), composição da carne de, *185*
Coração, doenças do
  e a carne, 138
  e as bebidas alcoólicas, *800*
  e as substâncias fitoquímicas, 283, *285*
  e o queijo, 74-5
  e os ácidos graxos trans, *42, 893*
  e os óleos de peixe, 203-4
Corante caramelo, 732
Cordeiro, 154, 159, 163
  ácidos graxos na carne de, *892*
  armazenamento da carne de, 163

da Nova Zelândia, 154
idade, 154
Coriandrum sativum, 452, 459
Corn Nuts, 531
Corriher, Shirley, 2
Cortez, Fernão, 772
Corvina (peixe), *219*
Corylus avellana, 563
Corylus colurna, 563
Corylus maxima, 563
Cotilédones,
    das leguminosas, 537, *538*
    das sementes oleaginosas, 556
Cotognata, 397
Coulibiac, 632
Coulis, 653
Court bouillon, 239, 652
Couve, *357*, **358**, *358*
    etimologia da palavra *collards*, 358
    etimologia da palavra *kale*, 358
Couve chinesa, *357*, 358, **360**
Couve-de-bruxelas, 276, *357*, **358**, *359*
Couve-flor, 276, 280, 293, 297, 314, *357*, *358*, 362, 364
    etimologia da palavra *cauliflower*, 358
    purê de, 693
Cowberry, 403
Cozido no vapor, **875-6**
    carne, 182
    hortaliças, 317
    peixe, 208, 241
Cozimento por imersão
    de carne, 180-2, *181*
    de peixe, 239
    etimologia da palavra *stew*, *180*
Craterellus, 388
Cravo, 279, *305*, 433-4, *437*, 440, **474**, 773
Crema, 496
Crème anglaise. Ver Creme inglês
Creme azedo, *51*, *52*, **54-6**, 626
Crème brûlée, *107*, 108
Crème caramel, *107*, 108
Creme coagulado, *32*, 33
Creme de banana, 109
Creme de bordo, 744
Crème de cacao, 857
Creme de confeiteiro, 103, 109, *110*, 110-1
Creme de leite "para bater", 31, *32*, 35
Creme de leite batido, 31, **34-6**, *34*, *35*
Creme de leite, 11, **30-6**
    aroma, 30
    azedo, *51*, *52*, **54-6**, 626
    batido, 31, **34-5**, *35*
    cabbage cream, 33
    coagulado, *32*, 33
    cocção, 31-2
    composição, 30, 30-1, **34-5**
    congelamento, 20
    e as proteínas dos ovos, 96
    em emulsões, 702
    em massas à base de gordura, 626

espesso, 30-2, *30*, 36, 702
etimologia da palavra *cream*, *33*
fermentado, 50, *51*. Ver também Creme azedo; *Crème fraîche*
homogeneização, 31
leve, 31, *32*
meio a meio, 31, *32*
para bater, 31, *32*, 35
pasteurização, 31
produção de manteiga a partir do, 37
produção, 31
reduzido, 702
semicreme, *32*
separação, 33
textura, 30-1
tolerância ao calor, 20
ultrapasteurizado, 31
Crème de menthe, 857
Crème fraîche, *51*, 52, **54**
    em massas à base de gordura, 626
    em molhos, 631
Creme inglês, 44, 80, 103, *107*, 108, 110
Cremes de ovos com frutas, 111
Cremes de ovos e leite batidos durante a cocção, 103, 109-11. *Ver também os verbetes que começam com* Crème
    etimologia da palavra *cream*, *104*
    semilíquidos ou firmes, 109
Cremes de ovos e leite não batidos durante a cocção, **103-9**
    diluição das proteínas do ovo nos, 95, *95*
    etimologia da palavra *custard*, *104*
    quando estão no ponto, 106
    quiche, 108
Cremosidade, 30-1
Crepes, *612*
    etimologia da palavra, *612*
Crescimento, da massa de pão, 598-9
Creutzfeldt-Jakob, doença de, 140
Crianças. *Ver também* Bebês
    alergia a leite em, 14
Cristalização
    da manteiga de cacau, *781*
    do açúcar, 729
        como impedir, 762, *762*
Crocina, 469
Crocus sativus, 468
Croissants, **631**
Cromoplastos, 290, 296
Cronon, William, *141*
Croquetes de peixe, 242
Crosne-do-japão, **342**
Crowell, Henry, 522
Crumpets, 613
Crustáceos, **243-9**. *Ver também* Caranguejo; Lagostim; Lagosta; Camarão
    anatomia, 244, *244*
    cascas, 672
    como escolher, 246
    cor, 245
    cutícula, 244-5

etimologia da palavra *crustacean*, 245
manipulação, 246
sabor, 246
textura, 245-6
vísceras, 247
Cryptotaenia canadensis, 453
Cryptotaenia japonica, 453
Cucumis anguria, 370
Cucumis melo, 370, 408
Cucumis metiliferus, 410
Cucumis sativus, 370
Cucurbita maxima, 370, 370
Cucurbita mixta, 370
Cucurbita moschata, 370
Cucurbita pepo, 370, 570
Cucurbitáceas, **369-72**, 370
Cucuzze, 372
Cultivares transmitidos de geração a geração, 281
Culturas de creme de leite, 55
Cumarina, 287
Cumaru, 287
Cumaru, semente do, 287
Cuminaldeído, 460
Cuminum cyminum, 460
Cuminum nigrum, 460
Cuoco Napoletano, 127
Curaçao, 857
Cúrcuma, 437, 470, 475, **475**, 695
Curcuma longa, 475
Curry, 696
Cuscuz, **641**
Custard. Ver Creme inglês
Cutícula dos crustáceos, 244-5
Cyclospora, em frutas e hortaliças, 288
Cydonia oblonga, 397
Cymbopogo citratus, 455
Cynara cardunculus, 63, 352, 363
Cynara humilis, 63
Cynara scolymus, 352, 363
Cyperus esculentus, 342
Cyphomandrea betacea, 365

Daikon, 344
Dals, 541
Damasco, 306, 309, 391, **399-400**, 425, 562, 620
Daniel, Charles, 81
Danish. Ver Folhado dinamarquês
Dashi, 265, 382
Daucus carota, 340
David, Elizabeth, 39
Decoração de açúcar, **767**
Defumação a frio, 196
Defumação a quente, 195-6
Defumada, carne, 195-6
Defumado, peixe, 241, 263-4, 262, 264
Delessert, Benjamin, 726
Demerara, açúcar, 750
Demi-feuilleté, 630
Demiglacê, 669
Dendê, azeite de, 892
Dente-de-leão, como verdura, 355-6

Denti di Pirajno, Alberto, 656
Derretimento
do chocolate, 785-6, 710-11
do queijo, 71-2
Desem, 595
Desfiada, carne, 173
Desnaturação das proteínas, **901**
Desoxirribose, 895
Destilado, vinagre, 863
Destilados. Ver Bebidas alcoólicas destiladas; *tipos específicos de bebidas*
Destilar
etimologia da palavra *distill*, 845
Dewberry, 402
Dextrinas, na produção de cerveja, 831
Dextrinização, 688
Dextrose. Ver Glicose
Dhokla, 542
Dhungar, 445
Diabete, 733
Diacetil
na fumaça de lenha, 498
na manteiga, 38
nas culturas de creme de leite, 55
no açúcar mascavo, 750
no caramelo, 731
no chocolate, 781
no queijo, 65
no vinho, 812, 821
Diaz del Castillo, Bernal, 772
Dibs, 404
Dickens, Charles, 845
Dictionary (Johnson), 522
Dictyopteris, 382
Dieta
suficiente e ideal, 283
vegetariana, 510
Dietilamida do ácido lisérgico (LSD), 521
Digby, Kenelm, 35
Digestif, 854
Digitaria exilis, 534
Digitaria ibirua, 534
Dimetilamina (DMA), nos peixes, 215
Dinoflagelados, 207
Dioscorea, 340
Diospyros digyna, 406
Diospyros kaki, 406
Diospyros virginiana, 406
Dióxido de cloro, branqueamento da farinha por meio do, 617
Dióxido de enxofre, 309
Diphyllobothrium latum, 208
Dispersões, 659-62, 661
Dissacarídeos, 727
DNA
danos ao
e as substâncias fitoquímicas, 284
por meio das aminas heterocíclicas, 674
por meio das reações de escurecimento, 869
que causam oxidação, 283, 284
nos ovos, 78

Doce, sabor, **729**
    doçura relativa dos açúcares, 729
    dos substitutos do açúcar, 734, 735
    inibidores do, 737
Doces crocantes com oleaginosas, **764-70**
Doces
    nas diversas regiões do mundo, 726
    progressos na confecção de, 722
        de chocolate. *Ver também* Chocolate
        primeiros, 773
Doença celíaca, 505
Dokudami, **455**
Dor prazerosa, 438
Dou fu pi, 549
Doughnuts, **611**
Dourado, *219*
Drageados, 768
Drambuie, 741, 858
Dulse. Ver Salsa-marinha
Dunlop, Fuchsia, *380*
Durião, **422**
    etimologia da palavra, *423*
Durio zibethinus, 422
Durum, trigo, 516, *517,* 586, *595*

E. coli, 52
    em ervas e especiarias, 440
    em frutas e hortaliças, *288*
    na carne, 139, 164
Eaux de vie, 844-5, *851,* 853
Ecdise. *Ver* Muda dos crustáceos
Edamame, 548
Edelfäule, 816, **816**
Edulcorantes. *Ver* Adoçantes artificiais
Eggah, 108
Eggnog, 96
Égua, leite de, composição do, *14*
Einkorn, trigo, 516-7, *517*
Eiswein, 816
Elastina, e a textura da carne, 143-4
Elementos, 903, 906
Eleocharis dulcis, 342
Elétrons, 904
Eleusine, 534
Elevação. *Ver* Altitude
Eliade, Mircea, *501*
Elizabeth I, rainha da Inglaterra, *732*
Embriaguez. *Ver também* Intoxicação alimentar;
    Toxinas
    pelo consumo de álcool, 798-9
Embutidos, **188-90**, 196-7
    antigas receitas, *188*
    cocção, 190
    cozidos, 189
    de fígado, 189-90
    "de verão", 196
    emulsificados, 189
    fermentados, 189, 196-7
    frescos, 189
    ingredientes, 189-90
Emmental, queijo, 62, 65-6, *67*

Emmer, trigo, 516-7, *517*
Empanamento da carne, 180
Empanamento, ervas e especiarias como, 443
Empringham, James, *52*
Emulsificantes, 651-2, 699, 703, **894**, *895*
Emulsões, 651-2, *652,* **696-710**, 910
    armazenamento, 702
    de frutas e hortaliças, 320-1
    de leite e nata, 702
    desandadas, como salvar, 702
    e os emulsificantes, 699
    estabilidade das, *698*
    fase contínua das, 697
    fase dispersa das, 697-8
    formação das, *697,* 697
    maionese. *Ver* Maionese
    molho *béarnaise*, **707-9**
    molho *hollandaise*, *655,* **707-10**
    para fazer, 700-1
    proporções de água e gordura nas, *696*
    uso das, 701
    vinagretes, *710,* **710-1**
Encefalopatia espongiforme bovina, 140, 153
Enciclopédia, 773
Endívia belga, *354,* 355
Endívias, **355**
Endosperma
    das sementes oleaginosas, 556
    dos cereais, 828
Endro, 436, **452**
Endro, semente de, *437,* **461**
Energia, **907-9**
    cinética, 907
    das ligações químicas, 908-9
    mudanças causadas pela, 907
Engenharia genética, *282*
Enguia, *217*
Enlatados
    carne, 192, 198
    frutas e hortaliças, 332
    peixes, 266
Enologia, 806
Ensopado, 187, 785
Enterobacter, 838
Enteromorpha, 379
Enteropatia induzida pelo glúten, 505
Envelhecimento, do pão, 601, *602*
Enxofre, compostos de, para impedir o
    escurecimento de frutas e hortaliças, 299
Enxofre, ligações de, 114-5, *115,* 579
Enzimas, 796, **901**
    do coalho, 63-6
    e a intolerância ao leite, 14
    em álcool de cereais, produção de, 823, 827,
        838-44
    escurecimento das frutas e hortaliças devido à
        atividade das, *298,* 298-9, *299,* 308, 319
    na farinha, 588
    na produção de baunilha, 471
    na produção de chá, 481-2
    na produção de chocolate, 776

na produção de vinho, 811
na produção de xarope de milho, 753-4
no amadurecimento das frutas, 390-2
nos produtos feitos de soja, 548, 550-1
nos purês de tomate, 693
que decompõem a gordura, suas influências sobre o sabor
    da carne, 194-5
    das frutas e hortaliças, 303
    das sementes, 509, 571
    dos peixes, 214-5
    dos queijos, 69
que decompõem o amido. Ver Amilase
que decompõem proteínas, suas influências sobre o sabor e a textura
    em frutas, hortaliças e especiarias, *424*, 476
    na carne, 148, 160, 182, 194-5
    no leite, 22
    nos peixes e frutos do mar, 211, 235, 258-9
    nos queijos, 59, 62-5, 69
que geram aromas, 214-5, 303, **304-5**, 384
que geram o sabor picante,
    da família da cebola, 344-5
    da família do repolho, 356-8
    mostarda, 461-3
Eperlano (peixe), *217*
Epiderme, dos vegetais, 291
Epoisses, queijo, 65
Equinodermas, 256
Eragrostis tef, 535
Ergotina, *521*
Ergotismo, *521*
Eritritol, *734*
Erobotrya japonica, 397
Erva-bergamota, **446**, *449*
Erva-caril, **457**
Erva-cidreira. Ver Capim-limão
Erva-de-santa-maria, *436*, **455**
Erva-do-arrozal, **455**
Erva-doce. Ver Funcho
Ervas, 276, 302, **446-58**. Ver também ervas específicas
    armazenamento, 440
    com outros ingredientes, 443
    em pratos levados ao fogo, **441-3**
        como empanamento, 443
        como espessantes, 445
        e a evolução do sabor, 444-5
        e a extração do sabor, 441-2
        em marinadas e marinadas secas na carne ou no peixe, 443
        essências, 444
    esmagamento, 443
    intoxicação alimentar e, 439
    misturas clássicas, *442*
    sabor, 432, *436*
    secas, 441
    uso medicinal, 439

Ervilhas, 276, 303, *304,* 349, 372, **373**, *373,* 503, *537,* 540, **546**. Ver também Leguminosas
    composição, *507, 543*
    partidas, 541
Erwinia, 306
Eryngium foetidum, 452
Escabeche, 265, *265*
Escamas, dos peixes, 211
Escherichia coli. Ver *E. coli*
Escoffier, Auguste, 80, 102, *179*, 653-4, 657, 689, *689,* 709
Escolar, *208*
Escombroide, intoxicação, 206
Escorcioneira, 342
Escurecimento, reações de, **867-9**. Ver também Maillard, reação de
    caramelização, *730,* 730-1, *765, 867, 868*
    desvantagens, 869
    e o escurecimento lento, 868-9
    e o missô, 551
    e o sabor do leite, 23
    em frutas e hortaliças, 317, 407, 413
    na carne, *179*
    na clara de ovo, 869
    na manteiga, 40
    no caldo de carne, 869
    no malte de cevada, 869
    no pão, 605
    no pudim de caqui, 869
    no vinagre balsâmico, 869
Escutelo, 512
Esmaltados, utensílios de cozinha, 879
Espadilhas, defumadas, *264*
Espagnole, molho, 654, *555,* 689
Especiarias, 276, 277, 302-3, **458-81**. Ver também especiarias específicas
    armazenamento, 440
    casos de intoxicação alimentar, 439
    como espessantes, 695
    componentes do seu sabor, *437*
    da família da cenoura, *458,* **458-61**, *459*
    da família do repolho, 461-4
    história, *429, 431*
    misturas clássicas de, *442*
    na cocção, **441-3**
        como empanamento, 443
        como espessantes, 445
        e a evolução do sabor, 444-5
        e a extração do sabor, 441-2
        e essências, 444
        em marinadas e marinadas secas, 443
    outros ingredientes com, 443
    sabor, 432
    socadas, 443
    usos medicinais, 439
Espectro eletromagnético, 871, *871*
Espessantes
    em molhos. Ver Molhos
    ervas e especiarias como, 445
Espinafre, 288, **360**
Espirulina, 382

Espresso, café, 490, 494, 496
Espumas, 663, **711-3**, 910
  confecção de, 711-3
  de creme de leite, 31, 34-5, *35*
  de clara de ovo, **111-26**, *113*, *121*
    antigas receitas de, *112*
    as proteínas e a estabilidade das, 113-6
    inimigos das, 114-5
    outros ingredientes nas, 115-6
    técnicas para bater, 116-7
  de frutas e hortaliças, 320-1
  de gema de ovo, **126-8**
    antigas receitas de, *127*
  de leite, 28-30
  estabilização, 712
  estabilizadas pelo calor, 712
Essências, 444
  comerciais, 444
  de amêndoas, 561, *561*
  de baunilha, 473
  de ervas e especiarias, 444
Estabilização a frio, na produção de cerveja, 833
Estanho, utensílios de cozinha feitos de, 882
Estaquiose, 896
Ésteres
  nas frutas, 395
  no leite, 22
esteviosídeo, 736
Estragão, *436*, **456**
Estratto, 695
Estrógeno
  compostos semelhantes ao, na soja, 539
  na produção de carne, 142
Esturjão, *217*
  caviar de, *269*
Étamine, 650
Etileno,
  e o amadurecimento das frutas, 392
  e o armazenamento de frutas e hortaliças, 307
  em ervas e especiarias, 440
Etudes sur le vin (Pasteur), 805
Eugenol, 399, 405, 419, 421, *435*, 448, 474, 477
Europa. *Ver também países específicos*
  chocolate na, 773
  gado bovino na, 153
  história do açúcar na, 722-3
  história dos molhos na. *Ver* Molhos, história dos
  produção de vinho na, 804
  vegetais usados como alimento na, 278, 279-80
Evelyn, John, 279, 280
Extrato
  de carne, vendido no supermercado, 669-70
  de malte, 755, *755*

Fagopyrum esculentum, 535
Fairchild, David, 341
Faisandage, 157
Faisão, 156, *157*
Falso-robalo. *Ver* Camurim (peixe)

Faraday, Michael, 906
Farelo, 506
  de aveia, 286
  de trigo, 286, 518-9, 587
Farinha, **586-90**
  branqueamento, 587, 617-8
  com fermento, 590
  composição da, 588-90, *589*
    durum, 595, 638-9
    e os tipos de trigo, 585, *586*, 588
    integral, 590
    produção de, 577, 586-7, *588*
    tipos de, 585, *586*, 587
  de arroz, 527,
  de trigo, **586-90**, *587*, 638-9, 684, *685*
  em biscoitos e bolachas, 633, *635*
  etimologia da palavra *flour*, 576
  instantânea, 590
  multiuso, 589, 594
  para macarrão, 638-9
  para massas à base de gordura, 589-90, 624
  para pães, 589-90, 594
  sem glúten, 607
  suplementos na, 587
Farmer, Fannie, 2, 617
Faro, 838
Farro, trigo, 517, 519
Fascíolas, nos peixes e frutos do mar, 208
Fase contínua, 659, 697
Fase dispersa, 659
Fase dividida, 697-8
Fava, 287, *287*, *373*, 503, **544**
  composição, 543
  farinha de, 588
Favismo, 287, 544
Favo, 739
Fécula. *Ver* Amido
Fécula de mandioca, 339, 685, *685*
Feijão, 276, 298, 307, 312, *312*, *373*, 537. *Ver também* Leguminosas
  azuki, **547**
  broto de, 353, 540, *543*
  composição, 507, *508*, 543
  comum, 279, 372, *543*, **545**
  comum, 287
  -de-corda, 372, *373*, *373*
  -de-lima, 287, *373*, 538-9, *543*, 545
  -de-porco, 287
  -fradinho, 373
  -mungo. *Ver* Feijão-mungo
  -pipoca, **545**
  -soja, 287, *373*. *Ver também* Soja
  -tepari, **545**
  etimologia da palavra *beans*, 544
  -fava. *Ver* Fava
  grão-de-bico. Ver Grão-de-bico
  rajado italiano, 540
  sabor, 509, 540
  seco, 540
  -soja preto, fermentado, 555
  verde (vagem), 286, **372-4**, *373*

-arroz, 547
-branco, 539
Feijão, etimologia da palavra, 544
Feijão, pasta de, 549
Feijão-alado, 373
Feijão-arroz, 547
feijão-branco, 539
Feijão-comum, 287
Feijão-da-índia, 547
Feijão-de-corda, 373, 373
Feijão-de-lima, 287, 373, 538-9, 543, 545
Feijão-de-metro. *Ver* Feijão-de-corda
Feijão-de-porco, 287
Feijão-fava. *Ver* Fava
Feijão-fradinho, **546**
Feijão-guandu, **546**
Feijão-mungo, 540, **543**
  brotos, 353, 540, 543
  composição, 543
  macarrão feito com o amido do, 645
Feijão-pipoca, **545**
Feijoa sellowiana, 423
Feijoa, **422**
Feijões, família dos, **372-4**, 503
Fenalår, 192
Feno-grego, *436*, 445, **464**
Ferméntação. *Ver também alimentos fermentados específicos*
  acética, 861
  alcoólica, *795*, 795-6, *796*
    em barris, *801*
    na produção de cerveja, 829, **832**
    na produção de vinho, 811-2
  da massa de pão, 598-9
  da soja, 550-1, *553*, *554*, *552*, *555*
    em dois estágios, 550
  das sementes de cacau, 776
  de frutas e hortaliças, **324-31**
  de ovos, 129
  do creme de leite, 50, *51*. *Ver também* Creme de leite, azedo; *Crème fraîche*
  do leite, 50
  maloláctica, 812
  na produção de iogurte, 53-4
Fermento biológico. *Ver* Leveduras
Fermento químico, 592, *592*, 593
  na farinha que vem com fermento, 590
  para fazer bolos, 617
Fermento-mãe
  "natural", 607
  para pães, 575, 595
Fermentos, **590-4**. *Ver também fermentos específicos*
  desenvolvimento, 575, 577
  em biscoitos e bolachas, 634, *635*
  etimologia da palavra *leavening*, 590
  na massa firme, 582
  sais de amônia como, 592
Fernet Branca, 858
Ferro
  na carne, 137, 146-7, 184, *185*

nas azeitonas, 328
nas batatas, causa descoramento, 336
nos ovos, 84, 99
utensílios de, 881
Ferro fundido, utensílios de cozinha feitos de, 880
Ferula asafoetida, 459
Ferula foetida, 459
Ferula narthex, 459
Fervura, **874-5**
  de hortaliças, 316
  do mosto na produção de cerveja, 829, **832**
Fesenjan, 567
Feta, queijo, 67
Fibras
  nas sementes, 504
  nos vegetais, 286
Ficus carica, 411
Fígado, 186
  composição do, 185
  da lagosta, 247-8
  de caranguejo, 248
  de crustáceos, 244
  de peixe, 212
  molhos espessados com, 673
Figo, 306, *391*, **311-2**, *411*, *426*
Figo-da-índia, 238, **402**, *426*
Filé Wellington, 632
Filo, massa, 630-1
  etimologia da palavra *phyllo*, 630
Filocládios, *349*
Filtragem a frio, de bebidas alcoólicas destiladas, 851
Fines herbes, 442, 451, 456
Finocchio, **351**
Firig, 520
Fisiologia do gosto, A (Brillat-Savarin), 4
Fitoestrógenos, 539
Fitoquímicas, substâncias, 280, 283, 285, 504
Five-spice, 442
Flã
  etimologia da palavra *flan*, 104
Flambado, 801
Flammulina velutipes, 387
Flatulência, as leguminosas e a, 539
Flecha (peixe), *217*
Fleer, 771
Flocos de trigo, 514
Floema, 291
Flor de laranjeira, **456**
Flor de sal, 715
Flores, 293, *305*
  como hortaliças, *362*, **362-5**
  de plantas cítricas, 303
Focaccia, 609
Foeniculum vulgare var. *azoricum*, 351
Foeniculum vulgare, 452, 461
Foie gras, 186-7
  espuma de, 711
Folato, em miúdos (carne), *185*
Folhado dinamarquês, **632**
Folhas de lima-cafre, *415*, 419, *436*, **456**

Folhas de parreira, **361**
Fondant, **767**
Fondue de queijo, 73
Fonduta, 72
Fônio, *513,* **534**
Fontina, queijo, 72
Forme of Cury, The, 278, *560*
Formigas doces, 739
Forno, 237, 574, 599, *873.* Ver também Assado
  ao forno
  de convecção, 873
  de micro-ondas. *Ver* Micro-ondas, culinária no
  uso do banho-maria para moderar a temperatura do, *106*
Fortaleza Voadora, *48*
Fortunella, 419
Fosfato de cálcio, no queijo, *70*
Fosfato de sódio, nos queijos processados, 74
Fosfolipídios, 888, 894, *895. Ver também*
  Lecitina
  em sementes, *509*
  na farinha, *588*
  no leite, 20
  no preparo de molhos, 666, 684, 699, 705
  nos ovos, 85
Fotossíntese, 272
Fragaria chiloensis, 406
Fragaria moschata, 405
Fragaria vesca, 405
Fragaria virginiana, 406
Fragaria x ananassa, 406
Fragaria, 405
Fraise de bois, 405
framboesa-do-ártico, *402*
Framboesa, *391, 401, 402,* 401-2
  espuma de, 711
  purê de, 693
  sabor, *425*
Framboesa, frutas semelhantes à, 401
Framboise, 838, 853
França
  café na, 490
  culinária clássica na, 657
  molhos na, 652-3, *652,* **688,** *688, 689*
  produção de carne na, 151-2
  produção de queijos na, 59-60, 62
  produção de vinho na, 804-5
  vegetais usados como alimento na, 279-80
Frangelico, *857*
Frango, 155, *157,* 159-60. *Ver também* Ovos;
  Clara de ovo; Gema de ovo
  ácidos graxos no, *892*
  caipira, 81, 155
  "para assar", 155
Frankfurter, 189
Fricassê, 673
Frijol, etimologia da palavra, *544*
Frikke, 520
Fritas no forno, hortaliças, 317-8
Fritatta, 108

Fritters, 611
Fritura
  com manteiga, 40-1
  de carne, *174,* 178
  de hortaliças, 317
  de peixe, 208, 238-9
  massas líquidas para, 615
  por imersão e meia-imersão, 178-80
  substâncias carcinogênicas formadas durante a, 208
Fritura por imersão, **876**
Fruta-pão, **422**
Frutas, 277, 293, **389-427,** *391. Ver também*
  Vegetais; *frutas específicas*
  amadurecimento, 392
  aroma, 302-3, *304-5, 395*
  cítricas, 287, *282,* 303, *305,* 306, 392, **413-9.** *Ver também* frutas específicas dessa categoria
  anatomia, 413-4, *413*
  casca, 414
  cor, 414
  relações familiares entre as, *416*
  sabor, 315
  climatéricas e não climatéricas, 392
  cocção, **308-19**
    cor e, 308-19
    métodos de, 316-7
    pulverização, extração e, 319-20
    sabor e, 315
    textura e, 312
    valor nutricional e, 315
  como hortaliças, 365-78
    família da abóbora e do pepino, **369-72**
    família das leguminosas, **372-4**
    família das solanáceas, 365, **365-9**
  compotas, 329
  cor, 285, **295-300,** *297, 298, 301*
  cristalizadas, 331
  de climas áridos, **411-3**
  definição, 275
  desenvolvimento, 390, 392
  deterioração, 303, 306
  drupas, *398,* **398-400.** *Ver também frutas específicas*
  e gelatinas, *424,* 676
  em conserva, 324-9
  enlatadas, 332
  escurecimento por ação de enzimas, *298,* 298-9, *299,* 308, 319
  fermentadas, **324-31,** *325, 327*
  liofilizadas, 324
  manipulação, 392
  melões. *Ver* Melão
  pomos, **393-8,** *393. Ver também* Maçã; Pera; Marmelo
  produção de
    engenharia genética, *282*
    industrialização, 280
  purês, 693
  sabor, 273-5, **300-3,** *425-6*

secagem, 323
textura, **293-5**, *294*, *295*
tropicais, **420-7**. *Ver também frutas específicas*
vermelhas, **400-6**. *Ver também* Frutas vermelhas; *frutas específicas dessa categoria*
vinagre de, 863
vitaminas nas, 281, 283
Frutas vermelhas, 306, 330, *391*, **400-8**, *401*, *425*. *Ver também frutas específicas*
etimologia da palavra *berry*, 406
Frutas vermelhas semelhantes à framboesa, *401, 402*. *Ver também frutas específicas*
Frutos do mar, **242-58**. *Ver também tipos específicos de frutos do mar*
 bactérias nos, 206
 caldos, 671-2
 cocção, **231-42**
  e a textura, 233, *233*, *234*, *236*
  e o sabor, 232-3
  preparativos para a, 235-6
  técnicas, 236-42
  temperaturas, *234*, 235-6
 criação de, *202*
 crus, 230-1
 crustáceos, **243-9**. *Ver também* Caranguejo; Lagostim; Lagosta; Camarão
 enlatados, 266
 espumas de, 711
 luminescentes, *228*
 molhos, 671-2
 moluscos, **249-57**. *Ver também* Abalone; Marisco; Mexilhão; Polvo; Ostra; Vieira; Lula
 perecibilidade, 210
 problemas de saúde associados aos, 206-8
 qualidade, 211
 sabor, 213-4
 secos, 257
 seus órgãos, como espessantes de molhos, 673
Frutose, **727**, *728*, 753-4, 764
 caramelização da, 730
 cristais de, *735*, *753*
 doçura da, 729
Fry and Sons, 774
Fu-ru, 550
Fubá mimoso, 533
Fubá, 533
Fudge, **767**
Ful medames, 544
Fuller, Thomas, 826
Fumaça. *Ver* Lenha, fumaça de
Fumet, 239, 671
Fumonisina, 506
Funazushi, 262
Funcho, **351**, *436*, 447, **452**, *460*
Funcho, pólen de, **461**
Funcho, sementes de, *436*, **461**
Fungicidas, 289
Fungo de milho, 386

Fungos. *Ver também* Cogumelos; *fungos específicos*
 em sementes, 505
Fungos. *Ver também fungos específicos*; Leveduras
 a produção de álcool de arroz, 839-40
 e a deterioração da carne, 162-3
 e a deterioração do pão, 603
 e a podridão "nobre" nas uvas viníferas, 805, 816
 e a produção de embutidos, 196
 e o arroz fermentado, 528
 e o poi, 328
 em ervas e especiarias, 440
 em frutas e hortaliças, 288, 306
 em sementes, 505
 na produção de *katsuobushi*, 264
 na produção de queijo, 65-6, 69
 na superfície do queijo, toxinas do, 71, 74
 no processamento da soja, 550, 552, 555
 vinho com "cheiro de rolha" por causa de, *813*
Fusarium monoliforme, 506
Fusarium venenatum, 388
Fussel, Jacob, 44

Gado bovino, 9, 153-4, 159, *282*. *Ver também* Carne bovina; Vaca, leite de
Gage, Thomas, 773
Gahwa, 474
Gai lan, 357
Gaiola de caramelo, 767
Galactomanana, 446
Galanga. *Ver* Alpínia
Galinha-d'angola, *157*
Galipea cusparia, 858
Gallus gallus, 78, 155
Gama, Vasco da, 279, *429, 478*
Ganache, **786-8**
 estrutura, 786, 787
 etimologia da palavra, 786
Ganso, *157*, 186-7, 197
Garam masala, 442
Garcinia mangostana, 427
Garoupa, 207, *207*
Garrafas, para vinho, 804
 envelhecimento do vinho nas, 814
Garum, 262, 650
Gases, *908*, **909**
Gastronomia (Arquestrato), 575
Gastronomie pratique (Ali Bab), 80
Gastrônomo ilustrado, O (Denti di Pirajno), 656
Gaufre, 614
Gault, Henri, 657
Gaultheria fragantissima, 456
Gaultheria procumbens, 456
Gefilte fish, bolinho de peixe, 242
Gel, 676, 910
 de algas marinhas, 678-9
 de amido, 678
 de gelatina, 673-4

de pectina, 329, *330*, 678
etimologia da palavra, *676*
Gelados de frutas, 321
Gelana, **679-80**, 898
Gelatina
 e a resistência das unhas e dos cabelos, *677*
 e a textura da carne, 144
 e o abacaxi, 676, 902
 em balas, 763
 em folha, *677*
 etimologia da palavra *gelatin*, *676*
 extraída da carne, 665-8
 granulada, 677-8
 hidrolisada, 677-8
 instantânea, 677-8
 molhos espessados com, **664-72**
  caldos e molhos de carne, 665-8, *668*
  caldos e molhos de peixes e frutos do mar, 671-2
  extratos de carne e bases de molhos industrializados, 669-70
 nos peixes, 211, 213
 o colágeno como fonte de, 167, 664-5, *665*
 preparados gelatinosos à base de, **664-72**
  aspic, *676*
  com gelatinas industriais, 677-8
  consistência, 674-5
 produção, 677-8
 solidificação, *675*, 674-5
Gelatinosos, preparados, 329, 648
 à base de carboidratos, 687-9
 à base de gelatina. *Ver* Gelatina, preparados gelatinosos à base de
 etimologia da palavra *jelly*, *676*
Gelato, 46
Geleias, 329
"Geleias de congelador", 331
Gelificação
 da pectina, e o pH, 330
 do amido, 508, *508*, 680-1
Gelificação, faixa de, 314, *681*
Gelo, 885-6
Gema de ovo, **84-5**
 alergia a, 89
 cocção, 94-5
 como emulsificante, 703
 composição, *88*
 congelamento, 92
 cor, *99*
 descentralizada, 98-9
 desenvolvimento, 82
 espumas de, **126-8**
  antigas receitas, *127*
 estrutura, 84-5, *84*
 etimologia da palavra *yolk*, *77*
 gérmen na, *83*
 molhos espessados com, 673
 no sorvete, 44, 46, 48
 "ponto de fita" da, misturada com açúcar, *105*
 qualidade, 90
Genciana, 858

Gengibre, 276, 292, 301, 434, *437*, *439*, 445, 475
Gentiana, 858
Geoduck, 252
Geosmina,
 na beterraba, 343
 nos peixes, 214, 215
Geotrichum candidum, 542
Geotrichum, 328
Gergelim, óleo de, 570
Gergelim
 etimologia da palavra *sesame*, *567*
Gergelim, sementes de, *559*, **570**
Germe, nos cereais, 512
 de trigo, 519, *587*
Ghee, 11, *41*
Gim, 455, *845*, *851*, **855**
 de abrunho, *857*
 "de banheira", 846
 tônica, 846
Gingko, **567**
Gingko biloba, 567
Girassol, óleo de semente de, 571, *892*
Girassol, semente de, *557*, *559*, **571**, 616
Glace au beurre, 44
Glace de viande, 668
Glacê real, *120*
Glacês, 756
Glândulas mamárias, 17, *18*
Glasse, Hannah, 91, *310*, *617*, 656
Gliadina, proteína, 579, *582*
 alergia à, 505
Glicerol, **890**, *891*
Glicina, 213
Glicirrizina, 287, *735*, *736*
Glicogênio, 251, **897**
Glicose, **727**, *728*, *896*
 caramelização da, 730
 doçura da, *729*
 no sangue, 733, *733*
Glicosinolatos, 356, 359
Globulinas, na gema de ovo, 86
Glucano, 286
Gluconobacter, 861
Glutamato monossódico, 213, *380*
 do glúten, 519
 e o sabor, 898
 em frutas e hortaliças, 300, 365, 384
 nos peixes, 209, 251, 266
Glúten, **510**, **579-83**
 cadeias de, *579*, *580*
 desenvolvimento, 596-8, *597*
 enfraquecimento, 581
 etimologia da palavra, *581*
 farinha sem, 607
 força, 581, 583
 no trigo, *518*, 518-9
 plasticidade e elasticidade, 580
Glúten, enteropatia induzida pelo, 505
Glutenina, 579, *582*, 598
Glycine max, 373

Glycyrrhiza glabra, 464
Gnocchi. Ver Nhoque
Gobô, 342
Goiaba, 295, *391*, **422**, *426*
Goiaba-ananás. *Ver* Feijoa
Goiaba-serrana. *Ver* Feijoa
Golden syrup, 752
Golegappa, 609
Goma de mascar, **770**
Gomas vegetais, 897-8
 de alfarroba, 898
 goma arábica, 898
 goma-guar, 527, 898
 goma-tragacanto, 763-4, 898
 nas plantas, 286
 xantana, 527, 607, 898
Gordura, 883, **888-95**, *889*. *Ver também*
 Manteiga; Colesterol; Lipoproteínas; Óleo;
 Gordura vegetal hidrogenada
 água na, 626
 animal, 890
 cocção, 187-8
 cocção de carne na,
  fritura por imersão e meia-imersão, 178-80
  salteado, 178
 consistência, 626
 do lombo, 187
 e o calor, 893-4
 e os amidos, 686-9
 em balas, 763
 em biscoitos e bolachas, 634, *635*
 em bolos, *618*, 620
 em emulsões, 894
  proporção de, 72
 em queijos, 69
 estrutura, 889-90
 hidrogenação da, 41-2, *42*, 893
  e os bolos, 617-8
 insaturada, 890, *892*
 na carne, 134-5, 148-50, 170
  cocção, 187-8
  e a textura, 144
  órgão, *185*
  oxidação, 161-2
  rancidez, 161-2
  separação por derretimento, 187-8
 na farinha de trigo, 588
 na massa firme, *582*, 585
 nas massas à base de gordura, 626
 nas sementes de cacau e no chocolate, 781, 788-9
 nas sementes oleaginosas, sua rancidez, 558
 no creme de leite, *30*, 30-2, 34-5
 no leite, 13, *14*, 20, *21*, *25*, *26*, *27*, *28*
 no sorvete, 44-5, 47
 nos embutidos, 188
 nos ovos, *88*
 nos patês e terrines, 190-1
 nos peixes, *205*, 213
 poli-insaturada, 890
 ponto de fumaça, 894
 rancidez,
  e a saturação, 891
  em sementes oleaginosas, 558
  na carne, 161-2
 saturação, 890-1, *892*
  e consistência, 890
  e hidrogenação, 893
  e os ácidos graxos trans, 893
  e rancidez, 891
 substitutos da, em bolos, 620
 vegetal, 890
Gordura de coco, 566
Gordura vegetal hidrogenada
 ácidos graxos na, *892*
 em bolos, 617-8
 nas massas firmes, *582*, 584
Gorgonzola, queijo, 65
Gosto. *Ver* Sabor; *alimentos e sabores específicos*
Gouda, queijo, 64, 66, *70*
Gougères, 614
Gracilaria, 379
Gram. Ver Feijão-da-índia
Grana padano, queijo, 72
Granadeiro (peixe), *218*
Granadilha, **427**
Grand Marnier, *857*, *858*
Granita, 321
Granola, 514
Grão-de-bico, 503, **544**, 559
 composição, *543*
 cozido, 544
Grãos. *Ver* Cereais
Grappa, *851*, **856**
Gratinados, 73, **872-3**
 carnes, 174
 peixes, 208, 236-7
 substâncias carcinogênicas formadas durante a gratinação, 208
Gravlax, 259, 262-3
Gravy, **690**
Grécia
 mel na, 720
 pão na, 575
 vegetais usados como alimento na, 276
 vinho na, 802-3
Grelhados, **872-3**
 carnes, *174*, 174-6
 hortaliças, 319
 peixes, 208, 236-7
 substâncias carcinogênicas formadas durante os, 208
Grenadine. Ver Xarope de romã
Grés, utensílios de cozinha feitos de, 878
Grifola frondosa, 387
Grimaldi, Francesco Maria, *581*
Groselha-espinhosa, *391*, **403**, *425*
Groselha-preta, groselha-branca e groselha-vermelha, *391*, **403**, 403-4, *425*
Gruit, 824
Grünkern, 518
Gruyère, queijo, 62, 65, *70*, 72-3

Guacamole, 320
Gualtéria, 436, **456**
　　essência, 769
Guérard, Michel, 657
Gueuze, 838
Guide Culinaire (Escoffier), 654
Gul, 857
Gulabjamun, 28
Gumbo da Louisiana, 696
Gunter's Modern Confectioner, 774
Gur, 721, 745
Gyokura, chá, 487
Gyromitra, 384

Halewa, 741
Haliotis, 252
Haloanaerobium, 263
Hamindas, 99
Hansenula, 811
HAPs, 138, 498
Heavy cream, 31, 32, 35, 702
Hefe-weizen, cerveja, 838
Helianthus annuus, 571
Helianthus tuberosus, 341
Helichrysum italicum, 455
Heme, grupo, 148
Hemerocale, botão de, **363**
Hemerocallis, 363
Hemicelulose, **897**
　　na madeira, 497-8, 499
　　nas plantas, 286, 294, 313
Hentzner, Paul, 732
Herbes de Provence, 442, 447
Herbicidas, 289
Herschel, William, 871
Hesse, Lina, 679
Heterótrofos, 272
Hibisco, **363**
Hibiscus (Abelmoschus) esculentus, 376
Hibiscus sabdariffa, 363
Hidrazinas, em vegetais, 287, 384
Hidrocarbonetos aromáticos policíclicos
　　na carne, 138
　　na fumaça de lenha, 498-9
Hidrogenação, de gorduras, 41-2, 42, 617-8, 893
Hidrogênio, ligações de, 579, 884, 898-900, 906, 908-9
Hidromel, 737, 741
Hidróxido de cálcio
　　no *lutefisk*, 258
　　nos picles, 326
　　para preservar ovos, 128
　　para tratar milho, 531, 534
Hidróxido de sódio. *Ver* Lixívia
Hilbeh, 464
Hipocótilo, 292
Hissopo, 436, **446**
Histamina, 75, 206, 362
História natural (Plínio), 804
Hiziki, 379
Hizikia fusiformis, 379

Hofman, Albert, 521
Hoisin, molho, 551
Hoja santa, 436, **456**
Hoji-chá, 487
Hollandaise, molho, 655, **707-10**
Homero, 132, 502
Hominy. Ver Milho em grão nixtamalizado
Homogeneização
　　do creme de leite, 31
　　do leite, 20, 23
Hordeum vulgare, 520
Hormônios, na produção de carne, 142
Hortaliça-cabelo (musgo-cabelo), 382
Hortaliças, **333-88**. *Ver também* Vegetais;
　　hortaliças específicas
　　algas marinhas, 379, **378-82**
　　aroma, 302-3, 304-5
　　caules e bulbos, 343-8
　　caules e talos, 348-53
　　cocção, 279, **308-22**
　　　　e a cor, 308-22, *310*
　　　　e a textura, 312
　　　　e o sabor, 315
　　　　e o valor nutritivo, 315
　　　　métodos, 316-23
　　　　pulverização e extração, 319-20
　　cogumelos e seus parentes, **382-5**, *387-8*, 388
　　cor, 285, **295-300**, *297, 298, 301*, 309-22, *310*
　　definição, 275-6
　　deterioração, 303, 306
　　em conserva, 326
　　enlatadas, 332
　　escurecimento enzimático, *298*, 298-9, *299*, 308, 319
　　fermentadas, 324-7, *325*, 327
　　flores, **362-5**
　　folhas, **354-6**
　　frutos usados como. *Ver* Frutas, como hortaliças
　　liofilizadas, 323
　　produção
　　　　engenharia genética, 282
　　　　industrialização, 280
　　purês, 639
　　raízes e tubérculos, **334-43**
　　relações familiares, 334
　　sabor, 276, **300-3**, 334
　　secagem, 323
　　textura, 293-5, *294, 295*, 312
　　vitaminas, 281, 283
Hortelã, 291, *305*, 436
Hortelã, família da, **446-50**, *448, 449*
Hortelã-d'água, 447
Hortelã-pimenta, 447
Hortelã-verde, 447
Hortifruticultura. *Ver* Frutas; Vegetais;
　　Hortaliças; *frutos da terra específicos*
Houttuynia cordata, 455
Huang, H. T., 839
Huckleberry, 402

Huitlacoche, **386**
Hulidan, 129
Humulus lupulus, 469, 824, 828, *829*
Húmus, 559
Hundun, 637
Huron, índios, *531*
Hutchenia, 686
Huxley, T. H., 201
Hydnum, *388*
Hypomyces lactifluorum, *388*
Hyssopus officinalis, 447

I Yin, *648*, 652, 657
Iaque, 10
Iaque, leite de, *14*
Idade Média
    molhos na, 650-1, *651*
    pão na, 576
    vegetais usados como alimento na, 276
Idli, *542*
Idrisi, 638
Ikeda, Kikunae, *380*
Ikizukuri, 227
Illicium verum, 473
Imam bayaldi, 369
Imperador (peixe), *218*
Índia
    cocções feitas com leite, *28*
    ghee, 11, *41*
    leguminosas fermentadas, *542*
    maturação dos sabores de especiarias, 444-5
Índias Ocidentais, 279, 724-5
Índice glicêmico, *733*
Índios norte-americanos, seu uso do bordo como adoçante, *743*
Índios norte-americanos, uso do xarope de bordo, *743*
Indol, no leite, 22
Industrialização
    da hortifruticultura, 280-1
    da preparação de *sushi*, 230
    da produção de carne, 136, 195, 198
    da produção de leite, 11-2, 24
    da produção de ovos, 80-2
    da produção de pão, 604-5
    da produção de queijo, 60, 68
    da produção de vinho, 806
    de enlatados, 192
    do sorvete, 44
Infecções transmitidas por alimentos. *Ver também infecções, alimentos e patógenos específicos*
    e a carne, 139-40
    frutas e hortaliças cruas que causam, *288*
Inglaterra
    molhos na, 656
    vegetais usados como alimento na, 279
Inhame, 276, 292, 334, 338, *338*, 340
Inibidores de protease, 287, 505
Injera, *609*
International Workshop on Molecular and Physical Gastronomy, 3

Intoxicação alimentar. *Ver também* Toxinas
    causada por brotos, 353
    causada por queijo, 74-5
    e as frutas e hortaliças frescas, *288*, 289
    e ervas e especiarias, 439
    e sementes, 505
Inulina, 286, **897**
Inverno, trigo de, 586
Inversão, da sacarose, 728
Iodo, no sal, 715, 717
Iogurte, 10-1, 15, 20, 50, *52*, **52-4**
    congelado, 54
    produção, 53
    molhos espessados com, 673
Íons, 905
Ipomoea aquatica, 361
Ipomoea batatas, 338
Irish Mist, 741
Irradiação de alimentos, 164, 230, 871
Irving, Washington, *738*
Isoflavonas, na soja, 539
Isolantes, 870
Isomalte, *734*
Isotiocianatos, 356, 461
Itália
    macarrão na, 636, *638*
    molhos na, 654, 556
Itriya, 638

Jaca, **422**
Jacatupé, **342**
Jack, queijo, 72
Jaegermeister, *857*
Jaggery, 745, *750*
Jänicke, Otto, *119*
Japão
    álcool de arroz no, 838-9, *839*, 840-4
    gado bovino no, 153
    macarrão no, 638, *643*
    produtos fermentados de soja no, 550-1, *551*, *552*, 552, 554-5
Japonica, arroz, 523
Javali, 156
Javanica, arroz, 523
Jelutong, 771
Jerky, 192
Johnson, Nancy, 44
Johnson, Samuel, 2, 522
Juglans ailantifolia, 568
Juglans cinerea, 568
Juglans nigra, 568
Juglans regia, 567
Juglans, 567
Jujuba (bala), **769**
Jujuba (fruto da jujubeira), **411**
Juliana, 236
    caviar de, *269*
Juniperus, 455
Jurubeba, **456**

Kabesuchá, *487*
Kah-peh-sung, 388

Kahlúa, *857*
Kaipen, 382
Kamman, Madeleine, 2
Kamut, 517
Kansui, 644
Katsuobushi, 265
Kaymak, 33
Kecap, 260, *554*, 656
Kefir, *51*, *56*, 824
Kellogg, John Harvey, 514
Kellogg, Will Keith, 514
Ketchup, 260, 656
Kewra, 457
Khoa, 28
Khorasan, *517*
Kimchi, 326, *327*
Kinilaw, 231
Kinkan, 419
Kirchof, K. S., 753
Kirsch, 853
Kislav, 853
Kitchiner, William, 656
Kiwi, 306, *391*, 393, **404**, *424*, *426*, 676
Kloeckera, 811, 838
Koch, Robert, *679*
Kochbuch der Sabina Welserin, Das, 688
Kohlrabi, 351, *357*, *359*
Koji, 823, 840, 843
Kombu, *379*, 380
Koshary, 546
Koumiss, 11, *51*, *56*, 824, 847
Kraft, 74
Kräusening, 833
Kriek, 838
Kulfi, 46, 47
Kümmel, 858
Kumquat. *Ver* Kinkan
Kuninaka, Akira, *380*
Kurti, Nicholas, 2
Kvass, 823

La Chapelle, Vincent, 107, 122, *122*
La mian, 643
La Varenne, François Pierre de, *112*, *279*, *613*, *623*, *652*
Lacrimação, causada pelos membros da família da cebola, 345
Lactarius rubidus, 387
Lactase, 26
Lactato de cálcio, no queijo, 70
Láctea, gordura, no sorvete, 44-6, 47
Lácteas, proteínas, em balas, 764
Lácteos, sólidos, no sorvete, 44, *45*
Lactisol (Cypha), 737
Lactitol, *734*
Lactobacillus acidophilus, 25, *52*
Lactobacillus brevis, 328
Lactobacillus delbrueckii bulgaricus, *53*
Lactobacillus delbrueckii, *542*
Lactobacillus fermentum brevis, *52*
Lactobacillus fermentum casei, *52*

Lactobacillus lactis, *542*
Lactobacillus mesentericus, 328
Lactobacillus plantarum, *52*, 324
Lactobacillus sake, 840
Lactobacilos, 19, 50, 196, 551
Lactococos, 19, 49, 54
Lactoglobulina, 22-3, *53*
Lactose, 25, **729**
doçura da, 729
no leite, *14*, 18-9
Lactose, intolerância à, 14-5, 26
Lactuca sativa, 354, *354*
Lactuca serriola, 354
Laetiporus sulphureus, 387
Lagenaria siceraria, 370
Lager, 825, 832, *837*
maturação a frio, da cerveja, 824, 833
Lagosta, *236*, 243-4, *244*, 247-8
caviar de, 269
etimologia da palavra *lobster*, 245
Lagostim, 208, 243, 247-8
etimologia da palavra *crayfish*, 245
Laitance, 267
Lamb, Charles, 420
Lambic, *837*, 838
Lámen. *Ver* Ramen
Laminaria, 379
Laminária, *379*, 381
Långfil, 55
Lao chao, 528
Lapsang souchong, chá, *487*
Laranja, 300, 307, *391*, 392, **417-8**
-amarga, casca da, 858
-azeda, 417
-baía, 417
cor, 414
etimologia da palavra *orange*, *419*
-lima, 417
-pera, 417
sabor, 414, *415*, *425*
-vermelha, 414
Lardo, 187
Laticínios, **7-75**. *Ver também laticínios específicos*
etimologia da palavra *dairy*, 13
Laticínios, indústria de
e a Segunda Guerra Mundial, 60
industrialização, 12-3, 24
origens, 10-1
Laurus nobilis, 454
Lavanda, *442*, **447**, *449*
Lavandula angustifolia, 447
Lavandula dentata, 447
Lavandula stoechas, 447
Lavash, 609
Lawrence, D. H., 397
Lebkuchen, 741
Lebre, 156
Lecitina, 699, 894
na gema de ovo, 85
na margarina, 42

no chocolate, 779
no leitelho, 56
Lectinas,
  em sementes, 505
  em vegetais, 406
Leguminosas, 372, **536-55**. *Ver também* Feijão;
  Ervilha; *leguminosas específicas*
  cocção, 540-4, *542*
  composição, 506, *507*, 538, *543*
  cores, 538
  definição, 503
  e a saúde, 538-9
  estrutura, 537, *538*
  fermentadas, na Índia, 542
  flatulência associada às, 539
  sabor, 509, 540
Lei Seca, 846-7
Leicester, queijo, 72
Leita, 267
Leite, 7-30. *Ver também os leites de animais específicos*
  acidófilo, 25
  alergia ao, 14
  animais que produzem, 9-10
  antigas referências ao, *8*
  armazenamento, 24, 26
  azedo, 22-3
  coagulação do, 21
    intencional, 27
    por meio de coalho, 62, 63-4, 66, 68
    por meio de materiais vegetais, 63
  cocção com, 27-8
  composição, 12-3, *14*, 17-22, *18*, *20*, 25-30, *25*, *26*, *28*. *Ver também componentes específicos*
  condensado adoçado, 26, *26*
  congelamento, 20, 26
  contaminação, 24
  cozido, na Índia, *28*
  de outros animais, história do uso, 10
  de sementes oleaginosas, 509, 560, *560*
    de coco, 565-6
    molhos espessados com, 673
  de soja, 548
  desengordurado, 25-6
  e a saúde, 13-7
  e as proteínas do ovo, 96
  e osteoporose, 15-6
  em cremes, 103-5
  em emulsões, 702
  em massas à base de gordura, 626
  em pó, *25*, *26*, 27
  esterilizado, 26
  etimologia da palavra *milk*, 13
  evaporado, 26, *26*
  evolução, *8*
  fermentado, 49-52, 51, 52. *Ver também* Leitelho; Iogurte
  formação da nata, 19
  fresco, 18, 21
  história do uso, 7, 10-2

homogeneização, 19, 24-5
intolerância à lactose, 14-5
  na massa firme, *582*
  na produção de iogurte, 53-4
  no café *espresso*, 29, *29*
  no pão, *607*
  no queijo, 61
  pasteurização, 17-8, 23-4
    produção de queijo e, 61-2, 74
  peptídeos no, 17
  sabor, 22-3, *25*
  suplementação, 25
  tolerância ao calor, 20
  "viscoso", *51*, 55
Leite, espumas de, 28-30
Leite acidófilo, 25
Leite condensado adoçado, 26, *26*
Leite desengordurado, 25-6
Leite em pó, *25*, *26*, 26-7
Leite em pó, *25*, *26*, 27
Leite evaporado, 26, *26*
Leite materno, *14*
Leitelho, 11, 13, 37-8, 55, *582*
Lemery, Louis, *350*
Lenha, fumaça de, **497-8**
  e a química da combustão da madeira, 497-8
  e o sabor, 497-8, *499*
  líquida, 499
  males para a saúde, 195
  toxinas na, 498
Lentilha, *502*, 503, *543*, **546**
Lentinus, 387
Lepidocybium flavobrunneum, 208
Lepiota, 387
Leslie, Eliza, 616
Leuconostoc mesenteroides, 324, *542*, 812, 840
Leuconostoc oenos, 812
Leuconostoc, 52, 54, 196
Leveduras, 591, 811, 832, 838
  como fermento biológico para o pão, *582*, 590, 595
  dos barris, e o envelhecimento do vinho, *812*
  e a fermentação alcoólica
    na produção de cerveja, 832
    na produção de vinho, 795-6, *796*, 797, 811
  e o missô, 551
  em frutas e hortaliças, 306
  etimologia da palavra *yeast*, 590
  formas, 591
  metabolismo, 591
  produção, 574
Levístico, 436, **453**
Levisticum officinale, 453
Levulose. *Ver* Frutose
Liaison, etimologia da palavra, *659*
Lichia, *391*, *423*, 426
Lichia-passa, 423
Licopeno, 285, 296, 316, 889
Licores, 858. *Ver também licores específicos*
  em camadas, 858
Liebig, Justus von, *179*, 670, 796

Ligação. *Ver* Ligações químicas
Ligações covalentes, *905, 906,* 908
Ligações de carbono, nas gorduras, 888
Ligações hidrófobas, *579,* 900
Ligações iônicas, *905,* 905-6
Ligações químicas, **905-7**
  covalentes, *905, 906,* 908
  de carbono, 888
  de enxofre, 114, *115, 579*
  de hidrogênio, 579, 884, 898-900, 906-7
  de Van der Waals, 889, 900, *907,* 908-9
  energia das, 907-9
  força das, 906-8
  fracas, 906
  hidrófobas, *579,* 900
  iônicas, *905,* 905
  peptídicas, 898
Lignina, 286, 295, 497, *499*
Lima ácida, *391 ,416,* **418**
  etimologia da palavra *lime, 419*
  sabor, *415, 425*
Lima-cafre, *415,* 419, *436,* **456**
Lima-cafre, folhas de, 419, *436,* **456**
Lima-da-austrália, 419
Limão, *391, 416,* **418**
  em conserva, *325,* 328, 419
  etimologia da palavra *lemon, 419*
  Meyer, *416,* 418
  sabor, *415, 425*
Limão siciliano. *Ver* Limão
Limão verde. *Ver* Lima ácida
Limão-galego. *Ver* Lima ácida
Limão-taiti. *Ver* Lima ácida
Limburger, queijo, 65
Limnophila chinensis ssp. *aromatica,* 456
Limoncello, *857*
Limoneno, *434*
Limonete, *436,* **457**
Lindt, Rudolphe, 774
Lineu, Carlos, 775
Lingonberry, 403
Língua (miúdos), *185*
Linguado, 205, *220,* 225
Línguas, de peixes, 212
Linhaça, óleo de, 128, *570*
Linhaça, semente de, **570**
  composição da, *557*
Linho
  etimologia da palavra *flax, 567*
Linum usitatissimum, 570
Linum, 570
Liofilização da carne, 192
Lipídios. *Ver* Colesterol; Gordura; Óleo; *lipídios específicos*
Lipoproteínas de baixa densidade, como emulsificantes, 705
Lippia, 449
Líquidos, *908,* **909**. *Ver também líquidos específicos*
Lírio (peixe), *219*
Lisozima, na clara de ovo, 86

Listeria, em frutas e hortaliças, *288*
Litchi chinensis, 423
Lixívia
  e os pretzels, 608
  no *lutefisk, 258*
  para preservar ovos, 130
Loganberry, 401, *402*
Lokum rahat, 678, **769**
Lolot, **457**
Lomi, 231
Lorcha (peixe), *218*
Losna, 859
Loureiro, família do, 374, **453-4**, 473
Louro-da-califórnia, **454**
Louro, 433, *436,* 441, **454**
Lox, 259
Lü Shih Chhun Chhiu, 648
Lucchi, 609
Luciano. *Ver* Caranha (peixe)
Lúcio (peixe), *217*
Luffa acutangula, 370
Luís Napoleão, Imperador da França, 805
Lula, 249-51, **255**, *256,* 257
  etimologia da palavra *squid, 252*
Lune, Pierre de, *27, 652*
Lupinus albus, 547
Lupinus angustifolius, 547
Lupinus luteus, 547
Lupinus mutabilis, 547
Lúpulo, 340, **469**, 824, **828-9**, *829*
Lutefisk, 258
Luteína, 87, *285,* 518
Luz
  e o sabor da cerveja, 834
  e o sabor do leite, 23
  e o sabor do viho, 819
Lycoperdon, 387
Lycopersicon esculentum, 365

Maçã, 278, 299, *304, 305,* 306-7, 314, 320, 329, *391,* **393-6**, 616
  aroma, 305
  de dupla utilidade, 394
  de sobremesa (para comer crua), 394
  em bolos, *619*
  para cozinhar, 394
  sabor, 394, *396,* 425
  sidra, 394
  suco e sidra, 395
  textura, 395
  variedades, *396*
Maçã, molho de, 320, 693
Macadam, John, 567
Macadâmia, 558, **567**
  composição, *557*
Macadamia integrifolia, 567
Macadamia tetraphylla, 567
Macaroni, 638
Macaron, 633
Macarrão, **636-45**
  asiático, de trigo, 643

ÍNDICE REMISSIVO

cocção, 640-1, *641*,
com ovos, 639
confecção da massa, 639-40
de amido, asiático, *645*
de arroz, *527*, *645*
de semolina, seco, *638*
definição, *636*
etimologia da palavra *pasta*, *625*
fresco, *639*
gruda ao cozinhar, *641*
história, 636-7, *637*, *638*
secagem, *640*
Macbeth (Shakespeare), 799
Maceração, na produção de cerveja, 829, **831**
Mâche. Ver Alface-de-cordeiro
Macis, 437, **476**
Madeira, **816-7**
Madeira
  barris de. *Ver* Barris
  natureza da, 497
Maduro
  etimologia da palavra *ripe*, *390*
Magalhães, Fernão de, 279
Magnésio, na água, *885*
Mahimahi, *202*, 207, *219*
Mahleb, **469**
Maillard, Luis Camille, 867
Maillard, reação de, **867**, *868*. *Ver também*
  Escurecimento, reações de
  e a caramelização, 731
  em caldos, 667
  em frutos do mar, 246, *255*
  em ovos, 99
  em peixes, 231
  na carne, 165
  na confecção de balas, 765, 766
  no leite, 23, 28
Maionese, *655*, **706-7**
  azeite de oliva na, *709*
  como fazer, 706, 707
  formação, *697*
  fragilidade, 707
  gotículas de óleo na, *706*
Maître d'Hôtel français (Carême), 653
Makomotake, 388
Malaxagem, 378
Maloláctica, fermentação, 812
Malossol, caviar, 268
Malte, **827-8**
  de cevada, *521*
  especial, *826*
  etimologia da palavra *malt*, *824*
  tipo *patent*, 826-7
Malte, vinagre de, 863
Malte, xarope de, **755-6**
Malteação, na produção de cerveja, 823, 827-8, *828*
Maltitol, *734*
Maltodextrinas, 755
Maltose, 727
Malus sieversii, 394

Malus sylvestris, 394
Malus x domestica, 394
Mamão, *282*, *356*, *389*, *391*, **423**, *424*
  e a gelatina, *676*
  sabor, *426*
Mamíferos, 8
Maná, *720*
Mandioca, *287*, *292*, *334*, **339**, *644*, *685*, *685*
Mandioquinha, **341**
Manga, *305*, *389*, *391*, **424**, *426*, 693
  etimologia da palavra, *423*
Mangifera indica, 424
Mangostão, **427**
Manihot esculenta, *339*, *685*
Manitol, *720*, *736*
Manjericão, 276, *305*, *436*, **448**, *449*, 693
  tailandês, 448
Manjerona, **448**
Manteiga, 9-11, **36-43**
  ácidos graxos na, *892*
  água na, *626*
  amassada com farinha, 687
  armazenamento, 39
  batida, 39
  clarificada, 40
  como acompanhamento, 40
  como molho, 40. *Ver também* Manteigas
  composta, 40
  consistência, 39
  cozinhar com, 39-40
  de creme cru, 38
  de creme não maturado, 38
  de creme não maturado, salgada, 38
  de estilo europeu, 38
  em bolos, 616
  em molhos, 631-32
  especial, 39
  estrutura, *38*, 39
  história do uso, 36
  maturada, 37-8
  nas massas à base de gordura, *626*
  produção, 37
  sabor, 38
  tipos, 38-9
Manteiga de amendoim, 562
"Manteiga de caranguejo", 248
Manteigas
  acastanhada, 40, 631
  batida, 631
  branca, 40, 631, *704*
  composta, 631
  de amendoim, 562
  de sementes oleaginosas, *558*, *659*, *695*, 631
  preparada, *704*
  preta, 40, 631
Mantou, 608
Mao dou, 548
Mar, alimentos provenientes do. *Ver* Peixes; Frutos do mar; Algas marinhas
Maracujá, *305*, *391*, **427**, *426*
Maranta arundinacea, *686*

Marasmius, 387
Marc, *851,* **856**
Marcescência dos vegetais, 294, *294*
Margarina, 36, **41-3**, 626, *892*
Marggraf, Andreas, 725
Marin, François, 652-4,657
Marinada,
  ervas e especiarias em, 443
  para carnes, 172
  para peixes, 265
Marinada seca, com ervas e especiarias, 443
Marinho, sal, 595, 717
Marionberry, 402
Marisco, 206, 207, 249-51, **252-3**, *253*
  etimologia da palavra *clam,* 252
Markham, Gervase, *623, 629*
Marlonga-negra, 223
Marmelada, 329, 397, 414
Marmelo, 295, 312, 329-30, **397**, 417
Marroio-branco, **448**
Marrom glacê, 563
Marrubium vulgare, 448
Marsala, vinho, 127
Marsh mallow (erva), 768
Marshmallow (doce), **768**
Martíni, 846
Martino, Maestro, *191*
Marzipã, 561-2, **770**
  antiga receita de, 721
Masa, 533-4
Mascavo, açúcar, 750
Massa de chocolate, 782
Massa firme, 574, **578**, *582, 585*
  amido na, *582,* 583
  bolhas de gás na, 584
  composição, *585*
  congelada, *604*
  etimologia da palavra *dough, 573*
  farinha na. Ver Farinha
  fermentação, 598-9
  fermentos químicos na, 592
  glúten na, *579-83, 580, 581, 582,* 583
  gorduras na, *582,* 584
  leveduras na, 591-4
  mistura, 595-6, 596, 597
  sova, 596-8, *597, 598*
  temperatura, 599
Massa líquida, 577
  bolo de. *Ver* Bolos
  composição, *585*
  na carne, 180
  para fritar, 615
Massas à base de gordura, **523-32**
  amanteigadas, 627-8
  cocção, 627
  de torta americana, 628-9
    antiga receita de, *628*
  estrutura, *624*
  etimologia da palavra *pastry, 625*
  flocadas, 625, 628

híbridos de massa de pão e massa à base de gordura, 631-2
ingredientes, 628-9
massa *choux,* **614-5,** *614*
massas de folha, *629, 630*
massa folhada, 629-30
  antigas receitas de, *629*
  na época isabelina (Inglaterra), *623*
  para fazer folhado dinamarquês, **632**
  patê, 632
Massas líquidas, alimentos feitos com espessas, **615-23**
  ralas, **611-3**
Massas moles assadas na chapa, **613**
Massialot, François, *43,* 107
Massur dal, 546
Mástique, *437,* **469**
Matéria, estados (fases) da, *908,* 909-10
  alimentos que não conseguem mudar de, 910
  misturas de, 910
Materiais dos utensílios de cozinha, **877-82**
Matteucia, 288, 352
Maturação a seco da carne, 160
Maturação, na produção de cerveja, 829, **833**
Maturação
  das frutas, 389-93
  do queijo, 68
Matzá, *609*
Maxixe, *370,* **370**
Mediterrâneo, macarrão no, 638
Mège-Mouriès, Hipollyte, 41
Mein, 637-8
Meio a meio, 31, *32*
Mel, 278, **737-42**, 773
  armazenamento, 740
  associação com o botulismo infantil, 741
  como fonte de açúcar invertido, 762
  como substituto do açúcar, 741
  composição, 740-1
  de castanheira, 741
  de lavanda, 741
  de palmira, 742
  de plantas cítricas, 741
  de tília, 741
  de trigo-sarraceno, 741
  em pratos levados ao fogo, 741
  etimologia da palavra *honey, 742*
  história, *719,* 720
  processamento, 740
  produção, 737-42
  sabor, 741
Melaço, 746
  etimologia da palavra *molasses, 751*
Melaço, 751-2
  etimologia da palavra *treacle, 751*
Melado, **752-3**
Melancia, *370, 391,* **410,** *426*
Melão, *304, 305,* 307, 321, 349, *370,* 390, *391,* 408, **408-10,** *424*
  e a gelatina, 676
  purê de, 693

ÍNDICE REMISSIVO 959

sabor, 426
variedades, 409, 409-10
Melão-de-são-caetano, 300, 370, **371**
Meleagris gallopavo, 155
Melhoradores de massa, 579
Melipona, 737
Melissa, **448**
Melissa officinalis, 448
Melophorus, 739
Membrillo, 397
Men, 637-8
Ménagier de Paris, Le, 69, 80, 191
Mentha aquatica, 447
Mentha piperita, 447
Mentha pulegium, 447
Mentha spicata, 447
Mentha suaveolens, 447
Mentha x piperita "citrata", 447
Mentol, 434, 447
Mercúrio, em peixes, 204
Merengue, 118-20, *119*
  à moda italiana (cozido em calda de açúcar), 120
  à moda suíça, 120
  cozido, 119
  cru, 118-9
  etimologia da palavra, *119*
  problemas envolvendo o, 120-1
Merengue em pó, 116
Meringue cuite, 120
Mescal, **857**
Mespilus germanica, 397
Metais, 904-5. *Ver também metais específicos*
  perda de lustro, 878
  pesados, em peixes, 204-5
  revestimento cerâmico nos, 879
Metanol, 848, 850
Metassilicato de sódio, para preservar ovos, 128
Metchnikoff, Ilya, 52, 53
Méthode champenoise, 815
Metilisoborneol, em peixes, 214
Metionina, no leite, 23
Meurette, molho, 670
Mexilhão, 206, *207*, 249, *253*, **253**
Meyenberg, John, 26
Mian, 637-8, 643
Mibuna, *357*, 360
Micelas, 21
Micoproteína, **388**
Micro-ondas, 871
Micro-ondas, culinária no, **876-7**
  carne, 183-4
  frutas e hortaliças, 319
  peixes, 241
Microcervejarias, 827
Microcitrus australasica, 419
Micrococos, 196
Midori, *857*
Mien chin, 519
Mil-folhas, 630
Milefólio, 825

Milho, 276, 279, *282,* 303 , 319, 502, 505, 512, **529-34**
  broto de, 353
  composição, 507, *507*, *513*
  de pipoca, 530, *530*
  dentado, 530, *530*
  doce, **375**, *375*
  duro, 530
  em miniatura, 376
  etimologia da palavra *corn*, 529
  farináceo, 530
  fermentado na lama, 531
  flocos de, feitos no forno, 514
  ingredientes preparados com grãos inteiros, 531
  moído a seco, 533
  moído úmido, 533
  mole, 530
  na produção de cerveja, 831
  pipoca, **532**, *532*
  produção mundial, *516*
  sabor, 531
  tratamento alcalino do, 531
  verde, **375**, *375*
Milho
  etimologia da palavra *maize*, 529
Milho em grão nixtamalizado, 531
Millau, Christian, 657
Miltomate, 368
Minerais. *Ver também minerais específicos*
  na água, 885
  no leite, 14
Mioglobina
  na carne, 147-8, 165, *166*
  no peixe, *209*, 216, 224
Miolo de pão, 579
Miolos, composição dos, *185*
Miosina
  na carne, 165, 167
  no peixe, *233, 233,* 234
Mirabelle, 853
Miragem dos ovos, 89
Mirceno, *434*
Mirepoix, 350
Mirin, *843*
Miristicina, 287
Mirra, 858
Mirtilo, 286, 312, *391, 401,* **402**, *425,* 616
Missô, 551, **551**, *552, 555*
Mitsuba, **453**
Mizuna, *357*, 360
Moagem, de cereais, 512, 574, *575*
Moela, composição da, *185*
Mole (molhos mexicanos), 696, 785
Moléculas, **903-4**
  átomos e, 903-4
  desenhos de, 5
  e as ligações químicas, 905-6
  e o comportamento químico, 904-5
  formação de, 904

não polares, 907
polares, 884, 906
Molho, deixar o feijão de, 542
Molho de peixe, 260-1, *261*, 650-1
Molho de soja, *551*
Molhos para salada,
  engarrafados, 711
  fervidos, 690
  vinagretes, 710, 710-1
Molhos. *Ver também* Emulsões; Espumas; Maionese
  à base de carne, 654-6
  à base de ovos, quentes, **707-9**
  à base de peixe, 260-1, 261, 651-5
  à base de queijo, 72-3
  a manteiga como, 40
  allemande, 654
  béarnaise, **707-9**
  bechamel, 653-4, *655*, *656*, **689-90**
  boiled, 690
  chocolate e cacau em, 785
  com manteiga. *Ver* Manteigas
  consistência, **659-64**
    com múltiplos espessantes, 663
    como avaliá-la, na hora de servir, 683
    e as dispersões de alimentos, 659
    e o sabor, 659
    espessamento com bolhas, 663
    espessamento com gotículas, 662, *662*
    espessamento com moléculas, 660-1, *661*
    espessamento com partículas, *660*, 661
  cozidos em demasia, como aproveitar, 672
  cujas fases se separam, como aproveitar, 673, 701
  de maçã, 320
  de nozes, 568
  de soja chinês, *551*
  de soja, 550-1, **552**, **554-5**, *555*
  de tomate, 320, 693
  espagnole, 654, *555*, 689
  espessados com amido, **680-90**, *681*, *683*
    e a incorporação de amido em molhos, 687-8
    e a influência de outros ingredientes, 686-7
    e a natureza do amido, *680*, 681
    e as qualidades do amido, 684-6, *685*
    franceses clássicos, *688*, *689*, 690
    gravy, 690
  espessados com bolhas de ar. *Ver* Espumas
  espessados com óleo. *Ver* Emulsões
  espessados com proteínas, **664-72**
    aspics, 676
    com carboidratos como agentes gelificantes, 678-9
    com fígado, 673
    com gelatina, 665-72, *668*
    com gema de ovo, 672, **673**
    com leite de amêndoas, 673
    com órgãos de frutos do mar, 673
    com queijo e iogurte, 673
    com sangue, 673

e a consistência dos preparados gelatinosos, 674-5
e a saúde, *674*
gelatinas industriais, 677-8
sólidos, **673-7**
espessados com purês, **690-5**
fase contínua, 658
fase dispersa, 658
"fervido", 690
franceses, 652-4, *655*, 688, 689, 689
hilbeh, 696
história dos, **648-57**
  e o sistema clássico francês, 653, *655*
  na Antiguidade, *648*, 649-50, *649*
  na França do século XVII, 652
  na Idade Média, 650-1, *651*
  na Inglaterra, 656
  na Itália, 654, 656
  no início da época moderna, 657
  no século XX, 657
hoisin, *551*
hollandaise, *655*, **707-10**
ingleses, 656
italianos, 654, 656
meurette, 670
misturas complexas, 696
  com sementes oleaginosas e especiarias, 695
  purês de frutas e hortaliças, 692, 693, *694*
mole, 696, 785
Mornay, 72
na culinária pós-nouvelle, 657
picada, 695
romesco, 695
sabayon, 673
sabor nos, 658
  e a consistência, 664
sal nos, 664
terminologia, 650
velouté, 654, *655*, 689
vinho em, 670
wow wow, 656
Molokhovets, Elena, 268
Molucas, Ilhas, *429*, 476
Moluscos, **249-57**. *Ver também* Abalone; Marisco; Mexilhão; Polvo; Ostra; Vieira; Lula
  como escolher, 251
  etimologia da palavra *mollusc*, 252
  manipulação, 251
  sabor, 251
  textura, 250-1
Momordica charantia, 370
Monarda didyma, 449
Monilia sitophila, no pão, 603
Monofosfato de guanosina, *380*, 384, 488
Monofosfato de inosina, *380*
  nos peixes, 214, *215*, 231
Monoglicerídeos, como emulsificantes, 894
Monossacarídeos, 727
Monostrema, 379
Montaigne, Michel de, *232*

ÍNDICE REMISSIVO 961

Morango, 286, *305, 391, 401,* **405-6,** *406, 426,* 693
Morchella, 388
Moreia, 217
Moretum, 649
Morilles, 383, *388*
Mornay, molho, 72
Mortadela, 189-90
"Mortificação" da carne, 159-60
Morus alba, 405
Morus nigra, 405
Morus rubra, 405
Mostarda, 300-1, *357, 437,* 434, **461-2**
 brotos, 353
 como espessante, *695*
 -da-abissínia, **359**
 produção e uso do condimento, 462-3
 romana, *462*
 tipos, 462
Mostarda, óleo de, 463
Mostarda, sementes de, 276
Mostarda-castanha, *357,* **359**
Mosto, fervura do, na produção de cerveja, **832**
Mosto, na produção de vinho, 811
Mosto cotto, 404
Moti, 528
Moto, 840
Mozarela, queijo, 10, 64, 67, 72
Mucilagens, 286, 352, 376, 463, 464, *536*
Mucor, 550
 no pão, 603
 preparação de álcool de arroz com, 840
Muda dos crustáceos, 244
Muffins, 615-6
 ingleses, *609*
Mujáddarah, 546
Münster, queijo, 65
Murchação. *Ver* Marcescência dos vegetais
Murraya koenigii, 457
Murri, 520
Murta-do-brejo, 825
Musa sapientum, 421
Muscadet, 812
Músculos, 134. *Ver também* Carne
 contração, *133*, 134
 dos bivalves, 249-50
 dos peixes, 212-3, *212*
 esqueléticos, 185
 estrutura, *133*
 fibras musculares, 143, *144*
  e a cor da carne, 146-7, *147,* **148**
 não esqueléticos, 185
 transformação em carne, 158-61
Musgo-da-irlanda, *379*
Müsli, 514
Mussacá, 369
Musse,
 de chocolate, 785
 fria, 121
Musselina, 242
Myrica gale, 825

Myristica fragrans, 476
Myrmecocystus, 739
Myrrhis odorata, 460
Mytilus, 253

Naan, *609*
Nabo, 276, 292, **344,** *357*
Napoleão I, Imperador da França, 726
Narezushi, 262
Nata, formação da camada de, na superfície do leite, 20
Natô, *555,* **555**
Navarrete, Domingo, *549*
Nebbiolo, 808
Néctar, 737
 coleta de, 739
 transformação em mel, 740
Nectarina, **400**
Nelson, J. S., *220*
Nelumbo nucifera, 342
Neosperidina di-hidrocalcona, *735*
Neotame, *735*
Nepitella, 447
Nêspera, **397**
Nêspera-europeia, **397**
Nespole, 397
Nestlé, 26
Nestlé, Henri, 774
Neufchâtel, queijo, 66
Nêutrons, 904
Nhoque, **642**
Nicotiana tabacum, 457
Nigela, *437,* **470**
Nigella sativa, 470
Ninho de andorinha, *687*
Nitrato de potássio, em carnes salgadas, 192-3
Nitratos
 em carnes salgadas, 193-5
 em embutidos fermentados, 196
Nitritos
 em carnes salgadas, 193-5
 em embutidos fermentados, 196
Nitro, 310
Nitrogênio,
 e a espuma da cerveja, 834-5
 líquido, para congelar sorvete, *48*
Nitrosaminas, na carne, 138, 194
Nixtamalização, 531
Nocino, 568, *857*
Nogado, 567
Nopales, **352**
Nori, *379,* 381
Nosing, 852
Nostoc, 382
Nostradamus, 329, 397
Nougat, **769**
Nouvelle cuisine, 657
Novo Mundo
 açúcar no, 724-5
 chocolate no, 772
 novos alimentos no, 277, 288, 279-80

Nowell, Alexander, 826
Noz branca, 568
Noz-moscada, 277, 287, *305*, *437*, **476**
Noz-pecã, *557*, *557*, 558-9, **568**
Nozes, 555-7, *557*, 558-9, **567**, 616
   etimologia da palavra *walnut*, 567
   noz-negra, 568
Nozes, molho de, 568
Nozes, óleo de, *892*
Núcleo, das células vegetais, 290, *290*
Nukazuke, 326

Oca, **343**
Ocimum, 448
Ocimum basilicum, 448
Ocimum tenuiflorum, 448
Oenanthe javanica, 350
Oeuf à la coque, 98
Olallieberry, 402
Olea europaea, 377
Oleaginosas, sementes, 301-2, **555-71**. *Ver também sementes oleaginosas específicas*
   alergia, 505
   armazenamento, 558
   como espessantes, 695
   composição, 506, *507*, 509, 556-7, *557*
   definição, 503
   em biscoitos, 633
   estrutura, 556, *556*
   manipulação, 558
   preparadas comercialmente, 559
   qualidades, 556
   sabor, *509*, 558
Óleo, 883. *Ver também óleos específicos*
   aromatizado, 322, 444
   de peixe, 203-4, 210
   de sementes oleaginosas, 128, 559, 566, 570-1, *892*
   em cereais, *513*
   em sementes, 509
   fúsel, 849-90
   molhos espessados com. *Ver* Emulsões
   na massa firme, *582*
   nas sementes oleaginosas, 556-7, *557*
Óleo de milho, ácidos graxos no, *892*
Óleo de peixe, 203, 210
Óleos essenciais, 433
Oleosinas, 509
Oleuropeína, 328
Olhos
   e a discriminação entre o vermelho e o verde, *301*
   e a vitamina A, 297
Oligossacarídeos, 539, **896**
Oliva, azeite de. *Ver* Azeite de oliva
Ômega-3, ácidos graxos, 203-4, 570, *893*
Omelete, 101-2
Omelette soufflé, 102, 122-4, *122*
Omento, gordura do, 187
Oolong, chá, 483, *486*, 488
Ópio, 571

Opúncia, 298, **412**, *426*
Opuntia ficus-indica, 352, 412
Orchata, *520*
Orchata de chufa, 342
Orégano, 434, *436*, *440*, 441, **449**
Oreochromis nilotica, 223
Orgânicas, práticas de produção agrícola, 281
Oriente Médio
   antigas receitas de doces no, *721*
   macarrão no, 638
Origanum, 449
Origanum majorana, 448
Orléans, processo de, 860, **861**
Oryza glaberrima, 523
Oryza sativa, 523
Ossos
   cocção, 187
   dos peixes, 211-2, 266
   e a cocção de carne, 170
   humanos
      descalcificação dos, e as substâncias fitoquímicas, 284
      e o sal, 716-7
      influências sobre a saúde dos, 15-6, *16*
   para fazer caldos, 667
Osteoporose, o cálcio do leite e a, 15-6
Ostra, 206, *207*, 249-52, **253**, 254, 266
   etimologia da palavra *oyster*, 252
Ouriço-do-mar, **256**
Ouzo, 858
Ovalbumina, nos ovos, 87, 89, 113
Ovário da lagosta, 248
Ovas de peixe, 212, **266-8**, *267*, 269
   caviar, 266, *268-9*
   salgadas, 267
Ovelha, 10, 154, 187. *Ver também* Cordeiro
Ovelha, leite de, 11, *14*, 17-20, 61
Ovinos, carne de, 154
Ovis aries, 10
Ovomucina, na clara de ovo, 86-7, 95
Ovomucoide, na clara de ovo, 86
Ovos nevados, 118
Ovos, **76-130**. *Ver também* Ovas de peixe
   alergia a, 89
   armazenamento, 92, *92*
   aroma, 97
   assados fora da casca, 99
   assados, 99
   células de ar nos, 83, 89, 91
   clara de. *Ver* Clara de ovo
   classificação comercial nos Estados Unidos, 89-90, *90*
   cocção, 79, **93-128**
      antigas receitas, 79, *80*, *96*, *102*, *107*, *108*, *110*
      como distinguir ovos cozidos de ovos crus, *97*
      de espumas feitas com ovos, 111-28
      e a coagulação das proteínas, 93-5, *94*
      fora da casca, 99-102

misturas entre ovos e líquidos, 103-11
    na casca, 97-8
composição, 88
congelamento, 92
conservados, **128-30**
cor, 83, *103*
cozidos, 97, 99
de cocção prolongada, 99
"de mil anos", 129-30
domésticos, 79
em biscoitos e bolachas, 634, *635*
em bolos, 619-20, *619*
em conserva, **128**
em omeletes, 101-2
en cocotte, 99-100
estrutura, 78, 83, *83*
etimologia da palavra *egg*, *78*
evolução, 78
fermentados, 129
flor-de-pinho, 130
formação, 82-7
fritos, 100-1
galados, 88
gema de. *Ver* gema de ovo
mexidos, 101, *102*
miragem dos, 89
moles, 100
na massa, 582
nas massas à base de gordura, 626
pasteurização, 93, 706
pochês, 100, *100*, *101*
produção industrial, 80-2
qualidade, 89-91
quentes, 97-8
sabor, 97
salgados, 129
salmonela nos, 81, 92-3, *101*, 706
simbolismo, 77, *77*
substitutos dos, 88
versatilidade, 762
Ovoscopia. *Ver* Miragem dos ovos
Ovotransferrina, na clara de ovo, 87, *95*
Oxalatos, nos vegetais, 287-8
Oxalis tuberosa, 343
Oxicoco, *391*, **402**, *425*
Oxidação, 283, **905**
    das superfícies dos utensílios de metal, 878
    e a rancidez da gordura, 891
    e a secagem das frutas, 323
    e o glúten da massa de pão, 579, *596*
    e o sabor da carne, 161-2, 193-4, *194*
    e o sabor da soja, 548
    e o sabor do leite, 23, 41
    e o sabor dos peixes, 228-9, *257*
    e os sabores das sementes, 509, *558*
    na cerveja, 834
    no azeite de oliva, 377
    no purê, 639
    no vinho, 803-4, 814, 819
Óxido de alumínio, 878

Óxido de chumbo, no *pidan*, 130
Óxido de trimetilamina, nos peixes, 209-10, 214, 223, 232
Óxido nítrico, 193
Oxigênio, 905. *Ver também* Oxidação
    e o armazenamento de frutas e hortaliças, 306-7
    e o sabor do leite, 23
    e os pigmentos da carne, 146-7, *148*, 161-2

Pachyrhizus erosus, 342
Pain perdu, 602
Painço, 276, 503, 505, *513*, *516*, **534**
Paládio, 329
Palaschinki, 612
Palmaria palmata, 379
Palmira, açúcar de, 745
Palmira, xarope de, **670**
Palmiste, óleo de, *892*
Palmito, **351**
Pampo, *219*
Panade, 124
Panch phoran, 442
Pandano, *436*, **457**
Pandanus, 457
Pandoro, 606
    etimologia da palavra, *606*
Panela (tipo de açúcar), 750
Panetone, 606
    etimologia da palavra, *606*
Panicum, 534
Panir, queijo, 67, 72
Panquecas, **613**
Pão, **572-8**, **594-611**
    achatado, **574**, 607, *609*
    antigas receitas, *610*
    armazenamento, 602
    bagel, 608
    carta di musica, 609
    chato, **574**, 607, *609*
    cozido no vapor, asiático, 607-8
    de centeio, 605, *606*
    de cevada, *609*
    de fermentação rápida, **608-11**
    de massa mole, **615**
    deixar esfriar depois de assar em forno, 601
    deterioração, 603
    doce, 606
    doughnuts e *fritters*, 611
    envelhecimento, 601-2, **602**
    etimologia da palavra *bread*, 573
    feito com fermento azedo, 604-11
    forneamento, 599-601, *584*
        fornos para, 599-601
    híbridos de massa de pão e massa à base de gordura, **631-2**
    industrializado, 604
    ingredientes, 594-6, *607*
    massa. *Ver* Massa firme; Farinha
    na época pré-histórica, 574
    na Grécia e em Roma, 575

na Idade Média, 576
nos primórdios da era moderna, 576
pré-assado, *604*
pretzel, 608
produção
    industrialização, 577, 604
    tradicional, retomada, 577
qualidade, 603
rico, 606
sabor, 603
sem glúten, 607
Papadum, 542
Papaia. *Ver também* Mamão
    etimologia da palavra, *423*
Papaína, 424
Papaver somniferum, 571
Papel de arroz, 527
Papelon, 750
Papoula, sementes de, *557*, **571**
Páprica, 369, 695
Paracelso, *846*
Paraplexia enzoótica dos ovinos, 140
Parasitas, 139-40, 207, 424
Paratha, 609
Parede celular, nos vegetais, 290, *290*, 293-4, *295*
    e a textura, 312, *312*
Parênquimas, 290, *291*
Pargo, 207, *219*
Parmesão, queijo, 12, 62, 64, 68, *69*, 71-3
"Parte dos anjos", 850
Partículas subatômicas, 903-4
Passiflora, 427
Passiflora edulis var. *flavicarpa*, 427
Passiflora edulis, 427
Pasta de amido e água, 686
Pasta de peixe, 260-2, *261, 262*
Pastas de sementes oleaginosas, 559
Pastas
    de amêndoas, 561
    de feijão, *551*
    de peixe, 260-1, *261, 262*
    de sementes oleaginosas, 559
    de soja, *555*
Pastasciutta, 638
Pasteli, 741
Pasteur, Louis, 12, 24, 591, *796*, 806, *860*
Pasteurização, 12
    da sidra, 289
    do álcool de arroz, *839*
    do caviar, 269
    do creme de leite, 31
    do leite, 18, 23-4
        e a produção de queijo, 61-2, 74
    do suco de maçã, 395-6
    do vinho, 813-4
    dos ovos, 93, 706
    lenta, 24
    rápida (HTST), 24
    UHT, 24
Pastilhas, **768**
Pastinaca sativa, 341

Pastinaca. *Ver* Cherovia
Patê, 190-1
    antigas receitas de, 191
    etimologia da palavra *pâté*, *625*
Pâte à choux, **614-5**, *614*
Pâte à pâté, 632
Pâte brisée, **627-8**
Pâte de Guimauve, 768
Pâte sablée, 628
Pâte sucrée, 628
Pâtissier françois, Le, *96*, 110
Pato, 156, *157*, 159
    confit de, 197
    foie gras, 186-7
Patulina, 289
Paupiettes, 242
Pé de moleque. *Ver* Doces crocantes com oleaginosas
Pecorino, queijo, 68, *69*, 71-2
Pectinas, 329, 897
    em balas, 763
    em bolos, 620
    em frutas e hortaliças, 313, 326, 369, 395, 403, 414
    nos vegetais, 286, 294, *295*
Pedersen, Thorvald, 3
Pediococos, 196, 551, 838
Peixe, **199-269**. *Ver também* Frutos do mar; *peixes específicos*
    alcalino, *258*
    anatomia do, 211, *212*
    armazenamento, 162, 228
    aroma do, 214-5, 224
    aspic de, **676**
    caldo de, 671-2
    cavala, *219*, 224
    cerosidade, *208*
    cocção, **231-42**
        antigas receitas de, 237, *242*
        com envoltório, 237, 237-8
        e a textura, 232, *233, 234*, 236
        e o sabor, 232-4
        métodos de, 208
        misturas de peixes e, 242-3
        preparativos para a, 235-6
        sob o aspecto da salubridade, 206
        sobrecocção, 210, *234*
        técnicas de, 236-42
        temperatura de, 206, *234*, 237
    cor, 208-9, *209*, 216
    criação, 201-3, *202*, 220-1, 226
    cru, 230-1
    defumado, 241, 263-4, *262, 264*
    e a saúde, **203-8**, *205, 207, 208*
    enlatado, 266
    família da carpa e do bagre, 216, *217*
    família do arenque, 216, *217*
    família do atum, *219*, 223-4, *224*
    família do bacalhau, 218, 222
    fermentado, 260-3, *261, 263*
    fresco

ÍNDICE REMISSIVO

como reconhecer, 227-8
manipulação, 227, 227-8
katsuobushi, 265
marinado, 265, 265
marlonga-negra, 219, 223
molhos de, 671-2
músculos do, 212-3
ovas de. *Ver* Ovas de peixe
peixe-espada, 220, *225*
perca-do-nilo, 222
perecibilidade, 210
pesca predatória, 200, 223
pesca, 226
qualidade, 211
robalo, *219*, **222**, *223*
sabor, 213-4, 215, 232-3
salgado, 258-60
salmão, 218, 220
salvelino, 218, 221
seco, 257-8
textura, 208-9, 211-3, 232, *233*, *234*, *236*
tilápia, *219*, 222
truta, 218, 220
vísceras, 212
-voador, *218*
Peixe-agulha, *217*
Peixe-branco, 208
caviar de, *269*
Peixe-carvão-do-pacífico, *218*
Peixe-cravo, *218*
Peixe-escorpião, *218*
Peixe-espada, 204, **225**, *233*
Peixe-espátula, *217*
Peixe-galo-espinhoso, *218*
Peixe-galo, *218*
Peixe-gelo, *219*, **223**
Peixe-lagarto, *218*
Peixe-lapa, *218*
caviar de, *269*
Peixe-leite, *217*
Peixe-lua, *220*
Peixe-paleta, 204, *219*
Peixe-rei, *218*
Peixe-relógio, *218*, 223
Peixe-voador, caviar de, *269*
Peixe seco sem sal, **257**
Peixes planos, **225**, *225*
Peixes-espada, *219*, **225**
Pekmez, 404
Pelagra, 504
Pele
dos animais de corte, cocção, 187
dos peixes, 211
Película superficial do creme de leite, 110
Película superficial do leite de soja, 548-9
Película superficial do leite, 27
Peltre, 882
Penaeus, 247
Penicillium, fungos do gênero,
na carne, 192
na produção de queijos, 65-6

no pão, 603
nos frutos da terra, 289, 306
Penicillium cyclopium, 75
Penicillium glaucum, 65
Penicillium roqueforti, 65, 69
Penicillium viridicatum, 75
Pennisetum, 534
Pentosanas, 520, 522, 606
Pepino-do-mar, 257
Pepino, 300, *304*, 307, 321, 324, *370*, **371**
picles de, 327
Peptídeos, 898
da caseína, 17
e o sabor, 898
no queijo, 69
Peptídicas, ligações de, 898
Pera, 295, *305*, 306, 312, 320, *391*, *396*
aroma, *395*
em bolos, 620
sabor, *425*
variedades, 396
Perca, *219*
-do-nilo, **222**
Perdiz, 156
Periderme, dos vegetais, 290-1
Perila, *436*, **449**
Perilla frutescens, 449
Perlasso, 577
Pernod, 447, 858
Perry, Charles, 363, 520, 629-30
Persa, trigo, *517*
Persea americana, 374, 453
Persipan, 562
Peru, 155, *157*, 159
etimologia da palavra *turkey*, 156
Pescada, *218*
Pêssego, 276, *305*, *391*, **400**, *425*, *561*
Pesticidas, 289
Pesto genovese, 448
Pesto, **693**
Peter, Daniel, 774
Petits fours, 632
Petroselinum crispum, 453
Petroselinum crispum var. *tuberosum*, 341
Pets de nonne, 614
Peychaud's, bitter, 858
pH, 887-8. *Ver também* Ácidos
da água, para cozinhar hortaliças, 310-1
da carne, 196
definição, *887*
do cacau em pó, 784-5
do leite, 18, 21
dos ovos, 90
e a descoloração dos alimentos, 616
e a gelificação da pectina, 329
e as antocianinas, *310*
sua escala, 888
Phaseolus lunatus, 373
Phaseolus vulgaris, 373, 545
Philippe, Jean-Pierre, 5
Phoenix dactylifera, 412

Pholiota, 387
Photobacterium, 228
Phulka, 609
Phyllostachis, 351
Physalis, 407
Physalis ixocarpa, 365, 368
Physalis peruviana, 407
Physalis philadelphica, 365, 368
Physalis pubescens, 407
Picada, molho, 695
Picância. *Ver* Pungência
Picasso, Pablo, 859
Pichia, 811
Picles
   acidificados diretamente, 326
   fermentados, 324
   textura, 326
Pidan, 129-30
Piloncillo, 750
Pimenta
   -branca, 478, 479
   -cubeba, 437, 480
   -de-são-tomé, 480
   -do-reino, 276, 301, 434, 437, 439, 440, 461, 477-8, 478
   -japonesa, 435, 437, **477**
   -longa, 437, 480
   produção, 478
   rosa, 437, **479**
   sabor, 479
   terminologia das pimentas, 466
   -verde, 478
Pimenta dioica, 477
Pimenta-betel, 480
Pimenta-cubeba, 437, 480
Pimenta-d'água, 457
Pimenta-da-costa, 437, 475, **477**
Pimenta-da-guiné, 437, 477
Pimenta-da-jamaica, 437, **477**
Pimenta-de-negro, 437, 477
Pimenta-de-são-tomé, 480
Pimentas, 300, 304, 307, 465, 467, 693. *Ver também* Pimentas do gênero *Capsicum*
Pimentas do gênero *Capsicum*, 276, 282, 302, 319, 365, 434-5, 437, 439, 445, 461, **464-8**, 465, 773
   como espessantes, 695
   doces, 368
   e a capsaicina, 464-8
   secas, 468
   variedades, 467
Pimento, 857
Pimentón, como espessante, 695
Pimiento, 368
Pimpinella anisium, 458
Pinhão, 556, 557, **568**, 567
Pinho
   aroma, 433, 435, 437, 456, 829
   etimologia da palavra *pine*, 567
Pinot Noir, 808, 815
Pinus edulis, 569

Pinus koraiensis, 568
Pinus monophylla, 569
Pinus pinea, 568
Piper auritum, 456
Piper betle, 480
Piper cubeba, 480
Piper guineense, 480
Piper lolot, 457
Piper longum, 480
Piper marginatum, 460
Piper retrofractum, 480
Piper sanctum, 456
Piperina, 438
Piperitum, 452
Pipoca, 530, 530, **532-3**
Pistache, 557, **569**
Pistacia lentiscus, 469, 569
Pistacia vera, 569
Pisum sativum, 373
Pizza, 609
Pizzocheri, 536
Planta-caril, 436, **457**
Plastic cream, 31, 31
Platão, 2
Platelmintos, nos peixes, 208
Platina, 99, 188, 190, 723
Platt, Hugh, 112
Plectranthus amboinicus, 449
Pleno, sabor, 380, 898
Pleurotus, 387
Plínio, 11, 59, 224, 262, 363, 520, 720, 804, 808, 824, 876
Plodia interpunctella, 509
Plumcot, 399
Pluot, 399
Plutarco, 431
Pó de arroz, 527
Pocheados
   carne, 180-2
   etimologia da palavra, 180
   ovos, 100
   peixe, 208, 239-41
Podridão nobre, 805, **816**
Poejo, 447
Poi, 328, 340
Poire Williams, 853
Poke, 230-1
Polenta, 533
Polidextrose (Litesse), 734
Polifosfato de sódio, nos queijos processados, 74
Polímeros, 897
Polióis, 736
Polissacarídeos, 896, **896-7**
Polo, 526
Polo, Marco, 11, 25, 638
Polonês, trigo, 517
Poluentes
   nas plantas, 289
   nos peixes, 204-5
Polvilho. *Ver* Fécula de mandioca
Polvo, 249-51, **255**, 256-7

ÍNDICE REMISSIVO

Polygonum hydropiper, 457
Polygonum odoratum, 457
Pombe ya ndizi, 823
Pombo, 156
Pomelo, 416, *416*, **417**
Pommes frites, 337
Pommes purées, 336
Ponto de ebulição, **874**
    da água, e sua relação com a altitude, 183, 874-5
    das caldas de açúcar, 757
Ponto de fumaça, da gordura, 894
Poolish, 595
Pop Rocks, 770
Popovers, **612**
Porcelana, 878
Porco, 154, 159. *Ver também* Toicinho; Presunto; Suína, carne
Porfírio, *132*
Porongo, *370*, **372**
Porphyra, *379*
Porter, cerveja tipo, *837*
Porto, vinho do, *817*, **817**
Portulaca oleracea, 361
Portulaca, 352, **361**
Posca, 859
Post, C. W., 514-5
Potassa, *258*, 576
Pourriture noble, 805, **816**
Praline. *Ver* Doces crocantes com oleaginosas
Pralines, 766
Prata, claras de ovos e o metal, *115*
Pregado (peixe), 225
Pressão da água, nas células vegetais, 293, 312
Pressão sanguínea, o sal e a, 716
Presunto, 194
    Bayonne, 194
    curado a seco, 194-5
    curado a úmido, *195*
    curado sem nitrito, *194*
    de Parma, 194, *194*
    serrano, 194
    tradicional americano, 194-5
Pretzels, **608**, *609*
    etimologia da palavra, *606*
Príons, 140
Produção em massa. *Ver* Industrialização
Profiteroles, 614
Proof, sistema americano de determinação do teor alcoólico de bebidas, *850*
Propionibacter shermani, 65
Prosciutto, 194, *194*
Proteínas. *Ver também* Aminoácidos; Peptídeos; proteínas específicas
    coagulação, 20, 93-5, *94*, 671, 901
    como emulsificantes, 699
    como estabilizantes em emulsões, 699
    desnaturação, **901**
    e amidos, 687
    em cereais, *513*, *518*
    em peixes, 233, *234*

em sementes oleaginosas, 556-7, *557*
em sementes, 504, 507, *507*
enzimas. *Ver* Enzimas
estrutura, *899*, **900**
hidrolisadas, em peixes enlatados, 266
molhos espessados com. *Ver* Molhos, espessados com proteínas
    na água, 901
    na carne,
        de miúdos, *185*
        deslizamento e acoplamento das fibras musculares, 134
        e o calor, *169*
    na farinha de trigo, *589*
    no leite, *14*, 20-1, *21*, *26*, 28
    nos ovos, 29, 86-7, *86*, *88*, 89
    coagulação, 93-5, *94*
    e a estabilidade das espumas, 113-6
Prótons, 904
Proust, Marcel, *350*
Provolone, queijo, *69*
Prunus amygdalus, 398, 561
Prunus armeniaca, 399
Prunus avium, 399
Prunus cerasus, 399
Prunus domestica, 398
Prunus mahaleb, 469
Prunus persica, 400
Prunus salicina, 398
Pseudomonas, 306
Pseudoterranova, 207
Psidium, 422
Psoralenos, 288
Pteridium aequilinum, 352
Pu-ehr, chá, 487
Pueraria, 686
Pumpernickel, 606
    etimologia da palavra, *606*
Pungência, 301, 438, *438*, *439*
    na família da cebola, 345
    na família do repolho, 356-8
    na pimenta, 479
    nas pimentas do gênero *Capsicum*, 466
    no gengibre, 476
Punica granatum, 412
Pupunheira, 351
Purê, 320, 654, 663, *691*
    como molho. *Ver* Molhos
    como substituto da gordura num bolo, 620
    cozido, 639
    cru, 693
    etimologia da palavra, *691*
    textura, afinação da, 691
Puri, 609
Puxa-puxa, bala, **766**
Pyrus communis, 396
Pyrus pyrifolia, 396
Pyrus ussuriensis, 396

Quaresma, culinária própria para a, 279
Quatre épices, 442

Quatre quarts, 616
Queen's Closet Open'd, 112
Queijo branco. *Ver* Queijo fresco
Queijo de soja, **549**
  antiga descrição do, *549*
  fermentado, *550*, *555*
Queijo fresco, 70-1
Queijo processado, 60, 73-4
Queijos azuis, 65, 69, 75. *Ver também os tipos específicos de queijo azul*
Queijos, 11, 13, 20, **57-75**. *Ver também queijos específicos*
  armazenamento, 69-71
  aroma, 64
  azuis, 67, 69, 75
  buracos nos, 65
  casca, 71
  com pouca gordura, 73-4
  como produtos do engenho humano, *57*
  cozinhar com, 71-3
  cristais nos, *70*
  de cabra, 70-1
  de estilo holandês, 75
  decadência na época moderna, 60
  diversidade, 58-9, 69, *69*
  e a saúde, **74-5**
  escolha dos melhores, 69-70
  espumas de, 711
  evolução, 57-61
  formação de filamentos nos queijos derretidos, 72
  ingredientes, 61-6
  molhos espessados com, 673
  processados, 60, 73-4
  produção, 22, 66-8, 67, *282*
  que não derretem, 72
  queijo-creme, em massas à base de gordura, 626
  sabor, 69
  sem gordura, 73-4
Queimadura por congelamento, 163, 308
Quenelles, 242, 242
Quenelles de brochet, 242
Quercus alba, 802
Quercus robur, 802
Quercus sessilis, 802
Quercus suber, *813*
Quetsch, 853
Quiabo, **376**
Quiabo chinês, *370*, **372**
Quiche, 107
Quimosina, 22, 62, 63-4
Quinoa, *505*, *513*, **536**
Quitina, 244-5
  nos fungos, 384
  nos vegetais em geral, 286
Quorn, **388**
Qymaq, 33

Rabanada, 602
Rabanete, 276, 291, 297, **344**, *357*
  broto de, 353
  etimologia da palavra *radish*, *334*
Radiação, transferência de calor por, 871-3, 876-7
Radiação infravermelha, 872-3
Radiação ionizante. *Ver* Irradiação de alimentos
Radiação térmica, 872
Radicais livres, 283
Radicchio, 300
Rádio, ondas de, 871
Rafinose, 896
Rahat, 678, **769**
Raia. *Ver* Arraia (peixe)
Raios gama, 872
Raios X, 872
Raiz de lótus, 314, **342**
Raiz de ruibarbo chinês, 858
Raiz-forte, 301, *357*, *437*, 434, 461, **463**, *463*
Raízes
  de plantas, 292
  etimologia da palavra *root*, *334*
Raízes comestíveis, 334-43
Rajado italiano, feijão, 540
Rajado radiante, feijão. *Ver* Rajado italiano, feijão
Rakefisk, 262
Raki, 858
Rakørret, 262
Ramen, 644
Rancidez, da gordura. *Ver* Gordura, rancidez da
Raphanus caudatus, 344
Raphanus sativus, 344, *357*
Ras el hanout, 442
Rasagollah, 28
Rasmalai, 28
Rau ram, **457**
Reação inflamatória
  e as substâncias fitoquímicas, *284*
  e os óleos de peixe, 203-4
  e os terpenos, 439
Reações químicas, **904-6**
Rebelião do Uísque, 846
Recado rojo, 442
Refrigeração, 162
  de carne, 162-3
  de frutas e hortaliças, 307
  de pães, 602
  de peixes, 229
Rega, da carne assada, 175
Religieuse, 73
Remonce, 632
Rena, leite de, *14*
Repolho, 276, 300, *304*, 306, *357*, **358**
  etimologia da palavra *cabbage*, *358*
  fermentado, 324, 326, *327*
  roxo, 311
Repolho, família do, **356-60**, *357*, **364**
  especiarias da, 461-4
  sabor das verduras da, 356, 358-60
Repouso, da carne, 183
Resfriamento inerte, 48

Resfriamento. *Ver* Congelamento; Refrigeração
Respiração, das frutas, 392
Ressaca, 800
Resveratrol, *800*
Retardador, para fazer pão, *598*
Retes, 631
Retrogradação, do amido, *508*, 508-9, 602
Revestimentos antiaderentes, *879*
Rg Veda, *8*
Rheum rhabarbarum, 408
Rhizobium, 536
Rhizopus, 840
Rhizopus oligosporus, *554*
Rhizopus oryzae, *554*
Rhodes, V. James, *151*
Rhus coriaria, 470
Ribes grossularia, 403
Ribes nigrum, 403
Ribes rubrum, 403
Ribes sativum, 403
Riboflavina, no leite, 18, 23
Ribose, 895
Ricard, 447
Ricota, 22, 72
Riddervold, Astri, 262
Riesling, 808
Rigor mortis
   nos animais que servem de alimento, 159
   nos peixes, 227
Rins (miúdos), composição da carne, *185*
Rins humanos, e o sal, 716
Risoto, *527*
Rizomas, 292
Robalo (peixe), 205, *219*, **223**, 223
Robalo legítimo europeu, *219*
Roden, Claudia, 96
Roggenbier, *823*
Rolhas, para vinhos, 805, *813*
   contaminação das, *813*
Romã, *391*, **412**, *426*
   etimologia da palavra *pomegranate*, *410*
Roma
   especiarias em, *429*
   mel em, 720
   molhos em, *649*
   mostarda em, *462*
   pão em, 575
   vegetais usados como alimento em, 276
   vinho em, 804
Romanesco, 364
Romesco, molho, 695
Root beer, 287, 456
Roquefort, queijo, 12, *58*, 65-72
Rosa x damascena, 457
Rosas, **457**
Rosela, **363**
Rosmarinus officinalis, 449
Roux, 687-8, *689*
   antiga receita de, *688*
Rozin, Paul, 438
Rubus arcticus, 402

Rubus caesius, 402
Rubus chaemaemorus, 402
Rubus flagellaris, 402
Rubus fruticosus, 402
Rubus idaeus strigosus, 402
Rubus idaeus vulgatus, 402
Rubus laciniatus, 402
Rubus occidentalis, 402
Rubus spectabilis, 402
Rubus trivialis, 402
Rubus ursinus, 402
Rubus vitifolius, 402
Rúcula, 357, **359**
Ruibarbo, 288, 349, **352**, 407, **407-8**
Ruivo (peixe), *218*
Rum, 845, *851*, 855
Rúmen, 9, 13, 42, 149, 154
Rumex acetosa, 454
Rumex acetosella, 454
Rumex scutatus, 454
Ruminantes, 9
Rutabaga, **351**, 357
Ruvettus pretiotus, *208*

Saba, 404, *752*
Sabayon, 127, 673, 711, **712-3**
Sabban, Françoise, 636
Sabor, **300-3**, **430-3**. *Ver também* Ervas;
   Especiarias; *alimentos e sabores específicos*
   as armas químicas e o, 432
   e as substâncias químicas picantes, 434, *438*,
      439
   e o sentido do olfato, 430-1
   e os compostos fenólicos, 434, *435*
   e os terpenos, 433, 434, *435*
   estimulação proporcionada pelo, 432
   evolução do, 444-5
   o álcool e o, 798
   os aminoácidos e o, 898
   os peptídeos e o, 898
Sabugueiro, fruto do, **406**
Sacarina, *735*, 737
Sacarose, 728, **728-9**, *735*, 906
   caramelização da, 730
   doçura da, *729*
   e os cubos de açúcar, 746
Saccharomyces, 811, 835
Saccharomyces carlsbergensis, 832
Saccharomyces cerevisiae, 591, 811, 832
Saccharomyces uvarum, 832
Safrol, 287
Sagu, 339, *644*
Sais de amônio, *592*
Saishikomi, 554
Sal, **713**
   aromatizado, 716
   colorido, 716
   de mesa, granulado, 714
   e a saúde, 716-7
   e a textura das hortaliças, 312
   e as proteínas dos ovos, 96

e o congelamento do sorvete, 43
e o ponto de ebulição da água, 875
e os amidos, 686
em espumas de ovos, 116
em flocos, 715
em molhos, 664
formas dos cristais no, 714
-gema, 714
iodado, 714, 717
kosher, 715
ligações iônicas no, 905-6
marinho, 714-5
na carne *kosher*, 159
na cocção dos feijões, 542
na manteiga, 38
na massa de pão, 595
na massa firme, 582
no queijo, 68
nos peixes, 215
os diferentes gostos por, 717
para cozinhar hortaliças, 316
produção, 713-4
propriedades físicas, *717*
qualidades, 713
Sal-de-aipo, 461
Saladas, 276, 353
intoxicação alimentar devida a, 289
molhos para. *Ver* Molhos para salada
preparo, 354
Salame, 196
Salga
da berinjela, 369
de carne, 192-5
de hortaliças, 324, *325*
de ovas de peixe, 267
de peixes, 236, 263
Salgadinhos de milho fritos, 534
Salicilato de metila, 768
Salicornia, 352
Salitre, em carnes salgadas, 193
Salmão, 205, 208, *218,* **220-2**, 232, *236,* 259-60
caviar de, 268-9, *269*
defumado, 263, 264, *264*
modos de preservação, 260
Salmão-de-cachorro, *236*
Salmon, William, *193*
Salmonberry, 402
Salmonela
em ervas e especiarias, 440
em frutas e hortaliças, *288*
na carne, 139, 141, 164
Salmonella enteridis, em ovos, 81, 90, 92-3, *101*, 706
Salmonete (peixe), *219*
Salmoura
azeitonas, 328
carne, 173, 192-5
frutas e hortaliças, 324
peixes, 258-60
soja, *552*
Salsa verde, *709*

Salsa-marinha, *379,* 381-2
Salsa, 658. *Ver também* Molhos
Salsão. *Ver* Aipo
Salsinha, 276, 288, *436,* **453**
Salsinha, raiz de, **341**
Salteado, **876**
de carnes, 177
de hortaliças, 318
de peixes, 238
Salvelino, **221,** *221*
Sálvia, *305, 436,* **450**
Salvia elegans, 450
Salvia fruticosa, 450
Salvia lavandulaefolia, 450
Salvia officinalis, 450
Salvia sclarea, 450
Samambaia, 288, **352**
Sambuca, 857
Sambucus, 406
Sanders, Alvin H., *151*
Sangak, *609*
Sangiovene, 808
Sangrar
animais abatidos, 158-9
peixes, 226
Sangue, colesterol no, 13
e a carne, 138
e as fibras, 286
e as gorduras usadas na alimentação, 41-2, 203-4
e o café, 482
e os ovos, 88
e os queijos, 74
Sangue, glicose no, 733, *733*
Sangue, molhos espessados com, 673
Sanshô, *437, 442,* **477**
Santório, 758
Sapa, 404
Sápido, sabor, *380,* 898
Saponinas, 536, 539, 748
Sapota, 770
Saquê, 838
fermentação, 840, *841*
fragilidade, 844
na culinária, *843*
variedades, *841,* 842
Saquê, borra de, *843*
Sardinha, 205, *236,* 266
Sargo, 267
Sashimi, 230
Sassafrás, *436,* **454**
folhas do, 446, 696
Sassafrás, em pó, 446, **454**
Sassafras albidum, 454
Satsivi, 567
Satsuma, tangerina, 416
Saturação, de gorduras, 890-1, *891*
Satureja douglasii, 450
Satureja hortesis, 450
Satureja montana, 450
Sauternes, 805, 816

ÍNDICE REMISSIVO

Sável, caviar de, 269
Sazerac, 846
Scallopini, 172
Schaumhaftvermögen, 835
Schinus terebinthifolius, 479
Schizosaccharomyces, 856
Schnapps de hortelã-pimenta, 857
Schumacher, Ferdinand, 522
Scones, 608-11
Scorzonera hispanica, 342
Scot, Reginald, 825
Scott, Walter, *136*
Scrapie, 140
Sebo, 188
Secagem do malte, na produção de cerveja, 828
Sechium edule, 370
Secreção, tecido de, dos vegetais, 291
Secretaria da Receita Federal (Estados Unidos), 846
Segunda fermentação, massa de pão, 598
Segurelha, *436*, **450**
Seitan, 510, 519
Sel gris, 715
Semente de abóbora, **570**
Semente de abóbora, óleo de, 570
Semente de uva, óleo de, 892
Sementes, 501-71, *502*. Ver também Cereais; Leguminosas; Oleaginosas, sementes; *sementes específicas*
 armazenamento, 509-10
 cocção, 510-1
 como substitutos da carne, *510*
 composição, 506-7, *507*, *508*
 de abóbora, **570**
 de frutas, cianeto nas, 287
 de gergelim, *559*, **570**
 de girassol, *557*, *559*, **571**, 616
 de mostarda, 276
 de papoula, *557*, 571
 definição, 502
 e a saúde, **504-6**
 e brotos. Ver Brotos
 história do uso, 501
 óleos nas, 509
 partes das, 506
 problemas causados pelas, 505
 sabor, 509
 substâncias fitoquímicas das, 504
Seminário Internacional de Gastronomia Física e Molecular, 3
Sêmola de milho, 533
Semolina, 638
Sépia dos cefalópodes, 256
Serventi, Silvano, 636
Sésamo, óleo de. Ver Gergelim, óleo de
Sésamo, sementes de. Ver Gergelim, sementes de
Sesamum indicum, 570
Setaria, 534
Sforza, Ludovico, 561
Shabu shabu, 153
Shake & Blend, 590

Shakespeare, William, 79, *723*, 799
Shaobing, 609
Sherbet, 321
Shichimi, *442*
Shigella, 288
Shimesaba, 266
Shimofuri, 153
Shiro shoyu, 552
Shissô, **449**
Shochu, 843
Shoyu. Ver Soja, molho de
Shu Xi, 636
Sichuan, pimenta de, *465*, **477**
Sidra (fermentado de maçã), 395-6
 pasteurização, 289
 vinagre de, 862
Sifão, do mexilhão, 249, 253
Sifão, dos mariscos, 249, 253
Silicato de sódio, para preservar ovos, 128
Silicone, utensílios de cozinha feitos de, *879*
Siluro (peixe), *217*
Simmering, **874**
 carnes, 180-2
 etimologia da palavra, *180*
 peixes, 239-40
Simmons, Amelia, *577*, *577*, *610*
Sinapis alba, 462
Síndrome do restaurante chinês, *380*
Sistema nervoso, os óleos de peixe e o, 203-4
Skorthaliá, 709
Slivovitz, 853
Smith, Page, 81
Sobá, 536, *643*
Soda cracker, 609
Sódio. Ver também Sal
 nos ovos, 88
Soffrito, 350
Sofregit, 350
Soja, 276, *282*, 287, *373*, *510*, 539, **547-56**
 alergia a, 505
 cocção, 543
 composição, 509, *543*
 e a saúde, 538-9
 farinha de, 587
 produtos fermentados de, 550-1, *552*, 553, *554*, *555*
 queijo de, *549*, 549-50
 sabor, 548
 verde, 548
Soja, leite de, 548
 película superficial do, 548-9
Soja, molho de, 550-1, **552**, 554-5, *555*, 648
Soja, *nuggets* de, *555*
Soja, óleo de, 892
Soja, pasta de, *555*
Soja-preta fermentada, *555*
Sokolov, Raymond, 654
Solanáceas, família das, *365*, **365-9**
Solanum aethiopicum, 365, 369
Solanum macrocarpon, 365
Solanum melongena, 365

Solanum torvum, 456
Solanum tuberosum, 335, 365
Solera, sistema de, 817
Solha, 220, 225
Sólidos, **909**
   cristalinos, *909*
   vítreos, *909*
Soluções, 910
Soluções saturadas, 760
Soluções supersaturadas, 760
Somen, 644
Songhuadan, 130
Sopa, 187, 648
   de cenoura, 320
   de leite, 27
   de oleaginosas, *559*
   de peixe, 240
   de queijo, 72-3
   emulsificada, *700*
Sorbet, 321
Sorbitol, 734, 736
Sørenson, S. P. L., 888
Sorghum bicolor, 535, 753
Sorgo, 276, 505, **535**
   composição, *513*
   produção mundial, *516*
Sorgo, xarope de, **752**
Soro de leite, 11, 21-2
Soro de leite, proteínas do, 22-3, 29
Sorvete, 22, **43-9**
   antigas receitas de, *43*
   armazenamento de modo de servir, 49
   composição, 45-6, *45*
   comuns (estilo Filadélfia), 46, *47*
   de teor reduzido de gordura, baixo teor de gordura e sem gordura, 46, *47*
   estilo francês, 46, *47*
   estrutura e consistência, 45-6, *45*
   invenção e evolução, 43-4
   kulfi, 46, *47*
   produção de, 46-8, *48*
   soft-serve (macios), 46, *47*
Soufflé à la minute, 102, 123-4
Southern Comfort, 858
Space Rocks, 770
Spanakopita, 631
Sparassis, 388
Spatzle, **642**
Spelt, trigo, *517*, 517
Spencer, Percy, 877
Spinacia oleracea, 360
Sponge, fermento azedo para fazer pão, *595*
St.-Nectaire, queijo, 67
Stachys, 342
Staphylococcus, 52, 288
Ste-Ange, Mme., 337
Stevia rebaudiana, 736
Stilton, queijo, 59, 67
Stout, cerveja tipo, *837*
Streptococcus, 53, 732
Streptococcus faecalis, 542

Streptococcus mutans, 75
Streptococcus salivarius thermophilus, 53
Streptococcus salivarius, 55
Strudel, 630
   etimologia da palavra, *630*
Stubbe, Henry, 773
Suar hortaliças, 318
Suberina, *813*
Sublimação, 909-10
   e a liofilização, 323
   queimadura por congelamento devida à, 163, 308
Sucos, 320
   de maçã, 289, 395-6
Sucralose, *735*
Suflê, 102, 121-6, *122*
   antigas receitas de, *122*
   base para, 124
   claras em neve para, 124-5
   cocção, 125
   congelamento, 125
   crescimento e diminuição do volume, 123, *123*
   regras básicas, 123-4
   -pudim, 125
Sufu, 550
Suíço, queijo, 73-4
Suína, carne.*Ver também* Toicinho; Presunto
   ácidos graxos na, *892*
   armazenamento, 162-3
   curada, antigas receitas de, 193
   e a triquinose, 139-40
   gordura na, 187-8
Sukiyaki, 153
Sulfeto de hidrogênio
   e o sabor das hortaliças, 345, 376, 382
   e o sabor do leite, 22-3
   e o sabor dos ovos, 98
Sulfeto ferroso, na gema de ovo, 99
Sumagre, *437*, **470**
Sur lie, 812
Surimi, 243
Surlax, 262-3
Sursild, 262-3
Surstrømming, 263
Sus scrofa, 154
Sushi, 230, 381
Suspensões, 660, *660*, 910
Sweet cicely, 460
Swift, Gustavus, 136
Syllabub, 27
Syzygium aromaticum, 474
Szent-Györgyi, Albert, 299

Tabaco, **457**
Tacca, 686
Tacsonia, 427
Tagatose, 734
Tagetes lucida, 456
Tahine, 559, 570
Taillevent, *127, 278, 651*

ÍNDICE REMISSIVO

Tainha, 207, *218*
   ovas de, *269*
Taioba-brava, 328, **339**
Talos, de vegetais, 292
Tamago dofu, 105
Tamales, 533-4
Tâmara, *391*, **412-3**, *426*
   etimologia da palavra *date*, *410*
Tamari, 554
Tamarilho, *365*
Tamarindo, **480**
Tamarindus indica, 480
Tamboril, *218*
Tamis, 650
Tangelo, *416*, 419
Tangerina, *416*, **416**
Tangor, *416*, 419
Tanino, 300-1. *Ver também* Adstringência
   de barris de madeira, 802
   e a coagulação do leite, 27
   em frutas e hortaliças, 273, 300-1, 312, 315, 407
   em sementes, 506, 557
   na cerveja, 838
   no café, 492, 496
   no vinagre de sidra, 862-3
   no vinho, 807, 809, 811, 814, 820
Tapioca. *Ver* Fécula de mandioca
Taraxicum officinale, 355
Tarpão (peixe), 217
Tate, Henry, 746
Tatsoi, 357, 360
Tättemjölk, 55
Taumatina, *735*
Tayberry, 401
Technologie culinaire, 153
Tecido conjuntivo,
   e a textura da carne, 143
   e a textura dos peixes, 209, 213
Tecido dérmico, dos vegetais, 290, *291*
Tecido vascular dos vegetais, 291, *291*
Tefe, 505, *513*, **535**
Tegumento, das sementes oleaginosas, 557-9
Tempê, **554**, *555*, 840
Temperatura, 5, 908.*Ver também* Congelamento; Calor; Refrigeração
Temperos, 647
Tempoyak, 422
Tempurá, 239
Tendões, de bovino, *678*
Tengusa, 379
Tênia-dos-peixes, 208
Tensão superficial, as emulsões e a, 698
Teobromina, 792
Teofilina, 482
Teofrasto, 343, *431*
Tepari, feijão, **545**
Tequila, *851*, **857**
Terpenos, 303, **434**, *434*, *435*
   em bebidas alcoólicas destiladas, 855, 859
   em ervas e especiarias, 433-5

   em frutas e hortaliças, 303, *304-5*, *415*
   na carne, 149
   no leite, 61
   no lúpulo, 829
   no vinho, 816, 821
Terracota, utensílios de cozinha feitos de, 878
Terrine, 187, 190-1
   antigas receitas de, *191*
Terroir, 808-9
Teste da água fria para caldas de açúcar, 758
Testosterona, na produção de carne, 142
Tetragonia tetragonioides, 361
Tetragonolobus purpureus, 373
Theobroma cacao, 775
This, Hervé, 3
Thoreau, Henry David, 303, *532*
Thorne, Oakleigh, *151*
Thymus vulgaris, 450
Tickletooth, Tabitha, *310*
Tilápia, 205, **222**, *236*
Timbales, 122, *122*
Timo de vitela ou de cordeiro, composição do, *185*
Tiocianatos, 435, *437*
Tiramina, 75
Tirosina, *70*
Tisana, *520*
Tocotrienóis, em sementes, 504
Toffee, **766**
Tofu. *Ver* Queijo de soja
Toicinho, 187, 195
Tokaji, 805, 816
Tomate, 276-7, 300, *304*, *305*, 307, 309, 313-4, 317, 320, 322, 332, *365*, **366-8**, 389, *391*, 392
   anatomia, 366, *367*
   armazenamento, 367
   componentes espessantes, *694*
   cozido, 367
   purê, 693
   sabor, 366, *426*
Tomatilho, *365*, **368**
Tomilho, 276, 278, *305*, **433-4**, *435*, 440-1, 447, **450**
Tônicos feitos com bebidas alcoólicas, 845
Topinambo, 292, **341**, 364
Toranja, *305*, *391*, **413-4**, *415*, *416*, **418**, *425*
Torchon, 187
Toro, 224
Torrefação
   de café, 491, 492
   de leguminosas, 543
Torrone, 768
Torta de creme americana, recheio da, 110
Torta
   etimologia da palavra *pie*, *625*
Tortilhas, 534, *609*
Torulaspora, 838
Torulopsis, 551
Tou fu ru, 550
Tour on the Prairies, A (Irving), *738*

Toxinas. *Ver também* Intoxicação alimentar;
    toxinas específicas
    da samambaia *Pteridium*, 288
    em sementes, 505
    na fumaça de lenha, 498
    nas leguminosas, 538
    nos cogumelos, 384
    nos vegetais, 273, 286-9
Traça-indiana-da-farinha, 509
Trachyspermum ammi, 458
Tragopogon porrifolius, 342
Trealose, 734
Tremella fuciformis, 388
Tremoço, 547
Trichina spiralis, 140
tricholoma, 387
Trifosfato de adenosina (ATP)
    na carne, 160
    nos peixes, 214
Triglicerídeos, 889
Trigo, 276, 282, 286, 502, 505, 510, *510*, 511,
    515-20, *586*
    antigo, 515
    branco, 586
    brotos de, 353
    cerveja de, 836, *837*
    club, 517, 586
    composição, 506-7, *507*, 508, *513, 518*
    de inverno, 586
    de primavera, 586
    -do-khorasan, 517
    duro, 586
    durum, 516, 517, 586, *595*
    einkorn, 516, *517*
    em flocos, 514
    emmer, 501, 516-7, *517*
    etimologia da palavra *wheat*, 515
    farinha de. *Ver* Farinha, de trigo
    glúten no, 518-9
    kamut, 517
    mole, 586
    na produção de cerveja, 831
    para pão e para macarrão, 516, 518, 574. *Ver
        também* Farinha, de trigo
    persa, *517*
    pigmentos no, 518
    polonês, 517
    produção mundial, 516
    spelt, *517*, 517
    verde (imaturo), 519
    vermelho, 586
Trigo, família do, relações familiares, 517
Trigo branco, 586
Trigo de primavera, 586
Trigo duro, 586
Trigo mole, 586
trigo-sarraceno, 505, 535
    composição, 513
    macarrão de, 643
    produção mundial, 516
Trigona, 737

Trigonella foenumgraecum, 464
Trimetilamina, nos peixes, 214-5, *215*, 223
Trinchar carne, 183
Tripas, para embutidos, 170-71
Triple Sec, *857*
Triptofano, *899*
Triquinose, 139-40, 164
Triticale, *513*, 535
Triticum aestivum aestivum, 517
Triticum aestivum compactum, 517
Triticum aestivum spelta, 517
Triticum aestivum, 517, 585
Triticum compactum, 586
Triticum monococcum boeticum, 517
Triticum monococcum monococcum, 517
Triticum monococcum, 517
Triticum spelta, 517
Triticum turgidum carthlicum, 517
Triticum turgidum diococcum, 517, *517*
Triticum turgidum durum, 516, *517*, 586
Triticum turgidum polonicum, 517
Triticum turgidum turanicum, 517
Triticum turgidum, 516-7, *517*
Triticum urartu, 517
Troisgros, família, 657
Tropaeolum major, 455
Trufa (fungo), 280, **385-6**, *386*
    etimologia da palavra *truffle*, 334
Trufa de chocolate, 786
Truta, 216, 218, **220**, 222, 232
    caviar de, *269*
Tsampa, 520
Tubarão, 205, 209, *217*
Tubarão, barbatana de, *678*
Tuber, 388
Tuber magnatum Pico, 386
Tuber melanosporum, 386
Tubérculos, 292. *Ver também tubérculos
    específicos*
    etimologia da palavra *tuber*, 334
Tuiles, 614
Turbinado, açúcar, 750
Turron, 768

Udon, 644
Uísque, 845-6, 850, *851*, **853-4**
    canadense, 854
    de milho, 846, 854
    de cereais, 854
    de malte, 853-4
    Scotch, 858
    single-malt, 854
Ultrapasteurização, do creme de leite, 31
Ultravioleta, luz, 871
Ulva lactuca, 379
Umami, 380, 898
Umbellularia californica, 454
Umeboshi, 400
Undaria, 379
Unhas, a gelatina e as, 677
Unidades de medida, 5

ÍNDICE REMISSIVO

Universidade da Califórnia, 806
Ureia, nos peixes, 210
Urina
    cor da, e a beterraba, 298
    odor da, e os aspargos, 350
Urtica dioica, 362
Urtiga, **362**
Urucum, 37, *437*, **481**, 773
Ustilago esculenta, 388
Ustilago maydis, 386
Uva-do-mar, *379*
Uva-espim, **406**
Uva-passa, 404
Uvas, *391*, **403-4**
    etimologia da palavra *grape*, *804*
    sabor, *425*
    vermelhas, 286
    viníferas, **806-8**, *808*. *Ver também* Vinho
        americanas, 726
        esmagamento, 809
        híbridas, 807
        nobres, 808

Vaca, leite de, 7-75
    alergia ao, 14
    componentes, *17*
    composição, 14
    no queijo, 61
    produção, 17-8, *18*
Vaca. *Ver* Carne bovina; Gado bovino; Vaca, leite de
Vaca louca, doença da, 140, 153
Vaccinium ashei, 402
Vaccinium augustifolium, 402
Vaccinium corymbosum, 402
Vaccinium macrocarpon, 402
Vaccinium myrtillus, 402
Vaccinium oxycoccus, 403
Vaccinium vitis-idaea, 403
Vacúolos, das células vegetais, 290, *290*
Vagem, 276, **372-4**, *373*
Valerianella eriocarpa, 361
Valerianella locusta, 361
Van der Waals, ligações de, 889, 900, *907*, 826
Van Houten, Conrad, 774, 784
Vanilina, 420, *435*, *472*
    de barris de madeira, 802
    na baunilha, 471
    na fumaça de lenha, 498
    no abacaxi, 420
    no amendoim, 562
    no arroz, *525*
    no chocolate, 779
    no huitlacoche, 386
    no pão, 603
    no vinho, 813, *821*
    no xarope de bordo, 744
Vanilla fragrans, 470
Vanilla planifolia, 470
Vanilla tahitensis, 472
Vapor, 886
    ao assar o pão, 607
Vaporizado, leite, no café *espresso*, 29, *29*
Veação. *Ver* Veado, carne de
Veado, 156-7
Veado, carne de, 156-7
    etimologia da palavra *venison*, *158*
Vegetais, **270-332**. *Ver também* Frutas; Ervas; Especiarias; Hortaliças; *vegetais e tipos de vegetais específicos*
    armazenamento, 306-7
    aromas, 302, 304-5
    carnívoros, 424
    cocção, **308-23**
        e a cor, 308-23
        e a textura, 312
        e o sabor, 315
        e o valor nutricional, 315
        métodos, 316-23
    cor, 290, **295-300**, 308-12
    deterioração depois da colheita, 303, 306
    diminuição da, 432
    diversidade, *282*
    e a saúde, **281-9**
    engenharia genética, *282*
    estrutura, 273, 289-93
    fotossíntese, 272, 292
    herbáceos, 274
    história do uso, 271, *271*, 276, 277, *278*, 279-80, *279*
    liofilização, 323
    manipulação, 306
    partículas de, como estabilizadores em emulsões, 699
    sabor, 273, 276, 290, **300-3**, 315
    secagem, 323
    textura, 290, 293-5, 312
    toxinas produzidas pelos, 274, 286-9, 288, 506, 538
    vida dos, *272*
Vegetariana, dieta, *510*
"Veia", no camarão, 247
Velouté, molho, 654, *655*, 689
Ventresca, 224
Verbascose, 896
Verjus, 404, 650-2
Verme do bacalhau, 207
Vermicelli, 638
Vermute, **818**
Vesículas, nas frutas cítricas, 413
Vibrio cholerae, 288
Vibrio, *225*
Vicia faba, *373*, 544
Vicina, 287
Videira, 340
Vidro, utensílios de cozinha feitos de, 878
Vieira, 206, *207*, 249-51, *252*, **255**
    etimologia da palavra *scallop*, *252*
Viena, salsicha de, 189
Vigna, 547
Vigna angularis, 547
Vigna unguiculata, *373*

Viili, 55
Vin de noix, 568
Vinagre, 647, 650, **859-65**
    aromatizado, 322, 444
    asiático, 863
    balsâmico, 863-5, *864*
    branco ou de álcool, 863
    de frutas, 863
    de malte, 863
    de sidra, 862-3
    de vinho, 862
    de Xerez, 865
    destilado, 863
    e a fermentação acética, 861
    e o ácido acético, 860
    etimologia da palavra *vinegar*, 860
    força do, 863
    história, 859
    produção caseira, 774
    produção, métodos de, 861-2
Vinagre branco, 863
Vinagreira, **363**
Vinagretes, *710*, **710-1**
    não tradicionais, 711
Vinci, Leonardo da, 561
Vinho, 403, 794, **803-22**
    adstringência, 820
    aeração, 819
    armazenamento, 818
    aromas, *821*, 822
    com "cheiro de rolha", *813*
    como servir, *815*, 818-9
    cor, *312*
    de mel, 737, 741
    doce, 816
    e a saúde, *800*
    e o *terroir*, 808-9
    em molhos, *670*
    espumante, 814-5, *816*
    etimologia da palavra *wine*, *804*
    fortificado, 816, *818*
    gosto, 820
    história, **803-5**
        ascensão na Europa, 804
        e a abordagem científica, 806
        nos primórdios da era moderna, 804-5
        nos tempos antigos, 803-4
        produção tradicional e industrial, 808
    "lágrimas" que sobem pelo copo, 797
    licoroso, 816, 845
    no *fondue* de queijo, 73
    no zabaione, 127
    pasteurização, 813-4
    produção, 809, *810*, 811-4
        esmagamento das uvas, 809
        fermentação alcoólica, 811-4
        maturação, 812
    recioto, 816
    safra, 808
    seco, 816
    sobras, 819
    teor alcoólico, *819*
    transparência e cor, 820
    Trockenbeerenauslese, 816
    uvas viníferas, 806-9
        condições de crescimento, 808-9
        variedades, 807-8, *807*
    vinagre de, 862
Vírus
    em frutas e hortaliças, *288*
    em peixes e frutos do mar, 205
Vitamina A
    e os olhos, 297
    em frutas e hortaliças, 281
    no leite, 18, 23
Vitamina C
    benefícios para a saúde, 285
    em frutas e hortaliças, 281, 285
    na farinha de trigo, 588
    para impedir o escurecimento de frutas e hortaliças, 299
Vitamina D, no leite, 25
Vitamina E
    benefícios para a saúde, 285
    em sementes, 504
Vitaminas. *Ver também vitaminas específicas*
    em sementes, 504
    nos frutos da terra, 281, 283, 315
Vitela, 153, 163, 666
Vitis aestivalis, 807
Vitis labrusca, 403, 807
Vitis rotundifolia, 807
Vitis vinifera, 403, 807, *807*, 808
Vitrificadas, balas, 762, 762
Vodca, 846, 848, *851*, **856**
Voláteis, substâncias, na destilação de bebidas alcoólicas, 847-8
Volatilidade, os aromas e a, 431
Volvariella volvacea, 387

Wafers, 613-4
Waffles, 613-4
    antiga receita de, *613*
Wagner, John, 826
Wahoo (peixe), 207
Wakame, 379, 381
Walu (peixe), *208*
Wasabi, 437, 461, *463*, **463-4**
Wasabia japonica, 463-4
Washington, George, 846
Weissen, cerveja, 838
Weizen, cerveja, 838
Williams, Jesse, 60
Witloof. Ver Endívia belga
Wolfert, Paula, 96
Wondra, 590
Wonton, 637
Wrigley, 771

Xanthosoma, 340
Xantofilas, 84, 296

ÍNDICE REMISSIVO 977

Xaputa, *219*
Xaréu (peixe), 207, *219*
Xarope de milho, *734,* **753-5,** *754*
   classificação comercial nos Estados Unidos, **755**
   com alto teor de frutose, *735,* **753-5**
   com alto teor de maltose, **755**
   doçura, **729**
   em balas, **763**
   produção, **753-4**
Xarope de romã, 412
Xarope invertido, 728, 729
Xaropes, **742-5**
   aromatizado, 322
   de agave, **745**
   de bétula, **744**
   de bordo, **742-3,***743*
   de cana-de-açúcar (melado), **752-3**
   de frutas, **752**
   de malte, **755-6**
   de milho. *Ver* Xarope de milho
   de palmira, **745**
   de sorgo, **752**
   golden syrup, **752**
   grenadine, 412
   invertido, 728, 729
   na confecção de balas. *Ver* Balas
Xerez, **817,** *818*
Xerez, vinagre de, 865
Xiandan, 129
Xilema, 291
Xilitol, 734

Yerba buena, 450
Yersinia, 288
Young, William G., 44
Youngberry, 401, *402*
Yubá, 510, 549
Yuzu, *415,* 419

Zabaione, 127, 712
   antigas receitas de, *127*
Zanthoxylum bungeanum, 477
Zanthoxylum piperitum, 477
Zanthoxylum simulans, 477
Zaodan, 129
Zatar, 442
Zea mays, 375, 529
Zea mexicana, 529
Zeaxantina
   benefícios para a saúde, *284*
   em ovos, 87
   em vegetais, 296
Zebu, 9, 11
Zebu, leite de, 11, *14*
Zhug, 442
Zimbro, bagas de, *436,* **454**
Zinco, para preservar a cor das hortaliças, 311
Zingiber officinale, 475
Zizania latifolia, 388
Zizania palustris, 528
Ziziphus jujuba, 411
Zucker, Charles, *380*
Zygosaccharomyces, 551
Zygosaccharomyces bailii, 864
Zygosaccharomyces bisporus, 864

AUTORIZAÇÕES

Página 34: Micrografias de creme de leite batido. Cortesia de H. D. Goff e A. K. Smith, Universidade de Guelph.

Página 67: Diagrama da produção de queijo. Criado por Soyoung Scanlan, da Andante Diary, e publicado com sua permissão.

Página 84: Micrografia de uma gema de ovo. De C. M. Chang, W. D. Powrie e O. Fennema, Microstructure of egg yolk. *Journal of Food Science* 42 (1977): 1193-1200. Publicado mediante permissão.

Páginas 127 e 651: Excertos de *The Viandier*, de Taillevent, traduzido para o inglês e organizado por Terence Scully. © 1988 da Universidade de Ottawa Press (site: www.uopress.uottawa.ca). Publicado mediante permissão.

Página 132: "A ira de Aquiles", de Homero. Da *Ilíada* de Homero, traduzida para o inglês por Robert Fagles, © 1990 de Robert Fagles. Usado com a permissão da Viking Penguin, selo do Penguin Group (USA) Inc.

Páginas 133 e 697: Micrografias de fibras de carne e gotículas de óleo. De Palmer, Helen Hanson; Osman, Elizabeth; Campbell, Ada Marie; Bowers, Jane; Drahn, Marcia; Palumbo, Mary; Jacobson, Marion; Charley, Helen G.; Berkeley, Selma; *Food Theory and Applications*, 1. ed., © 1986. Publicado com a permissão da Pearson Education, Inc., Upper Saddle River, NJ.

Página 587: Micrografia de um grão de trigo. Cortesia de Ann Hirsch. Micrografias de farinha de trigo de R. C. Hoseney e P. A. Seib, Structural differences in hard and soft wheats. *Bakers Digest* 47 (1973): 26-28. Publicado mediante permissão.

Página 597: Micrografia do glúten. De J. E. Bernardin e D. D. Kasarda, The microstructure of wheat protein fibrils. *Cereal Chemistry* 40 (1973): 735-45. Publicado mediante permissão.

Página 637. Excerto da "Ode ao *Bing*", de *Pasta: The Story of a Universal Food*, de Silvano Serventi e Françoise Sabban, traduzido para o inglês por Antony Shugaar. © 2002 da Columbia University Press. Publicado mediante permissão da editora.

Página 649: Excerto de *Moretum*, traduzido para o inglês por E. J. Kenney. © 1984 de E. J. Kenney. Publicado mediante permissão de Gerald Duckworth and Co., Ltd.

Página 683: Micrografias de grânulos de amido. De B. S. Miller, R. I,. Derby e H. B. Trimbo, A pictorial explanation for the increase in viscosity of a heated wheat starch-water suspension. *Cereal Chemistry* 50 (1973): 271-80. Publicado mediante permissão.

Página 706: Micrografia de gotículas de óleo. De C. M. Chang, W. D. Powrie e O. Fennema, Electron microscopy of mayonnaise. *Canadian Institute of Food Science and Technology Journal* 5 (1972): 134-37. Publicado mediante permissão.

Página 794: Excerto do Hino a Ninkasi, tradução inglesa de Miguel Civil. http://oi.uchocago.edu/OI/IS/CIVIL/NN_FAL91/NN_Fal91.html. © 2002 Oriental Institute, University of Chicago. Publicado por cortesia do Instituto Oriental da Universidade de Chicago.

Página 795: Micrografia de leveduras. Cortesia de Alastair Pringle, diretor de pesquisas da Anheuser Busch Inc.

GRÁFICA PAYM
Tel. [11] 4392-3344
paym@graficapaym.com.br